要关注“想法”，因为它能决定你的言辞和行动，继而决定你的命运。

刑法学教义

J

刑法有爱

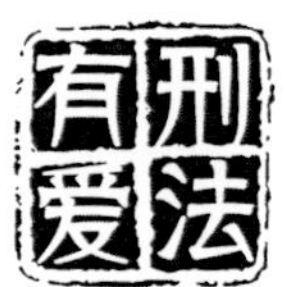

（分论）

林亚刚 著

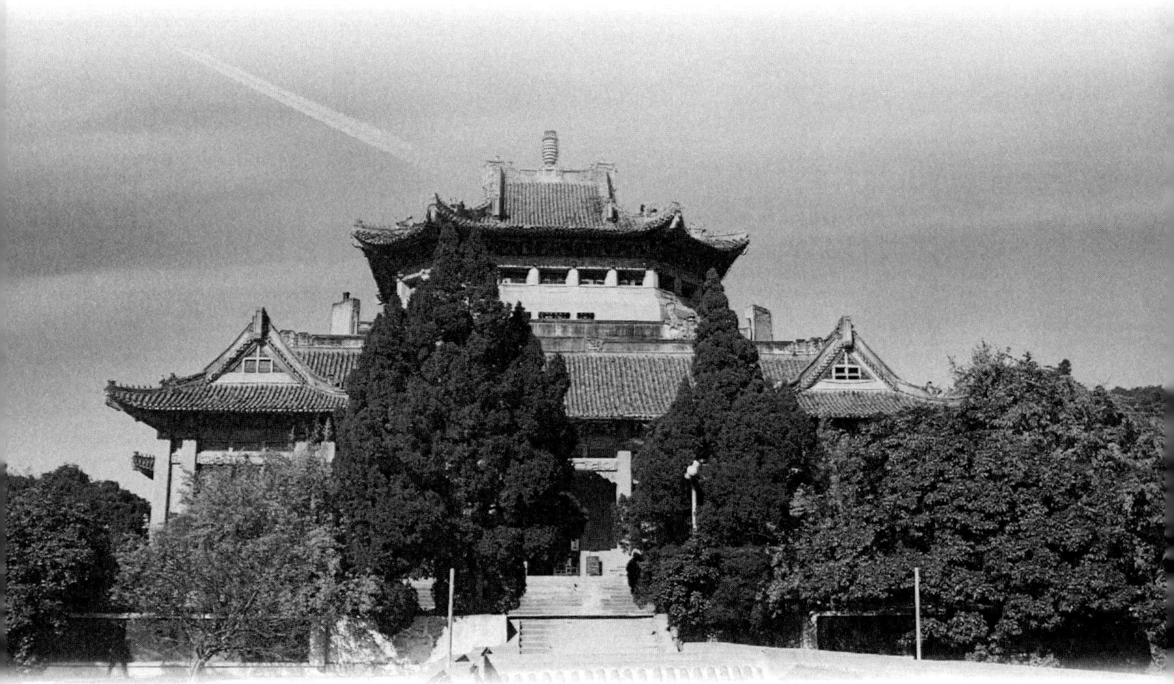

北京大学出版社
PEKING UNIVERSITY PRESS

图书在版编目(CIP)数据

刑法学教义.分论/林亚刚著.—北京:北京大学出版社,2020.9
ISBN 978-7-301-31482-1

Ⅰ.①刑… Ⅱ.①林… Ⅲ.①刑法—法的理论—中国 Ⅳ.①D924.01

中国版本图书馆CIP数据核字(2020)第134904号

书　　名	刑法学教义(分论) XINGFAXUE JIAOYI (FENLUN)
著作责任者	林亚刚　著
责任编辑	毕苗苗
标准书号	ISBN 978-7-301-31482-1
出版发行	北京大学出版社
地　　址	北京市海淀区成府路205号　100871
网　　址	http://www.pup.cn
电子信箱	law@pup.pku.edu.cn
新浪微博	@北京大学出版社　@北大出版社法律图书
电　　话	邮购部010-62752015　发行部010-62750672　编辑部010-62752027
印 刷 者	北京虎彩文化传播有限公司
经 销 者	新华书店
	730毫米×1020毫米　16开本　47印张　1446千字
	2020年9月第1版　2020年9月第1次印刷
定　　价	96.00元

序

在《刑法学教义(总论)》出版后,原来计划将《刑法学教义(分论)》尽快完成,但是,由于多种原因,却一直拖到现在。这主要是因为我国最高人民法院、最高人民检察院针对刑法适用的司法解释不断出台,前期有些内容根据新的司法解释必须进行必要的修改,其中的修改过程颇费时间,加之我还承担一定的教学任务,精力也有所分散,以至于到今天才最终完稿。本书对各罪的研究,我有以下几点需要说明:

第一,虽然本书冠以"分论",但并非是对我国刑法分则的所有罪名都进行了研究,只是选取了主要的、常见的170个罪名予以阐释。在对主要的、常见的罪名的讨论中,就重点研究的罪名与其他罪名之间的关联性进行了简要的研讨。这样算下来,大约涉及我国刑法分则中300余个罪名。需要指出的是,对于关联性罪名,除非必要,本书对多数罪名的法定刑适用没有做过多的讨论和说明,读者可以查询我国刑法的具体条文或相关的司法解释来了解详细规定。本书在内容上如此安排,主要基于以下考虑:一是避免在正文中大量引用刑法和司法解释的具体规定,以防本书成为刑法条文和司法解释的解读图书,失去"分论"阐释的意义;二是有助于适当缩减本书篇幅,避免本书过于厚重。

第二,对于刑法各罪的研究,纯粹从理论上展开论述是无法有效进行的,必须与司法实务相衔接。故本书在各罪研究中,针对必要的司法解释,择其要点主要以注释方法引用,对与罪名相关的其他法律、法规的内容也有所涉及。根据我国的立法实践,法律、法规以及司法解释会适时不断修正或修订,敬请读者注意这一变化。

第三,对所选取的罪名的研究,本书延续《刑法学教义(总论)》以问题为导向的特点,没有特别追求各罪在研究体系上的一致性,也是为了避免对没有争议或争议不大的问题进行重复研究。

第四,我考虑再三,限于篇幅,放弃了对我国刑法分则第七章危害国防利益罪、第十章军人违反职责罪的研究。这主要是因为这两类犯罪在社会生活中一般很少遇到,本书应该将重点集中于常见的普通刑事犯罪。军人违反职责罪虽然与我国刑法分则中的某些犯罪有一定关联,但依据主体的身份的特点并不难区分;危害国防利益罪虽然在本质上属于普通刑事犯罪,但实践中发生较少。本书如此安排,避免了只用一个概念对这类犯罪进行描述。

第五,本书在研究体系上,借鉴"他山之玉"分为三编,即侵害"个人法益""社会法益"和"国家法益"的犯罪,且每编的犯罪基本上依据我国刑法分则条款的顺序排列。特别需要说明的是,本书将我国刑法分则第三章第五节金融诈骗罪纳入"个人法益”犯罪之中。除了因为普通诈骗与金融诈骗本质上都存在“虚构事实、隐瞒真相”的行为,只是采用的“道具”有所区别之外,还考虑到,随着我国市场经济的逐步完善,金融安全更多是需要通过金融市场的改革、金融机构自身制度的完善来保障的。现在除少数金融机构还有“国字头”外,金融机构中民营份额所占的比重愈来愈大,金融机构在公司化管理下的资产,更多体现的是投资主体的个人收益,其与个人财产的区别正在缩小。正是基于这种现实,本书认为,对金融机构的资产没有必要再采取有别于个人财产的更为特别的保护,这样或许还可以避免金融机构长期存在的某些“痼疾”,使之更卓有成效地服务于中国特色社会主义市场经济。

以上的种种调整,只是我的一些不成熟的思考,未必妥当和周全。特别是本书的研究方法,以及对不同犯罪之间关联的讨论,是否对司法实务有所帮助,只能由读者评判了。书中谬误不可避免,欢迎方家、同行批评指正。值得一提的是,我国《民法典》于 2020 年 5 月 28 日通过,自 2021 年 1 月 1 日起施行。为了保证本书撰写结构、语境的一致性,且我国《刑法》相关条文并未针对《民法典》的出台而予以修正,所以,本书仍引用《合同法》《婚姻法》等民事法律的规定,请相关读者对照《民法典》条文进行阅读。本书引用的法律、法规及司法解释等规范性文件的发布日期截至5 月 31 日。

感谢湖北省人民检察院赵慧博士、湖北省高级人民法院田淼博士、武汉大学法学院何荣功博士、中南财经政法大学袁建伟博士对本书最终定稿提出的宝贵意见。感谢博士生史令珊同学,研究生董晓艳、赵正武、洪明同学帮助校稿。特别感谢毕苗苗编辑在本书撰写、修改中诚挚的建议以及对本书出版付出的辛勤和努力!感谢北京大学出版社慷慨允许本书的出版!

林亚刚
2020 年 8 月 8 日
于武汉当代国际花园寓所

目录
CONTENTS

第一编　侵犯个人法益的犯罪

第二编 侵犯社会法益的犯罪

第三编　侵犯国家法益的犯罪

第一编 | 侵犯个人法益的犯罪

（上） 侵犯公民人身权利、民主权利罪

（下） 侵犯财产罪

（上）侵犯公民人身权利、民主权利罪

一、故意杀人罪

（一）故意杀人罪的概念和法益

故意杀人罪，是指故意非法剥夺他人生命的行为。本罪的法益是他人的生命权，侵害的对象为有生命的自然人，已经死亡的人一般不能成为本罪对象。对于误认为是有生命之人而侵害的行为，多数说的观点认为是故意杀人未遂，少数说的观点认为，只有杀人行为具有导致有生命的人死亡的可能性时，才是未遂，否则为不能犯（不构成犯罪）①。明知已经死亡而侵害，造成尸体毁损可构成侮辱尸体罪。本罪客观上要求的是杀人行为，既遂要求被害人死亡结果发生，但并非要求死亡结果必须当场（当即）实现，而是要求杀人行为与死亡结果之间必须具有因果关系。主观上是杀人的故意，包括直接故意和间接故意，已满14周岁以上的自然人均可以构成本罪。

人的生命，在刑法保护的人身法益中，具有最高价值，但刑法中并非只有故意杀人罪保护生命法益，除故意杀人罪外，过失致死罪、故意伤害罪（致人死亡）、强奸罪（致被害人死亡）、非法拘禁罪（使用暴力致人死亡）、绑架罪（致使被绑架人死亡或者杀害被绑架人）、拐卖妇女、儿童罪（造成被拐卖的妇女、儿童或者其亲属死亡）、组织出卖人体器官罪（未经本人同意摘取其器官，或者摘取不满18周岁的人的器官，或者强迫、欺骗他人捐献器官的）等罪，生命权也受终极保护。而且，即便某些犯罪并没有直接规定在“侵犯人身权利”犯罪中，当被害人的生命受到侵犯时，如抢劫罪（致人死亡）、聚众斗殴罪（致人死亡），刑事责任的规定也体现对生命法益的保护。

（二）对象、行为、违法性阻却、既遂

刑法保护的对象是有生命的“自然人”。我国非特定情况下的“自杀”与犯罪无关，因而“自然人”是指除自身之外的“他人”，而“他人”不问种族、国籍、性别、身份、年龄、身体状况、宗教信仰等，即便杀死行将死亡的人，或杀死为非作恶亲属的“大义灭亲”行为，也是故意杀人。自然人的生命起始与终结，有多种学说。**刑法之所以讨论“生”与“死”的概念，是因为讨论前者，主要是解决是否将孕妇生产过程中医师等的接生行为纳入刑法调整的范围；讨论后者，主要是解决对器官移植供体的“遗体”如**

① 参见张明楷：《刑法学》（下），法律出版社2016年版，第848页。

何判明“可以”摘取器官的时间点①,以阻却医师行为的违法性乃至刑事责任的问题。实务中,对人的“始期”采纳“独立呼吸说”,当胎儿从母体娩出后开始独立呼吸即视为有生命的独立个体,故溺婴是故意杀人。但胚胎着床后孕育过程中的胎儿,不是法律意义上的自然人,医师实施的堕胎行为即便不符合法律、法规,也不构成故意杀人罪;堕胎行为对母体的伤害,可能触犯故意伤害罪、医疗事故罪等。生命的终结,目前并没有明文法律规定标准,实务一般采取的是心脑死亡综合标准,即以心跳和呼吸停止、神经反射消失(主要是视神经)为死亡。鉴于器官移植的特殊要求,也有学者提出“脑干死亡”②标准,但有不赞同的观点。随着医疗技术的发展,脑死亡为最终标准也有必然性③。如果违反《人体器官移植条例》从脑死亡人的遗体中摘取器官用于移植,也不触犯故意杀人罪,这是综合说认为阻却故意杀人违法性的当然结论,但不当然阻却《刑法》第302条侮辱尸体罪的违法性。

故意杀人罪是非法剥夺他人生命,实质上阻却违法性而不构成故意杀人罪的有:依法执行死刑命令,即依照最高人民法院核准执行死刑命令所执行的故意杀人;依照法律的故意杀人,即依照《中华人民共和国人民警察使用警械和武器条例》(以下简称96.01.16《警察使用警械和武器条例》)使用警械或武器致人死亡(杀人)④;符合正当防卫的杀人。正当防卫通常是作为阻却违法事由的范例,而非是在责任上宽宥的理由。也就是说,在正当防卫下的杀人和伤害,被认为是在法规范下的例外,即正当防卫并非不正当。那么,视为在责任上宽宥的理由是否成立?

从防卫权是人与生俱来的权利而言,则意味着面对侵害,任何人都不可能理智地不使用暴力予以反击。因为自我防卫本身就是人的一种自然反应。但正因为防卫也是一种暴力,减少损害要求如可以其他方法和平解决,则没有必要使用暴力。但是,也正因为不能无原则要求他人放弃自己的利益,因此,正当防卫在责任上可以得到宽宥。我国刑法规定的正当防卫,并无有的国家刑法要求“不得已”为之的条件。**在大陆法系刑法理论中,正当防卫尽管保护了重要法益,但是,因正当防卫本身是“以暴制暴”,本身也是一种“恶”,需要限制在“不得已”为之的范围内。故而其理论上,正当防卫就可以分为“阻却违法性”和“责任宽宥”两种类型。**我国正当防卫可以主动实施,在有正当理由的情况下,以阻却违法性理解为当。然而,理论上主张对“无责任能力人”有限制地可以实施正当防卫的观点,通常也会加上“不得已”条件。在这种情况

---

① 参见2007年5月1日国务院施行的《人体器官移植条例》的相关规定。

② “脑死亡”是指脑干已经不再运作,丧失控制其他器官的功能,包括无法自行呼吸。因为脑干细胞是不可再生细胞,脑干死亡也意味着控制维生机能消失难以重新复原。实务上已经有采纳“脑死亡”认定死亡的病例,参见 http://www.med66.com/html/ziliao/yixue/13/1362f40a74f105fcd524bdb9bcf53885.htm,访问时间:2017年10月11日。

③ 2015年8月22日,我国首部《中国器官捐献指南》在广州正式发布,首次采用判断死亡的“三标准”,即“脑死亡”“心死亡”与“心脑联合死亡”。

④ 参见96.01.16《警察使用警械和武器条例》第9条的规定。该条规定警察在15种情形下可以在警告无效时使用武器;同时也规定,来不及警告或者警告后可能导致更为严重危害后果的,警察可以直接使用武器。

下,可以说,防卫阻却的并不是违法性,而是在责任上可以“宽宥”,所以正当防卫视为免责理由可以成立。

故意杀人的以死亡结果发生为既遂标准,但不以**当场**故意致人死亡为认定的必要条件。

(三)自杀与故意杀人罪的关联

1. 自杀的定性

自杀,是自己剥夺自己的生命。非特定情况下的自杀行为,人未死亡,在我国也不是犯罪。但是,并非个人自杀未遂一概与犯罪无关。例如,以放火、爆炸等危险方法自杀,同时危害到公共安全的,即便未遂,也应以相应犯罪处罚。实践中自杀的情况颇为复杂,特别是因他人行为引起自杀,涉及是否构成故意杀人罪或其他犯罪的问题。不过,有司法解释对此有特别的规定。2017 年 2 月 1 日最高人民法院、最高人民检察院实施的《关于办理组织、利用邪教组织破坏法律实施等刑事案件适用法律若干问题的解释》(法释〔2017〕3 号)(以下简称 17.02.01《办理邪教组织犯罪解释》)第 12 条规定:“邪教组织人员以自焚、自爆或者其他危险方法危害公共安全的,依照刑法第 114 条、第 115 条的规定,以放火罪、爆炸罪、以危险方法危害公共安全罪等定罪处罚。”在这种情形下,包括邪教组织成员相约共同自杀,其中自杀未遂的,仍然构成犯罪。

2. 引发自杀与故意杀人罪的关联

引发自杀的情况主要有:(1) 行为人实施的某种行为(如履行职责批评或处分他人,处分过重、态度生硬、粗暴或打骂)而引发自杀的。自杀往往与自杀者心胸狭隘有关,不应追究行为人的刑事责任。但是,行为人的违法行为引发自杀的,应承担行政或者民事责任。(2) 犯罪行为引发自杀,如强奸、暴力干涉他人婚姻自由等引起自杀。对无杀人故意的,应以相应犯罪论处,不能构成故意杀人罪。根据具体情况分析:一是可将引起自杀作为强奸、暴力干涉婚姻自由等罪的从重处罚情节;二是引起他人自杀这一事实可作为定罪与否的情节,如侮辱、诽谤他人引起自杀的,引起自杀可成为判定情节严重与否的一个重要因素①。

3. 帮助自杀、得承诺杀人与故意杀人罪的关联

帮助自杀,是指他人已有自杀意图,行为人对其在精神上加以鼓励,使其坚定自杀的意图或者给予物质上的帮助,使他人得以实现自杀。以危险方法危害公共安全的危险方法自杀(自杀者未死亡,触犯相关危害公共安全罪罪名),对提供帮助者的帮助自杀行为,同时触犯相关危害公共安全罪罪名和故意杀人罪(间接正犯)的想象竞

---

① 目前,有关司法解释将犯罪行为引起“自杀”的情况规定为降低一些犯罪入罪门槛的情节之一,如诈骗罪、盗窃罪等。这一做法值得商榷。

合犯,应当按照故意杀人罪处罚。[①] 非触犯刑法规定的自杀,帮助者不是共同犯罪中的共犯,对其帮助行为应具体分析:如果是纯粹精神上的帮助(鼓励),对造成自杀死亡结果的原因力较小,危害不大,可不追究其故意杀人的刑事责任;给予自杀者物质帮助自杀的,如将毒药递给不方便活动的自杀者,这**实际控制着他人死亡的因果流程,原则上应构成故意杀人罪**,由于自杀与否最终是自杀者本人的意思决定,行为人是基于同情才实施帮助,所以,可对帮助者从轻或减轻处罚。得承诺杀人,也称为"同意被杀",同样也是在自杀者已有决意但无勇气的情况下,行为人基于同情应自杀者请求,采取直接致人死亡的方式杀死对方,如用绳索直接勒毙、将毒药掺入饮料喂服等。虽然是应自杀者要求提供帮助,但直接动手将对方杀死,同样**控制死亡的因果流程**,应当认定为故意杀人罪,但处罚可以考虑从轻。

4. 教唆自杀与故意杀人罪的关联

教唆自杀,是指唆使没有自杀意图的人产生自杀决意,实施自杀。教唆自杀多数情况下都是为了帮助自杀者摆脱精神或者肉体的痛苦。[②] 教唆以危险方法危害公共安全的方式自杀(自杀者未死亡,但触犯危害公共安全罪罪名),对教唆者也应按照前述帮助自杀的处理原则,定罪处罚,未教唆以危害公共安全的危险方法自杀的,按照故意杀人罪、故意伤害罪定罪处罚。[③] 对非上述特定情况下的教唆自杀,教唆者非共同犯罪的教唆犯。是否接受教唆自杀,是由有意志选择自由的自杀者决定,当教唆行为与他人自杀之间具有因果关系,在法律上仍属于故意杀人行为。教唆自杀的危害程度应视教唆实施的具体情况而定,一般情况下,可以按照情节较轻的故意杀人罪从宽处理。

对于教唆无责任能力人自杀的,由于被教唆者缺乏辨认和控制能力,多数说观点认为,教唆者是故意杀人罪的间接正犯,应依法追究其故意杀人罪的刑事责任。[④] 张明楷、黎宏教授等学者认为,教唆确实无辨识、控制能力的未成年人(如七八岁的幼童)实施违法行为的,是间接正犯,但是教唆对自己行为具有一定违法性辨识能力的未成年人实施严重违法行为的,行为共同说理论认为,教唆者不为间接正犯而是教唆犯,教唆者仍然与未成年人成立共同犯罪,只是在责任阶段评价未成年人是否承担刑

---

① 17.02.01《办理邪教组织犯罪解释》第11条规定:"组织、利用邪教组织,制造、散布迷信邪说,组织、策划、煽动、胁迫、教唆、帮助其成员或者他人实施自杀、自伤的,依照刑法第232条、第234条的规定,以故意杀人罪或者故意伤害罪等定罪处罚。"

② 对互联网上纯粹无明确对象的教唆、传授自杀方式的情况,即便客观上由此而发生自杀事件,目前也没有按照犯罪处理的直接法律依据。

③ 17.02.01《办理邪教组织犯罪解释》第11条的规定应与第7条的规定(组织、利用邪教组织,制造、散布迷信邪说,蒙骗成员或者他人绝食、自虐等,或者蒙骗病人不接受正常治疗,致人重伤、死亡的,应当认定为《刑法》第300条第2款规定的组织、利用邪教组织"蒙骗他人,致人重伤、死亡")相区别。

④ 对教唆不具有辨识、控制能力的精神障碍者自杀的情况,认为是间接正犯一般不存在异议。但是,对具有一定辨识、控制能力的未成年人进行教唆的情况(当然应包括教唆自杀,如未成年人是邪教组织成员)应该如何认定,存在争议。

事责任[①]。有关教唆儿童或缺乏辨识能力实现构成要件的行为人不成立间接正犯而是教唆犯的观点,可以从德国学者李斯特的著述中寻找到。[②] 本书认为,李斯特的观点是基于当时德国《少年法庭法》的特别规定(适用"特别法优于普通法"原则),即在前述情况下,唆使者成立教唆犯而不是间接正犯。但在我国,《未成年人保护法》和《预防未成年人犯罪法》均未有如此规定。因此,如果将德国法的规定作为普遍规则,在法理上很难解释通。更为重要的是,国际上通行的对刑事未成年人的保护,是否基于未成年人对形式违法、实质违法有无辨认能力?本书认为结论是否定的。**刑事未成年人不承担或者必须减免刑事责任的理由,并不在于刑事未成年人对形式违法乃至实质违法有无认识,而是他们缺乏放弃暂时利益、防止长期利益受损的能力,或者说是缺乏保护自己长期利益不受损害的能力**。换言之,刑事未成年人心智发育尚未达到法律认可的成熟程度,缺乏理解现实,并从正确的理解推导出实施适当行为的能力,他们缺乏的是理性地依法行事的能力(包括机会,如教育机构尚未设置心理辅导机构或配置有资质人员)。因此,从刑事责任能力上说,这是由未成年人的"控制能力"而不是"辨认能力"对违法性的认识而决定。将我国对刑事未成年人予以保护的刑事政策解释为以未成年人不具有对违法性的"辨认能力"为前提,是对这一刑事政策的误读。基于上述认识,本书认为,教唆未成年人自杀的,是间接正犯而非教唆犯。

需要指出的是,利用互联网实施教唆非特定对象自杀的,是否可以故意杀人罪追究刑事责任,还值得研究。

5. 相约自杀与故意杀人罪的关联

相约自杀中以婚恋不如意者居多。能够认定为相约自杀的,应限于双方确有真实共同自杀的自由意思。相约自杀者均死亡的,与个人自杀无异。如果一方未死亡,是否构成故意杀人罪?需要对以下情况具体分析:(1)自杀决意是基于自杀者的自由意思,一方未对他方实施教唆、帮助或诱使行为,虽然没有死亡一方的行为对死者有精神支持,但没有实施教唆、帮助或诱使行为,因此,自杀没有成功的一方不应对他方的死亡负故意杀人的刑事责任。(2)一方要求对方先杀死自己,未死亡者应对方请求实施杀人行为,而后自杀未成功或又放弃自杀的,这是得承诺(受托)杀人。要求被杀者决意死亡和同意杀死自己,必须是基于被杀者的自由意思。如果未死亡者采取威逼、胁迫等心理强制手段,迫使他人同死而先杀死他人的,不能成立相约自杀,应按故意杀人罪论处,处理上并非一定需要从轻。(3)未死亡者为相约自杀准备或提供了条件,他方利用此条件自杀的,未死亡者自杀未能成功的,这与帮助自杀无异,可依照帮助自杀的原则处理。(4)诱使他人共同自杀,自己自杀未能成功,是教唆自杀,除特定情况下的教唆自杀外(包括间接正犯),按教唆自杀处理。(5)诱骗对方相约共同自杀,而行为人根本没有自杀的意图和自杀行为,对诱骗者应以故意杀人罪定

① 参见张明楷:《刑法学》(上),法律出版社 2016 年版,第 405 页;黎宏:《刑法学》,法律出版社 2016 年版,第 269 页。

② 参见〔德〕李斯特:《德国刑法教科书》,徐久生译,法律出版社 2000 年版,第 364—365 页。

罪。这种情况与诱使他人相约共同自杀而自己自杀未成功情形不同。

6. 诱骗、胁迫自杀(包括邪教组织制造、散布迷信邪说)与故意杀人罪的关联

诱骗自杀,是指使用欺骗手段,诱使他人自杀,即他人自杀意图非因自杀者自身产生,而是基于行为人的欺骗行为;胁迫自杀,则是指利用自己的优势地位对他人实施精神胁迫,迫使他人不得不选择自杀(自戕)。当然,上述两种情况在形式上有一定的区别,但相同点均在于被害人选择死亡并非出于自己的真实意愿,这种诱骗,或凭借权势或以暴力、胁迫等手段使他人自戕,是“借刀杀人”,是故意杀人罪的间接正犯,应以故意杀人罪论处。

(四)不作为与故意杀人罪的关联

该问题不是对不作为能否构成故意杀人罪有疑问,而是对“《刑法》有结果加重犯规定的条款,可以因行为人没有防止死亡结果发生而构成故意杀人罪,应当数罪并罚;在共同犯罪中,共犯也应对此承担刑事责任”的观点[①]的讨论。

不作为构成故意杀人罪,多数说认为,只能是不纯正不作为犯,前提仍然是必须负有防止或阻止被害人死亡结果发生的义务,在死亡结果发生时,其不作为行为与死亡结果之间必须具有因果关系。近些年只根据形式的作为义务来理解不作为犯,受到愈来愈多的质疑,并提出从实质意义上对作为义务进行解读。不过,形式上的作为义务并非没有意义,如果在形式上能够得出结论,未必还需要再从实质上进行解读[②]。对作为义务的实质意义,多数观点主张借鉴大陆法系的“保证人说”[③]。

对生命法益的保护,不是只有故意杀人这一个罪名,在诸多规定有结果加重犯的条款中,也体现着对人的生命权的保护。对于我国刑法中结果加重犯发生的“重结果”,多数说认为行为人是“至少有过失”,即针对具体犯罪,在解释上不排除可以由故意造成加重结果。如此,如果实施该种犯罪造成的伤害结果存在死亡可能性时,行为人没有实施救助行为,构成故意杀人罪需要数罪并罚,或者成立不作为帮助犯承担故

---

① 参见张明楷:《刑法学》(上),法律出版社2016年版,第154页以下。

② 这里只是说在特定情况下,仅从形式意义上不能得出合理解释时,就必须从实质意义上确认具有作为义务。例如,夫妻、恋人一方自杀,现场的另一方不救助或者拒绝救助是否构成故意杀人罪的案件,是否具有保证人地位以及作为义务,就需要从实质意义上确认。

③ 至于保证人地位以及义务的产生,从形式意义上说,是基于契约、法律、法令或者是先行行为,或是基于密切的生活关系(如夫妻或恋人)和危险共同体(如共同的登山团队),基于自愿承担保护义务(如自愿承担赡养),基于危险源的监控义务(如共同的安保人员)等。例如,受雇照顾幼儿的保姆,在其照顾幼儿期间,负有保护幼儿生命、健康的义务,当危险发生前(如幼儿在玩耍裁纸刀),就必须阻止幼儿的游戏行为;当威胁到幼儿生命、健康的危险发生时,必须穷尽可能排除危险,希望或放任死亡结果发生的,均可能构成不作为故意杀人。本书的基本主张是,当居于保证人地位者在事实上能够支配和控制因果关系发展过程时,则具有实质上法律要求履行的作为义务;当居于保证人地位者能对事实因果过程进行排他性的支配、控制时,则具有实质上法律要求履行的作为义务;当居于保证人地位者开始对事实因果过程进行排他性支配、控制关系时,则具有实质上法律要求履行的作为义务。如果符合这样的要求而不履行作为义务,发生危害结果,或者有发生危害结果现实可能性的,应当认为是符合构成要件的行为。参见林亚刚:《刑法学教义》(总论)(第2版),北京大学出版社2017年版,第118页。

意杀人的刑事责任。这是张明楷教授等学者提出的看法。[①] 从不作为犯的法理而言，不作为当然可以构成故意杀人罪，故意杀人罪也并不要求死亡结果必须当场发生，但这显然并不是因为有不阻止、不抢救或拒绝救助的不作为。我国刑法中的不作为犯罪，成立的前提是必须有作为义务，而非纯粹自然行为意义上的不作为。本书认为，这需要解决在实施严重侵犯人身、财产犯罪时，立法上是否设置了必须实施救助义务这一前提条件。

对于严重侵犯人身、财产犯罪，如果有致人死亡的结果加重犯的规定，行为人实施的行为制造的风险，本身就包括可能的死亡结果，否则，刑法根本无理由规定结果加重，加重结果发生，就是风险实现的结果。例如，刑法规定的故意伤害致死、抢劫致人死亡、强奸致人死亡加重法定刑等，就已经体现出对生命权的保护，法律没有理由期待行为人实施犯罪致人伤害后，有实施救助义务的可能性，也不存在刑法要求行为人实施严重侵犯人身、财产犯罪造成人身伤害时，负有必须控制死亡结果风险的义务[②]，因不实施救助、拒绝救助或者不阻止发生死亡结果，就构成故意杀人罪。同理，在共同犯罪中，参与者在其他参与者超出共同犯罪范围实施更严重的犯罪时没有阻止，特别是没有阻止正犯实施有可能致人死亡的行为时，也不负有必须防止正犯致人死亡结果发生的义务。

（五）安乐死与故意杀人罪的关联

安乐死是一个涉及医学、伦理学、法学等学科的综合性社会问题。它是指对现阶段医学上已确认患有无可救治绝症的患者，或因意外事故永久性意识丧失者（只能用药物维持其生存时间和使用生命辅助设施维持其心肺机能），当患者本人或亲属要求停止救治，或要求医护人员施以迅速死亡术，医护人员听从或主动为其实行的行为。理论上安乐死主要被区分为“积极”与“消极”两类，前者是指医护人员为解救病情危重濒临死亡的人，为减轻病患的痛苦而采取医学上认可的人道措施，加速病患死亡过程的行为；后者是指医护人员中止维生措施，听任病患死亡的行为。本书不赞同经病

---

① 参见张明楷：《刑法学》（上），法律出版社2016年版，第156页；李勇：《不作为共犯的处罚边界》，载《中国检察官》2014年第6期。

② 张明楷教授认为，行为人在实施侵害人身犯罪时，明知会死亡而没有实施救助构成故意杀人罪，当故意致人重伤，明知不抢救会发生死亡结果，但仍然不抢救导致死亡的，如果否认故意犯罪可以成立先行行为，对行为人只能认定为“故意伤害（致死）罪”，只有肯定故意犯罪能成为先行行为，才能肯定行为人的行为也构成不作为故意杀人罪。同时也认为，故意伤害致死对加重结果是持过失，如果对死亡结果持故意，则成立故意杀人罪，而不是故意伤害罪的结果加重犯。参见张明楷：《刑法学》（上），法律出版社2016年版，第157、171页。明知死亡结果发生持有故意态度时，还能构成“故意伤害致死”吗？当对死亡结果明知时，所构成的只能是故意杀人罪，而绝非故意伤害致死。至今也没有理论主张故意伤害致死，对死亡结果可以是出于故意。为何在同一本著作中有完全不同的学术观点，令人费解。构成故意杀人罪致死结果是（前）实施的故意伤害行为导致，还是伤害后不救助不作为行为导致，当然是见仁见智的问题，包括后者的前提，是如何理解故意伤害后有无作为义务。本书认为，故意伤害罪的立法，表明的是禁止规范，而非命令规范，解读不出禁止实施故意伤害犯罪，同时又期待行为人实施伤害后再去履行救助，具有避免死亡结果发生义务的立法精神。

患自己或其亲属要求,由医护人员中止维生系统的行为,也称为"消极安乐死"[①]。目前病患或其亲属因种种原因要求停止救治的情况,包括请求停止使用维生辅助设施和药物,使患者提前自然死亡,在我国医疗实践中比比皆是。当死亡的来临是不可逆的,或疾病无法由当前医疗技术治愈时,为减轻家庭、社会负担以及将有限的医疗资源用于救助需要的病患,放弃救治是最好的选择,而将此包括在"安乐死"中有过于扩大其范围之嫌[②]。

从病患者本人请求实施安乐死并授权角度看,其承诺有效,但从受保护法益原则上只限于个人能够自由处分的个人法益,但不可承诺对生命、重大身体完整性实施侵害看,其承诺是无效的。在我国"安乐死"尚未立法的情况下,安乐死属于非法剥夺他人生命的行为。如果医护人员得到授权而实施,在处理上可以考虑如何减轻或免除其刑事责任。例如,由医疗主管部门进行医学处理方式等人道审查,由司法部门进行授权真实性等个案审查,据此得出是否符合阻却或减轻责任的结论。但对罹患精神障碍或授权之前陷于永久性昏迷无法表达意愿的患者,因其无自由意志可言,行为人实施安乐死的,不排除行为的违法性。对出生就患有严重疾病或生理有重大缺陷的婴儿,经过治疗没有可能使之今后社会生活优良化,对其实施安乐死的,如何处理?如从婴儿父母的角度,不可能期待父母为婴儿将来提供有保障的生存条件而言,可以对其父母给予免责或减轻责任的处罚,对医护人员也应予以相应免责或减轻处罚。如果未经授权主动中止维生系统,这与故意杀人无异,但也应该充分考虑医护人员确实是出于善良动机,处罚应该从宽。从防止可能发生的"医患纠纷"看,应该尽早对安乐死立法。

(六)故意杀人罪与过失致人死亡罪[③]的关联

过失致人死亡罪,是指因过失而导致他人死亡的行为。主体为自然人一般主体,主观上是过失。本罪限于在特定领域(如生产、加工领域、交通领域)之外,即在日常生活中不重视他人生命安全,违反注意义务,作为或不作为导致他人死亡。可以认为本罪与特定领域内因违反特别的规章制度所规定的注意义务,因过失致人死亡犯罪具有法条竞合关系。本罪为普通法条,因过失致人死亡,在刑法分则中另有规定的,

---

① 参见林亚刚:《关于安乐死的认识及立法思考》,载《法律科学》1990年第4期。

② 也有学者在借鉴的意义上,将安乐死分为主动安乐死与被动安乐死。主动的即为积极的,被动的即为消极的。这种分类在法律上不可取在于混淆了行为与意志的界限。主动与被动,揭示的是主观态度,"主动"为"不待外力推动而自觉行为","被动"为"不能使事情按照自己的意图进行处于应付局面"。积极与消极则是指行为形式。作为并不表示意志必然是主动的,如交通肇事开车撞死行人,行为形式是积极作为,但主观意志则不能是主动追求,否则是故意犯罪,反之不作为也不说明意志必然是被动的。如以断乳方法饿死婴儿,行为形式是(消极)不作为,但主观意志则是主动追求的。意志主动时,无论(积极)作为或(消极)不作为都因符合意志而"不待外力推动"。在意志被动时,无论(积极)作为或(消极)不作为,都因不符合或不完全符合意志而被动"处于应付局面"。所以,它们之间的关系是交叉关系,而绝不是对应关系,混淆两者并不可取。参见林亚刚:《关于安乐死的认识及立法思考》,载《法律科学》1990年第4期。

③ 我国《刑法》第233条。

应按相应的罪处理，不再适用本条定罪处罚。过失致人死亡罪以致人死亡为成立的必需条件，要求过失行为与死亡结果之间具有刑法意义上的因果关系，至于被害人是否有过错，在所不问，但可影响到刑事责任轻重。

按照多数说的观点，故意杀人罪与过失致人死亡罪[①]区别的界限在于有无“杀人的故意”。在实务中，间接故意杀人与过于自信过失致人死亡区别难度较大。过于自信的过失致人死亡，行为人对死亡结果的发生，持轻信能够避免的心理态度，之所以具有自信的心理，是行为人自认为具备可以避免严重后果发生的主客观条件。例如，本人确实有能力、有经验，或者当时也确实具备对自己有利的客观条件。因此，行为人在客观行为表现上，会有积极利用条件避免危险（伤害、死亡结果）发生的行为[②]。而间接故意杀人是对死亡结果的发生持放任的心理态度，是在意图实现一定目的（可能是犯罪目的，也可能是非犯罪目的，或者是行为人潜在的需求）下，既没有利用可以避免严重后果发生的条件，表现出想避免结果发生，更没有采取避免结果发生的行为（即便有条件，行为人也不会去利用），无论结果发生与否，发生何种结果行为人都可以接受（不违背其意志），所以是放任死亡结果发生。当然，上述区别只能依据相关证据加以印证，如不能证明行为人是放任死亡结果发生，应以过失致人死亡罪论处。

（七）应以故意杀人罪论处的其他犯罪行为

根据《刑法》第234条之一、第238条、第248条、第289条、第292条的规定，对未经本人同意摘取其器官，或者摘取不满18周岁的人的器官，或者强迫、欺骗他人捐献器官的[③]，非法拘禁他人或者以其他方法非法剥夺他人人身自由，使用暴力致人死亡的，司法工作人员对犯罪嫌疑人、被告人实行刑讯逼供或者使用暴力逼取证人证言，致人死亡的，监管人员对被监管人进行殴打或者体罚虐待，情节严重，致人死亡的，聚众“打砸抢”，致人死亡的，聚众斗殴，致人死亡的，应以故意杀人罪论处[④]。

（八）故意杀人罪的刑事责任

犯本罪，处死刑、无期徒刑或者10年以上有期徒刑；情节较轻的，处3年以上10年以下有期徒刑。故意杀人的不符合“情节较轻的”，并不意味着均属于“情节较重”。多数说的观点认为，情节较轻的，主要是指长期受迫害、虐待而杀人；一时的义愤杀人；受承诺帮助自杀；溺婴；防卫过当杀人；未成年人杀人；被害人有重大过错等。不属于情节较轻的杀人，主要是犯有数种与故意杀人罪有直接关联性的犯罪，主观恶性极大，如杀人后侮辱、肢解尸体；犯罪动机卑劣；杀害多人；报复性杀人；有预谋杀

---

① 主要是指间接故意杀人与过于自信致人死亡之间的界限。

② 自信的根据，除一般理解是“自己的能力”，对自己“有利的客观条件”外，信赖社会实践普遍认可，或者普通人并非认为是不可置信的规则、习惯做法，也应该承认具有自信的根据。

③ 有死亡可能性或者发生死亡结果的，按照故意杀人罪论处。

④ 上述其他各罪致人死亡的情况，也应包括直接故意和间接故意，但致人伤残、重伤的结果，不能认为只能构成故意伤害罪，也存在故意杀人未遂的可能性。

人;杀人手段残忍;雇凶杀人等。故意杀人罪是适用死刑最多的罪名,如何对故意杀人行为贯彻宽严相济刑事政策,有效控制死刑适用,是一个艰深的课题。多数学者认为,在死刑适用上应注意以下事项:(1) 区分案件性质,对严重危害到社会治安、严重影响到群众安全的案件,应考虑适用死刑,但对民事经济纠纷、婚姻矛盾引发的案件,除有特别恶劣情节之外,一般不适用死刑;(2) 区分案件的情节,对情节特别恶劣,无从轻、减轻情节的,可以考虑适用死刑;(3) 注重犯罪的后果,对造成后果不严重的未遂案件,一般不应适用死刑;对造成死亡结果,但被害人有明显过错;对防卫过当,或具有防卫性质的故意杀人,有从轻、减轻情节的,即便造成死亡结果,一般也不适用死刑;(4)注重区分行为人主观恶性及人身危险性,应综合其犯罪动机、犯罪过程、悔罪表现、有无预谋、有无前科等情节进行考察①。

二、故意伤害罪

(一) 故意伤害罪的概念和法益

故意伤害罪,是故意非法损害他人身体健康的行为。本罪的法益,是自然人的身体健康权,是仅次于生命权的重要的人身权。故意伤害罪侵害的法益,必须是“他人”的,自损、自伤造成伤害结果,不构成本罪,但在刑法另有规定的情况下,可以构成相应犯罪,如“战时自伤罪”,或自伤而诬陷他人的,构成诬告陷害罪。

何为对身体健康的伤害,涉及本罪法益保护的范围,对此有不同的认识。多数说的观点,主张伤害限于对人体生理健康的损害,也即“生理机能损害说”,是指对身体组织完整性和人体器官机能的损害②。张明楷教授认为,除生理机能损害之外,由外因(如严重胁迫)导致的精神障碍也是伤害③(如“健康状况恶化”)。不赞同的观点认为,伤害应是肉体伤害、机能损害,在我国没有规定“恐吓罪”的前提下,精神损害只能作为行政违法处理④。原因在于,2014 年 1 月 1 日最高人民法院、最高人民检察院、公安部、国家安全部、司法部实施的《人体损伤程度鉴定标准》(司发通〔2013〕146 号)(以下简称 14.01.01《人体损伤标准》)规定,因颅脑损伤导致的器质性精神障碍,属于人体损伤可鉴定范围⑤,但是,为内源性疾病的,如反应性精神病、癔症等⑥,则不宜

① 参见周道鸾、张军主编:《刑法罪名精释》(第 4 版)(上),人民法院出版社 2013 年版,第 507—509 页。

② 参见马克昌主编:《百罪通论》(上卷),北京大学出版社 2014 年版,第 521 页。

③ 参见张明楷:《刑法学》(下),法律出版社 2016 年版,第 853 页。

④ 参见赵秉志主编:《刑法学各论研究述评(1978—2008)》,北京师范大学出版社 2009 年版,第 238 页。

⑤ 参见 14.01.01《人体损伤标准》附录 B.1.2 器质性精神障碍:有明确的颅脑损伤伴不同程度的意识障碍病史,并且精神障碍发生和病程与颅脑损伤相关。症状表现为:意识障碍;遗忘综合征;痴呆;器质性人格改变;精神病性症状;神经症样症状;现实检验能力或者社会功能减退。

⑥ 这是指主要起源于躯体或中枢神经系统的遗传因素或体质因素的精神障碍。http://baike.haosou.com/doc/851908-900769.html,访问时间:2015 年 5 月 20 日。

鉴定损伤程度①。本书赞同多数说以及张明楷教授的观点。只要是外源性(如迫害、强迫等对人身攻击性)行为导致的精神障碍(例如因强奸导致的较为严重的精神障碍),应属于对人身健康的伤害,将伤害仅理解为有形的肉体健康的伤害并不可取。

我国刑法中并非只有故意伤害罪保护人身的生理机能健全,过失致人重伤、强奸致人重伤、抢劫致人重伤、非法拘禁致人重伤、虐待致人重伤、聚众斗殴致人重伤、强迫吸食毒品罪等条款,均保护人身的生理机能健全。人体生理机能,包括身体组织的健全与器官机能的健全。破坏身体形体的健全,可能破坏器官机能健全,但即便身体形体健全没有被破坏,也存在器官机能被破坏的情形。

头发、眉毛、指甲,也是人的身体完整性的组成部分,强制去除是否构成犯罪,有不同认识②。在多元化社会生活中,以头发、指甲为谋生手段的,并非不可想象。强制去除头发、指甲等身体组织部分,也完全可以成为侵害人身犯罪的手段行为。由该种强制性的暴力直接导致严重精神障碍的,也符合"伤害"的定义,但能否按照故意伤害罪定罪处罚?本书认为,在该种情形下,确定"精神损害"与暴力行为之间的因果关系,是个难题。所以,能否构成故意伤害罪应慎重考虑。当然,这并不包括以此为他种犯罪手段,实施犯罪的情形。

对于故意将传染病病毒传染给特定个人,包括将严重性病传染给特定个人(不包括对公众投放危害公共安全的物质),是否构成伤害罪,也有不同认识。多数说认为,如果有充分证据证明,被害方罹患疾病与其行为有因果关系,可以构成故意伤害罪,但要证明二者之间的因果关系并非易事③。显然问题不在于使特定个人感染是否使得其身体生理机能损害,因为结论是肯定的。使他人感染病毒,有的情况下也无须与被害人有身体的接触,如投放病毒在其饮料中(通过性行为故意使之感染,身体必有接触;存在性行为同意但被害人对被害不知情的,不存在同意被害),问题在于对此类身体无接触、无有形暴力的行为是否可以认定为"伤害"?如同没有接触被杀之人的投毒行为,仍然是"杀人"一样,即便与被害人没有身体接触,故意将病毒传染给特定

---

① 参见14.01.01《人体损伤标准》6.3的规定。

② 这种去除如果损害生理机能,即便没有损害外形完整性,也应该认定为伤害;反之,则没有必要认为是伤害。原则上只有侵害生理机能的,才属于伤害。参见张明楷:《刑法学》(第2版),法律出版社2003年版,第682页。不能赞同将"身体的完整性"理解为"身体外形的完整性",如将此作为保护的法益,则使用暴力等强制去除他人头发、指甲,便成立故意伤害罪,这在我国是行不通的,强制去除头发情节严重,可构成侮辱罪;去除指甲(不包括对手指伤害),不能以犯罪论处。参见张明楷:《刑法学》(第4版),法律出版社2016年版,第855页。也有观点认为,即便对特殊人群(如演唱家、模特)强制去除头发、指甲等而产生的对心理、精神等的影响,也不是对身体健康的损害,如果构成其他犯罪,则按照相关犯罪处理,不构成故意伤害罪。参见王作富主编:《刑法分则实务研究》(中),中国方正出版社2013年版,第737页。强制去除头发、眉毛、指甲,完全可以成为其他犯罪的手段,如强制侮辱妇女罪、侮辱罪、刑讯逼供罪、暴力干涉婚姻自由罪等。至于是否可以就此而构成故意伤害罪是有争议的。

③ 参见王作富主编:《刑法分则实务研究》(中),中国方正出版社2013年版,第740页。也有学者认为,使他人受病毒感染,依照现行轻重伤害的鉴定标准,是无法确定的,因此,不能构成故意伤害罪。参见孙钧杰:《传染性病给男友不构成故意伤害罪》,载《法治快报》2006年第11期。

个人仍然是伤害行为[①]。在14.01.01《人体损伤标准》中,的确没有对病毒、病菌感染后损害程度鉴定的标准,但伤情鉴定标准明确规定的鉴定原则,是以"坚持以致伤因素对人体直接造成的原发性损伤及由损伤引起的并发症或者后遗症为依据,全面分析,综合鉴定"[②]。以何种病毒、病菌感染他人可以查证,其病毒、病菌的毒害性结合治疗结果可以固定,因此,不存在对由此损伤引起的并发症或者后遗症的最终结果不能鉴定的问题。可以说,构成故意伤害罪的伤害结果(包括伤害致人死亡结果),并非要求必须与伤害行为同时发生或当即实现,只要确定伤害行为与最终结果之间有因果关系(应排除介入因素),就应该认定构成故意伤害罪。

对母体以及胎儿伤害,黎宏教授具体区别了不同的情况进行分析,包括自行堕胎未果致使胎儿出生后残疾的;他人施暴于母体致使胎儿出生后残疾的,并分别就对胎儿的伤害与母体伤害进行了肯定说与否定说的讨论。他认为,从我国现行刑法来看,无论从伤害胎儿还是从伤害胎儿就是伤害母体的意义上说,都不宜按照故意伤害罪追究罪责。主要理由是,我国没有堕胎方面的犯罪,对胎儿的生命都不保护,更难说对胎儿健康的保护;将伤害胎儿行为视为犯罪,会产生不必要的波及效果,如母亲的不当行为也会使胎儿受伤,视为犯罪显然不当。即便从一般惩处的法感情看,伤害胎儿使之为人之后蒙受身体、精神重大缺陷,应承担一定责任,但在现行法律下,这种想法难以实现[③]。

本书不赞同对胎儿伤害累及母体仍然不构成犯罪的观点。胎儿与母体的关系从生理现象说,就是同一个生命体,依据我国法律更不可能截然分开讨论。当行为人的行为伤及胎儿或者母体致使流产,或不得已流产造成严重后果,例如造成子宫被摘除或终身不育后果、直接导致严重的精神障碍,如果还不认为这是伤害,就很难认为这是妥当的结论。

张明楷教授认为,直接针对胎儿的伤害,也同样构成伤害罪。问题只在于界定何时"胎儿"是受法律保护的"人",以及确定伤害"着手"。他认为,对胎儿出生前的伤害,因胎儿尚不属于"人",对人的伤害的紧迫性尚不存在,因此,此时的伤害只能视为"预备";当胎儿出生后为"人"时,便使先前对胎儿的伤害行为现实化为对"人"的伤害,这时才是伤害的着手,即将伤害行为实施时期与着手时期分离开,所以在着手伤害时就存在伤害对象的"人"。这一观点,的确很有新意。张明楷教授在新版著作中维持这一观点,并以工程重大安全事故罪为例,进一步认为,当实行行为不要求发生结果时,行为对象只要在行为产生影响或发挥作用之时存在,就满足行为对象的要求,并以此作为新的论据[④]。

---

① 2017年7月25日最高人民法院、最高人民检察院实施的《关于办理组织、强迫、引诱、容留、介绍卖淫刑事案件适用法律若干问题的解释》(法释〔2017〕13号)(以下简称17.07.25《卖淫案件解释》)第12条第2款规定:"具有下列情形之一,致使他人感染艾滋病病毒的,认定为刑法第95条第3项'其他对于人身健康有重大伤害'所指的'重伤',依照刑法第234条第2款的规定,以故意伤害罪定罪处罚:(一) 明知自己感染艾滋病病毒而卖淫、嫖娼的;(二) 明知自己感染艾滋病病毒,故意不采取防范措施而与他人发生性关系的。"

② 参见14.01.01《人体损伤标准》4.1.1的规定。

③ 参见黎宏:《刑法学》,法律出版社2016年版,第223页。

④ 参见张明楷:《刑法学》(下),法律出版社2016年版,第854—855页。张明楷教授借鉴日本学者前田雅英教授的观点。参见〔日〕前田雅英:《刑法各论讲义》,日本东京大学出版会2007年版,第30页以下。

因胎儿在我国尚不属于法律意义上的自然人，直接针对胎儿的伤害，人为堕胎（有意还是无意、个人自行还是由医师实施），包括直接针对孕妇的伤害致使胎儿死亡或出生后有重大残疾的情形，依据现行刑法的确尚无法直接按照故意杀人罪或故意伤害罪定罪处罚①。但本书不赞同张明楷教授将无生命的建筑物的施工、修建完成过程拟人化地比作胎儿的孕育、婴儿出生②。的确，从规范上说，实行行为对对象发生作用，并非要求当即就能发生作用（结果）。如同用慢性毒药杀人一样，数年后死亡也是故意杀人罪，将病毒故意感染他人，数月、数年发病，也是故意伤害罪。建筑工程的修建并非有机体生命孕育的过程，完全不同于胎儿在母体中生成到出生的过程。在修建中安置的爆炸物无论何时引发爆炸（当然可以包括针对不特定多数人，但即便最终没有危及不特定多数人的生命、健康安全），也不影响构成爆炸罪，但行为的对象是建筑物，这与规范上故意伤害罪只能针对有生命的特定对象（如果将母体与胎儿视为同一个生命体理解更为准确）不同，将该种犯罪行为与故意伤害的实行行为类比为具有相通的、规范上相同的法律属性，本书认为是不严谨的。如果胎儿可以成为故意伤害罪的对象，受伤害胎儿出生后视为"人"，出生后残疾则为伤害结果，那么，就没有理由否定被伤害的胎儿在分娩出后能够独立呼吸，即刻或不久死亡，也可以构成故意伤害（致人死亡）罪，甚至故意杀人罪的观点，不过这样的结论恐怕很难被实践接受。

故意伤害罪的侵害对象同故意杀人罪的对象。主体为自然人一般主体，主观上为故意，符合结果加重犯条件的故意伤害，对死亡结果只能出于过失。

故意伤害通常多为暴力性的行为，但非暴力的伤害行为仍然可能成立故意伤害罪。例如，有义务救助者不给病患治疗，致使病情加重，即属于不作为伤害；使用恐怖形象致使他人罹患精神病，亦是伤害。至于实施严重骚扰致使他人罹患精神衰弱，或使其陷于精神压抑的，能否构成伤害，的确值得研究。在国外有以伤害论罪的判例③，我国实践中，可能由于难以确定二者之间的因果关系，尚难定故意伤害罪。

（二）行为、加重结果、主观、违法性阻却

对于故意伤害行为以及采用的方式，法律上没有限制，是否使用器械，也在所不问。作为与不作为均可以，但不作为伤害应以有防止危害他人身体健康作为义务为前提。伤害结果，依据我国现行刑法规定，为轻伤、重伤和死亡（伤害致死）。出于伤害故意而造成死亡结果时，为结果加重犯。考察伤害行为，通常是有形的暴力，所以存在造成轻伤、重伤甚至死亡的可能性。

故意伤害罪，主观上必须是伤害的故意，动机不影响犯罪成立，是量刑的重要情节。本罪在规范上包括基本罪和结果加重犯的形态。基本罪，是指只造成伤害结果

---

① 如果不存在定罪上的障碍，也就不会有建议增设残害或伤害胎儿罪的意见。参见赵秉志主编：《刑法学各论研究述评（1978—2008）》，北京师范大学出版社 2009 年版，第 240—242 页。至于从解释的意义上说胎儿是否属于杀人、伤害意义上的"人"，这是见仁见智的法律问题。

② 参见张明楷：《刑法学》（下），法律出版社 2016 年版，第 854 页。张明楷教授认为在建筑物修建过程中安放定时爆炸物，工程完工后某个时间爆炸，仍然构成爆炸罪。就此例而言，定性无可争议，但将无生命的建筑物类比为生命孕育以及出生，本书认为并不妥当。

③ 参见〔日〕西田典之：《日本刑法各论》，刘明祥、王昭武译，武汉大学出版社 2005 年版，第 32 页。

(包括轻伤和重伤结果);至于是内伤还是外伤,是肉体伤害还是精神伤害,在所不问。但人体损伤的程度①与最终承担刑事责任的轻重具有密切的关系,是裁量刑罚的重要依据。基本罪的伤害故意,可以是直接故意或间接故意。直接故意的内容是明确的要致人轻伤、重伤结果,间接故意的内容是具有伤害故意但故意内容不明确,行为人只是意图造成伤害,但究竟要造成何种程度伤害,事前没有明确的想法,就会表现出故意内容不确定的特征。对此类案件,构成间接故意伤害犯罪的,只限于伤害结果在轻伤、重伤的范围内,不能包括致人死亡;造成死亡结果时,应以(间接)故意杀人罪处理。该种情形下实施伤害行为的,无论造成轻伤、重伤或者死亡哪种结果,行为人并非是认识不到的,任何可能发生的结果都在行为人的犯意之内;如果有证据表明死亡结果不违背行为人本意,其对死亡结果的发生就不是持排斥的态度,其放任态度就不再属于伤害的故意,而是杀人的故意。对故意内容不确定的故意伤害,造成了轻伤、重伤的结果,也没有必要查明其故意内容,应以实际造成的结果来处理。因行为人的主观认识内容中包括一般伤害和重伤结果,认定构成故意伤害罪并不违背主客观相统一的原则。依《刑法》的规定,故意伤害行为导致轻伤以上结果的,均可以构成犯罪。

如果无意伤害他人,仅有殴打的意思,即是以造成他人暂时的肉体疼痛、精神上的痛苦(诸如"逞强"要求被害人表示"臣服")为目的,造成轻微伤害结果,不宜认定为有伤害故意,但不排除可能构成其他犯罪(如寻衅滋事罪)。当然,殴打只是行为的表现形式,并非是对行为性质的确定,因为杀人可以殴打形式表现,伤害也可以,也可以只是一般违法行为。在殴打中造成严重后果,包括意外造成死亡的,并不当然构成故意伤害(致人死亡)罪,应注意考察行为人的罪过内容,不排除殴打方式也可以构成故意伤害罪甚至故意杀人罪,但只具有"殴打"故意,对死亡结果确有过失的,可以构成过失重伤罪或过失致人死亡罪;确无过失的,不应以犯罪论处,可以按《治安管理处罚法》处理,并使行为人承担民事责任。由于殴打也可以是其他犯罪的手段(暴力手段),应予以甄别,不应将实施其他犯罪使用殴打(暴力)手段,如抢劫、强奸、侮辱(妇女)、敲诈勒索的殴打,视为单纯的"殴打"。

故意伤害罪,包括故意伤害致死,要求伤害行为与最终结果之间具有因果关系。在排除有其他因素介入而最终伤情结论是重伤的,应以重伤论处;伤害当时伤情比较严重,经治疗又基本上恢复正常或者只造成轻伤害的,不能以重伤论处。在以伤害结果确定刑事责任时,要查明伤害行为与伤害结果之间具有刑法上的因果关系。例如,在诊治过程中有他人不当行为或者其他客观因素的介入最终呈现重伤害,不能以重伤害追责。

在伤害致死的情况下,行为人对死亡结果主观上是过失,应对死亡结果有认识的可能性。在故意伤害致死中,应排除偶然的结果加重犯②,对行为人无预见可能性的

---

① 伤害程度必须依据 14.01.01《人体损伤标准》认定。

② 在有效的司法解释中,有对偶然的重结果承担刑事责任的规定,如 2013 年 11 月 18 日最高人民法院、最高人民检察院实施的《关于办理抢夺刑事案件适用法律若干问题的解释》(法释〔2013〕25 号)(以下简称 13.11.18《抢夺案件解释》)第 3 条规定,抢夺公私财物,具有下列情形之一的,应当认定为《刑法》第 267 条规定的"其他严重情节",其中规定"导致他人自杀的"属之。这虽非结果加重犯,但是对这种"不期"严重结果的发生,承担刑事责任的合理性值得质疑。

死亡结果,不应以故意伤害致死论处。伤害的故意内容明确为轻伤、重伤[①]时,存在未实现实际结果的情况。对明确为轻伤故意,未造成轻伤结果,或因意志以外的原因未得逞,没有造成伤害的,其法律属性属于伤害未遂,实践中对此不主张以犯罪论处。

对以下情况,理论上均有不同认识:一是虽非重伤故意,但结果造成重伤,是否为结果加重犯;二是有重伤故意,结果只造成轻伤结果,是否需要认定为结果加重犯的未遂犯。

对于第一种情况,主要有两种观点:第一种观点认为,“致人重伤”包括故意,也包括“过失”造成的,过失造成的,可以是结果加重犯。[②] 第二种观点认为,“致人重伤”只限于故意,对重伤是过失的,径直按照过失重伤罪论处,所以故意伤害罪中因过失“致人重伤”,不是结果加重犯。[③] 本书赞同第二种观点[④]。刑法对实施故意伤害行为造成轻伤结果或重伤结果的情况,虽然分别规定了刑罚,但重伤结果仍然是“伤害”的概念所包含的,如果将规范意义上故意伤害罪(基本罪)的结果只限于轻伤,就我国刑法规定而言逻辑上很难成立。

对于第二种情况,也有不同认识。第一种观点认为,对结果加重犯而言,只有成立与否的问题,不存在既遂与未遂之分。[⑤] 对意图重伤造成轻伤结果,不宜认定为重伤未遂,而应认定为故意伤害(既遂),并且不适用未遂犯规定。[⑥] 第二种观点认为,对意图重伤而实际造成轻伤的情况,应适用“致人重伤”的法定刑,按照既遂从轻或减轻处罚,这有利于实现罪责刑相适应原则。对有重伤故意,由于意志以外原因未造成重伤,不能否定以重伤未遂处罚的必要性。[⑦] 本书认为,实施故意伤害无论结果是轻伤还是重伤,都在基本罪的范畴,如此当然存在既遂与未遂的可能性。有重伤故意而未致重伤是客观的,因意志以外原因未造成重伤结果,符合《刑法》第 23 条犯罪未遂的规定。因此,对明确有重伤故意,因意志以外原因只造成轻伤害结果,应按照故意伤害(未遂)论,当然也就不存在需要以结果加重犯的未遂犯来认定的问题。就重伤害的未遂而言,重伤与非重伤是从法律上法医活体实际损害鉴定的结论,并不反映行为人主观的故意内容。因而,未发生重伤结果,认定其行为是否具有造成重伤的现实

---

① 这里的重伤,包括《刑法》第 234 条第 2 款所规定的“以特别残忍手段致人重伤造成严重残疾”的结果。

② 参见顾肖荣:《刑法中的一罪与数罪》,学林出版社 1986 年版,第 45 页。

③ 参见赵秉志:《犯罪未遂的理论与实践》,中国人民大学出版社 1987 年版,第 256 页。这里也应该包括非重伤故意而过失造成死亡结果的情况,按照第二种意见,当然径直按照过失致人死亡罪处理即可,也非结果加重犯。为节省篇幅,不再具体论述该问题。

④ 这如同过失造成火灾危险,能扑救而放任严重后果发生,只论其(不作为)放火罪,而不再考虑其失火行为的道理是相通的。也有学者将此解决方案解释为是按照“吸收犯”的原理。参见王作富主编:《刑法分则实务研究》(中),中国方正出版社 2013 年版,第 742 页。本书认为,在只有一个伤害行为时,即便主观上有轻伤故意与对重伤结果的过失,也不符合吸收犯必须是数行为的条件。

⑤ 这一前提本书赞同,但问题在于伤害造成“重伤结果”的是否属于结果加重犯,在认识上有分歧。

⑥ 参见张明楷:《故意伤害罪探疑》,载《中国法学》2001 年第 3 期。张明楷教授完整的观点还包括:有重伤故意实施重伤行为,意志以外原因未造成任何伤害,应按照故意伤害(未遂)论,适用《刑法》第 234 条第 1 款,同时适用未遂犯的规定。

⑦ 参见王作富主编:《刑法分则实务研究》(中),中国方正出版社 2013 年版,第 744 页。相似观点参见赵秉志:《犯罪未遂的理论与实践》,中国人民大学出版社 1987 年版,第 256—257 页;黎宏:《刑法学》,法律出版社 2016 年版,第 225 页。本书认为,只要事实上行为人创设的风险包括死亡结果发生的可能性,是因被害人自己造成还是由无关第三者(无论有无过错)引发死亡结果,都应该由创设风险之人承担刑事责任。

危险性有一定困难,只能综合考察采用的伤害方法、使用的工具、伤害的部位等来认定,只有确实属于足以造成重伤而未遂的,才能以伤害未遂定罪。不宜对未发生重伤的都以重伤未遂来定罪。例如,在使用盐酸、硫酸毁容的案件中,因盐酸、硫酸失效而未致重伤,就应对行为人以故意重伤的未遂认定。

以下情况应阻却违法性,不构成故意伤害罪:得到被害人承诺,在法律允许自由支配与处分法益的范围内,对其人身非重要生理机能造成损害,应阻却违法性;为挽救其生命,采取非常方式、方法(如截肢)造成身体伤害,以推定承诺阻却违法性;正当防卫造成伤害,阻却违法性;因不可抗力、义务冲突,延缓救治造成患者病情加重,阻却违法性;依法执行职务或命令,如驾车追击或枪击犯罪嫌疑人[①],伤及行人,阻却违法性;符合紧急避险伤及第三者,阻却违法性。

(三)故意伤害罪与故意杀人罪、过失致人死亡罪的关联

故意伤害罪与故意杀人罪的区别,难点主要是两种情况,即故意伤害致人死亡与故意杀人既遂的界限,以及故意伤害既遂与故意杀人未遂的界限。对二者的界限,多数学者主张的是“故意说”[②]。即具有杀人故意的,无论被害人是否死亡,均是故意杀人罪;无杀人故意,只具有伤害故意,即便发生死亡结果(主观上有过失时),也只能按照故意伤害罪论处。“故意说”具有合理性,但是否有故意以及具有何种故意,不能只是根据行为人供述来确定,还需要遵循客观事实进行分析,如要考察案件起因、双方关系、犯案时间、地点与环境、使用的工具、击打部位以及强度、频次、有无预谋以及如何预谋、犯案后的态度等。对确实难以区别的,按照一贯做法即“就低不就高”,以故意伤害罪论处。

故意伤害致死与过失致人死亡的界限,“故意说”的核心内容,就是以“有无伤害的故意”区别二者。过失致人死亡并无伤害的故意,而对死亡结果有过失;故意伤害致死,对死亡结果虽也是过失,但确有伤害故意。笼统地说,这一界限并没有问题,但本书认为,仅此认识尚有不足。在死亡结果上虽均为过失,但过失在实质上并不相同。张明楷教授认为,故意伤害致死是过失致人死亡的特别法条[③],实施故意伤害后负有救助义务,不救助则构成不作为故意杀人,应并罚[④]。将故意伤害致人死亡视为过失致人死亡的特别法条,在规范上表明故意伤害致人死亡的情况下,行为人负有与过失致人死亡同样的保障生命安全的注意义务。本书认为,刑法规范上尚不好理解对严重侵害人身犯罪的故意伤害罪的行为人,设置有“不得实施”的禁止,又设定实施故意伤害时需要注意他人生命安全,还期待行为人实施故意伤害后必须履行救助义务,以避免死亡结果发生这样的立法。在过失致人死亡的情况下,行为人负有关注他人生命安全的注意义务,是因不重视他人生命安全,疏忽、自信地导致死亡结果的发生;

---

① 这是保障社会安全所允许风险的代价。

② 此外,还有“目的说”“事实说”(客观说)等,参见赵秉志主编:《刑法学各论研究述评》(1978—2008),北京师范大学出版社2009年版,第254页。

③ 参见张明楷:《刑法学》(下),法律出版社2016年版,第862页。

④ 参见张明楷:《刑法学》(上),法律出版社2016年版,第157页。

在故意伤害致人死亡的情况下,行为人并不当然负有关注生命安全注意义务,对死亡结果发生的过失,是疏忽或自信不危及他人生命[①],但对死亡结果并无故意;死亡结果客观上可能避免,也可能根本无法避免[②],是虽可预期但确属故意侵害外的意外结果。

本书认为,故意伤害罪需要从法规范上解释,而非依据案件来理解故意伤害罪的立法规范。故意伤害的行为人,完全可能基于"人性"觉悟,在犯罪后自我决定实施救助,但这不是法规范"命令",而是由伤害行为所创设的风险所带来的,由行为人自我决定是否去履行的义务。如果将故意伤害罪理解为法规范设定有"避免死亡结果的救助义务",那么,故意伤害致人死亡将成为作为与不作为结合体的立法,且故意伤害罪必须限制在实施伤害行为后,在有救助可能性范围内才能构成。如果故意伤害行为具有当场致人死亡的危险,法规范上就不再是故意伤害罪,这显然解释不通。就故意伤害案件而言,在伤害后不救助或者没有防止死亡结果发生,并没有实施另外的违反刑法规定的行为,只是放弃了不构成结果加重犯或者成立犯罪中止的时机,使自己无法得到法律的宽恕而已。但这一点并不否定具体案件中故意伤害(致人死亡)与故意杀人可以有关联性,当实施伤害行为后,基于"人性"觉悟,自我决定救助,对事实的因果过程具有排他性的支配、控制时,最后放弃救助致人死亡的,就不是基于疏忽或自信发生的死亡结果,只能认定为其犯意发生变化,是希望或放任结果发生,当然应径直按照故意杀人罪论处。

(四) 故意伤害罪与过失致人重伤罪[③]的关联

过失致人重伤罪,是指因过失致他人重伤的行为。主体为自然人一般主体,对重伤结果主观上是过失。本罪与过失致人死亡罪相同,限于在特定领域(如生产加工领域、交通领域)之外,即是在日常生活中由于不重视他人人身安全,违反注意义务,因作为或不作为而导致他人重伤。可以认为,本罪与特定领域内因违反特别的规章制度所规定的注意义务,因过失而致人重伤的犯罪具有法条竞合关系。本罪为普通法条,因过失致人重伤的行为,在刑法分则中另有规定的,应按相应的罪处理,而不再适用本条定罪处罚。本罪以致人重伤为成立的必需条件,要求过失行为与重伤结果之间具有因果关系,至于被害人是否有过错,在所不问,但可影响到刑事责任轻重。

故意伤害罪与过失致人重伤罪,在规范上并无关联,不仅在罪过上,而且在是否负有防止危险发生(伤害、死亡)的义务上都有区别。

(五) 应以故意伤害罪论处的其他犯罪

依据我国现行刑法,以下行为均存在构成故意伤害罪的可能性。《刑法》第 234

---

① 过失致人死亡的过失与故意伤害致人死亡的过失不同,前者原本就负有关注他人生命安全的注意义务,本无伤害故意;而后者的过失并非建立在这一前提之上。过失致人死亡行为只表现为一种形式,要么作为,要么不作为;而故意伤害致人死亡,只是实施并没有以作为义务为前提的伤害行为,也没有额外去实施法律禁止或命令的行为。

② 有避免可能性,可由行为实施的客观情况所决定,但行为人疏忽或自信,不可能避免也可能是在后果严重性判断上的疏忽或自信。

③ 我国《刑法》第 235 条。

条之一、第238条、第248条、第289条、第292条、第333条分别规定,对未经本人同意摘取其器官,或者摘取不满18周岁的人的器官,或者强迫、欺骗他人捐献器官的;非法拘禁他人或者以其他方法非法剥夺他人人身自由,使用暴力致人伤残、死亡的;司法工作人员对犯罪嫌疑人、被告人实行刑讯逼供或者使用暴力逼取证人证言,致人伤残、死亡的;监管人员对被监管人进行殴打或者体罚虐待,情节严重,致人伤残、死亡①的;聚众"打砸抢",致人伤残、死亡的;聚众斗殴,致人重伤、死亡的;以暴力、威胁方法非法组织他人出卖血液,对他人造成伤害的,均应以故意伤害罪论处。

(六)故意伤害罪的刑事责任

犯本罪,处3年以下有期徒刑、拘役或者管制;致人重伤的,处3年以上10年以下有期徒刑;致人死亡或者以特别残忍手段致人重伤造成严重残疾的,处10年以上有期徒刑、无期徒刑或者死刑。本法另有规定的,依照规定。只要发生致人轻伤②以上结果的,即可判处3年以下有期徒刑、拘役或者管制;致人重伤③的,处3年以上10年以下有期徒刑;致人死亡,是本罪结果加重犯的规定;"以特别残忍手段致人重伤造成严重残疾"的情形值得研究。从条款的衔接看,该内容是"注意规定",即特别强调是"以特别残忍手段"致人重伤,而且要求"造成严重残疾"④的结果,才能考虑适用死刑(包括死刑缓期两年执行)。从上述规定看,"特别残忍手段"与"严重残疾"的重伤结果二者必须同时具备,这可以更好地控制故意伤害罪死刑的适用。

三、组织出卖人体器官罪

(一)组织出卖人体器官罪的概念和法益

组织出卖人体器官罪,是指组织出卖人体器官的行为。本罪保护的法益,是他人的身体健康、生命权以及国家对人体(活体)器官捐献的监管和人体器官移植的监管。对象为年满18岁,具有完全民事行为能力,自愿出卖(捐献)自己人体器官的人,以及不满18周岁的人和被强迫、被欺骗的人以及未经其本人生前同意或者去世后家属同

---

① 上述犯罪造成死亡结果的,不能有故意因素,否则为故意杀人罪。

② 14. 01. 01《人体损伤标准》3.2规定,轻伤包括轻伤一级和轻伤二级。

③ 14. 01. 01《人体损伤标准》3.1规定,重伤包括重伤一级和重伤二级。

④ 根据14. 01. 01《人体损伤标准》的规定,对所有伤害结果的鉴定要同时适用"GB 18667 道路交通事故受伤人员伤残评定;GB/T 16180 劳动能力鉴定、职工工伤与职业病致残等级;GB/T 26341—2010 残疾人残疾分类和分级"。对"严重残疾"的认定,1999年10月27日最高人民法院《全国法院维护农村稳定刑事审判工作座谈会纪要》(法〔1999〕217号)指出:要准确把握故意伤害致人重伤造成"严重残疾"的标准。参照国家技术监督局颁布的《职工工伤与职业病致残程度鉴定标准》(GB/T-16180—2006)(以下简称"工伤标准"),《刑法》第234条第2款规定的"严重残疾"是指下列情形之一:被害人身体器官大部缺损、器官明显畸形、身体器官有中等功能障碍、造成严重并发症等。残疾程度可以分为一般残疾(10至7级)、严重残疾(6至3级)、特别严重残疾(2至1级),6级以上视为"严重残疾"。在有关司法解释出台前,可统一参照"工伤标准"确定残疾等级。实践中,并不是只要达到"严重残疾"就判处死刑,还要根据伤害致人"严重残疾"的具体情况,综合考虑犯罪情节和危害后果来决定刑罚。故意伤害致人重伤造成严重残疾,只有犯罪手段特别残忍,后果特别严重的,才能考虑适用死刑(包括死刑缓期2年执行)。

意被摘取器官的已故者。本罪主体为自然人一般主体,主观上是直接故意,但未以特定目的为主观要素,动机不影响认定。

(二) 违法性阻却、"人体器官"、行为

自愿出卖自身器官之人、亲属同意摘取逝者器官用于移植的行为,阻却其出卖行为的违法性,但并不阻却组织出卖行为的违法性。在经批准正式开展器官移植的医疗机构中的组织行为,未违反《人体器官移植条例》[①]有关规定的,阻却违法性。

根据《人体器官移植条例》第 7 条的规定,在我国供器官移植的器官来源限于"捐献",并遵循"自愿、无偿的原则"。[②] 第 2 条规定,供移植所用"器官"则是指"具有特定功能的心脏、肺脏、肝脏、肾脏或者胰腺等器官的全部或者部分",但"从事人体细胞和角膜、骨髓等人体组织移植,不适用本条例"。

组织他人出卖人体器官的行为,"组织"只是手段行为,包括对有意愿出卖自己人体器官的人的组织,如对出卖器官者进行招募、引诱、介绍,或者对出卖器官实施策划、安排、控制和指挥等,也包括对自愿捐献者的组织;还包括对非法从事人体器官移植的(医护)人员[③]招募、组织、指挥和领导,以及对其他辅助人员招募、雇佣行为。组织的方式也无限制,无论是自己亲自做工作,还是通过网络。被组织的"供体"(包括出卖器官的人),必须出于自愿,知道自己是出卖(捐献)了器官,能够认识到被摘取器官对自己身体造成何种损害。因对"供体"身体健康造成损害是必然的,虽属于"同意伤害",但并不阻却违法性。不过,认定本罪的依据不是仅仅对供体造成的伤害或者死亡,而是非法组织出卖人体器官。如果以强制性手段控制、迫使他人"捐献",或者以欺骗手段摘取而获得人体器官,以及以各种方式、方法实际摘取不满 18 周岁活体的人体器官的,或者违背本人生前意愿摘取已故者人体器官的,或者本人生前未表示同意,违反国家规定,违背其近亲属意愿摘取已故者人体器官的,只要参与上述活动均应依照故意伤害罪或故意杀人罪,或者侮辱尸体罪定罪处罚。

"出卖",是指将人体器官作价卖出,但并非是指"供体"的作价出卖行为,而是指"组织者"的出卖行为,任何寻找器官供体与受体的行为,均应视为"组织出卖"。具体包括对自愿提供的或者在捐献者不知情的情况下,出卖所提供的人体器官;游说去世后捐

---

① 根据《人体器官移植条例》第 3 条的规定,任何组织或者个人不得以任何形式买卖人体器官,不得从事与买卖人体器官有关的活动。

② 张明楷教授认为,因保护的法益是身体法益,因此,本罪对象的人体器官,限于活体器官。同时认为,对人体器官的种类,没有必要按照《人体器官移植条例》所规定的范围把握。参见张明楷:《刑法学》(下),法律出版社 2016 年版,第 863 页以下。在"自愿、无偿原则"下,这里的捐献的器官包括来自于死者和活体自愿者。这符合我国制定《人体器官移植条例》的初衷,也符合世界卫生组织以及相关国际文件对"供体"的规定。可参见《世界卫生组织人体细胞、组织和器官移植指导原则》《人体器官和组织移植》(2010 年 5 月 21 日第 63 届世界卫生大会审议并批准)。但上述国际文件指定可"移植"的包括人体细胞、组织和器官,明显广于我国《人体器官移植条例》,如所包括的"造血干细胞"依据我国规定则不能包括在"器官移植"的概念之中。

③ 这包括在国家批准的正式开展器官移植医疗机构中,违反《人体器官移植条例》的规定,出卖器官移植医疗机构持有的人体器官的组织及其工作人员。故经批准的医疗机构以及人员违反《人体器官移植条例》第 3 条的规定,组织或被组织出卖人体器官的,仍然可以构成犯罪。

献人体器官,后实施出卖;从事地下器官买卖中介活动,均为本罪行为。如果行为人参与他人组织的出卖人体器官的活动,但对他人是通过欺骗、强迫而获取人体器官,或者是摘取不满18周岁未成年人人体器官(构成故意杀人罪、故意伤害罪),或者是盗取尸体器官(构成侮辱尸体罪)等情况,并不知情,在参与前与其没有通谋,也不明知其获取方式、对象,则不应以相关的犯罪追究行为人的刑事责任,但并不影响认定其构成本罪。至于由何人摘取人体器官,人体器官的来源,是否有先行买入行为等,在所不问。

(三)组织出卖人体器官罪的犯罪形态

只要为出卖人体器官实施上述组织行为之一,无论器官是否出卖,均应以犯罪既遂论处。未实施组织行为,但参与人体器官买卖其他环节的,均应以本罪的共同犯罪论处;但事前有通谋为获取人体器官实施故意杀人、故意伤害的,同时构成故意杀人、故意伤害的共同犯罪。有学者认为,当以出售为目的,收购以窃取、伤害、杀害等手段所获取的人体器官的,也应以本罪论处。① 本书不完全赞同这一观点。现实中为保障器官移植成功,供体器官被摘取后,器官的居间管理条件极其严苛(需要在严苛的储存条件下冷藏),植入的复杂性也决定了器官必须在一定时间内移植进受体。在没有与受体特定配型的情况下,事先以伤害、杀害获取人体器官,存储起来等待有人找上门来购买,是完全不可能的。器官移植需要配型,但这不是简单的血型相配,还需要供体和受体双方的组织尽量靠近,避免受体的免疫系统攻击和排斥外来组织,导致移植失败。即便在地下"黑医院"实施器官移植,也需要事先配型、现场摘取、现场移植(不排除可能有"专门"的组织、机构,以伤害、杀人存储人体器官,也需与特定受体特定配型)。如果他人为特定受体寻觅了特定供体,行为人也明知这是通过伤害、杀害特定供体而取得的人体器官,还予以收购(包括知情的接受移植的受体),如果不承担故意伤害、故意杀人(正犯或共犯)罪责,于理于法都难以使人信服。

违背已故者本人生前意愿,违背其近亲属意愿摘取亡者人体器官又组织出卖的,为牵连犯,因侮辱尸体罪起刑点较本罪低,应以本罪从重处罚。

(四)《刑法》第234条之一第2款与故意伤害罪、故意杀人罪的关联

《刑法》第234条之一第2款规定,未经本人同意摘取其器官,或者摘取不满18周岁的人的器官,或者强迫、欺骗他人捐献器官的,依照故意杀人罪、故意伤害罪定罪处罚。依据《人体器官移植条例》的规定,器官捐献应当遵循自愿、无偿的原则。捐献其人体器官应当有书面形式的捐献意愿,对已经表示捐献其人体器官的意愿,也有权予以撤销,即公民享有捐献或者不捐献其人体器官的权利。

被害人无论是否自愿被摘取器官用于移植,对其造成伤害是确定的,因为有的器官不具有再生性,所造成伤害甚至是不可逆的。所以本罪与故意伤害罪有当然的竞合关系。因医疗摘取器官用于移植,主要发生在血亲之间,没有违反《人体器官移植

① 参见黎宏:《刑法学》,法律出版社2016年版,第228页。

条例》,阻却行为的违法性。但对"地下黑医院"[1]所实施的非法器官移植,供体被摘取器官也是经过其本人同意的(可能因各种原因出卖自己的器官),但该种同意在法律上是无效的,摘取人体器官,是对人体健康的重大损害,即便同意"被害"也不能阻却违法性。也因这是对刑法保护身体健康规范目的的严重挑战。因此,应该以故意伤害罪、故意杀人罪追究刑事责任。

"未经本人同意摘取其器官",是指没有得到被摘取器官本人的同意,摘取其器官的行为。同意又撤销的,亦为"未经本人同意摘取其器官",包括在其本人不明真相的情况下被摘取器官,以及未经本人同意,采取强制手段摘取其器官。"摘取"是指违反国家规定,非医学治疗需要摘取人体器官的行为(不包括医学治疗需要摘取、切除器官)。"摘取未满18周岁的人的器官"[2],则不论未成年人本人是否同意,即便本人同意,在法律上也视为无效,不阻却违法性,对非医学救治需要而摘取不满18周岁人器官,可能构成本罪或医疗事故罪等。"强迫、欺骗他人捐献器官",是指采取强迫、欺骗的手段,使他人捐献器官的行为。采取强迫手段,当然符合"未经本人同意摘取其器官",而采取欺骗手段的,看似是"取得同意",但欺骗手段本质上违背了被摘取器官者的真实意思表示。因此,上述三种行为均是违背器官被摘取者的意愿的行为。只要实施上述行为必然损害他人的身体健康,当然构成故意伤害罪,如果器官的重要性达到危及生命的危险程度,则应以故意杀人罪论处。

(五)《刑法》第234条之一第3款与盗窃、侮辱、故意毁坏尸体罪[3]的关联

盗窃、侮辱、故意毁坏尸体罪的法益是社会殡葬习俗和逝者名誉及亲属的情感。主体为自然人一般主体,主观上是故意,动机不影响认定。该罪包括盗窃、侮辱、故意毁坏尸体的行为,即秘密窃取尸体的行为,对尸体实施贬损其名誉(如破坏尸体完整、鞭尸等)的行为。该罪是并列罪名可统一适用也可分别适用,不能实行并罚。《刑法》第234条之一第3款规定,违背本人生前意愿摘取其尸体器官,或者本人生前未表示同意,违反国家规定,违背其近亲属意愿摘取其尸体器官的,依照《刑法》第302条的规定定罪处罚。实施第234条之一的行为,并非一定要盗取逝者尸体,只要摘取逝者器官,必然破坏了逝者的名誉和尸体的完整性,这不仅是对死者的名誉、人格尊严的亵渎,也给死者近亲属带来精神痛苦和伤害,应以侮辱尸体罪论处。

"违背本人生前意愿摘取其器官",是逝指者虽在生前已经明确表示去世后不愿意捐献人体器官,违背其生前意愿摘取其人体器官的行为。"违反国家规定,违背其

---

① 这是指有器官移植资质的医生,或者虽然无此资质但有此能力的医护人员,在"地下器官移植机构",或者参与他人组织的非法人体器官移植活动,实施非法器官移植活动。

② 根据《世界卫生组织人体细胞、组织和器官移植指导原则》对"指导原则4"的解释,虽然禁止以移植为目的摘取法定未成年人的器官,但在不能找到具有相同治疗效果的成人捐献人情况下,当避免免疫遏抑可对接受人有足够的好处,而且没有可在未来对捐献人产生不利影响的遗传病时,例外地允许同卵双胞胎之间的肾脏移植。我国《人体器官移植条例》第9条规定,"任何组织或者个人不得摘取未满18周岁公民的活体器官用于移植";该规定表明我国对此没有这种例外。

③ 我国《刑法》第302条。但该行为不触犯盗窃、侮辱尸骨、骨灰罪。

近亲属意愿摘取其尸体器官”,是指违反《人体器官移植条例》规定,对生前没有留下捐献器官意愿的逝者,在没有其近亲属以书面形式共同表示同意摘取其器官的情况下,摘取其人体器官的行为。《人体器官移植条例》第8条第2款后半段规定:公民生前未表示不同意捐献其人体器官的,该公民死亡后,其配偶、成年子女、父母可以以书面形式共同表示同意捐献该公民人体器官的意愿,可以摘取逝者器官用于移植而不违法。

(六)组织出卖人体器官罪的刑事责任

犯本罪,处5年以下有期徒刑,并处罚金;情节严重的,处5年以上有期徒刑,并处罚金或者没收财产。“情节严重”,是指多次组织他人出卖人体器官或者获利数额较大的以及出卖不满18周岁未成年人人体器官、造成死亡或者造成多人身体健康严重损害的等。

四、强 奸 罪

(一)强奸罪的概念和法益

强奸罪,是指以暴力、胁迫或者其他手段,违背妇女意志,强行与妇女性交,或者故意与不满14周岁的幼女发生性关系的行为[①]。本罪的法益,理论上有多种观点,主要有“性的不可侵犯性说”“性权利以及人身其他权利说”“性自主决定权利说”等[②]。多数说为妇女“性自主决定权说”。对心智健全的妇女而言,只要出自其意志决定的性行为,即便“不当”,也与强奸罪无关,普通强奸罪应以妇女“性行为决定权”为保护法益。对于奸淫幼女的强奸罪,刑法所保护的法益是什么?学界有不同认识[③]。因幼女心智发育尚不健全,尚未养成法律认可的性意识,也不具备防范性侵害的能力,特别是对性行为可能影响到自己人生缺乏认知,因此,需要运用法规范和儿童性禁忌规

① 文明开化后,社会还是以男性为主导,女性仍被视为弱者,自然而然,强奸罪的保护对象只限于女性,而不包括男性。当然,不仅是强奸罪(包括奸淫幼女构成强奸罪),拐卖妇女罪等也都具有“性别”保护的标签。现国际社会的立法思想已经有所变化。如德国以及我国台湾地区“刑法”规定的强制性交罪,将男性也列为保护对象。参见黎宏:《刑法学》,法律出版社2012年版,第649页下注释。我国现行《刑法》由于只设置对女性的强制性交为强奸,男性针对男性,以及女性对男性的性侵害,以往只能按照故意伤害罪追究刑事责任,而且,处罚比较轻。例如,42岁男保安张某,深夜将保安宿舍里的一名18岁男同事李某“强奸”,被北京市朝阳区法院以故意伤害罪判处有期徒刑1年。参见 http://news.sina.com.cn/c/2011-01-04/13262175647.shtml,访问时间:2013年5月22日。目前,男性被性侵的案例并非鲜见,现在根据《刑法》的规定,上述性侵案件可一律按照强制猥亵罪论处。

② 参见王作富主编:《刑法分则实务研究》(中),中国方正出版社2013年版,第754页。

③ 张明楷教授认为,由于幼女缺乏决定性行为的能力,即便征得其同意,也认为侵犯其性的自己决定权利。参见张明楷:《刑法学》(下),法律出版社2016年版,第868页。我国现行刑法取消“奸淫幼女罪”,将“幼女”也笼统地概括在有“性行为决定权利”范畴内,是否妥当?既然是幼女“同意”的,如何侵犯幼女“性的自己决定权”?认为幼女缺乏决定性行为的能力,又如何能侵犯“性的自己决定权”?与幼女发生性行为构成强奸罪,保护的显然不是幼女的“性的自己决定权”而是幼女的身心健康权。参见2013年10月23日最高人民法院、最高人民检察院、公安部、司法部发布的《关于依法惩治性侵害未成年人犯罪的意见》(法发〔2013〕12号)(以下简称13.10.23《性侵害未成年人犯罪意见》)所规定的一系列保护未成年人的法律措施,其出发点均是以保护未成年人的身心健康为主旨。

范予以特别保护。所以,本书认为,对奸淫幼女的强奸罪,刑法应以幼女的"身心健康权"为保护法益(具体理由容后说明)。

妇女"性行为决定权利",是妇女根据自己的意愿发生或不发生性行为的权利。幼女"身心健康权利",是幼女的身体和精神正常发育和健康成长的权利。第一,妇女自愿发生性行为的决定权,是对具有责任能力、心智健全妇女而言,如果是女性精神障碍者(有婚姻关系的,或已经有子女的,应慎重考察,一般不宜以强奸罪追究其丈夫的刑事责任;如果婚姻关系已经解除,则另当别论)和不满 14 周岁的幼女,则不问其是否有性行为同意的意思表示,均以违反其意志论。第二,妇女"性行为决定权利"和幼女"身心健康权利",是只有妇女和幼女在生命存续时才享有的权利。因此,强奸罪的对象,无论是妇女还是幼女,都是指有生命的自然人。

(二) 对象、行为、结果、主体

强奸罪的对象,包括已满 14 周岁①以上的妇女与不满 14 周岁的幼女②。强奸是以性交为必要。性交③,从法学的角度看,无论两性性器的结合是为了获得性心理及生理上的满足、快感,还是为繁衍后代,以及目的是否合法,都不影响定义为"性交"。当然,能够获得性心理及生理上的满足、快感的,不一定非要通过两性性器的交合,为繁衍后代,也不限于只能通过性交达成。我国刑法目前并没有明确性交的定义,实务中仍然是性医学、生殖学以及法医学上传统意义上两性性器结合的定义④。

---

① 张明楷教授认为,由于《刑法》第 236 条第 1 款与第 2 款并非择一关系,因此,不应对第 1 款对象限定为已满 14 周岁以上的妇女。如行为人合理地认为 13 周岁的幼女是已满 18 岁的,使用暴力、胁迫手段强行性交,如对第 1 款对象有此限制,则只能宣告无罪,这是不能接受的,因此应构成普通强奸罪。参见张明楷:《刑法学》(下),法律出版社 2016 年版,第 869 页。本书赞同构成普通强奸罪的结论,但这是对象认识错误,依据认定罪过的原则"依所识,不依所实",行为人主观上当然是强奸故意,而不是奸淫幼女的故意,最终处理上也不可能按照奸淫幼女构成的强奸罪从重处罚。但怎么可能因认识错误不构成奸淫幼女的强奸,就应当宣告无罪,所以才构成普通强奸罪?难道行为人实施的暴力、胁迫手段强行性交,不是强奸行为?应该考虑的恐怕只是在对象认识错误情况下,只能遵循"依所识,不依所实"认定罪过,不能以实际被害是幼女而适用从重处罚而已。

② 有将"已满 14 周岁不满 18 周岁女性"称为"少女",但刑法只有"妇女"与"幼女"称谓,无"少女"一说。

③ 例如,英国刑事法规定的强奸罪的性交,包括阴道交和肛交。我国台湾地区"刑法"规定的"性交"是指非基于正当目的所为之下列性侵入行为:(1) 以性器进入他人之性器、肛门或口腔,或使之结合之行为;(2) 以性器以外之其他身体部位或器物进入他人之性器、肛门,或使之结合之行为。该定义被学者诟病:一是性交定义已经超出了普通人对性交的理解,有违罪刑法定。二是以性器以外之其他身体部位或器物进入他人之性器、肛门,如医生以手指或器械为他人检查性器或肛门,也可被定义为"性交",显然不合适。三是所谓"基于非正当目的"的表述,在刑法上更是使人困惑,强制性交罪,还有基于"正当目的性"?所以,这一立法修改被诟病为"荒诞之立法"。参见陈子平:《刑法总论》,中国人民大学出版社 2009 年版,第 61—62 页。

④ 张明楷教授认为,"口交"和"肛交"在有些国家已经被定义为"性交",将这种强制行为定义为"强奸",在我国并不存在刑法上的障碍,只是在观念上有障碍。参见张明楷:《刑法学》(下),法律出版社 2016 年版,第 869 页下注释。那么,是否可因性活动模式多样性,若不采取传统性交模式的强制性性活动,如"口交""肛交",同样也应当构成强奸罪?本书认为,能够满足性欲的行为的确不只是传统意义上的两性性器交合,但是,如将强奸行为的模式作这种范围的理解,则难以处理与其他罪的关系。不可否认,强制猥亵、强制侮辱妇女,猥亵儿童等性侵犯罪,都不排除"口交""肛交"的方式。因此,本书仍主张传统意义上两性性器的交合为"性交"。

多数说认为,强奸以违背女性意志为必须的条件,是强奸罪的本质特征,如性行为不违背其意志,则无论性行为正当还是不正当,女性性观念如何,均与犯罪无关。行为对象为已满 14 周岁女性,则以性行为违背其意志为本质,违背女性意志,是违背了女性不愿与行为人性交的真实意思。性行为既然是在违背女性意志情况下实施,行为人必然要使用暴力、胁迫或其他手段,来抑制女性拒绝性交的意志和反抗行为。违背其意志的客观表现,则通过行为人所采取的暴力、胁迫以及采取使女性不敢、不知反抗的手段。因此,考察是否使用法律规定的强制手段,是确认是否违背其意志的主要标志。只要明知女性为不满 14 周岁的幼女、无责任能力者,即便没有采取暴力、胁迫等手段与其发生性行为,也一概以违背意志论。在被害人为妇女的情况下,只要实际上两性性器有交合,即可认为基本结果已经发生构成既遂;被害为幼女的,能够证明两性性器有实际接触,亦认定为既遂。

男性为强奸主体是没有争议的,但女性是否可成为强奸罪的主体?多数观点认为,女性可成立帮助犯、教唆犯,但不能成为强奸罪的正犯,或至多是间接正犯①;也有观点认为,可成立帮助犯、教唆犯、间接正犯和共同正犯②。本书持后种认识。

在婚姻关系存续期间,丈夫强制与妻子性交的,是否构成强奸罪?③(即“婚内强奸”)这个问题有争议④。张明楷教授持现阶段“否定说”将来的“肯定说”⑤,黎宏教授持肯定说⑥。本书不赞同构成强奸罪的看法。一是因为《民法典》规定夫妻“结婚”后就包含夫妻之间有性活动的权利、义务,这是“婚姻”本义中的当然内容。但这里的权利、义务有其特殊性,一般意义上的法的权利、义务,权利可以放弃,但义务必须履行。在婚姻关系存续中的性权利的行使、义务的履行,完全是夫妻双方的事。这种权利、义务在双方没有选择自愿结合和自愿解除婚姻关系时,法律不能干涉。也即法律不能强制他人结婚,更不能强制他人离婚,当然更不可能“依法”去强制夫妻发生或不

---

① 参见马克昌主编:《百罪通论》(上卷),北京大学出版社 2014 年版,第 537 页。

② 参见张明楷:《刑法学》(下),2016 年版,第 868 页;黎宏:《刑法学》,法律出版社 2016 年版,第 230 页。认为可构成共同正犯,在采行为共同说在解释论上没有障碍,但即便采犯罪共同说,也同样可以解释为间接正犯、共同正犯,问题仅在于如何理解强奸罪的实行行为。

③ 各国立法规定多有不同,德国《刑法典》第 117 条规定:“以强暴或对身体、生命之立即危险,胁迫妇女与自己或第三人为婚姻外之性行为者,处两年以下自由刑。”奥地利《刑法》第 201 条规定,强奸行为是“婚外之性交”。泰国《刑法》第 276 条明确规定强奸罪的对象是“配偶以外之妇女”。美国《新泽西州刑法》规定:“任何人都不得因年老、无性能力或者同被害人有婚姻关系而推定为不能犯强奸罪。”美国加利福尼亚、特拉华、俄勒冈等州也有类似的立法。

④ 不赞同的观点可参见刘宪权:《婚内定强奸不妥》,载《法学》2000 年第 3 期;周永坤:《婚内强奸罪的法理学分析》,载《法学》2000 年第 10 期等;肯定的观点可参见李立众:《婚内强奸应构成强奸罪》,载《云南大学学报(法学版)》2001 年第 4 期;既就是肯定观点,在何种范围婚内可以构成犯罪,也有不同认识,参见冀祥德:《婚内强奸问题研究》,人民法院出版社 2005 年版,第 64 页;何懿甫:《配偶权与婚内强奸》,载《法律适用》2001 年第 4 期等。

⑤ 参见张明楷:《刑法学》(下),法律出版社 2016 年版,第 868 页。

⑥ 主要理由是,夫妻之间性要求的义务的承担应该以一般人认可的妥当方式进行,违背妻子意愿使用暴力、胁迫等方式,很难说有合理性。参见黎宏:《刑法学》,法律出版社 2012 年版,第 653 页。问题恐怕在于“一般人认可的方式”是什么方式?对于夫妻间玩“性虐恋”才有性快感的,不可能被一般人认可和理解,但有过错吗?

能发生性关系[①]。二是因为本书不赞同“婚内强奸”,并非认为婚姻关系存续期间,丈夫对妻子施暴强制性交在任何情况下都不可能触犯刑法。现实中未见处于“婚姻美满”生活中的妻子告丈夫强奸,之所以出现妻子告丈夫强奸,都存在婚姻关系恶化甚至无法维持婚姻关系的情况。在该种情形下丈夫强制妻子发生性关系,有的是想改善夫妻关系,但也有以此实施报复的。无论属于哪种情形,如果因此而伤害妻子(身体和精神)的,刑法规定有故意伤害罪和过失重伤罪、暴力干涉婚姻自由罪以及强制猥亵、强制侮辱妇女罪、非法拘禁罪等,并非只有强奸罪可以适用。如果婚姻关系已经解除(依法解除婚姻关系或协议离婚后),仍然强制前妻性交,当然可以构成强奸罪。丈夫为了报复或阻止妻子离婚,教唆、帮助他人实施强奸,构成强奸罪。[②] 将妻子误认为是其他女性而强奸的,也应构成强奸罪。

强奸的暴力,是指以殴打、伤害、捆绑、按倒、强拉硬拽等,对其人身实行强制性手段,意图在于使被害人不敢、不能反抗,至于是否实现该效果,在所不问。胁迫,是指以杀害、伤害、职权、地位、揭发隐私等可能发生的恶害相威胁、恫吓、恐吓,对被害人进行精神强制的手段,意图使其不敢反抗,至于现实是否实现该效果,也在所不问。其他手段,是指暴力、胁迫手段之外,其他使被害人不知或不能反抗的手段。如用药麻醉,用酒灌醉。如果现实中有交替使用上述手段的,应以主要手段认定。认定强奸罪,不能以被害女性有无反抗以及其性观念是否符合社会性道德观念为标准。

强奸的暴力手段,较短时间会限制被害人人身自由,可视为暴力的当然结果,不宜另行评价为严重情节;但如采取非法拘禁(如作为“性奴”较长时期内间断但连续实施强奸——同种数罪),则手段行为同时触犯非法拘禁罪,为牵连犯,因侵害的法益并无重合之处,应与强奸罪并罚;连续强奸,为连续犯,当以一罪处罚显失公正的,应当数罪并罚。暴力手段,除可能抑制被害人反抗外,更可能造成一定人身伤害结果。若结果为轻伤,可视为暴力当然结果,不宜另行视为严重情节;如果使用暴力手段致人重伤后实施强奸,或者使用暴力导致死亡结果发生的,则为本罪的结果加重犯,是法定加重情节。

但是并非所有发生死亡结果,都只为本罪的结果加重犯。以下情况均应考虑数罪并罚:

(1) 以犯其他罪故意施暴(故意杀人、故意伤害等其他侵犯人身、财产犯罪)造成

---

① 之所以法律不能干涉,是因为以下考虑:首先,国民有选择结婚,或不结婚组成家庭共同生活,或者不组成家庭,分别与不同异性姘居(不涉及与军人配偶同居,否则构成破坏军婚罪)生活的权利,道德可以有约束,法律不能干涉;其次,无论是否选择结婚组成家庭,有权利选择组成什么样的家庭,可以生育子女,也可以选择不生育,法律也不能干涉;再次,无论是否组成家庭,选择什么样的生活方式,包括其性活动的安排,只要不在公众、公共场合,不侵害公众利益,在何时、何地、使用何种方式进行性活动,法律不能干涉;最后,当夫妻任何一方不愿意性活动时,法律也不能加以干涉,国家没有权力用法律手段强迫夫妻任何一方去履行性义务。换言之,国民没有赋予国家来干涉婚姻关系存续期内(包括婚姻关系外不触犯法律、不触犯刑法、不触犯党纪和政纪)性活动的权力。

② 参见李希慧主编:《刑法各论》,武汉大学出版社 2009 年版,第 218 页。

被害人死亡后,又起意奸淫女性尸体,前行为构成其本罪,后行为构成侮辱尸体罪,应实行并罚;

(2) 为实施强奸而以杀人、伤害故意施暴,(直接故意或间接故意)致人死亡后,奸淫妇女、幼女尸体,前行为是强奸罪[①]结果加重犯,后行为构成侮辱尸体罪,因为刑法对强奸罪暴力手段从内容到形式都并无限制性规定,其暴力终极形式并没有排除致人死亡的杀人,可以包括直接故意和间接故意,仍然符合强奸罪造成死亡结果的结果加重犯,则应以强奸罪(未遂)的结果加重犯与后实施的侮辱尸体罪并罚;

(3) 强奸中因女性反抗而另起犯意实施故意杀人后,又奸淫尸体,不仅构成强奸罪(未遂),也构成故意杀人罪和侮辱尸体罪,应三罪并罚;

(4) 已着手实施强奸的暴力手段,过失致女性死亡后,又奸淫尸体,前行为是强奸罪的结果加重犯,后行为构成侮辱尸体罪,应实行并罚;

(5) 强奸后为灭口而实施故意杀人的,应以强奸罪与故意杀人罪实行并罚。

强奸的胁迫手段,是以如拒绝即将会发生对被害人不利的恶害告诉,迫使其屈服而不敢反抗,胁迫可以明示恶害,也可以暗示;可以当场实施胁迫,也可以通过第三者(可能成立共犯)或者其他方式传达给被害人;胁迫所示恶害内容和欲针对对象没有限制,无论是针对其至亲、朋友还是其本人,无论是涉及威胁人身安全、毁坏财产、名誉,还是以客观上对被害人不利的环境威胁,均不影响认定。但需将恶害内容传达给被害人。胁迫内容,不要求必须具有付诸实现的当场性[②],可以是当场实现威胁的内容,例如杀害、伤害,也可以是在过后的某个时间实现威胁内容,如在互联网上公开其裸照、在亲朋中扩散其"丑闻"等。胁迫对精神的强制程度,不必达到使被害人不敢反抗的程度,只要是合乎情理足以使被害人畏惧、恐惧屈从即可,是否已使得被害人不敢反抗,不影响犯罪成立。对利用特定关系(从属、教养、职权、地位等)进行胁迫的,前提必须有这种特定关系,但是否利用这种关系威胁应具体考察,如果妇女利用这种特定关系去实现"互惠"的,不能认为是胁迫。

强奸的其他手段,是采取除暴力、胁迫之外使被害人不知、不能、不敢反抗的手段。如使用麻药麻醉、用酒灌醉等,利用迷信,利用妇女、幼女病重、利用妇女认识错误冒充妇女丈夫、情人、恋人,利用妇女、幼女熟睡等[③]。强奸的(其他)手段行为,是否以具有强制性为必须,理论上有不同认识。这当然涉及对强奸罪违背女性意志与

---

① 张明楷教授认为,为强奸而故意杀人实施致人死亡的暴力,致死后奸淫尸体的,是故意杀人罪与强奸(未遂)罪的想象竞合,与侮辱尸体罪实行并罚。参见张明楷:《刑法学》(下),法律出版社 2016 年版,第 870 页。

② 这是强奸罪的胁迫手段与其他犯罪胁迫手段,如与抢劫罪中胁迫手段的重要区别之一。

③ 不排除"其他手段"会造成"暴力手段"相同后果,例如,用酒灌醉,使用药物麻醉也可能造成永久性轻伤、重伤结果甚至死亡,发生重伤、死亡结果在排除其他介入因素时,仍然成立结果加重犯。

强奸手段强制性的关系理解[①]。本书认为,这需要明确是站在行为人的立场,还是应该从被害人立场考察,哪个更符合法规范的要求,如将“强制性”理解为外在控制被害人人身自由、性决定权被抑制的表象,这是站在行为人立场。但本书认为,强奸罪中违背女性意志,应以被害人立场予以考察,违背意志是指以女性不敢、不能正确、正常表达对性行为的真实意思为实质。在暴力、胁迫下自不待言,即便以治病为名、冒充丈夫、情人等,也同样是其手段行为造成使女性不能正确、正常表达对性行为的真实意思。因此,“强制性”是强奸罪手段行为的固有特质,而非外在表象。其他手段对被害人的人身强制是行为人故意施于其人身,还是因被害人自身原因而被行为人利用,在所不问。

性行为违背妇女意志,是否以有抗拒的行为,以及对被害人人身强制达到何种强度为标准,也有争议。有认为能抗拒不抗拒,或不做真正抗拒,就不是强奸,只有使之不能抗拒时,才构成犯罪[②]。也有以为应该对手段行为程度作限制,手段行为都必须达到使之明显难以反抗程度,才是强奸[③]。多数说认为,抗拒固然可以说明性行为违背其意志,但在没有抗拒或没有明显抗拒时,就应具体分析原因,不意味着没有抗拒或未做明显抗拒就没有违背其意志[④]。多数说有一定的合理性。实际上被害人是否抗拒,不仅与其个人性格有关,也与其社会阅历、行为当时的客观环境以及暴力、胁迫手段实施的强度有直接关系,如果抗拒会招致更大人身危险,则没有理由要求被害人以抗拒来证明性行为违背自己的意志[⑤]。只有明显有条件可利用来阻却、防止被害,或者能够获得救助而不求助,或不利用这些条件,又没有合理解释,不能以违背意志认定。

被害人为幼女的,行为人同样可以实施暴力、胁迫或者其他手段实施强奸,只是刑法未将此手段行为作为判断违背幼女意志的标准而已。实务中行为人对年龄偏低的幼女采用欺骗、引诱手段较为常见。这种手段是一种非强制控制人身自由的手段,前者是以编造谎言,后者是指以某些好处对幼女诱骗进而实行控制。但即便是“花钱”与幼女性交,也构成本罪。

(三)强奸的故意

强奸罪的主观罪过是故意,争议主要是:(1)故意内容是什么?(2)间接故意能否构成?张明楷、黎宏教授均认为,传统观点将本罪的故意内容解释为“奸淫目的”是

---

① 黎宏教授认为,使用“其他手段”的强奸,不能以是否采取强制手段作为判断标准,是否同意与是否采取强制手段之间并无必然联系。因以治病为名、冒充丈夫等,缺乏妇女同意的要件,很难说具有强制性,也同样构成强奸罪。参见黎宏:《刑法学》,法律出版社 2016 年版,第 231 页。张明楷教授则认为,强奸的手段行为具有强制性,即便是其他手段,也要求具有与暴力、胁迫相同的强制性质。参见张明楷:《刑法学》(下),法律出版社 2016 年版,第 871 页。

② 参见刘光显:《试论强奸罪》,载《法学研究》1982 年第 5 期。

③ 参见张明楷:《刑法学》(下),法律出版社 2016 年版,第 871 页。

④ 参见马克昌主编:《百罪通论》(上卷),北京大学出版社 2014 年版,第 536 页。

⑤ 不能将不反对性行为,但对性行为存在的某种担心而表示出的动机,如怕怀孕、怕被父母知道以及怕被亲友、领导、同事、同学知道等,以及在事后的后悔态度视为违背意志。

不准确,易将通奸认定为强奸[①]。本书赞同这一看法,因“奸淫”一词,仅是专指男性对女性实施非婚姻关系的性交。所以,对不具有婚姻关系的女性只要具有发生性交意图,就可以说具有奸淫目的。虽然这样解释也可将强奸行为包括在其中,但是通奸、男女自愿的性行为,就男方行为而言也可以认为有“奸淫”目的,如此,则难以将强奸与通奸以及与男女自愿性行为相区别。不过,张明楷教授将强奸罪定义为“侵犯性的决定权”的犯罪,他举例认为,即便女性同意性交,但在不同意性交方式、时间、地点而强制性交,或者要求采取避孕、保险措施,而不采取的强制性交,以及虽然同意与数人性交但不同意同时、同地进行时,强制性交的行为违背其意志,构成强奸罪。[②] 该问题的实质仍然是如何解释妇女“不同意什么”,才是违背其意志的问题。如果将违背妇女意志的“性的决定权”,解释为妇女“性活动的决策权”,“是同意性交”“不同意发生性交的各种外部条件”,有词不达意之感。如此,恐怕可以列举的内容就不仅仅是那几点,也可能无法做到穷尽其所有可能的“不同意”。本书认为,女性不同意仅在是否性交这一点,与性交的方式、方法、时间、地点等是否同意,以及性交是否使她感到“愉悦”根本无关。换言之,不同意性交的时间、地点、场所以及诸如性交方式、只同意采取避孕、保险措施的性交,行为人不采取措施强制的性交等,女性所表达的不同意,是对性行为的拒绝,而非对上述诸种条件变化的拒绝。本书赞同黎宏教授本罪的故意为“强奸故意”之说[③],即是“强行性交的故意”。

黎宏教授认为,针对幼女的强奸而言,只是要求有奸淫故意就可以了,不要求是强行奸淫幼女的故意,故意的内容是明知性交对象是不满 14 周岁幼女仍然实施奸淫。所以,强奸罪的故意不要求是直接故意,可以是间接故意[④]。行为人想做什么、怎么做、做了什么不可能没有目的,即便对可能是幼女的结果有预判,也不是不具有奸淫的主观目的,只有放任是幼女的结果这唯一的心理活动。间接故意离开行为目的(可能是犯罪目的,也可能是非犯罪目的,或是潜在的需求),难以解释放任心态存在[⑤]。否定目的存在,恰恰不能解释为何在认识到可能是幼女时,仍然要与其性交。[⑥] 13.10.23《性侵害未成年人犯罪意见》“三、27”规定:“已满 14 周岁不满 16 周岁的人偶尔与幼女发生性关系,情节轻微、未造成严重后果的,不认为是犯罪。”[⑦]“情节轻微”,当然是没有采用强制性的恶劣手段;“未造成严重后果”,应该是指未造成幼女身

---

① 参见张明楷:《刑法学》(下),法律出版社 2016 年版,第 871 页;黎宏:《刑法学》,法律出版社 2016 年版,第 233 页。

② 参见张明楷:《刑法学》(下),法律出版社 2016 年版,第 868 页。

③ 参见黎宏:《刑法学》,法律出版社 2016 年版,第 233 页。

④ 同上。此外,黎宏教授认为,直接故意与间接故意只在意志态度有区别而认识因素是相同的,均可认识到危害结果发生的可能性与必然性。参见黎宏:《刑法学》,法律出版社 2016 年版,第 190 页。

⑤ 参见林亚刚:《刑法学教义》(总论),北京大学出版社 2014 年版,第 220 页以下。

⑥ 如同投毒杀妻案中,孩子与妻同食不敢阻止,放任孩子被毒死,去掉“杀妻”的目的性,无法解释为何不阻止孩子被毒死,是相同的道理。

⑦ 2006 年 1 月 23 日最高人民法院实施的《关于审理未成年人刑事案件具体应用法律若干问题的解释》(法释〔2006〕1 号)(以下简称 06.01.23《未成年人刑事案件解释》)第 6 条有相同的规定。

心较为严重伤害。这也就表明即便发生幼女“被害”结果,不具有犯罪性的单纯性交目的,可以不评价为犯罪,并非只要是奸淫幼女的结果发生,就是犯罪。在明知(知道或者应当知道[①])是幼女时,已经表明行为人不打算因对象可能是幼女而放弃,由此才使其性交目的具备认定构成犯罪所需的“犯罪性”。因此,针对幼女的强奸理解为可以是间接故意,本书认为很值得商榷。

张明楷教授认为,不问行为人采用何种手段,也不问幼女是否愿意,只要与幼女性交,就侵害了其性的决定权,成立强奸罪。[②] 本书赞同这一结论,但不能认同幼女有“性的决定权”之说。依此说法,性权利作为人的自然权利,似乎自出生后就已经具备,而无须考虑是否具备行使性权利的能力,否则,如何谈得到未满 14 周岁之前享有“性的决定权”?事实上,我国法律认可的女性(当然包括未成年女性)的“性交权利”,必须是年满 14 周岁。也即在其年满 14 周岁之后所有不自愿的性交,与其他女性一样,实施无差别保护。也可以说女性自满 14 周岁那天起享有自愿性交的权利,在其自愿的情况下,其性权利同样受法律保护。幼女在年满 14 周岁之前,根本不存在享有“性的决定权”,这才是“虽和同强”之意。对女性(包括男性)在已满 14 周岁至成年之前性权利的法律保护,除涉及到强奸罪、强制猥亵罪、侮辱妇女罪,猥亵儿童罪,组织卖淫罪,强迫卖淫罪,引诱、容留、介绍卖淫罪,引诱幼女卖淫罪等之外,尚不能直接通过法律手段,特别是通过刑法对已满 14 周岁女性自愿行使性权利实行强制性、干涉性保护,只能是通过法律授予其父母或监护人行使“亲权”“监护权”予以干涉性保护[③]。虽然年满 14 周岁以后具备法律认可的性权利,法律仍然授权在其未成

---

① 13.10.23《性侵害未成年人犯罪意见》第 19 条。

② 参见张明楷:《刑法学》(下),法律出版社 2016 年版,第 871 页。还有赞同幼女具有性自主权的相似观点,理由主要是:(1)域外国家刑法和有关国际公约,有规定禁止少女、儿童卖淫等法律和国际性文件使用此类“概念”,所以,我国刑法保留“嫖宿幼女罪”,也并非是对幼女的“污名化”。(2)性自主权是人的一种人格权,由宪法、民法等赋予,而非由刑法赋予并确认的。所以,作为人格权的性自主权的主体,不分男女老少人皆有之。(3)刑法规定嫖宿幼女罪,并非是承认幼女具有性自主权,之所以可以这样认为,是因为幼女没有行为能力的缘由,而非其他。刑法规定嫖宿幼女罪不是为了禁止幼女卖淫,更不是承认幼女能够卖淫,仅是为了禁止嫖宿幼女行为而已。参见詹奇玮:《废除嫖宿幼女罪的理论厘清与理性反思》,载赵秉志主编:《刑法论丛》(第 54 卷),法律出版社 2019 年版,第 238 页以下。本书认为,如果不考虑现代中国对涉及未成年人涉性行为的反思,与他国以及国际社会对此类行为的态度存在有差别,仅以他国以及国际文件有类似规定,认为将幼女的涉性行为区分为“为钱”和“不为钱”实行的差别保护,并没有对卖淫幼女“污名化”,是值得商榷的。而且,既认为性自主权不分男女老少生来皆有,幼女当然具有性的自主权,又认为刑法规定“嫖宿幼女罪”,不是承认幼女有性行为自主权,是因为幼女无性行为的能力,只为打击嫖宿幼女行为,在法理逻辑上就是混乱的。是否具备相应的性行为能力,是由民法等法律确认还是由刑法确定?仅以我国《刑法》第 17 条规定的“限制刑事责任年龄”对相应刑事责任能力的确定,就可以得到答案。以性质上不同法律对赋权的规定,取代《刑法》对相应能力的认可,本身就是偷换概念。事实上是否具有行为能力,与法律是否认可具备相应的行为能力,也是不同的问题。能否认为具备民事法律认可的行为能力,刑法就应该认可幼女就具备相应行为能力的自主权?结论当然是否定的。

③ 我国《未成年人保护法》第 11 条规定:“父母或者其他监护人应当关注未成年人的生理、心理状况和行为习惯,以健康的思想、良好的品行和适当的方法教育和影响未成年人,引导未成年人进行有益身心健康的活动,预防和制止未成年人吸烟、酗酒、流浪、沉迷网络以及赌博、吸毒、卖淫等行为。”

年之前,其父母或监护人可以行使亲权、监护权,干涉其性权利行使①,主要原因只在于该年龄阶段未成年人的心智发育尚不成熟,虽具备法律认可的性意识但不健全,对性不具备真正理解的能力,过早的性体验对自己身心的影响、可能产生的不利后果的预见能力(也可以说防御能力、控制能力)仍然较弱,但并非如同不满14周岁幼女一样既不具备法律认可的性意识,也不具备对性侵害的防御能力。因此,将未满14周岁的幼女视为具有健全(或较为健全)性意识、能够对是否进行性活动作出决定的女性一样,既无法理上的根据,本书认为也是不正确的。

(四) 强奸罪的特殊问题

1. "半推半就"与强奸罪的关联

"半推半就"是指在女性对性行为要求,在犹豫不决心理状态下与男性的性交。但"半推半就"并非是指对男性性要求既"同意"也"不同意",而是指从客观上看,男性并没有明显采取暴力、胁迫手段,女性也没有明显表示对性交要求拒绝,性行为中有拉扯、推搡等现象。这种情形最可能发生在是双方相识的"熟人"(同事、同乡、同学、情侣、网友、原有通奸关系的男女)之间。对"半推半就"应解决的问题,主要是查清"真推假就"还是"假推真就"。前者,是以人身强制为前提,应有一定的胁迫(不排除可以有轻微暴力)是假就,同意性要求是被迫的,应该认定为强奸;后者,拉扯、推搡不是为控制其人身,而是性请求,同意性要求是"真就"的,不构成犯罪。因此,关键在于查清女性所表现出犹豫的真实心理,如对性交疼痛的"恐惧",因不懂性技巧的羞涩,因怕被人得知后的指责、怕怀孕等,就不能以犯罪论处。

2. "骗奸"与强奸罪的关联

骗奸,是以欺骗手段与妇女发生性关系。如以承诺结婚、升职、加薪等引诱。那么,欺骗手段是否属于强奸手段。多数说认为,单纯欺骗手段不属于强奸罪手段,而具有胁迫性质的欺骗,应构成犯罪。如只是单纯地利用了女性轻率;或者以虚构事实的欺骗方法使女性在自愿的情况下与之发生性关系,男性不兑现承诺;或者双方相互利用,为达成某种协议,或女方为获取某种利益,自愿以性交与之作为交换条件,而男方欺骗了女方,不能以强奸罪论处。但具有强制性的欺骗,应视为强奸的"其他手段",例如利用女性迷信思想,以解除灾难为名,对求医的以治病为名,采用欺骗手段,对女性进行精神控制,使女性(包括对幼女监护人)错误地认为有必要与之性交才能解除灾难、病痛的,应以强奸罪论处;冒充妇女丈夫、恋人、情人等,趁女性熟睡之机进行性交的,这是利用女性处于特殊条件下事实认识错误,对性行为没有拒绝,是因为她自认为有性交的义务或者因认识错误而愿意性交。不拒绝(同意)不能视为是真实意思表示,仍然构成强奸罪。

3. 与跨越法定年龄阶段女性性交与强奸罪的关联

是否已满14周岁是认定幼女与妇女年龄的界限。已满14周岁(哪怕已满14周

① 即便法律授权其父母、监护人可以行使亲权、监护权实施干涉性保护,也不能采取逾越法律底线的干涉方式,否则,也同样可能构成犯罪。

岁第一天[①])的女性,在其同意下发生性交,都不能构成强奸罪。事实上已满 14 周岁的女性与不满 14 周岁幼女,不会因多几天或少几天在身心发育等方面有质的差别,但刑法对已满 14 周岁不满 18 周岁年龄阶段的女性,并无特殊加以保护的规定,且法律规定的年龄界限是一个硬性规定,无灵活适用余地。有了灵活性,实际上就等于取消这一年龄界限。因此,不能认为有"不合理之处"而违反法律规定。对既实施奸淫幼女又实施强奸妇女的行为,在以往的实务中不实行并罚,而是以强奸罪从重处罚[②]。这在针对同一个对象时,属于连续奸淫跨越法定年龄阶段的女性(符合奸淫幼女构成强奸罪,也符合普通强奸罪时),按照连续犯以一罪从重处罚是可以的。但如果针对不同对象(幼女、妇女)的强奸,不符合连续犯条件时仍然按照一罪处罚,似有不当,但目前依照刑法规定只能定一罪[③]。

4. 限制刑事责任年龄人与幼女性交的定性

06.01.23《未成年人刑事案件解释》)第 6 条规定:"已满 14 周岁不满 16 周岁的人偶尔与幼女发生性行为,情节轻微、未造成严重后果的,不认为是犯罪。"已满 14 周岁不满 16 周岁的男性与幼女发生性行为,多属于因"恋爱"发生性行为,"偶尔",则要求不能是经常性、长期的。如此,不以犯罪论处也符合刑法谦抑性。对该年龄阶段男性与幼女发生性行为的认定,理论上有较成熟的观点。

5. 与精神障碍病人性交的定性

广义上精神障碍疾病应该包括精神发育不全[④],明知是精神病或精神发育不全的女性(包括幼女),即便在其同意下与之性交,同意在法律上是无效的,应以强奸罪论处。如果行为人在客观上确实没有条件,无法判断女性精神是否正常,或者患者是在治愈期、缓解期、间歇期,经其同意或在女性要求下发生性交,不能以犯罪论处,但不能包括明知是幼女的"要求性交"。丈夫强制患有精神障碍的妻子发生性行为的,一般不宜认定为强奸罪,如果造成伤害(例如使病情加重等),可以刑法规定的相关犯罪论处。

(五) 本罪既遂与未遂

理论上有多种不同主张。"接触说",以两性性器官有接触为既遂;"插入说",以两性性器官有交合为既遂;"射精说",(泄欲说)以在女性性器内射精为既遂。我国

---

① 06.01.23《未成年人刑事案件解释》第 2 条规定:《刑法》第 17 条规定的"周岁",按照公历的年、月、日计算,从周岁生日的第二天起算。该规定同样适用对是否幼女的判定。

② 已经废止的最高人民法院《关于审理强奸案件有关问题的解释》的规定,废止的理由是"依据已被修改,不再适用"。

③ 根据我国《刑法》第 236 条第 3 款第 2 项的规定,强奸妇女、奸淫幼女多人的,是法定严重情节。

④ 也称精神发育迟缓,分为轻度、中度、重度和极重度。文献表明中度以上的患者社会适应能力已经低下,缺乏自我性保护能力。参见 http://www.wiki8.com/jingshenfayubuquan_118471/#4,访问时间:2016 年 5 月 11 日。而且,文献中也表明即便是轻度精神发育不全的,也存在性保护能力低下的情况。参见《性防卫能力司法精神病学鉴定 38 例分析》,http://www.39kf.com/cooperate/qk/Chinese-Peoples-Health/0910/2009-08-25-604648.shtml,访问时间:2014 年 5 月 20 日。

理论上对普通强奸罪多数说为“插入说”,对奸淫幼女的,则多数说为“接触说”。但也有观点主张,针对奸淫幼女构成的强奸,既遂的标准也应该以“结合说”为当[①]。理由是:奸淫幼女也是性交,单纯性器官接触并没有完成性交行为;接触说将导致将较轻犯罪(猥亵儿童罪)的基本行为成为较重犯罪(奸淫幼女)的既遂,不利于正确处理奸淫幼女与猥亵儿童罪的关系,不利于鼓励中止犯罪和保护被害人名誉;采结合说不会降低对幼女的特殊保护,更不能以“难以插入”对奸淫幼女采“接触说”[②]。对儿童应给予特别保护,并非我国独有,而是国际社会的共识。我国实务中一直对奸淫幼女的犯罪行为采“接触说”为既遂标准,未见适用上有困难。从现实看,近年来对儿童的性侵[③]案件,被害人多数为正在上小学、刚进入初中[④]甚至还有在幼儿园的幼童,性器官发育普遍不成熟,几乎难以实施生理上性交,行为人也多数知道这一属于常识的女性生理现象,只能用性器抵摩幼女性器而发泄性欲。正是基于这一普遍手法的犯罪现象,将此定义为与幼女“性交”,不违反从男性生理角度看,实现了生理需求的实质,也不能认为这种理解违反解释的规则。将性器抵摩幼女性器而发泄性欲,如果解释为较轻的“猥亵儿童罪”的基本行为,适用较轻处罚,得不出对幼女身心健康发育以及名誉保护更为有利的结论。从预防意义上看,对潜在的犯罪人明确传达出实施这种行为是“重罪”,还是告之这种行为只能构成猥亵儿童罪,哪种做法对保护幼女更有利?本书还认为,如采“结合说”,才会造成强奸罪与猥亵儿童罪不易区别的窘态。依据“结合说”,在意欲与幼女性交而不能实现生理上的性交时,将性器抵摩幼女性器而发泄性欲的行为,视为“猥亵儿童罪”基本行为,当然也是强奸的未遂,是一行为触犯数罪名的想象竞合犯。按照想象竞合犯的“从一重罪”处罚,还有无能再适用“猥亵儿童罪”轻罪的可能性?本书认为,正是因为不满 14 周岁儿童尚未形成健全的性意识,尚不具备防范能力,刑法才会制定特别针对儿童性禁忌的保护规范。因此,所有对儿童实施性刺激以满足性欲的行为,都属于儿童不能够识别、不能够防范的性侵犯罪行为。本书认为,猥亵儿童罪不能包含以性器抵摩幼女性器而发泄性欲方式的性侵犯行为。

(六)强奸罪与强制猥亵罪、强制侮辱妇女罪、猥亵儿童罪[⑤]的关联

强制猥亵罪、强制侮辱妇女罪、猥亵儿童罪,是指以暴力、胁迫或者其他方法强制猥亵他人或者侮辱妇女,猥亵儿童的行为。强制猥亵罪、强制侮辱妇女罪的法益,是

① 参见张明楷:《刑法学》(下),法律出版社 2016 年版,第 875 页;刘艳红主编:《刑法学》(下),北京大学出版社 2014 年版,第 63 页。

② 参见张明楷:《刑法学》(下),法律出版社 2016 年版,第 875 页。

③ 这里是指广义上的,包括奸淫幼女以及猥亵儿童案件。

④ 不排除即便在读小学、初中的幼童,也会有生理上性交体验,但这不具有普遍性,只能是特例。

⑤ 我国《刑法》第 237 条第 1 款、第 2 款。

他人性羞耻心理[①]的保有权以及性的人格、名誉权利；猥亵儿童罪的法益是儿童身心健康权利。对象为已满14周岁的人，包括男性与女性以及不满14周岁的男女儿童。主体为自然人一般主体且不限于男性，主观上是直接故意，是否有追求刺激、满足性欲的内心倾向（动机）有争议。

我国刑法修订之前，猥亵（妇女）、侮辱妇女是指实施除性交行为之外，能够满足性欲和性刺激，侵害妇女性羞耻心理，损害其性的人格、名誉的行为。猥亵，原本在解释上，是以刺激或满足性欲为目的，采取性交以外淫秽、下流的言语或具体行为对特定人性心理的侵犯。[②] 修订后作为猥亵对象的"妇女"变为"他人"[③]，包括男性，如此一来，再以非性器交合目的来界定"猥亵"则会有疑问。在强奸被害对象仍为女性的前提下，女性诱使与男童发生性交，不能归属于强奸，界定为"猥亵"理所当然。但女性强制男性性交，属于性医学、生殖学以及法医学上两性性器交合的性交，没有能以强奸罪入罪的法律依据，视为"猥亵"，则男性猥亵女性与女性猥亵男性，"猥亵"内涵不同，行为实质上和外延也不相同，肢解了概念的统一性。这种矛盾的缘由，与强奸罪选择性地只保护女性，以及与"性交"界定有关。但如不考虑性别问题，将女性强制与男性性交包括在"强制性交"概念中，又必须对"强奸"概念重新解释。所以，在"强奸"仍然为男性强制女性为"两性性器交合"[④]的前提下，对强制猥亵罪因行为方与被害方性别不同，"猥亵"内涵和外延必须有所区别[⑤]，否则会造成猥亵与强奸罪在解释上区别的困难。

---

① 在此，可以说是被害人的"性羞耻心理"。张明楷教授原本以侵害（妇女）性羞耻心为前提，现修正了这一观点，认为没有必要对此有限制，因为强制猥亵卖淫妇女，即便卖淫女没有产生羞耻心，也无碍本罪成立。参见张明楷：《刑法学》（下），法律出版社2016年版，第877页下注释。本书认为，卖淫女没有产生羞耻心这是案件事实，当用规范去解释是否应该保护时，是以规范保护的目的去指导实务。但是，规范解释方法是对法条基本内容的研究，是对法保护目的的诠释（当然不能脱离现实），如用这种特别的客观事实，去否定或肯定规范保护的目的和内容，是否合适，值得研究。如同幼女同意性交，自愿放弃保护也不意味着其身心健康权不受保护，能否就此认为幼女身心健康不是规范保护的目的和保护的法益？

② 多数说认为强制猥亵罪是从原流氓罪"侮辱妇女或者进行其他流氓活动"中分解而设立，且多数说一直主张该种行为是"倾向犯"，即以刺激、满足行为人的性欲为构成要件，这可包括男性强制女性、女性强制女性进行非性交性活动的性行为。但在理论上猥亵罪作为"倾向犯"理解，以"行为无价值"为理论基础，如果持有"结果无价值"的理论观点，则否定猥亵罪为"倾向犯"。也即行为人的性意图，并不是猥亵犯罪的要件，只要所表现的是"性"特质的行为，就足以认定。但这一问题，在我国刑法中，似仍然具有维持"行为无价值"这一见解的倾向。例如，2013年7月22日最高人民法院、最高人民检察院实施的《关于办理寻衅滋事刑事案件适用法律若干问题的解释》（法释〔2013〕18号）（以下简称13.07.22《寻衅滋事案件解释》）对寻衅滋事行为的规定。

③ "他人"的概念中，并没有排除男女儿童，只是基于我国立法规定有"猥亵儿童罪"，故此"他人"的概念不包括未满14周岁的男女儿童。

④ 在我国现行立法下，将男性强制女性、男性强制男性、女性强制女性口交、肛交等不属于性医学、生殖学以及法医学上的性交活动，排除在强奸罪"性器交合"范围之外，以上行为只能属于"猥亵"。

⑤ 理论上猥亵犯罪（包括猥亵儿童）是否属于"倾向犯"是有争议的。这是源于我国立法上猥亵犯罪是从原刑法"流氓罪"分解而来，而流氓罪是以流氓动机为构成要素，故为"倾向犯"，自然也导致理论主流观点即便在猥亵犯罪单独立法，仍然解释为"倾向犯"。本书认为，对"猥亵儿童罪"因立法对儿童性禁忌的特别保护，不宜以"倾向犯"的"具有刺激、满足性欲内心倾向或动机"作为主观要素。

认定某种行为是否“猥亵”“侮辱”,有以“性道德”为评价出发点的观点[①],本书不赞同。性道德观念会随着社会变化而变化,而且,道德评价会夹带个人情感色彩或个人的道德标准,必然导致不公正的结论。强制猥亵、强制侮辱应以法律为评价标准,即在于行为违背被害人意志,侵害他人性羞耻心理的保持,损害其性的人格、名誉。如果行为对象不反对某种方式的性活动,即便性活动有悖通常的性道德观念,或以一般人不可理解的方式、方法进行,只要不违背当事人的意志,就不能评价为猥亵、侮辱。违背被害人意志,必须以一定的手段对被害人的人身实施强制,所以,与强奸罪相同的是,是否猥亵、侮辱,仍然在于是否违背其意志。刑法明文规定是“以暴力、胁迫或者其他方法强制”他人而实施,表明本罪是以违背被害人意志为前提条件。

“强制猥亵他人”,如男性是侵害者,则是指违背被害人意愿,非以实施两性性器交合为目的,侵害特定人的性心理、性道德、性情操,侵害其保持性羞耻心理的行为。主要表现为强制与他人进行非性器交合的性活动。例如对妇女的搂抱、强吻、强摸妇女性敏感区(外阴、臀部及乳房),以及强制女性实施口交、肛交,迫使妇女对自己的性器官的玩弄,向女性显露性器,以性器抵擦女性身体(衣服)射精;男性对男性的强制肛交等。如女性为侵害者,除了违背被害人意志之外,不排除对男性(包括男童)实施性交为目的的行为。例如强制男性玩弄其性器,强制男性与之性交、口交、肛交等。“强制猥亵他人”在实务中女性为被害对象为常态,女性猥亵女性,女性猥亵男性则少见。

强制侮辱妇女,主要表现为使用具有性为内容的攻击的语言、具体性羞辱的行为,损害特定女性性羞耻心理,贬损其性的人格、名誉的行为。例如,以性为主要内容的语言侮辱妇女,胁迫女性当众表演侮辱性的“荡妇、淫妇”形象,强制女性观看他人性交,或观看自己与其他女性性交,强制女性自慰并观看、强迫女性观看自己的性器官等。

强制猥亵、强制侮辱的暴力、胁迫或者其他方法,应与强奸罪的手段行为[②]以及对人身的强制作同一理解;但是否要求同强奸罪相同的强制强度,张明楷教授认为,应当与强奸罪的手段做相同的解释[③],黎宏教授认为,程度要比强奸罪要求轻[④],实际上两种认识并无区别,趁女性不备突然拽倒而猥亵,与采取使女性不敢反抗的暴力实施猥亵,暴力程度上虽有区别,但均不影响二者都是采用暴力方法构成犯罪。

如何理解具有相同法律属性的强制猥亵与强制侮辱妇女行为?强制猥亵妇女,当然具有侮辱其性的人格、名誉的属性,二者在本质上相同,如果与女性并无身体接

---

① 如“淫秽下流”“损害善良风俗,违反健康的性风俗”“伤风败俗”等。参见王作富主编:《刑法分则实务研究》(中),中国方正出版社2013年版,第770页。

② 只是原则上强制猥亵和强制侮辱的手段行为,不具有“致人死亡”的内容。

③ 参见张明楷:《刑法学》(下),法律出版社2016年版,第879页。

④ 参见黎宏:《刑法学》,法律出版社2016年版,第237页。

触,只是以涉及性内容的攻击性语言①去羞辱女性,也不宜作为猥亵行为去评价。所以,强制侮辱妇女与强制猥亵妇女应有所区别,否则,立法没有必要规定性质相同(均为侵犯性人格、性羞耻心)两种行为。本书认为,虽然刑法规定了强制猥亵对象的"他人"包括男性,而强制侮辱的对象限于"妇女",但如果猥亵案件的被害人是"妇女"时,可以涵盖"性侮辱",也就没有特别必要分别认定。所以问题不在于强制猥亵与强制侮辱妇女的区别,而是强制侮辱妇女罪与侮辱罪的区别(详见"侮辱罪")。

多数说认为,强制猥亵行为具有一定相对性,即实施强奸(包括奸淫幼女)行为时,也会有猥亵行为,在这种情况下,猥亵属于强奸的附随行为,不具有独立评价的意义。如果具体案件在强制性交未实际发生时,要区分是强奸(未遂、中止)还是强制猥亵,有一定的难度。多数学者主张,关键在于行为人主观上具有猥亵故意还是强奸故意,以此查清客观上是否意图实施奸淫行为。

我国《刑法》第237条第2款规定:"聚众或者在公共场所当众犯前款罪的,或者有其他恶劣情节的,处5年以上有期徒刑。"因该款规定了独立罪状和独立的法定刑,是否有必要设定为独立的罪名,也是有争议的。"聚众",是指聚集三人以上对他人实施强制猥亵、侮辱,参与实施者均为正犯,犯意是否相同,在所不问;"公共场所当众"实施,是指在日常公众活动场所或公众集聚之地②,当着公众之面"公然"实施猥亵、侮辱他人的行为,是由单个人实施还是"聚众"实施,在所不问;"其他恶劣情节",是指除"聚众""公共场所当众"情节之外应当考虑的恶劣情节,例如猥亵的手段恶劣、形成围观造成严重、恶劣的社会影响,造成被害人精神失常等。

猥亵不满14周岁的(男女)儿童的行为,则构成猥亵儿童罪。猥亵儿童,是法定从重处罚情节。主体为已满16周岁有责任能力的自然人,不限于男性,主观上是故意。猥亵儿童,与奸淫幼女构成的强奸罪相同,不以特定的手段为构成犯罪的必要条件,但并非不能实施暴力、胁迫手段。③ 实务中使用欺骗、引诱方法居多,属于猥亵的"其他方法",也不排除可以"聚众"在"公共场所当众"实施④。猥亵多表现为与儿童接吻、抚摸、吸吮其性敏感区如乳房、外阴,诱使儿童"爱抚"、观看自己的性器,肛交、

---

① 有观点将早期有关"流氓罪"司法解释的内容直接的移植过来,认为向女性抛洒污物,偷剪发辫、显露性器以及追逐、堵截妇女也是本罪侮辱妇女的行为。参见胡康生主编:《中华人民共和国刑法释义》,法律出版社1999年版,第333页。本书认为,向女性显露性器,是猥亵,而非侮辱,而且,上述行为如果与"性"的羞辱无关,则应构成普通侮辱罪,而非本罪。

② 2013年7月22日最高人民法院、最高人民检察院《关于办理寻衅滋事刑事案件适用法律若干问题的解释》(法律〔2013〕18号)(以下简称13.07.22《寻衅滋事案件解释》)第5条界定的"公共场所"为"车站、码头、机场、医院、商场、公园、影剧院、展览会、运动场或者其他公共场所"。

③ 13.10.23《性侵害未成年人犯罪意见》第22条规定:"实施猥亵儿童犯罪,造成儿童轻伤以上后果,同时符合刑法第234条或者第232条的规定,构成故意伤害罪、故意杀人罪的,依照处罚较重的规定定罪处罚。对已满14周岁的未成年男性实施猥亵,造成被害人轻伤以上后果,符合刑法第234条或者第232条规定的,以故意伤害罪或者故意杀人罪定罪处罚。"

④ 13.10.23《性侵害未成年人犯罪意见》第23条规定:"在校园、游泳馆、儿童游乐场等公共场所对未成年人实施强奸、猥亵犯罪,只要有其他多人在场,不论在场人员是否实际看到,均可以依照刑法第236条第3款、第237条的规定,认定为在公共场所'当众'强奸妇女,强制猥亵、侮辱妇女,猥亵儿童。"

指奸等。应注意具有监护权、保护权的人对儿童的猥亵。

只要对儿童实施性刺激、满足性欲(包括满足行为人以及儿童),即是猥亵儿童的行为。只需以一般人一般性观念对行为进行客观判断,是刺激、满足性欲的行为,就是对儿童实施性侵行为。与儿童肛交是猥亵,男性对幼女的猥亵,不能包括两性性器实质性接触,但女性与男童发生性交,是猥亵儿童罪。认定猥亵儿童,如认定奸淫幼女构成强奸罪一样,应严格把握未成年人构成犯罪的界限。

(七)强奸罪的刑事责任

犯本罪,处3年以上10年以下有期徒刑。奸淫不满14周岁的幼女的,以强奸论,从重处罚。强奸妇女、奸淫幼女,有下列情形之一的,处10年以上有期徒刑、无期徒刑或者死刑:(1) 强奸妇女、奸淫幼女情节恶劣;(2) 强奸妇女、奸淫幼女多人;(3) 在公共场所[①]当众强奸妇女;(4) 二人以上轮奸;(5) 致使被害人重伤、死亡或者造成其他严重后果。上述规定情节,均非单一性的,可以在具体案件中都存在。

针对加重情节,具体展开如下:

(1) 强奸妇女、奸淫幼女情节恶劣,诸如在较长时间内连续对同一对象强奸多次,使用残忍手段折磨、虐待、羞辱女性,非法拘禁等。

(2) 强奸妇女、奸淫幼女多人,"多人",是指被害女性为三人以上。

(3) 在公共场所当众强奸妇女,"公共场所"应是指日常公众活动的场所,如广场、剧院等,或公众聚集区域,如车站、码头等;"当众"是指在上述场所"公然"实施强奸,至于强奸时是否为公众所知,在所不问。

(4) 二人以上轮奸,是指二人以上在同一场所轮换对同一女性实施奸淫行为,是强奸罪具有特殊性的共同犯罪行为。只有二个以上行为人且都实际实施奸淫行为的,才是"轮奸"。即"轮奸"是事实,而非构成要件。只有一人实施强奸而其他参与者没有实际实施性交行为,例如实施了暴力(按着手脚)、胁迫行为,虽为共同犯罪,但不能认定为"轮奸"。即便参与者都有"轮奸"的故意,但只有一人实施强制性交,其他人未及实施(可因各种原因放弃),尚未形成"轮奸"事实的,不是"轮奸"。只要有二人以上实施了强制性交,成立"轮奸"事实的,其他参与者即便自己的行为属于犯罪未遂或中止犯罪的,也应对轮奸承担刑事责任[②]。个人的中止、未遂,只能在"轮奸"刑事责任中考虑"从轻、减轻"处罚,但不能否定应承担"轮奸"的责任,也不能否定强奸的共同犯罪是既遂。

(5) 致使被害人重伤、死亡或者造成其他严重后果。"致人重伤或死亡",是结果加重犯,致被害人轻伤,不适用该规定。重伤、死亡结果,是因手段行为还是性行为所造成,在所不问。"重伤"是性器的损伤还是身体其他部位的重伤,"死亡"是当场死

---

① 参见13.07.22《寻衅滋事案件解释》对"公共场所"的界定。

② 在均有"轮奸故意"时,这是指参与者为共同正犯的情况,适用"部分行为全部责任原则"追究责任,但在认定是否轮奸上必须慎重。例如,若女性(不包括幼女)同意与一人而不同意与另一人性交的,后者的强制性交不能视为轮奸,是普通强奸;但后者为数人强制性交的则为轮奸。

亡还是经抢救无效死亡,也在所不问。造成重伤、死亡主要是两种情况:一是使用的强制手段直接造成重伤、死亡;二是手段残暴使受害女性性器官受到严重损伤,或其他身体健康的严重损害,致重伤或死亡。

具体而言,致人重伤、死亡必须与强奸行为有直接因果关系时才能成立,若是由强奸之外原因,例如因强奸怀孕引产、流产或分娩时发生重伤、死亡;被害后受到歧视而自杀,致使重伤或死亡的,不应视为结果加重犯。行为人对加重结果的发生,主观上必须有罪过,即只要有预见致使被害人重伤、死亡的可能性即可,实际上是否预见,在所不问。性交行为是完成还是未完成,对加重结果犯成立无影响,只要行为人强奸行为着手后,因强制性手段行为致使发生加重结果,即使未及实施性交行为也不影响认定。"造成其他严重后果",包括恶劣的社会影响等。对另起犯意实施故意杀人、故意伤害,造成重伤、死亡的,应实行并罚。

需要重点关注的是,强奸过程中因外部因素当场造成重伤、死亡的,行为人是否应承担结果加重责任?如在强制人身过程中(例如,将被害人拘禁在室内)妇女、幼女逃脱中坠楼,或在逃脱过程中被机动车碾压致重伤、死亡,是否成立结果加重犯?本书的结论是确定的。只要行为人具体的强奸行为所创设出的风险包含者致人重伤、死亡的可能性,行为人就必须对此承担结果加重责任[①]。例如,将妇女、幼女劫持到废弃的楼上,妇女、幼女为逃避被害而失足坠亡,甚至为抗拒被害而做出"烈女"之举跳楼自杀,行为人也必须承担结果加重责任。

五、绑 架 罪

(一)绑架罪的概念和法益

绑架罪,是指以勒索财物为目的绑架他人,或者绑架他人作为人质的行为。关于绑架罪的法益,有观点认为是单一性的人身自由,而财产权只是绑架罪可能侵害的法益[②];也有观点认为,法益是人身行动自由权和身体安全[③];还有观点认为,以勒索财物为目的绑架他人的行为,既侵犯他人的人身权利,也侵犯公私财产权,而绑架他人作为人质,只侵犯他人的人身权[④]。绑架罪侵害人身自由权无可置疑,但如果只认可是单一法益,则很难说明以人身自由权为保护法益的非法拘禁罪,基本的起刑远低于绑架罪的原因。即便是"绑架他人为人质",也存在确定被侵害附随法益。例如,因对

---

① 主张"偶然因果关系说""相当因果关系说"的学者,不会反对这一结论吧。

② 参见王作富主编:《刑法分则实务研究》(中),中国方正出版社 2013 年版,第 783 页;黎宏:《刑法学》,法律出版社 2016 年版,第 243 页。

③ 参见张明楷:《刑法学》(下),法律出版社 2016 年版,第 886 页。

④ 参见高铭暄、马克昌主编:《刑法学》,北京大学出版社、高等教育出版社 2011 年版,第 475 页。

医疗效果不满而绑架医护人员为人质,提出"不法"[①]要求,就不能说对医疗秩序法益没有侵害。只不过绑架他人作为人质侵害的附随法益的具体内容,与行为人要求的内容,以及所实施具体环境、场所有直接联系,但不确定附随法益是绑架行为直接侵害,而不是可能侵害的。本书赞同绑架罪的法益,为人身行动自由权和身体安全的观点。

(二)对象、行为、结果、故意

本罪对象的"他人",是指任何人。绑架,是指违背被害人或其法定监护人意志,使用强制手段将被害人置于行为人控制之下,剥夺或者限制其人身自由的行为。立法虽然对绑架的手段行为没有明文列举,但从绑架含义看,就是使用暴力、胁迫或者其他手段强制性劫持他人为人质。对人身的强制,是指以违背被害人的意志的暴力、胁迫或其他手段,对被害人人身实施的控制。对被害人的人身强制,是否应达到使其不能抗拒的程度?张明楷教授认为:"虽然使用了暴力、胁迫方法但没有达到压制他人反抗程度的行为,不应认定为绑架罪。"[②]绑架当然是要压制被害人反抗控制其人身,否则后续的行为不可能实施。压制反抗是客观效果,也是实施绑架手段行为欲达成的效果(这是从行为人立场出发的考察)。手段行为所追求压制反抗的效果,是为了后续要实施勒索财物或提出"不法"要求的目的而实施。按照张明楷教授主张的"短缩的二行为犯"观点[③],绑架罪对人身强制的手段行为,是实行行为,也是为了实现第二个勒索财物或提出"不法"要求的目的,符合"短缩二行为犯"理论。实施第一个行为没有达到压制效果,难道就不侵害人身自由安全?这已经是"短缩的二行为犯"的既遂,何以又认为不构成本罪?本书认为,从客观立场看,没有必要对强制人身的手段行为,要求必须达到足以压制反抗程度。

暴力,是指对被绑架人实施殴打、伤害、捆绑等,使被害人不能、不敢反抗的人身强制行为。暴力通常是有意识地指向被绑架人,但不排除对被绑架人的监护、保护人等实施,是否达到使被害人不敢、不能反抗程度,在所不问。胁迫,是指对被绑架人以不听从指令,将施以对被害人不利(主要是以杀害、伤害)进行威胁、恫吓,使其不敢反抗的精神强制行为。胁迫的对象可以是针对被绑架者及其亲朋,或者在场相关的其

---

① 实务中,行为人将他人作为"人质"并向第三者提出非财产性质要求的,绝大多数要求的内容是"不法"的,而站在法"不得为之"的禁止立场而言,行为人提出的要求当然也是"不法"要求,但有的要求并非实质上具有"不法内容"。例如,因权益受到重大侵害维权无望,为解决问题,行为人铤而走险绑架人质,维权的方法当然是犯罪,但不好说"要求"是不法的,故用引号来指代。有的学者是以"不当要求"表示,应该是基于相同的考虑。

② 张明楷:《刑法学》(下),法律出版社 2016 年版,第 889 页。

③ 实施符合构成要件行为后,还需要行为人或第三者实施其他行为才能实现目的……这种目的犯称为短缩的二行为犯……只要行为人以实施第二个行为为目的实施第一个行为(即短缩的二行为犯的实行行为),就以犯罪(既遂)论处,而不要求行为人客观上实施第二个行为……短缩的二行为犯实际上是将二行为犯或复行为犯缩短为一行为犯或单行为犯……短缩的二行为犯的既遂与未遂,应以第一个行为的结果发生与否为标准。所以对绑架罪而言,即便没有提出勒索或不法要求,或提出但未实现的,只要发生侵害人身自由与安全的,就是既遂。参见同上书,第 889 页。

他人,胁迫内容限于暴力,即以剥夺生命、危害健康为内容。如以揭发隐私,散布丑闻,损其名誉、毁坏财产相威胁,此种胁迫达不到强制人身自由的作用。以此要挟的即便使被害人在“两难”抉择中为保护自己的声誉、财产等做出“遵从”的决定,也说明被胁迫人仍然有自由意志,应以敲诈勒索罪论处。胁迫的方式,可以是语言,也可以具体动作进行直接威胁,要求在当场实施,不能以信电或通过第三者告知。实施胁迫如遇反抗,是否有意将胁迫的内容予以实现,在所不问。如果实现胁迫内容触犯其他罪名的,应以所触犯罪名与本罪并罚。其他方法,是指除暴力、胁迫外,使被绑架人不知反抗或不能反抗的人身强制行为。如诱骗、用药物麻醉、用酒灌醉等方法使被害人丧失反抗能力,对被害人实行人身控制。暴力、胁迫方法,可能会轮换使用,应以主要手段认定。以勒索财物为目的的偷盗婴幼儿,亦构成本罪。这主要是利用监护人、保护人一时疏忽将婴幼儿偷走或者骗走、抱走等。同理,即便不是以勒索财物为目的,偷盗婴幼儿为人质,为提出其他“不法”要求的也同样构成绑架罪。绑架,当然具有对被害人人身自由予以剥夺、限制的性质,触犯非法拘禁罪,但这是绑架罪劫持他人为人质当然结果,不应以数罪对待。

绑架主观上是直接故意,以勒索财物为目的,或劫持他人作为人质,以满足“不法”要求为目的。不以此为目的而剥夺他人人身自由行为,不构成本罪,可能触犯拐卖妇女、儿童罪,非法拘禁罪,强迫劳动罪等。据此,刑法规定的绑架罪的基本构成包括两种情形:一是以勒索财物为目的绑架他人为人质;二是出于非勒索财物目的绑架他人为人质①。对绑架行为的法律特征,理论上有不同认识。主张单一行为的认为,只要主观上是以勒索财物或扣押他人为人质的目的,就构成绑架罪的既遂,是否向第三者提出要求,不影响既遂成立,是犯罪情节。如张明楷教授以实施绑架利用被害人近亲属或他人(包括单位乃至国家)对被绑架人安危而忧虑是“主观超过要素”为由,认为即便客观上没有实施提出勒索或不法要求,也不影响犯罪成立,即“主观超过要素”不需要客观化②。主张复合行为的则认为,绑架罪是由绑架行为以及提出勒索或不法要求二部分行为而构成,在实施绑架后,尚未实行勒索或提出不法要求的,不应认定为犯罪既遂。如黎宏教授认为,“单一行为说”,无法说明对第三者自决权造成的侵害,绑架罪本质上侵犯两方面利益,即被绑架人的人身自由以及对被绑架人人身安全表示忧虑的第三者的自决权;对后者的侵害,只能通过提出勒索或不法要求,才能实现。“单一行为说”容易陷入主观主义的窠臼,就客观表现而言,绑架实际上就是非法拘禁,客观上无法区别,但依靠难以把握的行为人的主观目的或动机,不能区分。从主客观一致立场说,也应将提出勒索或不法要求,作为绑架罪的客观行为,只有主观目的而无相应行

---

① 2000 年 7 月 19 日最高人民法院实施的《关于对为索取法律不予保护的债务,非法拘禁他人行为如何定罪问题的解释》(法释〔2000〕19 号)(以下简称 00.07.19《非法拘禁解释》)规定:“行为人为索取高利贷、赌债等法律不予保护的债务,非法扣押、拘禁他人的,依照刑法第 238 条的规定定罪处罚。”

② 虽然没有直接论述既遂与未遂问题,但张明楷教授持“单一行为”的观点。参见张明楷:《刑法学》(下),法律出版社 2016 年版,第 887—889 页。

为,是不可能侵犯具体法益的,没有相应行为,主观目的只是“空想”。[①]

客观上绑架罪与非法拘禁罪的确难以区别,但如果说非法拘禁,就只侵害被害人自己的人身自由,一定对(近亲属)第三者的自决权就没有侵害,被非法拘禁者近亲属或第三人对被拘禁者安危不会有忧虑之心,恐怕并不符合客观事实。[②] 正因如此,绑架实质上与非法拘禁在客观表象上没有区别。二者的区别,当然只在于剥夺他人人身自由的“目的”不同,“绑架他人的并不等于绑架罪,只有具有以他人为人质意思的绑架行为,才属于绑架罪的绑架行为。”[③]至于区别二者的目的是否需要相对应行为,才是问题所在。如果必须有相应行为才能对法益造成侵害,才能认定“目的”,那依据刑法总则规定对预备犯的认定,就存在问题。可以肯定预备行为并非一定能直接反映“目的”,其预备行为的性质当然需要根据行为人的目的与动机来区别和认定,但不能因此而认为对预备犯的认定,是依靠难以把握的行为人的主观目的或动机,违背了主客观一致。事实上,行为人之所以要实施劫持他人的行为,总是有其目的、动机,将他人作为人质扣押,勒索财物或提出“不法”要求,当然构成绑架罪,即便尚没有提出勒索财物或提出“不法”要求,也并非不能认定构成绑架罪。这就是要根据证据来说明“为何要劫持他人为人质”。

本书赞同“单一行为说”。利用被害人近亲属或他人对被绑架人安危的忧虑,才可能获得犯罪收益,有利于从犯罪学角度剖析、认识绑架类犯罪。此外,对实务中认定犯罪意义还在于:只有以此为主观意思内容的绑架,才属于绑架罪的绑架行为。行为人在控制人质以后,通常会以一定的方式,包括无须掩饰地明示将绑架人质的事实通知被绑架人亲属或者其他利害关系人(包括有关的机关、政府部门),并以继续扣押人质或加以杀、伤相要挟,勒令在一定时间内交付一定数额金钱或财物或者满足其“不法”要求,以换取人质安全,但这并非绑架罪客观构成行为,行为人是否实施该种行为,并不影响本罪成立。绑架罪中的绑架,无论是出于勒索财物,还是为提出“不法”要求,均是将被绑架人作为人质予以扣押着。因此,在提出“赎金”或其他“不法”要求时,并非是针对“人质”,而是直接或通过“人质”向其近亲属、有利害关系的第三人(包括其单位、政府机构)提出。如只是对被劫持的被害人索取财物,应构成抢劫罪。

有观点认为,已满 14 周岁不满 16 周岁的人实施了绑架,但没有实施“杀害被绑架人”行为的,依据《刑法》第 17 条第 2 款,该年龄阶段行为人不构成绑架罪,但同时对没有规定需要对绑架罪承担刑事责任,提出了批评意见[④]。争议较大的是,该年龄

① 参见黎宏:《刑法学》,法律出版社 2016 年版,第 244 页以下。相似观点,请参见曲新久:《刑法学》(第 2 版),中国政法大学出版社 2009 年版,第 399 页。

② 我国《刑法》第 238 条第 3 款规定:“为索取债务非法扣押、拘禁他人的,依照前两款的规定处罚。”00.07.19《非法拘禁解释》规定:“行为人为索取高利贷、赌债等法律不予保护的债务,非法扣押、拘禁他人的,依照刑法第 238 条的规定定罪处罚。”这样还能认为近亲属对其安危不会有忧虑之心吗?

③ 曲新久:《刑法学》(第 2 版),中国政法大学出版社 2009 年版,第 400 页下注释。

④ 参见马克昌主编:《百罪通论》(上卷),北京大学出版社 2014 年版,第 575、577 页。

阶段行为人绑架杀人案件该如何处理？有观点主张不构成犯罪，否则违背罪刑法定原则[①]，也有构成绑架罪的看法[②]，还有按照故意杀人罪追究刑事责任的意见[③]。按照全国人大常委会法工委发布的《关于已满14周岁不满16周岁的人承担刑事责任范围问题的答复意见》所规定的《刑法》“第17条第2款所列举的是行为而不是罪名”的精神，司法实务中是按照故意杀人罪追究刑事责任。但本书认为，这一立法的“失误”，不应通过司法来纠正。[④]

（三）罪数、完成形态、共犯

我国《刑法》第239条第2款规定的“杀害被绑架人的，或者故意伤害被绑架人，致人重伤、死亡”，有分别予以讨论的必要。“故意伤害，致人重伤、死亡”，属于本罪的结果加重犯，包括在绑架中使用故意伤害手段，致人重伤和过失致人死亡，也包括在控制人质后因各种原因故意伤害被绑架人致人重伤、过失致人死亡。也就是说，除去绑架行为，这里的“故意伤害被绑架人”，与故意伤害罪并无不同，因此对“致人死亡”，不得是放任被害人死亡，否则属于出于间接故意的“杀害被绑架人”。此外，在故意伤害致人轻伤的情况下，则不能适用“无期徒刑或者死刑”的刑罚。

“杀害被绑架人”，由于既有绑架行为也有故意杀人行为，因此，对其罪数形态，有认为是牵连犯或吸收犯，或结合犯，这可以说是对罪数形态法理的理解有所不同的缘故。这里涉及的是“暴力”手段的上限是否包括“故意杀人”？张明楷教授认为，杀害被绑架人，属于结合犯，暴力可以是故意致人轻伤、重伤，但不能达到故意杀人的程度，因为绑架人质阶段故意杀人行为与绑架行为为勒索的本质不相吻合，否则在控制人质阶段，利用人质的近亲属或其他利害关系人对人质安全的忧虑，勒索或实现其他不法要求便无从谈起[⑤]。所以，杀人行为是指在绑架同一机会中独立于绑架行为之外的杀人，对此，应以绑架罪与故意杀人罪实行并罚。但如杀害被绑架人而未遂，致人重伤的，符合“故意伤害被绑架人，致人重伤”，但杀人而未遂的，不符合“杀害被绑架

---

① 参见李希慧：《论绑架勒索罪的几个问题》，载《法学评论》1998第1期；孟庆华：《关于绑架罪的几个问题》，载《法学论坛》2000年第1期；周道鸾主编：《刑法的修改与适用》，人民法院出版社1997年版；陶驷驹主编：《中国新刑法通论》，群众出版社1997年版等。

② 严军兴主编：《新刑法释义》，中共中央党校出版社1997年版；胡祥福：《绑架罪若干问题探讨》，载《南昌大学学报》（人文社会科学版）2001年第4期等。

③ 参见阮方民：《论刑法中相对负刑事责任年龄规定的适用》，载《浙江大学学报》（人文社会科学版）1999年第2期。

④ 参见林亚刚：《刑法学教义》（总论）（第2版），北京大学出版社2017年版，第330页以下。

⑤ 对绑架杀人的法理张明楷教授认为，应当解释为结合犯，这包括绑架杀人未遂也属之，对此，主张应当适用“杀害被绑架人，处死刑”的规定，杀人未遂的同时适用未遂犯从轻、减轻处罚，并实行数罪并罚。参见张明楷：《绑架罪中“杀害被绑架人”研究》，载《法学评论》2006年第3期。这是对结合犯既未遂采“被结合罪标准说”，是“共同未遂标准说”“择一未遂标准说”和“重罪标准说”等学说之一种。理论上共识结合犯不需要数罪并罚，张明楷教授对此也是持赞同态度：“对于结合犯，自然以所结合的犯罪论处，即以一罪论处，而不能以数罪论处。例如，对于绑架后杀害被绑架人的，不能实行数罪并罚，只能以一罪论处。”张明楷：《刑法学》（第4版），法律出版社2011年版，第439页。不得不说，认为绑架杀人是结合犯，不主张实行并罚，又主张并罚，真有不好理解之处。

人”的规定[①]。

不赞同并罚的观点认为,绑架罪的暴力手段上限可以包括故意杀人,应将绑架罪暴力与抢劫罪暴力作同样理解。否则会形成不合理结论,即同样有故意杀人行为造成死亡结果,只因为故意杀人的阶段不同,导致不同的定罪与量刑,绑架人质阶段故意杀人的,是绑架(未遂)需要与故意杀人罪实行数罪并罚;在控制人质阶段后故意杀人的,是绑架罪一罪,虽然最终的刑罚裁量可能相同,但定罪有显著差异[②]。还有的观点指出,即便在控制人质阶段故意杀人,隐瞒这一点,利用人质的近亲属或其他利害关系人对人质安全的忧虑,同样可以实现勒索或实现其他不法要求的目的。如主张以绑架未遂、故意杀人和敲诈勒索罪实行并罚,不妥之处在于忽视了主观犯意的统一性,割断几种行为手段之间的联系[③]。

本书认为,利用被绑架人近亲属或利害关系人对人质安危的忧虑,勒索财物或提出“不法”要求,是规范解析绑架犯罪成因的重要理论,但现实中犯罪人不会按照立法“规范”去犯罪。无论是在绑架前预谋杀人、在绑架控制人质阶段故意杀人,还是在绑架控制人质后实施故意杀人,最高司法机关核准的相关判例,却持只按照绑架罪一罪论处的态度:绑架强制人身行为包括故意杀人[④],绑架后预谋杀人再行勒索财物的,也无需再以故意杀人罪与敲诈勒索罪、诈骗罪实行并罚,只构成绑架一罪[⑤],且绑架是既遂。这的确便宜了司法对此类案件的定罪处罚,只是预谋杀人后勒索财物的,仍然以绑架一罪论处的法理,还值得再研究。

本书认为,实践中杀害被绑架人,主要是由于行为人的目的得不到实现或因其他

---

① 参见张明楷:《刑法学》(下),法律出版社 2016 年版,第 891—893 页。

② 参见何俊:《关于绑架罪认定的几个问题》,载《广西警官高等专科学校学报》2007 年第 2 期。

③ 参见马克昌主编:《百罪通论》(上卷),北京大学出版社 2014 年版,第 571 页。

④ 最高人民法院《刑事裁定书》记载:被告人董以龙预谋绑架刘某(被害人,殁年 75 岁)以向其子刘某某索要赎金。2012 年 12 月 13 日 4 时许,董以龙携带事先准备的尖刀、布条等作案工具翻墙进入山东省冠县街道办事处下辖某村刘某家中,欲挟持刘某遭反抗,即用手套捂住刘某口部,并持刘某家的铁锤击打刘某头部,致刘某重度颅脑损伤死亡。董以龙将尸体移至刘某家东屋厨房内,用树叶等杂物掩盖,后携带刘某的手机、房门钥匙逃离现场。当日上午,董以龙使用刘某的手机卡给刘某某打电话、发短信,以刘某被绑架为由索要赎金 100 万元,未果。同月 14 日,董以龙在家中被抓获归案。最高人民法院审理认为:被告人董以龙以勒索财物为目的绑架他人,并在绑架过程中杀害被绑架人,其行为已构成绑架罪,犯罪情节特别恶劣,犯罪后果特别严重,应依法惩处。依法核准山东省高级人民法院(2013)鲁刑三终字第 130 号维持第一审以绑架罪判处被告人董以龙死刑,剥夺政治权利终身,并处没收个人全部财产的刑事裁定。参见最高人民法院网站:http://www.court.gov.cn/wenshu/xiangqing-277.html,访问时间:2015 年 2 月 27 日。

⑤ 最高人民法院《刑事裁定书》记载:被告人刘晓超欠多人债务并被催还。2013 年 4 月 16 日 17 时许,刘晓超将其兄刘某甲之子刘某乙(被害人,殁年 8 岁)骗至河北省三河市泃阳镇北务村东北刘晓超家自留地内,刘晓超用手扼压刘某乙的颈部,致刘某乙机械性窒息死亡。刘晓超将刘某乙尸体装入编织袋就地掩埋。后刘晓超返回家中书写内容为索要 3 万元赎金的字条交给刘某乙亲属,谎称刘某乙被他人绑架。同月 19 日,刘晓超以亲自携带赎金与“绑匪”交换人质为由,从刘某甲处取得现金 3 万元,后用于偿还其债务及个人消费等。最高人民法院审理认为:被告人刘晓超以勒索财物为目的,绑架他人,其行为已构成绑架罪。刘晓超绑架并杀害儿童后索要赎金,犯罪性质恶劣,情节、后果严重,社会危害极大,应依法惩处。依法核准河北省高级人民法院(2014)冀刑四终字第 5 号维持第一审以绑架罪判处被告人刘晓超死刑,剥夺政治权利终身,并处没收个人全部财产的刑事裁定。参见最高人民法院网站:http://www.court.gov.cn/wenshu/xiangqing-9074.html,访问时间:2015 年 7 月 29 日。

原因(如灭口)而故意实施杀人行为,包括实施故意伤害而放任死亡结果发生,这属于间接故意杀人的情况。具体情形包括:一是先故意杀害人质,隐瞒被害人已死亡的事实向其有关人员勒索财物或者要挟。二是在勒索不成或非法要求得不到实现,或在逃避追捕中故意杀害人质,即所谓"撕票"。这两种情形故意杀人是与控制人质的绑架行为同一机会下但独立实施的杀人行为。三是在绑架中遭遇被绑架人反抗、被绑架人逃跑而招致被杀害等。该种情形下,故意杀人行为是绑架罪"暴力"的组成部分,是为控制人质人身而实施,并非独立实施的故意杀人行为。上述情形,均以牵连犯看待比较合适。[①] 总之,无论出于何种原因,只要属于故意杀害被绑架人的,即符合该规定。绑架行为与被害人重伤、死亡之间要求必须具有刑法上的因果关系。至于其中的因果关系应如何理解和把握,张明楷教授认为"致人死亡结果"[②]的发生,要求死亡结果与拘禁、控制人质行为之间具有"直接性"[③];刘艳红教授认为,被绑架人为逃脱翻窗、跳楼致死亡的,如果没有紧迫危及其生命安全危险,逃脱翻窗、跳楼致死亡,不属于"致使被害人死亡"[④]。

本书不能同意上述的结论。根据归责的一般原理,创设风险并对风险行程进行支配控制的人,需要对风险进行中可能实现的风险结果防止发生或予以排除,使之不会成为现实,否则就需要对此承担责任。这类犯罪立法规定可能实施"杀害被绑架人、故意伤害",那就意味着绑架行为所能够创设出"致使被害人死亡"的风险,这正是在规范保护目的的范围之内[⑤]。被害人遭遇绑架后即便得到"承诺"保障其人身安全,真正相信"盗亦有道"的被害人现实中有多少?可以依据"因有承诺",所以被害人就是在"没有紧迫危及其生命安全危险"时实施的逃跑?被绑架人无论因何原因(自认为有被强奸、被杀害、伤害的危险)为自救逃脱,都是出于自我保护本能,将这一逃跑评价为"自我冒险",让被害人自我承担死、伤风险的责任,于理于法都难以

---

① 即"甲罪 + 乙罪 = 乙罪"的形态,是否属于结合犯,基于对结合犯法理的不同理解,可以有不同解读。参见林亚刚:《刑法学教义》(总论)(第2版),北京大学出版社2017年版,第554页以下。如视为结合犯,只是行为人在实施绑架行为时实施了故意杀人行为,但不触犯独立罪名的"暴力、胁迫、麻醉、其他方法",只是绑架罪的手段而已。如将前者视为"结合犯",这实际上将绑架罪分解为是结合犯的绑架罪,又有不是结合犯的绑架罪。当然也可以将故意伤害行为作为手段的绑架,解读为故意伤害罪与绑架罪的结合犯。那么,是否《刑法》第239条规定了既有结合犯的绑架罪,与不是结合犯的绑架罪,是值得质疑的。本书认为将该种情形理解为牵连犯可能更为妥当。因为,故意杀人本是独立的犯罪,并非依附于其他故意致人死亡的行为而存在,在绑架实施故意杀人前提下,是一种偶然的事实上的结合关系,不是由法条将独立犯罪的结合而形成的关系。以牵连关系解读"杀害被绑架人",包括勒索之前的"杀害",也包括勒索不成功的事后"杀害",可能更为合适。

② 一定意义上,可以说与"致人重伤"的理解也有直接关联性。

③ 参见张明楷教授对非法拘禁罪致人重伤、死亡的解读。张明楷:《刑法学》(下),法律出版社2016年版,第884页。

④ 参见张明楷:《刑法学》,法律出版社2011年版,第796页;刘艳红主编:《刑法学》(下),北京大学出版社2014年版,第57页。

⑤ 绑架罪设置了"致人重伤、死亡",也就意味着有发生死亡的风险并没有超出规范保护的目的。

使人信服[①]。

"故意伤害"和"杀害"是针对被绑架人而言,固然没有疑问,但绑架暴力并非限于只对被劫持人质本人实施,也存在为劫持人质而对人质的监护人等实施的情况。如果故意伤害、杀害被绑架人的监护人等(如协助阻拦、抓捕的其他人),致人重伤、死亡的,如何认定?例如,在偷盗婴幼儿的过程中被发觉,转而实施故意伤害造成其监护人重伤、死亡,或杀害监护人,致使监护人等重伤、死亡的情况。如果行为人犯意内容仍在于要控制人质,则应为绑架罪与相应犯罪的想象竞合犯,应从一重罪论处,构成绑架致人重伤、死亡;如因监护人等反抗、抓捕或其他原因致使其犯意内容发生变化,实施故意伤害、故意杀人,则应当以故意伤害罪或故意杀人罪与绑架罪实行数罪并罚。

绑架罪完成与未完成形态,以绑架罪是单一行为,还是复合行为[②]为争议的焦点。两种观点共识为"勒索目的"是否实现,不影响犯罪的成立,两种观点的区别仅在于主张复合行为的,认为只有实施勒索或提出不法要求行为,才视为既遂。

"复合行为说"主要有以下理由:(1)在没有提出勒索或不法要求时,第三人的身心、财物和其他利益未受到实际侵害,也就没有达到既遂的程度[③];(2)"单一行为说"对绑架罪的犯罪中止问题不能得到合理解释,如果实施绑架就构成既遂,断绝了成立中止的后路,还可能出现负面效果,给被害人带来更大的伤害[④];(3)"单一行为说"对绑架罪的共同犯罪问题不能合理解释,即对未实施绑架仅参与勒索的,按照单一行为说因为已经既遂,就不能成立共犯,这于理于法都说不通[⑤];(4)绑架罪是继续犯的类型,即便没有参与绑架而后续参与勒索,也是继承共犯,完全不影响共同犯罪的成立[⑥]。继承共犯也要求后继者实施符合要件的行为,如将绑架罪理解为单一行为,后继者的行为就超出了构成要件,就不能成立继承的共同犯罪,这也恰好说明绑

---

① 当然,如果创设风险但结果的因果流程是创设风险者不可控的,那么,对结果的发生就没有罪过,也就意味着不可归责。参见最高人民法院刑事审判第一、二、三、四、五庭主办:《刑事审判参考》2012年第4集(总第87集),法律出版社2013年版,第36页以下。在最高人民法院指导案例[第794号]"张兴等绑架案"中,非因被告人的故意、过失行为导致被害人死亡的,能否认定为"致使被绑架人死亡"?该案的基本案情是被告人等人在绑架被害人后,雇车在转移被害人途中意外发生交通事故致使被害人死亡,判决否定成立"致使被绑架人死亡"。

② "复合行为说"的具体观点仍有差别,有"勒索行为完成说",认为应实施了勒索或提出不法要求行为,才为既遂。参见肖中华:《侵犯公民人身权利罪》,中国人民公安大学出版社1998年版,第226页。有主张"勒索结果实现说",实现勒索的财物或不法要求的,为既遂。参见赵秉志主编:《刑法学各论研究述评(1978——2008)》,北京师范大学出版社2009年版,第316页。本书认为"勒索结果实现说",主张的仍然是"目的说",并无新意。除上述对基本犯罪既未遂的争议之外,对绑架杀人的既遂、未遂也有不同认识。持"结合犯"说的学者,也对结合犯的既遂与未遂有不同看法。

③ 参见曲新久:《刑法学》(第2版),中国政法大学出版社2009年版,第400页。

④ 参见李希慧:《论绑架罪的几个问题》,载《法学评论》1998年第1期。

⑤ 同上。

⑥ 参见马克昌主编:《百罪通论》(上卷),北京大学出版社2014年版,第580页以下。

架罪应该是复合行为才能依据继承共同犯罪处理①。

“单一行为说”认为:(1) 利用第三者对人质安全的忧虑,实现勒索财物或不法要求,是将发生侵害了第三者自决权的结果为既遂②,但“利用对人质安危的担忧”并非是绑架罪独有的特征,也不是绑架罪的构成要素,将此作为判断既未遂的标准,其依据本身就不正确③;(2) 绑架罪是继续犯,单一行为主张对人质人身控制为既遂标准,而在未能控制的这一期间,仍然存在放弃犯罪成立中止的可能性,并未断绝成立中止的可能性;(3) 本书认为,绑架罪既是继续犯类型,也是继承犯类型,既然有共同犯罪形态,当然可以有继承犯的共同正犯,也可以有继承犯的教唆犯、帮助犯。继承共同犯罪中继承共犯的教唆犯、帮助犯,所实施的是教唆、帮助实施绑架罪构成要件的行为,并不直接实施具体的绑架行为,也是绑架罪继承共同犯罪的共犯。把继承共犯,作为“继承共同正犯”来讨论,是偷换了概念。本书主张单一行为说,只要对绑架事实有“明知”,无论是事前还是事中继承参与绑架的,都不影响绑架罪共同犯罪的成立。以对人质人身实际控制为既遂标准。

(四) 绑架罪与非法拘禁罪等其他剥夺、限制人身自由犯罪的关联

非法拘禁罪,是指非法拘禁他人或者以其他方法非法剥夺他人人身自由的行为。本罪的法益,是他人根据自己意志支配身体活动的自由权。身体活动的自由,是指对身体整体上活动的自由(从一定场所离开),并非是指身体的某个部分活动的自由。本罪主体,法规范上为自然人一般主体,但不排除司法人员利用职权可以实施本罪④,主观上是故意,动机不影响认定。身体活动自由应如何理解,理论上有现实的自由说与可能的自由说的争议。前者是指在他人想现实活动就可以活动的自由;后者是指在他人只要想活动就活动的自由。二者的争议“主要体现在当被害人完全没有意识到自己被拘禁或本来也不打算离开的场合。按照现实的自由说,只有当被害人打算离开而不可得时,才构成非法拘禁罪;按照可能的自由说,即使被害人没有认识到拘

---

① 参见肖松平:《对绑架罪既遂通说理论观点的质疑》,载《法学杂志》2009 年第 10 期。

② 参见黎宏:《刑法学》,法律出版社 2016 年版,第 248 页。

③ 对为索取债务而劫持人质,包括为索取不受法律保护债务劫持人质的,依照我国《刑法》第 283 条第 3 款和 00.07.19《非法拘禁解释》的规定,构成非法拘禁罪。显然,该种情形下实施非法拘禁行为的,也存在可以利用第三者对人质安全的忧虑,来实现所索取的债务。利用第三者对人质安全的忧虑,去实现要求,很难说是绑架罪独有的特征。

④ 2006 年 7 月 26 日最高人民检察院发布实施的《关于渎职侵权犯罪案件立案标准的规定》(高检发释字〔2006〕2 号)(以下简称 06.07.26《渎职侵权立案标准》)“二、(一)”规定:“非法拘禁罪是指以拘禁或者其他方法非法剥夺他人人身自由的行为。国家机关工作人员利用职权非法拘禁,涉嫌下列情形之一的,应予立案:1. 非法剥夺他人人身自由 24 小时以上的;2. 非法剥夺他人人身自由,并使用械具或者捆绑等恶劣手段,或者实施殴打、侮辱、虐待行为的;3. 非法拘禁,造成被拘禁人轻伤、重伤、死亡的;4. 非法拘禁,情节严重,导致被拘禁人自杀、自残造成重伤、死亡,或者精神失常的;5. 非法拘禁 3 人次以上的;6. 司法工作人员对明知是没有违法犯罪事实的人而非法拘禁的;7. 其他非法拘禁应予追究刑事责任的情形。”

禁状况或不打算离开时,也构成非法拘禁罪”①。这两种观点都有学者主张②。这种争议在一般案件中不会导致定性上有分歧,但对缺乏自己身体自由活动实际支配能力的婴儿、重病、瘫痪病人等,或者不具有自我决定权意思的人(精神障碍者)时,结论可能有区别。按照可能的自由说,上述情况均可以构成犯罪,但根据现实的自由说,对象只能是有现实的、具体的行动意思或能力的自然人,一时丧失这种意思或能力的人,只有在他们恢复了这种意思或能力后,才能成为本罪的对象③。本书不赞同现实的自由说。依据可能的自由说,父母对子女违法行使监护权④,或非法拘禁有“精神障碍”的人⑤,以及其他违法行使亲权、监护权案件⑥更具合理性。

非法拘禁是指使用强制方式,违背被害人意志,在一定时期内剥夺其人身自由的行为。非法拘禁的前提,要求剥夺他人人身自由必须是非法,也即无法律根据剥夺人身自由。实施正当防卫对不法侵害者的人身拘禁,依照法律对犯罪嫌疑人的行政拘留、刑事拘留,以及对被告人依法羁押、强制戒毒(具有治疗性质的保护观察)等行为,阻却违法性。上述行为的实施虽有法律、法令根据,但如果在执行的实体或程序上违反法律、法令的,不再是合法行为,不阻却违法性。父母行使亲权的惩戒行为(禁足),学校教师将违规学生滞留在特定场所进行反省(均以惩戒行为不得以违背法律禁止性规定为前提),特定机构经儿童监护人同意,在一定时间内禁止儿童离开(如在放学后仍然滞留特定儿童等待监护人接送)等,阻却违法性。对精神障碍人具有治疗性质的保护观察,应具体分析⑦:不具有亲权、监护权,将患者送至强制治疗机构的,不阻却违法性,可以考虑有无期待可能性以减轻责任;执行有关政府机关决定,对“精神障碍患者”强制治疗⑧,明知决定违法仍然执行,不阻却违法性。

非法拘禁必须具有强制性、持续性。强制性,是指违背他人自由意志,强制他人处于被管束之中,是否使用暴力方式,在所不问。违反“他人自由意志”,除不能正确表达自己意思的婴幼儿、精神障碍者之外(精神障碍者需要考虑患病程度,是否丧失自由表达意愿程度),不以具有完全民事行为能力的人为限,即便是儿童,也具备支配身体自由活动的意志。非出于对儿童利益的考虑,亲权者、监护者行使亲权(惩戒权)、监护(保护权)时,同样不得剥夺其人身自由。拘禁可以是直接对他人人身管束,

---

① 刘艳红主编:《刑法学》(下),北京大学出版社 2014 年版,第 49 页。

② 参见张明楷:《刑法学》(下),法律出版社 2016 年版,第 882 页;黎宏:《刑法学》,法律出版社 2016 年版,第 240 页;刘艳红主编:《刑法学》(下),北京大学出版社 2014 年版,第 49—50 页。

③ 张明楷:《刑法学》(下),法律出版社 2016 年版,第 882 页。

④ 《温宿一亲生父亲拘禁顽劣女儿被判获刑六个月》,http://court.gmw.cn/html/article/201401/07/148007.shtml,访问时间:2014 年 4 月 20 日。

⑤ 这是指“被精神病”的情形。

⑥ 《精神病院“主动收治”离“非法拘禁”多远》,http://health.sohu.com/20071012/n252623425.shtml,访问时间:2009 年 4 月 20 日。

⑦ 我国《刑事诉讼法》第 5 章规定对精神病患者实施“强制医疗”由人民法院决定。这只是在对“肇事”的精神障碍者实行的一个原则性规定。而对无“肇事”的精神障碍者,在其不愿住院治疗的情况下,相关医院是否可以对其进行强制收治,则尚无法律规定。

⑧ 这是指“被精神病”的情况。

如捆绑、使用戒具(手铐、脚镣),也可以是间接管束,如将被害人禁闭在特定区域,限制其自由活动等。非法拘禁也可由不作为构成,如司法人员对依法应解除羁押,不解除羁押,司乘人员对搭乘"顺风车"的旅人,到达指定地点不停,使其不能下车等,均是对他人人身自由的强制。持续性,是指非法拘禁必须处于持续状态,使他人在一定时间丧失身体自由活动的权利。原则上,他人失去身体自由活动时间的长短不影响行为的性质,却是影响是否构成犯罪的重要情节。很短时间使他人失去人身自由,难以认定构成犯罪。

本罪主观上是故意。剥夺他人人身自由的案件,总是"事出有因",因此,查清其动机,是认定是否只构成本罪的重要条件。因为剥夺人身自由的非法拘禁行为,在多种犯罪中可以手段行为、结果行为而呈现。例如,绑架罪、拐卖妇女、儿童罪、强奸罪、收买被拐卖的妇女、儿童罪、强迫劳动罪、刑讯逼供罪、暴力取证罪、拐骗儿童罪、组织残疾人、儿童乞讨罪、组织未成年人进行违反治安管理活动罪、抢劫罪、敲诈勒索罪、强迫卖血罪等。在这些犯罪中,有些对剥夺他人人身自由的行为,可以作为牵连犯处理,有的属于犯罪手段的当然内容,有的是作为犯罪情节、量刑情节来考量,有的则需要实行数罪并罚。

非法拘禁"具有殴打、侮辱情节的,从重处罚",这是法定从重情节。该情节理解上有两个问题:一是"殴打、侮辱"是否要求达到犯罪程度? 二是达到犯罪程度的,应该如何处理? 肖中华教授认为,殴打、侮辱应包括致人轻伤(罪)和侮辱罪①;不赞同的观点认为,只有这两种行为不独立构成犯罪时,才是从重情节,如独立构成犯罪就应该数罪并罚②。

本书认为,要对非法拘禁中具有殴打、侮辱情节的,分离出能够评价为构成独立犯罪的行为,并非易事。首先,我国《刑法》并没有限制非法拘禁不得使用(暴力)殴打方法强制剥夺人身自由③,所以具有"殴打"的情节,可能发生在控制被害人人身之前、控制过程中以及在非法拘禁期间。其次,非法拘禁罪规定的"殴打"只是行为表现,而不是行为的性质,殴打方式不仅可以是伤害性质,构成伤害罪,也可以是杀人性质,构成杀人罪。如是,就没有理由认为,"殴打"只能造成"轻微伤"的结果,不可以造成能够独立评价的"轻伤"。但显然,如果不是另起犯意,殴打的暴力应归于"使用暴力致人伤残",直接按照"故意伤害罪"定罪处罚,不涉及需要并罚。④ 最后,非法拘禁中对被害人的人格侮辱难以避免,如不是另起犯意,要将侮辱行为评价为独立犯罪,必须根据侮辱罪的要件考察是否达到"情节严重"的程度。那么,在行为性质、客观表现相同的情况下,如何分解"侮辱情节"中,哪些是非法拘禁的情节,哪些又应该是独立评价为侮辱罪的? 本书认为,除非另起犯意,没有必要对"具有殴打、侮辱情

---

① 参见肖中华:《侵犯公民人身权利罪》,中国人民公安大学出版社 1998 年版,第 222 页。

② 参见王作富主编:《刑法分则实务研究》(中),中国方正出版社 2013 年版,第 917 页。

③ 不包括拘禁中另起犯意实施故意伤害行为的情况。

④ 我国《刑法》限定了致人重伤是结果加重犯。因此,除了另起伤害犯意,致人轻伤,构成故意伤害罪实行数罪并罚外,本罪实施暴力拘禁他人,轻伤结果是本罪构成要件能够包含的。

节”考虑是否独立构成犯罪并实行并罚。

另外,殴打、侮辱情节是否适用我国《刑法》第238条第2款[①],理论上多数说认为,该款规定“殴打”是在没有引起重伤、死亡后果情况下适用。[②] 张明楷教授还认为,侮辱情节在使用暴力致人伤残、死亡的情况下,是否适用应具体分析,如侮辱就是暴力的内容,就不再适用,反之,就是从重的情节。[③] 本书赞同张明楷教授的观点。

非法拘禁致人重伤、死亡,是本罪结果加重犯,多数说认为,是指在实施非法拘禁中因过失致人重伤、死亡(包括在使用暴力控制被害人时,因过失导致)。但对因非法拘禁导致被害人自杀、自残或自身原因(如逃跑)而造成重伤、死亡的,是否属于非法拘禁的结果加重犯,有不同认识。有学者持肯定的观点[④]。张明楷教授还认为,若引起警方正常解救造成伤亡,是结果加重犯,如属于警方判断错误的解救造成伤亡,则不属于结果加重犯[⑤]。否定观点认为,应限于非法拘禁行为直接导致结果(直接性要件),在基本行为之后或之时,被害人自杀、自残、自身过失等造成重伤、死亡结果的,不宜认定为结果加重犯。折中观点认为,在对因果关系(相当性)判断前提下,如非法拘禁行为本身很恶劣,导致被害人自杀、自残或逃跑中因自身原因而造成重伤、死亡的,应认为有因果关系,成立结果加重犯;反之,就不应该认定。对警方解救中导致的重伤、死亡也应据此考虑[⑥]。

本书认为,实施非法拘禁的行为人,对行为所创设的所有风险的实现,都应该承担责任,这与非法拘禁行为本身是否恶劣无关。只有因果流程中行为人不能控制的风险,才不应承担结果加重的责任。例如,拘禁被害人的房屋在地震中倒塌、暴雨引发的泥石流将拘禁被害人的房屋掩埋、转移被害人途中遭遇交通事故,致使被害人重伤、死亡等,因果流程非行为人所能控制,对重伤、死亡结果的发生,没有罪过则不可归责[⑦]。正如正当防卫一样,既然不能期待公权力的及时介入,必须允许实施正当防卫一样,被非法拘禁时,法律也无理由要求被害人必须忍受被害风险,接受对自己不利的结果。谁能保证拘禁就是单纯的拘禁,不会再有其他“额外”的侵害发生?被害

---

① 我国《刑法》第238条第2款规定:“犯前款罪,致人重伤的,处3年以上10年以下有期徒刑;致人死亡的,处10年以上有期徒刑。使用暴力致人伤残、死亡的,依照本法第234条、第232条的规定定罪处罚。”

② 参见刘艳红主编:《刑法学》(下),北京大学出版社2014年版,第51页;张明楷:《刑法学》(第4版),法律出版社2011年版,第791页。

③ 参见张明楷:《刑法学》(下),法律出版社2016年版,第884页。

④ 参见王作富主编:《刑法分则实务研究》(中),中国方正出版社2013年版,第917页。

⑤ 参见张明楷:《刑法学》(下),法律出版社2016年版,第884—885页;刘艳红主编:《刑法学》(下),北京大学出版社2014年版,第51页。

⑥ 参见马克昌主编:《百罪通论》(上卷),北京大学出版社2014年版,第564页。

⑦ 参见本节“绑架罪”的相关内容。

人自力救济①是被害人自我保护本能的体现,法律不能做出否定评价。被害人采取自力救济可能发生严重后果的风险,是实施非法拘禁行为所创设的,而非被害人自己的行为。至于警方解救措施、方案有误确实可能给被拘禁者带来伤亡的情况,行为人不放弃侵害行为,但警方必须履行解救职责,由此引发被害人伤亡的风险,是由实施非法拘禁的行为人创设,却要履行解救职责的警方或被害人自己担责,这没有道理。

非法拘禁,"使用暴力致人伤残、死亡的,依照本法第 234 条、第 232 条的规定定罪处罚",多数说认为,该款属于注意规范,是指由非法拘禁罪转为故意伤害罪、故意杀人罪②。张明楷教授认为,这属于法律拟制规定,而非注意规范③。因此,只要非法拘禁使用暴力致人死亡,即便没有杀人故意,只要对伤残、死亡有预见可能性(过失),也构成故意伤害罪、故意杀人罪。因本罪是继续犯,在成立犯罪时已经既遂,在既遂并持续侵害被害人另一法益,理当认定为独立新罪。只有在拘禁行为之外的暴力致人死亡,才能认定为故意杀人罪④。不同观点认为,使用拘禁之外的暴力但过失造成伤残、死亡时,转化为更严重的故意伤害罪、故意杀人罪,结论难免有客观归罪之嫌。非法拘禁既然已经规定了结果加重犯,"使用暴力致人伤残、死亡"就应理解为故意的暴力行为,而且,没有理由将此限于拘禁行为之外的暴力,完全可能存在实施拘禁行为对伤残、死亡结果持故意态度。因此,这一规定是注意规定而非拟制规定,行为必须符合故意伤害、故意杀人罪条件才能成立上述两罪⑤。

本罪当然可以暴力实施,在拘禁行为直接因(过失)导致重伤、死亡结果时成立结果加重犯,但同时又认为在实施超出拘禁行为"所需范围的暴力",即便在没有杀人故

---

① 这是为逃避加害以及可能发生其他侵害采取自我保护,在此意义上的自杀、自残也属于"自力救济"。犯罪人也会基于"自我保护本能"逃避法律制裁而逃跑,就犯罪后的逃跑而言,除法律有特别规定的情形之外(交通肇事后逃逸以及被采取强制措施、被判有罪服刑期间脱逃等),同样不能对"逃跑"进行法律上的否定评价。

② 参见曲新久:《刑法学》(第 2 版),中国政法大学出版社 2009 年版,第 398 页;王作富主编:《刑法分则实务研究》(中),中国方正出版社 2013 年版,第 917 页;马克昌主编:《百罪通论》(上卷),北京大学出版社 2014 年版,第 565 页等。

③ 张明楷教授不赞同是注意规范的理由主要是:如果认为在非法拘禁中使用暴力对致人伤残、死亡有故意才能认定为故意伤害罪、故意杀人罪,并非是对注意规范的正确的解读;因原本就应该构成数罪,只认定为构成一罪,便是将典型数罪拟制为一罪的。那么,主张是注意规范有什么实质理由将典型数罪拟制为一罪?故结论是:任何解释者都不应当以"法律就是这样规定的"为由,维持法律条文的不协调、不公平局面。参见张明楷:《刑法学》(下),法律出版社 2016 年版,第 885 页下注释。本书认为,我国刑法中实质的数罪只按照一罪或一罪的从重情节处理的并不在少数,如《刑法》第 300 条组织、利用会道门、邪教组织、利用迷信破坏国家法律实施罪第 3 款的规定,组织和利用会道门、邪教组织或者利用迷信奸淫妇女、诈骗财物的,分别依照《刑法》第 236 条(强奸罪)、第 266 条(诈骗罪)的规定定罪处罚。这当然是实质数罪,按照一罪处罚的理由当然是"法律就是这样规定的"。

④ 参见张明楷:《刑法学》(下),法律出版社 2016 年版,第 885 页。

⑤ 参见马克昌主编:《百罪通论》(上卷),北京大学出版社 2014 年版,第 565 页。

意而有死亡预见可能性时[①],也成立故意杀人罪[②]。那要区别是构成非法拘禁的结果加重犯还是故意杀人罪,已经不再是主观上有无杀人的故意,而是是否实施"超出拘禁行为所需范围的暴力"。但界定"超出"与"没有超出"的标准是什么?如"所需范围的暴力"是"捆绑他人四肢",捆绑四肢在较长时间内的不松绑,足以造成因血液流通受阻,致使大脑、心脏供血不足造成死亡,也可因较长时间捆绑四肢,突然松绑造成的急剧减压(类似潜水不经过减压过程急剧上升的"减压病"[③]),也同样会造成死亡,那么,捆绑四肢造成死亡是否超出拘禁行为所需范围的暴力?本书赞同该款为注意规范的解读。

有学者认为,非法拘禁罪的基本刑与故意伤害致人轻伤的基本刑相同,都是"3年以下有期徒刑"以下的刑罚。但根据我国《刑法》第234条第2款的规定,构成故意伤害罪致人重伤的,可以判处3年以上10年以下有期徒刑,这与非法拘禁致人重伤是相同的罚则。因此,我国《刑法》第238条第2款规定的"伤残",应是指达到"重伤"的伤残,如果"伤残"包括轻伤,则实无规定必要。[④] 也有学者认为,该款规定是立法粗疏所导致的不合理结论。即当使用暴力致一般性重伤,构成故意伤害罪,与没有使用暴力,在拘禁过程中过失导致重伤,与适用相同的法定刑,是将过失致人重伤与故意致人重伤同罚,极不合理。即便将"伤残"理解为严重残疾,罪刑不当仍然存在[⑤]。本书赞同这一分析。根据14.01.01《人体损伤鉴定标准》[⑥]的规定,"伤残"并不等于"重伤","轻伤"也规定有"伤残"的内容。伤残所"反映的只是受损伤后人的各种能力的下降而不是单纯地反映人的伤害程度。单纯反映人的受损伤程度的概念应是重伤、轻伤"[⑦]。伤残的程度当然与伤害的程度有关,但二者并非同一标准,所以,本书不赞同"伤残"只能是"重伤"的理解。可以补充的理由在于,我国《刑法》第238条规定"按照刑法第234条定罪处罚",是指整体的故意伤害罪,而非故意伤害致人重伤。"伤残"限于"重伤",与"伤害"概念不符,故"伤残"的概念包括"重伤"也包括"轻伤"。至于应该如何解释"伤残"的伤害程度,应该依据14.01.01《人体损伤标

---

① 张明楷教授所主张的"预见可能性"是指成立的是故意杀人。参见张明楷:《刑法学》(下),法律出版社2016年版,第885页。仅要求有认识因素即可成立故意的,是故意学说中的"认识说"。值得关注的是,当前对间接故意成立的学说中,也有只主张有认识可能性即可成立故意的理论,但要求有"欲"的因素也有很大影响并为实务所采纳。参见〔德〕乌尔斯·金德霍伊泽尔:《刑法总论教科书》,蔡桂生译,北京大学出版社2015年版,第141页以下、第148页。

② 参见张明楷:《刑法学》(下),法律出版社2016年版,第885页。

③ 减压病主要是发生在较深的潜水作业中,为了使体内外各部分的压强处于平衡,必须吸入压强跟周围水压相等的压缩空气,这就使得潜水员呼吸时吸入气体增多,但吸入的气体不只在肺中发生气体交换,氮和氧一样也会进到血液和组织中去。氮气进入血液并产生一定的压力,在潜水员从水中升起时,上升的速度必须相当缓慢,以便血液和组织中的氮气能扩散出来,在从深海逃难或深海潜水中必须快速上浮时,压强从几个大气压突然下降,这时氮气从组织中释放出来形成不溶解的气泡,并在小血管中形成栓塞,阻止血液流过,如中枢神经系统发生栓塞,会出现麻痹,严重时瘫痪或死亡。

④ 参见马克昌主编:《百罪通论》(上卷),北京大学出版社2014年版,第565页。

⑤ 参见王作富主编:《刑法分则实务研究》(中),中国方正出版社2013年版,第917页。

⑥ 同时适用《GB 18667　道路交通事故受伤人员伤残评定》、《GB/T 16180　劳动能力鉴定 职工工伤与职业病致残等级》及《GB/T 26341-2010　残疾人残疾分类和分级》。伤残等级共有十级分类。

⑦ 王作富主编:《刑法分则实务研究》(中),中国方正出版社2013年版,第918页。

准》确定。尽管因轻伤转化构成故意伤害罪时，与非法拘禁罪的基本刑相当，毕竟故意伤害罪在性质上要重于非法拘禁罪。

（五）绑架罪的刑事责任

犯本罪，处10年以上有期徒刑或者无期徒刑，并处罚金或者没收财产；情节较轻，处5年以上10年以下有期徒刑，并处罚金。犯前款罪，杀害被绑架人，或者故意伤害被绑架人，致人重伤、死亡，处无期徒刑或者死刑，并处没收财产。以勒索财物为目的偷盗婴幼儿的，依照前两款的规定处罚。

犯绑架罪情节较轻，"这是为了适应处理情况复杂的绑架案件时贯彻罪责刑相适应原则的需要，对情节较轻的绑架犯罪适用相对较轻的刑罚"①。情节较轻，应该是指对绑架犯罪中止、未遂，未采取极端手段实施绑架，未对被绑架人实施虐待、侮辱以及未造成被绑架人人身严重伤害结果，绑架动机尚不恶劣等。

绑架并杀害被绑架人，但杀人未遂如何处理？有观点认为，我国《刑法》第239条规定的"杀害"是指杀人既遂，因此想杀死但未遂的，仍然适用杀害被绑架人的法定刑，但同时适用未遂犯从轻、减轻处罚的规定②。这是因绑架杀人但未遂的确与杀人既遂在危害程度上有区别，为使罪责刑一致提出适用"未遂犯从轻、减轻处罚"。在刑法修正案对绑架罪法定刑修订后，适用无期徒刑可以做到罪责刑一致。仅仅为能实现"罪责刑一致"而提出适用"未遂犯"处罚，本书不能赞同③。

六、拐卖妇女、儿童罪

（一）拐卖妇女、儿童罪的概念和法益

拐卖妇女、儿童罪，是指以出卖为目的，拐骗、收买、贩卖、绑架、接送或者中转妇女、儿童的行为。主体为自然人一般主体，主观上为故意，具有出卖目的，动机不影响认定。本罪是选择性罪名，可根据被侵害对象，分别定为"拐卖妇女罪""拐卖儿童罪"，对象中既有妇女又有儿童，应统一使用"拐卖妇女、儿童罪"不实行并罚。本罪的

---

① 赵秉志：《刑法立法研究》，中国人民大学出版社2014年版，第364页。

② 这是在《刑法修正案（九）》颁布之前的意见。参见刘艳红主编：《刑法学》（下），北京大学出版社2014年版，第57页。从轻处罚是法定刑幅度内适用较轻刑罚，"死刑"立即执行和缓期执行的方式的选择，不属于在刑罚上选择轻的刑罚；减轻处罚是应当在法定刑以下判处刑罚；有数个量刑幅度的，应当在法定量刑幅度的下一个量刑幅度内判处刑罚。显见在《刑法修正案（九）》出台之前，杀害被绑架人除规定"死刑"之外，并没有轻于死刑的刑罚。故绑架杀人未遂时判处"死刑缓期2年执行"也不是从轻、减轻处罚意义上适用。可以说，死刑不可能实质上去实现"从轻、减轻"处罚。

③ 这一方案的前提，是以绑架杀人属于"结合犯"，并以被结合罪的既未遂为标准。参见张明楷：《刑法学》（下），法律出版社2016年版，第891页。那被结合之罪是故意杀人罪，是要按照故意杀人罪的未遂犯处理，并非绑架罪的未遂犯，依据的只能是故意杀人罪的法定刑而实现"从轻、减轻处罚"，而不能依据绑架罪的法定刑。但定性是绑架罪，却要按照故意杀人罪的未遂犯处刑，这并不符合刑法规定。

法益为妇女、儿童的人身自由权利、人身不受买卖的权利。人身自由有狭义和广义之分。狭义的是指人身不受非法拘捕、限制、搜查、讯问和侵犯,广义的还包括与人身相关联的人格尊严不受侵犯、人身不受买卖的权利①。本罪保护的核心法益应该是“人身不受买卖权利”,即人不是“待价而沽”的商品。也有观点认为保护的法益还包括被拐卖的妇女、儿童的家庭稳定②,或人身安全③。

黎宏教授认为,妇女出于真诚同意被卖的④,就不应作为犯罪论处。理由主要是:(1) 就人身自由而言,同意则无侵害,如同自愿被关,不能说是限制人身自由;(2) 在尊重个人选择的社会中,在不影响国家、社会、他人利益的前提下,可以自由处分,如同妇女可以处分性交权利,当事人不构成强奸罪一样;(3) 拐卖行为以非自愿为前提,基于真诚自愿的,谈不上是拐卖;(4) 人身不是商品不能自由买卖,只是抽象教条的推论,现代社会的雇佣关系就是一种人身买卖关系⑤,是建立在双方自愿基础上。所以,结论是:女性同意买卖自己,只要不影响其他人利益,不构成犯罪⑥。同意被买卖,成为阻却行为违法性的正当事由。

诚然,是否违背被害妇女、儿童的意志,不是构成本罪必需的前提条件,黎宏教授诠释了“同意”(承诺)不具有构成要件以及违法性,但能解释为何刑法还需要对“承诺”有限制?在我国,自杀是非罪行为⑦,自杀不符合杀人的构成要件,也不具有违法性,可以说“生命权”是人身权利中最重要的,却是最无争议具有“自主决定权”的人身权利。如此,自己决定自杀,那帮助自杀以及得承诺直接杀人的行为人,都应该不具有杀人的构成要件而阻却违法性,不应是犯罪,刑法能如此处理吗?刑法禁止损害他人利益,并非仅是对权利者个人的义务,是国家站在公共利益层面上对所有国民的要求。对权利持有者依自由权处置可处置的权利(如财产权,可处置的部分人身权利),是权利人依法(民法、刑法)可免除了侵害者损害赔偿的义务,绝非是因为侵害对

---

① 2009年12月26日,全国人大常委会通过表决,决定我国加入《联合国打击跨国有组织犯罪公约关于预防、禁止和惩治贩运人口特别是妇女和儿童行为的补充议定书》(以下简称《补充议定书》)。第3条(a)款规定:“‘人口贩运’系指为剥削目的而通过暴力威胁或使用暴力手段,或通过其他形式的胁迫,通过诱拐、欺诈、欺骗、滥用权力或滥用脆弱境况,或通过授受酬金或利益取得对另一人有控制权的某人的同意等手段招募、运送、转移、窝藏或接收人员。剥削应至少包括利用他人卖淫进行剥削或其他形式的性剥削、强迫劳动或服务、奴役或类似奴役的做法、劳役或切除器官”。我国政府只对《补充议定书》第15条第2款声明保留。《补充协议书》第5条第1款规定:“各缔约国均应采取必要的立法和其他措施,将本议定书第3条所列故意行为规定为刑事犯罪。”显然对男性的拐卖也应在国内法规定为犯罪,但当前我国刑法并未对此作出修订,因此,对拐卖男性的尚不能适用“拐卖妇女、儿童罪”定罪处罚,亟待修订。不过,本书认为,我国刑法规定的“强迫劳动罪”“雇用童工从事危重劳动罪”“组织残疾人、儿童乞讨罪”等罪,有契合《补充议定书》要求之处。以下对该各罪的分析,不再特别引用《补充议定书》。

② 参见王作富主编:《刑法分则实务研究》(中),中国方正出版社2013年版,第789页。

③ 参见张明楷:《刑法学》,法律出版社2016年版,第893页以下。

④ 黎宏教授认为,所指“真诚同意”是以妇女、儿童具备能够真实地表达自己的意志能力为前提。无此能力者,即便同意也是犯罪。参见黎宏:《刑法学》,法律出版社2016年版,第250页。

⑤ 将现代“雇佣”关系类比为签订了“包身工”合同,签订了“卖身契”合适吗?

⑥ 参见黎宏:《刑法学》,法律出版社2016年版,第250页。

⑦ 有特别有规定的自杀“未遂”,仍然可以构成犯罪,参见“故意杀人罪”相关内容。

社会有益,国家依法免除其责任。得承诺的侵害者,有可能通过承诺阻却违法性,这也是国家给予的有限权限。权利者也不可能依自由意志,像民法规定的那样,对自己人身权利想怎样处置就能怎样处置。人身自由权以及不受买卖的权利,不仅是我国法律赋予国民的权利,每个国民都需要遵守的义务,更是国际社会遵循的基本准则①,权利者个人能随心所欲、任性地处置?行为人就因此具备阻却违法性的根据?将妇女、儿童作为"商品"贩卖违反人性,无论何种情情形下,行为危害的都是国家、社会以及公共利益,国家是通过刑法的禁令,对该种行为绝对取缔。被拐卖的妇女无权处置这种同国家、社会利益具有紧密联系的人身权。"同意"既不表明该种权利随其放弃而丧失,也不意味着法律保护的法益没有被侵害。"同意"被卖也侵犯人身自由权、人身不受买卖权。儿童因不具有法律意义上的辨识和控制能力,即便自己同意被买卖也是无效的。因而,只要以出卖为目的,无论行为人以何种方法控制妇女人身,即便儿童或其监护人同意买卖,承诺也是无效的,不影响犯罪的成立。

(二)对象、行为、主观

本罪的对象是妇女和儿童。妇女是指已满 14 周岁的女性;儿童,是指不满 14 周岁的男女儿童②,本罪的对象没有民族、国籍的限制。对拐卖已满 14 周岁男性,目前不能直接按照"拐卖行为"治罪,但不排除可以按照非法拘禁罪论处③;若拐卖男性是为他人强迫劳动提供"劳动力",则构成强迫劳动罪等犯罪。拐卖对象为"变性人",应该以法律确认的性别确定④;是"双性人"的,应以其主要社会生活以及社会认可的性别确认。

实施拐骗、绑架、收买、贩卖、接送、中转妇女、儿童的行为之一的,即为拐卖行为。"拐卖"的"拐"是行为人控制被害人人身的手段,是出卖的必要前提,"出卖"是"拐"的目的所在,两者密切相关。但刑法规定表明本罪的拐卖行为,不要求"拐"与"卖"兼备。所以,既可以是只实施拐骗行为,也可以是只实施贩卖行为,或者实施的既不是拐骗行为,也不是贩卖行为,而以出卖为目的实施绑架、收买、中转或者接送行为之一,均属完整意义上刑法规定的拐卖妇女、儿童行为。

1. 拐骗

拐骗是指以欺骗、利诱手段使妇女、儿童变更原处所,置于行为人支配、控制之下

---

① 1991 年 12 月 29 日全国人大常委会批准加入联合国《儿童权利公约》(1992 年 4 月 2 日在我国生效);全国人大常委会于 2002 年 8 月 29 日批准实施联合国《〈儿童权利公约〉关于买卖儿童、儿童卖淫和儿童色情制品问题的任择议定书》(2000 年 9 月 6 日签署)。

② 2017 年 1 月 1 日最高人民法院实施的《关于审理拐卖妇女儿童犯罪案件具体应用法律若干问题的解释》(法释〔2016〕28 号)(以下简称 17.01.01《审理拐卖妇女儿童案件若干问题的解释》)第 9 条规定:"刑法第 240 条、第 241 条规定的儿童,是指不满 14 周岁的人。其中,不满 1 周岁的为婴儿,1 周岁以上不满 6 周岁的为幼儿。"

③ 当然按照非法拘禁罪论罪或其他近似犯罪论处,有不符合拐卖行为性质的缺陷。这种行为根据 1979 年《刑法》第 141 条"拐卖人口罪"的规定,是完全可以符合拐卖行为性质的,因"人口"当然包括所有性别和年龄阶段的人。

④ 参见林亚刚:《刑法学教义》(总论)(第 2 版),北京大学出版社 2017 年版,第 124—125 页。

以便出卖的行为。欺骗和利诱是拐骗的主要方法,二者都是以满足被害人某种需要或可获得某种利益而予以诱惑,但有区别。欺骗,是以编造谎言或隐瞒真相的方法,以事实上不存在或不可能实现的某种好处、利益进行诱惑。利诱则是以能解决或满足其某种特殊需求,如物质、精神上的需求,诱使被害人。诱使确实能在一定程度上使被害人摆脱了原不利的情况,使其所求利益在一定程度上得到满足,因而具有较前者更大的欺骗性,被利诱的被害人"自愿"随其出走的情况较多。"使妇女、儿童变更原处所"[①]是考虑到实践中有些妇女、儿童并非是受到某种欺骗或利诱脱离了家庭或监护人。例如,不满强迫婚姻而自愿离开家庭的妇女,因家庭变故而"自愿"离开家庭、辍学的流浪的儿童,迷路儿童等。在此种情形下,"原处所"是指其在被拐骗之前的任何一个生活、活动的之所在,而并非仅指其家庭所在之处。如果对婴幼儿采取欺骗、利诱等手段使其脱离监护人或者看护人的,视为"偷盗婴幼儿";医疗机构、社会福利机构等单位的工作人员以非法获利为目的,将所诊疗、护理、抚养的儿童出卖给他人的,以拐卖儿童罪论处;以介绍婚姻为名,采取非法扣押身份证件、限制人身自由等方式,或者利用妇女人地生疏、语言不通、孤立无援等境况,违背妇女意志,将其出卖给他人的,应当以拐卖妇女罪追究刑事责任[②]。

2. 绑架

绑架,是指以出卖的目的,使用暴力、胁迫或者麻醉方法,劫持妇女、儿童,置于行为人支配、控制之下的行为。实施绑架控制被害人人身,是本罪法定从重处罚情节。

(1) 暴力方法。根据本罪的立法目的和犯罪的性质、特点,暴力是为了控制被害妇女、儿童人身的行为。诸如捆绑、强抢、拉拽、蒙头、堵嘴、殴打等人身强制行为。虽然不排除,但理应暴力不能达到故意伤害、故意杀人的程度。如果在绑架过程中致使妇女、儿童重伤、死亡的,是本罪的结果加重犯。暴力可以针对妇女、儿童本人以及在现场的被害人的监护人、保护人。实务中鲜见只针对物体实施暴力实现绑架的案例,果如此,视为本罪胁迫方法较为合理。

(2) 胁迫方法。根据本罪的立法目的和犯罪的性质、特点,胁迫是指为控制被害妇女、儿童人身,以语言或行动向被害人告诉,如违背其意志将立即予以加害的精神强制行为。胁迫,可以针对妇女、儿童本人,也可以针对在现场的被害人的监护人、保护人。胁迫的内容如杀人、伤害等应具有付诸实现的当场性,至于其威胁内容是否能当场实现,不影响认定,也不排除可能以其他加害内容进行胁迫;在遭到反抗时是否真的有意将威胁的内容付诸实现,在所不问。胁迫只能是当场面对被绑架的妇女、儿童及其监护人、保护人等实施,不能以信、电或由第三者转告方式实施。胁迫强制程度,不必达到使被害人不敢反抗的程度,只要是合乎情理使被害人畏惧、恐惧而屈从即可,是否已使得被害人不敢反抗,不影响认定。

(3) 麻醉方法。这是指为控制被害妇女、儿童人身,利用麻醉物品或者其他物理

---

① 也有表述为"使妇女、儿童脱离家庭或监护人"。

② 参见17.01.01《审理拐卖妇女儿童案件若干问题的解释》第1—3条的规定。

方法,使妇女、儿童暂时性知觉、意识丧失或减退,处于不知反抗或丧失反抗能力状态,置于行为人支配、控制之下的行为。如欺骗、引诱吸食、注射、服用麻醉药品,用酒灌醉,或用物理方法使其昏迷、昏睡而不知或不能反抗等。只要麻醉方法使其失去自我保护实际可能的,就应当认定。但是麻醉方法一般说是针对被绑架的妇女、儿童本人,但是对绑架儿童而言,可以针对其监护人、保护人。妇女、儿童处于不知反抗或丧失反抗能力状态,一般是行为人主动实施,利用被害人自己陷入暂时性知觉、意识丧失或减退,处于不知反抗或丧失反抗能力状态(如妇女自己喝醉),控制其人身而后出卖,不影响认定。

3. 收买

本罪的收买是特指以转手出卖为目的,主要以货币将妇女、儿童先行买入的行为。至于是否再实施"出卖",在所不问。妇女、儿童的来源及其来源方式,法律未有特别的限定,儿童也可从其父母手中(父母可构成遗弃罪或本罪①)收买。收买最初是为了与妇女、儿童建立一种相对稳定的社会关系,并不打算再出卖,但收买后因种种原因,又出卖的,不是"收买"而是"贩卖"的情形之一,也构成本罪。

4. 贩卖

"贩卖",在词意上是买进再卖出以获取利润(差价),既有买进又有卖出,是贩卖。但根据我国司法实务,本罪贩卖可以是自己拐自己卖,他人拐自己卖,以及自己先行买入然后转手再出卖。贩卖就是指将妇女、儿童作价出售给第三人的行为。只要有出卖行为,即认为是贩卖,无论其是否曾实施过先行买入的行为。

5. 接送、中转

接送、中转,是指共同犯罪活动中,按其分工参与拐卖妇女、儿童的行为。是在犯罪动态活动过程中连接拐骗、绑架与贩卖的中间环节的行为,虽具有共犯的属性,但为实行行为。接送,是将被害人从一地移送另一地的行为,有"陪同、押送"之意。中转,是将被被害在移送另一地的过程中,中途实行接应,藏匿、接转的行为,有"照顾、看管"之意。至于用何种方式、方法接送、中转,在所不问。以出卖为目的,偷盗婴幼儿的,是法定从重的情节。即便是以抚养为目的,偷盗婴幼儿或拐骗儿童,之后出卖的,也是拐卖儿童行为。上述行为可以只实施其中一种,也可实施多种,但只能以一罪处罚。

本罪主观上只能是直接故意,具有"出卖"的犯罪目的,而非营利目的。营利目的,是指出卖为谋取非法利润。出卖目的,是指意图将妇女、儿童作价卖出,至于是否为了营利在所不问。出卖目的,可以包括营利目的,但并非以出卖为目的的,都是为了营利。出于报复动机出卖,亦构成本罪。是否具有"出卖目的",是与介绍收养、送

---

① 2010年3月15日最高人民法院、最高人民检察院、公安部、司法部印发的《关于依法惩治拐卖妇女儿童犯罪的意见》(法发〔2010〕7号)(以下简称10.03.15《拐卖妇女儿童犯罪意见》)"五、16"规定:"以非法获利为目的,出卖亲生子女的,应当以拐卖妇女、儿童罪论处。"该《意见》列举了出卖亲生子女属于拐卖妇女、儿童四种具体情形,以及不宜以拐卖妇女、儿童罪论处和可能构成遗弃罪的具体情况。显然,是否具有"非法获利目的",是区别罪与非罪的重要界限。

养儿童索取财物,买卖婚姻、以婚姻索取财物等行为的重要界限,后者主要是基于“习俗”或者的确为达成上述目标付出过努力,索取一定的“好处费用”“辛苦费用”,不应以犯罪论处。“出卖目的”也是与收买被拐卖的妇女、儿童罪、拐骗儿童罪以及不以出卖为目的的绑架罪的重要区别。

(三) 拐卖妇女、儿童罪与收买被拐卖的妇女、儿童罪、拐骗儿童罪[①]的关联

收买被拐卖的妇女、儿童罪,是指不以出卖为目的,收买被拐卖的妇女、儿童的行为。主体为自然人一般主体,主观上是故意,动机不影响认定。本罪的收买,是指将被拐卖的妇女、儿童视为“商品”并以金钱[②]为对价而买入的行为。对象必须是“被拐卖的妇女、儿童”,如果收买的对象是已满 14 周岁男性,不构成本罪,但不排除可能构成非法拘禁罪、强迫劳动罪。

有“收买”市场的存在,是拐卖妇女、儿童犯罪屡禁不绝的重要原因。拐卖妇女的,多是以介绍婚姻为名,这需要与的确是介绍婚姻收取少量报酬的行为区别开。本罪主观上要求收买人明知[③]是被拐卖的妇女、儿童,但不应将本罪都视为拐卖妇女、儿童犯罪的共同犯罪[④]。根据我国《刑法》第 241 条的规定,收买被拐卖的妇女、儿童,不得以“出卖”为目的,通常是为了与被害人建立家庭关系,但无论何种原因,再将妇女、儿童出卖的,应依照《刑法》第 240 条第 4 款规定,以拐卖妇女、儿童罪论处[⑤]。收买被拐卖的妇女,强行与其发生性关系的,构成强奸罪;收买被拐卖的妇女、儿童,非法剥夺、限制其人身自由或者有伤害、侮辱等犯罪行为的,构成故意伤害罪、非法拘禁罪、侮辱罪或强制侮辱妇女罪,应实行数罪并罚。17.01.01《审理拐卖妇女儿童案件若干问题的解释》规定,收买被拐卖的妇女、儿童后又组织、强迫卖淫或者组织乞讨、进行违反治安管理活动等构成其他犯罪的,依照数罪并罚的规定处罚[⑥]。收买被拐卖的妇女、儿童,按照被买妇女的意愿,不阻碍其返回原居住地的,对被买儿童没有虐待行为,不阻碍对其进行解救的,可以从轻、减轻或者免除处罚。17.01.01《审理拐卖妇女儿童案件若干问题的解释》规定,在国家机关工作人员排查来历不明儿童或者进行解救时,将所收买的儿童藏匿、转移或者实施其他妨碍解救行为,经说服教育仍不配合的,属于《刑法》第 241 条第 6 款规定的“阻碍对其进行解救”;收买被拐卖的妇女,业已形成稳定的婚姻家庭关系,解救时被买妇女自愿继续留在当地共同生活的,可以视为“按照被买妇女的意愿,不阻碍其返回原居住地”[⑦]。

收买被拐卖的妇女、儿童,又以暴力、威胁方法阻碍国家机关工作人员解救被收

---

① 我国《刑法》第 241 条的规定。

② 不排除用“物品”作交换条件收买被拐卖的妇女、儿童。

③ 当然包括认识到“可能是”被拐卖的妇女、儿童。

④ 我国《刑法》对收买被拐卖的妇女、儿童的行为“一概评价为犯罪”。实务中有针对特定“需要”进行拐卖与收买的情况;除非特别必要,可不以共同犯罪论处。

⑤ 10.03.15《拐卖妇女儿童犯罪意见》。

⑥ 17.01.01《审理拐卖妇女儿童案件若干问题的解释》第 6 条。

⑦ 17.01.01《审理拐卖妇女儿童案件若干问题的解释》第 4 条、第 5 条。

买的妇女、儿童,或者聚众阻碍国家机关工作人员解救被收买的妇女、儿童,构成妨害公务罪、聚众阻碍解救被收买的妇女、儿童罪的,依照数罪并罚的规定处罚。[①] 以暴力、威胁方法阻碍国家机关工作人员解救被收买的妇女、儿童,应以妨害公务罪论处。如果以聚众方式,阻碍国家机关工作人员解救被收买的妇女、儿童,对聚众起策划、指挥、领导的首要分子,其他使用了暴力、威胁方法阻碍解救的参与者,均以聚众阻碍解救被收买的妇女、儿童罪论处。

拐骗儿童罪,是指拐骗不满 14 周岁的未成年人,脱离家庭或者监护人的行为。本罪的法益为儿童的身心健康、安全以及儿童的家庭稳定。主体为自然人一般主体,主观上是直接故意(不能以出卖为目的),一般而言,动机不影响认定。对象必须是不满 14 周岁的儿童。拐骗,不限于只是欺骗和利诱手段,应包括以暴力、胁迫其他方法在内的所有控制儿童人身自由的行为。本罪限于不是“以出卖为目的”而实施拐骗儿童的行为,否则构成拐卖儿童罪;不得“组织乞讨为目的”,否则构成组织儿童乞讨罪;不得“以组织盗窃、诈骗、抢夺、敲诈勒索等违法活动为目的”,否则构成组织未成年人进行违反治安管理活动罪;不得“勒索财物”或将儿童作为人质,否则构成绑架罪;不得以“索取债务为目的”,否则构成非法拘禁罪。本罪虽为故意,但故意内容多为自己抚养或为奴役儿童。在实施拐骗儿童行为后,因某种原因向其亲属索取财物或将儿童出卖的,应如何处罚,有意见认为应以绑架罪或拐卖儿童罪与拐骗儿童罪实行并罚[②]。

(四) 共同犯罪

实务中拐卖妇女、儿童犯罪的共同犯罪现象比较突出,且以参与者之间有亲属、亲戚关系的居多,是否构成本罪,应具体审查[③]。10.03.15《拐卖妇女儿童犯罪意见》规定,明知他人拐卖妇女、儿童,仍然向其提供被拐卖妇女、儿童健康证明、出生证明或者其他帮助,以**拐卖妇女、儿童罪的共犯**论处。明知他人系拐卖儿童的“人贩子”,仍然利用从事诊疗、福利救助等工作的便利或者了解被拐卖方情况条件,居间介绍,以**拐卖儿童罪的共犯**论处。明知他人收买被拐卖的妇女、儿童,仍然向其提供被收买妇女、儿童户籍证明、出生证明或者其他帮助,以**收买被拐卖的妇女、儿童罪的共犯**论处,但是,收买人未被追究刑事责任的除外。将妇女拐卖给有关场所,致使被拐卖的妇女被迫卖淫或者从事其他色情服务,有关场所的经营管理人员事前与拐卖妇女的犯罪人通谋,对该经营管理人员以**拐卖妇女罪的共犯**论处;同时构成拐卖妇女罪和组织卖淫罪,择一重罪论处。认定是否“明知”,应当根据证人证言、犯罪嫌疑人、被告人及其同案人供述和辩解,结合提供帮助的人次,以及是否明显违反相关规章制度、工

---

① 17.01.01《审理拐卖妇女儿童案件若干问题的解释》第 7 条。

② 参见张明楷:《刑法学》(第 4 版),法律出版社 2011 年版,第 819 页。

③ 17.01.01《审理拐卖妇女儿童案件若干问题的解释》第 8 条规定:“出于结婚目的收买被拐卖的妇女,或者出于抚养目的收买被拐卖的儿童,涉及多名家庭成员、亲友参与的,对其中起主要作用的人员应当依法追究刑事责任。”

作流程等,予以综合判断。

对于拐卖妇女、儿童犯罪的共犯①,应当根据各被告人在共同犯罪中的分工、地位、作用,参与拐卖的人数、次数,以及分赃数额等,准确区分主从犯。对于组织、领导、指挥拐卖妇女、儿童的某一个或者某几个犯罪环节,或者积极参与实施拐骗、绑架、收买、贩卖、接送、中转妇女、儿童等犯罪行为,起主要作用,应当认定为主犯。对于仅提供被拐卖妇女、儿童信息或者相关证明文件,或者进行居间介绍,起辅助或者次要作用,没有获利或者获利较少的,一般可认定为从犯。对于各被告人在共同犯罪中的地位、作用区别不明显的情况,可以不区分主从犯。

(五) 拐卖妇女、儿童罪的刑事责任

犯本罪,处 5 年以上 10 年以下有期徒刑,并处罚金;有下列情形之一的,处 10 年以上有期徒刑或者无期徒刑,并处罚金或者没收财产;情节特别严重的,处死刑,并处没收财产:(1) 拐卖妇女、儿童集团的首要分子;(2) 拐卖妇女、儿童三人以上;(3) 奸淫被拐卖的妇女;(4) 诱骗、强迫被拐卖的妇女卖淫或者将被拐卖的妇女卖给他人迫使其卖淫;(5) 以出卖为目的,使用暴力、胁迫或者麻醉方法绑架妇女、儿童;(6) 以出卖为目的,偷盗婴幼儿;(7) 造成被拐卖的妇女、儿童或者其亲属重伤、死亡或者其他严重后果;(8) 将妇女、儿童卖往境外。

我国《刑法》第 240 条第 1 款第 3 项"奸淫被拐卖的妇女",10.03.15《拐卖妇女儿童犯罪意见》"七、24"规定,拐卖妇女、儿童,又奸淫被拐卖的妇女、儿童,或者诱骗、强迫被拐卖的妇女、儿童卖淫的,以拐卖妇女、儿童罪处罚。但《拐卖妇女儿童犯罪意见》"五、20.(3)"规定,如果强奸被害人(包括幼女),应数罪并罚。这表明意见中规定的"奸淫",是不包括强奸行为的。也即只要与被害人发生性关系的,一律按照"奸淫被拐卖的妇女"论。我国《刑法》第 240 条第 1 款第 4 项规定,诱骗、强迫被拐卖的妇女卖淫或者将被拐卖的妇女卖给他人迫使其卖淫的,根据 10.03.15《拐卖妇女儿童犯罪意见》"五、20.(5)"的规定,则存在实行数罪并罚的可能性。

根据 10.03.15《拐卖妇女儿童犯罪意见》的规定,拐卖妇女、儿童,又对被拐卖的妇女、儿童实施故意杀害、伤害、猥亵、侮辱等行为,构成其他犯罪的,依照数罪并罚的规定处罚。拐卖妇女、儿童或者收买被拐卖的妇女、儿童,又组织、教唆被拐卖、收买的妇女、儿童进行犯罪,以拐卖妇女、儿童罪或者收买被拐卖的妇女、儿童罪与其所组织、教唆的罪数罪并罚。拐卖妇女、儿童或者收买被拐卖的妇女、儿童,又组织、教唆被拐卖、收买的未成年妇女、儿童进行盗窃、诈骗、抢夺、敲诈勒索等违反治安管理活动,以拐卖妇女、儿童罪或者收买被拐卖的妇女、儿童罪与组织未成年人进行违反治安管理活动罪数罪并罚。

根据 10.03.15《拐卖妇女儿童犯罪意见》"五、20"的规定,明知是被拐卖的妇女、儿童而收买,具有下列情形之一的,以收买被拐卖的妇女、儿童罪论处;同时构成其他

---

① 这里所指的"共犯"是广义上的共犯,指所有参与共同犯罪之人。

犯罪,依照数罪并罚的规定处罚:(1) 收买被拐卖的妇女后,违背被收买妇女的意愿,阻碍其返回原居住地;(2) 阻碍对被收买妇女、儿童进行解救;(3) 非法剥夺、限制被收买妇女、儿童的人身自由,情节严重,或者对被收买妇女、儿童有强奸、伤害、侮辱、虐待等行为;(4) 所收买的妇女、儿童被解救后又再次收买,或者收买多名被拐卖的妇女、儿童;(5) 组织、诱骗、强迫被收买的妇女、儿童从事乞讨、苦役,或者盗窃、传销、卖淫等违法犯罪活动;(6) 造成被收买妇女、儿童或者其亲属重伤、死亡以及其他严重后果;(7) 具有其他严重情节。

10.03.15《拐卖妇女儿童犯罪意见》"五、20.(7)"的规定,造成被拐卖的妇女、儿童或者其亲属重伤、死亡或者其他严重后果,可能构成数罪。根据法理,"造成被拐卖的妇女、儿童重伤、死亡"应属于本罪的结果加重犯,但10.03.15《拐卖妇女儿童犯罪意见》规定,同时构成其他犯罪,依照数罪并罚的规定处罚,其中就包括"造成被收买妇女、儿童或者其亲属重伤、死亡以及其他严重后果"。"依照数罪并罚的规定处罚",当然是指在故意杀害、伤害被拐卖的妇女、儿童,或者杀害、伤害其监护人造成重伤、死亡,应该数罪并罚,但如果确实属于因过失造成妇女、儿童重伤、死亡,属于结果加重犯,则不能视为数罪给予并罚。拐卖"造成……其亲属重伤、死亡以及其他严重后果",重伤、死亡结果也不排除仍然有符合结果加重犯的情况。例如在绑架妇女、儿童过程中对其监护人使用暴力,因过失造成重伤、死亡的。不过,因妇女、儿童被拐卖而造成其亲属自杀致重伤、死亡,即便依法可适用重刑,也不属于结果加重犯①。至于"其他严重后果",其内容以及可能的范围,只能以直接与拐卖行为相关,属于间接造成损害来确定。例如,举债寻找被拐卖的妇女、儿童,使家庭生活陷入极度贫困等。

七、诬告陷害罪

(一) 诬告陷害罪的概念和法益

诬告陷害罪,是指捏造犯罪事实诬陷他人,意图使他人受刑事追究,情节严重的行为。本罪的法益,多数说认为,是人身权利和司法机关的正常活动。但有不少学者不赞同此观点,理由是,本罪规定在侵犯人身权利罪中,已经表明规定本罪不是为了保护司法活动。多数说的观点也无法回答"同意被害"情况下,还是否构成犯罪的问题②。本书认为,在我国文化传统中,"犯罪"的标签,是对个人有重大影响,本罪一定意义上,也损害个人名誉权。本罪的主体,为自然人一般主体,主观上是故意,动机不影响认定。

---

① 在这种情况下,很难认定对被害人亲属自杀致重伤、死亡是有预见可能性,如果要视为"结果加重犯",需要认可结果加重犯的成立不需要对重结果的发生至少有过失罪过,但这并不妥当。

② 参见张明楷:《刑法学》(下),法律出版社2016年版,第901页;黎宏:《刑法学》,法律出版社2016年版,第255页。

(二) 对象、行为、结果、罪过

本罪的对象,是"他人",是指己身之外的任何一个人,也包括犯人在内。诬告陷害必须有特定的诬告对象,特定对象并不要求明确指出被诬告者的具体信息,司法机关只要从诬告内容中能推断出是谁,即为特定对象。诬告自然人当然无疑问,但诬告单位犯罪,是否构成本罪?本书持肯定的看法。当前实践中,存在发生经济纠纷时,以诬告方法借助公权力挤压有纠纷的对方当事人以及单位,十分恶劣。既然刑法规定有单位犯罪,诬告单位犯罪也完全符合本罪的构成要件。如果告发并无特定对象,只是虚报案件不构成犯罪。例如自己作案,谎报被盗、被抢、被侵害,但未指控任何特定人,也未暗示是某人,如果司法机关错捕错判他人的,行为人不构成本罪。如自己作案尚未构成相应犯罪,谎报案件应作行政违法处理,对自己作案构成犯罪,应以所构成犯罪处罚,谎报为视为量刑情节。

诬告陷害是指捏造犯罪事实,进行告发,情节严重的行为。首先,捏造他人犯罪事实。捏造即为无中生有,凭空虚构他人犯罪的事实,捏造的犯罪事实只要足以成为司法机关追究他人刑事责任的根据就足以,是否同时提供了捏造的证据,不影响犯罪成立。如果告发的是真实的犯罪事实,但情节上有所夸大,亦属检举失实,不能构成犯罪。如捏造的不是犯罪事实,而是足以损害他人名誉、人格的其他事实,情节严重,符合诽谤罪要件,可以诽谤罪处罚,不构成本罪。如捏造的犯罪事实并非全部犯罪事实,而是对某人的某个犯罪情节进行夸大,或编造一个犯罪情节来加重他人的刑事责任,进行告发,不构成本罪,符合伪证罪要件的,应以伪证罪论处。

其次,必须把捏造的犯罪事实向有关机关告发,足以引起司法机关的司法程序的启动。诬告行为应以主动实施为必要条件,如因受刑讯逼供而"乱咬乱攀",诬陷了他人,因告发行为是被迫所为,阻却违法性,不构成犯罪。如是为逃避罪责,做虚假告发,把罪责推卸给他人,应以诬告陷害罪和所犯之罪实行并罚。告发既可向司法机关,也可向被诬告者所在单位及其他有可能向司法机关转送的机关告发。告发方式不影响本罪成立。以下情况不阻却违法性,不影响犯罪的成立:(1) 指使他人进行告发,是本罪的间接正犯;(2) 诬告无论是口头还是书面,是署名还是匿名;(3) 以被诬告人名义向境外间谍机构书写信件,或者通过其他方法煽动暴恐,散发反政府、政党的传单等,意图以这种方式使被害人受到刑事追究。只要是有意识要引起司法机关对他人的错误追究刑事责任,就是告发的行为。虽然捏造他人犯罪事实,但始终未向有关机关告发,不构成犯罪。如将捏造犯罪事实,在私下散布,议论,蓄意损害对方人格、名誉,并无"揭发、检举之意",情节严重的可按诽谤罪论处。

本罪是行为犯,只要行为人实施了捏造犯罪事实,进行告发的行为,就构成本罪的既遂。至于被害人是否被错误地追究刑事责任和受到何种处分,不影响本罪的成立。本罪以"情节严重"为入罪条件,情节严重应综合考虑所捏造的具体犯罪事实,告发的具体手段、动机,对被害人所造成的具体损害等因素。

主观上只能是直接故意,具有使他人受到刑事追究的目的,是否实现不影响认定,诬告的动机通常有栽赃、泄愤、嫁祸于人等,出于何种动机不影响认定。不是有意诬陷,而是错告或者检举失实的[①],阻却违法性,不构成本罪。

(三)诬告陷害罪与报复陷害罪[②]的关联

报复陷害罪是指国家工作人员滥用职权,假公济私,对控告人、申诉人、批评人、举报人实行打击报复、陷害的行为。[③] 本罪的法益是控告权、申诉权、批评权、举报权。本罪的对象,是控告人、申诉人、批评人、举报人。本罪主体是国家工作人员,系特殊主体,主观上是直接故意,具有报复陷害他人的目的,动机不影响认定。

实行报复陷害,须以滥用职权,假公济私为前提条件。滥用职权,是指"随意行使权力",包括在赋予职权范围内,或逾越职权范围行使权力;假公济私,是指"以公为名而实为私",即以国家所赋予权力为名,对他人的报复陷害。行为人可利用职权设置各种对被害人不利的障碍,使之"犯错",或借被害人确实有过错而实施报复,或利用职权将自己或其他人的过错"栽赃"给被害人,再实施报复。至于报复、陷害的具体内容,不一而足,但不能以捏造"犯罪"事实进行报复陷害,否则构成诬告陷害罪,且为法定从重处罚情节。原则上,只要实施报复、陷害,即可构成犯罪。

如国家工作人员是公司、企业、事业单位、机关、团体的领导人,并且打击报复的是依法履行职责、抵制违反《会计法》《统计法》行为的会计、统计人员,则构成"打击报复会计、统计人员罪",可形成想象竞合关系,应以报复陷害罪论处。本罪与诬告陷害罪在规范上并不直接关联,但国家工作人员可以滥用职权,报复他人实施诬告陷害的,则同时触犯诬告陷害罪,为想象竞合犯,应从一重罪论处。

(四)诬告陷害罪、报复陷害罪与打击报复会计、统计人员罪[④]的关联

打击报复会计、统计人员罪,是指公司、企业、事业单位、机关、团体的领导人,对依法履行职责、抵制违反《会计法》《统计法》行为的会计、统计人员实行打击报复,情节恶劣的行为。对象为本单位会计、统计人员,可以是兼职人员[⑤]。主体为公司、企业、事业单位、机关、团体的领导人,系特殊主体。其领导人不分层级,均可为本罪主体。公司、企业、事业单位、机关、团体没有所有制的限制,主观上为直接故意,为报复

---

① 我国《刑法》第243条第3款的规定。

② 我国《刑法》第254条的规定。

③ 2006年7月26日最高人民检察院《关于渎职侵权犯罪案件立案标准的规定》(高检发释字〔2006〕2号)(以下简称06.07.26《渎职侵权立案标准》)"二、(六)"规定:"涉嫌下列情形之一的,应予立案:1.报复陷害,情节严重,导致控告人、申诉人、批评人、举报人或者其近亲属自杀、自残造成重伤、死亡,或者精神失常的;2.致使控告人、申诉人、批评人、举报人或者其近亲属的其他合法权利受到严重损害的;3.其他报复陷害应予追究刑事责任的情形。"

④ 我国《刑法》第255条的规定。

⑤ 一般国有或大型公司、企业有专职的会计、统计人员,但小规模的,特别是民营公司、企业的会计、统计人员多数有兼职在数个单位工作的情况。因此,本罪的会计、统计人员,不应以本单位专职人员为限,对兼职的会计、统计人员的保护会留有缺憾。

的目的,动机不影响认定。客观行为的打击报复,是否利用领导者的职权而实施,在所不问。本罪以“情节恶劣”为入罪条件。如果捏造事实诬陷会计、统计人员犯罪的,构成诬告陷害罪,为想象竞合犯,从一重罪论,则应以诬告陷害罪追究责任。报复陷害的行为与打击报复会计、统计人员的行为亦可形成想象竞合关系,应从一重罪论处。

(五) 诬告陷害罪的刑事责任

犯本罪的,处3年以下有期徒刑、拘役或者管制;造成严重后果的,处3年以上10年以下有期徒刑。国家机关工作人员犯前款罪的,从重处罚。不是有意诬陷,而是错告,或者检举失实的,不适用前两款的规定。

造成严重后果,主要是指因诬告造成冤假错案,以及对国家司法机关公信力造成严重影响。

八、强迫劳动罪

(一) 强迫劳动罪的概念和法益

强迫劳动罪,是指以暴力、威胁或者限制人身自由的方法强迫他人劳动,或明知他人实施强迫劳动行为,而为其招募、运送人员或者有其他协助强迫他人劳动的行为。[①] 本罪的法益是人身自由。本罪的主体,为单位和自然人一般主体,主观罪过限于直接故意,动机不影响认定。

(二) 强迫劳动、对象、行为

强迫劳动,是指违背被害人自由意志,强制其从事能够产生劳动价值的体力或脑力劳动的行为[②]。本罪对象的“他人”,无性别、民族、国籍的限制,可以是任何自然人。是否支付等价劳动报酬、有无签订劳动合同,在所不问。如果强迫未满16周岁的未成年人劳动,可能触犯“雇用童工从事危重劳动罪”。本罪以违背被害人的自由意思为前提。

(1) 以暴力、威胁或者限制人身自由的方法强迫他人劳动。这是直接实施强迫劳动的行为。暴力、胁迫,是指迫使被害人屈服的强制方法。暴力是否达到使被害人不敢反抗的程度,在所不问。原则上暴力不至于致使被害人受到伤害,但不排除暴力

---

① 2017年4月27日最高人民检察院、公安部发布的《关于公安机关管辖的刑事案件立案追诉标准的规定(一)的补充规定》(公通字〔2017〕12号)(以下简称17.04.27《立案标准(一)补充规定》)第6条规定:“以暴力、威胁或者限制人身自由的方法强迫他人劳动的,应予立案追诉。明知他人以暴力、威胁或者限制人身自由的方法强迫他人劳动,为其招募、运送人员或者有其他协助强迫他人劳动行为的,应予立案追诉。”

② 此“劳动”系指社会分业中法律认可的劳动,不能包括非法“劳动”,例如“卖淫”。如通过强迫卖淫而实现对卖淫者剥削的,应构成“强迫卖淫罪”。

行为可能造成伤害结果,如果触犯故意伤害罪的,是想象竞合犯。暴力限于对被害人的人身施加,如果对物施以暴力,迫使被害人屈服的,是“威胁”方法。威胁,是对被害人实施的精神强制,与“胁迫”相同,是以不服从指令将会发生的恶害通告于被害人,并威胁将实现恶害的行为。通告的方式、方法没有限制,也不要求必须达到使被害人不敢反抗的程度。对一人施暴,对其他人而言则是“威胁”。原则上,只要以暴力、威胁方法强迫他人劳动,即为强迫劳动的行为。以限制人身自由的方法强迫劳动,是指将被害人自由行动的权利限制在一定区域内(如劳动场所)。采取非法拘禁方式强迫他人劳动,如果从非法拘禁罪是刑法中的独立犯罪看,似与本罪可以形成牵连关系,即非法拘禁行为是手段,目的行为是强迫劳动。但本书认为,因以非法拘禁方式强迫劳动的行为就是该项行为的内容,因此,形成与非法拘禁罪是法条竞合关系,触犯非法拘禁罪也不应实行并罚。

使用暴力、威胁方法强迫劳动的,与采取限制人身自由的方法强迫他人劳动,并非承继关系。采取暴力、威胁方法,未必一定需要采取限制人身自由的方法强迫他人劳动;而采取限制人身自由的方法强迫他人劳动[①],也未必先采取暴力、威胁方法对被害人先行控制。因此,以何种方法先行对被害人人身实现控制,再限制人身自由强迫劳动,法律并未限制。采取暴力、威胁方法先行控制被害人人身自不待言,可以构成本罪。不以暴力、威胁方法,采取欺骗方法的,再限制人身自由强迫劳动也不影响认定。例如,许诺提供好工作,高薪、好住所等诱骗他人等,只要后续采取限制人身自由的方法强迫他人劳动,也构成本罪。

(2)明知他人实施强迫劳动行为,而为其招募、运送人员或者有其他协助强迫他人劳动。这种行为的特点是具有可替代性,不能视为共犯的帮助行为,而是本罪的正犯行为。“招募”是向特定人员或不特定人群征召募集其参与;“运送”是将特定人员或不特定人员带至一定(如劳动)场所;“其他协助”是一切有助于强迫劳动实现的行为。此种情形构成强迫劳动罪,应以明知他人在实施强迫劳动而为其招募、运送人员,或者有其他协助强迫他人劳动的行为为前提条件,如果系不明知状态而为其招募、运送人员或有其他协助行为,不应以本罪论处,但不排除可能构成非法拘禁罪等。

(三)强迫劳动罪与雇用童工从事危重劳动罪[②]的关联

雇用童工从事危重劳动罪,是指违反劳动管理法规,雇用未满16周岁的未成年人从事超强度体力劳动,或者从事高空、井下作业,或者在爆炸性、易燃性、放射性、毒

① 例如,非法扣押被害人身份证件而限制人身自由,并不触犯非法拘禁罪。

② 我国《刑法》第244条之一的规定。

害性等危险环境下从事劳动,情节严重的行为。[①] 本罪的法益是未成年人的身心健康权。主体为雇用童工单位的直接责任人员和雇用的单位,本罪主观上是故意,行为人应该明知所雇用的人是未满16周岁的未成年人,动机不影响认定。

本罪要求违反劳动管理法规禁止雇用未满16周岁以下未成年人从事劳动的规定。违法阻却情况包括:未满16周岁的未成年人为与自己生活有关人员,以及家庭提供有偿帮工;经其监护人、保护人同意,文化、体育机构招募未成年人从事劳动培养;教育机构根据相关培养计划,组织未成年人参与力所能及的劳动锻炼、劳动体验等。雇用[②]之意,是有偿劳动,是长期还是临时,在所不问。本罪的客观行为包括:雇用未满16周岁未成年人从事超强度体力劳动[③],这是超出未满16周岁未成年人体能极限,从事普通劳动入罪的标准;或者从事高空[④]、井下作业[⑤],或者在爆炸性、易燃性、放射性、毒害性等危险环境下从事劳动,这是雇用未满16周岁未成年人从事的劳动,具有客观危险性为入罪标准。上述情况,均以"情节严重"为入罪的必要条件。情节严重,应综合考虑雇用童工的人数、从事的具体劳动性质、劳动安全防护、设施、是否具有非法拘禁、强迫劳动性质等具体情况考量。本罪的行为不排除与强迫劳动罪的行为可以形成想象竞合关系,两罪虽然在处罚力度上相同,但强迫劳动罪入罪的"门槛"未以"情节严重"为条件,所以应以强迫劳动罪论处。

我国《刑法》第244条之一第2款规定:"有前款行为,造成事故[⑥],又构成其他犯罪的,依照数罪并罚的规定处罚。"对该款规定,张明楷教授认为,既构成雇用童工从事危重劳动罪,又存在强迫劳动的,应实行数罪并罚,雇用童工从事危重劳动,又造成事故,也应实行数罪并罚[⑦]。黎宏教授则认为,强迫劳动与雇用童工从事危重劳动,属于想象竞合犯,应以强迫劳动罪论处,无需数罪并罚,所以,又构成其他犯罪,是指诸

---

① 2008年6月25日最高人民检察院、公安部发布的《关于公安机关管辖的刑事案件立案追诉标准的规定(一)》(公通字〔2008〕36号)(以下简称08.06.25《立案追诉标准(一)》)第32条规定:"涉嫌下列情形之一的,应予立案追诉:(1) 造成未满16周岁的未成年人伤亡或者对其身体健康造成严重危害的;(2) 雇用未满16周岁的未成年人3人以上的;(3) 以强迫、欺骗等手段雇用未满16周岁的未成年人从事危重劳动的;(4) 其他情节严重的情形。"

② 根据《现代汉语词典》,"雇用"与"雇佣"如作为动词是相同意思,均指用货币购买劳动力。但是,"雇佣"强调"雇"的对象,如雇佣兵、雇佣军等;而"雇用"主要强调的是"雇"目的,如雇用保姆、雇用民工等。本罪应是在后者含义上使用。

③ 我国《劳动法》第64条规定:"不得安排未成年工从事矿山井下、有毒有害、国家规定的第四级体力劳动强度的劳动和其他禁忌从事的劳动。" GB 3869—1997《体力劳动强度分级》以8小时劳动时间所消耗值为标准,将体力劳动共划分为4级,08.06.25《立案追诉标准(一)》第32条规定,是从事第4级体力劳动强度的劳动。第4级为"平均耗能值为11304.4千焦耳/人,劳动时间率为77%,即净劳动时间为370分钟,相当于'很重'强度劳动"。

④ GB 3608—83《高处作业分级》规定:"凡在坠落高度基准面2米以上(含2米)有可能坠落的高处进行的作业,均称为高处作业。"

⑤ 应该是泛指在地表之下所进行的所有作业,如采煤、采矿、地表下供排水、供电管渠施工等。

⑥ 该款对所"造成事故"本身并无具体表明是何种事故,如果从本条设置在侵犯人身权利犯罪中看,应是人身伤亡事故。

⑦ 参见张明楷:《刑法学》(下),法律出版社2016年版,第905页。

如责任事故类犯罪[①],应该数罪并罚。本书赞同黎宏教授的观点。只要事故能够评价为相应犯罪(未满16周岁未成年人不承担责任,强迫者是间接正犯),应与本罪实行并罚。

(四)强迫劳动罪与组织残疾人、儿童乞讨罪[②]的关联

组织残疾人、儿童乞讨罪,是指以暴力、胁迫手段组织残疾人或者不满14周岁的未成年人乞讨的行为。本罪的法益是残疾人以及不满14周岁儿童的人身自由和身心健康。对象为残疾人[③]以及不满14周岁的儿童。主体为自然人一般主体,主观上是故意,动机不影响认定。现实中,被组织的残疾人、儿童是以乞讨金钱为主要内容,在这一意义上,组织者是将残疾人、儿童作为赚取钱财的工具进行剥削,所以,本罪是以牟利为目的,但这不是认定组织者构成犯罪的要件。本罪的暴力手段不要求达到致人轻伤以上的伤害程度,造成伤害结果,符合想象竞合犯的,应以故意伤害罪论处。胁迫,应以暴力为内容,既可以针对残疾人、儿童本人,也可针对其亲属迫使其同意。对个别残疾人、儿童的暴力,可以视为为对其他残疾人、儿童的胁迫。

本罪组织行为具有对人身控制的内容(并不当然触犯非法拘禁罪,例如,组织乞讨者是儿童、残疾人的父母、亲属。如果被害人试图逃离,对其人身的强行控制,触犯非法拘禁罪),暴力、胁迫手段是组织(迫使)乞讨时的手段,还是为组织(聚集)残疾人、儿童采取的手段?张明楷教授认为,是后者。并认为,不是以暴力、胁迫手段而是采取欺骗、引诱方式聚集残疾人、儿童,组织其乞讨的,不构成犯罪;如果组织的是已满14周岁没有残疾的人乞讨,可能构成强迫劳动罪[④]。这里有两个问题需要讨论。首先,乞讨是一种生活方式,或者说是一种生活态度,法律并不禁止(扰乱社会秩序、严重妨碍他人生活除外)。依靠施舍而获得的金钱(应与乞讨者提供廉价服务索取一定报酬相区别),不是法律认可的社会分业中能够产生劳动价值的“劳动”。如果认为组织乞讨可以构成强迫劳动罪,则必须说明乞讨的社会劳动价值是什么。将组织乞讨与创造社会劳动价值的“劳动”相提并论,值得商榷。其次,乞讨作为一种生活方式、态度,只要不对社会、公众造成困扰,法律不能强制干涉。刑法所规定的本罪行为,是暴力、胁迫手段组织的乞讨,既可指组织(聚集)残疾人、儿童时使用暴力、胁迫手段,当然也包括组织(迫使)残疾人、儿童乞讨时,只限于前一种情形才构成本罪,并无道理。本书认为,以暴力、胁迫手段,聚集残疾人、儿童乞讨的,当然构成本罪,即便是以欺骗、引诱方式聚集残疾人、儿童,只要在聚集后采用暴力、胁迫手段使之乞讨,

---

① 参见黎宏:《刑法学》,法律出版社2016年版,第258—259页;王作富主编:《刑法分则实务研究》(中),中国方正出版社2013年版,第819页。

② 我国《刑法》第262条之一的规定。

③ 我国《残疾人保障法》第2条规定:残疾人是指在心理、生理、人体结构上,某种组织、功能丧失或者不正常,全部或者部分丧失以正常方式从事某种活动能力的人。残疾人包括视力残疾、听力残疾、言语残疾、肢体残疾、智力残疾、精神残疾、多重残疾和其他残疾的人。

④ 参见张明楷:《刑法学》(下),法律出版社2016年版,第915页。

也可以构成本罪。有观点认为,认定本罪的组织行为,至少应组织3人以上[①],也有观点认为,本罪是侵害人身的犯罪,不是妨害社会管理犯罪,不应限制最低人数,组织一二人也可以[②]。从对刑法"组织"概念的一般解释看,前一种认识有道理,但从现实需要更好保护儿童、残疾人的人身安全看,本书赞同第二种观点。组织者与被组织的残疾人、儿童有亲属关系,不阻却违法性,但应视该家庭的具体情况是否以犯罪论处。

本罪不排除可触犯拐骗儿童罪,如行为人就是以乞讨的目的,先以拐骗手段控制儿童(是否残疾人在所不问),在尚未实施组织乞讨前,属于想象竞合犯,应以拐骗儿童罪论处;在拐骗后再以暴力、胁迫方法使之乞讨,那么,本罪与拐骗儿童罪之间具有牵连关系,是牵连犯,鉴于保护法益有重合,也可以不实行并罚。如非出于组织乞讨目的拐骗,在拐骗后(因其他原因)再以暴力、胁迫手段强迫乞讨,应数罪并罚;对残疾人、儿童具有非法拘禁行为,构成犯罪的,应从一重罪处罚,不应排除并罚可能性;为组织实施乞讨,收买未满14周岁的残疾人,以及收买被拐卖的儿童的,应数罪并罚;人为故意伤害造成被害人残疾并使之进行乞讨的,应以故意伤害罪实行并罚;在控制残疾人、儿童人身中有猥亵、强奸行为的,应数罪并罚。

(五)组织残疾人、儿童乞讨罪与组织未成年人进行违反治安管理活动罪[③]的关联

组织未成年人进行违反治安管理活动罪,是指组织未成年人进行盗窃、诈骗、抢夺、敲诈勒索等违反治安管理活动的行为。本罪的法益,是未成年人身心健康与人身自由。主体为自然人一般主体,主观上是故意,动机不影响认定。未成年人是指未满18周岁之人,至于其身体、心智发育是否正常,在所不问。多数情况下,行为人是组织未成年人实施所列举的"盗窃、诈骗、抢夺、敲诈勒索"侵财违法行为,但组织者是否以牟利目的,不是本罪主观要素。行为人构成本罪不应以未成年人实施所列举盗窃、诈骗、抢夺、敲诈勒索的违法事项为限,因本罪规定有进行"等违反治安管理活动"[④]。从这一点而言,组织残疾人、儿童乞讨也属于组织未成年人进行违反治安管理活动,因此,两罪具有法条竞合关系,因组织残疾人、儿童乞讨罪限定有特定内容,属于特别法条,应以该罪论处。

本罪的组织行为可以通过纠集、引诱,也可以使用暴力、胁迫手段。组织未成年人进行违反治安管理的违法活动,不以未成年人违法活动构成犯罪为前提条件。未成年人与组织者具有亲属关系,不阻却违法性;对未成年人实施的违法行为,应根据我国《刑法》有关刑事责任年龄的规定予以审查,年满16周岁、已满14周岁不满16周岁限制刑事责任年龄阶段的未成年人构成犯罪,应与组织者构成共同犯罪,对组织者实行并罚,并承担由其组织、指挥下未成年人所实施犯罪的责任(《刑法》第26条第

---

① 参见阮齐林:《刑法学》(第3版),中国政法大学出版社2011年版,都521页。

② 参见曲新久:《刑法学》(第2版),中国政法大学出版社2009年版,第418页。

③ 我国《刑法》第262条之二的规定。

④ 我国《治安管理处罚法》第2条规定,违反治安管理的违法行为包括:扰乱公共秩序,妨害公共安全,侵犯人身权利、财产权利,妨害社会管理。

4 款);对不承担刑事责任的未成年人,实施违反治安管理违法行为严重,组织者是间接正犯或者教唆犯,对组织者以未成年人所触犯的罪名予以处罚。

(六) 强迫劳动罪的刑事责任

犯本罪,处 3 年以下有期徒刑或者拘役,并处罚金;情节特别严重的,处 3 年以上 7 年以下有期徒刑,并处罚金。有前款行为,造成事故,又构成其他犯罪的,依照数罪并罚的规定处罚。单位犯前两款罪的,对单位判处罚金,并对其直接负责的主管人员和其他直接责任人员,依照自然人犯罪的规定处罚。

九、非法侵入住宅罪

(一) 非法侵入住宅罪概念和法益

非法侵入住宅罪,是指未经同意,或没有法律依据强行进入他人住宅,或经要求退出拒绝退出的行为。关于本罪的法益,理论上有不同学说。多数说认为,本罪法益是住宅安全和生活安宁权。[①] 本书同意多数说。主体为自然人一般主体,司法人员利用职权可构成本罪[②],主观上是直接故意,动机不影响认定。

(二) 对象、违法阻却、行为、主观

本罪的对象为"住宅",界定"住宅"理论上也有不同认识[③],多数学者主张,住宅是指供人起居寝食日常生活所使用的场所。至于住宅是长期、永久居住还是临时居住(工棚);是正式建筑的居所还是利用自然环境改造后的居所(山洞、地窝);是有所有权的居所,还是租用居所(出租屋、宾馆房间[④]);是一人还是多人居住,均在所不问。不仅是固定的住所,也包括可以移动居所,与外界相对隔离的渔船、帐篷、毡房、旅行车(房车)等,也是住宅。本书认为,原本不属于供人居住并与人起居寝食无关的房屋,不宜认定为住宅。例如,院落中独立的柴房、粮仓、饲养牛、马、羊等牲畜的房、棚,企业的厂房、仓库等。少数民族地区有人畜共居习惯(上下层、内外而已),或因安

---

① 参见张明楷:《刑法学》(下),法律出版社 2016 年版,第 906 页;黎宏:《刑法学》,法律出版社 2016 年版,第 259—260 页;王作富主编:《刑法分则实务研究》(中),中国方正出版社 2013 年版,第 821 页。本书认为,住宅安全与生活安宁在实质意义上是相通的。

② 06.07.26《渎职侵权立案标准》)"二、(二)"规定:"国家机关工作人员利用职权非法搜查,涉嫌下列情形之一的,应予立案:1. 非法搜查他人身体、住宅,并实施殴打、侮辱等行为的;2. 非法搜查,情节严重,导致被搜查人或者其近亲属自杀、自残造成重伤、死亡,或者精神失常的;3. 非法搜查,造成财物严重损坏的;4. 非法搜查 3 人(户)次以上的;5. 司法工作人员对明知是与涉嫌犯罪无关的人身、住宅非法搜查的;6. 其他非法搜查应予追究刑事责任的情形。"

③ 参见张明楷:《刑法学》(下),法律出版社 2016 年版,第 906—907 页。

④ 也有不赞同将宾馆、疗养院房间视为"住宅"的观点。参见王作富主编:《刑法分则实务研究》(中),中国方正出版社 2013 年版,第 822 页。本书不赞同这一见解。对于临时合法居住的居所,仍然应保护其居住安全。

全需要人畜临时共居的,应认定为住宅。集办公、工作、学习与生活为一体的居所,应考虑能否划分不同区域承载的功能,或因不同时间划分承载的功能。属于具有开放性的办公、工作、学习区域,不宜认为是“住宅”,属于与外界相对隔离的生活区域,应该属于“住宅”;因时间划分致功能不同的,在利用期间属于办公、工作、学习时,则不属于“住宅”,而在办公、工作、学习结束后提供生活功能时,区域应视为“住宅”。如果寻衅滋事、聚众扰乱公共场所秩序,非法进入办公、工作、学习等区域,应按照相应犯罪论处。

居所(住宅)是否以具有合法居住权为必要?有观点认为,如果居住本身属于违法居住,则不能视为“住宅”。[①] 本书认为,设置本罪,并不是保护其“住宅”的合法性,而是保护其“居住的权利”的合法性。即便原本居住并非没有(法律、政策)根据[②],甚至已经法院判决、裁定,限期拆除、腾退而不执行(如果构成犯罪,可以相应犯罪论处),滞留拒不拆除、腾退,当然是违法,但未经法律程序强行进入的,也不能认为是合法的,应该依法保护公民居住的合法性。[③]

“非法侵入住宅”,是指未经同意,或没有法律依据强行进入他人住宅,或经要求退出拒绝退出。未经同意,是指未经住宅所有者、管理者或共同居住者中任何一人同意。进入必须以“非法”为前提,经同意的进入住宅,不是非法进入;在同意进入住宅后,在房主强烈要求退出拒不退出而滞留室内,虽然进入并不违法,但在实质上与未经同意进入没有区别[④],不阻却违法性。虽然未经同意,但为维护当事人利益,预判当事人不会反对,以推定承诺阻却违法性。例如,他人房间内水管爆裂有损坏财产之虞时,即便未经同意,破门而入的也应以推定承诺阻却违法性。紧急避险、正当防卫情况下,未经同意进入住宅,阻却违法性;根据法律规定,公安、国安以及司法工作人员依法拘留、逮捕、扣押以及在打击暴恐、毒品等犯罪紧急状态下,未经同意进入他人住宅,阻却违法性。

“非法侵入住宅”可以非法强行进入,也可以“和平”非法进入。但是否要求“非法目的”?本书认为,鲜见单纯为非法侵入他人住宅而侵入住宅的情况。因邻里纠纷、宅基地纠纷,遗产分配纠纷、继承纠纷、轻微伤害、轻微财产损失赔偿损失纠纷等,为解决问题非经同意强行进入住宅,是比较常见“非法侵入住宅”,以此论罪不符合刑法的谦抑原则。此类具有“合法”目的“非法侵入住宅”的,现实中很少能以非法侵入住宅罪论处的。在无合法依据也无法律根据前提下,进入是否具有“非法目的”,成为评价为犯罪的核心要素。

现实中“非法侵入住宅”行为多与其他犯罪有关联,如盗窃、抢劫、强奸、故意杀

---

① 参见王作富主编:《刑法分则实务研究》(中),中国方正出版社2013年版,第822页。

② 如违建住宅。

③ 不得不说,之所以非法侵入住宅罪在司法实务中适用很少,主要原因还在于,我国法律对公民合法居住权利的保护不够重视。例如,不依法进行的“强拆”、租赁期内房东将租户强制赶出等情形,都得不到公正处理,已经能够说明根源所在。

④ 参见黎宏:《刑法学》,法律出版社2016年版,第261页。

人、故意伤害等犯罪。多数说观点认为,这属于牵连犯或吸收犯,不实行并罚,以行为所达到的“目的”犯罪从重处罚。[①] 本书认为,如果保护的法益并不重合,牵连犯也不应排除并罚的可能性。如果行为人非法侵入住宅,但最终实施的是非“目的”行为,例如,为抢夺房产强行非法进入住宅,突起杀意故意杀人或故意伤害,就不是牵连犯或吸收犯,应实行并罚。

本罪主观上是直接故意,以明知是“他人住宅”为前提,将他人的误认为自己的住宅(如少上或多上一楼层),则不认为有非法侵入的故意。

(三)非法侵入住宅罪与非法搜查罪[②]的关联

非法搜查罪,是指没有合法根据搜查他人身体、住宅的行为。本罪的法益为他人人身权以及住宅安全和生活安宁权。本罪主体为自然人一般主体,但不排除司法人员未经司法命令而实施,主观罪过为直接故意,动机不影响认定。以猥亵方式搜查他人身体的,应以强制猥亵罪论处。

本罪行为是非法搜查他人身体、住宅。他人身体,包括身体外部的着装以及人身躯体的具体部分和器官;住宅,是指供人起居寝食的日常生活所使用的场所(与非法侵入住宅罪的住宅作相同理解)。搜查他人身体、住宅并非选择关系,可以是二者都被非法搜查,也可能只是非法搜查身体,或非法搜查住宅,同时非法搜查身体和住宅不能视为两个行为实行并罚。搜查必须是非法的,“非法”,即是指无合法根据的搜查。有合法根据搜查,阻却违法性。合法根据,一为依据法律规定,例如,警察依法搜查[③];二为经他人同意授权,例如,为避免嫌疑,经要求或主动要求搜查自己身体(该种情况下,可能只限于对外部着装、住宅同意搜查,不可想象会同意对自己身体某些特殊器官搜查),以表明身上、住宅中没有被害人所主张的权(益)利等。进入他人住宅经被害人同意进入,并不当然触犯非法侵入住宅罪,在未经同意时强行进入他人住宅搜查,要求退出拒绝退出的触犯非法侵入住宅罪名,为牵连犯,以目的行为即本罪论处。以同意搜查为名触摸、探查他人身体性敏感区域、器官,或虽然有搜查法律依据,但对他人性敏感区域触摸、性器官(包括其他能够引起性欲望的器官)探查,与搜查合法目标、目的无关或根本没有必要性的,触犯强制猥亵罪,系想象竞合犯,应以重罪即强制猥亵罪论处。

(四)非法侵入住宅罪、非法搜查罪的刑事责任

根据我国《刑法》第 245 条的规定,两罪的刑事责任相同,处 3 年以下有期徒刑或

---

① 参见王作富主编:《刑法分则实务研究》(中),中国方正出版社 2013 年版,第 823 页等。

② 我国《刑法》第 245 条。

③ 警察依法的搜查并非当然阻却违法性,如果违反相关规定,造成被害人人身、财产损害的,应承担相应责任,包括刑事责任。例如,在搜查中故意毁坏公民财物的,违反对同性搜查必须由同性进行的规定,不排除构成非法搜查罪的可能性甚至更严重犯罪的可能性,例如,故意毁坏财物罪或强制猥亵罪。

者拘役。司法工作人员滥用职权,犯本罪的,从重处罚①。两罪均未以“情节严重”为入罪条件,但不意味着具有非法侵入住宅、非法搜查的事实即可构成犯罪。仍然需要综合考虑动机、目的,侵入住宅或搜查手段,对被害人所造成的损害等因素。

十、侮辱罪、诽谤罪

(一) 侮辱罪的概念和法益

侮辱罪是指以暴力或者其他方法公然侮辱他人,破坏他人名誉,情节严重的行为。本罪的法益是他人的人格尊严和名誉权。名誉是指社会(一般人)对其人格(品行)本应具有的正面评价,如果使之趋于负面,就是对其人格和名誉的破坏。他人的人格和名誉是否以有生命的人为必要?从我国刑法理论和司法实践来看,理论上认为人格、名誉权为有生命的自然人所有,实践中未见处理过单纯就侮辱死者人格、名誉构成本罪的先例②。但是,对逝者尸体侮辱可以构成侮辱尸体罪③,显然,侮辱逝者尸骨不可能不对其在世的亲属的人格、名誉造成损害,只是由于我国刑法对侮辱、故意毁坏尸体、尸骨、骨灰罪已有规定,不可再以本罪论处。本罪对象的“他人”,是指己身之外任何自然人,不限于本国人。诋毁单位“名誉”,不构成本罪。“他人”是指具体的人,具体的人可以是一个,也可以是数个。本罪并非要求侮辱时必须指名道姓,也不要求当面实施,即便未指名道姓,只要根据其描述,使不特定或多数人(只要有第三者④在场)足以推知所指的是现实社会中某个具体的人即可。如果在公众场合无具体目标、无特定对象而实施贬损他人人格、名誉的行为,情节严重的,应以寻衅滋事罪论处。本罪罪过只能是直接故意,且具有贬低、损坏他人人格、名誉的目的。间接故意和过失行为不构成侮辱罪。例如,无恶意开玩笑而造成他人人格、名誉损害,不阻却违法性,但应阻却责任。

(二) 违法性阻却、行为、结果

实施正当的评判权,揭露他人不道德事实、违法事实,阻却违法性,但是,非出于对公众利益或特定人利益⑤维护,以实施评判权为名,实为破坏他人名誉,即便所揭露的是事实,也不阻却违法性。例如,披露他人有通奸的事实的同时,以他人具有不为

---

① 06.07.26《渎职侵权立案标准》规定“二、(二)”:“国家机关工作人员利用职权非法搜查,涉嫌下列情形之一的,应予立案:1. 非法搜查他人身体、住宅,并实施殴打、侮辱等行为的;2. 非法搜查,情节严重,导致被搜查人或者其近亲属自杀、自残造成重伤、死亡,或者精神失常的;3. 非法搜查,造成财物严重损坏的;4. 非法搜查3人(户)次以上的;5. 司法工作人员对明知是与涉嫌犯罪无关的人身、住宅非法搜查的;6. 其他非法搜查应予追究刑事责任的情形。”

② 黎宏教授认为,对已经去世人的侮辱,足以造成与其亲属有关人的名誉的影响,应视为对在世者的侮辱。

③ 我国《刑法》第302条的规定。

④ 第三者所指代的并非指一个人,可以是一人,也可以是数人。

⑤ 如为维护未成年人的利益。

人知的身体、生理缺陷,破坏他人名誉,不阻却违法性。经其本人同意,由他人炒作在约定事实范围内"故意贬损自己名誉"而谋求某种利益,如为赚取微博点击量以提升"知名度",阻却违法性,但有意超出约定范围造成名誉损害,不阻却违法性。

客观行为是以暴力或者其他方法公然侮辱他人,破坏他人名誉。侮辱,就是指贬损他人的人格、破坏名誉。侮辱既可以是凭空毫无理由地侮辱他人,也可以是利用客观存在的某些事实来侮辱他人,即行为必须具有侮辱性质。侮辱的具体方式,规定有"暴力""其他方法"。暴力侮辱,即是指对被害人人身施以强制,使其人格、名誉受到损害。例如,把他人的衣服扒光当众羞辱、强制向其身体涂抹污物,强制当众作令其难堪的举动,强制他人钻胯、自己打自己耳光、下跪谢罪等。如果强制当众撕扯妇女衣服,可构成强制侮辱妇女罪,或强制猥亵罪。"其他方法侮辱",主要包括语言侮辱,也即以语言对被害人的嘲讽、辱骂;动作侮辱,即对被害人做出使之难堪的举动,贬损其人格、名誉;文字侮辱,即以著书出版[①],或发布、扩散传单、小字报、漫画、书信等形式,或通过互联网,或者其他面向公众的平台发布、分发、扩散视频、音频等贬损其人格、名誉。我国刑法对侮辱所采用的方法并没有特别的限制,凡是能够损害他人人格、名誉的方式、方法均属之。在实践中,针对暴力侮辱或以其他方法侮辱,需注意以下几点:

(1) 侮辱的暴力不能是直接损害他人身体健康的暴力。如使用暴力侮辱伤害他人身体的,或因伤害致他人死亡,则超出侮辱罪所规定的暴力的范畴,应区别情况,分别以故意伤害罪或故意杀人罪论处,或以相关的过失犯罪论处。[②] (2) 无论是以暴力或其他方法侮辱他人,其行为的性质,是否达到构成犯罪的程度,应以本案的具体情况加以判断,特别对于以大小字报、语言、书信等侮辱他人,要注意与那些单纯地对他人不礼貌或不尊重他人的行为,不具有扩散性的书信区别开来。(3) 认定是否侮辱行为时,也应当考虑行为人的年龄、职业、受教育程度以及与被害人的关系,当地的方言、土语以及个人语言习惯等因素。

侮辱行为必须是公然进行的。公然相对于秘密而言,但并不要求是在公共场所,而是指公开实施侮辱行为。无论被害人是否在场,只要(有第三者在场)当着不特定或多数人的面,或者利用可以使不特定或多数人听到或看到的方式(如利用信息网络发布),对他人进行侮辱,使不特定人或多数人得知对他人人格、名誉侮辱的事实。所以,公然是针对被害人以外的第三者而言,而不是说被害人必须在场。如果仅当面对被害人进行侮辱,没有第三者在场也不可能被第三者所知,客观上不具有公然的属性,不能构成侮辱罪。如果第三者得知侮辱的内容,可能再行传播的,是否应视为行为人入罪的根据?张明楷教授认为,刑法要求的是侮辱行为的公然性,而不是结果的公然性,以听到者是否传播决定行为人是否构成犯罪,不具有合理性,而且与本罪性

---

① 1998 年 12 月 23 日最高人民法院实施的《关于审理非法出版物刑事案件具体应用法律若干问题的解释》(法释〔1998〕30 号)(以下简称 98.12.23《非法出版物解释》)第 6 条规定:在出版物中公然侮辱他人或者捏造事实诽谤他人,情节严重的,依照《刑法》第 246 条的规定,分别以侮辱罪或者诽谤罪定罪处罚。

② 如过失重伤罪、过失致人死亡罪。

质不符,导致私下议论也可能触犯刑法实有不妥。① 本书赞同这一观点。第三者再行传播的结果,即便是行为人所希望或放任的结果,也并非行为人所能控制,是否再行传播,并不影响行为人已经实施了公然侮辱的事实。

侮辱只有情节严重的,才构成犯罪。情节是否严重,应综合具体使用的手段的恶劣程度、次数,造成的后果,侮辱的内容等具体情节来考虑。

(三) 强制侮辱妇女罪、强制猥亵罪与侮辱罪的关联

当侮辱对象为妇女时,对妇女人格、名誉的贬损一定范围内总是与对"性"的侮辱有关联,这与传统文化中贬低女性的亚文化现象有直接的关系。强制侮辱妇女罪与我国《刑法》第246条规定侮辱罪,二者均为"侮辱罪"的规定,构成要件上均具有针对特定对象和"强制性"实施侮辱的要素,也都可能"公然"实施。强制侮辱妇女罪与侮辱罪,从法条设置上是法条竞合关系,后者是普通法条,前者是特别法条。前者,是侵害特定人的性羞耻心理以及性的人格、名誉,侮辱具有可评价为"性活动"的内容;而后者侮辱的内容,是单纯针对被害人的人格、名誉(主要是社会评价),不具有可单独评价为"性活动"的内容;前者必须是对女性性羞耻心理的保持以及与性有关的人格、名誉权侵害;后者并不以此为主要内容。实务中,如果只涉及攻击性的语言、行为,而身体没有接触的情况下,即便无具体内容抽象地对特定女性的辱骂,也或多或少会涉及被害人"性品行",当只以攻击性语言去羞辱女性,又包含性内容时,要区分是构成哪一个侮辱罪,有时可能是无法做到,按照特别法条优于普通法条原则,按照强制侮辱妇女罪论处较宜。

强制猥亵妇女和强制侮辱妇女当然都具有侮辱被害人人格、名誉的属性,强制侮辱妇女的行为,或多或少会涉及被害人的"性品行",区别二者,关键在查清行为人行为的具体意图。例如,对抓住的女小偷,当众将其扒光,使其身体裸露,与抓住"小三"实施相同行为的情况,后者就是强制侮辱妇女。对扒光女小偷衣服,虽然也具有对女性性羞耻心理的保持以及与性有关的人格、名誉权利的侵害的性质,但行为人实施该行为,不是去侵害女性的性羞耻心,而是为泄愤、报复。所以,关键在于查清行为人的意图。

(四) 侮辱罪与诽谤罪的关联

诽谤罪,是指故意捏造事实进行诽谤,损害他人人格和名誉,情节严重的行为②。

---

① 参见张明楷:《刑法学》(下),法律出版社2016年版,第917页。

② 2013年9月10日最高人民法院、最高人民检察院实施的《关于办理利用信息网络实施诽谤等刑事案件适用法律若干问题的解释》(法释〔2013〕21号)(以下简称13.09.10《利用网络诽谤解释》)对利用网络诽谤"情节严重"的情形,第2条规定:"利用信息网络诽谤他人,具有下列情形之一的,应当认定为刑法第246条第1款规定的'情节严重':(一) 同一诽谤信息实际被点击、浏览次数达到5000次以上,或者被转发次数达到500次以上的;(二) 造成被害人或者其近亲属精神失常、自残、自杀等严重后果的;(三) 2年内曾因诽谤受过行政处罚,又诽谤他人的;(四) 其他情节严重的情形。"

本罪保护的法益、对象、主观罪过以及入罪要求的情节严重与侮辱罪相同。诽谤，是指散布所捏造的事实，损害他人人格和名誉的行为。包括利用互联网实施诽谤[①]。捏造事实和散布所捏造的事实，是诽谤行为不可或缺的组成部分。捏造事实就是指无中生有，凭空制造出虚假的有损害他人人格、名誉的事实；散布所捏造的事实，是指以语言或文字的方式在不特定（第三者）或多数人中加以扩散，使众人知道，包括以信息网络为工具通过其他各种社交平台、网络加以散布。散布所捏造的事实，可以当着被害人的面，也可以背着被害人加以散布，或者虽未直接向他人当面散布，但选择的地点、方式是可以传播到不特定或多数人之中，也是散布所捏造事实。只是捏造损害他人人格和名誉事实而未加以散布的，或者扩散的是客观存在而非捏造的虚假事实，不能构成诽谤罪。至于捏造事实是否为他人所信，并不影响认定。对"捏造"客观上根本不可能存在的"事实"贬损他人，只能以侮辱罪论处，例如，捏造他人与猪、羊交配生出"类人猪、类人羊"的，就只能以侮辱罪论处，不构成诽谤罪。

诽谤只能以"和平"方式实施，即是指以语言、文字方式[②]而不能以暴力为手段。但诽谤罪是否以"公然"实施为必要条件，有不同认识，既有全然否定的观点[③]，也有主张诽谤多数为公然，不是公然但实际上造成贬损人格、名誉的也可以入罪的折中观点[④]，还有"公然"是必要条件的肯定观点[⑤]，并认为如果采取不足以扩散、传播的方式，不能构成犯罪，即便不是"公然"但方式足以造成扩散、传播的，就具备公然性，应该入罪，所以，问题在于如何理解"公然"[⑥]。本书认为，侮辱罪的"公然"就是要求"公开"实施，只要使得第三者知悉，就是"公然"，那么，诽谤罪要求"散布"自身所表明的就是"公然"之意，如此，诽谤罪理所当然也要求是公然实施的。

经其本人同意，经他人捏造事实炒作，在约定事实范围内"故意贬损自己名誉"而谋求某种利益，阻却违法性；因"自嘲"自己捏造事实，被他人利用贬损其名誉，阻却违法性。

诽谤与诬告陷害都是以捏造事实为前提，但后者所捏造的是他人犯罪的事实。毫无疑问的是，捏造犯罪事实进行告发，必然对他人的名誉造成损害，如果捏造他人犯罪事实进行散布，意图仍然在于贬损他人名誉，并未实施告发行为，应如何处理？多数说只是就捏造的是何种事实，以及主观罪过内容论及两罪的区别，但未就

① 13.09.10《利用网络诽谤解释》第1条规定："具有下列情形之一的，应当认定为刑法第246条第1款规定的'捏造事实诽谤他人'：（一）捏造损害他人名誉的事实，在信息网络上散布，或者组织、指使人员在信息网络上散布的；（二）将信息网络上涉及他人的原始信息内容篡改为损害他人名誉的事实，在信息网络上散布，或者组织、指使人员在信息网络上散布的；明知是捏造的损害他人名誉的事实，在信息网络上散布，情节恶劣的，以'捏造事实诽谤他人'论。"

② 98.12.23《非法出版物解释》第6条规定：在出版物中公然侮辱他人或者捏造事实诽谤他人，情节严重的，依照《刑法》第246条的规定，分别以侮辱罪或者诽谤罪定罪处罚。

③ 参见黎宏：《刑法学》，法律出版社2016年版，第264页。

④ 参见赵秉志主编：《刑法各论问题研究》，中国法制出版社1996年版，第84—85页。

⑤ 参见陈兴良：《刑法疏义》，中国人民大学出版社1997年版，第417页；曲新久：《刑法学》（第2版），中国政法大学出版社2009年版，第411页。

⑥ 参见王作富主编：《刑法分则实务研究》（中），中国方正出版社2013年版，第820页。

不完全一致的情况予以分析。张明楷教授认为,是以罪过内容为区分的关键,诽谤罪可以捏造他人犯罪的事实,只要没有实施告发的行为,只是在一般人中进行扩散的,应构成诽谤罪[①]。本书赞同这一观点,捏造他人犯罪事实进行散布,完全有可能被其他"听众"进行举报,并成为司法机关启动追诉程序的起因,但是,诬告陷害罪所要求的"告发"必须是"主动"而为之,即便不排除行为人有通过"听众"使之"举发"的动机和目的,如果无指使其举发,他人的"举发"不能视为捏造者的"主动告发"行为;如鼓动、唆使 "听众"去告发的,应视为捏造者"告发",以诬告陷害罪(间接正犯)论处。

(五) 侮辱罪、诽谤罪的刑事责任

在域外国家或地区的刑法中,有对诽谤罪处刑较重于侮辱罪的规定,因捏造事实更易使他人相信,对被害人名誉的损害更为严重,但我国刑法对诽谤罪没有处较重刑罚的规定。

犯本罪的,处 3 年以下有期徒刑、拘役、管制或者剥夺政治权利。犯本罪的,告诉的才处理,但是严重危害社会秩序和国家利益的除外[②]。告诉才处理,是指必须由有权告诉的人提出控告,才能启动刑事追诉程序,否则,不告不理。有权告诉的人,除被害人本人以外,其近亲属、监护人也有权提出。针对行为人通过信息网络实施侮辱、诽谤的行为,被害人虽然向人民法院告诉,但存在缺乏必要的技术手段,难以获取证据、固定证据的现实问题。对此依据我国《刑法》的规定,以受理案件人民法院为主体,可以要求公安机关提供协助。

严重危害社会秩序和国家利益的侮辱、诽谤行为,不受必须亲告才受理的约束,司法机关应主动启动刑事追诉程序。这主要是指侮辱、诽谤造成被害人精神失常,丧失提起追诉的行为能力,又无近亲属等代为提起;或被害人自杀,无近亲属、监护人代为提起;侮辱、诽谤外宾,国外领导人,造成极恶劣的政治影响,危害到国家利益等情形。

十一、刑讯逼供罪

(一) 刑讯逼供罪的概念和法益

刑讯逼供罪,是指司法工作人员对犯罪嫌疑人、被告人使用肉刑或变相肉刑,逼取口供的行为。本罪法益为犯罪嫌疑人、被告人、证人的人身权利和国家对司法秩序的监管。主体为特殊主体,为真正身份犯,主观上是直接故意,有逼取口供的目的,动

---

① 参见张明楷:《刑法学》(下),法律出版社 2016 年版,第 920 页。

② 13.09.10《利用网络诽谤解释》第 3 条规定:"利用信息网络诽谤他人,具有下列情形之一的,应当认定为刑法第 246 条第 2 款规定的'严重危害社会秩序和国家利益':(一) 引发群体性事件的;(二) 引发公共秩序混乱的;(三) 引发民族、宗教冲突的;(四) 诽谤多人,造成恶劣社会影响的;(五) 损害国家形象,严重危害国家利益的;(六) 造成恶劣国际影响的;(七) 其他严重危害社会秩序和国家利益的情形。"

机不影响认定。

(二) 对象、主体、行为、主观

本罪的对象为犯罪嫌疑人、被告人,限于自然人(包括涉嫌单位犯罪的负责人员以及公司、企业的实际控制人员)。犯罪嫌疑人,泛指被司法机关认定为有犯罪嫌疑以及依法采取相关刑事侦查措施、刑事羁押措施的人;被告人限于已经被司法机关提起公诉的人①,至于是否在羁押中,在所不问;本罪是特殊主体,即司法工作人员,系真正身份犯,如果如指使无身份之人参与刑讯逼供,无身份者可以成立共犯②,有身份的司法工作人员不是间接正犯。

刑讯逼供是指在刑事讯问和侦查中使用肉刑或变相肉刑,逼取口供的行为。口供包括犯罪嫌疑人、被告人口供以及获取相关证据。③ 构成本罪的前提,是司法人员具有依法行使侦查权、审判权,无此前提而逼取口供,可能触犯滥用职权罪等。司法人员依法行使侦查权、审判权时,对可能脱逃、行凶、自杀、自伤或者有其他危险行为的犯罪嫌疑人、被告人,如果使用手铐、脚镣、警绳等约束性警械④进行讯问、审讯,阻却违法性,但以此折磨犯罪嫌疑人、被告人的除外。

肉刑是指对人身实施捆绑、吊打等肉体折磨方式逼取口供;变相肉刑则是指采取冻、饿、暴晒、强光照射、不准睡觉等折磨方式逼取口供。肉刑与变相肉刑在本质上并无区别,可能轮换实施。刑讯必须是为逼取犯罪嫌疑人、被告人的口供,主要是为逼取有罪供述,鲜见为获取犯罪嫌疑人、被告人“无罪供述”刑讯逼供的⑤,如果为获取涉案之人的“无罪证言”,对其他犯罪嫌疑人、被告人刑讯逼供,则是将他人视为“证人”⑥,应构成暴力取证罪而非刑讯逼供罪。逼供是否得到希望的口供,以及是否为此后的审判采信,不影响认定。

本罪的主观罪过为直接故意,具有逼取口供的目的。对于本罪动机,张明楷教授

---

① 张明楷教授认为,不排除自诉案件的被告人。参见张明楷:《刑法学》(下),法律出版社 2016 年版,第 909 页。我国《刑事诉讼法》第 210 条规定的自诉案件包括下列案件:(1) 告诉才处理的案件;(2) 被害人有证据证明的轻微刑事案件;(3) 被害人有证据证明对被告人侵犯自己人身、财产权利的行为应当依法追究刑事责任,而公安机关或者人民检察院不予追究被告人刑事责任的案件。

② 在我国司法实践中,因打击犯罪“群防”需要,企事业单位、城镇、乡村均建立各级治安保卫机构,其中的工作人员虽然有协助司法机关依法执行职务的工作义务,但没有独立执法的权力,因此,不能单独构成本罪,但可成立共犯。

③ 06.07.26《渎职侵权立案标准》“二、(三)”规定:“刑讯逼供,涉嫌下列情形之一的,应予立案:1. 以殴打、捆绑、违法使用械具等恶劣手段逼取口供的;2. 以较长时间冻、饿、晒、烤等手段逼取口供,严重损害犯罪嫌疑人、被告人身体健康的;3. 刑讯逼供造成犯罪嫌疑人、被告人轻伤、重伤、死亡的;4. 刑讯逼供,情节严重,导致犯罪嫌疑人、被告人自杀、自残造成重伤、死亡,或者精神失常的;5. 刑讯逼供,造成错案的;6. 刑讯逼供 3 人次以上的;7. 纵容、授意、指使、强迫他人刑讯逼供,具有上述情形之一的;8. 其他刑讯逼供应予追究刑事责任的情形。”

④ 96.01.16《警察使用警械和武器条例》第 8 条规定了警察执行职务时可使用拘束性警戒的具体情形。此外,依据我国《刑事诉讼法》的规定,对刑事拘留、逮捕的犯罪嫌疑人不排除使用拘束性警戒。

⑤ 张明楷教授认为不排除采取刑讯逼供强迫犯罪嫌疑人作无罪辩解。参见张明楷:《刑法学》(下)法律出版社 2016 年版。第 909 页。本书不赞同这一看法。

⑥ 我国《刑事诉讼法》规定,被告人的供述是证据之一,故共同犯罪涉案人员的供述,互为“证言”。

认为,无论为"公"为"私"动机均不影响认定[①]。本书不完全赞同这一看法,纯粹为"公",如为"查明案情、迅速破案",动机虽"好"也不影响可构成本罪,但为"破案立功""破案晋级""未破案怕挨批评",则不能不说虽有"私"但却是以"公"为主。只有为"公",或者为"公"兼而有"私"实施刑讯逼供,可以构成本罪。纯粹为个人之"私",为个人利益,有具体的"徇私、徇情"之事进行刑讯逼供。例如,收受贿赂、因有"床第之欢"而实施刑讯逼供的,同时触犯"徇私枉法罪";出于报复动机,也可能同时触犯"报复陷害罪",是想象竞合犯。因徇私枉法罪起刑点高于本罪,报复陷害罪法定最高刑重于本罪,在从一重罪论处的情况下,很难说只按照本罪论处。

(三) 刑讯逼供罪与暴力取证罪[②]的关联

暴力取证罪,是指司法工作人员以暴力逼取证人证言的行为。主体为特殊主体,为真正身份犯,主观上是直接故意,有逼取证言的目的,动机不影响认定。证人,泛指司法机关认为知道案件情况有作证义务之人,不限于《刑事诉讼法》规定的能够作证的"证人"范围内的人,至于其是否具有证人资格,是否真的知道案件事实,在所不问。有观点认为,被害人、鉴定人可以是本罪对象[③];否定观点认为,"证人证言"系专业术语,与被害人陈述、鉴定意见属于不同法定证据种类,将证人扩大到被害人和鉴定人,有悖罪刑法定原则[④]。本书认为,被害人、鉴定人的诉讼地位在《刑事诉讼法》中是列举式规定,也的确是将被害人的陈述、鉴定人的鉴定意见单独列为"证据"的种类。但是,被害人陈述是最直接指控和证实犯罪事实发生的证据,甚至是发动刑事诉讼程序的关键,所以,1999 年 9 月 16 日最高人民检察院公布、施行的《关于人民检察院直接受理立案侦查案件立案标准的规定(试行)》[⑤]将刑事案件被害人列为暴力取证罪的"证人",并非毫无道理。至于鉴定人,的确值得讨论。根据《刑事诉讼法》的规定,即便是警察,需要出庭作证时,其法定身份也是"证人"[⑥]。同理,当"鉴定人"出庭时,当然也是"证人",发表的意见当然是"证言"而非其他,以"证人证言"具有专属性而将"鉴定人"的"鉴定意见"排除在"证言"之外,理由并不充分。

"暴力取证",也可采用刑讯逼供的方式,使用肉刑或变相肉刑逼取所希望的证

---

① 参见张明楷:《刑法学》(下),法律出版社 2016 年版,第 909 页。

② 我国《刑法》第 247 条,与刑讯逼供罪为同一条款。

③ 参见张明楷:《刑法学》(下),法律出版社 2016 年版,第 910 页;黎宏:《刑法学》,法律出版社 2016 年版,第 265 页。

④ 参见王作富主编:《刑法分则实务研究》(中),中国方正出版社 2013 年版,第 837 页。

⑤ 该规定已经废止,但仍然能说明问题。不过,05.12.29《渎职侵权立案标准》未再明确这一点。

⑥ 我国《刑事诉讼法》第 192 条第 2 款是对警察作为"证人"出庭作证的规定,第 3 款为鉴定人出庭作证的规定,虽然没有明确规定鉴定人出庭作证的身份,但规定在同一条中也表明其"证人"的诉讼地位。

言、证据,也可能采取威胁的方式。因此,本罪的“暴力”应作广义理解[①]。鉴于使用暴力致人伤残[②]、死亡,按照故意伤害罪、故意杀人罪论处的规定,本罪的暴力不得造成轻伤以上的伤害结果。使用暴力对证人实施的逼供,可以是为获取所涉案人员有罪、无罪、重罪、轻罪证言,以及其他证据。所获取的是否是希望的证言、证据,以及是否为此后的审判采信,不影响犯罪的成立。

本罪主观上为直接故意,具有逼取证人证言的目的。动机为“公”,或者为“公”兼而有“私”,纯粹因个人之“私”,成立想象竞合犯的,不排除以徇私枉法罪或报复陷害罪论处。

(四)我国《刑法》第 247 条“致人伤残、死亡的,依照本法第 234 条、第 232 条的规定定罪从重处罚”的理解

对该规定,同样存在是“法律拟制规范”[③]还是“注意规范”[④]的争议。本书认为该款规定是“注意规范”。主张是法律拟制规范的理由,主要是“之所以这样规定,主要是考虑到刑讯逼供、暴力取证的法定刑太轻,不足以遏制生活中此类行为的发生。”[⑤]就我国诸多重大、有社会影响的冤假错案的发生看,几乎都与刑讯逼供、暴力取证有关,立法者并非认识不到,依靠重刑就可以遏制此类犯罪,难以成为理由。

(五)刑讯逼供罪、暴力取证罪的刑事责任

犯本罪,处 3 年以下有期徒刑或者拘役。致人伤残、死亡的[⑥],依照我国《刑法》第 234 条、第 232 条的规定定罪从重处罚。

---

① 06.07.26《渎职侵权立案标准》规定:“暴力取证涉嫌下列情形之一的,应予立案:1. 以殴打、捆绑、违法使用械具等恶劣手段逼取证人证言的;2. 暴力取证造成证人轻伤、重伤、死亡的;3. 暴力取证,情节严重,导致证人自杀、自残造成重伤、死亡,或者精神失常的;4. 暴力取证,造成错案的;5. 暴力取证 3 人次以上的;6. 纵容、授意、指使、强迫他人暴力取证,具有上述情形之一的;7. 其他暴力取证应予追究刑事责任的情形。”

② 对“伤残”的理解,参见本书“非法拘禁罪”。

③ 参见黎宏:《刑法学》,法律出版社 2016 年版,第 265 页;马克昌主编:《百罪通论》(上卷),北京大学出版社 2014 年版,第 635 页。

④ 参见张明楷:《刑法学》(下),法律出版社 2016 年版,第 909 页;亦有对类似规定认为是“转化犯”的观点。参见陈兴良:《刑法适用总论》(上卷),法律出版社 1999 年版,第 664 页。

⑤ 黎宏:《刑法学》,法律出版社 2016 年版,第 266 页。

⑥ 2002 年 1 月 1 日最高人民检察院实施的《人民检察院直接受理立案侦查的渎职侵权重特大案件标准(试行)》(高检发〔2001〕13 号)(以下简称 02.01.01《渎职侵权重特大案件标准》)第 36 条规定:刑讯逼供案:(一)重大案件:(1)致人重伤或者精神失常的;(2)5 次以上或者对 5 人以上刑讯逼供的;(3)造成冤、假、错案的。(二)特大案件:(1)致人死亡的;(2)7 次以上或者对 7 人以上刑讯逼供的;(3)致使无辜的人被判处 10 年以上有期徒刑、无期徒刑、死刑的。”第 37 条规定:“暴力取证案:(一)重大案件:(1)致人重伤或者精神失常的;(2)5 次以上或者对 5 人以上暴力取证的。(二)特大案件:(1)致人死亡的;(2)7 次以上或者对 7 人以上暴力取证的。”

十二、虐待被监管人罪

(一) 虐待被监管人罪的概念和法益

虐待被监管人罪,是指监狱、拘留所、看守所等监管机构的监管人员对被监管人进行殴打或者体罚虐待,情节严重的行为①。本罪的法益,为被监管人人身不受虐待的权利以及国家对监管场所秩序的监管。主体为特殊主体,为真正身份犯,主观罪过是直接故意,具有虐待被监管人的目的,一般而言,动机不影响认定。

(二) 对象、行为、违法性阻却、主体

对象为被刑事拘留、司法和行政拘留、被逮捕的犯罪嫌疑人、羁押的被告人、被判处刑罚正在服刑或等待执行的已决犯、被强制戒毒、必须接受强制治疗暂时被司法机关强制拘束的精神障碍者②。

本罪的客观行为,是对被监管人进行殴打或者体罚。本书认为,这里“殴打或者体罚”是对“虐待”实质内涵的列举规定,而不需要分解为“殴打”与“体罚虐待”。虐待的表现形式,可以各种各样。殴打是以造成对人肉体疼痛的方式进行虐待,但是,“殴打”只是行为的表现方式而非性质,同样可伴随在体罚中。正因如此,殴打、体罚同样存在造成“伤残、死亡”的可能性。体罚,这是指以各种非人道方式,以造成人的肉体与精神痛苦的行为。体罚是“惩罚”,通常是强令被害人为一定行为或不为一定行为。例如,不准睡觉、不准喝水、不准解手、单脚站立、喝尿、舌舔地板等,当违反某种“禁令”时,会招致更为严厉的“惩罚”。事实上,体罚是不胜枚举的,但总之是要以造成被害人肉体痛苦和精神上对其人格的羞辱,摧毁其意志。除“殴打”和“体罚”外,所有以造成被害人肉体痛苦和精神上人格的羞辱的虐待,均应以犯罪论处,如强行将女囚关入男囚室、随意使用戒具、任意禁闭、强令从事超强度劳动等。构成本罪以“情节严重”为入罪条件,一贯性实施虐待,应作为从重处罚情节。

然而,对违反监管规定,有逃脱或再实施侵害现实危险的被监管者(包括暂时被监管者以及押解途中),依法使用戒具进行强制管束的,阻却违法性。

本罪为不纯正身份犯,主体为监狱、拘留所、看守所等监管机构的监管人员,但依据我国《刑法》第 248 条第 2 款“监管人员指使被监管人殴打或者体罚虐待其他被监管人的,依照前款的规定处罚”的规定,指使的监管人员为亦为正犯(间接正犯),与接

---

① 06.07.26《渎职侵权立案标准》规定:“虐待被监管人,涉嫌下列情形之一的,应予立案:1. 以殴打、捆绑、违法使用械具等恶劣手段虐待被监管人的;2. 以较长时间冻、饿、晒、烤等手段虐待被监管人,严重损害其身体健康的;3. 虐待造成被监管人轻伤、重伤、死亡的;4. 虐待被监管人,情节严重,导致被监管人自杀、自残造成重伤、死亡,或者精神失常的;5. 殴打或者体罚虐待 3 人次以上的;6. 指使被监管人殴打、体罚虐待其他被监管人,具有上述情形之一的;7. 其他情节严重的情形。”

② 被强制戒毒、接受治疗的精神障碍者,如果其监管是社会医疗机构而非司法机关的,则虐待行为可能构成“虐待被监护、保护人罪”。

受指使实施殴打或者体罚的行为人构成共同犯罪(共同正犯),监管人员是主犯;接受指使的被监管人实施殴打或者体罚虐待,致被害人伤残、死亡,指使的监管人员与接受指使的行为人共同承担故意伤害、故意杀人罪责,对监管人员应以主犯论处。

(三) 虐待被监管人罪与其他侵犯人身犯罪的关联

对虐待中随意拘禁被监管人同时触犯非法拘禁罪的,为想象竞合犯,从一重罪论处,不实行并罚;对虐待女性被监管人,同时触犯侮辱妇女罪、强制猥亵妇女罪,应实行并罚;对虐待中实施强奸,应数罪并罚①。对犯本罪为“配合”侦查人员、检察人员逼取被监管人口供的非司法工作人员,如果同时触犯刑讯逼供罪或暴力取证罪,是想象竞合犯,属于共同犯罪且为“情节特别严重”的情形,应以本罪论处。

(四) 虐待被监管人罪的刑事责任

犯本罪,处 3 年以下有期徒刑或者拘役;情节特别严重的,处 3 年以上 10 年以下有期徒刑。致人伤残、死亡的,依照我国《刑法》第 234 条、第 232 条的规定定罪从重处罚。监管人员指使被监管人殴打或者体罚虐待其他被监管人的,依照前款的规定处罚。

十三、侵犯公民个人信息罪

(一) 侵犯公民个人信息罪的概念和法益

侵犯公民个人信息罪,是指违反国家有关规定,向他人出售或者提供公民个人信息,情节严重的,或者违反国家有关规定,将在履行职责或者提供服务过程中获得的公民个人信息,出售或者提供给他人的,或者窃取或以其他方法非法获取公民个人信息的行为。本罪的法益是公民个人信息的安全,公民个人信息所涉及的,是自然人个人信息(信息的隐秘以及个人隐私)安全,以及社会生活的安宁。有关公民个人信息的法律属性,中外理论上都有不同的认识②,综合这种争论而提出的观点认为,法律属性应该是个人信息权,其内涵包括个人隐私不得侵犯,以及由此带来的财产权利,限制他人非法收集、转让和出售的权利③。本书认为,如此列举界定,是否能涵盖个人信息的所有法律属性存在疑问。例如,公民罹患重病的信息,不仅可以是侵害隐私的利器,也可以出卖给药商牟利。因此,个人信息并非只具有唯一功能而能决定其属性,也不为行为人收集、使用实际目的所能决定,对个人信息非要界定法律属性,事实上并不合理,实无争论的必要。本书认为,刑法规定禁止将获得的公民个人信息,出售或者提供给他人,就是为了保护个人信息安全,无论个人信息具体体现哪个方面的法

---

① 张明楷教授认为在实施本罪中涉及强奸的,也为想象竞合犯,不需要并罚。参见张明楷:《刑法学》(下),法律出版社 2016 年版,第 911 页。本书认为该观点不妥当。

② 参见王作富主编:《刑法分则实务研究》(中),中国方正出版社 2013 年版,第 852 页以下。

③ 有“隐私权”“所有权”以及“人格权”的争议。参见王作富主编:《刑法分则实务研究》(中),中国方正出版社 2013 年版,第 851 页。

律属性,其安全性均受刑法保护。本罪主体为自然人一般主体和单位,主观上是故意,不以特定目的为要件,动机不影响认定。

(二) 对象、行为、主体、违法性阻却

本罪对象是公民个人信息,是自然人个人信息。2017 年 6 月 1 日最高人民法院、最高人民检察院实施的《关于办理侵犯公民个人信息刑事案件适用法律若干问题的解释》(法释〔2017〕10 号)(以下简称 17.06.01《公民个人信息案件解释》)规定:"'公民个人信息',是指以电子或者其他方式记录的能够单独或者与其他信息结合识别特定自然人身份或者反映特定自然人活动情况的各种信息,包括姓名、身份证件号码、通信通讯联系方式、住址、账号密码、财产状况、行踪轨迹[①]等。"[②]所以,公民个人信息包括所有能够揭示和可供识别特定公民个人的身份、健康状态、财产状态、社会地位、社会交友以及其他与个人生活、工作有关联的信息,也包括公民个人不愿使无关人员知悉的隐秘信息或隐私信息,或者公民个人的普通信息。明星、公众人物,也确有以主动牺牲自身利益,包括披露各种个人情况,借助发达信息网络、媒体进行宣传、造势为代价才能取得相应社会地位的情况。即便如此,只要公民个人不愿意公布、涉及隐私的个人信息(如生理状态、形体信息、经济状况、家庭成员、住址、联系方式等),或者个人的普通信息,仍属于受保护之列。但依法应该公示的个人信息,不在受保护之列。例如,任职之前需要公示候选人的性别、年龄、求学、获得现职的经历、家庭成员以及财产、收入等。

"违反国家有关规定"[③],是指违反已经颁行的保护公民信息的法律、法规、决定,如《身份证法》《护照法》《未成年人保护法》《未成年人犯罪预防法》《律师法》,以及国务院制定的关于保护公民个人信息行政法规、规定的行政措施、发布的决定和命令,如国务院工业和信息化部《电信和互联网用户个人信息保护规定》《规范互联网信息服务市场秩序若干规定》《通信网络安全防护管理办法》等。只要违反法律、行政法规、部门规章有关公民个人信息保护的规定的,就应当认定为"违反国家有关规定"。

---

① 何为行踪轨迹,目前尚无司法解释规定。本书认为,"行踪轨迹",是以"时空"和"线性"特征所反映出特定的个体(或事物)的起始点以及运行的线路。实务中如何理解由个个"点"所反映出的"线性",直接关系到行踪轨迹"信息"的数量计算。这不仅关系到能否入罪,也关系到罪责的轻重。客观上看,行踪轨迹的信息,要求能够反映出特定个体在一定时间内,行为活动状况的连续性信息。"行踪"就是事件时主体所处的位置,包括"起点"和"终点",以及对事实有决定意义的"途中点";"轨迹"是指由一个个点状的连续表现的线性运动的路径(或事物发展)的"起点"和"终点"。所以,轨迹并非一个静止的点或停滞的状态,而是一个动态的、发展的,且能够反映起点和终点的行动过程的信息。"行踪轨迹"所要求的,只是表现出特定个体的活动,能够体现"从哪里来到哪里去"的时空特征,就足以反映特定个体活动的"行踪轨迹"。也即"行踪"所要求的,是表明特定个体"从哪里来到了哪里"的信息,"轨迹"要求的是特定个体"从哪里来到哪里去"的线路信息,二者合并成为一个完整的"行踪轨迹"信息。不应将每一个对事实无意义的"点"与"点"(途中点)之间的连接,都视为"一条"行踪轨迹的信息。这有悖"轨迹"是"线性"的一般理解,而且,将一条反映一个事实的"行踪轨迹"信息分解为无数个"点状"信息,有悖解释的一般原理。

② 17.06.01《公民个人信息案件解释》第 1 条。

③ 参见 2011 年 4 月 8 日最高人民法院发布的《关于准确理解和适用刑法中"国家规定"的有关问题的通知》(法发〔2011〕155 号)的相关规定。

对其他非国家机关的服务单位、机构，除服务项目属于国家法律、法规所规制的范围内的活动之外，对公民信息安全的保障，主要是通过服务单位单方面承诺保护，或行业自律、业者的个人自律。例如，在手机、电脑维修、维护中，相关人员可以借此机会获取公民信息。如果违反保护其个人信息的承诺或自律规定，是否属于"违反国家有关规定"是有疑问的。因为目前并无统一对该类行业保护公民个人信息的法律规定，主要是依靠维护、维修单位或其个人的承诺。本书认为，在服务过程中，以窃取、其他方法非法获取公民个人信息，是符合我国《刑法》第 251 条之一第 3 款"窃取或者以他方法非法获取公民个人信息，依照第 1 款的规定处罚"的规定，并未以"违反国家有关规定"为前置条件。

利用计算机技术侵入计算机系统或者采用其他技术手段，如植入"木马程序"获取计算机信息系统中存储、处理或者传输的公民个人信息的，为牵连犯，可从一重罪论处，也不应排除并罚的可能性。

客观行为因主体不同分为以下具体情况：第一种情况是主体为一般主体。行为表现为违反国家有关规定，向他人出售或者提供公民个人信息①，情节严重的行为。"提供"是指将获取的公民个人信息交付与他人，是否有偿，是否主动提供，在所不问；"出售"是指将获取的公民个人信息以其数量、质量为计价基准，作价卖给他人，是否已经谋取到经济利益，不影响行为性质的认定，但可以影响到是否构成犯罪②。这里的"他人"，泛指己身之外的自然人或单位。第二种情况是，主体是在履行特定职务、从事特定业务活动中，利用履行职责或特定业务活动、提供服务过程中的便利条件，获得的公民个人信息，出售或者提供给他人。该行为主体包括一般主体和特殊主体，是在履行职责或提供服务过程中能够获得公民个人信息的人。从履行职责、提供服务的要求而言，获得个人信息的人都具有保护个人信息安全的义务。除各类国家机关以及为其服务的工作人员在履行公务时可以获取相关的个人信息之外，为公民提供服务，需要公民提供个人的具体信息，能够获取其信息的社会服务行业数不胜数。如金融、电信、交通、教育、医疗、社区、旅游、住宿、保险、劳务中介、物流、婚姻中介、就

---

① 17.06.01《公民个人信息案件解释》第 3 条规定："向特定人提供公民个人信息，以及通过信息网络或者其他途径发布公民个人信息的，应当认定为刑法第 253 条之一规定的'提供公民个人信息'。""未经被收集者同意，将合法收集的公民个人信息向他人提供的，属于刑法第 253 条之一规定的'提供公民个人信息'，但是经过处理无法识别特定个人且不能复原的除外。"

② 17.06.01《公民个人信息案件解释》第 5 条规定："非法获取、出售或者提供公民个人信息，具有下列情形之一的，应当认定为刑法第 253 条之一规定的'情节严重'：(一) 出售或者提供行踪轨迹信息，被他人用于犯罪的；(二) 知道或者应当知道他人利用公民个人信息实施犯罪，向其出售或者提供的；(三) 非法获取、出售或者提供行踪轨迹信息、通信内容、征信信息、财产信息 50 条以上的；(四) 非法获取、出售或者提供住宿信息、通信记录、健康生理信息、交易信息等其他可能影响人身、财产安全的公民个人信息 500 条以上的；(五) 非法获取、出售或者提供第 3 项、第 4 项规定以外的公民个人信息 500 条以上的；(六) 数量未达到第 3 项至第 5 项规定标准，但是按相应比例合计达到有关数量标准的；(七) 违法所得 5000 元以上的；(八) 将在履行职责或者提供服务过程中获得的公民个人信息出售或者提供给他人，数量或者数额达到第 3 项至第 7 项规定标准一半以上的；(九) 曾因侵犯公民个人信息受过刑事处罚或者 2 年内受过行政处罚，又非法获取、出售或者提供公民个人信息的；(十) 其他情节严重的情形。"

业、社保、特定货物、物品买卖[①]等,都有能够获取公民个人信息的主体,包括自然人主体和单位。该种情况因涉及职责、业务合法活动,性质更为恶劣。但根据17.06.01《公民个人信息案件解释》第6条的规定,该项行为仍然以"情节严重"为入罪条件。所利用的具体公务活动、提供服务的性质和特点,以及所获取公民信息的数量,因公民个人信息泄漏,所造成的公民人身损害和财产、精神损失等,应为量刑考虑情节[②]。对其中依法履行公务的人员,不排除构成滥用职权罪。除依法履行公务的人员利用职务行为获取公民个人信息之外,更多情况下属于17.06.01《公民个人信息案件解释》第6条规定的"合法经营活动"中获取公民个人信息的情况。对该种情况的入罪以及处罚标准,17.06.01《公民个人信息案件解释》第6条有具体规定[③]。

在前述两种情况下,均不排除行为人可能实施我国《刑法》第253条之一第3款规定的行为,即"窃取或者以其他方法非法获取公民个人信息的"行为,需要依照第1款的规定处罚。"窃取"是行为人以自认为不使被害人发觉的方法,盗取公民个人信息。例如,在出售、维修的手机中预先植入"木马程序"而获取公民个人信息。"其他方法"[④]是指采取与"窃取"具有相同违法性质和危害程度相当的手段。例如,采取收买、欺骗等方法获取公民个人信息。如果采取贿赂方式,获取他人在履行职责或者提供服务过程中获得公民个人信息,视贿赂的具体情况,如同时触犯相关贿赂犯罪罪名,为想象竞合犯,应以相关贿赂犯罪论处。如贿赂行为尚不构成犯罪,贿赂应作为情节,从重处罚。属于"窃取"或"以其他方法非法获取公民个人信息的",既不以"情节严重",也不以是否将获取的公民个人信息向他人出售或者提供为入罪条件,只是适用第1款的罚则。

基于维护公共利益以及国家安全利益需要,向相关国家机关、机构以及工作人员提供公民个人信息(包括有偿服务),阻却违法性。例如,向侦查人员提供犯罪嫌疑人

---

① 即属于17.06.01《公民个人信息案件解释》第6条规定的通过"合法经营活动"可以获得大量的公民个人信息的领域。事实上,大量的公民个人信息就是通过"合法经营活动"被合法收集却遭到非法泄露的。

② 17.06.01《公民个人信息案件解释》第5条第2款规定:"实施前款规定的行为,具有下列情形之一的,应当认定为刑法第253条之一第1款规定的'情节特别严重':(一)造成被害人死亡、重伤、精神失常或者被绑架等严重后果的;(二)造成重大经济损失或者恶劣社会影响的;(三)数量或者数额达到前款第3项至第8项规定标准10倍以上的;(四)其他情节特别严重的情形。"

③ 17.06.01《公民个人信息案件解释》第6条规定:"为合法经营活动而非法购买、收受本解释第5条第1款第3项、第4项规定以外的公民个人信息,具有下列情形之一的,应当认定为刑法第253条之一规定的'情节严重':(一)利用非法购买、收受的公民个人信息获利5万元以上的;(二)曾因侵犯公民个人信息受过刑事处罚或者2年内受过行政处罚,又非法购买、收受公民个人信息的;(三)其他情节严重的情形。""实施前款规定的行为,将购买、收受的公民个人信息非法出售或者提供的,定罪量刑标准适用本解释第5条的规定。"这里的公民个人信息是指不涉及人身安全、财产安全的公民个人的普通信息,如姓名、年龄、性别、受教育程度等。该项行为在入罪标准和适用刑罚标准上,显然比司法解释第5条规定更严格,不具有第6条第2款规定的行为,则不能适用第5条的规定。第6条规定在适用上可能主要面临"其他情节严重的情形"的理解问题。本书认为,还是应以同质比较方法来认定。

④ 17.06.01《公民个人信息案件解释》第4条规定:"违反国家有关规定,通过购买、收受、交换等方式获取公民个人信息,或者在履行职责、提供服务过程中收集公民个人信息的,属于刑法第253条之一第3款规定的'以其他方法非法获取公民个人信息'。"

个人信息,阻却违法性;社会上设立的数据中心有偿提供经筛选的相关犯罪嫌疑人的个人信息,阻却违法性。

(三)侵犯公民个人信息罪与侵犯通信自由罪[①]的关联

侵犯通信自由罪,是指隐匿、毁弃或者非法开拆他人信件,侵犯公民通信自由,情节严重的行为。本罪的法益为公民通讯自由权,主体为自然人一般主体,主观上为直接故意,动机不影响认定。如果隐匿、毁弃或者非法开拆他人信件是为了非法获取公民个人信息,数量大的,为想象竞合犯,应当以非法获取公民个人信息罪论处。"他人信件"包括自然人的,也包括单位的信件。"信件"应作广义理解,包括纸质的,也包括电子信件,包括纯粹文字信件,也包括包装物品的邮件等。隐匿,是指藏匿信件使被害人无法查询;毁弃,是毁坏、丢弃,使被害人无法再得到信件;非法开拆,是未经授权(被害人同意),将其信件拆封、邮件开启(是否窥视信件内容,在所不问),窃取信件中财物,视具体情况适用相应罪名论处[②]。情节严重,主要是综合来考虑其动机,隐匿、毁弃或者非法开拆他人信件的数量,对被害人造成精神、财物损害以及行为性质等因素。利用信息网络侵入他人计算机信息系统非法截获、篡改、删除他人电子邮件或者其他数据资料,侵犯公民通信自由和通信秘密的,同时触犯非法获取计算机信息系统数据、非法控制计算机信息系统罪[③],为想象竞合犯,应当以非法获取计算机信息系统数据、非法控制计算机信息系统罪论处,将非法获取的他人个人信息作为严重情节,从重处罚。

近亲属或其他人为保护其亲属、朋友避免陷于违法犯罪境地,隐匿、毁弃、开拆其信件,应以无期待可能性免除责任。

(四)侵犯公民个人信息罪、侵犯通信自由罪与私自开拆、隐匿、毁弃邮件、电报罪[④]的关联

私自开拆、隐匿、毁弃邮件、电报罪,是指邮政工作人员私自开拆或者隐匿、毁弃邮件、电报的行为。现代社会中由于信息网络的日益发达,通讯的便利使邮政的社会功能已经发生了较大的变化。但是,在欠发达地区,传统意义上的邮政业务仍然是保

---

① 我国《刑法》第253条之一的规定。

② 1989年9月15日最高人民检察院发布、实施的《关于非邮电工作人员非法开拆他人信件并从中窃取财物案件定性问题的批复》(高检发字〔1989〕2号)规定:"一、非邮电工作人员非法开拆他人信件,侵犯公民通信自由权利,情节严重,并从中窃取少量财物,或者窃取汇票、汇款支票,骗取汇兑款数额不大的,依照刑法关于侵犯公民通信自由罪的规定,从重处罚。二、非邮电工作人员非法开拆他人信件,侵犯公民通信自由权利,情节严重,并从中窃取财物数额较大的,应按照重罪吸收轻罪的原则,依照刑法关于盗窃罪的规定从重处罚。三、非邮电工作人员非法开拆他人信件,侵犯公民通信自由权利,情节严重,并从中窃取汇票或汇款支票,冒名骗取汇兑款数额较大的,应依照刑法关于侵犯公民通信自由罪和诈骗罪的规定,依法实行数罪并罚。"

③ 2000年12月28日第九届全国人大常委会第十九次会议通过的《全国人民代表大会常务委员会关于维护互联网安全的决定》第4条第2款的规定。

④ 我国《刑法》第253条的规定。

障国民能负担和使用的基础服务。本罪的"邮件"以纸质为限,"电报"应不限于纸质。主体为邮政系统工作人员,是特殊主体(包括不在编制内的聘用人员),但要求该主体的工作与邮件、电报有直接关系,非此,即便是邮政工作人员,也只可能构成侵犯通信自由罪。单位所设置专职邮件收发人员,不属于邮政工作人员,利用工作之便私自开拆、隐匿、毁弃邮件、电报的,构成侵犯通信自由罪。客观上要求实施私自开拆或者隐匿、毁弃邮件、电报的行为。相关机关依据法律规定,命令或授权实施上述行为的,阻却违法性,不构成犯罪。主观上为直接故意,动机不影响认定,但为非法获取公民个人信息的,为想象竞合犯,因在提供服务中非法获取,则应当以非法获取公民个人信息罪论处。邮政工作人员犯本罪,窃取财物的,依照盗窃罪从重处罚。

(五)侵犯公民个人信息罪的刑事责任

犯本罪的,处3年以下有期徒刑或者拘役,并处或者单处罚金;情节特别严重的,处3年以上7年以下有期徒刑,并处罚金。对在履行职责或者提供服务过程中,侵犯公民个人信息的,依照前款的法定刑从重处罚;对采取非法方法获取公民个人信息的,依照第1款的规定处罚。单位犯本罪的,对单位判处罚金,并对其直接负责的主管人员和其他直接责任人员,依照各款自然人犯罪的规定处罚。

十四、重　婚　罪

(一)重婚罪的概念和法益

重婚罪,是指有配偶而与他人结婚,或者明知他人有配偶而与之结婚的行为。本罪的法益,是一夫一妻婚姻制度所保护的婚姻权,即任何人在婚姻存续期间,只允许只有一个配偶,一个婚姻法律身份。有配偶之人又与他人结婚,是对自己配偶婚姻权、国家婚姻制度的侵犯;明知他人有配偶而与之结婚的人,自己虽然没有配偶,但同样是对他方配偶婚姻权、国家婚姻制度的侵犯。目前,我国的婚姻制度仍然是对异性之间婚姻关系进行保护,对"同性婚姻"仍然保持谨慎态度,即重婚,仅指异性之间可以形成重婚,也即男女一方在婚姻关系存续期间,在没有依法解除婚姻关系时,男方与另一女方建立新的婚姻关系为"重婚"。同性之间即便自己认为是有"婚姻关系"存在,又与其他同性或异性结成"新的婚姻关系",也与重婚无关。对变性人的婚姻,应以其变性前后的社会身份予以确定其性别,以及原有的婚姻关系。对变性前、后已经解除原有婚姻关系,再与他人建立新的婚姻关系,或变性后与同性建立"婚姻关系",不属于重婚;变性后仍然没有解除原婚姻关系,与同性建立"婚姻关系"不是重婚,但与异性建立新的婚姻关系,是否重婚?黎宏教授持肯定观点,张明楷教授持不赞同观点①。本书认为，即便在变性后原婚姻成为“同性婚姻”，但同性婚姻不为我国法律认可，只是事实上使原“婚姻”所承载的内容发生变化，在原婚姻关系未依法解除时，也就意味着其变性身份并没有得到法律认可②，而一个人同时拥有既为夫又为妻的身份，不能得到社会价值观认可③。因此，再与异性建立新的婚姻关系，仍然是重婚，至于是否以犯罪论处，则应综合具体情况而定。

（二）行为、主观、责任阻却

本罪的客观行为是有配偶而与他人结婚，或者明知他人有配偶而与之结婚的行为。故重婚为有“双重婚姻”之意。重婚是“对向犯”（对行犯），也是典型的“亲手犯”。欲重为婚姻者，必有与之相婚一方才能成立，无相婚一方不可能形成双重婚姻；也只有自己亲自去“重婚”，其他人不可能替代行为人去“重婚”，所以，本罪没有间接正犯（可以有共犯）。重婚，包括以下情况：一是有配偶之人与他人登记结婚（法律婚），相婚者有无婚姻关系不影响认定；二是未经登记结婚，但有配偶之人与他人以夫妻之名共同生活，形成事实婚姻（事实婚），他人有无婚姻关系不影响认定。我国《民法典》并不承认事实婚姻的法律效力（承认非婚生子女与婚生子女享有相同权利），但刑事实务对事实婚可以成立重婚罪持肯定态度。据此，有配偶重为婚姻者，包括原婚姻关系是事实婚姻，所以，有两个以上事实婚姻关系的，也是重婚。

主观上为故意，明知自己婚姻关系尚未解除，或者明知他人婚姻关系尚未解除而与之建立婚姻关系，包括明知对方可能有婚姻关系而仍然与之建立婚姻关系，系间接故意的情况。根据对向犯的法理，如果相婚一方受到欺骗与之建立婚姻关系的，相婚者无违法意思也不具有与他人建立“重为婚姻”的故意，不构成犯罪。根据我国司法实务以及有关司法解释，对遭受自然灾害、配偶长期外出下落不明，造成家庭生活困难，妇女与他人又组建家庭（重婚），以及被拐卖的已婚妇女又与他人组建家庭，以及因强迫、包办婚姻，妇女外逃后与他人组建家庭，因婚后家庭暴力、受虐待外逃与他人组建家庭④，因不具有期待可能性，阻却责任，不能以犯罪论处。

---

① 参见黎宏：《刑法学》，法律出版社 2016 年版，第 274 页；张明楷：《刑法学》（下），法律出版社 2016 年版，第 928 页。

② 本书认为变性后的身份是法律身份，而非自然属性的身份，因此，只有经过变更性别的法律程序，才能取得法律认可的性别身份。参见林亚刚：《刑法学教义》（总论），北京大学出版社 2014 年版，第 134 页。

③ 参见黎宏：《刑法学》，法律出版社 2016 年版，第 274 页。

④ 张明楷教授认为，此类妇女的重婚，应限于是“事实婚”且无期待可能性方可免责；如果是“法律婚”，并不缺乏期待可能性。参见张明楷：《刑法学》（下），法律出版社 2016 年版，第 928 页。本书认为，有无期待可能性是以妇女当时所处的具体人身安全、生活困境等客观因素所决定，与他人建立的是事实婚，还是法律婚并没有关联。换言之，法律婚的建立并不意味着使妇女做出与他人建立新的婚姻关系，与当时造成具体人身安全、生活困境等客观因素已经不存在。

(三) 重婚罪与暴力干涉婚姻自由罪[①]的关联

暴力干涉婚姻自由罪,是指以暴力方法干涉他人婚姻自由的行为。本罪的法益是他人的婚姻自由以及人身权利。婚姻自由包括结婚自由(含恋爱自由[②])和离婚自由。同时,因是以暴力方法干涉,也必然侵犯他人的人身权利。构成本罪必须是以暴力方法,干涉的是他人婚姻自由权的行使,干涉婚姻自由不以暴力方法实施[③],不构成本罪。本罪主体是自然人一般主体,实践中多是与被害人有亲属关系的家庭成员、同族、情侣,还可以是为保持性伴侣关系之人。正因为被害人可能与行为人有特殊的关系。因此,本罪"告诉才处理"[④],如果造成被害人重伤、死亡的,本书认为,司法机关应主动追究其刑事责任。主观上只能出于直接故意,动机不影响认定。

暴力方法主要是指采用殴打、捆绑、强行禁闭、软禁等使被干涉者精神、肉体遭到一定程度损害,迫使被干涉者屈从、不能行使婚姻自由权的方法。威胁将实施暴力,未实际实施暴力不构成本罪。本罪的暴力,限于针对被干涉者人身实施,针对"物"的暴力只能视为"威胁",不构成犯罪。暴力方法,一般情形下对人身的伤害并不一定十分严重,但可使被干涉者遭受较大人身磨难和精神痛苦。但既然暴力针对人身,也可能发生人身的伤害结果,对造成轻伤的,可视为暴力的当然结果,不宜另行定罪。但本罪暴力不能包括故意杀人和故意伤害程度的暴力[⑤]。暴力程度严重,直接造成被害人重伤或死亡,即便是出于干涉动机,实施故意伤害、故意杀人等犯罪,暴力超出本罪的范围,应以相应的故意犯罪论处。如果以其他严重侵害被害人人身、人格名誉的犯罪行为干涉的,如以强奸、强制猥亵等方法来干涉他的婚姻自由,为想象竞合犯,从一重罪论处,不再构成本罪。如果暴力程度较轻,却发生死亡结果,主观上有过失的,为本罪结果加重犯。这是指在暴力干涉中因过失造成死亡结果,包括因暴力直接导致,

---

① 我国《刑法》第257条的规定。

② 张明楷教授认为对暴力干涉恋爱的,不属于干涉婚姻自由,不是犯罪。参见张明楷:《刑法学》(下),2016年版,第912页。

③ 现实中,更多的是以非暴力手段干涉婚姻自由,虽然属于违法行为,但即便造成一些严重后果的,也不能以本罪论处。

④ 如果被害人因受强制、威胁无法告诉的,司法机关是否可主动追究,法律没有规定。也有观点认为,造成被害人死亡的情况下,司法机关应主动追究其刑事责任。

⑤ 有观点认为,以故意重伤、故意杀人方法干涉婚姻自由的,是想象竞合犯,以故意杀人罪、故意伤害罪论处。参见黎宏:《刑法学》,法律出版社2016年版,第273页;苏长青:《侵犯公民民主权利和妨害婚姻家庭罪》,中国人民大学出版社1999年版,第316页。也有观点认为,实施故意杀人、故意伤害的行为是牵连犯,结论仍然是要以故意杀人罪、故意伤害罪论处。参见赵秉志、吴振兴主编:《刑法学通论》,高等教育出版社1993年版,第762页。不赞同的观点认为,杀人、伤害是本罪暴力所不能包括的,因此不能成立是手段行为的牵连犯;故意杀人、伤害可以是本罪独立行为时,就应该独立评价并与本罪并罚;除去故意杀人、伤害不能构成本罪时,就直接按照故意杀人罪、故意伤害罪定罪处罚。参见王作富主编:《刑法分则实务研究》(中),中国方正出版社2013年版,第871页。本书赞同本罪的暴力本身就不能包含故意杀人、故意伤害的观点,但不同意并罚的意见,否则,批评不成立牵连犯的理由就不能自圆其说。本书认为,如实施故意杀人、故意伤害,即便所干涉的是婚姻自由,也已经超出了本罪的范围,应径直按照故意杀人罪、故意伤害罪论处。这种情况与实施暴力干涉致人死亡(包括伤害结果),并不是刑法规制的同一性质现象。

如捆绑、吊打过程中过失致人死亡的,以及直接引起被害人自杀的。该种情况下,由于造成的结果严重,不再适用“告诉才处理”的规定,司法机关应主动追究。

认定本罪,并非只要实施暴力干涉婚姻自由就构成犯罪,暴力程度显著轻微的,如打几个耳光、踢几脚,如果引起被害人自杀,这种风险往往是干涉者难以预料的,其对重伤、死亡结果的发生不具有可控性,二者之间不具有法律上的因果关系,不宜认为构成犯罪。暴力应达到足以使被害人事实上不能行使婚姻自由行为的程度,暴力通常具有持续性或者相对比较严重。如果尚不足以使被干涉者行使婚姻自由权,则不能以犯罪论处。干涉婚姻自由,包括强迫他人与某人(恋爱)结婚或离婚;禁止他人与某人结婚或禁止他人与某人离婚。这里的某人,包括自身以及与己有关的第三者。暴力强制他人与自己结婚,如果触犯重婚罪(如强迫被拐卖的妇女与自己结婚)的,系想象竞合犯,可以视犯罪具体情况,如果具有本罪结果加重犯的情况,应以本罪论处;反之,以重婚罪论处。

(四)重婚罪与破坏军婚罪①的关联

破坏军婚罪,是指明知是现役军人的配偶而与之同居或者结婚的行为。本罪的法益是现役军人的婚姻权。现役军人的“婚约”不受刑法保护。现役军人,是指具有军籍,在中国人民解放军或中国人民武装警备部队②服役的军人。已经退伍、转业的军人,以及虽然在军队工作,但无军籍的人员,不属于现役军人。现役军人配偶,是与现役军人已经建立合法婚姻关系之人(现实上其婚姻理应不是事实婚),现役军人的配偶可以是无军籍人,也可以是现役军人。

破坏军婚的行为,包括两种情况:第一,与现役军人配偶结婚。这是指在现役军人配偶与现役军人没有解除婚姻关系而与其登记结婚,或者与之共同生活形成事实婚姻关系。在该种情况下,破坏军婚的行为与重婚罪具有法条竞合关系,依据法条竞合犯的处罚原则,应以本罪论处。第二,与现役军人配偶同居。这是指在相当长的一段时期内,与现役军人配偶以夫妻名义同居,具有共同社会生活的情形(这是以两性关系为前提,具有经济以及其他社会性生活特征的行为)。同居可以是公开的,其生活、社交圈内的人认为二人是夫妻③;也可以是秘密同居,即二人的共同生活,除少数人知道外,对外是秘而不宣的。同居不同于“姘居”,姘居也是以两性关系为前提的同居,但姘居具有临时性,无长远共同生活目的,一旦感觉不合适常会解除同居生活,虽然不排除也具有共同的经济活动,但双方并不真正以夫妻相待。同居也不同于通奸,通奸是单纯为满足性需求或精神慰藉的性行为,随时会出于当事人的意愿而终止性关系,有的能保持较长时间的性关系,但一般不涉及共同经济活动,不排除会有一定的经济往来,但具有因“性”而在情感上慰藉的意义,不属于共同经济生活。

---

① 我国《刑法》第259条的规定。

② 包括内卫警备部队、宪兵警备部队、边防警备部队、海岸警备部队、工程部队。

③ 例如,共同购买住房、身形相随进出公共场所、会见亲朋等。

本罪主体是颇有争议的问题,即现役军人配偶是否构成本罪?有否定说和折中的观点[①],也有认为军人配偶可以构成重婚罪观点[②]。如黎宏教授认为,本罪处罚的是与现役军人配偶同居或结婚之人,将相对一方的军人配偶也以本罪论处显然不当。但与现役军人配偶同居[③]或结婚的行为,实际上也是与现役军人配偶重婚的行为,而重婚罪对双方都处罚,因此对符合条件的军人配偶可以重婚罪论处[④]。黎宏教授的观点,在解释上没有什么不妥当之处,因为与军人配偶结婚的,军人配偶也是"对向犯"中有婚姻关系的一方,的确也符合重婚罪的条件,但是,从本罪的设置而言,之所以对与军人配偶同居或结婚的行为人处罚,而没有将本罪设置的构成要件与重婚罪相同,只有一个合理理由,为有利于军人安心服役,对军人婚姻需要有特别保护。在军人原谅其配偶仍然愿意保持其婚姻、家庭的前提下,不宜对军人的配偶予以刑事处罚。如是,对军人配偶以重婚罪论处也是与之相悖的。所以,本书不赞同对军人配偶视为当然的犯罪主体。这并非是因黎宏教授的解释有不妥当之处,也不是要赋以军人配偶刑事豁免权,只是从国家国防建设、维护社会稳定需要上考虑(也应该考虑军人配偶也有同为军人的情况)。如果军人配偶与他人同居、结婚的情节很恶劣,军人不愿再维持婚姻关系,那么,对其配偶以重婚罪予以处罚,也未尝不可。

对利用职权、从属关系,以胁迫手段奸淫现役军人的妻子(包括强迫其同居)的,依照强奸罪定罪处罚。

(五) 重婚罪的刑事责任

犯本罪,处 2 年以下有期徒刑或者拘役。

十五、虐　待　罪

(一) 虐待罪的概念和法益

虐待罪,是指对共同生活的家庭成员,经常以打骂、冻饿,强迫过度劳动、禁闭、限制自由、有病不予治疗、凌辱其人格等方法,从精神、肉体上进行摧残和折磨,情节恶劣的行为。本罪的法益是共同生活家庭成员平等权以及人身权。主体为自然人主体,系共同生活的家庭成员,主观上是直接故意,动机不影响认定。

(二) 对象、主体、行为、结果

本罪对象与行为人均为共同生活的家庭成员,但本罪行为人通常是位于较高的

---

① 参见王作富主编:《刑法分则实务研究》(中),中国方正出版社 2013 年版,第 878 页。

② 参见黎宏:《刑法学》,法律出版社 2016 年版,第 276 页;王作富主编:《刑法分则实务研究》(中),中国方正出版社 2013 年版,第 878—879 页。

③ 将同居的情况视为"婚姻关系",是将同居视为"事实婚姻",这一看法是否妥当,值得研究。

④ 参见黎宏:《刑法学》,法律出版社 2016 年版,第 276 页。

家庭地位者。家庭成员是指基于血缘、婚姻、收养、赡养关系在同一个家庭中共同生活的成员;长期共同生活在同一个家庭中,事实上能够评价为家庭成员的,即便没有办理收养、赡养手续,也应视为共同生活家庭成员。但值得研究的是,我国共同生活家庭成员中属于被监护、看护的未成年人、老年人、残疾人、患病之人,是《刑法》第260条之一规定的虐待被监护、看护人罪的对象,还是属于《刑法》第260条普通虐待罪对象?

本书认为,如果不将未成年人、老年人、残疾人、患病之人视为虐待罪的对象,则相当于免除了普通虐待罪的行为人对共同生活的未成年人、老年人、残疾人、患病之人的监护、看护职责,这在法理上难以解释。而且,还存在以下问题:第一,普通虐待罪对象如果不包括被监护、被看护人,则保护的对象范围明显过于狭窄,使该罪可能成为"过剩"立法。第二,普通虐待罪有结果加重的规定,而虐待被监护、看护人罪并无结果加重规定。如果普通虐待罪对象不包括被监护、被看护人,在同样因虐待而造成被害人重伤、死亡的情况下,只能按照虐待被监护、看护人罪处罚;在犯罪性质相同的情况下,处罚却轻于普通虐待罪,造成刑罚适用上不协调。基于此,本书认为,虐待罪对象不应排除共同生活在同一个家庭中的被监护、被看护人。本罪对象强调的是"共同生活的家庭成员",是否属于"被监护、被看护人",不是认定构成本罪的必要条件。如果具备这种特殊身份,应该成为考察虐待行为"情节恶劣"的因素。而且,上述对象的特殊身份特征,并非择一关系。例如,老年人、未成人,可同时是残疾人、患病之人。

虐待,是指以各种方法进行的精神、肉体折磨和摧残的行为。虐待方法不一而足,难以具体归纳,通常所见,是经常性打骂、冻饿,强迫过度劳动、禁闭、限制自由、有病不予治疗、凌辱其人格等。仅就其打骂,也是难以穷尽具体的方式、方法,开水烫、锥子扎、扫把打、皮带抽、脚踢、拳打等。总之,虐待就是指经常性地进行精神、肉体折磨和摧残。既然是在同一个家庭中共同生活,最典型的虐待即为"家庭暴力"[①]。持续性、经常性的家庭暴力,构成虐待[②]。虐待可以是作为方式,打骂、冻饿属之;也可包括不作为因素,如在打骂后致伤而不予以治疗。多数说认为,纯粹不作为不能构成虐待,例如对单纯有病而不予送医治疗的,不是虐待而是遗弃。作为与包括不作为因素的虐待方法、手段,可能交替采用。能够评价为虐待罪的虐待行为,要求具有经常性、一贯为之的特征,不具有该特征,偶尔有打骂、冻饿等行为,性质上仍然是虐待,但一般不评价为犯罪。既然虐待可以采用"暴力"手段,在经常性、一贯为之的情况下,会使被害人身心倍受折磨和摧残,造成身体健康状况恶化,甚至重伤、死亡。但是,因身体健康状况恶化而造成的重伤、死亡结果,限于因长期遭受虐待逐渐形成的,应为本罪的结果加重犯。

---

① 本书认为本罪的暴力不能包括"家庭冷暴力"。

② 2001年12月27日最高人民法院实施的《关于适用〈中华人民共和国婚姻法〉若干问题的解释(一)》(法释〔2001〕30号)。

对被抚养人基于亲权、监护权实施有限度的惩戒行为,例如,因挑食而被“罚”不让吃饭,或者因不守纪律、家规被“罚”禁足等,因不具有精神、肉体折磨性质,阻却违法性。但即便是基于亲权、监护权,实施严重的“惩戒”,如连续殴打致轻伤、轻微伤的,则具有精神、肉体折磨的性质,不阻却违法性。构成本罪必须是“情节恶劣”的虐待行为,应考察虐待的具体方法、手段,虐待持续的时间、对象,对被害人身心健康状况以及造成的后果等因素综合评价。

本罪是特殊主体,为同一家庭共同生活中处于优势地位的家庭成员,要求与被虐待人具有共同生活的密切关系。至于密切关系的形成,可以基于血缘、收养、抚养、赡养等法律事实形成。正是因为行为人与被害人之间这种密切关系的存在,所以,我国《刑法》第260条第3款将普通虐待罪的刑事责任追究权利赋予被害人,虽有“例外”规定[①],但一般情况下是否需要追究行为人的刑事责任,由被害人决定(亲告罪),司法机关不主动追究。

(三)虐待罪与虐待被监护、看护人罪[②]的关联

虐待被监护、看护人罪,是指负有监护、看护职责的人虐待被监护、看护的未成年人、老年人、患病的人、残疾人等,情节恶劣的行为。本罪对象是与负有监护、看护职责主体没有血缘、姻缘关系,也没有办理收养、赡养手续,且在事实上也没有形成收养、赡养事实,不能够评价为家庭成员的人,或者单位所监护、看护下的未成年人、老年人[③]、残疾人、患病的人[④]等。未成年人、老年人、残疾人以及患病之人,只要具备上述法律身份之一,即可为本罪对象,但其法律身份属性并非择一关系,可以在同一对象身上具有上述不同法律身份的属性。如未成年人可以是残疾人、患病的人,老年人可以是残疾人、患病的人等。被监护人、看护人何种情形下为本罪的对象?本书认为,这与确定本罪主体的范围密切相关。

虐待被监护、看护人罪的主体,是指共同生活的家庭成员以外,负有监护、看护责任的人和单位。即负有监护、看护职责的主体,与被监护、看护保护对象,既无直系血缘关系、姻缘关系,也未办理收养、赡养手续,在事实上也不形成收养、赡养事实,不能够评价为家庭成员的个人或者单位。其监护、看护责任来源于监护者、看护者,其或与扶养、教养、学习、医疗等单位或个人签订有扶养、教养、学习、医疗等合同、契约,或者虽没有签订合同、契约,但依据法律规定[⑤],在特定时间内,形成具有扶养、教养、学习、医疗等服务关系时,承担监护、看护责任。也就是说,本罪对象要求处于因履行合

---

① 我国《刑法》第260条第3款规定:“第1款罪,告诉的才处理,但被害人没有能力告诉,或者因受到强制、威吓无法告诉的除外。”

② 我国《刑法》第260条之一的规定。

③ 根据我国《未成年人保护法》的规定,未成年人是指未满18周岁的公民。根据《老年人权益保障法》的规定,老年人是指60周岁以上的公民。

④ 患者的人应是指因各种致病因素而罹患病痛之人,是否因疾病致身体器官功能有一定障碍,在所不问。

⑤ 如依法由收容机构承担监护、看护职责。

同、契约或法律规定的被监护、看护状态下。被监护者、被看护者无论是短期或长期脱离家庭生活环境，只要处于扶养、教养、学习、医疗等单位或个人监护、看护处境时，或者即便未脱离家庭生活，但监护、看护职责由签订服务合同、契约的其他人行使监护、看护责任时，是本罪的对象。

监护、看护职责，是长期还是临时的，是有偿还是无偿的，是因远亲关系，还是因合同关系，是否签订监护、看护合同，不影响认定。如家庭雇用的保姆、陪护，幼儿园、中小学及其雇用的保育员、教师，养老院及其雇用的看护、陪护，收容机构及其工作人员，特殊医疗单位（精神病院）以及雇用的工作人员、医护人员等。单位的各种雇员是正式员工还是临时雇用的，与单位是否签订劳动合同等，不影响认定。即便是在事实上形成监护、看护职责，如雇用的远房亲戚，也不影响认定。监护、看护合同、契约一旦解除或因法律规定的事由归于无效，虐待行为不构成本罪，如果触犯其他罪名的，可依照所构成的犯罪处罚。

负有看护、监护责任的单位的直接负责的主管人员、直接责任人员可以构成本罪：一是监护、看护单位没有制定对监护、看护人员责任，以及奖惩的规章制度，或者虽有规定也形同虚设，因放任造成雇员、工作人员肆无忌惮对被监护、看护人实施虐待；二是监护、看护单位，明知其雇员、工作人员对被监护、看护人实施虐待，却放任不管，任其实施虐待。本罪主观罪过为故意，故意内容不影响认定。但单位直接负责的主管人员、直接责任人员构成本罪，除间接故意之外，在制度设置、管理上对雇员监管有过失的，是否可以构成本罪值得讨论。本书认为，看护、监护责任的单位是公有属性的，其主管人员、直接责任人员，不排除可以构成相关职务犯罪。①

本罪与普通虐待罪的虐待行为没有本质区别，多具有常态性，一贯而为对被监护、看护人进行精神、肉体折磨和摧残。基于被监护、被看护人均具有异于正常人的身体状况，例如，因年幼身体发育尚不成熟，或者所患疾病严重、复杂，或者因年龄过大器官功能退化，或具有其他异于正常人的体质等，在遭受虐待时，不排除在短期内造成被监护、看护人身体健康状况恶化，甚至造成重伤、死亡。但刑法没有规定本罪有结果加重犯的原因，可能正是考虑到所监护、看护的对象都具有异于正常人的身体状况。例如，确因年龄过小、过大或本身疾病复杂重笃，或者严重疾病确实已处于晚期，发生重伤、死亡或其他严重后果时，不能排除重伤、死亡与自然转归常的关联性。如果规定了“结果加重犯”，会造成虐待行为与重伤、死亡之间的因果关系难以确定的局面。只要不能排除与自然转归常有具有关联性，则监护者、看护者的虐待行为，对严重后果发生，就是处于非决定性的地位，不能因此而承担加重责任。也正因为被监护、看护人均为具有异于正常人的身体状况，即便行为人对重伤、死亡结果确有过失，在不能排除与自然转归常的关联性时，也不宜对行为人处以较重刑罚。所以，本罪并

---

① 参见2002年12月28日第九次全国人大常委会第三十一次会议颁布、实施的《全国人民代表大会常务委员会关于〈中华人民共和国刑法〉第九章渎职罪主体适用问题的解释》（以下简称02.12.28《渎职罪主体适用解释》）第7条的规定。

没有设置结果加重犯的条款,原因恐怕也在于此。不过,当监护者、看护者实施性质恶劣、危害严重的虐待行为,直接造成重伤、死亡,可以按照过失致人重伤罪、过失致人死亡罪论处;如监护者、看护者犯意发生变化,具有伤害、杀人故意,即便行为仍然表现为"虐待",也应径直按照故意伤害罪、故意杀人罪定罪处罚。

基于监护、看护职责,实施监护、看护职责要求的必要管束措施,应阻却违法性。例如,对入院治疗中突发状况的精神患者强制穿戴管束衣;对看护中的病患强制其穿戴防止排泄物溢流的衣裤;对患有多动症儿童的管束等,不能视为违法。但超出监护、看护职责,实施惩罚性质的管束,不阻却违法性,也不排除构成其他故意犯罪的可能性。本罪要求虐待"情节严重",应考察虐待被监护、看护对象的具体情况,如年龄、心智状况、疾病的严重程度以及残疾的种类、严重程度等个人情况,虐待采用的方法、手段的恶劣程度,虐待的时间、地点,对被害人身心健康状况的影响,以及造成后果等因素综合评价。

从普通虐待行为角度看,与虐待被监护、看护人行为可以形成想象竞合关系,但从虐待被监护、看护人罪的角度看,则与虐待罪是法条竞合关系。也即当主体为共同生活的家庭成员,虐待被监护、看护人时,虽然也触犯虐待被监护、看护人罪,但应该以想象竞合犯对待,以虐待罪定罪处罚,如果发生重伤、死亡结果,是虐待罪的结果加重犯;当主体不是共同生活家庭成员,虽然与虐待罪有法条竞合关系,也只能构成虐待被监护、看护人罪。对确实因故意或过失造成被监护人、看护人重伤、死亡的,应以故意杀人、故意伤害或过失致人死亡、过失致人重伤追究责任。此时,司法机关应主动追究负有监护、看护职责的个人、单位,以及单位中直接负责的主管人员和其他直接责任人员的刑事责任,即属于我国《刑法》的 260 条之一第 2、3 款规定的情况。

(四)虐待罪的刑事责任

犯本罪,处 2 年以下有期徒刑、拘役或者管制。告诉的才处理,但被害人没有能力告诉,或者因受到强制、威吓无法告诉的除外。致使被害人重伤、死亡的,处 2 年以上 7 年以下有期徒刑。

"告诉的才处理",系犯本罪可能判处 2 年以下有期徒刑刑罚的,由被害人亲自告诉的,司法机关才能追究刑事责任。例外不适用亲告才处理的,包括被害人没有能力告诉,因受到强制、威吓无法告诉的,以及犯本罪"致使被害人重伤、死亡的",可处 2 年以上 7 年以下有期徒刑的,不受告诉才处理的限制,司法机关应主动追究行为人刑事责任。虐待"致使被害人重伤、死亡的"是本罪结果加重犯,是指因在较长时间里被害人遭受虐待,身体健康状况恶化造成病患,或者实施虐待中因不慎,致人重伤、死亡。行为人主观上仍然是出于虐待的故意,对造成的重伤、死亡结果是过失。但是,重伤、死亡的情况不能包括实施虐待过程中犯意发生变化而故意造成,即行为人虽然一直实施虐待,但某次加强或变换虐待的方式、方法而造成重伤、死亡的结果。例如,惯常以锥子扎为虐待方法,但该次使用锥扎其眼睛致盲,就应以故意伤害定罪处罚。再如,对不听其监护、看护要求的老年人,在夏天强制穿戴拘束衣使之中暑死亡,将任性的幼儿禁闭在通风不畅的密室、汽车中，造成因中暑、缺氧致死，就应按照（间接）故意杀人罪定罪处罚。

十六、遗　弃　罪

（一）遗弃罪的概念和法益

遗弃罪，是指对年老、年幼、患病或者其他没有独立生活能力的人，负有扶养义务而拒绝扶养，情节恶劣的行为。本罪的法益颇有争议。多数说认为，是家庭成员间“抚养”“扶养”权，理由主要是：《刑法》将遗弃罪规定在妨害婚姻家庭犯罪[①]中；《民法典》中亦有禁止性规定[②]。张明楷教授、黎宏教授持不同观点，认为遗弃罪保护的法益是生命、身体安全[③]。主要理由是：基于结果无价值，将家庭成员之间的伦常关系视为法益不妥当；“拒不扶养”的遗弃应解释为使生命、身体处于危险的行为，显然对此种行为而言，就并非限于家庭成员，非家庭成员负有扶养义务，也能使被抚养人生命、身体处于危险中。因此对遗弃罪有重新解释的必要，以纠正非家庭成员实施的遗弃，要么无罪，要么构成故意杀人罪的现象。随着扶养的社会化功能被不断挖掘，催生了各种各样的社会扶养机构，为此有必要针对“扶养”做出符合时代发展要求的解释。即便《民法典》中规定了家庭成员间的扶养义务，《刑法》也不可能按照《民法典》规定的“扶养义务”理解“扶养”的概念。我国现行《刑法》并没有将遗弃罪规定在妨害婚姻家庭犯罪之中，而是规定在侵犯公民人身权利犯罪当中，那么，就有重新解释遗弃罪的余地。[④]

在现代社会环境下，论证扶养义务的社会功能，上述分析具有说服力。本书赞同抚养义务应从单纯的家庭义务向社会服务功能转化的观点，即现代社会扶养义务是家庭成员的义务，同时也具有向已经社会化的教养、扶养、救助机构的扶养义务转化的现实。我国刑法修订增加虐待被监护、看护人罪，在很大程度上就是为了强化和完善社会化的教养、扶养、救助机构的监护、看护义务。但本书认为，因本罪的对象是不具备或丧失独立生活能力的年老、年幼、患病者，是被监护、看护的对象，将保护法益从狭隘的“抚养”或“扶养”权利解释为对生命、身体安全威胁的观点，应该支持。不过，本罪的扶养义务首先应是家庭成员应当履行的监护、看护义务，只是在一定条件下，扶养义务才能具备社会服务义务的属性。

---

① 这是指1979年我国《刑法》分则第7章“妨害婚姻、家庭罪”。

② 我国《民法典》第1042条的规定。

③ 即依照“结果无价值”以及“客观解释”立场，应得出遗弃罪是保护生命、身体安全为目的的。参见张明楷：《刑法学》（下），法律出版社2016年版，第865页以下；黎宏：《刑法学》，法律出版社2016年版，第278页。

④ 参见张明楷：《刑法学》（下），法律出版社2016年版，第865页。本书认为，当前是否可以将遗弃罪扩大解释为只要造成对他人生命、身体危险的，就具有救助义务，值得商榷，至少在我国现行刑法规范上，还未能达成如此共识。

(二)"抚养义务"、对象、行为、主体、结果、罪过

"扶养义务"是指提供生存安全必要的条件的义务,包括必要的(经济上)物资供给(必要的居住场所)、生活上必要的照顾以及精神慰藉。本罪对象是年老、年幼、患病或者其他没有独立生活能力的人[①],即是指不具备或丧失独立生活能力的人[②]。对非家庭成员,如果在事实上形成扶养关系时,即便没有办理收养、赡养手续,也能够评价为家庭成员,应视为共同生活家庭成员[③]。

"没有独立生活能力",是指在相当一段时间里,不能维持保障最低生存安全的一种现象,包括在事实上真正丧失(劳动)生活能力,如年老、年幼、残疾人,也包括在一段时期内不能够以劳动获取相应报酬,且不能获得额外供给,不具有供养自己生存的能力的人。"没有独立生活能力的人"是指在一个较长时间内,不能获得社会救助又不具备在当时的情形下,依据自己所能,以劳动获取相应报酬,不具有供养自己生存(包括与己有关第三人,如婴幼儿、老年人)能力的人。既可以是原本有家庭,因各种原因未纳入应予以社会救助、救济的人,也可以是由于各种原因无家可归、流离失所的人,这类人群不排除有年老、年幼、患病之人,他们原本就可归于"没有独立生活能力的人"。[④]

遗弃是指行为人负有扶养义务,并且能够履行而拒绝履行的行为。首先,行为人应负有扶养义务,且具有履行义务的条件。扶养义务可以依据我国有关亲属法的规定确定,还应包括社会上普遍认可的已经形成事实上扶养、抚养的"寄养"关系,同时,也可依据已经与各类社会教养、扶养等机构签订扶养合同确定。此外,即便没有签订扶养合同,但事实上形成法律认可的扶养事实的,以及依法当然承担监护、看护职责单位中,具体承担监护、看护责任的个人也应该认定负有扶养义务。

因自己的行为致使他人陷于危险之中,则产生消除危险、予以救助的义务。不履行义务者,可能构成相应的不作为犯罪(直接或间接正犯)。但该种义务是否等同于扶养义务,张明楷教授持肯定态度:"将他人生命、身体置于危险境地,或者不救助他

---

① 张明楷教授认为,"其他没有独立生活能力人"包括醉酒者、吸毒者、事故受伤者、手脚被捆绑者、溺水者和其他生命、身体陷入危险境地之人。参见张明楷:《刑法学》(下),法律出版社 2016 年版,第 866 页。生活能力,广义上是指人适应社会生活各个方面的能力,如交往能力、管理能力、表达能力、适应能力、创新能力、沟通能力等。显然,"没有独立生活能力",既非上述广义上能否适应社会生活的能力,也绝非就上述某种能力暂时丧失而致身体不能活动的能力。张明楷教授列举之人,可以认为是暂时有救护(助)需要之人,那么,在评价上是救护(助)可能性以及有无救护(助)义务(对与事件发生无关人员而言,这只是道德义务),将"暂时的不具有自救能力""获得救护(助)需求"类比为"没有独立生活能力",是否恰当?

② 年老、年幼应该遵从《未成年人保护法》《老年人权益保障法》的标准。当然,在考虑"年老、年幼"的要求下,有必要适当降低和提高年龄,这是本就真正不具备,或丧失独立生活能力的人。"患病",应是指因各种致病因素致使罹患病痛,应该包括残疾人在内,患病之人,可能是永久丧失独立生活能力,也可能是一段时期内不具有独立生活能力,应以《残疾人保障法》规定的残疾人的概念、种类和范围确定。

③ 参见张明楷:《刑法学》(下),法律出版社 2016 年版,第 866 页。

④ 从国家负有保障国民基本生存安全义务看,这类人的扶养义务,应该由国家、社会福利机构承担,即使当地政府机构、国家机关执行政策、法律没有偏差或失误的。

人生命、身体的行为[①],也应属于'拒绝扶养'的遗弃行为。"[②]不过,"将他人生命、身体置于危险境地",所指代的范围无法把握,故意伤害、强奸、抢劫或者一般违法行为等,都可能置他人生命、身体处于危险境地,按照张明楷教授的主张,不救助不是应构成不作为故意杀人罪吗[③]?

其次,有履行扶养义务的条件(能力),拒绝履行扶养义务是不作为,但不作为构成犯罪的,还要求有条件(能力)履行而拒绝履行的,才能评价为犯罪,不因不作为当然是不作为犯罪。至于拒绝履行的表现,可以是纯粹不作为,如不管不问,也可以是包含有作为因素,如扫地出门。但拒绝履行行为无论是纯粹不作为,还是实施包含有作为因素的不作为,评价为犯罪的核心,是不履行扶养义务的不作为。从遗弃对被害人生存(生命)具有危险而言,是否以现实危险威胁到被害人生命作为评价犯罪的条件?黎宏教授认为:"预料到他人会给予适当的救助,被遗弃者不会面临生命危险的场合,不构成犯罪。"[④]本书认为,自己不履行扶养义务,主张由其他无关人员、社会机构来履行,就免除自己不履行义务的责任,毫无道理可言。遗弃以"情节恶劣"为入罪的条件,主要应根据遗弃使用的手段和对象、遗弃的动机和社会影响、是否屡教不改、是否造成严重后果(重伤、死亡)等,来综合考虑。

本罪的主体是家庭中处于较高地位,具有保证人身份的家庭成员。社会上提供有偿服务的教养、养老单位、社会福利机构中的负有监护、看护职责的直接责任人员[⑤],实施遗弃行为的,可以考虑按照虐待被监护、看护人罪追究刑事责任。

本罪主观上为故意,但故意内容颇有争议。张明楷教授主张,遗弃罪的行为人并不希望或者放任被害人死亡,只是对被害人生命、身体的危险持希望或者放任态度。遗弃罪与故意杀人罪的区别,在于其客观方面行为是否会导致他人死亡,生命对作为义务的依赖程度等因素[⑥](换言之,主观要素并非重要)来考虑。还有学者只论及是故意罪过而不讨论罪过内容[⑦],或只讨论遗弃的动机[⑧]。

遗弃罪所创设出的风险,包括危及被害人的生命、身体安全,是对遗弃行为极有可能导致严重后果(风险的实现)发生规律性的揭示。所以,该种风险的判断是认定遗弃行为的事前判断,而发生重伤、死亡的实害结果,是按照遗弃行为的风险及遗弃后导致结果发生的因果性进行分析和评价。按照罪过认定的原理,行为人在主观上

---

① 因自己的先行行为使他人限于危险境地,当然负有救助义务,不救助是否构成遗弃罪,可以讨论,但遇见与己无关的人陷于危险境地,救助还是不救助只是道德义务,仍然要先解决是否负有救助义务的前提。将救助义务等同于"扶养义务",以遗弃罪论处很难实现。

② 张明楷:《刑法学》(下),法律出版社 2016 年版,第 866 页。

③ 参见张明楷:《刑法学》(上),法律出版社 2016 年版,第 156 页;张明楷:《共同犯罪的认定方法》,载《法学研究》2014 年第 3 期。

④ 黎宏:《刑法学》,法律出版社 2016 年版,第 279 页。

⑤ 在我国《刑法》第 161 条的规定中,并无单位犯罪的规定,但这不应该排斥负有监护、看护职责的社会福利机构中的直接责任人员可以构成虐待被监护、看护人罪。

⑥ 参见张明楷:《刑法学》(下),法律出版社 2016 年版,第 867 页。

⑦ 参见王作富主编:《刑法分则实务研究》(中),中国方正出版社 2016 年版,第 885 页。

⑧ 参见马克昌主编:《百罪通论》(上卷),北京大学出版社 2014 年版,第 665 页。

能认识这一风险时,且风险因素在事后能评价为“原因”,那最终风险实现的结果,就应归属于行为人的故意或过失(对主观罪过的认定,以行为人对可能导致结果的因果律有认识可能性为前提①)行为。由此而言,在遗弃行为创设的风险危及被害人的生命、身体安全时,即便是希望、放任风险发生而最终造成伤亡严重后果的,也并非在行为人预见之外。应该说,遗弃就是将被害人弃置于不管、不理、不问状态之中,会造成危及生命安全的危险,甚至造成重伤、死亡,行为人并非没有心理准备。如果对罪过内容仅仅理解为只是对风险发生存在希望或放任,或者只能是对重伤、死亡结果的希望或放任,道理上很难讲的通。

本书认为,遗弃罪所评价的内容是故意不履行扶养义务的心理态度,是否应予以谴责,并不是依据对人身危险或者对实害结果是否持希望或放任的心理态度。如果因为自己也在极度贫困中,无法对被扶养者履行扶养义务,也知道可能发生对人身安全的危险甚至造成重伤、死亡的,刑法也不能予以谴责,因为“法律不能强人所难”。因此,对遗弃要考察的是因何而为之,即动机是什么?在该种动机下,是否具有应给予否定评价的心理态度?例如,因婆媳关系恶化而遗弃老人的动机,或欲再婚而将父母“扫地出门”的动机等,就必须予以谴责。

当然,既然行为人对严重后果有一定的心理准备,自然存在如何区别遗弃罪与以遗弃方式实施的故意杀人罪。在这一点上,本书赞同目前多数说的主张,即如果将被害人遗弃在容易获得求助场所,是遗弃罪;在不易获得救助②,且遗弃行为能够和故意杀人行为等同评价的,是故意杀人罪③。

(三)遗弃罪的刑事责任

犯本罪的,处5年以下有期徒刑、拘役或者管制。

---

① 疏忽大意的过失是应当预见(因果律)而没有预见;过于自信的过失则是已经预见(因果律)而轻信能够避免。所以,轻信能够避免的过失,是认识到因果律的。

② 不易获得救助,既包括地点是其他人不常光顾的隐秘、偏僻之地,也包括地点虽然不隐秘、偏僻,但是其他人无法得知被遗弃的事实,无法提供必要的救助。例如,遗弃在其他人无法进入的室内、废弃的院落、废弃的厂房等处。

③ 参见张明楷:《刑法学》(下),法律出版社2016年版,第867页。

（下）侵犯财产罪

一、抢　劫　罪

（一）抢劫罪的概念和法益

抢劫罪概念，主要有两种表述，一是"抢劫罪，是指以非法占有为目的，以暴力、胁迫或者其他方法，强取公私财物的行为。"①二是"抢劫罪，是指以非法占有为目的，用对财物的所有人、保管人或其他在场人当场实施暴力、以当场实施暴力相胁迫或者采用其他当场侵犯人身的方法，迫使被害人交出财物或者当场夺走其财物的行为。"②第二种表述强调构成抢劫罪需要两个"当场"的条件。强调两个"当场"也是最高司法机关认可的观点③。本罪的法益，是公私财产权利和他人人身权利。因抢劫罪规定在侵财犯罪中，所以财产权是主要保护法益。本罪主体为已满 14 周岁的自然人，对未成年人实施抢劫罪的，应依法适用《刑法》第 17 条第 2 款的规定，在处罚上应从宽处理。本罪主观上是直接故意，以非法占有为目的，动机不影响认定。

---

① 张明楷：《刑法学》（下），法律出版社 2016 年版，第 972 页。

② 赵秉志主编：《侵犯财产罪研究》，中国法制出版社 1998 年版，第 51 页。

③ 参见 2005 年 6 月 8 日最高人民法院发布的《关于审理抢劫、抢夺刑事案件适用法律若干问题的意见》（法发〔2005〕8 号）（以下简称 05.06.08《抢劫、抢夺意见》）的相关内容。张明楷教授认为，如果行为人当场实施了足以压制对方反抗的暴力，令对方事后交付财物的，也应认定为抢劫罪。理由是抢劫罪与敲诈勒索罪的区别，既不在于是否当场实施了暴力，也不在于当场取得了财物；敲诈勒索也可能实施轻微的暴力，也可能当场取得财物。所以，抢劫不一定要当场获取财物，只要当场实施暴力或者当场以暴力相威胁，并足以抑制对方的反抗即可，暴力、胁迫或者其他强制方法应该当场实施，但取得财物不必具有当场性。参见张明楷：《抢劫罪的疑难问题》，载顾军主编：《侵财犯罪的理论与司法实践》，法律出版社 2008 年版，第 18 页。从要求两个"当场"的观点而言，是对规范上抢劫罪的既遂形态为研究的模式，抢劫罪的既遂形态，必然是要求两个"当场"同时具备。当场实施强制行为，而未当场获取财物的，并不意味着不构成抢劫罪，只是未遂而已。张明楷教授观点包含着，当场没有获得财物而令被害人择时交付，但被害人没有交付的，则抢劫的行为自然与敲诈勒索罪相关联，抢劫的行为又触犯敲诈勒索罪的条款，是想象竞合犯的形态，抢劫罪的未遂，从一重罪当然仍然构成抢劫罪。参见张明楷：《刑法学》（下），法律出版社 2016 年版，第 972 页注释、第 974 页。所以，这并非是对两个"当场"的否定。当然，张明楷教授的观点，是在指导意义上对适用的解释。不过，本书不赞同将"当场"绝对化观点，"行为人当场采用旨在使被害人不能反抗或不敢反抗的方法，并且当场占有其财物，是抢劫罪的手段行为和占有行为的两大突出特点，缺少其中任何一个'当场'，都不能构成抢劫罪"。王作富主编：《刑法分则实务研究》（中），中国方正出版社 2013 年版，第 896 页。如这是从犯罪既遂意义上说，当然是正确的，但如果从是否"构成"抢劫罪的角度讲，则值得商榷，显然不能说未遂的抢劫罪不构成抢劫罪。

(二)对象、行为、结果

抢劫罪的对象,包括人身和公私财物。财物,按照不同标准可以分为有体物和无体物;动产与不动产等等。有体物的动产,可以是抢劫罪的对象没有异议,但不动产以及无体物、财产性利益是否可以成为抢劫罪的对象,有较大的争议。

(1)对不动产①可否成为抢劫罪的对象,有否定②、肯定③以及具体分析的观点④。从法规范意义上,将不动产排除在可以被强制性占有的情形,有不当之处。如果使用强制性手段能够达到完全排除被害人主张财产权益,非法占有了不动产,以抢劫罪论处是必要的,但现实中要达到这种程度的非法占有,少之又少。不仅强制性手段多数达不到抢劫罪要求的当场被迫处分财产的程度,强占也多是为获取不动产带来的利益,鲜见企图非法占有不动产本身。所以,是否有必要将强占不动产利益认定为抢劫罪进行定罪处罚?有学者指出,即使不动产被强制性手段强占,行为人当场处置和完全控制不动产的可能性很小,更何况被害人可以通过法律手段维护自己的权益。⑤ 本书认为,具体对待的意见比较合理。

(2)对无体物⑥可否成为抢劫罪的对象,有肯定说⑦和否定说⑧的观点。本书认为,无体物并非不能当场获取利益而不符合抢劫罪的构成要件,而在于对无体物要建立持续一定时间的支配、控制关系,才可能具有值得由刑法评价的问题。就以强制他人当场无偿提供电力而言,与其说符合抢劫罪,不如说在持续一定时间,非法所得达到数额要求后,以敲诈勒索罪认定更合适。无体物作为法律拟制之物,其种类繁多、

---

① 依自然性质或法律规定不可移动的土地、土地定着物、与土地尚未脱离的土地生成物、因自然或者人力添附于土地并且不能分离的其他物。如土地、房屋、土地上生长着的树木等。

② 参见刘明祥:《论抢劫罪的方法行为与目的行为》,载《河南省政法管理干部学院学报》2005 年第 1 期。

③ 参见赵秉志主编:《侵犯财产罪研究》,中国法制出版社 1998 年版,第 72—73 页;王作富:《认定抢劫罪的若干问题》,载《刑事司法指南》(2000 年第 1 辑),法律出版社 2000 年版。

④ 参见王作富主编:《刑法分则实务研究》(中),中国方正出版社 2013 年版,第 899 页。

⑤ 参见王作富主编:《刑法分则实务研究》(中),中国方正出版社 2013 年版,第 899 页。黎宏教授认为,长期霸占他人住宅,依强占时间长短,折合成为经济利益,为强取财产性利益,可以成立抢劫罪。参见黎宏:《刑法学》,法律出版社 2016 年版,第 295 页。

⑥ “无形物”是指不占有一定空间之物,作为有体物的相对概念,即是指有体物以外的、没有实物形态而可为人所利用的权利客体(对象)。凡可以生产、占有、买卖、使用的财富,如电力、专利技术、信息、用益物权、地役权、债权等,都包括在无体物概念之中。法律上的无体物,以能以货币评价为条件。参见吴汉东:《罗马法的“无体物”理论与知识产权制度的学理基础》,载《江西社会科学》2005 年第 7 期。我国刑法未明文规定无体物能否成为抢劫的对象。2013 年 4 月 4 日最高人民法院、最高人民检察院《关于办理盗窃刑事案件适用法律若干问题的解释》(法释〔2013〕8 号)(以下简称 13.04.04《办理盗窃案件解释》)第 4 条第 3 项规定,盗窃电力、燃气可以构成盗窃罪。

⑦ 参见王作富:《认定抢劫罪的若干问题》,载《刑事司法指南》(2000 年第 1 辑),法律出版社 2000 年版,第 17 页。

⑧ 参见王作富主编:《刑法分则实务研究》(中),中国方正出版社 2013 年版,第 897 页;赵星、陈清浦:《抢劫罪行为对象若干问题研究》,载《政法论丛》2002 年第 4 期。

范围广泛,有的根本无法视为抢劫罪对象。例如,知识产权中的专有技术,只可能成为盗窃的对象,而不能成为抢劫的对象,原因就在于不可能对无体物进行有形控制和占有。面对种类繁多、范围广泛的无体物,要确定哪些是抢劫罪的对象,将会成为一个无法完成的任务。

(3) 对财产性利益,主要涉及强制获得能够取得收益的凭据,如欠条、借据等,采用暴力、胁迫手段强迫他人免除债务、接受债务等情形的,能否构成抢劫罪?有否定构成抢劫罪的观点①,也有主张是可以构成敲诈勒索罪②,以及强迫免除债务构成抢劫罪的观点③。本书认为,对强制性获取财产性利益的,需具体分析。强取财产性利益,如涉及市场经济活动,采用暴力、胁迫手段,强迫市场的竞争对手出让合同,强迫他人接受入股等,情节严重的,可以构成强迫交易罪;如采用暴力、胁迫手段,强迫接受债务的,因其主张"债权"是在以后某个时间,符合敲诈勒索罪条件;如果采用暴力、胁迫手段,强迫免除债务的,因是当场获取利益,当然符合抢劫罪的要件。

抢劫特定财物的,可以根据 2005 年 6 月 8 日最高人民法院发布的《关于审理抢劫、抢夺刑事案件适用法律若干问题的意见》(法发〔2005〕8 号)(以下简称 05.06.08《抢劫、抢夺意见》)具体认定④。

抢劫罪的行为,是指采用暴力、胁迫或者其他方法非法占有公私财物。抢劫的方法行为是针对人身而实施,这就决定了抢劫罪侵害法益的双重性,其对人身的侵害性成为与抢夺、盗窃、诈骗等侵财犯罪区别的最显著的特征。

1. *暴力方法*⑤

有关抢劫罪的暴力方法,尚有以下争议:暴力是否可对"物"实施?有肯定观

---

① 参见赵星、陈清浦:《抢劫罪行为对象若干问题研究》,载《政法论丛》2002 年第 4 期。

② 参见王作富:《认定抢劫罪的若干问题》,载《刑事司法指南》(2000 年第 1 辑),法律出版社 2000 年版,第 21 页。

③ 参见李希慧:《抢劫罪的对象、标准及转化问题研究》,载《人民检察》2007 年第 18 期。

④ 如 05.06.08《抢劫、抢夺意见》关于抢劫特定财物行为的定性:以毒品、假币、淫秽物品等违禁品为对象,实施抢劫的,以抢劫罪定罪;抢劫的违禁品数量作为量刑情节予以考虑。抢劫违禁品后又以违禁品实施其他犯罪的,应以抢劫罪与具体实施的其他犯罪实行数罪并罚。抢劫赌资、犯罪所得的赃款赃物的,以抢劫罪定罪,但行为人仅以其所输赌资或所赢赌债为抢劫对象,一般不以抢劫罪定罪处罚。构成其他犯罪的,依照刑法的相关规定处罚。为个人使用,以暴力、胁迫等手段取得家庭成员或近亲属财产的,一般不以抢劫罪定罪处罚,构成其他犯罪的,依照刑法的相关规定处理;教唆或者伙同他人采取暴力、胁迫等手段劫取家庭成员或近亲属财产的,可以抢劫罪定罪处罚。

⑤ 以我国刑法对暴力性犯罪规定的法定刑的种类,以及轻重的范围,并基于暴力的程度和范围与法定刑的关系,暴力可分为三种类型,即广义的暴力、狭义的暴力和最狭义暴力。广义的暴力,即非法实施有形物理力的所有类型(包括威胁使用暴力)。暴力的对象,既可以是人,也可以是物;可以是针对被害人本人,也可以是针对在场的其他人。暴力的内容,可包括从一般的殴打、轻微伤害到最严重的故意杀人。狭义的暴力,是指对人身施加有形物理力,不包括对物体实施的有形力。暴力的程度,也不要求对人身造成一定的伤害结果。最狭义的暴力,是对人身施加的有形物理力,不包括对物体实施。但暴力的程度则强于狭义的暴力,暴力具有达到足以抑制被害人反抗的程度,但实际是否抑制被害人的反抗,则不影响犯罪的成立。这种最狭义的暴力的最高形式,是故意伤害和故意杀人。参见林亚刚:《暴力犯罪的内涵与外延》,载《现代法学》2001 年第 6 期。抢劫罪的暴力,多数说认为,是最狭义的暴力。

点[①],但否定观点认为,针对物的暴力,只能视为胁迫[②]。本书认为,问题不在于暴力对“物”能否实施,而在于对抢劫罪规定的“暴力方法”,从哪一个角度去理解,是规范意义上的。站在行为人立场,这当然是通过“暴力方法”取财的,但站在被害人失去对财物的持有、控制立场,应理解为是被迫交出,或不敢阻止其抢走财物更符合规范上的意义。聚众“打砸抢”构成抢劫罪的也不例外,对“物”实施暴力,无疑是要通过这种方法所形成的压力,迫使被害人屈服。这与使用暴力方法直接施加于其人身获取财物并不相同。由此,对“物”的暴力应视为“胁迫方法”的抢劫。

暴力是否只限于对财物的所有人、持有人或管理人实施?肯定的观点认为,暴力可以施加于在场的与其有某种密切关系的人[③]。如张明楷教授认为:“暴力的对象并不限于财物的直接占有者,而是包括其他具有保护占有意思的人。”[④]暴力是为排除或压制被害人的反抗,以便当场获取财物而实施,对在场的其他人实施暴力,并不能起到直接排除或者压制被害人反抗的强制效果,此时的暴力实质上起到的是胁迫作用。但暴力的对象,并不因此而限定在只能对财物能行使处分的人,还应该包括在场的其他妨碍其劫取财物的人[⑤]。否定观点认为,如果暴力针对在场的其他人,迫使财物被害人本人当场交付财物的,是通过针对第三人实施暴力胁迫被害人,属于胁迫的表现[⑥]。

在刑法规范上,抢劫的暴力可以针对在场其他人,也不妨碍认定这是以“暴力”取财。肯定观点前半段是从立法规范意义上,而结论则是从实务上解读实际上能否实施暴力。否定观点表明,在规范意义上这是以胁迫方法劫取财物的抢劫。这如同前一问题一样,不在于能否对在场的其他人实施,而在于应从规范上解读,还是从实务上是否影响认定犯罪上解读。从行为人立场,这是在实施暴力方法而劫取财物的,不影响构成犯罪,从被害人立场,是因对在场的“其他人”被施以暴力形成的压力,迫使被害人屈服,本质上是为迫使其交出或不敢阻止其抢走财物的胁迫。本书赞同否定

---

① 肯定观点以聚众“打砸抢”为例,对首要分子,依照抢劫罪定罪处罚,所以抢劫罪的暴力,就包括了对“物”的暴力。参见高铭暄主编:《新编中国刑法学》,中国人民大学出版社1998年版,第763页。也有的观点认为,行为人采用暴力手段破门而入,当着被害人的面公然夺取部分财物逃走,但始终没有对被害人实行殴打、伤害或者发出明确的暴力威胁,也构成抢劫罪。暴力没有施加于人身,但其猖狂的举动已经对被害人的精神产生了巨大的强制作用,使后者感到如果制止其砸抢行动,必将遭到伤害而不敢制止,这与一般公然抢夺他人财物的行为,是有所不同的。参见王作富主编:《刑法分则实务研究》(中),中国方正出版社2013年版,第902—903页。

② 参见梁晟源、李登杰:《论抢劫罪之方法行为与目的行为》,载《中国人民公安大学学报》(社会科学版)2008年第4期。

③ 参见叶高峰主编:《暴力犯罪论》,河南人民出版社1994年版,第306页;赵秉志:《侵犯财产罪》,中国人民公安大学出版社2003年版,第52页。

④ 张明楷:《刑法学》(下),法律出版社2016年版,第972页。

⑤ 参见梁晟源、李登杰:《论抢劫罪之方法行为与目的行为》,载《中国人民公安大学学报》(社会科学版)2008年第4期。

⑥ 参见赵秉志主编:《中国刑法典型案例研究》(第4卷),北京大学出版社2008年版,第275页;持相同观点的,参阅王作富:《认定抢劫罪的若干问题》,载《刑事司法指南》(2000第1辑),法律出版社2000年版,第11页。

说观点。

至于暴力的程度,对抢劫罪的暴力程度的下限没有立法说明,对其上限虽然有司法解释规定,包括直接故意杀人,但不同理解仍然存在。

从法规范上认识"暴力"下限,有的观点主张,必须是"足以危及其身体健康或者生命安全,致使被害人不能抗拒,任其当即抢走财物,或者被迫立即交出财物"[①]。未达到此种程度侵犯人身而非法占有财物的行为,只能构成抢夺罪[②]。本书很难赞同这一解读。王作富教授认为,暴力针对不同的对象抑制反抗作用是不相同的,所以,"只要行为人对他人实施暴力的目的,是使被害人不能或不敢反抗,以便夺取其财物,不论事实上是否能遏制或者排除被害人反抗的勇气和能力,就可以构成抢劫罪"[③]。这是从实务上而非法规范上对暴力下限做出的解释。张明楷教授主张的是客观标准,他认为,暴力只要求足以抑制对方的反抗,但不要求具有危害人身安全的性质。[④]

本书赞同张明楷教授的观点。刑法上的"暴力"有其自身外在的特征,有客观的、规范的标准,依据客观标准只需解决"是"与"不是"暴力的问题。抢劫罪的暴力,要通过对人身的压制迫使被害人不能、不敢反抗,这是立法设置抢劫暴力要达到构成犯罪的最低标准[⑤](包含着被害人"非不愿反抗,实为不能、不敢反抗"心态的内容)。但是能否压制了反抗则需要从被害人立场考察[⑥]。当认定暴力"足以抑制对方的反抗",这仍然是依据客观标准,从暴力的样态、实施的时间和场所,被害人的现实状况(年龄、性别)等因素综合判断,只要在客观上具有合情合理剥夺被害人反抗能力的,哪怕是比较轻微、不能致人重伤、死亡的暴力,也是抢劫的"暴力",但绝无被害人不能、不敢反抗,构成抢劫罪,被害人不反抗就不构成抢劫罪之意。是否因暴力足以抑制对方的反抗,非由被害人"敢于还是不敢于反抗"所决定。

"暴力"的上限,主要是指抢劫罪的暴力是否包括直接故意杀人。这主要因为理论上对抢劫罪"致人死亡"的情形有不同理解[⑦]。暴力上限要解决是规范上能否包括直接故意杀人。本书认为,要从法规范上排除抢劫罪的暴力包括直接故意杀人,不符

---

① 林准主编:《中国刑法教程》(修订本),人民法院出版社 1994 年版,第 435 页。

② 参见赵秉志主编:《侵犯财产罪疑难问题司法对策》,吉林人民出版社 2000 年版,第 36 页。

③ 王作富:《认定抢劫罪的若干问题》,载《刑事司法指南》(2000 年第 1 辑),法律出版社 2000 年版。

④ 参见张明楷:《刑法学》(下),法律出版社 2016 年版,第 972 页。但本书不赞同张明楷教授主张的"以行为人是否知道被害人的胆量"判断是否是暴力,进而认定是否可能构成敲诈勒索罪的观点。参见张明楷:《刑法学》(下),法律出版社 2016 年版,第 973—974 页。行为人实施的是否是"暴力",主观上是否属于抢劫的故意,与是否知道被害人的胆量无关。

⑤ 本书认为,任何法律标准都是最低的限度要求,因此,如果连这样最低的程度都达不到,那就从根本上否定了是抢劫罪的"暴力"方法。

⑥ 即便有"暴力"的形式,但被害人不是基于恐惧而出于怜悯而处分财物的,也不是抢劫罪。

⑦ 2001 年 5 月 26 日,最高人民法院实施的《关于抢劫过程中故意杀人案件如何定罪问题的批复》(法释〔2001〕16 号)指出:"行为人为劫取财物而预谋故意杀人,或者在劫取财物过程中,为制服被害人反抗而故意杀人的,以抢劫罪定罪处罚。行为人实施抢劫后,为灭口而故意杀人的,以抢劫罪和故意杀人罪定罪,实行数罪并罚。"虽有此规定,但争论仍然在继续,并有针对该司法文件批评之声。参见王作富主编:《刑法分则实务研究》(中),中国方正出版社 2013 年版,第 905 页以下;阴建峰、王玉涛:《论抢劫罪死刑的立法控制》,载《河北法学》2008 年第 2 期;张明楷:《刑法学》(下),法律出版社 2016 年版,第 993 页等。

合我国现实,实务上出于直接故意杀人取财的案件比比皆是,行为人并不因为理论解释上有什么分歧意见,不能如此实施抢劫犯罪,问题只是如何处罚更具合理性。

此类案件从属性上符合想象竞合犯条件,原则上以哪一个罪论处都不存在错误,只是如何看待哪一个"罪"为重法条的理念问题。原本从一重罪处断,是就法定刑的比较,但基于法定刑同重时,以法定刑为标准的判断方法失去了意义,所以也有"从一重处断"以根据可能的宣告刑的轻重为标准的主张①,这不能说有错,只是此种标准影响审判人员选择的人为因素可能非常多,是否会背离"从一重处断"原则本意,还值得进一步研究。

从法定刑上看,故意杀人罪法定刑的排列是"从重至轻"顺序,抢劫罪则相反,故意杀人罪因首先考虑"死刑"而显得重,但因两罪的法定最高刑同重,只能比较附加刑,故意杀人罪是没有规定附加刑的,抢劫罪在这一点上无可争议要重于故意杀人罪。从可能的宣告刑看,按照抢劫罪论处,无论致人死亡是直接故意还是间接故意,都是符合结果加重的"致人死亡";而主张故意杀人罪的意见,在致人死亡时无论出于直接故意还是间接故意,都可以定故意杀人罪。但在被害人没有死亡的情况下,主张故意杀人罪的,就要求必须考察行为人是出于直接故意还是间接故意,且只有直接故意可以定故意杀人罪(还是未遂,依照《刑法》规定"可以比照既遂犯从轻或者减轻处罚"。尽管是"可以"也"可以不",但"可以"了,并不违法)②;而出于间接故意的只能以抢劫罪定罪(致人重伤)③,且只能适用加重处罚的规定,从适用加重处罚而言,即便适用死刑,也是幅度内的。如此,直接故意杀人的反倒可以"从轻或者减轻",间接故意的则必须适用加重的刑罚,罪刑是不均衡的。所以,在出于直接故意杀人抢劫而被害人未死亡情况下,按照故意杀人罪未遂处罚,显然不可能实现在处罚上的"从一重处断"。所以,无论从法定刑还是可能宣告刑比较,以抢劫罪论处,才最终可能实现"从一重处断"。

2. *胁迫方法*

胁迫方法,是指对被害人以不服从索财要求,则当场将要实施暴力相威胁,也包括对"物"实施现实的暴力,使被害人精神上感到恐惧不得不当场交出财物或不敢阻止其夺取财物的手段。"胁迫"是意在摧毁被害人反抗意志,使其产生恐惧心理而不敢反抗,得以夺取或迫使其交出财物的手段,也称为"精神强制"。理论上共识不同的犯罪(如抢劫罪与强奸罪)胁迫的内容、形式等不尽相同,但抢劫罪胁迫方法的内容,也有不同认识。

---

① 参见高铭暄主编:《刑法学原理》(第2卷),中国人民大学出版社1993年版,第534页;吴振兴:《罪数形态论》,中国检察出版社1996年版,第73页;马克昌主编:《犯罪通论》,武汉大学出版社1999年版,第680页。

② 在我国目前控制死刑适用的情况下,该观点认为即使故意杀人未遂也可能判处"死刑"的认识,是没有多少实践根据的。参见王作富主编:《刑法分则实务研究》(中),中国方正出版社2013年版,第907页。

③ 参见同上书,第908页。

多数说认为,胁迫内容限于"以暴力"相威胁①,但也有不同观点认为,胁迫,不限于以暴力威胁,如"恐吓或胁迫,其能否成为抢劫犯罪中的胁迫,并不在于内容如何,而在于能否造成使他人明显难以抗拒这一结果。任何形式的恐吓或逼迫,不管其内容是暴力的,还是非暴力的,只要其能够令人明显难以抗拒,就足以成立抢劫犯罪中的胁迫"②。本书认为,如"胁迫"可以"非暴力内容"为内容,则毁坏名誉、毁坏财物也能够达到使被害人难以抗拒的程度,如认为这是抢劫罪,则与敲诈勒索罪很难区别。抢劫罪的胁迫,应限定为以将当场实施暴力为内容,不包括以损坏名誉等其他非法对被害人不利的非暴力侵害内容来威胁。

抢劫罪的胁迫,必须当面向被害者发出的威胁、恐吓,不是面对被害人及在场的与被害人有关的人当场实施,则不是抢劫罪胁迫。至于将要实施的暴力是针对被害者本人还是针对在场其他至亲好友,不影响认定。胁迫的内容要求具有付诸实现的当场性,即若不答应索取财物的要求,则立即付诸实现暴力(也存在立即转为暴力劫取财物的情况)。以将来实现的暴力相威胁,不是抢劫罪的胁迫。至于胁迫的内容是否具有可行性(如用仿真手枪胁迫)或在被害人拒绝时(即便是真枪),行为人是否真正有意实现胁迫的内容,不影响犯罪成立(胁迫的对象与暴力对象的理解相同,这也是与敲诈勒索罪威胁的区别)。胁迫多表现为语言威胁,可以明示,也可用比较隐晦的,让被害人明白其意思的语言来表达,甚至也可用某些动作来表示。胁迫也并非仅仅理解为只有以赤裸裸伤害,杀害叫嚣时才叫胁迫,只要客观上使得被害人无选择的余地,只要能合乎情理地使被害者产生被害恐惧而不敢反抗,就足以认定。多数说认为,抢劫罪的胁迫也应达到足以抑制被害人反抗的程度,即使被害人基于心理恐惧不得不处分财物的程度③;至于是否反抗,不影响犯罪的成立。

本书同样不赞同"因人而异"认定是否胁迫。胁迫是客观的、规范的,也有其自身的特征,也有客观的标准。胁迫方法,同暴力意义相同,是要通过威胁,造成被害人的精神恐惧,这是立法设置抢劫胁迫达到构成犯罪的最低标准(包含着被害人"非不愿反抗,实为不能、不敢反抗"的心态的内容)。但是能否压制了被害人反抗,则需要从被害人立场考察。被害人是否恐惧,并不是认定"是"与"不是"胁迫的标准。是否足以造成不敢反抗的客观效果,也是要求从客观实际出发,从胁迫的内容、程度、样态、时间、场所,被害人的现实状况(如年龄、性别)等因素综合判断。只要在客观上能够使被害人产生恐惧,就足以认定;即便没有反抗,也不意味着不是"胁迫"。

3. 其他方法

其他方法是指以暴力、胁迫以外对被害人人身施加的某种强制行为,使其处于不

---

① 参见高铭暄主编:《刑法学》,法律出版社 1982 年版,第 484 页;赵秉志:《侵犯财产罪》,中国人民公安大学出版社 2003 年版,第 59 页;张明楷:《刑法学》(下),法律出版社 2016 年版,第 972 页;高铭暄、马克昌主编:《刑法学》(第 5 版),北京大学出版社、高等教育出版社 2011 年版,第 499 页等。

② 甘雨沛等编:《犯罪与刑罚新论》,北京大学出版社 1994 年版,第 640 页。

③ 这是与敲诈勒索罪威胁的区别之一,在敲诈勒索罪中,如果被害人面对威胁并无恐惧之心,反而动了恻隐之心而处分财物的,与构成犯罪无关。

知反抗或丧失反抗能力而掠走其财物的方法。"不知反抗",是指针对人身的强制方法致使被害人丧失意识而不知反抗,例如,用酒灌醉;"丧失反抗能力",是指针对人身的强制方法虽然未使被害人丧失意识,但却使其丧失行为能力,例如,用药物麻痹。当然,"不知反抗"或"丧失反抗能力"在具体案件中可以同时存在①。其特点是:(1) 必须是直接对他人的身体施加的影响力,使其身体受到某种强制,或使其身体机能产生不良反应(如肌肉的暂时麻痹)而失去反抗的能力;(2) 只能是对财物的持有者本人实施,而不能针对其他人;(3) 其他方法与其后非法取得财物的行为之间具有关联性,同样是为了排除被害人的反抗占有其财物。被害人不知反抗或失去反抗能力,如果是由于自身的原因(如醉酒、患病),行为人利用这种状态而乘机掠走财物的,则不能构成抢劫罪,利用其不知反抗的,构成盗窃罪;利用其不能反抗的,应构成抢夺罪。

典型抢劫罪的暴力、胁迫、其他方法,是行为人着手实施犯罪时所实际采取的手段,不是指着手实施犯罪之前所准备要采用的手段。准备采用的手段和着手实施犯罪实际采用的手段并不一致的,不能以准备所犯之罪的预备与实际所犯之罪实行并罚,而应以实际采用的行为来定性。此外,抢劫罪的方法行为,可以存在交互使用的情况,应以主要手段认定,同时各手段均存在致使被害人重伤、死亡的可能性,并非只有暴力行为才可能成立结果加重犯。

本罪主观上只能是直接故意,具有以强制性手段非法占有他人财物的目的。不具有"以强制性手段"的意思,不构成抢劫罪;不具有非法占有他人财物的目的,也不能构成抢劫罪。例如,在赌博中因他人使诈,使用暴力夺回被骗的自己财物或者替他人夺回财物并交还他人的,不构成抢劫罪;如果因此而触犯其他罪名构成犯罪的,应以相应犯罪论处。

(三) 转化型抢劫罪②

我国《刑法》第 269 条规定:"犯盗窃、诈骗、抢夺罪,为窝藏赃物、抗拒抓捕或者毁灭罪证而当场使用暴力或者以暴力相威胁的,依照本法第 263 条的规定定罪处罚。"

---

① 对劝酒、灌酒而掠去其财的定性,有认为不构成抢劫罪,而是盗窃罪。参见冯亚东、刘凤科:《论抢劫罪客体要件的意义》,载《华东政法学院学报》2003 年第 2 期。也有主张具体分析,可能构成盗窃罪,也可能是抢劫罪。参见曾粤兴、贾凌:《抢劫罪、抢夺罪若干问题研究》,载《中国人民公安大学学报》2003 年第 1 期。多数说认为,劝酒、灌酒与使用药物麻醉、麻痹是一样的,是对被害人人身的强制行为,正因如此,才决定了是对人身的侵犯、是强制排除被害人对财物的保护能力和非法占有财物的手段,因此,构成抢劫罪。参见赵秉志:《侵犯财产罪》,中国人民公安大学出版社 2003 年版,第 63 页。这不是被害人因自身原因陷于不知反抗状态,所以,本书赞同后一种观点。

② 05.06.08《抢劫、抢夺意见》第 5 条"关于转化抢劫的认定"指出:行为人实施盗窃、诈骗、抢夺行为,未达到"数额较大",为窝藏赃物、抗拒抓捕或者毁灭罪证当场使用暴力或者以暴力相威胁,情节较轻、危害不大的,一般不以犯罪论处;但具有下列情节之一的,可依照《刑法》第 269 条的规定,以抢劫罪定罪处罚:(1) 盗窃、诈骗、抢夺接近"数额较大"标准的;(2) 入户或在公共交通工具上盗窃、诈骗、抢夺后在户外或交通工具外实施上述行为的;(3) 使用暴力致人轻微伤以上后果的;(4) 使用凶器或以凶器相威胁的;(5) 具有其他严重情节的。

（1）“犯盗窃、诈骗、抢夺罪”的理解。肯定说认为，盗窃、诈骗、抢夺行为必须成立犯罪，才有转化的可能①。否定说认为，尽管表述的是“盗窃、诈骗、抢夺罪”，也不意味着要求行为在事实上构成犯罪的既遂，以及达到数额较大的标准。应理解为有犯盗窃、诈骗、抢夺罪的故意和行为，只要着手无论既遂、未遂，无论取得财物数额大小，都符合前提条件要求②，既不能理解为是指必须实际占有的财物达到数额较大的标准，也不能根本不考虑行为人主观上意图和可能非法占有的财物数额较大，只要其有上述三种行为之一，就具备了向抢劫转化的前提条件③。依据05.06.08《抢劫、抢夺意见》，盗窃、诈骗、抢夺的数额，显然不能完全不予考虑，未达到较大标准，又情节较轻、危害不大的，则不构成犯罪；而接近较大标准，又具备05.06.08《抢劫、抢夺意见》所列的情节，则构成转化抢劫罪。所以，构成转化抢劫罪，数额也是必须考虑的因素，但实施行为的具体状况，才是更为重要的。至于盗窃、诈骗、抢夺行为是既遂还是未遂，的确不影响转化抢劫罪成立。

“盗窃、诈骗、抢夺罪”，是否严格意义上侵犯财产的“盗窃罪”“诈骗罪”“抢夺罪”？肯定说认为，只有侵犯财产犯罪中的盗窃罪、诈骗罪、抢夺罪才能转化。④ 例如，用破坏手段窃取汽车装置的，虽是盗窃行为，但是成立破坏交通工具罪，而不能转化抢劫罪。⑤ 否定说认为，只要实施了“盗窃、诈骗、抢夺”类的犯罪行为即可以转化构成抢劫罪。⑥ 也有观点从牵连、竞合以及适用法条遵循罪责刑相称上，具体分析了盗窃、诈骗、抢夺类行为转化抢劫罪的问题⑦。本书认为，应注意到最高司法机关在解决类似问题的基本做法，有将“罪”解释为“行为”的情况。⑧ 遵循这样精神，主张盗窃、诈骗、抢夺类型的犯罪都可以转化构成抢劫罪，以及这类犯罪是“行为”而非实质意义上“罪”的见解，不能说没有依据。只不过以“行为”来考察，实施与本章保护的财产法益没有直接关联性的行为，例如盗窃、抢夺枪支、弹药、爆炸物、危险物质的，认为可转化构成抢劫罪，也很难说是妥当的。由此而言，将此理解为“行为”，同时又限定在侵犯财产的盗窃、诈骗、抢夺类犯罪上，可成为“解决”此类难题的最佳选择。不过为解决司法问题作这样的理解，是否有损司法的严肃性、违背立法的明确性原则，是值得研究的。

（2）“当场使用暴力或者以暴力相威胁”的理解。暴力，主要是指当场对被害人

① 参见张国轩：《抢劫罪的定罪与量刑》，人民法院出版社2001年版，第243—246页。

② 参见张明楷：《抢劫罪中的疑难问题》，载顾军主编：《侵财犯罪的理论与司法实践》，法律出版社2008年版，第13页。

③ 参见王作富主编：《刑法分则实务研究》（中），中国方正出版社2013年版，第918页。

④ 参见沈志民、高晓春：《论我国刑法中的非典型抢劫罪》，载《国家检察官学院学报》2003年第6期；李希慧：《抢劫罪的对象、标准及转化问题研究》，载《人民检察》2007年第18期。

⑤ 参见杨兴培：《合同诈骗罪能否成为转化型抢劫罪的实例分析——兼论类行为的犯罪转化问题》，载《政治与法律》2008年第3期。

⑥ 参见肖中华：《抢劫罪适用中的几个问题》，载《法律科学》1998年第5期。

⑦ 参见王作富主编：《刑法分则实务研究》（中），中国方正出版社2013年版，第919页。

⑧ 参见06.01.23《未成年人刑事案件解释》。

或阻碍其获取财物相关的他人的身体实施了强制,如殴打、伤害等;以暴力相威胁,是以当场对被害人或阻碍其获取财物相关的他人以要实施暴力相胁迫。暴力或暴力威胁也必须具有一定的严重程度,如果暴力或暴力威胁的情节很轻微,不足以改变前行为(罪)性质时,不宜以抢劫罪处理。所以,暴力和威胁的限度,应与典型抢劫罪的暴力、胁迫方法把握一样标准。只不过,转化抢劫罪的"当场使用暴力"与典型抢劫罪有所区别,即这里的暴力对象无限制,可以针对任何意图阻止其实施违法犯罪之人,例如针对抓捕的群众。

当场实施暴力或暴力威胁,应当是在着手实施盗窃、诈骗、抢夺行为之后,如果是即将着手实施上述违法犯罪活动,由于遇到阻力而立即以暴力、胁迫等方法夺取财物,是典型抢劫罪,不存在适用我国《刑法》第 269 条的可能。"当场",是指实施盗窃、诈骗、抢夺行为的现场,以及行为人刚一离开现场就被及时发觉而立即被追捕中的场所,这可以视为现场的延伸①。暴力必须是故意实施的,如是在逃跑中、窝藏赃物、抗拒抓捕、毁灭罪证中确实因过失致他人伤亡,不适用本条的规定,一般也不构成数罪。但如对致人重伤、死亡的后果确有过失的,且盗窃、诈骗、抢夺行为可构成犯罪的,应予以并罚。

(3)"为窝藏赃物、抗拒抓捕或毁灭罪证"的理解。"窝藏赃物",是意图将已处于实际控制之下的赃物护住,不让被害人或其他人当场夺回去,不是指为了把赃物藏匿起来而实施暴力或以暴力相威胁。"抗拒抓捕",是抗拒包括被害人、司法工作人员和见义勇为的一般公民对行为人的抓捕行为。"毁灭罪证",是行为人为了逃避打击,意图毁灭实施盗窃、诈骗、抢夺的现场犯罪的痕迹或其他物证。此外,转化抢劫罪同样可以具备我国《刑法》第 263 条规定的 8 种加重情节。

此外,已满 14 周岁不满 16 周岁的限制刑事责任年龄人能否构成转化抢劫罪,理论上一直有争论。05.06.08《抢劫、抢夺意见》"关于转化抢劫的认定"中没有直接涉及此问题。06.01.23《未成年人刑事案件解释》第 10 条第 1 款规定:"已满 14 周岁不满 16 周岁的人盗窃、诈骗、抢夺他人财物,为窝藏赃物、抗拒抓捕或者毁灭罪证,当场使用暴力,故意伤害致人重伤或者死亡,或者故意杀人的,应当分别以故意伤害罪或者故意杀人罪定罪处罚。"即该年龄阶段的未成年人可成为故意伤害罪、故意杀人罪的主体,不能成为转化抢劫罪的主体。这实质上否定了 2003 年 4 月 18 日最高人民检察院认为该年龄阶段的人可以成为转化抢劫罪主体的意见②。但该问题,理论上仍然有不同认识。

否定 06.01.23《未成年人刑事案件解释》该款规定的观点认为,应从实质上对该年龄阶段的未成年人是否对盗窃、诈骗和抢夺行为具备辨认和控制能力进行考察,而

---

① 参见高铭暄主编:《新编中国刑法学》(下),中国人民大学出版社 1998 年版,第 768 页。

② 2003 年 4 月 18 日最高人民检察院颁布实施的《关于相对刑事责任年龄的人承担刑事责任范围有关问题的答复》(高检研发〔2003〕第 13 号)(以下简称 03.04.18《答复》)第 2 条规定:相对刑事责任年龄的人实施了《刑法》第 269 条规定的行为的,应当依照《刑法》第 263 的规定,以抢劫罪追究刑事责任。但对情节显著轻微,危害不大的,可根据《刑法》第 13 条的规定,不予追究刑事责任。

结论则是肯定的。主要理由是:该年龄阶段的人犯盗窃、诈骗、抢夺罪,具有辨认和控制能力。该年龄阶段的人的社会价值观与规范认知虽然尚不完全,但对明显违背社会价值与法律秩序的违法犯罪行为的性质是具有辨别认知能力的。该年龄阶段的人虽不能成为盗窃、诈骗、抢夺罪的主体,但并不意味着必然不能认识到这些行为的性质。如果存在这种认识,则是将行为人对法律规范的认识(形式的违法性)与事实违法性的认识(实质的违法性)混同了。此外,该年龄阶段的人对使用暴力或者以暴力相威胁的,更具辨认和控制能力。当实施盗窃、诈骗和抢夺行为后,又出于特定目的使用暴力或者以暴力相威胁,完全能够认识到其行为不再是单纯的财产犯罪行为,而是对他人生命与身体的危险性暴力犯罪行为,对于财产犯罪的自然犯而言,认识到其中人身犯罪的行为性质及其危害程度也是容易的。也就是说,既然有实质违法性认知能力,就应该入罪①。06.01.23《未成年人刑事案件解释》是以致人重伤或死亡的实际后果予以定罪的规定,违背了2002年7月24日全国人大常委会法工委发布的《关于已满14周岁不满16周岁的人承担刑事责任范围问题的答复意见》(法工委复字〔2002〕12号)(以下简称02.07.24《已满14周岁不满16周岁刑事责任范围答复意见》)以及最高人民检察院03.04.18《答复》等一贯坚持的“罪行说”,返回到“罪名说”的立场。并且认为,“通过违反《刑法》第269条的规定而发挥刑法的谦抑作用,无异于超越罪刑法定原则而随意出入人罪,这是对成文法典的修改,而不是对成文法典的解释;是司法权侵犯立法权的表现,是违反刑事立法的无效解释”②。以相似理由赞同予以入罪的,还有张明楷教授③。

赞同06.01.23《未成年人刑事案件解释》该款规定的观点则认为,对该年龄阶段的人适用转化型抢劫罪,有违罪刑法定原则。理由主要是:首先,根据02.07.24《已满14周岁不满16周岁刑事责任范围答复意见》④解释的精神,《刑法》第17条第2款规定的是8种罪行(行为),所以刑法只能对限制刑事责任年龄人实施的8种行为进行评价。如认为该年龄阶段的人可以构成转化型抢劫罪,则说明刑法评价了该年龄阶段的人实施的“盗窃、诈骗、抢夺”行为,这显然是违反了我国《刑法》第17条第2款的规定。其次,从实质上考察违法性的角度看,刑法是对转化型抢劫罪中“盗窃、诈骗、抢夺”行为与事后的“暴力”行为进行的整体评价,但刑法对该年龄阶段的人所实施的“盗窃、诈骗、抢夺”行为予以评价则不合适。因在转化型抢劫中,行为人先前实施的盗窃、

---

① 参见刘艳红:《转化型抢劫罪主体条件的实质解释———以相对刑事责任年龄人的刑事责任为视角》,载《法商研究》2008年第1期。

② 参见同上。

③ 参见张明楷:《刑法学》(下),法律出版社2016年版,第981页以下。

④ 02.07.24《已满14周岁不满16周岁刑事责任范围答复意见》规定:“刑法第17条第2款规定的8种犯罪,是指具体犯罪行为而不是具体罪名。对于刑法第17条中规定的‘犯故意杀人、故意伤害致人重伤或者死亡’,是指只要故意实施了杀人、伤害行为并且造成了致人重伤、死亡后果的,都应负刑事责任。而不是指只有犯故意杀人罪、故意伤害罪的,才负刑事责任,绑架撕票的,不负刑事责任。对司法实践中出现的已满14周岁不满16周岁的人绑架人质后杀害被绑架人、拐卖妇女、儿童而故意造成被拐卖妇女、儿童重伤或死亡的行为,依据刑法是应当追究其刑事责任的。”

诈骗、抢夺行为本身是相对独立的,在实施盗窃、诈骗、抢夺行为时并没有使用暴力,如果没有被害人的积极行为的介入,盗窃、诈骗、抢夺的行为人就不会使用暴力。对该年龄阶段的人适用转化型抢劫,仍然是对其“盗窃、诈骗、抢夺”行为进行了评价,同样违反了我国《刑法》第 17 条第 2 款有关对相对负刑事责任人的行为进行评价的规定。①

本书认为,该年龄阶段的未成年人并非不能辨识违法性、不能实施“盗窃、诈骗、抢夺”行为以及其后又实施“暴力或者以暴力相威胁”行为,否则,就不会有最高人民检察院认可该年龄阶段的未成年人是转化抢劫罪主体,最高人民法院只认可是故意伤害罪、故意杀人罪的主体的不同规定。但具有辨认、控制行为的能力,以及辨识违法性的能力,是否就等同于实质意义上具有刑事责任能力,并要承担刑事责任,是有疑问的。我国《刑法》第 17 条第 2 款的规定就是“身份论”②的典型规定。对违法性有实质认识就应承担相应刑责的观点的主要论据是用“类比”的方法,即该年龄阶段的人实施普通抢劫罪要入罪,而同样该人实施盗窃、诈骗、抢夺财物后,为窝藏赃物、抗拒抓捕或毁灭罪证而当场施暴或以暴力相威胁,不入罪则体现不出刑法的公正性。由于实施者的智力发育水平与辨认和控制自己行为的能力完全一致,所以,实施这些行为与普通抢劫罪的社会危害程度并无差别。③ 按照这种意见,差一天年满 14 周岁的人故意杀人的情况与年满 14 周岁后故意杀人的情况,在辨认、控制能力和对违法性的认识方面,不会有实质性区别,社会危害程度也没有区别,那么,是否也应该以故意杀人罪追究刑事责任?从实质上对该年龄阶段的人具备认识违法性能力进行考察,立论出发点在于“惩处”而不是“保护”。本书认为,刑法规定未成年人刑事责任范围的出发点,并不是基于该年龄阶段的人是否具有实质意义上对违法性的辨认能力。④

毋庸置疑,我国《刑法》第 17 条第 2 款的规定在于明确该年龄阶段未成年人刑事责任范围,这是保护未成人的刑事政策的体现。但因立法规定本身存在不足⑤,交由司法部门解决,就是将《刑法》第 17 条第 2 款规定的“罪”作为“罪行”(行为)解释⑥,

---

① 参见李希慧、徐光华:《论转化型抢劫罪的主体——以已满 14 周岁不满 16 周岁的人为视角》,载《法学杂志》2009 年第 6 期。

② 张明楷教授认为“未成年人”不是身份犯。参见张明楷:《刑法学》(下),法律出版社 2016 年版,第 980 页以下。本书认为,是否是“未成年人”是需经法律认可的(年龄临界时更需要法律确认),所以,“未成年人”是法律身份。

③ 参见周本再、刘洪志:《对转化型抢劫罪问题的两个思考》,载《检察实践》2002 年第 2 期。

④ 本书对基本立场是:刑事犯罪中的未成年人不承担或者必须减免刑事责任的理由,并不在于未成年人对违法性有无认识,而是他们缺乏放弃暂时利益,防止长期利益受损的能力,或者说是缺乏保护自己长期利益不受损害的能力。换言之,未成年人是缺乏理解现实,并从正确的理解中推导出适当行为的能力,缺乏的是理性地依法行事的能力(包括机会)。因此,从刑事责任能力的意义上说,这是指“控制能力”,而不是基于“辨认能力”对违法性的认识而决定的。

⑤ 如同我国《刑法》第 17 条第 2 款规定,没有规定“绑架罪”所造成的司法、理论困惑一样,这是立法不足造成的,推给司法来解决,才会有 02.07.24《已满 14 周岁不满 16 周岁刑事责任范围答复意见》。

⑥ 02.07.24《已满 14 周岁不满 16 周岁刑事责任范围答复意见》;06.01.23《未成年人刑事案件解释》。

以化解“无法可依”的困境①。

结合我国《未成年人保护法》《预防未成年人犯罪法》（以下统称为“两未法”）以及《刑法》第 17 条第 2 款的规定，本书赞同 06.01.23《未成年人刑事案件解释》的规定。即使根据“罪行”（行为）解释第 17 条第 2 款，限制刑事责任年龄人对故意致人轻伤（包括轻伤）以下的行为不承担刑事责任，是条文的当然文义。如将该年龄阶段的人视为转化抢劫罪的主体，则实质上也当然要评价该年龄阶段的人故意实施的致人轻伤（包括轻伤）以下的行为，因为《刑法》第 269 条对“当场使用暴力”没有后果的要求，这与普通抢劫罪的暴力要求相同。同时，第 269 条还规定“以暴力相威胁”也构成转化抢劫罪，那么，为何“当场使用暴力”入罪但“当场以暴力相威胁”不入罪②？如果“以暴力相威胁”行为也构成转化抢劫罪，其合理性更值得商榷。毕竟，转化抢劫罪是法律拟制的，不仅与普通抢劫罪在危害程度上有区别，也与以“暴力行为”转化的抢劫罪有区别，将两者的危害相提并论本身就是错误的。所以，是从严解释符合对未成年人保护的原则，还是扩大解释更有利？结论不言之明。根据 06.01.23《未成年人刑事案件解释》的规定，只有在造成致人重伤、死亡的情况下，以故意伤害罪或者故意杀人罪处理符合《刑法》第 17 条第 2 款的立法规定。因而理论解释应将保护置于重心，还是要将公平列入前一位阶，这是见仁见智的问题。从这一点上看，06.01.23《未成年人刑事案件解释》与“两未法”的立法精神是一致的。

本书认为，限制刑事责任年龄人不能成为转化抢劫罪的主体，无论从对实质违法性有无辨识能力，还是从我国《刑法》第 17 条第 2 款规定的是“罪名”是“罪行”（行为）的角度，即便实施“盗窃、诈骗、抢夺”，又“为窝藏赃物、抗拒抓捕或者毁灭罪证而当场使用暴力”（包括以暴力相威胁），在没有造成“致人重伤或者死亡”的情况下，其行为不受刑法评价。

（四）抢劫罪与其他相似犯罪的关联

05.06.08《抢劫、抢夺意见》第 9 条“关于抢劫罪与相似犯罪的界限”的规定，有以

---

① 当然，解释的初衷是为了解决该年龄阶段的人“绑架杀人案件”如何定罪的问题，然而，随之而来的问题，说明即使是这样解释也没有能真正解决立法上存在的不足，问题将会更多。参见林亚刚：《论我国未成年人犯罪刑事立法的若干规定》，载《吉林大学社会科学学报》2005 年第 3 期。

② 有学者担心，认为 06.01.23《未成年人刑事案件解释》对该年龄段的人实施《刑法》第 269 条规定的暴力致人轻伤以下后果的，或仅以暴力威胁没有直接做出明确解释，从而留下了仍可适用最高人民检察院 03.04.18《答复》，按照转化抢劫罪定罪处罚的空间。参见马柳颖：《转化型抢劫罪主体刑事责任年龄的合理界定》，载《学术界》2009 年第 2 期。这种担忧并非空穴来风。有观点就认为，依据 06.01.23《未成年人刑事案件解释》规定，该年龄阶段人除非是为窝藏赃物、抗拒抓捕或者毁灭罪证，当场致人重伤或者死亡之外，其行为是无罪的，是曲解了前述解释。因该解释并没有明确当场使用暴力致人“轻伤”以下后果的行为该如何处理。但这只是没有明确规定而已，并不意味着该年龄阶段的未成年人当然获得了向抢劫罪转化时的“豁免权”。06.01.23《未成年人刑事案件解释》没有明确规定，根据 02.07.24《已满 14 周岁不满 16 周岁刑事责任范围答复意见》的规定，在持故意杀人、故意伤害立场的情况下，对该年龄阶段的未成年人为抗拒抓捕等当场使用暴力致人轻伤以下后果的行为，自然也可以按照转化型抢劫罪处理。参见杨晓明：《未满 16 周岁的未成年人盗窃时当场使用暴力致人轻伤应如何处理》，载《人民检察》2007 年第 5 期。但依据“举重以明轻”的出罪原理，论者不至于不明白其中的法理。

下内容值得关注:

1. 冒充正在执行公务的人民警察、联防人员,以抓卖淫嫖娼、赌博等违法行为为名非法占有财物的行为定性

行为人冒充正在执行公务的人民警察"抓赌""抓嫖",没收赌资或者罚款的行为,构成犯罪的,以招摇撞骗罪从重处罚;在实施上述行为中使用暴力或者暴力威胁的,以抢劫罪定罪处罚。行为人冒充治安联防队员"抓赌""抓嫖"、没收赌资或者罚款的行为,构成犯罪的,以敲诈勒索罪定罪处罚;在实施上述行为中使用暴力或者暴力威胁的,以抢劫罪定罪处罚。

2. 以暴力、胁迫手段索取超出正常交易价钱、费用的钱财的行为定性

从事正常商品买卖、交易或者劳动服务的人,以暴力、胁迫手段迫使他人交出与合理价钱、费用相差不大钱物,情节严重的,以强迫交易罪定罪处罚;以非法占有为目的,以买卖、交易、服务为幌子采用暴力、胁迫手段迫使他人交出与合理价钱、费用相差悬殊的钱物的,以抢劫罪定罪处刑。在具体认定时,既要考虑超出合理价钱、费用的绝对数额,还要考虑超出合理价钱、费用的比例,加以综合判断。

3. 抢劫罪与寻衅滋事罪①的关联性

寻衅滋事罪是严重扰乱社会秩序的犯罪,行为人实施寻衅滋事的行为时,客观上也可能表现为强拿硬要公私财物的特征。这种强拿硬要的行为与抢劫罪的区别在于:前者行为人主观上还具有逞强好胜和通过强拿硬要来填补其精神空虚等目的,后者行为人一般只具有非法占有他人财物的目的;前者行为人客观上一般不以严重侵犯他人人身权利的方法强拿硬要财物,而后者行为人则以暴力、胁迫等方式作为劫取他人财物的手段。司法实践中,对于未成年人使用或威胁使用轻微暴力强抢少量财物的行为,一般不宜以抢劫罪定罪处罚。其行为符合寻衅滋事罪特征的,可以寻衅滋事罪定罪处罚。

(五) 抢劫罪的形态

1. 完成与未完成形态

大体有以下观点:一是抢劫罪不应以是否取得财物作为既遂、未遂的标准,只要在着手强制行为,对被害人人身实施了侵害的,就应该认定为既遂。② 因抢劫罪是双重客体,所以,只要针对人身实施强制行为,原则上就构成既遂,情节加重与结果加重也不影响该标准,只影响法定刑的选择。③ 二是以是否获得财物作为区别的标准,即使抢劫行为造成一定的伤害(轻伤),只要未取得财物,也是未遂。④ 这是较早提出的观点。三是既遂与未遂的标准应以被害人失去财产或行为人控制财产为既遂、未遂

---

① 我国《刑法》第293条。

② 参见朱晓斌:《抢劫罪中既遂未遂的探讨》,载《法学》1981年复刊号。

③ 参见冯亚东、刘凤科:《论抢劫罪客体要件之意义》,载《华东政法学院学报》2003年第2期。

④ 参见胡显璧、江礼华:《也谈抢劫罪的既遂与未遂问题——兼与朱晓斌同志商榷》,《法学》1982年第2期;张明楷:《刑法学》(下)法律出版社2016年版,第987页。

的标准,而且,标准适用于加重构成的抢劫罪。[①] 四是应以抢劫罪的具体形态考察,对不属于结合犯的抢劫,既遂标准以是否获取财物为标准;属于结合犯的抢劫,即使未获取财物,因其暴力行为单独构成犯罪,就应以既遂论。[②] 五是抢劫罪是侵犯双重客体的,而人身权是更为重要的权利,所以,虽未抢到财物但已造成人身伤害的,也应认定为既遂;只有既未抢到财物又未造成人身危害的,才是未遂。[③]

首先,抢劫罪是否结合犯的类型,以及我国刑法中有无规定结合犯都存在争论。有的学者认为,我国刑法规定有结合犯[④],而且在刑法中大量存在[⑤];有的学者认为,没有典型的结合犯,但有非典型的结合犯[⑥];还也有的学者认为,我国刑法没有规定结合犯[⑦]。由此,以没有统一认识的理论为前提讨论既遂、未遂标准,不可能有合理结论。[⑧] 其次,抢劫罪的法益涉及财产和人身权益,财产法益是保护的主要法益并没有争议,但过于强调对财产的保护也有不足,即对严重侵害了人身权益而未获取财物的,按照未遂处理确有放纵之嫌。反之,过于强调对人身权益的保护,只要着手实施强制行为对人身进行侵犯的就视为既遂,事实上就没有讨论既遂、未遂的必要,因为不可能有未遂存在的余地。

针对上述争论,05.06.08《抢劫、抢夺意见》规定:抢劫罪侵犯的是复杂客体,既侵犯财产权利又侵犯人身权利,具备劫取财物或者造成他人轻伤以上后果两者之一的,均属抢劫既遂;既未劫取财物,又未造成他人人身伤害后果的,属抢劫未遂。据此,我国《刑法》第263条规定的8种处罚情节中除“抢劫致人重伤、死亡的”这一结果加重情节之外,其余7种处罚情节同样存在既遂、未遂问题,其中属抢劫未遂的,应当根据刑法关于加重情节的法定刑规定,结合未遂犯的处理原则量刑。显然,05.06.08《抢劫、抢夺意见》采纳的是第五种观点。对财产权益的保护强调“劫取财物”,将对人身保护的侵害限制在“致人轻伤以上后果”,视为既遂,是比较恰当的。可以很好地解决司法实务中既遂、未遂的标准,同时也解决了抢劫“致人重伤、死亡的”结果加重犯是否需要认定既遂、未遂的理论争论[⑨],转化型抢劫,以及除抢劫结果加重犯之外的情节

---

① 参见李希慧:《抢劫罪的对象、标准及转化问题研究》,载《人民检察》2007年第18期。

② 参见杨敦先:《试论抢劫罪的几个问题》,载《法学研究》1983年第2期。

③ 转引自高铭暄、马克昌主编:《刑法学》,北京大学出版社、高等教育出版社2011年版,第502页。

④ 参见孙晓芳:《论罪数不典型》,载刘守芬、黄丁全主编:《刑事法律问题专题研究》,群众出版社1998年版,第298页。

⑤ 参见刘宪权、桂亚胜:《论我国新刑法中的结合犯》,载《法学》2000年第8期。

⑥ 参见吴振兴:《罪数形态论》,中国检察出版社1996年版,第196页。

⑦ 参见高铭暄、马克昌主编:《刑法学》,北京大学出版社、高等教育出版社2011年版,第189页;姜伟:《犯罪形态通论》,法律出版社1994年版,第324页;赵秉志:《侵犯财产罪》,中国人民公安大学出版社2003年版,第70页。

⑧ 结合犯自身的既遂、未遂标准也有争议。

⑨ 有学者明确指出抢劫罪的结果加重犯存在未遂形态。参见刘明祥:《财产罪比较研究》,中国政法大学出版社2001年版,第171—172页。本书持不赞同态度,即结果加重犯从成立形态而言,只有成立、不成立的意义,即使认为其有既遂形态,也不意味着相对应就必须有未遂形态,因为我国刑法规定的既遂、未遂并不是对应存在的犯罪形态。

加重是否需要区别既遂、未遂问题。

2. 抢劫罪数形态

这主要涉及的是实施犯罪的强制行为,如强奸、伤害后,又借机实施劫取财物的法律适用。05.06.08《抢劫、抢夺意见》第8条规定:“行为人实施伤害、强奸等犯罪行为,在被害人未失去知觉,利用被害人不能反抗、不敢反抗的处境,临时起意劫取他人财物的,应以此前所实施的具体犯罪与抢劫罪实行数罪并罚;在被害人失去知觉或者没有发觉的情形下,以及实施故意杀人犯罪行为之后,临时起意拿走他人财物的,应以此前所实施的具体犯罪与盗窃罪实行数罪并罚。”在被害人未失去知觉时临时起意拿走他人财物的行为,与抢劫罪实行数罪并罚的,只是利用前罪的危害事实所造成的使被害人不能反抗、不敢反抗的状态临时起意取得财物,前罪与抢劫罪实行并罚是否合理?

首先,在被害人未失去知觉,当面实施搜取其财物的行为,符合夺取财物行为的特征。其次,行为人的前行为虽然已经构成独立的犯罪,但实然意义上并没有结束行为(在应然意义上前犯罪可能已经既遂)。正因为如此,对被害人而言,如果反抗会遭到进一步侵害的胁迫是客观的,也是现实的,这与利用客观上对被害人的不利状态,使用胁迫手段抢劫是一样的,因此,以数罪予以并罚是合适的。实施故意杀人犯罪(包括其他侵犯人身犯罪)致人死亡之后,临时起意拿走他人财物的①,有些学者则主张“亡者”不再具有占有权,因此不构成盗窃罪,而是侵占罪。但05.06.08《抢劫、抢夺意见》仍然要求以盗窃罪与此前实施的具体犯罪实行并罚。②

(六) 抢劫罪与绑架罪③的关联性

以勒索财物为目的实施绑架行为,与抢劫行为可以实施对人身的非法控制,两罪就有相似之处,但这在规范上区别并不困难。④ 较为困难的是,似绑架而当场取得财物的或似抢劫而对人身进行强行控制,又勒索财物的,如何定罪处罚有不同看法。有学者主张予以并罚⑤,也有主张只定绑架罪⑥,还有认为应具体分析观点⑦。2001年

---

① 不包括与此事件无关第三者取得亡者财物的情况。

② 本书的看法,参见侵占罪的相关内容。

③ 我国《刑法》第239条的规定。

④ 05.06.08《抢劫、抢夺意见》“关于抢劫罪与相似犯罪的界限”指出:“绑架罪是侵害他人人身自由权利的犯罪,其与抢劫罪的区别在于:第一,主观方面不尽相同。抢劫罪中,行为人一般出于非法占有他人财物的故意实施抢劫行为,绑架罪中,行为人既可能为勒索他人财物而实施绑架行为,也可能出于其它非经济目的实施绑架行为;第二,行为手段不尽相同。抢劫罪表现为行为人劫取财物一般应在同一时间、同一地点,具有‘当场性’;绑架罪表现为行为人以杀害、伤害等方式向被绑架人的亲属或其他人或单位发出威胁,索取赎金或提出其他非法要求,劫取财物一般不具有‘当场性’。”

⑤ 参见钱叶六:《绑架罪司法认定中的几个疑难问题探究——从陈某绑架、抢劫案开始谈起》,载《云南大学学报》(法学版)2007年第3期。

⑥ 参见林鸿:《绑架中劫走被绑架人财物行为之定性》,载《人民法院报》2002年4月22日。

⑦ 参见刘树德:《绑架罪罪数认定研究》,载《中国刑事法杂志》2003年第3期。

11 月 8 日最高人民法院颁布实施的《关于对在绑架过程中以暴力、胁迫等手段当场劫取被害人财物的行为如何适用法律问题的答复》(法函〔2001〕68 号)指出:"行为人在绑架过程中,又以暴力、胁迫等手段当场劫取被害人财物,构成犯罪的,择一重罪处罚。"①该规定是按想象竞合犯处理。本书认为,在抢劫行为与绑架行为没有实施完毕时,可能存在相互转化,为避免对人身控制重复评价,从一重罪论处是可行的,即当初是实施抢劫,在控制人身后,因对勒索提供了"机会"转而实施绑架;相反,最初行为人实施绑架,在控制被害人后,因有"机会"当场获取财物提供了"机会",放弃向第三人索取赎金转而在现场取得财物。这些情形下,完全可以以一重罪论处。但在"同等机会"下,既实施绑架也实施了了抢劫并非不可能。② 例如,以抢劫而控制人身后,只劫取到少量财物,继续控制人身向其亲属索取赎金的;相反,以勒索财物为目的实施绑架,向其亲属索取赎金,同时,在其家中翻出贵重物品而劫取。对此种情形,从一重罪论处,不能罚当其罪,应实行数罪并罚。

(七) 抢劫罪的刑事责任

犯本罪,处 3 年以上 10 年以下有期徒刑,并处罚金;有下列情形之一的,处 10 年以上有期徒刑、无期徒刑或者死刑,并处罚金或者没收财产:(1) 入户抢劫的;(2) 在公共交通工具上抢劫的;(3) 抢劫银行或者其他金融机构的;(4) 多次抢劫或者抢劫数额巨大的;(5) 抢劫致人重伤、死亡的;(6) 冒充军警人员抢劫的;(7) 持枪抢劫的;(8) 抢劫军用物资或者抢险、救灾、救济物资的。

1. 入户抢劫

00.11.28《抢劫解释》第 1 条规定,"入户抢劫"是指为实施抢劫行为而进入他人生活的与外界相对隔离的住所,包括封闭的院落、牧民的帐篷、渔民作为家庭生活场所的渔船、为生活租用的房屋等进行抢劫的行为。对于入户盗窃,因被发现而当场使用暴力或者以暴力相威胁的行为,应当认定为入户抢劫。对入户抢劫的认定,05.06.08《抢劫、抢夺意见》做了具体要求③。2016 年 1 月 6 日最高人民法院印发的《关于审理抢劫刑事案件适用法律若干问题的指导意见》(法发〔2016〕2 号)(以下简称 16.01.06《审

---

① 05.06.08《抢劫、抢夺意见》持同样的看法,参见"关于抢劫罪与相似犯罪的界限"的意见。

② 一般而言,抢劫罪的被害对象随机性大,而绑架罪的被害对象针对性强,这虽然不是一种规律只是一种现象,但也说明在控制人身的相同机会下,抢劫与绑架同时存在的概率更大,而非一定选择其中之一种行为实施。

③ 05.06.08《抢劫、抢夺意见》指出:认定"入户抢劫"时,应当注意以下三个问题:一是"户"的范围。"户"在这里是指住所,其特征表现为供他人家庭生活和与外界相对隔离两个方面,前者为功能特征,后者为场所特征。一般情况下,集体宿舍、旅店宾馆、临时搭建工棚等不应认定为"户",但在特定情况下,如果确实具有上述两个特征的,也可以认定为"户"。二是"入户"目的的非法性。进入他人住所须以实施抢劫等犯罪为目的。抢劫行为虽然发生在户内,但行为人不以实施抢劫等犯罪为目的进入他人住所,而是在户内临时起意实施抢劫的,不属于"入户抢劫"。三是暴力或者暴力胁迫行为必须发生在户内。入户实施盗窃被发现,行为人为窝藏赃物、抗拒抓捕或者毁灭罪证而当场使用暴力或者以暴力相威胁的,如果暴力或者暴力胁迫行为发生在户内,可以认定为"入户抢劫";如果发生在户外,不能认定为"入户抢劫"。

理抢劫指导意见》)进一步明确:认定“入户抢劫”,要注重审查行为人“入户”的目的,将“入户抢劫”与“在户内抢劫”区别开来。以侵害户内人员的人身、财产为目的,入户后实施抢劫,包括入户实施盗窃、诈骗等犯罪而转化为抢劫的,应当认定为“入户抢劫”。因访友办事等原因经户内人员允许入户后,临时起意实施抢劫,或者临时起意实施盗窃、诈骗等犯罪而转化为抢劫的,不应认定为“入户抢劫”。对于部分时间从事经营、部分时间用于生活起居的场所,行为人在非营业时间强行入内抢劫或者以购物等为名骗开房门入内抢劫的,应认定为“入户抢劫”。对于部分用于经营、部分用于生活且之间有明确隔离的场所,行为人进入生活场所实施抢劫的,应认定为“入户抢劫”;如场所之间没有明确隔离,行为人在营业时间入内实施抢劫的,不认定为“入户抢劫”,但在非营业时间入内实施抢劫的,应认定为“入户抢劫”。

16.01.06《审理抢劫指导意见》明确了“入户抢劫”的入户目的,既包括入户就是为实施抢劫,也包括准备实施转化抢劫的目的,以及对兼具生产和生活功能场所“入户抢劫”的认定标准。值得一提的是,当场所具有“家庭生活和与外界相对隔离”两个方面功能,发挥生活功能时是“户”。

2. *在公共交通工具上抢劫*

2000年11月28日最高人民法院《关于审理抢劫案件具体应用法律若干问题的解释》(法释〔2000〕35号)(以下简称00.11.28《抢劫解释》)规定的“在公共交通工具上抢劫”,既包括在从事旅客运输的各种公共汽车,大、中型出租车,火车,船只,飞机等正在运营中的机动公共交通工具上对旅客、司售、乘务人员实施的抢劫,也包括对运行途中的机动公共交通工具加以拦截后,对公共交通工具上的人员实施的抢劫①。16.01.06《审理抢劫指导意见》则针对我国当前交通事业高速发展的实际,进一步明确了“公共交通工具”的范围:包括从事旅客运输的各种公共汽车,大、中型出租车,火车,地铁,轻轨,轮船,飞机等,但不含小型出租车。对于虽不具有商业营运执照,但实际从事旅客运输的大、中型交通工具,可认定为“公共交通工具”。接送职工的单位班车、接送师生的校车等大、中型交通工具,视为“公共交通工具”。“在公共交通工具上抢劫”,既包括在处于运营状态的公共交通工具上对旅客及司售、乘务人员实施抢劫,也包括拦截运营途中的公共交通工具对旅客及司售、乘务人员实施抢劫,但不包括在未运营的公共交通工具上针对司售、乘务人员实施抢劫。以暴力、胁迫或者麻醉等手段对公共交通工具上的特定人员实施抢劫的,一般应认定为“在公共交通工具上抢劫”。16.01.06《审理抢劫指导意见》进一步明确了,在不具有营运资格的“公共交通

---

① 05.06.08《抢劫、抢夺意见》补充指出:公共交通工具承载的旅客具有不特定多数人的特点。“在公共交通工具上抢劫”主要是指在从事旅客运输的各种公共汽车、大、中型出租车、火车、船只、飞机等正在运营中的机动公共交通工具上对旅客、司售、乘务人员实施的抢劫。在未运营中的大、中型公共交通工具上针对司售、乘务人员抢劫的,或者在小型出租车上抢劫的,不属于“在公共交通工具上抢劫”。

工具”[①]上抢劫的，是否属于“公共交通工具上抢劫”等问题[②]。

3. 抢劫银行或者其他金融机构

00.11.28《抢劫解释》规定“抢劫银行或者其他金融机构”，是指抢劫银行或者其他金融机构的经营资金、有价证券和客户的资金等。抢劫正在使用中的银行或者其他金融机构的运钞车的，视为“抢劫银行或者其他金融机构”。抢劫银行或者其他金融机构的经营资金、有价证券，尚好理解，但抢劫“客户的资金”应该如何理解？如果从“其他金融机构”是指非银行金融机构，即保险公司、证券公司、信托投资公司、金融租赁公司、基金管理公司、期货公司、财务公司，金融资产管理公司等来看，“客户的资金”，应该是客户存放于交易结算资金专用存款账户和清算备付金账户的交易结算资金，仍然处于“其他金融机构”占有下。如此，已经办理手续由银行或者其他金融机构占有的，是银行或者其他金融机构的经营资金、有价证券、户的资金，但融机构内的客户准备存储，占有状态尚未发生改变而被抢劫，或者办理完手续已经由客户占有的，以及抢劫银行、金融机构工作人员随身物品、现金，不应计入银行或者其他金融机构被抢劫的数额中[③]。

4. 多次抢劫或者抢劫数额巨大

05.06.08《抢劫、抢夺意见》认为，“多次抢劫”是指抢劫 3 次以上。对于“多次”的认定，应以行为人实施的每一次抢劫行为均已构成犯罪为前提，综合考虑犯罪故意的产生、犯罪行为实施的时间和地点等因素，进行客观分析、认定。对于行为人基于一个犯意实施犯罪的，如在同一地点同时对在场的多人实施抢劫的；或基于同一犯意在同一地点实施连续抢劫犯罪的，如在同一地点连续地对途经此地的多人进行抢劫的；或在一次犯罪中对一栋居民楼房中的几户居民连续实施入户抢劫的，一般应认定为一次犯罪。

对于“抢劫数额巨大”的情况，00.11.28《抢劫解释》规定，参照各地确定的盗窃罪数额巨大的认定标准执行。目前对“数额巨大”标准的理解，理论上有的主张客观考

---

① 未取得营运资格的车辆既包括由地方、城镇、乡镇以及某些企业未经批准私自开设线路营运的车辆，也包括以非法营利为目的，伪装公共交通工具进行营运的车辆（大、中型“黑的”）。

② 在小型出租车辆上实施抢劫，有抢劫司机财物的，也有既劫财物，又杀人劫车的，但上述解释，均不认为属于“在公共交通工具上抢劫”。原因可能基于“租用者”主要就是犯罪之人，被害人是特定的司乘人员。小型出租车在属性上是“公共交通工具”，如果行为人拦截小型出租车，抢劫司机及乘客的财物的，是否也是符合“对运行途中的机动公共交通工具加以拦截后，对公共交通工具上的人员实施的抢劫”的规定？这种情况仍然是不明确的，是否又会产生需再解释的问题？

③ 16.01.06《审理抢劫指导意见》“二、3”第 2 款规定：“根据《两抢意见》第 6 条第 1 款规定，抢劫信用卡后使用、消费的，以行为人实际使用、消费的数额为抢劫数额。由于行为人意志以外的原因无法实际使用、消费的部分，虽不计入抢劫数额，但应作为量刑情节考虑。通过银行转账或者电子支付、手机银行等支付平台获取抢劫财物的，以行为人实际获取的财物为抢劫数额。”

察标准的观点[①],也有的认为应从主客观相统一的意义上考察的观点[②]。抢劫有针对目标本身就是“数额巨大的”,如金融机构,这本身的确反映出行为人具有的主观恶性。16.01.06《审理抢劫指导意见》要求:抢劫数额以实际抢劫到的财物数额为依据。对以数额巨大的财物为明确目标,由于意志以外的原因,未能抢到财物或实际抢得的财物数额不大的,应同时认定“抢劫数额巨大”和犯罪未遂的情节,根据《刑法》的有关规定,结合未遂犯的处理原则量刑。本书认为,实践中少有“因少而不要”“因多而不取”的抢劫案件,“数额巨大”只是一个客观的标准。

5. *抢劫致人重伤、死亡*

这是抢劫罪结果加重犯的规定。其基本问题理解的争议,参见本罪“暴力上限”。抢劫致人重伤、死亡,要求其强制行为与加重结果之间必须有因果关系,且不限于只是由暴力行为而造成,亦不排除“胁迫方法”“其他方法”同样可能致人重伤、死亡。也就是说,只要在抢劫过程中所实施的行为导致重伤、死亡的均可。例如,在实施胁迫强制行为时,被害人为躲避失足坠楼致死的、使用麻醉剂过量致人死亡的等。主观上对重伤、死亡结果可以出于过失、间接故意或者直接故意,均不影响结果加重犯的认定,但必须实际发生致人重伤、死亡结果,如果意图造成此结果,实际上没有发生的,不具有适用加重法定刑的条件,其主观上的恶性,应作为量刑情节考虑。抢劫致人重伤、死亡的,包括转化抢劫罪。

理论上,对结果加重犯(包括抢劫罪的结果加重犯)有未遂犯的结果加重犯和结果加重犯的未遂犯的观点。[③] 本书认为,基本犯未遂而发生重结果的,仍然是结果加重犯,但不赞同结果加重犯有未遂形态[④]。

6. *冒充军警人员抢劫*

这是指不具有现役军人、警察身份的人,假冒现役军人、警察实施抢劫的情形。16.01.06《审理抢劫指导意见》要求:认定“冒充军警人员抢劫”,要注重对行为人是否穿着军警制服、携带枪支、是否出示军警证件等情节进行综合审查,判断是否足以使他人误以为是军警人员。对于行为人仅穿着类似军警的服装或仅以言语宣称系军警人员但未携带枪支、也未出示军警证件而实施抢劫的,要结合抢劫地点、时间、暴力或威胁的具体情形,依照常人判断标准,确定是否认定为“冒充军警人员抢劫”。军警人员利用自身的真实身份实施抢劫的,不认定为“冒充军警人员抢劫”,应依法从重处罚。

16.01.06《审理抢劫指导意见》明确了理论上真军警人员实施抢劫应该如何处罚

---

① 参见周振想、林维:《抢劫罪特别类型研究》,载《人民检察》1999 年第 1 期。

② 参见张国轩:《抢劫罪的定罪与量刑》,人民法院出版社 2001 年版,第 363 页;赵秉志主编:《刑法学各论研究述评》,北京师范大学出版社 2009 年版,第 351 页。

③ 参见张明楷:《刑法学》(上),法律出版社 2016 年版,第 347 页以下;陈兴良:《刑法适用总论》(上卷),法律出版社 1999 年版,676 页以下。

④ 参见林亚刚:《刑法学教义》(总论)(第 2 版),北京大出版社 2017 年版,第 375 页以下。

的问题,这在司法层面上解决了有关争议[①]。

实际上,冒充军警人员实施犯罪的情形并非仅涉及抢劫罪,敲诈勒索罪、绑架罪、诈骗罪未尝不可,这无非是因某一个时期内抢劫案件中“冒充军警”特别突出,危害凸显而已。但无论真军警还是冒充军警,对被害人的心理压力而言,并没有本质区别。真正的军警,特别是警察,更是执法者,抢劫的主观恶性更严重,没有理由认为可比冒充军警抢劫在处置上要轻。只将“冒充”为从重情节,有学者批评立法有疏漏的观点是能够成立的[②],虽然16.01.06《审理抢劫指导意见》有了从重处罚依据,但也只是酌定情节。

7. 持枪抢劫

00.11.28《抢劫解释》规定,持枪抢劫是指行为人使用枪支或者向被害人显示持有、佩带的枪支进行抢劫的行为。“枪支”的概念和范围,适用《枪支管理法》的规定。所谓“使用”,当然包括使用枪支伤害、杀害被害人,或者虽然没有实施伤害、杀人,但实施了鸣枪恐吓的行为;所谓“显示”,是指将随身携带的枪支向被害人展示,以此向被害人施加心理压力的胁迫行为。依据规定,持枪抢劫限于持真枪抢劫的,才可使用加重的刑罚。那么,对于持假枪抢劫的,能否认定为“持枪抢劫”?肯定说的观点认为,持假枪抢劫的,也应认定为持枪抢劫,因为立法的意图也包括惩治持假枪抢劫,给被害人造成巨大威胁、产生巨大心理恐惧的抢劫行为[③]。否定说观点认为,持假枪的虽然可以与真枪一样对被害人起到精神强制,但毕竟事实上不可能损害他人的健康和生命[④]。

本书认为,该问题如同冒充军警人员实施抢劫一样,并不在于枪是不是真的,能否对被害人造成如同“真枪”一样的心理压力。如果说假枪就不会造成被害人如同面对象真枪一样的心理压力,是不合理的。但是,00.11.28《抢劫解释》之所以将持真枪抢劫的行为规定为“持枪抢劫”,是因为行为人使用真枪抢劫遭遇抵抗时,即使没有使用枪械伤人、杀人,也有使用的现实可能性。因此,立法有理由将持真枪抢劫的行为适用加重法定刑处罚。如是,则“持枪抢劫”适用加重法定刑的理由,不在于是真枪还是假抢所造成被害人的心理恐惧哪个更大,而在于如果是真枪,就有使用的现实可能性。从这一点考虑,持假枪抢劫的,不应适用该项处罚。

8. 抢劫军用物资或者抢险、救灾、救济物资

抢劫“军用物资”是指抢劫武装部队(包括武装警察部队)使用的物资,不包括枪

---

① 参见刘宪权:《论罪刑法定原则的内容及基本精神》,载《法学》2006年第12期;刘艳红:《冒充军警人员实施抢劫罪之法定刑设置疏漏》,载《法学》,2000年第6期;逄锦温:《抢劫罪司法认定中若干问题的探讨》,载《法学评论》2002年第1期;刘明祥:《抢劫罪的结果加重犯》,载《法律科学》2003年第1期;赵秉志主编:《刑法学各论研究述评》,北京师范大学出版社2009年版,第351—352页;张明楷:《刑法的基本立场》,中国法制出版社2002年版,第54页。

② 参见刘艳红:《冒充军警人员实施抢劫罪之法定刑设置疏漏》,载《法学》2000年第6期。

③ 参见肖中华:《抢劫罪适用中的几个问题》,载《法律科学》1998年第5期。

④ 参见王作富:《认定抢劫罪的若干问题》,载《刑事司法指南》(2000年第1辑),法律出版社2000年版。

支、弹药等武器装备;抢劫“抢险、救灾、救济物资”是指抢劫国家或者地方为特定事项用于或者已经确定用于抢险、救灾、救济的物资。

上述8种情节,可能在同一起案件或者所实施的多起案件中同时或者交替存在,应该慎重考察。

此外,抢劫罪作为侵财犯罪,抢劫的数额是决定刑罚轻重的重要因素,至于抢劫数额的计算及作为量刑情节的意义,可参阅05.06.08《抢劫、抢夺意见》的相关内容,以及16.01.06《审理抢劫指导意见》有关量刑的具体规定。

二、盗 窃 罪

(一)盗窃罪的概念和法益

盗窃罪,是指以非法占有为目的,窃取数额较大的公私财物,或者多次窃取公私财物的行为。本罪的法益在中外理论上都有诸多争议,学说林立[①]。本书认为,盗窃罪保护法益的主要内容,最终仍然是财产所有权(本权)以及财产性利益和虽无本权但具有合法占有的权益(包括善意取得)。从法规范意义上说,盗窃是“转移占有关系”的犯罪,因此,转移占有并不限于只对“合法”占有状态的财物转移,对他人通过非法行为占有的其他人的财物实施的盗窃(转移占有状态)也是盗窃罪。当然这并非对非法占有关系的保护,本质上仍然是为保护原始合法占有关系,最终也是为了保护本权。本罪主体为自然人一般主体,单位组织盗窃的,主管者、指使者和直接实施者[②]为主体,主观上具有非法占有的目的,动机不影响认定。

(二)对象、行为、故意

本罪对象是公私财物,即在他人占有下的财物和财产性利益。他人占有,包括依据所有权占有之财物和财产性利益,因借贷、租赁关系合法占有,或因善意取得、无因管理等不违反法律占有财物和财产性利益,也包括他人由于违法、犯罪行为所占有的财物。因此,占有除依据法律的占有之外,事实占有的也是占有。学界多数说认为盗窃罪的对象,必须有一定的可用于交换的客观价值性,对单纯寄托主观情感等物品(如照片、纪念册等),除非客观上也具有价值性(钻戒、首饰、珠宝),一般不能成为本罪对象;对象应具有可管理性(或可支配性),即必须通过人力能够进行支配和控制,如无体的电力、煤气、天然气等无形能源,也可以是对象;对象应具有可控制性,即他人可以建立起对财物或财产性利益新的控制、支配占有关系,是积极排除原有的占有关系,形成自己的支配、控制关系。这是认定盗窃是否既遂的主要标准。

---

① 参见马克昌主编:《百罪通论》(下卷),北京大学出版社2014年版,第719页以下;张明楷:《刑法学》(下),法律出版社2016年版,第940页以下。

② 2013年4月4日最高人民法院、最高人民检察院实施的《关于办理盗窃刑事案件适用法律若干问题的解释》(法释〔2013〕8号)(以下简称13.04.04《办理盗窃案件解释》)第13条的规定。

盗窃罪对象不包括《刑法》已有特别规定的物品，即不包括[①]：枪支、弹药、爆炸物；商业秘密；国家机关公文、证件、印章；尸体；古文化遗址、古墓葬、古人类化石、古脊椎动物化石[②]；国有档案；林木；武装部队公文、证件、印章；武装部队车辆号牌等专用标志、武器装备、军用物资。盗窃这些特定物构成犯罪，是盗窃罪与该种罪的法条竞合，应依照特殊法条优于普通法条原则，按该种罪定罪处罚。

盗窃传统意义上财物之外的“财物”以及财产性利益和财产损失数额计算，应参阅13.04.04《办理盗窃案件解释》的具体规定。除此之外，理论上和实务中对不动产、网络虚拟财产、在他人合法占有下的自己所有或占有之物，能否成为盗窃罪的对象，均有不同争论。本书的基本看法是，只要符合“物”的客观价值性、可管理性、他人可控制性特征的，均不应排除在盗窃罪对象之外，至于是否一定构成盗窃罪，只能根据案件的具体情况决定。

何为“盗窃”？多数说主张的是“秘密窃取”，即是指行为人自认为采用的是不会使被害人发觉的方法取得并占有。但对此也有不同观点，张明楷教授认为，盗窃通常是秘密窃取，其原本含义也是秘密窃取，但不应该限于秘密窃取，完全可以存在公开盗窃的情况。特别是以“自认为被害人没有发觉”为标准，意味着“秘密”是行为人自己的主观认识内容，这混淆了盗窃罪的主观与客观要素。以平和方式取得财物的，根据多数说就无法认定行为性质，很多情况下也难以判断“自认为”。因此，应该承认公开盗窃也是盗窃罪[③]。

本书认为，既然仍然承认盗窃的原本含义就是指“秘密窃取”，那就应该首先考虑“秘密窃取”含义，再看“公开盗窃”是否符合“秘密窃取”的特征。秘密窃取的实质在于行为人自认为行为是隐秘的、暗中实施的，至于事实上是否隐秘、暗中，不影响行为的性质。所以，秘密窃取，不以必须在暗中窃取或在被害人不知晓的情况下取得财物为必要条件[④]。“秘密窃取”，只是自己认为获得、占有他人财物的方法、手段是“秘密”的，在某种情况下窃取的事实即使已被他人发觉，只要行为人并不知道这一事实，仍然不影响是自认为手段高明，不会或不能被发觉，这仍然是秘密窃取。所以，已公开化或半公开化窃取财物的客观事实，与行为人自认为秘密的方法、手段之间并不矛盾，也并非混淆了盗窃罪的主观与客观要素。本书赞同如下观点。

第一，是标准的主观性。以行为人的自我认识为标准来判断是否属于“秘密”，也就是所谓的“自认为”。但是，对这种“自认为”的判断，并不是单纯地对行为人的意

---

① 分别为我国《刑法》127条第1款、第219条、第280条第1款、第320条、第328条第1款和第2款、第329条第1款、第345条、第375条第1款和第3款、第438条。

② 但依据2016年1月1日最高人民法院、最高人民检察院施行的《关于办理妨害文物管理等刑事案件适用法律若干问题的解释》（法释〔2015〕23号）（以下简称16.01.01《妨害文物管理案件解释》）第8条第3款规定：“采用破坏性手段盗窃古文化遗址、古墓葬以外的古建筑、石窟寺、石刻、壁画、近代现代重要史迹和代表性建筑等其他不可移动文物的，依照刑法第264条的规定，以盗窃罪追究刑事责任。”

③ 参见张明楷：《刑法学》（下），法律出版社2016年版，第949—950页。张明楷教授认为，行为人在进入他人住宅后明知被害人生病卧床或胆小仍然搬走其电视机的，构成盗窃罪。本书不能赞同他的观点。

④ 参见马克昌主编：《刑法》，高等教育出版社2012年版，第488页。

识活动的分析,而是要结合其他客观资料进行综合分析。

第二,是对象的唯一性。行为人的自我认识的对象单指被害人,至于其他人是否发觉可以不问,甚至是否一定程度地公开化也可以不问。

第三,是内容的限定性。行为人自认为的内容是不能、不会让被害人发觉。如果行为人自认为会使被害人发觉,而实际上被害人并未发觉,即不具有秘密性。

第四,是手段的隐秘性。这是行为人自认为其行为手段是隐秘的、不会使被害人发觉的。至于事实上是否隐秘乃至行为人是否已发觉,不影响其行为的性质[①]。

"窃取"是指通过非法手段转变占有关系,即以积极行为排除(破坏)他人占有[②]而转为自己或(与己有关的)第三人占有。就"窃取"的占有而言,是指客观上具有排他性的对占有物已经建立起新的支配、控制关系。在占有物为有体物的情况下,排他性的占有他人占有的事实,应该以物理角度理解,包括排除他人现实直接控制、支配的财物,如口袋、背包里的物品,也包括占有者虽然不是通过事实直接支配、控制财物,但借助设备(如监控)、设施(围有栅栏)或其他所属物品(如共享单车车筐中的手袋)等间接地控制、支配的财物,还包括根据社会一般理念可以推知在他人控制、支配状态下(如在公园长椅上小憩时,挂在肩上的、枕在头下书包中)的财物。在占有对象为无体物的情况下,排除他人的占有应该基于社会的一般观念并结合法律事实予以认定,如窃取网络虚拟财产、窃取他人信用卡信息,窃取银行卡上的存款、偷换他人收款的二维码,将他人的付款占有等。积极排除他人占有,对于区别其他侵财型犯罪有重大意义。如侵占遗忘物之所以构成侵占罪而不能认定为盗窃罪,就在于其占有并非通过积极地排除他人占有而建立新的支配、控制关系。通过积极排除他人占有来理解"窃取",即便在原占有人可控、可支配范围内,但因其通过积极行为破坏原占有关系,建立由自己所控制、支配关系,也是窃取。[③] 至于积极排除他人占有的"窃取"方式,法规范上难以规范表述,撬门开锁、翻墙入室、顺手牵羊、扒窃掏包等不一而足。本书认为,我国《刑法》第 264 条规定的"入户盗窃、携带凶器盗窃、扒窃的",只是认定盗窃罪"窃取"需要特别提醒的形式,而非严格意义上"盗窃"的类型。

盗窃在主观上具有非法占有的目的,即窃取者是明知自己通过积极的行为,占有他人之物,并追求这一目的实现。至于非法占有的最终归属是自己还是为第三者占有,在所不问。但这里的第三者,应是与自己有关联的第三者,是指向明确的第三者,而非与己毫无关系的第三者。如将盗窃的钱存入自己妻子的银行卡,不知情的妻子是"第三者";将钱撒到路旁,也会有其他人捡走,捡钱的也是"第三者"。但是,将财物交给行为人无关的第三者占有,则不能认为行为人主观上具有非法占有的目的,而是毁坏财物的目的。

---

① 参见马克昌主编:《百罪通论》(下卷),北京大学出版社 2014 年版,第 747 页。

② 也有学者较多关注他人"占有"的情况,也对认定"窃取"具有积极意义。参见黎宏:《刑法学》,法律出版社 2016 年版,第 314 页;张明楷:《刑法学》(下),法律出版社 2016 年版,第 943 页以下。

③ 具体案例参见黎宏:《刑法学》,法律出版社 2016 年版,第 313 页。

盗窃罪，以"窃取数额较大[1]公私财物，或者多次盗窃、入户盗窃、携带凶器盗窃、扒窃的"为入罪标准[2]。其中，对多次盗窃、入户盗窃、携带凶器盗窃、扒窃的，没有数额上的特别要求。如果同时具有其中数个情节的，如既属于入户盗窃同时又携带凶器的，或既属于扒窃，又携带凶器的，或同时符合多次盗窃和入户盗窃，还携带凶器的等，不能同种数罪并罚，按照其中一个性质更为严重的情节认定即可，其他情节可以在量刑时考虑从重。

（三）盗窃罪的既遂与未遂

13.04.04《办理盗窃案件解释》第 12 条规定："盗窃未遂，具有下列情形之一的，应当依法追究刑事责任：(1) 以数额巨大的财物为盗窃目标的；(2) 以珍贵文物为盗窃目标的；(3) 其他情节严重的情形。盗窃既有既遂，又有未遂，分别达到不同量刑幅度的，依照处罚较重的规定处罚；达到同一量刑幅度的，以盗窃罪既遂处罚。"该司法解释指出了需要以盗窃罪未遂追究刑事责任的具体情况，但何为盗窃的未遂，理论上仍然有不同主张。众所周知理论上有"失控说""控制说"以及"失控＋控制说"。失控说主张，凡是盗窃行为使原占有者丧失了对财物的控制的，即为盗窃既遂，反之则为未遂。控制说主张，凡是盗窃者已实际控制财物的，即为盗窃既遂，反之为未遂。失控＋控制说则主张，凡被盗财物已脱离原占有者控制并且已实际置于行为人控制之下的，即为盗窃既遂，反之为未遂。

本罪的犯罪目的是非法占有公私财物，"财物的损失"，客观上也表现为财物脱离原占有者，使之失去对财物的占有和支配、控制的条件。因此，在盗窃有体物时一般在物理空间上表现为位移，则既遂以原占有者失去控制而已被盗窃者实际控制为宜。至于是否最终占有该财物，取得实际利益和实际控制该财物时间的长短，是否已经完全建立起新的支配关系，对既遂不发生影响。虽然原占有者失去控制，但窃取者也尚未实际控制时，也不宜认定为既遂。因此，本书不采"失控说"。对被盗财物在物理空

---

① 根据 13.04.04《办理盗窃案件解释》第 1 条的规定，盗窃公私财物价值 1000 元至 3000 元以上，为数额较大标准。各省、自治区、直辖市高级人民法院、人民检察院可以根据本地区经济发展状况，并考虑社会治安状况，在前款规定的数额幅度内，确定本地区执行的具体数额标准，报最高人民法院、最高人民检察院批准。在跨地区运行的公共交通工具上盗窃，盗窃地点无法查证的，盗窃数额是否达到"数额较大"，应当根据受理案件所在地省、自治区、直辖市高级人民法院、人民检察院确定的有关数额标准认定。第 2 条规定：盗窃公私财物，具有下列情形之一的，"数额较大"的标准可以按照前条规定标准的 50% 确定：(1) 曾因盗窃受过刑事处罚的；(2) 1 年内曾因盗窃受过行政处罚的；(3) 组织、控制未成年人盗窃的；(4) 自然灾害、事故灾害、社会安全事件等突发事件期间，在事件发生地盗窃的；(5) 盗窃残疾人、孤寡老人、丧失劳动能力人的财物的；(6) 在医院盗窃病人或者其亲友财物的；(7) 盗窃救灾、抢险、防汛、优抚、扶贫、移民、救济款物的；(8) 因盗窃造成严重后果的。

② 13.04.04《办理盗窃案件解释》第 3 条规定："2 年内盗窃 3 次以上的，应当认定为'多次盗窃'。非法进入供他人家庭生活，与外界相对隔离的住所盗窃的，应当认定为'入户盗窃'。携带枪支、爆炸物、管制刀具等国家禁止个人携带的器械盗窃，或者为了实施违法犯罪携带其他足以危害他人人身安全的器械盗窃的，应当认定为'携带凶器盗窃'。在公共场所或者公共交通工具上盗窃他人随身携带的财物的，应当认定为'扒窃'。"

间上不发生位移的无形财产,如利用计算机盗窃财物,拍摄、拍照他人技术成果、数据、集成电路布图设计[①]等,虽然在其失窃后,原占有者甚至仍然持有原物,但只要现实已经丧失对占有物控制(造成实际损失的),也是盗窃既遂。但值得注意的是,根据相关司法解释,对有些特定财物的盗窃案件,是以实际损失的数额计算“被盗”财物数额的。因此,对特定物品盗窃的既遂,有必要以造成实际损失时为既遂标准[②],即采“失控+损失”标准为宜。

(四) 盗窃罪与抢夺罪的关联

从本书的立场看,抢夺是以利用条件和创造时机,不以针对人身实施强制力而排除(夺取)原占有,并非法占有他人财物;盗窃,则是以自认为是(针对被害人而言)的“秘密方法”,以平和“窃取”积极破坏原占有关系,而非法占有他人财物(建立新的支配、控制关系)。在不利盗窃时(包括已经着手盗窃),有可能转而实施抢夺,该种情形应只按照抢夺罪论处,对盗窃行为不再单独评价。因此,此类侵财犯罪可以称为“机会犯”,行为人通常都有多种侵财“预案”,如何实施更为有利,风险愈小,则选择该种方式。对实际上未及实施以及没有能够造成实际影响的行为,无单独评价的必要。

(五) 以破坏性手段盗窃与盗窃罪的关联

如果财物被封固在一定的容器中,而为实施盗窃破坏封固体的(如盗窃保险柜中财物,破坏保险柜的;为盗窃货车中货物破坏货箱柜体的;破坏贵重手提箱窃取财物等),破坏封固体的行为同时触犯故意毁坏财物罪,为想象竞合犯,应从一重罪论处[③](通常应以盗窃罪从重处罚即可)。但是,为逃避打击故意、报复等而毁坏其他财物的,应以盗窃罪与故意毁坏财物罪数罪并罚。不属于不计数额的多次盗窃、入户盗窃、携带凶器盗窃、扒窃的情节,窃取财物尚不能构成盗窃罪的,单独对毁坏财物行为论罪。

(六) 盗窃数额的计算

盗窃数额,根据13.04.04《办理盗窃案件解释》第4条至第5条的规定,盗窃的数

---

① 这是指没有采取保密措施,不属于“商业秘密”的技术成果。

② 参见13.04.04《办理盗窃案件解释》,2000年5月24日最高人民法院实施的《关于审理扰乱电信市场管理秩序案件具体应用法律若干问题的解释》(法释〔2000〕12号)(以下简称00.05.24《审理扰乱电信市场管理秩序案件解释》),2000年12月11日最高人民法院实施的《关于审理破坏森林资源刑事案件具体应用法律若干问题的解释》(法释〔2000〕36号)(以下简称00.12.11《破坏森林资源案件解释》)以及2003年4月2日最高人民检察院发布实施的《关于非法制作、出售、使用IC电话卡行为如何适用法律问题的答复》(〔2003〕高检研发第10号)等。

③ 可参考2007年1月19日最高人民法院、最高人民检察院实施的《关于办理盗窃油气、破坏油气设备等刑事案件具体应用法律若干问题的解释》(法释〔2007〕3号)(以下简称07.01.19《盗窃油气、破坏油气设备刑事案件解释》)及2005年1月11日最高人民法院实施的《关于审理破坏公用电信设施刑事案件具体应用法律若干问题的解释》(法释〔2004〕21号)(以下简称05.01.11《破坏公用电信设施的解释》)的基本精神。对取得委托关系下封固体中财物的行为,有认为构成侵占罪的观点。

额，按照下列方法认定：

（1）被盗财物有有效价格证明的，根据有效价格证明认定；无有效价格证明，或者根据价格证明认定盗窃数额明显不合理的，应当按照有关规定委托估价机构估价。

（2）盗窃外币的，按照盗窃时中国外汇交易中心或者中国人民银行授权机构公布的人民币对该货币的中间价折合成人民币计算；中国外汇交易中心或者中国人民银行授权机构未公布汇率中间价的外币，按照盗窃时境内银行人民币对该货币的中间价折算成人民币，或者该货币在境内银行、国际外汇市场对美元汇率，与人民币对美元汇率中间价进行套算。

（3）盗窃电力、燃气、自来水等财物，盗窃数量能够查实的，按照查实的数量计算盗窃数额；盗窃数量无法查实的，以盗窃前 6 个月月均正常用量减去盗窃后计量仪表显示的月均用量推算盗窃数额；盗窃前正常使用不足 6 个月的，按照正常使用期间的月均用量减去盗窃后计量仪表显示的月均用量推算盗窃数额。

（4）明知是盗接他人通信线路、复制他人电信码号的电信设备、设施而使用的，按照合法用户为其支付的费用认定盗窃数额；无法直接确认的，以合法用户的电信设备、设施被盗接、复制后的月缴费额减去被盗接、复制前 6 个月的月均电话费推算盗窃数额；合法用户使用电信设备、设施不足 6 个月的，按照实际使用的月均电话费推算盗窃数额。

（5）盗接他人通信线路、复制他人电信码号出售的，按照销赃数额认定盗窃数额。盗窃行为给失主造成的损失大于盗窃数额的，损失数额可以作为量刑情节考虑。

盗窃有价支付凭证、有价证券、有价票证的，按照下列方法认定盗窃数额；

（1）盗窃不记名、不挂失的有价支付凭证、有价证券、有价票证的，应当按票面数额和盗窃时应得的孳息、奖金或者奖品等可得收益一并计算盗窃数额。

（2）盗窃记名的有价支付凭证、有价证券、有价票证，已经兑现的，按照兑现部分的财物价值计算盗窃数额；没有兑现，但失主无法通过挂失、补领、补办手续等方式避免损失的，按照给失主造成的实际损失计算盗窃数额。

盗窃毒品等违禁品，应当按照盗窃罪处理的，根据情节轻重量刑①。

（七）盗窃罪的刑事责任

犯本罪，处 3 年以下有期徒刑、拘役或者管制，并处或者单处罚金；数额巨大②或

---

① 13.04.04《办理盗窃案件解释》第 1 条第 4 款的规定。

② 根据 13.04.04《办理盗窃案件解释》第 1 条的规定，盗窃 3 万元至 10 万元以上、30 万元至 50 万元以上的，应当分别认定为《刑法》第 264 条规定的"数额巨大""数额特别巨大"。各省、自治区、直辖市高级人民法院、人民检察院可以根据本地区经济发展状况，并考虑社会治安状况，在前款规定的数额幅度内，确定本地区执行的具体数额标准，报最高人民法院、最高人民检察院批准。在跨地区运行的公共交通工具上盗窃，盗窃地点无法查证的，盗窃数额是否达到"数额巨大""数额特别巨大"，应当根据受理案件所在地省、自治区、直辖市高级人民法院、人民检察院确定的有关数额标准认定。

者有其他严重情节[①]的,处3年以上10年以下有期徒刑,并处罚金;数额特别巨大或者有其他特别严重情节的,处10年以上有期徒刑或者无期徒刑,并处罚金或者没收财产。以牟利为目的,盗接他人通信线路、复制他人电信码号或者明知是盗接、复制的电信设备、设施而使用的,亦构成盗窃罪。

三、诈 骗 罪

(一) 诈骗罪的概念和法益

诈骗罪,多数说的观点认为,是指以非法占有为目的,采用虚构事实或隐瞒事实真相的方法,骗取数额较大公私财物的行为。[②] 近年来,有不少学者强调诈骗罪使用的欺骗手段,必须具备使得被害人陷于错误认识而"自愿处分财产"的特征。本书赞同这一观点。本罪的法益同盗窃罪,不再赘述。主体为自然人一般主体,主观上以非法占有为目的,动机不影响认定。本罪不包括使用特定工具、手段以及针对特定目的财物的特殊诈骗犯罪,即集资诈骗罪、贷款诈骗罪、票据诈骗罪、金融凭证诈骗罪、信用证诈骗罪、信用卡诈骗罪、有价证券诈骗罪、保险诈骗罪、合同诈骗罪[③]。这些特殊类型的诈骗犯罪与本罪具有法条竞合关系,以法条竞合犯原则,以特别法条的相应诈骗犯罪论处。

(二) 对象、行为、故意、既遂

本罪对象同盗窃罪,也要求符合"物"的客观价值性、可管理性、他人可控制性特征,同时应包括财产性利益在内,但是不能包括骗取非法或不正当利益,如欺骗他人结婚而发生性关系的,为使他人相信而骗领营业执照的,不能构成诈骗罪。诈骗罪的基本特征是:实施诈骗行为——相对人陷于错误认识——基于错误认识处分财物——非法占有他人财物。

诈骗行为,概括地说,即为编造谎言虚构事实,或编造谎言隐瞒事实真相,使相对人陷于错误认识,进而基于错误认识而处分财物。理论上一般主张可分为:一是编造谎言虚构事实,即虚构客观上并不存在的事实,使相对人陷于错误认识。虚构的事实

---

① 13.04.04《办理盗窃案件解释》第6条规定:"盗窃公私财物,具有本解释第2条第3项至第8项规定情形之一,或者入户盗窃、携带凶器盗窃,数额达到本解释第1条规定的'数额巨大''数额特别巨大'50%的,可以分别认定为刑法第264条规定的'其他严重情节'或者'其他特别严重情节'。"第2条第3项至第8项情节分别是:组织、控制未成年人盗窃的;自然灾害、事故灾害、社会安全事件等突发事件期间,在事件发生地盗窃的;盗窃残疾人、孤寡老人、丧失劳动能力人的财物的;在医院盗窃病人或者其亲友财物的;盗窃救灾、抢险、防汛、优抚、扶贫、移民、救济款物的;因盗窃造成严重后果的。

② 参见赵秉志:《侵犯财产罪》,中国人民公安大学出版社2003年版,第197页。

③ 我国《刑法》第192条、第193条、第194条第1款和第2款、第195条、第196条、第197条、第198条、第224条。

可以是完全不存在的事实,无中生有的捏造,也可以虚构部分事实(在部分真实事实基础上故意虚构情节、内容等),使得相对人信以为真。二是通过编造谎言隐瞒事实真相,使相对人陷于错误认识。即以谎言掩盖真实的事实,使相对人相信(所担心)的那种情况并不存在,而陷于错误认识。

有观点认为,虚构事实是作为方式的诈骗,而隐瞒真相是不作为方式的诈骗。张明楷教授就认为,即具有告知义务而不告知,使相对人陷入错误并维持错误认识的,是不作为诈骗①。黎宏教授持不赞同观点②。本书也不赞同这种观点,诈骗是比较典型"以语言为工具"而构成的犯罪(哪怕是聋哑人诈骗,也同样用聋哑人的"语言"),是必须借助于语言使得相对人陷入错误认识。以张明楷教授所举之例而言,出卖不动产隐瞒被抵押事实的,是不作为诈骗。那么,如何使买受方知道是"无瑕疵"且可过户转让的房产,难道不需要伪造相关证件、材料,或者编造为何当时手中没有相关证件、资料的事实?不需要向受买方解释、说明?编造谎言做解释、说明的行为使得买受方信以为真,诈骗到预付款项的,固然这里有不履行说明义务的不作为,但即便构成诈骗罪,是应以作为的掩盖事实真相而视为诈骗,还是应以不作为的隐瞒真相构成诈骗?如果是后者,可以说文物、古玩等收藏界几乎所有售卖赝品的,都可以视为不履行说明义务而构成诈骗罪③,但这样理解可能吗?

实际上,编造谎言虚构事实与编造谎言隐瞒事实真相,并非能够截然分开。例如,虚构事实,需要编造事实掩盖另一个事实;要掩盖事实真相,也需要编造另一个虚假事实来掩盖。因此,诈骗罪的这两种方式,只是为解决行为人以哪种方式为主实施诈骗行为的问题,纯粹的作为或不作为诈骗实际上是不存在的,也难以将二者区分开的。

编造谎言虚构事实、编造谎言隐瞒事实真相,只要使得相对人陷入错误认识即可,哪怕骗术拙劣到一般人不可能相信,但相对人信以为真仍然处分财物,也是诈骗。因此,是否构成诈骗,必须从原占有者(相对人)立场考察,而无"一般人标准"。在原占有者(相对人)陷入错误认识并维持该种错误认识,进而作出处分财产行为,才是完整的诈骗。处分财产不要求完全依据民事法律规定处分财物(当然包括民事上的处分),而是指同意财产占有关系的转移,即"同意"并作出将财产转移至由行为人或第三人所占有。占有,包括财产所有权转让(支付相对合理转让价格的不是诈骗),也包括暂时性占有(保管、管理)关系的转移等。"同意",是指"自愿"作出处分决定,即具有处分财产的意思。对财产的处分,只需原占有者(相对人)具有占有权即可,应以原

---

① 参见张明楷:《刑法学》(下),法律出版社 2016 年版,第 1001 页。

② 参见黎宏:《刑法学》,法律出版社 2016 年版,第 327 页。本书同意黎宏教授有关"吃霸王餐"以及购物多给付找零欠款,不退还系民事上"不当得利"的观点。就我国现实而言,这类行为根本还进入不了刑事法视野内。

③ "买卖全凭眼力,真假各安天命"是文物、古玩等收藏界的"行规"。即便可以成立"民事欺诈",维权都很困难,更何况入罪。

占有者自己作出处分决定,而不可能由其他人代为决定[①]。无权代理者代理所有权者财产处分的行为(表见代理),亦可被诈骗而代为处分财产,所以是否具有民法上的处分权,在所不问。财产处分意思,包括基于错误认识完全自愿的决定,也包括在具有一定恐吓因素下,陷入错误认识后自愿作出处分决定[②]。处分财产,限于处分原占有者(相对人)与行为人目标一致的财产,不包括处分者认识之外的财产。如将非目的物藏匿在目的物中,使得原占有者(相对人)一并作出处分决定,获得非目的物则为盗窃,而获得目的物仍然属于诈骗,应以数罪论处;否则,应以盗窃罪认定而非诈骗罪。

是否以具有真实处分意思(包括有处分行为能力)的人作出处分决定为条件,有不同认识[③]。本书的基本认识是,应视具体情况而定,从无责任能力精神病患者处骗取财物的,因其不可能有可以被法律认可的真实的处分意思,因此,应属于盗窃;对年幼的未成年人,在一定范围内对属于自己的财物具有处置权的(如欺骗其拿出"零花钱""压岁钱"救助山区贫困小朋友),在此范围内,仍然是诈骗;对年幼未成年人无权处置的财产,采用诈骗手段使之处分的,法律同样不认可具有真实的处分意思,应构成盗窃罪或侵占罪或职务侵占罪[④]。

本罪以诈骗数额较大[⑤]的财物,构成犯罪。应以行为人实际控制被骗财物为既

---

① 就此而言,机器(如 ATM 机)对财物的"处分"是根据设定的指令,而非基于"处分的意识",因此,应排除机器被诈骗。

② 例如,电信诈骗中以被害人涉嫌犯罪,要求将所谓的"涉案资金"存入指定的"安全账户",不得泄露所调查的案情等,否则将实施拘留、逮捕等措施等,对被害人事实上有一定的精神强制的。

③ 参见赵秉志:《侵犯财产罪》,中国人民公安大学出版社 2003 年版,第 198 页。

④ 例如,继承家族资产者年幼,资产由指定人代为管理,如采取欺诈手段使之签字同意由管理者占有的,应构成侵占罪或职务侵占罪。

⑤ 2011 年 4 月 8 日最高人民法院、最高人民检察院实施的《关于办理诈骗刑事案件具体应用法律若干问题的解释》(法释〔2011〕7 号)(以下简称 11.04.08《诈骗案件解释》)第 1 条规定:诈骗公私财物价值 3000 元至 1 万元以上,为刑法第 266 条规定的"数额较大标准"。各省、自治区、直辖市高级人民法院、人民检察院可以结合本地区经济社会发展状况,在前款规定的数额幅度内,共同研究确定本地区执行的具体数额标准,报最高人民法院、最高人民检察院备案。第 3 条规定:"诈骗公私财物虽已达到本解释第 1 条规定的'数额较大'的标准,但具有下列情形之一,且行为人认罪、悔罪的,可以根据刑法第 37 条、刑事诉讼法第 142 条的规定不起诉或者免予刑事处罚:(一) 具有法定从宽处罚情节的;(二) 一审宣判前全部退赃、退赔的;(三) 没有参与分赃或者获赃较少且不是主犯的;(四) 被害人谅解的;(五) 其他情节轻微、危害不大的。"第 4 条规定:"诈骗近亲属的财物,近亲属谅解的,一般可不按犯罪处理。诈骗近亲属的财物,确有追究刑事责任必要的,具体处理也应酌情从宽。" 2016 年 12 月 19 日最高人民法院、最高人民检察院、公安部发布实施的《关于办理电信网络诈骗等刑事案件适用法律若干问题的意见》(法发〔2016〕32 号)(以下简称 16.12.19《电信网络诈骗意见》)"二、(一)"规定,根据最高人民法院、最高人民检察院《关于办理诈骗刑事案件具体应用法律若干问题的解释》第 1 条的规定,利用电信网络技术手段实施诈骗,诈骗公私财物价值 3000 元以上,认定为《刑法》第 266 条规定的"数额较大"。

遂，对诈骗未遂的，具备特定情节，以诈骗罪未遂论处[1]。对利用电信网络实施诈骗犯罪的，“数额较大”的标准起点相同，但有特别要求的，应依照相关要求执行[2]。

诈骗罪，在主观上具有非法占有的目的，即明知自己通过实施诈术，使得相对人陷入错误认识并处分财产，占有他人财产，并追求这一目的实现。至于非法占有的最终归属是自己还是为第三者占有，在所不问。多数说认为，非法占有目的，应从行为人实施诈骗行为之前就具备，但是，并不排除在占有他人财物后，产生非法占有的目的。该种情形下，对非法占有目的的认定，是依据客观存在的具体事实，实行“刑事上的推定”来认定所具有的目的。在该种情形下，就不排除当初只是以欺诈的故意而演变为具有非法占有目的的诈骗罪的故意。

多数说观点认为，诈骗罪的故意只能是直接故意，而不能以间接故意构成诈骗罪。张明楷教授则持不同观点，认为诈骗罪可以以间接故意构成[3]。并以短缩的二行为犯为例，即第一行为的结果与行为人实施第二行为的目的并不相同，因此，对第一个行为的结果的放任与对第二个行为的目的完全可以并存。间接故意的情形就是，行为人为了实现另一犯罪目的，而放任此种犯罪结果发生。所以如此，是因为行为人的目的与放任的结果并非同一。由此得出的结论是：当行为人的目的与结果并不同一时，完全有可能在具有特定目的的同时，对结果持放任态度[4]。本书持不赞同观点[5]。

明知他人实施诈骗犯罪，为其提供信用卡、手机卡、通讯工具、通讯传输通道、网络技术支持、费用结算等帮助的，以共同犯罪论处。

---

① 11.04.08《诈骗案件解释》第5条规定：诈骗未遂，以数额巨大的财物为诈骗目标的，或者具有其他严重情节的，应当定罪处罚。利用发送短信、拨打电话、互联网等电信技术手段对不特定多数人实施诈骗，诈骗数额难以查证，但具有下列情形之一的，应当认定为《刑法》第266条规定的“其他严重情节”，以诈骗罪（未遂）定罪处罚：（1）发送诈骗信息5000条以上的；（2）拨打诈骗电话500人次以上的；（3）诈骗手段恶劣、危害严重的。实施前款规定行为，数量达到前款第（1）、（2）项规定标准10倍以上的，或者诈骗手段特别恶劣、危害特别严重的，应当认定为《刑法》第266条规定的“其他特别严重情节”，以诈骗罪（未遂）定罪处罚。第6条规定：“诈骗既有既遂，又有未遂，分别达到不同量刑幅度的，依照处罚较重的规定处罚；达到同一量刑幅度的，以诈骗罪既遂处罚。”

② 16.12.19《电信网络诈骗意见》）“二、（二）”规定：实施电信网络诈骗犯罪，达到相应数额标准，具有下列情形之一的，酌情从重处罚：（1）造成被害人或其近亲属自杀、死亡或者精神失常等严重后果的；（2）冒充司法机关等国家机关工作人员实施诈骗的；（3）组织、指挥电信网络诈骗犯罪团伙的；（4）在境外实施电信网络诈骗的；（5）曾因电信网络诈骗犯罪受过刑事处罚或者2年内曾因电信网络诈骗受过行政处罚的；（6）诈骗残疾人、老年人、未成年人、在校学生、丧失劳动能力人的财物，或者诈骗重病患者及其亲属财物的；（7）诈骗救灾、抢险、防汛、优抚、扶贫、移民、救济、医疗等款物的；（8）以赈灾、募捐等社会公益、慈善名义实施诈骗的；（9）利用电话追呼系统等技术手段严重干扰公安机关等部门工作的；（10）利用“钓鱼网站”链接、“木马”程序链接、网络渗透等隐蔽技术手段实施诈骗的。11.04.08《诈骗案件解释》第2条第1款规定：诈骗公私财物达到本解释第1条规定的数额标准，具有下列情形之一的，可以依照刑法第266条的规定酌情从严惩处：（1）通过发送短信、拨打电话或者利用互联网、广播电视、报刊杂志等发布虚假信息，对不特定多数人实施诈骗的；（2）诈骗救灾、抢险、防汛、优抚、扶贫、移民、救济、医疗款物的；（3）以赈灾募捐名义实施诈骗的；（4）诈骗残疾人、老年人或者丧失劳动能力人的财物的；（5）造成被害人自杀、精神失常或者其他严重后果的。

③ 参见张明楷：《诈骗罪与金融诈骗罪研究》，清华大学出版社2006年版，第276—280页。

④ 参见同上书，第277页。

⑤ 参见林亚刚：《刑法学教义》（总论）（第2版），北京大学出版社2017年版，第214—215页。

(三) 诈骗罪与民事欺诈的关联

这是“刑民交叉”中最难区分的问题。本书的基本看法是,民事欺诈,当然前提必须是发生在“民事法律关系”主体之间,行为人通常是以夸大事实欺骗相对人作出对自己有利而对相对人不利的决定①。但是,民事欺诈在编造谎言、隐瞒真相和虚构事实上,与诈骗罪并无本质上的区别,只是非刻意追求非法占有他人财物,而且,事实上存在交付对价物的情况。不过民事欺诈与诈骗罪并非以此就能够清晰地区别开。黎宏教授认为,民事欺诈行为人实施编造谎言、隐瞒真相和虚构事实的,只是“辅助事实”,不足以影响到相对人的判断力,进而做出违背自己真实意思而处分财物,而诈骗罪中编造谎言、隐瞒真相和虚构事实,是使得相对人作出错误判断的主要依据,财物处分决定是建立在完全虚假的事实基础上的②。但是,以“辅助事实”还是“主要事实”,使得相对人信以为真(受骗)做出处分决定,对受骗的相对人而言,完全没有区别。再精妙的骗术,未必使人上当,再拙劣的骗术也有人上当,这与谎言在哪个方向上根本没有什么实质性意义和影响,不用从行为人立场看其骗术高明与否。实务中,也并不能排除民事欺诈演变为诈骗,但是,应该注意的是,在处理诈骗罪与民事欺诈的界限上,应该明确诈骗罪保护的法益是财产(物)的安全,而非保护交易的社会“诚实、信用”,或对他人意思表示信赖真实性的保护。交易对象如果不是假冒、伪劣产品③,在交易中有意夸大产品性能、编造营销“火爆”假象等而促成交易的(特别是通过电信、网络销售的情况),不能简单等同于“通过发送短信、拨打电话或者利用互联网、广播电视、报刊杂志等发布虚假信息,对不特定多数人实施诈骗”④。此种情形不排除是行为人刻意传递给交易对方夸大的产品性能等信息,或有虚假成分,但主观上仍然是以促成交易为目的,而非骗取交易对方的财物,所以不应轻易认为是诈骗行为。通过电信、网络交易有刻意设置圈套,如促进营销的“对话本”,设置“场景”,雇员冒充专家,有“多角色”交替出场,营造产品旺销场景,或采用高价位报价低价位销售的“饥饿营销”方式与价格策略等,以促成交易的,是当前较为典型的民事欺诈。对存在违约的,只要认可交易事实,有退货、换货机制和事实,也应属于民事纠纷。如果在纠纷发生后,不认可交易事实,或收款后不交付货物,或得到大笔货款后潜逃等,表明行为人主观上是以非法占有他人财物为目的,应认定为构成诈骗罪。对交易确有欺诈的事实,是民事欺诈还是诈骗罪不易区别的,不应一概以诈骗罪论处,特别是在尚未实际占有财物的情况下认定为“犯罪未遂”。换言之,只要行为人不掩盖自己有欺诈的事实,有解决纠纷的实际态度和行为,并实际履行过,应当属于民事欺诈。不过,对于民事欺诈演变为诈骗犯罪的,一般只应成立既遂,交易未成功的事实符合

---

① 例如,向老年人“兜售”“推荐”保健品、治疗仪器等,一般都具有夸大其词的欺诈行为。

② 参见黎宏:《刑法学》,法律出版社 2016 年版,第 331 页。

③ 本书认为,如果交易对象属于假冒、伪劣产品,不属于本书所说的“民事欺诈”范畴内的问题,应以相应的犯罪追究刑事责任。

④ 11.04.08《诈骗案件解释》第 2 条第 1 款第 1 项。

16.12.19《电信网络诈骗意见》规定的，认定为未遂[①]的同时，还应注意惩处通过电信、网络实施诈骗犯罪与其他的关联犯罪[②]。

（四）三角诈骗与诈骗罪的关联

“三角诈骗”，是指受骗的财物处分人与受害人并非同一主体，而与行为人处于三角对立的情况下。当然，“三角”也并非只能是“三人”，如在复杂的民事法律关系中，相对人可能就不止二人而是多人。三角诈骗的相对人，其受骗作出处分决定的人，包括代理人和表见代理人（没有代理权、超越代理权或者代理权终止后以被代理人名义实施代理行为之人[③]），通常对其称为“辅助占有者”，因此，被骗的财产处分者是否具有民事法意义上的处分权，在所不问。一般认为“诉讼诈骗”是比较典型的“三角诈骗”，作出财产处分裁决或判决的法官，是受骗的相对人。学界对“诉讼诈骗”有应以诈骗罪论处的观点[④]，也有持符合敲诈勒索罪的见解[⑤]。而我国《刑法》对“诉讼诈骗”规定为“虚假诉讼罪”，只是在因虚假诉讼“非法占有他人财产或者逃避合法债务，又构成其他犯罪的，依照处罚较重的规定定罪从重处罚”时，涉及与诈骗罪（包括普通诈骗罪和特殊类型诈骗罪）、侵占罪的关联。

（五）诈骗罪与盗窃罪的关联

诈骗罪与盗窃罪在规范上并无关联，但实务中当涉及实施欺骗方式，使被害人陷入错误认识后，主动配合行为人占有（占用）财物，行为人借机逃逸的案件，始终有构成盗窃罪[⑥]还是诈骗罪[⑦]的争论。本书认为，这里仍然涉及的是如何理解“处分”而使他人占有的问题。如果从“处分”是对“占有状态”的处分，而不是仅指对财物所有权的处分看，将自己的占有状态下的财物“自愿”转移为由他人“占有”也是处分，那么，

---

① 16.12.19《电信网络诈骗意见》“二、（四）”规定：“实施电信网络诈骗犯罪，犯罪嫌疑人、被告人实际骗得财物的，以诈骗罪（既遂）定罪处罚。诈骗数额难以查证，但具有下列情形之一的，应当认定为刑法第266条规定的‘其他严重情节’，以诈骗罪（未遂）定罪处罚：（1）发送诈骗信息5000条以上的，或者拨打诈骗电话500人次以上的；（2）在互联网上发布诈骗信息，页面浏览量累计5000次以上的。具有上述情形，数量达到相应标准10倍以上的，应当认定为刑法第266条规定的‘其他特别严重情节’，以诈骗罪（未遂）定罪处罚。上述‘拨打诈骗电话’，包括拨出诈骗电话和接听被害人回拨电话。反复拨打、接听同一电话号码，以及反复向同一被害人发送诈骗信息的，拨打、接听电话次数、发送信息条数累计计算。因犯罪嫌疑人、被告人故意隐匿、毁灭证据等原因，致拨打电话次数、发送信息条数的证据难以收集的，可以根据经查证属实的日拨打人次数、日发送信息条数，结合犯罪嫌疑人、被告人实施犯罪的时间、犯罪嫌疑人、被告人的供述等相关证据，综合予以认定。”“二、（五）”规定：电信网络诈骗既有既遂，又有未遂，分别达到不同量刑幅度的，依照处罚较重的规定处罚；达到同一量刑幅度的，以诈骗罪既遂处罚。

② 参见16.12.19《电信网络诈骗意见》“三、全面惩处关联犯罪”的规定。

③ 作出处分决定的代理人、表见代理人与被代理人之间所产生的纠纷，是民事法律关系。成立表见代理，代理行为有效。

④ 参见张明楷：《刑法学》（下），法律出版社2016年版，第1007页；张明楷：《诈骗罪与金融诈骗罪研究》，清华大学出版社2006年版，第145页。

⑤ 参见王作富：《恶意诉讼侵犯财产符合敲诈勒索罪特征》，载《检察日报》2003年2月10日第3版。

⑥ 参见张明楷：《刑法学》（下），法律出版社2016年版，第1009页以下。

⑦ 参见黎宏：《刑法学》，法律出版社2016年版，第332页。

因轻信而上当受骗自愿交付行为人“占有”(占用)财物的案件就应该定性为诈骗而非盗窃。因行为取得占有的方式,是通过编造谎言而实现的,对行为人而言,并不存在通过使被害人不知晓的方法而占有。

(六) 诈骗罪与生产、销售伪劣商品罪的关联

生产、销售伪劣商品犯罪的行为,当然具备诈骗的因素,但其“骗”主要是在质量、品质上的“欺骗”,而交易之物确实是存在的,仍然有制假与售假成本。与诈骗(借助道具)的不同之处在于,诈骗的道具并无真正的价值或使用价值,纯粹是道具而已。例如,以养殖的人参冒充野生参的,是生产、销售伪劣产品罪,但以小萝卜切片,用人参水浸泡再炮制后,以人参出售的,则是诈骗罪,因为交易的内容完全是虚假的,客观上并不真正存在。因此,并非以生产、销售伪劣商品形式的行为与诈骗罪没有关联。以生产、销售伪劣商品犯罪形式而构成诈骗罪的,为想象竞合犯,应从一重罪论处。

(七) 诈骗罪的刑事责任

犯本罪,诈骗数额较大的,处3年以下有期徒刑、拘役或者管制,并处或者单处罚金;数额巨大或者有其他严重情节的,处3年以上10年以下有期徒刑,并处罚金;数额特别巨大或者有其他特别严重情节的①,处10年以上有期徒刑或者无期徒刑,并处罚金或者没收财产。本法另有规定的,依照规定。

对与诈骗罪与关联犯罪的定罪处罚,参见相关司法解释的规定②。

---

① 根据11.04.08《诈骗案件解释》第1条的规定,诈骗公私财物价值3万元至10万元以上、50万元以上的,应当分别认定为《刑法》第266条规定的“数额巨大”“数额特别巨大”的标准。各省、自治区、直辖市高级人民法院、人民检察院可以结合本地区经济社会发展状况,在前款规定的数额幅度内,共同研究确定本地区执行的具体数额标准,报最高人民法院、最高人民检察院备案。第2条规定:“诈骗公私财物达到本解释第1条规定的数额标准,具有下列情形之一的,可以依照刑法第266条的规定酌情从严惩处:(一) 通过发送短信、拨打电话或者利用互联网、广播电视、报刊杂志等发布虚假信息,对不特定多数人实施诈骗的;(二) 诈骗救灾、抢险、防汛、优抚、扶贫、移民、救济、医疗款物的;(三) 以赈灾募捐名义实施诈骗的;(四) 诈骗残疾人、老年人或者丧失劳动能力人的财物的;(五) 造成被害人自杀、精神失常或者其他严重后果的。”“诈骗数额接近本解释第1条规定的‘数额巨大’‘数额特别巨大’的标准,并具有前款规定的情形之一或者属于诈骗集团首要分子的,应当分别认定为刑法第266条规定的‘其他严重情节’‘其他特别严重情节’。”第5条第2款规定:“利用发送短信、拨打电话、互联网等电信技术手段对不特定多数人实施诈骗,诈骗数额难以查证,但具有下列情形之一的,应当认定为刑法第266条规定的‘其他严重情节’,以诈骗罪(未遂)定罪处罚:(一) 发送诈骗信息5000条以上的;(二) 拨打诈骗电话500人次以上的;(三) 诈骗手段恶劣、危害严重的。实施前款规定行为,数量达到前款第(一)、(二)项规定标准10倍以上的,或者诈骗手段特别恶劣、危害特别严重的,应当认定为刑法第266条规定的‘其他特别严重情节’,以诈骗罪(未遂)定罪处罚。” 16.12.19《电信网络诈骗意见》“二、(一)”规定,根据最高人民法院、最高人民检察院《关于办理诈骗刑事案件具体应用法律若干问题的解释》第1条的规定,利用电信网络技术手段实施诈骗,诈骗公私财物价值3万元以上、50万元以上的,应当分别认定为《刑法》第266条规定的“数额巨大”“数额特别巨大”。“2年内多次实施电信网络诈骗未经处理,诈骗数额累计计算构成犯罪的,应当依法定罪处罚。”“二、(三)”规定:“实施电信网络诈骗犯罪,诈骗数额接近‘数额巨大’‘数额特别巨大’的标准,具有前述第(二)条规定的情形之一的,应当分别认定为刑法第266条规定的‘其他严重情节’‘其他特别严重情节’。上述规定的‘接近’,一般应掌握在相应数额标准的80%以上。”

② 如11.04.08《诈骗案件解释》第7条、第8条以及16.12.19《电信网络诈骗意见》的规定等。

四、集资诈骗罪

（一）集资诈骗罪的概念和法益

集资诈骗罪，是指以非法占有为目的，使用诈骗方法非法集资，数额较大的行为。本罪的法益为国家对金融安全的监管以及公私财产所有权。从本罪保护国家金融监管法益而言，如果集资并没有通过金融机构（包括非法金融机构）承销、代收，而实施的"集资"诈骗，应以普通诈骗罪论处，不构成本罪。例如，在现场以直接收取现金，开具收款收据方式"集资"而诈骗的，因对正常金融市场监管并未形成冲击，应以普通诈骗罪论处。本罪主体为自然人一般主体和单位，实务中以单位犯罪的居多①。主观上是直接故意，动机不影响认定。

（二）"非法集资"、行为、故意

"集资"即为经济目的而筹措资金，分为有偿与无偿集资、合法与非法集资。从一定意义上说，企业、公司之间，公民之间，企业、公司与公民之间因经济目的拆借、借贷，也是筹措资金，但不属于本罪的集资。本罪特指针对不特定社会公众（包括公司、企业）为对象而实施的集资②，且必须属于"非法"集资。根据相关法律规定，非法集资的行为，既包括未经相关管理机构批准而实施集资，也包括虽经批准但以非法方式，或通过非法渠道实施集资。后者是经过批准进行募集资金，尽管募集资金方式、方法或渠道违反相关法律规定，也不应以犯罪论处。因此，本罪中非法集资限于未经有权机关批准，向社会公众募集资金的行为。

本罪以"诈骗方法"集资为必要，其诈骗方法在形式上与普通诈骗罪的方法并无区别，仍然是实施编造谎言、隐瞒真相③，使相对人陷入错误认识而处分财产，致使财产遭受损失，与普通诈骗的区别，只是在于编造"理由""使用的道具"有差异。通常情况下，是以非法占有为目的，编造、虚构项目、集资用途，使用虚假的证明文件和高

---

① 参见2019年1月30日最高人民法院、最高人民检察院、公安部联合印发的《关于办理非法集资刑事案件若干问题的意见》（高检会〔2019〕2号）（以下简称19.01.30《办理非法集资刑事案件意见》）第2条、第3条的规定。

② 2014年3月25日最高人民法院、最高人民检察院、公安部联合印发的《关于办理非法集资刑事案件适用法律若干问题的意见》（以下简称14.03.25《非法集资案件若干问题》）第3条"关于'社会公众'的认定问题"指出，应当认定为向社会公众吸收资金的情形有：（1）在向亲友或者单位内部人员吸收资金的过程中，明知亲友或者单位内部人员向不特定对象吸收资金而予以放任的；（2）以吸收资金为目的，将社会人员吸收为单位内部人员，并向其吸收资金的。那么，根据这一规定，以非法占有为目的，但不符合向社会公众吸收资金的集资诈骗，只能以普通诈骗罪论处。

③ "编造谎言"与"隐瞒真相"是同一事实的两个方面，编造谎言所掩盖的是事实真相，所陈述的是虚假事实；要隐瞒真相表达虚假事实也需编造谎言来实现。

回报率为诱饵,骗取集资款[①]非法占有。对 11.01.04《非法集资案件若干问题的解释》将以非法占有为目的的非法吸收公众存款的行为认定为集资诈骗罪的规定,张明楷教授认为,非法吸收公众存款罪事实上并不以诈骗行为为前提,只要事实上使得受骗者认为是正常、正当的募集资金,诱使受骗者出资,就属于集资诈骗罪的诈骗方法,所以,只应对诈骗方法进行实质限定,而不可能穷尽各种具体表现形式,不能人为将集资诈骗罪的欺骗行为局限为几种特定的手段。[②] 本书原则上赞同这一观点。例如,以擅自发行股票、公司、企业债券的方式非法集资,这在形式上与欺诈发行股票、债券罪并没有区别,只是后者不是以非法占有为目的。非法集资以有偿且有高回报率是诈骗的惯常手法,无论是承诺还本付高息(初期为诱使更多受害者加入,会将诈骗的部分资金用于归还投资者先期本金或支付高息,作为"奖励"支付给集资人回扣,或直接扣除前期高息,只收本金),还是承诺分红、分股等,或者实物,都符合虚假承诺的内容。至于以何种具体虚构项目、名称,以及采取的具体宣传方式(例如,利用或联网发布或设立 P2P 网络众筹平台、借贷平台、金融互助计划)、非法集资的方法等,不影响认定[③]。对非法集资行为构成集资诈骗罪,是否需要对集资的非法性进行行政程序认定的问题,2011 年 8 月 18 日最高人民法院印发的《关于非法集资刑事案件性质认定问题的通知》((法〔2011〕262 号)(以下简称 11.08.18《非法集资刑事案件性质认定》)第 1 条和 14.03.25《非法集资案件若干问题》是持否定意见,但是,2019 年 1 月 30 日最高人民法院、最高人民检察院、公安部发布的《关于办理非法集资刑事案件若干问题的意见》(高检会〔2019〕2 号)(以下简称 19.01.30《办理非法集资刑事案件意见》)第 1 条"关于非法集资的'非法性'认定依据问题"规定:"人民法院、人民检察院、公安机关认定非法集资的'非法性',应当以国家金融管理法律法规作为依据。对

---

① 2011 年 1 月 4 日最高人民法院实施的《关于审理非法集资刑事案件具体应用法律若干问题的解释》(法释〔2010〕18 号)(以下简称 11.01.04《非法集资案件若干问题的解释》)第 4 条规定:"以非法占有为目的,使用诈骗方法实施本解释第 2 条规定所列行为的,应当依照刑法第 192 条的规定,以集资诈骗罪定罪处罚。"第 2 条规定:"实施下列行为之一,符合本解释第 1 条第 1 款规定的条件的,应当依照《刑法》第 176 条的规定,以非法吸收公众存款罪定罪处罚:(1) 不具有房产销售的真实内容或者不以房产销售为主要目的,以返本销售、售后包租、约定回购、销售房产份额等方式非法吸收资金的;(2) 以转让林权并代为管护等方式非法吸收资金的;(3) 以代种植(养殖)、租种植(养殖)、联合种植(养殖)等方式非法吸收资金的;(4) 不具有销售商品、提供服务的真实内容或者不以销售商品、提供服务为主要目的,以商品回购、寄存代售等方式非法吸收资金的;(5) 不具有发行股票、债券的真实内容,以虚假转让股权、发售虚构债券等方式非法吸收资金的;(6) 不具有募集基金的真实内容,以假借境外基金、发售虚构基金等方式非法吸收资金的;(7) 不具有销售保险的真实内容,以假冒保险公司、伪造保险单据等方式非法吸收资金的;(8) 以投资入股的方式非法吸收资金的;(9) 以委托理财的方式非法吸收资金的;(10) 利用民间'会''社'等组织非法吸收资金的;(11) 其他非法吸收资金的行为。"

② 参见张明楷:《刑法学》(下),法律出版社 2016 年版,第 796 页。

③ 2017 年 6 月 2 日最高人民检察院《关于办理涉互联网金融犯罪案件有关问题座谈会纪要》(高检诉〔2017〕14 号)(以下简称 17.06.02《互联网金融犯罪座谈会》)"二、5"指出:互联网金融涉及 P2P 网络借贷、股权众筹、第三方支付、互联网保险以及通过互联网开展资产管理及跨界从事金融业务等多个金融领域,行为方式多样,所涉法律关系复杂。违法犯罪行为隐藏性、迷惑性强,波及面广,社会影响大,要根据犯罪行为的实质特征和社会危害,准确界定行为的法律性质和刑法适用的罪名。

于国家金融管理法律法规仅作原则性规定的,可以根据法律规定的精神并参考中国人民银行、中国银行保险监督管理委员会、中国证券监督管理委员会等行政主管部门依照国家金融管理法律法规制定的部门规章或者国家有关金融管理的规定、办法、实施细则等规范性文件的规定予以认定。"显然,该条规定对非法集资非法性的认定已经要求从实质违法性上进行考察。

本罪主体为自然人一般主体和单位,相关司法解释对"个人集资诈骗""单位集资诈骗"分别规定了立案追诉标准①。"个人集资诈骗",并非是指单独的自然人个体,应该是指不能认定为"单位集资诈骗"的所有情形。即便是个人集资诈骗,因难以同时扮演数个不同角色,因此广泛存在属于"集团犯罪"或多人配合共同犯罪的情况,但从规范意义上说,本罪不属于"必要共同犯罪"。实务中只要不能认定为单位犯罪的,均属于"个人集资诈骗"。对编造事实上并不存在的"单位"实施集资诈骗的,仍然是"个人集资诈骗"。是否为单位集资诈骗②,不仅要看是否以单位名义实施,更重要的是必须是在单位意志支配下实施集资诈骗。

本罪主观上是故意,必须"以非法占有为目的"③;其非法占有目的,是在非法集资之前,还是非法集资过程中产生,不影响认定。

本罪为结果犯,以诈骗数额较大为入罪标准④;实施本罪诈骗未遂的,应给予处罚。

---

① 2010 年 5 月 7 日最高人民检察院、公安部联合发布的《关于公安机关管辖的刑事案件立案追诉标准的规定(二)》(以下简称 10.05.07《立案追诉标准(二)》)第 49 条。

② 参见 19.01.30《办理非法集资刑事案件意见》第 2 条、第 3 条规定。

③ 2011 年 1 月 4 日最高人民法院施行的《关于审理非法集资刑事案件具体应用法律若干问题的解释》(法释〔2010〕18 号)(以下简称 11.01.04《非法集资案件若干问题的解释》)第 4 条第 2 款规定:使用诈骗方法非法集资,具有下列情形之一的,可以认定为"以非法占有为目的":(1) 集资后不用于生产经营活动或者用于生产经营活动与筹集资金规模明显不成比例,致使集资款不能返还的;(2) 肆意挥霍集资款,致使集资款不能返还的;(3) 携带集资款逃匿的;(4) 将集资款用于违法犯罪活动的;(5) 抽逃、转移资金、隐匿财产,逃避返还资金的;(6) 隐匿、销毁账目,或者搞假破产、假倒闭,逃避返还资金的;(7) 拒不交代资金去向,逃避返还资金的;(8) 其他可以认定非法占有目的的情形。2001 年 1 月 21 日最高人民法院颁布的《全国法院审理金融犯罪案件工作座谈会纪要》(法〔2001〕8 号)(以下简称 01.01.21《金融犯罪纪要》)"二、(三)"规定了大致相同的认定具有"非法占有目的"的几类情形:(1) 明知没有归还能力而大量骗取资金的;(2) 非法获取资金后逃跑的;(3)肆意挥霍骗取资金的;(4) 使用骗取的资金进行违法犯罪活动的;(5) 抽逃、转移资金、隐匿财产,以逃避返还资金的;(6) 隐匿、销毁账目,或者搞假破产、假倒闭,以逃避返还资金的;(7) 其他非法占有资金、拒不返还的行为。但是,在处理具体案件的时候,对于有证据证明行为人不具有非法占有目的的,不能单纯以财产不能归还就按金融诈骗罪处罚。""二、(三)"还规定:"但是,在处理具体案件时要注意以下两点:一是不能仅凭较大数额的非法集资款不能返还的结果,推定行为人具有非法占有的目的;二是行为人将大部分资金用于投资或生产经营活动,而将少量资金用于个人消费或挥霍的,不应仅以此便认定具有非法占有的目的。"

④ 2010 年 5 月 7 日最高人民检察院、公安部施行的《关于公安机关管辖的刑事案件立案追诉标准的规定(二)》(公通字〔2010〕23 号)(以下简称 10.05.07《立案追诉标准(二)》)第 49 条规定:涉嫌下列情形之一的,应予立案追诉:(1) 个人集资诈骗,数额在 10 万元以上的;(2) 单位集资诈骗,数额在 50 万元以上的。

(三)本罪与他罪的关联

集资诈骗,行为表现形式为募集资金,是针对社会公众公开进行,因此,完全可以(非法)吸收公众存款、(欺诈[①]、擅自)发行股票、公司、企业债券的面貌出现,也可能存在非法集资中伪造、变造股票、公司、企业债券的行为,形成几种犯罪行为交织在一起的现象。如果仅从规范的构成要件意义上理解,后几种犯罪行为是对国家针对公司、企业以及金融监管的侵犯,并不以非法占有所吸收、募集的资金为目的,集资诈骗,则以非法占有募集的资金为目的。但问题是,在非法集资中同时具有上述几种行为,其法律关系应如何认识,直接涉及罪名的适用以及处罚问题。张明楷教授认为,以非法占有为目的而实施欺诈发行股票、债券罪等方式非法集资,触犯其他罪名的,为想象竞合犯,从一重罪即以集资诈骗罪论处[②]。本书认为,在集资诈骗活动中所触犯的其他罪名,的确有以手段行为实施的,应该符合牵连犯的条件,由于这类行为侵害的法益分别为单一的国家对"公司、企业管理""金融秩序"的监管,与目的的诈骗行为还侵害最重要的财产权法益并无重合。因此,即便属于牵连犯也应当考虑并罚;对不属于牵连犯的,例如,初期只是欺诈发行股票、债券、非法吸收公众存款,在募集大量资金后起意非法占有的,应该数罪并罚。

集资诈骗罪与诈骗罪属于法条竞合关系,根据特别法条优于普通法条的适用原则,凡是以集资方式实施的诈骗的,均应以集资诈骗罪论处。但对冒充国家工作人员所实施本罪,假冒行为在形式上是手段行为,但同时也是集资诈骗中编造谎言、隐瞒真相的内容之一。有观点认为,这种情况下也属于法条竞合犯[③]。本书认为,集资诈骗行为非以假冒国家工作人员招摇撞骗实施为必要,招摇撞骗行为也非以集资诈骗为必备内容,二者的关联并非法条规定的构成要件中必然要素有关联关系,是基于具体案件客观事实产生的关系。这是司法现象而非立法现象,如果将假冒国家工作人员视为集资诈骗编造谎言、隐瞒真相的内容之一,那么,只是基于一行为触犯数罪名的想象竞合犯,只以集资诈骗罪从重论处就可以了。

(四)集资诈骗罪的刑事责任

犯本罪,数额较大的,处5年以下有期徒刑或者拘役,并处2万元以上20万元以

① 欺诈发行股票、债券罪侵害的法益是国家对公司、企业的管理秩序,非金融管理秩序,也非公私财产权。

② 参见张明楷:《刑法学》(下),法律出版社2016年版,第798页。当然,张明楷教授所主张想象竞合犯的一行为的判断标准为"主要部分重合说",与多数说理解的一行为是一个法律构成行为有所区别。参见张明楷:《刑法学》(上),法律出版社2016年版,第482—483页。但是,这在运用上是否具有一致性,值得商榷。例如,所持有的假币是为使用而持有,既使用了,也持有了假币的,按照"主要部分重合说",也是想象竞合犯的模式,理应"从一重罪处罚",但对此种现象,张明楷教授却以"持有""使用"的数额是并合计算的结果出发,主张"并列罪名也不排除并罚可能性"。参见张明楷:《刑法学》(下),法律出版社2016年版,第773页。如果从想象竞合犯也同样认为只是一行为意义上说,并罚说就值得商榷了。

③ 参见马克昌主编:《百罪通论》,(上卷),北京大学出版社2014年版,第292页。

下罚金;数额巨大或者有其他严重情节的,处5年以上10年以下有期徒刑,并处5万元以上50万元以下罚金;数额特别巨大或者有其他特别严重情节的,处10年以上有期徒刑或者无期徒刑,并处5万元以上50万元以下罚金或者没收财产。本罪数额标准和计算,应依据11.01.04《非法集资案件若干问题的解释》第5条和19.01.30《办理非法集资刑事案件意见》第5条的规定。

五、贷款诈骗罪

(一) 贷款诈骗罪的概念和法益

贷款诈骗罪,是指以非法占有为目的,诈骗银行或者其他金融机构的贷款,数额较大的行为。本罪的法益,是金融机构货币资金的所有权以及国家对金融机构货币资金安全的监管。本罪主体为自然人一般主体,单位组织、策划、实施者实施贷款诈骗的,可以构成本罪,主观上只能是直接故意,并以非法占有为目的,动机不影响认定。

(二) 行为、主体、故意

本罪是以虚构事实、隐瞒真相的方法骗取银行或金融机构贷款的行为。骗取贷款的诈骗方式,主要包括:

(1) 编造引进资金、项目等虚假理由向银行或其他金融机构申请贷款。“编造引进资金”,是虚构根本并不存在的需要配套资金才能引进的项目;“编造项目”,是虚构本不存在的项目。有真实项目确因资金短缺而编造虚假项目骗取贷款的,不能视为本罪行为,如因此给银行或者其他金融机构造成重大损失或者有其他严重情节的,可构成骗取贷款罪。该类诈骗贷款的行为,不排除可能同时具有下列诈骗行为。

(2) 使用虚假的经济合同(作为编造引进资金、项目等的虚假理由)。这是以无效(如已履行完)、失效(解除、变更、撤销)或伪造的或变造(如未真正签订而冒名签名、加盖假章)经济合同骗取贷款①。如果触犯伪造、变造国家机关的公文、证件、印章罪或伪造公司、企业、事业单位、人民团体的印罪,因只是对使用虚假经济合同进行伪造、变造,不是直接诈骗贷款的方法,法理上应属于牵连犯,因可被本项行为所包含,可以只按照本罪处罚,但不应排除并罚的可能性。

(3) 使用虚假的证明文件。因申请贷款除提交必需的诸如经济合同外,还必须提交相关的身份、资信等证明文件,使用虚假证明文件本质上同样是贷款诈骗中的手

---

① 有观点认为,使用虚假经济合同的情况,包括使用不可能履行的经济合同。参见马克昌主编:《百罪通论》(上卷),北京大学出版社2014年版,第297页。本书认为,如果是以不可能履行的合同申请贷款前,那实质上就是无效合同;如申请到贷款而不能履行合同的,即便是真实的经济合同,申请贷款时金融机构难以查证是否可能履行,最终能否履行合同多数情况下是与市场环境有关的,如将最终没有履行的归入“不可能”履行,将与贷款纠纷难以区别。

段行为实行行为化的结果,是在申请贷款时向金融机构提交内容不真实的证明身份(如用他人的身份证、伪造、变造的营业执照等)、资信能力以及其他必需的证明文件。该类行为,也同样可能触犯使用虚假身份证件罪,伪造、变造居民身份证罪,伪造、变造国家机关的公文、证件、印章罪或伪造公司、企业、事业单位、人民团体的印罪等,法理上也属于牵连犯,但同样可被本项行为所包含,可以只按照本罪论处,同样不应排除并罚的可能性。

(4) 使用虚假的产权证明作担保或者超出抵押物价值重复担保。这是指在金融机构贷款需要产权作为质押或必须以抵押物为担保时,使用伪造、变造的产权证明或以超出抵押物价值重复担保。前者使用虚假产权证明质押的,可能同时触犯票据诈骗罪①,在该种情况下,属于想象竞合犯,因两罪法定刑同重,无论按照哪个罪论处都可以。虚假的产权证明如果是金融票证,且系由银行或者其他金融机构的工作人员违反规定为其出具的,银行、金融机构工作人员,构成我国《刑法》第188条之罪(违规出具金融票证罪),可能构成共犯;对违反我国《票据法》规定的票据予以保证,造成重大损失的,则构成我国《刑法》第189条之罪(对违法票据承兑、付款、保证罪),可能构成共犯。后者是以同一抵押物重复抵押(通常是针对不同金融机构才能实施),且贷款价值必须超出抵押物的价值。对抵押物的评估,承担资产评估、验资、验证、会计、审计、法律服务等职责的中介组织的人员,故意提供虚假证明文件,情节严重的,或索取他人财物或者非法收受他人财物,故意提供虚假证明文件,应构成我国《刑法》第229条第1款之罪(提供虚假证明文件罪),可不以贷款诈骗罪共犯论处;因严重不负责任,出具的证明文件有重大失实,造成严重后果的,构成我国《刑法》第229条第3款之罪(提供证明文件重大失实罪)。

(5) 以其他方法诈骗贷款。除上述诈骗方法之外,采用诈骗方式获得贷款拒不偿还,包括在正常贷款后产生非法占有目的(如转移资产、变卖抵押物、携款潜逃、通过虚假诉讼②、虚假仲裁③)拒不偿还的各种情况。上述行为具备其一即可,不要求同时具备,同时具备几种行为的也只按照本罪论处。本罪为结果犯,以诈骗数额较大为入罪标准④。实施本罪诈骗未遂的,应给予处罚。

本罪主体在刑法规定上只为自然人一般主体,01.01.21《金融犯罪纪要》曾有具

---

① 根据我国《民法典》第440条的规定,下列权利可以出质:(1) 汇票、支票、本票;(2) 债券、存款单;(3) 仓单、提单;(4) 可以转让的基金份额、股票;(5) 可以转让的注册商标专用权、专利权、著作权等知识产权中的财产权;(6) 现有的以及将有的应收账款;(7) 法律、行政法规规定的可以出质的其他财产权利。

② 根据我国《刑法》第307条之一第3款的规定,以捏造的事实提起民事诉讼,“非法占有他人财产或者逃避合法债务,又构成其他犯罪的,依照处罚较重的规定定罪从重处罚”。所以,可以构成贷款诈骗罪,从重处罚。

③ 虚假仲裁目前尚未有入罪规定。

④ 10.05.07《立案追诉标准(二)》第50条规定:贷款诈骗数额在2万元以上的,应立案追诉。

体说明①,即便可以认定为由单位实施的贷款诈骗行为,既不能以贷款诈骗罪定罪,也不能以贷款诈骗罪追究直接负责的主管人员和其他直接责任人员的刑事责任。但2014年4月24日全国人大常委会通过的《关于〈中华人民共和国刑法〉第30条的解释》(以下简称14.04.24《人大常委会刑法第30条解释》)规定:"公司、企业、事业单位、机关、团体等单位实施刑法规定的危害社会的行为,刑法分则和其他法律未规定追究单位的刑事责任的,对组织、策划、实施该危害社会行为的人依法追究刑事责任。"可以说,01.01.21《金融犯罪纪要》的规定与立法解释相悖,不应再适用。因此,对单位组织、策划、实施贷款诈骗的,应依本罪追究组织、策划、实施者的刑事责任。

本罪的主观罪过为直接故意,以非法占有为目的。是否具有该种目的,是本罪与骗取贷款罪以及贷款纠纷的重要区别。本书认为,结合具体案情并以01.01.21《金融犯罪纪要》的规定为认定的基本依据②。对于合法取得贷款后,没有按规定的用途使用贷款,到期没有归还贷款的,不能以贷款诈骗罪定罪处罚;对于确有证据证明行为人不具有非法占有的目的,因不具备贷款的条件而采取了欺骗手段获取贷款,案发时有能力履行还贷义务,或者案发时不能归还贷款是因为意志以外的原因,如因经营不善、被骗、市场风险等,不应以贷款诈骗罪定罪处罚③,但不排除可以构成《刑法》第175条之一的骗取贷款罪。

(三)票据诈骗罪

票据诈骗罪,是指以非法占有为目的,利用金融票据骗取财物,数额较大的行为。本罪的法益,是金融机构货币资金的所有权以及国家对金融机构资金安全的监管。本罪诈骗使用的"道具"限于金融票据,但不包括使用可在银行或其他金融机构结算兑付的委托收款凭证、汇款凭证、银行存单等其他银行结算凭证。使用伪造、变造的委托收款凭证、汇款凭证、银行存单等其他银行结算凭证的,构成金融凭证诈骗罪。本罪主体为自然人一般主体和单位,主观上只能是直接故意,以非法占有为目的,动

---

① 2010年1月8日最高人民法院印发《全国法院审理金融犯罪案件最高人民法院工作座谈会纪要》(法〔2001〕8号)(以下简称01.01.21《金融犯罪纪要》)规定:"根据刑法第30条和第193条的规定,单位不构成贷款诈骗罪。对于单位实施的贷款诈骗行为,不能以贷款诈骗罪定罪处罚,也不能以贷款诈骗罪追究直接负责的主管人员和其他直接责任人员的刑事责任。但是,在司法实践中,对于单位十分明显地以非法占有为目的,利用签订、履行借款合同诈骗银行或其他金融机构贷款,符合刑法第224条规定的合同诈骗罪构成要件的,应当以合同诈骗罪定罪处罚。"根据2014年4月有24日全国人大常委会《关于〈中华人民共和国刑法〉第30条的解释》,上述有关主管人员和直接责任人员不能以贷款诈骗罪追究刑事责任的部分已不再适用,但是否需要分别对单位与主管人员和直接责任人员以不同罪名追究责任,值得研究。

② 01.01.21《金融犯罪纪要》规定:对于行为人通过诈骗的方法非法获取资金,造成数额较大资金不能归还,并具有下列情形之一的,可以认定为具有非法占有的目的:(1) 明知没有归还能力而大量骗取资金的;(2) 非法获取资金后逃跑的;(3) 肆意挥霍骗取资金的;(4) 使用骗取的资金进行违法犯罪活动的;(5) 抽逃、转移资金、隐匿财产,以逃避返还资金的;(6) 隐匿、销毁账目,或者搞假破产、假倒闭,以逃避返还资金的;(7) 其他非法占有资金、拒不返还的行为。但是,在处理具体案件的时候,对于有证据证明行为人不具有非法占有目的的,不能单纯以财产不能归还就按金融诈骗罪处罚。

③ 01.01.21《金融犯罪纪要》。

机不影响认定。

本罪行为主要表现为:(1) 明知是伪造、变造的汇票、本票、支票而使用。"伪造",系指按照真实的汇票、本票、支票样式制作假的,或者将他人的汇票、本票、支票伪造签字背书等一系列票据行为。他人,是指票据合法所有人或持有人。"变造",系指无合法所有、持有权者对真实的汇票、本票、支票上用剪切、涂改等方式,改变原票据记载的内容①的行为。"使用",包括在金融机构兑付、结算,也包括签发和转让行为。(2) 明知是作废的汇票、本票、支票而使用。"作废",系指根据《票据法》以及相关法律规定不能使用的无效票据,包括过期、作废的以及根据《票据法》规定属于无效的票据,但挂失止付的票据,不是无效票据。"使用",也包括在金融机构兑付、结算,也包括签发和转让行为。(3) 冒用他人的汇票、本票、支票。这是指以合法持票人名义使用无支配权的他人票据的行为。这里的"票据"是指真实票据,"冒用",包括兑付、结算、签发和转让行为。"他人",是指票据合法所有人或持有人。(4) 签发空头支票或者与其预留印鉴不符的支票。"签发",是出票人出票并将其交付给收款人的票据行为。"空头支票",是出票人签发的支票金额超过其付款时在付款人处实有的存款金额(系指在银行或其他金融机构开设账户时注入的资金总额);"预留印鉴",是指开设支票账户的客户预留在银行或其他金融机构其本人的签名式样和印章。显然,签发行为必须是支票的合法持票者故意所为,并为骗取他人财物。通常情况下,签发"空头支票"和"预留签名式样和印章不符"支票,除金融机构中有内部人员配合兑付外,在严格审核下难以实现兑付,因此,遭受财产损失的通常是收款人。(5) 汇票、本票的出票人签发无资金保证的汇票、本票或者在出票时作虚假记载。汇票是委托他人付款的票据,本票是约定由本人付款的票据,由于汇票的出票人与付款人之间不必先有资金关系,本票的出票人与付款人为同一个人,不存在所谓的资金关系,因此,签发汇票或本票必须有足够的资金保障(有支付能力)。《票据法》明文规定必须在签发的汇票和本票上记载法律规定的相关内容,未记载或虚假记载的,均为无效汇票或本票。同理,在严格审查下,无资金保障以及虚假记载的汇票、本票银行以及其他金融机构不会兑付,遭受财产损失的通常是(持票的)收款人。

上述所有行为,必须以非法占有目的,骗取他人(包括银行和其他金融机构)财物而实施。一般情况下,实施票据诈骗的,票据是签发给收款人(可以是债权人也可以是委托付款人——支票的委托付款人必须是银行或其他金融机构),因此,多数被害人是收款的债权人。但本罪的前三种行为,可以针对银行或其他金融机构实施,《刑法》也没有限定伪造、变造、作废的汇票、本票、支票来源,如果自己伪造、变造,或自己

① 根据我国《票据法》第9条的规定,持票人对票据金额、日期、收款人名称不得更改,更改的票据无效。但对票据上的其他记载事项,原记载人可以更改,更改时应当由原记载人签章证明。违反此规定的更改属于变造,即便是更改允许票据记载内容未由原记载人签章证明的也是变造。

的作废的汇票、本票、支票，骗取的金融票证[①]用于在银行或金融机构质押进行贷款诈骗的，伪造、变造金融票证、骗取金融票证与贷款诈骗为牵连犯，可以从一重罪从重处罚，因侵害的法益不完全相同，不应排除并罚的可能性。如果上述“道具”来源于他人，用于贷款诈骗的，在排除共同犯罪的前提下，只按照贷款诈骗罪一罪定罪处罚。对与银行或其他金融机构人员内外勾结使用伪造、变造或其他非法途径获取的金融票据（包括金融凭证），获得银行、金融机构资金的，张明楷教授认为，应该根据诈骗罪的构造得出结论，由于这种情况下并没有受骗者，因此，不能认为是票据诈骗罪，而应认定为贪污罪或职务侵占罪的共同犯罪[②]。本书认为，如果是与对银行、金融机构资产具有处置（处分）权或相当与此地位的人员相勾结的，的确应以贪污罪或职务侵占罪共同犯罪定罪处罚，如与不具有此种权限（如只负责审核单据的人员）相勾结，并不能排除以相关金融诈骗罪的共同犯罪论处的可能性。

本罪为结果犯，以诈骗数额较大为入罪标准[③]，实施本罪诈骗未遂的，应给予处罚。

（四）金融凭证诈骗罪

金融凭证诈骗罪，是指以非法占有为目的，使用伪造、变造的委托收款凭证、汇款凭证、银行存单等其他银行结算凭证骗取财物，数额较大的行为。本罪的法益，是金融机构资金的所有权以及国家对金融机构资金安全的监管。本罪主体为自然人一般主体和单位，主观上只能是直接故意，以非法占有为目的，动机不影响认定。

“金融凭证”是指除支票、汇票、本票以及信用证、信用卡之外的金融支付凭证。“其他结算凭证”是指其他尚未列举的结算方法和结算凭证。例如，以互联网为基础，以计算机技术和通信技术为手段. 以电子数据形式存储在计算机系统中，并通过网络系统以电子信息传送形式实现流通和支付功能，通过银行或其他金融机构进行结算的网络货币（如电子钱包、数字钱包、电子支票、电子信用卡、智能卡、在线货币、数字货币[④]）等结算认证凭证。使用伪造、变造金融凭证实施诈骗，其诈骗的相对人是债权人，也可包括银行或其他金融机构。本罪为结果犯，以诈骗数额较大为入罪标准[⑤]，实

---

① “金融票证”，主要包括汇票、本票、支票、信用证或者附随的单据、文件、信用卡以及委托收款凭证、汇款凭证、银行存单等其他银行结算凭证等。

② 参见张明楷：《刑法学》（下），法律出版社 2016 年版，第 801—802 页。

③ 10.05.07《立案追诉标准（二）》第 51 条规定，涉嫌下列情形之一的，应予立案追诉：（1）个人进行金融票据诈骗，数额在 1 万元以上的；（2）单位进行金融票据诈骗的，数额在 10 万元以上的。

④ 通过侵入计算机信息系统的，同时触犯我国《刑法》第 285 条第 2 款非法获取计算机信息系统数据或者非法控制计算机信息系统罪，符合 2011 年 9 月 1 日最高人民法院、最高人民检察院实施的《关于办理危害计算机信息系统安全刑事案件应用法律若干问题的解释》（法释〔2011〕19 号）（以下简称 11.09.01《计算机信息系统安全解释》）第 1 条规定的“获取支付结算、证券交易、期货交易等网络金融服务的身份认证信息”的情形。但该种情况属于牵连犯，不应排除并罚的可能性。

⑤ 10.05.07《立案追诉标准（二）》第 52 条规定，涉嫌下列情形之一的，应予立案追诉：（1）个人进行金融凭证诈骗，数额在 1 万元以上的；（2）单位进行金融凭证诈骗的，数额在 10 万元以上的。

施本罪诈骗未遂的,应给予处罚。

本罪以非法占有为目的,限于直接故意,因缺乏必要谨慎而过失使用伪造、变造的金融凭证兑付、结算的,不能以犯罪论处。

事实上,金融票据诈骗罪、金融凭证诈骗罪,都并非只是使用伪造、变造金融票证、金融凭证这一种"道具"实施诈骗,除少数金融票据、金融凭证可以单独使用之外,有的金融票据、金融凭证都必须借助其他相关必需的文件、证明材料。例如,需要相关特定项目资金的经济合同、协议、运输合同、采购合同、项目书、中标通知书、相关的证明身份的资料、工商登记资料等,很难只是凭借伪造、变造的金融票据、金融凭证就能够使相对人陷入错误认识,进而处分财物,这种现象更是贷款诈骗罪必需具备的内容之一。但是,就构成金融票据诈骗罪、金融凭证诈骗罪而言,上述必须"道具"是否需要伪造、变造并无具体规定,从这一点而言,在金融票据诈骗罪、金融凭证诈骗罪中同时使用伪造、变造的其他相关资料,可能触犯相关伪造、变造公民身份证罪或国家机关公文、证件、印章罪或公司、企业、事业单位、人民团体的印章罪等罪名。但是,正因为即便所有资料可能均是真实的,使用伪造、变造金融票证、金融凭证仍然可以构成犯罪,因此,使用伪造、变造金融票证、金融凭证实施诈骗,同时伪造、变造相关证明文件触犯其他罪名的,应为想象竞合犯,不宜数罪并罚。

(五) 贷款诈骗罪的刑事责任

犯本罪,处5年以下有期徒刑或者拘役,并处2万元以上20万元以下罚金;数额巨大或者有其他严重情节的,处5年以上10年以下有期徒刑,并处5万元以上50万元以下罚金;数额特别巨大或者有其他特别严重情节的,处10年以上有期徒刑或者无期徒刑,并处5万元以上50万元以下罚金或者没收财产。

六、信用证诈骗罪

(一) 信用证诈骗罪的概念和法益

信用证[①]诈骗罪,是指使用伪造、变造的信用证或者附随的单据、文件,或使用作废的信用证,骗取的信用证或以其他方法进行信用证诈骗活动的行为。本罪的法益,是金融机构财产所有权以及国家对信用证安全的监管。本罪主体为自然人一般主体以及单位,主观上只能是直接故意,以对使用的工具明知为条件,并以非法占有财物为目的,动机不影响认定。

---

① 信用证是国内、特别是国际贸易中最主要、最常用的支付方式。通常是不可撤销、不可转让的跟单信用证。信用证是一种银行信用担保文件,不依附于买卖合同,信用证是凭单付款,与基础贸易是相分离不以货物为准,开证银行对申请开证只单纯进行书面形式上的审单认证。这在国内贸易于国际贸易中都是相同的,开证银行对支付负有首要付款的责任,只要单证相符,开证行就应无条件付款。

（二）信用证范围、行为、主体、犯罪形态

我国信用证分为国际信用证与国内信用证[①]两种功能不同类型的信用证。从事国际贸易结算，应该遵守国际信用证结算的惯例[②]，而国内贸易使用信用证结算的，当然是遵循《国内信用证结算办法》。广义上的信用证诈骗罪，研究的是包括国内贸易中的信用证诈骗在内，狭义上的就只关注国际贸易中的信用证诈骗行为，后者为学界的主要研究方向[③]。

从我国刑法有关信用证犯罪的规定来看，国内贸易结算的信用证是包括在内的，如伪造、变造金融票证罪，违规出具金融票证罪，骗取贷款、票据承兑、金融票证罪所规定的"信用证"，就包括国内贸易使用的信用证。从本罪规定而言，行为人无论其伪造、变造、骗取信用证或使用作废信用证，都是为了实施诈骗，信用证只是其实施诈骗的"道具"而已。利用信用证的支付功能，使用伪造、变造、作废、骗取的信用证，直接用于（第一手）诈骗信用证项下的财物，无论受骗的是银行或其他金融机构还是其他客户，构成本罪并无异议，但将伪造、变造、作废的信用证用于抵押、质押、担保，骗取银行、金融机构贷款或骗取他人经济合同、协议项下的财物的，是否都构成本罪？肯定的意见认为，因行为人抵押、质押的是假的信用证，无论银行、其他金融机构或其他人，即便有担保方可以追偿，也不可能就抵押、质押的假信用证主张权利，同样危害到信用证监管[④]。本书认为，如果将利用假信用证作为抵押、质押、担保，无论骗取何种对象财物的行为，都构成本罪，则是纯粹以行为人所使用的"工具"论罪的结论，未必妥当。以信用证为工具且诈骗的系信用证项下财物，才能构成信用证诈骗罪。如果"使用"信用证，骗取的只是与使用信用证有关联但非信用证项下财物，应构成相关类型诈骗罪。例如，以非法占有为目的，使用伪造的信用证在他人处抵押借款，骗取的是借款，应构成合同诈骗罪，不是信用证诈骗罪；以非法占有为目的，使用伪造的信用证在在银行质押贷款，应构成贷款诈骗罪，不是信用证诈骗罪。

具体而言，本罪行为包括四种类型：

（1）使用伪造、变造的信用证或者附随的单据、文件[⑤]。伪造、变造行为是针对单证内容而言，至于单证形式的真实性则在所不问。伪造信用证，是指行为人编造、冒用开证银行的名义，采取描绘、复制、印刷等方法仿照真的信用证而制造的虚假的信用证。变造信用证，是指在真实信用证的基础上，采用涂改、剪贴、挖补等方法改变原

---

① 2016 年 10 月 8 日施行的《国内信用证结算办法》的主旨明确为："为更好地适应国内贸易发展需要，促进国内信用证业务健康发展，规范业务操作及防范风险，保护当事人合法权益"。第 3 条规定："本办法适用于银行为国内企事业单位之间货物和服务贸易提供的信用证服务。"

② 国际商会《跟单信用证统一惯例》。

③ 参见赵长青主编：《经济刑法学》，法律出版社 1999 年版，第 319 页以下；王作富主编：《刑法分则实务研究》（上），中国方正出版社 2013 年版，第 523 页以下；陈兴良主编：《罪名指南》（上册），中国政法大学出版社 2000 年版，第 460 页以下；黎宏：《刑法学各论》，法律出版社 2016 年版，第 161 页。

④ 参见马克昌主编：《百罪通论》（上卷），北京大学出版社 2014 年版，第 334 页。

⑤ 请参见"伪造、变造金融票证罪"有关信用证附随单据、文件的内容。

信用证主要条款和内容制造内容虚假、不实信用证。伪造、变造的单据、文件,是指伪造、变造开立信用证时约定的受益人必须提交方能取得货款的整套单据,如装船提单、出口证、产地证、重量、质量证书、检验报告、货物清单、商业发票、装货单、仓储文件、收据等。实践中最常见的是伪造、变造提单,即利用空头提单、倒签提单、预借提单、记载货物与实际货物不符的提单行骗。倒签提单,是指卖方装运货物的实际日期已经落后于信用证规定的日期,但卖方却要求承运人将装运日期记载为信用证规定的日期;预借提单,是指卖方在货物装上船之前要求承运人签发提单。倒签提单、预借提单是否构成信用证诈骗罪,应具体考察。如果卖方或受益人①仅仅是为了结汇或结算方便,货物的延迟装运使得买方的利益造成一定损失,或卖方或受益人有违约但拿到提单结汇、结算后又依约交付了货物,则应按合同纠纷处理;如卖方或受益人根本没有装运货物或者以根本不符合约定的劣货、假货充数,则是信用证诈骗行为。

至于构成本罪是否必须由行为人伪造、变造信用证以及附随文件等,有意见认为,无论是使用自己还是他人伪造、变造的资料,均不影响认定②。对于在境内使用伪造、变造的信用证或者附随的单据、文件实施诈骗,较好查处,但对国际贸易中在境外使用伪造、变造的信用证或者附随的单据、文件,在境内实施诈骗的,往往难以查处,主要的解决办法是提高识别伪造、变造的信用证或者附随的单据、文件的能力以增强防范。对实务中有专门成立为(进出口)客户服务的公司,如果存在由该公司在准备所需资料时作假的情况,即便是由该公司代办使用伪造、变造的相关单证文件,只要事实上受益者是明知的,就应视为其使用伪造、变造的信用证或者附随的单据、文件实施诈骗。

(2)使用作废的信用证。作废的信用证,是指银行不予承兑失去效用的信用证,如已过到期日或交单日的信用证,已经修改、撤销或注销的信用证等。使用伪造、变造或作废的信用证以及伪造、变造的附随单据、文件;又或者二者中有一类属于伪造、变造或作废的,均属于"使用"的诈骗行为。

(3)骗取信用证。骗取信用证主要是采取虚构事实、隐瞒真相骗领信用证并使用(于诈骗),如编造虚假的不存在的交易事实,欺骗银行为其开立信用证,或者根本无货或没有约定的货物,或者隐瞒企业经营不佳的状况,或者以投资为名诱使他人向银行开立以其本人为受益人的信用证。如果行为人仅实施了骗取信用证的行为,但未实际取得信用证,或者虽骗取了信用证,但未及使用(于诈骗),以及虽然已经使用但未能获得信用证项下的款项、货物的,对此如何处理有不同认识。张明楷教授认为,单纯只是骗取信用证的,既非本罪既遂也非未遂,而是本罪的预备。因为骗取信用证分为从银行骗取和从他人处骗取两种情形,骗取他人信用证的,仅为本罪预备

① 对外贸易中的受益人是信用证上指定的有权使用信用证的人,即出口商,并不要求一定是供货方(卖方)。

② 参见王作富主编:《刑法分则实务研究》(上),中国方正出版社2013年版,第525页。

（或中止）即可，而从银行骗取，由于银行工作人员[1]是受骗而为行为人开立内容虚假的信用证，行为人成立伪造金融票证罪（间接正犯）既遂（伪造金融票证罪与信用证诈骗罪的预备、中止形成想象竞合犯）[2]。

客观上说，骗取他人的（真实）信用证（以供自己诈骗使用），应在本罪还是合同诈骗罪、诈骗罪，或其他类型诈骗罪范围内讨论，还值得研究。本书认为，本罪并无"冒用他人信用证"应入罪的规定，现实中获得（包括骗取）他人真实信用证主要有以下情形：一是行为人需要向银行或他人融资，于是借用他人信用证之后抵押、质押、留置在银行或他人处作为融资凭证；二是行为人无资质申请开立信用证和享有信用证利益，又要从事贸易活动，于是有偿请有资质者代开信用证；三是诱使他人向银行申请开立以其本人为受益人的信用证（这是骗取信用证项下的财物，这无需讨论可以构成本罪）。在前两种情形下[3]，持证人实施包括信用证诈骗在内的诈骗犯罪活动，是完全可能的，但这两种情形，均不必然导致开证银行的损失。

首先，法律并不禁止借用他人信用证用作抵押、质押、留置。抵押、质押、留置是由双方（或多方）借贷合同调整，信用证无论抵押还是质押在借方或银行之处，实际上与信用证本身并无关系（信用证与一般抵押、质押物并无区别）。如骗取他人信用证后用于抵押、质押、留置所骗取非信用证项下财物（如抵押后向银行所借之款），是与信用证无关的财物，即便造成他人财产损失，开证银行也不用赔偿。其诈骗是按照合同诈骗罪（或其他类型诈骗罪）或诈骗罪处罚，应以事实上的"经济关系"来决定，双方有"借款"或其他合同的，应构成合同诈骗罪（或其他类型诈骗罪），没有的则应构成诈骗罪。通过抵押权、质押权而获得他人信用证的人，将信用证再使用于包括信用证诈骗的其他金融犯罪活动的，当然不影响诈骗犯罪的成立，但事实上不再是此处讨论的"骗取信用证"，因为信用证的取得并非"骗取"，否则就应该依法否定质押权、抵押权、留置权。即便在此种情形下，开证银行仍然享有向出借信用证的申请开证人的追偿权（定性问题容后一并再述）。

其次，对于国际贸易中利用代开信用证进行进出口贸易的情况，现实中也非常普遍。如代开之证被持证者用于实施包括信用证诈骗在内的诈骗犯罪活动，当然也不影响其构成诈骗犯罪，但被骗者并非银行而是代开信用证者。如诈骗取得非信用证项下财物，当然不是信用证诈骗罪，即便是将信用证用于实施信用证诈骗活动，开证银行支付信用证项下款项的，银行也是向申领信用证人追偿，并不会因此必然遭受损

---

① 银行工作人员可能会触犯违规出具金融票证罪；如系国家银行工作人员，可能触犯滥用职权罪、玩忽职守罪。

② 参见张明楷：《刑法学》（下），法律出版社 2016 年版，第 802 页。

③ 该议题对境内银行开证"骗取"语境下讨论，骗取外商（进口商）信用证用，包括在"骗取信用证"的概念中——这是骗取境外信用证，在境内使用也可能构成本罪，本书视其为另一个议题。因境内供货方不需要为境外进口商在境外开证提供抵押、担保。这只是出于适用我国《刑法》认定犯罪的考虑。

失[①]。这两种情形下实际的受害人是代开证者[②],因此开证银行与实际上使用信用证进行诈骗的人并无关联。此时,对诈骗者按照合同诈骗罪(或其他类型诈骗罪——如票据诈骗罪等)或诈骗罪处罚,同样应根据行为人与受骗的代开者之间存在何种“经济关系”来决定的,双方有“借资质代开”合同的,应构成合同诈骗罪,没有的,应构成诈骗罪[③]。因此,本书不能赞同骗取他人信用证尚未使用就一定是本罪(预备或中止)的结论。总之合理的结论是:利用他人(出借或代开的——骗取的)信用证,诈骗非信用证项下款物,不能认定为信用证诈骗罪。如抵押信用证骗取银行贷款,骗取利用信用证所签订的经济合同、协议项下的财物的,或者对行为人利用出借、代开的信用证实施信用证诈骗的,也非一定构成信用证诈骗罪,应具体分析受害人是谁。因事实上银行具有追偿权保障[④](或出借、代开具有合同保障的追偿权的信用证前提下),被诈骗的最终受害人是信用证出借者或代开证者,而不是开证银行。信用证保证金、担保被追偿的损失,并非信用证项下财物的损失,而是因“出借、代开信用证合同”造成的与该信用证无直接关联的财产损失,所以更符合合同诈骗罪“以其他方法骗取对方当事人财物的”[⑤]情形,以合同诈骗罪追究其责任,或者票据诈骗罪,更符合事实(如果无保证金、无担保[⑥],则应以信用证诈骗罪追究责任——此种情形后述说明)。

(4)以其他方法进行信用证诈骗活动。这是指上述手段以外的其他使用信用证进行诈骗活动。实践中主要是指利用“软条款”信用证进行诈骗活动的情况。“软条

---

① 能享受开证者在银行都存有保证金(信用证有授信额度),所以,只要是真实信用证,开证银行不会遭受损失。国内信用证申领除保证金外,还可根据申请人资信情况要求其提供抵押、质押、保证等合法有效的担保。

② 例如,同意将信用证借给他人用于抵押借款,如开证人自己去银行办理抵押,将款项借出的,则只是与借款者发生借款关系,与银行无关,遭受财产损失也与银行无涉;如开证人将信用证交给借款人自己去办理抵押借款,借款人不归还的,则开证人自己承担损失,银行自会收回信用证项下财物;如开证人同时是抵押借款人的担保人,或另有担保人的,借款人不归还的,银行不仅自会收回信用证项下财物,而且会向担保人追偿,所以,银行不是受害者。当然上述情况均不排除“他人”可能实施信用证诈骗行为,但银行不受损失;开证行则通过开证人的保证金,其他担保追偿信用证项下资金,同样不会遭受损失。

③ 除要求代开的费用外,一般也会要求交付开证的备用金,如果收取备用金而不开信用证的,应构成合同诈骗罪,而非本罪。

④ 有开立信用证资质者必须在银行存有保证金(另外的专有账户而且是不能动用),即便是信用证诈骗开证行必须支付信用证款项时,因开证银行没有错误,有保证金、担保可以追偿,所以支付的款项最终必须由申请开证者承担,因此,开证银行并不是实际受害人,真正受害者是信用证出借者、代开者。

⑤ 这是以出借、代开信用证双方(或多方)签订经济合同为前提,否则应构成诈骗罪。

⑥ 例如以供货为由骗取他人(如进口商)信用证,提供的担保系用信用证下(虚假)货物为担保物,骗取银行“打包贷款”,属于信用证项下财物,应构成信用证诈骗罪。这就属于“无保证金”“无担保”情形之一。“打包放款是借款人收到进口商所在地银行开来的信用证后,以信用证正本作抵押向银行申请的贷款,用于该信用证项下出口商品的进货、备料、生产和装运。”参见《中国工商银行信用证项下出口打包放款》第1条。

款”信用证，也称为“陷阱”信用证，是一种变相的可撤销的信用证①。通常是开证人或者开证行在开立信用证时，故意制造一些隐蔽性的条款，赋予开证行或开证人具有随时解除付款责任主动权。例如，设置收货收据必须开证人签发或核实后信用证方始生效的条款；或者规定船舶公司、船名、装船日期、起运港、目的港、验货人、品质证书、商检方式等需待开证人或开证行通知或同意的；设置更改信用证和撤销信用证为通知银行而非实际贷款银行等。涉及“软条款”信用证的情形，行为人主观上必须具有将来利用该信用证进行诈骗的目的，有此目的但仅开证而没有使用的，只是本罪的预备。

本罪主体为自然人一般主体和单位。依据现行法律，在我国境内外都可以进行信用证贸易，但就境外贸易而言，能与境外签订贸易合同并能够向银行申请开立信用证和享有信用证利益的人，必须是具有进出口经营权的公司、企业或其他事业单位，但这并不意味着只有单位才能实施本罪，现实中自然人实施信用证诈骗反而居多。如以受益人或者第二受益人的身份预借、倒签提单或者单证，或者发送假货劣货、低于合同价值的货物或者根本不发货，欺骗开证行、通知行、申请人，以取得信用证项下的款项；或申请开证人与受益人相勾结，由买方开立无购销关系的“空”信用证（虚假交易），凭此骗取银行打包贷款，此类信用证诈骗单位②和自然人③当然都可以实施。在实践中，银行可能是受害者，也可能是犯罪的单位，银行与自然人或单位共同实施信用证诈骗的，应以共同犯罪处罚。例如，开证申请人与开证行相勾结，设置信用证“软条款”，欺骗通知行和受益人，使其相信开证申请人的合法身份和交易的真实性，用伪造的、作废的信用证或以假合同骗取信用证项下的货物或质保金，收益人的货物或者履约金、预付金。从主体要求而言，信用证交易当事人以外的人实施伪造单据、盗窃等诈骗行为，不构成信用证诈骗罪。例如，卖方的货物代理人倒签提单以逃避卖方责任，货物由承运公司收货签发提单后将货物盗卖，或将船开至公海海域后自沉（一般是在大宗巨额交易），造成船货失踪现象（俗称的“鬼船”，当然这并非说此种现象只有在外贸领域才具有），应是合同诈骗罪。

本罪以具有使用行为为必要，即行为人将信用证用于诈骗的，才是完整的信用证

---

① “陷阱”信用证事实上必须有开证银行的配合，但是，“陷阱”信用证并不等同于可撤销信用证。可撤销信用证是指开证行无需事先征得受益人同意就有权修改其条款或者撤销的信用证。《跟单信用证统一惯例》（UCP500）第 8 条（B）项规定，即便是可撤销信用证，只要受益人已经按信用证规定交单，指定银行已经凭单证相符做出付款、承兑或议付，信用证就不可再行撤销或修改。http://wenda. so. com/q/1373353889064634？src = 140，访问时间：2016 年 5 月 28 日。

② 这里所设立的单位是否具有资质与境外签订贸易合同并能够向银行申请开立信用证和享有信用证利益，并不影响认定。

③ 根据 1999 年 6 月 25 日最高人民法院发布的《关于审理单位犯罪案件具体应用法律有关问题的解释》（法释〔1999〕14 号）的规定，在本罪中属于下列情况的，当然应以自然人犯罪论处：（1）个人为进行信用证诈骗活动而设立的公司、企业、事业单位实施信用证诈骗犯罪的，或者上述单位设立后，以实施信用证诈骗犯罪为主要活动的；（2）盗用单位名义实施信用证诈骗犯罪，违法所得由实施犯罪的个人私分的。

诈骗行为。但本罪属于行为犯[①]还是结果犯[②]有争议。如果从立法对本罪的入罪并未设定类似诈骗罪的“数额较大”等条件来看,将本罪理解为行为犯并未违反解释的规则[③],但联系到财产权也是本罪保护的法益,不以对财产侵害结果为既遂标准,并不符合信用证诈骗罪仍然是侵犯财产犯罪的本质。01.01.21《金融犯罪纪要》仍然强调金融诈骗犯罪定罪量刑数额标准和犯罪数额的计算问题[④],指出:金融诈骗的数额不仅是定罪的重要标准,也是量刑的主要依据。这表明了最高司法机关的基本态度。再者,信用证只是本罪的行为道具,如果行为人使用了道具即论以既遂,法理上难以解释。从信用证诈骗罪一般是涉及大宗贸易,从国际贸易的实际情况出发,信用证项下的款物数额都比较大,意图骗取或者实际骗取的财产数额也都比较大,所以入罪的数额标准不应低于普通诈骗罪的标准。至于诈骗的数额以信用证所记载的数额还是以实际得逞的数额计算?本书认为,信用证记载数额与实际得逞数额这两个标准并不矛盾,由信用证结算方式所决定,因含有尾款支付的信用证以及分期付款的信用证的存在,以信用证记载的数额为标准,当记载数额与实际诈骗得逞数额一致,当然没有问题;当记载数额与实际诈骗得逞数额不一致,以记载数额认定,则不一定是恰当的。

因本罪系“信用证诈骗罪”,无论是伪造、变造的还是作废的以及骗取的信用证,如没有“使用”(于诈骗)这一行为,难以与伪造、变造金融票证罪、骗取金融票证罪区别开,所以,对于只是从银行骗取而未及使用(于诈骗)的,本书赞同不宜成立本罪既遂。如何处罚?这则涉及本罪与伪造、变造金融票证罪、骗取金融票证罪关系的理解。理论上有想象竞合与法条竞合的不同认识[⑤]。因为伪造、变造信用证或者附随的单据、文件,或者以欺骗手段取得信用证,都是信用证诈骗罪所规定的行为方式,只要以上述手段取得银行信用证实施信用证诈骗的,必然同时触犯伪造、变造金融票证罪、骗取金融票证罪。因此,本书赞同法条竞合的观点,本罪属于特别法条。依据特别法条优于普通法条原则,本罪与伪造、变造金融票证罪的起刑点相同,按照本罪预备或中止处罚,更符合行为性质,规范评价上更为全面。对骗取信用证未及使用于诈骗的,则不仅因为本罪是特别法条,也因本罪起刑点重于骗取金融票证罪(重法优于轻法),按照本罪预备或中止论处可以做到罪责刑统一。当然,值得一提的是,伪造、变造信用证或者附随的单据、文件,有可能触犯伪造、变造国家机关、证件、印章罪或

---

① 参见苏惠渔主编:《刑法学》,中国政法大学出版社 1997 年版,第 535 页;孙际中:《新刑法与金融犯罪》,西苑出版社 1998 年版,第 277 页;李恩慈:《论信用证诈骗罪的构成及其效力范围》,载《现代法学》2000 年第 2 期;黎宏:《刑法学各论》,法律出版社 2016 年版,第 161 页。

② 参见舒慧明主编:《中国金融刑法学》,中国公安大学出版社 1997 年版,第 258 页;马克昌主编:《百罪通论》(上卷),北京大学出版社 2014 年版,第 339 页以下。

③ 10.05.07《立案追诉标准(二)》第 53 条亦只是规定以具有“行为”即可立案追诉,未规定损失结果。

④ 参见 01.01.21《金融犯罪纪要》“二、(三)”的规定。

⑤ 参见张明楷:《刑法学》(下),法律出版社 2016 年版,第 802 页;陈兴良主编:《罪名指南》(上册),中国政法大学出版社 2000 年版,第 463 页。

者伪造公司、企业、事业单位、人民团体印章罪，为牵连犯的，可以从一重罪处罚，也不应排除并罚的可能性。

有观点认为，行为人编造谎言欺骗外商开立信用证，而后用信用证在银行作抵押用来申请“打包贷款”，得款后潜逃的，既构成信用证诈骗罪，也构成贷款诈骗罪，系法条竞合，从一重罪论处就应以信用证诈骗罪定罪处罚①。本书认为，该观点说理有不圆满之处，由于境内行为人并非境外的申请开证人，在境内银行也并无保证金，必须有相应的担保，银行才可能放贷，如果担保责任是由其他人承担，显然此时行为人所骗取的并非信用证项下的财物，而是与信用证有关联的贷款合同项下的财物，并不触犯信用证诈骗罪条款，是骗取贷款罪与贷款诈骗罪的想象竞合犯，应按照贷款诈骗罪追究责任。如果是以信用证项下虚构的货物作为担保，则符合骗取信用证项下出口打包款②，系形式上的骗取贷款而实质上的信用证诈骗，应按照信用证诈骗罪追究责任。

（三）信用证诈骗罪的刑事责任

犯本罪，处 5 年以下有期徒刑或者拘役，并处 2 万元以上 20 万元以下罚金；数额巨大或者有其他严重情节的，处 5 年以上 10 年以下有期徒刑，并处 5 万元以上 50 万元以下罚金；数额特别巨大或者有其他特别严重情节的，处 10 年以上有期徒刑或者无期徒刑，并处 5 万元以上 50 万元以下罚金或者没收财产。

七、信用卡③诈骗罪

（一）信用卡诈骗罪的概念和法益

信用卡诈骗罪，是指以非法占有为目的，进行信用卡诈骗活动，数额较大的行为。本罪的法益为国家对信用卡监管以及财产所有权。本罪主体为自然人一般主体，根据 14.04.24《全国人大常委会刑法第 30 条解释》的规定，如果单位实施本罪的，对组织、策划、实施的行为人，应依本罪追究刑事责任。本罪主观罪过为直接故意，应以对使用的诈骗工具明知为必要条件，并以非法占有财物为目的，动机不影响认定。

---

① 参见陈兴良主编：《罪名指南》（上册），中国政法大学出版社 2000 年版，第 463 页。

② 《中国工商银行信用证项下出口打包放款》第 1 条。

③ 2004 年 12 月 29 日全国人大常委会发布、实施的《关于〈中华人民共和国刑法〉有关信用卡规定的解释》（以下简称 04.12.29《全国人大常委会信用卡解释》）规定：“刑法规定的‘信用卡’，是指由商业银行或者其他金融机构发行的具有消费支付、信用贷款、转账结算、存取现金等全部功能或者部分功能的电子支付卡。”

(二) 行为、争议问题

信用卡诈骗的具体行为方式包括:

(1) 使用伪造的信用卡,或者使用以虚假的身份证明骗领的信用卡。"使用",即利用信用卡的通常功能进行交易、支付以及结算的行为。"伪造的信用卡",是指行为人制作假的信用卡,这是最常见的伪造信用卡的情形。包括所制作的卡的信息,完全是复制他人信用卡信息的行为。例如,窃取甲的信用卡信息而复制一张内容相同的信用卡,再如发卡银行、机构工作人员非法制造(复制)他人的信用卡的"副卡"而使用的;也包括制造伪造信用卡所用信息资料内容,完全是虚假的信用卡。但以后要使用信息资料内容完全是虚假的信用卡实施诈骗,可能需要通过非法手段侵入所关联的发卡银行计算机信息系统进行修改,甚至在系统中为所持的假卡设置账户,虚置账户存款①。这是最符合字义的伪造信用卡,但并不常见,因需要内部人员配合②或有高超的计算机技术。使用"骗领的信用卡",包括以虚假身份证明骗领以及使用以他人身份证明骗领的信用卡③。骗领信用卡的行为是否使用者自己所为,在所不问。但使用者应以明知是骗领的信用卡为前提。

(2) 使用作废的信用卡。"作废的信用卡",是指使用因法定原因已经失去法定功能的信用卡的行为。至于何种具体原因致使信用卡失效,在所不问,应以明知已经失效仍然使用为前提。

(3) 冒用他人信用卡。冒用他人信用卡,是指未经合法持卡人同意,冒充合法持卡人持卡进行金融活动④的行为。当前,国家以及各级政府连带社会服务机构有对特定社会群体推出的"优待卡"⑤,有的卡也与社保卡联通,如果拾得(骗得)此类卡而冒用的,能否以诈骗看待?本书认为,对于此类现象还是应具体分析,不能一律以犯罪论处。对于一般意义上的优待卡,如减免费用乘坐车、船、地铁的老年卡等,虽然具备特定领域内的消费功能,但是,不具备通常意义上金融卡的存储、支付、结算功能,不

---

① 可以构成相关计算机犯罪,为牵连犯,不应排除并罚。

② 如系共同犯罪,可以信用卡诈骗罪一并处罚,但不排除内部人员可单独构成职务侵占罪。

③ 根据2018年12月1日最高人民法院、最高人民检察院实施的《关于修改〈关于办理妨害信用卡管理刑事案件具体应用法律若干问题的解释〉的决定》(法释〔2018〕19号)(以下简称18.12.01《信用卡解释》)的修订内容,2009年12月16日最高人民法院、最高人民检察院实施的《关于办理妨害信用卡管理刑事案件具体应用法律若干问题的解释》(法释〔2009〕19号)规定,以他人身份证明骗领,是以"违背他人意愿"为前提。

④ 18.12.01《信用卡解释》第5条第2款规定:"刑法第196条第1款第3项所称'冒用他人信用卡',包括以下情形:(1) 拾得他人信用卡并使用的;(2) 骗取他人信用卡并使用的;(3) 窃取、收买、骗取或者以其他非法方式获取他人信用卡信息资料,并通过互联网、通讯终端等使用的;(4) 其他冒用他人信用卡的情形。"2008年5月7日最高人民检察院实施的《关于拾得他人信用卡并在自动柜员机(ATM机)上使用的行为如何定性问题的批复》(高检发释字〔2008〕1号)指出:"拾得他人信用卡并在自动柜员机(ATM机)上使用的行为,属于刑法第169条第1款第3项规定的'冒用他人信用卡'的情形,构成犯罪的,以信用卡诈骗罪追究刑事责任。"

⑤ 如免费残疾人卡、免费老年卡、各类优惠减免福利卡等。

能视为信用卡性质的金融卡。冒充持卡人所享受的“优待”,是民事欺诈行为,骗取的“优待”福利不是具体财物,也不是财产性利益①。因发卡部门、机构享有对不应该享受优待而造成一定损失的人的追偿权(例如,不应该享受免费,相关机构可以要求其补齐应交费用),一般不应以诈骗罪看待。但是,如果享受优待的社会福利,在银行、金融机构开设有相对应账户并持有具备存储、支付、消费、结算功能的福利卡,如社保卡②以及与该社保卡联通的优惠卡(如高龄津贴、养老、残疾人补助卡等),则应该视为信用卡性质的金融卡,冒用上述卡的③可以构成本罪。

根据18.12.01《信用卡解释》第5条规定,使用伪造的信用卡、以虚假的身份证明骗领的信用卡、作废的信用卡或者冒用他人信用卡,进行信用卡诈骗活动,数额在5000元以上不满5万元的,应当认定为《刑法》第196条规定的“数额较大”。

(4) 恶意透支④。透支,是信用卡比较典型的功能之一,可以是在信用卡账户即便是无资金情况下⑤,预先用金融机构资金进行消费,在规定期限还款。透支款,是银行、金融机构向持卡人发放的信用贷款。我国《刑法》第196条第2款规定:“前款所称恶意透支,是指持卡人以非法占有为目的,超过规定限额或者规定期限透支,并且经发卡银行催收后仍不归还的行为。”恶意透支,以数额较大为入罪的必需条件。18.12.01《信用卡解释》第8条规定:恶意透支,数额在5万元以上不满50万元的,应当认定为“数额较大”。“恶意透支”的,必须“经发卡银行催收后仍不归还”⑥,这是判

① 这里特定人群享受优待的福利,不属于2014年4月24日全国人大常委会通过的《关于〈中华人民共和国刑法〉第266条的解释》的规定:“以欺诈、伪造证明材料或者其他手段骗取养老、医疗、工伤、失业、生育等社会保险金或者其他社会保障待遇的,属于刑法第266条规定的诈骗公私财物的行为。”因为规定中的“社会保障待遇”均为有国家、社会资金支持的“财产性利益”。

② 社会保障卡现已经基本实现“一卡多用、全国通用”的功能,其包括持卡人的基本信息,是持卡人享有社会保障和公共就业服务权益的电子凭证,它既具有社会保障服务的基本功能,又具有银行服务的功能,依托银行现已遍布全国的支付结算网络,为参保人实现持卡缴费、待遇领取、费用结算支付以及异地资金划拨、现金提取消费等提供支付结算手段。

③ 如果该卡规定允许指定亲属使用的,不应视为“冒用”。

④ 18.12.01《信用卡解释》第6条规定:“持卡人以非法占有为目的,超过规定限额或者规定期限透支,经发卡银行两次有效催收后超过3个月仍不归还的,应当认定为刑法第196条规定的‘恶意透支’。”“对于是否以非法占有为目的,应当综合持卡人信用记录、还款能力和意愿、申领和透支信用卡的状况、透支资金的用途、透支后的表现、未按规定还款的原因等情节作出判断。不得单纯依据持卡人未按规定还款的事实认定非法占有目的。”“具有以下情形之一的,应当认定为刑法第196条第2款规定的‘以非法占有为目的’,但有证据证明持卡人确实不具有非法占有目的的除外:(1) 明知没有还款能力而大量透支,无法归还的;(2) 使用虚假资信证明申领信用卡后透支,无法归还的;(3) 透支后通过逃匿、改变联系方式等手段,逃避银行催收的;(4) 抽逃、转移资金,隐匿财产,逃避还款的;(5) 使用透支的资金进行犯罪活动的;(6) 其他非法占有资金,拒不归还的情形。”

⑤ 发卡行要求信用卡必须与申领人其他还款帐户捆绑作为担保。

⑥ 18.12.01《信用卡解释》第6条将发卡行“有效催收”限定为“2次”催收。第7条规定:“催收同时符合下列条件的,应当认定为本解释第6条规定的‘有效催收’:(1) 在透支超过规定限额或者规定期限后进行;(2) 催收应当采用能够确认持卡人收悉的方式,但持卡人故意逃避催收的除外;(3) 两次催收至少间隔30日;(4) 符合催收的有关规定或者约定。对于是否属于有效催收,应当根据发卡银行提供的电话录音、信息送达记录、信函送达回执、电子邮件送达记录、持卡人或者其家属签字以及其他催收原始证据材料作出判断。”

断是否恶意透支的前置性条件,但是,超过规定限额或者规定期限透支,发卡银行未实施"催收"程序,不能视为"恶意透支"。

行为人持有的伪造、骗领以及作废的信用卡用于诈骗活动,未得逞的,可以构成未遂;相应的,也可以有犯罪预备或中止形态,但恶意透支,构成本罪的,只有犯罪既遂形态。

本罪并没有规定使用"变造"信用卡的应当如何处理①,在其他涉及破坏金融秩序管理犯罪中,也均将"变造"信用卡排除在外②。从"变造"的语义上,只能是通过在真实原物基础上所进行的改造,就这一点而言,对真实信用卡的"变造",除了个人或通过与银行、金融机构内部人员勾结以技术手段侵入银行、金融机构计算机系统③修改诸如原有的授信额度、降低收费、超限费用、延长还款日期、增加副卡数量等,虽然对信用卡监管有一定危害,但并不能对银行、金融机构资金带来直接的实质性风险,实无作为犯罪处罚的必要。如果对原卡改造直接危及发卡银行、金融机构资金安全的,则不能视为变造,而是伪造,如增加原卡并不具有的服务项目,将普通卡修改为可大额透支的"白金卡""钛金卡""无限额卡",或修改个人信息资料,使银行无法获得其个人真实身份的,又或将单位卡持卡单位名称修改,将原收费改为取消收费等,以上都是直接危及银行、金融机构资金安全的伪造行为。所以,只要对实质性内容进行加工,改变原卡的实质的,不是变造而是伪造。

对以各种非法手段,包括通过技术手段窃取他人信用卡信息,复制他人信用卡并使用的,是属于我国《刑法》第 196 条第 3 款"盗窃信用卡并使用"④的规定构成盗窃罪,还是属于使用伪造的信用卡构成本罪?有观点认为,这种"复制"属于"伪造"信用卡,因此不排除可以构成本罪⑤,也有观点认为,窃取他人信用卡资料后使用,应构成盗窃罪。这种情况虽然符合 18.12.01《信用卡解释》第 5 条第 2 款第 3 项"窃取、收买、骗取或者以其他非法方式获取他人信用卡信息资料,并通过互联网、通讯终端等使用的"规定,是"冒用他人信用卡"的行为,应构成本罪,但是,既然能将其中的"使用"行为认定为"冒用他人信用卡",那么整个行为就属于"盗窃信用卡并使用",因为不存在没有盗窃信用卡却使用了信用卡的情况,这是自相矛盾的,因此,该种情形应构成盗窃罪⑥。

本书认为,这一分歧正是由于"使用"概念丰富的内涵所造成的。虽然从形式上说,"使用"就是按照信用卡的功能所设定的方法使用,但依据信用卡的使用方法,会有不同的法的评价,盗窃他人信用卡在 ATM 机上取款是"使用",这是盗窃;盗窃他人

---

① 有观点认为这是立法缺陷,建议立法完善。参见周振想主编:《金融犯罪的理论与实务》,中国人民公安大学出版社 1998 年版,第 462—463 页。

② 参见伪造、变造金融票证罪的相关注释。

③ 不排除可单独构成相关计算机犯罪。

④ 这从语义上包括直接窃取他人信用卡并使用。

⑤ 参见马克昌主编:《百罪通论》(上卷),北京大学出版社 2014 年版,第 346 页。

⑥ 参见张明楷:《刑法学》(下),法律出版社 2016 年版,第 806 页以及页下注释。

信用卡在卖场购物,也是"使用",但却属于"冒用他人信用卡"构成信用卡诈骗罪。如此一来,同样是"使用"却导致不同的结论,这显然是以行为人利用信用卡的何种功能(取款还是购物)作为构成何种具体犯罪的标准。刑法采用了中性的"使用"一词,如从规范性评价看,既可能是"盗窃"的"使用",也可能是诈骗的"使用",还可能是诈骗的"冒用",又或者包括是合法的"使用"。显然,就"使用"的词义上进行讨论,无法得到明确的答案。

该问题首先应该解决的是刑法对非法获得(窃取、骗取或其他非法手段获取)他人信用卡信息后"复制"他人信用卡行为的评价。18.12.01《信用卡解释》第1条规定:"复制他人信用卡、将他人信用卡信息资料写入磁条介质、芯片或者以其他方法伪造信用卡1张以上的,应当认定为刑法第177条第1款第4项规定的'伪造信用卡'。"而复制的信用卡中所使用的他人的信息来源,法律并无限制性规定,当然可以通过各种非法手段,包括通过技术手段窃取他人信用卡信息。根据此条规定可以明确,在非法获得他人信用卡信息后再复制他人信用卡的行为,属于"伪造信用卡"。那么,伪造并使用伪造信用卡的,本应完全符合《刑法》第196条第1款第1项的规定,但如果从复制的信用卡信息是他人的而言,将此处的"使用"复制的信用卡解释为"冒用他人的信用卡"当然也不是不能成立。因此,同一司法解释则将"窃取……他人信用卡信息资料,并通过互联网、通讯终端等使用的"定性在"冒用他人信用卡"上,也并没有错误。其次,如前所述,伪造信用卡并非只是通过非法获得他人信用卡信息后"复制"他人信用卡这一种情况,还包括"无中生有"制造信用卡,信息资料内容完全是虚假的信用卡。就此而言,"冒用他人的信用卡"的诈骗,只是"使用伪造的信用卡"实施诈骗行为的常态表现形式之一,并非是独立于"使用伪造的信用卡"的特殊类型。因为即便不制造出这张塑料卡片,以他人信用卡信息资料通过互联网、通讯终端等使用,也同样可以实现结算、转款取款,在现实的功能上与"伪造信用卡"并"使用伪造的信用卡"没有实质性区别。本书认为,18.12.01《信用卡解释》对此项"冒用"的规定是多余之举,不仅没有实质性解决问题,反而造成更大的解释难题,即对"盗窃信用卡使用的"规定的定性之争。就前述所讨论的问题而言,从规范上统一"伪造信用卡"概念的意义上,本书赞同"复制"后使用是"使用伪造的信用卡"构成信用卡诈骗罪的观点。①

盗窃信用卡使用的,根据《刑法》的规定,是以盗窃罪定罪处罚。从语义上说,这里的"盗窃信用卡"是指盗窃作为财产权载体的真实的信用卡本身(包括在盗窃财物

---

① 经与不同学者的讨论认为,窃取信用卡信息资料并复制信用卡使用,为什么应与盗窃信用卡使用有区别,就在于盗窃的信用卡本身是可以直接利用的财产载体,也不能期待行为人盗窃后不使用信用卡。在性质认定上,"使用"可以解释为是盗窃罪与罚的后行为,完全可以评价为盗窃行为一个行为(当然对此还有不同见解)。而窃取信用卡信息资料并通过网络、通信终端使用,事实上此期间已经经过了复制,不仅使信息持有人丧失了信息的独占性(就如同伪造信用卡片一样,持卡人没有丧失自己的卡片,却已丧失了独占性),而且已经从无到有掌握了他人的信用卡信息,这一个环节完全符合司法解释规定的"复制"等同"伪造"的核心意思,这正是窃取信用卡信息资料使用不同于盗窃信用卡使用的核心环节,所以,归于"伪造信用卡"中一体评价较归于"盗窃信用卡"中一体评价更为准确。

时同一机会下获得)。主要争议在于,对具有欺诈性质的冒名签字行为是否需要单独评价?1986年11月3日最高人民法院对《上海市高级人民法院就王平盗窃信用卡骗取财物如何定性问题请示的答复》指出:被告人盗窃信用卡后又仿冒卡主签名进行购物、消费行为,是将信用卡本身所含有的不确定价值转化为具体财物的过程,是盗窃犯罪的继续,因此不另定诈骗罪,应以盗窃一罪定性。我国现行《刑法》采纳该《答复》的主旨。但不同意见仍然存在,认为金融卡(凭证)有记名与不记名之分,盗窃不记名金融卡使用,见卡付款或提供相关服务,只是单纯侵犯财产所有关系,应以盗窃罪论处;如是记名金融卡(凭证)同时窃取了必需的印鉴、证明材料等使用的,同样没有伪造等行为,也只是侵犯财产所有权,不侵害金融监管,也应以盗窃罪论处;如只是盗窃金融卡(凭证),而伪造、变造必需的印鉴、证明文件等,则应构成相应金融诈骗犯罪,是与伪造、变造类犯罪形成牵连关系,择一重罪论处。但信用卡是具有特殊性质的金融卡,既是记名的,又不属于印鉴齐全的金融卡,只是使用时需附随印签的金融卡,将盗窃信用卡使用等同于盗窃印鉴齐全的金融凭证,是一种误解。信用卡的价值只体现在所代表的一定数额财产上,盗窃信用卡本身并不能构成盗窃罪,只是为诈骗犯罪创造的条件,要实现信用卡所代表的利益,必须有进一步的欺诈行为。在ATM机上使用,事实上是权利人(银行)受骗(这是信用卡诈骗罪,相反的情况如持卡消费,则是盗窃罪),因此,以接受使用被盗信用卡者的不同,区别使用者使用行为的性质并不妥当。盗窃信用卡并使用,完全符合冒用他人信用卡的行为,应以信用卡诈骗罪论处。[①] 应该说最高人民法院1986年《答复》的主旨,着眼于"信用卡"的透支功能,而主张符合"冒用"构成信用卡诈骗罪的意见,也以此为论据,但与04.12.29《全国人大常委会信用卡解释》规定的"信用卡"并非同一概念。

本书认为,从语义解释看,盗窃的信用卡是他人的,则盗窃他人信用卡并使用,是能够符合"冒用他人信用卡"的规定,为何《刑法》将此排除在"冒用"的范畴之外,原因恐怕仍然是18.12.01《信用卡解释》将(诈骗的)"使用"与(诈骗的)"冒用"进行了对立解释。在18.12.01《信用卡解释》中,"冒用他人的信用卡"要求信用卡是真实的这一种理解[②],所有未经合法持卡人同意而以持卡人名义使用其信用卡的,都属之。如此,"使用"在与"冒用"的对立的理解上,就只有"使用伪造的信用卡"(包括"使用作废信用卡")一种解释。但不可否认的是,"骗领信用卡"是"未经同意",违背身份证明者的意愿申领,但信用卡是真实的,在使用"骗领"的真实信用卡的情况下,"使用"又不再能理解为"冒用",同为"使用"真实信用卡时,结论仍然不同。合理的解释只能将使用"骗领"的信用卡的"使用"回归到"使用"伪造(非法)的信用卡含义上,又造成"使用"内涵和范围的扩大化,包括了"骗领"行为。然而,与此又不协调的是,18.12.01《信用卡解释》将原本认定为"伪造信用卡"[③]再使用的行为(原本应符合"使

① 参见马克昌主编:《百罪通论》(上卷),北京大学出版社2014年版,第352—353页。

② 参见18.12.01《信用卡解释》第5条第2款的规定。

③ 18.12.01《信用卡解释》第1条规定:"复制他人信用卡、将他人信用卡信息资料写入磁条介质、芯片或者以其他方法伪造信用卡1张以上的,应当认定为刑法第177条第1款第4项规定的'伪造信用卡'。"

用伪造信用卡”）解释为“冒用他人信用卡”，进一步模糊了“使用”的内涵和外延。种种不协调的根源仍然在于不应将“使用”与“冒用”进行对立解释，或者说将“冒用”视为独立于“使用”的特别类型。正是从维护“伪造信用卡”概念的统一性出发，不应将“冒用他人信用卡”视为独立于“使用伪造的信用卡”行为类型，本书赞同“盗窃信用卡并使用”以盗窃罪追究责任的结论。从根本上说，该种情况并不是“冒用”的“使用”行为。此外，学者认为符合“冒用他人信用卡的”的意见，依据的是只具有“透支”功能而不具有确定价值数额的“信用卡”特征，这与04.12.29《全国人大常委会信用卡解释》规定的具备“消费支付、信用贷款、转账结算、存取现金等全部功能或者部分功能的电子支付卡”并非完全相同的概念。从这一点考虑，“盗窃信用卡并使用的，依照本法第264条（盗窃罪）的规定定罪处罚”同样不失为是合适的结论。

（三）信用卡诈骗罪的刑事责任

犯本罪，数额较大的，处5年以下有期徒刑或者拘役，并处2万元以上20万元以下罚金；数额巨大或者有其他严重情节的，处5年以上10年以下有期徒刑，并处5万元以上50万元以下罚金；数额特别巨大或者有其他特别严重情节的，处10年以上有期徒刑或者无期徒刑，并处5万元以上50万元以下罚金或者没收财产。

根据18.12.01《信用卡解释》第5条、第6条的规定，使用伪造的信用卡、以虚假的身份证明骗领的信用卡、作废的信用卡或者冒用他人信用卡，进行信用卡诈骗活动，数额在5000元以上不满5万元的，应当认定为“数额较大”；数额在5万元以上不满50万元的，应当认定为“数额巨大”；数额在50万元以上的，应当认定为“数额特别巨大”。恶意透支的，数额在5万元以上不满50万元的，应当认定为“数额较大”；数额在50万元以上不满500万元的，应当认定为“数额巨大”；数额在500万元以上的，应当认定为“数额特别巨大”。18.12.01《信用卡解释》第9条规定：“恶意透支的数额，是指公安机关刑事立案时尚未归还的实际透支的本金数额，不包括利息、复利、滞纳金、手续费等发卡银行收取的费用。归还或者支付的数额，应当认定为归还实际透支的本金。”第10条规定：“恶意透支数额较大，在提起公诉前全部归还或者具有其他情节轻微情形的，可以不起诉；在一审判决前全部归还或者具有其他情节轻微情形的，可以免予刑事处罚。但是，曾因信用卡诈骗受过两次以上处罚的除外。”

八、有价证券诈骗罪

（一）有价证券诈骗罪的概念和法益

有价证券诈骗罪，是指以非法占有为目的，使用伪造、变造国库券或者国家发行的其他有价证券,进行诈骗活动,数额较大的行为[①]。本罪的法益,是国家对有价证券发行、兑付、交易安全的监管以及财产所有权。主体为自然人一般主体[②],主观上为直接故意,对使用的诈骗"道具"明知为条件,并以非法占有财物为目的,动机不影响认定。

(二) 有价证券、行为

所有证券均是记载并代表一定权利的法律凭证。有价证券是指标有票面金额,用于证明持有人或该证券指定的特定主体,对特定财产拥有所有权或债权的凭证。对不具有流通性的证券,如存单、收据、借据是凭据证券[③],不能成为本罪的道具;用于诈骗的,可以构成诈骗罪、合同诈骗罪或其他类型金融诈骗罪。本罪使用的道具为"伪造、变造国库券或者国家发行的其他有价证券",即限于伪造的是国库券等国家发行的有价证券,伪造非国家发行的有价证券诈骗的,例如使用伪造、变造的本票、汇票、支票、存单、委托付款凭证、股票、公司或企业债券、地方政府债券等有价证券诈骗的,构成相应金融诈骗罪或诈骗罪。国家发行的有价证券,即政府债券,亦称公债券,是由国库(国家财政)作为还款保证,包括国库券和国家发行的其他有价证券。国库券是指为解决亟需预算支出而由财政部发行的一种国家债券,一段时期后可以依法转让,到期则由国家还本付息;国家发行的其他有价证券,是指国家发行的除国库券之外的载明一定财产权利的有价证券,如保值公债、国家重点建设债券、财政债券、国家建设债券等。

使用伪造、变造国库券或者国家发行的其他有价证券,实施诈骗。所使用的既可以是自己伪造、变造的,也可以是他人伪造、变造的。不论是自己还是他人伪造、变造的,只要属于明知而仍加以使用,就符合本罪要求。这里的使用,是否限于通常意义上的支付、汇兑、信贷、清算等融资活动,有不同认识。有观点认为,"使用"是为满足自己需要而交付一定物,以实现一定利益的行为。[④] 这是一种"中性"表达,其内涵是指通常意义上的支付、汇兑、信贷、清算等融资活动。不同观点认为,"使用"是指对不知情的自然人的"使用"。[⑤] 这虽然已经含有否定评价,但明显将伪造、变造国库券或其他国家发行的有价证券用于信贷、汇兑排除在外。也有观点认为,"使用"是指用伪造、变造的国库券以及国家发行的其他有价证券兑换现金、抵销债务等获取财物或财产性利益的活动[⑥]。该观点能够涵盖前两种观点的内容,本书赞同。

---

① 10.05.07《立案追诉标准(二)》第55条规定:"使用伪造、变造的国库券或者国家发行的其他有价证券进行诈骗活动,数额在1万元以上的,应予立案追诉。"

② 根据14.04.24《全国人大常委会刑法第30条解释》的规定,如单位实施本罪,对组织、策划、实施的行为人,应依本罪追究刑事责任。

③ 参见王作富主编:《刑法分则实务研究》(上),中国方正出版社2013年版,第540页。

④ 参见陈兴良主编:《罪名指南》(上册),中国政法大学出版社2000年版,第469页。

⑤ 参见张明楷:《刑法学》(下),法律出版社2016年版,第808页。

⑥ 参见王晨:《证券期货犯罪的认定与处罚》,知识产权出版社2008年版,第552页。

使用伪造、变造的国库券或国家发行的其他有价证券实施诈骗活动，既包括诈骗不知情的普通自然人，如将其冲抵债务、质押借款[①]或者直接用于消费等，也包括将其投入证券交易市场[②]，又或者在国家指定银行、金融机构兑付。以伪造、变造的国库券等国家发行的有价证券向银行、金融机构质押贷款的，符合“使用虚假的产权证明作担保”的贷款诈骗罪，系想象竞合犯，因两罪法定刑同重，只需按照其中任何一罪论处即可。

使用作废的国家发行的有价证券[③]或者伪造并使用无对应真实实体的（国家发行的）有价证券实施诈骗的，应如何处理？前者，有学者依据错误理论认为，明知是作废的，构成诈骗罪，如系认识错误不影响构成本罪。[④] 不赞同的观点认为，当明知是作废的而实施诈骗行为，构成诈骗罪，如系不明知则不应以犯罪论处。如果对作废的有价证券再实施加工，或明知是经他人对作废的有价证券进行过加工，行为人再用于诈骗活动，构成本罪，但不知是经他人加工的，仍然不构成犯罪。[⑤] 本书认为，金融证券知识是专门知识，对缺乏专门知识的普通人而言，未必均能有效辨识其真伪以及是否已经作废，因此，对明知作废并使用的，构成诈骗罪并无异议，而对缺乏专门知识的普通人而言，理论上说是“认识错误”，但该事实认识错误形成“不明知”的，也就意味着缺乏必要知识，能够阻却有诈骗的故意，而诈骗类犯罪过失不可能构成的。总之，本书赞同第二种观点。后者，因伪造的是无对应真实实体的有价证券，实质上并未对国家有价证券发行、兑付监管造成侵害，其使用（于诈骗）只侵害财产权，因此，应构成诈骗罪。本罪以诈骗数额较大为入罪标准[⑥]，应处罚未遂。

（三）有价证券诈骗罪的刑事责任

犯本罪，数额较大的，处 5 年以下有期徒刑或者拘役，并处 2 万元以上 20 万元以下罚金；数额巨大或者有其他严重情节的，处 5 年以上 10 年以下有期徒刑，并处 5 万元以上 50 万元以下罚金；数额特别巨大或者有其他特别严重情节的，处 10 年以上有期徒刑或者无期徒刑，并处 5 万元以上 50 万元以下罚金或者没收财产。

---

① 使用伪造、变造的国库券等国家发行的有价证券质押借贷款的，虽然有价证券本身无价值，但有票面价格，因此伪造、变造的国库券等国家发行的有价证券也有票面“价格”，无论骗取票面价格的财物，还是质押所借（物）贷款本身，性质上并无区别，均应以本罪论处。

② 只有记账式政府债券或无记名政府债券，才可上市交易，凭证式政府债券不能在交易所上市交易。后者是记名国债，可以挂失，可以质押贷款，但不能更名和流通转让，如需变现可随时到原购买网点提前兑取。

③ 作废的国家发行的有价证券，通常是指超过兑付期尚未销售或因残破作废的有价证券，当然还包括已经兑付过而作废的有价证券。

④ 参见赵秉志主编：《金融犯罪界限认定司法对策》，吉林人民出版社 2000 年版，第 406 页。

⑤ 参见王晨：《证券期货犯罪的认定与处罚》，知识产权出版社 2008 年版，第 558—559 页。

⑥ 10.05.07《立案追诉标准（二）》第 55 条规定，涉嫌有价证券诈骗活动，“数额在 1 万元以上的，应立案追诉”。

九、保险诈骗罪

(一) 保险诈骗罪的概念和法益

保险诈骗罪,是指投保人、被保险人、受益人,以非法占有为目的,采取虚构保险标的、保险事故或制造保险事故等方法,骗取保险金,数额较大的行为①。本罪的法益为保险机构财产所有权;本罪主体为自然人主体以及单位,符合投保人、被保险人、受益人身份之人应为特殊主体;主观罪过只能是直接故意,并以非法占有为目的,动机不影响认定。

(二) 行为及主体、形态、共犯

本罪具体行为方式包括:

(1) 投保人故意虚构保险标的,骗取保险金。本项行为的主体限于"投保人"。此项行为只能在保险合同签订前实施。"保险标的",根据我国《保险法》的规定,是指对作为保险对象的财产及其有关利益,人的寿命和身体。我国《保险法》规定的保险业务包括:人寿保险、健康保险、意外伤害保险等保险;财产损失保险、责任保险、信用保险、保证保险②;国务院保险监督管理机构批准的与保险有关的其他业务。理论上一般认为,虚构保险标的,是投保人违背签订保险合同应遵循法律规定的诚实信用原则,虚构保险标的客观存在性、适格性和价值等。对财产虚构标的是指虚构标的客观存在性、适格性和价值(部分或全部)等③。例如,将客观上并不存在的财产予以投保,是对保险标的客观存在性的虚构;将不予承保的属于易损、易耗品或不符合保险法规定可以投保的家庭财产(如金银饰品、古玩、藏品、艺术品、录音录像资料、用于生产经营活动的房产、违章建筑、危建等)"偷梁换柱"为以可承保财产,是对保险标的适格性的虚构;对保险标的价值低,虚报高的,是对保险标的价值的虚构。当然,上述虚构保险标的情况,可以在同一个保险标的中都存在,具有其一者均可以认为是虚构保险标的。但是,与财产"相关利益"是指什么?刑法中并没有相关规定。

---

① 10.05.07《立案追诉标准(二)》第56条规定:进行保险诈骗活动,涉嫌下列情形之一的,应予立案追诉:(1) 个人进行保险诈骗,数额在1万元以上的;(2) 单位进行保险诈骗,数额在5万元以上的。

② 财产损失保险,是指以补偿有形财产的直接毁损为目的的保险,保险标的为投保的各种物质财产;责任保险,是指被保险人依法应承担的民事赔偿责任并在受赔偿请求时,保险人应负赔偿责任的一种财产保险,保险标的为投保的有关民事法律责任;商业信用保险,是指被保险人在信用贷款或售货交易过程中,债务人不为清偿或不能清偿时,保险人将给予赔偿的一种财产保险,保险标的为有关信用;保证保险,是指债务人未履行债务或雇员的欺骗舞弊行为给债权人或雇主造成经济损失时,保险人负赔偿责任的财产保险,其保险标的为有关的担保责任。

③ 我国现行立法不禁止对同一保险标的重复保险(是指投保人对同一保险标的、同一保险利益、同一保险事故分别与两个以上保险人订立保险合同,且保险金额总和超过保险价值的保险)。故意隐瞒重复保险的,是否应该视为"虚构保险标的"值得研究。

我国《保险法》第12条第1款、第2款规定：人身保险的投保人在保险合同订立时，对被保险人应当具有保险利益。财产保险的被保险人在保险事故发生时，对保险标的应当具有保险利益。第6款规定："保险利益是指投保人或者被保险人对保险标的具有的法律上承认的利益。"根据上述规定，保险利益以保险标的存在为条件。投保人对保险标的不具有保险利益的，保险合同无效。所以，保险标的是保险利益的载体。这是界定保险利益的法定的合法性条件，即保险标的合法性。如果投保的标的不具有合法性，则相关的保险利益就不受法律保护。例如，隐瞒孩子有重大生理缺陷而以其身体健康为投保标的，当重大损伤后，以对重大疾病的治疗，造成家庭生活质量下降，申请的财产赔偿；明知是走私车辆，通过伪造一系列手续，挂牌后向保险公司投保，在发生事故后（或人为造成事故）向保险公司理赔，并以车损影响到自己正常工作为由申请的财产赔偿等，均是对财产利益的赔偿。本书认为，单独就保险标的保险利益的骗取，同样可以构成保险诈骗罪。在上述虚构保险标的时，其相应的保险利益不复存在。如果以被保险利益受损而请求赔偿款的，同样是保险诈骗。

上述种种虚构保险标的，因违反了"诚实信用原则"，根据我国《保险法》第16条的规定，法律赋予保险人有单方面行使"不可抗辩条款"解除保险合同的解除权。那么，对故意隐瞒、虚构保险标的，骗取保险金的情况，行为人是否可以援引第16条的规定，因保险人没有依照"不可抗辩条款"解除保险合同，作为行为人不构成犯罪的抗辩理由？从本项规定而言，似乎只要实施虚构保险标的行为的，就应该以犯罪论处（行为犯），但理论上多数意见认为，虚构保险标的，只是保险诈骗过程性预备性质的条件行为，不宜视为已经实行了诈骗行为。因虚构保险标的并不直接侵害保险公司财产安全，既然是"保险诈骗罪"就应从具有诈骗的结果上考虑，同属于结果犯的要求。

如此，从这一点考虑，投保人以保险人没有适用"不可抗辩条款"解除保险合同，丧失解除权是因其自身原因；或保险人应当承担赔偿或者给付保险金的责任，是必须依法律的规定而为，非自己骗取的，作为并没有实施保险诈骗理由，是否能够成立？本书认为，即便投保人可以援引"不可抗辩条款"也不能作为无罪理由。首先，我国《保险法》规定投保人负有如实告知义务，并非必须由保险人经过查证真伪后，才决定是否承保；其次，虚构保险标的违法在先，是导致保险人认识错误的原因，保险人的丧失合同解除权或应该承担赔偿或者给付保险金的责任，是对保险人违反《保险法》未能行使合同解除权规定的民事惩戒，并不是对投保人虚构保险标的的"奖励"，不能成为投保人免除违法责任的根据。因此，即便保险人没有行使"不可抗辩条款"解除保险合同，也不影响行为人是虚构保险标的行为性质的认定。

（2）投保人、被保险人或者受益人对发生的保险事故编造虚假的原因或者夸大损失的程度，骗取保险金。本项行为主体为投保人、被保险人或者受益人。保险事故，是指在保险合同约定的保险责任范围内的事故，对不属于保险责任范围的事故保险人不负有赔偿和给付保险金。该项行为以存在真实保险合同为前提，所发生的事故应该是真实的，但是否限于保险责任范围内的事故，在所不问。因为，即便真实事故可能超出保险责任范围,但编造虚假事故原因,就包括编造为在保险责任范围内的原因,应由保险人承担责任。我国《保险法》规定有保险人免除承担赔偿或者给付保险金的责任的各种事由,在可能因符合保险人免除赔偿、给付保险金原因而发生保险事故,为骗取赔偿、保险金而对事故发生编造虚假原因[①],或者虽未编造事故原因但故意夸大损失的程度,逃避投保人、被保险人或者受益人应负的责任,骗取保险金。后者,通常情况下保险事故是在保险责任范围内,但也存在保险事故超出保险责任范围,为骗取保险金既对事故发生编造虚假原因,也故意夸大损失的程度的情况。

(3) 投保人、被保险人或者受益人编造未曾发生的保险事故,骗取保险金。本项行为主体,为投保人、被保险人或者受益人。此项行为,只有为了骗保才可能编造未曾发生的保险事故。编造,当然是指"无中生有"的捏造,事实上并没有真实发生保险事故。[②] 例如,将被保险车辆藏匿,谎报被盗。对于脱(出)保[③]后发生事故,编造为保险合同有效日期内事故或保险责任范围内事故,是否属于编造未曾发生的保险事故?一种观点认为,只能是在保险合同有效期内编造未曾发生的保险事故[④];第二种观点认为,脱(出)保后编造保险合同期内事故,也是编造未曾发生的保险事故[⑤]。本书认为,常见的确实是在保险合同有效期内,这才有一定的骗保把握,但也的确有未及时续保处于脱保期发生事故,或脱(出)保期发生的是保险合同责任范围之外事故,为挽回自己损失而将真实事故编造为保险合同有效期内,或未超出保险合同责任范围内的事故来骗保,该种现象并不比在合同有效期内编造的危害程度要轻。以"编造未曾发生的保险事故"为认识基础,以保险合同有效期内并未发生"保险事故"为考察点,将脱(出)保后的事故,编造为保险合同有效期内的保险事故,或者保险合同责任范围内事故,符合"编造未曾发生的保险事故"。也就是说,这种编造保险事故,与事实上保险合同是否处于有效期并无直接的关系。

(4) 投保人、被保险人故意造成财产损失的保险事故,骗取保险金。本项行为主体,为投保人、被保险人。是故意造成保险标的毁损(一般以小额财产投保后自毁)骗取大额保险金。本项行为可能构成《刑法》规定的故意毁坏财产罪或破坏生产经营

---

① 例如保险车辆在肇事后逃逸,保险人不负有赔偿责任。

② 参见周振想主编:《金融犯罪的理论与实务》,中国人民公安大学出版社 1998 年版,第 487—488 页;黎宏:《刑法学各论》,法律出版社 2016 年版,第 166 页。

③ 脱保与出保不完全相同,脱保是保险期截止前没有正常投保,使原保险标的在一段时间内没有保险合同保障;出保,从保险人角度说,就是指保险事故发生后的"出险",也可指保险合同已不在有效期内,或者事故超出了保险合同约定的责任范围,本书只在后一意义上使用"出保"的概念。

④ 参见王作富主编:《刑法分则实务研究》(上),中国方正出版社 2013 年版,第 545 页。

⑤ 参见黎宏:《刑法学各论》,法律出版社 2016 年版,第 166 页。

罪，对此不应视为当然应该并罚[1]，因毁坏财物犯罪有数额以及情节的要求[2]，未符合条件的，只能视为情节。该项行为通常是在保险合同有效期内实施，如果投保人、被保险人在保险标的脱（出）保后再故意制造财产损失的事故，编造为保险合同有效期内的保险事故的，只能符合本项规定，而不能视为也符合"编造未曾发生的保险事故"的规定，后者是发生了真实事故，且并非故意制造，与"故意造成财产损失的保险事故"行为，在性质上有区别。因此，在脱（出）保后故意造成财产损失"事故"，再编造为保险合同有效期内发生的保险事故，性质上更为恶劣，理应在处罚时考虑从重。

（5）投保人、受益人故意造成被保险人死亡、伤残或者疾病，骗取保险金。本项行为主体为投保人、受益人。"故意造成被保险人死亡、伤残或者疾病"，是指实施故意杀人、故意伤害被保险人的行为，如果构成故意杀人罪、故意伤害（轻伤以上）罪，应实行数罪并罚。实施本项行为，如受益人与被保险人为同一人的（如自残骗保——自残一般可阻却违法性，法律另有规定的除外——何人为其投保，在所不问）；投保人与被保险人为同一人的（如自残、自杀骗保——自残、自杀一般可阻却违法性，自杀阻却违法性——何人为受益人，在所不问），不影响犯罪成立，但不能实行并罚，只能按照本罪论处。

本罪的着手和实行行为理论上一直有争议。有从构成要件形式意义上认为，只要实施所规定5种行为之一，就是实行行为，着手就是实施所规定的具体行为[3]，这可以称为"开始实施法定行为说"。不同观点认为，直接威胁法益并具有紧迫程度的行为才是实行行为，因此，只能以行为人开始向保险人索赔或者向保险人提出给付保险金的请求，为着手判断的标准[4]，可称为"索赔与传递请求说"。保险诈骗罪有不同于普通诈骗罪的地方，就在于骗取赔偿、保险金必须事先实施虚构保险标的、编造或故意制造保险事故的行为，是法律规制的行为，而普通诈骗罪编造谎言、隐瞒事实真相，法律并不一定有单独规制的规定。从这一点而言，行为既然为刑法分则所规定，形式上不能不说是"实行行为"，但实质上，如果不去实施索取赔偿、保险金的骗保行为，也确实不会直接危及保险人的资金安全，只有将骗保前的行为与骗保行为联系起来，前行为才有评价的意义。当然，前行为中有的行为有例外，是可以单独评价的，如虚构保险事故，只有为了骗取赔偿、保险金的才会实施；而故意造成财产损失、故意造成被

---

① 依据我国《刑法》第198条第2款的规定，只有"同时构成"故意毁坏财物罪、破坏生产经营罪的，才能数罪并罚。

② 08.06.25《立案追诉标准（一）》第33条规定：故意毁坏公私财物，涉嫌下列情形之一的，应予立案追诉：（1）造成公私财物损失5000元以上的；（2）毁坏公私财物3次以上的；（3）纠集3人以上公然毁坏公私财物的；（4）其他情节严重的情形。第34条规定：由于泄愤报复或者其他个人目的，毁坏机器设备、残害耕畜或者以其他方法破坏生产经营，涉嫌下列情形之一的，应予立案追诉：（一）造成公私财物损失5000元以上的；（2）破坏生产经营3次以上的；（3）纠集3人以上公然破坏生产经营的；（4）其他破坏生产经营应予追究刑事责任的情形。

③ 参见赵秉志主编：《破坏社会主义市场经济秩序罪》（下），法律出版社2001年版，第108页。

④ 参见张明楷：《刑法学》（下），法律出版社2016年版，第809页；黎宏：《刑法学各论》，法律出版社2016年版，第167页。

保险人死亡、伤残或者疾病的,即便没有事后去骗取赔偿、保险金的,也可能单独构成相应犯罪。但就构成本罪而言,前行为的意义仅在于与后行为联系在一起,即实施索赔或提出索赔要求,否则,要么前行为可以违反《保险法》规定给予行政处罚,如故意虚构保险标的、对发生的保险事故编造虚假的原因或者夸大损失的程度,未及实施骗保的后行为,也没有必要一定要以犯罪论处;要么可能单独构成相应犯罪,也即故意造成财产损失、故意造成被保险人死亡、伤残或者疾病的。因此,前行为只是过程性的预备性质的行为,本罪实行行为的只能是骗取赔偿、保险金行为,那么,着手只能以"索赔与传递请求说"为合理的解释,当然,向保险人着手索赔或传递索赔要求,而索赔未得逞的,是本罪未遂。

我国《刑法》第 198 条第 4 款规定:"保险事故的鉴定人、证明人、财产评估人故意提供虚假的证明文件,为他人诈骗提供条件的,以保险诈骗的共犯论处。"本款规定,应属于提示性规定,因此,至少需要保险诈骗行为人着手后,为他人诈骗提供条件的行为人才能构成共犯,否则,只能构成《刑法》第 229 条第 1 款规定的"提供虚假证明文件罪"。此外,构成本罪共犯,也不意味着只有在上述这种情况下,其他无投保人、被保险人、受益人身份者实施教唆、帮助行为的,也可以构成共犯。

(三) 保险诈骗罪与我国《刑法》第 183 条的关联

我国《刑法》第 183 条第 1 款规定:"保险公司的工作人员利用职务上的便利,故意编造未曾发生的保险事故进行虚假理赔,骗取保险金归自己所有的,依照本法第 271 条的规定定罪处罚。"第 2 款规定:"国有保险公司工作人员和国有保险公司委派到非国有保险公司从事公务的人员有前款行为的,依照本法第 382 条、第 383 条的规定定罪处罚。"第 183 条的规定只适用于主体为保险公司工作人员实施的保险诈骗,如果保险诈骗者与保险公司工作人员共谋实施本罪的,因主体均为真正身份的共同犯罪,但应以哪个真正身份犯的罪名定罪处罚,是有争论的。① 本书认为,在这种犯罪中,只要存在为此动议,并能主导犯罪实施的一方(可能是投保人、被保险人、受益人,也可能是保险公司工作人员),可以优势地位与主导犯罪的一方确定犯罪性质及罪名;在实质上难以区别的情况下,也不妨以一个重罪名均以共同正犯定罪处罚。

(四) 保险诈骗罪的刑事责任

犯本罪,数额较大的②,处 5 年以下有期徒刑或者拘役,并处 1 万元以上 10 万元以下罚金;数额巨大或者有其他严重情节的,处 5 年以上 10 年以下有期徒刑,并处 2 万元以上 20 万元以下罚金;数额特别巨大或者有其他特别严重情节的,处 10 年以上有期徒刑,并处 2 万元以上 20 万元以下罚金或者没收财产。单位犯本罪的,对单位判

---

① 参见林亚刚:《刑法学教义》(总论)(第 2 版),北京大学出版社 2017 年版,第 522—525 页。

② 10.05.07《立案追诉标准(二)》第 56 条规定:进行保险诈骗活动,涉嫌下列情形之一的,应予立案追诉:(1) 个人进行保险诈骗,数额在 1 万元以上的;(2) 单位进行保险诈骗,数额在 5 万元以上的。

处罚金，并对其直接负责的主管人员和其他直接责任人员，处5年以下有期徒刑或者拘役；数额巨大或者有其他严重情节的，处5年以上10年以下有期徒刑；数额特别巨大或者有其他特别严重情节的，处10年以上有期徒刑。

张明楷教授认为，当保险诈骗数额特别巨大或者有其他特别严重情节的，与（合同）诈骗罪成立想象竞合关系，应从一重罪处罚[①]。本书赞同结论，但不大赞同法理。合同法意义上的保险合同的确属于合同，保险诈骗本质上也是合同诈骗的类型之一。可以说，各个金融诈骗罪的各类合同，都能够在合同诈骗罪的范畴内成立，正是从这意义上说，两罪之间是法条竞合关系，而非想象竞合关系。合同诈骗罪因其针对的相对人与金融诈骗罪的相对人不完全相同，因此，合同诈骗罪的"合同"，是将有特别规定的合同排除在外的，例如，"以伪造、变造、作废的票据或者其他虚假的产权证明作担保"签订合同，骗取银行、金融机构资金，是贷款诈骗罪，以此为"道具"与非银行、金融机构的相对人签订合同，骗取其资金的，是合同诈骗罪。本书认为，从合同诈骗罪与金融诈骗犯罪的关系而言，也只能这样理解，否则，《刑法》规定的一个个本质上就是"合同诈骗"的金融诈骗罪，完全是多余之举。

故意造成财产损失的保险事故以及故意造成被保险人死亡、伤残或者疾病，骗取保险金，同时构成其他犯罪的，依照数罪并罚的规定处罚。保险事故的鉴定人、证明人、财产评估人故意提供虚假的证明文件，为他人诈骗提供条件的，以保险诈骗的共犯论处。

十、合同诈骗罪

（一）合同诈骗罪的概念和法益

合同诈骗罪，是指以非法占有为目的，在签订、履行合同过程中，骗取对方当事人财物，数额较大的行为[②]。本罪的法益是国家、集体、公民个人财产权益以及国家对市场交易安全秩序的监管。主体为自然人一般主体和单位，主观上是故意并以非法占有为目的，动机不影响认定。

（二）合同、对象、行为、非法占有目的

本罪的合同是行为人用于实施诈骗的工具，而非本罪的对象。"合同"是民事主体的自然人、法人、其他组织之间设立、变更、终止民事权利义务关系的协议。本罪所说的合同是市场经济活动中的"经济合同"，涉及的是市场交易（本质上必须能够危害到市场交易秩序安全的），才能处于本罪保护法益的范围之内。所以，《民法典》规定

① 参见张明楷：《刑法学》（下），法律出版社2016年版，第811页。

② 根据10.05.07《立案追诉标准（二）》第77条的规定，本罪数额在2万元以上的，应予立案追诉。

的合同是否均属于本罪合同,需要以是否涉及规范的市场交易活动为前提。以签订并不涉及市场交易活动的合同实施诈骗,超出本罪法益保护的范围,应以其他相关犯罪论处。如赠与合同,依据《民法典》第658条的规定,在具有救灾、扶贫等社会公益、道德义务性质的赠与合同或者经过公证的赠与合同,是不能撤销的赠与合同,正是基于这一特殊性,行为人可以利用签订赠与合同实施诈骗。例如,以修建"希望小学"为名获得捐赠款然后逃匿的,不能以本罪论处,应构成普通诈骗罪,因该赠与合同并不具有规范市场行为的性质。同理,与市场交易安全秩序无关的婚姻、收养、监护等有关身份关系的合同、劳务合同,也不能成为本罪范围内的"合同"。

根据《民法典》第469条的规定,合同形式有书面形式、口头形式和其他形式[①]。书面形式可以是本罪合同,但口头形式的合同,是否属于本罪合同的范畴?否定说认为,口头合同的成立基础并不是"合同"本身,而是对彼此"人格"的信赖,口头合同成立时,当事人也多未意识到这是订立"合同"的意义,否则是会订立书面合同的;单位不可能"开口说话",因此口头合同的主体不可能是单位,将此种诈骗以普通诈骗罪定性,不会因普通诈骗罪主体不包括单位而放纵单位犯罪行为;反之,如果认可口头合同包括在合同诈骗罪中,最终会架空普通诈骗罪。[②] 肯定说中的具体分析说认为,涉及市场经济秩序有关的口头合同,符合《民法典》规定的合同成立要件,通过市场行为获得利益的口头合同属于本罪范畴内的合同,而日常生活中的口头合同,应归于普通诈骗罪范围内[③]。本书赞同后一观点。口头合同的成立,的确是基于对人格的信赖,否则就没有口头合同一说,但以单位不能"开口说话",就认为单位不能是口头合同主体的观点,法理上讲不通。任何单位犯罪,都是由自然人来实施的,只要自然人"说"的,体现的是单位的意志,就是单位"说的话",认可对方"所说",合同就成立。如此,将所有基于口头合同实施诈骗的归于普通诈骗罪,认为不会放纵单位实施合同诈骗的观点,值得商榷。至于将口头合同视为本罪范畴内的合同将会架空普通诈骗罪的担忧,则更不能成为理由,因为并非从普通诈骗罪中分离出"口头合同",普通诈骗罪的规定就成为空置的条款。基于"口头合同"的诈骗,的确在刑事诉讼中有举证难的问题,但这是侦查取证的程序法问题,实体法上还不足以将"口头合同"从合同诈骗罪中予以排除。

本罪对象是公私财物(个人财产,国家、集体、公司、企业资产)。多数说认为,财产性利益可以成为诈骗罪的对象。无形财产需要具体分析。商标权、专利权、著作权、商业秘密等知识产权不能成为合同诈骗罪的对象,因其一般不具有实物载体,即

---

① 合同的其他形式,是指合同当事人未用语言明确表示成立,但根据当事人的行为或者特定情形推定成立的合同,也称为默示合同。如房屋租赁合同租赁期满后,出租人未提出让承租人退房,承租人也未表示退房而是继续交房屋租金,出租人仍然接受租金。尽管双方没有重新签订合同,但是可以依当事人的行为推定合同仍然有效,应继续履行。

② 参见蔡刚毅:《析合同诈骗罪之合同》,载《刑法问题与争鸣》(第4辑),中国方正出版社1999年版,第404—405页。

③ 参见熊选国:《刑法刑事诉讼法实施中的疑难问题》,中国人民公安大学出版社2005年版,第256—257页;张明楷:《刑法学》(下),法律出版社2016年版,第835页。

便以签订经济合同方式骗取使用权的，商标权人、专利权人、著作权人也没有丧失所有权，可以按照侵犯知识产权犯罪论处；但是，如果知识产权有智力成果的载体，以合同方式骗取数额较大的智力成果，可以构成本罪。关于不动产，目前理论上赞同不动产可以成为盗窃罪对象，但能否为诈骗犯罪对象，尚无定论，本书持肯定的观点。法律禁止交易的不属于违禁品的物品，不能成为本罪对象（如人体器官、公民个人信息）。

本罪对象的财物是否以“合法性”为必要，以签订合同方式诈骗“非法所得的财物”，是否构成本罪？肯定说认为，占有者虽然不能主张非法所得的所有权，但仍然存在权利关系，应受法律保护，无论合法还是非法，都可以成为诈骗对象。[①] 补充的观点认为，非法所得占有者虽然不能主张所有权，但未经法定程序处置前，所有权是国家的，实质上侵犯国家所有权，因此，利用合同诈骗非法所得财物的，应构成本罪。[②] 本书认为，“非法所得的财物”有“物品”也有“金钱”（包括孳息），骗取金钱的，因金钱是种类物，民法上对金钱的占有也就是所有，只要不否定取得金钱的事实，无法认定为诈骗。因此，是否构成犯罪与金钱是否非法所得之物无关；对于非法所得的“物品”（犯罪所得赃物、走私所得财物），赞同的观点并未将“违禁品”排除，事实上违禁品与非法所得的物品，能否截然分开是需要认真对待的。在此种犯罪中可能属于“非法所得的物品”，在他种犯罪中可能就属于“违禁品”，甚至在彼种犯罪中可能既是“违法所得”同时也属于“违禁品”。例如，制造毒品者对走私毒品者以交付部分毒品作为走私的“酬劳”的，走私者获得的毒品，可以说是非法所得物，也是违禁品。

本书对能够明确区分属于非法所得的物品，可以成为合同诈骗罪对象。问题是属于违禁物品，或者两种属性都具有的，应该如何看待？第一种观点认为，违禁品亦属于所有物，可以成侵犯财产犯罪对象[③]。第二种观点主张具体分析，能否成为侵犯财产犯罪对象，关键在于《刑法》对违禁品是否就取得行为已经有明文规定为其他性质的犯罪，有规定的，自然不是犯罪对象，按照规定犯罪论处，除此之外的违禁品，则有可能成为对象。[④] 赞同具体分析的观点补充认为，依据有关司法解释[⑤]，违禁品既然可以成为盗窃罪对象，当然可以成为诈骗的对象，因违禁品虽然是一种“黑色商品”但也有经济价值[⑥]。第三种观点认为，违禁品不能在市场上合法交易流通，该合同不受法律保护，不履行该合同也不构成违约，而且交易本身就是违法，甚至是犯罪，所以侵犯的并非市场交易安全秩序，这是与合同诈骗罪的本质区别，因此不能构成合同诈

---

① 参见高铭暄、王作富主编：《中国惩治经济犯罪全书》，中国政法大学出版社 1995 年版，第 1044 页。

② 参见周洪波、田凯主编：《破坏市场管理秩序罪司法适用》，法律出版社 2005 年版，第 223—224 页。

③ 参见金凯主编：《侵犯财产罪新论》，知识出版社 1988 年版，第 11 页。

④ 参见赵秉志主编：《侵犯财产罪研究》，中国法制出版社 1998 年版，第 30 页。

⑤ 13.04.04《办理盗窃案件解释》第 1 条第 4 项规定：“盗窃毒品等违禁品，应当按照盗窃罪处理的，根据情节轻重量刑。”

⑥ 参见莫开勤：《合同诈骗罪问题研究》，载陈兴良主编：《刑事法判解》（第 3 卷），法律出版社 1999 年版，第 175 页。

骗罪,只能就诈骗的后续行为考虑是否构成相关犯罪[①]。本书原则上赞同第三种观点,也赞同对没有特别规定违禁品交易构成其他性质犯罪的,其交易即便是签订合同方式诈骗,也应按照普通诈骗罪论处的具体分析观点。对同时有两种属性对象实施诈骗的,因合同诈骗罪与普通诈骗罪法定刑同重,不妨均以普通诈骗罪论处。

合同诈骗与普通诈骗并没有本质区别,仍然是以编造谎言、隐瞒真相的手段,以签订交易合同为道具,骗取他人财物。虽与对方当事人签订合同,但行为人既无履行合同的能力,也不打算履行合同,以"邀约"的假象使对方当事人产生错觉,使之"自愿"签订合同进行交易,骗取当事人数额较大财物。有以下类型:

(1) 以虚构的单位或者冒用他人名义签订合同。"虚构单位"是以现实中并不存在的单位之名签订合同;"冒用他人名义"是指以他人的名义签订合同,而被冒用的他人对所签订的合同并未予以追认。我国《民法典》第 171 条第 1 款规定:"行为人没有代理权、超越代理权或者代理权终止后,仍然实施代理行为,未经被代理人追认的,对被代理人不发生效力。"因此行为人没有代理权、超越代理权或者代理权终止后,以被代理人名义与他人签订合同的,事后只要未得到被代理人追认的,也属于"冒用他人名义签订合同",但应注意与民事责任的区分。如果以"表见代理"之名实施诈骗构成犯罪,应排除对被代理人追究刑责,也有必要对行为人在追究刑事责任同时,由其承担民事责任[②],包括可以同时追究担保者的责任[③]。

(2) 以伪造、变造、作废的票据或者其他虚假的产权证明作担保。"票据",是指《票据法》规定的汇票、本票、支票等金融票据,"其他产权证明",是票据之外证明对拥有某项财产所有权属有效的证明文件,如房屋所有权证、土地使用权证、存单、有价证券、债券等。用伪造票证做担保,即以制作的假的票证作担保,伪造票据的来源,不影响认定。如果系行为人自己伪造的,则也触犯伪造金融票证罪,对不符合牵连犯的,应数罪并罚。用变造的票证作担保,即以将真实票证内容加以改变而成的票据作担保,伪造票据的来源,不影响认定。如果系行为人自己变造的,则触犯变造金融票证罪,不符合牵连犯的,应数罪并罚。用无效票据做担保,是将过期、被宣告作废的票据做担保,作废票据来源,不影响认定。用虚假的产权证明做担保,是指以事实上对某项财产并不享有权利的证明文件做担保。本书认为,"虚假产权证明"既包括是"假的产权证明",例如伪造的产权证明,也包括是"真的"产权证明,但实质上行为人对该产权不享有权利。

(3) 没有实际履行能力,以先履行小额合同或者部分履行合同的方法,诱骗对方当事人继续签订和履行合同。这是以小利获取大利,为骗取当事人更多的财物以"放长线"实施的诈骗。是否具有实际履行能力,理论上主张以行为人在签订合同前,以及履行合同过程中的实际资产以及资信、货源等情况进行综合判断。本书认为,"履

---

① 参见周洪波、田凯主编:《破坏市场管理秩序罪司法适用》,法律出版社 2005 年版,第 224—225 页。

② 黄华平、邓子滨:《论合同诈骗罪的几个问题》,载《刑法问题与争鸣》(第 4 辑),中国方正出版社 1999 年版,第 347 页。

③ 参见"非法吸收公众存款罪"页下注释。

行能力”是客观能力需要具体分析,也需要对合同签订的约定内容进行具体考察。例如,特别是签订买卖(购销)合同,在审查有“没有实际履行能力”时,应注意到实务中签订的“以销代购”合同。不应只将签订合同前的实际资产以及资信为依据,应重点考察实质上为“代销方”是否为履行合同做出过真诚的努力,不可将未按约定支付价款的,一概认定为诈骗。实务中,名为购销实为代销,大体上有两种:一是签订购销合同,转移标的物所有(占有)权,约定以销售为前提支付议定购买的价款,而实际销售价格与供货方无关,在已销售情况下,代销一方可能有高收益,但同时也承担低价销售的风险(这可能造成供货方不能按照约定获取货款);二是签订购销合同,但实为代销合同,标的物转移,但所有(占有)权不发生转移,实际销售价格由双方或单方确定,以实际销售额支付议定价款,代销方赚取销售差价,由供货方承担低价销售风险。对实为“代销”的,一般均存在由供货方承担“回购”或“回收”义务,或实际上行使该权利义务的情况。这类似有失“公平”合同的签订,通常是由于货物滞销急于出售而寻找代销方,而代销方并非都因自有资金充足而愿意代销。如果存在“试销”而后再续签合同的情况,如果造成滞销而不能付款时,很易与“先履行小额合同或者部分履行合同的方法,诱骗对方当事人继续签订和履行合同”相混淆。因此,应审查合同的签订是否是双方真实意思表示,以及代销方是否具有销售后携款潜逃、隐匿货物等非法占有目的的行为,而不应以签订合同前是否有支付价款的能力予以评判。

(4) 收受对方当事人给付的货物、货款、预付款或者担保财产后逃匿。该项行为,通常认为是指在合同签订后,得到标的物后潜逃,表明行为人无履行合同的诚意,也不打算履行合同。至于合同是在何种状态下签订的,在所不问。因此,该项行为也可以成为对前几项诈骗行为非法占有的诠释,在排除躲债(例如还存在其他债务)而逃匿的,是认定具有非法占有目的的典型表现。当然,该种潜逃行为,并不要求以“欺诈手段”签订合同为前提,即便是行为人没有使用欺诈手段签订合同,也有履行合同能力,只要收受对方当事人给付的货物、货款、预付款或者担保财产后逃匿的,就符合本项要求。

(5) 以其他方法骗取对方当事人财物。是指使用除所列举的手段之外,以虚构事实、隐瞒真相方法骗取当事人财物的行为。但行为仍限于以市场交易的合同为道具,骗取合同项下财物。例如,诱使当事人签订规避法律、法规或国家政策的合同,在收到给付的货物、货款后,以此为理由,不履行合同的,或者与其他当事人恶意串通、虚构事实,借用合法的民事程序提起虚假诉讼,侵占当事人货物、货款或其他财产的。但是,非基于交易合同而虚构事实、隐瞒真相方法骗取财物的,也即与交易合同无关的因素致使相对人产生的错误认识,即便签订合同,也应该构成普通诈骗罪。例如,以解封清代巨额“遗产”需要资金,骗取当事人投资,签订入股或借款协议,得款后潜逃的,是普通诈骗;基于市场交易,虚构开展对外贸易需要资金而签订借款协议,得款后潜逃的,则是合同诈骗。本罪以骗取数额较大财物为入罪条件[①],为结果犯,有处罚未遂的余地。

本罪明文规定了"以非法占有为目的",多数说认为本罪只能出于直接故意,其非法占有目的无论是在签订合同前产生,还是签订合同后产生,都不影响认定。但也有学者主张间接故意可以构成本罪,理由主要是:与直接故意才能构成本罪观点的分歧,源于对合同诈骗罪的主观要件有不同的评判标准。如以非法占有财物或非法获利为特定结果,那么这是在追求该种结果,都具有犯罪目的,是直接故意;如以财物损失为特定结果,那么在主观要件上,就既可以是直接故意,也可以是间接故意。[②] 赞同的观点认为,对主观上究竟是"有意占有他人财物"还是"能赚就赚,能骗就骗"并不明确,但将主观故意和客观行为结合看,可以得出结论,即有的是直接非法占有目的,有的只是通过合同欺诈手段赚取超额利润,对他人损失持放任态度。这两种故意都是合同诈骗罪的主观罪过形式。[③]

首先,认为非法占有心态与财物损失心态是因主观要件的评价标准不同,所以可以有不同答案,所混淆的是评价的立场,而并非评价的标准。"非法占有"目的,是从行为人立场对其主观心态进行评价(这是规范的评价标准),而"财物损失"的心态,是从被害者立场认识其对自己造成的客观损失事实的辨识(也是司法认定是否犯罪的标准之一),即被害人是否认识到自己的财产损失,这两种心态并非处于矛盾对立面上。用被害人的主观心态去评价行为人的主观罪过,混淆的是立场[④],而非标准。如果均从主观心态而言,即便没有"财物损失"结果,也不妨碍行为人主观上有"非法占有"的目的(诈骗未遂就是适例)。其次,赞同观点将行为人的心理过程与其心理上欲求混为一谈,则更不可取[⑤]。"能骗就骗"是所有实施诈骗行为人的心理过程,而非"非法占有目的"的欲求,心理过程并非决定对欲求结果实现的态度,无论心理过程如何,最终想不想非法占有,才是对欲求的解答。最后,在实际非法占有他人财物时,"能骗就骗"的心理过程不再具有任何刑法上的意义,刑法对罪过的认定,并不关注其心理过程,而是最终结局的"非法占有目的"的实现[⑥]。更不能赞同"通过合同欺诈手段赚取超额利润,对他人损失持放任态度"也符合合同诈骗罪之说。如此一来,将本是因市场造成的价格波动多赚取的利润,或者没有达到相对人心理定位的利润,或购买后的销售未达成心理预期的收益,都将被视为使相对人财产受到损失;或者将签订不可控的合同风险转移给相对人,使之承担可能的财产损失,也都能符合"放任"的心

---

① 10.05.07《立案追诉标准(二)》第77条规定:"以非法占有为目的,在签订、履行合同过程中,骗取对方当事人财物,数额在2万元以上的,应予立案追诉。"

② 参见王宗光:《诈骗罪主观要件新探》,载《法学》1997年第2期。

③ 参见陈瑞林:《合同诈骗罪犯罪故意探析》,载《刑法问题与争鸣》(第4辑),中国方正出版社1999年版,第324—325页。

④ 即便行为人有非法占有目的,但被害人不认为自己被骗(自愿处分财物),不可能构成的诈骗罪,也不因被害人认为自己有财物损失,相对人就构成诈骗罪。

⑤ 还不得不指出,"能赚就赚"并不只能涉及犯罪的心理,合法的经济活动也是"能赚就赚"。

⑥ 参见林亚刚:《刑法学教义》(总论)(第2版),北京大学出版社2017年版,第215页。

态。如此情况视为合同诈骗罪,并无道理可言。本书认为,我国《刑法》规定的合同诈骗罪,主观上只能是直接故意。

(三) 合同诈骗罪与金融诈骗犯罪的关联

应该说,涉及金融活动的合同,也是市场经济活动的"经济合同"。例如,贷款合同、保险合同、集资合同等也是经济合同。最高司法机关也将"金融合同"归于合同诈骗罪的"合同"之中①,目前尚无理由将金融合同从合同诈骗罪"合同"中分离出去,因为这样的合同也同样关乎市场交易秩序安全。因为银行、金融机构的收益,以及参与金融活动的其他人的收益也得接受市场调节,所以,以此合同实施诈骗的,本质上也危害(金融)交易安全。故不得不理顺合同诈骗罪与以合同方式实施的相关金融诈骗罪的关系。合同与金融合同是种属关系,如果从刑法的具体规定上说,除个别金融诈骗罪(集资诈骗罪)外,被害人是以银行、金融机构为主(不排除个别诈骗行为可以针对个人),而且有的只能是针对银行、金融机构实施诈骗。如是,则以银行、金融机构为相对人的诈骗,以及需要以银行、金融机构为主体介入的(如银行对金融票据背书的审核)金融合同诈骗,应该以相应的金融诈骗罪论处,而以单位、个人为诈骗相对人,以及交易行为不涉及银行、金融机构为主体介入的金融诈骗(例如,单位与个人,单位与单位以及个人与个人之间的融资借贷合同),应以合同诈骗罪论处。从这一意义上说,合同诈骗罪与金融诈骗罪具有法条竞合关系。

(四) 合同诈骗罪与民事欺诈、合同纠纷的界限

合同诈骗行为人是要以无偿或较小代价非法占有他人的财物,不具有履行合同的能力或根本不打算履行合同,但这往往与民事欺诈、经济纠纷混淆在一起,实务中界限很难区分。合同行为当然是民事行为,就合同中的欺诈而言,则包括签订和履行合同中的欺诈。当事人在签订或履行合同中,如采取诸如夸大实力或虚构、隐瞒对己不利的情况,有的实质上就是合同诈骗,有的则属于一般的民事欺诈。

合同诈骗与民事欺诈在主观上都有获取不当利益的故意,都有通过编造谎言、隐瞒真相行为,使当事人限于错误认识而做出处分,获得利益。可从以下特征识别民事欺诈与合同诈骗的区别:(1) 民事欺诈的行为人主观上有欺骗的故意,客观上也实施了欺骗行为,但民事欺诈的故意,不是为非法占有相对人财物,而是为了使相对人陷入错误认识,做出有利于自己的民事行为。例如,使得相对人在低价位成交,或导致

---

① 01.01.21《金融犯罪纪要》曾规定:"单位不能构成贷款诈骗罪。根据刑法第 30 条和第 193 条的规定,单位不构成贷款诈骗罪。对于单位实施的贷款诈骗行为,不能以贷款诈骗罪定罪处罚,也不能以贷款诈骗罪追究直接负责的主管人员和其他直接责任人员的刑事责任。但是,在司法实践中,对于单位十分明显地以非法占有为目的,利用签订、履行借款合同诈骗银行或其他金融机构贷款,符合刑法第 224 条规定的合同诈骗罪构成要件的,应当以合同诈骗罪定罪处罚。"有关对单位中的自然人不能以贷款诈骗罪追究刑事责任的规定,因与 14.04.24《全国人大常委会刑法第 30 条解释》相冲突已经失效。请参见贷款诈骗罪、保险诈骗罪相关内容。

货物积压。(2) 民事欺诈"故意告知对方虚假情况"(编造谎言),主要是表现为夸大自己实力、履约能力;"故意隐瞒真实情况"(隐瞒真相),主要是掩盖自己履约(已经显现或可能)存在的瑕疵和缺陷,或应该履行告知义务而不履行。(3) 民事欺诈在客观上虽然编造了谎言或隐瞒了真相,但行为人有实际履行合同的能力,不否定实施了欺诈行为,无逃避责任的表现并为履行合同做出了真诚努力,相对人可以通过民事诉讼得到赔偿。当然,民事欺诈与合同诈骗之间并无绝对的"鸿沟",合同签订初期可能只具有"欺诈"的故意,也会在履行合同期间产生"非法占有"目的;反之,起初是诈骗的故意,也不排除在履行合同期间放弃诈骗,并实际履行合同。区分二者,关键在于是否具有非法占有的目的,对客观上的欺诈行为,应结合全案事实进行判断,不应将客观上有欺诈行为,并因此获利视为诈骗,更不应将虽然有欺诈行为,但已经积极履行合同,因客观原因履行合同不到位,造成相对人一定损失的视为合同诈骗罪追究刑事责任。

合同纠纷是民事纠纷的一种,是合同双方当事人在合同生效后,就合同约定的相关事项所发生的争议。合同纠纷既可能是双方违约引起的纠纷,也可能是单方违约而引起的(包括双方或单方有民事欺诈行为)。无论合同纠纷的起因是什么,当事人并不具有通过签订合同方式骗取相对人财物的行为,也无非法占有他人财物的目的。可从以下方面认识合同纠纷与合同诈骗的区别:(1) 合同纠纷当事人在合同签订过程中,并没有实施合同诈骗罪规定的具体行为,换言之,合同的签订是双方真实意思的表示(如果有欺诈行为的,请参见前述"民事欺诈"内容),争议的发生有实在的根据(质量、数量、价格、履行地、履行瑕疵、合同签订有欺诈等)。(2) 合同纠纷,当事人一方或双方,有履行合同的基本能力,即便合同签订中有(民事)欺诈行为,也能就合同履行实施积极的行为,或为履行合同创造条件,只是在争议发生后导致合同履行停滞,或者因客观条件变化致使无法履行,主观上不具有故意造成违约并以此非法占有相对人财物的目的。(3) 违约方不逃避违约责任,关注因违约给相对人造成的损失并愿意就损失予以赔偿,相对人可以通过民事诉讼予以救济。同样,合同纠纷与合同诈骗之间也可能发生转变,即便合同签订时并没有使用诈骗手段,也可能会在履行合同过程中产生非法占有目的;反之,起初是诈骗的故意,也不排除在履行合同期间放弃诈骗,有实际履行合同的行为。合同纠纷与合同诈骗的区别,仍然在于行为人主观上不具有非法占有他人财物的目的。所以,应认真查明纠纷产生的原因,综合考察行为人在合同生效后履行的具体情况,非人为并故意造成的争议(例如,故意制造"合同陷阱"造成相对人违约)占有他人财物的,不应以合同诈骗罪追究刑事责任。

(五) 合同诈骗罪的刑事责任

犯本罪,处 3 年以下有期徒刑或者拘役,并处或者单处罚金;数额巨大或者有其他严重情节的,处 3 年以上 10 年以下有期徒刑,并处罚金;数额特别巨大或者有其他特别严重情节的,处 10 年以上有期徒刑或者无期徒刑,并处罚金或者没收财产。单位犯本罪的,对单位判处罚金,并对其直接负责的主管人员和其他直接责任人员,依照本罪的规定处罚。

十一、抢 夺 罪

(一) 抢夺罪的概念和法益

抢夺罪,刑法的规定是简单罪状,理论上表述不同,多数说认为"是指以非法占有为目的,公然夺取公私财物,数额较大,或者多次抢夺的行为"①。但一般对何为"抢夺"并不说明,因而,理论上解释不同。早期理论上认为抢夺是"趁人不备夺取"②,虽然实务中多数情况下是"趁人不备""出其不意"③,但不使用暴力、胁迫而利用人多优势,即便在被害人有备的情况下,公然夺取的财物的,也非鲜见。因此,是否还应以"趁人不备""出其不意"界定抢夺,的确值得考虑。但"趁人不备""出其不意"仍然是本罪突出的特点。本罪的法益,多数说认为是财产权利④。本书认为,抢夺罪不采取以严重侵犯人身的暴力、威胁方法而获取财物,但不能排除使用轻微暴力公然夺取财物的情况,关键在于暴力针对的对象,况且,抢夺并不排除可能造成人身伤害(造成伤害应如何认定,是另一个问题)。因此,抢夺罪的法益应包括人身法益。⑤ 本罪主体为自然人一般主体,主观上是故意,并以非法占有为目的,动机不影响认定。

(二) 对象、行为、故意

本罪对象是动产,即可以移动的财物,包括赃款、赃物以及违禁品等,但不包括法律有特别规定的对象,如枪支、弹药、爆炸物、公文、证件、国有档案等⑥。抢夺是公然夺取公私财物,入罪以抢夺公私财物数额较大或多次抢夺财物为标准。

"公然夺取",多数情况下是在他人没有防备的情况下,以突然的行动夺取财物,但这并不意味着针对有防备的夺取不是公然夺取,公然夺取也不必当着众人之面或者在公共场所内夺取,而是指当着被害人的面,即便是采取能使财物持有者立即发觉的方法强制占有他人财物,也是公然夺取。事实上被害人是否即刻发觉财物被抢,并不影响认定。如果行为人误对财物占有的所属发生错误认识,也不影响定性。例如,夺取实际上是乙的提包,误认为是甲的,仍然是抢夺。公然夺取,是以有形之力作用

---

① 高铭暄、马克昌主编:《刑法学》,北京大学出版社、高等教育出版社 2016 年版,第 506 页。

② 参见高铭暄主编:《刑法学》,法律出版社 1982 年版,第 485 页;周道鸾、张军主编:《刑法罪名精解》,人民法院出版社 1998 年版,第 560 页;胡云腾主编:《刑法条文案例精解》,法律出版社 2004 年版,第 389 页。

③ 我国台湾地区学者,在"抢夺"的解释上,仍有主张"趁人不备"的学者。参见黄仲夫:《刑法精义》,台湾元照出版有限公司 2006 年版,第 623 页。

④ 参见王作富主编:《刑法分则实务研究》(中),中国方正出版社 2013 年版,第 973 页。

⑤ 侵害人身法益,应与抢夺对象的财物相关联,仅就人身法益而言,不能成为抢夺罪保护的法益。

⑥ 可能触犯抢夺枪支、弹药、爆炸物、危险物质罪,抢夺、毁灭国家机关的公文、证件、印章罪,抢夺国有档案罪,抢夺武装部队证件、印章罪,抢夺武器装备、军用物资罪。

于财物之上,并不是针对人身,以强制手段排除他人防护财物的可能性。其主要特征是通过突然采取的行为,制造出使他人来不及采取防护措施的时机,或者利用客观上的恰当时机来夺取财物。

张明楷教授和黎宏教授对抢夺的解释,均认为是“当场直接夺取他人紧密占有的财物”①。如张明楷教授认为,“只有当行为人所夺取的财物是被害人紧密占有物,并且对财物使用了非和平之手段,可以评价为对物暴力的抢夺行为”②。而且,“只有当对物的暴力行为可能导致被害人伤亡时,才宜认定为抢夺罪。”③按照这一标准,夺取财物行为可能导致被害人伤亡,是要求构成抢夺罪实施“暴力”的最低标准④,如果不及此程度的暴力就不构成抢夺罪。何为“紧密占有”?“即被害人提在手上、背在肩上、装在口袋里等与人的身体紧密联结在一起的财物。”手表放在被害人面前的桌面上、自行车和手推车里储物框里的手提袋等,都没有贴在身体上,出其不意拿起逃走的,因为均不属于被害人紧密占有下的财物,不构成抢夺罪,而属于公开盗窃行为的结论⑤,值得商榷。

本书认为,抢夺行为的确在多数情况下,因采取突然的强拉硬拽的方式抢夺财物,被害人在没有防备情况下,很容易造成人身伤害,例如被拽到撞伤,鼻环、耳环被强扯下,导致鼻翼、耳郭被扯破,严重的拖拉硬夺当然会发生致人重伤、死亡的严重后果。但是,如要求抢夺必须具有导致伤亡可能性时,才能是抢夺则是不现实的,司法中也难以被采纳。⑥ 正如有学者指出,抢夺与盗窃区别的这一新界限,使得盗窃罪成为“侵财罪的兜底罪”,而且,“夺取财物的行为在客观上并没有造成人员伤亡的实际结果时,要想判断此种夺取财物行为有没有造成人员伤亡之可能性,这在实践中几乎是不太可能操作的。用没有发生的事情在客观上发生的可能性去区别两个罪,这实际上是用客观上不存在的事实区别盗窃与抢夺……用一种可能性去界定盗窃与抢夺的行为类型只会使行为类型更难于辨认。”⑦而且,新的划分标准,实际上将盗窃与抢夺的关系弄得更加扑朔迷离,实践中一旦按此标准进行操作,盗窃和抢夺几乎没有办法区分……依赖一种可能性来区分盗窃与抢夺,这种可能性不仅可能使两罪界限模

---

① 参见张明楷:《刑法学》(下),法律出版社 2016 年版,第 994 页;黎宏:《刑法学》,法律出版社 2016 年版,第 305 页。

② 张明楷:《盗窃与抢夺的界限》,载《法学家》2006 年第 2 期。

③ 张明楷:《刑法学》(下),法律出版社 2016 年版,第 995 页。

④ 张明楷教授主张,行为人的夺取财物的行为应具有致人伤亡可能性才能构成抢夺罪,并认为“从立法沿革上看,刑法对抢夺罪都规定了致人伤亡的结果加重犯,而没有对盗窃罪规定致人伤亡的结果加重犯。这显然是因为抢夺行为通常可能致人伤亡”。经查阅新中国成立后的刑法立法草案可知,只有 1950 年 7 月 25 日中央人民政府法制委员会制定的《中华人民共和国刑法大纲草案》第 11 章“侵害私有财产罪”第 140 条第 3 款规定了抢夺罪的结果加重犯,此后的草案均无对抢夺罪有类似规定。参见高铭暄、赵秉志编:《新中国刑法立法文献资料总览》(上),中国人民公安大学出版社 1998 年版,第 163 页。

⑤ 参见张明楷:《刑法学》(下),法律出版社 2016 年版,第 998 页。

⑥ 隐瞒身份承运货物,运货途中趁货主不防备当面将货物拖走,以抢夺罪定罪处罚。参见胡云腾主编:《刑法条文案例精解》,法律出版社 2004 年版,第 390 页。

⑦ 董玉庭:《盗窃与抢夺的新界分说质疑——兼与张明楷教授商榷》,载《人民检察》2010 年第 15 期。

糊，甚至可能使两罪的界限消亡。[①]

抢夺财物以数额较大[②]或多次抢夺为入罪标准。

本罪主观上是直接故意，且以非法占有他人财物为目的。虽有抢夺财物的行为，但主观上不具有非法占有他人财物的目的，不构成抢夺罪。例如被害人将自己被他人非法占有的财物夺回的、因债务纠纷抢夺回认为应“属于”自己的财物的等。如果夺回财物的行为致人伤亡的，则应按照相应的犯罪论处，不构成抢夺罪。

（三）抢夺罪既遂与未遂

本罪的既遂与未遂标准，理论上有争议。主张“失控＋控制”说的观点认为，应以财物是否已经脱离被害人完全控制、支配及行为人已否实际控制为准。已抢到财物，不论占有时间多么短暂，即使被追赶弃赃逃逸，也应视为既遂。[③] 主张“脱离＋控制”说的观点认为，行为人只有携带夺取的公私财物逃离现场，即实际控制所夺取的财物的，才能认定是抢夺罪的既遂；未实际控制所夺取的财物的，是抢夺罪的未遂。[④] 主张控制说的观点认为，应以实际控制为标准区别抢夺的既遂与未遂。[⑤] 控制的前提是被害人失去对财物的控制，所以，控制说实际上已包含着被害人“失去控制”的要求，被追赶中途弃赃的，说明被害人并没有真正失去控制，与“失控＋控制”说认定的既遂标准并不相符；而“脱离＋控制”说要求脱离现场作为评价标准的前提，其不当之处在于，有的抢夺案件在一定的时机下并不需要脱离现场，如在列车即将开车的瞬间抢夺旅客行李的，旅客没有条件下来追赶，何来需要脱离现场？[⑥] 结合抢夺案件的特点，本书认为控制说是比较合理的一种标准。

---

① 董玉庭：《盗窃与抢夺的新界分说质疑——兼与张明楷教授商榷》，载《人民检察》2010 年第 15 期。

② 2013 年 11 月 18 日最高人民法院、最高人民检察院实施的《关于办理抢夺刑事案件适用法律若干问题的解释》（以下简称 13.11.18《抢夺案件解释》）第 1 条规定，抢夺公私财物价值 1000 元至 3000 元以上，为数额较大。但各省、自治区、直辖市高级人民法院、人民检察院可以根据本地区经济发展状况，并考虑社会治安状况，在前款规定的数额幅度内，确定本地区执行的具体数额标准，报最高人民法院、最高人民检察院批准。第 2 条规定：“具有下列情形之一的，‘数额较大’的标准按照前条规定标准的 50% 确定：（一）曾因抢劫、抢夺或者聚众哄抢受过刑事处罚的；（二）一年内曾因抢夺或者哄抢受过行政处罚的；（三）一年内抢夺 3 次以上的；（四）驾驶机动车、非机动车抢夺的；（五）组织、控制未成年人抢夺的；（六）抢夺老年人、未成年人、孕妇、携带婴幼儿的人、残疾人、丧失劳动能力人的财物的；（七）在医院抢夺病人或者其亲友财物的；（八）抢夺救灾、抢险、防汛、优抚、扶贫、移民、救济款物的；（九）自然灾害、事故灾害、社会安全事件等突发事件期间，在事件发生地抢夺的；（十）导致他人轻伤或者精神失常等严重后果的。”

③ 参见金子桐等：《罪与罚——侵犯财产罪和妨害婚姻、家庭罪的理论与实践》，上海社会科学院出版社 1987 年版，第 119 页。

④ 参见唐若愚：《抢夺罪犯罪既遂标准之我见》，载《法学与实践》1992 年第 4 期。以上两种观点均转引自赵秉志：《侵犯财产罪》，中国人民公安大学出版社 2003 年版，第 237—238 页。

⑤ 参见赵秉志：《侵犯财产罪》，中国人民公安大学出版社 2003 年版，第 237—238 页。

⑥ 同上书，第 237 页。

(四) 抢夺罪转化为抢劫罪

1. 携带凶器抢夺转化抢劫罪[①]

我国《刑法》第267条第2款规定:"携带凶器抢夺的,依照本法第263条的规定定罪处罚。" 有观点认为,该规定的内容欠缺明确性,造成在适用上的诸多问题[②],但也有持赞同观点的[③]。侵财犯罪是一种"机会犯",行为人是要以最小的冒险成本追求"利益"的最大化。所以,在事前往往有多种准备的,能骗就骗,不用偷;能偷则偷,不用抢;不能骗、不能偷,才会冒险抢,才会冒险杀人越货。因此,该款规定虽欠缺一定的明确性,但却具有合理性。根据该款规定,只要查证是携带凶器实施抢夺犯罪的,就应以抢劫罪定罪处罚,更不是要求在抢夺中使用凶器实施了暴力或胁迫行为。如果携带凶器,并在遭遇反抗时展示、使用或者持凶器威胁的,应直接按照抢劫罪定罪处罚,不适用该款规定。

针对"凶器"[④]如何界定及其范围的确定,有不同认识:一是认为,凶器只能是枪支、弹药、爆炸物、管制刀具等可以用于杀伤人的,以及其本身不属于管制物品,如菜刀、啤酒瓶、小水果刀、甚至钢笔等,但被行为人用于作为抢夺后盾的物品。[⑤] 二是认为,只要用于行凶的任何器具或者工具,都是凶器。[⑥] 凶器就是指用于行凶的,按照社会一般观念,在一般的情况下能够给人体构成严重威胁的器具。[⑦] 三是认为,凶器仅指在通常情况下瞬间能够致人伤害(轻伤以上)、死亡的,具有较大杀伤和威慑力的器械。[⑧] 四是认为,凶器是指性质上或用途上足以造成杀伤的器物。凶器可分为性质上的凶器和用法上的凶器两类,前者属于违禁品,后者是可能用于杀伤他人的器具。某种器物是否凶器,可综合以下因素:(1) 器具杀伤机能如何;(2) 供杀伤使用的盖然

---

① 陈兴良教授认为将此款是"法律推定"的抢劫罪,参见陈兴良:《刑法疏议》,中国人民公安大学出版社1997年版,第449页;张明楷教授认为是法律拟制规定,参见张明楷:《刑法学》(下),法律出版社2016年版,第996页。

② 参见吴珍文:《"携带凶器抢夺"的立法思考》,载《湖南医科大学学报(社会科学版)》2010年第4期。

③ 参见张明楷:《简论"携带凶器抢夺"》,载《法商研究》2000年第4期。

④ "凶器"并非规范意义上的刑法用语,但既然被规定在刑法中,就需要对此界定。批评观点认为,无论任何器具或工具,只有用于行凶时才能叫凶器。所以,与行凶行为(包括现实的和预谋的)相脱离,根本无法事先确定什么是凶器以及凶器的范围。参见王作富主编:《刑法分则实务研究》(中),中国方正出版社2013年版,第915页。这一质疑是成立的,但是尚不足以说明问题,因为立法规定的"凶器"是指既没有展示出来,更没有使用的。所以,在规范上是要解释尚未使用的,如何界定为"凶器"。

⑤ 参见肖中华:《抢劫罪适用中的几个问题》,载《法律科学》1998年第5期。

⑥ 参见王作富:《认定抢劫罪的若干问题》,载《刑事司法指南》(2000年第1辑),法律出版社2000年版,第20页。

⑦ 参见张太范、王晓慧:《"携带凶器抢夺"之我见》,载《延边大学学报(社会科学版)》2001年第4期。

⑧ 参见周加海、左坚卫:《浅谈"携带凶器抢夺"的理解和认定》,载《人民法院报》2001年2月6日。

性如何；(3) 根据社会一般观念，该器具所具有的危险感的程度如何；(4) 器具被携带的可能性大小，即行为人携带器物是否具有合理性。[①]

00.11.28《抢劫解释》第6条对“携带凶器抢夺”进行了说明，凶器“是指行为人随身携带枪支、爆炸物、管制刀具等国家禁止个人携带的器械”进行抢夺或者“为了实施犯罪而携带其他器械”进行抢夺的行为[②]。枪支等“凶器”，通过相关的行政法规很好界定，因此类器械、物品具有“凶器”的属性，携带这类器械本身就是违法行为。既然携带这种性质的凶器抢夺，当然行为人主观上也就具有必要时使用的意思。问题在于如何界定“其他器械”是“凶器”。00.11.28《抢劫解释》“其他器械”的范围，是从主观因素来考察的，这可以扩大到生产和日常生活用品中，例如水果刀。在具体抢夺案件中，如果行为人在实施抢夺时，并没有显露有此器具，如何证明身上携带的水果刀“为了实施犯罪而携带”[③]？显然，要认定这类“凶器”只能从个案出发，理论上无法准确界定。所以，“其他器械”也是在被确认为属于行为人用于作为抢夺后盾时，才是凶器。综合因素具体分析的观点，是比较合理的。

本书赞同携带凶器应具有随时可能使用或当场能及时使用的特点的观点[④]。“携带”一词的实质含义是现实上的支配，行为人对某种物品没有随时使用的可能性时，很难认定为现实上的支配，因而难以认定为携带；只有当携带凶器抢夺的行为随时可能发展为抢劫行为时，才宜适用该规定。因此，行为人虽然支配着某种凶器，但在抢夺现场不具有随时使用的可能性的，不能认定为携带凶器[⑤]。00.11.28《抢劫解释》规定，携带其他器械进行抢夺的，必须是“为了实施犯罪”，不是为了犯罪而携带某种器械，即使实施了抢夺行为，也不能认定为抢劫罪。对此，合理地看，其所以携带，应该是为了实施有可能随时需要借用这种器物行凶的犯罪，但不应狭隘地理解“实施犯罪”的含义，理应是指为了实施违法犯罪。

2. 驾驶机动车、非机动车抢夺转化抢劫罪

13.11.18《抢夺案件解释》第6条规定：驾驶机动车、非机动车夺取他人财物，具有下列情形之一的，应当以抢劫罪定罪处罚：(1) 夺取他人财物时因被害人不放手而强行夺取的；(2) 驾驶车辆逼挤、撞击或者强行逼倒他人夺取财物的；(3) 明知会致人伤亡仍然强行夺取并放任造成财物持有人轻伤以上后果的。以驾驶机动车、非机动车实施抢夺的，因机动车、非机动车（主要电瓶车类）具有较高速度，抢夺中“因被害

① 参见张明楷：《简论“携带凶器抢夺”》，载《法商研究》2000年第4期。

② 1984年11月2日最高人民法院、最高人民检察院颁布实施的《关于办理流氓案件中具体应用法律的若干问题的解答》（已废止）曾经规定：“所谓携带凶器，是指携带匕首、刮刀等治安管制刀具和铁棍、木棒等足以致人伤亡的器械。”

③ 05.06.08《抢劫、抢夺意见》第4条规定：“行为人随身携带国家禁止个人携带的器械以外的其他器械抢夺，但有证据证明该器械确实不是为了实施犯罪准备的，不以抢劫罪定罪；行为人将随身携带凶器有意加以显示、能为被害人察觉到的，直接适用刑法第263条的规定定罪处罚。”

④ 参见张明楷：《刑法学》（下），法律出版社2016年版，第996页。

⑤ 参见张明楷：《简论“携带凶器抢夺”》，载《法商研究》2000年第4期。

人不放手而强行夺取”易拖拉摔倒致人伤亡;“逼挤、撞击或者强行逼倒他人”,也极易造成严重伤亡结果;驾驶机动车、非机动车夺取他人财物“明知会致人伤亡仍然强行夺取并放任”致人伤亡结果发生,这都与使用暴力抢劫具有较高概率致人伤亡相同,在危害程度和致人伤亡的危险性上并无区别,因此,将导致抢夺行为转变为抢劫。因此,无论抢夺的力作用于“物”还是“人身”,只要具有较高概率致人伤亡的,应以抢劫罪论处。

除这类特殊手段的抢夺可以转化抢劫罪,对一般抢夺案件中因强拉硬拽夺取财物致人伤亡的案件如何定性?13.11.18《抢夺案件解释》第3条、第4条是将所有类型的抢夺“导致他人重伤”“导致他人死亡”的情形规定为抢夺的“其他严重情节”“其他特别严重情节”,显然是不再考虑抢夺犯罪与过失致人重伤罪、过失致人死亡罪,甚至可能与其他故意侵犯人身犯罪的关联性[①],只按照抢夺一罪论处。但正是因为13.11.18《抢夺案件解释》是针对除“携带凶器抢夺”之外所有类型的抢夺,当然并没有将“驾驶机动车、非机动车抢夺”的案件排除在外。如此,则可能出现不协调现象:驾驶机动车、非机动车夺取他人财物符合该《解释》的情节,则构成抢劫罪,而不符合该《解释》的情节,导致重伤、死亡的,仍然只是构成抢夺罪。这明显有所不当,尚不如**已经废止**的最高人民法院《关于审理抢夺刑事案件具体应用法律若干问题的解释》第5条规定[②]明确。

(五)抢夺罪与抢劫罪的关联

实践中区别抢夺罪与抢劫罪,主要考察以下两点:(1)两罪虽然都是使用非法的有形力,但是“力”的作用点、出发点不尽相同。抢夺行为的特点在于其“突然性”,作用点主要在于“物”上,是以控制“物”为出发点;而抢劫行为的特点在于其“强制性”,作用于“人身”上,是以排除被害人的抵抗为出发点。(2)抢夺罪属于比较典型的“机会犯”,抢夺的时机要么是行为人创造的,要么是利用的,以造成被害人来不及采取保护措施,所以被害人不完全是不能、不敢反抗,被害人对财物丧失占有,与行为人制造或者选择的“时机”相联系。而抢劫罪相反,造成被害人不能、不敢反抗状态的,必须是由于行为人采取的针对人身的暴力、胁迫或其他强制方法行为而造成,被害人丧失对财物的占有与人身被强制相关联。

(六)抢夺罪与聚众哄抢罪[③]的关联

聚众哄抢公私财物,数额较大或者有其他严重情节的,构成聚众哄抢罪;主体为

---

① 在13.11.18《抢夺案件解释》之前,对抢夺致人重伤死亡的,理论上有不同观点论证抢夺罪与侵害人身罪的关联性。

② 最高人民法院《关于审理抢夺刑事案件具体应用法律若干问题的解释》(已废止)第5条规定:“实施抢夺公私财物行为,构成抢夺罪,同时造成被害人重伤、死亡等后果,构成过失致人重伤罪、过失致人死亡罪等犯罪的,依照处罚较重的规定处罚。”

③ 我国《刑法》第268条。

首要分子和积极参加者(自然人一般主体),一般参与哄抢者不构成犯罪;主观上是故意,动机不影响认定。"哄抢"并不采取暴力、威胁或趁人不备去夺取财物,在多数情况下,是利用偶发事件或自然灾害事故等(不排除是其他人故意制造了混乱),趁混乱或凭借人多势众抢夺财物。所聚之众也通常也是在利用"事件"哄抢中形成(不排除"自发"形成人多势众局面),因此,不应要求首要分子与积极参加者之间具有明确的犯意沟通和共同分赃的情况。张明楷教授认为,聚众哄抢罪并不一定要求区分出首要分子,即便均为"积极参加者"也不妨碍认定[①]。本书赞同这一观点。该罪在法规范上与抢夺罪虽然都不采用人身强制方法排除妨碍抢夺财物,但事实上并无直接关联,也不应视为抢夺罪的特别表现形式。对哄抢中如果针对被"哄抢"物之外的特定被害人所持有的物品实施抢夺、抢劫的,应当实行并罚。

（七）抢夺罪的刑事责任

犯本罪,数额较大的,处3年以下有期徒刑、拘役或者管制,并处或者单处罚金;数额巨大[②]或者有其他严重情节[③]的,处3年以上10年以下有期徒刑,并处罚金;数额特别巨大[④]或者有其他特别严重情节[⑤]的,处10年以上有期徒刑或者无期徒刑,并处罚金或者没收财产。携带凶器抢夺的,依照《刑法》第263条的规定定罪处罚。

抢夺公私财物数额较大,但未造成他人轻伤以上伤害,行为人系初犯,认罪、悔罪,退赃、退赔,且具有下列情形之一的,可以认定为犯罪情节轻微,不起诉或者免予刑事处罚;必要时,由有关部门依法予以行政处罚:(1) 具有法定从宽处罚情节的;(2) 没有参与分赃或者获赃较少,且不是主犯的;(3) 被害人谅解的;(4) 其他情节轻微、危害不大的[⑥]。

---

① 参见张明楷:《刑法学》(下),法律出版社2016年版,第1000页。

② 根据13.11.18《抢夺案件解释》第1条的规定,抢夺数额在3万元至8万元以上的,为"数额巨大"标准。

③ 13.11.18《抢夺案件解释》第3条规定:抢夺公私财物,具有下列情形之一的,应当认定为刑法第267条规定的"其他严重情节":(1) 导致他人重伤的;(2) 导致他人自杀的;(3) 具有本解释第2条第3项至第10项规定的情形之一,数额达到本解释第1条规定的'数额巨大'50%的。该《解释》第2条第3项至第5项规定的情节分别是:一年内抢夺3次以上的;驾驶机动车、非机动车抢夺的;组织、控制未成年人抢夺的。

④ 根据13.11.18《抢夺案件解释》第1条的规定,抢夺数额在20万元至40万元以上的,为"数额特别巨大"标准。

⑤ 13.11.18《抢夺案件解释》第4条规定:抢夺公私财物,具有下列情形之一的,应当认定为《刑法》第267条规定的"其他特别严重情节":(1) 导致他人死亡的;(2) 具有本解释第2条第3项至第10项规定的情形之一,数额达到本解释第1条规定的"数额特别巨大"50%的。该《解释》第2条第3项至第10项规定的情形分别是:1年内抢夺3次以上的;驾驶机动车、非机动车抢夺的;组织、控制未成年人抢夺的;抢夺老年人、未成年人、孕妇、携带婴幼儿的人、残疾人、丧失劳动能力人的财物的;在医院抢夺病人或者其亲友财物的;抢夺救灾、抢险、防汛、优抚、扶贫、移民、救济款物的;自然灾害、事故灾害、社会安全事件等突发事件期间,在事件发生地抢夺的;导致他人轻伤或者精神失常等严重后果的。

⑥ 13.11.18《抢夺案件解释》第5条的规定。

十二、侵 占 罪

(一) 侵占罪的概念和法益

侵占罪,是指将代为保管的他人财物非法占为己有,数额较大,拒不退还,或者将他人的遗忘物或者埋藏物非法占为己有,数额较大,拒不交出的行为。本罪的法益是他人财物的所有权。侵占,是以已经合法占有他人财物为前提,将所占有的他人财物转为非法己有的行为。本罪主体为自然人一般主体,主观上是故意,具有非法占有他人财物的目的,动机不影响认定。

(二) 对象、行为、违法性阻却、故意

本罪对象是他人所有的财物,多数说认为,对象是动产。他人,包括己身以外的自然人和单位,即机关、企事业单位、社会团体等。作为本罪对象的"他人财物"必须是行为人先行已经"占有"的他人财产。占有,是指对财产具有事实上或法律上支配力状态,并不要求事实上持有该财产。也有学者指出,刑法上的占有与民法上的占有不应完全等同①。多数说认为,"他人财物"包括:

(1)"代为保管的他人财物"②。这是指基于接受委托而暂时处于行为人管理下的他人财物。代为保管是主动"请缨"而获得委托,还是经他人要求接受委托,不影响委托的成立。行使委托权也只要求委托人已经实际对财物占有着,不要求占有者对占有物具有所有权才能行使委托权。委托亦不要求必须有委托手续,无论口头还是书面,只要委托意思表示正确,不影响对委托事实的认定。"代为保管",即替他人管理委托之物,在委托关系下的"保管",并非单纯的"持有"保管物,"代为保管",包括使保管之物不受损(当然亦有可能减损),亦包括保管因管理(保管)所产生的收益在内。从这一点而言,代为保管的含义,就不只是单纯持有,基于租赁、质押、寄存、让与担保、无因管理等,均具有(受委托)代为管理的义务。在代为保管下产生的收益与利益减损,如果发生纠纷应由民事法律调整。但在某些情形中对收益不返还的,同样可以构成侵占罪。基于为委托人利益考虑,未经委托人同意处分委托物的,如果可以成立推定承诺,阻却违法性。"代为保管"可以基于以下原因:

第一,基于委托而占有。即委托人基于对被委托人的信任,为实现特定目的,将某一具体事项交付由被委托人完成,被委托人由此而获得对委托人财产的占有。③ 例

---

① 参见刘明祥:《财产罪比较研究》,中国政法大学出版社 2001 年版,第 325 页;张明楷:《刑法学》(下),法律出版社 2016 年版,第 943 页。

② 在民事法律关系上,接受委托者对"委托物"的占有是"直接占有",而委托者是"间接占有"。

③ "占有",是指对不动产或者动产的实际控制。占有人可以是依法有权占有不动产或者动产,占有人不知道自己是无权占有的,为善意占有;明知自己属于无权占有的,为恶意占有。这里是指委托人是有权占有。

如,委托将某种物品转交、转送某人等。如违背信任而将委托物占为己有,是典型的侵占。需要注意的是,如果基于雇用(佣)、劳动关系的占有者为"辅助占有",不属于这里所说的因委托关系的"代为保管"的占有关系;将"不法给付物"占为己有是否属于侵占,还存有争议(均容后说明)。

第二,基于租赁而占有。即基于双方签订租赁合同,承租人在约定期限内有偿使用而占有的他人财产,租赁关系终止时应交还租赁物(发生租赁纠纷应通过民事法律解决)。承租物通常为不易损耗之物,如房屋、车辆等其他物品。承租人违反租赁协议,将承租物占为己有的,是侵占。

第三,基于借用而占有。即是指出借人与承借人约定一定的期限,将出借物交付承借人无偿使用,由承借人占有他人财产,借用期满或解除借用后,应将借用物返还。出借物通常亦为不易损耗之物,例如,房屋、汽车、特定的工具。承借人虽然对出借物具有使用、占有权,但无所有权。承借人在满足约定条件后,必须交还原物;如违反信用,将借用物占为己有的,是侵占。

第四,基于担保[①]而占有。即是指为确保特定的债权人实现债权,以债务人或第三人的信用,或者特定财产来督促债务人履行债务(根据《民法典》的有关规定)。如被担保人到时不履行承诺,一般由担保人代被担保人先行履行承诺。由担保而形成的物权为质权、留置权。质权(亦称"质押"),是指债权人与债务人或债务人提供的第三人,以协商订立书面合同的方式,移转债务人或者债务人提供的第三人的动产或权利的占有,在债务人不履行债务时,债权人有权就该财产变卖而且具有优先受偿的权利。在质权关系中,债务人或第三人对质物不再享有占有、使用、收益的权利;留置权,是指债务人依据合同约定占有债务人的动产,债务人不按照合同约定的期限履行债务的,债权人有权依照法律规定留置财产,以该财产折价或者以拍卖、变卖该财产的价款优先受偿。留置期间,留置权人负有妥善保管留置财产的义务,但债务人对留置物不再享有占有、使用、收益[②]的权利。担保关系解除后,债权人负有返还质物、留置物的义务,如不履行义务将质物、留置物占为己有的,是侵占。

第五,基于无因管理而占有。无因管理行为是一种自发性的行为,是指当事人没有法定的或者约定的义务,为避免他人利益受损失而进行管理,或者服务的事实行为。管理他人事务的人,管理期间形成事实上对他人之物的占有。但事务被管理的他人,对物并未放弃所有权。无因管理是一种法律事实,无因管理的支出可为债的发生根据之一。无因管理之债的产生是基于法律规定,而非当事人意思。无因管理之债发生后,管理人享有请求被管理事务人偿还因管理事务而支出的必要费用的债权,被管理事务人负有偿还该项费用的债务。例如,基于爱心将迷路的狗带回家喂养,所生小狗,亦为收益,应一并返还给原主人,管理人亦可向其主人索取因喂养、管理而产生的费用(债权);管理人如将无因管理物占为己有,是侵占。

---

① 担保一般有口头担保和书面担保,但只有书面担保才具有真正意义上的法律效力。

② 留置权人有权收取留置财产的孳息,所收取的孳息应当先充抵收取孳息的费用。

第六,基于不当得利而占有。不当得利是指没有合法根据[①],或事后丧失了合法根据而被确认为是因致他人遭受损失而获得的利益。不当得利的事实使受益人与受害人之间形成债的关系,是不当得利之债。不当得利是债的发生根据之一,但这只能是事件而不是民事法律行为,债是基于法律的规定,而不是基于当事人的意思表示。不当得利人应负返还的义务,除返还原来所取得的利益外,由此利益所产生的孳息也应一并返还。不当得利取得的利益,不能是因受益人针对受害人而实施的违法行为,而是由于受害人或第三人的疏忽、误解或过错所造成的[②]。基于不当得利而占有他人财物并占为己有的,是侵占。

(2)"他人的遗忘物"。关于遗忘物,我国刑法中并无确切的定义,理论上有不同认识。第一种观点认为,应当将遗忘物与遗失物区别开来。遗忘物是指所有人或占有人因一时疏忽将其持有的财物忘记带走,该财物暂时脱离所有人或占有人的控制,但所有人或占有人稍加回忆,便能回想起该财物准确的放置地点。而遗失物是所有人因疏忽丢失的财物,所有人并不知道何时丢失、在何处丢失[③]。第二种观点认为,遗忘物又称遗失物,两者无本质区别,都属于非出于所有人或占有人本意,偶然失却的动产[④],或者其所有人不明的财物[⑤]。在民事法律关系上,有遗失物之说法[⑥],但并无遗忘物的概念,从这一点而言,要准确界定遗忘物与遗失物,在民事法律关系上都无法准确区别,在刑事法律上就缺乏必要的理论依据[⑦]。遗忘物、遗失物都可因疏忽(意外)所致而脱离占有,以能否回忆起遗失在何处来区别,存在的问题更多,需要不需要有时间限定?多久回忆起来是遗忘物,多久就成为遗失物?这些问题,是刑事法律无法解决的问题。黎宏教授认为,从失落物品者而言,实际上是遗忘还是丢失之间并非存在不可逾越鸿沟;对拾得者而言,存在无法分辨是他人遗忘还是遗失之物,这如果关系到罪与非罪的标准时,对拾得者而言是不公正的[⑧]。陈兴良教授也表达了相同观

---

① 理论上以侵占罪的第一次取得占有为"合法占有"为多数说,但不当得利对占有物的占有,是没有"合法"根据的,有学者指出,这里的"合法"应该是指虽然无法律根据,但与法律不冲突。参见周少华:《侵占埋藏物犯罪的若干问题探析》,载《法律科学》1998年第3期。本书赞同这一看法。

② 不当得利分为"给付不当得利"和"非给付不当得利",前者是基于一方给付而使得他方受益;后者是指因利益受损者自己的事实行为、受益者实施侵权行为以及因第三者或自然事件等原因而发生的不当得利。

③ 参见黄太云、滕炜主编:《中华人民共和国刑法释义与适用指南》,红旗出版社1997年版,第386页。相同观点,参见刘明祥:《财产罪比较研究》,中国政法大学出版社2001年版,第377页以下;马克昌主编:《百罪通论》(下卷),北京大学出版社2014年版,第836页。

④ 参见陈兴良:《刑法疏议》,中国人民公安大学出版社1997年版,第442页。相同观点参见黎宏:《刑法学》,法律出版社2016年版,第335页。

⑤ 参见孙国祥主编:《刑法学》(第2版),科学出版社2012年版,第529页。

⑥ 我国《民法典》第312条。

⑦ 在国外刑法中,有侵占"遗失物"构成犯罪的规定,如《西班牙刑法典》第253条(潘灯译,中国政法大学出版社2004年版),有的国家虽然规定有侵占"遗失物"规定,但将遗失物与其他脱离占有物作了区别,如《意大利刑法典》第647条(黄风译,中国政法大学出版社1998年版),区分为"侵占遗失物、埋藏物何人因错误或意外事件而得到的物品"。

⑧ 参见黎宏:《刑法学》,法律出版社2016年版,第335页。

点[①]。本书赞同。

（3）他人的“埋藏物”。埋藏物是指埋藏于地表下，所有权者一时不明的财物。虽然对行为人而言所有权人一时不明，但有所有权人不争（例如，所有权应属于国家），至于是有意埋藏在地表之下还是因年代久远，地表、地质变化所造成的埋藏状态，在所不问。但埋藏物不能是所有权属于国家的古文化遗址、古墓葬中的物品（文物）、古人类化石和古脊椎动物化石，而是指一般财物，应该包括有一定承继关系的前辈人遗留之财物（如在分配的宅基地中挖掘出的财物，但宅基地原址是他人的或他人祖上住所）。

除上述财物之外，不法原因给付之物、违禁物品是否可为本罪对象，理论上存在争议。

不法原因给付之物，是指基于不法原因而交付给他人的财物。不法原因给付指的是财物有益于受让方的移转，不应包含单纯委托保管的情形。例如，行贿的财物、赌资、“委托”他人窝藏或销赃的赃物等（如果已经被国家没收，给付者当然没有请求返还的权利）。如果将此等财物委托行为人后，行为人明知是不法原因给付之物而占为己有的，是否构成侵占罪？肯定说认为，对不法原因而给付的财物，民法虽然否定了委托人的返还请求权，但并未对该财物的所有权放弃保护；对占有者而言，仍然是自己占有他人财物。[②] 否定说认为，基于不法原因而给付的财物，不能成为侵占罪的对象，因为它不属于“他人的财物”，并且委托人与受托人之间不存在法律上的委托信任关系。[③] 之所以如此，是因为不法原因给付者，没有财物返还请求权，也因为该财物已经被他人占有，也不能认为财物已经属于国家。[④] 客观地说，除遗弃物外，财物所属无非是自己和他人，不是自己的，就是他人的（包括国家也是“他人”）。所以，不法原因给付之物，并不是自己的，逻辑上当然就是“他人的财物”，即便被自己所占有，也不能说是自己的。对已经用于违法、犯罪（如已经实施了行贿或用于嫖娼、赌博）的财物，以及因违法、犯罪行为（例如接受贿赂、性工作者已经完成服务）已经取得的财物，给付者当然对占有者所占有之物没有返还请求权。但本书认为，不返还不法原因给付之物是否构成侵占罪，应具体分析。

首先，在犯罪或违法行为实施之前，由“不法给付受让人”占有本属于“不法原因给付之物”是否属于侵占罪？不法原因给付，给付一方不得要求返还，很多国家法律确有类似规定，但我国相关民事法律的规定却相反，可以说国外立法有不得要求返还的规定，但我国现行民事法律规定要求返还。该种情况下，认为我国民事法律不支持给付者对占有者有返还请求权是误读。我国《民法典》第 153 条规定：“违反法律、行政法规的强制性规定的民事法律行为无效……违背公序良俗的民事法律行为无效。”不可否认的是，实施不法原因给付之物的行为，因其“原因”的违法性，行为人实施的

---

① 参见陈兴良：《口授刑法学》，中国人民大学出版社 2007 年版，第 670 页。

② 参见刘志伟：《侵占犯罪的理论与司法适用》，中国检察出版社 2000 年版，第 79—82 页。

③ 转引自张明楷：《刑法学》（下），法律出版社 2016 年版，第 967 页。

④ 参见同上书，第 967 页。

当然是“违反法律、行政法规的强制性规定”“违背公序良俗”的无效民事法律行为。该法第157条规定:“民事法律行为无效、被撤销或者确定不发生效力后,行为人因该行为取得的财产,应当予以返还;不能返还或者没有必要返还的,应当折价补偿。有过错的一方应当赔偿对方由此所受到的损失;各方都有过错的,应当各自承担相应的责任。法律另有规定的,依照其规定。”不法原因给付之物,在“不法给付受让人”占有时,给付者尚未实施实质性的法益侵害行为(即便可能因某种特别原因可以视为犯罪预备,但在依法没收、收缴之前,还只是应然的国家所有,不等同于实然的国家所有。如果是一般违法行为尚未实施,更难以认为有行政处罚的必要性),那么,占有者就必须返还给给付者。本书认为,这种情况下“不法给付受让人”占有“不法原因给付之物”不返还的,应构成侵占罪①。

其次,在犯罪或违法行为完成后,本犯将非法所得“委托”他人保管、窝藏、代为销售,被“委托”占有者占为已有的与上述情况不同之处在于,该财物是本犯在排除他人占有后的非法所得,其获得具有非法性。占有之物既得不到民事法律对占有合法性的认可,更是违反了刑事法律的禁止性规定而获得的。正因为如此,将犯罪或违法行为完成后的非法所得“委托”他人保管、藏匿、销售的行为,并非民事法律上的“无效民事行为”,也就谈不到有返还请求权问题。只要明知是“赃物”,行为人接受“委托”的行为,就已经符合相关“赃物”犯罪的规定,包括起初不明知而事后得知财物属性,应构成“赃物”犯罪,而占有不返还的属于不可罚的事后行为。但是,对不明知是非法所得财物属性,与侵占其他普通财物并没有区别,应构成侵占罪。

违禁物品是指法律禁止个人无法律根据持有(有的表述为“所有”——这是以物权法理论进行的界定,本书认为不完全正确②)或使用的物品,如毒品、枪支弹药、爆炸物、淫秽物品等。违禁物品可以成为侵占罪的对象,是理论上的多数说,主要理由是:违禁品虽没有法律所承认的价值,但其仍然有交换价值和使用价值③,有些违禁品不归任何人所有,有些违禁品只能由国家享有合法的所有权,但不论哪一种物品,对“代为保管者”来讲,都属于将自己财物之外的“他人财物”无权占为已有④。本书认为,对违禁物品的非法持有,是因为不具有合法持有依据,使其持有本身不可能获得民事法律所能认可的取得占有的合法性,如果刑法对此种特定物品持有规定有相关犯罪,

---

① 本书并不认为在犯罪或违法行为完成后,给付者有返还请求权,以及“不法给付受让人”将财物占为已有时,不法原因给付者有返还请求权。例如,受贿者将贿赂款交由朋友管理时,被占为已有,受贿者无返还请求权。此外,“不法原因”除实质上是“违法”原因之外,事实上还存在基于不道德原因给付的情况。例如,为“情妇”“情夫”购置的房产,在关系破裂后,也同样不应享有返还请求权。但不可否认,“情妇”“情夫”对行为人而言有“付出”。

② 例如,“毒品”包括部分制毒物品,作为禁止持有的违禁物品而言,至少在我国,持有者不可以依据《民法典》主张“所有权”,只能说“所有权者”是国家。但如果对某种制毒物品的持有并不违反法律规定(例如,甲基苯丙胺的有效成分主要源于“麻黄素”,如果某人持有购买的大量感冒药,则可能是为了提取其中的麻黄素用于制造“冰毒”,但无证据表明是为制毒而持有),则可以对所持有的物品主张所有权。

③ 赵秉志:《侵犯财产罪》,中国人民公安大学出版社1999年版,第259—260页。

④ 转引自马克昌主编:《百罪通论》,北京大学出版社2014年版,第835页。

如毒品，毒品原植物种子、幼苗，枪支、弹药，假币，伪造的发票，国家绝密、机密文件、资料、物品，即使上述之物是原始取得的，其交由他人“保管”而持有，也非民事法律上的民事行为。因此，包括转移后的持有者，即便不返还原始持有者，也不能构成侵占罪，二者均应该按照相关犯罪论处。如果所持有的虽然是违禁物品，但只有在特定情形下才视为法律禁止持有的物品（如管制刀具等），在非特定情形下，则与普通物品没有区别，针对该财物的转移占有是民事行为，受让人不返还的，当然可以构成侵占罪，但此时不应将其视为违禁物品，而是普通财物。是否仍然应该“没收”，则是另一法律关系。

“侵占”是指将已经占有的财产转变为非法占为己有。理论上对“侵占”的含义有两种不同的理解：一是占有行为说；二是越权行为说。前者是指违反委托关系，使用或处分他人财物；后者则认为，侵占只要破坏信任关系，对占有物实施了越权行为，即为侵占。根据后一种主张，暂时挪用或以毁损意思单纯毁坏财物的，也成立侵占。我国理论上多数说认为，因刑法规定的是“非法占为己有”，当然是采“占有说”，即是指以非法转移所有权的意图而占有他人之财产。“非法占为己有”非以行为人自己所有为限，包括由“第三者”所有（原则上必须与行为人存在特定关系，而非泛指与其无关的第三人）。按照“占有说”，侵占主要有两种情形：一是实施处分行为，即将自己持有的他人之物，视为自己之物而加以处分。可以为法律上的处分行为，也可以是事实上的处分行为。前者如出售、质押、赠与、买卖等；后者如还债、消费①或隐匿他人财物后谎报被盗、被抢等。二是变持有为所有之行为，使财物的所有人丧失其所有权。如伪造契约主张其代管之他人财物为自己所有（如果提起民事诉讼则可能触犯虚假诉讼罪）。从我国的立法规定来看，并非说只要具备“非法占为己有”的要件就成立刑法上侵占罪的侵占行为，还必须具备另一个要件：对代管的他人财物拒不退还以及对他人的遗忘物、埋藏物拒不交出。

“拒不退还”，是指经权利人要求退还而拒不退还。因经委托代为保管的财物具有明确的权利人，因而“拒不退还”是权利人根据约定或管理事实，要求代为保管人退还所代管的财物时，代为保管人无法律根据地拒绝退还代为保管的财物。“拒不交出”，是指对他人的遗忘物、埋藏物在明确权利人后，经权利人（包括有关国家机关）要求交出而拒绝交出。本书认为，侵占罪成立的核心条件，是通过“拒不交出”“拒不退还”而体现出的“非法占为己有”，侵占非以实施处分行为为必要，是否实施了处分行为，只是认定“非法占为己有”的辅助性条件，而非必需条件。

对他人财物非法占为己有的“拒不交出”“拒不退还”是否有必要区别“种类物”与“特定物”？“种类物”是指具有共同特征，可以用相同品种、规格、重量或容积等加以标记或抽象价格单位计算，可以用同种类、同质量的物来替代的物，如金钱、煤炭、化肥、麦种、同品牌相机等。“特定物”（也可称为“非种类物”）是指种类物外，不可用其他物来替代的物，也即不具有可替代性之物，如古玩、玉石、玉器、字画、文物等。

---

① 对代为保管的“金钱”是有例外的。

从一般意义上说,无论是非法侵占“种类物”还是“特定物”,都不影响侵占罪的成立,但是,在“种类物”中,最具代表性的是金钱(现金)的所有权归属,如何认定为“他人”的?如果根据前述侵占罪的“占有”只是取得占有权后,才将占有非法转变为“占为已有”的观点来看,则存在问题。因为根据民法理论,金钱的占有权与所有权是同时转移的,受委托代为保管他人金钱,行为人既是占有者同时也是所有者,即便其用代为保管的金钱购物、还债、消费,只要占有者并不否认合法占有、处分,就不能视为符合“非法占为已有”的事实,只有全然否认该事实的,才能认定为“非法占为已有”。换言之,对代为保管的金钱的使用、处分行为,并非是(侵占金钱)构成侵占罪的必要条件。不过,这也形成对那种认为侵占罪的“占有”与“处分”行为不能分离才能成立的观点的挑战。所以,必须考虑“拒不退还”“拒不交出”与“非法占为已有”的关联。在合法占有事实成立的前提下,占有者是否必须具有“处分行为” +“拒不交出”或“拒不退还”行为,才能成立“非法占为已有”?显而易见的是,占有者并非必须实施处分行为,只要以所有者自居,也就符合“拒不交出”或“拒不退还”的条件而成立侵占罪。所以,本书认为,处分行为,在我国刑法中只是认定“侵占”的辅助性条件,而非必备条件。

需要注意的是,如果占有人拒绝退还或者交出财物,但当财物所有人(准备)提起诉讼时已退还或交出的,或者虽然已经处分了该财物,但答应作价赔偿的或已经赔偿的,是否还应以侵占罪认定和论处?这值得研究。张明楷教授主张可以予以处罚的观点[①]。本书认为,大陆法系多数国家刑法中有规定,只要将他人之物置于自己支配下,则“侵占”事实成立,成立犯罪既遂并具有可罚性[②],但我国刑法并无类似规定。因此,即便先前有“拒不退还”“拒不交出”的事实,但事后只要行为人答应退赔或给以等价值赔偿的,或者已经赔偿的,就不宜再作为犯罪论处。因此,本书原则上不赞同侵占罪有未遂的观点[③]。这当然涉及的是将“拒不退还”“拒不交出”作为构成条件还是客观处罚条件看待的问题。如视为后者,则有处罚未遂的余地。本书持“拒不交出”或“拒不退还”为侵占罪构成条件的观点。不过,该问题仍有继续研讨的余地。

(三)侵占罪与盗窃罪的关联

在法规范上,二者的区别是显著的。侵占行为并没有通过非法手段事先实际控制他人财物,而是行为人首先不是以违反法律的手段占有他人财物(至少刑事法律能

---

① 参见张明楷:《刑法学》(下),法律出版社 2016 年版,第 969 页。

② 可参见《德国刑法典》(徐久生、庄敬华译,中国法制出版社 2000 年版)第 246 条;《法国刑法典》(罗结珍译,中国人民公安大学出版社 1995 年版)第 314—1 条;《俄罗斯联邦刑法典》(黄道秀等译,中国法制出版社 1996 年版)第 160 条;《意大利刑法典》(黄风译,中国政法大学出版社 1998 年版)第 646 条等,均无类似我国刑法“拒不交出”“拒不退还”入罪的条件。

③ 参见刘志伟:《侵占犯罪的理论与司法适用》,中国检察出版社 2000 年版,第 131 页。

够承认占有并未违反法律规定[①]），这样才能进一步实施侵占；而实施盗窃行为，财物并不在行为人合法占有之下，是行为人通过平和方法秘密窃取而非法占有的[②]。实务中，主要是对“占有辅助”[③]情况下获得他人财物行为的定性存在很大争议。例如，主人外出后，雇用的家政人员是室间内所有财物的“辅助占有者”；公共交通工具上的司售人员在发现乘客遗忘（失）物后，在按照规定交付管理人员之前，是“辅助占有者”；店里的雇员，对待出售的商品，是“辅助占有者”；将汽车出借（出租）给他人使用，使用者是“辅助占有者”；搬家时将财物交付搬家公司运输，运输者是“辅助占有者”；公司职员因履行职务对公司物品的占有等，也是“辅助占有者”等等。事实上，在现代社会，大多数人都存在基于雇用（佣）、劳动关系而管领他人之物，从而成为占有辅助人，如果趁隙而取得“辅助占有”之物的，应构成侵占罪还是盗窃罪，有争议。本书原则上认为，侵占罪中行为人对标的物的控制必须经历两个步骤，最初取得他人财物，至少应该是并没有违反法律规定的占有，此后才能有“非法占为己有”的事实。如最初占有是违反法律规定的，即便是通过“平和”的非法手段实现“第一次占有”，也不能构成侵占罪[④]，而可能构成其他犯罪。

占有辅助人虽然对于标的物具有事实上的控制力，但如果上位专属占有者并非真正对占有关系进行了转移（例如，在其监控之下，或店内有监控设备），那么，“占有辅助者”的占有，就并非是为自己占有，而是接受上位占有人的指示的占有，其占有的状态依附于上位占有人的占有意思，其自身不能形成民事法律上的占有关系。因此，在这种占有辅助关系中，指示占有辅助人进行占有的上位占有人，才是占有人，占有辅助人仅是占有的辅助者，其自身不能真正取得对物的占有。即便对实施转移占有关系后的“占有辅助”，存在转移管领力的事实，应成立的仍然是雇用（佣）、劳动合同下的委托关系。例如，店主外出旅游时将店经营交付雇员经营管理，雇员将财物非法占为己有；将货物封缄后交付物流公司（如果随车押运，则不能视为转移管领），司机、押运员将财物非法占为己有等，也应构成侵占罪。也有观点

① 黎宏教授认为，出于毁坏目的搬走他人家具，但过后又产生留用目的而占有的，也可以构成侵占罪。参见黎宏：《刑法学》，法律出版社 2016 年版，第 342 页。此例不明确之处在于，搬走家具是经过被害人同意的吗？如果未经同意就由（侵权）犯罪行为人先行占有的，则是违法占有，那就无法构成侵占罪。

② 黎宏教授认为，侵占与盗窃的故意产生时间不同，侵占的故意形成于已经占有他人财物之后，盗窃的故意形成于占有他人财物之前。参见同上书，第 336 页。本书认为，这只能说是一般现象，而非能成为区别二者规范意义上的条件。

③ 依照他人的指示而占有“物”的人是占有辅助人，对其发布指示的人是占有人。二者之间是命令与服从关系，是基于雇用（佣）合同关系、劳动合同关系或基于其他人的指示等具有服从和被服从内容的关系为前提。占有辅助人对物的支配和管领，实际上是贯彻占有人意图，占有辅助人对占有本身并没有自己的意图和利益。占有人享有基于占有而产生的权利和承担义务，可以要求占有辅助人返还占有辅助的标的物，占有辅助人不能依据占有的规定获得法律保护。

④ 公司、企事业单位公职人员，利用职务之便通过秘密窃取的方式实现第一次占有的，本质上也是盗窃，只是立法将该种行为规定为“职务侵占”而已。

认为,行为人只是取得封缄物内的部分财物的,则成立盗窃罪[①]。本书认为,实无作这种区分的必要,因为这种直接占有是有权占有、善意占有,这一点无论是对物的整体还是其中的部分而言,即便物流公司与承运者或者仓储公司等是不同主体,承运者或者仓储公司的占有也是一样的,均具有受上位占有者指示而为事实上的支配,并具有排除上位占有者干涉的法律效力[②]。而且,对将封缄物整体非法占为己有的行为,认定为侵占罪,将只是非法占有其中部分财物的行为,认定为盗窃罪,在处罚上是有失公正的。因此,本书认为,辅助占有者对占有物实施侵占的,应构成侵占罪(包括职务侵占罪)。

(四)其他犯罪(如故意杀人)致人死亡后,占有死者财物的行为定性

这类行为可分为实施其他犯罪致人死亡后,临时起意取得财物,以及与事件无关的第三人取得死者财物两种情况。这是很有争议的问题[③](在此不讨论为劫取财物而预谋故意杀人,或者在劫取财物的过程中,为制服被害人反抗而故意杀人的[④]情形)。在我国刑法尚没有规定侵占罪时,是以认定成立盗窃罪为主流观点,主要理由是他人死亡后的财产由合法继承人(无继承人的所有权人是国家)管理,在他人死亡后取得财物符合秘密窃取的特征[⑤]。这也就间接承认死者仍然对财物享有占有权[⑥]。如05.06.08《抢劫、抢夺意见》第8条规定:"实施故意杀人犯罪行为之后,临时起意拿走他人财物的,应以此前所实施的具体犯罪与盗窃罪实行数罪并罚。"但目前不少学者主张应构成侵占罪[⑦],主要理由就是,已经死亡的人,对其财产不再具有占有权。虽然人在死亡后有继承人,也可以认为在人死亡后,继承人开始承担被继承财产的所有权利

---

① 参见张君周:《密取封缄委托物内财物行为的定罪》,载《福建公安高等专科学校学报》2003年第5期。黎宏教授以我国《刑法》第253条"私自开拆、隐匿、毁弃邮件、电报罪"第2款"犯前款罪而窃取财物的,依照本法第264条的规定定罪从重处罚"的规定为例,认为我国刑法采"对包装物中的内容物的占有,依然保留在委托人手中"的立场。采这种认识的原因在于,委托人与受托人之间不具有作为成立侵占罪基础的高度信任关系。如果占有包装物整体,则是侵占罪与盗窃罪的想象竞合犯。本书对侵占罪违背信赖关系并不持不同看法,但认为,封缄还是不封缄,与是否具有高度信任关系并无对应关系,因这本就是双方而非单方自己的感觉,有的封缄是服务业务的要求,信赖也是基于对某一具体承运单位,而非个人。朋友之间再信赖,一方怕引起不必要的误解,也可以要求或主动封缄,但绝非不信赖。

② 虽然占有辅助者不享有我国《民法典》规定的占有保护请求权(不得向上位占有人行使占有保护请求权,例如接受雇佣捕捞水产的,受雇者对所捕捞的水产品是直接占有者、占有辅助者,但所有权者是雇主,即便发生纠纷,也不得向法院申请占有保护,但这并不是否定占有辅助者仍然有自力救济权利),但是对占有辅助者管领下的管理物,包括依据雇主指令先占无主物的,所发生的侵占、盗窃等侵财犯罪,仍然应以相应犯罪论处。

③ 参见张明楷:《刑法学》(下),法律出版社2016年版,第947页;黎宏:《刑法学》,法律出版社2016年版,第314—315页等。

④ 参见2001年5月23日最高人民法院发布的《关于抢劫过程中故意杀人案件如何定罪问题的批复》(法释〔2001〕16号)。

⑤ 参见金凯主编:《侵犯财产罪新论》,知识出版社1988年版,第121页。

⑥ 参见陈兴良:《口授刑法学》,中国人民大学出版社2007年版,第600页。

⑦ 参见黎宏:《刑法学》,法律出版社2016年版,第315页;张明楷:《刑法学》(下),法律出版社2016年版,第985页;陈兴良、陈子平主编:《两岸刑法案例比较研究》,北京大学出版社2010年版,第147页。

和义务,但是,对死者财产的占有,不仅要有占有的事实,也要求具有占有的意思。如果继承人并不知道其已经死亡,当然也就不具有客观上占有财产的事实,也不具有占有的意思,当然不符合盗窃罪是将他人占有下的财产非法占为己有的事实[①]。在大陆法系国家和地区,如日本、意大利以及我国台湾地区的"刑法",均有"脱离物侵占罪"的规定,而我国刑法只规定了侵占"代为保管的他人财物""遗失物""埋藏物",并无侵占脱离物的规定。陈兴良教授将与事件无关的第三人取得死者财物的行为,归为"不当得利"[②],可以构成侵占罪,而加害人在他人死亡后取得财物,认为仍然构成盗窃罪[③],但之后又修正了自己的观点,认为第二种情形下只能是侵占罪[④],这当然是采"亡者"没有占有权的观点。张明楷教授则对这两种情况下的财物一概视为"遗忘物"[⑤],但论点的当然前提是并未否认"亡者"或继承者仍然具有所有权,即"只要他人没有放弃所有权的,均属于遗忘物"[⑥]。

不当得利说,用于理解与事件无关的第三人取得死者财物的行为可以构成侵占罪的观点,本书认为是合理的。因为"不当得利"(以及无因管理——主观上无恶意)是一种无意思表示的事实行为,是没有合法根据和合同约定而取得该物,从而使权利人利益受损的行为,"得利"与造成"不当"的原因无关,所以是一种事实行为。但是,如果先故意致人死亡,然后再取财,在民事法律关系上前行为是"侵权行为",这是以意思表示(恶意)为必要条件的行为。这样的原因行为与"不当"没有意思表示是有区别的,因此不属于不当得利。本书赞同在第二种情形下应当构成盗窃罪的观点。与事件无关的第三人取得并占有死者财物,如符合"不当得利"条件,以侵占罪认定也具有合理性。

张明楷教授有关"亡者"的财物属于"遗忘物"之说,的确可以将所有因意外而脱离占有之物的情况都包括在内,如他人因错误认识而交付的财物[⑦],因意外(如交通事故、意外事件)脱离占有的财物[⑧]等,但都以侵占"遗忘物"而论罪,则与前述最高司法机关对此类案件的处理意见相左。司法解释的规定虽然只是针对加害人在他人死亡后取得财物的情况,且并未明确"亡者"对财物是否还享有占有权(与事件无关的第三人取得死者财物的情况,并没有包括在司法解释所规定的情形中),但至少肯定了继承者的所有权。我国刑法除规定"遗忘物""埋藏物"外,对其他不具有此种法律属性的脱离物(如漂流物)的占有行为,没有以犯罪处罚的明文规定,是造成当前争议的主要原因之一。今后是否应采纳国外理论中"亡者"不再享有占有权理论,对上述情况下的取得亡者财物的行为,均以侵占罪论处,值得进一步研究。但目前司法解释的规

---

① 参见张明楷:《刑法学》(下),法律出版社 2016 年版,第 947 页。
② 参见陈兴良、陈子平主编:《两岸刑法案例比较研究》,北京大学出版社 2010 年版,第 161 页。
③ 参见陈兴良:《口授刑法学》,中国人民大学出版社 2007 年版,第 600 页。
④ 参见陈兴良、陈子平主编:《两岸刑法案例比较研究》,北京大学出版社 2010 年版,第 160 页。
⑤ 参见张明楷:《刑法学》(下),法律出版社 2016 年版,第 947、970 页。
⑥ 张明楷:《刑法学》(下),法律出版社 2016 年版,第 970 页。
⑦ 系给付不当得利。
⑧ 张明楷:《刑法学》(下),法律出版社 2016 年版,第 970 页。

定仍然有效,实务中需要遵照执行。

(五) 侵占罪的刑事责任

犯本罪,处2年以下有期徒刑、拘役或者罚金;数额巨大或者有其他严重情节的,处2年以上5年以下有期徒刑,并处罚金。犯本罪,告诉的才处理①。

十三、职务侵占罪

(一) 职务侵占罪的概念和法益

职务侵占罪,是指公司、企业或者其他单位的人员,利用职务上的便利,将本单位财物非法占为己有,数额较大的行为。本罪的法益,理论上有不同认识,多数说均认为是公司、企业财产的所有权②或本单位财产所有权③。少数说认为,除财产权外,还应有工作人员职务行为的廉洁性④。本书认为,少数说的见解是合理的,毕竟职务侵占行为必须与其职务行为相关联。我国《刑法》将其规定在"侵财犯罪"中,只是强调对公司、企业或者其他单位资产的保护,从事经营、管理公司、企业或其他单位财产的工作人员的职务行为的廉洁性,也是需要遵守的基本操守。本罪主体是特殊主体,即公司、企业或者其他单位人员;国有公司、企业或者其他国有单位中从事公务的人员和国有公司、企业或者其他国有单位委派到非国有公司、企业以及其他单位从事公务的人员,利用职务上的便利,侵占单位资产的,应构成贪污罪⑤。当然,虽然有此规定,也并不意味着国有单位中非国家工作人员不能成为职务侵占罪的主体,国有单位中不具有国家工作人员身份的管理人员,利用职务之便侵吞本单位资产的,同样构成职务侵占罪。本罪主观上是直接故意,并以非法占为己有为目的,动机不影响认定。

(二) 对象、行为、既遂、主体

本罪对象是公司、企业或者其他单位的资产,至于资产的存在和使用、运行状态,在所不问。既可以包括本单位现有的资产,也包括已经确定是本单位收益的资产。也有观点认为,将对象限定在非国有单位的资产并不合适,因为国有单位的非公职人员,即直接从事生产、运输等其他劳务的人员,可以利用职务之便侵吞本单位财物,但

---

① 我国《刑法》第98条规定:"本法所称告诉才处理,是指被害人告诉才处理。如果被害人因受强制、威吓无法告诉的,人民检察院和被害人的近亲属也可以告诉。"但我国《刑法》第270条侵占罪并无司法机关可以主动追究行为人刑事责任的例外规定(可以比较《刑法》第246条规定),那么,在侵占国家财产(如埋藏物是文物)的情况下,告诉人是谁,并不明确。本书认为,虽然没有例外的明文规定,但因侵害到国家利益,司法机关也应该主动追究侵占者的刑事责任(期待修订时能够完善)。

② 参见王作富主编:《刑法分则实务研究》(中),中国方正出版社2013年版,第1002页。

③ 参见李书芳主编:《新刑法简明教程》,中国人民公安大学出版社1997年版,第326页。

④ 参见谢慧:《贪污罪与职务侵占罪之比较》,载《西北第二民族学院学报》1998年第3期;马克昌主编:《百罪通论》(下卷),北京大学出版社2014年版,第846页。

⑤ 我国《刑法》第271条的规定。

他们不是从事公务，不能构成贪污罪，只能以职务侵占罪论处。[①]

本书认为，国有资产处在使用、经营状态无非就两种形式：一是独资（或全资），二是出资在非国有性质单位（包括控股、参股在股份有限公司、企业）。对这种特性的国有资产使用、运行以及经营负有责任的，当然既有属于管理层的人员，也有纯粹属于从事劳务的人员。管理人员包括（被委派的）国家工作人员，利用职务之便，侵吞单位资产的，当然是贪污罪；非国家工作人员的管理人员实施同类行为的，则构成职务侵占罪。[②] 所以，利用职务之便侵吞资产的，只是与身份有关而与资产权属性质无关联。纯粹属于承担劳务工作的人员，只有工作上的便利可以被利用，而绝不存在利用职务之便的可能性；利用工作上的便利条件，侵害本单位资产的行为，并非只有以构成职务侵占罪论处才能符合其行为，事实上无论以何种方式非法占有单位资产，总有一种侵财犯罪的罪名可以适用。因此，本书不赞同单位（包括国有单位）劳务人员也能构成职务侵占罪的观点。

侵占，是指利用职务上、业务上的便利，将本单位资产非法据为己有。至于侵占的具体手段行为，理论上有两种不同认识：第一种观点采纳与贪污罪手段相同的理解，即侵占是指实施侵吞、窃取、骗取或者以其他手段，非法占有本单位的财物。[③] 这是多数说，即认为职务侵占罪与贪污罪，除了职务性质因身份不同而有区别之外，其他并无不同。此外，我国《刑法》第 271 条第 2 款规定“国有公司、企业或者其他国有单位中从事公务的人员和国有公司、企业或者其他国有单位委派到非国有公司、企业以及其他单位从事公务的人员有前款行为的”，构成贪污罪。因此，从第 1 款与第 2 款的逻辑关系上说，职务侵占行为与贪污行为在客观表现上是一样的。[④] 第二种观点主张狭义地理解职务侵占行为，即只有在已经合法持有本单位财物的情况下，将该财物以非法手段占为己有的，才是侵占。[⑤] 张明楷教授认为，对“职务侵占”除法律另有规定的之外，应作狭义解释。[⑥] 若以贪污罪论处，因贪污罪不仅是侵害财产犯罪，而且是利用职务之便损害了职务廉洁性，所以法定刑重于盗窃罪、诈骗罪，这可以满足罪刑相当，但职务侵占罪的法定刑轻于盗窃罪、诈骗罪，如果职务侵占行为包括盗窃、诈

---

① 参见郭泽强：《关于职务侵占罪主体问题的思考——以对“利用职务上的便利”之理解为基点》，载《法学评论》2008 年第 6 期。

② 2001 年 5 月 23 日最高人民法院发布的《关于在国有资本控股、参股的股份有限公司中从事管理工作的人员利用职务便利非法占有本公司财物如何定罪问题的批复》（法释〔2001〕17 号）规定：“在国有资本控股、参股的股份有限公司中从事管理工作的人员，除受国家机关、国有公司、企业、事业单位委派从事公务的以外，不属于国家工作人员。对其利用职务上的便利，将本单位财物非法占为己有，数额较大的，应当依照刑法第 271 条第 1 款的规定，以职务侵占罪定罪处罚。”

③ 参见王作富、韩跃元：《论侵占罪》，载《法律科学》1996 年第 3 期；黎宏：《刑法学各论》，法律出版社 2016 年版，第 338 页。

④ 参见赵秉志、肖中华：《刑法疑难争议问题两人谈》，载《刑事司法指南》（2002 年第 2 期），法律出版社 2002 年版。

⑤ 参见张翔飞：《商业侵占罪初探》，载《法学》1997 年第 9 期。

⑥ 我国《刑法》第 183 条规定：“保险公司的工作人员利用职务上的便利，故意编造未曾发生的保险事故进行虚假理赔，骗取保险金归自己所有的，依照本法第 271 条的规定定罪处罚。”

骗行为,按照职务侵占罪定罪处罚,不能满足罪刑相当。公司、企业或者其他单位的人员利用职务之便,窃取、骗取本单位财物,因其侵害的法益性质上不可能轻于盗窃罪、诈骗罪,便没有理由将此种行为仍然认定为"职务侵占"。为使罪刑相当,应以盗窃罪、诈骗罪处罚。①

本书认为,狭义的观点是合理的,因"侵吞"原本就是贪污罪的手段之一,狭义理解也是限缩解释,并没有超出贪污罪范围。如果联系我国《刑法》第 270 条第 1 款侵占罪规定的"将代为保管的他人财物""将他人的遗忘物或者埋藏物"非法占为己有,规范上所体现的恰恰是已经合法占有②他人财物,这才是"侵占"的本质特征。职务侵占行为,在行为特征上应该是与我国《刑法》第 270 条第 1 款规定的"侵占"相同③,而非应与贪污罪行为手段相比较有相同之处。因此,本书赞同狭义的观点④。例外的是,我国《刑法》第 183 条"保险公司的工作人员利用职务上的便利,故意编造未曾发生的保险事故进行虚假理赔,骗取保险金归自己所有的,依照本法第 271 条的规定定罪处罚"的规定,是指以诈骗手段构成职务侵占罪。

值得研究的是,贪污罪"利用职务上便利"与职务侵占罪"利用职务上便利",在解释上是否应该等同?本书赞同"'利用职务上的便利',并不是指占为己有或者据为己有的行为本身利用了职务上的便利,而是指据为己有的财物是基于行为人的职务(或业务)所占有的本单位的财物"⑤。贪污罪中利用职务上的便利,是行为人利用在职务上所具有主管、管理、经手、经营公共财物的权力和地位形成的便利条件。行为人是否实际持有所主管、管理、经手、经营的具体财物,并不是认定"利用职务上的便利"的前提条件,重心在于其权力地位使之能够依照权限支配、调拨、处分公共财产。而职务侵占罪中"利用职务上的便利",强调的是在非法占为己有之前,行为人已经事实上占有着本单位的财物(资产),至于是依照职权合法占有,还是依照业务活动需要实际占有,在所不问。最终是以何种具体手段将合法占有转变为非法占为己有,并不是认定是否成立职务侵占所必需的条件。换言之,在已经合法占有的前提下,行为人是通过报被抢劫的假案,还是通过做假账、伪造单据,将合法占有转变为非法据为己有,并不影响对职务侵占事实的认定。因此,职务侵占罪的"利用职务的上便利",不仅指利用职务活动的便利,还包括利用合法的业务活动的便利。本书认为,将原本不属于自己合法占有下的本单位财物(资产),通过窃取、骗取或其他非法手段而占有后,非法据为己有的,不是职务侵占,应按照相应的侵财犯罪论处。职务侵占行为,前

① 参见张明楷:《刑法学》(下),法律出版社 2016 年版,第 1021 页。

② "合法占有"在"普通侵占罪"中,包括占有没有违反法律规定的情况,如不当得利。但职务侵占罪一般不发生这种情形,必须是基于职务、业务上的便利的先行占有,故称其为"合法占有"。

③ 不同观点,参见黎宏:《刑法学各论》,法律出版社 2016 年版,第 338 页。

④ 狭义说能够更好地解决公司、企业或者其他单位的劳务人员,利用工作之便侵占、窃取、骗取单位资产的定性中的争议。可参见张明楷:《刑法学》(下),法律出版社 2016 年版,第 1022 页。当然,对此也有观点将利用自身劳务、劳动工作产生的便利侵占本单位财物的行为认定为盗窃罪的,明显过于严厉。参见黎宏:《刑法学各论》,法律出版社 2016 年版,第 338 页。

⑤ 张明楷:《刑法学》(下),法律出版社 2016 年版,第 1022 页。

提必须是依据法律或事实已经合法占有,而转为非法据为己有。本罪以将数额较大的财物非法据为己有,为既遂标准。

本罪主体为特殊主体,即公司、企业或者其他单位(工作)不具有国家工作人员身份的人员,单位所有制形式在所不问。主体包括依照《公司法》经批准成立的有限责任公司、股份有限公司,以及依照企业登记法规,经批准设立的各种经济组织的人员(管理阶层的人员),也包括《公司法》规定的独资企业①、一人公司的雇用管理人员。"其他单位人员",是指法律属性上虽然不属于"公司、企业",但经批准成立的或具有社会管理属性的服务机构,或具有经营性的"团体",如城镇居民委员会、村民委员会、民营医疗机构、注册的演艺团体、社会养老机构、社会救援机构等的管理人员。合伙或个体成立的经济组织的雇员,不在本罪主体范围内,所实施的侵犯财产犯罪行为,可以按照相应的侵犯财产犯罪论处。国家工作人员与非国家工作人员共同侵占本单位财物的定罪处罚,是以利用谁的职务之便实施侵占行为,来认定共同犯罪问题。②但这一认定原则,在理论上仍然存在争议。

(三) 职务侵占罪的刑事责任

犯本罪,数额较大的,处 5 年以下有期徒刑或者拘役;数额巨大的③,处 5 年以上有期徒刑,可以并处没收财产。国有公司、企业或者其他国有单位中从事公务的人员和国有公司、企业或者其他国有单位委派到非国有公司、企业以及其他单位从事公务的人员有前款行为的,依照我国《刑法》第 382 条、第 383 条的规定定罪处罚。

---

① 2011 年 2 月 15 日最高人民法院研究室对公安部经济犯罪侦查局《关于个人独资企业员工能否成为职务侵占罪主体问题的复函》(法研〔2011〕20 号)规定:"刑法第 271 条第 1 款立法目的基于保护单位财产,惩处单位内工作人员利用职务便利,侵占单位财产的行为,因此该款规定的'单位'应当也包括独资企业。"该内容系摘录。

② 2000 年 6 月 27 日最高人民法院通过的《关于审理贪污、职务侵占案件如何认定共同犯罪几个问题的解释》(法释〔2000〕15 号)第 1 条规定:"行为人与国家工作人员勾结,利用国家工作人员的职务便利,共同侵吞、窃取、骗取或者以其他手段非法占有公共财物的,以贪污罪共犯论处。"第 2 条规定:"行为人与公司、企业或者其他单位的人员勾结,利用公司、企业或者其他单位人员的职务便利,共同将该单位财物非法占为己有,数额较大的,以职务侵占罪共犯论处。"第 3 条规定:"公司、企业或者其他单位中,不具有国家工作人员身份的人与国家工作人员勾结,分别利用各自的职务便利,共同将本单位财物非法占为己有的,按照主犯的犯罪性质定罪。"

③ 2016 年 4 月 18 日最高人民法院、最高人民检察院发布实施的《关于办理贪污贿赂刑事案件适用法律若干问题的解释》(法释〔2016〕9 号)(以下简称 16.04.18《贪污贿赂案件解释》)第 11 条第 1 款规定:"刑法第 163 条规定的非国家工作人员受贿罪、第 271 条规定的职务侵占罪中的'数额较大''数额巨大'的数额起点,按照本解释关于受贿罪、贪污罪相对应的数额标准规定的 2 倍、5 倍执行。" 据此,职务侵占罪"数额较大"的标准为 6 万元,"数额巨大"的标准为 100 万元。

十四、挪用资金罪

(一) 挪用资金罪的概念和法益

挪用资金罪,是指公司、企业或者其他单位的工作人员,利用职务上的便利,挪用本单位资金归个人使用或者借贷给他人,数额较大、超过3个月未还的,或者虽未超过3个月,但数额较大、进行营利活动的,或者进行非法活动的行为[①]。本罪的法益是公司、企业或者其他单位公有资金的占有、使用以及收益权。主体为自然人特殊主体,即公司、企业或者其他单位的工作人员。主观上是直接故意,具有非法暂时取得本单位资金占有、使用、收益的目的(非以不打算归还的目的),挪用动机不影响认定。

(二) 行为、主体

本罪"利用职务上便利",与贪污罪"利用职务上便利"相同,即行为人在职务上具有主管、管理、经手、经营本单位资金的权力和地位。"主管",是指虽然不具体负责经手、管理,但依其职权范围或者职务地位,具有调拨、支配、转移、使用或者以其他方式对调拨、支配、使用、处置具有决定权。"管理",是指具有监守或者保管的职权并对管理的资金具有审查、处置权。"经手",是指因需要具有领取、支出等经办资金流转事务的权限,经手虽然不是管理和处置权,但具有所授予的流转中的管理和控制权。"经营"是以职权、地位形成的对资金进行筹划增值、保值并实行管理(包括调拨、支配、转移、使用)决策的权力。

本罪行为具有以下几类:一是挪用本单位资金归个人使用或者借贷给他人,数额较大、超过3个月未还。2000年7月27日最高人民法院《关于如何理解刑法第272条规定的"挪用本单位资金归个人使用或者借贷给他人"问题的批复》(法释〔2000〕22号)规定:"公司、企业或者其他单位的非国家工作人员,利用职务上的便利,挪用本单位资金归本人或者其他自然人使用,或者挪用人以个人名义将所挪用的资金借给其他自然人和单位,构成犯罪的,应当依照刑法第272条第1款的规定定罪

---

① 16.04.18《贪污贿赂案件解释》第11条第2款规定:"刑法第272条规定的挪用资金罪中的'数额较大''数额巨大'以及'进行非法活动'情形的数额起点,按照本解释关于挪用公款罪'数额较大''情节严重'以及'进行非法活动'的数额标准规定的2倍执行。"即分别为挪用资金10万元以上的,是进行营利活动或超过3个月未归还的"数额较大"的标准;挪用资金进行非法活动,数额在6万元以上的,为入罪标准。

处罚。”[1]在这种情形下,行为人是将挪用的资金用于除营利活动和非法活动之外的其他活动。例如挥霍、购买高档商品、娱乐消费等,且自挪用之日至案发时,超过3个月仍然没有归还。如果事发后归还,且已经超过3个月,仍然构成犯罪,归还只能是量刑情节,未超过3个月即归还的,则不能认定为犯罪。二是挪用本单位资金归个人使用或者借贷给他人,虽未超过3个月,但数额较大、进行营利活动。营利活动是指合法营利活动,包括将挪用的单位资金投入他人所经营的公司、企业,或进行投资等,将单位资金借贷给他人收取利息的,仍然属于营利活动。该种情形的认定,不受挪用是否超过3个月未归还时间限制。三是挪用单位资金进行非法活动。该种情形的认定不受挪用数额与挪用时间的限制。非法活动,包括《刑法》已经规定为犯罪的活动,也包括一般违法活动,例如将单位资金用作走私犯罪、贿赂犯罪以及生产、销售伪劣商品犯罪的资金,赌博、嫖娼等的资金。非法活动构成犯罪的,应实行数罪并罚。

本罪主体为自然人特殊主体,即公司、企业或其他单位(工作)人员。公司、企业或其他单位人员,与所有制性质无关,既包括国有公司、企业和国有性质的其他单位[2]的工作人员,也包括尚未成立、正在筹建中的公司、企业[3]的工作人员;“其他单位人员”亦是指法律属性上虽然不属于“公司、企业”,但经批准成立的或具有社会管理属性的服务机构,或具有经营性的“团体”,如城镇居民委员会、村民委员会[4]、民营医疗机构、注册的演艺团体、社会养老机构、社会救援机构等的管理人员。此外,商业银行、证券交易所、期货交易所、证券公司、期货经纪公司、保险公司或者其他金融机构的工作人

---

① 该《批复》与10.05.07《立案标准(二)》第85条第2款的规定稍有区别,规定为:具有下列情形之一的,属于本条规定的“归个人使用”:(1)将本单位资金供本人、亲友或者其他自然人使用的;(2)以个人名义将本单位资金供其他单位使用的;(3)个人决定以单位名义将本单位资金供其他单位使用,谋取个人利益的。2004年9月8日全国人大常委会法制工作委员会刑法室《关于挪用资金罪有关问题的答复》(法工委刑发〔2004〕第28号)规定:“刑法第272条规定的挪用资金罪中的‘归个人使用’与刑法第384条规定的挪用公款罪中的‘归个人使用’的含义基本相同。1997年修改《刑法》时,针对当时挪用资金中比较突出的情况,在规定‘归个人使用时’的同时,进一步明确了‘借贷给他人’属于挪用资金罪的一种表现形式。”

② 2000年2月24日最高人民法院《关于对受委托管理经营国有财产人员挪用国有资金行为如何定罪问题的批复》(法释〔2000〕5号)规定:“对于受国家机关、国有公司、企业、事业单位、人民团体委托,管理、经营国有财产的非国家工作人员,利用职务上的便利,挪用国有资金归个人使用构成犯罪的,应当依照刑法第272条第1款的规定定罪处罚。”

③ 2000年10月9日最高人民检察院《关于挪用尚未注册成立公司资金的行为适用法律问题的批复》(高检发研字〔2000〕19号)规定:“筹建公司的工作人员在公司登记注册前,利用职务上的便利,挪用准备设立的公司在银行开设的临时账户上的资金,归个人使用或者借贷给他人,数额较大、超过3个月未还的,或者虽未超过3个月,但数额较大、进行营利活动的,或者进行非法活动的,应当根据刑法第272条的规定,追究刑事责任。”

④ 2001年4月26日公安部《关于村民小组组长以本组资金为他人担保贷款如何定性处理问题的批复》(公法〔2001〕83号)规定:“村民小组组长利用职务上的便利,擅自将村民小组的集体财产为他人担保贷款,并以集体财产承担担保责任的,属于挪用本单位资金归个人使用的行为。构成犯罪的,应当依照刑法第272条第1款的规定,以挪用资金罪追究行为人的刑事责任。”该《批复》具有司法文件的性质,基本精神具有参考价值。

员利用职务上的便利,挪用本单位或者客户资金的,以挪用资金罪定罪处罚①。

国有公司、企业或者其他国有单位中从事公务的人员和国有公司、企业或者其他国有单位委派到非国有公司、企业以及其他单位从事公务的人员,挪用单位资金的;国有商业银行、证券交易所、期货交易所、证券公司、期货经纪公司、保险公司或者其他国有金融机构的工作人员和国有商业银行、证券交易所、期货交易所、证券公司、期货经纪公司、保险公司或者其他国有金融机构委派到前款规定中的非国有机构从事公务的人员,挪用单位资金的(即便是委派的人员挪用单位资金,不问资金的实际属性),均以挪用公款罪追究刑事责任②。在该种情形下,其认定标准应遵循"挪用公款罪"的有关规定。

(三)挪用资金罪与职务侵占罪及贪污罪的关联

挪用资金罪,是行为人主观上没有不打算归还的目的,如果在一定时期内没有归还,或因客观原因不能归还的,仍然只能构成挪用资金罪。如果挪用之初并无不打算归还的目的,在挪用后意志发生变化,不打算归还的,则其行为性质根据其具体身份发生相应转化:仍然是公司、企业或者其他单位工作人员的,应转化为职务侵占罪;具有国家工作人员身份的,转化为贪污罪,而且均属于一行为触犯数罪名的想象竞合犯,应从一重罪论处。但是,具备不同的真正身份行为人(即公司、企业公职人员与受国家机关、企事业单位委派工作人员)共同实施侵占本单位财物的定罪问题,理论上仍然有争议③。

(四)挪用资金罪与挪用特定款物罪④的关联

挪用特定款物罪,是指挪用用于救灾、抢险、防汛、优抚、扶贫、移民、救济款物⑤,情节严重,致使国家和人民群众利益遭受重大损害的行为⑥。本罪主体为违法挪用,改变特定款物用途的直接责任人员,主观上是故意。本罪是行为人将用于救灾、抢险、防汛、优抚、扶贫、移民、救济款物,挪用改变了其用途,所以,虽然均是"挪用",但

---

① 我国《刑法》第185条第1款的规定。

② 我国《刑法》第272条第2款、第185条第2款的规定。

③ 参见张明楷:《刑法学》,法律出版社2011年版,第397—398页;赵秉志:《刑法总论问题专论》,法律出版社2004年版,第485页;林亚刚:《刑法学教义》(总论)(第2版),北京大学出版社2017年版,第531页以下。

④ 我国《刑法》第273条的规定。

⑤ 2003年1月30日最高人民检察院《关于挪用失业保险基金和下岗职工基本生活保障资金的行为适用法律问题的批复》(高检发释字〔2003〕1号)规定:"挪用失业保险基金和下岗职工基本生活保障资金属于挪用救济款物。挪用失业保险基金和下岗职工基本生活保障资金,情节严重,致使国家和人民群众利益遭受重大损害的,对直接责任人员,应当依照刑法第273条的规定,以挪用特定款物罪追究刑事责任;国家工作人员利用职务上的便利,挪用失业保险基金和下岗职工基本生活保障资金归个人使用,构成犯罪的,应当依照刑法第384条的规定,以挪用公款罪追究刑事责任。"

⑥ 10.05.07《立案标准(二)》第86条规定:涉嫌下列情形之一的,应予立案追诉:(1)挪用特定款物数额在5000元以上的;(2)造成国家和人民群众直接经济损失数额在5万元以上的;(3)虽未达到上述数额标准,但多次挪用特定款物的,或者造成人民群众的生产、生活严重困难的;(4)严重损害国家声誉,或者造成恶劣社会影响的;(5)其他致使国家和人民群众利益遭受重大损害的情形。

本罪是挪作其他公用,而非挪作归个人使用。不过,救灾、抢险、防汛、优抚、扶贫、移民、救济款物并非均是来源于国家,也有来自社会各界的捐赠。而且,对特定款物的管理、使用、发放也并非均由国家工作人员监管或执行。在这一意义上,当由非国家机关、专门部门管理、使用、发放时,无论是国家(包括其他国家、地区捐赠)的特定款物,还是社会捐赠的特定款物,在规范上均可以包括在"其他单位"①资金中。例如,灾害发生后,已经发放到社会救助机构的救济款被挪用。在该种情形下,应视挪用的用途以及行为人身份的具体情况认定:挪作其他公共用途的,无论是国家工作人员还是非国家工作人员,均应以挪用特定款物罪论处;将特定款物挪作归个人使用的,在国家工作人员管理下的,应以挪用公款罪论处②,在非国家工作人员管理下的,应以挪用资金罪论处。

(五) 挪用资金罪的刑事责任

犯本罪,数额较大、超过3个月未还的,或者虽未超过3个月,但数额较大、进行营利活动的,或者进行非法活动的,处3年以下有期徒刑或者拘役;挪用资金数额巨大的,或者数额较大不退还的③,处3年以上10年以下有期徒刑。

"挪用数额较大不退还",是法定刑升格的条件。根据以往有关司法解释的精神,"不退还",不是指行为人主观上不想归还、不愿意归还,是因客观原因不能退还。所以,"不退还"只是一种客观现象,并非表明行为人不想归还。但是,如果行为在客观上表现出不想归还、不打算归还,则行为性质发生变化,如"携带挪用的资金潜逃的",就应构成职务侵占罪。如何认定主观上"不打算归还",应参照2003年11月13日最高人民法院《全国法院审理经济犯罪案件工作座谈会纪要》(法〔2003〕167号)(以下简称03.11.13《经济犯罪座谈会纪要》)"四、(八)"的规定,审查行为人客观上是否具有"非法占有目的"的行为表现,以确定行为人主观上是否具有"据为己有目的"。

---

① 在此,尚不好认为是公司、企业的资金,因此,可以归于其他单位资金。

② 遵照16.04.18《贪污贿赂案件解释》第11条第1款规定的数额标准执行。

③ 根据16.04.18《贪污贿赂案件解释》第11条第2款规定,挪用资金罪按照挪用公款罪2倍数额执行,挪用资金归个人使用,进行非法活动,数额在600万元以上的,是"数额巨大"。具有下列情形之一的,应当认定"情节严重":(1)挪用数额在200万元以上的;(2)挪用救灾、抢险、防汛、优抚、扶贫、移民、救济特定款物,数额在100万元以上不满200万元的;(3)挪用不退还,数额在100万元以上不满200万元的;(4)其他严重的情节;挪用资金归个人使用,数额较大(分别为:挪用资金进行营利活动,或超过3个月未归还,以10万元以上为"数额较大"标准;进行非法活动,数额在6万元以上的为"数额较大"标准)进行营利活动或者超过3个月未还,数额在1000万元以上的,应当认定为"数额巨大"。具有下列情形之一的,应当认定为"情节严重":(1)挪用数额在400万元以上的;(2)挪用救灾、抢险、防汛、优抚、扶贫、移民、救济特定款物,数额在200万元以上不满400万元的;(3)挪用不退还,数额在200万元以上不满400万元的;(4)其他严重的情节。

十五、敲诈勒索罪

(一) 敲诈勒索罪的概念和法益

敲诈勒索罪是指以非法占有为目的,使用威胁(恐吓)或要挟的方法,强行索要公私财物数额较大,或者多次敲诈勒索①的行为。本罪的法益是公私财物的所有权以及他人的人身权利(意思自由)。本罪主体是自然人一般主体,主观上是故意,并以非法占有财物为目的,动机不影响认定。

(二) 对象、行为、既遂、故意

本罪对象为公私财物,至于是否为他人所有,在所不问。在他人占有下的违禁品,亦可为本罪对象,财产性利益可以价值计算、无体物具有管理可能性的,也可以成为本罪对象。例如迫使被害人将房产所有权或租赁权转让给自己或第三人,胁迫降低物品价格转让给自己或第三人,迫使被害人与自己或第三人解除债务关系,迫使被害人提供无偿劳务等。

敲诈勒索是实施威胁或要挟,使他人产生恐惧心理而处分财物的行为。由行为人(或第三人)取得财物而使得被害人蒙受损失。"威胁或要挟"即"敲诈"之意,是指以将实施暴力或对被害人其他不利的行为,胁迫以其处分财物来避免即将发生的恶害。这既包括当场逼迫被害人交出财物,也包括逼迫被害人限期交出财物,也不排除在威胁、要挟过程中使用轻微暴力,但不包括能够造成轻伤害以上的暴力。如果所实施的暴力造成轻伤以上的伤害结果,是想象竞合犯,应从一重罪论处。威胁或要挟,本质上与恐吓、胁迫一样,旨在对被害人造成精神上的恐惧。威胁、要挟可以不需要任何理由,用任何可以侵害他人的方法进行恐吓、要挟,通常是指以抓住他人的把柄(真假不论)进行恐吓、威胁。

一般来说,威胁或要挟的内容就是,如果不满足行为人索取财物的要求,就将对被害人采取不利的行动。最常见的是以将侵害被害人或其亲属的生命、健康、人身自由、名誉或造成更大的财产损失等,进行威胁或要挟,使被害人产生恐惧心理,以满足非法索取财物的要求。被害人有无处分该财物的权利,对犯罪的成立不发生影响。为此,本书认为:

(1) 威胁或要挟是要使得被害人因心理恐惧而屈服,被迫交付财物,不以被害人不敢抗拒为条件。被害人面对威胁、要挟尚有一定自由选择的余地,有采取必要防范的可能性,如果威胁、要挟,已使得被害人完全丧失意志自由,没有选择的余地,不得不当场交付财物,就超出敲诈勒索罪的范围,实为抢劫罪的胁迫手段,构成抢劫(这当

---

① 2013年4月15日最高人民法院、最高人民检察院发布实施的《关于办理敲诈勒索刑事案件适用法律若干问题的解释》(法释〔2013〕10号)(以下简称13.04.27《敲诈勒索解释》)第3条规定:"2年内敲诈勒索3次以上的,应当认定为刑法第274条规定的'多次敲诈勒索'。"

然要求威胁的内容应符合抢劫罪）。

（2）威胁或要挟所表现出的恶害内容，不以具有付诸实施的当场性为必要条件。一般而言，威胁的内容既可以是不满足要求，当场就能实现威胁的内容，但多数情况下是威胁如果不满足要求，将在以后实现所述的恶害。

（3）实现恶害不以违法行为来实现为必要条件，即便以法律所许可的方法（例如要求封口费，否则就举报贪污）作为威胁、要挟的手段，也可成立本罪。但如以法律许可的方式维护自己合法权益的，则不能认为是威胁或要挟。例如要求履行债权，声言如不履行将去法院控告，不能认为是勒索财物。

（4）威胁或者要挟不以发生实际对被害人的恶害结果为必要条件。在遭到拒绝后是否真有意去实现恶害内容，以及恶害在客观上是否具有实现的可能性，由何人何时实现恶害结果，均不影响认定。即便是以假的事实（例如编造有被害人“裸照”，要求被害人以钱换取不在网络上曝光），只要被害人确实信以为真而陷入恐惧，就不影响认定。

（5）威胁、要挟可面对被害人实施，也可由第三者进行转达；可以用口头表示，也可通过书信表达；可以是赤裸裸地威胁、要挟，也可以隐晦的暗示方法；可以凭借某种把柄或制造某种借口，也可以是毫无把柄或借口而威胁、要挟。总之，不论以何种方法和方式及内容，只要在客观上足以使被害人产生恐惧心理，即符合本罪的“敲诈”行为。

在遭到拒绝后，行为人将威胁或要挟的内容付诸实施的，如实施伤害、毁坏财物、放火等行为，触犯其他罪名的，应以敲诈勒索罪与所构成的犯罪进行数罪并罚。如果付诸实施的恶害行为还不构成犯罪，则应作为情节在量刑时加以考虑。如果遭到拒绝而当场实施暴力，抢走财物的，应以抢劫罪论处；如果当场遭到拒绝而实施暴力，但过后取得财物的，多数说认为，构成敲诈勒索罪，也有认为构成抢劫罪的观点。本书原则上赞同多数说的认识。

本罪要求被害人基于恐惧心理而处分财物。被害人处分的财物（所有者在所不问），也不必是在被害人实际占有状态下，只要有权支配、处分，即便由其他占有者交付，亦属于被害人对财产的处分。处分行为，包括法律行为与事实行为，前者如签署法律文件，后者如直接交付或不敢阻止其获取财物的行为（容忍）。被害人对财产的处分，不以具有财产处分行为能力为条件，即便是不具有处分能力的未成年人，或心智发育不全的人，面对威胁或者要挟，基于恐惧心理也可以处分财产。被害人的处分行为，必须包括处分的事实和处分的意思①。本书认为，被害人的处分意思，无需以民事法律上真实的处分意思为理解的前提，因基于恐惧而表达的“处分意思”，原本就是违背被害人对财产处分的意思的。恐惧心理与财物处分行为之间具有刑法上的因果关系，即因受到威胁或要挟，被害人产生恐惧心理，并基于此而作出了财物处分行为。这种因果关系是被害人基于恐惧心理活动与作出处分行为相关联，是在经过思考（熟

---

① 参见张明楷：《外国刑法纲要》（第2版），清华大学出版社2007年版，第587页。

虑)后选择的财产处分。如果财产处分行为不是由于恐惧心理而作出,是基于怜悯或其他原因,则不是敲诈勒索罪所要求的财产处分行为,但不排除行为人可以构成本罪未遂。只要事实上排除被害人对财物占有,就构成既遂,实际上是由行为人还是(与己有关的)第三者占有,在所不问。

勒索的财物只有数额较大①或多次敲诈勒索的,才构成犯罪。

本罪主观上是直接故意,具有非法(强行索取)占有他人财物的目的。不具有该目的,或者索取财物的目的并不违法,如主张债权而使用带有一定威胁内容的语言,不是敲诈勒索。

(三) 敲诈勒索罪与抢劫罪的关联

使用轻微暴力进行恐吓构成的敲诈勒索罪,与采取轻微暴力、胁迫手段构成的抢劫罪,从构成事实上看,有相似之处,都是在强制被害人自由意思的情况下获取财物。区别在于,敲诈勒索罪虽然可以采取多种多样的威胁、要挟(可以有轻微暴力,不能采取致人伤亡的暴力),但只要求足以造成被害人心理恐惧,被害人基于恐惧处分财产即可。这虽然也是对被害人自由意思的压抑,但被害人仍然具有选择不予服从的可能性。而抢劫罪即便是采取轻微的暴力、胁迫,也是足以压制被害人反抗的。被害人是在无可选择的前提下,处分或不敢阻止其夺取财物。在这种情形下,构成的抢劫罪也同样具有"勒索"的属性。容易混淆的是,如果行为人意图当场获取财物,但实际上并没有当场获取(或只获取少量财物),胁迫被害人在此后某个时间再行交付的,是以抢劫罪(未遂)认定,还是以敲诈勒索罪(未遂)认定?本书认为,虽然没有当场获取财物,但是,如果行为人保持着对被害人威慑的心理优势,强迫被害人过后仍然需要交付财物的(包括交付的既遂与尚未交付的未遂),是抢劫罪与敲诈勒索罪的想象竞合犯,应以抢劫罪一罪论处;如果行为人在抢劫或敲诈勒索后,保持对被害人的威慑,在不同场合下再次实施威胁,强迫被害人过后仍然需要交付财物的(包括交付的既遂与尚未交付的未遂),则为数罪,应实行并罚。

(四) 敲诈勒索罪与维权的关联

因维权而对相对方施加压力索赔数额巨大,被视为敲诈勒索的案件,时有披露。区别是维权还是敲诈勒索,关键在于:一是要看侵权事实的真伪以及相对方在此消费

---

① 13.04.27《敲诈勒索解释》第1条规定,敲诈勒索公私财物价值2000元至5000元以上,为数额较大标准。各省、自治区、直辖市高级人民法院、人民检察院可以根据本地区经济发展状况和社会治安状况,在前款规定的数额幅度内,共同研究确定本地区执行的具体数额标准,报最高人民法院、最高人民检察院批准。第2条规定,敲诈勒索公私财物,具有下列情形之一的,"数额较大"的标准可以按照本解释第1条规定标准的50%确定:(1) 曾因敲诈勒索受过刑事处罚的;(2) 1年内曾因敲诈勒索受过行政处罚的;(3) 对未成年人、残疾人、老年人或者丧失劳动能力人敲诈勒索的;(4) 以将要实施放火、爆炸等危害公共安全犯罪或者故意杀人、绑架等严重侵犯公民人身权利犯罪相威胁敲诈勒索的;(5) 以黑恶势力名义敲诈勒索的;(6) 利用或者冒充国家机关工作人员、军人、新闻工作者等特殊身份敲诈勒索的;(7) 造成其他严重后果的。

领域的承诺。对编造、伪造事件,或在《消费者权益保护法》范围之外,相对方不应承诺赔偿的,或无承诺表示的,不应排除敲诈勒索。二是看维权手段是否符合法律规定。通过媒体披露、网络上曝光等公众监督方式,或者起诉相对方,索取的赔偿额即便有些"离谱"的,也不应视为敲诈勒索。但以诸如黑恶势力之名,编造散布相对方不实言论以败坏产品名誉、经营活动为目的要挟的,或者以更为严重的犯罪活动进行报复、威胁的,应为敲诈勒索。三是应该审查所行使权力内容与损害事实的关联性。在行使特定内容的权利时,不应视为敲诈勒索;而强求特定内容之外的权利,则不排除敲诈勒索,如行为人除要求赔偿之外,还强索"封口费""缄默费"的,可能构成犯罪。此外,相对方为减少影响主动赔偿,甚至"满足"行为人某些不当要求,即便赔偿数额很大,事后又报警的,也不能以敲诈勒索罪认定。

(五) 敲诈勒索罪与诈骗罪的关联

两罪在法规范上并无直接的关联,虽然都有个"诈"的内容。敲诈勒索当然也可以编造事实或故意夸大自己的实力,以加强对被害人的心理压力。而且,有的勒索行为是赤裸裸的,不凭借任何借口,而有的则可能通过编造、捏造某种事实,并以此为借口进行勒索。所以,敲诈勒索罪并未排除以编造谎言的方式恐吓取财,只是敲诈勒索并不要求必须要编造谎言,实施有诈骗内容的敲诈勒索。区别二者,不在于有无编造谎言进行欺骗,而在于获取财物的手段是靠威胁、恐吓,还是欺骗。如果存在编造谎言的情况,则必须考察是否因编造的事实,使得被害人陷于错误认识自愿地交付财物,还是编造的谎言使得被害人感到恐惧,不得不以处分财物的方式来解决。如果是后者,则为靠威胁、要挟,强迫被害人交付财物的敲诈勒索。当编造的谎言已使被害人信以为真,产生了错误认识,被害人为此主动处分财产以求"谅解"的,应该构成诈骗罪而非敲诈勒索罪。以虚构事实进行要挟、恐吓的,可以说有欺骗的性质,即便被害人并非完全是"自愿交财物",是因心理恐惧而做出财物处分决定,但其中受到欺骗的因素仍然存在。因此,以编造谎言实施的敲诈勒索行为也触犯诈骗罪,为想象竞合犯,应从一重罪论处。

(六) 敲诈勒索罪与招摇撞骗罪①的关联

招摇撞骗,是依靠假冒的身份骗取他人信任而谋取利益,并非依靠威胁、要挟,因此,在法规范上二罪并无直接关联。13.04.27《敲诈勒索解释》规定,利用或者冒充国家机关工作人员、军人等特殊身份敲诈勒索的情节,是指在敲诈勒索中假冒特殊身份进行讹诈,但正是基于假冒的特殊身份(限于国家工作人员、军人、警察等符合招摇撞骗罪假冒的身份),对被害人更易形成心理上的压迫感。虽然被害人处分财物是因威胁、要挟下的心理恐惧,而非基于对其身份的信任自愿处分财物,但不可否认被害人同样也有基于认识错误的因素而处分财物,因此,以假冒的身份敲诈勒索的行为同时触犯

① 我国《刑法》第279条的规定。

招摇撞骗罪,为想象竞合犯,应从一重罪论处。13.04.27《敲诈勒索解释》将假冒特殊身份实施敲诈勒索,作为降低本罪入罪数额标准的情节之一,能够实现这一目的。

(七)敲诈勒索罪的刑事责任

犯本罪,处3年以下有期徒刑、拘役或者管制,并处或者单处罚金;数额巨大①或者有其他严重情节②的,处3年以上10年以下有期徒刑,并处罚金;数额特别巨大或者有其他特别严重情节的,处10年以上有期徒刑,并处罚金③。依据13.04.27《敲诈勒索解释》敲诈勒索数额较大,行为人认罪、悔罪,退赃、退赔,并具有下列情形之一的,可以认定为犯罪情节轻微,不起诉或者免予刑事处罚,由有关部门依法予以行政处罚:(1)具有法定从宽处罚情节的;(2)没有参与分赃或者获赃较少且不是主犯的;(3)被害人谅解的;(4)其他情节轻微、危害不大的。敲诈勒索近亲属的财物,获得谅解的,一般不认为是犯罪;认定为犯罪的,应当酌情从宽处理。被害人对敲诈勒索的发生存在过错的,根据被害人过错程度和案件其他情况,可以对行为人酌情从宽处理;情节显著轻微危害不大的,不认为是犯罪。明知他人实施敲诈勒索犯罪,为其提供信用卡、手机卡、通讯工具、通讯传输通道、网络技术支持等帮助的,以共同犯罪论处。

十六、故意毁坏财物罪

(一)故意毁坏财物罪的概念和法益

故意毁坏财物罪,是指故意毁坏公私财物,数额较大或者有其他严重情节④的行为。本罪的法益是财产所有权。主体为自然人一般主体,主观上是故意,动机不问。

(二)对象、行为、违法性阻却

本罪的对象,为公私财物,包括动产和不动产,但不包括《刑法》予以特别保护的其他公私财物。例如,公共交通工具、古文化遗址、古墓葬、矿产资源、林木、永久测量

---

① 13.04.27《敲诈勒索解释》第1条规定,敲诈勒索公私财物价值3万元至10万元以上、30万元至50万元以上的,应当分别认定为《刑法》第274条规定的"数额较大""数额巨大""数额特别巨大"。

② 13.04.27《敲诈勒索解释》第4条规定:"敲诈勒索公私财物,具有本解释第2条第3项至第7项规定的情形之一,数额达到本解释第1条规定的'数额巨大''数额特别巨大'80%的,可以分别认定为刑法第274条规定的'其他严重情节'、'其他特别严重情节'。"该《解释》第2条第3项至第7项分别是:对未成年人、残疾人、老年人或者丧失劳动能力人敲诈勒索的;以将要实施放火、爆炸等危害公共安全犯罪或者故意杀人、绑架等严重侵犯公民人身权利犯罪相威胁敲诈勒索的;以黑恶势力名义敲诈勒索的;利用或者冒充国家机关工作人员、军人、新闻工作者等特殊身份敲诈勒索的;造成其他严重后果的。

③ 13.04.27《敲诈勒索解释》第8条规定:对犯敲诈勒索罪的被告人,应当在2000元以上、敲诈勒索数额的2倍以下判处罚金;被告人没有获得财物的,应当在2000元以上10万元以下判处罚金。

④ 根据08.06.25《立案追诉标准(一)》第33条的规定,涉嫌下列情形之一的,应予立案追诉:(1)造成公私财物损失5000元以上的;(2)毁坏公私财物3次以上的;(3)纠集3人以上公然毁坏公私财物的;(4)其他情节严重的情形。

标志、军事设施等。对特别保护的对象实施破坏，属于想象竞合犯的，从一重罪论处。在针对特别对象犯罪的处罚为重时，应分别按照相应犯罪论处；在破坏特定对象尚不构成犯罪的情况下，不应视为想象竞合犯，可以破坏生产经营罪，或以故意毁坏财物罪论处（例如，对名胜古迹故意毁损，但尚未达到不能修复程度的行为）。故意毁坏自己财物，只要不使用危及公共安全方法的，不构成犯罪；反之，也属于想象竞合犯，也应以相应危害公共安全犯罪论处。毁坏意为使物品损坏，失去（部分或全部）使用价值和价值的行为。具体的方式、方法并无限制，（包括利用技术手段）使之粉碎、破损、损害、败坏（如食品）、拆卸、摧残（如牲畜）、摧毁等，均为毁坏之意。至于是使财物整体灭失（物理性）还是只使得财物价值或使用价值减损，在所不问。

（三）故意毁坏财物罪与其他故意破坏犯罪的关联

除针对刑法特别保护对象的破坏行为，属于想象竞合犯的，可以按照相应犯罪论处之外，刑法中多种犯罪都存在使用破坏方式实施的犯罪，故意毁坏财物通常可以成为此类犯罪的手段行为，如盗窃、抢劫可以破坏封缄物体，聚众"打砸抢"的，可以毁坏公私财物，聚众扰乱公共场所秩序、交通秩序罪、寻衅滋事罪等，都可以存在故意毁坏公私财物的情形。在这些情形下，除刑法有特别规定（包括司法解释规定为情节或后果，或理应是其他犯罪当然的手段行为）的外，应视为牵连犯，从一重罪论处，但不应排除并罚的可能性。

（四）故意毁坏财物罪的刑事责任

犯本罪，处 3 年以下有期徒刑、拘役或者罚金；数额巨大或者有其他特别严重情节的，处 3 年以上 7 年以下有期徒刑。

十七、破坏生产经营罪

（一）破坏生产经营罪的概念和法益

破坏生产经营罪，是指由于泄愤报复或者其他个人目的，毁坏机器设备、残害耕畜或者以其他方法破坏生产经营的行为①。本罪的法益，是财产的所有权以及生产经营秩序。主体为自然人一般主体，主观上是故意，不问动机。

（二）对象、行为、责任阻却

本罪的对象为生产经营中使用的机器设备、设施，耕畜以及与生产经营活动有直接关联的其他公私财物，应包括刑法予以特别保护的生产设施、设备。例如，交通工

---

① 08.06.25《立案追诉标准（一）》第 34 条规定：涉嫌下列情形之一的，应予立案追诉：(1) 造成公私财物损失 5000 元以上的；(2) 破坏生产经营 3 次以上的；(3) 纠集 3 人以上公然破坏生产经营的；(4) 其他破坏生产经营应予追究刑事责任的情形。

具、交通设施和设备、电力设施和设备及易燃易爆设施和设备等。针对特别保护对象的破坏行为,如果危及公共安全的,为想象竞合犯,从一重罪论处(一般应以危害公共安全犯罪论处)。所谓“生产经营”[①],不问所有制性质以及经营方式。一般来说,破坏主要为实施物理性的破坏,如对机械设备实施打砸、故意宰杀或伤害耕畜、对种子灭活、毁坏青苗[②]等行为,但也包括采用技术手段实施破坏行为,例如修改实验数据、篡改图纸、修改、破坏计算机操作系统[③]等。当然,机器设备、设施、耕畜以及与生产经营活动有直接关联的其他公私财物,必须都正在使用中,对备用的随时可以调配,投入生产、作业的设施、设备、耕畜等实施破坏行为,不影响认定。但破坏闲置或已经升级被淘汰且不再使用的设备,及丧失劳动能力的耕畜,不应视为本罪的破坏行为(不排除可以构成故意毁坏财物罪)。

对明显是非法生产经营活动的设备、设施(如生产伪劣产品的生产设备、设施),行为人出于义愤破坏的[④](虽然不应提倡,但本书认为具有一定防卫性质),虽然客观上也违反法律规定,但应该阻却责任。

(三) 破坏生产经营罪与故意毁坏财物罪的关联

破坏生产经营罪的对象,同样可以是故意毁坏财物罪的对象,反之亦然。所以,现实中两种对象具有融合、交叉的特性,只是站在不同立场时,对两种对象的认识会有所区别。如果故意毁坏财物的破坏行为对象,也体现出是对生产经营活动的破坏时,则为想象竞合犯。因破坏生产经营罪处罚较重,以破坏生产经营罪论处更能反映出行为的性质。不过,虽然对生产经营活动造成一定影响,但并非严重而被故意毁坏的对象价值较大的,可以考虑以故意毁坏财物罪论处。

(四) 破坏生产经营罪的刑事责任

犯本罪,处 3 年以下有期徒刑、拘役或者管制;情节严重的,处 3 年以上 7 年以下有期徒刑。

---

① 除特定行业的生产经营活动须经特别批准外,一般的生产经营活动,只需以生产经营活动内容合法即可,本书认为无需以证照齐备为必要条件,也不以单位生产经营活动为限,应包括个体户和承包者的生产经营活动。

② 本书认为,针对有生长周期的对象,应该具体分析。如对种子、青苗的破坏,是破坏生产经营;对已经成熟庄稼、已经成材林木破坏的,则为故意毁坏财物罪。同理,虽为耕畜,但尚未长大到可以投入农业生产的,是财物,只有投入农业生产的,才为本罪对象。

③ 破坏的手段行为触犯相关计算机犯罪的条款,可以形成牵连犯,不排除应数罪并罚的可能性。

④ 例如,相关部门不查处,或被查处但屡犯不改的。

十八、拒不支付劳动报酬罪

(一) 拒不支付劳动报酬罪的概念和法益

拒不支付劳动报酬罪,是指以转移财产、逃匿等方法逃避支付劳动者的劳动报酬或者有能力支付而不支付劳动者的劳动报酬,数额较大,经政府有关部门责令支付仍不支付的行为。[①] 本罪的法益是劳动者的财产权。本罪主体为特殊主体,即负有向劳动者支付劳动报酬的自然人和单位,以及单位对拒不支付劳动报酬直接负责的主管人员和其他直接责任人员;主体是否具备用工主体资格,在所不问。违法用工应支付劳动报酬拒不支付的,用人单位的实际控制人亦可构成本罪。[②] 本罪主观上是故意,动机不影响认定。

(二) 对象、行为、违法阻却

本罪对象为"劳动者的劳动报酬",是指劳动者依照《劳动法》《劳动合同法》等法律的规定,应得的劳动报酬,包括工资、奖金、津贴、补贴、延长工作时间的工资报酬及特殊情况下支付的工资等[③]。

本罪行为表现为两种:一是以转移财产、逃匿等方法逃避支付劳动者的劳动报酬。转移财产,是将财产转移至他处;逃匿,是指躲藏起来,隐匿自己的行踪。13.01.23《拒不支付劳动报酬案件解释》第2条规定,以逃避支付劳动者的劳动报酬为目的,具有下列情形之一的,应当认定为《刑法》第276条之一第1款规定的"以转移财产、逃匿等方法逃避支付劳动者的劳动报酬":(1) 隐匿财产、恶意清偿、虚构债务、虚假破产、虚假倒闭或者以其他方法转移、处分财产的;(2) 逃跑、藏匿的;(3) 隐匿、销毁或者篡改账目、职工名册、工资支付记录、考勤记录等与劳动报酬相关的材料的;(4) 以其他方法逃避支付劳动报酬的。二是有能力支付而不支付劳动者的劳动报酬。这是指虽然没有采取转移财产、逃匿的方式,但拒不支付劳动报酬,可以表现为拒不承认劳动关系存在且拒不支付劳动报酬,也可表现为虽然承认劳动关系,但采取各种耍无赖,找各种(子虚乌有的)理由,拒不支付劳动报酬,也不排除使用欺骗、(雇佣他人采取)暴力等手段,驱赶讨薪的劳动者。

---

① 2017年4月27日最高人民检察院、公安部颁布、实施的《关于公安机关管辖的刑事案件立案追诉标准的规定(一)的补充规定》(以下简称17.04.27《立案规定(一)的补充规定》)第7条规定:涉嫌下列情形之一的,应予立案追诉:(1) 拒不支付1名劳动者3个月以上的劳动报酬且数额在5000元至2万元以上的;(2) 拒不支付10名以上劳动者的劳动报酬且数额累计在3万元至10万元以上的。不支付劳动者的劳动报酬,尚未造成严重后果,在刑事立案前支付劳动者的劳动报酬,并依法承担相应赔偿责任的,可以不予立案追诉。该立案追诉标准与2013年1月14日最高人民法院通过的《关于审理拒不支付劳动报酬刑事案件适用法律若干问题的解释》(法释〔2013〕3号)(以下简称13.01.23《拒不支付劳动报酬案件解释》)第3条规定的"数额较大"的标准相同。

② 13.01.23《拒不支付劳动报酬案件解释》第7、8条。

③ 13.01.23《拒不支付劳动报酬案件解释》第1条。

经政府有关部门责令支付仍不支付的情形包括:一是指经人力资源与社会保障部门或者政府其他有关部门依法以《限期整改指令书》《行政处理决定书》等文书责令用人单位支付劳动者的劳动报酬后,在指定的期限内仍不支付的;二是因行为人逃匿,无法将责令支付文书送交其本人、同住成年家属或者所在单位负责收件的人的,如果有关部门已通过在行为人的住所地、生产经营场所等地张贴责令支付文书等方式责令支付,并采用拍照、录像等方式记录的,是"经政府有关部门责令支付",在指定的期限内仍不支付的[①]。本罪以拒不支付劳动者劳动报酬数额较大为入罪标准[②]。

根据13.01.23《拒不支付劳动报酬案件解释》第4条后半段的规定,对责令支付令"有证据证明行为人有正当理由未知悉责令支付或者未及时支付劳动报酬的除外",则表明该种情形下阻却违法性,不应以责令支付仍不支付认定。

(三) 拒不支付劳动报酬罪与强迫劳动罪、雇用童工从事危重劳动罪[③]的关联

拒不支付劳动报酬罪,可以在正常劳动关系中发生,也可在非正常劳动关系中发生,前者可以与强迫劳动罪,后者可能与雇用童工从事危重劳动罪有关联。在强迫性劳动关系存在的前提下,劳动者通常不可能获得真正劳动报酬,如果同时有人力资源社会保障部门,或者政府其他有关部门依法以《限期整改指令书》《行政处理决定书》等文书责令支付劳动者的劳动报酬后,在指定的期限内仍不支付的,应实行数罪并罚;雇用童工从事危重劳动的,可以包括在13.01.23《拒不支付劳动报酬案件解释》第7条规定的情形中,不具备用工主体资格的单位或者个人,有违法用工的情况时,如果同时具有拒不支付劳动报酬的,也应数罪并罚。

(四) 拒不支付劳动报酬罪的刑事责任

犯本罪,处3年以下有期徒刑或者拘役,并处或者单处罚金;造成严重后果的[④],处3年以上7年以下有期徒刑,并处罚金。单位构成本罪的,依照自然人犯罪的定罪量刑标准,对直接负责的主管人员和其他直接责任人员定罪处罚,并对单位判处罚

---

① 13.01.23《拒不支付劳动报酬案件解释》第4条。

② 13.01.23《拒不支付劳动报酬案件解释》第3条规定:具有下列情形之一的,应当认定为《刑法》第276条之一第1款规定的"数额较大":(1) 拒不支付1名劳动者3个月以上的劳动报酬且数额在5000元至2万元以上的;(2) 拒不支付10名以上劳动者的劳动报酬且数额累计在3万元至10万元以上的。各省、自治区、直辖市高级人民法院可以根据本地区经济社会发展状况,在前款规定的数额幅度内,研究确定本地区执行的具体数额标准,报最高人民法院备案。

③ 我国《刑法》第244条、第244条之一的规定。

④ 13.01.23《拒不支付劳动报酬案件解释》第5条规定:拒不支付劳动者的劳动报酬,符合本解释第3条的规定,并具有下列情形之一的,应当认定为《刑法》第276条之一第1款规定的"造成严重后果":(1) 造成劳动者或者其被赡养人、被扶养人、被抚养人的基本生活受到严重影响、重大疾病无法及时医治或者失学的;(2) 对要求支付劳动报酬的劳动者使用暴力或者进行暴力威胁的;(3) 造成其他严重后果的。第3条规定的"数额较大"标准是:(1) 拒不支付1名劳动者3个月以上的劳动报酬且数额在5000元至2万元以上的;(2) 拒不支付10名以上劳动者的劳动报酬且数额累计在3万元至10万元以上的。即"造成严重后果"要求符合第3条"数额较大"之一的数额标准,同时也要求符合第5条规定的情节之一。

金。对拒不支付劳动者的劳动报酬,尚未造成严重后果,在刑事立案前支付劳动者的劳动报酬,并依法承担相应赔偿责任的,可以认定为情节显著轻微危害不大,不认为是犯罪;在提起公诉前支付劳动者的劳动报酬,并依法承担相应赔偿责任的,可以减轻或者免除刑事处罚;在一审宣判前支付劳动者的劳动报酬,并依法承担相应赔偿责任的,可以从轻处罚。对于免除刑事处罚的,可以根据案件的不同情况,予以训诫、责令具结悔过或者赔礼道歉。拒不支付劳动者的劳动报酬,造成严重后果,但在宣判前支付劳动者的劳动报酬,并依法承担相应赔偿责任的,可以酌情从宽处罚①。

① 13.01.23《拒不支付劳动报酬案件解释》第6条的规定。

第二编 | 侵犯社会法益的犯罪

（上） 危害公共安全罪

（中） 破坏社会主义市场经济秩序罪

（下） 妨害社会管理秩序罪

（上）危害公共安全罪

所谓“公共安全”，多数说认为，是指不特定多数人的生命、健康、重大公私财产安全。所谓不特定，是与相对特定而言。所谓特定，是指事先已经确定好对象以及结果的范围，而不特定，则是指犯罪行为可能侵害的对象和可能造成的危害结果事前无法确定，行为人对此既无法预料也难以控制。[①] 显然，“不特定多数”的不确定性，在理解上当然包含“特定多数”，即特定多数人的生命、健康和特定重大公私财产，也包括在公共安全范畴之内。如果行为的对象是针对特定对象，但实际被侵害的属于“不特定”的，同样也具有危害公共安全的性质。所以，一般而言，如果侵害行为的属性，不危及不特定多数人的生命、健康、重大公私财产安全，就不是危害公共安全的犯罪。但不特定不能绝对化，可以包括只针对特定对象但实质上危害的是不特定的情况，该情况仍然是危害公共安全[②]。

对“公共安全”界定的标准有两个：一是从行为人立场，主要考察行为人意欲“何为”；二是客观立场，主要从最终对象、结果上考察[③]。从行为的危险性考虑，如果所实施的并不是刑法危害公共安全罪所规定的行为，即便客观上的确具有威胁公共安全属性，规范解释上也不认为对公共安全有威胁[④]；不过实施的是所规定的危害公共安全行为，如根据社会通行观念，该种情况下其他人并不面临这种（不确定）的危险，同样也不能评价为危害公共安全。由此而言，多数对象的安全自不待言，即便是个别的、特定的对象，但只要在该种行为下，不特定的其他人（即是公众）面临这种（不确定）危险时，同样是危害到公共的安全。

---

① 参见赵秉志、吴振兴主编：《刑法学通论》，高等教育出版社1993年版，第528页；高铭暄主编：《中国刑法学》，中国人民大学出版社1989年版，第369页等。

② 参见鲍遂献、雷东升：《危害公共安全罪》，中国人民公安大学出版社2003年版，第4—5页。

③ 如果纯粹从行为人角度考察还值得商榷，这可能得不出正确的结论。例如，行为人就是要针对影院中观影的人实施杀伤而向人群投掷爆炸物，从行为人的立场看“人群”就是“特定”的，但从规范上对象以及结果的立场看，则是“不特定”的；当行为人把爆炸物安置在“特定”的车辆上杀害“特定人”，可以说“特定”的，但在交通繁忙的街道上引爆，则成为危害到“不特定”的。因此，是否危害“公共安全”不能从行为人的立场看对象、结果事前能否确定，也不能以是否只侵害特定对象和后果而确定。危险驾驶即便没有造成任何后果，也是对公共安全的危害。所以，以行为人角度审视“特定”或“不特定”时，有得出大相径庭结论的可能性。本书认为“公共安全”法益的标准，应该是客观的、规范的标准，与行为人意欲“何为”并不直接相关。但可以确定的是，当“意欲”危害公共安全，当然也是危害公共安全，即便无此意图，但对危害公共安全的结果持放任态度，也是危害公共安全。

④ 例如，不少学者认为，涉及食品、药品等伪劣商品的犯罪，应规定为“危害公共安全”的犯罪，就反映出这一点。本书认为，今后立法修订时是否应该考虑，因这是关乎民生的重大问题。

多数说认为,公共安全包括单纯的财产安全。但张明楷教授不赞同将单纯的财产安全纳入公共安全的概念中。他认为,这一结论将导致以下悖论:(1)如果重大公私财产安全属于公共安全,则盗窃银行、博物馆等并取得重大财产的,会构成危害公共安全罪;(2)我国《刑法》只处罚故意毁坏财物的犯罪,过失损害重大财产的反而属于公共安全的范畴,罪刑不协调;(3)如果将不特定人或多数人的财产作为公共安全,则集资诈骗、流窜盗窃多人财产的也会构成危害公共安全罪①。

我国《刑法》规定的以危险方法过失危害公共安全的犯罪,不能认为只造成人员重大伤亡才危害公共安全,单纯财产的重大损失,不构成危害公共安全罪。危害公共安全犯罪中的重大安全事故犯罪,也均规定有单纯的财产损失,没有将重大财产排除在公共安全之外。曲新久教授就主张,以行为方式以及财产具有的“公共”属性来限制对单纯侵犯财产的行为能否构成危害公共安全的犯罪②。重大的财产,必须存在于公共安全领域内,也即法益的主体是社会公众,只有涉及不特定或多数人的利益,财产才能够与公共安全有关③。

但曲新久教授不赞同将“公众生活的平稳与安宁”列入“公共安全”的范畴。破坏行为仅仅扰乱了公共生活的平稳与安宁,不构成危害公共安全罪。……《刑法》第114条、第115条所规定的犯罪,事实上会对公共生活的平稳与安宁构成扰乱,但是,不能认为立法上有此规定,就作为犯罪构成要件的内容。规范与事实是两个不同的领域,不能混同。……如《破坏公用电信设施的解释》规定“死亡、重伤”“重大财产损失”为定罪标准,只是对于“财产损失”作了一定的扩张解释,始终没有将损失扩张到“公共生活的平稳与安宁”。因为公共安全只能解释为“公众的生命、身体健康以及重大财产的安全”,不能因为破坏广播电视设施行为,事实上很少会侵害“公众的生命、身体健康以及重大财产的安全”,而否定上述“公共安全”构成要件在刑法规范当中的真实存在④。

张明楷教授却持不赞同观点,即认为该观点实际上实际废除了《刑法》第124条的规定。以故意破坏或过失损坏广播电视设施、公用电信设施罪为代表的部分危害公共安全犯罪,并不都是侵害、威胁生命、身体的犯罪。这些犯罪实质上是扰乱了公众生活的平稳与安宁,当今社会如果多数人不能看电视、使用电话,则公众生活就会陷入混乱。因而《刑法》第124条⑤规定之罪是针对公众生活平稳与安宁的犯罪,第114条与115条规定的犯罪,也涵盖了对公众生活平稳与安宁的侵犯。其一,破坏广播电视设施、公用电信设施的行为,一般不可能危害公众的生命、身体安全;其二,广

---

① 参见张明楷:《刑法学》(下),法律出版社2016年版,第688页。

② 参见曲新久:《论刑法中的“公共安全”》,载《人民检察》2010年第9期。

③ 如个人所有的“豪车”,其法益主体是个体而非公众,即便价值“巨大”,只要破坏行为不涉及公众利益,也不可能以危害公共安全犯罪论处。集资诈骗即便涉及不特定或多数人财产利益,但损害结果仍然是处于金融市场领域;流窜盗窃多人财产,也是对单独个人财产的侵害结果,即便数额巨大也与公共安全无关。从理论与实践看,也无将这类犯罪作为危害公共安全犯罪论处的必要和适例。

④ 参见曲新久:《论刑法中的“公共安全”》,载《人民检察》2010年第9期。

⑤ 系破坏广播电视设施、公用电信设施罪。

播电视设施、公用电信设施虽然一般属于公共财产,但不宜认为是重大财产[①];其三,我国《刑法》第 124 条法定刑明显低于第 114、119 条的法定刑,就是因为侵犯的是公众生活的平稳与安定,而不要求侵犯公众的生命、身体安全[②]。

本书原则上赞同张明楷教授的观点。从我国当前的司法实务看,危害公共安全的含义仍然是"公众生活的平稳与安定"。不难想象,当破坏行为造成电讯中断,投资者因无法了解金融、期货市场变化,由此造成的恐慌会以何种方式影响到社会的稳定。但这类犯罪是否与人身法益并不直接关联,值得研究。2005 年 1 月 11 日最高人民法院实施的《关于审理破坏公用电信设施刑事案件具体应用法律若干问题的解释》(法释〔2004〕21 号)(以下简称 05.01.11《破坏公用电信设施的解释》)第 1 条第 1 项列举的"危害公共安全"的范围,均涉及救助、救治、救灾、抢险等,并明确列举了有关生命、健康以及财产的损失。2011 年 6 月 13 日最高人民法院实施的《关于审理破坏广播电视设施等刑事案件具体应用法律若干问题的解释》(法释〔2011〕13 号)(以下简称 11.06.13《破坏广播电视设施的解释》)第 2 条的规定同样涉及有关人身安全。当然,从法规范意义上看,单纯破坏公用电信设施、设备并不具有针对人身安全的危险性,在破坏后进行的救助、救治、救灾、抢险所造成的人身伤亡,应该是"附带"的损害[③],而非直接造成的后果。

因此,在何种范围内行为人对人身伤亡应承担责任,才是应该讨论的。

本书认为,这是行为人将犯罪行为所创设出的风险,转移给参与抢险的人员,对介入救援者而言,当然应该排除非专业人员任意介入的因素。但对具有"保证人"地位(包括专业)的人员而言,当然承担着较普通人更高排除危险的义务,但只要采取的是适当的救援措施,那么行为人就必须对救援者所遭受的损害承担刑事责任。抢险中如果有违反抢险预案、规章、措施、程序,造成人身伤亡的结果,不应该由行为人承担,这属于另一层法律关系。对于非职责的"任意"介入救援行为发生伤亡,有"自我冒险"或"推定承诺"的属性[④],原则上应排除对行为人归责。

---

① 本书认为该说法还值得商榷,因为现代社会的广播电视设施、公用电信设施均属于含有"高科技技术产品",远非电子科技不发达时的电话交换机那样简单的通讯设备,少则十多万元,多则上百万元、上千万元的设备并非"鲜见"。

② 参见张明楷:《刑法学》(下),法律出版社 2016 年版,第 689 页。

③ 之所以说是"附带"的损害,是因为司法解释对人员伤亡的规定没有明确为破坏"广播电视设施、公用电信设施"直接造成人员伤亡。如果没有采用放火、爆炸等手段实施破坏,而是采用截断通信线路、损毁通信设备或者删除、修改、增加电信网计算机信息系统中存储、处理或者传输的数据和应用程序等手段,故意破坏正在使用的公用电信设施(05.01.11《破坏公用电信设施的解释》第 1 条),或采取拆卸、毁坏设备,剪割缆线,删除、修改、增加广播电视设备系统中存储、处理、传输的数据和应用程序,非法占用频率等手段,破坏正在使用的广播电视设施(11.06.13《破坏广播电视设施的解释》第 1 条),显然并不能直接造成人员伤亡。从司法解释规定人身伤亡是严重的破坏后果的内容上看,就没有排除在救助、救治、救灾、抢险中造成的。如是,那么抢险施工人员就存在自身违反注意义务,造成人身伤亡的可能性,当然涉及的是另一个层面的法律关系。如果是前一种情形,会涉及想象竞合犯问题,可以直接按照放火罪、爆炸罪论处。如果是后一种情形,那就可以说人身法益不是本罪保护法益的当然内容。司法解释将人身伤亡归于破坏行为的严重后果中(行为人须承担责任),认为是"附带"侵害到人身法益,才是较为合理的解释。

④ 是否应评价为"见义勇为",则是另一个法律关系问题。

有学者认为,危害公共安全“是指故意或者过失地实施危害或足以危害”[①]公共安全的行为。“足以”,就是指“充实、完备、足够”[②],与此相对的“不足以”,当然是指“不充实、不完备、不足够”。“足以”表明客观上具备了危害公共安全的充足条件;“不足以”表明客观上危害公共安全的条件尚不充分。在应然意义上,“足以”,能够揭示出在客观上呈现的危险状态向实害结果发生转变的条件是充分的,实害结果发生是具有现实可能性的;“不足以”,表明客观呈现的事实,没有揭示出已经发生了危害公共安全危险。所以,对公共安全的威胁只是有可能性,但也可能根本就不威胁公共安全。所以,“不足以”并不等于“不可能”,仍有威胁公共安全可能性。[③] 由此而言,“不足以”就包含着可能危害与不可能危害公共安全两种属性,“不足以”不能说完全不可能。如果都以“足以”或“不足以”来界定是否属于危害公共安全的犯罪,或者会放纵犯罪,或者会扩大打击面。

此外,危害公共安全犯罪,从行为的客观直观表现上,有的并不是直接表现为危害到不特定或多数人生命、健康或者重大公私财产安全,而是针对社会生活安宁的潜在威胁。如暴恐犯罪、涉枪、涉爆等危险品犯罪等。这里对公共安全的威胁,即是行为的危险本质危及社会生活安宁,只是行为的直接对象并不是“不特定或多数人或者重大公私财产”。但在实然意义上,“不特定或多数人或者重大公私财产的安全”,当然也体现的是社会生活的安宁。本书认为,危害公共安全,要以刑法保护的“益”——是否威胁到公共安全为前提,同时基于法价值判断的对象——主体、方法、对象、环境等条件,不能只是基于价值判断的对象[④]。

一、放 火 罪

(一) 放火罪的概念和法益

放火罪,是指故意制造火灾,危害公共安全的行为。放火罪的法益,各国立法立场不同,有以下主要立法例:(1) 财产毁损制,即把放火罪规定为侵犯财产罪。[⑤] (2) 公共危险制,即把放火罪规定为危害公共安全的犯罪,如果放火行为没有危害公共安全,即不构成放火罪。[⑥] (3) 折中制,即把危害公共安全的放火和侵害个人法益

---

① 参见鲍遂献、雷东升:《危害公共安全罪》,中国人民公安大学出版社 2003 年版,第 1 页。

② 参见《辞海》(缩印本),上海辞书出版社 2000 年版,第 2366 页。

③ 某甲因琐事图谋报复,一日酒后持两颗手榴弹到某工厂女工宿舍(住有 3 人)敲门,女工并未开门,某甲大声威胁:“不开门,你会后悔的!”随即绕到房后砸碎窗户玻璃向室内投掷了一颗手榴弹,由于酒后不清醒,手榴弹掷进隔壁无人的房内爆炸。某甲误信已经炸死了她们,随后潜逃被抓获。参见余剑主编:《危害公共安全罪》,法律出版社 1999 年版,第 19—20 页。

④ 例如,当盗窃的对象均为枪支、弹药时,当然无论何人实施盗窃枪支、弹药,都对公共安全构成威胁,但是,军人实施只能构成盗窃武器、装备罪,而不构成盗窃枪支、弹药罪。

⑤ 1810 年《法国刑法典》以及 1966 年《美国模范刑法典》规定的放火罪,属于“对于财产之犯罪”。

⑥ 《德国刑法典》第 28 章“危害公共安全的犯罪”第 306 条、306 条 a、306 条 b、306 条 c 分别规定的纵火、情节严重的纵火、情节特别严重的纵火、纵火致人死亡等均属之。

的放火,均规定为放火罪。[①] 我国刑法规定的放火罪属于公共危险制。本罪主体是自然人一般主体,根据《刑法》第 17 条第 2 款的规定,年满 14 周岁的人即可成为本罪主体,主观上是故意,包括直接故意和间接故意,动机不影响认定。

(二) 对象、行为、故意、结果、既遂与未遂

本罪的对象是否限于他人财物,我国刑法没有明文规定。多数观点认为,放火烧毁自己或家庭所有的房屋或其他财物,足以引起火灾、危及公共安全,应以放火罪论处。[②] 也有观点主张,如果没有给公共或他人造成财产损失的,一般不以放火罪论处,但对引起火灾危及邻里安全,以放火罪论处。[③] 本书认为,放火对于公共安全的威胁,并不因针对是他人财物或者自己的财物而有所区别,所以,对自己所有的财物放火不能构成犯罪之说不能成立,只是在该种情形下是否需要处罚的问题上,国外有些国家的立法可借鉴。[④]

放火,即是指人为使用各种导火材料,点燃目的物,或者利用已经存在引发火灾的危险因素,引起目的物燃烧,制造火灾的行为。放火可以作为的方式实行,如用引燃物将焚烧目的物点燃;也可以不作为的方式实行,如故意对火灾隐患不消除,使之演化为火灾。不作为构成放火罪,必须以行为人负有防止火灾发生的特定作为义务为前提,即行为人对引发火灾原因的火情(危险因素),负有防止火灾发生的特定义务,有条件有能力履行义务而没有履行,以致造成火灾,危及公共安全,才能构成不作为的放火罪。放火通常是作为,以不作为方式构成的放火行为,是不纯正(不真正)不作为犯。

本罪的主观罪过。我国《刑法》第 114 条规定的基本罪过是故意,"只要明知自己的行为会引起公私财物的燃烧,造成火灾,危及公共安全,并且希望或者放任这种结果发生,即为放火的故意"[⑤],这是多数说[⑥]。但对我国《刑法》第 115 条第 1 款规定的"致人重伤、死亡或者使公私财产遭受重大损失的"实害结果发生的主观罪过,有不同认识。像放火罪这样的危险犯,在实施危险行为发生法律要求的重大实害结果(并加重其法定刑)的情况下,不宜再认为是危险犯而是危险犯的结果加重犯[⑦],主观罪过可以是故意,也可以是过失。

黎宏教授认为,我国《刑法》第 114 条与第 115 条第 1 款是未遂与既遂的关系,不

---

① 《瑞士联邦刑法典》第 7 章"危害公共安全的重罪与轻罪"第 221 条第 1 款规定:"行为人故意纵火造成对他人的危害或危害公共安全的,处重惩役。"这里将"造成对他人的危害"与"危害公共安全"分别列举。

② 参见高铭暄、马克昌主编:《刑法学》,北京大学出版社、高等教育出版社 2011 年版,第 338 页。

③ 参见赵秉志、吴振兴主编:《刑法学通论》,高等教育出版社 1999 年版,第 530 页。

④ 《德国刑法典》和《日本刑法典》均有相关规定。放火焚烧属于自己的财物,只有在发生公共危险的情况下,才构成犯罪,予以处罚。

⑤ 高铭暄、马克昌主编:《刑法学》,北京大学出版社、高等教育出版社 2011 年版,第 340 页。

⑥ 为何如此界定故意内容是令人困惑的,为何实施基本放火罪的行为,对实害结果(火灾)不能持希望或放任态度? 这是没有道理的解读。

⑦ 参见〔日〕木村龟二主编:《体系刑法事典》,日本青林书院新社 1981 年版,第 130、133 页;〔日〕大塚仁:《刑法概说(各论)》(第 3 版),冯军译,中国人民大学出版社 2003 年版,第 356、367 页。

是基本犯与结果加重犯的关系,即认为第115条就是第114条既遂的规定。因此,对第115条第1款"致人重伤、死亡或者使公私财产遭受重大损失的"的实害结果,在主观罪过上是统一的,即都是"故意"罪过。理由是,放火罪的行为是单一行为,而单一行为的结果加重犯对加重结果只能是过失罪过。[①] 根据第115条的规定,实施第114条规定的放火行为,对引起第115条第1款规定的"致人重伤、死亡或者使公私财产遭受重大损失"的结果是过失的话,那么就应该构成第115条第2款规定的失火罪。这就说明第115条第1款"致人重伤、死亡或者使公私财产遭受重大损失"的罪过形式只能是故意。因此,第114条规定的犯罪与第115条第1款规定的犯罪之间的关系,不是基本犯与结果加重犯的关系。[②] 而且,如是基本犯与结果加重犯的关系,会形成矛盾的局面,即第114条与第115条第1款本是同一个犯罪,如果没有造成严重后果则是犯罪既遂(第114条),造成了严重后果也是犯罪既遂,这岂不是相互矛盾[③]?这一观点也得到马克昌教授的赞同。[④]

黎宏教授的论证整体上值得商榷。首先,认为单一行为的结果加重犯对加重结果只能是过失罪过,能否成为解读单一行为结果加重犯的规范解释?拐卖妇女、儿童"造成被拐卖的妇女、儿童或者其亲属重伤、死亡或者其他严重后果的",属于结果加重犯,但不能认为严重结果发生,行为人只能是过失罪过。其次,认为第115条第1款的严重后果是过失罪过,就应该构成第2款失火罪的分析,更不能成立。[⑤] 故意伤害致人死亡是单一行为,对死亡结果只能是过失罪过,如此,岂不是说故意伤害致死应构成过失致人死亡罪?再次,如果承认第114条规定的犯罪是既遂,也认为结果加重犯是既遂,是否相互矛盾?仍以故意伤害罪为例,在故意伤害致死的场合,并非是指必须当场致死,抢救数天死亡的,也是故意伤害致人死亡,该种情形下,不能认为基本犯的伤害没有既遂,也不能认为结果加重犯没有既遂。只是死亡结果的发生,使得基本犯既遂成为构成结果加重犯的一个过程,没有独立评价的意义而已。但在规范解释上,不能说伤害的基本犯不是既遂。为了法条之间不矛盾,岂不是说《刑法》第234条第1款的故意伤害是未遂,只有致人死亡的结果加重犯才是故意伤害罪的既遂形态?最后,如果认为第114条与第115条第1款是未遂与既遂的关系,就意味着放火罪都是直接故意犯罪,间接故意不能构成的放火罪。[⑥] 如果也承认间接故意不存在既遂、未遂,那么在规范解释上就不能认为,第114条和第115条第1款规定的犯罪只限于直接故意犯罪,不包括间接故意犯罪。

张明楷教授认为,放火罪的责任类型实际上包含了两种情形:(1)将《刑法》第

---

① 复合行为的结果加重犯对加重结果可以是过失,也可以是故意,如抢劫致人重伤、死亡。

② 参见高铭暄、马克昌主编:《中国刑法解释》(上卷),中国社会科学出版社2005年版,第969—970页。

③ 参见李邦友:《结果加重犯基本理论研究》,武汉大学出版社2001年版,第9页。

④ 参见马克昌主编:《百罪通论》,北京大学出版社2013年版,第35、38—40页。

⑤ 现有理论只承认过失向故意的转化,尚未有承认由故意向过失转化的观点。司法实务上也未闻示例,将故意放火可以转化为失火的观点,耐人寻味。

⑥ 这样看法条之间的关系,决水罪、爆炸罪、投放危险物质罪、以其他危险方法危害公共安全罪,均只能是直接故意犯罪。

114 条的规定视为基本犯,行为人故意的内容是危害公共安全的具体危险[①];在这种故意之下,过失导致严重结果发生的,则属于典型的结果加重犯,适用第 115 条第 1 款的规定。(2) 行为人放火,希望或者放任严重结果发生,这种情况直接适用《刑法》第 115 条第 1 款,此时,第 114 条的规定属于未遂犯的特别规定,即未遂犯的既遂犯化。[②]而在第(2)种情形之下,《刑法》第 114 条与第 115 条第 1 款的故意内容是统一的,也即都指向严重的危害后果。

本书原则上赞同张明楷教授对《刑法》第 114 条认为是基本犯、因对发生严重后果有过失罪过,成立第 115 条第 1 款规定的典型的结果加重犯的观点。[③] 但不赞同其对行为人实施第 114 条规定的犯罪行为,如果适用 115 条第 1 款定罪处罚,第 114 条的规定就属于未遂犯的既遂犯化的观点。本书认为,刑法条款本是规范条款,在解读上要诠释的也是规范上第 114 条是什么形态。张明楷教授认为,第 114 条与第 115 条第 1 款的故意内容是统一的,也即都指向严重的危害后果,那么能否可以因行为人对严重后果主观上是过失,构成结果加重犯,就使得立法规定的构成基本犯的基本形态,成为未遂形态?如果可因"罪过不同"诠释法条犯罪形态,是否可以对所有结果加重条款的基本犯,规范上都可以理解为"既可以是未遂形态,也可以是既遂形态"。更何况,此类以危险方法危害公共安全的犯罪,既不能肯定行为人都对严重后果持希望或放任心态,也不能肯定都不持有希望或放任心态。法条适用,是根据造成的具体后果选择适用第 114 条还是第 115 条第 1 款。如果结果不严重,最终需要适用的是第 114 条,能说行为人实施放火行为时,主观上就只能对"严重后果"持有希望或放任态度,而不能是对"危险状态"持希望或放任态度?或者相反。因此,视第 114 条是未遂的既遂化的规范规定[④]未必妥当。

因有关放火罪属性的立法例不同,各国既遂、未遂的理论有很大差异。以放火为侵害财产性质为主的国家,多采物质毁损说或效用毁损说;前者以目的物的主要部分被烧毁时达到了既遂状态,后者则是以目的物燃烧到效用丧失之际达成既遂。在采

---

① 多数说认为,第 1 款规定的放火罪是抽象危险犯,因为法条规定的"危害公共安全"的具体危险内容以及危险程度,没有特别限制性规定,行为只要在特定的条件下或针对一定对象实行,便认为具有危险状态存在。而具体危险犯则在危险内容和危险程度上有具体要求。以结果加重犯的认识而言,指代的是以既未遂标准所作的划分,是与"行为犯"概念相对称,如果从处罚依据而言,多数学者认为危险犯的结果加重犯就是"实害犯",是与"形式犯"概念相对称。

② 参见张明楷:《刑法学》(下),法律出版社 2016 年版,第 691 页。

③ 没有理由认为行为人在实施放火时,不能对危险状态持希望或放任态度,只能对严重后果持希望或放任态度。因此,就此类以危险方法危害公共安全犯罪的结果加重犯而言,对严重后果既可以是过失心态,但更多的是故意心态。因此,行为人实施放火行为,因过失导致了严重结果发生,属于典型的结果加重犯,并无异议,但如果排除对严重后果的发生是故意的心态,不属于"结果加重犯",则值得商榷。本书并不认为放火致人重伤、死亡只能是过失,而是包括故意的,这是"原则赞同"之义。

④ 张明楷教授认为间接故意犯罪有中止、未遂的观点,本书不赞同。参见林亚刚:《刑法学教义》(总论)(第 2 版),北京大学出版社 2017 年版,第 377 页以下。

公共危险制和侵财性质的立法例中,又有根据抽象危险与具体危险分别采“独立燃烧说”①和“毁弃说”以及兼采“独立燃烧说”和其他学说等不同观点②。我国以“独立燃烧说”为多数说,即放火的行为将目的物点燃后,已经达到脱离引燃媒介也能够独立燃烧的程度,即使没有造成实际的危害结果,也应视为放火罪既遂;反之,为未遂③。简言之,这是将“独立燃烧”作为齐备要件,并作为对“危害公共安全”内容的诠释。

然而,近年来“独立燃烧说”也受到质疑,因社会生活日益多样化,耐火建筑材料得到广泛使用,其阻燃性使得放火行为即便会造成建筑物内饰或外观上的毁坏,但是建筑物本身也很难达到“独立燃烧”的程度,有的建筑物本身就不具有可燃性。如此一来,几乎就没有放火罪既遂存在的余地④。马克昌教授认为,上述种种“标准”,探求的实际上只是为诠释“危害公共安全的危险”,而不是既遂标准⑤。主张在不牺牲具体情形合理性判断前提下,将是否对法益具有具体危险作为既遂的标准,即如果实害结果没有发生,仅仅是因为介入了一般人无法信赖的原因,则该情形之下就已经存在了具体的危险⑥。具体而言,当燃烧过程已经开始,在具体情形下通常的救火手段已经无法抑制燃烧,并会造成严重后果之际,对公共安全的具体危险就已经出现⑦,是既遂。

讨论既遂、未遂的标准,是为在规范上明晰应以何种抽象事实作为规范的既遂、未遂的“认识点”,这当然是见仁见智的。所以,确定判断的标准与依据何种客观事实进行判断,是不同的概念。前者是根据法条,从规范上确定何种抽象事实是既遂,自然会有各种不同的理论;而判断是否符合标准,则是按照确定的标准,依据案件具体情况,将客观事实抽象到何种程度才可以认定为既遂。二者不是同一个议题,所以,应该将“标准”与认定是否符合标准的“素材”区别开。“通常的救火手段已经无法抑制燃烧造成严重后果之际”,可以用来表明有“具体危险”,当然也可以是表明已经能“独立燃烧”,这是认定既遂的“素材”,很难说这是一个规范“标准”。换言之,该“素

① 在德国、法国、日本,“独立燃烧说”仍然是主流学说。参见〔日〕大塚仁:《刑法概说(各论)》(第3版),冯军译,中国人民大学出版社2003年版,第359页。

② 参见〔日〕大塚仁:《刑法概说(各论)》(第3版),冯军译,中国人民大学出版社2003年版,第358、365页;〔日〕西田典之:《日本刑法各论》,刘明祥、王昭武译,武汉大学出版社2005年版,第206—208页。

③ 参见高铭暄、马克昌主编:《刑法学》,北京大学出版社、高等教育出版社2011年版,第341页;黎宏:《刑法学》(下),法律出版社2016年版,第19页。

④ 日本学者对此提出“新效用说”,即放火尽管尚未达到建筑物本体独立燃烧程度,但如因媒介物火力使得建筑物丧失效用,也应认定为既遂。但该说并没有得到实务认可。参见〔日〕西田典之:《日本刑法各论》,刘明祥、王昭武译,武汉大学出版社2005年版,第207页。持批评意见者认为,该说虽在语言上是合适的,但不符合作为公共危险罪的放火罪的性质,所以不能支持。而“毁弃说”是合适的,因为这是指因“火力”损坏物,就很难绕开损坏意义上的“独立燃烧说”。参见〔日〕大塚仁:《刑法概说(各论)》(第3版),冯军译,中国人民大学出版社2003年版,第360页。

⑤ 该观点建立在我国《刑法》第114条与第115条第1款是既遂与未遂关系的前提下。本书不赞同这一对法规范的分析思路。

⑥ Vgl. Claus Roxin, Strafrecht, AT, Band I, S. 425. 转引自马克昌主编:《百罪通论》(上卷),北京大学出版社2014年版,第38页。

⑦ 参见同上书,第40页。

材”用于表明达成“独立燃烧”的程度,或具有“具体危险”,都可以。

当前多数说认为,我国《刑法》第 114 条规定是抽象危险犯[①]。从重视放火罪是危害公共安全罪的特质而言,“独立燃烧说”强调由独立燃烧,判断具有公共危险,该标准适用于使用易燃材料的建筑物(例如,农村、民族地区的主要居所仍然是由木、竹建造的或自建砖混结构的居所),或易燃的其他财物并没有问题。但是,面对越来越多采用耐火材料的建筑物(城市建筑),“独立燃烧说”被质疑也是有道理的。可即便如此,这样的建筑物也有可燃性物质内容,如建筑物的内饰、家具等可燃部分,采“独立燃烧说”仍然是可行的标准。如果对象本身就具有阻燃性(如石质建筑),对其放火因不可能烧毁,一般应属于“对象”不能犯,不宜以放火罪论处。如因“火力”造成不可燃烧的建筑物(如古建、遗迹)有一定损毁,则可能构成故意毁坏财物罪、故意毁损文物罪或故意损毁名胜古迹罪,是否具有可罚性,需要根据具体案件决定。

(三)放火罪与失火罪的关联

失火罪,是指因过失引起火灾,造成严重后果,危害公共安全的行为。主体为已满 16 周岁的自然人一般主体,主观上是过失,且以造成严重的后果为构成犯罪的必要条件。对失火罪,需要关注以下重点:(1) 必须确定失火罪立法规定的领域。放火罪,可以发生在生产、生活的各个方面,立法没有特别的限制;相反,社会活动中众多的事故都可以表现为因过失而引发火灾,造成重大损失,危害公共安全,却并不一定都构成失火罪。刑法对于特别领域的安全责任事故(包括引发火灾),能否构成犯罪有具体的规定。因此,失火罪处罚的是主要在日常生活中以及与违反特别的业务活动必须遵守的注意义务无关的,不注意用火安全而引起火灾、危害公共安全的情况。例如,即便在公司、企业上班时间内,行为人在休息室内吸烟造成火灾,其违反的不是为保障生产、作业安全需要的“业务活动必须遵守的注意义务”,应构成失火罪而不是责任事故犯罪。在特别领域造成火灾的责任事故犯罪,是违反保障生产、作业安全有直接的关联的“业务活动必须遵守的注意义务”。这说明即使在特别领域内,违反的注意义务只要不与保障生产、作业安全有直接的关联,应构成失火罪。在特别领域内的失火行为构成的责任事故类犯罪,与失火罪是法条竞合关系,失火罪是普通法条,责任事故类犯罪系特别法条,应以特别法条犯罪论处。(2) 由不作为转化构成放火罪或失火罪。多数说认为,无论由作为还是不作为过失造成火灾危险,有义务防止严重后果发生而故意不采取措施防止的,可以转化构成放火罪。这需要明确三点:首先,并不意味着没有履行灭火义务就只有转化为放火罪,只有故意不履行义务的,才是放火罪。其次,这里的义务是指对因自己的作为或不作为已经造成现实火灾险象,采取扑灭措施的义务。如果是对防止火灾发生、消除火灾隐患的义务,不履行而发生火灾的,不能构成放火罪,责任人可以构成消防责任事故罪或者其他责任事故犯罪。最后,行为人必须有能力、有条件不履行扑灭措施的义务。但是,这不是要求行为人

---

① 张明楷教授持具体危险犯的观点。参见张明楷:《刑法学》(下),法律出版社 2016 年版,第 691 页。

拼死灭火,而是在其能够履行的情况下,并没有穷尽可以履行的条件。对由自己作为或不作为引发火灾危险,没有采取必要措施而造成火灾的情形,并非一定是放火,需要具体分析。例如,故意不报警,就是为了排除消防人员灭火,这种排他行为表明是放火行为;因凭借一已之力已经不能扑救,陷入慌乱、恐惧而逃离的,仍然是失火行为。

(四)放火罪与爆炸罪以及针对特定对象犯罪的关联

爆炸罪是指故意引爆爆炸物危害公共安全的行为。主体为自然人一般主体,根据我国《刑法》第17条第2款的规定,已满14周岁不满16周岁的人可以成为本罪主体。主观上是故意,动机不影响认定。在法规范上,爆炸罪与以其他危险方法危害公共安全犯罪除具体行为有差别,其他要素相同,但爆炸罪在“不可预测”以及“不可控”的危险性上,远高于放火等其他危险方法。造成的危害结果可能甚于放火等犯罪。因故意实施爆炸而引发火灾的,应以爆炸罪论处,过失行为造成爆炸的应构成过失爆炸罪。

以爆炸方法(包括放火)破坏特定的公共安全对象,如对交通工具、交通设施、电力设备、燃气设备、易燃易爆设备实施爆炸。① 有观点认为,这种情况属于法条竞合。虽然以爆炸罪,或者以相应破坏特别对象的具体犯罪定罪处罚没有什么不妥,但是,由于破坏相应特别对象犯罪的条文属于特别法条,根据特别法优于普通法的法条竞合适用原则,应当以破坏相应特定对象触犯的罪名定罪处罚。② 本书认为,因对特定对象的破坏行为法律没有限制其方法,放火、爆炸方法可以是“破坏”行为的方法之一,将特定对象包括在放火、爆炸罪中也并无不妥。但认为放火罪、爆炸罪与破坏特别对象的犯罪是法条竞合的观点,值得商榷。根据法条竞合的特征,是立法的原因造成竞合的法条中,一个罪名的构成要件,在另一个罪名的构成要件中,要么“溢出”,要么被另一个罪名的构成要件完全“包含”③,因此只有一个法条可以适用,排斥另一个竞合的法条。如果认为上述情况既可以放火罪、爆炸罪论处,又可以特定对象犯罪定罪处罚,即在罪名上具有可选择性,则不符合法条竞合适用法条的原则。应承认上述情况既完全符合放火罪、爆炸罪的构成要件,同时也完全符合破坏特定对象犯罪的构成要件,但在法规范上既不存在有构成要件的“溢出”,也不存在构成要件的完全“包含”。之所以有竞合现象,只是因为行为人采用了放火、爆炸方法去破坏特定的对象,因此,这种竞合不是立法现象,而是司法现象,视为想象竞合更具合理性。

想象竞合犯应“从一重罪”定罪处罚(恐怖犯罪活动除外,应实行并罚)。以放火、爆炸方法破坏特定对象,由于多数犯罪的法定最高刑与放火罪、爆炸罪法定最高刑相同,都是死刑,那么,在罪名上以放火罪、爆炸罪还是以破坏相应特定对象的罪名定罪处

---

① 不排除针对特定公共安全对象实施爆炸的行为是恐怖犯罪。

② 参见陈兴良主编:《罪名指南》,中国政法大学出版社2000年版,第104页;刘志伟主编:《危害公共安全罪疑难问题司法对策》,吉林人民出版社2001年版,第47页。

③ 例如,破坏军婚罪中“与军人配偶同居”,没有包括在重婚罪中;故意泄露军事秘密罪中“军事秘密”,完全包括在故意泄露国家秘密罪的“国家秘密”中。

罚妥当？特定对象是刑法特别保护的对象，针对以放火、爆炸方法破坏特定对象的情况，以放火、爆炸罪论处并非错误，但显见刑法所列举的特别对象不再具有特别保护的意义。正是从这一点出发，本书认为有必要以破坏这些特别对象的犯罪定罪处罚。

爆炸罪属于危险犯，多数说主张，只要行为人着手实施了引燃爆炸物或以其他方法制造爆炸的行为，足以危害公共安全，即使尚没有造成人员伤亡和财产损失，也成立爆炸罪既遂。爆炸罪具有不同于放火罪、决水罪的特质，其危险性、不可控性远大于放火、决水等罪。火有一个燃烧的过程，水需要一个流动的时间，即使行为已经实施完毕，火的燃烧与水的流动也需要达到一定程度，危害公共安全的危险才能充分显示。而爆炸物安置行为实施完毕，也就意味着爆炸物品在短时间内，或者只需外部条件（各种不可预测的触发方式）成就，即可发生爆炸。而且，爆炸的破坏是瞬间的物理变化，不存在明显的时间过程。一旦爆炸，不同于火即便已经独立燃烧也有扑救的可能性，也不同于水即便开始流动也有能够堵住的可能性。可以说爆炸物安置完毕，危害公共安全的危险状态就已经发生。因此对爆炸罪不宜采如同放火罪、决水罪相同的既遂标准。在充分考虑爆炸物品性质、特点以及实施行为的对象、时间、地点等环境条件，在具有危害公共安全的前提下，爆炸罪既遂与未遂的标准，以爆炸物品安置行为是否实施完毕为标准。如安置尚未实施完毕，不是既遂，如已安置完毕，就应以既遂论处。

至于安置后因爆炸物本身或配件失效等客观方面的原因，没有引发爆炸的定性，有不同的认识。有观点认为是未遂，因为这种爆炸行为由于行为人意志以外的原因，没有也不可能达到行为人的预期目的。不同观点认为，爆炸罪是危险犯，不以危害后果的实际发生作为构成爆炸罪的要件，因此，只要行为人实施完爆炸罪构成要件的行为，足以危害公共安全的，就是既遂，爆炸罪只有爆炸行为未实行终了的未遂，而没有爆炸行为实行终了的未遂①。本书赞同后一观点。

（五）以危险方法危害公共安全犯罪与投放危险物质罪的关联

投放危险物质罪，是指故意投放毒害性、放射性或者传染病病原体等物质，危害公共安全的行为。主体为已满 14 周岁的自然人一般主体，主观上是故意，动机不影响认定。以危险方法危害公共安全的其他犯罪与投放危险物质罪，在法规范上，前者危害公共安全的属性，是以其危险方式、方法体现出来，后者则体现在工具的“危险物质”属性上，而非“投放”的行为。危险物质，是指能够致人死亡、严重危害人体健康，或者对重大公私财产造成重大损失的毒害性、放射性、传染病病原体等物质。毒害性物质，是指基于化学作用，能够致有机体死亡或者伤害的有机物或无机物的总称，如砒霜、氰化钾、剧毒农药等有毒的物质；放射性物质，是指能发出有害射线的物质，有机体受大剂量照射后，会引起放射性损伤，致人死亡的物质；传染病病原体，亦称为“病原物”“病原生物”，是指能够引起疾病的微生物和寄生虫的统称。由于能够引起疾病的微生物和寄生虫的范围非常广泛，本罪规定的“传染病病原体”，应当以《传染

---

① 参见鲍遂献、雷东生：《危害公共安全罪》，中国人民公安大学出版社 2003 年版，第 49 页。本书赞同这个观点。

病防治法》规定的甲、乙、丙类传染病病原体为限①。例如,投放蠕虫(如蛔虫)、螨类(如疥螨)的寄生虫的,因不在《传染病防治法》预防的范围,不能以犯罪论处。当然,不排除今后可能会增加致病病原生物种类②,也不排除增加新型危险物质。过失造成危害结果的,构成过失投放危险物质罪。

投放危险物质罪,多数观点主张,以实施完毕投放危险物质行为为既遂。对采取积极措施,自动解除危险,阻止了实害结果发生的,如何认定犯罪形态,有不同观点。多数说认为,不能成立犯罪中止。因预备、未遂、中止、既遂形态是互相独立、相互排斥的,中止不可能与其他犯罪形态共存,既然已经既遂,就不能再构成中止形态。有效阻止实害结果发生,只能作为情节考虑③。不同的观点认为,可以构成危险犯的中止。因中止强调的是自动性、有效性,因此,即便在危险结果已经出现,只要行为人有效地解除了法定的危险状态,防止了结果的发生,就应认定为犯罪中止。法定危险状态虽然是既遂标志,但又是客观、既成的,危险状态出现后能够被行为人自动解除,说明危险状态仍是不确定的,尚未既成的事实,因而不能认为是既遂状态④。折中观点认为,这是实害犯的中止。既然危险犯已经既遂,就不能再是危险犯的中止犯。中止只要求发生在"犯罪过程中",对犯罪类型(危险犯还是实害犯)没有限定,因而只要犯罪结果还没有发生,就应当承认犯罪中止成立的可能性,不能因客观危险可能解除为由,将已经成立的危险犯既遂视为危险犯的中止,但这符合实害犯的中止的所有条件⑤。

本书认为,以上观点忽视了投放危险物质罪并不是一个单纯投放毒害性物质并在短时间内可致人伤亡的投放危险物质罪,在多种危险物质中,短时间可致人伤亡的毒害性物质只是其中之一。放射性物质或者传染病病原体,一旦被释放、投放,真正的"窗口期"有的时候根本就不存在。例如,放射性物质,不像短时间致人伤亡的毒害物质,其毒害性作用于有机体,还有一定的"窗口期",存在救治(挽救)的可能性。但是,放射性物质或者传染病病原体一旦被释放、投放,存在不再具有"自动解除危险"的可能性,只可能在特定情况下采取必要措施,以防止更严重的损害。因此,在逻辑结论上,只要投放了危险物质便是既遂。如果在事实上已经不可能通过行为人自动解除危险,那对既遂应按照统一标准认定,还是通过区分不同的危险物质来确定不同的标准?既遂、未遂、中止的讨论,是基于立法规定所设立的规范上的标准。如果允

---

① 我国《传染病防治法》规定,甲类传染病是指鼠疫、霍乱。乙类传染病是指病毒性肝炎、细菌性和阿米巴性痢疾、伤寒和副伤寒、艾滋病、淋病、梅毒、脊髓灰质炎、麻疹、百日咳、白喉、流行性脑脊髓膜炎、猩红热、流行性出血热、狂犬病、钩端螺旋体病、布鲁氏菌病、炭疽、流行性和地方性斑疹伤寒、流行性乙型脑炎、黑热病、疟疾、登革热。丙类传染病是指,肺结核、血吸虫病、丝虫病、包虫病、麻风病、流行性感冒、流行性腮腺炎、风疹、新生儿破伤风、急性出血性结膜炎、除霍乱、痢疾、伤寒和副伤寒以外的感染性腹泻病。

② 03.06.13《妨害预防、控制突发传染病疫情等灾害的刑事案件解释》第1条规定:故意传播突发传染病病原体,危害公共安全的,依照《刑法》第114条、第115条第1款的规定,按照以危险方法危害公共安全罪定罪处罚。根据这一规定,"传播"行为与"投放"行为应该严格区别,也即"传播"传染病病原体的,按照以危险方法危害公共安全罪定罪处罚。但在实务中如何界定"传播"与"投放"的界限,还值得研究,或可以主动接触使他(多)人感染为"传播",以主动扩散为"投放"来理解。

③ 参见高铭暄主编:《刑法学原理》(第1卷),中国人民大学出版社1995年版,第334页。

④ 参见叶高峰主编:《危害公共安全罪新探》,河南人民出版社1989年版,第60—62页。

⑤ 参见马克昌主编:《犯罪通论》,武汉大学出版社1999年版,第466—467页。

许对不同的危险物质确定不同的标准，也就意味着当然可根据需要，针对不同的对象、不同的个案都再确定各自的“标准”，如此一来，很难再认为规范标准还有存在的意义，事实上也等于否定了还有既遂规范标准的存在。因毒害性物质、放射性物质、传染病病原体的种类繁多，是否也需要针对不同物质的特性、作用，根据个案确定能否自动解除危险的标准[①]？即便毒害性物质投放后在窗口期有自动解除危险的可能性，其适用范围也极其有限。所以说，这种解读在方法论上就值得质疑。

投放危险物质罪也具有不同于爆炸罪的特质：爆炸物品安置完毕，可以说危害公共安全的危险状态已经存在，爆炸是瞬间发生危害后果，不存在一个明显的时间过程；投放危险物质的行为即便实施完毕，严重后果的发生也需要一定的时间，如投放致病病原体，还可以及时通知防疫部门采取一定的挽救措施，及时救助病患（这不是中止）。在这一点上，投放危险物质罪与放火罪、决水罪有相似之处。本书认为，投放危险物质罪的既遂与未遂的界限，宜以投放的危险物质“独立发生作用”为既遂标准。这是指危险物质已经作用于对象，不采取现代医疗防护措施其作用于有机体的毒害已经不易分离，或者已经能够独立对目标对象发生实质性的侵害作用。本书支持多数说，对已经发生的危险状态，比较特殊的情况下通过实施积极措施防止实害结果发生的，可以作为情节对待，处罚上考虑从宽处理。[②]

（六）放火、爆炸、决水、投放危险物质罪的适用界限

以放火、爆炸、决水、投放危险物质而实施杀人、伤害行为，毁坏财物、破坏生产经营以及实施暴恐犯罪[③]等情况，在法律适用上主要涉及以下问题：

第一，侵害特定人身而同时危害公共安全（致人重伤、死亡，造成严重后果）的罪名选择。多数说认为，以危险方法实施故意杀人等罪，在同时危及公共安全时，为想象竞合犯，按照危害公共安全的犯罪论处。张明楷教授原不赞同这一看法，主张应以侵害人身的犯罪论处[④]，以后也认为可以适用《刑法》第 115 条第 1 款[⑤]。如果从想象竞合犯的角度说，从强调保障人权意义上，以侵害人身的故意杀人等罪论处完全可以，但又不可否认我国对公共法益的保护，关系到社会的稳定，在这一层面上，还是以放火、爆炸等罪处理更为合理些。所以，如果行为人为杀人或出于其他犯罪目的，对以危险方法实施犯罪危及公共安全是明知的，应认定为危害公共安全的犯罪；反之，如果行为不具有危及公共安全的性质，则应按故意杀人罪或者相关犯罪处理。但如

---

① 实际上也并非只有危险物质可以这样认为，放火不是也与使用何种媒介作为引火物有关吗？现实中又有多少放火案件不用易燃物（如汽油、煤油、柴油等）作为媒介，自动解除危险威胁的可能性也值得考虑。

② 如果对积极消除危险，防止实害结果发生的行为人需要从宽，并非只有通过认定为犯罪中止才可以做到。但是，上述观点质疑的重点并不是是否需要从宽，而是危险犯既遂标准的不合理性。但就目前理论研究看，如果承认“标准”应该是规范意义上的，则否定危险犯既遂标准的观点，在立论上并不充分。

③ 这里不讨论涉及暴恐犯罪的放火、爆炸、投放危险物质的适用问题，这是依法需要适用数罪并罚。

④ 参见张明楷：《论以危险方法杀人案件的性质》，载《中国法学》1999 年第 6 期。

⑤ 参见张明楷：《刑法学》（下），法律出版社 2016 年版，第 692 页下注释。

果行为人以危险方法等为手段,实施法定刑低于放火等罪的其他犯罪,危害到公共安全的,也应以危害公共安全等罪论处。例如,为毁灭罪证实施放火、爆炸行为,会危害到公共安全。

第二,使用危险物品制造放火、爆炸、投放危险物质与非法制造、买卖、邮寄、储存爆炸物、危险物质罪,盗窃、抢劫、抢夺爆炸物、危险物质罪的关联。构成放火罪、爆炸罪以及投放危险物质罪(包括以爆炸方法实施决水罪)所使用的危险品的来源,刑法并没有特别限制性规定,可以是通过各种非法手段获取,例如,通过非法制造、买卖、盗窃、抢劫、抢夺危险物质而得到。因非法手段获取危险物品所触犯的各罪名的法定最高刑均为死刑,定罪处罚就应当具体分析。出于危害公共安全故意而采取的方法行为触犯非法制造、买卖、运输、邮寄、储存爆炸物、危险物质罪[①],或者盗窃、抢劫、抢夺爆炸物、危险物质罪,目的行为则为危险方法的放火、爆炸等罪,根据牵连犯的处罚原则,可以不实行并罚,但牵连犯本质上就是异质数罪,因此不排除可以数罪并罚,即当以目的行为触犯一罪处罚尚不足以实现罪责刑一致,应给予并罚;如果实施了非法获取危险物质行为,此后因其他原因导致实施放火、爆炸等危险方法危害公共安全的,则不符合“以实施某一犯罪为目的,其方法行为或结果行为又触犯其他罪名的”的牵连犯,应属于数罪。例如,在非法买卖中获取炸药,此后因贪图金钱而携炸药去爆破银行的ATM机的,就不符合牵连犯的特征,而是数罪,应当实行并罚。

(七)放火等罪的刑事责任

犯放火等罪,没有造成严重后果,危害公共安全的,适用我国《刑法》第114条处罚;致人重伤、死亡或者使公私财产遭受重大损失的,适用我国《刑法》第115条第1款处罚。

过失行为造成严重后果,危害公共安全的,适用我国《刑法》第115条第2款处罚。

我国《刑法》第115条第1款的适用。适用我国《刑法》第115条第1款要求“致人重伤、死亡或者使公私财产遭受重大损失的”结果,多数学者认为,这是结果加重犯的条款。[②]。因此在规范上,严重后果就是危险犯所实现的结果。从这一意义上说,符合适用我国《刑法》第115条第1款的犯罪,仍然具有(具体)危险犯的本质。张明楷教授认为,即便对严重后果持有希望或放任态度,但只要没有发生实害结果的,只能适用第114条,不能适用刑法总则有关未遂的规定。[③] 本书赞同这一观点。因过失行为发生严重后果构成犯罪的,适用《刑法》第115条第2款的规定。

造成重伤、死亡的结果应承担刑事责任的范围。当放火、爆炸、决水、投放危险物质,或者以危险方法直接造成人员重伤、死亡,这是没有争议的。但如果造成抢险、救

---

① 我国《刑法》第125条规定,单位可以是该罪主体,对单位判处罚金;对直接负责的主管人员和其他直接责任人员,依照自然人犯罪处罚。

② 结果加重犯包括在实害犯的概念中。

③ 参见张明楷:《刑法学》(下),法律出版社2016年版,第692页。

灾过程中的人员重伤、死亡的,是否属于我国《刑法》第 115 条第 1 款规定的致人重伤、死亡的范畴。有肯定观点①,但否定观点则认为,被害人或其他被害人因抢险等造成的伤亡,不能归责于行为人的行为,否则,即便没有造成任何损失,只要为抢险投入了成本,均会视为造成重大损失,导致第 115 条第 1 款适用的范围过宽。这种成本投入可以追究民事责任,但不宜追究刑事责任②。本书认为,这是行为人将犯罪行为创设出的风险转移给参与抢险的人员,即便对专业抢修、抢险人员而言,抢险是其职责所在,他们也承担着较普通人更高的义务,但只要采取的是适当的救援措施,行为人就必须对救援者所遭受的损害承担刑事责任。当然,就该种情形而言,应该排除介入救援具有任意性的因素,对于"鲁莽"③介入救援的见义勇为者,其介入危险有"自我冒险"的属性,造成其伤害、死亡的结果,原则上应排除对行为人的归责。

二、以危险方法危害公共安全罪

(一) 以危险方法危害公共安全罪的概念和法益

以危险方法危害公共安全罪,是指实施危险性相当于放火、爆炸、决水、投放危险物质以外的危险方法,危害公共安全的行为。本罪的法益为公共安全,主体为自然人一般主体,主观上是故意,动机不影响认定。多数说认为本罪为抽象危险犯。本书认为,因本罪是多方面对公共安全法益构成威胁,因此,除非威胁到重大公共安全法益,在多数情况下,直接适用我国《刑法》第 114 条的可能性不大。因在某些情况下,需要以实害结果发生才能具体认定,因此,本书认为是具体危险犯。

(二) "危险方法"、行为

除我国《刑法》第 114 条列举的危险方法之外,其他危险方法在立法上难以穷尽,因此,第 114 条、第 115 条使用"其他危险方法"来概括尚不能穷尽的危险方法。但是,正因为无法穷尽可能的其他危险方法,在解释上就必须有所限制,因此,通常采取"同类解释""同质比较",但这样仍然没有摆脱司法类推的嫌疑。④ 造成危害公共安

---

① 参见周光权:《刑法各论讲义》,清华大学出版社 2003 年版,第 160 页。

② 参见马克昌主编:《百罪通论》(上卷),北京大学出版社 2014 年版,第 34 页。

③ 这里所指的是非被组织的"见义勇为者"。

④ 实务中曾经以其他危险方法危害公共安全罪处理过的案件所涉及的主要的危险方法有以下几种:(1) 以制造、贩卖毒酒的危险方法危害公共安全;(2) 以病害猪肉加工出售的危险方法危害公共安全;(3) 有制售伪劣药品的危险方法危害公共安全;(4) 以支付次血、病害血的危险方法危害公共安全;(5) 以制造、贩卖假桐油的危险方法危害公共安全;(6) 醉酒状态驾驶机动车连续肇事的危险方法危害公共安全;(7) 以私设电网的危险方法危害公共安全;(8) 以驾车冲撞人群的危险方法危害公共安全。根据《刑法》的相关规定,第(1)项至第(6)项的危险方法已经有相应罪名,但对第(6)项危害公共安全的情况需要具体分析。虽然有第 133 条之一危险驾驶罪的规定,但这是限于没有发生事故情况下。因此,在第(6)项情况下行为人如果连续肇事,仍然有以本罪适用的余地,而第(7)项和第(8)项情况仍然可适用本罪。此外,从今后的实践来看,还可能有其他的危险方法。例如,盗窃窨井盖,在特定情形下破坏消防设施,在公路抛洒三角钉,向行驶的车辆、列车抛掷石块或高空抛物等,都会对公共安全构成威胁,是否认定为"其他危险方法",值得研究。

全严重后果主观上是过失罪过的,构成过失以危险方法危害公共安全罪。

理论上对本罪的主体没有展开充分的讨论①,有观点认为,本罪的主体年满 14 周岁就可以②。从《刑法》第 114 条的规定看,的确本罪主体范围不明确,这就必须考虑对“其他危险方法”规定以及对《刑法》第 17 条第 2 款的解读。张明楷教授认为,“其他危险方法”是我国《刑法》第 114、115 条的“兜底”规定,而不是对分则危害公共安全罪的“兜底”规定,根据“同类解释”的规则,“其他危险方法”必须与我国《刑法》第 114、115 条所列举危险方法相当③。既然《刑法》第 17 条第 2 款列举的 8 种犯罪包括“放火、爆炸、投放危险物质”,如果联系全国人大常委会法工委 2002 年 7 月 24 日《已满 14 周岁不满 16 周岁刑事责任范围答复意见》有关限定刑事责任能力人,构成犯罪的范围,从把握要求实施的是 8 种“行为”,并非从“罪名”的要求看,限定责任年龄人只要实施危险性相当的其他危害公共安全的危险方法的行为,似乎不需要考虑是否造成重伤、死亡严重后果的,也应该按照“以危险方法危害公共安全罪”论处。

从实践中对本罪的适用看,即便是适格主体,一般也是在致人重伤、死亡等严重后果发生后,才具体讨论行为是否属于“其他危险方法”。如将限定刑事责任能力人尚未造成严重后果,也可以考虑入罪,显然过于严苛。因此,本书认为,限定刑事责任能力人的行为“危害公共安全,尚未造成严重后果的”构成本罪,应属于特别情况,不应是“常态”的条件。

(1) 盗窃窨井盖,造成严重后果。盗窃窨井盖完全可能发生严重后果危害公共安全。张明楷教授认为,公路上的窨井盖是交通设施的一部分,危害的是交通运输安全,应该以破坏交通设施罪论处④。实务上,即便行为人盗窃窨井盖,通常也是将其作为“废品”变卖,但盗取窨井盖后公路上形成的空洞,对行驶中的机动车、行人构成威胁,以及造成严重后果的因果流程,仍然处于普通生活经验的范围之内,因此,应当进行归责。窨井盖关乎公共安全,但不属于构成要件中“明示的要素”,事实上,即便行为人对窨井盖属于与交通设施有错误认识⑤,都不影响该事实符合破坏交通设施的范围。因此,以破坏交通设施罪论处更为妥当⑥。当然,只要盗窃窨井盖就可以评价为具有“造成

① 参见鲍遂献、雷东生:《危害公共安全罪》,中国人民公安大学出版社 2003 年版,第 67 页

② 参见王作富主编:《刑法分则实务研究》(上),中国方正出版社 2013 年版,第 64 页。

③ 参见张明楷:《刑法学》(下),法律出版社 2016 年版,第 695 页。

④ 同上。

⑤ 窨井盖在功能上可以说与交通安全息息相关,但是,在管理上并非一定属于交通部门;即便属于,也不影响其与交通安全直接相关的性质。仅是盗窃窨井盖,价格不会太高,主要是对交通安全的威胁更大,如果不符合司法解释,尚不足以构成盗窃罪。13.04.04《审理盗窃案件解释》)第 2 条规定:盗窃公私财物,具有下列情形之一的,“数额较大”的标准可以按照前条规定标准的 50% 确定:……(8) 因盗窃造成严重后果的。因此,盗窃窨井盖,未发生严重后果,尚不足以认定为与盗窃罪形成想象竞合犯,但不排除构成故意毁坏财物罪。

⑥ 2020 年 3 月 16 日最高人民法院、最高人民检察院、公安部印发《关于办理涉窨井盖相关刑事案件的指导意见》,以该类行为是否涉及危害公安安全,分别规定了适用破坏交通设施罪、过失损坏交通设施罪、以危险方法危害公共安全罪、以过失以危险方法危害公共安全罪的条件;此外对故意伤害罪、故意杀人罪、过失致人重伤罪、过失致人死亡罪,以及适用盗窃罪、故意毁坏财物罪也规定了具体条件。

交通工具倾覆、毁坏的危险”,但在未造成严重后果时,能否入罪应该综合情节考虑。

(2) 特定情形下破坏(盗窃)消防设施,造成严重后果。张明楷教授认为,应构成盗窃罪①。周光权教授则认为,在明知特定地点发生了火灾或即将发生火灾,而破坏能够消灭火灾的消防设施,对公共安全造成了具体的危险或者造成严重后果。但这种情形并不构成以危险方法危害公共安全罪,而是构成放火罪的间接正犯②。间接正犯的基本原理,需要将实际执行者对构成要件的实现,作为幕后操纵者自己的正犯性的行为予以归责,实际执行者或是其犯罪的工具,或只是操纵者实现犯罪的行为媒介,其行为不具有完整的犯罪属性,一般不承担刑事责任。而且,“即将发生火灾”是一个无法确定的事实,紧迫到什么程度才是“即将”? 一小时、一天还是一个月? 火灾的发生并非行为人所引发,也非由其操纵而引发,无论火灾的发生有无需要归责者,也不可能认为破坏消防设施者是在操纵着放火。因此,本书赞同张明楷教授的观点。

(3) 在公路抛洒三角钉、向高速行驶的车辆抛掷石块,在公共交通工具上抢夺方向盘③,殴打司售人员等危害公共安全的行为。这类行为只要在高速公路上,或者向行使中的高速列车实施,无疑具有危害公共安全的性质,即便尚未发生严重后果,也应该适用《刑法》第 114 条定罪处罚,发生严重后果的,则应该按照第 115 条定罪处罚。当然,也不意味着行为人只要实施了这类行为,就一定危害公共安全。例如,与公共汽车司售人员发生争执后,在驾驶人员已经采取了安全措施停住车辆后,殴打司售人员的,就不宜以本罪论处。再如,对行驶速度不高的普通车辆,或者不是在险要公路上对车辆抛掷石块,结合周围的客观环境条件,如果尚不具有高度的危险性,在

① 参见张明楷:《刑法学》(下),法律出版社 2016 年版,第 695 页。

② 参见周光权:《刑法各论讲义》,清华大学出版社 2003 年版,第 168 页。

③ 2019 年 1 月 8 日最高人民法院、最高人民检察院、公安部发布的《关于依法惩治妨害公共交通工具安全驾驶违法犯罪行为的指导意见》(公通字〔2019〕1 号)有关“准确认定行为性质,依法从严惩处妨害安全驾驶犯罪”的规定为:“(一) 乘客在公共交通工具行驶过程中,抢夺方向盘、变速杆等操纵装置,殴打、拉拽驾驶人员,或者有其他妨害安全驾驶行为,危害公共安全,尚未造成严重后果的,依照刑法第 114 条的规定,以以危险方法危害公共安全罪定罪处罚;致人重伤、死亡或者使公私财产遭受重大损失的,依照刑法第 115 条第 1 款的规定,以以危险方法危害公共安全罪定罪处罚。”“实施前款规定的行为,具有以下情形之一的,从重处罚:1. 在夜间行驶或者恶劣天气条件下行驶的公共交通工具上实施的;2. 在临水、临崖、急弯、陡坡、高速公路、高架道路、桥隧路段及其他易发生危险的路段实施的;3. 在人员、车辆密集路段实施的;4. 在实际载客 10 人以上或者时速 60 公里以上的公共交通工具上实施的;5. 经他人劝告、阻拦后仍然继续实施的;6. 持械袭击驾驶人员的;7. 其他严重妨害安全驾驶的行为。实施上述行为,即使尚未造成严重后果,一般也不得适用缓刑。(二) 乘客在公共交通工具行驶过程中,随意殴打其他乘客,追逐、辱骂他人,或者起哄闹事,妨害公共交通工具运营秩序,符合刑法第 293 条规定的,以寻衅滋事罪定罪处罚;妨害公共交通工具安全行驶,危害公共安全的,依照刑法第 114 条、第 115 条第 1 款的规定,以以危险方法危害公共安全罪定罪处罚。(三) 驾驶人员在公共交通工具行驶过程中,与乘客发生纷争后违规操作或者擅离职守,与乘客厮打、互殴,危害公共安全,尚未造成严重后果的,依照刑法第 114 条的规定,以以危险方法危害公共安全罪定罪处罚;致人重伤、死亡或者使公私财产遭受重大损失的,依照刑法第 115 条第 1 款的规定,以以危险方法危害公共安全罪定罪处罚。(四) 对正在进行的妨害安全驾驶的违法犯罪行为,乘客等人员有权采取措施予以制止。制止行为造成违法犯罪行为人损害,符合法定条件的,应当认定为正当防卫。(五) 正在驾驶公共交通工具的驾驶人员遭到妨害安全驾驶行为侵害时,为避免公共交通工具倾覆或者人员伤亡等危害后果发生,采取紧急制动或者躲避措施,造成公共交通工具、交通设施损坏或者人身损害,符合法定条件的,应当认定为紧急避险。(六) 以暴力、威胁方法阻碍国家机关工作人员依法处置妨害安全驾驶违法犯罪行为、维护公共交通秩序的,依照刑法第 277 条的规定,以妨害公务罪定罪处罚;暴力袭击正在依法执行职务的人民警察的,从重处罚。(七) 本意见所称公共交通工具,是指公共汽车、公路客运车,大、中型出租车等车辆。”

发生严重后果时,以本罪论处才比较妥当。实践中,存在为实施其他犯罪(如抢劫)或者谋取非法收益(如扎破车辆轮胎后,车主需要补胎)实施该类行为,甚至也不排除有些制造的交通事故是基于单纯取乐的目的。当行为人另有其他目的时,则行为只是其方法行为,应以其目的行为是否属于犯罪,确定是成立想象竞合犯还是牵连犯,成立牵连犯的,不排除可以数罪并罚。例如,在行驶的长途汽车上实施抢劫,暴力攻击司售人员的,应当数罪并罚。如果其目的不具有犯罪性,则只应以危险方法危害公共罪论处。

(4)私设电网[①]以及其他不安全行为,造成严重后果。在围墙等重要部位私设电网或采取设置其他防护措施防盗,或在将要成熟的农产品上喷洒农药,即便同时设置有警告标示,因地点等原因也可能会对公共安全构成威胁,但这也需要具体分析防护措施的设置是否会对公共安全构成威胁。其他不安全行为,主要是指生产作业、日常生活中不重视公共安全的行为,例如高空抛物、坠物的危险行为(最高人民法院2019年10月21日发布的《关于依法妥善审理高空抛物、坠物案件的意见》)(法发〔2019〕25号)涉及以危险方法公共安全罪、故意伤害罪、故意杀人罪、过失致人死亡罪、过失致人重伤罪、重大责任事故罪)。对公共安全构成威胁的,一般是发生了严重后果,对尚未造成严重后果的,如果没有特别情节,也不宜以本罪处罚。对侵害特定人的行为,发生严重后果应以相应的侵犯人身犯罪论处。

(三)危险方法危害公共安全罪的刑事责任[②]

犯本罪,没有造成严重后果的,危害公共安全的,适用《刑法》第114条处罚;致人重伤、死亡或者使公私财产遭受重大损失的,适用《刑法》第115条第1款处罚。

过失行为造成严重后果,危害公共安全的,适用《刑法》第115条第2款处罚。

《刑法》第115条第1款的适用。适用《刑法》第115条第1款要求发生"致人重伤、死亡或者使公私财产遭受重大损失的"结果,多数学者持该款属于结果加重条款的观点[③],因此,严重后果规范上是危险犯所实现的结果。从这个意义上说,适用第115条第1款的犯罪也具有危险犯的本质。

造成重伤、死亡的结果应承担刑事责任的范围。以危险方法危害公共安全的行为直接造成人员重伤、死亡是没有争议的。但如果造成抢险、救灾人员重伤、死亡的,是否属于《刑法》第115条第1款规定的致人重伤、死亡的范畴。本书认为,这是行为人将犯罪行为创设出的风险转移给参与抢险的人员,对专业抢修、抢险人员而言,抢修、抢险是职责所在,但只要采取的是适当的救援措施,并无违反抢修、抢险预案且无

---

① 2000年11月27日最高人民法院发布的《关于审理破坏野生动物资源刑事案件具体应用法律若干问题的解释》,(法释〔2000〕37号)(以下简称00.12.11《破坏野生动物资源解释》)第7条规定:使用爆炸、投毒、设置电网等危险方法破坏野生动物资源,构成非法猎捕、杀害珍贵、濒危野生动物罪或者非法狩猎罪,同时构成《刑法》第114条或者第115条规定之罪的,依照处罚较重的规定定罪处罚。

② 本罪的刑罚与放火罪等相同。

③ 结果加重犯包括在实害犯的概念中。

违反抢修、抢险的注意义务的,行为人就必须对救援者所遭受的损害承担刑事责任。

三、破坏交通工具罪

(一) 破坏交通工具罪的概念和法益

破坏交通工具罪,是指破坏火车、汽车、电车、船只、航空器,足以使火车、汽车、电车、船只、航空器发生倾覆、毁坏危险,尚未造成严重后果或者已经造成严重后果的行为。本罪侵害的法益,是交通运输的公共安全;行为表现为对法定交通工具实施破坏,作为与不作为均可,造成足以使交通工具倾覆、毁坏的危险即可以构成犯罪既遂;主体为自然人一般主体;主观上是故意,包括直接故意和间接故意,动机不影响认定。

(二) 对象、行为、主观罪过、结果、既遂与未遂

关于本罪对象,多数说主张限于法定的、正在使用中的交通运输工具,即明文规定的火车、汽车、电车、船只、航空器。简便的陆用交通工具,如马车、自行车、三轮车、手推车等,虽然也涵盖在交通工具概念内,但单纯破坏该种交通工具,造成使用者伤亡,如果未发生危害公共安全后果的,应按照相应的犯罪规定论处。但行为人破坏简便的交通工具致其在行驶中发生危险,并造成法定的其他交通工具倾覆、毁坏的后果,则不排除可以构成本罪。"正在使用中",是指已经交付,投入并已承担交通运输任务期间的交通工具。运行中的交通工具自不待言,停靠在车库、码头、机场,随时可执行运输任务的交通工具,也属于正在使用中的交通工具。已经制造完毕但尚未检验出厂交付使用,或正在修理中的交通工具不是本罪对象,破坏行为应以相应的犯罪论处,但维修(护)完毕的交通工具是本罪对象。在我国,农村拖拉机或其他农用机使用普遍,不仅载货也搭载人员,甚至客货混装(虽违反《道路交通安全法》,但不发生事故就不认定为犯罪),是否属于本罪对象有不同认识[①]。本书认为,不应否定破坏实际承担交通运输的拖拉机可以危害到公共安全,只是刑法对此没有明文规定。首先,列举的交通工具中不包括拖拉机,将拖拉机作为本罪对象,没有法律上的根据。其次,对汽车作扩大解释包括拖拉机,是超出国民预测的类推解释,会破坏"汽车"概念固有的内涵。再次,任何限制解释,只要包括拖拉机,就不能保证不会扩大适用范围,没有根据说哪种类型的拖拉机不会危害公共安全。因此,应该考虑在造成严重后果时,完

---

① 有持否定观点的学者,认为只限于法定对象,破坏拖拉机的只能按照毁坏财产罪论处;也有学者认为可以对"汽车"的概念作扩大解释,将拖拉机包括在汽车概念中以解决矛盾。参见叶高峰主编:《危害公共安全罪新探》,河南人民出版社 1989 年版,第 141—142 页。有学者主张只有作为交通运输手段的大型拖拉机是本罪对象。参见黎宏:《刑法学》,法律出版社 2012 年版,第 444 页。还有学者主张必须具体分析拖拉机的特征和用途,大型、轮式承担交通运输的拖拉机是交通工具,只是作为农机牵引机的履带式、小型轮式拖拉机不是本罪对象。但是,本书认为,由于没有相关的司法解释来明确汽车和拖拉机之间的关系,按照罪刑法定原则,对司法实践中发生的破坏拖拉机的行为现在还不宜以破坏交通工具罪论处。参见余剑主编:《危害公共安全罪》,法律出版社 1999 年版,第 87—88 页。

全可以“以危险方法危害公共安全罪”定罪处罚。具体理由是:(1) 对该罪法律没有限定哪种具体的“危险方法”,因此可以包括各种破坏行为;(2) 对该罪法律没有限制对象不能够包括这类运输工具;(3) 破坏这种类型的拖拉机危害或者足以危害公共安全,具有与放火、决水、爆炸、投放危险物质相同或者相当的危险性。

除大型现代化交通工具火车、汽车、电车、航空器①之外,“船只”是否只限于大型现代化的?在湖泊、河流中未必航行的都是符合现代化的大、中型交通工具的船只。目前仍然有使用人力的船舶,或者简单使用机械的小型船舶承担着运输作业,在公众使用的状态下当然关乎公共安全,理应是本罪对象。当前私家小型汽车也为交通工具的概念所包括,“汽车”概念中也没有排除私家汽车,也符合“正在使用中”的条件,但使用者并不是“公众”而是特定的个人。因此,对私人小汽车的破坏,当不涉及公共领域时(即便符合“使用中”)也不宜视为本罪对象;当私家汽车涉及公共领域时(如行驶在城市道路上),应具体分析破坏的方法;用危险方法破坏的(如爆炸),可以按照以危险方法危害公共安全的犯罪论处②。多数说认为,破坏行为只要足以使交通工具发生倾覆、毁坏的危险状态,即使尚未造成严重的后果,也可构成本罪的既遂。

“破坏”,是对于交通工具整体或者部件物理性损坏,致使其丧失作为交通工具全部或部分功能,不能保障其安全运行。在计算机程序广泛运用于保障交通工具安全运行的情况下,“破坏”包括对其安全运行程序的修改,使之不能保障安全运行③。交通工具是否运载人或物资,不影响认定。“倾覆”,是指造成交通工具倾倒、颠覆、翻沉、坠毁等;“毁坏”,是指造成交通工具烧毁、炸毁、坠毁等完全报废或受到严重破坏的后果。当破坏的部位是关乎交通工具行驶安全的重要部分,才具有“破坏”的效果;破坏行为的手段,则不影响对“破坏”的认定。“倾覆、毁坏的危险”,是指具备使之倾覆、毁坏的现实可能性和危险性;有无这种危险,必要时应当借助于专业鉴定意见。只是破坏正在使用的交通工具的普通设备或附属设备、设施(如汽车、火车的门窗外

---

① 有观点认为只限于大型、现代化的交通工具。参见高铭暄、马克昌主编:《刑法学》(下编),中国法制出版社1999年版,第624页;陈兴良主编:《罪名指南》(上册),中国政法大学出版社2000年版,第116页。

② 参见“济南市人大常委会原主任段义和爆炸杀情妇柳海萍案”案情。1994年,段义和、柳海萍二人发展成情人关系,2006年4月柳离婚后,缠着要嫁给段。当段明确告诉柳不能和她结婚后,柳向段索要100万元补偿费,并到有关部门告状。段不堪柳的不断骚扰,于是准备杀柳。段首选济南市公安局治安支队第三大队副大队长,当过工程兵懂爆破的侄女婿陈志。陈志想出了一个既能达到杀死柳的目的,又认为能自保的“上策”,就是爆炸。陈志通过关系索要到硝铵炸药2公斤、电雷管5枚。之后陈找到济南利达汽修厂老板陈常兵帮忙制造遥控装置,二陈利用各自的技术共同制造了遥控爆炸装置。2007年7月9日下午5时左右,陈志开着一辆警车带着陈常兵一起到柳工作单位停车场。陈志用段事先给的钥匙打开柳的小卧车,将爆炸装置安置在驾驶座位下。等柳下班驾车回家时,由陈常兵驾驶车辆跟踪在后面。在柳距自家小区150米的路段,陈常兵引爆爆炸装置,行驶中柳被当场炸死。爆炸同时殃及另外一辆出租车,司机受伤,出租车毁坏,多名行人受伤。法院以爆炸罪判处段义和死刑,剥夺政治权利终身……;以爆炸罪判处陈志死刑,剥夺政治权利终身;以爆炸罪判处陈常兵无期徒刑,剥夺政治权利终身。

③ “破坏”有“物理损害”与“功能损害”学说的区别,我国多数说是“物理损害”+“功能损害”,认可破坏交通工具附属设备不构成对公共安全威胁,就是示例,但有物理性损害的未必一定会影响到安全行驶,但损害其功能的,才可能最终影响到安全行驶。

饰、座椅、卧具等),不可能使交通工具发生倾覆、毁坏危险,不构成本罪,但可构成故意毁坏财物罪、寻衅滋事罪等。

本罪的主观罪过内容是什么?多数说认为,是明知破坏行为足以造成交通工具发生倾覆、毁坏的危险,而希望或放任这种危险发生的心理状态①。那为何行为人主观上只是在追求或放任这种"危险状态发生",而不能是希望或放任"倾覆、毁坏"的实际结果?因为法规范上的"危险状态"是一种物理性结果发生的可能性,并不是实际发生的物质性结果。没有理由认为每个行为人都会认识到"危险状态"在法律意义上属于"结果"的意义,将法律规定的危险结果,视为本罪所要求的,必须是行为人希望或者放任的内容并没有什么道理。就本罪而言,当认识到破坏行为足以使危险发生,就符合本罪犯罪故意的最低限度条件,希望或者放任的是"倾覆、毁坏"的危险状态,还是"倾覆、毁坏"的实际结果,不影响认定。

"破坏故意",是指对交通工具的"倾覆""毁坏"有故意,并不因为存在"破坏行为",就认定具有"破坏交通工具的故意"。采放火、爆炸方法,破坏的故意非常明确。例如为窃取而采取拆卸、打砸的方法,即便是交通工具重要部件,也不一定是"破坏"交通工具的故意。如果行为人对影响交通工具安全行驶关键部位,缺乏必要的认知时,虽然实施了破坏行为,但不能就此认定其具有造成交通工具的"倾覆、毁坏"的故意。本罪罪过不仅要求行为人实施破坏行为是故意的,而且要求明知具有造成交通工具的"倾覆、毁坏"的故意。对"破坏"并窃取交通工具的重要部件,足以使交通工具发生倾覆、毁坏的危险是明知的,如果既符合盗窃罪的构成要件,同时符合破坏交通工具罪的构成要件,属于想象竞合犯,应以处罚较重的本罪论处②。

已满 14 周岁不满 16 周岁的人,如使用放火、爆炸方法破坏交通工具,可以爆炸罪、放火罪、故意杀人罪或者故意伤害罪(致人重伤或死亡)追究刑事责任。

多数说认为,破坏交通工具罪属于具体危险犯,必须发生足以使交通工具发生倾覆、毁坏危险的事实,即使尚未造成严重后果,也构成既遂。因此,破坏行为是否达到"足以发生倾覆、毁坏危险"的程度,是区别犯罪既遂与未遂的界限。而造成交通工具倾覆、毁坏严重后果的,则应为破坏交通工具罪的结果加重犯,适用《刑法》第 119 条处罚。张明楷教授不同意以危险状态发生为既遂的观点,认为《刑法》第 116 条与第 119 条第 1 款的关系如同第 114 条与第 115 条第 1 款的关系,在尚未造成严重后果的

---

① 参见鲍遂献、雷东生:《危害公共安全罪》,中国人民公安大学出版社 2003 年版,第 108 页;高铭暄、马克昌主编:《刑法学》(下编),中国法制出版社 1999 年版,第 625 页;陈兴良主编:《罪名指南》,中国政法大学出版社 2000 年版,第 117 页;叶高峰主编:《危害公共安全罪新探》,河南人民出版社 1989 年版,第 145 页。

② 13.04.04《办理盗窃案件解释》第 11 条规定:盗窃公私财物并造成财物损毁的,按照下列规定处理:(1) 采用破坏性手段盗窃公私财物,造成其他财物损毁的,以盗窃罪从重处罚;同时构成盗窃罪和其他犯罪的,择一重罪从重处罚;(2) 实施盗窃犯罪后,为掩盖罪行或者报复等,故意毁坏其他财物构成犯罪的,以盗窃罪和构成的其他犯罪数罪并罚;(3) 盗窃行为未构成犯罪,但损毁财物构成其他犯罪的,以其他犯罪定罪处罚。

情况下,自动中止避免严重过后果的,是犯罪中止[①],适用第116条以及《刑法》总则中止犯规定处罚[②]。本书不赞同该看法[③]。

(三) 破坏交通工具罪与过失损坏交通工具罪[④]的关联

过失损坏交通工具罪,是指过失损坏火车、汽车、电车、船只、航空器,使其发生倾覆、毁坏,造成严重后果的行为。该罪主体为自然人一般主体,主观上是过失,要求必须已经造成交通工具的"倾覆""毁坏",致人重伤、死亡的结果或者重大公私财产严重损失的结果。"损坏"在词义上是指"功能"减损,就本罪而言,是因非故意的行为造成交通工具保障安全功能的减损,但仅此并不构成犯罪,必须是因此而发生严重后果。对"倾覆""毁坏"结果的发生,行为人主观上可以是疏忽大意,也可以是过于自信,这均是指对发生严重后果的心理态度;至于对注意义务的违反,也存在"明知故犯"的情况,但不能因此认定为故意犯罪。如果因违反注意义务的过失行为,已经致使交通工具的安全保障功能部件减损,行为人对此漠然视之,结果造成严重后果的,则不能再视为过失,应认定行为人对严重后果的发生持有希望或放任态度,应以破坏交通工具罪论处。

(四) 破坏交通工具罪与破坏交通设施罪的关联

破坏交通设施罪,是指故意破坏轨道、桥梁、隧道、公路、机场、航道、灯塔、标志或者进行其他破坏活动,足以使火车、汽车、电车,船只、航空器发生倾覆、毁坏危险,或已经造成严重后果的行为。本罪主体,为自然人一般主体,主观上是故意,包括直接故意和间接故意,动机不影响认定。交通设施,是为保证使交通工具能够安全、快速、快捷地到达目的地,实现交通运输目的的重要设施。交通设施既包括主要设施,如轨道、桥梁、隧道、公路、机场、航道,也包括重要的辅助设施、设备,例如,由人工或由计算机控制的灯塔、标志、信号灯等。至于交通设施是由国家、集体或者个人投资,有偿使用还是无偿使用,均不影响认定。本罪行为,包括已造成交通工具倾覆、毁坏,或者足以使交通工具发生倾覆或毁坏的现实危险。破坏行为,可以是作为,也可以是不作为,以何种方法破坏并无限制,只要足以使交通工具发生倾覆、毁坏危险,就构成本罪既遂。

交通设施虽有列举式规定,但因具体设施种类繁多,所界定的外延、标准都有所

---

① 张明楷教授持间接故意亦可成立犯罪中止的观点。参见张明楷:《刑法学》(上),法律出版社2016年版,第331页。

② 参见张明楷:《刑法学》(下),法律出版社2016年版,第693页。

③ 详见"放火罪"一节关于我国《刑法》第114条与第115条第1款关系的分析。

④ 对过失损坏交通设施罪、过失损坏电力设备罪、过失损坏易燃易爆设备罪、过失损坏广播电视设施罪、公用电信设施罪不赘述。

区别[①]。现实中各式结构的交通设施都存在,有现代化结构的,也有结构简单的,还有的只能提供行人、简单陆用小型交通工具使用的。本罪的交通设施,从《刑法》规定的"足以使火车、汽车、电车、船只、航空器发生倾覆、毁坏危险"的意义上说,不加限制地解释失之过宽,但即便是结构简单的交通设施,也承担着提供行人、简单交通工具通行的功能,破坏这些交通设施,可以造成不特定或者多数人伤亡的情况是现实存在的,也会对公共安全产生威胁。只是从法律规定的交通设施,必须是"足以使火车、汽车、电车、船只、航空器发生倾覆、毁坏危险"的条件上说,简陋、简易交通设施不具有使法定交通工具倾覆、毁坏的危险,即使造成多数人的伤亡,也是不符合上述法律规定。当然,这并不意味着该行为不具有危害公共安全的性质,可以"以危险方法危害公共安全罪"处罚。

对投入使用但处于维修中的交通设施实施破坏,应具体分析[②]。对发生故障、损坏的交通设施进行维护、维修,并从原地理位置移走,就不再具有保障交通运输安全的功能,但即便在维护、维修期间,地理位置不可能再发生移动,不能因为交通设施正在修理期间而认为当然不属于"正在使用中的交通设施",应具体分析是否仍然承担着保障安全基本功能。

本罪的"破坏"不限于对交通设施本身的物理性破坏。本罪的"破坏"指向的是"危害交通",既可以是致使交通设施发生物理性损坏,丧失保障交通运输安全的基本功能,如拆毁、烧毁、炸毁交通设施等;也可以是对交通设施施加物理性的影响,使之不能保障交通运输安全,如在轨道上放置障碍物等;还可以包括利用交通设施本身实施破坏,如利用计算机系统使交通设施发出假信息、假信号等(触犯破坏计算机信息系统罪,为牵连犯,不应排除可以并罚)。对破坏后果的鉴定如果涉及专业技术知识,应当借助于有关专家的鉴定意见。如果是以放火、爆炸等危险方法对交通设施实施破坏,为想象竞合犯,既然法律强调对交通设施的特别保护,那么以本罪论处较为适宜。

本罪主观上是故意,可以是直接故意或间接故意,其中,希望或放任态度是针对交通工具"倾覆、毁坏的危险状态",还是"倾覆、毁坏"的实际结果,存在争议[③]。本书认为,无论是希望或放任发生倾覆、毁坏的危险,还是希望或放任倾覆、毁坏的结果,都不影响认定。

值得一提的是,交通设施也属于公私财产,盗窃整体的交通设施的案件并不多见,通常是出于非法占有目的,通过毁坏、拆卸交通设施、设备的零部件进行窃取,并

---

① 参见鲍遂献、雷东生:《危害公共安全罪》,中国人民公安大学出版社 2003 年版,第 120 页;叶高峰主编:《危害公共安全罪新探》,河南人民出版社 1989 年版,第 150 页;余剑主编:《危害公共安全罪》,法律出版社 1999 年版,第 99 页等。

② 有学者认为,对正在修理期间的交通设施,破坏其因对交通运输安全无直接威胁,故不构成本罪。参见陈兴良主编:《罪名指南》,中国政法大学出版 2000 年版,第 116 页。

③ 参见高铭暄、马克昌主编:《刑法学》(下编),中国法制出版社 1999 年版,第 627 页;陈兴良主编:《罪名指南》,中国政法大学出版社 2000 年版,第 123 页。

将零部件作为“废品”变卖,因此,交通设施、设备的零部件可以成为盗窃罪的对象。由于破坏手段没有作限制,因此,盗窃可以成为破坏交通设施的行为,在威胁到交通安全的情况下,如果既符合本罪条件,也符合盗窃罪的要件①,为想象竞合犯。但是否成立想象竞合犯,应明确盗窃行为也符合盗窃罪的条件(如多次盗窃的条件)。同时,盗窃能否评价为“破坏交通设施”的破坏行为,需要查证对危害交通安全是否“明知”,同时构成本罪和盗窃罪的,根据相关司法解释的规定,择一重罪从重处罚。盗窃行为尚不构成犯罪的,则按照相应犯罪处罚,不排除只构成本罪,或者故意毁坏财物罪等。

(五)破坏交通工具罪的刑事责任

犯本罪,尚未造成严重后果的,处 3 年以上 10 年以下有期徒刑。造成严重后果的,处 10 年以上有期徒刑、无期徒刑或者死刑。

四、破坏电力设备罪

(一)破坏电力设备罪的概念和法益

破坏电力设备罪,是指故意破坏使用中的电力设备,危害公共安全的行为。本罪的法益是电力设备的安全。主体为自然人一般主体②,主观上是故意,包括直接故意和间接故意,动机不影响认定。本罪故意的内容,是对公共电力生产以及输供安全的危害③,特别是行为人以拆卸、打砸、盗窃等方式破坏,危害到电力生产、输供安全的,应明知是对电力生产、输供安全的破坏。

(二)对象、行为、既遂

本罪对象,为正在使用中的电力设施、设备④。“使用中”,包括投入生产轮换的待机设施、设备和备用设施、设备。库存备用尚未投入生产的设施、设备以及零配件,不属于“使用中”的设施、设备。但是否只要属于我国《电力设施保护条例》所规定的设备、设施,都可以视为本罪对象?直接用于生产和输供电力的设备是本罪对象,有

① 13.04.04《办理盗窃案件解释》第 11 条规定:盗窃公私财物并造成财物损毁的,按照下列规定处理:(1) 采用破坏性手段盗窃公私财物,造成其他财物损毁的,以盗窃罪从重处罚;同时构成盗窃罪和其他犯罪的,择一重罪从重处罚;(2) 实施盗窃犯罪后,为掩盖罪行或者报复等,故意毁坏其他财物构成犯罪的,以盗窃罪和构成的其他犯罪数罪并罚;(3) 盗窃行为未构成犯罪,但损毁财物构成其他犯罪的,以其他犯罪定罪处罚。

② 本罪主体参见“破坏交通工具罪”,不再赘述。

③ 应排除对终端个人用户的电力设备、设施实施破坏的,以本罪论处。

④ 我国《电力设施保护条例》第 2 条规定的电力设施,包括我国境内已建或在建的电力设施(包括发电设施、变电设施和电力线路设施及其有关辅助设施)。我国《电力设施保护条例实施细则》第 2 条规定,对电力设施保护,包括我国境内国有、集体、外资、合资、个人已建或在建的电力设施。

些为辅助设施,虽为电力生产、输供的设施、设备,如果有一定程度的损坏,并不即刻对电力生产和输供电安全构成危害或威胁[①];对此类辅助设备、设施的破坏,不宜按照本罪论处,但不排除可以构成故意毁坏财物罪。

"破坏"是针对电力安全生产、输供而言,破坏行为可以是作为,也可以是不作为,包括对电力设备整体或者必要部件的物理性损坏,使之丧失生产或者输供电力的基本功能。常见的情形是对电力设施、设备的物理性损坏,但不应仅限于此。对电力设备施加物理性的影响,使之不能保障电力生产或输供的安全,如制造线路短路、盗割输电缆线;利用电力设备破坏电力生产或输供安全。例如将高压电力输入低压线路,以及侵入生产、输供计算机修改程序(同时触犯非法侵入计算机信息系统罪,或破坏计算机信息系统罪,为牵连犯,不应排除并罚可能性)。以上情况均是破坏行为,但必须造成或者威胁公共电力生产或输送的公共安全。有观点认为,使用放火、爆炸的方法破坏电力设备,且破坏范围也控制在破坏电力设备范围之内,则构成破坏电力设备罪。虽然使用放火、爆炸方法的目的是为了破坏电力设备,但造成危害公共安全的后果却超出了破坏电力设备的后果范围,不宜以破坏电力设备罪论处,而应以放火罪、爆炸罪论处[②]。以"后果却超出了破坏电力设备的后果范围"[③]作为构成放火罪、爆炸罪的条件,指代不明,这里的"后果"是指人员伤亡,还是破坏的电力设备价值巨大?本罪"造成严重后果的",并未排除人员伤亡与巨大财产损失。

一般来说,破坏涉及公共安全的公共设施、设备,都可能以放火、爆炸方式实施,也都不应排除构成放火罪、爆炸罪的可能性。但是,电力设施、设备可能同时属于危害公共安全犯罪中其他犯罪的对象[④],如可以同时是决水罪、破坏交通工具罪、破坏交通设施罪、破坏易燃易爆设备罪等罪的对象。例如,以破坏电力设备的故意,爆破了大坝,造成决水的结果,又使得电力供应中断,那么,行为人构成本罪还是决水罪?再如,破坏电厂的专用铁路、道路、桥梁,构成本罪还是破坏交通设施罪?本书认为,如果以放火、爆炸方法实施破坏行为,是想象竞合犯,以本罪还是以放火罪、爆炸罪论处都不为错,但从电力设施、设备为刑法特别保护的对象来说,以本罪论处更为适宜。只要破坏直接用于生产和输供电力的设施、设备的行为,危及电力生产、输供电安全的,即便同时也是其他危害公共安全犯罪的对象,也应当以本罪论处。对不直接影响

---

① 如我国《电力设施保护条例》中规定的有关辅助设施是否损坏,不会即刻对电力生产和输供安全产生直接影响,如燃料装卸设施、避雷针、调压井井盖。

② 参见鲍遂献、雷东生:《危害公共安全罪》,中国人民公安大学出版社 2003 年版,第 135 页。也有观点认为,不能以犯罪方法和后果定罪,而应该根据对象属性,是电力设备,定破坏电力设备罪,如果针对的是厂房等设施设备,就是爆炸罪、放火罪。参见余剑主编:《危害公共安全罪》(新刑法适用案例指导丛书),法律出版社 1999 年版,第 117—118 页。

③ 鲍遂献、雷东生:《危害公共安全罪》,中国人民公安大学出版社 2003 年版,第 135 页。

④ 如我国《电力设施保护条例》第 8 条规定的"发电厂、变电站外各种专用的……油库、堤坝、铁路、道路、桥梁、码头发电厂、变电站……燃料装卸设施""水力发电厂使用的水库、大坝、取水口、引水隧洞(含支洞口)……",第 9 条规定的"架空电力线路……巡视检修专用道路、船舶和桥梁,标志牌及其有关辅助设施"等。

到电力生产和输供电力的辅助设施的破坏,同时也为其他危害公共安全犯罪的对象时,如专用铁路、道路、桥梁、船舶,并不即刻对电力的生产和输供安全构成威胁的,宜以相应的危害公共安全犯罪论处。如果直接影响电力的生产和输供安全,仍然以本罪论处为宜。非以危险方法实施破坏,实务中主要是打砸和盗窃情况为多,应判断破坏的电力设备的类型,以及破坏的部件和部位。对电力设备的重要装置或部件进行破坏时,才能构成本罪;破坏的只是一般性辅助设施,不可能威胁公共电力生产、输供电安全,应以相应犯罪论处。对于破坏的结果,如果涉及专业技术知识,应当借助于专家的鉴定意见。

电力设施、设备属于公私财产,出于非法占有目的,盗窃小型的电力设施、设备,如盗拆、盗割输供电缆、电线的情况比较常见。电力设施、设备可以成为盗窃罪的对象,盗窃行为可以成为破坏电力设备的行为,在盗窃行为危害到电力生产、输供安全时,既符合本罪构成要件,也符合盗窃罪的构成要件①,为想象竞合犯。盗窃行为能否评价为"破坏"行为,需要查证行为人对电力生产、输供电安全的危害是否"明知"。根据相关司法解释,构成本罪同时构成盗窃罪的,择一重罪从重处罚;在盗窃尚不构成犯罪的情况下,则按照相应犯罪处罚,不排除只构成本罪,或者故意毁坏财物罪、破坏生产经营罪等。

破坏行为即便尚未造成严重后果,但具有危害公共安全现实危险的,即构成既遂;造成严重后果的,适用《刑法》第 119 条处罚。

(三)破坏电力设备罪的刑事责任

犯本罪,尚未造成严重后果的,处 3 年以上 10 年以下有期徒刑。造成严重后果的,处 10 年以上有期徒刑、无期徒刑或者死刑。

五、破坏易燃易爆设备罪

(一)破坏易燃易爆设备罪的概念和法益

破坏易燃易爆设备罪,是指故意破坏燃气或者其他易燃易爆设备,危害公共安全的行为。本罪的法益是易燃易爆设备的安全。因易燃易爆设备的性质所决定,其安全系公共安全②。本罪主体为自然人一般主体③,主观上是故意,动机不影响认定,包

---

① 13.04.04《办理盗窃案件解释》第 11 条规定,盗窃公私财物并造成财物损毁的,按照下列规定处理:(1) 采用破坏性手段盗窃公私财物,造成其他财物损毁的,以盗窃罪从重处罚;同时构成盗窃罪和其他犯罪的,择一重罪从重处罚;(2) 实施盗窃犯罪后,为掩盖罪行或者报复等,故意毁坏其他财物构成犯罪的,以盗窃罪和构成的其他犯罪数罪并罚;(3) 盗窃行为未构成犯罪,但损毁财物构成其他犯罪的,以其他犯罪定罪处罚。

② 就本罪而言,因燃气设备、易燃易爆设备被破坏后果不是爆炸就是火灾,是直接关系到公共安全的,因此,本罪不应排除对个人用户燃气、易燃易爆设备的破坏可以构成本罪。

③ 本罪主体参见"破坏交通工具罪",不再赘述。

括直接故意和间接故意。故意内容是对燃气、燃油、爆炸物生产以及输供安全的危害,行为人应明知是对燃气或易燃易爆物品生产、输供设备安全的破坏。

(二)对象、行为、既遂

本罪对象为正在使用中的燃气设备或者其他易燃易爆设备。"燃气设备",是指煤气、天然气、液化气等气体的发生装置、输送设备、增压和减压装置和设备以及燃气储存设备和装置等,"其他易燃易爆设备",是指上述燃气设备之外的,易于发生燃烧、爆炸的与上述燃气设备有关的易燃易爆设备,如油井、油库、石油输送管道、危化品运输车辆、储油罐、易燃易爆的化工设施和设备、民用炸药生产设备、仓库等设施、设备。"正在使用中"是已经安装调试完毕交付生产方使用,或者事实上就是正在运转使用中的情况(包括投入生产轮换的待机设施、设备和备用设施、设备)。"燃气或其他易燃易爆设备",是生产、储存、供输易燃易爆物品的设备,本身并不是易燃易爆物品,是否包括设备中的燃气和易燃易爆物品?本书认为,本罪对象是"正在使用中的设备",设备内储存易燃易爆物品的情况是常态,引燃或引爆易燃易爆物品的行为,也符合本罪规定的破坏行为。因本罪没有限制破坏方法、手段,只是客观上利用易燃易爆物品的特性,以放火、爆炸的方法实施破坏易燃易爆设备的行为,属于想象竞合犯,以本罪论处比较妥当。

因维护、维修等种种原因而暂时停止使用的,具有公共属性的易燃易爆设施、设备,应视为"正在使用中的设备"。具有公共属性的易燃易爆设施、设备,通常是大中型、固定式设施、设备(不应完全排除供家庭使用的小型可移动易燃易爆设施、设备),该种特性的设施、设备一旦投入使用,除非发生必须完全停止使用的重大事故,一边维护、维修,一边使用设施、设备的情况是存在的。处于这种状态的设施、设备仍然属于使用中的设施、设备。即使暂时停止使用,易燃易爆物品仍然储存其中,或者虽然暂时停止使用,仍然处于易燃易爆的环境之中,以危险的放火、爆炸方法予以破坏的,也应当以本罪论处。如果采取不具有公共危险的一般破坏方法破坏暂时停止使用的设施、设备的,则在具体情况下不宜以本罪论处。

破坏行为,可以是作为,也可以是不作为。"破坏",主要是指对易燃易爆设施、设备实施物理性的破坏,使之丧失保障生产、储存、运输安全的基本功能。例如,拆毁、放火烧毁、炸毁,也包括对易燃易爆设施、设备施加物理性的影响,使之不能保障生产、储存、运输易燃易爆物品的安全。如在公共燃气、燃油供输管道上安装盗气、盗油的接口等。破坏的程度,必须具有威胁易燃易爆物品的生产、储存、运输的公共安全。对于利用技术手段实施破坏的情形,例如,破坏输、供、存计算机程序的(同时触犯非法侵入计算机信息系统罪,或破坏计算机信息系统罪,为牵连犯,不应排除并罚可能性),应借助于有关专家的鉴定意见。破坏具有危害公共安全的现实危险即为既遂;因易燃易爆物品本身具有的巨大危险性,与爆炸物本质上无区别,采爆炸罪既未遂标准认定更为合适。

(三)破坏易燃易爆设备罪的刑事责任

犯本罪,尚未造成严重后果的,处3年以上10年以下有期徒刑。造成严重后果的,处10年以上有期徒刑、无期徒刑或者死刑。

六、组织、领导、参加恐怖组织罪

(一)组织、领导、参加恐怖组织罪的概念和法益[①]

组织、领导、参加恐怖组织罪,是指组织、领导或者参加恐怖活动组织的行为。本罪为选择性罪名,应根据行为人实施的具体行为适用罪名,也可统一适用。主体为自然人一般主体,国籍、民族、宗教信仰等不影响认定,同一主体先后实施不同行为的,也不实行并罚。主观上限于直接故意,具有实施恐怖活动的目的,可以报复社会为故意内容,也可以有政治性为故意内容,但无论故意内容是否具有政治性内容,也必须具有希望通过恐怖犯罪活动造成民众心理恐慌、社会的不安定的内容。动机如何不影响本罪的成立。

"恐怖活动",在国际社会尚无统一界定的概念[②],但这不妨碍一国根据本国的具体实际情况认定犯罪。"恐怖活动"(在我国包括恐怖主义、极端主义),是指为达到某种政治目的(如反对国家政权、引起战争或国际纠纷)或非政治目的(如对政府施压,包括排斥其他民族、宗教信仰以及蔑视、仇恨某种群体生活方式等),通过有组织的团体或小组,为引起社会、民众的恐惧,专门从事杀人、伤害、投放危险物质、绑架等有组织的犯罪活动。恐怖主义活动,并不基于与被害人的个人关系实施犯罪,而是基于被害人是被仇恨和蔑视的"异类"的判断,所以通常是以不特定受害人为目标。但即便是以特定对象为侵害的目标,其意仍然在于报复社会、对政府施压,制造社会恐慌、混乱和动荡。本罪是严重危害社会安定的犯罪行为。

(二)对象、行为、既遂与未遂

本罪的行为对象是恐怖组织,法律属性是我国刑法规定的犯罪集团,是指3人以

---

① 对恐怖主义活动和宗教极端主义犯罪案件,因涉及相关多种犯罪,定罪处罚原则有所区别。请参见2018年5月8日最高人民法院、最高人民检察院、公安部、司法部印发的《关于办理恐怖活动和极端主义犯罪案件适用法律若干问题的意见》(以下简称18.05.08《恐怖和极端主义犯罪案件若干问题意见》)的具体规定。

② 国外有学者认为,恐怖活动是为了制造恐怖,以暴力相威胁,实施特别暴力行动或暴力运动;也有学者认为,蓄意实施这种犯罪的目的是要制造惊慌失措、混乱,破坏社会秩序,使打击活动的社会力量陷于瘫痪,加剧社会灾难和痛苦。美国联邦调查局曾认为,恐怖活动是非法采用暴力侵犯他人人身或财产的情况,目的在于恐吓或给政府、公民施加压力,以实现政治或社会目的。美国司法部也曾指出,恐怖活动是以刑事暴力形式指向公民,对其恐吓施加压力,或者采取恐吓、施加压力作用政府的行为,或者采取谋害、劫持人质作用政府的行为。转引自莫洪宪:《国际社会反恐怖活动组织犯罪及我国刑事立法》,载《法学评论》1999年第4期。

上,以实施恐怖活动为目的,为长期有计划地进行恐怖活动而建立的犯罪组织。恐怖组织,虽有国际性和国内性的区别,但构成本罪不以国内恐怖主义组织为限,组织、领导、参加国际性恐怖主义组织的,同样构成本罪。

"组织恐怖组织",是指为首发起,或者实施招募、雇佣、拉拢、鼓动多人成立恐怖组织的行为。组织者对于组织起恐怖组织是要实施恐怖活动是非常明确的,但参加者最初是否以实施恐怖活动为目的而参加,并不影响组织者行为是"组织"恐怖组织的性质。"领导恐怖组织",是指对恐怖组织的成立以及恐怖组织成立后的恐怖活动,实施策划、指挥、布置和协调等行为。现实中"组织"和"领导"行为可能并不存在严格的区别[①]。"组织、领导"行为的对象,是恐怖组织的参加者。我国《刑法》第 120 条是以"积极参加的""其他参加的"分别界定。"参加"只可能是作为,不可能是不作为,所以,"积极"是指行为人"参加"的态度,而"其他参加的"规定,如果相对于"积极参加",是"非积极"参加的态度[②]。但无论"积极参加的"还是"其他参加的",都必须以明知所参加的是恐怖组织为必要条件;是否履行一定的"参加"手续、仪式等,不影响认定。参加者不排除被胁迫、裹挟参加恐怖组织,即便如此,如果在参加后积极参与恐怖活动、筹划实施恐怖活动的,因其主观态度发生了变化,参与的程度也与"其他参加的"不同,应当以"积极参加的"定性。所以,"积极参加"与"其他参加"的区别,不仅在于参加的主动性,而且,参加后对于恐怖组织的认同程度以及参与恐怖活动的程度,也是区别两种不同参加行为的标准。根据恐怖组织的特点(在恐怖主义、极端主义"文化"影响下),组织成员的身份、角色以及行为特征都会有一定的变化。因此,对组织、领导以及参加行为的评价,其身份、角色和行为特征,应根据该组织生存状态以及完整的恐怖组织的恐怖犯罪活动为依据,而非以其成立时个人的具体行为作为唯一评价基础,即便是最初的"参加者",最终也可能成为"领导者"。

只要具有组织、领导和参加恐怖组织的行为,即为既遂,无论所组织、领导的恐怖组织是否实际从事恐怖活动,也无论参加后是否参与具体的恐怖活动。在策划组织恐怖活动过程中,或参加时被查获而未得逞,可成立未遂。对参加的其他成员的行为定性,有观点认为,误认为是恐怖组织而参加,但实际上不是的,也为参加恐怖组织罪的未遂。[③] 从刑事政策考虑,除死心塌地要从事恐怖犯罪活动的之外,没有必要如此

---

① 18.05.08《恐怖和极端主义犯罪案件若干问题意见》"一、(一)"第 1 款规定:"具有下列情形之一的,应当认定为刑法第 120 条规定的'组织、领导恐怖活动组织',以组织、领导恐怖组织罪定罪处罚:1. 发起、建立恐怖活动组织的;2. 恐怖活动组织成立后,对组织及其日常运行负责决策、指挥、管理的;3. 恐怖活动组织成立后,组织、策划、指挥该组织成员进行恐怖活动的;4. 其他组织、领导恐怖活动组织的情形。"

② 参见 18.05.08《恐怖和极端主义犯罪案件若干问题意见》"一、(一)"第 2 款规定:"具有下列情形之一的,应当认定为刑法第 120 条规定的'积极参加',以参加恐怖组织罪定罪处罚:1. 纠集他人共同参加恐怖活动组织的;2. 多次参加恐怖活动组织的;3. 曾因参加恐怖活动组织、实施恐怖活动被追究刑事责任或者 2 年内受过行政处罚,又参加恐怖活动组织的;4. 在恐怖活动组织中实施恐怖活动且作用突出的;5. 在恐怖活动组织中积极协助组织、领导者实施组织、领导行为的;6. 其他积极参加恐怖活动组织的情形。参加恐怖活动组织,但不具有前两款规定情形的,应当认定为刑法第 120 条规定的'其他参加',以参加恐怖组织罪定罪处罚。"

③ 参见王作富主编:《刑法分则实务研究》(上),中国方正出版社 2013 年版,第 91 页。

严厉。

(三)组织、领导、参加恐怖组织罪与帮助恐怖活动罪①的关联

帮助恐怖活动罪,是指资助恐怖活动组织、实施恐怖活动的个人②,或者资助恐怖活动培训的行为。主体为自然人一般主体和单位,主观上是直接故意,动机不影响认定。本罪是恐怖犯罪活动的外围犯罪行为,就其应该评价为犯罪的行为而言,是为恐怖组织建立而资助,是对个人还是恐怖组织,或是对具体恐怖犯罪活动的资助,以及对恐怖组织对人员培训的资助,均不影响认定。"资助"就是用财物帮助,即以金钱或物资资助恐怖活动组织或者实施恐怖活动的行为③。资助,在法律属性上就是帮助行为,因此,资助也应只限于物质资助,包括筹集活动资金、提供活动经费、物资或者活动场所等其他物质便利。无偿资助自不待言,但即便是有偿提供的帮助也不影响认定。

帮助行为,还包括为恐怖活动组织、实施恐怖活动或者恐怖活动培训招募、运送人员的行为。这亦为恐怖犯罪活动的外围犯罪行为,是对组织、领导、参加恐怖组织的人员的恐怖活动,或恐怖活动培训实施的"招募、运送"两种行为。招募,是招揽有意向参加恐怖组织、参加恐怖组织犯罪活动的人员,使之参与并配合与组织、领导恐怖组织者建立共同的恐怖犯罪活动的行为;运送,是将恐怖犯罪活动参与者转移至指定位置的行为,包括实施恐怖犯罪活动时运送,也包括对参与者参加恐怖犯罪活动培训运送。招募、运送是有偿还是无偿的,在所不问。其行为在恐怖活动犯罪之前还是之后,为恐怖活动培训招募、运送人员是否成功,均不影响认定。

本罪不以组织、领导、参加恐怖活动罪的共犯认定,而是将其视为独立的正犯予以处罚,即将"帮助行为正犯化",在法律属性上仍然具有共犯的帮助性质,但不再作为共犯行为,而是规定为实行行为,实施者是正犯。对未直接以金钱、物资资助,但为恐怖活动组织实施恐怖活动或者恐怖活动培训招募、运送人员的行为,在法律属性上更多的是预备性质的帮助(包括事后帮助),同样因具有严重的社会危害而使之正犯化,不能再以恐怖活动犯罪的帮助的预备犯(或不可罚的事后行为)认定。此外,明知

---

① 我国《刑法》第120条之一的规定。

② 18.05.08《恐怖和极端主义犯罪案件若干问题意见》"一、(二)"第2款规定:"实施恐怖活动的个人,包括已经实施恐怖活动的个人,也包括准备实施、正在实施恐怖活动的个人。包括在我国领域内实施恐怖活动的个人,也包括在我国领域外实施恐怖活动的个人。包括我国公民,也包括外国公民和无国籍人。"

③ 18.05.08《恐怖和极端主义犯罪案件若干问题意见》"一、(二)"第1款规定:"具有下列情形之一的,依照刑法第120条之一的规定,以帮助恐怖活动罪定罪处罚:1. 以募捐、变卖房产、转移资金等方式为恐怖活动组织、实施恐怖活动的个人、恐怖活动培训筹集、提供经费,或者提供器材、设备、交通工具、武器装备等物资,或者提供其他物质便利的;2. 以宣传、招收、介绍、输送等方式为恐怖活动组织、实施恐怖活动、恐怖活动培训招募人员的;3. 以帮助非法出入境,或者为非法出入境提供中介服务、中转运送、停留住宿、伪造身份证明材料等便利,或者充当向导、帮助探查偷越国(边)境路线等方式,为恐怖活动组织、实施恐怖活动、恐怖活动培训运送人员的;4. 其他资助恐怖活动组织、实施恐怖活动的个人、恐怖活动培训,或者为恐怖活动组织、实施恐怖活动、恐怖活动培训招募、运送人员的情形。"

是恐怖活动犯罪所得及其产生的收益,为掩饰、隐瞒其来源和性质而提供资金账户,协助将财产转换为现金、金融票据、有价证券,通过转账或者其他结算方式协助资金转移,协助将资金汇往境外的,以洗钱罪定罪处罚。事先通谋的,以相关恐怖活动犯罪的共同犯罪论处。①

资助是否以主动实施为必要?积极、无偿地提供资助,说明其主观上对恐怖活动的支持、赞同,应该构成本罪。如非主动、非积极地资助,就不排除被胁迫而提供资助;如存在不具有期待可能性的情形,不做任何区别一概视为犯罪,并非妥当。但是即便是被胁迫而提供资助,由于刑法规定为正犯的行为无适用"胁从犯"处罚的可能性,因此,对不具有期待可能性的情况,只能在责任上适当从宽。

(四)组织、领导、参加恐怖组织罪与准备实施恐怖活动罪②的关联

准备实施恐怖活动罪,是指为实施恐怖活动犯罪进行犯罪预备的行为。主体为自然人一般主体,主观上只能以直接故意构成,动机不影响认定。本罪的实施者均为正犯。预备实施恐怖活动的行为,当然可以是为自己实施恐怖犯罪准备的,也可以是为其他个人实施恐怖犯罪,或为恐怖犯罪组织的恐怖活动犯罪进行准备的,这都不影响认定。无论是否促成恐怖活动犯罪的最终实施,均构成犯罪既遂。本罪行为具体包括:(1)为实施恐怖活动准备凶器、危险物品或者其他工具的;(2)组织恐怖活动培训或者积极参加恐怖活动培训的;(3)为实施恐怖活动与境外恐怖活动组织或者人员联络的;(4)为实施恐怖活动进行策划或者其他准备的③。这是比较典型的将犯罪预备行为,提升为实行行为的犯罪。本书认为,首先,除了"为实施恐怖活动准备凶器、危险物品或者其他工具的""与境外恐怖活动组织或者人员联络的"行为性质和表现,是典型的"预备行为"之外,其他的某些行为,可以就是组织、领导、参加恐怖组织罪中主犯"组织""领导"行为的当然内容。例如,"组织恐怖活动培训""为实施恐怖活动进行策划"。同理,"积极参加恐怖活动培训的"行为,也可以是"积极参加恐怖组织"行为。将原本就属于组织、领导、参加者的"组织""领导""参加"行为,从组织、领导、参加恐怖组织罪剥离出来,规定为独立的犯罪,处罚上明显轻于组织、领导、参

---

① 18.05.08《恐怖和极端主义犯罪案件若干问题意见》"一、(二)"第3款的规定。

② 我国《刑法》第120条之二的规定。

③ 18.05.08《恐怖和极端主义犯罪案件若干问题意见》"一、(三)"将"准备实施恐怖活动罪"的行为具体化为:"1. 为实施恐怖活动制造、购买、储存、运输凶器,易燃易爆易制爆品,腐蚀性、放射性、传染性、毒害性物品等危险物品,或者其他工具的;2. 以当面传授、开办培训班、组建训练营、开办论坛、组织收听收看音频视频资料等方式,或者利用网站、网页、论坛、博客、微博客、网盘、即时通信、通讯群组、聊天室等网络平台、网络应用服务组织恐怖活动培训的,或者积极参加恐怖活动心理体能培训,传授、学习犯罪技能方法或者进行恐怖活动训练的;3. 为实施恐怖活动,通过拨打电话、发送短信、电子邮件等方式,或者利用网站、网页、论坛、博客、微博客、网盘、即时通信、通讯群组、聊天室等网络平台、网络应用服务与境外恐怖活动组织、人员联络的;4. 为实施恐怖活动出入境或者组织、策划、煽动、拉拢他人出入境的;5. 为实施恐怖活动进行策划或者其他准备的情形。"

加恐怖组织罪。从罪刑法定原则的要求而言,“组织、领导、参加恐怖组织罪”所规定的行为,是否就不能再包括可以构成本罪的行为?值得研究。其次,既然已经将实施该类行为作为正犯看待,那么,为准备实施恐怖活动罪的预备行为,还有无作为预备犯处罚的必要?依照《刑法》总则的规定,这当然也是预备犯,原则上应当处罚。但是,除了为实施危害明显比较严重的行为的预备有作为预备犯处罚的必要外(如“为实施恐怖活动准备凶器、危险物品或者其他工具的”预备行为),有的行为的预备行为有无处罚的必要,值得考虑。例如,个人想通过网络与境外恐怖组织勾结、联络的,只是在网络正在链接状态时就被查获的,与其作为犯罪预备处罚,不如给予教育更有效。当然,受恐怖组织或领导者指派从事联络的,另当别论。

(五)组织、领导、参加恐怖组织罪与宣扬恐怖主义、极端主义、煽动实施恐怖活动罪[①]的关联

宣扬恐怖主义、极端主义、煽动实施恐怖活动罪,是指以制作、散发宣扬恐怖主义、极端主义的图书、音频视频资料或者其他物品,或者通过讲授、发布信息等方式宣扬恐怖主义、极端主义的,或者煽动实施恐怖活动的行为。主体为自然人一般主体,主观上是直接故意,动机不影响认定。以宣扬恐怖主义、极端主义或从事恐怖活动为目的。本罪针对的恐怖主义犯罪,均以宣扬宗教极端主义、思想为先导的特点,依法实施“文化反恐”,是反恐战略的重要组成部分。本罪与“强制穿戴宣扬恐怖主义、极端主义服饰、标志罪”,“非法持有宣扬恐怖主义、极端主义物品罪”相同,均是依法实施“文化反恐”的重要组成部分。恐怖犯罪活动是恐怖分子有意识的行为,之所以走上恐怖犯罪的道路,当然与其接触、接受极端主义、恐怖主义思想有关,因为并没有天生的恐怖分子。故必须依法打击宣扬、传播恐怖主义、极端主义、煽动实施恐怖活动的行为,使普通群众避免受其影响,成为潜在的恐怖分子。

恐怖主义,是以宣扬进行恐怖活动,破坏社会稳定为宗旨的歪理邪说。极端主义,应称其为“宗教极端主义”,但宗教极端主义不是宗教,而是异化的对原宗教的亵渎和歪曲的产物,是视其他宗教为“异教”予以绝对排斥,宣扬、煽动进行所谓保卫宗教正统战争的极端思想的产物。在我国,宗教极端主义的核心是民族分裂主义。以宣扬、煽动民族分裂为宗旨的极端主义、恐怖主义,是宣扬、煽动进行恐怖活动的“孪生子”。恐怖主义与极端主义二者具有密切联系但非承继关系,恐怖主义犯罪是恐怖主义与极端主义犯罪活动的方式。本罪的客观行为包括:制作宣扬恐怖主义、极端主义的图书、音频视频资料或者其他物品;散发宣扬恐怖主义、极端主义的图书、音频视频资料或者其他物品;通过讲授、发布信息等方式宣扬恐怖主义、极端主义的,或者其

① 我国《刑法》第120条之三的规定。

他煽动实施恐怖活动①。本罪行为在本质上,是为实施恐怖活动犯罪进行物质、思想上的准备。在法律属性上,该罪行为是预备或教唆行为,但实施上述行为不再视为恐怖活动犯罪的预备犯或教唆犯,而是属于预备、教唆性质的正犯行为。只要实施了上述行为,即认定为既遂。同理,为实施本罪行为而进行的犯罪预备行为、帮助行为,原则上应该以预备犯或帮助犯(从犯)论处。

(六)组织、领导、参加恐怖组织罪与利用极端主义破坏法律实施罪②的关联

利用极端主义破坏法律实施罪,是指利用极端主义煽动、胁迫群众破坏国家法律确立的婚姻、司法、教育、社会管理等制度实施的行为。本罪主体为自然人一般主体主观罪过只能是直接故意,动机不影响认定,以煽动、胁迫群众破坏国家法律实施、社会管理为目的。本罪对象为不特定多数人,即"群众"。利用极端主义实施煽动、胁迫,在法律属性上仍然是教唆行为,但根据刑法的规定,实施上述行为不再视为恐怖活动犯罪的教唆犯,是属于教唆性质的正犯行为,只要实施即为既遂。煽动,即是以宣传、鼓动、奖励等方法,挑起听众参与其宣扬、蛊惑恐怖活动的情绪;胁迫,则是对不愿、不想参与者实施精神强制,迫使其参与。煽动、胁迫群众参与的具体内容,即是以宗教极端主义为宗旨,破坏国家法律确立的婚姻、司法、教育、社会管理等制度实施。"法律确定的制度",是概括的规定,不仅是指所列举的国家法律确立的"婚姻、司法、教育、社会管理"制度,还应包括国家法律确定的所有对国体、政体、社会、经济、国民等管理的制度③。本罪可以视为组织、领导、参加恐怖组织罪的具体犯罪活动的内容,至于是否实际造成煽动的结果,胁迫是否达到预期的效果,以及是否在某一区域内造成社会管理活动的破坏,在所不问。受影响接受并参与恐怖犯罪活动者,可以构成参加恐怖组织、准备实施恐怖活动等犯罪,或其共犯。一般被裹胁的参加

---

① 18.05.08《恐怖和极端主义犯罪案件若干问题意见》"一、(四)"规定:"1. 编写、出版、印刷、复制、发行、散发、播放载有宣扬恐怖主义、极端主义内容的图书、报刊、文稿、图片或者音频视频资料的;2. 设计、生产、制作、销售、租赁、运输、托运、寄递、散发、展示带有宣扬恐怖主义、极端主义内容的标识、标志、服饰、旗帜、徽章、器物、纪念品等物品的;3. 利用网站、网页、论坛、博客、微博客、网盘、即时通信、通讯群组、聊天室等网络平台、网络应用服务等登载、张贴、复制、发送、播放、演示载有恐怖主义、极端主义内容的图书、报刊、文稿、图片或者音频视频资料的;4. 网站、网页、论坛、博客、微博客、网盘、即时通信、通讯群组,聊天室等网络平台、网络应用服务的建立、所办、经营管理者,明知他人利用网络平台、网络应用服务散布、宣扬恐怖主义、极端主义内容,经相关行政主管部门处罚后仍允许或者放任他人发布的;5. 利用教经、讲经、解经、学经、婚礼、葬礼、纪念、聚会和文体活动等宣扬恐怖主义、极端主义、煽动实施恐怖活动的;6. 其他宣扬恐怖主义、极端主义、煽动实施恐怖活动的行为。"

② 我国《刑法》第120条之四的规定。

③ 18.05.08《恐怖和极端主义犯罪案件若干问题意见》"一、(五)"规定:"1. 煽动、胁迫群众以宗教仪式取代结婚、离婚登记,或者干涉婚姻自由的;2. 煽动、胁迫群众破坏国家法律确立的司法制度实施的;3. 煽动、胁迫群众干涉未成年人接受义务教育,或者破坏学校教育制度、国家教育考试制度等国家法律规定的教育制度的;4. 煽动、胁迫群众抵制人民政府依法管理,或者阻碍国家机关工作人员依法执行职务的;5. 煽动、胁迫群众损毁居民身份证、居民户口簿等国家法定证件以及人民币的;6. 煽动、胁迫群众驱赶其他民族、有其他信仰的人员离开居住地,或者干涉他人生活和生产经营的;7. 其他煽动、胁迫群众破坏国家法律制度实施的行为。"

人,不应追究刑事责任。

(七) 组织、领导、参加恐怖组织罪与强制穿戴宣扬恐怖主义、极端主义服饰、标志罪[①]的关联

强制穿戴宣扬恐怖主义、极端主义服饰、标志罪,是指以暴力、胁迫等方式强制他人在公共场所穿着、佩戴宣扬恐怖主义、极端主义服饰、标志的行为[②]。本罪主体为自然人一般主体,主观上为直接故意,动机不影响认定。"他人",为己身之外任何自然人,无种族、性别、国籍、宗教信仰等要求。"穿戴",应以外在衣着、服饰为特征,应表露在外部。强制他人改变体表特征的,不应视为"穿戴"。例如,强制他人在身体表面皮肤上留下恐怖主义、民族极端主义刺青的,强迫他人留须的,可构成侮辱罪等,不应以本罪论处。以暴力、胁迫等方式强制他人在公共场所穿着、佩戴宣扬恐怖主义、极端主义服饰、标志的,以"公共场所"为地点要素。"公共场所",是指"车站、码头、机场、医院、商场、公园、影剧院、展览会、运动场或者其他公共场所"[③]。

暴力,是指以实施杀害、伤害、殴打等手段,强制他人服从;胁迫,是指以要实施杀害、伤害、殴打的暴力为内容,造成他人精神恐惧,强制他人服从。强制的内容,即是迫使他人在公共场所穿着、佩戴宣扬恐怖主义、极端主义服饰、标志。"宣扬恐怖主义、极端主义服饰、标志",应根据行为人所宣扬代表的具体恐怖主义、民族极端主义的内容确定。

(八) 组织、领导、参加恐怖组织罪与非法持有宣扬恐怖主义、极端主义物品罪[④]的关联

非法持有宣扬恐怖主义、极端主义物品罪,是指明知是宣扬恐怖主义、极端主义的图书、视听资料或者其他物品而非法持有,情节严重的行为[⑤]。本罪主体为自然人一般主体,主观上是直接故意,即明知是宣扬恐怖主义、极端主义的图书、视听资料或者其他物品而持有。"其他物品",是指宣扬恐怖主义、极端主义服饰、标志、图案、旗帜等表明恐怖主义、极端主义思想的物品。"非法",亦是指无法律根据而持有,有法律根据的持有,如收缴、销毁而暂时存放、保管等,阻却违法性。行为人非法持有的物品、资料来源对认定本罪有一定影响,即应以其所持物品来源不明(无法查证)为前提,如果查证是恐怖组织实施宣讲、煽动活动而印刷、制造的,应以准备实施恐怖活动罪、宣扬恐怖主义、极端主义、煽动实施恐怖活动罪论处。当然,不排除以盗窃等违法

---

① 我国《刑法》第 120 条之五的规定。

② 18.05.08《恐怖和极端主义犯罪案件若干问题意见》"一、(六)"规定:"1. 以暴力、胁迫等方式强制他人在公共场所穿着、佩戴宣扬恐怖主义、极端主义服饰的;2. 以暴力、胁迫等方式强制他人在公共场所穿着、佩戴含有恐怖主义、极端主义的文字、符号、图形、口号、徽章的服饰标志的;3. 其他强制他人穿戴宣扬恐怖主义、极端主义服饰、标志的情形。"

③ 参见 13.07.22《寻衅滋事案件解释》的有关规定。

④ 我国《刑法》第 120 条之六的规定。

⑤ 参见 18.05.08《恐怖和极端主义犯罪案件若干问题意见》"一、(七)"的规定。

行为或捡拾等其他行为获得并持有的情况，但入罪应以“明知”为条件；基于无知、好奇的心理而持有的，不应以犯罪论处。非法持有是随身携带还是藏匿在他处，在所不问。本罪以非法持有“情节严重”为入罪条件，主要是指非法持有的物品数量多、品种多、持有时间长或者造成宣扬恐怖主义、极端主义的思想传播等。

（九）恐怖组织与黑社会性质组织、其他犯罪组织（集团）的关联

“恐怖组织”，是指三人以上为长期共同实施杀人、爆炸、投放危险物质、绑架等恐怖活动犯罪而成立，以造成民众的恐慌、社会的不安定并对政府施加压力为目标的犯罪组织。大多具有政治性目的，而且，不排除与境外的恐怖组织有联系，或者完全效仿境外的恐怖组织从事犯罪活动。黑社会性质组织，是以追求经济利益或者个人政治利益，有组织地进行违法犯罪活动，称霸一方，在一定区域或者行业内，形成非法控制或者重大影响，严重破坏经济、社会生活秩序的犯罪集团；其他犯罪组织，是以实施普通犯罪活动而形成的犯罪集团。黑社会性质组织和其他犯罪组织，虽然也具有为长期实施犯罪活动而形成的特点，但均不以造成社会的恐怖为犯罪目的，也不一定具有政治性目的。由于刑法对恐怖组织犯罪活动的范围只有概括性的规定，其所实施的恐怖活动犯罪，非恐怖组织的犯罪集团、黑社会性质组织也可能实施，但不应以造成民众的恐慌、社会的不安定而有所区别。所以，区别的关键，在于有无恐怖犯罪活动目的。

（十）实施恐怖活动危害公共安全犯罪的刑事责任

犯组织、领导、参加恐怖组织罪的，处 10 年以上有期徒刑或者无期徒刑，并处没收财产；积极参加的，处 3 年以上 10 年以下有期徒刑，并处罚金；其他参加的，处 3 年以下有期徒刑、拘役、管制或者剥夺政治权利，可以并处罚金。犯前款罪并实施杀人、爆炸、绑架等犯罪的，依照数罪并罚的规定处罚。

除实施组织、领导、参加恐怖组织的行为之外，参与实施恐怖犯罪活动的行为中，实施有预备、帮助、教唆性质的行为，是各自实行的正犯，按照《刑法》第 120 条之一至之六所规定的各自的罪名定罪处罚。

我国《刑法》第 120 条第 2 款对犯组织、领导、参加恐怖组织罪，并实施杀人、爆炸、绑架等犯罪的，依照数罪并罚的规定处罚。恐怖组织是犯罪集团，其首要分子是主犯，刑事责任的确定，需要结合刑法总则的规定，即依据我国《刑法》第 26 条第 3 款“对组织、领导犯罪集团的首要分子，按照集团所犯的全部罪行处罚”的规定；对其他参加者，如果认定为主犯的，应根据我国《刑法》第 26 条第 4 款“对于第 3 款规定以外的主犯，应当按照其所参与的或者组织、指挥的全部犯罪处罚”规定，适用“全部责任原则”确定刑事责任。由此可见，主犯（首要分子和我国《刑法》第 26 条第 4 款规定的主犯）不仅要对组织、领导和积极参加恐怖组织的行为承担刑事责任，同时对其成员实施的杀人、爆炸、绑架等犯罪也要承担刑事责任，即需要实行数罪并罚，这分别执行的是“按照集团所犯的全部罪行处罚”“按照其所参与的或者组织、指挥的全部犯罪处

罚”的规定。但对不能认定为首要分子和主犯的,只对自己所实施的犯罪承担刑事责任(包括适用数罪并罚),但对其他成员实施的犯罪,不应承担刑事责任。

我国《刑法》第120条之一至之五所规定的犯罪,是对恐怖组织犯罪实施加功的帮助、预备、教唆性质的正犯行为,应以各罪名规定的刑罚处罚,但第120条之二还规定:“有前款行为,同时构成其他犯罪的,依照处罚较重的规定定罪处罚。”[①]即行为人构成准备实施恐怖活动罪,同时构成其他犯罪的,依照处罚较重的规定定罪处罚。从理论上说,行为人构成准备实施恐怖活动罪,其准备行为同时触犯其他罪名,也构成犯罪的,多数情况下属于想象竞合犯,但可能存在两种不同情况:一是行为人构成准备实施恐怖犯罪,其准备行为同时也属于第120条之三至之六所规定的犯罪。在该种情况下,除第120条之五、之六规定的犯罪其法定刑低于准备实施恐怖活动罪外,存在适用之三、之四罪名处罚的可能性。[②] 二是行为人实施的准备行为,是自己配制爆炸物品,去抢劫枪支、弹药、爆炸物、危险物质等,则是符合牵连犯的条件,由于准备实施恐怖活动罪的法定刑较低,如果根据第120条之二“依照处罚较重的规定定罪处罚”的要求,就存在需要以非法制造爆炸物罪或抢劫枪支、弹药、爆炸物、危险物质罪等定罪处罚,如此一来就有忽视行为具有恐怖活动犯罪性质之虞。因此,本书认为该种情形应该数罪并罚。

七、劫持航空器罪

(一)劫持航空器罪的概念和法益

劫持航空器罪,是指以暴力、胁迫或者其他方法劫持航空器,危害航空运输安全的行为,是国际社会因其对航空安全构成严重威胁而公认可以成为恐怖犯罪活动的行为。在有关国家的倡议下,国际民航组织于1963年、1970年和1971年先后制定了《关于在航空器内犯罪和其他某些行为的公约》(简称《东京公约》)、《关于制止非法劫持航空器的公约》(简称《海牙公约》)和《关于制止危害民用航空器安全的非法行为的公约》(简称《蒙特利尔公约》),我国均为缔约国。因此,本罪的法益是民用航空安全。主体为自然人一般主体,主观上为直接故意,但非以非法占有为目的,动机不影响认定。

(二)对象、行为、既遂与未遂

多数说认为,国内法应体现对国际条约的履行义务,航空器的范围限于民用航空

---

① 18.05.08《恐怖和极端主义犯罪案件若干问题意见》“一、(八)”规定:“犯刑法第120条规定的犯罪,同时构成刑法第120条之一至之六规定的犯罪的,依照处罚较重的规定定罪处罚。犯刑法第120条之一至之六规定的犯罪,同时构成其他犯罪的,依照处罚较重的规定定罪处罚。”

② 如果主张按照以可能的宣告刑作为“从一重处罚”的依据,则不排除均可适用。

器,不包括国家航空器[①]。张明楷教授认为,这种限制是将构成要件与普遍管辖权问题混淆了,不能根据国际刑法规范解释国内刑法,国内刑法并没有对航空器做出任何限制;犯罪完全可能超出国内刑法的外延;劫持国家航空器同样危害公共安全。因此,不仅国家航空器可是对象[②],即便是无人航空器也同样是对象。只是在外国人劫持外国的航空器进入我国后,才能适用国际条约有关规定予以管辖[③]。还有观点认为,上述对象的界定,没有涵盖劫持航空器罪的所有犯罪对象,没有考虑劫持航空器罪的犯罪对象中人的因素,即劫持的首先是人,其次是航空器运输中的财物。为此,该说主张,本罪对象除了包括航空器上的人员、运输中的财物以及航空器本身外,还应当包括停飞的、刚刚制造出来的航空器,以及供军事、海关等使用的航空器,也可以包括航天飞机、宇宙飞船等航天器[④]。

多数说认为,国际民航组织之所以签订三个国际条约声明不适用于国家航空器,主要是不愿意介入涉及政治因素的犯罪,否则难以将劫持航空器犯罪列为国际社会认可的犯罪。我国是三个条约的签署国,当然要遵守条约的规定。至于劫持国家航空器,性质更为严重,危害国家(公共)安全的,按照相应犯罪论处[⑤]。

本书认为,将本罪对象扩大到航空器上人员、财物的观点不合适,混淆了本罪构成要件的对象与行为对象的界限[⑥]。本罪当然是以控制航空器上人员的方法而控制航空器,"暴力、胁迫或者其他方法"也是针对航空器上的人员而言,这是"劫持航空器"的应有之意,否则,根本谈不到"劫持"。而控制航空器则必然控制了运输中的财物,这与行为人的犯罪故意内容没有直接的联系,否则,就不可能只是构成本罪。将行为必然涉及或影响的对象,都作为犯罪对象看待不正确。犯罪对象不仅应当是与其行为指向和影响的,也应当是与其他犯罪构成要件直接存在联系。例如不应当将盗窃行为指向、影响的财物的"外包装"(如钱夹、保险柜),也作为犯罪对象来看待一样。因此,不能赞同该观点。

将本罪保护的航空器范围扩大到军事、海关、警用的航空器[⑦],当然与我国刑法对

---

① 参见王作富主编:《刑法分则实务问题研究》(上),中国方出版社 2013 年版,第 97 页;高铭暄、马克昌主编:《刑法学》,北京大学出版社、高等教育出版社 2011 年版,第 350 页等。军用、海关等国家军事机构和行政、执法机构的航空器,被称为"国家航空器"。对属于国家航空器的劫持,不适用国际民航组织制定的有关国际公约认定和处理。如《东京公约》第 1 条、《海牙公约》第 3 条以及《蒙特利尔公约》第 4 条均规定:"本公约不适用于供军事,海关或警用的航空器。"

② 参见鲍遂献、雷东生:《危害公共安全罪》,中国人民公安大学出版社 2003 年版,第 189—190 页。

③ 参见张明楷:《刑法学》(下),法律出版社 2016 年版,第 708 页。

④ 参见杨凯:《关于劫持航空器罪的几个问题》,载《湘潭大学学报(哲学社会科学版)》1995 年第 6 期。

⑤ 参见郭立新、杨迎泽主编:《刑法分则适用疑难问题解》,中国检察出版社 2000 年版,第 22 页。

⑥ 不排除行为对象与犯罪对象有重合的情况,如故意杀人罪的犯罪对象与行为对象就可能是一致的,但这并不是一个规律。

⑦ 不能支持将"航空器"扩大到"宇宙飞船、航天器"的观点,且不说"航空器"与"航天器"能否作为同一概念来看待,即便可以作为同一概念,现在的航天器的发射升空也不是航天器内的人员操作的。当然,不排除将来可由航天器内的人自主操作升空的可能,即便如此,也无法想象劫持航天器到外太空是要达到什么目的。如果劫持航天器是要实施恐怖犯罪,当然不是构成本罪。

航空器的规定没有范围限制有关,但我国并没有对签署的国际公约规定的"航空器"范围声明保留。为了履行国际义务,解决劫持航空器犯罪在国内刑法规范的不足,以及与《海牙公约》等国际公约相衔接,在所承担的国际义务下,本罪就是国际条约在国内法的具体体现。无论哪国人劫持哪个国家的民用航空器,只要在我国刑法效力范围内,都是适用本罪处罚。值得一提的是,并非只有外国人劫持外国民用航空器才需要按照普遍管辖权行使刑事管辖权,我国公民劫持外国航空器也同样适用。国家航空器也并非不能被劫持,问题不在于不危及航空安全,仅在于是否还能够按照本罪论处。

现实中,劫持民用航空器的犯罪,也有基于政治目的的,但无论叛逃到哪个国家,都可以按照我国刑法规定行使管辖权将其引渡(包括依靠双边或多边协议)。我国公民在境内劫持国家航空器,按照本罪论处没有适用上的障碍,但如果劫持国家航空器叛逃境外,要将其引渡实现管辖,只能通过其他合作途径实现;外国人劫持外国国家航空器迫降在我国境内,也同样不能适用。这并不是因为外国人劫持外国国家航空器不危及我国的航空安全,而是需要遵循国际条约的规定。从有利于我国同其他国家加强反劫持航空器国际合作看,如将本罪航空器的范围扩大至国家航空器,造成打击不力的被动局面并非不可能。在我国刑法中,尚无明确针对劫持国家航空器的明文规定[①],有待于刑法修订、补充,通过理论解释弥补立法的"空白"并不可取。

劫持航空器作为恐怖袭击的犯罪工具,是为恐怖活动犯罪,在该种情形下对航空器不应作限制,可以包括国家航空器在内。而且,因犯罪的性质为恐怖活动犯罪,不再按本罪论处。

本罪对象的航空器,应该在使用期间(运营中),但如何理解"使用期间"? 多数说主张,我国在加入国际公约时,没有对航空器规定的使用期间声明保留,应该参照公约规定,航空器是"在飞行中"或"使用中"为航空器的"使用期间"。根据《蒙特利尔公约》的规定,航空器从装载完毕,机舱外部行门均已关闭时起,到打开任何一扇机航门以卸载时止,均应被认为在飞行中。航空器被迫降落时,在主管当局接管该航空器及机上人员与财产责任以前,均应被视为仍在飞行中;依据《海牙公约》规定,航空器从地面人员或机组人员为某一次飞行进行准备时起,到降落后 24 小时之内都属于"使用中的航空器";航空器被迫降落时[②],在主管当局接管该航空器及机上人员与财产责任以前,应视为"使用中的航空器"。有观点认为,限定航空器必须是在"飞行中"或"使用中"不当,该限定有悖于反劫持航空器的立法目的。这一规则主要是为航空器驾驶者,可以采取国际条约上承认的涉及航空器人与物以及航空器自身安全措施的法律依据,不过这不全面,即便是在外部舱门关闭前,打开任何一扇机航门以后的一段时间,仍然可以发生对航空器的劫持。所以,将航空器限定在"飞行中"难以适

---

① 军人驾机叛逃的情况,是我国《刑法》第 430 条"军人叛逃罪"第 2 款规定的军人驾驶航空器、舰船叛逃的从重情节。

② 从国际公约制定、签署的目的看,是反劫持民用航空器,当然"航空器被迫降落",应该是指被劫持后的被迫降落。

应实践中的各种情况,将导致自我束缚。[①] 本书认为,国际公约规定的标准,是为了在刑事法上准确认定劫持航空器犯罪行为的起始和结束,以严格的条件震慑劫持航空器者。将为了反劫持规定的标准,解释成为了确保航空器驾驶者无障碍行使国际公约规定的保护航空器上人员、货物安全的权利和义务的时间标准,值得商榷。

依据上述理解,处于停飞状态中的航空器,如果符合国际条约所规定的“飞行中”的,应该属于本罪对象。但对完成生产处于试飞阶段的航空器,如何认定?完成生产试飞阶段的航空器,在其产权尚未移交给具体航空公司之前,法律属性上还不是“民用航空器”,但也有具体的试飞任务,仍然可能被劫持,能否按照本罪论处,还值得研究。

“劫持”航空器,是指强迫航空器驾驶、操作人员遵循自己的意志,并控制航空器的行为。“劫持”航空器是以“暴力、胁迫或者其他方法”[②]实现,至于使用单一手段还是多种手段,以及是否达到实际效果,在所不问。“暴力”,是指采用对驾驶、操作人员或机上其他人员实施袭击或其他身体强制,如杀伤、殴打、捆绑、禁闭等强制手段使其不敢、不能反抗,被迫服从其指挥,或者由其亲自驾驶、控制航空器的行为。本罪应为最狭义的“暴力”,具有达到足以抑制被害人反抗的程度。“胁迫”,是指以毁坏飞机、杀害人质等武力威胁手段要挟和进行精神恐吓,使驾驶、操作人员或机上其他人员不敢反抗。本罪中的“胁迫”应为最狭义的“胁迫”。目前尚有争议的是对本罪“其他方法”有不同认识。第一种观点认为,“其他方法”是指使用暴力、威胁方法以外的手段,使驾驶、操作人员不能反抗、不知反抗的行为。如使用麻醉药物使机组人员不能抗拒或不知抗拒等。[③] 第二种观点认为,其他方法还包括与航空器驾驶者合谋、贿赂或欺骗机组人员等方法。[④] 第三种观点不赞同第二种观点,认为这些手段本身并不危及航空器上人员的安全,又无坠毁的危险,不是法定的劫持手段。[⑤] 本书原则上赞同第三种观点[⑥]。在航空器内采用贿赂、欺骗航空器驾驶者驾驶航空器改变航向,或者采用合谋控制航空器,相对于无法再对航空器下达指令者而言,当然是对航空器的“劫持”,但这与使用暴力、胁迫使驾驶者不敢反抗、不能反抗或者不知反抗,对航空安全构成的威胁不能相提并论。“其他方法”与“暴力”“胁迫”要求相同,如果不具有相当的危险性,也不宜视为本罪的“其他方法”。不过,在有地面空管人员配合的情况下,

---

① 参见王作富主编:《刑法分则实务研究》(上),中国方出版社 2013 年版,第 99 页。

② 对我国刑法中暴力和胁迫在不同犯罪中具体的内涵和外延有一定的区别,请参见本书中强奸罪、抢劫罪的分析,本罪的暴力和胁迫,应以最狭义的意义上理解,即是具有足以抑制被害人反抗程度的暴力和胁迫。

③ 参见高铭暄、马克昌主编:《刑法学》,北京大学出版社、高等教育出版社 2011 年版,第 351 页;张明楷:《刑法学》(下),法律出版社 2016 年版,第 708 页。

④ 参见刘守芬、苗生明:《论我国新增设的劫持航空器罪》,载《中外法学》1993 年第 2 期。

⑤ 参见王作富主编:《刑法分则实务研究》(上),中国方正出版社 2013 年版,第 100 页。

⑥ 《海牙公约》第 1 条规定:“在飞行中航空器上的任何人:凡(甲) 以武力或武力威胁,或者以任何其他精神胁迫方法,非法劫持或者控制该航空器,或者这类行为的任何未遂行为;(乙) 从事这类行为或者任何未遂行为的共犯,均构成犯罪。”(甲)款规定的情况,当然是典型的在航空器内所实施的劫持行为,本罪所规定的“以暴力、胁迫或者其他方法”,就是上述公约内容在我国刑法中的具体体现。

不排除以贿赂地面空管人员合谋(劫持)控制航空器的可能性。[①] 客观地说,航空器一旦升空后,没有地面空管人员的指令,航空器的驾驶者就如同"盲人骑瞎马",对航空安全构成的威胁与在航空器上实施暴力等方法,在危险性上没有区别。多数说认为,本罪是行为犯,只要行为人控制了航空器[②],无论是否造成人员伤亡,是否飞离国(边)境,均为既遂[③]。

(三) 劫持船只、汽车罪[④]

劫持船只、汽车罪,是指以暴力、胁迫或者其他方法劫持船只、汽车,危害公共安全的行为。本罪为选择性罪名,可根据对象适用罪名。主体为自然人一般主体,主观罪过为直接故意,动机不影响认定。本罪与劫持航空器罪具有相同的特征,即对"劫持"的对象并非以非法占有为目的,不存在为劫持船只、汽车而劫持的。在通常情况下,是为其他犯罪服务,或者说是将为其他犯罪的方法行为或结果行为而发生的劫持船只、汽车提升为正犯行为。例如,为犯罪后顺利逃脱,事先劫持汽车作为逃跑的工具;被追捕走投无路而劫持汽车、船只作为谈判筹码、逃脱等(为实施恐怖犯罪的,另当别论)。在一定意义上,汽车、船只因行使线路易变,有很大的灵活性,容易成为被劫持的对象。但是,有固定行使线路的火车,未必不能成为被劫持的对象,更何况火车所承载的人员、货物以及铁路设施更是关乎公共安全,对公共安全的威胁更严重。从实务中很难有单纯为劫持而劫持交通工具,无疑火车以及其他大中型机动公共交通工具都不应遗漏[⑤]。本罪是以暴力、胁迫或者其他方法劫持汽车、船只[⑥];"劫持"行为表现上与劫持航空器罪相同,犯罪的手段行为相同,主观上故意内容也相同,即表现为以强制力控制交通工具。行为人劫持行为达到接管、控制船只、汽车的程度为既遂。

劫持船只、汽车,是通过对驾驶者人身的强制控制才为"劫持",这与单纯为非法占有汽车、船只构成的抢劫罪不同,控制其人身的当然会不可避免触犯绑架罪,这为想象竞合犯,因本罪法定刑低于绑架罪,似无再有以本罪论处的可能性。故本罪所要处罚的究竟是何种独立的犯罪,其的立法精神值得探讨。对于行为人只夺取船只、汽

---

① 这更不排除对地面空管人员同样可以采用"以暴力、胁迫或者其他方法"实现对航空器的劫持。

② 如果结合本罪"致人重伤、死亡或者使航空器遭受严重破坏的"规定,是属于本罪的结果加重犯。而结果加重犯的重结果,应当是相对于基本构成要件的结果而言,正是基于这一考虑,将对航空器的实际控制视为对法益侵害的实际结果看待,也并无错误。

③ 也有学者认为,本罪虽然是行为犯,但不具有未遂形态。参见高铭暄、马克昌主编:《刑法学》(下),中国法制出版社 1999 年版,第 637 页。从司法实践看,发生过行为人劫持航空器而在着手时即被制服的案例,对此如果作为既遂认定,实事求是地说是不恰当的。2012 年 6 月 29 日,天津航空公司 GS7554 航班机组执行和田到乌鲁木齐飞行任务时,遭遇 6 名歹徒暴力劫机。机组人员与乘客联手制服了歹徒。http://news.sina.com.cn/c/2012-07-04/025924707746.shtml,访问时间:2012 年 12 月 9 日。

④ 我国《刑法》第 122 条的规定。

⑤ 张明楷教授认为,对劫持火车、电车的,以破坏交通工具罪论处。参见张明楷:《刑法学》(下),法律出版社 2016 年版,第 709 页。

⑥ 本罪的"船只"也需要明确其范围和特性。本书认为应主要以"机动船只"为宜。

车而由自己驾驶的情况,虽然在行为表现上似抢劫,因不以非法占有船只、汽车为目的,不能认为触犯抢劫罪[①],只能以本罪论处。“劫持”一语已经表明了行为的非法性,因此,在突发事件中为合法利益迫不得已而强迫船只、汽车服从其指挥的行为,或者在紧急状态下依法实施的强制征用船只、汽车的行为等,多数情况下属于紧急避险,行为不具有非法性;即使采用强制性的暴力、威胁手段的,也应阻却违法性,如由此而造成人身伤亡的,可以构成相应的犯罪,或者承担民事责任。

“劫持”船只、汽车,当然是强迫船只、汽车的驾驶、操作人员服从自己的意志,并接管、控制船只、汽车的行为;可以表现为“夺取”上述交通工具,也可以表现为迫使船只、汽车的驾驶人员服从行为人的意志运行等,是否使用武器劫持,不影响认定。劫持行为是以暴力、胁迫或者其他方法实施。其中,“暴力”一般就是采用对驾驶、操作人员或上述交通工具中的其他人员实施袭击或其他身体强制,但根据本罪的法定最高刑为无期徒刑看,不能以故意杀人的手段实施。劫持船只、汽车而故意杀人的,无论是否临时起意,也应当数罪并罚。“胁迫”是指以毁坏船只、汽车、杀害他人等武力威胁手段恐吓、要挟,实施精神强制,使驾驶、操作人员或其他人员不敢反抗,从而夺取或控制船只、汽车的行为。本罪的“胁迫”内容限于暴力,至于行为人是否真的要实现所胁迫的内容,不影响认定。“其他方法”是指使用暴力、威胁方法以外的手段使船只、汽车的驾驶、操作人员不能反抗、不知反抗,夺取或控制汽车、船只的行为。例如使用麻醉药物麻醉,致被害人不能抗拒或不知抗拒。被害人不能反抗、不知反抗的状态,必须是行为人的行为所造成的,如果是船只、汽车的驾驶、操作人员因自身的原因而不能反抗、不知反抗,而由行为人驾驶、控制船只、汽车的,不能以“劫持船只、汽车”认定。

根据我国刑法的有关规定,本罪的结果有两种情况:一是劫持了船只、汽车,二是劫持行为造成严重后果,当然,这是劫持可能发生的结果。只要出现其中任一结果,就应当认为结果已经发生。实际控制船只、汽车的,即为既遂。我国《刑法》第 122 条对发生严重后果规定了较重的法定刑。“严重后果”,主要是指造成人员伤亡,或者财产重大损失,如船只、汽车的倾覆、毁坏等。对于人员伤亡,本书认为,不能包括为了劫持实施故意杀人、故意伤害造成的死亡和重伤,理由已如前述。因此,人员伤亡主要是指在劫持船只、汽车过程中因过失而造成的,包括劫持中造成路外(含水路)人员的伤亡。如果为劫持船只、汽车而实施故意杀人的,应当实行数罪并罚。

(四)劫持航空器罪与暴力危及飞行安全罪[②]的关联

暴力危及飞行安全罪,是指对飞行中的航空器上的人员使用暴力,危及飞行安全,尚未造成严重后果或已经造成严重后果的行为。本罪主体为自然人一般主体,主

---

① 张明楷教授认为,劫持汽车开往某地一般不构成本罪,对不付费用的,可以构成抢劫罪;如同时构成本罪的,则为想象竞合犯。参见张明楷:《刑法学》(第 4 版),法律出版社 2011 年版,第 620 页。

② 我国《刑法》第 123 条的规定。

观上是故意,动机不影响认定。从一般意义上说,劫持航空器的行为,在使用暴力等方法时,当然也是危及飞行安全的,但本罪使用暴力危及飞行安全,并无控制航空器的意图。本罪的暴力行为限于在飞行中的航空器内①,针对航空器内的人员实施,并非指航空器本身。这里的"人员"既包括航空器的机组人员,也包括航空器上的其他人员,如乘客。多数说认为,作为国际公约的签署国,这里"航空器"的范围应当限于"民用航空器",所以,"航空器内的人员"只限于"民用航空器上的人员"②。实施本罪行为空间条件,必须是在飞行中的民用航空器上,否则不能构成本罪。"暴力",是非法对人身行使有形的物理力,表现为直接对人身实施打击或强制。例如殴打、捆绑、伤害等侵害人身权利和自由的行为。因本罪"造成严重后果的"法定最高刑只有15年有期徒刑,所以,本罪暴力是除了故意杀人、故意伤害之外的对人身的强制性的打击,暴力的程度只限于造成轻伤,不能包括致人重伤、死亡。暴力致使人员重伤甚至死亡的,超出了该罪暴力的范围,当然危及飞行安全,为想象竞合犯,应当以故意杀人、故意伤害罪论罪。如果暴力是针对航空器的空乘人员实施,则构成对飞行安全的重大威胁,构成本罪。虽为故意实施暴力却过失致人死亡、重伤的,如未引发航空器内人员骚乱,不对飞行安全构成威胁的,只能按照过失致人死亡罪,或者过失重伤罪论处;如由此而对飞行安全构成威胁的,属于想象竞合犯,可以暴力危及飞行安全罪论处。本罪属于危险犯,实施的暴力行为只要危及飞行安全,即使没有造成严重后果,也构成本罪的既遂。

在我国刑法中,"暴力"多与"胁迫"同时规定为客观要件选择性构成要素,一般在解释上,如果同时规定了暴力和胁迫(或威胁),暴力的内涵通常不包含胁迫。在二者单独规定为构成要素时,广义上的暴力包括对"物"实施,胁迫(威胁)也包括实施较轻微的暴力。那么,本罪中的"暴力"是否包括胁迫(或威胁)要实施暴力?多数说认为,单纯的威胁行为,不能构成暴力危及飞行安全罪。③ 本书认为,单纯语言威胁要实施暴力,尚不足以评价为"危及飞行安全",当然,这并非说语言威胁乘客、机组人员不影响飞行安全,语言威胁行为同样是违反我国《民用航空法》的违法行为,可以给予行政治安处罚,如果胁迫中实施轻微暴力的,不应排除可能构成本罪。

本罪要求"使用暴力,危及飞行安全……"才能构成犯罪。有观点认为,对飞行安全构成威胁④,是构成本罪暴力的下限。本书认为,"暴力"行为是否对飞行安全构成威胁,应以符合民航适航安全飞行的具体规定为前提,这应该是客观标准,是否入罪应从实质上考察对飞行安全威胁的程度。

理论上,暴力危及飞行安全罪的故意可以是直接故意,也可以是间接故意,但实践中构成本罪的故意通常为间接故意。即行为人对航空器上人员施暴可以是故意

---

① "飞行中"航空器的概念,仍然应该遵循《蒙特利尔公约》的规定。

② 参见鲍遂献、雷东生:《危害公共安全罪》,中国人民公安大学出版社2003年版,第205页;余剑主编:《危害公共安全罪》,法律出版社1999年版,第183页。

③ 参见鲍遂献、雷东生:《危害公共安全罪》,中国人民公安大学出版社2003年版,第204—205页。

④ 同上书,第205—206页。

(未必是犯罪故意)。例如,为搁置行李而争相抢夺行李舱,不服从座位安排等而大打出手,其殴打行为就可以是出于故意。但是,对于由此而引起的混乱,对飞行安全构成严重威胁,行为人往往是持有放任的态度。所以,只要行为人对于危害飞行安全具有认识可能性,就应当认为具备"明知"的条件。至于行为人在航空器上实施暴力的动机,不影响本罪的成立。

暴力危及飞行安全罪属于危险犯,只要实施暴力行为,构成对飞行中航空器的安全威胁,即使尚未造成严重后果,也构成犯罪。"尚未造成严重后果",是指没有发生人员伤亡,或者迫使航空器迫降、复飞、返航、转场,被迫改变航线、航道,严重延误起飞等重大经济损失的情况。对"造成严重后果"有不同的认识。有学者认为:"'严重后果'主要包括以下情形:(1) 暴力致人重伤(不含以特别残忍手段致人重伤造成严重残疾的);(2) 造成航空器严重毁损、坠落或者使公私财产遭受重大损失的;(3) 致使发生重大飞行事故,造成人员重伤、死亡的;(4) 造成其他特别严重后果的,如造成航空器的紧急迫降,或致使航空器被迫改变降落地点,或造成航空器被迫延长发航时间、不能按时降落的,或迫使航空器返回起飞机场、重新起飞的等。"①本书对非故意造成人员伤亡以及重大经济损失属于"造成严重后果"的观点持相同的看法,但不赞同可以包括故意致人重伤的内容。虽然论者排除"以特别残忍手段致人重伤造成严重残疾的"情况,但"重伤"结果与手段无关。在该种情况下,属于一行为触犯数罪名的想象竞合犯,在从一重罪的选择中,有无可能仍然适用本罪处罚,取决于本罪构成要件内容,是否能够包括我国《刑法》第 234 条规定的故意伤害致人重伤情形。由于暴力危及飞行安全罪的法定最高刑只有 15 年有期徒刑,显然比故意伤害致人重伤的最高刑是死刑要轻,故本罪的罪状无法涵盖故意伤害致人重伤。本书认为,"造成严重后果"主要是指暴力行为严重影响飞行安全,致使发生重大经济损失的后果,可以包括非故意造成人员伤亡,但不能包括故意杀人、故意伤害致人重伤或死亡,以及造成航空器严重毁损、坠落,这应以相应的犯罪论处,不构成暴力危及飞行安全罪。

(五) 危险活动危害公共安全犯罪的其他关联犯罪

劫持航空器、船只、汽车的行为,多数情况下会使用武器,即非法携带枪支、管制刀具、爆炸物实施劫持。虽然对劫持使用的武器来源,法律并无限制性规定,但通常要先有非法制造、买卖、运输或者盗窃、抢夺、抢劫枪支、弹药、爆炸物等犯罪行为。有观点认为,这是牵连犯,以一罪从重处罚②。如果为实施劫持而非法携带枪支、管制刀具、爆炸物,可能触犯我国《刑法》第 130 条非法携带枪支、弹药、管制刀具、危险物品危及公共安全罪③,属于牵连犯。但非法制造、买卖、运输或者盗窃、抢夺、抢劫枪支、

---

① 鲍遂献、雷东生:《危害公共安全罪》,中国人民公安大学出版社 2003 年版,第 212 页。

② 参见高铭暄、马克昌主编:《刑法学》(下),中国法制出版社 1999 年版,第 637 页。

③ 我国《刑法》第 130 条规定的是"非法携带枪支、弹药、管制刀具或者爆炸性、易燃性、放射性、毒害性、腐蚀性物品,进入公共场所或者公共交通工具,危及公共安全的"行为。如船只、汽车非公共使用的,尚不属于牵连犯。

弹药、爆炸物等犯罪行为,并非一定就是为劫持航空器、船只、汽车;如果并非出于这种目的,即便使用非法制造、买卖、运输或者盗窃、抢夺、抢劫的枪支、弹药、爆炸物,也不具有牵连关系,应属于数罪。

现实中,不排除为劫持而实施故意杀人、故意伤害的行为。有观点认为,这里的杀人、伤害不独立构成故意伤害罪、故意杀人罪,而是牵连犯。为了实现劫持的犯罪目的,采取的犯罪方法和手段又触犯故意杀人罪、故意伤害罪等,按照处理牵连犯的处理原则以所触犯的犯罪从重处罚。如果行为人在实施劫持过程中又故意实施其他犯罪,如故意杀人、故意伤害、强奸等,后行为应单独定罪,与劫持行为构成的犯罪数罪并罚①。本书认为,对上述情况是否应数罪并罚,应视具体犯罪对暴力规定的内容分析:不能包括故意杀人、故意伤害的,应予以并罚;如在实施劫持犯罪中,实施了抢劫、抢夺乘员财物或者强奸乘员、乘客,以及故意毁损交通工具的,均应成立数罪。

劫持船只、汽车,使其遭到损毁和破坏时,应如何定罪处罚?显然,劫持船只、汽车的,故意的内容是按照自己的意志强行控制、操作船只、汽车,对造成损毁、破坏结果,只要不属于对船只、汽车有意加以毁坏,其损害后果不宜与故意破坏交通工具的结果等同对待,更多情况下,是劫持行为可以“附带损害”的结果,按照本罪处罚即可。但是,为逃避侦查、破坏物证而故意实施破坏、毁灭罪迹的,故意的破坏行为是劫持行为的结果行为,可能触犯破坏交通工具罪、故意毁坏财物罪,即便符合牵连犯,也有实行并罚的必要②。

(六) 劫持航空器罪的刑事责任

犯本罪,处 10 年以上有期徒刑或者无期徒刑;致人重伤、死亡或者使航空器遭受严重破坏的,处死刑。

原则上,因为劫持航空器罪是性质严重的罪行,即使情节并不严重,也没有造成人员的伤亡或者财产损失,也应当在 10 年以上处刑,“致人重伤、死亡或者使航空器遭受严重破坏的,处死刑。”这是对结果加重适用的唯一主刑。劫持航空器致人重伤、死亡或者使航空器遭受严重破坏的后果,主要是在犯罪中因实施“暴力”行为而造成的,应该包括为控制航空器而实施的故意杀人、故意伤害犯罪。从本罪性质和特点上看,使用暴力劫持、控制航空器的意图,决定了行为人实施劫持时,不会考虑可能造成一定的人员伤亡的问题,这正是有的学者指出的该种犯罪的突出特点③。但是,无论劫持航空器的情节是否严重,是否致人重伤、死亡,均需要在 10 年以上处刑,这表明劫持行为所造成的伤害只能包括轻伤。所以,本罪并非以造成人身伤害为处罚依据,可以说,对本罪暴力的要求显然比其他犯罪(如抢劫、强奸)严厉得多,换言之,本罪要求的暴力程度比其他犯罪低,即便实际实施的暴力程度不如其他犯罪,也未造成重

① 参见鲍遂献、雷东生:《危害公共安全罪》,中国人民公安大学出版社 2003 年版,第 193 页。

② 也有视为牵连犯不实行并罚的观点。参见同上书,第 193 页。

③ 参见同上书,第 191 页。

伤、死亡,仍要适用重刑。

值得一提的是,“使航空器遭受严重破坏”与“致人重伤、死亡”,也并非要分开评价。如为控制航空器所实施的暴力破坏行为,致使航空器有严重破坏,也有人员伤亡,但“致人重伤、死亡”,并非需要有“使航空器遭受严重破坏”的结果才能成立。对航空器的“严重破坏”是故意还是过失造成,在所不问,但应理解为对影响航空器安全飞行的设施、设备的结构性破坏,有引起坠毁的具体危险。为进入驾驶舱而冲撞驾驶舱门、毁坏机舱与驾驶舱通讯设备等,就不属于“严重破坏”。本罪“致人重伤、死亡或者使航空器遭受严重破坏”的结果,就可能包括以下两种情形:一是为控制航空器震慑他人反抗而故意实施杀人、伤害,或者故意使航空器遭受严重破坏;二是在控制航空器的过程中,因实施暴力过失造成他人重伤、死亡,或者使航空器遭受严重破坏。但根据刑法的规定,无论在何种情况下发生该结果的,均应当判处死刑。

八、破坏广播电视设施、公用电信设施罪[①]

(一)破坏广播电视设施、公共电信设施罪的概念和法益

破坏广播电视设施、公共电信设施罪,是指故意破坏正在使用中的广播电视设施、公共电信设施,危害公共安全的行为。本罪具有与其他破坏特定对象危害公共安全罪的不同特质,即行为并不直接表现为对不特定或者多数人生命、健康等公共安全法益的威胁,而以造成范围广泛的广播电视、电信等信息通讯的中断,进而严重影响社会公众生活、政治、经济,甚至军事、国防利益。因此,本罪的法益是公共通信、通讯安全。本罪主体为自然人一般主体,主观上是故意,包括直接故意和间接故意,动机不影响认定。

(二)对象、行为、既遂

本罪对象,是正在使用中的广播电视设施和公用电信设施。广播电视设施和公用电信设施,是指以电信号、数字信号传输、传递信息,以实现数字信号、信息交换的设备和设施。广播电视设施,主要是指发射无线电广播信号的发射台站,传播新闻信息的电视发射台、转播台、转播车等。公用电信设施,主要是指无线电发报、电话交换局、台、站及无线电通讯网络、基站、管线等设施、设备,用于航海、航空的公共无线电通讯、信息传输设备、设施,雷达、遥测、遥感、遥控等技术的设备、设施等。修建中或虽已经修建、调试完毕但未交付使用,或已报废停止使用的(如果仍有价值),不属于“正在使用中”的设施;对这些设施实施破坏行为的,可以故意毁坏公私财物罪论处。

刑法对“电信设施”明确了其“公用”的属性,但对广播电视设施并没有明确以

① 本罪在适用上有05.01.11《破坏公用电信设施的解释》及11.06.13《破坏广播电视设施的解释》的具体规定。

“公用”为条件。我国广播电视传播媒体必须是由国家专门部门设立并管理,而不能由公民个人从事该活动,即便没有明文“公用”,也是应有之意。“公用电信设施”的属性表明,以个体为服务对象的终端电信设施,即便是由公众使用,也不具有公用属性。如“付费投币电话”“公用电话”的基本功能在于服务的“终端性”,故意破坏的,只能造成小范围的使用上的困难,并不直接影响作为公用电信设施主体部分传输、传递信息的正常功能,可构成故意毁坏公私财物罪。“公用电信设施”,应当是为适应公众社会物质生活、生产活动需要而由企业法人依法经营、管理的事务或者业务,具有规模经营、管理的集团性特点。农村的有线广播网,城乡有线电视网,应当视为具有“公用”性,可以成为本罪对象。破坏具体单位的内设广播电视设施、电信设施,不是面向社会不特定的群众和使用者,不能构成本罪,可能构成故意毁坏财物罪、破坏生产经营罪。对属于铁路、航空、水上运输、公路运输等特殊行业的直接保障交通运输安全使用的电视、通讯设施、电信设施以及其他用于信息传输的设备如“GPS”“北斗”定位系统等予以破坏的,应当以破坏交通设施罪论处,但对交通工具内设的(闭路)电视系统、监控系统、私有性质信息传输设备故意破坏的,应当以故意毁坏财物罪论处,不构成本罪。

本罪的破坏行为可以是作为,也可以是不作为;破坏行为的方式、方法,并没有特别的限制,如拆卸、偷走、砸坏重要部件等。以放火、爆炸等方式实施破坏的,属于想象竞合犯,从一重罪论处。“破坏”可以是对设施、设备整体或者部件的物理性损坏,或对其计算机系统破坏,使之丧失信息、信号传输、传递等的基本功能,也可是对设施、设备施加物理性的影响,使之不能保障正常、安全地实现信息、信号的传输、接收。破坏行为只要具有危害公共安全性质即构成本罪。如果用自己的通讯设施占据通讯频道发射无线电信号(黑广播、伪基站)以“破坏”广播电视、公共电信信号传输的情况,不宜以本罪论处,应构成扰乱无线电通讯管理秩序罪。因该种行为并不是针对广播电视设施、公共电信设施本身实施的破坏行为,而主要是影响通讯信号的传输。

本罪要求“危害公共安全”,多数说不认可“尚未造成严重后果”亦构成犯罪既遂。广播电视设施、公用电信设施属于高新技术产品①,可能影响设施、设备正常工作的因素非常多,其中就包括设施、设备自身的工作状态是否正常、良好、可靠。某种行为是否足以影响传播、通信活动的正常进行,并不像鉴定破坏交通设施是否具有足以使交通工具倾覆、毁坏危险那样直观、可靠。如破坏行为没有采用放火、爆炸的危险方法,在尚未发生严重影响正常信息传播、传递后果时,除破坏行为属于犯罪未遂之外,以具有造成危害后果的可能性入罪并非妥当。所以,既遂的“危害公共安全”,以影响广播电视设施、电信设施的正常运转、功能正常发挥的实际后果发生为标准更妥当。如没有实际造成传播、传递的危害结果,不宜轻易认定具有危害公共安全的性

① 就广播电视、公用电信设施技术的高速发展看,广播电视、公用电信设施,今后将处于高新科技领域,则计算机信息系统也应当归于我国的“尖端科学技术领域的”范畴。

质。“造成严重后果”包括属于“附带损害”的结果。①

广播电视、公用电信系统是计算机技术广泛应用的领域,如利用计算机技术侵入广播电视设施、公用电信设施的计算机系统,对其应用程序进行删除、修改、增加,或者直接干扰系统正常运行,或者对系统传播计算机破坏性病毒等。这些情况属于法条竞合犯②,同时触犯了非法获取计算机信息系统数据罪、非法控制计算机信息系统罪,应以本罪论处。

(三) 破坏广播电视设施、公共电信设施罪的刑事责任

犯本罪,处3年以上7年以下有期徒刑;造成严重后果的,处7年以上有期徒刑。实施破坏行为,危害公共安全的,所造成的严重后果,是指发生致人重伤、死亡结果或者重大公私财产的严重损失,属于结果加重犯。对于加重结果的发生,行为人可以是过失,也可以是故意。破坏行为是否实施完毕,均不影响认定。对于破坏行为直接造成人员伤亡的,行为人应承担加重的刑事责任;对依据职责、职业参与的专业排险、救险者,只要采取的是适当的救援措施而发生伤亡的,行为人必须承担结果加重责任。

九、非法制造、买卖、运输、邮寄、储存枪支、弹药、爆炸物罪

(一) 非法制造、买卖、运输、邮寄、储存枪支、弹药、爆炸物罪的概念和法益

非法制造、买卖、运输、邮寄、储存枪支、弹药、爆炸物罪,是指违反国家枪支、弹药法律规定,非法制造、买卖、运输、邮寄、储存枪支、弹药、爆炸物的行为。本罪为选择性罪名,既可以根据对象分解适用罪名,也可以根据行为分解适用罪名。同一主体分别针对不同对象,或者实施不同行为的,不实行数罪并罚,可以统一适用该罪名,也可以只以其中的主要罪名适用。本罪法益是公共安全,具体说是公众的安全。枪支、弹药、爆炸物本身并不危害公共安全,但作为武器一旦脱离管控,对社会、民众安全会构成巨大的威胁。本罪主体为自然人一般主体,单位亦可构成犯罪。主观上为故意,动机不影响认定。被蒙骗、利用,不知是枪支、弹药、爆炸物而实施上述行为的,不能构成本罪。

---

① 参见本节相关内容。

② 可以说,当代社会在公共领域通讯电子设备不使用计算机系统是不可想象的,因此,非物理性破坏而是利用计算机技术侵入广播电视、公用电信设施的计算机信息系统的,则必然是侵入计算机信息系统,因而具有法条竞合关系。

(二)对象、行为、完成形态

关于本罪对象的具体范围,理论上有不同认识,主要有广义说和狭义说。广义说认为,凡是现行法规中规定的各种枪支、弹药及爆炸物品[①],都是本罪的对象。枪支包括气枪,爆炸物包括烟花爆竹。狭义说认为,本罪对象应指军用的枪支、弹药,不包括民用猎枪、火药枪等,更不应包括烟花爆竹等。[②] "枪支、弹药"的范围,从我国的司法实践看,一直是将猎枪、火药枪、土枪归入"枪支"的范畴[③],根据我国枪支管理的有关规定,气枪也属于"枪支",属于管控对象[④],但"符合"枪支标准的仿真枪入罪引发了社会以及理论争论,公安部已有数个规范性文件规定了仿真枪入罪的标准,但争论并没有结束。

因为大量烟花爆竹聚集在一起具有巨大破坏力[⑤],从维护公共安全角度,为防患于未然,烟花爆竹应纳入本罪对象。

因实施本罪行为发生重大事故,造成严重后果的,应如何认定?有的观点认为可以危险物品肇事罪论处,也有的观点认为,危险物品肇事罪是指在合法从事生产、储存、运输、使用爆炸物的过程中发生重大事故,造成严重后果的,而本罪行为的前提是非法的。本书认为,将"合法"视为危险物品肇事罪的前置条件是没有依据的,实践中非法携带烟花爆竹乘坐公共交通工具引起爆炸,未经批准擅自生产烟花爆竹造成爆炸事故,均因其违反了对烟花爆竹管理的有关规定,按照危险物品肇事罪处罚符合法律规定。

(1)"非法制造",论著多表述为"未经国家有关部门批准,私自制造枪支、弹药和爆炸物的行为"。但在我国根本不存在批准由个人,或者其他非枪支、弹药和非爆炸

---

① 我国《枪支管理法》第46条规定:"本法所称枪支,是指以火药或者压缩气体等为动力,利用管状器具发射金属弹丸或者其他物质,足以致人伤亡或者丧失知觉的各种枪支。"当然包括各种类型军用、警用枪支,运动枪支,有膛线枪,霰弹枪、火药枪,麻醉动物用的注射枪、电击枪,能发射金属弹丸的气枪以及我国《猎枪弹具管理办法》第2条规定的狩猎用的无膛线枪、火药枪、注射枪、为狩猎制造的有膛线枪及其机械部件和弹药(包括弹壳、底火和金属弹丸)。爆炸物是指《民用爆炸物品安全管理条例》第2条第2款规定的用于非军事目的、列入民用爆炸物品品名表的各类火药、炸药及其制品和雷管、导火索等点火、起爆器材。既然民用爆炸物品属于管制之列,根据"举轻以明重"原则,当然包括军用爆炸物品。

② 参见叶高峰主编:《危害公共安全罪新探》,河南人民出版社1989年版,第171页。

③ 如1985年5月26日最高人民法院在《关于审判严重刑事犯罪案件中具体应用法律问题若干问题的答复(三)》(法研字〔83〕18号)及1993年12月17日《关于办理非法制造、买卖、运输、私藏钢珠枪犯罪案件适用法律问题的通知》(法发〔1993〕43号)均列入"枪支"的范围。2010年1月1日最高人民法院《关于修改〈最高人民法院关于审理非法制造、买卖、运输枪支、弹药、爆炸物等刑事案件具体应用法律若干问题的解释〉的决定》(以下简称10.01.01《修改〈非法制造、买卖、运输枪支、弹药、爆炸物等刑事案件解释〉的决定》)也有类似规定。

④ 2001年5月15日最高人民法院发布的《关于审理非法制造、买卖、运输枪支、弹药、爆炸物等刑事案件具体应用法律若干问题的解释》(以下简称01.05.16《非法制造、买卖、运输枪支、弹药、爆炸物等刑事案件解释》)予以规定。

⑤ "河南连霍高速路桥梁因爆炸坍塌案"就是违法运输烟花爆竹的典型案件。https://news.qq.com/zt2013/henangaosuql/,访问时间:2014年5月29日。

物企业生产的情况,如是经过批准的企业,则只是违反有关规定(如超出额定数量生产),是“违规”生产,可能属于违规制造枪支等违法行为,所以以“私自”替代“非法”是不正确的。“非法制造”,就是违反国家规定,制造枪支、弹药和爆炸物的行为,既包括用机器批量生产,也包括用手工制作。对“制造”应从广义上解释,包括制作、组装、修理、改装和拼装,不论是否成功,也不论是为了自用或非法出售,均可构成本罪。(2)“非法买卖”是指违反国家规定,未经国家有关部门批准,以金钱或实物作价,购买或者销售枪支、弹药、爆炸物的行为。“买卖”在词意上包括实施购买和销售行为,构成本罪只需实施两种行为中的一种行为,实施两种行为的,也在法律上是一个非法“买卖”行为。(3)“非法运输”,是指违反国家规定,未经国家有关部门批准,非法转运枪支、弹药、爆炸物的行为。形式可以是陆运、水运、空运,也可以随身携带,但运输的空间范围只限于国(边)境内。非法运输涉及进出国(边)境,则为想象竞合犯,应当构成走私枪支、弹药罪而非本罪。(4)“非法邮寄”,是指违反国家规定,以包裹邮件形式通过物流方式运输枪支、弹药、爆炸物的行为。“邮寄”也是“运输”的方式之一,之所以将“邮寄”从“运输”中予以分离,是为强调“邮寄”方式的特殊性就在于,前者是不一定利用运输工具,而后者是利用国家的邮政系统以及国内物流系统运输,通过交通工具实现。同样,邮寄的空间范围也只应限于国(边)境内。非法邮寄涉及进出国(边)境,则为想象竞合犯,应当构成走私枪支、弹药罪而非本罪。(5)“非法储存”,是指明知是他人非法制造、买卖、运输、邮寄的枪支、弹药而为其存放的行为,或者非法存放爆炸物的行为①。

“储存”与刑法规定的“非法持有、私藏枪支、弹药”,以及“非法制造、买卖、运输枪支、弹药、爆炸物”,在客观上都不排除“储存”行为,但存在区别。按照前述10.01.01《修改〈非法制造、买卖、运输枪支、弹药、爆炸物等刑事案件解释〉的决定》,非法持有“是指不符合配备、配置枪支、弹药条件的人员,违反枪支管理法律、法规的规定,擅自持有枪支、弹药的行为”。私藏“是指依法配备、配置②枪支、弹药的人员,在配备、配置枪支、弹药的条件消除后,违反枪支管理法律、法规的规定,私自藏匿所配备、配置的枪支、弹药且拒不交出的行为”。据此,非法储存是“为非法制造、买卖、运输枪支、弹药、爆炸物的他人”所需,而“持有”“私藏”则无此要求。“非法储存”如果与数量没有关系,很难与“非法持有”“私藏”区别开。虽然表现为“储存”,但证据表明属于“非法制造、买卖、运输”,则与“非法储存”无关,即“储存”只是上述行为的

① 10.01.01《修改〈非法制造、买卖、运输枪支、弹药、爆炸物等刑事案件解释〉的决定》第1条。

② 我国《枪支管理法》第2章“枪支的配备和配置”的规定。“配备”针对的是公务用枪,“配置”针对的是民用枪支。“配备”的主体为“公安机关、国家安全机关、监狱、劳动教养机关的人民警察,人民法院的司法警察,人民检察院的司法警察和担负案件侦查任务的检察人员,海关的缉私人员”,以及“国家重要的军工、金融、仓储、科研等单位的专职守护、押运人员”;“配置”的主体为“经省级人民政府体育行政主管部门批准专门从事射击竞技体育运动的单位、经省级人民政府公安机关批准的营业性射击场”的单位、相关人员,“经省级以上人民政府林业行政主管部门批准的狩猎场”,有需要的“野生动物保护、饲养、科研单位”和相关人员,“猎民在猎区、牧民在牧区”的人员。根据前述司法解释,“私藏”的主体是从原有资格“配备”“配置”枪支、弹药的主体到无资格主体。

"结果"形式,不是非法储存行为。

多数说认为,本罪是行为犯,行为实行达到一定的程度,是犯罪既遂。无论制造是否完成,买卖是否成交,运输、邮寄是否送达目的地,储存只要达到实际控制程度,就是犯罪既遂[①]。也有观点认为,本罪属于抽象的危险犯,不要求有具体危险发生,只要行为人实施上述行为,就毫无例外地构成既遂[②]。行为犯与抽象危险犯都不要求发生实际物质性结果,从这一点说,二者是相同的,但危险犯的概念是为了说明处罚根据而设置,行为犯(与结果犯)主要是研究既遂、未遂标准。大陆法系刑法理论一般是在形式犯与实质犯的对比中,来理解行为犯的。理论上有形式犯与行为犯二者为同一概念和非同一概念不同认识。[③] 在同一概念下,行为犯等同于形式犯,也即实质犯与形式犯的划分标准,与行为犯与结果犯划分标准一样,都以结果是否构成要件必要内容为标准,所以,同一概念下行为犯与形式犯等同。而非同一概念下,首先要解决的是对不同类型行为的处罚依据是什么。形式犯是可以对法益侵害都不需要特别考察的犯罪类型(行为犯、举动犯,抽象危险犯是否包括在形式犯中,有不同认识[④]),而实质犯(结果犯、结果加重犯、具体危险犯),是因行为造成一定的法益侵害结果,或者具有法益侵害的危险,才能被处罚。并由此具有了危险犯的概念。所以,在非同一概念下,行为犯与危险犯所表达的内涵是不相同的。

本罪既然在"危害公共安全罪"中,以"危险状态"为处罚依据,将"抽象危险"视为结果的表现方式之一,并以此为既遂标准,也没有什么不正确。但本书认为,由于概念表达的内涵不同,能否将本罪的所有行为类型都视为危险犯,还值得考虑。即使是抽象危险犯,也是以可能现实发生的一定的物质性结果为内容,而行为犯可能现实发生物质性的结果,也可以是非物质性的,或者没有发生任何结果也必须定罪处罚。如是,本罪名下的具体行为,有的只宜认为属于行为犯,如非法制造的,有的只宜视为抽象危险犯,如买卖、运输、邮寄、储存的。这是因为,本罪的买卖、运输、邮寄、储存行为,本身就蕴含了危害公共安全的危险性,无须本犯再实施其他行为,就可以认为已构成对公共安全的威胁。但非法制造的行为,如果没有制造完成,或者没有本犯之外其他人的行为,对公共安全的威胁是潜在的,具有不确定性。所以,将非法制造行为视为抽象危险犯不确切。本书认为,分别根据具体行为的构成特征,分析犯罪的完成与未完成形态比较合理。

(三) 非法制造、买卖、运输、储存危险物质罪[⑤]

非法制造、买卖、运输、储存危险物质罪,是指非法制造、买卖、运输、储存具有毒害性、放射性、传染病病原体等物质,危害公共安全的行为。本罪主体为自然人一般

① 参见鲍遂献、雷东生:《危害公共安全罪》,中国人民公安大学出版社 1999 年版,第 246 页。

② 参见陈兴良主编:《罪名指南》(上册),中国政法大学出版社 2000 年版,第 155 页。

③ 参见陈子平:《刑法总论》(上),台湾元照出版公司 2005 年版,第 91—94 页。

④ 也有观点将抽象危险犯置于形式犯的范畴内。

⑤ 我国《刑法》第 125 条第 2 款的规定。

主体,单位亦可构成本罪,主观上为故意,必须明知是上述危险物,而仍然实施非法制造、买卖、运输、储存的行为。具体行为与非法制造、买卖、运输、储存枪支、弹药、爆炸物罪的行为相同,非法制造、买卖、运输、储存危险物质罪行为实施的空间范围,仍然以我国国(边)境内为限,如果涉及进出国(边)境,且对象属于国家禁止或限制进出口的,应构成走私罪,而非本罪。

(四) 非法制造、买卖、运输、邮寄、储存枪支、弹药、爆炸物罪的刑事责任

犯本罪,处 3 年以上 10 年以下有期徒刑;情节严重的,处 10 年以上有期徒刑、无期徒刑或者死刑。单位犯本罪的,对单位判处罚金,并对其直接负责的主管人员和其他直接责任人员,依照自然人犯罪的规定处罚。

十、违规制造、销售枪支罪

(一) 违规制造、销售枪支罪的概念和法益

违规制造、销售枪支罪,是指依法被指定、确定的枪支制造企业、销售企业,违反枪支管理规定,以非法销售为目的,超过限额或者不按照规定的品种制造、配售枪支,或者以非法销售为目的,制造无号、重号、假号的枪支的,或者非法销售枪支或者在境内销售为出口制造的枪支的行为。本罪的法益,为枪支生产、销售管理以及公共安全。本罪主体为特殊主体,即依法被指定、确定的枪支制造企业、销售企业,主观上是直接故意,动机不影响认定。

(二) 对象、行为

本罪对象为我国《枪支管理法》规定的各种枪支,包括军用、警用、民用的各种枪支。我国在 1995 年已经将枪支的配件列入枪支的范畴①,本罪未规定枪支使用的制式弹药。本书认为,如实施本罪行为的同时有提供枪支的制式弹药的,也应一并考虑。本罪与非法制造、枪支、弹药罪的区别在于犯罪主体不同,本罪主体是依法被指定、确定的枪支制造企业、销售企业。有观点认为,本罪中的非法制造、配售枪支,是以非法销售为目的,但非法销售枪支无此要求②。该观点显然使人不解,因为“非法销售”行为已经明确揭示了行为是以“非法销售为目的”。

本罪客观行为主要有:(1) 超过限额或者不按照规定的品种制造、配售枪支。“超过限额”制造、配售,是指超出国家规定的对于枪支年度制造、销售的数量限制,擅自制造、配售枪支;“不按照规定的品种”制造、配售,是指制造、销售企业擅自改变枪

---

① 08.06.25《立案追诉标准(一)》第 3 条第 2 款规定:本条(违规制造、销售枪支罪)和本规定第 4 条、第 7 条规定的“枪支”,包括枪支散件。成套枪支散件,以相应数量的枪支计;非成套枪支散件,以每 30 件为一成套枪支散件计。

② 参见刘艳红主编:《刑法学》(下),北京大学出版社 2015 年版,第 201 页。

支的性能和结构制造或没有按照国家规定的配售枪支的品种、型号配售枪支。公务用枪的标准和型号是制式规定,一般只可能发生“超过限额”制造、配售,很少会“不按照规定的品种”制造、配售。对民用枪支的制造和配售而言,两种情形都可能存在。(2) 制造无号、重号、假号的枪支。根据我国法律规定,枪支必须按照规定的统一序号制造,必须铸印有制造厂的厂名、枪种代码。因此,制造“无号”枪支,是制造的枪支没有统一编制的枪支序号;制造“重号”枪支,是制造与统一编制的枪支序号相同序号的枪支;制造“假号”枪支,是制造的枪支序号不是国务院公安部门统一编制的枪支序号,序号是根本不存在的。枪支是无号、重号、假号的,具备其中之一即可,是否属于“不按照规定的品种”制造、配售的,不影响认定。(3) 非法销售枪支或者在境内销售为出口制造的枪支。“非法销售枪支”,实践中主要是枪支制造、销售企业,违反规定向配售民用、公务用枪之外的单位或者个人非法销售枪支。“在境内销售为出口制造的枪支”,是指枪支的制造、销售企业,将为出口制造的枪支不运销出口,而在我国境内予以销售。这里的“境内”,是指我国政府能够行使关境管辖权之内的地区,但不包括我国国境以内,尚不能行使关境管辖权内的地区,后者在法律上仍然属于“境外”而不是“境内”。如果将为出口制造的枪支销售到尚不能行使关境管辖权内的地区(如我国台湾地区),虽然仍然是在我国国内销售的,但是不构成本罪,应当构成我国《刑法》第151条走私武器、弹药罪。具有上述行为之一,即构成本罪①,实施三种行为也只构成一罪,不实行数罪并罚。本罪对“单位犯罪”采取两罚制,即对单位判处罚金,对直接负责的主管人员和其他直接责任人员处以自由刑。

(三) 违规制造、销售枪支罪的刑事责任

犯本罪,对单位判处罚金,并对其直接负责的主管人员和其他直接责任人员,处5年以下有期徒刑;情节严重的,处5年以上10年以下有期徒刑;情节特别严重的,处10年以上有期徒刑或者无期徒刑。

十一、盗窃、抢夺枪支、弹药、爆炸物、危险物质罪

(一) 盗窃、抢夺枪支、弹药、爆炸物、危险物质罪的概念和法益

盗窃、抢夺枪支、弹药、爆炸物、危险物质罪,是指以非法占有为目的,秘密窃取或者公然夺取枪支、弹药、爆炸物、危险物质的行为。本罪为选择性罪名,一个行为涉及的对象有两种以上,不实行并罚,但如实施的行为分别是盗窃和抢夺时,应当实行数罪并罚。本罪的法益是公共安全,枪支、弹药、爆炸物、危险物质本身并不直接危害公共安全,但枪支、弹药、爆炸物、危险物质一旦落入犯罪分子之手,则对社会安全会构

---

① 根据08.06.25《立案追诉标准(一)》第3条规定:涉嫌下列情形之一的,应予立案追诉:(1) 违规制造枪支5支以上的;(2) 违规销售枪支2支以上的;(3) 虽未达到上述数量标准,但具有造成严重后果等其他恶劣情节的。

成巨大的威胁,严重危及国家和人民生命、财产的安全。本罪主体为自然人一般主体。多数说认为,本罪主观上是直接故意,实施盗窃、抢夺的财物中有枪支、弹药的,不能构成本罪;不依法上交的,应认定为非法持有、私藏枪支、弹药罪。

(二) 对象、行为、完成与未完成形态、罪数

现实中,放射性、传染病病原体等危险物质,普通公民难以接触到,使用和保管者主要是医疗、教学科研单位。而毒害性物质则普通人可能会持有。枪支、弹药、爆炸物当然既可能由普通人持有(可分为经批准配置、配备的,也包括非法持有、私藏的及非法制造的等),也可能由特别主体持有,即国家机关、军警人员、民兵扣押、保管、管理的枪支、弹药、爆炸物,以及对查获的通过其他非法手段获取的枪支、弹药、爆炸物、危险物质。本罪对盗窃、抢夺不同主体持有的枪支、弹药、爆炸物的,规定了不同的法定刑。枪支、弹药、爆炸物属于由国家机关、军警人员、民兵持有的,即可适用较重的刑罚。只要属于军警人员、民兵占有、控制之下的枪支、弹药、爆炸物(不要求随身佩戴),即属国家机关、军警人员、民兵"持有"。本书认为,爆炸物、枪支除被依法查获的之外,对由普通人持有的,不宜包括烟花爆竹和气枪,针对普通人所持有的烟花爆竹、气枪实施盗窃、抢夺行为,主要侵害的是占有关系。除此之外,在工厂制造、生产的枪支、弹药、爆炸物、危险物质也是本罪对象。

盗窃,是采用自认为不被发觉的方法(窃取),将他人控制下的枪支、弹药、爆炸物、危险物质转移为自己控制,从而实现非法占有的行为。只要行为人主观上自认为采取的方法是不被发觉的,就应当认为是盗窃行为,事实上是否被他人发觉(即便采取欺骗方法转移他人的注意而窃取),不影响对性质的认定。盗窃不以在他人不知不觉地"秘密""暗中"实施为必要条件。"秘密""暗中"都是指行为人自己主观上自认为是"秘密""暗中"的方法,并非在客观上行为必须是"秘密""暗中"实施的,即便自认为是,而实际被监视、注视之下,也并不影响行为性质。

抢夺,是以突然夺取的方法,将他人所控制下的枪支、弹药、爆炸物、危险物质转移为自己控制,从而实现非法占有的行为。抢夺不使用暴力、胁迫等对人身强制的方法,通常情况下,会乘其不备突然夺取,但公然夺取,不宜以确实没有防备为前提①(是否使用诈术转移他人的注意,不影响认定)。如果在夺取时,行为人暴露凶器或暗示有凶器,或直接实施暴力,符合"胁迫""暴力"的,则构成抢劫枪支、弹药、爆炸物、危险物质罪。本罪虽是选择性罪名,但是对于分别实施盗窃、抢夺枪支、弹药、爆炸物、危险物质的,应当实行数罪并罚。

本罪的盗窃、抢夺行为,通常是根据盗窃罪、抢夺罪的既遂与未遂的标准来理解。也有学者主张应当分别予以检讨。对于盗窃的既遂与未遂以失控为标准,因为枪支、弹药、爆炸物、危险物质与普通财物不同,一旦脱离了实际控制,就有可能流入社会危

---

① 在处置治安案件为防止事态恶化,民警使用配枪而遭到抢夺的案件,行为人通常并非以非法占有为目的,不宜视为抢夺枪支、弹药行为,但如果威胁到民警以及群众生命安全的,应以本罪论处。

及公共安全。对于抢夺行为的既遂与未遂应当以控制说为宜,既遂的条件是发生实际夺得枪支、弹药、爆炸物、危险物质这一结果[①]。

本罪对象的确与普通财物的社会属性不同,但又有相同之处——行为人可以控制。对于本罪盗窃、抢夺行为,并不能因为对象关系到公共安全,就需要按照另外的标准来理解本罪盗窃、抢夺行为,更没有理由根据对象的社会属性——是否关系到公共安全,就需要对既遂、未遂采取不同的标准。所以,本书认为,以多数说为本罪的既遂与未遂的标准比较适宜。

本罪主观上是直接故意,行为人非法占有目的,少有为了非法占有而盗窃、抢夺,多是为实行其他犯罪而实施"预备"[②],例如为非法买卖、抢劫财物或者实施报复杀人、伤害等。是否构成数罪需要具体分析。在抢夺过程中过失造成人身伤亡的,是想象竞合犯,以一重罪从重处罚,因本罪在性质上和法定刑的设置上重于过失致人死亡罪,应当以本罪论处。如为实施其他犯罪而实施盗窃、抢夺而未遂的,是一行为触犯数罪名的想象竞合犯;犯罪既遂后的非法持有、私藏[③]枪支、弹药,形式上是牵连犯,是由目的行为、方法行为与结果行为形成复杂的牵连关系,即盗窃、抢夺行为是为实施目的犯罪的方法行为,非法持有、私藏行为是结果行为。由于非法持有、私藏枪支、弹药罪构成要件具有特殊要求[④],因此不能实行数罪并罚,也不能与尚未实施的目的行为实行并罚,只能以本罪从重处罚;如果此种情形下实施了目的行为的犯罪,盗窃、抢夺行为与目的行为可以形成牵连犯,是按照从一重罪从重处罚,还是数罪并罚有争议,本书主张并罚。对实施盗窃、抢夺后又实施其他犯罪的情况,如果难以证明其他犯罪就是盗窃、抢夺的目的行为时,所实施的具体犯罪就具有不确定性,应当认定行为人是出于数个故意实施的数个行为,应数罪并罚。

对盗窃、抢夺后的非法持有、私藏,也有观点认为属于吸收犯,即非法持有、私藏是盗窃、抢夺行为的必然结果行为,两行为之间具有吸收关系[⑤]。本书认为,从客观上两行为之间的确是一种吸收关系,但鉴于非法持有、私藏枪支、弹药罪有其特别要求,因此,不存在构成非法持有、私藏枪支、弹药罪的可能性。

(三)盗窃、抢夺枪支、弹药、爆炸物、危险物质罪与抢劫枪支、弹药、爆炸物、危险物质罪[⑥]的关联

抢劫枪支、弹药、爆炸物、危险物质罪,是指以非法占有为目的,使用暴力、胁迫或者其他手段,劫取枪支、弹药、爆炸物、危险物质的行为。本罪规定的抢劫行为,在理解上仍然与普通抢劫罪的行为相同,同时侵害了人身法益。从抢劫枪支、弹药、爆炸

---

① 参见鲍遂献、雷东生:《危害公共安全罪》,中国人民公安大学出版社 1999 年版,第 274—275 页。

② 此处只是讨论不涉及暴恐犯罪的情况,反之,是暴恐犯罪的实行行为。

③ 非法持有、私藏爆炸物的行为,在广义上仍然可以构成非法持有、私藏枪支、弹药罪。但是,"危险物质"是"毒害性、放射性、传染病病原体等物质",无法归于此类犯罪,则会形成法律上的空缺。

④ 请参阅"非法持有、私藏枪支、弹药罪"的有关论述。

⑤ 参见鲍遂献、雷东生:《危害公共安全罪》,中国人民公安大学出版社 1999 年版,第 276 页。

⑥ 《刑法》第 127 条第 2 款的规定。

物罪的对象上说，并未如盗窃、抢夺枪支、弹药、爆炸物罪的规定，分为由普通人持有还是由国家机关、军警人员、民兵持有的情况，由此，对抢劫的枪支、弹药、爆炸物持有人不应区别持有的主体。

我国《刑法》第 127 条第 2 款没有规定抢劫枪支、弹药、爆炸物、危险物质罪的方法行为，本书认为仍然应根据《刑法》第 263 条抢劫罪的方法行为来理解。但是，根据司法解释的规定，普通抢劫行为的暴力的上限包括直接故意杀人，那么，抢劫枪支、弹药、爆炸物、危险物质罪的暴力上限是否也包括？有学者提出以下观点：(1) 行为人没有杀人的直接故意内容，只是在抢劫过程中致人死亡或者重伤，按照该罪论处，即便对于死亡、重伤结果持间接故意的态度，也符合该罪暴力的内涵。(2) 事前预谋既故意杀人又预谋抢劫，并按照计划实施的，应当实行数罪并罚，因两个行为具备各自独立的犯罪构成要件。(3) 实施抢劫后，出于灭口、报复的动机或者其他动机而实施故意杀人行为，应当实行数罪并罚，因故意杀人行为与抢劫行为无关①。本书赞同这一观点。

抢劫行为，应当以行为人实际实施的行为认定，不能以行为人准备实施的行为认定，或与实际实施的行为实行并罚。对实施盗窃、抢夺失败转而以暴力、胁迫方法夺取的，或者携带凶器抢夺的，是以暴力、胁迫的手段实施抢劫，应直接按照抢劫枪支、弹药、爆炸物、危险物质罪处罚。

我国《刑法》第 127 条对本罪没有规定结果加重犯的条款，在发生致人伤亡时，如何适用法律？由于本罪可以使用暴力方法，就可能造成人身伤亡，抢夺也可能因被害人没有提防而发生人身伤亡结果，如何区别是抢劫行为造成的，还是抢夺行为造成的人身伤亡？本书认为，仍然要看行为的强制力作用于“物”还是“人身”。抢夺不使用暴力来排除被害人的反抗能力，强制力是作用于枪支、弹药、爆炸物本身，如果造成人身伤亡，行为人主观上出于过失的，可以成立想象竞合犯，从一重罪即本罪论处；抢劫是有意识地实施暴力来排除被害人的反抗，强制力是直接指向被害人人身，意在抑制被害人的反抗意志、排除被害人的反抗能力。在抢劫中实施故意杀人行为，当前没有司法解释对此有规定，所以本书认为，不应再按照普通抢劫罪暴力可以包括故意杀人来理解，应当数罪并罚；实施的故意伤害行为，可以被本罪的暴力所包含，可以不适用并罚，按照本罪论处。如果抢夺、盗窃过程中遇到阻碍，或者因被害人的反抗转而实施暴力造成人身伤亡的，应当直接按照本罪论处。同样，也有行为人为实施其他犯罪而先实施抢劫枪支、弹药、爆炸物、危险物质，之后又实施目的行为的，也应数罪并罚。抢劫枪支、弹药、爆炸物、危险物质罪，以行为人非法控制枪支、弹药、爆炸物为既遂标准。

(四) 盗窃、抢夺枪支、弹药、爆炸物、危险物质罪的刑事责任

犯本罪，处 3 年以上 10 年以下有期徒刑；情节严重的，处 10 年以上有期徒刑、无

① 参见鲍遂献、雷东生：《危害公共安全罪》，中国人民公安大学出版社 1999 年版，第 286—287 页。

期徒刑或者死刑。盗窃、抢夺国家机关、军警人员、民兵的枪支、弹药、爆炸物的,处10年以上有期徒刑、无期徒刑或者死刑。

十二、非法持有、私藏枪支、弹药罪

(一) 非法持有、私藏枪支、弹药罪的概念和法益

非法持有、私藏枪支、弹药罪,应当是在排除其非法持有、私藏枪支、弹药的上游行为构成其他涉及枪支、弹药的犯罪,或者为他人窝藏枪支、弹药,或者查明其上游行为不是犯罪,而非法持有、私藏枪支、弹药的行为①。本罪的法益,是国家枪支以及爆炸物的管理和公共安全。主体为自然人一般主体,主观上是故意,动机不影响认定。

(二) 对象、行为、故意

这里仍然有必要注意本罪"枪支"的概念②。根据10.01.01《修改〈非法制造、买卖、运输枪支、弹药、爆炸物等刑事案件解释〉的决定》第8条第2、3款的规定,"非法持有"是指不符合配备、配置枪支、弹药条件的人员,违反枪支管理法律、法规的规定,擅自持有枪支、弹药的行为。"私藏"是指依法配备、配置枪支、弹药的人员,在配备、配置枪支、弹药的条件消除后,违反枪支管理法律、法规的规定,私自藏匿所配备、配置的枪支、弹药且拒不交出的行为。在上述规定中,本罪是属于"非法持有"还是"私藏"枪支、弹药,主体有所区别。③ 在2016年2月29日全国开展的"缉枪治爆"专项活动中,对持有、私藏2支以上具有一定杀伤力的高仿真枪视为"枪支",可以入罪。10.01.01《修改〈非法制造、买卖、运输枪支、弹药、爆炸物等刑事案件解释〉的决定》是将本罪入罪的枪支概念做了一定程度的限缩解释,但是实务中的做法与此相反,是扩张解释。"非法持有""私藏"的均不只是制式的配备、配置枪支,还包括非制式能够发射制式弹药的枪支以及具有一定杀伤力的高仿真枪。当然,扩张解释依据的解释

---

① 根据08.06.25《立案追诉标准(一)》第4条的规定,"涉嫌下列情形之一的,应予立案追诉:(1)非法持有、私藏军用枪支1支以上的;(2)非法持有、私藏以火药为动力发射枪弹的非军用枪支1支以上,或者以压缩气体等为动力的其他非军用枪支2支以上的;(3)非法持有、私藏军用子弹20发以上、气枪铅弹1000发以上或者其他非军用子弹200发以上的;(4)非法持有、私藏手榴弹、炸弹、地雷、手雷等具有杀伤性弹药1枚以上的;(5)非法持有、私藏的弹药造成人员伤亡、财产损失的。

② 请参见公安部有关对"枪支"的界定标准。此外,对军用爆炸物应当认定为"弹药"还是"爆炸物品"?有学者认为爆炸物的危害并不比枪支、弹药小,刑法只规定了枪支、弹药是不全面的,并建议本罪增设爆炸物。参见鲍遂献、雷东生:《危害公共安全罪》,中国人民公安大学出版社1999年版,第295页。这一看法是值得赞同的。同时,本书认为,对军用枪支使用的制式爆炸物,应视为枪支使用的"弹药"。

③ 显然,持有和私藏的都可以是制式枪支、弹药,但非法持有对持有主体无特别要求,可以是一般主体,而私藏却要求主体原来具备持有依据,但在持有依据消失后拒不交出。然而,司法实务中的具体做法却并未遵循这一要求。如"火药枪""土枪",符合枪支要求的"仿真枪",显然并非制式枪支、弹药,持有、私藏仍然可以构成犯罪。如此说来,10.01.01《修改〈非法制造、买卖、运输枪支、弹药、爆炸物等刑事案件解释〉的决定》有关非法持有、私藏的解释内容值得商榷。

理由,不一定就违反了罪刑法定原则,但这不意味着结论就一定是合理的,不合理的扩张解释无异于类推适用。实务上将具有一定“杀伤力”的高仿真枪包括在“枪支”的范围内,解释上应属于根据类似性所做的类推解释。将具有一定“杀伤力”的高仿真枪归于枪支的范围①,在解释上并不违反解释的规则,但是从入罪的标准说,则不应“不教而诛”。高仿真枪入罪所带来的问题,不只是涉及本罪,也涉及所有与枪支有关的犯罪,如盗窃、抢夺、抢劫枪支、弹药,持枪抢劫等,还会涉及高仿真枪支上游的制造、运输、走私等行为是否应该一并入罪的问题。②

本罪行为只限于不能构成其他涉枪犯罪的非法持有、私藏枪支、弹药,而且必须是没有证据可以认定为构成其他涉枪犯罪,或者窝藏、转移、收购、销售赃物罪。如果认定为是因其他涉枪犯罪而“持有”和“私藏”的,应以相应的犯罪论处,不构成本罪,如因走私而持有。本罪的枪支、弹药,既包括来源合法的,或占有并未违反法律规定,例如原依法配备、配置枪支、弹药,应依法上交没有上交的,或捡拾到等而后非法持有、私藏,也包括来源非法的。实务中,存在来源非法而且持有、私藏枪支、弹药是为实施其他犯罪的情况,但是本罪仅评价持有、私藏枪支、弹药行为本身,不评价形成持有、私藏状态的上游原因行为,或欲为的结果行为。因此,即便事实上存在着非法持有、私藏枪支、弹药是为实施其他犯罪的可能性,也只能以本罪论处。

本罪的非法持有,按照前述司法解释,包括所有不具备配枪资格而持有枪支、弹药,私藏则限定为原具有配枪资格,但在不再具备配枪资格后,仍然私自藏匿且拒不交出枪支、弹药。显然,这一解释很好地诠释了“持有”与“私藏”分别规定的意义,避免将“私藏”视为“持有”的一种表现方式(结果行为),或者将“持有”作为“私藏”的

---

① 2007年10月29日公安部发布的《枪支致伤力的法庭科学鉴定判据》(GA/T 718-2007(20080301))第3.2条规定“未造成人员伤亡的非制式枪支致伤力判据为枪口比动能≥1.8焦耳/平方厘米”作为枪支认定的标准。2010年12月7日公安部发布实施的《公安机关涉案枪支弹药性能鉴定工作规定》(公通字〔2010〕67号)重申:“对不能发射制式弹药的非制式枪支,按照《枪支致伤力的法庭科学鉴定判据》的规定,当所发射弹丸的枪口比动能大于等于1.8焦耳/平方厘米时,一律认定为枪支。”实务中对枪口比动能小于1.8焦耳/平方厘米、大于0.16焦耳/平方厘米的枪支视为仿真枪。枪口比动能≥1.8焦耳/平方厘米的仿真枪,会对人体柔软的部位如眼睛足以造成伤害。但对上述标准,实务界存在很大争议,因枪支标准是“法定”的,购买、持有、收藏仿真枪者并非知晓,也有因高仿真枪获罪而最终改判无罪的案例,如王国其非法买卖、运输枪支案。参见 http://news.cri.cn/20161031/483fbdf8-8552-9e1d-6dfd-ab412b7cd277.html,访问时间:2016年8月26日。

② 对走私仿真枪的行为,根据2014年9月9日最高人民法院、最高人民检察院联合发布的《关于办理走私刑事案件适用法律若干问题的解释》(法释〔2014〕10号)(以下简称14.09.10《走私司法解释》)第5条的规定,是以走私国家禁止进出口的货物、物品罪论处,并不构成走私武器、弹药罪。但其第2条规定:“刑法第151条第1款规定的‘武器、弹药’的种类,参照《中华人民共和国进口税则》及《中华人民共和国禁止进出境物品表》的有关规定确定。”1993年3月1日《中华人民共和国禁止进出境物品表》和《中华人民共和国限制进出境物品类》(海关总署令第43号)第1条“禁止进境物品”第1项规定的就是“各种武器、仿真武器、弹药及爆炸物品”。2018年3月30日最高人民法院、最高人民检察院《关于涉以压缩气体为动力的枪支、气枪铅弹刑事案件定罪量刑问题的批复》(法释〔2018〕8号)也没有规定非法制造、买卖、运输、邮寄、储存、持有、私藏、走私高仿真枪的入罪问题。可以说,在对待仿真枪入罪的罪名问题上,法律、法规以及司法解释的规定是极其不一致的。

原因行为进行刑法上的评判,避免了“持有”“私藏”,失去各自的独立性。

有观点认为,虽然有持枪证件但将枪支、弹药携带出依法规定的场所,或者在禁止携带枪支、弹药的区域、场所携带的,也为非法持有枪支、弹药,可以构成犯罪①。不赞同的观点认为,将该种行为认定为犯罪并不妥当,虽然行为有违反《枪支管理法》之处,但毕竟有合法的持枪依据。本罪的处罚根据在于行为人的“持有”有不具有法律上的依据。所以,将“违法”视为“非法”不恰当,混淆了不同行为的性质。② 本书赞同这一看法。

非法持有、私藏枪支、弹药行为与上游行为的关系,有学者认为,属于吸收犯,不实行数罪并罚。③ 本书赞同不实行数罪并罚的观点,但是解释的法理值得商榷。刑法对非法涉及枪支、弹药的上游行为构成犯罪有规定,并且对非法持有、私藏枪支、弹药罪也有规定,当同一主体的上游行为涉及枪支、弹药和非法持有、私藏枪支、弹药都可评价为犯罪时,如从吸收犯解释,则本罪就是上游犯罪的当然结果,或者说非法控制、支配枪支行为本身就是上游行为构成犯罪的事实内容之一。持有不仅成为上游行为构成犯罪的事实,同时也是构成本罪的事实,即同一事实被两次予以犯罪的评价,这显然有悖于“不得重复评价”原则。而且,根据吸收犯的定罪原则,无论是重行为吸收轻行为、高度行为吸收低度行为,都存在适用上根据后实施的行为定罪的可能性。但当同一主体分别实施构成犯罪的涉枪上游行为和本罪的行为时,认为是吸收关系,也不具有以本罪定罪的可能性,这如同不能将盗窃罪与盗窃后对赃物实施的窝藏、转移、销售行为认定是吸收犯。同一主体实施的后行为,如与前行为之间具有必然结果行为的性质,即便这一行为在刑法上有独立犯罪的规定,在理论上也属于“不可罚的事后行为”。因此,上述情况不应视为吸收犯,只能就其查明的前行为论罪处罚,不实行数罪并罚。

非法持有、私藏枪支、弹药并实施其他犯罪,如故意杀人、故意伤害、抢劫、绑架等犯罪,应数罪并罚。

本罪主观上是故意,现实中确有为持有而非法持有或为私藏而非法私藏的(如被认定为具有杀伤力的仿真枪)情形,但是认定本罪故意要求,一是确实无法查明非法持有、私藏是为其他犯罪;二是要求明知是无法律根据而持有、收藏枪支、弹药。就后者而言,区分罪与非罪的意义更为重要。

(三) 非法持有(私藏)枪支、弹药罪与非法携带枪支、弹药、管制刀具、危险物品危及公共安全罪④的关联

非法携带枪支、弹药、管制刀具、危险物品危及公共安全罪,是指违反有关规定,

---

① 参见刘家琛主编:《新刑法新问题新罪名通释》,人民法院出版社 1997 年版,第 432 页。

② 参见鲍遂献、雷东生:《危害公共安全罪》,中国人民公安大学出版社 1999 年版,第 294 页。

③ 参见同上。

④ 我国《刑法》第 130 条的规定。

非法携带枪支、弹药、管制刀具①或者爆炸性、易燃性、放射性、毒害性、腐蚀性物品，入公共场所或者公共交通工具，危及公共安全，情节严重的行为②。本罪属于选择性罪名，应根据具体携带的对象适用罪名，同时携带上述数种对象，构成犯罪的，不实行数罪并罚。本罪主体为自然人一般主体，主观上是故意。本罪的入罪范围不包括为实施恐怖主义犯罪活动以及为此犯罪活动进行的预备。

"携带"，是公开携带还是在其他物品中夹带，不影响认定。首先，必须是违反法律规定非法携带枪支、弹药、管制刀具、危险物品，经申请由有关部门批准的携带，阻却违法性。其次，携带必须进入法律规定的特定场合，即进入公共场所③。至于公共场所是固定的还是临时的，是有偿使用的还是无偿使用的，不影响认定。携带进入公共交通工具④，至于交通工具是载人的还是载物的，是有偿使用的还是无偿使用的，不影响认定。最后，行为必须危及公共安全，并且情节严重。

因本罪以"危及公共安全，情节严重的"为入罪条件，对此，一种观点认为，情节严重是行为构成本罪必不可少的要件，只要求实施了非法携带行为即可，而不要求必须造成严重后果⑤。不赞同的观点认为，只有携带危险物品进入公共场所或者公共交通工具，危及公共安全，足以对不特定多数人的生命、健康和重大公私财产安全构成严重威胁，同时，必须是情节严重的行为才能构成本罪，所以，情节是否严重是区分罪与非罪的重要标志⑥。"危及公共安全"，无疑是对行为具有的危险性质的要求，这是非法携带危险物品进入公共场所，或者进入公共交通工具行为应有的内涵，否则就不是危害公共安全的犯罪，但只有达到情节严重的程度才是犯罪。因此，"情节严重"是

---

① 2007 年 1 月 14 日公安部实施的《管制刀具认定标准》(公通字〔2007〕2 号)第 1 条规定："凡符合下列标准之一的，可以认定为管制刀具：1. 匕首：带有刀柄、刀格和血槽，刀尖角度小于 60 度的单刃、双刃或多刃尖刀。2. 三棱刮刀：具有三个刀刃的机械加工用刀具。3. 带有自锁装置的弹簧刀(跳刀)：刀身展开或弹出后，可被刀柄内的弹簧或卡锁固定自锁的折叠刀具。4. 其他相类似的单刃、双刃、三棱尖刀：刀尖角度小于 60 度，刀身长度超过 150 毫米的各类单刃、双刃和多刃刀具。5. 其他刀尖角度大于 60 度，刀身长度超过 220 毫米的各类单刃、双刃和多刃刀具。"

② 08.06.25《立案追诉标准(一)》第 7 条规定：涉嫌下列情形之一的，应予立案追诉：(1) 携带枪支 1 支以上或者手榴弹、炸弹、地雷、手雷等具有杀伤性弹药 1 枚以上的；(2) 携带爆炸装置 1 套以上的；(3) 携带炸药、发射药、黑火药 500 克以上或者烟火药 1000 克以上、雷管 20 枚以上或者导火索、导爆索 20 米以上，或者虽未达到上述数量标准，但拒不交出的；(4) 携带的弹药、爆炸物在公共场所或者公共交通工具上发生爆炸或者燃烧，尚未造成严重后果的；(5) 携带管制刀具 20 把以上，或者虽未达到上述数量标准，但拒不交出，或者用来进行违法活动尚未构成其他犯罪的；(6) 携带的爆炸性、易燃性、放射性、毒害性、腐蚀性物品在公共场所或者公共交通工具上发生泄漏、遗洒，尚未造成严重后果的；(7) 其他情节严重的情形。

③ 根据 13.07.22《寻衅滋事案件解释》的规定，"公共场所"是指"车站、码头、机场、医院、商场、公园、影剧院、展览会、运动场或者其他公共场所。"

④ 有不少司法解释对"公共交通工具"的内涵进行了规定，如 00.11.28《抢劫解释》、05.06.08《抢劫、抢夺意见》及 16.01.06《审理抢劫指导意见》。"公共交通工具"是包括从事旅客运输的各种公共汽车，大、中型出租车，火车，地铁，轻轨，轮船，飞机等，不含小型出租车。对于虽不具有商业营运执照，但实际从事旅客运输的大、中型交通工具，可认定为"公共交通工具"。接送职工的单位班车、接送师生的校车等大、中型交通工具，视为"公共交通工具"。但是不含小型出租车，在此类案件的认定上仍然会造成困惑，因小型出租车也行驶在与公共安全直接关联的道路上。

⑤ 参见陈兴良主编：《罪名指南》(上册)，中国政法大学出版社 2000 年版，第 173 页。

⑥ 参见鲍遂献、雷东生：《危害公共安全罪》，中国人民公安大学出版社 1999 年版，第 310—311 页。

“危及公共安全”的限制条件,而不是只有在“危及公共安全”达到“情节严重”的程度时才构成犯罪。

当携带爆炸性、易燃性、放射性、毒害性、腐蚀性物品进入公共场所、公共交通工具而发生重大事故时,因该罪没有结果加重的规定,视为想象竞合犯,以所触犯的相对较重的危险物品肇事罪论处。携带枪支、弹药进入特定区域内,可以是非法持有枪支、弹药的表现方式①;同时,因非法携带枪支、弹药行为入罪,也要求无证据证明是为实施其他严重犯罪,在这一点上,本罪与非法持有枪支、弹药罪,在规范上有相同的入罪要素。但显然,实务中区别二者,并非在于是否携带枪支、弹药进入特定区域,也即不是行为人持有枪支、弹药未进入特定区域时,才能构成非法持有枪支、弹药罪。但是,显而易见的是,在特定区域内携带,既可以认定为本罪,也可以认定为非法持有枪支、弹药罪。本书认为,因非法携带枪支、弹药进入特定区域,必然触犯非法持有枪支、弹药罪,两罪具有法条竞合关系,应以处罚较重的非法持有枪支、弹药罪处罚;非法携带武器(理应不排除枪支、弹药)、管制刀具、爆炸物品参加集会、游行、示威的,也必然触犯本罪与非法持有枪支、弹药罪,三罪之间仍为法条竞合关系,以三种犯罪法定刑相比较看,应以处罚较重的非法持有枪支、弹药罪论处为宜。

(四) 非法持有、私藏枪支、弹药罪的刑事责任

犯本罪,处 3 年以下有期徒刑、拘役或者管制;情节严重的,处 3 年以上 7 年以下有期徒刑。

十三、非法出租、出借枪支罪

(一) 非法出租、出借枪支罪的概念和法益

非法出租、出借枪支罪,是指依法配备公务用枪的人员或者其单位,违反枪支管理规定,非法出租、出借枪支,依法配置枪支的人员或者其单位,违反枪支管理规定,非法出租、出借枪支,造成严重后果的行为。本罪为选择性罪名。本罪的法益,为公共安全。本罪主体为特殊主体,即依法配备公务用枪、依法配置枪支的人员和单位,主观上是直接故意,动机不影响认定。

(二) 对象、行为

本罪的对象为枪支,包括依法配置的公务用枪和民用枪支。“公务用枪”,包括各种类型的军用、警用枪支;“民用枪支”,包括射击运动枪支、猎枪、麻醉注射枪等。我国法律规定,公务用枪采取配备制,民用枪支采取配置制,但明确规定不得非法出租、出借。“出租”,是有偿租赁,按照约定价格将物品的用益物权暂时转让,到期归还。

---

① 在此仅讨论与非法持有枪支、弹药罪的关联。

非法出租,应当是以此为牟利目的,实际上是否实际牟利,不影响认定;“出借”,则是将物的用益物权暂时性地转移给使用人而不要求对价,到期归还即可。非法出借[①],则无论有无收取费用,不影响认定。行为人明知他人将用租赁、借得的枪支实施犯罪而非法出租、出借枪支,构成相应犯罪的共犯,而非本罪。

非法出租与非法出借在入罪标准上有区别,将配备的公务用枪非法出租、出借的,无论是否造成严重后果,都依法追究刑事责任;将配置的非公务用枪(民用枪支)非法出租、出借的,必须是在造成严重后果的情况下才入罪[②]。发生的“严重后果”,虽与非法出租、出借配置枪支的行为有关,但并不是非法出租、出借行为直接造成的。无论是枪支“丢失”,还是用“该枪支实施违法犯罪活动”或者“因过失而造成重大人员伤亡事故”等,均不是由非法出租、出借枪支行为本身造成的。这是我国刑法中少数以他人的行为造成的结果,为行为人构成犯罪条件的条款[③]。

(三) 非法出租、出借枪支罪的刑事责任

本罪系我国《刑法》第 128 条第 2、3 款规定的犯罪,其刑事责任依照第 1 款确定,对单位犯罪除判处罚金外,对其直接负责的主管人员和其他直接责任人员,处 3 年以下有期徒刑、拘役或者管制;情节严重的,处 3 年以上 7 年以下有期徒刑。

十四、丢失枪支不报罪

(一) 丢失枪支不报罪的概念和法益

丢失枪支不报罪,是指违反枪支管理规定,丢失枪支不及时报告,造成严重后果的行为。本罪的法益,是对公务用枪的管理以及公共安全。本罪主体为特殊主体,即配备公务用枪人员。本罪的因果关系和主观罪过形式有很大的争议。

(二) 对象、行为、因果关系、主观罪过

本罪的“枪支”,特指配备的公务用枪,非公务用枪丢失不报的,即便造成严重后果,也不构成本罪。多数说认为,“丢失”是针对枪支的失控状态的规定,至于何种原

---

① 根据 1998 年 11 月 3 日最高人民检察院《关于将公务用枪作为借债质押的行为如何适用法律问题的批复》(高检发释字〔1998〕4 号)的规定,作为借债质押物是非法出借枪支行为的一种形式,使枪支处于非依法持枪人的控制、使用之下,严重危害公共安全,构成非法出借枪支罪;接受枪支质押者,构成非法持有枪支罪。

② 08.06.25《立案追诉标准(一)》第 5 条规定,依法配备公务用枪的人员或单位,非法将枪支出租、出借给未取得公务用枪配备资格的人员或单位,或者将公务用枪用作借债质押物的,应予立案追诉。依法配备公务用枪的人员或单位,非法将枪支出租、出借给具有公务用枪配备资格的人员或单位,以及依法配置民用枪支的人员或单位,非法出租、出借民用枪支,涉嫌下列情形之一的,应予立案追诉:(1) 造成人员轻伤以上伤亡事故的;(2) 造成枪支丢失、被盗、被抢的;(3) 枪支被他人利用进行违法犯罪活动的;(4) 其他造成严重后果的情形。

③ 相同的条文还有丢失枪支不报罪、为他人提供书号出版淫秽书刊罪等。

因造成“丢失”并不是立法所关注的。理论上,有将“被盗、被抢”作为选项,与“丢失”并列[①]的观点。本书认为,在任何情况下,只要造成枪支处于失控状态,包括“被盗”“被抢”,都应评价为“丢失”,都不影响枪支丢失事实的成立。所以,本罪的前提条件“违反枪支管理法”,是指在枪支失控后不履行报告义务,并不在于是否正确履行对枪支的管理义务。即便行为人认真履行枪支管理义务,主观上没有过失,但在枪支被盗、被抢导致对枪支失去控制后,行为人不履行报告义务,造成严重后果,也同样应构成本罪。

本罪以造成严重后果才入罪[②](如无责任能力人拾到枪支玩耍致人死亡)。张明楷教授认为,“严重后果”包括直接的危害结果和间接的危害结果,前者是指落入不法分子手中,后者是指不法分子利用丢失的枪支实施犯罪所造成的严重后果,但丢失枪支本身不是本罪的严重后果[③]。也有观点认为,枪支被犯罪者持有、使用或落入恐怖组织之手,即使没有造成人身伤亡和财产损失,也应视为严重后果[④]。上述观点都赞同因丢失枪支造成伤亡是严重后果,但落入谁手,实际上意义不大,即便落入普通公民之手,不上交也是非法持有枪支、弹药行为。枪支落入不法分子、恐怖分子之手(没有被用于犯罪时),与普通人持有并无异样,虽有较大威胁性,但将事实上并未发生的结果评价为严重后果,过于严苛。

“造成严重后果”与“不及时报告”之间是否要求有刑法上的因果关系,有不同的认识。肯定观点认为:“不及时报告行为与严重后果之间具有引起和被引起的因果关系,造成危害结果的原因必须是行为人的不及时报告行为。”[⑤]否定观点认为,两者之间不存在因果关系。因为即使行为人及时报告,也不能保证找回枪支,也不能保证不发生严重后果,即枪支丢失后行为人及时报告亦不能保证枪支安全和公共安全[⑥]。的确,是否报告并不能决定严重后果的发生与否,看似有一定道理。

本书认为,“造成严重后果”是构成本罪的必要条件,如果行为人在枪支丢失后,履行了及时报告的作为义务,即便因所丢失的枪支造成严重后果,也根本不可能构成犯罪。本罪要求履行报告义务,是法律设定的特别义务,即要求因自己的行为导致有危险发生时,行为人必须履行介入行为的义务。如果不履行,就难以认为不报告有危险发生(枪支丢失)的行为与严重后果无关。所以,予以入罪的行为是不履行及时报

---

① 参见陈兴良主编:《罪名指南》(上册),中国政法大学出版社 2000 年版,第 168 页。该观点与《枪支管理法》(2009 年修正)第 44 条第 1 款第 4 项的表述相同,但与刑法规定不同。本书认为,本罪追究刑事责任并非基于丢失枪支的原因。

② 08.06.25《立案追诉标准(一)》第 6 条规定,涉嫌下列情形之一的,应予立案追诉:(1) 丢失的枪支被他人使用造成人员轻伤以上伤亡事故的;(2) 丢失的枪支被他人利用进行违法犯罪活动的;(3) 其他造成严重后果的情形。

③ 参见张明楷:《刑法学》(下),法律出版社 2016 年版,第 715 页以下。

④ 参见陈建清:《关于丢失枪支不报罪的法律思考》,载《河北法学》2001 第 5 期。

⑤ 参见高西江主编:《刑法的修订与适用》,中国方正出版社 1997 年版,第 384 页;陈兴良主编:《罪名指南》(上册),中国政法大学出版社 2000 年版,第 168—169 页。

⑥ 参见鲍遂献、雷东生:《危害公共安全罪》,中国人民公安大学出版社 2003 年版,第 314 页。

告义务的不作为行为。正是不报告使得有关机构失去了采取有效措施、阻却发生严重后果的时机。虽然导致严重后果发生的因果流程非由丢失枪支者所能控制，但是，不履行及时介入（报告）行为，也就表明不报告的行为与危险事态之间的互动关系没有阻断。当然，履行了报告义务，也不意味着严重后果就能够避免，但是表明了行为人为阻止严重后果发生做出了努力，阻断了丢失枪支与严重后果二者之间的关联。虽然客观表象上，严重后果是否发生不由行为人操控，但刑法将这种不履行及时报告的行为入罪的实质理由，就在于行为人没有为阻止事件向危险方向发展做出努力，其责任必须从属于所发生的严重后果。如果认为不存在因果关系，也就从根本上动摇了不作为因果关系的理论。丢失枪支不报罪，是我国刑法为数不多明文规定因行为人的违法行为，要对他人的违法①、犯罪行为所造成的后果承担刑事责任的犯罪②。

关于丢失枪支不报罪的主观方面，主要有三种观点：（1）过失说③。“这种过失，是对所造成的严重后果的心理态度，但行为人对违反枪支管理规定，丢失枪支不及时报告则是故意的。”④（2）间接故意说。“本罪主观上是间接故意。行为人对于丢失枪支后不报告的行为是故意的，但是对于由此造成的严重后果并不希望发生，因此不会是直接故意的心理态度。这里的间接故意，是指行为人明知其丢枪不报的行为会造成严重危害结果，而又放任这种结果发生。”⑤（3）复杂罪过说。就丢失枪支而言，通常表现为过失，但也不排除没有过失而丢失枪支的情况。就不及时报告而言，行为人所持有的明显是故意的心理态度，是明知不及时报告的行为是违反法律的而故意不报告。就造成的严重后果而言，本罪一般表现为过失，但不排除间接故意的可能性，以及既无故意又无过失的可能性。因为严重后果只是罪与非罪的标志，故而，没有必要深入讨论对它的心理态度。而由于“不及时报告”是本罪的核心行为，而该行为只能由故意构成⑥。

张明楷教授与上述分析的思路均不相同，他认为严重后果系“客观超过要素”⑦，不要求行为人对此有认识，本罪主观上是故意。本罪的故意，是指对枪支丢失后失控状态的故意心态，而不是指对“严重后果”的心态。同时他认为，对于丢失枪支而言，可以是过失；即便没有过失而丢失的，如被抢、被盗，只要不及时报告，也不影响定罪，丢失的心态不决定本罪的责任形式和内容。不同意故意说的理由在于，行为人对行为以及结果都是故意的认识因素，不能只考虑对行为的认识而不考虑对结果的认识

① 例如，拾到枪支的孩子在玩耍中致人死亡，不具有刑事责任能力的未成年人不构成犯罪，但不影响不及时报告者构成犯罪。类似犯罪如为他人提供书号出版淫秽书刊罪，国家机关工作人员签订、履行合同失职被骗罪，环境监管失职罪，动植物检疫失职罪等。

② 参见林亚刚：《刑法学教义》（总论）（第2版），北京大学出版社2017年版，第318页。

③ 高铭暄、马克昌主编：《刑法学》（下编），中国法制出版社1999年版，第651页。

④ 赵秉志主编：《新刑法全书》，中国人民公安大学出版社1997年版，第538页。

⑤ 陈兴良主编：《罪名指南》（上册），中国政法大学出版社2000年版，第169页。

⑥ 参见鲍遂献、雷东生：《危害公共安全罪》，中国人民公安大学出版社2003年版，第314—315页。

⑦ 即张明楷教授所说的“间接结果”，直接结果则是“是落入不法分子手中”。参见张明楷：《刑法学》（下），法律出版社2016年版，第716页。

及意志内容。不赞同过失说,是因为事实上不能排除行为人不及时报告可能对严重后果持故意态度,既然对严重后果持过失态度可以,便没有理由将行为人对严重后果持故意心态的情况排除,当然也因为即便是故意心态,也不可能另成立其他犯罪。不同意复杂罪过说,是因为既然间接故意可以构成本罪,便没有理由拒绝直接故意也可以构成,倘若只有间接故意可以构成,直接故意构成其他犯罪,会瓦解故意概念的统一性①。

复杂罪过说既认为罪过的认定标准是对严重后果的心理态度,又主张对严重后果既无故意也无过失时也不影响本罪成立的见解,不仅违背我国刑法对罪过认定的规定,也是对"无罪过即无刑事责任"原则的否定,难有合理性。

根据我国《刑法》对故意犯罪的规定,理论上的通说认为,故意罪过的标准是根据行为人对会(可能)发生的结果的心理态度,但也没有排除对自己行为的认识程度(至少在违法性上)。② 张明楷教授认为,"只要行为人丢失枪支不及时报告,因而造成严重后果的,不管行为人是否希望或者放任严重后果发生,就应当以犯罪论处"③的前提,是以枪支的失控状态为丢失枪支的"直接结果",而"严重后果"只是"客观超过要素",是间接结果,不要求行为人主观上有认识。即本罪的故意是指行为人对枪支丢失后失控状态的主观心态,是希望或放任这种结果的故意心态,而不是指对"严重后果"的心态。④ 因此,本罪罪过所要求的对因果关系(因果律)的判断,就只针对不及时报告行为与枪支失控直接结果(状态)的关联关系。由此而言,故意罪过要求的认识也是针对这一直接结果。不过,张明楷教授也认为,本罪"可以肯定,行为人能够预见严重后果发生的可能性"⑤。预见可能性是主观能力,既然张明楷教授承认行为人对严重后果有预见可能性,又认为这一要素对罪过形成,罪过形式和内容并无意义,这两种解释之间有无矛盾?可以说,即便及时报告了但枪支未找回前⑥,枪支失控的"直接结果",不会因及时报告就不存在⑦,并不存在只要及时报告就能找回失去的枪支。因此,所谓的"直接结果"与是否及时报告并无直接关联关系,只是与丢失枪支的行为有关。张明楷教授还主张,"因果关系的判断以具有结果回避可能性为前提。如果缺乏结果回避可能性,就可以直接否认实行行为,因而可以直接否认因果关系"⑧。按照此理解,枪支丢失后即便行为人及时报告,有关机关采取了措施,也不可避免枪

① 参见即张明楷教授所说的"间接结果",直接结果则是"是落入不法分子手中"。参见张明楷:《刑法学》(下),法律出版社 2016 年版,第 716 页以下。

② 参见高铭暄、马克昌主编:《刑法学》,北京大学出版社、高等教育出版社 2011 年版,第 103 页。

③ 张明楷:《刑法学》(下),法律出版社 2016 年版,第 716 页。

④ 参见张明楷:《刑法学》(下),法律出版社 2016 年版,第 716 页。

⑤ 同上。

⑥ 履行及时报告行为并找回枪支,则不再属于"失控",也就不可能构成犯罪。

⑦ 这也正是即使行为人及时报告,也不能保证找回枪支,也不能保证不发生严重后果,即枪支丢失后及时报告亦不能保证枪支安全和公共安全的理由。参见鲍遂献、雷东生:《危害公共安全罪》,中国人民公安大学出版社 2003 年版,第 314 页。

⑧ 张明楷:《刑法学》(上),法律出版社 2016 年版,第 184 页。

支仍然失控的“直接结果”。这的确可以因为是缺乏回避结果的可能性而造成。如是,就应该直接否定不及时报告行为是“实行行为”,否定与枪支失控的直接结果之间具有因果关系。如此一来,作为归责前提的不报告行为,与枪支失控结果连因果关系都没有,还能够认为存在故意罪过?本书认为,行为人对不报告致使对枪支失控的结果,无论持有希望或者放任的心理状态,都没有评价的意义,因为仅此而言,依法还不足以评价为犯罪。所以,报告还是不报告,枪支在找回之前的失控状态是现实的,与行为人希望还是放任无丝毫关系。

张明楷教授还认为,承认是故意罪过,有利于解决共同犯罪问题。例如,甲乙二人在执行任务中,甲丢失枪支,本想及时报告,但在乙的唆使下没有及时报告,结果枪被不法分子捡拾并用于犯罪活动,造成了严重后果。如果认为本罪为过失犯罪,则不能对乙以共犯论处,理论上不合适。[①] 二人执行公务是共同行为,却难以认定对枪支有共同持有的规定和实践(持枪证有持枪者照片、枪号,不可能登记甲乙二人共同持有)。既然枪支是由乙保管、使用,那么甲就不负有保管义务,当然也就不负有丢失后的报告义务。不能因为甲乙是同事,乙对甲负有及时报告义务的监管责任。本罪是亲手犯,因行为人自己的行为导致危险发生,也就启动了防止危险结果发生的义务——及时报告,他人不可能帮助或替代履行;即便他人及时报告,也不能视为行为人履行了报告义务。同理,乙唆使甲不要报告,是否报告也是丢失枪支的甲自己决定,乙并不具备能够操控甲不报告的能力。如果甲因受唆使而不报告,只能说其不报告之不作为是要故意隐瞒,在没有发生严重后果时,单就不报告行为而言,尚不构成犯罪,既然尚不是犯罪,故意不报告也无独立评价的意义,也不可能与教唆者形成共犯关系。

张明楷教授不赞同过失说,是认为不能排除行为人对严重后果可以是故意的心态。既然认为严重后果是“客观超过要素”,不是认识因素的内容,那故意“明知”的内容是什么?以自己主张不要求行为人认识的“客观超过要素”,来论证行为人对“客观超过要素”的严重后果可以是故意,甚至可以是直接故意,并以此反驳过失的立论,在法理上还有说服力吗?

本书认为,仅仅以行为人对自己行为的态度,尚不能决定行为人主观罪过的内容和形式,如同交通肇事违反交通法规可以“明知故犯”,也不能以此认为是故意犯罪一样。本罪是行为人在枪支丢失后没有履行及时报告的义务,可以有刻意隐瞒的心理,但决定罪过形式和内容的,是对严重后果的心理态度。行为人没有履行及时报告的义务,刻意隐瞒的心理并无独立评价意义。本罪应当属于过失犯罪。

(三)丢失枪支不报罪的刑事责任

犯本罪,处 3 年以下有期徒刑或者拘役。

---

① 参见张明楷:《刑法学》(下),法律出版社 2016 年版,第 717 页下注释。

十五、重大飞行事故罪

(一) 重大飞行事故罪的概念和法益

重大飞行事故罪,是指航空人员违反规章制度,致使发生重大飞行事故,造成严重后果的行为。本罪的法益是航空安全以及公共安全。不同的观点有主张,本罪的法益是民用航空飞行安全。[①] 本书认为,这一界定过于狭窄。我国《飞行基本规则》第2条规定:"凡辖有航空器的单位、个人和与飞行有关的人员及其飞行活动,必须遵守本规则。"第3条规定:"国家对境内所有飞行实行统一的飞行管制。"这当然包括飞行俱乐部、飞行部队[②]、飞行院校等所有辖有飞行器的单位和个人。本罪的法益,是包括民用航空飞行安全在内的所有飞行安全,即航空安全以及公共安全。本罪主体为特殊主体,限于飞行人员、空中交通管制员、飞行指挥员、飞行保障部门及其人员[③](如气象保障人员、航空器维护、维修人员、地勤辅助人员等[④]),主观罪过是过失。

(二) 行为、严重后果

本罪行为表现为违反规章制度,致使发生重大飞行事故,造成严重后果。首先,行为人必须是违反规章制度。具体而言,行为人违反了保障航空器飞行安全管理的各种规章制度所规定的注意义务,包括航空主管部门制定的保障飞行安全的各种规范性文件。这里的"规章制度",是指航空人员保障航空器飞行安全应当履行的注意义务。根据我国《民用航空法》《飞行基本规则》等的规定,针对不同的航空人员规定有各不相同的职责义务。为此,应根据不同的航空人员确定其违反的是何种具体的职责义务。至于行为人是以作为还是不作为违反注意义务,不影响认定。

行为人必须因违反规章制度而发生重大飞行事故,造成严重后果。"重大飞行事故"[⑤],应当是指航空器在飞行中因人为原因发生的事故。根据《民用航空器飞行事故等级》(GB14648—1993)的相关规定,飞行事故的时间界限是从任何人登上航空器准备飞行直至所有这类人员下了航空器为止的时间内。因此,应是指在该时段内发生的重大飞行事故。造成严重后果的重大飞行事故,必须是由于行为人违反保障飞

---

① 参见鲍遂献、雷东生:《危害公共安全罪》,中国人民公安大学出版社1999年版,第315页。

② 隶属于武装部队的航空单位发生航空事故虽然不适用处理普通航空事故的法律、法规,但其飞行活动同样具有公共危险,因我国《飞行基本规则》是由国务院、中央军委制定的,当然适用于武装部队飞行单位。

③ 参见我国《飞行基本规则》对各类人员以及职责的具体规定。

④ 不直接保障航空器飞行安全地勤辅助人员,不应为本罪主体,如保洁员、登机引导员等。

⑤ 我国《民用航空飞行事故调查规定》第5条规定,飞行事故分类,适用《民用航空器飞行事故等级》(GB14648—93)确定。事故等级分为:(1) 特别重大飞行事故;(2) 重大飞行事故;(3) 一般飞行事故。特别重大飞行事故:(1) 人员死亡,死亡人数在40人及其以上者;(2)航空器失踪,机上人员在40人及其以上者。重大飞行事故:(1) 人员死亡,死亡人数在39人及其以下者;(2) 航空器严重损坏或迫降在无法运出的地方(最大起飞重量5.7t及其以下的航空器除外);(3) 航空器失踪,机上人员在39人及其以下者。

行安全的规章制度的行为引起，即要求违章行为与发生的严重后果之间具有刑法上的因果关系（在严重后果上与过失损坏交通工具罪相同）。本罪属于过失犯罪，不排除可由数人共同违反规章制度的行为造成的，因此，在确定刑事责任时，应当区别主要责任人和次要责任人的刑事责任。

（三）重大飞行事故罪与重大责任事故罪、交通肇事罪以及其他犯罪的关联

航空运输（除武装部队之外），既具有生产经营活动的性质[①]，也具有交通运输的性质；同时，航空器也是与公共安全直接关联的特殊交通工具，因此，仅就重大飞行事故的发生而言，并非只能构成重大飞行事故罪。行为人只是对航空器实施不影响飞行安全的故意破坏，可能触犯破坏生产经营罪或故意毁坏财物罪。因过失损坏影响飞行安全的重大责任事故，则同时触犯重大飞行事故罪和重大责任事故罪以及可能触犯过失损坏交通工具罪（未执行航空运输任务的飞行事故，如培训等，不触犯重大责任事故罪），鉴于本罪主体是航空人员的特殊性，违反的注意义务与其他罪不同，一般应该以重大飞行事故罪论处；非特殊主体违反保障航空器飞行安全管理规定，引发重大飞行事故的，应以交通肇事罪、过失损坏交通工具罪论处；因其他犯罪，例如劫持航空器、恐怖犯罪活动等造成的重大飞行事故，应按照相应犯罪论处。

（四）重大飞行事故罪的刑事责任

犯本罪，处 3 年以下有期徒刑或者拘役；造成飞机坠毁或者人员死亡的，处 3 年以上 7 年以下有期徒刑。

十六、铁路运营安全事故罪

（一）铁路运营安全事故罪的概念和法益

铁路运营安全事故罪，是指铁路职工违反规章制度，致使发生铁路运营安全事故，造成严重后果[②]的行为。本罪客体是铁路运输的安全，即列车（是否包括所有以固定轨道运行的列车[③]）以及设施、设备的安全以及旅客生命、健康安全和重大公私财产的安全。主体为特殊主体，即从事铁路运营与保障列车运营安全有直接关系的人

---

① 广义上航空运输也可以看作是一种生产经营活动，但狭义上与一般的生产经营活动的不同在于，航空运输是以服务性劳动创造价值，而不是通过物资生产、作业创造价值，因此，有一定的区别。

② 2015 年 12 月 16 日最高人民法院、最高人民检察院实施的《关于办理危害生产安全刑事案件适用法律若干问题的解释》（法释〔2015〕22 号）（以下简称 15.12.16《生产安全解释》）第 6 条规定，具有下列情形之一的，应当认定为“造成严重后果”或者“发生重大伤亡事故或者造成其他严重后果”，对相关责任人员，处 3 年以下有期徒刑或者拘役：（1）造成死亡 1 人以上，或者重伤 3 人以上的；（2）造成直接经济损失 100 万元以上的；（3）其他造成严重后果或者重大安全事故的情形。

③ 这主要是指城市轨道交通，如地铁、轻轨、有轨电车等。本书认为，城市地面轨道交通应归于道路交通的范畴，其工作人员因过失发生的重大交通事故，应构成交通肇事罪，而非本罪。

员①;主观罪过是过失。

(二)行为、严重后果、主体

本罪行为是违反规章制度,致使发生重大铁路运营事故,造成严重后果。

违反规章制度,是指违反为保障铁路运营安全管理的各种规章制度所规定的注意义务,包括铁路运输主管部门制定的保障列车安全运营的各种规范性文件,如各种劳动纪律、操作规程,以及与保障运输安全有关的命令、条例、规则、办法、章程等规定的注意义务。根据我国《铁路法》和《铁路运输安全保护条例》等规定,不同的铁路职工,有各不相同的职责义务,因此,应当根据不同的铁路职工所负的具体职责义务,确定其注意义务的内容。违反规章制度可以是作为,也可以是不作为,均不影响认定。

本罪因违反规章制度而发生重大运营安全事故,并造成严重后果。“铁路运营安全事故”的发生原因,有自然原因、技术原因等。运输货物被盗、被抢、丢失,路内外人员伤亡以及火车倾覆、出轨、撞车等都属于“事故”范围,但本罪中的“铁路运营安全事故”,限于铁路运运营中,因严重违章的人为原因而导致的严重事故,并造成了“严重后果”(一般是指使火车倾覆、出轨、撞车、爆炸等造成机车毁坏以及路内外人员重大伤亡或公私财产遭受重大损失等结果)。违章行为必须与严重后果之间具有因果关系,即严重后果必须是由于行为人实施违反保障运营安全规章制度的行为而引起,且两者具有刑法上的因果关系(在严重后果上与过失损坏交通工具罪相同)。本罪属于过失犯罪,不排除可由数人的共同违反规章制度的行为造成,在确定刑事责任时,应当区别主要责任人和次要责任人的刑事责任。

本罪主体是特殊主体,只限于铁路职工。国家铁路、地方铁路(包括地铁)的职工,可以成为本罪主体,但特定工矿企业、单位专有铁路和铁路专用线的职工能否构成本罪,值得研究。客观上,他们是工矿企业、单位内部的职工,因其组织、劳动、福利、工资等关系隶属于工矿企业、单位。但我国《铁路法》第 2 条规定,铁路包括国家铁路、地方铁路、专用铁路和铁路专用线,即只要涉及铁路运营,专有铁路和铁路专用线应当服从铁路主管部门的管理和调度。因此,专有铁路和铁路专用线上工作的职工,应当包括在本罪主体的范围之内。

(三)铁路运营安全事故罪与交通肇事罪、过失损坏交通工具罪、过失损坏交通设施罪以及其他犯罪的关联

铁路运输同时具有交通运输以及生产经营活动的性质②,列车也是与公共安全直接关联的特殊交通工具,对发生的重大安全运营事故,应具体分析:本罪适格主体故意破坏列车设施、设备但不影响铁路安全运营的情况,可能触犯破坏生产经营罪或故

① 虽是铁路职工,但工作性质与保障安全运营无直接关联的,不是本罪主体。

② 广义上,铁路营运也是一种生产经营活动,但狭义上与一般的生产经营活动的区别在于,铁路营运是以服务性劳动创造价值,而不是通过物资生产、作业创造价值。

意毁坏财物罪。如果因过失损坏行为影响铁路运营安全,则同时触犯本罪和重大责任事故罪及过失损坏交通工具、交通设施罪,是想象竞合犯,从一重罪论处,鉴于本罪主体是铁路工作人员的特殊性,违反的注意义务与其他罪不同,应以本罪论处为宜;一般主体违反保障铁路运营安全管理的规定,从而引发重大事故,影响铁路安全运营的,是想象竞合犯,应以交通肇事罪和过失损坏交通工具、交通设施罪,从一重罪论处。因其他犯罪,例如恐怖犯罪活动造成的重大事故,应按照相应犯罪论处。

(四)铁路运营安全事故罪的刑事责任

犯本罪,处3年以下有期徒刑或者拘役;造成特别严重后果的,处3年以上7年以下有期徒刑。

十七、交通肇事罪

(一)交通肇事罪的概念和法益

交通肇事罪,是指违反交通运输管理法规,发生重大事故,致人重伤、死亡或者使公私财产遭受重大损失的行为。所谓"交通运输",包括铁路、公路、水上、航空、管道(石油、天然气)运输。虽然刑法将发生在铁路、航空运输中,由特定主体违反规章制度发生的重大责任事故,单独规定了重大飞行事故罪和铁路运营安全事故罪,但这并没有排斥一般主体在铁路运输、航空运输中,违反保障铁路运营安全、飞行安全的规章制度,可以构成交通肇事罪。因此,本罪的法益,并非限于陆路和水上交通运输安全,而是整个交通运输安全。在司法实务中刑事处罚的交通肇事行为,主要发生在陆路和水路交通运输中的重大交通责任事故。本罪主体为自然人一般主体①,包括除刑法规定的特定犯罪的主体之外,所有参与交通运输领域的人员。客观上以违反交通运输法规为前提,即违反交通运输的注意义务的行为,必须与发生的严重后果之间具有刑法上的因果关系。本罪主观罪过为过失,即对发生的严重后果是过失,对违反交通运输管理法规,即便存在明知故犯的情况,也不认为是故意犯罪。

(二)违法依据、主体、因果关系

交通肇事罪,以违反交通运输应遵循的注意义务为前提,在我国,道路交通肇事的违法依据,应根据《道路交通安全法》的规定;水路交通肇事的违法依据是《航道

① 2000年11月15日最高人民法院发布的《关于审理交通肇事刑事案件具体应用法律若干问题的解释》(以下简称00.11.21《交通肇事解释》)第7条规定:"单位主管人员、机动车辆所有人或者机动车辆承包人指使、强令他人违章驾驶造成重大交通事故,具有本解释第2条规定情形之一的,以交通肇事罪定罪处罚。"第2条规定的情形有:(1)酒后、吸食毒品后驾驶机动车辆的;(2)无驾驶资格驾驶机动车辆的;(3)明知是安全装置不全或者安全机件失灵的机动车辆而驾驶的;(4)明知是无牌证或者已报废的机动车辆而驾驶的;(5)严重超载驾驶的;(6)为逃避法律追究逃离事故现场的。

法》《内河避碰规则》《内河交通安全管理条例》《海上交通安全法》《渔港水域交通安全管理条例》等。对一般主体在航空、铁路运输领域的交通肇事,应以相关航空法、铁路法的规定为依据。许多教科书一般对道路交通肇事行为研究为主,本书虽然也不例外,但提请关注对其他交通领域,特别是水上交通肇事的研究,本书限于篇幅不再予以特别研究,可以参阅相关文献①。

道路交通肇事行为,在本质上一般与业务活动已没有必然关系②。我国《道路交通安全法》将非机动的自行车、三轮车、人力车、畜力车、残疾人机动轮椅车、电动自行车、行人、乘车人,也作为规制的对象。③ 使用上述交通工具,包括行人、乘车人参与交通活动,如果因其违章而造成机动车辆重大交通事故的(包括非机动车、行人违章引起机动车因规避、避让等,造成其他人员伤亡或其他机动车事故的情况),可以构成交通肇事罪。但非机动车(或行人)违章直接肇事,造成行人伤亡或者机动车事故(亦即从机动车事故的结果看,是单方事故),应该如何认定?如果肇事行为只能造成个别人员的伤亡,或少量的财产损失,以交通肇事罪论处是否妥当?例如在人行道上骑自行车撞死行人,或者锻炼的人奔跑中,将路边正常行走的行人撞倒致死或重伤等情形。机动车、非机动车、行人在参与交通运输活动时,都必须遵守《道路交通安全法》及其实施条例,虽然不同路况下路权有区别④,但有无必要对此类肇事行为以本罪处理?本书认为,公安交管行政管理部门可以认定这是交通事故(包括是交通肇事行为),但如此类行为本质上对公共安全不具有威胁,没有发生危害公共安全的后果的,按照过失致人重伤、死亡罪处理可能更为妥当。但是,对陆路交通肇事违法性的确认仍存在以下

---

① 目前我国刑法理论界对水上交通肇事罪的研究较为薄弱,相关文献对交通肇事罪多集中在道路交通肇事,但水上交通肇事同样不应该忽视。但因水上交通肇事的因果关系、责任认定,均与陆路交通肇事罪的认定有诸多不同,在研究方法和研究视角上都有所区别。相关文献可以参阅赵薇主编:《水上交通犯罪的理论与实务》,黑龙江大学出版社 2012 年版;黄珂:《浅析水上交通肇事逃逸犯罪行为若干问题》,载《珠江水运》2012 年第 2 期;王茹军:《水上交通肇事犯罪若干问题浅探》,载《水上消防》2006 年第 1 期;王丹丹:《浅析水上交通肇事逃逸犯罪》,载《中国海事》2006 年第 10 期;郝圆圆:《水上交通肇事犯罪的若干问题研究》,沈阳师范大学 2015 年硕士学位论文等。

② 需要注意的是,水上交通事故与陆路交通事故相比,具有不同的特点,往往是具有“业务性”的。不仅如此,其注意义务以及因果关系的判断都具有不同于陆路交通事故的特点。对事故(包括肇事)也存在多部门如海事、渔政、海警等都有管理(管辖)的情况。因此,所有对陆路交通运输事故(包括肇事)规定,特别是责任认定的标准,如何适用于水上交通肇事,是需要特别研究的课题。

③ 我国《道路交通安全法》第 119 条第 4 项规定,“非机动车”是指以人力或者畜力驱动,上道路行驶的交通工具,以及虽有动力装置驱动但设计最高时速、空车质量、外形尺寸符合有关国家标准的残疾人机动轮椅车、电动自行车等交通工具。2019 年 4 月 15 号起实施的《电动自行车安全技术规范》(GB17761-2018)规定,电动自行车须具有脚踏骑行能力、最高设计车速不超过 25 公里/小时、整车质量(含电池)不超过 55 公斤、电机功率不超过 400 瓦、蓄电池标称电压不超过 48 伏。据此,超标电动车与属于机动车,驾驶超标电动车交通肇事的,应直接按照交通肇事罪论处。驾驶非机动性交通工具的行为危害公共安全,也可以构成本罪;反之,该种行为不会危害公共安全,则只能按照其他犯罪论处。

④ 我国《道路交通安全法》《道路交通安全法实施条例》中规定了机动车应避让行人,主要是因为机动车属于“优势方”,机动车驾驶者应该更多考虑到行人的人身安全。从另一个方面说,也是为保障机动车行驶的安全。因此,应适用“危险分配”以及“信赖原则”确定交通参与者安全注意义务的分配。参见林亚刚:《刑法学教义》(总论)(第 2 版),北京大学出版社 2017 年版,第 243 页以下;以及其他专题研究文献。

争议：

一是地方性交通法规能否作为肇事违法的依据？有观点认为，除交通管理类法律、国务院交通管理主管部门制定的行政法规和其他行政规范性文件之外，省级以下地方交通管理部门，根据本地交通管理实际情况制定的交通管理规章制度，也属于规范评价违法的依据。[①] 根据我国《立法法》第72条的规定，经过备案的地方性法规同样具有法的效力，以地方性交通法规作为处理交通行政违法的处罚依据当然可以[②]，可是能否作为交通肇事罪违法以及责任认定的依据？例如，某地方交管法规规定机动车在某一时段不得占用公交专用车道[③]，若行为人违反该规定当然可以构成行政违法，但发生交通事故时，却很难对在此时段进入公交专用车道的违法行为，作为行为人构成交通肇事罪的违法依据。是否构成犯罪，仍然要根据《道路交通安全法》《交通安全法实施条例》的规定来确认行为人是否违反应注意的义务，而不在于违反此时段不得进入公交车道的规定。地方性交通法规规定的目的是为了维护特定地段、时间内的交通秩序，是根据当地道路以及交通流量的具体情况所作出的规定（包括属于临时性规定），而不在于为避免在特定地段、特定时间发生交通事故。因此，本书不赞同该观点。

二是交通运输法规是否包括铁路和航空运输管理法规？肯定说认为，本罪的违法依据包括铁路运输、航空运输管理法规[④]；否定说则认为，不应包括铁路运输、航空运输管理法规，因为铁路职工、航空人员违反运输管理法规的行为构成相应的特定犯罪，而不是交通肇事罪[⑤]。否定说显然没有注意到非铁路职工、非航空人员违反铁路运输、航空运输管理法规行为造成严重后果时，应该如何入罪的问题。依据现行立法，否定说的观点很难成立。

三是交通管理部门出具的《道路交通事故责任认定书》[⑥]在确定违法和责任中的作用。在道路交通事故中，加害者与被害者双方均存在违章的现象非常普遍，而根据现有司法解释的规定，至少在加害者负同等责任且存在应予以责难的情节时，肇事行为才能评价为犯罪。因为对事故原因的判断和认定具有较强的专业性，必须由公安交通管理部门在勘验事故现场之后，出具《道路交通事故责任认定书》，以划定双方（或单方）的责任。那么，《道路交通事故责任认定书》认定的违法和责任应如何理

---

① 参见叶高峰主编：《危害公共安全罪的定罪与量刑》，人民法院出版社2000年版，第382页。

② 我国《道路交通安全法》第123条规定："省、自治区、直辖市人民代表大会常务委员会可以根据本地区的实际情况，在本法规定的罚款幅度内，规定具体的执行标准。"即行政处罚依据可以变通。

③ 根据我国《道路交通安全法》《道路交通安全法实施条例》的相关规定，授权地方政府应当适应道路交通发展的需要，依据道路交通安全法律、法规和国家有关政策，制定道路交通安全管理规划。

④ 参见张明楷：《刑法学》（下），法律出版社2016年版，第719页；马克昌主编：《刑法》，高等教育出版社2012年版，第345页；鲍遂献、雷东生：《危害公共安全罪》，中国人民公安大学出版社2003年版，第346页。

⑤ 参见王作富主编：《刑法分则实务研究》（上），中国方正出版社2013年版，第139页。

⑥ "交通事故"与"交通肇事"是不同的概念，我国《道路交通安全法实施条例》第119条第5项规定："'交通事故'，是指车辆在道路上因过错或者意外造成的人身伤亡或者财产损失的事件。"所以，交通事故并非等同于交通肇事，只有在交通运输中违反交通运输管理法规的规定，并因此而发生重大事故的，才属于交通肇事，可能构成犯罪。

解？2012 年 12 月 21 日起施行的最高人民法院《关于审理道路交通事故损害赔偿案件适用法律若干问题的解释》(法释〔2012〕19 号)第 27 条规定："公安机关交通管理部门制作的交通事故认定书,人民法院应依法审查并确认其相应的证明力,但有相反证据推翻的除外。"[①]也就是说,《道路交通事故责任认定书》只是证据之一而不是确定刑事责任。但从司法实务上看,几乎是无一例外地将此作为刑事违法以及责任认定的依据。本书认为《道路交通事故责任认定书》不能直接作为认定刑事责任的依据,只能是证据之一[②],需要经过法庭的认证和质证。

本罪要求行为人违反交通运输管理法规的行为必须造成重大事故,导致重伤、死亡或者公私财产重大损失的严重后果。即违章行为必须与严重后果之间具有刑法上的因果关系。行为人违章未造成上述严重后果的,或发生严重后果,但不是由违章行为引起的,均不构成本罪。实务中存在以事实因果关系替代刑法上因果关系的简单做法。例如,将被害人无视交通法规,违章逆行、闯红灯引发的事故,完全不考虑被害人一方的严重违章行为对事故的发生,是否应该承担主要责任,认定由机动车一方承担主要责任甚至全部责任,就是将事实因果关系替代刑法上因果关系的典型事例。本罪是以违章行为造成严重后果为因果关系,而非以有事实因果关系就应该承担刑事责任。

本罪的因果关系有两种情况需要讨论:一是连环事故的因果关系;二是后续事故的因果关系。前者主要是要确定连环事故的主因,排除次要原因者承担过重的刑事责任;后者主要是解决后续事故者的加害者,是否承担相同责任。二者相比,认定后者的难度主要在于需要确认后续事故的加害者的行为,是否是造成人员重伤、死亡的原因。如果之前事故加害者的行为已经造成人员死亡,后续事故加害者的行为则不能视为造成死亡的原因,其撞击、碾压的只是尸体而已(不可避免对尸体的碾压,不触犯故意毁坏尸体罪),难点主要在于被害人如遭受多次撞击、碾压,很难判断是之前加害者的行为造成了死亡,还是后续加害者行为造成的死亡。对此,只要因果流程是常态的,在不能分辨哪一个加害者的行为是死亡原因时,则加害者的行为应视为造成死亡结果的共同原因,均需承担刑事责任。

---

① 全国人民代表大会常务委员会法制工作委员会《关于交通事故责任认定行为是否属于具体行政行为,可否纳入行政诉讼受案范围的意见》(法工办复字〔2005〕1 号)认为:根据《道路交通安全法》第 73 条的规定,公安机关交通管理部门制作的交通事故认定书,作为处理交通事故案件的证据使用。因此,交通事故责任认定行为不属于具体行政行为,不能向人民法院提起行政诉讼。如果当事人对交通事故认定书牵连的民事赔偿不服的,可以向人民法院提起民事诉讼。

② 我国《高速路深夜车祸致三人死亡,一被追尾司机因酒驾逃逸获刑》。该案并没有完全采信公安交管部门的事故责任认定意见。https://www.thepaper.cn/newsDetail_forward_1510924,访问时间:2016 年 8 月 11 日。

（三）交通肇事罪的其他问题

（1）“交通运输肇事后逃逸”[①]，“因逃逸致人死亡的”[②]。我国《刑法》第133条是将“逃逸”规定为构成犯罪后的量刑情节，但00.11.21《交通肇事解释》中，“逃逸”被附条件地提升为构成犯罪的条件之一[③]。“逃逸”与“逃逸致人死亡”均以“逃逸”为前提，“致人死亡”只是“逃逸”的后果而已。[④] 我国《道路交通安全法》第70条规定：“在道路上发生交通事故，车辆驾驶人应当立即停车，保护现场；造成人身伤亡的，车辆驾驶人应当立即抢救受伤人员，并迅速报告执勤的交通警察或者公安机关交通管理部门。”因此，在发生交通事故后，行为人负有抢救、报告的义务，不愿承担该义务的逃跑行为只能是故意。逃逸入罪的条件是以发生“重大”交通事故为前提。如果前行为造成的事故本身并尚未达到“重大”程度，“逃逸”本身就不具有作为量刑情节的意义。00.11.21《交通肇事解释》第3条规定：交通运输肇事后逃逸，是在发生交通事故后，为逃避法律追究而逃跑的行为。为何单纯的“逃逸”行为的原因，在司法解释中成为不需要深究的问题[⑤]？法律规定事故发生后肇事者负有报告义务，“逃逸”是指肇事者在发生交通事故后没有履行法律所规定的义务逃离现场，使交通事故所引起的刑事、民事、行政责任的确定和责任的追究造成现实的困难。“逃逸”行为本身揭示出行为人具有较大的人身危险性，但逃逸行为所表现出的是行为人不愿履行法律规定的义务，这是其本质。不履行作为义务既可以表现为“什么都没有做”，也可以表现为

---

① 我国《刑法》第133条规定的“交通运输肇事后逃逸或者有其他特别恶劣情节的”，是适用较重法定刑的条件。但00.11.21《交通肇事解释》第2条第2款规定：交通肇事致1人以上重伤，负事故全部或者主要责任，并具有下列情形之一的，以交通肇事罪定罪处罚：(1) 酒后、吸食毒品后驾驶机动车辆的；(2) 无驾驶资格驾驶机动车辆的；(3) 明知是安全装置不全或者安全机件失灵的机动车辆而驾驶的；(4) 明知是无牌证或者已报废的机动车辆而驾驶的；(5) 严重超载驾驶的；(6) 为逃避法律追究逃离事故现场的。

② 我国《刑法》第133条规定的“因逃逸致人死亡的”，是适用较重法定刑条件。

③ 本书认为，将“逃逸”提升为入罪条件的法理是不充分的，社会有理由期待行为人在发生交通肇事后履行法律规定的义务，但现实中对肇事后不“逃逸”行为的期待可能性程度较低，因为发生事故后逃跑是人“避祸”心理的常态反映，有“逃逸”也并不意味着都具有严重的人身危险性和极其恶劣的主观恶性，对“逃逸”只需作为量刑情节，而没有必要将其予以犯罪化。参见林亚刚：《论“交通运输肇事后逃逸”和“因逃逸致人死亡”——兼评〈关于审理交通肇事刑事案件具体应用法律若干问题的解释〉的若干规定》，载《法学家》2001年第3期。

④ 有观点认为，行为人选择逃逸，在主观上逃避抢救义务及其后逃避责任追究是两个根本动机。逃逸情节本身已经构成独立的量刑情节而在司法实践中发生作用，不再依附于或者必须与先行交通肇事行为造成的人员死亡或公私财产直接损失相结合，即能发挥其量刑价值。参见林维：《交通肇事逃逸行为研究》，载陈兴良主编：《刑事法判解》，法律出版社1999年版，第249、251、253页。此见解认为对于先行的交通事故的后果，无论是否达到“重大”的程度，“逃逸”行为本身也可以论罪处罚，值得商榷。因为00.11.21《交通肇事解释》是将“逃逸”并具有该解释第2条第1款规定和第2款第(1)项至第(5)项规定的情形之一的，才能入罪。

⑤ 黎宏教授认为不应将主观上“为逃避法律追究”视为加重事由，设置加重处罚只是为了促使行为人履行抢救义务，而且“为逃避法律追究”是指逃避履行各种法定义务。参见黎宏：《刑法学各论》，法律出版社2016年版，第62—63页。赞同这一认识，但限于解释的如此规定，本书认为“不再是需要深究的原因”。

"逃避应做的","逃逸"行为应属于后一种情况。换言之,是法律有理由期待行为人在发生事故后积极履行法定义务,而行为人"做了不应当做"的"逃逸"行为,所以立法者才将该种行为规定为量刑情节。立法规定的"逃逸"只是客观上不履行作为义务的表象,而非从实质上把握的不履行义务。这是指行为人必须脱离事故现场,留在现场没有"逃逸"或者"什么都没有做"的不作为行为,不能作为从重的情节,也不能评价为"逃逸"。因此,将主观上为了逃避法律责任却将其并未逃跑的行为评价为"逃逸",值得商榷。

00.11.21《交通肇事解释》第5条第1款规定:"'因逃逸致人死亡',是指行为人在交通肇事后为逃避法律追究而逃跑,致使被害人因得不到救助而死亡的情形。"司法解释规定的是"交通肇事"而不是"交通事故",要求行为人实施的是违反交通运输法规的"交通肇事"行为。当前司法实务中对"因逃逸致人死亡"认定的争议比较大。多数说只解释该行为造成的客观事实,对"因逃逸致人死亡"的分析不涉及主观罪过[①],但也有观点指出不能排除肇事人对被害人的死亡结果持放任态度,但这是肇事后的结果行为,主观上是为了逃避法律责任,因此应定交通肇事罪[②]。张明楷教授认为:"行为人对逃逸及其产生的具体危险显然是故意的,对于这一基本行为[③]引起的死亡结果,则至少需要过失(类似于结果加重犯)。"[④]

从司法解释的规定来看,"因逃逸致人死亡"只是"逃逸"的直接后果,是法定刑升格的条件,并没有直接涉及其主观罪过的形式和内容。是否有必要解释心理态度是"过失"还是也包括"故意"?当然,基于法条有量刑幅度的规定,如果行为人是故意,则给予更为严厉的评价当然是合情合理的[⑤],但该认识建立在以下方面:其一,在逃逸过程中没有发生新的事故致人死亡,如果事故发生后逃逸行为导致连续发生事故,行为人可能构成以危险方法危害公共安全罪;其二,没有实施假意抢救而故意遗

---

① 参见余剑主编:《危害公共安全罪》,法律出版社1999年版,第309页;胡康生、李福成主编:《中华人民共和国刑法释义》,法律出版社1997年版,第152页。

② 魏克家、欧阳涛等主编:《中华人民共和国刑法罪名适用指南》,中国人民公安大学出版社1998年版,第62页。

③ "基本行为"的指代尚不清楚,张明楷教授认为此种情形下可能同时触犯遗弃罪、过失致人死亡罪、故意杀人罪,属于想象竞合犯,所以,基本行为应该是指"逃逸"行为。参见张明楷:《刑法学》(下),法律出版社2016年版,第723页。本书认为,不救助的不作为触犯过失致人死亡罪或故意杀人罪,与交通肇事罪本应是数罪,但刑法以及司法解释既未将此视为想象竞合犯从一重处罚,也未视为数罪规定并罚,只是规定为"从重情节"。

④ 张明楷:《刑法学》(下),法律出版社2016年版,第723、728页。"类似于结果加重犯",则尚不是结果加重犯,但表明对死亡结果至少需要过失,是否可以由故意构成?

⑤ 参见胡康生、李福成主编:《中华人民共和国刑法释义》,法律出版社1997年版,第152页;陈明华主编:《刑法学》,中国政法大学出版社1999年版,第422页;张明楷:《刑法学》(下),法律出版社2016年版,第723页。

弃被害人的行为，否则可能构成故意杀人罪或故意伤害罪①。如果行为人根本没有发觉发生了交通事故，其脱离现场的行为也不符合“逃逸”的规定。

对逃逸致人死亡无论是故意还是过失，并不是交通肇事行为之前或者在事故发生当时，行为人对结果的犯罪心理态度。就交通肇事后的逃跑行为而言，单纯逃跑的故意尚谈不到是一种犯罪的心理状态（在我国现行刑法中，除了特定的少数脱逃行为，如脱逃罪外，尚没有对逃跑行为单独论罪的规定）。单就“逃逸”而言，是事故发生后行为人不履行“抢救”“报告”义务（不作为）时的心理态度。不过，但凡知道被害人尚未死亡（无论行为人是否违章，而表现出的恐惧、胆怯，惊慌、不知所措等），行为人无论出于何种动机而从现场逃离，对于被害人因得不到救助而死亡的可能性，不可能认识不到。由此，限定“因逃逸致人死亡”的心理态度只能是（过于自信的）过失不够合理。司法解释要求“致使被害人因得不到救助而死亡”，如果将行为人对此是“明知”（包括推定应当知道）的认识理解为“过失”就没有道理可言。本书认为，不履行作为义务（先行行为义务）的行为与“致使被害人因得不到救助而死亡”要有关联②。但事实上研究“因逃逸致人死亡”罪过，只是有助于适用“处 7 年以上有期徒刑”的量刑选择上，别无其他意义，所以，无论属于故意还是过失，都不影响它只应属于交通肇事罪情节的意义。

（2）对 00.11.21《交通肇事解释》第 5 条第 2 款“交通肇事后，单位主管人员、机动车辆所有人、承包人或者乘车人指使肇事人逃逸，致使被害人因得不到救助而死亡的，以交通肇事罪的共犯论处”这一规定，理论上颇有微词③。本书认为，这一规定的理论意义是应该肯定的④，但具体解释仍然值得研究。“指使”，显然是故意的教唆行为，而“逃逸”（除《刑法》规定的特定逃逸之外）本身并不成立刑法所规定的任何犯罪，而是一种不履行事故发生后的救助义务⑤，“致使被害人因得不到救助而死亡的”

---

① 00.11.21《交通肇事解释》第 6 条规定：行为人在交通肇事后为逃避法律追究，将被害人带离事故现场后隐藏或者遗弃，致使被害人无法得到救助而死亡或者严重残疾的，应当分别依照《刑法》第 232 条、第 234 条第 2 款的规定，以故意杀人罪或者故意伤害罪定罪处罚。

② 有观点认为，逃逸致人死亡是交通肇事罪的结果加重犯。参见张波：《“交通肇事‘逃逸’”的定性分析》，载《中国刑事法杂志》1999 年第 5 期；于改之：《不作为犯罪中“先行行为”的本质及其产生作为义务的条件——兼论刑法第 133 条“因逃逸致人死亡”的立法意蕴》，载《中国刑事法杂志》2000 年第 5 期。结果加重犯的加重结果，是由基本构成的实行行为而造成，尚未有因实施第二个行为造成重结果应评价为结果加重犯的理论。无论怎样评价“逃逸”是否成立独立犯罪，也不可否定“致人死亡”是由除肇事行为之外的第二个“逃逸”行为造成的，何以成立结果加重犯？仅就不履行作为义务而致人死亡而言，应评价为故意杀人罪或过失致人死亡罪与交通肇事罪的数罪，而非交通肇事罪的结果加重犯。

③ 参见张明楷：《刑法学》（下），法律出版社 2016 年版，第 723 页以下；王作富主编：《刑法分则实务研究》（上），中国方正出版社 2013 年版，第 140 页等。

④ 参见林亚刚：《刑法学教义》（总论）（第 2 版），北京大学出版社 2017 年版，第 494 页。

⑤ 按照张明楷教授的观点，这至少触犯遗弃罪，这是依据对遗弃罪法益的重新解读。参见张明楷：《刑法学》（下），法律出版社 2016 年版，第 723 页。但目前多数说对遗弃罪构成要件的解读，尚不包括该项内容。

行为。进一步分析司法解释中“因逃逸而致人死亡”的规定,显然并非只要教唆他人逃逸就可以构成交通肇事罪的共犯,还要求因“逃逸致人死亡”后果的发生。所以,教唆者成为“附条件”的教唆过失犯罪的教唆犯。按照00.11.21《交通肇事解释》,“逃逸”必须是前行为已经构成交通肇事罪为条件①,但教唆并非是教唆“交通肇事”,因为教唆者表面上并没有参与交通肇事的行为,这就缺乏成立交通肇事罪基本犯的共犯的基础条件,因此,该规定被指责不具有合理性是有道理的②。由此可见,如何解读成立“教唆犯”颇为困难。张明楷教授对此设计了两个出路:一是逃逸行为具有致人死亡的具体危险,其本身就是犯罪,致人死亡是加重结果③,交通肇事后逃逸就是故意犯,于是教唆逃逸就是教唆犯;二是教唆者成立窝藏罪(是正犯)或遗弃罪(的教唆犯),如果致人死亡符合故意杀人罪的,就是故意杀人罪的教唆犯④。将交通肇事后逃逸致人死亡视为结果加重犯,并不符合结果加重犯的条件;视为遗弃罪的教唆犯,当前尚得不到从规范解释上一致认同;视为成立窝藏罪的正犯,可能是最为妥当的处理意见,但也不符合司法解释将其规定为交通肇事共犯的意图。所以,当前要从法理或法律根据上对该规定作出合理解释是困难的。

本书认为,如认可交通肇事罪(过失)可以成立共同犯罪的前提下,从解释限定的主体为“单位主管人员、机动车辆所有人、承包人或者乘车人”看,唯一合理的解释是上述主体在知道行为人具有00.11.21《交通肇事解释》第2条第2款第1项至第5项规定的情节时,仍然使其驾驶(则可以视为同时具有交通肇事罪基本犯的行为),那么,包括肇事的行为人在内的上述人员,在事故发生后都负有防止被害人死亡结果发生的共同注意义务;也都具有违反共同注意义务的共同行为,因教唆或帮助行为人逃逸致使被害人死亡结果的发生,可以成立交通肇事罪的教唆犯(或帮助犯)。

(四)交通肇事罪与危险驾驶罪⑤的关联

危险驾驶罪,是指在道路⑥上驾驶机动车⑦,追逐竞驶,情节恶劣,或者醉酒驾驶

---

① 00.11.21《交通肇事解释》第2条第2款“交通肇事致一人以上重伤,负事故全部或者主要责任”的规定以及具有第6项“为逃避法律追究逃离事故现场的”情形,构成交通肇事罪。

② 参见张明楷:《刑法学》(下),法律出版社2016年版,第723页以下。

③ 如果脱离交通肇事基本行为来理解“逃逸”行为(包括对不履行先行行为义务)本身就是犯罪行为,法理上有障碍。因为就逃逸行为本身而言,(除特定从监禁场所逃逸的之外)刑法上并无独立犯罪的规定,既然没有基本犯罪,死亡结果依附不是独立的犯罪的行为,还能成立结果加重犯吗?

④ 参见张明楷:《刑法学》(下),法律出版社2016年版,第724—725页。

⑤ 我国《刑法》第133条之一的规定。

⑥ 我国《道路交通安全法》第119条第1款第1项规定:“‘道路’,是指公路、城市道路和虽在单位管辖范围但允许社会机动车通行的地方,包括广场、公共停车场等用于公众通行的场所。”只要是机动车与公众共同使用的通道,是本罪发生的特定区域;公众,当然是指从公共安全意义上说的“不特定多数人”;封闭区域,即便是公众通行、活动场所,但社会机动车不允许通行的,不是本罪的区域。

⑦ 现在除大中城市外,还有多地交管部门对此类车辆也不发牌照,未及实行系统化、规范化管理。但此类车辆电动摩托车速以及不遵守交规的现象并不比机动车所造成的危险性低,因此,应当考虑入罪。

机动车,或者从事校车业务或者旅客运输,严重超过额定乘员载客,或者严重超过规定时速行驶,违反危险化学品安全管理规定运输危险化学品,危及公共安全的行为。

1. 追逐竞驶,情节恶劣

"追逐竞驶"中的"追逐",通常是指高速追赶,但不是高速行驶并非不可以认定为"追逐",只是该行为通常表现为高速行驶而已;"竞驶",通常是表示驾驶技能。"追逐竞驶"就是指在驾驶机动车追赶中展示驾驶技能。除车辆的竞技比赛之外的"追逐竞驶",平常所说的"追逐竞驶"即表现为高速行驶以展示车技,俗称"飙车"①。该行为是否以两车以上竞相追逐为条件,有不同理解。"从事校车业务或者旅客运输,……严重超过规定时速行驶的",也是危险驾驶行为,由此,只是一车的高速行驶,则可能符合"严重超过规定时速行驶的"情况。对只是一车的超速行驶,张明楷教授认为不直接构成本罪。② 本书认为,驾驶者以道路上其他行驶中的机动车为"想象"的对手,表现"车技"的"竞驶"即便只是自己一车,也是对行驶中的其他机动车安全构成重大威胁。无论以同向而行或与己有关的其他车辆为竞争目标追逐行驶,都应应该以"追逐竞驶"论。是否是组织"比赛"在所不问。值得讨论的是"维权"的"追逐竞驶",是否应该入罪,例如,其他机动车肇事后逃逸,被侵权者或见义勇为者驾车追赶的行为。本书认为,在没有发生重大事故的前提下,不应考虑入本罪,如果造成重大交通事故,视具体情节可以考虑是否构成交通肇事罪。

追逐竞驶以"情节恶劣"为入罪条件。情节恶劣,主要应考虑"追逐竞驶"的危险程度,如长时间追逐竞驶、长时间超速行驶,以危险方式超车、无示意频繁变道,故意别车,屡教不改对所造成的危险熟视无睹,辱骂、袭击执勤人员(与妨害公务罪有竞合关系,可以以妨害公务罪论处)、因其危险驾驶行为造成他人发生交通事故等。追逐竞驶情节严重,是否应考虑道路上其他行人、车辆多寡,是否应考虑路况、时间段,本书认为,行人、其他机动车以及路况是应该考虑的,至于时间段只应该与前面的要素结合在一起作为情节是否恶劣,无必要单独作为情节考虑。追逐竞驶,主观上应为故意,基于何种动机在所不问。

2. "醉酒驾驶机动车"(俗称"醉驾"③行为)

何为"醉驾"?各国的认定标准不尽一致。在我国,根据国家质量监督检验检疫总局2004年5月31日《车辆驾驶人员血液、呼气酒精含量阈值与检验》(GB 19522-

---

① "飙车"是指以行驶速度和技巧标识"胆识"和技术的另类体现的自我冒险的行为,也是自我价值的变相体现。虽然飙车是以自我冒险为内容,但同时也是以可能牺牲他人生命、健康为代价的危险行为。

② 参见张明楷:《刑法学》(下),法律出版社2016年版,第725页。

③ 在我国,目前"毒驾"并没有被纳入刑法规制范围。也有毒驾应当入刑的呼声。的确毒驾的公共危险性不会低于醉驾,毒驾入刑也有其他国家的立法先例可循,但毒驾入刑在操作上存在很大困难。因目前被列入名录的毒品就有200多种,哪种毒品应当入罪以及如何区分吸毒和治疗,很难制定统一的标准;酒驾可以通过吹气、抽血检测,但对毒驾的检测尚缺乏及时有效的技术手段,能做到快速检测的毒品只有常见的几种,大多数毒品还做不到快速检测。本书认为,对符合"吸毒"驾驶机动车肇事的,可以根据00.11.21《交通肇事解释》第2条第2项第1款以交通肇事罪入罪,不构成交通肇事罪的毒驾确实威胁到公共安全的,应以"以危险方法危害公共安全罪"论处。随着检测手段的完善,毒驾单独入刑只是早晚的事情。

2004)的规定,驾车者血液中酒精含量的浓度在每100毫升20毫克至80毫克属酒后驾驶行为,每100毫升酒精含量的浓度大于或者等于80毫克则为醉酒驾驶行为。[①]醉酒的标准为客观标准,不允许因人而异以实际上是否丧失驾驶能力为标准。醉酒驾驶机动车入罪,与酒后驾驶机动车肇事入罪不同,在认定中应该区别两者。此外,13.12.18《醉酒驾驶意见》第3条规定:“醉酒驾驶机动车,以暴力、威胁方法阻碍公安机关依法检查,又构成妨害公务罪等其他犯罪的,依照数罪并罚的规定处罚。”问题是,是否能包括其他危险驾驶类型被查处时,行为人抗拒检查的也可以数罪并罚?本书认为,既然《醉酒驾驶意见》只是针对醉驾行为而颁行的,就不应扩大适用到其他危险驾驶行为类型。在无人无车的荒野道路上醉驾,张明楷教授认为不应入罪,因为没有(抽象)危险性。[②] 如果行为人只是自己醉驾,那仅仅是自我冒险,发生事故也是自我担责。但是,并不能因为自我冒险行为对公共安全没有危险,就认为不应入罪。即便是荒郊野外的道路,如何能排除其他车辆、路人使用这条道路?醉驾者车上如果其他乘客时如何认定?合理的解释还是应以是否具有公共危险来判断。醉驾的主观罪过一直存在争议,有故意说[③](包括直接故意[④]和间接故意)和过失说[⑤]的争论。本书持故意说,但面临两个重要问题:一是直接故意基于何种“目的”?二是醉驾并没有以特定结果为放任的结果,那么放任的结果是什么?

就直接故意而言,在追求的目的上,醉驾应该是指以对公共安全所造成的危险为目的(不应排除有实害目的,只是未能造成而已),但通常情况下,具有该种目的往往与行为人的动机有密切的关联,也即行为人在非理性动机(例如,在受到巨大刺激下——家庭解体、至亲的突然离世等,产生狂怒、狂躁、悲愤)下,往往会促成对危险的追求(也将自身安全置之不顾)。因此,本书认为,在直接故意下的目的,应该是行为人醉驾对情绪的宣泄有直接关联,而并非必须以具有反社会性为必要内容,否则应考虑以危险方法危害公共安全罪论处。至于间接故意,多数说是以放任结果发生才能构成犯罪,那么这里放任发生是什么结果?在理论上多数说认为,危险,包括公共危险[⑥]在刑法的规定上都是作为“结局”而规定的,这与实害行为所造成的具体危害结果是相同的含义,因此,将危险(包括抽象危险)视为醉驾行为放任发生的结果,醉驾

① 2013年12月18日最高人民法院、最高人民检察院、公安部发布的《关于办理醉酒驾驶机动车刑事案件适用法律若干问题的意见》(法发〔2013〕15号)(以下简称13.12.18《醉酒驾驶意见》)第2条规定:“醉酒驾驶机动车,具有下列情形之一的,依照刑法第133条之一第1款的规定,从重处罚:(一)造成交通事故且负事故全部或者主要责任,或者造成交通事故后逃逸,尚未构成其他犯罪的;(二)血液酒精含量达到200毫克/100毫升以上的;(三)在高速公路、城市快速路上驾驶的;(四)驾驶载有乘客的营运机动车的;(五)有严重超员、超载或者超速驾驶,无驾驶资格驾驶机动车,使用伪造或者变造的机动车牌证等严重违反道路交通安全法的行为的;(六)逃避公安机关依法检查,或者拒绝、阻碍公安机关依法检查尚未构成其他犯罪的;(七)曾因酒后驾驶机动车受过行政处罚或者刑事追究的;(八)其他可以从重处罚的情形。”

② 参见张明楷:《刑法学》(下),法律出版社2016年版,第726页。

③ 同上。

④ 参见马克昌主编:《百罪通论》,北京大学出版社2014年版,第137页。

⑤ 参见冯军:《论〈刑法〉第133条之一的规范目的及其适用》,载《中国法学》2011年第5期。

⑥ 这里是指规范上的“危险状态”而非“事实上的危险”。

的间接故意罪过，在规范上的解释是可以成立的。

3. “从事校车业务或者旅客运输[①]，严重超过额定乘员载客[②]，或者严重超过规定时速行驶”

其一，“从事校车业务”，严重超过额定乘员。“校车”是指专用接送幼儿、儿童以及中小学学生上学、放学返校、返园、回家的专职机动车，至于是否为生产厂家配置生产的法定专用接送学生的机动车，在所不问。从事“校车业务”，只要是专职接送的机动车即可（包括尚未有条件配置购买，或未登记的非法营运的车辆）。对从事“校车业务”或“旅客运输”严重超过额定乘员的条件，应从具体车辆限定的载客乘员额为基准。从“严重”的要求而言，可以既包括超过额定乘员人数严重，也应该包括超过额定乘员比例虽然不严重，但足以影响到安全驾驶操作，不能保证安全驾驶的情况[③]。

其二，“严重超过规定时速行驶”，超过规定时速多少可能入罪？根据《道路交通安全法》的规定，机动车超速 50% 是一个临界点。15.11.20《严重超员、严重超速立案标准》第 2 条对此也有明确规定[④]。因道路、天气状况的临时限速，是否能作为严重超速的依据？本书认为，这种临时管制并非广而告之的注意事项，不可能期待每个从此通过的驾驶者都知晓，因此，一般不能作为入罪的标准。但对此有特殊认知的除外。例如，驾驶人经常开车往来某地，或者普通的驾驶人员都可以知悉该道路上不能被允许的车速。严重超过额定乘员载客，或者严重超过规定时速行驶，具备其中之一即可，无须同时具备。对于没有载客营运资质的机动车实施上述行为能否入罪，从立法规定上看，是禁止此类驾驶行为的，无资质是更为严重的违反国家法律规定的情况，因此，应当入罪。本项危险驾驶行为主观上只能是故意的，且主体范围有所扩大，即

---

① 虽然是指营运车辆，但应该排除大中城市内按照固定线路行驶载客的公共汽车、有轨、无轨电车严重超员构成犯罪。主要是指从事长短途公路旅客运输业务的机动车、出租客运、旅游客运的机动车。

② 本项规定限于承载对人的交通运输活动，不包括对货物的运输以及客货混装的情况；但实践中货车超载超速现象的发生率和危害性并不比客车小，却没有规定，有其不合理性。

③ 2015 年 11 月 20 日公安部发布的《严重超员、严重超速危险驾驶刑事案件立案标准（试行）》（公传发〔2015〕708 号）（以下简称 15.11.20《严重超员、严重超速立案标准》）第 1 条规定：“在道路上驾驶机动车从事校车业务或者公路客运、旅游客运、包车客运，有下列严重超过额定乘员载客情形之一的，可以立案侦查：（一）驾驶大型载客汽车，载客超过额定乘员 50% 以上或者超过额定乘员 15 人以上的；（二）驾驶中型载客汽车，载客超过额定乘员 80% 以上或者超过额定乘员 10 人以上的；（三）驾驶小型、微型载客汽车，载客超过额定乘员 100% 以上或者超过额定乘员 7 人以上的。”该文件同时规定：“本标准试行期间，只供公安机关内部参考掌握，不对外宣传和在法律文书中引用。”

④ 15.11.20《严重超员、严重超速立案标准》第 2 条规定：“在道路上驾驶机动车从事校车业务或者公路客运、旅游客运、包车客运，有下列严重超过规定时速行驶情形之一的，可以立案侦查：（一）在高速公路、城市快速路上行驶，超过规定时速 50% 以上，且行驶时速达到 90 公里以上；（二）在高速公路、城市快速路以外的道路上行驶，超过规定时速 100% 以上，且行驶时速达到 60 公里以上的；（三）通过铁路道口、急弯路、窄路、窄桥或者在冰雪、泥泞的道路上行驶，或者掉头、转弯、下陡坡，以及遇雾、雨、雪、沙尘、冰雹等低能见度气象条件时，超过规定时速 50% 以上，且行驶时速达到 30 公里以上的；（四）通过傍山险路、连续下坡、连续急弯等事故易发路段，超过规定时速 50% 以上，且行驶时速达到 30 公里以上的。”

机动车所有人、管理人对该项规定的行为负有直接责任的,可以构成本罪。[①]

4. 违反危险化学品安全管理规定运输危险化学品,危及公共安全

这是指违反保障运输危险化学品安全管理规定,通过道路承运危险化学品,危及公共安全的行为。危险化学品的生产、存储、运输,均存在一定的危险性,但本罪只是规制在道路运输环节的运输安全,并非对危险品的所有环节予以规制;对危险化学品生产、储存、使用环节发生的事故,危害公共安全的,应以相应犯罪论处。因此,法律、法规规定了承运方保障危险化学品运输安全的相关规章制度,包括承运方资质的条件、承运方运输车辆的安全设施、设备等。违反管理规定,包括不具有运输资质而承运危险化学品的情况,也包括虽然有运输资质,但不遵守运输中保障运输安全的规定,运输危险化学品的情况。"危及公共安全",是指违反运输危险化学品安全管理规定,在不具备运输安全前提下运输危化品,对公共安全构成威胁。当然,即便是没有违反危险化学品安全管理规定的运输行为,也不能保证不发生事故,对公共安全不具有威胁,但是,是否违反规定则是认定该运输行为,是否构成犯罪的必要条件。该项规定的主体范围有所扩大,机动车所有人、管理人对该项规定的危险驾驶行为负有直接责任的,构成本罪。本项行为以"危害公共安全"为构成犯罪的必要条件,与其他三项行为的规定有所区别,主要体现在本项行为在入罪上,要求有具体判断对公共安全构成直接威胁的客观事实。这应综合危险化学品品种的客观危险性、数量、运输线路、运输时间(时长)、距离等因素所导致的运输环节上,安全措施不到位的具体情况,对造成实害结果发生的可能性上来考虑。

然而,并不意味着前三项危险驾驶行为在入罪上根本不用考虑对公共安全构成的威胁,从我国当前发生的道路交通事故的实际情况而言,只要实施这三项行为,造成实害结果的概率非常高,没有必要特别强调实害结果发生的可能性问题。

对本项行为的主观罪过,多数说主张是故意。张明楷教授认为,该项行为包括直接故意和间接故意,即希望或放任危害公共安全的结果发生[②]。本书认为,承运人或机动车驾驶人为获取承运费用,而放任危害公共安全的结果发生,是合理的解释。

认定机动车所有人和管理人是否对驾驶人实施第三项、第四项危险驾驶行为负有直接责任,应当考虑以下两个要素:所有人或管理人对驾驶人危险驾驶行为的支配程度;所有人或管理人的主观过错,包括故意和过失。

所有人或管理人对下列情况应当承担刑事责任:(1) 所有人或管理人故意指使他人实施第三项、第四项危险驾驶行为。例如所有人或管理人怂恿、指使、强迫驾驶人危险驾驶的,主观恶性较大,特别是以失去工作机会胁迫驾驶人,驾驶人是很难抗

① 15.11.20《严重超员、严重超速立案标准》第3条规定:"机动车所有人、管理人强迫、指使机动车驾驶人实施本标准第1条、第2条所列行为或者有其他负有直接责任情形的,可以立案侦查。"

② 参见张明楷:《刑法学》(下),法律出版社2016年版,第728页。

拒,所有人或管理人也应当承担危险驾驶罪的刑事责任。(2) 所有人或管理人明知他人驾驶机动车所实施的是危险驾驶,仍将车辆交于他人驾驶(包括雇用),或者为其提供行驶上路的其他各种帮助(如伪造证明材料、运输资质等),这无疑属于共同犯罪,应当承担刑事责任。(3) 所有人或管理人对他人从事危险驾驶行为能够阻止却不阻止,对危险驾驶出于侥幸心理的放任,包括所有人或管理人的故意纵容(纵容与怂恿不同,怂恿是鼓励,纵容是视而不见),也包括出于自认为措施到位而轻信能避免危险,即使发生事故也未必会达到重大事故程度。

因危险驾驶罪为危险犯,并非以发生特定结果为构成犯罪的必要条件,根据我国《刑法》第 133 条之一第 3 款"有前两款行为[①],同时构成其他犯罪的,依照处罚较重的规定定罪处罚"的规定,根据危险驾驶的具体行为类型,在发生严重后果的情况下,危险驾驶行为与其他犯罪可能形成想象竞合关系。在此种情形下,应该按照处罚较重的犯罪定罪处罚。例如因行为人醉驾、超速、超载发生重大交通肇事事故,则应按照交通肇事罪论处,但运输危险化学品的危险驾驶行为,需要特别讨论。同时,危险驾驶行为亦可能与其他危害公共安全的犯罪形成竞合关系,如行为人醉驾连续肇事可以构成以危险方法危害公共安全罪[②]。

(五) 交通肇事罪的刑事责任

犯本罪,处 3 年以下有期徒刑或者拘役;交通运输肇事后逃逸或者有其他特别恶劣情节的,处 3 年以上 7 年以下有期徒刑;因逃逸致人死亡的,处 7 年以上有期徒刑[③]。

根据 00.11.21《交通肇事解释》第 2 条的规定,交通肇事具有下列情形之一的,处 3 年以下有期徒刑或者拘役:(1) 死亡 1 人或者重伤 3 人以上,负事故全部或者主要责任的;(2) 死亡 3 人以上,负事故同等责任的;(3) 造成公共财产或者他人财产直接损失,负事故全部或者主要责任,无能力赔偿数额在 30 万元以上的。"交通肇事后逃逸",是明知自己的行为已经造成了重大交通事故,为逃避法律追究逃离事故现场的行为。至于"其他特别恶劣情节",第 4 条规定,交通肇事具有下列情形之一的,属于"有其他特别恶劣情节",处 3 年以上 7 年以下有期徒刑:(1) 死亡 2 人以上或者重伤

---

① 即包括基本犯的危险驾驶行为以及机动车所有人、管理人对危险驾驶行为应负有直接责任的情况。

② 2009 年 9 月 15 日最高人民法院《关于印发醉酒驾车犯罪法律适用问题指导意见及相关典型案例的通知》(法发〔2009〕47 号)规定:"刑法规定,醉酒的人犯罪,应当负刑事责任。行为人明知酒后驾车违法、醉酒驾车会危害公共安全,却无视法律醉酒驾车,特别是在肇事后继续驾车冲撞,造成重大伤亡,说明行为人主观上对持续发生的危害结果持放任态度,具有危害公共安全的故意。对此类醉酒驾车造成重大伤亡的,应依法以以危险方法危害公共安全罪定罪。"因对醉驾入罪标准掌握的尺度不统一,故有此具体要求出台。不过,就危险驾驶罪的其他类型而言,事实上同样存在构成其他危害公共安全犯罪的可能性,只是针对醉驾行为可能构成其他犯罪进行规范,忽略了其他情况,该规定有其不足。

③ 应入罪的情节包括 00.11.21《交通肇事解释》第 2 条第 2 款的规定。

5人以上,负事故全部或者主要责任的;(2)死亡6人以上,负事故同等责任的;(3)造成公共财产或者他人财产直接损失,负事故全部或者主要责任,无能力赔偿数额在60万元以上的。

根据上述规定,在交通肇事后,行为人负事故全部或者主要责任,而无能力赔偿数额在30万元以上的,就应当以交通肇事罪论处;无能力赔偿数额在60万元以上的,属于有"其他特别恶劣情节",而导致法定刑升格适用。本书认为这一规定的合理性值得讨论。"无能力赔偿",当然是指客观上没有赔偿能力。肇事者倾家荡产赔偿了部分损失但仍然还有不少于30万元或60万元的损失不能赔偿的,最终处理结果无非是传递出"犯罪之人也分三六九等""有钱就能买刑"等错误理念。更何况"贫穷"不是罪,而司法解释却将无能力赔偿数额达30万元以上入罪,在60万元以上的以"其他特别恶劣情节"来界定,直接将"贫穷"推到与社会对立面上,"赋予其"具有危害社会的属性,是极其错误的。

十八、重大责任事故罪[①]

(一)重大责任事故罪的概念和法益

重大责任事故罪,是指在生产、作业中违反有关安全管理的规定,因而发生重大伤亡事故或者造成其他严重后果[②]的行为。本罪的法益,是生产、作业的安全,主体为自然人一般主体,包括对生产、作业负有组织、指挥或者管理职责的负责人、管理人员、实际控制人、投资人等人员,以及直接从事生产、作业的人员[③];对企业、事业单位所有制性质,在所不问。本罪主观上是过失罪过。

(二)行为、严重后果、责任阻却

本罪行为是在生产、作业中违反保障生产、作业安全管理的规章制度,因而发生重大伤亡事故或者造成其他严重后果。成立本罪的前提是必须违反了保障生产、作业安全管理的规章制度,即违反保障生产、作业安全管理的各种规章制度规定的注意义务,这是造成事故的原因,也是构成本罪的前提条件。违反安全管理规章制度的行

---

① 2015年12月16日最高人民法院、最高人民检察院实施的《关于办理危害生产安全刑事案件适用法律若干问题的解释》(法释〔2015〕22号)(以下简称15.12.16《生产安全解释》)规定有具体危害安全生产的犯罪的处罚原则,即我国《刑法》第134条至第139条有关从重处罚的情节和其他相关处罚原则,限于篇幅,在各罪中省略,请参阅该《解释》第12条至第14条的具体规定。

② 15.12.16《生产安全解释》第6条第1款规定,具有下列情形之一的,应当认定为"造成严重后果"或者"发生重大伤亡事故或者造成其他严重后果",对相关责任人员,处3年以下有期徒刑或者拘役:(1)造成死亡1人以上,或者重伤3人以上的;(2)造成直接经济损失100万元以上的;(3)其他造成严重后果或者重大安全事故的情形。

③ 15.12.16《生产安全解释》第1条的规定。

为可以是作为,也可以是不作为,但必须发生在生产、作业过程中,与生产作业有直接联系。“必须发生在生产、作业过程中”,是指事故发生在生产、作业期间,若发生在生产、作业结束之后,谈不上构成本罪;“与生产作业有直接联系”,是指必须是因为生产、作业的需要而实施的行为,如超出生产、作业的需要而实施的违反规章制度的行为,则与构成本罪无关。当然,不排除可以构成其他犯罪。

行为人必须因实施违反安全管理规定的行为,导致重大伤亡事故或其他严重后果,且违法行为与严重后果之间具有刑法上的因果关系;未造成重大伤亡事故或者其他严重后果的,不构成犯罪。

此外,有的具体的工作岗位,需经过必要的培训才能上岗作业,未经培训致使行为人违反安全管理规定发生重大事故的,应阻却其责任,应依法追究管理过失者的刑事责任。

(三) 重大责任事故罪与强令违章冒险作业罪①的关联

强令违章冒险作业罪,是指以强制性命令②,迫使他人违章冒险作业,因而发生重大伤亡事故或者造成其他严重后果③的行为。强令违章冒险作业罪,是从重大责任事故罪中分离出来的罪名。主体为一般主体,包括对生产、作业负有组织、指挥或者管理职责的负责人、管理人员、实际控制人、投资人等人员④。“强令他人违章冒险作业”,是指负责管理生产、作业、施工等的指挥人员、管理人员,明知所作出的决定存在着很大的危险,是违反生产安全管理规定的(通常是基于侥幸心理),仍然强迫下属员工进行作业。具体而言,明知存在事故隐患、继续作业存在危险,仍然违反有关安全管理的规定。包括:利用组织、指挥、管理职权,强制他人违章作业;采取威逼、胁迫、恐吓等手段,强制他人违章作业;故意掩盖事故隐患,组织他人违章作业;采取其他强令他人违章作业的行为⑤。由此可见,该行为只能是以作为方式实施。如生产、作业本身系具有一定危险性的岗位,所下达的作业命令,不能视为违反生产安全管理规定,但在不能保障生产、作业安全以及其人身安全的情况下,仍然下达生产、作业命令的,应当属于“强令他人违章冒险作业”。而且,本罪要求该命令必须是与生产、作业相关的,与生产、作业无关的命令,强制他人执行,发生事故的,不能构成本罪,但不排

---

① 我国《刑法》第 134 条第 2 款的规定。

② 强制性命令,只是对命令所具有的属性而言,非指命令必须具有“威胁”“胁迫”的外部特征,如果以威胁、胁迫方式强令他人执行,并不影响认定,但行为性质更为恶劣。例如,以解雇他人进行威胁。

③ 15.12.16《生产安全解释》第 6 条第 2 款规定:实施《刑法》第 134 条第 2 款规定的行为,因而发生安全事故,具有本条第 1 款规定情形的,应当认定为“发生重大伤亡事故或者造成其他严重后果”,对相关责任人员,处 5 年以下有期徒刑或者拘役。即(1)造成死亡 1 人以上,或者重伤 3 人以上的;(2) 造成直接经济损失 100 万元以上的;(3) 其他造成严重后果或者重大安全事故的情形。”第 7 条第 2 款:“实施刑法第 134 条第 2 款规定的行为,因而发生安全事故,具有本条第 1 款规定情形的,对相关责任人员,处 5 年以上有期徒刑。”即“(1)造成死亡 3 人以上或者重伤 10 人以上,负事故主要责任的;(2) 造成直接经济损失 500 万元以上,负事故主要责任的;(3) 其他造成特别严重后果、情节特别恶劣或者后果特别严重的情形。

④ 15.12.16《生产安全解释》第 2 条的规定。

⑤ 15.12.16《生产安全解释》第 5 条的规定。

除可以构成相关的其他犯罪。

强令违章冒险作业罪,是从重大责任事故罪中分离出来的,因此,强令违章冒险作业罪,在本质上也是违反生产安全管理规定的犯罪,两者在规范违反上有相似性,即知道在不能保障生产、作业和人身安全时下达命令,同样是违反生产、作业安全管理规定。因此,在存在强令违章冒险作业时,必然触犯重大责任事故罪,两罪之间具有法条竞合关系,应从一重罪定罪处罚①。

(四) 重大责任事故罪、强令违章冒险作业罪与失火罪、过失爆炸罪、过失投放危险物质罪的关联

生产、作业中因过失而发生重大事故,也可以表现为火灾、爆炸或中毒事故,故应当判明所违反的保障生产、作业安全管理规定的期间,以及违反安全管理规定的具体行为。只要发生在生产、作业期间,违反安全管理规定是与生产、作业有直接关联的,则火灾、爆炸或中毒事故是重大责任事故罪、强令违章冒险作业罪的严重后果。虽然发生在生产、作业期间,但违反与保障生产、作业安全无直接关联的其他注意义务,忽视他人生命、健康、财产安全、缺乏必要的慎重所发生的火灾、爆炸或中毒事故,应以失火罪、过失爆炸罪、过失投放危险物质罪论处。

(五) 重大责任事故罪、强令违章冒险作业罪与危险物品肇事罪②的关联

危险物品肇事罪,是指在从事危险物品的生产、运输、储存、使用的经营活动中违反安全管理规定,发生重大责任事故的行为。从事危险物品的生产、运输、储存、使用,也具有生产、作业的属性③。而重大责任事故、强令违章冒险作业的行为,均可以发生在危险物品的生产、运输、储存、使用的经营活动中。为此,违反安全管理规定的危险物品肇事罪,也同时具有重大责任事故罪的性质。本书认为,属于生产、作业性质的危险物生产、运输、储存、使用活动,已经从一般的生产、作业活动中分离出来了,即易燃易爆物品、危险化学品、放射性物品等的生产、作业活动,不仅有更为严格的入罪"门槛",而且是以具体危险物品种类适用特别的法律、法规,并实行特别的安全管理。因此,重大责任事故罪、强令违章冒险作业罪的生产、作业活动,不再包括危险物品的生产、作业活动在内。在危险物品生产、作业时行为人违反安全管理规定肇事的,符合"生产、作业中违反有关安全管理的规定"或存在"强令违章冒险作业"的情况,虽然触犯重大责任事故罪、强令违章冒险作业罪,但只能适用特别法条即危险物品肇事罪定罪处罚。

---

① 强令违章冒险作业罪法定刑重于重大责任事故罪。

② 我国《刑法》第136条的规定。

③ 在多数情况下,危险物品的生产、运输、储存、使用可以视为生产、作业活动,但这并没有将普通人在储存、使用危险物品时发生重大责任事故的情况包括在内。例如,节庆时期普通人贮藏烟花爆竹、将易燃易爆物品携带上公共交通工具等,就不具有生产、作业性质。这里只是讨论在生产、作业活动中发生事故的情况。

（六）重大责任事故罪的刑事责任

犯本罪，处3年以下有期徒刑或者拘役；情节特别恶劣的，处3年以上7年以下有期徒刑[①]。

十九、重大劳动安全事故罪

（一）重大劳动安全事故罪的概念和法益

重大劳动安全事故罪，是指安全生产设施或者安全生产条件不符合国家规定，因而发生重大伤亡事故或者造成其他严重后果[②]的行为。本罪的法益是劳动者的人身安全，即劳动者的生命、健康安全（应属于公共安全的具体内容）。有学者认为，本罪的法益是生产、作业的安全。[③] 本书认为这一认识是不全面的。生产、作业安全固然可以包含着劳动者的人身安全内容，但是单纯的生产、作业造成的事故，例如重大产品质量事故，也是安全事故的内容，但显然与本罪无关。此外，本罪违反的是对生产、作业者人身安全保障的管理规定，如果违反的是生产、作业安全管理规定，因而造成劳动者伤亡的，应归于重大责任事故罪或其他生产、作业事故犯罪的范畴，而不应以本罪处罚之。本罪行为人违反的是劳动者人身安全保障管理规定，即本罪是单纯为保障劳动者人身安全所设置的罪名，与生产、作业事故并不直接关联[④]。本罪主体，为对劳动安全事故“直接负责的主管人员和其他直接责任人员”，包括对安全生产设施或者安全生产条件不符合国家规定，负有直接责任的生产经营单位负责人、管理人员、实际控制人、投资人，以及其他对安全生产设施或者安全生产条件负有管理、维护职责的人员。[⑤] 本罪主观罪过是过失，也有学者认为，本罪不排除出于间接故意。[⑥]

---

① 15.12.16《生产安全解释》第7条规定，具有下列情形之一的，对相关责任人员，处3年以上7年以下有期徒刑：(1) 造成死亡3人以上或者重伤10人以上，负事故主要责任的；(2) 造成直接经济损失500万元以上，负事故主要责任的；(3) 其他造成特别严重后果、情节特别恶劣或者后果特别严重的情形。

② 15.12.16《生产安全解释》第6条第1款规定，具有下列情形之一的，应当认定为“造成严重后果”或者“发生重大伤亡事故或者造成其他严重后果”，对相关责任人员，处3年以下有期徒刑或者拘役：(1) 造成死亡1人以上，或者重伤3人以上的；(2) 造成直接经济损失100万元以上的；(3)其他造成严重后果或者重大安全事故的情形。

③ 参见刘艳红主编：《刑法学》（下），北京大出版社2014年版，第214页。

④ 劳动者作为生产力的基本因素，对于其在劳动中的安全保障，是社会的发展和经济建设的需要。注重对劳动者人身安全的保护，也是我国政府历来重视的重要工作。我国政府在中华人民共和国成立初期就颁布了一系列关于保障劳动者安全的行政法规，如1956年1月26日国务院《关于防止沥青中毒的办法》、2012年4月28日国务院《女职工劳动保护特别规定》、2005年9月14日国务院《放射性同位素与射线装置安全和防护条例》、2013年7月26日国务院《煤矿安全监察条例》等。《劳动法》《劳动合同法》《安全生产法》等法律，均有对劳动者人身安全管理规定的具体要求。因此，只要违反保障劳动者人身安全的相关规定，即便是多年后发生的人身伤亡，只要能够确认二者之间的因果关系，就符合重大劳动安全事故罪的构成要件。

⑤ 15.12.16《生产安全解释》第3条的规定。

⑥ 参见邓又天主编：《中华人民共和国刑法释义与司法适用》，中国人民公安大学出版社1997年版，第201页。

本书认为,从"事故"而言,应当理解为只能是基于过失,如果是间接故意,放任对劳动者人身侵害结果的发生,则超出对"事故"的界定,完全可以考虑以其他相关故意犯罪追究刑事责任。

(二) 行为、严重后果

本罪行为表现为安全生产设施或者安全生产条件[①]不符合国家规定,因而发生重大伤亡事故或者造成其他严重后果。"劳动安全设施",是指保障劳动者人身安全的各种措施、设备等,包括:(1) 人身保护装置,即屏蔽人身,将劳动者与危险物品或者对人体有害的物质进行有效隔离的装置、设备或者用具,如防护服装、防冻、防暑装置等。(2) 人身保险装置、设备,即在发生危险时使劳动者能够迅速脱离危险区,或者消除危险的装置、设备,如自动断电装置、安全室、安全阀、紧急出口、通风装置、隔离操作室等。(3) 危险警示装置、设备,即提高劳动者注意力以预防危险发生,或者警示危险将要发生的装置、设备。如信号灯、监测、危险标志等等。(4) 其他保障劳动者人身安全的设施,如人身识别标志、危险警示标志等。"安全生产条件",如制定劳动安全规章制度等[②]。"不符合国家规定",是指劳动安全设施或者安全生产条件,不符合国家制定的保障劳动者人身安全的法律、法规所规定的标准。本罪属于过失犯罪,如果涉及多个行为人应区分"直接负责的主管人员和其他直接责任人员",并要区别主要原因和次要原因,以确定其刑事责任。

关于"重大伤亡事故或者造成其他严重后果",有学者认为,应是在生产、作业过程中发生的重大安全事故[③]。当然,在生产、作业过程中发生的劳动安全事故,可以构成本罪,但不应忽视劳动安全保障法律、法规对劳动者人身安全保护所要求的另一个重要方面,即劳动者职业病的预防。职业病是危害特种行业劳动者人身健康、生命安全的重要疾病,而是否具有完善的职业病防护设施和条件,是劳动安全实施的重要内容。因此,不应当限于在生产、作业过程中发生的劳动安全事故,若劳动者的生命、健康的损害,确实是由于生产经营单位的劳动安全设施、条件不符合国家规定而造成,相关人员应当构成重大劳动安全事故罪。

(三) 重大劳动安全事故罪与重大责任事故罪、强令违章冒险作业罪的关联

重大劳动安全事故,也属于责任事故的范畴,可以说本罪是从重大责任事故罪、强令违章冒险作业罪中分离出来的,具有法条竞合关系。在发生重大生产、作业事故

---

① 根据生产、作业行业以及种类的不同,安全生产设施或者安全生产条件是各不相同的。

② 如我国《安全生产法》规定的安全生产条件,即为该法第 2 章"生产经营单位的安全生产保障"中的全部内容。对于高危企业的安全生产条件,除了要满足一般的安全生产条件,该法的部分条款还有专门规定,主要为第 21 条、第 24 条、第 27 条、第 29 条、第 30 条第 2 款、第 31 条、第 32 条、第 33 条、第 34 条、第 35 条、第 36 条、第 37 条、第 39 条等的特别规定。

③ 参见鲍遂献、雷东生:《危害公共安全罪》,中国人民公安大学出版社 1999 年版,第 373—374 页。

中造成人员伤亡时,如果是因为安全生产设施或者安全生产条件不符合国家规定,也有生产、作业中违反有关安全管理的规定,或者强令违章冒险作业的行为,则可能同时触犯以上三个罪名(如涉及国有公司、企业管理人员时,也同时触犯玩忽职守罪、滥用职权罪),从法定刑的比较而言,重大责任事故罪与重大劳动安全事故罪的法定刑相同,而强令违章冒险作业罪则重于二者。因此,若安全生产设施或者安全生产条件符合国家规定,行为人违反安全管理规定,造成重大事故的,只应按照重大责任事故罪论处。若只是因安全生产设施或者安全生产条件不符合国家规定而造成重大事故的,虽然同时触犯重大责任事故罪,但从保护劳动者人身安全的角度看,应以重大劳动安全事故罪论处。但对安全生产设施或者安全生产条件不符合国家规定仍然强令违章冒险作业,造成重大事故的,应如何处理?对于强令违章冒险作业罪,刑法没有规定因劳动安全设施、条件不符合国家规定而强令违章冒险作业的,才能构成犯罪。强令违章冒险作业罪注重的是命令的强制性,至于劳动安全设施、条件是否符合国家规定,不影响认定;相反,重大劳动安全事故罪,注重的是劳动安全设施、条件不符合国家规定的事实,至于是否"强令违章冒险作业"也不是本罪关注的重点,同样不应当影响本罪的成立。由此可见,两罪在规范上并不是相互排斥的。张明楷教授认为,虽然本罪既有不作为,又有作为,但因造成的结果只有一个,那么不应实行数罪并罚,因强令违章冒险作业罪法定刑重,故应以该罪论处[①]。本书赞同这一观点。

(四)重大劳动安全事故罪与危险物品肇事罪的关联

在危险物品生产经营活动中,人为因素造成的事故也属于责任事故、安全事故。我国《安全生产法》有关对危险物品生产经营活动安全的规定,不同于一般产品生产经营活动的安全要求。据此,危险物品的生产经营活动已经从一般产品的生产经营活动中分离出来了,实行特别的安全管理[②]。从这一点而言,只要涉及危险物品生产经营活动,无论是因劳动安全设施、条件不符合国家规定,还是违反生产、作业安全管理规定,即使具有法条竞合关系,也应以危险物品肇事罪论处;但如果存在强令违章冒险作业的行为,也具有法条竞合关系,因强令违章冒险作业罪的法定刑重于危险物品肇事罪,应以该罪论处。

(五)重大劳动安全事故罪的刑事责任

犯本罪,处3年以下有期徒刑或者拘役;情节特别恶劣的[③],处3年以上7年以下

---

① 参见张明楷:《刑法学》(下),法律出版社2016年版,第730页。

② 我国《安全生产法》第36条规定:"生产、经营、运输、储存、使用危险物品或者处置废弃危险物品的,由有关主管部门依照有关法律、法规的规定和国家标准或者行业标准审批并实施监督管理。生产经营单位生产、经营、运输、储存、使用危险物品或者处置废弃危险物品,必须执行有关法律、法规和国家标准或者行业标准,建立专门的安全管理制度,采取可靠的安全措施,接受有关主管部门依法实施的监督管理。"

③ 15.12.16《生产安全解释》第7条规定,具有下列情形之一的,对相关责任人员,处3年以上7年以下有期徒刑:(1)造成死亡3人以上或者重伤10人以上,负事故主要责任的;(2)造成直接经济损失500万元以上,负事故主要责任的;(3)其他造成特别严重后果、情节特别恶劣或者后果特别严重的情形。

有期徒刑。

二十、大型群众性活动重大安全事故罪

大型群众性活动重大安全事故罪,是指在举办大型群众性活动中违反安全管理规定,因而发生重大伤亡事故或者造成其他严重后果[①]的行为。本罪的主体是特殊主体,为直接负责的主管人员和其他直接责任人员,既可以是非国家机关工作人员,也可以是国家机关工作人员;既包括主管举办大型群众性活动的组织、领导人员(或出资者),也包括在举办大型群众性活动中负责群众安全的技术人员,安全保卫人员,如安全疏导员、安全监察员等。主观上是过失罪过。"大型群众性活动"是指在一定的人员的组织下,不特定的人为某种特定事项(目的)而聚集在一起的活动。不论是有偿的还是无偿的,是群众性民间组织自发举办的还是由地方政府或政府名义举办的。"违反安全管理规定"[②],是指组织者在举办时,违反在公共场所的群体性活动中相关的安全管理规定,没有履行保障群众安全管理有关规定的注意、管理义务。不过,因意外事故导致严重后果的,一般不应以本罪论处,但在举办活动之前,事故抢救预案缺失或预案未能得到执行,使事故后果扩大的,仍然属于"违反安全管理规定"。本罪主观上是过失,属于过失犯罪,如果涉及多个行为人应区分"直接负责的主管人员和其他直接责任人员",区别主要原因和次要原因,以确定其刑事责任。

本书认为,虽然组织活动多属于群众自发参与的"群众性活动",如参与名胜景区节假日举办的专题性游览活动,即便并非景区管理部门组织,但超负荷接纳游客,应该认定为实施了"组织"行为,如果发生重大安全事故的,管理部门的责任人员也应该入罪。

本罪虽然规定为《刑法》"第 135 条之一",但从性质上而言,与"劳动"安全事故并无直接的关联性,除非将"举办"视为有偿的"劳动"活动。也就是说,只是在"违反安全管理规定"的要件上,大型群众性活动事故具有安全事故的性质。

犯本罪,对直接负责的主管人员和其他直接责任人员,处 3 年以下有期徒刑或者拘役;情节特别恶劣的,处 3 年以上 7 年以下有期徒刑。

---

① 15.12.16《生产安全解释》第 6 条第 1 款规定,具有下列情形之一的,应当认定为"造成严重后果"或者"发生重大伤亡事故或者造成其他严重后果",对相关责任人员,处 3 年以下有期徒刑或者拘役:(1) 造成死亡 1 人以上,或者重伤 3 人以上的;(2) 造成直接经济损失 100 万元以上的;(3) 其他造成严重后果或者重大安全事故的情形。第 7 条规定,具有下列情形之一的,对相关责任人员,处 3 年以上 7 年以下有期徒刑:(1) 造成死亡 3 人以上或者重伤 10 人以上,负事故主要责任的;(2) 造成直接经济损失 500 万元以上,负事故主要责任的;(3) 其他造成特别严重后果、情节特别恶劣或者后果特别严重的情形。

② 这主要是指我国对大型群众性活动的安全保卫工作做出具体规定的法律、法规和规范性文件,如《消防法》《道路交通安全法》《内河交通安全管理条例》等。

二十一、危险物品肇事罪

（一）危险物品肇事罪的概念和法益

危险物品肇事罪，是指违反爆炸性、易燃性、放射性、毒害性、腐蚀性物品的管理规定，在生产、储存、运输、使用中发生重大事故，造成严重后果的行为。本罪的法益，是社会公共安全，包括不特定或多数人的生命、健康安全和重大公私财产的安全。本罪主体为自然人一般主体，主观上是过失。

（二）对象、行为、严重后果①

本罪对象为特定的爆炸性、易燃性、放射性、毒害性、腐蚀性危险物品，主要属于化工原料生产的爆炸品、压缩气体和液化气体、易燃液体、易燃固体、自燃物品和遇湿易燃物品、氧化剂和有机过氧化物、毒害品和腐蚀品，至于其危险程度，并不影响对其性质的认定。

本罪行为表现为行为人违反危险物品的管理规定，在生产、储存、运输、使用中发生重大事故，造成严重后果。违反危险物品管理规定，是造成事故的原因，也是构成本罪的前提条件。"违反管理规定"，是指违反作为保障危险物品的生产、运输、储存、使用安全的各种规章制度规定的注意义务。管理规定，包括违反国家颁布的各种与危险物品安全生产、运输、储存、使用有关的法律、法规的规定②，也包括企业、事业单位，或者有关上级管理机关制定的危险物品生产、运输、储存、使用安全规律的规章制度。违反危险物品管理规定，必须发生在危险物品的生产、运输、储存、使用过程中，且与其有直接联系。无资质生产、运输、储存、使用危险物品，是在根本上违反规定的行为，但即便是有资质的，也必须以违反危险物品管理规定为前提。若与生产、运输、储存、使用危险物品没有关系，或者超出生产、运输、储存、使用的需要，违反规章制度，则不构成本罪，但不排除可构成其他相关犯罪。

"生产危险物品"，是指从事危险物品制造的活动，是正式生产还是试验性生产，不影响认定。"运输危险物品"，是指将危险物品从一处运往另一处的活动，是有偿运输还是无偿运输，不影响认定；"储存危险物品"，是指对于危险物品予以集中保管的活动，是经营性保管还是义务性保管，是长期的还是临时的，不影响认定；"使用危险

---

① 15.12.16《生产安全解释》第6条第1款规定，具有下列情形之一的，应当认定为"造成严重后果"或者"发生重大伤亡事故或者造成其他严重后果"，对相关责任人员，处3年以下有期徒刑或者拘役：(1) 造成死亡1人以上，或者重伤3人以上的；(2) 造成直接经济损失100万元以上的；(3) 其他造成严重后果或者重大安全事故的情形。

② 如我国《核材料管理条例》《核出口管制条例》《监控化学品管理条例》《放射性同位素与射线装置放射防护条例》《放射性药品管理办法》《化学危险物品安全管理条例》《农药管理条例》《民用爆炸物品管理条例》《石油、天然气管道保护条例》《水路危险货物运输规则》等。

物品”,是指在生产活动中或者日常生活中,运用、处置危险物品的活动,是经常性使用还是偶然使用,不影响认定。以作为方式还是不作为方式对危险物品管理规定的违反,不影响对行为性质的认定。

发生重大事故并造成严重后果,与实施违反危险物品管理规定的行为之间具有刑法上的因果关系。本罪属于过失犯罪,如果涉及多个行为人,应区分直接责任人员,分清主要原因和次要原因,以确定其刑事责任。

(三) 危险物品肇事罪与危险驾驶罪中“违反危险化学品安全管理规定运输危险化学品,危及公共安全的”规定的关联

危险物品肇事行为包括运输危险物品发生重大事故,造成严重后果。“运输”方式虽有多种但并没有排斥道路运输,危险物品自然也没有排除“危险化学品”。就“运输”而言,无论是危险物品肇事还是“违反危险化学品安全管理规定运输危险化学品”,行为人并非都是具有承运资质,这在“违反危险化学品安全管理规定”上可以存在重合现象;危险物品肇事也并非都是在满足承运条件时发生事故。所以,两罪构成要件中部分要素之间具有法条竞合关系。但危险驾驶罪的该项危险驾驶行为,并没有实际造成实害结果,“危险”只是具有造成实害结果的可能性,从这一点而言,该项行为更似对发生在道路运输中的“危险物品肇事罪”的前置处罚措施。但危险物品肇事罪是过失犯罪,如果认为是其前置措施,也就意味着故意犯罪可以转化为过失犯罪,这在当前的法理上无法成立。张明楷教授认为,危险物品肇事罪既可能是违规运输危险化学品类型的危险驾驶罪的结果加重犯,也可能与危险驾驶罪构成想象竞合犯①。本书认为,将危险物品肇事罪,视为违规运输危险化学品类型的危险驾驶罪的结果加重犯,在法理上是可以成立的,问题只在于危险物品肇事罪的涵盖范围,远远广于违规运输危险化学品类型的危险驾驶罪,将其视为危险驾驶罪一种类型的加重结果,在解释论上存在困难。因此,视为想象竞合犯更有合理性,也能够符合第 133 条之一第 4 款“有前两款行为,同时构成其他犯罪的,依照处罚较重的规定定罪处罚”的规定。当然,二者的关系仍可以继续研究。

(四) 危险物品肇事罪与其他危害生产安全犯罪的关联

参见本书该类犯罪的相关内容。

(五) 危险物品肇事罪与失火罪、过失爆炸罪、过失投放危险物质罪的关联

危险物品肇事罪的严重后果,可以表现为火灾、爆炸、中毒事故。多数说认为,危险物品肇事罪的主体为一般主体,例如普通乘客携带危化品乘坐交通工具造成事故,应构成危险物品肇事罪,即日常生活中违反危险物品管理规定的注意义务,也应当以本罪论处。这就是说,危险物品肇事罪的危险物品,可以成为失火罪、过失爆炸罪、过

---

① 参见张明楷:《刑法学》(下),法律出版社 2016 年版,第 731 页。

失投放危险物质罪的工具。失火、过失爆炸、过失投放危险物质的行为,包括在日常生活中违反危险物品管理规定的注意义务,造成火灾、爆炸、中毒后果的,二者之间可以形成想象竞合犯,可以从一重罪论处。

(六) 危险物品肇事罪的刑事责任

犯本罪,处 3 年以下有期徒刑或者拘役;后果特别严重的①,处 3 年以上 7 年以下有期徒刑。

二十二、工程重大安全事故罪

(一) 工程重大安全事故罪的概念和法益

工程重大安全事故罪,是指建设单位、设计单位、施工单位、工程监理单位违反国家规定,降低工程质量标准,造成重大安全事故的行为。本罪的法益,是工程质量标准以及公众的生命、健康和重大公私财产的安全,即公共安全。本罪主体为特殊主体,主观上是过失罪过。

(二) 工程概念、行为、严重后果、主体

"工程",是应用有关的科学知识和技术手段,通过有组织的生产、作业活动,将(自然的或人造的)现有实体转化为具有预期使用价值的"人造产品"。在这一概念下,除通常理解的建筑、铁路、高铁、隧道工程等外,建造轮船、飞机、航天器等,也可以称为"工程"。显然本罪的"工程"概念不是后一意义上的。本书认为,这里的"工程",是指关乎民生的建筑工程,如水利设施、房屋、铁路、高铁、地铁、隧道工程等,不能包括国防等建设工程②、在名词上使用的抽象概念所概括的事项,如"菜篮子工程""城市改建工程""京九铁路工程"等,以及具体科学项目如遗传工程、计算机系统工程、生物工程、海洋工程、环境微生物工程等。工程是国家投资还是地方投资,是重大工程项目还是一般工程项目,都不影响对本罪的认定。问题是,工程的临时附属"工程",例如,建设水坝时的临时"围堰"工程,是否包括在工程的范围内,值得研究。本书认为,即便是附属、临时的工程,只要具有国家、行业建设标准的,应包括在工程的范围内。

---

① 15.12.16《生产安全解释》第 7 条规定,具有下列情形之一的,对相关责任人员,处 3 年以上 7 年以下有期徒刑:(1) 造成死亡 3 人以上或者重伤 10 人以上,负事故主要责任的;(2) 造成直接经济损失 500 万元以上,负事故主要责任的;(3) 其他造成特别严重后果、情节特别恶劣或者后果特别严重的情形。

② 2019 年 4 月 23 日国务院实施的《建设工程质量管理条例》第 81 条规定:"军事建设工程的管理,按照中央军事委员会的有关规定执行。"

本罪行为是违反国家规定,降低工程质量标准,造成重大安全事故。[①]“违反国家规定”,是指行为人违反了国家关于建筑工程质量监督管理的法律、法规的规定。这既包括违反国家颁布的各种与建筑工程质量安全有关的法律、法规的规定,也包括建设单位、设计单位、施工单位、工程监理单位,或者有关上级管理机关对建筑工程质量施工、监督、监理所提出的具体要求。构成本罪必须认定行为人违反的具体规定的内容,即具有降低工程质量标准的事实。

“降低工程质量标准”,是指工程的实际质量,没有达到国家标准的要求。具体原因为:(1) 建设单位将建设工程发包给不具有相应资质等级的勘察、设计、施工单位或者委托给不具有相应资质等级的工程监理单位;迫使承包方以低于成本的价格竞标;任意压缩合理工期;明示或者暗示设计单位或者施工单位违反工程建设强制性标准,降低工程质量;施工图设计审查不合格,擅自施工;建设项目必须实行工程监理而未实行工程监理,造成工程质量降低;明示或者暗示施工单位使用不合格的建筑材料、建筑构配件和设备,使建筑工程质量降低的等。(2) 建筑勘察、设计单位未按照工程建设强制性标准进行勘察;设计单位未根据勘察成果文件进行工程设计;设计单位指定不合格的建筑材料、建筑构配件;设计单位未按照工程建设强制性标准进行设计;不根据工程质量标准进行设计的等,降低工程设计标准。(3) 建筑施工单位不遵守建设工程合同规定,在施工中偷工减料;使用不合格的建筑材料、建筑构配件和设备;或者不按照工程设计图纸或者施工技术标准施工,造成工程质量降低等。(4) 工程监理单位不履行或者不严格履行监理职责,对工程质量不严格把关,包括对设计、施工中已经发现的严重工程质量隐患不及时提出,阻止工程施工,使建筑工程质量降低;或者与建设单位或者施工单位串通,弄虚作假、降低工程质量;将不合格的建设工程、建筑材料、建筑构配件和设备按照合格签字,降低标准进行监理等,使工程质量降低等。

“工程质量降低”必须造成重大安全事故[②],且降低工程质量标准的行为与严重后果之间具有刑法上的因果关系。本罪属于过失犯罪,在工程建设中有诸多必要环节,工程安全事故也往往会涉及多人的行为,而各人违反规定的行为与结果之间的原因力不同,应当在查清事故原因的基础上区别主要原因和次要原因,以确定不同直接责任人的刑事责任。

---

① 15.12.16《生产安全解释》第 6 条第 3 款规定,实施《刑法》第 137 条规定的行为,因而发生安全事故,具有本条第 1 款规定情形的,应当认定为“造成重大安全事故”,对直接责任人员,处 5 年以下有期徒刑或者拘役,并处罚金。第 6 条第 1 款规定,具有下列情形之一的,应当认定为“造成严重后果”或者“发生重大伤亡事故或者造成其他严重后果”,对相关责任人员,处 3 年以下有期徒刑或者拘役:(1) 造成死亡 1 人以上,或者重伤 3 人以上的;(2) 造成直接经济损失 100 万元以上的;(3) 其他造成严重后果或者重大安全事故的情形。

② 有的建筑工程发生重大事故,并没有外在因素诱发,从直观上也可以确定为“豆腐渣工程”,但有的确实是因外在自然因素而引发,如地震、风暴等而造成建筑工程的坍塌、严重破损,或者建筑物坍塌造成人员伤亡。在该种情况下必须查清建设单位、建筑设计单位、施工单位以及工程监理单位是否降低了工程质量标准。虽然从表面上看是由于自然原因而引起的,但并不一定属于自然事故。

本罪主体是特殊主体,为建设单位、建筑设计单位、施工单位以及工程监理单位中,对建筑工程质量安全负有直接责任的人员。“建设单位”,是指建设工程的所有人或者使用人,包括从事该项工程开发和经营的企业,或者经过审批具有工程建设资质,能够支付工程造价的其他单位;“设计单位”,是指专门承担建筑工程勘察、设计的单位;“施工单位”,是指承担土木建筑、管线、设备安装、建筑装饰、装修等工程的修建、扩建、改建等经营活动的单位,包括建筑工程的总承包企业和发包后承包施工的单位;“工程监理单位”,是指对于建筑工程进行质量监督管理,承担工程质量监督的单位。非上述单位对工程质量安全负有直接责任的人员,不能构成本罪。

(三) 工程重大安全事故罪与重大责任事故罪、强令违章冒险作业罪的关联

工程重大安全事故亦属于重大责任事故,可以说工程重大安全事故罪也是从重大责任事故罪、强令违章冒险作业罪中分离出来的,具有法条竞合关系,构成本罪可能同时触犯重大责任事故罪、强令违章冒险作业罪(涉及国有公司、企业管理人员的,同时触犯玩忽职守罪、滥用职权罪①)。但是,事故虽然都存在造成人身伤亡的可能性,但事故本身有一定差异。本罪中的重大事故,属于建筑工程本身的质量安全事故,即质量隐患事故;而重大责任事故罪、强令违章冒险作业罪中的重大事故,主要为员工伤亡事故以及设施、设备事故等,与建筑工程本身的质量安全没有直接关系。正因为如此,在工程建设过程中发生的质量安全事故,也可能构成重大责任事故罪、强令违章冒险作业罪。从法定刑上看,工程重大安全事故罪和强令违章冒险作业罪的法定刑均重于重大责任事故罪,因此,在工程勘察、施工中违反安全生产、作业的规章制度规定的注意义务,发生重大事故,造成人身伤亡、重大财产损失的,则为重大责任事故罪;违反国家规定降低工程质量,同时也违反安全生产、作业的规章制度规定的注意义务,发生重大事故的,应构成工程重大安全事故罪;明知存在事故隐患、继续作业存在危险,仍然违反有关安全管理的规定,强令违章冒险作业的,构成强令违章冒险作业罪。

(四) 工程重大安全事故罪的刑事责任

犯本罪,处 5 年以下有期徒刑或者拘役,并处罚金;后果特别严重的②,处 5 年以上 10 年以下有期徒刑,并处罚金。

---

① 在违反国家规定降低工程质量的情况下,其行为必然涉及其他违法经济活动或犯罪活动,涉及国家工作人员的,也会触犯其他渎职犯罪,可能存在需要数罪并罚的情况。

② 15.12.16《生产安全解释》第 7 条第 3 款规定,实施《刑法》第 137 条规定的行为,因而发生安全事故,具有本条第 1 款规定情形的,对直接责任人员,处 5 年以上 10 年以下有期徒刑,并处罚金。第 1 款规定,……(1) 造成死亡 3 人以上或者重伤 10 人以上,负事故主要责任的;(2) 造成直接经济损失 500 万元以上,负事故主要责任的;(3) 其他造成特别严重后果、情节特别恶劣或者后果特别严重的情形。

二十三、教育设施重大责任事故罪

(一) 教育设施重大责任事故罪的概念和法益

教育设施重大责任事故罪,是指学校及其他教育机构的直接责任人员,明知校舍或者教育教学设施有危险,而不采取措施或不及时报告,致使发生重大伤亡事故的行为。本罪的法益为学校及其他教育机构教育环境安全以及公众(师生员工)的生命、健康的安全,即公共安全。本罪主体为特殊主体,即对校舍、教育教学设施的安全负有直接责任的人员,如教育单位的法人、学校的校长、教务、后勤主管人员等;也包括教育机构的上级主管部门中对校舍、教育教学设施的安全负有直接责任的人员,如教育行政主管部门的领导、政府行政部门分管教育的领导等;只是在教育机构中工作,对教育设施安全不负有责任的人员,不是本罪主体。本罪主观上是过失。

(二) 教育设施、行为、严重后果、主观罪过

"教育设施",是指各类教育机构用于对学生进行各类文化、体能、技能等教育、训练的设施和设备,包括上述设施、设备的附属设施、设备。例如,校舍建筑、教学楼、教室、体育馆、闭路电视、投影、录像、录音设备以及附属设备、实验室和微机室、电教室、闭路教学系统设备、设施、体育器械;生活设施以及必需的附属设施、设备,如盥洗室、卫生间、洗澡间、开水房使用的电力、燃气设施、设备等。无论是因哪一类的教育设施,不符合安全标准而发生重大事故的,都不影响本罪成立。

本罪行为是对校舍或教育教学设施存在的危险,不采取措施或者不及时报告,致使发生重大伤亡事故①。具体而言:(1) 校舍或教育教学设施必须存在着不符合安全要求的危险状态,这是构成本罪的前提条件。不具有此项事实,发生意外事故,造成人员伤亡的,不能以本罪论处,如果构成其他犯罪,应当以相应的犯罪论处。(2) 行为人明知校舍或教育教学设施有安全隐患,而不采取措施或者不及时报告。这是不作为行为,即行为人负有排除危险或者及时报告有关部门的作为义务,但是,行为人不履行或者不认真履行自己的职责,没有排除危险,或者没有及时报告,以致发生重大事故。

"不采取措施",是指有条件和有能力采取一定的措施但没有采取措施防止事故

---

① 15.12.16《生产安全解释》第6条第4款规定:"实施刑法第138条规定的行为,因而发生安全事故,具有本条第1款第1项规定情形的,应当认定为'发生重大伤亡事故',对直接责任人员,处3年以下有期徒刑或者拘役。"第1款第1项规定:"……造成死亡1人以上,或者重伤3人以上的。"

发生①。这可以是行为人没有履行自己的职责,未采取任何措施,也可以是虽然采取了一定的措施,但没有认真履行自己的职责,采取的措施不足以防止事故的发生。不采取措施的行为人,可以是该教育机构的工作人员,也可以是该教育机构的上级主管部门的工作人员。此外,不采取措施的不作为行为,是在事故发生之前还是在危险发生时没有采取措施(如没有及时组织师生员工撤离),不影响认定。"不及时报告",是指行为人明知有安全隐患而不及时向有关的主管部门报告,延误了有关部门采取措施防止事故发生的时机,结果造成重大事故。"有关部门",包括本教育机构的主管部门以及该教育机构的上级主管部门和其他相关机构,如公安消防部门等。

发生的"重大伤亡事故"必须与不采取措施或不及时报告的行为具有刑法上的因果关系。

本罪主观上是过失,"不采取措施"和"不及时报告"是"明知故犯"。陈兴良教授认为:"如果对校舍、教育教学设施存在的危险,行为人主观上没有认识,那么即使发生了房屋倒塌或造成人员伤亡的结果,也不能认定构成本罪。"②本书认为,这个观点值得商榷。本罪要求在"明知"危险存在的情况下"不采取措施""不及时报告",如对校舍、教育教学设施存在安全隐患没有认识,可以是在履行了检查义务的情况下也没有发现危险的存在,也可以是根本没有履行检查义务而没有认识到危险的存在,显然将根本就没有履行义务而没有认识危险存在的情况,与履行了义务却没有发现危险存在的情况混淆,事实上是混淆了可以构成犯罪与根本不可能构成犯罪的界限。

(三)教育设施重大责任事故罪与工程重大安全事故罪的关联

在教育设施中,因校舍建筑存在质量问题而发生人员伤亡事故,与工程重大安全事故罪可能发生关联。如教育机构是工程建设单位,违反规定要求施工单位降低工程质量标准,致使教育设施工程质量没有安全保障,在"明知"存在危险的情况下不采取措施(改进),或者不及时报告,仍然使用并发生重大工程质量安全事故,造成人员伤亡的,也同时触犯本罪。但本书认为,该严重后果应当视为工程重大安全事故罪的当然结果,应当以工程重大安全事故罪论处。

(四)教育设施重大责任事故罪的刑事责任

犯本罪,处 3 年以下有期徒刑或者拘役;后果特别严重的③,处 3 年以上 7 年以下

---

① 在欠发达地区,教育经费投入严重不足是常态,校舍、教育设施陈旧,具有较大的危险性。通常履行报告义务也无能力投入资金进行维修、改建,即便采取一定预防措施,仍然可能发生重大人员伤亡事故。如果确实属于教育机构无资金无能力从根本上解决防止危险发生,因措施不得力而发生事故,应当认为行为人已经履行了自己的职责,不能以犯罪论处。

② 陈兴良主编:《罪名指南》(上册),中国政法大学出版社 2000 年版,第 200 页。

③ 15.12.16《生产安全解释》第 7 条第 4 款规定:"实施刑法第 138 条规定的行为,因而发生安全事故,具有下列情形之一的,对直接责任人员,处 3 年以上 7 年以下有期徒刑:(一) 造成死亡 3 人以上或者重伤 10 人以上,负事故主要责任的;(二) 具有本解释第 6 条第 1 款第 1 项规定情形,同时造成直接经济损失 500 万元以上并负事故主要责任的,或者同时造成恶劣社会影响的。"第 6 条第 1 款第 1 项规定:"造成死亡 1 人以上,或者重伤 3 人以上的。"

有期徒刑。

二十四、消防责任事故罪

(一) 消防责任事故罪的概念和法益

消防责任事故罪,是指违反消防管理法规,经消防监督机构通知采取改正措施而拒绝执行,造成严重后果的行为。本罪的法益,是国家消防安全的监督管理和不特定或者多数人的生命、健康和重大公私财产安全。本罪主体为特殊主体,主观上是过失。

(二) 行为、严重后果、主体、主观罪过

本罪行为是违反消防管理法规,经消防监督机构通知采取改正措施而拒绝执行,造成严重后果①。"消防管理法规",是指国家有关消防安全管理的法律、法规以及有关主管部门为保障消防安全而作出的有关规定,包括地方各级政府行政立法部门、消防监督管理主管部门制定的消防监督管理条例和法规。具体而言:(1) 违反消防管理法规既可以是作为,也可以是不作为行为。根据法律规定,对于违反消防管理法规行为的实施场合没有限制,可以是任何由消防监督机构监督管理的场合,如工厂、矿山、建筑工程等经营性企业,也可以是从事行政管理的事业单位;可以是居民日常生活的场所,也可以是娱乐场所、游览名胜之地等。(2) 经消防监督机构通知采取改正措施而拒绝执行。督促整改火险隐患是消防监督机关的法定职责和义务。当公安消防机构发现火灾隐患,通知有关单位或者个人采取措施,限期消除隐患时,行为人拒绝执行的行为是一种不作为。不作为可以是对于限期消除隐患的要求阳奉阴违、欺上瞒下、置之不理,也可以是敷衍塞责,只是在表面上采取一定措施,并不真正落实具体行动,不足以消除火灾隐患。不过,虽然有违反消防管理法规的行为,具有发生火灾的隐患,但公安消防机构并没有通知限期消除隐患的,即使发生重大火灾,也不能构成本罪。但是,并不影响可能构成其他犯罪,如失火罪等。(3) 拒绝采取改正措施消除隐患的行为与严重后果之间具有刑法上的因果关系②。

本罪主体为特殊主体,是负有防火安全职责的直接责任人员。有观点认为,本罪主体为一般主体,达到法定责任年龄,具有刑事责任能力的自然人都可成为本罪主

---

① 15.12.16《生产安全解释》第6条第1款规定,具有下列情形之一的,应当认定为"造成严重后果"或者"发生重大伤亡事故或者造成其他严重后果",对相关责任人员,处3年以下有期徒刑或者拘役:(1) 造成死亡1人以上,或者重伤3人以上的;(2) 造成直接经济损失100万元以上的;(3) 其他造成严重后果或者重大安全事故的情形。

② 有的火灾事故的确是因自然因素引发,但是,若行为人具有违反消防管理法规的行为,在公安消防机构通知其采取措施,限期消除隐患的情况下,仍拒绝履行整改义务,即便火灾的确是由自然因素引起的,也不能视为自然事故。因不履行或者不正确履行注意义务的行为与发生的严重后果之间具有直接的因果关系,不应当再视为纯粹自然因素引起的火灾,应当构成本罪。

体[①]。本罪处罚的是被通知采取改正措施而拒绝执行，对严重后果应负责任的“直接责任人员”，显然并不是指一般自然人主体。“直接责任人员”在各级单位是负责防火安全职责的领导人员，在普通居民中应当是户主。

至于本罪的罪过，多数说认为本罪是过失。根据构成要件的内容，行为人是在消防部门已经指出存在安全隐患的情况下，不履行作为义务致使火灾发生的。根据罪过理论，明知有发生火灾的可能性，“拒绝执行”消除隐患的整改义务致使火灾发生，应如何理解行为人主观上不是放任心态？间接故意虽然不是追求结果发生，但也并不采取措施防止结果发生[②]。如果从行为人敷衍塞责，只是在表面上采取一定措施上说，可以认为行为人有自信态度。但是对完全没有履行整改义务的行为人，仍然认定为“过失”，恐怕对可能发生火灾是否持放任态度上，不能得到清晰的答案。事实上，“拒绝执行”消除安全隐患的整改义务致使火灾发生，是极低的概率，完全不同于在过失引发火灾后有能力、有条件救火而不履行义务救火，转化为放火罪的情形。因此，本罪是过失犯罪更具合理性。当然，如果行为人“拒绝执行”消除隐患的整改义务，是另有所求，就应该以放火罪或其他相关故意犯罪追究刑事责任。

（三）消防责任事故罪与失火罪、其他安全责任事故罪的关联

现实中发生的多数火灾，包括生产安全责任事故，都与违反消防安全法律、法规有关，可以说，火灾的严重后果就是失火罪或其他安全责任事故罪的严重后果，但这并非只能以本罪、失火罪或其他安全责任事故犯罪追究刑事责任。如果消防部门对防火责任人以及单位发出火灾隐患限期整改通知，行为人拒绝执行而发生火灾的，是想象竞合犯，应从一重罪论处；因失火罪与本罪法定刑相同可以以本罪论处，亦存在以其他安全责任事故犯罪论处的可能性。在涉及国家工作人员渎职的情况下，同样存在以相关渎职犯罪追究刑事责任的可能性。

（四）消防责任事故罪的刑事责任

犯本罪，处 3 年以下有期徒刑或者拘役；后果特别严重的[③]，处 3 年以上 7 年以下有期徒刑。

二十五、不报、谎报安全事故罪

（一）不报、谎报安全事故罪的概念和法益

不报、谎报安全事故罪，是指在安全事故发生后，负有报告职责的人员不报或者

---

① 参见王作富主编：《刑法分则实务研究》（上），中国方正出版社 2013 年版，第 177 页。

② 参见林亚刚：《刑法学教义》（总论）（第 2 版），北京大学出版社 2017 年版，第 209 页以下。

③ 15.12.16《生产安全解释》第 7 条规定，具有下列情形之一的，对相关责任人员，处 3 年以上 7 年以下有期徒刑：（1）造成死亡 3 人以上或者重伤 10 人以上，负事故主要责任的；（2）造成直接经济损失 500 万元以上，负事故主要责任的；（3）其他造成特别严重后果、情节特别恶劣或者后果特别严重的情形。

谎报事故情况,贻误事故抢救,情节严重的行为①。本罪的法益,是国家对安全事故报告的监管以及他人生命、健康和重大财产安全。本罪主体为特殊主体②,主观上是故意。

(二) 安全事故、行为、情节严重、其他

"安全事故",是指在生产经营活动中发生的造成人身伤亡或者直接经济损失的生产安全事故。值得注意的是,《刑法》第131条至第139条规定的犯罪,均是指人为违反规章制度而构成犯罪的行为,但是,本罪不限于对因犯罪行为造成的安全事故不报、谎报,应包括所有在生产经营活动中所发生的安全事故③,包括因意外事件、故意犯罪、过失犯罪而造成的安全事故,且无论安全事故大小,均需要报告④。

本罪行为是在安全事故发生后,负有报告职责的人员不报或者谎报事故情况,贻误事故抢救时机,情节严重⑤。具体而言:(1)"不报或谎报",是指明知事故已经发生却不向相关部门报告或者完全将发生的安全事故隐瞒下来不报告,不报行为是不作为;或者将较大、较严重的安全事故报告为小事故,谎报行为是作为。(2)"贻误事故抢救",是指丧失了救援机构及时抢救的时机,使有可能避免死亡、受伤的事故受害者,失去了救助以及财产免受损害的可能性。当然更存在因贻误事故抢救而使得事故后果进一步扩大,造成更为严重的后果的情形。张明楷教授指出,如果发生了没有救援必要的安全事故(后果不可能加重或扩大),因缺乏结果要素,不能构成犯罪⑥。本书原则上赞同这一观点,这只是没有履行报告义务的行政违法,但还应确定是否有

---

① 15.12.16《生产安全解释》第8条第1款规定:"……具有下列情形之一的,应当认定为刑法第139条之一规定的'情节严重':(一) 导致事故后果扩大,增加死亡1人以上,或者增加重伤3人以上,或者增加直接经济损失100万元以上的;(二) 实施下列行为之一,致使不能及时有效开展事故抢救的:1. 决定不报、迟报、谎报事故情况或者指使、串通有关人员不报、迟报、谎报事故情况的;2. 在事故抢救期间擅离职守或者逃匿的;3. 伪造、破坏事故现场,或者转移、藏匿、毁灭遇难人员尸体,或者转移、藏匿受伤人员的;4. 毁灭、伪造、隐匿与事故有关的图纸、记录、计算机数据等资料以及其他证据的;(三) 其他情节严重的情形。"

② 15.12.16《生产安全解释》第4条:"刑法第139条之一规定的'负有报告职责的人员',是指负有组织、指挥或者管理职责的负责人、管理人员、实际控制人、投资人,以及其他负有报告职责的人员。"17.04.27《立案规定(一)的补充规定》第1条规定的立案追诉标准与前述规定相同,不再重复引用。

③ 2007年6月1日实施的《生产安全事故报告和调查处理条例》(以下简称《生产安全事故处理条例》)第2条规定:"……环境污染事故、核设施事故、国防科研生产事故的报告和调查处理不适用本条例。"即该类事故的报告和调查处理程序,应从其特别规定。

④ 《生产安全事故处理条例》第3条规定:"根据生产安全事故(以下简称事故)造成的人员伤亡或者直接经济损失,事故一般分为以下等级:(一) 特别重大事故,是指造成30人以上死亡,或者100人以上重伤(包括急性工业中毒,下同),或者1亿元以上直接经济损失的事故;(二) 重大事故,是指造成10人以上30人以下死亡,或者50人以上100人以下重伤,或者5000万元以上1亿元以下直接经济损失的事故;(三) 较大事故,是指造成3人以上10人以下死亡,或者10人以上50人以下重伤,或者1000万元以上5000万元以下直接经济损失的事故;(四) 一般事故,是指造成3人以下死亡,或者10人以下重伤,或者1000万元以下直接经济损失的事故。"

⑤ 我国《安全生产法》第106条、第107条分别规定了事故单位主要负责人以及地方人民政府、负有安全生产监督管理职责的部门的报告义务。17.04.27《立案规定(一)的补充规定》第1条规定的立案追诉标准,与15.12.16《生产安全解释》第8条1款相同。

⑥ 参见张明楷:《刑法学》(下),法律出版社2016年版,第733页。

其他严重情节。(3)“情节严重”,是入罪的必备条件。

在安全事故发生后,与负有报告职责的人员串通,不报或者谎报事故情况,贻误事故抢救,情节严重的,依照《刑法》第139条之一的规定,以共犯论处。

在安全事故发生后,直接负责的主管人员和其他直接责任人员,故意阻挠开展抢救,导致人员死亡或者重伤,或者为了逃避法律追究,对被害人进行隐藏、遗弃,致使被害人因无法得到救助而死亡或者重度残疾的,分别依照《刑法》第232条、第234条的规定,以故意杀人罪或者故意伤害罪定罪处罚[①]。

(三)不报、谎报安全事故罪的刑事责任

犯本罪,处3年以下有期徒刑或者拘役;情节特别严重的[②],处3年以上7年以下有期徒刑。

---

① 15.12.16《生产安全解释》第9条、第10条。

② 15.12.16《生产安全解释》第8条第2款规定:“具有下列情形之一的,应当认定为刑法第139条之一规定的‘情节特别严重’:(一)导致事故后果扩大,增加死亡3人以上,或者增加重伤10人以上,或者增加直接经济损失500万元以上的;(二)采用暴力、胁迫、命令等方式阻止他人报告事故情况,导致事故后果扩大的;(三)其他情节特别严重的情形。”

（中）破坏社会主义市场经济秩序罪

一、生产、销售伪劣产品罪

（一）生产、销售伪劣产品罪的概念和法益

生产、销售伪劣产品罪，是指生产者、销售者在产品中掺杂、掺假，以假充真，以次充好或者以不合格产品冒充合格产品，销售金额5万元以上的行为。本罪的法益为国家对产品质量以及基于市场经济的竞争秩序的监管，主体为自然人一般主体和单位主体①。本罪主观上是故意，是行为人故意在产品中掺杂、掺假，故意地以假充真，以次充好，故意地以不合格产品冒充合格产品；过失导致生产、销售伪劣产品，不构成本罪，动机不影响认定。

（二）对象、行为、故意、共犯

关于本罪的对象范围和性质，我国主要有两种观点。第一种观点认为，只限于《产品质量法》规定的经过加工、制作用于销售的产品，但是，建设工程②、军工产品、核设施、核产品，不在《产品质量法》调整的范围，不能成为本罪对象（此外，国家禁止流通的物品，如毒品、珍贵文物、人体器官等，也不属于该法调整的范围）。第二种观点赞同第一种观点提出的对象范围，但认为若建设工程是用于交换并符合商品属性时，应成为本罪对象③。本书认为，本罪对象范围如果以《产品质量法》为准，则伪劣产品的范围非常广，包括“假冒”产品，但“假冒”产品与“伪劣”产品并非等同概念，“假冒”概念扩大了本罪的对象范围。若不以《产品质量法》为依据，原本该法不调整的对象，例如劣质建筑工程，则就会包括在“伪劣产品”的概念中，而且伪劣建筑工程

---

① 2001年4月10日最高人民法院、最高人民检察院实施的《关于办理生产、销售伪劣商品刑事案件具体应用法律若干问题的解释》（法释〔2001〕10号）（以下简称01.04.10《伪劣商品解释》）第12条规定：“国家机关工作人员参与生产、销售伪劣商品犯罪的，从重处罚。”

② 参见高铭暄、马克昌主编：《刑法学》，北京大学出版社2011年版，第375页。我国《产品质量法》第2条第2款规定：“建设工程不适用本法规定；但是，建设工程使用的建筑材料、建筑构配件和设备，属于前款规定的产品范围的，适用本法规定。”

③ 参见郭立新：《论生产、销售伪劣产品罪的几个争议问题》，载《法学评论》2001年第1期。

所造成的危害,可能更甚于一般意义上的伪劣产品[①],这就进一步扩大本罪对象范围。若以《产品质量法》为依据,又不符合惩治生产、销售伪劣商品犯罪的实践需要,例如,初级农产品不在《产品质量法》调整的范围[②],但却是本类犯罪的对象[③]。因此,本书赞同以《产品质量法》有关"安全"标准的要求,即以违法的严重程度作为界定本类犯罪对象的标准:在性质上不符合保障人体健康和人身、财产安全的国家标准、行业标准的产品;在产品中掺杂、掺假,以假充真,以次充好,或者以不合格产品冒充合格产品;销售失效、变质的产品。换言之,生产、销售的产品不具有对人的生命、健康和财产安全构成较大威胁,不具有较严重侵害消费者权益的伪劣产品,不应由刑法来调整。同时,根据《产品质量法》的相关规定:(1) 未经过加工的天然矿物品,不能成为本罪对象。如天然黄金、宝石,可以销售获利,但它并不受《产品质量法》调整,只有经人们加工过再度销售,才能成为产品质量法调整的产品。(2) 不动产、军工产品、文物、货币、违禁品等,不由《产品质量法》调整,不能成为本罪对象。(3) 建设工程本身不属于本罪对象,但是,建设工程所需的建筑材料、建筑构、配件和设备是产品范围,属于本罪对象。例如,水泥、钢架构件、电缆、涂料等。

我国《刑法》第 140 条规定与第 141 条至第 148 条规定是法条竞合关系,当行为不符合第 141 条至第 148 条的规定,但生产、销售伪劣产品数额达到法定数额,应按照第 140 条的规定定罪处罚,因此,本罪对象包括我国《刑法》第 141 条至第 148 条所规定的特定对象。

本罪行为是"在产品中掺杂、掺假,以假充真,以次充好或者以不合格产品冒充合格产品"[④]。具体而言:(1) 在产品中掺杂、掺假,是指在产品中掺入杂质或者异物,致使产品质量不符合国家法律、法规或者产品明示质量标准规定的质量要求,降低、失去应有使用性能的行为。例如,在销售的肉类中注水,在出售入库的粮食中洒水,在出售的皮棉中掺沙子、杂物增重等。(2) 以假充真,是指以不具有某种使用性能的产品冒充具有该种使用性能的产品的行为。这里的"假"并非真的"是假的",而是指不具有所标明的使用性能。例如,以化学合成色素冒充天然色素,以合成的人工牛黄冒充天然牛黄等;如果真的"是假的",则可能构成诈骗类犯罪而非本罪。(3) 以次充好,是指以低等级、低档次产品冒充高等级、高档次产品,或者以残次、废旧零配件组合、拼装后冒充正品或者新产品的行为。例如,将"有硬件问题"的回收手机翻新冒充

---

① 正因为如此,我国专门制定了《建筑法》,该法对故意降低建筑工程质量的行为也可能追究刑事责任,一般构成工程重大安全事故罪。但是,生产、销售伪劣产品犯罪注重的是产品质量的安全性,建筑产品的安全性关注的是结构的安全性。因此,我国刑法对涉及建设工程中的责任事故犯罪,是对事故发生后的处罚,虽然未能"防患于未然"而且处罚可能偏轻,但这并不是通过适用本罪来解决的问题。

② 农产品的品质受自然因素影响更大,虽然也有安全标准,但不可能按照统一的标准养殖和产出,因此,农产品不在《产品质量法》调整的范围内。但是,可直接供人食用的初级农产品,可以成为生产、销售不符合安全标准食品罪的对象。

③ 17.04.27《立案规定(一)的补充规定》第 4 条第 3 款规定:"在食用农产品种植、养殖、销售、运输、贮存等过程中,使用禁用农药、兽药等禁用物质或者其他有毒、有害物质的,应予立案追诉。"

④ 01.04.10《伪劣商品解释》对具体的四种行为有规定。

新机出售,将报废汽车的零部件拆卸后,冒充全新配件出售等。(4) 以不合格产品冒充合格产品,是指用不符合《产品质量法》第26条第2款规定的质量要求的产品冒充合格产品[①]。这四种行为不排除可能同时具备,但具备多种行为也不实行并罚。在司法实务中,有时很难准确区别本罪行为属于具体哪种形式。例如,将"有硬件问题"的手机翻新冒充新机出售,均符合"以次充好"或"以不合格产品冒充合格产品"。本书认为对此种情形不必强行区别。

"生产"和"销售",应统一理解还是分别作为两种行为认定?结合本罪的入罪标准是"销售"金额的规定,有观点认为,这是指实际"销售"的金额,也就意味着无论生产者还是销售者,均要求有实际销售行为。不同观点则认为,既可以指实际销售的数额,也包括生产后可能销售的数额,因为生产包括销售,即便尚未销售出去,只要达到法定标准,也能够入罪[②]。认为生产包括销售是合理的,在考虑生产者是否符合入罪条件时,当然其销售出去的金额必须考虑,但本罪中的销售并非是指生产者的销售,而是指生产者之外的不同销售主体。01.04.10《伪劣商品解释》是区分不同主体分别规定的[③],所以,生产者的销售,事实上涵盖在"生产"的概念中,将生产者的销售独立评价,则是不区分主体,因为不存在只有生产而无销售的情况;但是,可能存在只有销售行为而无生产行为(无法查证生产者)的情况,这正是应将销售行为单独评价的原因。例如,即便厂家生产的是合格产品,也不排除销售者在合格产品中掺杂、掺假,以假充真而销售。

本罪以销售金额作为入罪的基本标准,根据数额的确可以很好地揭示生产、销售伪劣产品的规模、行为人的主观恶性以及对社会的危害程度[④]。但有关销售金额的理解,理论上的看法并不一致。

一是作为"出售伪劣产品后"的标准理解。黄京平教授就认为,销售金额是指销售行为完成的后果,所以,应以实际交付伪劣产品为"出售"[⑤]。也有学者认为,只要实施销售行为,即为"出售",至于实际是否交付、是否付款,在所不问,因为这些均不影响行为的危害性[⑥]。01.04.10《伪劣商品解释》第2条规定的"销售金额""是指生产者、销售者出售伪劣产品后所得和应得的全部违法收入"。当然,"所得",是指实际已经获得的违法所得(不得减除违法犯罪所投入的成本);"应得",是指虽然还没有

---

① 凡是不符合下列标准的,均为不合格产品:(1) 不存在危及人身、财产安全的不合理的危险,有保障人体健康和人身、财产安全的国家标准、行业标准的,应当符合该标准;(2) 具备产品应当具备的使用性能,但是,对产品存在使用性能的瑕疵作出说明的除外;(3) 符合在产品或者其包装上注明采用的产品标准,符合以产品说明、实物样品等方式表明的质量状况。

② 参见谢望原:《论生产、销售伪劣产品罪中的销售金额》,载《中国刑事法杂志》1999年第4期。

③ 01.04.10《伪劣商品解释》第2条规定:"刑法第140条、第149条规定的销售金额,是指生产者、销售者出售伪劣产品后所得和应得的全部违法收入。伪劣产品尚未销售,货值金额达到刑法第140条规定的销售金额3倍以上的,以生产、销售伪劣产品罪(未遂)定罪处罚。"

④ 参见马克昌主编:《百罪通论》(上卷),北京大学出版社2014年版,第180页。

⑤ 参见黄京平主编:《破坏市场经济秩序罪研究》,中国人民大学出版社1999年版,第111页。

⑥ 参见马克昌主编:《百罪通论》(上卷),北京大学出版社2014年版,第181页。

实际所得,但有预期违法所得,如按照合同、协议能够获得的违法收入。所以,本书认为,“销售金额”包括尚未收回的销售后的伪劣产品违法金额,在此基础上,至少应该实施了销售行为。

二是有关伪劣产品与非伪劣产品混合销售时,销售金额的计算。张明楷教授主张,在其不可分地一体化销售时,应整体计算销售金额。理由就在于,销售金额反映了生产、销售伪劣产品的规模、持续时间、危害范围以及对其非难可能性,一起计算便于司法机关操作①。赞同的观点还认为,混同销售往往是行为人犯罪的手段,所以,一起计算有其合理性,否则无异于鼓励行为人以此方式逃避制裁②。销售金额作为入罪的标准以及罪行轻重的标准,是需要确实的证据支持的,整体计算的确减轻了司法机关的举证责任,但一起计算金额也存在造成不应入罪而入罪的后果,或责任加重,因为毕竟有不是伪劣产品的产品。本书认为,混同销售但无法确定伪劣产品的销售金额达到规定标准的,只能做无罪处理;对能够确定伪劣产品的销售金额达到规定标准的,理应按照确定的具体金额定罪处罚。

三是对01.04.10《伪劣商品解释》“伪劣产品尚未销售,货值金额达到刑法第140条规定的销售金额3倍以上的(即15万元以上的),以生产、销售伪劣产品罪(未遂)定罪处罚”规定的理解③。学界基本上对此规定表示认同,但也有不赞同的观点④。现实中并不存在只是单纯生产而不销售产品的情况,能够称其为生产者,必因有销售行为存在。即便是由他人代销,生产者也开展了销售活动。毋庸置疑,生产的伪劣产品,即便是在存储中也是为销售而准备的,既然如此,因各种违背其本意的原因(包括销售者购买后仍在仓库中)未能销售出去,从法理上说,符合犯罪未遂的条件。但该种情况是否有必要处罚,与犯罪既遂、未遂没有关联,只与销售金额有直接关系,并通过审查伪劣产品对民生的危害程度判定有无必要处罚。即便既遂也可能因符合《刑法》第13条的“但书”规定而不认为构成犯罪。如生产、销售的伪劣产品是无安全保障且会危及生命安全的拼装车,尚未销售的库存达到15万元以上,难道不比销售出5万元伪劣衣服的危害程度严重?本书认为,01.04.10《伪劣商品解释》将该种情形解释为“未遂”不违反法理,至于是否有必要处罚,只能就同种类产品对民生的危害影响

---

① 参见张明楷:《刑法学》(下),法律出版社2016年版,第736页。

② 参见马克昌主编:《百罪通论》(上卷),北京大学出版社2014年版,第181页。

③ 01.04.10《伪劣商品解释》第2条第2款。

④ 张明楷教授并不赞同该司法解释的规定,具体表明了9点理由,概括起来是:在伪劣产品没有进入市场的情况下,刑法应保持其谦抑性,因为规定的销售金额既为处罚条件,也是处罚范围的规定,这种情况完全可给予行政处罚;销售金额既是本罪结果的要求,也是对行为危害程度的要求,没有达到标准,行为就不符合构成要件,不能以未遂犯论;储存伪劣产品,并非构成要件的销售行为,从法条规定上看,只有销售了伪劣产品才能成立犯罪,没有销售却予以处罚,违背了罪刑法定原则;虽然处罚未遂是我国刑法的原则,以《刑法》第13条的“但书”规定为依据,现实中并非对未遂行为都作为未遂犯处罚;即便销售金额没有达到5万元以上,在形式上符合未遂的条件,但实质上没有达到值得处罚的程度,可以说符合《刑法》第13条的“但书”规定;更重要的是,本罪并不包括单纯的生产行为,只有销售了伪劣产品的生产者,才能成立本罪,否则,销售者应成立销售伪劣产品罪与赃物犯罪的竞合,这一结论显然不当。因此,销售金额没有达到标准的,不应以未遂论处。参见张明楷:《刑法学》(下),法律出版社2016年版,第737—738页。

来决定,不存在未销售的就绝对不能处罚的问题。

关于本罪的故意类型有不同看法。有观点认为,本罪主观上限于间接故意,因为如果是直接故意,就应该按照危害公共安全犯罪、侵犯人身犯罪或侵犯财产犯罪定罪处罚[①]。也有观点认为,本罪是以牟取非法利润为目的,所以,只能是出于直接故意而不能是间接故意,牟取非法利润的犯罪目的是主观方面的特别要素[②]。还有观点认为,对本罪的罪过形式作出如此限制并非妥当,当其他构成要件相同的情况下,不能以意志态度的不同来界定罪与非罪,或此罪与彼罪,因此,直接故意或间接故意均可以构成本罪[③]。不赞同直接故意的观点还认为,即便在多数情况下具有该种目的,但也有在竞争中以败坏对方声誉为目的而实施犯罪,以"牟取非法利润为目的"会不当缩小处罚范围,刑法也没有明文规定该种目的,因此,也无须查明其主观目的[④]。本书原则上认为,对本罪罪过作出限制解释并非妥当。"牟取非法利润"的确不是法定的目的,但也并不意味着出于"牟取利润的目的"不构成本罪。现实中鲜见不是出于该目的而生产、销售伪劣产品的情况。本罪的构成要件无此目的要素,表明只要行为人对生产、销售伪劣产品是明知的,意志因素是希望还是放任,都不影响犯罪成立。但实务中查清行为人具有该目的,则更有利于准确地认定犯罪。

01.04.10《伪劣商品解释》第9条规定:"知道或者应当知道他人实施生产、销售伪劣商品犯罪,而为其提供贷款、资金、账号、发票、证明、许可证件,或者提供生产、经营场所或者运输、仓储、保管、邮寄等便利条件,或者提供制假生产技术的,以生产、销售伪劣商品犯罪的共犯论处。"在我国当前经济环境下,制售假冒伪劣产品在多地呈现规模化、集团化现象,产销"一条龙"并非个别现象,也存在国家机关工作人员为当地经济"发展"或者"政绩"而对制售假冒、伪劣产品怠于行使监管职能的情形。因此,对未直接参与制售伪劣产品但仍然为制售者提供贷款、资金、账号、发票、证明、许可证件,或者提供生产、经营场所或者运输、仓储、保管、邮寄等便利条件,或者提供制假生产技术的,只要有证据证实是事先明知的,则应以事先通谋得共同犯罪论处;对有责任查处制售伪劣产品的国家机关工作人员,不履行监管职责的,可以根据具体情况以渎职犯罪追究其刑事责任[⑤]。从渎职犯罪的法定刑设置看,起刑点均高于生产、销售伪劣产品罪,因此,对国家机关工作人员"不作为"视为渎职罪从重情节。不过,

① 参见张明楷:《刑法第140条"销售金额"的展开》,载《清华法律评论》(第2辑),清华大学出版社1999年版,第399—400页。

② 参见黄京平主编:《破坏市场秩序罪研究》,中国人民大学出版社1999年版,第98页。

③ 参见高铭暄、马克昌主编:《中国刑法解释》(上卷),中国社会科学出版社2005年版,第1097、1098页。

④ 同上书;张明楷:《刑法学》(下),法律出版社2016年版,第738页;马克昌主编:《百罪通论》(上卷),北京大学出版社2014年版,第175页。

⑤ 01.04.10《伪劣商品解释》第8条规定:国家机关工作人员徇私舞弊,对生产、销售伪劣商品犯罪不履行法律规定的查处职责,具有下列情形之一的,属于《刑法》第414条规定的情节严重:(1) 放纵生产、销售假药或者有毒、有害食品犯罪行为的;(2) 放纵依法可能判处2年有期徒刑以上刑罚的生产、销售伪劣商品犯罪行为的;(3) 对3个以上有生产、销售伪劣商品犯罪行为的单位或者个人不履行追究职责的;(4) 致使国家和人民利益遭受重大损失或者造成恶劣影响的。

01.04.10《伪劣商品解释》第12条规定：国家机关工作人员参与生产、销售伪劣商品犯罪，从重处罚。“参与”当然包括事前、事中、事后参与。参与，也不排除可以实施属于共犯的行为，但事后参与，即便对伪劣产品生产、销售并无实质贡献，仍然可以按照本罪从重处罚，但对在事前、事中参与而事实上成立共同犯罪的，如果不能认定为主犯仍然以本罪从重处罚，是否有违刑法对共犯刑事责任的相关规定，值得研究。

（三）生产、销售伪劣产品罪与假冒注册商标罪、销售假冒注册商标商品罪[①]的关联

本罪在多数情况下都与侵犯知识产权犯罪有密切关联性，伪劣产品的生产者、销售者为使伪劣产品顺利销售，往往会采取假冒注册商标的方式生产、销售。但是，生产、销售假冒注册商标商品，并不一定表明产品本身就是伪劣的，同时伪劣产品也并非一定需要采取假冒注册商标的方式进行生产、销售，因此，当以假冒注册商标方式生产、销售伪劣产品时，是司法现象而非立法现象，有的情形下可能符合想象竞合犯[②]，有的情形符合牵连犯，应该具体分析（详见本书假冒注册商标罪的分析）。对符合牵连犯的，因侵害的法益不同质，不排除可以实行数罪并罚。

（四）生产、销售伪劣产品罪的刑事责任

犯本罪，销售金额5万元以上不满20万元的，处2年以下有期徒刑或者拘役，并处或者单处销售金额50%以上2倍以下罚金；销售金额20万元以上不满50万元的，处2年以上7年以下有期徒刑，并处销售金额50%以上2倍以下罚金；销售金额50万元以上不满200万元的，处7年以上有期徒刑，并处销售金额50%以上2倍以下罚金；销售金额200万元以上的，处15年有期徒刑或者无期徒刑，并处销售金额50%以上2倍以下罚金或者没收财产。单位犯本罪的，对单位判处罚金，并对其直接负责的主管人员和其他直接责任人员，依照自然人犯罪的规定处罚。

我国《刑法》第149条第1款规定：“生产、销售本节第141条至第148条所列产品，不构成各该条规定的犯罪，但是销售金额在5万元以上的，依照本节第140条的规定定罪处罚。”第2款规定：“生产、销售本节第141条至第148条所列产品，构成各该条规定的犯罪，同时又构成本节第140条规定之罪的，依照处罚较重的规定定罪处罚。”后一规定的内容即为法条竞合现象，理论上不认为是数罪，而是如何选择适用法条。在上述各罪规定中，《刑法》第140条生产、销售伪劣产品罪的法条是普通法条而第141条至第148条规定的各罪法条系特别法条。“不构成各该条规定的犯罪，但是销售金额在5万元以上的，依照本节第140条的规定定罪处罚”表明，若行为只适用

---

① 我国《刑法》第113条、第114条。

② 01.04.10《伪劣商品解释》第10条规定：“实施生产、销售伪劣商品犯罪，同时构成侵犯知识产权、非法经营等其他犯罪的，依照处罚较重的规定定罪处罚。”以下各罪不再重复引用。

第140条定罪处罚,则不存在法条竞合,行为同时符合普通法条和特别法条时,按照处罚较重的法条定罪处罚。由于第141条至第148条规定的各罪起刑点均高于第140条,因此,同时触犯第140条和第141条至第148条时,均应该按照特别法条规定的犯罪定罪处罚。01.04.10《伪劣商品解释》第11条规定:实施《刑法》第140条至第148条规定的犯罪,又以暴力、威胁方法抗拒查处,构成其他犯罪的,依照数罪并罚的规定处罚①。

二、生产、销售假药罪

(一) 生产、销售假药罪的概念和法益

生产、销售假药罪,是指故意生产、销售假药的行为。本罪为抽象危险犯,不要求必须具有具体危险和造成实害结果。本罪的法益,为国家对人用药品生产、销售的监管与公众生命、健康安全②。本罪主观上只能是故意,动机不影响认定。

(二) 对象、行为、主体、共同犯罪

假药,是符合我国《药品管理法》第98条规定的属于假药以及按照假药处理的药品。值得讨论的是,我国《药品管理法》第98条第2款规定:禁止未取得药品批准证明文件生产、进口药品。我国现行《药品管理法》未将没有获得进口批文的药品再归入假药之列。从本罪的设置而言,是打击危及药品安全、保障人民群众生命健康安全的假药(当然进口药品可能也有真正的假药),如果将确有疗效但未获得进口批文,或者通过非正常渠道入境的进口药品,一律按照"假药""劣药"进行打击,并不符合"谦抑原则"。③ 该种行为是形式上违反《药品管理法》规定的行政违法行为,在没有对病

① 以下各罪不再重复引用。

② 在我国1997年修订刑法典前,涉及药品、食品等危害民生安全的犯罪,是按照1979年刑法典规定的"以危险方法危害公共安全罪"论处的。参见高铭暄、〔法〕米海伊尔·戴尔玛斯—马蒂主编:《经济犯罪和侵犯人身权利犯罪研究》,中国人民公安大学出版社1995年版,第45页。

③ 2015年10月26日最高人民检察院《对〈关于具有药品经营资质的企业通过非法渠道从私人手中购进药品后销售的如何适用律问题的请示〉的答复》(高检研〔2015〕19号)指出:"司法机关应当根据《中华人民共和国药品管理法》的有关规定,对具有药品经营资质的企业通过非法渠道从私人手中购销的药品的性质进行认定,区分不同情况,分别定性处理:一是对于经认定属于假药、劣药,且达到"两高"《关于办理危害药品安全刑事案件适用法律若干问题的解释》(以下称《药品解释》)规定的销售假药罪、销售劣药罪的定罪量刑标准的,应当以销售假药罪、销售劣药罪依法追究刑事责任。二是对于经认定属于劣药,但尚未达到《药品解释》规定的销售劣药罪的定罪量刑标准的,可以依据刑法第149条、第140条的规定,以销售伪劣产品罪追究刑事责任。三是对于无法认定属于假药、劣药的,可以由药品监督管理部门依照《中华人民共和国药品管理法》的规定给予行政处罚,不宜以非法经营罪追究刑事责任。"

患造成伤害、贻误病情等结果的,不宜按照本罪论处[①]。对大量进口未获批文的药品,或者通过其他渠道获得大量进口药品进行销售的行为,可能涉及走私、非法经营、逃税等犯罪。对销售少量根据民间传统配方私自加工的药品,没有造成他人伤害或者延误诊治后果的,也不宜按照本罪论处[②]。

生产、销售假药行为[③],包括以下内容:(1) 药品所含成分与国家药品标准规定的成分不符合;(2) 将非药品加工为药品;(3) 将他种药品加工包装成此种药品;(4) 未获得批准文号生产、销售的药品。生产行为包括一切围绕制造假药所进行的活动[④];销售行为是公开的还是隐秘的,零售的还是批量的,是主动为之还是应需求才供应,均不影响认定。对特定药品以及在特定时间内生产、销售假药的,是酌定从重情节[⑤];对人体健康造成严重危害或有其他严重情节,或者致人死亡或有其他特别严重情节的,是本罪的加重情节[⑥]。

14.12.01《危害药品安全解释》第 8 条规定,明知他人生产、销售假药、劣药,而有下列情形之一的,以共同犯罪论处:(1) 提供资金、贷款、账号、发票、证明、许可证件的;(2) 提供生产、经营场所、设备或者运输、储存、保管、邮寄、网络销售渠道等便利条件的;(3) 提供生产技术或者原料、辅料、包装材料、标签、说明书的;(4) 提供广告宣传等帮助行为的。符合法条竞合关系的,按照法条竞合犯原则处理。

(三) 生产、销售假药罪与生产、销售劣药罪[⑦]的关联

生产、销售劣药罪,是指生产、销售劣药,对他人身体造成严重危害的行为。本罪主体为自然人一般主体和单位,主观上是故意,动机不影响认定。劣药,需根据我国《药品管理法》规定的范围和标准认定。因本罪以造成严重危害后果为入罪条件,故为实害犯,不仅侵害了国家对人用药品生产、销售管理秩序,同时也侵害人身健康。

---

① 参见 2014 年 12 月 1 日最高人民法院、最高人民检察院实施的《关于办理危害药品安全刑事案件适用法律若干问题的解释》(法释〔2014〕14 号)(以下简称 14.12.01《危害药品安全解释》)第 11 条第 2 款的规定。17.04.27《立案规定(一)的补充规定》第 2 条规定:“生产、销售假药的,应予立案追诉。但销售少量根据民间传统配方私自加工的药品,或者销售少量未经批准进口的国外、境外药品,没有造成他人伤害后果或者延误诊治,情节显著轻微危害不大的除外。”

② 参见 14.12.01《危害药品安全解释》第 11 条第 2 款。

③ 17.04.27《立案规定(一)的补充规定》第 2 条规定:“以生产、销售假药为目的,具有下列情形之一的,属于本条规定的‘生产’:(1) 合成、精制、提取、储存、加工炮制药品原料的;(2) 将药品原料、辅料、包装材料制成成品过程中,进行配料、混合、制剂、储存、包装的;(3) 印制包装材料、标签、说明书的。医疗机构、医疗机构工作人员明知是假药而有偿提供给他人使用,或者为出售而购买、储存的,属于本条规定的‘销售’。本条规定的‘假药’,是指依照《中华人民共和国药品管理法》的规定属于假药和按假药处理的药品、非药品。是否属于假药难以确定的,可以根据地市级以上药品监督管理部门出具的认定意见等相关材料进行认定。必要时,可以委托省级以上药品监督管理部门设置或者确定的药品检验机构进行检验。”

④ 参见 14.12.01《危害药品安全解释》第 6 条、第 8 条。

⑤ 参见 14.12.01《危害药品安全解释》第 1 条。

⑥ 参见 14.12.01《危害药品安全解释》第 2 条至第 5 条。

⑦ 我国《刑法》第 142 条。

本罪中的"严重后果"是指具有14.12.01《危害药品安全解释》第4条第1项至第5项规定的情形之一[①];生产、销售劣药"后果特别严重"的,是加重情节[②];对特定药品以及在特定时间内生产、销售劣药的,是酌定从重情节[③]。

本罪以实害结果的发生为入罪条件,要求生产、销售劣药行为与实害结果之间具有刑法上的因果关系。在直接造成严重后果的情况下,认定因果关系并不困难,也应该入罪;但间接造成严重后果是否应该入罪?例如因使用劣药而贻误病情,以致造成严重后果,有肯定的观点[④]。本书认为,从14.12.01《危害药品安全解释》所列举的严重后果的具体规定看,即便是"后果特别严重"的表述,也是指直接结果。间接结果由于介入因素的不确定,应该视为酌定量刑情节。

生产、销售假药罪与生产、销售劣药罪,在规范上的行为要素相同,区别在于对象不同。对于生产、销售中混杂假药与劣药的情况,由于二罪的入罪条件有显著差别,因此应通过物品鉴定以区别二者,但不宜实行并罚。对混同生产、销售的,首先应该确定是以假药还是以劣药为主定罪处罚,其他方面的情节应视为从重情节。

(四)生产、销售假药罪的刑事责任

犯本罪,处3年以下有期徒刑或者拘役,并处罚金;对人体健康造成严重危害或者有其他严重情节的,处3年以上10年以下有期徒刑,并处罚金;致人死亡或者有其他特别严重情节的,处10年以上有期徒刑、无期徒刑或者死刑,并处罚金或者没收财产。单位犯本罪的,对单位判处罚金,并对其直接负责的主管人员和其他直接责任人员,依照自然人犯罪的规定处罚。

三、生产、销售有毒、有害食品罪

(一)生产、销售有毒、有害食品罪的概念和法益

生产、销售有毒、有害食品罪,是指在生产、销售的食品中掺入有毒、有害的非食品原料的,或者销售明知掺有有毒、有害的非食品原料的食品的行为。本罪的法益,是国家对食品卫生安全的监管和公众的生命、健康安全。本罪主体为自然人一般主体和单位,主观上是故意,动机不影响认定。多数说认为本罪为行为犯,只要实施了

---

① 具体包括:(1)致人重度残疾;(2)造成3人以上重伤、中度残疾或者器官组织损伤导致严重功能障碍;(3)造成5人以上轻度残疾或者器官组织损伤导致一般功能障碍;(4)造成10人以上轻伤;(5)造成重大、特别重大突发公共卫生事件。

② 14.12.01《危害药品安全解释》第5条第2款规定:生产、销售劣药,致人死亡,或者具有:(1)致人重度残疾的;(2)造成3人以上重伤、中度残疾或者器官组织损伤导致严重功能障碍的;(4)造成5人以上轻度残疾或者器官组织损伤导致一般功能障碍的;(4)造成10人以上轻伤的;(5)造成重大、特别重大突发公共卫生事件的,为"后果特别严重"。

③ 参见14.12.01《危害药品安全解释》第5条第3款、第1条。

④ 参见熊选国主编:《生产、销售伪劣商品罪》,中国人民公安大学出版社2003年版,第87—88页。

生产、销售行为即为既遂。

(二)食品、行为、故意

食品,是指各种供人食用或饮用的成品、原料以及按照传统既是食品又是药品的物品,也包括以保健为目的的食品和其他食品①。食品可以是经过整体加工,或局部加工或未加工的初级农产、水产品(具体内容可参照《农产品质量安全法》的规定),能够作为或可能预期被人所摄取的食品。就食品的概念而言,既包括一般意义上的普通加工食品、饮品,也包括各种食品添加剂、保鲜剂、增味剂、发泡剂、各种调味品、色素以及其他可供食用的物品。但是否包括可能预期被人所摄取的食品、可食用的野生动物?2020年伊始,因野生动物携带的"新型冠状病毒"肆虐全球。为革除滥食野生动物的陋习,维护生物安全和生态安全,有效防范重大公共卫生风险,切实保障人民群众生命健康安全,2020年2月24日第13届全国人民代表大会常务委员会通过《关于全面禁止非法野生动物交易、革除滥食野生动物陋习、切实保障人民群众生命健康安全的决定》。(以下简称20.02.24《决定》)规定,禁止猎捕、交易、运输、食用野生动物,对违反《决定》的行为,"在现行法律规定基础上加重处罚。"同时规定,"全面禁止食用国家保护的'有重要生态、科学、社会价值的陆生野生动物'以及其他陆生野生动物,包括人工繁育、人工饲养的陆生野生动物。""全面禁止以食用为目的猎捕、交易、运输在野外环境自然生长系列的陆生野生动物。"(不包括列入畜禽遗传资源目录的动物,20.02.24《决定》第3条)违反《决定》规定的这两种行为,"参照适用现行法律有关规定处罚。"因此,对野生动物如果是采取以投放危险物质方式捕杀的,例如使用氰化物等捕杀而后销售的,应以生产、销售有毒、有害食品罪定罪处罚;对法律禁止捕杀的濒危野生动物,触犯了《刑法》第341条非法猎捕、杀害珍贵、濒危野生动物罪或非法收购、运输、出售珍贵、濒危野生动物、珍贵、濒危野生动物制品罪。例如,以投放危险物质方式捕杀或收购以投放危险物质方式捕杀的珍贵、濒危野生动物,并将捕杀、收购的珍贵、濒危野生动物再作为"商品"出售,则捕杀或收购行为与本罪具有牵连关系,可以从一重罪处断,但因保护法益并不重合,不应排除数罪并罚的可能性。以治疗为目的的物品,根据国务院食品、药品监督管理部门的相关资料,主要是指保健食品中允许添加的物品(中药材)等。本罪行为是在生产的食品中掺入有毒、有害的非食品原料或销售明知掺有有毒、有害的非食品原料或者销售明知掺有有毒、有害

---

① 17.04.27《立案规定(一)的补充规定》第4条第4款规定:"在保健食品或者其他食品中非法添加国家禁用药物等有毒、有害物质的,应予立案追诉。"

的非食品原料。[①] “掺入”是将一种物质混入另一种物质之中。掺入有毒、有害的非食品原料,是指将不能供人食用,对人体健康有危害,有可能造成严重食物中毒或其他疾患的物品,混入食品之中。[②] “在生产的食品中掺入”,包括在各种类型的食品加工、作业环节,无论在食品经营的哪个环节中实施“掺入”行为,均不影响认定[③]。对于销售环节的掺入行为,有观点认为,是在他人生产的合格食品中掺入有毒、有害非食品原料[④]。本书不赞同这一看法,在他人生产的合格食品中实施“掺入”行为,是对食品的再加工行为,是生产行为而非单纯的销售行为,销售应该是明知他人在生产食品的过程中掺入有毒、有害非食品原料而对该食品从事的销售活动。本罪只能由故意构成,对销售有毒、有害食品而言,应以“明知”为条件,即以“知道或者应当知道”为明知。“知道”为确实知道,“应当知道”[⑤]则为采推定方式认定“明知”。详言之,是依据确实证据表明“知道”,而无相反证据表明“确实不知道”。符合法条竞合关系的,按照法条竞合犯原则处理。

(三) 生产、销售有毒、有害食品罪与投放危险物质罪的关联

因有毒、有害非食品原料同样具有致人伤亡的客观危险性,故实施本罪与投放危险物质罪具有想象竞合关系,区别在于后者是以毒害不特定以及多数人(物)为故意内容,致害性是现实的且结果可以在短时间内显现,而前者是在食品中掺入有毒、有害非食品原料,并非以毒害不特定以及多数人为故意内容,致害的过程具有不确定

---

① 17.04.27《立案规定(一)的补充规定》第4条第5款规定:“下列物质应当认定为本条规定的‘有毒、有害的非食品原料’:(1) 法律、法规禁止在食品生产经营活动中添加、使用的物质;(2) 国务院有关部门公布的《食品中可能违法添加的非食用物质名单》《保健食品中可能非法添加的物质名单》中所列物质;(3) 国务院有关部门公告禁止使用的农药、兽药以及其他有毒、有害物质;(4) 其他危害人体健康的物质。”

② 2002年8月23日最高人民法院、最高人民检察院实施的《关于办理非法生产、销售、使用禁止在饲料和动物饮用水中使用的药品等刑事案件具体应用法律若干问题的解释》(法释〔2002〕26号)(以下简称02.08.23《非法生产、销售、使用禁止在饲料和动物饮用水中使用的药品解释》)第3条规定:“使用盐酸克仑特罗等禁止在饲料和动物饮用水中使用的药品或者含有该类药品的饲料养殖供人食用的动物,或者销售明知是使用该类药品或者含有该类药品的饲料养殖的供人食用的动物的,依照刑法第144的规定,以生产、销售有毒、有害食品罪追究刑事责任。”第4条规定:“明知是使用盐酸克仑特罗等禁止在饲料和动物饮用水中使用的药品或者含有该类药品的饲料养殖的供人食用的动物,而提供屠宰等加工服务,或者销售其制品的,依照刑法第144条的规定,以生产、销售有毒、有害食品罪追究刑事责任。”13.05.04《食品安全解释》第9条规定:在食品加工、销售、运输、贮存等过程中,掺入有毒、有害的非食品原料,或者使用有毒、有害的非食品原料加工食品,构成本罪;在食用农产品种植、养殖、销售、运输、贮存等过程中,使用禁用农药、兽药等禁用物质或者其他有毒、有害物质的,构成本罪;在保健食品或者其他食品中非法添加国家禁用药物等有毒、有害物质的,构成本罪。

③ 17.04.27《立案规定(一)的补充规定》第4条第3款规定:“在食用农产品种植、养殖、销售、运输、贮存等过程中,使用禁用农药、兽药等禁用物质或者其他有毒、有害物质的,应予立案追诉。”

④ 参见黎宏:《刑法学各论》,法律出版社2016年版,第88页。

⑤ 本书认为,在司法解释中使用的“知道”“应当知道”,虽然与我国《刑法》第14条规定的“明知”在用语上存在很大区别,但司法解释的规定旨在对司法实务中有关认定“明知”在证据审查中的指导要求。换言之,“知道”是用证据表明其“确实是明知”,而“应当知道”是根据证据推定其“明知”,因此,该术语并非是对我国《刑法》第14条“明知”的否定。

性,致害结果的显现过程比较缓慢。对明知是具有较强毒害性的非食品原料而仍然掺入,如以含有氰化物的毒镖、毒箭射杀他人豢养的动物,或猎杀野生动物出卖的,若残留的不能分解的毒物对人的生命、健康具有较强危险性,则同时触犯投放危险物质罪,属于想象竞合犯,应从一重罪论处。

(四)生产、销售有毒、有害食品罪与生产、销售不符合安全标准食品罪[①]的关联

生产、销售不符合安全标准食品罪,是指违反国家食品安全管理规定,生产、销售不符合食品安全标准的食品,足以造成严重食物中毒事故或者其他严重食源性疾病[②]的行为。本罪主体为自然人一般主体和单位,主观上是故意,动机不影响认定。本罪与生产、销售有毒、有害食品罪为法条竞合关系,因后者是在食品中掺入有毒、有害非食品原料,必然不符合食品安全标准,但本罪中的"食品"不符合安全标准的原因,并非人为地在食品中掺入非食品原料,故本罪为普通法条,生产、销售有毒、有害食品罪为特别法条。本罪为具体危险犯,要求所生产、销售的食品具有足以造成严重食物中毒事故或者其他严重食源性疾病的具体危险,这也为本罪的立案条件[③],但并不以发生实害结果为认定构成犯罪的必要条件。

13.05.04《食品安全解释》第1条对"足以造成严重食物中毒事故或者其他严重食源性疾病"的规定是:"(1)含有严重超出标准限量的致病性微生物、农药残留、兽药残留、重金属、污染物质以及其他危害人体健康的物质的;(2)属于病死、死因不明或者检验检疫不合格的畜、禽、兽、水产动物及其肉类、肉类制品的;(3)属于国家为防控疾病等特殊需要明令禁止生产、销售的;(4)婴幼儿食品中生长发育所需营养成分严重不符合食品安全标准的;(5)其他足以造成严重食物中毒事故或者严重食源性疾病的情形。"这均需要通过食品安全监督管理部门的前置鉴定程序进行确认。但并非在生产、销售中加入法律允许添加的食品原料,就一定是安全食品[④]。"对人体健

---

① 我国《刑法》第143条。

② 食源性疾病,是指通过摄食而进入人体的有毒有害物质(包括生物性病原体)等致病因子所造成的疾病。一般可分为感染性和中毒性,感染性的如肠道传染病、人畜共患传染病、寄生虫病以及化学性有毒有害物质所引起的疾病。我国《食品安全法》第150条第9款规定,食源性疾病,是指食品中致病因素进入人体引起的感染性、中毒性等疾病,包括食物中毒。不过刑法是将"食物中毒"单列,造成行政法与刑法规定的不协调。

③ 17.04.27《立案规定(一)的补充规定》第3条规定:涉嫌下列情形之一的,应予立案追诉:(1)食品含有严重超出标准限量的致病性微生物、农药残留、兽药残留、重金属、污染物质以及其他危害人体健康的物质的;(2)属于病死、死因不明或者检验检疫不合格的畜、禽、兽、水产动物及其肉类、肉类制品的;(3)属于国家为防控疾病等特殊需要明令禁止生产、销售的食品的;(4)婴幼儿食品中生长发育所需营养成分严重不符合食品安全标准的;(5)其他足以造成严重食物中毒事故或者严重食源性疾病的情形。

④ 13.05.04《食品安全解释》第8条规定:"在食品加工、销售、运输、贮存等过程中,违反食品安全标准,超限量或者超范围滥用食品添加剂,足以造成严重食物中毒事故或者其他严重食源性疾病的,依照刑法第143条的规定以生产、销售不符合安全标准的食品罪定罪处罚。在食用农产品种植、养殖、销售、运输、贮存等过程中,违反食品安全标准,超限量或者超范围滥用添加剂、农药、兽药等,足以造成严重食物中毒事故或者其他严重食源性疾病的,构成生产、销售不符合安全标准的食品罪。"同时请参见17.04.27《立案规定(一)的补充规定》第3条第2、3款规定以及15.10.01《食品安全法》第122—124条规定。

康造成严重危害或者有其他严重情节”“后果特别严重”,是本罪加重情节①。

多数说认为本罪的罪过为故意②,但能否可因过失而构成,有不同认识。有学者主张故意、过失均可③,还有学者认为主要是故意,不排除过失④。我国食品安全形势严峻,国民消费的食品不符合国家卫生安全标准,造成严重食物中毒或者其他严重食源性疾病危险,并非只能故意为之。我国对食品安全实行的是专门机构行使监督、管理职责,同时也依靠生产者、加工者、销售者的行业自律,因专门机构不可能对每一个具体的生产、销售环节都进行监督、管理,而且,现实也需要依靠生产者、销售者自律才能保障食品安全。因此,发生严重食品安全事故并不能武断地认为,都是因监督管理部门的渎职行为而造成的⑤,如食品中“含有严重超出标准限量的致病性微生物、农药残留、兽药残留、重金属、污染物质以及其他危害人体健康的物质”,与食品原料生产者、生产加工的环境卫生条件、检测手段、储藏方式、运输等环节都有直接关系,大中型生产、销售企业可以通过自律(制定规章制度)在诸多环节上做好监管,但小型、家族式经营者(种植、养殖、加工)在各个环节中因过错、疏忽把关不严,也可能造成该种危险。因此,不能认为本罪的行为以及严重后果不可能因过失而实现。问题在于,如果确实是因过失行为造成,是否应该入罪。本书持否定看法,理由是:一是应避免打击面过宽;二是对过失行为入罪会进一步弱化食品安全监管部门的监管职能。

(五) 生产、销售有毒、有害食品罪的刑事责任

犯本罪,处 5 年以下有期徒刑,并处罚金;对人体健康造成严重危害或者有其他严重情节的,处 5 年以上 10 年以下有期徒刑,并处罚金;致人死亡或者有其他特别严重情节的,依照《刑法》第 141 条的规定处罚。单位犯本罪的,对单位判处罚金,并对其直接负责的主管人员和其他直接责任人员,依照自然人犯罪的规定处罚。

四、生产、销售不符合标准的医用器材罪

(一) 生产、销售不符合标准的医用器材罪的概念和法益

生产、销售不符合标准的医用器材罪,是指生产不符合保障人体健康的国家标准、行业标准的医疗器械、医用卫生材料,或者销售明知是不符合保障人体健康的国

---

① 参见 13.05.04《食品安全解释》第 2 条至第 4 条。

② 参见马克昌主编:《经济犯罪新论》,武汉大学出版社 1998 年版,第 82 页;张明楷:《刑法学》(下),法律出版社 2016 年版,第 742 页等。

③ 参见鲜铁可:《新刑法中的危险犯》,中国检察出版社 1998 年版,第 241 页。

④ 参见赵秉志:《刑法各论研究》(第 2 卷),中国法制出版社 1996 年版,第 236 页。

⑤ 只有发现食品安全问题而不实行监管,才涉及渎职。

家标准、行业标准[①]的医疗器械、医用卫生材料,足以严重危害人体健康的行为[②]。本罪的法益,是国家对医用器材的质量监管以及患者的人身安全。本罪主体为自然人一般主体和单位,主观上是故意,动机不影响认定。本罪为具体危险犯,不要求实害结果发生,发生严重后果的,为本罪的加重情节。

(二) 对象、行为、故意

“医疗器材”是指单独或者组合用于治疗、检查目的[③]的机械设备、仪器以及用具(应包括配件)等[④];医用卫生材料,是指在医疗、检查中使用的消耗性治疗、检查、防护用品[⑤]。生产、销售不符合标准的医用器材,是指生产、销售不符合国家标准或行业标准的医疗器材、医用卫生材料,具有足以严重危害人体健康危险性的行为[⑥]。

本罪主观上是故意,未以特定目的为主观要素,动机不影响认定。01.04.10《伪劣商品解释》第6条第4款规定:“医疗机构或者个人,知道或者应当知道是不符合保障人体健康的国家标准、行业标准的医疗器械、医用卫生材料而购买、使用,对人体健康造成严重危害的,以销售不符合标准的医用器材罪定罪处罚。”对此规定有批评意见[⑦]。符合法条竞合关系的,按照法条竞合犯原则处理。

---

① 国家标准是指国务院标准化行政主管部门编制计划,协调项目分工,组织制定(含修订),统一审批、编号、发布的技术标准,主要包括国家强制标准GB和国家推荐标准GB/T。国家强制标准是保障人体健康、人身、财产安全的标准和法律及行政法规规定强制执行的国家标准;国家推荐标准是指生产、检验、使用等方面,通过经济手段或市场调节而自愿采用的国家标准。国家推荐标准一经各方商定同意接受并采用,就是必须共同遵守的技术依据,具有法律上的约束性);行业标准,是国务院各主管部、委(局)批准发布,在该部门范围内统一使用的技术标准。对没有国家标准、行业标准的医疗器械,注册产品标准可视为保障人体健康的行业标准。

② 08.06.25《立案追诉标准(一)》第21条规定:“涉嫌下列情形之一的,应予立案追诉:(一)进入人体的医疗器械的材料中含有超过标准的有毒有害物质的;(二)进入人体的医疗器械的有效性指标不符合标准要求,导致治疗、替代、调节、补偿功能部分或者全部丧失,可能造成贻误诊治或者人体严重损伤的;(三)用于诊断、监护、治疗的有源医疗器械的安全指标不符合强制性标准要求,可能对人体构成伤害或者潜在危害的;(四)用于诊断、监护、治疗的有源医疗器械的主要性能指标不合格,可能造成贻误诊治或者人体严重损伤的;(五)未经批准,擅自增加功能或者适用范围,可能造成贻误诊治或者人体严重损伤的;(六)其他足以严重危害人体健康或者对人体健康造成严重危害的情形。”

③ 主要是以实现下列预期目的的器材:(1)对疾病的预防、诊断、治疗、监护、缓解;(2)对损伤或者残疾的诊断、治疗、监护、缓解、补偿;(3)对解剖或者生理过程的研究、替代、调节;(4)妊娠控制。

④ 本书认为,医疗器材所使用的软件应包括在医疗器材的概念之中。

⑤ 包括使用于创面损伤敷料、功能敷料、生物材料、手术用品、护创材料医用纺织品等。

⑥ 01.04.10《伪劣商品解释》第6条第1款规定:“生产、销售不符合标准的医疗器械、医用卫生材料,致人轻伤或者其他严重后果的,应认定为刑法第145条规定的对人体健康造成严重危害。”

⑦ 批评的主要理由之一就是,有偿使用并不等于“销售”行为,当有偿使用只收取服务费用,不是医疗器材等的对价时,就没有必要将其转移给患者;只有收取相应对价时,才是销售。参见张明楷:《刑法学》(下),法律出版社2016年版,第745—746页。本书认为,固然有的医疗器材的有偿使用是不可能以“对价”进行所谓的转移的,收取的费用中当然包含器材“损耗费用”。即便是便宜的医疗卫生用品,也都计算在医疗费用之中,现实中很难有扣除成本价只收取“服务费”的。本书认为,批评意见在这一点上很难成立。

(三) 生产、销售不符合标准的医用器材罪的刑事责任

犯本罪,处3年以下有期徒刑或者拘役,并处销售金额50%以上2倍以下罚金;对人体健康造成严重危害的[①],处3年以上10年以下有期徒刑,并处销售金额50%以上2倍以下罚金;后果特别严重的,处10年以上有期徒刑或者无期徒刑,并处销售金额50%以上2倍以下罚金或者没收财产。单位犯本罪的,对单位判处罚金,并对其直接负责的主管人员和其他直接责任人员,依照自然人犯罪的规定处罚。

五、生产、销售不符合安全标准的产品罪

(一) 生产、销售不符合安全标准的产品罪的概念和法益

生产、销售不符合安全标准的产品罪,是指生产不符合保障人身、财产安全的国家标准、行业标准的电器、压力容器、易燃易爆产品或者其他不符合保障人身、财产安全的国家标准、行业标准的产品,或者销售明知是以上不符合保障人身、财产安全的国家标准、行业标准的产品,造成严重后果的行为。本罪的法益,是国家对特别予以保障人身、财产安全产品的质量监管以及人身、财产安全。本罪主体为自然人一般主体和单位,主观上是故意,未以特定目的为主观要素,动机不影响认定。

(二) 对象、行为、严重后果

本罪对象为电器、压力容器、易燃易爆产品或者其他与保障人身、财产安全相关的产品。对本罪的对象应从"使用"的意义上理解,且与人身、财产安全直接关联,至于是家庭、个人生活使用还是生产、经营使用,在所不问。生产、销售不符合安全标准的产品,是指生产者明知其设计、生产的产品不符合国家、行业标准,销售者明知其销售的是不符合国家、行业标准的产品。本罪为结果犯,以造成严重后果为入罪条件[②]。对符合法条竞合关系的,按照法条竞合犯原则处理。

(三) 生产、销售不符合安全标准的产品罪的刑事责任

犯本罪,处5年以下有期徒刑,并处销售金额50%以上2倍以下罚金;后果特别严重的,处5年以上有期徒刑,并处销售金额50%以上2倍以下罚金。单位犯本罪

---

① 01.04.10《伪劣商品解释》第6条第2款、第3款规定:"生产、销售不符合标准的医疗器械、医用卫生材料,造成感染病毒性肝炎等难以治愈的疾病、1人以上重伤、3人以上轻伤或者其他严重后果的,应认定为后果特别严重。生产、销售不符合标准的医疗器械、医用卫生材料,致人死亡、严重残疾、感染艾滋病、3人以上重伤、10人以上轻伤或者造成其他特别严重后果的,应认定为情节特别恶劣。"

② 08.06.25《立案追诉标准(一)》第22条规定:"涉嫌下列情形之一的,应予立案追诉:(一)造成人员重伤或者死亡的;(二)造成直接经济损失10万元以上的;(三)其他造成严重后果的情形。"

的,对单位判处罚金,并对其直接负责的主管人员和其他直接责任人员,依照自然人犯罪的规定处罚。

六、生产、销售伪劣农药、兽药、化肥、种子罪

(一) 生产、销售伪劣农药、兽药、化肥、种子罪的概念和法益

生产、销售伪劣农药、兽药、化肥、种子罪,是指生产假农药、假兽药、假化肥,销售明知是假的或者失去使用效能的农药、兽药、化肥、种子[①],或者生产者、销售者以不合格的农药、兽药、化肥、种子冒充合格的农药、兽药、化肥、种子,使生产遭受较大损失的行为。本罪的法益,是国家对农业生产资料的安全监管。保护的范围,根据《农业法》第2条的规定,"是指种植业、林业、畜牧业和渔业等产业,包括与其直接相关的产前、产中、产后服务"。本罪主体为自然人一般主体和单位,主观上是故意,未以特定目的为主观要素,动机不影响认定。

(二) 对象、行为、严重后果、故意

本罪的对象,为农业生产资料,即农药、兽药、化肥、种子[②],不包括其他农业生产资料。本罪行为包括:(1) 生产假农药、假兽药、假化肥;(2) 销售明知是假的或者失去使用效能的农药、兽药、化肥、种子;(3) 生产者、销售者以不合格的农药、兽药、化肥、种子冒充合格的农药、兽药、化肥、种子。三种行为具备其一即可,但不排除可能同时实施两种以上行为,但不实行数罪并罚。"假农药、兽药、化肥、种子",是指农药、兽药、化肥不具有有效成分,或以其他品种的冒充;"失去使用效能的农药、兽药、化肥、种子",是指农药、兽药、化肥已经超过有效使用期限,种子已经丧失活性(力);"以不合格的农药、兽药、化肥、种子冒充合格的农药、兽药、化肥、种子",是指将并未达到国家、行业标准的农药、兽药、化肥、种子,冒充其质量已经符合标准。本罪以"生产遭受较大损失"[③]为入罪标准。对符合法条竞合关系的,按照法条竞合犯原则处理。值得一提的是,国家对生产、销售农药、兽药、化肥有严格的审批制度(国家对主要农作物和主要林木实行品种审定制度,对育种则并无特别规定),因此,对无资质生产、销售农药、兽药、化肥的,应以非法经营罪论处。

本罪主观上是故意,对生产者而言,认定其"明知"尚不困难,但对销售者而言,因其并非生产者,对农药、兽药、化肥的有效成分(需要专门机构检验)、使用期限或种子

---

① "种子"包括农作物和林木的种植材料或者繁殖材料,包括籽粒、果实、根、茎、苗、芽、叶、花等。

② 应分别依照我国《种子法》《农药管理条例》《兽药管理条例》《肥料管理办法》等法律、法规确认。

③ 08.06.25《立案追诉标准(一)》第23条规定:"涉嫌下列情形之一的,应予立案追诉:(一) 使生产遭受损失2万元以上的;(二) 其他使生产遭受较大损失的情形。"

的品质、品种等未必清楚,因此认定其"明知"存在一定难度,只有通过确实、充分的证据证明(如明显低于市场交易价格购进、篡改有效期限等),才能认定。

(三) 生产、销售伪劣农药、兽药、化肥、种子罪的刑事责任

犯本罪,处3年以下有期徒刑或者拘役,并处或者单处销售金额50%以上2倍以下罚金;使生产遭受重大损失的,处3年以上7年以下有期徒刑,并处销售金额50%以上2倍以下罚金;使生产遭受特别重大损失的①,处7年以上有期徒刑或者无期徒刑,并处销售金额50%以上2倍以下罚金或者没收财产。单位犯本罪的,对单位判处罚金,并对其直接负责的主管人员和其他直接责任人员,依照自然人犯罪的规定处罚。

七、生产、销售不符合卫生标准的化妆品罪

(一) 生产、销售不符合卫生标准的化妆品罪的概念和法益

生产、销售不符合卫生标准的化妆品罪,是指生产不符合卫生标准的化妆品,或者销售明知是不符合卫生标准的化妆品,造成严重后果的行为。本罪的法益,是国家对化妆品的质量监管以及消费者的人身安全。本罪主体为自然人一般主体和单位,主观上是故意,未以特定目的为主观要素,动机不影响认定。

(二) 对象、行为、故意

本罪对象为化妆品②,化妆品包括具有一定保健、治疗效用的"特殊化妆品"③。"不符合卫生标准",是指不符合国家《化妆品卫生监督条例》《化妆品卫生监督条例实施细则》规定的卫生标准。本罪中的生产、销售应是指具有生产、销售资质的单位或个人生产、销售不符合卫生标准的化妆品,无资质单位或个人进行非法生产、销售的(无论其化妆品是否符合国家卫生标准),应区别不同情况处理,对属于国家管控的生物制品化妆品,应以非法经营罪论处,对不属于国家管控的生物制品化妆品,非法

---

① 01.04.10《伪劣商品解释》第7条规定:"刑法第147条规定的生产、销售伪劣农药、兽药、化肥、种子罪中使生产遭受较大损失,一般以2万元为起点;重大损失,一般以10万元为起点;特别重大损失,一般以50万元为起点。"

② 应依据我国《化妆品卫生监督条例》《化妆品卫生实施细则》《化妆品卫生监督条例实施细则》《化妆品监督管理条例》等的规定确定。

③ 我国《化妆品卫生实施细则》第56条规定,特殊化妆品包括育发、染发、烫发、脱毛、美乳、健美、除臭、祛斑、防晒的化妆品。

生产、销售未造成严重后果的,不应视为犯罪。本罪以造成严重后果[①]为入罪标准。对符合法条竞合关系的,按照法条竞合犯原则处理。

本罪主观上是故意,认定生产者"明知"生产的化妆品不符合卫生标准尚不困难,但销售者并非生产者,对化妆品是否符合卫生标准及特殊化妆品的效用成分(是需要专门机构检验的)等未必清楚,因此认定销售者"明知"应通过确实、充分的证据(如明显低于市场交易价格购进、篡改有效期限等)予以证明。

(三)生产、销售不符合卫生标准的化妆品罪的刑事责任

犯本罪,处3年以下有期徒刑或者拘役,并处或者单处销售金额50%以上2倍以下罚金。单位犯本罪的,对单位判处罚金,并对其直接负责的主管人员和其他直接责任人员,依照自然人犯罪的规定处罚。

八、走 私 罪

(一)走私犯罪的一般特征

走私,是利用不同国家和地区之间货物、物品价格的差价,非法携带、运输特定物品进出国(边)境的行为。走私行为的"非法",是指违反本国海关法律、法规规定,逃避海关监管。走私犯罪侵害的是本国对外贸易监管,破坏本国对外贸易管理制度,严重扰乱本国经济发展。走私的产生,必须具备两个前提条件:一是本国(地区)必须实行对外贸易管制;二是不同国家和地区之间的市场物品存在着差价。缺少这两个条件,不可能发生走私,但这只是产生走私的条件,并不是走私产生的原因。

不少学者都指出走私的本质——违反海关法规,逃避海关监管,破坏国家对外贸易管制,但具体表述仍然有区别。有较为复杂列举走私对象的[②],也有概括列举行为类型以及将对象概括为"禁止或限制进出口物品"的[③],还有更为详尽列举走私的各种行为表现的[④]。本书认为,只要定义包含走私的本质特征,就能够准确界定走私犯罪,对涉及走私的具体对象进行归纳,因走私犯罪的具体罪名有别,即便概括为"禁止或限制进出口物品"也不够准确;而对走私行为方式的具体列举实无必要,因这是依据我国海关法律、法规对逃避监管的违法行为的列举,只是行为人逃避监管违法的具

---

① 08.06.25《立案追诉标准(一)》第24条规定:"涉嫌下列情形之一的,应予立案追诉:(一)造成他人容貌毁损或者皮肤严重损伤的;(二)造成他人器官组织损伤导致严重功能障碍的;(三)致使他人精神失常或者自杀、自残造成重伤、死亡的;(四)其他造成严重后果的情形。"

② 参见马克昌、杨春洗、吕继贵主编:《刑法学全书》,上海科技文献出版社1993年版,第297—280页。

③ 参见王作富主编:《刑法分则实务研究》(上),中国方正出版社2013年版,第307页。

④ 参见梁争:《走私罪研究》,法律出版社2013年版,第8页。

体表现,而非本质。

国家对外贸易管制主要包括:(1) 对进出口货物、物品实行准许、限制或者禁止进出口制度;(2) 对非贸易性物品实行限进、限出、限量、限值制度;(3) 对金融外汇实行严格统一管理、统一由国家掌握和支配制度;(4) 对进出口的货物、物品实行征收关税制度。走私就是指故意地采用不正当即非法手段躲避海关的监督、检查。逃避海关监督、检查的方法,手段是多种多样的,大体上包括:(1) 绕关走私,是指不经过国家设立的海关或边境哨卡、检查站,在不设海关、边卡的国(边)境线上,非法实施走私活动。绕关就是为了逃避监督、检查,也同时具有偷越国(边)境的行为,但偷越国(边)境的行为,因包含在该种走私行为中不单独构成犯罪,与有关违反国(边)境管理犯罪形成想象竞合关系,只需按照走私犯罪论处即可。(2) 通关走私,是指进出国(边)境具有合法手续,但在通过海关、边境时时,采取假报、瞒报、伪装、藏匿等手段、瞒过海关的监督、检查,进出国(边)境实施走私活动。(3) 后续走私,也称为"变相走私",是指进口的货物物品是合法的,但在进口以后违反批准进口的有关规定,将来料加工、来件装配、补偿贸易的原材料、零件、制成品、设备等保税货物,在境内销售牟利①;或者将特定减税、免税进口的货物、物品,在境内销售牟利,逃避海关监督,偷逃关税而转变为走私行为②。(4) 间接走私,也称为"准走私",该种行为不具有典型走私通过国(边)境的特点,即不具有绕关或通关的行为,而是直接向走私者非法收购国家**禁止进口物品**的,或者直接向走私人非法收购走私进口的其他货物、物品,或在内海、内湖、领海国(边)境地区直接向走私者非法收购**禁止进口物品**或者**出口货物、物品**③,或者与走私者通谋,为走私者提供贷款、账号、证明、运输等便利条件,即走私共犯④。所有的走私犯罪,只能出于故意,刑法未规定以"非法牟利目的"作为主观必要要素,但对走私共犯,不应排除间接故意可以构成走私犯罪。自然人一般主体与单位⑤均可

---

① 参见2000年9月29日最高人民检察院通过的《关于擅自销售进料加工保税货物的行为法律适用问题的解释》(高检发释字〔2000〕3号)。

② 我国《刑法》第154条,限于构成走私普通货物、物品罪。

③ 我国《刑法》第155条。

④ 我国《刑法》第156条。

⑤ 2002年7月8日最高人民法院、最高人民检察院、海关总署《关于印发〈办理走私刑事案件适用法律若干问题的意见〉的通知》(法〔2002〕139号)(以下简称02.07.08《走私案件通知》)第18条规定:"具备下列特征的,可以认定为单位走私犯罪:(1) 以单位的名义实施走私犯罪,即由单位集体研究决定,或者由单位的负责人或者被授权的其他人员决定、同意;(2) 为单位谋取不正当利益或者违法所得大部分归单位所有。依照《最高人民法院关于审理单位犯罪案件具体应用法律有关问题的解释》第2条的规定,个人为进行违法犯罪活动而设立的公司、企业、事业单位实施犯罪的,或者个人设立公司、企业、事业单位后,以实施犯罪为主要活动的,不以单位犯罪论处。单位是否以实施犯罪为主要活动,应根据单位实施走私行为的次数、频度、持续时间、单位进行合法经营的状况等因素综合考虑认定。根据单位人员在单位走私犯罪活动中所发挥的不同作用,对其直接负责的主管人员和其他直接责任人员,可以确定为一人或者数人。对于受单位领导指派而积极参与实施走私犯罪行为的人员,如果其行为在走私犯罪的主要环节起重要作用的,可以认定为单位犯罪的直接责任人员。"

构成走私犯罪。

(二) 走私武器、弹药罪

走私武器、弹药罪,是指违反海关法规,逃避海关监管,运输、携带、邮寄禁止进出口的武器、弹药进出国(边)境的行为。本罪主体为自然人一般主体和单位,主观上是故意,动机不影响认定。在我国武器、弹药一般不允许个人拥有和支配,但在对外贸易中,是允许进出口的物品,正是在此意义上,走私武器、弹药罪侵害国家对外贸易管制。本罪的武器、弹药并无明确解释,一般应遵从《海关法》的相关规定。但是如果仅根据《海关法》规定的范围确定枪支、弹药,似并不够准确。[①] 原则上所有非制式(如自制枪支)或制式武器、装备(如制式匕首、枪刺)、武器使用的器具、武器使用的机械装置、弹药、爆炸物都应当属于"武器、弹药"。14.09.10《走私司法解释》第 4 条第 2 款规定,走私报废或者无法组装并使用的各种弹药的弹头、弹壳,构成犯罪的,以走私普通货物、物品罪定罪处罚;属于废物的,以走私废物罪定罪处罚。第 5 条规定,走私国家禁止或者限制进出口的仿真枪、管制刀具,构成犯罪的,以走私国家禁止进出口的货物、物品罪定罪处罚。

本罪行为与非法买卖、运输、邮寄、储存枪支、弹药罪和非法制造、买卖、运输、储存危险物质罪存在部分竞合关系,因为枪支、弹药也属于武器、弹药,"危险物质"中的放射性物质涵盖在核材料中(不应构成本罪,一般应以走私核材料罪论处,但对"武器"级别的核材料,本书认为应以本罪论处)。走私行为必然涉及买卖、运输、邮寄、储存行为,但买卖、运输、邮寄、储存行为,如果是在我国国(边)境内实施的,并不一定涉及走私犯罪,应甄别是否涉及进出我国国(边)境。对入境后实施买卖、运输、邮寄、储存枪支、弹药的行为,不应数罪并罚,如非法制造、买卖、运输、邮寄、储存活动在境内,但又实施走私活动,为牵连犯,从一重罪可以本罪定罪处罚,但不应排除并罚的可能性。

依据我国《刑法》第 151 条以及 14.09.10《走私司法解释》第 1 条的规定,按照

---

① 14.09.10《走私司法解释》第 2 条规定:《刑法》第 151 条第 1 款规定的"武器、弹药"的种类,参照《中华人民共和国进口税则》及《中华人民共和国禁止进出境物品表》的有关规定确定。《中华人民共和国禁止进出境物品表》规定的"武器、弹药",是指"各种武器、仿真武器、弹药及爆炸物品"。应当指出,国家进出口税则和限制、禁止进出境物品,会根据不同需要予以调整的。应根据行为时的税则以及限制、禁止进出境物品确认。

"情节较轻"、一般情节和"情节特别严重"[①]分别追究刑事责任。

(三) 走私核材料罪

走私核材料罪,是指违反海关法规,逃避海关监管,运输、携带、邮寄禁止进出口的核材料进出国(边)境的行为。本罪主体为自然人一般主体和单位,主观上是故意,动机不影响认定。核材料[②],应根据《核出口管制清单》规定的具体范围和种类确认。本罪与非法制造、买卖、运输、储存危险物质罪有部分竞合关系,核材料包括在"危险物质"中(也可以说放射性物质能被核材料所涵盖),走私核材料必然涉及买卖、运输、邮寄、储存行为,但买卖、运输、邮寄、储存行为,限于在我国国(边)境内的非法活动,并不一定涉及走私活动。对入境后实施买卖、运输、邮寄、储存放射性核材料的行为,一般为"事后不可罚"行为,但将不同批次的核材料走私进口后又在境内实施买卖、运输、储存的,应实行数罪并罚。

(四) 走私假币罪

走私假币罪,是指违反海关法规,逃避海关监管,运输、携带、邮寄假币进出国(边)境的行为。本罪主体为自然人一般主体和单位,主观上是故意,动机不影响认定。"假币"包括伪造的人民币和伪造的外国或地区的货币[③],假币类型、外币是否能在国内兑换,以及走私的具体方式,不影响认定[④]。本罪与出售、购买、运输假币罪有竞合关系,即走私假币行为必然涉及买卖、运输行为,但买卖、运输行为限于在我国国

---

① 14.09.10《走私司法解释》第1条第1款规定"情节较轻"的情况是:(1)走私以压缩气体等非火药为动力发射枪弹的枪支2支以上不满5支的;(2)走私气枪铅弹500发以上不满2500发,或者其他子弹10发以上不满50发的;(3)未达到上述数量标准,但属于犯罪集团的首要分子,使用特种车辆从事走私活动,或者走私的武器、弹药被用于实施犯罪等情形的;(4)走私各种口径在60毫米以下常规炮弹、手榴弹或者枪榴弹等分别或者合计不满5枚的。"第2款规定:"具有下列情形之一的,依照刑法第151条第1款的规定处7年以上有期徒刑,并处罚金或者没收财产:(1)走私以火药为动力发射枪弹的枪支1支,或者以压缩气体等非火药为动力发射枪弹的枪支5支以上不满10支的;(2)走私第1款第2项规定的弹药,数量在该项规定的最高数量以上不满最高数量5倍的;(3)走私各种口径在60毫米以下常规炮弹、手榴弹或者枪榴弹等分别或者合计达到5枚以上不满10枚,或者各种口径超过60毫米以上常规炮弹合计不满5枚的;(4)达到第1款第1、2、4项规定的数量标准,且属于犯罪集团的首要分子,使用特种车辆从事走私活动,或者走私的武器、弹药被用于实施犯罪等情形的。第3款规定:具有下列情形之一的,应当认定为《刑法》第151条第1款规定的'情节特别严重':(1)走私第2款第1项规定的枪支,数量超过该项规定的数量标准的;(2)走私第1款第2项规定的弹药,数量在该项规定的最高数量标准5倍以上的;(3)走私第2款第3项规定的弹药,数量超过该项规定的数量标准,或者走私具有巨大杀伤力的非常规炮弹1枚以上的;(4)达到第2款第1项至第3项规定的数量标准,且属于犯罪集团的首要分子,使用特种车辆从事走私活动,或者走私的武器、弹药被用于实施犯罪等情形的。走私其他武器、弹药,构成犯罪的,参照本条各款规定的标准处罚。

② 限于核材料,不包括核设备。

③ 14.09.10《走私司法解释》第7条规定:"刑法第151条第1款规定的'货币',包括正在流通的人民币和境外货币。伪造的境外货币数额,折合成人民币计算。"

④ 参见14.09.10《走私司法解释》第6条的规定。

(边)境内的非法活动,并不一定涉及走私活动。对入境后实施买卖、运输假币的行为,属于想象竞合犯,应从一重罪处断,但将对不同批次的假币走私进口后又在境内实施买卖、运输行为的,或同时具有"使用"行为的,应实行数罪并罚①。

(五)走私文物罪

走私文物罪,是指违反海关法规,逃避海关监管,运输、携带、邮寄禁止出口的文物出境的行为。本罪主体为自然人一般主体和单位,主观上是故意,动机不影响认定。"文物"要以《文物保护法》及其他有关文物保护的法律、法规确定的文物种类、级别确定。14.09.10《走私司法解释》对象包括所有禁止出境的国家一级、二级、三级文物②,以及具有科学价值的古脊椎动物化石、古人类化石③,但一般文物并不是本罪对象。本罪的走私行为限于向境外输送,故本罪与倒卖文物罪和非法向外国人出售、赠送珍贵文物罪均有关联。非法向外国人出售、赠送珍贵文物罪和倒卖文物罪均可以造成走私的结果,虽然行为人主观上并无走私的直接故意,行为也均在境内实施,但是非法向外国人出售、赠送珍贵文物以及将禁止出境的文物出卖给外国人,存在明知可能造成走私结果的情形,不过刑法没有明文将其规定为走私文物罪共犯。

倒卖文物,主要是在国(边)境内倒卖,不涉及将文物倒卖出境,否则,将构成走私文物罪。由于收买或几经转手后购买对象存在不确定性,行为人是否为了走私出境的目的也具有不确定性。所以,尚不能因倒卖文物行为直接认定行为人是为了走私文物。当确定倒卖文物是为了非法出境,只实施倒卖尚未着手走私出境的,是走私文物罪(预备),属于想象竞合犯,应从一重罪论处。若实施了走私的具体行为,则为牵连犯,因在保护法益上有重合(以文物保护为法益主要内容),可不实行数罪并罚而从一重罪论处。但将珍贵文物非法出售、赠送给外国人的情况则有所不同,因外国人终究是要离境的,行为人对此也明知可能会造成文物流失,无论持希望还是放任心理都可以成立。而且,走私文物罪的起刑点是10年以上有期徒刑,远重于非法向外国人出售、赠送珍贵文物罪5年有期徒刑的起刑点,显然,对此如果不以走私文物罪(共犯)论

---

① 参见01.01.21《金融犯罪纪要》的相关规定。

② 参见14.09.10《走私司法解释》第8条的规定。2015年12月30日最高人民法院、最高人民检察院发布的《关于办理妨害文物管理等刑事案件适用法律若干问题的解释》(法释〔2015〕23号)(以下简称16.01.01《妨害文物管理案件解释》)第1条第2款规定:"走私国家禁止出口的2级文物的,应当依照刑法第151条第2款的规定,以走私文物罪处5年以上10年以下有期徒刑,并处罚金;走私国家禁止出口的1级文物的,应当认定为刑法第151条第2款规定的'情节特别严重';走私国家禁止出口的3级文物的,应当认定为刑法第151条第2款规定的'情节较轻'。"第3款规定:"走私国家禁止出口的文物,无法确定文物等级,或者按照文物等级定罪量刑明显过轻或者过重的,可以按照走私的文物价值定罪量刑。走私的文物价值在20万元以上不满100万元的,应当依照刑法第151条第2款的规定,以走私文物罪处5年以上10年以下有期徒刑,并处罚金;文物价值在100万元以上的,应当认定为刑法第151条第2款规定的'情节特别严重';文物价值在5万元以上不满20万元的,应当认定为刑法第151条第2款规定的'情节较轻'。"

③ 14.09.10《走私司法解释》第12条第2款规定,"古生物化石",按照我国《古生物化石保护条例》的规定予以认定。

处,罪刑并不相当。本书认为,若行为人的确知道将珍贵文物出售、赠送给外国人,外国人也的确是要将其携带出境(这是高概率的事件),则应以走私文物罪的共犯论处。

(六) 走私贵重金属罪

走私贵重金属罪,是指违反海关法规,逃避海关监管,运输、携带、邮寄禁止出口的贵重金属出境的行为。本罪主体为自然人一般主体和单位,主观上是故意,动机不影响认定。本罪的走私行为只限于向境外输送。"贵重金属",是指黄金、白银和其他贵重金属;"其他贵重金属",是指除黄金、白银之外的具有高价值性或稀有性,对国家建设和国防具有重要战略意义的贵重金属,如铂、铱、锇、钌、铑、钛、钯等即为国家禁止出口的贵重金属。本罪对象不要求加工过,开采未经选矿或其他加工过程的含有贵重金属的矿石,加工含有贵重金属的废渣、废液,或将黄金、白银和其他贵重金属熔于其他金属中的,均可为本罪对象。走私禁止出口的文物中有含有黄金、白银等贵重金属的,不应认为与本罪有关联关系,因文物的不可再生性,虽然两罪法定刑相同,但将文物视为贵重金属,会混淆二者的界限。

(七) 走私珍贵动物、珍贵动物制品罪

走私珍贵动物、珍贵动物制品罪,是指违反海关法规,逃避海关监管,运输、携带、邮寄禁止进出口的珍贵动物、珍贵动物制品进出国(边)境的行为。本罪主体为自然人一般主体和单位,主观上是故意,动机不影响认定。"珍贵动物、珍贵动物制品",是指列入我国《国家重点保护野生动物名录》中的国家一级、二级保护野生动物,《濒危野生动植物种国际贸易公约》附录Ⅰ、附录Ⅱ中的野生动物,以及驯养繁殖的上述动物。有附录中未规定的珍贵动物的,参照附录中规定的同属或者同科动物的数量标准执行。有未规定的珍贵动物制品的,按照最高人民法院、最高人民检察院、国家林业局、公安部、海关总署《关于破坏野生动物资源刑事案件中涉及的 CITES 附录Ⅰ和附录Ⅱ所列陆生野生动物制品价值核定问题的通知》(林濒发〔2012〕239 号)的有关规定核定价值①。本罪以走私珍贵动物、珍贵动物制品的级别、数量和价格为入罪的标准②。

---

① 14.09.10《走私司法解释》第 10 条。

② 14.09.10《走私司法解释》第 9 条规定:"走私国家一、二级保护动物未达到本解释附表中(一)规定的数量标准,或者走私珍贵动物制品数额不满 20 万元的,可以认定为刑法第 151 条第 2 款规定的'情节较轻'。具有下列情形之一的,依照刑法第 151 条第 2 款的规定处 5 年以上 10 年以下有期徒刑,并处罚金:(一) 走私国家一、二级保护动物达到本解释附表中(一)规定的数量标准的;(二) 走私珍贵动物制品数额在 20 万元以上不满 100 万元的;(三) 走私国家一、二级保护动物未达到本解释附表中(一)规定的数量标准,但具有造成该珍贵动物死亡或者无法追回等情节的。具有下列情形之一的,应当认定为刑法第 151 条第 5 款规定的'情节特别严重':(一) 走私国家一、二级保护动物达到本解释附表中(二)规定的数量标准的;(二) 走私珍贵动物制品数额在 100 万元以上的;(三) 走私国家一、二级保护动物达到本解释附表中(一)规定的数量标准,且属于犯罪集团的首要分子,使用特种车辆从事走私活动,或者造成该珍贵动物死亡、无法追回等情形的。不以牟利为目的,为留作纪念而走私珍贵动物制品进境,数额不满 10 万元的,可以免予刑事处罚;情节显著轻微的,不作为犯罪处理。"

本罪与非法捕捞水产品罪或非法猎捕、杀害珍贵、濒危野生动物罪，或非法收购、运输、出售珍贵、濒危野生动物、珍贵、濒危野生动物制品罪，或非法狩猎罪均可能存在关联性，后面几种犯罪虽然均属于在我国国（边）境内实施，且并非以走私出口为目的，但也都存在着将非法捕捞珍贵水生动物或者非法猎捕、杀害的珍贵、濒危陆生野生动物或制品运输出境的情况，即明知而实施非法收购、运输、出售。因此，属于为了走私目的出口的，法理上属于牵连犯，可以从一重罪论处，但因保护法益不同，不应排除数罪并罚的可能性。

（八）走私国家禁止进出口的货物、物品罪

走私国家禁止进出口的货物、物品罪，是指违反海关法规，逃避海关监管，运输、携带、邮寄国家禁止进出口珍稀植物及其制品等，以及国家禁止进出口其他货物、物品[①]进出国（边）境的行为。本罪主体为自然人一般主体和单位，主观上是故意，动机不影响认定。“珍稀植物及其制品”是指列入《中国国家重点保护野生植物名录（第一批）》《中国国家重点保护野生动物名录》《国家重点保护野生药材物种名录》《国家珍贵树种名录》中的国家一级、二级保护野生植物、国家重点保护的野生药材、珍贵树木，《濒危野生动植物种国际贸易公约》附录Ⅰ、附录Ⅱ中的野生植物，以及人工培育的上述植物[②]及其制品。本罪以走私珍贵珍稀植物及其制品级别、数量、价格，禁止进出口其他货物、物品数量以及价格为出入罪标准[③]。

本罪与非法采伐、毁坏国家重点保护植物罪，非法收购、运输、加工、出售国家重点保护植物、国家重点保护植物制品罪，盗伐林木罪及滥伐林木罪均可能存在关联性。后面几种犯罪虽然均属于在国（边）境内实施，且为破坏环境资源的犯罪，但为走私出口而非法采伐国家重点保护植物，非法收购、运输、加工、出售国家重点保护植物、国家重点保护植物制品，以及为此目的而盗伐、滥伐珍稀林木的，与走私国家禁止进出口的货物、物品罪在法理上为牵连犯，可以从一重罪论处，但因保护法益不同，不应排除数罪并罚的可能性。

（九）走私淫秽物品罪[④]

走私淫秽物品罪，是指以牟利或者传播为目的，违反海关法规，逃避海关监管，运输、携带、邮寄淫秽的影片、录像带、录音带、图片、书刊或者其他淫秽物品，进出国（边）境的行为。本罪主体为自然人一般主体，主观上是故意，且以牟利或者传播为目的，动机不影响认定，是否实现目的，也不影响认定。“淫秽物品”应以我国《刑法》第367条及1988年12月27日国务院新闻出版署颁布、实施的《关于认定淫秽及色情出

---

① 2020年1月1日最高人民法院施行的《关于审理走私、非法经营、非法使用兴奋剂刑事案件适用法律若干问题的解释》（法释〔2019〕16号）（以下简称20.01.01《兴奋剂刑事案件的解释》）第1条。

② 14.09.10《走私司法解释》第12条第1款。

③ 14.09.10《走私司法解释》第11条。

④ 我国《刑法》第152条。

版物的暂行规定》(以下简称88.12.27《淫秽及色情出版物暂行规定》)确定。本罪以走私淫秽物品的数量为入罪标准[①]。本罪在规范上与贩卖、传播淫秽物品牟利罪或传播淫秽物品罪可能存在竞合关系,即为了在境内贩卖、传播淫秽物品牟利而走私进口淫秽物品的行为,同时触犯贩卖、传播淫秽物品牟利罪,属于想象竞合犯;不以牟利为目的而走私进口淫秽物品的,同时触犯传播淫秽物品罪,亦属于想象竞合犯,可以从一重罪论处,不需实行数罪并罚。

(十) 走私废物罪

走私废物罪,是指逃避海关监管将境外固体废物、液态废物和气态废物运输进境,情节严重的行为。本罪主体为自然人一般主体和单位,主观上是故意,未以特定目的为主观要素,动机不影响认定。本罪限于单向走私,即将"废物"运输进境。"境外废物"是指不能再作为原料而禁止进口的,或虽然可以作为原料,但国家限制进口的有毒害性的境外工业、生活"垃圾",包括固体废物、液态废物和气态废物[②]。本罪以走私进口废物"情节严重"为入罪标准[③]。若走私进口的废物属于固体废物,即便在境内非法处置走私进口的固体废物,也与非法处置进口的固体废物罪在规范上不发生关联。因为后者是未经批准处置进口废物(限制进口的可以作为原料的固体废物),只是非法在境内倾倒、堆放、处置,造成重大环境污染事故。本罪则是逃避海关

---

① 14.09.10《走私司法解释》第13条规定:"以牟利或者传播为目的,走私淫秽物品,达到下列数量之一的,可以认定为刑法第152条第1款规定的'情节较轻':(一)走私淫秽录像带、影碟50盘(张)以上不满100盘(张)的;(二)走私淫秽录音带、音碟100盘(张)以上不满200盘(张)的;(三)走私淫秽扑克、书刊、画册100副(册)以上不满200副(册)的;(四)走私淫秽照片、画片500张以上不满1000张的;(五)走私其他淫秽物品相当于上述数量的。走私淫秽物品在前款规定的最高数量以上不满最高数量5倍的,依照刑法第152条第1款的规定处3年以上10年以下有期徒刑,并处罚金。走私淫秽物品在第1款规定的最高数量5倍以上,或者在第1款规定的最高数量以上不满5倍,但属于犯罪集团的首要分子,使用特种车辆从事走私活动等情形的,应当认定为刑法第152条第1款规定的'情节严重'。"

② 根据我国《禁止洋垃圾入境推进固体废物进口管理制度改革实施方案》《固体废物污染环境防治法》《固体废物进口管理办法》等的规定,认定其行为的非法性。《禁止洋垃圾入境推进固体废物进口管理制度改革实施方案》规定,自2019年年底前逐步停止进口国内资源可以替代的固体废物。自2018年12月31日起,废五金类、废船、废汽车压件、冶炼渣、工业来源废塑料等16个品种固体废物禁止进口;自2019年12月31日起,不锈钢废碎料、钛废碎料、木废碎料等16个品种固体废物禁止进口(参见《禁止进口固体废物目录》)。

③ 14.09.10《走私司法解释》第14条规定:"走私国家禁止进口的废物或者国家限制进口的可用作原料的废物,具有下列情形之一的,应当认定为刑法第152条第2款规定的'情节严重':(一)走私国家禁止进口的危险性固体废物、液态废物分别或者合计达到1吨以上不满5吨的;(二)走私国家禁止进口的非危险性固体废物、液态废物分别或者合计达到5吨以上不满25吨的;(三)走私国家限制进口的可用作原料的固体废物、液态废物分别或者合计达到20吨以上不满100吨的;(四)未达到上述数量标准,但属于犯罪集团的首要分子,使用特种车辆从事走私活动,或者造成环境严重污染等情形的。具有下列情形之一的,应当认定为刑法第152条第2款规定的'情节特别严重':(一)走私数量超过前款规定的标准的;(二)达到前款规定的标准,且属于犯罪集团的首要分子,使用特种车辆从事走私活动,或者造成环境严重污染等情形的;(三)未达到前款规定的标准,但造成环境严重污染且后果特别严重的。走私置于容器中的气态废物,构成犯罪的,参照前两款规定的标准处罚。"第15条规定:"国家限制进口的可用作原料的废物的具体种类,参照国家有关部门的规定确定。"

监管的走私行为,如果既走私固体废物并非法在境内倾倒、堆放、处置的,则既构成走私废物罪,又构成污染环境罪,应当实行数罪并罚。

(十一)走私特别对象走私犯罪的刑事责任①

犯走私武器、弹药罪、走私核材料罪及走私假币罪,处7年以上有期徒刑,并处罚金或者没收财产;情节特别严重的,处无期徒刑,并处没收财产;情节较轻的,处3年以上7年以下有期徒刑,并处罚金。单位犯本罪的,对单位判处罚金,并对其直接负责的主管人员和其他直接责任人员,依照自然人犯罪的规定处罚。

犯走私文物罪、走私贵重金属罪及走私珍贵动物、珍贵动物制品罪,处5年以上10年以下有期徒刑,并处罚金;情节特别严重的,处10年以上有期徒刑或者无期徒刑,并处没收财产;情节较轻的,处5年以下有期徒刑,并处罚金。单位犯本罪的,对单位判处罚金,并对其直接负责的主管人员和其他直接责任人员,依照自然人犯罪的规定处罚。

犯走私国家禁止进出口的货物、物品罪,处5年以下有期徒刑或者拘役,并处或者单处罚金;情节严重的,处5年以上有期徒刑,并处罚金。单位犯本罪的,对单位判处罚金,并对其直接负责的主管人员和其他直接责任人员,依照自然人犯罪的规定处罚。

犯走私淫秽物品罪,处3年以上10年以下有期徒刑,并处罚金;情节严重的,处10年以上有期徒刑或者无期徒刑,并处罚金或者没收财产;情节较轻的,处3年以下有期徒刑、拘役或者管制,并处罚金。

犯走私废物罪,处5年以下有期徒刑,并处或者单处罚金;情节特别严重的,处5年以上有期徒刑,并处罚金。单位犯本罪的,对单位判处罚金,并对其直接负责的主管人员和其他直接责任人员,依照自然人犯罪的规定处罚。

(十二)走私普通货物、物品罪

1. 走私普通货物、物品罪的概念

走私普通货物、物品罪,是指违反海关法规,逃避海关监管,运输、携带、邮寄普通货物、物品进出国(边)境,偷逃应缴税额较大,或者1年内曾因走私被给予2次行政处罚后又走私的行为。本罪主体为自然人一般主体和单位,主观上为故意,动机不影响认定②,过失不能构成本罪。

---

① 各罪具体量刑情节,均已经在注释中引用。

② 02.07.08《走私案件通知》第5条规定,关于走私犯罪嫌疑人、被告人主观故意的认定问题如下:"行为人明知自己的行为违反国家法律法规,逃避海关监管,偷逃进出境货物、物品的应缴税额,或者逃避国家有关进出境的禁止性管理,并且希望或者放任危害结果发生的,应认定为具有走私的主观故意。走私主观故意中的'明知'是指行为人知道或者应当知道所从事的行为是走私行为。具有下列情形之一的,可以认定为'明知',但有证据证明确属被蒙骗的除外:(一)逃避海关监管,运输、携带、邮寄国家禁止进出境的货物、物品的;(二)用特制的设备或者运输工具走私货物、物品的;(三)未经海关同意,在非设关的码头、海(河)岸、陆路边境等地点,运输(驳载)、收购或者贩卖非法进出境货物、物品的;(四)提供虚假的合同、发票、证明等商业单证委托他人办理通关手续的;(五)以明显低于货物正常进(出)口的应缴税额委托他人代理进(出)口业务的;(六)曾因同一种走私行为受过刑事处罚或者行政处罚的;(七)其他有证据证明的情形。"

2. 对象、行为、共犯

我国《刑法》第153条规定,走私第151条、第153条、第347条[①]规定以外的货物、物品,构成走私普通货物、物品罪,即《刑法》第151条第1—3款包括了其他所有国家禁止进出口的货物、物品[②]。所以,普通货物、物品就是指除刑法特别规定的对象之外[③],所有国家限制、限量进出口的货物、物品,以及虽非限制、限量进出口,但应缴纳关税的货物、物品。对于允许进出口但限制、限量的货物、物品,依据14.09.10《走私司法解释》第21条第1款的规定,未经许可进出口国家限制进出口的货物、物品,构成犯罪的,应当依《刑法》第151条、第152条的规定,以走私国家禁止进出口的货物、物品罪[④]等定罪处罚;偷逃应缴税额,同时又构成走私普通货物、物品罪的,依照处罚较重的规定定罪处罚。取得许可但超过许可数量进出口国家限制进出口的货物、物品,构成犯罪的,依照《刑法》第153条的规定,以走私普通货物、物品罪定罪处罚[⑤]。

由此可见,我国《刑法》第153条所规定的"以外的货物、物品"是指缴纳关税允许进出口的货物、物品以及限制、限量进出口的货物、物品。但本书认为,即便司法解释明确了特定对象以外的货物、物品的基本范围,也并不意味着特定物品与走私普通货物、物品罪没有关系。显而易见的是,走私普通货物、物品,既涉及入境,也会涉及出境,而涉及出入境的还有走私假币罪、走私毒品罪、走私制毒物品罪。从其他特定物品走私的实际情况看,只涉及出境不涉及入境的有走私文物罪、走私贵重金属罪、走私珍贵动物、珍贵动物制品罪,即只有将上述特定物品走私出境的,应构成特定走私犯罪,但如果走私入境涉及上述特定物品,只能按照走私普通货物、物品罪论处;只涉及入境不涉及出境的是走私废物罪,即是将境外固体、液态和气态废物运输进境,如果涉及出境,也只能构成走私普通货物、物品罪。特别需要注意的是,我国《刑法》第155条对特定环境、特定区域走私禁止或限制进出口的物品"依照本节的有关规定处罚"的规定,的确不包括特定物品,而根据14.09.10《走私司法解释》第22条的规定,只是在走私的普通货物、物品中"藏匿"特定物品(数量少),仍然构成走私普通货物、物品罪。

走私普通货物、物品罪的走私行为,以逃避缴纳关税为主要内容,形式上有通关走私的,也不排除绕关走私。除此之外,根据我国《刑法》第154、155条及相关司法解释的规定:(1) 未经海关许可并且未补缴应缴税额,擅自将批准进口的来料加工、来件装配、补偿贸易的原材料、零件、制成品、设备等保税货物,在境内销售牟利的;(2) 未经海关许可并且未补缴应缴税额,擅自将特定减税、免税进口的货物、物品,在

---

① 走私的是毒品的,构成走私毒品罪。

② 参见黄太云:《〈刑法修正案(七)〉解读》,载《人民司法》2009年第9期。

③ 我国《刑法》特别规定的武器、弹药,核材料,假币,文物,贵重金属,珍稀植物及其制品等禁止进出口的其他货物、物品,以及淫秽物品,废物,毒品。

④ 按照走私禁止进出口相关罪名定罪处罚,使该类罪名的对象包括"限制进出口的货物、物品"。

⑤ 02.07.08《走私案件通知》第8条规定:"走私刑法第151条、第152条、第347条、第350条规定的货物、物品以外的,已被国家明令禁止进出口的货物、物品,例如旧汽车、切割车、侵犯知识产权的货物、来自疫区的动植物及其产品等,应当依照刑法第153条的规定,以走私普通货物、物品罪追究刑事责任。"

境内销售牟利的[①];(3) 直接向走私人非法收购国家禁止进口物品的,或者直接向走私人非法收购走私进口的其他货物、物品,数额较大的;(4) 在内海、领海、界河、界湖运输、收购、贩卖国家禁止进出口物品的,或者运输、收购、贩卖国家限制进出口货物、物品,数额较大,没有合法证明的,也构成本罪[②]。

本罪是故意犯罪,但因走私的具体物品不同、故意的认识内容不同,刑事责任也有较大区别。具体而言:对同质物品的种类有认识错误的,如将走私的军用枪支误认为非军用枪支,这种对象认识错误,不影响对犯罪的认定;对走私物品法律属性没有明确认识,且属于非同质物品,如认为走私的是普通货物,但实际走私的是国家禁止出口的贵重金属,依照罪过认定"以所识,不以所实"原则,这种对象认识错误,虽不影响走私故意的认定,但不能构成走私特定物品的走私犯罪,即具有走私普通货物、物品故意,实际走私的是特定的禁止进出口物品,应以走私普通货物、物品罪追究刑事责任[③]。不过,这与14.09.10《走私司法解释》第22条的规定有关联[④]。"藏匿"表明是故意为之,既包括确知藏匿的是什么,也不排除不确知是具体何种禁止进出口物品,但并非完全不知情,应认定具有走私故意。藏匿数量较少,按照走私普通货物、物品罪处罚;藏匿数量较大,14.09.10《走私司法解释》则明确规定构成数罪,实行数罪并罚[⑤]。

构成本罪需满足"偷逃应缴税额较大"或"1年内曾因走私被给予2次行政处罚后又走私"的条件。对于前一条件,根据14.09.10《走私司法解释》的规定,"应缴税额"包括进出口货物、物品应当缴纳的进出口关税和进口环节海关代征税的税额。应缴税额以走私行为实施时的税则、税率、汇率和完税价格计算;多次走私的,以每次走私行为实施时的税则、税率、汇率和完税价格逐票计算;走私行为实施时间不能确定

---

① 02.07.08《走私案件通知》第13条规定:"刑法第154条第(1)(2)项规定的'销售牟利',是指行为人主观上为了牟取非法利益而擅自销售海关监管的保税货物、特定减免税货物。该种行为是否构成犯罪,应当根据偷逃的应缴税额是否达到刑法第153条及相关司法解释规定的数额标准予以认定。实际获利与否或者获利多少并不影响其定罪。"

② 02.07.08《走私案件通知》第14条规定:"对刑法155条第(2)项规定的实施海上走私犯罪行为的运输人、收购人或者贩卖人应当追究刑事责任。对运输人,一般追究运输工具的负责人或者主要责任人的刑事责任,但对于事先通谋的、集资走私的或者使用特殊的走私运输工具从事走私犯罪活动的,可以追究其他参与人员的刑事责任。"

③ 另一种情况是,行为人有犯重罪故意实际上实施轻罪时,如何定罪处罚?例如,有走私特定物品的故意,但实际上走私的是普通货物、物品。这是依照"法定符合说"仍然没有解决的难题之一。参见林亚刚:《刑法学教义》(总论)(第2版),北京大学出版社2017年版,第199页。本书认为,在坚持罪过认定原则下,"以所识"的走私特定物品走私犯罪只能成立未遂,而走私普通货物、物品罪既遂,为想象竞合犯,从一重仍然应以走私普通货物、物品罪定罪处罚。

④ 14.09.10《走私司法解释》第22条规定:"在走私的货物、物品中藏匿刑法第151条、第152条、第347条、第350条规定的货物、物品,构成犯罪的,以实际走私的货物、物品定罪处罚;构成数罪的,实行数罪并罚。"

⑤ 针对此种情形,不排除行为人主观上既有走私普通货物故意,可能也有走私禁止进出口物品故意,但只有一个走私行为,因物品分属于普通物品和禁止进出口物品而实行数罪并罚,实际上破坏了数罪并罚的基础。

的,以案发时的税则、税率、汇率和完税价格计算①。对于后一条件,“刑法第153条第1款规定的‘1年内曾因走私被给予2次行政处罚后又走私’中的‘1年内’,以因走私第1次受到行政处罚的生效之日与‘又走私’行为实施之日的时间间隔计算确定;‘被给予2次行政处罚’的走私行为,包括走私普通货物、物品以及其他货物、物品;‘又走私’行为仅指走私普通货物、物品。”②

与走私罪犯通谋,为其提供贷款、资金、账号、发票、证明,或者为其提供运输、保管、邮寄或者其他方便的,以走私罪的共犯论处③。通谋是指犯罪行为人之间事先或者事中形成的共同的走私故意。下列情形可以认定为通谋:(1) 对明知他人从事走私活动而同意为其提供贷款、资金、账号、发票、证明、海关单证,提供运输、保管、邮寄或者其他方便的;(2) 多次为同一走私犯罪分子的走私行为提供前项帮助的④。

实施走私犯罪,具有下列情形之一的,应当认定为犯罪既遂:(1) 在海关监管现场被查获的;(2) 以虚假申报方式走私,申报行为实施完毕的;(3) 以保税货物或者特定减税、免税进口的货物、物品为对象走私,在境内销售的,或者申请核销行为实施完毕的⑤。

3. 走私普通货物、物品罪的刑事责任

犯本罪:(1) 走私货物、物品偷逃应缴税额较大或者1年内曾因走私被给予2次行政处罚后又走私的,处3年以下有期徒刑或者拘役,并处偷逃应缴税额1倍以上5倍以下罚金。(2) 走私货物、物品偷逃应缴税额巨大或者有其他严重情节的,处3年以上10年以下有期徒刑,并处偷逃应缴税额1倍以上5倍以下罚金。(3) 走私货物、物品偷逃应缴税额特别巨大或者有其他特别严重情节的⑥,处10年以上有期徒刑或

---

① 14.09.10《走私司法解释》第18条。

② 14.09.10《走私司法解释》第17条。

③ 我国《刑法》第156条。02.07.08《走私案件通知》第20条规定:“单位和个人(不包括单位直接负责的主管人员和其他直接责任人员)共同走私的,单位和个人均应对共同走私所偷逃应缴税额负责。对单位和个人共同走私偷逃应缴税额为5万元以上不满25万元的,应当根据其在案件中所起的作用,区分不同情况做出处理。单位起主要作用的,对单位和个人均不追究刑事责任,由海关予以行政处理;个人起主要作用的,对个人依照刑法有关规定追究刑事责任,对单位由海关予以行政处理。无法认定单位或个人起主要作用的,对个人和单位分别按个人犯罪和单位犯罪的标准处理。单位和个人共同走私偷逃应缴税额超过25万元且能区分主、从犯的,应当按照刑法关于主、从犯的有关规定,对从犯从轻、减轻处罚或者免除处罚。”

④ 02.07.08《走私案件通知》第15条。

⑤ 14.09.10《走私司法解释》第22、23条。

⑥ 14.09.10《走私司法解释》第16条规定,走私普通货物、物品,偷逃应缴税额在10万元以上不满50万元的,应当认定为《刑法》第153条第1款规定的“偷逃应缴税额较大”;偷逃应缴税额50万元以上不满250万元的,应当认定为“偷逃应缴税额巨大”;偷逃应缴税额在250万元以上的,应当认定为“偷逃应缴税额特别巨大”。走私普通货物、物品,具有下列情形之一,偷逃应缴税额在30万元以上不满50万元的,应当认定为《刑法》第153条第1款规定的“其他严重情节”;偷逃应缴税额在150万元以上不满250万元的,应当认定为“其他特别严重情节”:(1) 犯罪集团的首要分子;(2) 使用特种车辆从事走私活动的;(3) 为实施走私犯罪,向国家机关工作人员行贿的;(4) 教唆、利用未成年人、孕妇等特殊人群走私的;(5) 聚众阻挠缉私的。

者无期徒刑,并处偷逃应缴税额1倍以上5倍以下罚金或者没收财产。以暴力、威胁方法抗拒缉私的,以本罪和妨害公务罪实行数罪并罚。单位犯本罪的,对单位判处罚金,并对其直接负责的主管人员和其他直接责任人员,处3年以下有期徒刑或者拘役;情节严重的,处3年以上10年以下有期徒刑;情节特别严重的,处10年以上有期徒刑。

依据我国《刑法》第157条的规定,武装掩护走私的,以"走私武器、弹药罪"的法定刑从重处罚;以暴力、威胁方法抗拒缉私的,以本罪和妨害公务罪实行数罪并罚[①]。本书认为,"武装掩护"是从重情节而非罪名,且适用于所有以"武装掩护"走私犯罪的情况。"武装掩护",是指携带武器(包括必要装备)为走私活动进行护送、保护的行为,至于以何种形式、武装掩护人数以及是否使用过武器,不影响认定。使用的"武器"是现代以火药为动力的枪支、爆炸物等并无疑问,但携带"冷兵器"(刀、剑、长矛等)护送、保卫走私活动的,是否能以"武装掩护走私"论处,黎宏教授持肯定观点[②]。本书认为,对此应从重处罚,但不宜视为法定从重情节。

"以暴力、威胁方法抗拒缉私的,以本罪和妨害公务罪实行数罪并罚",是指以暴力和威胁方法抗拒缉私人员依法查处走私活动。暴力是有形物理力,包括殴打、伤害(以轻伤为限)、捆绑等人身侵害行为;威胁是以语言进行恐吓(不排除可实施的轻微暴力),对缉私人员实施精神强制的人身侵害行为。这是妨害执行特定公务的犯罪,至于是否实际阻碍缉私的,在所不问。

九、虚报注册资本罪

(一)虚报注册资本罪的概念和法益

虚报注册资本罪,是指申请公司登记人使用虚假证明文件或采取其他欺诈手段虚报注册资本,欺骗公司登记主管部门,取得公司登记,虚报注册资本数额巨大、后果严重或有其他严重情节的行为。本罪的法益,是国家对公司登记的监管以及公司、股东和债权人的合法权益。本罪主体为特殊主体,为申请公司登记人,包括单位和自然人个人(还应包括公司的实际控制人)。本罪主观上为故意,动机不影响认定。

(二)对象、行为、主体

本罪的行为对象为国家公司登记的主管部门,即国家工商行政管理部门。根据

---

① "武装掩护走私""以暴力、威胁方法抗拒缉私的",限于我国《刑法》第151条至第155条走私犯罪适用,对武装掩护走私毒品或以暴力、威胁方法抗拒缉私部门对走私毒品的检查(拘留、逮捕),情节严重的,适用我国《刑法》第347条第2款处罚。

② 参见黎宏:《刑法学各论》,法律出版社2016年版,第107页。

我国《公司法》的规定,设立公司,必须符合《公司法》规定的条件,对其中符合法定条件的,经登记才能成立公司。所以,虚报行为的对象是国家公司登记的主管部门。具体而言,虚报行为应同时具备以下条件:

(1) 实施使用虚假证明文件或其他欺诈手段虚报注册资本。注册资本是公司开展经营活动物质条件和对外承担债务的财产保障。根据全国人大常委会的立法解释[①],本罪只适用于依法实行注册资本实缴登记制的公司,因此,对注册资本实行认缴制的公司,不能构成本罪。目前,国家依法对27类公司[②]注册资本实行实缴制。只有在发起人股东认缴出资全部缴纳以及将发行的股份的股款缴足,经法定验资机构验资确认并出具证明后,才能凭证向登记机构提出申请设立公司。虚假证明文件即指伪造或虚构验资、验证、评估等有关文书、文字材料(可能触犯有关伪造文书类犯罪)。至于虚假证明文件的来源,是行为人伪造并虚构,还是行为人之间串通由有关机构提供,以及对真实的证明文件进行涂改、变造,均不影响认定。"使用虚假证明文件"即是指将此类虚假文件用于申请公司登记。"采用其他欺诈手段虚报注册资本",包括与验资机构恶意串通、贿赂等手段通过验资获得虚假证明文件,以及贿赂登记机关公职人员等。若采取贿赂等手段恶意串通的,需要同时追究行贿人与受贿人的刑事责任[③]。

(2) 虚报的内容必须是注册资本。"虚报"语义上包括不如实申报公司注册资本的所有情况,如没有达到登记注册资本数额,虚报达到,虚假多报和虚假少报等。具体而言,虚报达到登记注册资本数额构成本罪;达到法定注册资本数额标准,仍虚假多报,这既可能使公司在经营活动中获得更多机会,也可能会背负更多债务,并可能对其他股东和债权人造成重大损失,因此,虚报更高数额的资本,可以构成本罪[④];申请时有足够资金,但不如实申报公司实有资金,语义上也是"虚报",但申请公司设立并不要求实报资金,只要求符合公司登记条件即可,因此,该行为不能构成本罪。

---

① 根据2014年4月24日全国人大常委会通过的《关于〈中华人民共和国刑法〉第158条、第159条的解释》(以下简称14.04.24《全国人大常委会第158条、第159条解释》)的规定,全国人民代表大会常务委员会讨论了《公司法》修改后《刑法》第158条、第159条对实行注册资本实缴登记制、认缴登记制的公司的适用范围问题,解释如下:"刑法第158条、第159条的规定,只适用于依法实行注册资本实缴登记制的公司。"

② 这27类公司包括以募集方式设立的股份有限公司、商业银行、外资银行、金融资产管理公司、信托公司、财务公司、金融租赁公司、汽车金融公司、消费金融公司、货币经纪公司、村镇银行、贷款公司、农村资金合作社、农村信用合作联社、证券公司、期货公司、保险公司、保险专业代理机构、保险资产管理公司、外资保险公司、基金管理公司、直销企业(公司)、劳务派遣企业(公司)、对外劳务合作企业(公司)、融资性担保公司、典当公司、小额贷款公司。参见2014年2月18日国务院《关于印发注册资本登记制度改革方案的通知》(国发〔2014〕7号)。

③ 包括对非国家工作人员行贿罪、非国家工作人员受贿罪、行贿罪、受贿罪等相关罪名。

④ 参见10.05.07《立案标准(二)》第3条第2项的规定。

(3) 必须取得了公司登记。取得公司登记,即是指经工商行政管理机关核准并发给《企业法人营业执照》。是否取得公司登记,是罪与非罪的界限之一。如何理解"取得公司登记"的条件？有观点认为,在申请登记、变更注册资本时,虚报的注册资本得到工商行政登记机关认可,都可以构成犯罪[①]。不同观点认为,本罪只发生在公司设立申请登记时,如果是变更注册资本的虚报,不需要以犯罪予以制裁[②]。本书认为,我国《公司法》规定的"变更登记"包括"公司合并和分立"[③],注册资本发生变化,不只是减少注册资本,还包括增资扩股。"变更登记"后取得登记,是公司登记的重新取得,因此在公司变更登记时虚报注册资本,同样可以构成本罪。理论上本罪有犯罪预备形态,如准备虚报注册资本而准备使用各种虚假证明文件等,但本罪只有在骗取了公司登记才成立犯罪,对其犯罪预备行为,应属于"情节显著轻微、危害不大"不认为是犯罪的情形。本罪属于结果犯,行为人实施了本罪行为但未取得公司登记的,理论上是未遂,但一般不宜以犯罪论处。[④]

(4) 虚报注册资本数额巨大,后果严重或者有其他严重情节[⑤]。

本罪主体是申请公司登记人,包括自然人和单位,即在公司申请书上载明的人(股东,也包括实际控制人),包括自然人和法人以及非法人单位,但只有决策实施虚

---

① 参见林维:《妨害对公司企业管理秩序罪的认定与处理》,中国检察出版社 1998 年版,第 32 页;郑永鹤、吴金水:《虚报注册资本罪与虚假出资罪之辨析》,载《上海审判实践》1999 年第 10 期。

② 参见郭立新、杨迎泽主编:《刑法分则适用疑难问题解》,中国检察出版社 2000 年版,第 70 页。

③ 2014 年 2 月 20 日工商行政管理总局发布的《公司注册资本登记管理规定》第 10 条规定:"公司增加注册资本的,有限责任公司股东认缴新增资本的出资和股份有限公司的股东认购新股,应当分别依照《公司法》设立有限责任公司和股份有限公司缴纳出资和缴纳股款的有关规定执行。股份有限公司以公开发行新股方式或者上市公司以非公开发行新股方式增加注册资本的,还应当提交国务院证券监督管理机构的核准文件。"第 11 条规定:"公司减少注册资本,应当符合《公司法》规定的程序。法律、行政法规以及国务院决定规定公司注册资本有最低限额的,减少后的注册资本应当不少于最低限额。"

④ 这种理解符合 2014 年 5 月 20 日最高人民检察院、公安部发布的《关于严格依法办理虚报注册资本和虚假出资抽逃出资刑事案件的通知》(公经〔2014〕247 号)(以下简称 14.05.20《虚报注册资本和虚假出资抽逃出资通知》)第 2 条的规定:"根据新修改的公司法和全国人大常委会立法解释,自 2014 年 3 月 1 日起,除依法实行注册资本实缴登记制的公司以外,对申请公司登记的单位和个人不得以虚报注册资本罪追究刑事责任;对公司股东、发起人不得以虚假出资、抽逃出资罪追究刑事责任。对依法实行注册资本实缴登记制的公司涉嫌虚报注册资本和虚假出资、抽逃出资犯罪的,各级公安机关、检察机关依照刑法和《立案追诉标准(二)》的相关规定追究刑事责任时,应当认真研究行为性质和危害后果,确保执法办案的法律效果和社会效果。"

⑤ 10.05.07《立案标准(二)》第 3 条规定:"申请公司登记使用虚假证明文件或者采取其他欺诈手段虚报注册资本,欺骗公司登记主管部门,取得公司登记,涉嫌下列情形之一的,应予立案追诉:(一) 超过法定出资期限,实缴注册资本不足法定注册资本最低限额,有限责任公司虚报数额在 30 万元以上并占其应缴出资数额 60% 以上的,股份有限公司虚报数额在 300 万元以上并占其应缴出资数额 30% 以上的。(二) 超过法定出资期限,实缴注册资本达到法定注册资本最低限额,但仍虚报注册资本,有限责任公司虚报数额在 100 万元以上并占其应缴出资数额百分之 60% 以上的,股份有限公司虚报数额在 1000 万元以上并占其应缴出资数额 30% 以上的。(三) 造成投资者或者其他债权人直接经济损失累计数额在 10 万元以上的。(四) 虽未达到上述数额标准,但具有下列情形之一的:1. 2 年内因虚报注册资本受过行政处罚 2 次以上,又虚报注册资本的;2. 向公司登记主管人员行贿的;3. 为进行违法活动而注册的。(五) 其他后果严重或者有其他严重情节的情形。"

报注册资本的公司股东、实际控制人可以构成本罪。对实践中不同形式的“挂名股东”,并非公司的真实股东、经营者,即便知道虚报注册资本的事实,但没有参与公司申请活动的,不能承担本罪的刑事责任。

(三) 虚报注册资本罪与其他犯罪的关联

构成本罪所使用的虚假证明文件,既可由行为人本人制作,也可由其他机关、单位或个人制作,如果行为人并未制作虚假证明文件而只是使用的,只构成本罪。但由行为人自己伪造或以篡改方式变造公文、证件,则行为同时触犯伪造、变造国家机关公文、证件、印章罪,或者伪造公司、企业、事业单位、人民团体印章罪;通过购买国家机关公文、证件并将其用于虚报注册资本,则同时触犯买卖国家机关公文、证件、印章罪。对于如何定罪的问题,有观点认为属于牵连犯,应从一重罪论处①。也有观点认为是想象竞合犯,因为“使用虚假证明文件”只是本罪行为的一个组成部分,而“使用”本身应当包含自己制作或购买行为在内,为此,只能将此种行为与虚报注册资本行为作为一个完整的行为来看待,而不能再分解为手段行为的犯罪与目的行为的犯罪②。本书赞同后一种观点。

一般情况下,本罪的发生与中介组织机构及其从业人员的违法、违规行为有着直接或者间接关系。在我国,承担资产和资信评估的机构,为依法成立的有关中介组织机构,如资产(资信)评估事务所、会计师事务所、审计事务所等。依据《刑法》第229条第3款的规定,承担资产评估、验资、验证、会计、审计、法律服务等职责的中介组织的人员严重不负责任,出具的证明文件有重大失实,造成严重后果的,应该构成中介组织人员出具证明文件重大失实罪。

(四) 虚报注册资本罪与虚假出资、抽逃出资罪③的关联

虚假出资、抽逃出资罪,是指公司发起人、股东违反公司法的规定未交付货币、实物或者未转移财产权,虚假出资,或者在公司成立后又抽逃其出资,数额巨大、后果严重或者有其他严重情节的行为。本罪的法益,是对公司注册资本的监管。有学者认为,该罪还侵犯了受到欺诈的债权人及与公司有经济往来的客户单位、用户单位、合作单位等与公司有合约的相对人的合法经济利益④。这的确在10.05.07《立案标准(二)》第4条第3项中有规定⑤。虚假出资行为事实上会导致公司的注册资本低于其登记注册的资本,甚至使公司成为在事实上没有权利能力或责任能力的空壳公司;而

---

① 参见王作富主编:《刑法分则实务研究》(上),中国方正出版社2013年版,第350页;张昊:《虚报注册资本罪若干问题探讨》,载《人民检察》2002年第1期。

② 参见赵秉志主编:《疑难刑事问题司法对策》(第6集),吉林人民出版社1999年版,第72—73页。

③ 我国《刑法》第159条规定,但本罪适用14.04.24《全国人大常委会第158条、第159条解释》,“公司”只适用于依法实行注册资本实缴登记制的公司。

④ 参见鲍绍坤主编:《新刑法与公司、企业犯罪》,西苑出版社1998年版,第78—81页。

⑤ 10.05.07《立案标准(二)》第4条第3项规定:“造成公司、股东、债权人的直接经济损失累计数额在10万元以上的,应予以追诉。”

抽逃公司出资,实质上是行为人对其他股东合约关系的擅自解约,后果是公司注册资本减少,导致公司资金周转困难无法正常运营,还可能导致公司停业或破产。因此,虚假出资、抽逃出资也会侵犯公司、股东、债权人和相对人的合法经济利益。但本书认为,对股东、债权人和相对人的合法经济利益的损害,是虚假出资、抽逃出资的可能后果,将后果体现的法益视为当然保护的法益并非合适,该罪保护的法益应是公司利益①。

本罪主体为特殊主体,是公司股东或发起人(包括实际控制人),可以是自然人,也可以是单位(法人和其他非法人单位)。国有资产独资公司或者公司中的国有资产股东,代表授权投资的机构和部门,也可以成为该罪主体。如何理解该罪主体中的"发起人"?第一种观点认为,"发起人"就是指依法创立筹办公司的人②;第二种观点认为,发起人是"认购其应认购的股份,制定公司章程并承担公司筹办事务的人,即依法创办股份有限公司的人"③。

广义上讲,有限责任公司的成立也会有提议者、筹办者,他们也不失为"发起人",但我国《公司法》并未规定有限责任公司的"发起人"可以享受股份有限公司发起人所享有的权利,也不具有股份有限公司发起人所承担的法律责任。即便有限责任公司成立可以有事实上的发起人,但在限责任公司成立后,所谓的"发起人"只享有股东的法律地位,而不享有股份有限公司"发起人"的法律地位。因此,"发起人"仅指依法创立、筹办股份有限公司的人。

虚假出资行为是行为人在准备成立公司期间实施的,包括根本没有出资,以及虽然出资但期满未足额出资的情况。如果因此而主导了虚报注册资本行为的实施,两者还具有原因行为与结果行为的牵连关系,因侵害的法益同质,不需数罪并罚,从一重罪从重处罚即可。抽逃出资,是指虽然缴纳了所应缴付的出资额,但在公司成立后,行为人撤出其出资的行为。抽逃出资一般只可能造成公司经营状况不佳,股东利益受损,如果不属于抽逃上市公司资金(要求主体适格),只需按照该罪处罚;如果主体适格且抽逃上市公司出资,损害上市公司利益的,则同时触犯背信损害上市公司利益罪④,属于想象竞合犯,可以从一重罪论处。

法律、行政法规以及国务院决定对实行注册资本实缴制的有限责任公司的注册资本有最低限额的规定。股份有限公司采取发起设立方式设立的,发起人认购的股份必须缴足。法律、行政法规以及国务院决定,对实行注册资本实缴制的股份有限公司的注册资本也有最低限额的规定⑤。只要是违反《公司法》的规定,虚假出资或抽

---

① 10.05.07《立案标准(二)》第4条第4项规定:虽未达到上述数额标准,但具有下列情形之一的,也予以追诉:(1) 致使公司资不抵债或者无法正常经营的;(2) 公司发起人、股东合谋虚假出资、抽逃出资的;(3) 2年内因虚假出资、抽逃出资受过行政处罚2次以上,又虚假出资、抽逃出资的;(4) 利用虚假出资、抽逃出资所得资金进行违法活动的。

② 参见高铭暄主编:《新型经济犯罪研究》,中国方正出版社2000年版,第314页。

③ 王作富主编:《刑法分则实务研究》(上),中国方正出版社2013年版,第351页。

④ 我国《刑法》第169条之一。

⑤ 参见我国《公司法》有关出资的具体规定。

逃出资,数额巨大、后果严重或者有其他严重情节的,就可构成该罪。公司发生变更,即公司分立、合并,或者因为需要而减少或增加注册资本,以及变更公司性质(有限责任公司变更为股份有限公司,或者相反的情况),行为人实施虚假出资、抽逃出资的,不影响认定。需要注意的是,股份有限公司,除公司发起人可采用《公司法》规定的任何一种出资方式外,其他股东只能以货币购买公司股票的方式出资,成为公司的股东,不得用货币外的其他方式出资。但是,股东以实物等其他出资方式出资,客观上违反了《公司法》的规定,应当依据《公司法》予以调整,而不构成本罪。根据《公司法》第 91 条的规定,发起人、认股人缴纳股款或者交付抵作股款的出资后,除未按期募足股份、发起人未按期召开创立大会或者创立大会决议不设立公司的情形外,不得抽回其股本。因此,在符合法律规定的情况下,抽回其股本的行为不属于抽逃资金的行为。

虚假出资或抽逃出资达到追诉的数额标准,但根据《公司法》的规定改正后,是否还应作为犯罪处理?有观点认为,《公司法》中有关法律责任的规定为:“构成犯罪的,依法追究刑事责任。”所以,“改正”只能为悔罪情节。该罪属于结果犯,已达数额巨大即构成既遂,即使事后改正,也无法否定其已然的罪行性质①。本书认为,刑法对虚假出资、抽逃出资行为的规制,重在打击造成严重后果,屡教不改,严重破坏公司登记制度的行为,而不在于对每一起符合刑法规定的虚假出资、抽逃出资行为都严惩不贷。从有利于规范公司行为,并能使其更好地发挥公司作为主要商事主体在我国经济生活的重大作用上考虑,若在虚假出资、抽逃出资后经过教育能够改正,没有必要非得动用刑罚。因此,对虚假出资、抽逃出资改正后,应当具体分析,不宜一律认定为犯罪②。对数额特别巨大、造成严重后果或具有其他严重情节的,以犯罪论处则是有法律依据的。

(五) 虚报注册资本罪、抽逃出资罪的罪数

股份有限公司成立后,发起人未按照公司章程的规定缴足出资,虚假出资并对虚报注册资本负有责任的,或者股份有限公司股东没有按期足额缴纳认缴的出资额,虚假出资同时对虚报注册资本负有责任的,本质上既符合虚报注册资本的事实,也符合虚假出资的事实,但前者是为了获取公司登记而欺骗登记机关,后者是欺骗公司的其他股东(当然不排除其他股东知情)。这种情况下不需实行数罪并罚,因为作为虚报注册资本的必然结果,就是因为存在虚假出资的事实。虽然刑法将二者分别规定为独立犯罪,但同一个公司犯罪主体的犯罪事实是重合的,最终都是该公司股东,只需按照其中一罪论处即可。

(六) 虚报注册资本罪、抽逃出资罪与职务侵占罪的关联

公司成立后,因公司名下的所有资产均为公司资产,因此,抽逃出资如果是利用

---

① 参见王作富主编:《刑法分则实务研究》(上),中国方正出版社 2013 年版,第 352—353 页。

② 这样理解符合 14.05.20《虚报注册资本和虚假出资抽逃出资通知》的精神。

管理公司的职务之便,且未经其他股东同意的,可能同时触犯职务侵占罪,属于想象竞合犯,从一重罪论处。如果是出资不足的股东对虚报注册资本负有责任,又抽逃出资,应以虚报注册资本罪与职务侵占罪实行数罪并罚。现实中一人身兼数个公司、企业要职,虚假出资和抽逃出资的情况屡见不鲜。本书认为,同一主体构成本罪不要求虚假出资和抽逃出资同时具备,但是这并不排除同一主体在不同公司分别实施虚假出资和抽逃出资行为。例如,行为人在成立甲公司时虚假出资,将未出资的资金又投入成立乙公司,再次成立公司时又将资金抽逃注册丙公司,就注册新公司而言不涉及犯罪,但并不意味着虚假出资、抽逃出资与犯罪无关。本书认为,若行为人在不同的独立的企业法人公司中身兼数个要职,具有符合本罪公司发起人、股东身份,又在不同的公司成立过程中分别实施虚假出资和抽逃出资行为,不应排除对其实行并罚;行为人抽逃出资的行为如果构成职务侵占罪的,应与虚假出资罪实行数罪并罚。

(七) 虚报注册资本罪、抽逃出资罪与欺诈发行股票、债券罪[①]的关联

欺诈发行股票、债券罪,是指在招股说明书、认股书、公司、企业债券募集办法中隐瞒重要事实或者编造重大虚假内容[②],发行股票或者公司、企业债券的行为。[③] 本罪主体是特殊主体,即必须是法律允许发行股票、债券[④]的单位或个人[⑤],主观上是故意,动机不影响认定。本罪可以在公司成立前或成立后实施。虽然是股票、债券经过批准发行,但却是在隐瞒重要事项或编造重大虚假内容的前提下获得批准的。本书认为,自然人犯本罪只能发生在公司设立阶段;公司登记成立后,犯罪主体虽然不能完全排除自然人,但主要是公司和企业,是在公司成立后实施本罪行为,包括公司、企业成立后设立分支机构时,欺诈发行股票、债券,应按照我国《刑法》第 160 条的规定单独论罪;公司、企业设立阶段(包括公司合并、分立、增资、减资或公司性质变更)实施本罪,可能触犯我国《刑法》第 176 条非法吸收公众存款罪或第 192 条集资诈骗罪。[⑥] 公司、企业发行股票、债券需要相关国家机关、监管部门的批准,当欺诈发行股票、债券而伪造、变造国家机关公文、有效证明文件或者相关凭证、单据,可能会触犯

---

① 我国《刑法》第 160 条。

② 隐瞒或编造的哪些事实属于"重要事实""重大虚假内容",应根据《公司法》《证券法》以及《企业债券管理条例》的具体规定判断。

③ 10.05.07《立案标准(二)》第 5 条规定:涉嫌下列情形之一的,应予立案追诉:(1) 发行数额在 500 万元以上的;(2) 伪造、变造国家机关公文、有效证明文件或者相关凭证、单据的;(3) 利用募集的资金进行违法活动的;(4) 转移或者隐瞒所募集资金的;(5) 其他后果严重或者有其他严重情节的情形。

④ 发债主体为中央政府部门所属机构、国有独资企业或国有控股企业的,由国家发展和改革委员会监督管理;发债主体为在我国境内按照设立具有法人资格的企业(本书认为应包括依照《公司法》设立的公司)的,企业债券的管理机构为中国证监会,并根据国务院《企业债券管理条例》进行管理,依照《证券法》进行债券交易。

⑤ 也有观点认为,即便是非法发行股票、债券的,也构成该罪。本书认为,发行股票或者公司、企业债券,应该是指经过主管部门批准发行的,即是合法发行的。对未经批准非法发行股票或者公司、企业债券,可能触犯《刑法》第 179 条擅自发行股票、公司、企业债券罪,而非本罪。

⑥ 参见 11.01.04《非法集资解释》第 2、4 条。

伪造、变造国家机关公文、证件、印章罪或伪造公司、企业、事业单位、人民团体印章罪。该种情况应当属于牵连犯。虽然根据《立案标准(二)》的规定,这是应当立案追诉的情节之一,但是,法理上仍然属于牵连犯,不排除可以数罪并罚。

(八)欺诈发行股票、债券罪与擅自发行股票、公司、企业债券罪[①]的关联

擅自发行股票、公司、企业债券罪,是指未经国家有关主管部门批准,擅自发行股票或者公司、企业债券,数额巨大、后果严重或者有其他严重情节的行为[②]。本罪主体为自然人一般主体和单位,主观上是故意,动机不影响认定。本罪的违法性仅在于未经批准而发行股票、公司、企业债券,包括完全自作主张发行;报批而未获得批准发行以及批准后又因各种原因被撤销批准,仍然予以发行的情况。虽然经过批准而发行股票、公司、企业债券并非就不具有风险,但这是阻却其违法性必需的前置程序。擅自发行,是在发行股票、债券时没有发行权的,这是与欺诈发行的最大区别。从一定意义上说,因没有获得批准而擅自发行的,不排除也会存在隐瞒重要事实或者编造重大虚假内容的事实,但因本罪的行为并非针对审批的相关国家机关、监管部门,所以在规范上与欺诈发行股票、债券罪没有关联。擅自发行股票、公司、企业债券有伪造、变造国家机关公文、有效证明文件或者相关凭证、单据的,为牵连犯,可以从一重罪论处,但因侵害法益的性质不同,不排除实行数罪并罚的可能。对擅自发行股票、公司、企业债券,同时也具有虚报注册资本、抽逃出资的,可以按照前述方案解决。

(九)虚报注册资本罪的刑事责任

犯本罪,处3年以下有期徒刑或者拘役,并处或者单处虚报注册资本金额1%以上5%以下罚金。单位犯本罪的,对单位判处罚金,并对其直接负责的主管人员和其他直接责任人员,处3年以下有期徒刑或者拘役。

十、妨害清算罪

(一)妨害清算罪的概念和法益

妨害清算罪[③],是指公司、企业进行清算时,隐匿财产,对资产负债表或者财产清单作虚假记载或者在未清偿债务前分配公司、企业财产,严重损害债权人或者其他人

① 我国《刑法》第179条。

② 10.05.07《立案标准(二)》第34条规定:涉嫌下列情形之一的,应予立案追诉:(1)发行数额在50万元以上的;(2)虽未达到上述数额标准,但擅自发行致使30人以上的投资者购买了股票或者公司、企业债券的;(3)不能及时清偿或者清退的;(4)其他后果严重或者有其他严重情节的情形。

③ 在结束社会经济活动而需要清算的,不仅只是涉及公司、企业解散、歇业,其他社会团体、非政府组织终止活动、注销时,也必须进行财产清算。广义上公司、企业之间合同期满、股权变动之前,也是需要清算的,这种"清算"不包括在本罪范围内,如果实施妨害清算的行为,可能触犯职务侵占罪、贪污罪等。但公司、企业改制、增资、减资所进行的清算应包括在本罪范畴内。

利益的行为。清算,是公司、企业结束一段经营活动,解散、歇业时,实行收回债务和处置分配财产等必经法律程序的总称,是为终结公司、企业现存的各种经济关系,对资产进行清查、估价、变现、清理债权、债务、分配剩余财产的行为。公司、企业解散、歇业以后,实体不复存在,其权利义务无继受者,所以,必须对公司、企业存在期间所发生的各种法律关系都应妥善安排,进行清算。妨害清算的行为直接侵害公司股东以及投资者和债权人的财产利益,同时侵害国家对公司、企业的监管。本罪主体为特殊主体,主观上是故意,动机不影响认定。

(二) 行为、主体

本罪客观上,第一,行为人实施了妨害清算行为。妨害清算行为具体包括以下类型:(1) 隐匿财产,是指是在清算开始前或过程中将公司、企业的全部或部分财产予以转移、隐藏。对资产负债表或者财产清单作虚假记载,也是行为人隐匿财产的一种重要方式,但刑法对该种情况作了单独规定,因此,并不能包括以该种行为实施隐匿财产的行为。"财产",是指公司、企业经营管理下的全部资产,包括动产和不动产,并不限于股东、投资者的金钱、实物等有形财产,也包括其投入的工业产权、非专利技术以及土地使用权等无形财产。(2) 对资产负债表或者财产清单作虚假记载。资产负债表是反映公司、企业在某一特定日期之前的资产、负债以及资产的所有者权益等情况的会计报表。财产清单,是清算时公司、企业现有财产的会计报表,包括公司、企业现有的固定资产、流动资金、剩余产品及原料等。"对资产负债表或者财产清单作虚假记载",是指公司、企业在制作资产负债表或财产清单时,故意采取隐瞒或欺骗等方法,对资产负债情况或财产清单进行不实记载。(3) 未清偿债务前分配公司、企业财产。这是指在未清偿公司、企业债务前,擅自实施分配公司、企业财产的行为。对清算过程中,股东、债权人哄抢公司、企业财产的,不能构成本罪,应以相应法规或相应犯罪处理。

第二,妨害清算的行为必须发生在公司、企业清算期间。清算期间,是清算的开始时间和终结时间。我国《公司法》第 183 条规定:"公司因本法第 180 条第 1 项、第 2 项、第 4 项、第 5 项[①]规定而解散的,应当在解散事由出现之日起 15 日内成立清算组,开始清算……"结束时间为清偿完结结束之日[②]。

---

① 我国《公司法》第 180 条规定:"公司因下列原因解散:(一) 公司章程规定的营业期限届满或者公司章程规定的其他解散事由出现;(二) 股东会或者股东大会决议解散;(三) 因公司合并或者分立需要解散;(四) 依法被吊销营业执照、责令关闭或者被撤销;(五) 人民法院依照本法第 182 条的规定予以解散。"

② 如果相关法律、法规对清算期限有特别规定,则应从其规定。例如,2008 年 5 月 5 日商务部《关于依法做好外商投资企业解散和清算工作的指导意见》(商法字〔2008〕31 号)规定:今后外商投资企业的解散和清算工作应按照公司法和外商投资法律、行政法规的相关规定办理。外商投资法律和行政法规有特别规定而公司法未做详细规定的,适用特别规定。

第三,妨害清算行为必须严重损害了债权人或者其他人的合法权益。[1] 构成本罪必须严重损害债权人或者其他人的合法权益,“债权人”是债的关系中有权利要求债务人为或不为一定行为的当事人,是与公司、企业形成债权债务关系,持有该公司、企业债券或经济合同。享有债权之人,既可以是公民或法人,也可以是国家;“其他人”是指除债权人之外直接与清算结果的财产利益有直接利害关系的人,包括公司、企业职工应享受的工伤补偿、保险受益之人、应向税务机关缴纳税款之人等。如对债权人和其他人的权益危害不大,只是属于一般的违法行为,则不能认定为犯罪。

本罪本质上是单位犯罪,但处罚采用的是代罚制,所以,本罪主体为特殊主体,是清算期间代表对被清算公司、企业进行管理,负责清算的主管人员和其他直接责任人员。概言之,是公司、企业的清算组[2](清算人)。被清算公司、企业以及股东、债权人的代表人,不能成为本罪主体。非清算组成员,协助清算组成员实施本罪的,应成立共犯。

(三)妨害清算罪与违规披露、不披露重要信息罪[3]的关联

违规披露、不披露重要信息罪,是指依法负有信息披露义务的公司、企业向股东和社会公众提供虚假的或者隐瞒重要事实的财务会计报告,或者对依法应当披露的其他重要信息不按照规定披露,严重损害股东或者其他人利益,或者有其他严重情节的行为[4]。本罪主体为特殊主体,即依法负有信息披露义务的公司、企业(本罪采代罚制,只处罚对此应承担责任的直接负责的主管人员和其他直接责任人员),主观上是

---

① 10.05.07《立案标准(二)》第7条规定:涉嫌下列情形之一的,应予立案追诉:(1) 隐匿财产价值在50万元以上的;(2) 对资产负债表或者财产清单作虚伪记载涉及金额在50万元以上的;(3) 在未清偿债务前分配公司、企业财产价值在50万元以上的;(4) 造成债权人或者其他人直接经济损失数额累计在10万元以上的;(5) 虽未达到上述数额标准,但应清偿的职工的工资、社会保险费用和法定补偿金得不到及时清偿,造成恶劣社会影响的;(6) 其他严重损害债权人或者其他人利益的情形。

② 清算的类型有合同期满清算、法律规定清算、无法经营清算、违法经营清算、产权变动清算、破产解散清算等。有对国内公司、企业的清算,也有对外商投资企业的清算。清算的类型不同,清算组也不尽相同,需要具体认定。我国《公司法》第183条规定:“……有限责任公司的清算组由股东组成,股份有限公司的清算组由董事或者股东大会确定的人员组成。”我国《企业破产法》第7条第3款规定:“企业法人已解散但未清算或者未清算完毕,资产不足以清偿债务的,依法负有清算责任的人应当向人民法院申请破产清算。”

③ 我国《刑法》第161条。

④ 10.05.07《立案标准(二)》第6条规定:涉嫌下列情形之一的,应予立案追诉:(1) 造成股东、债权人或者其他人直接经济损失数额累计在50万元以上的;(2) 虚增或者虚减资产达到当期披露的资产总额30%以上的;(3) 虚增或者虚减利润达到当期披露的利润总额30%以上的;(4) 未按照规定披露的重大诉讼、仲裁、担保、关联交易或者其他重大事项所涉及的数额或者连续12个月的累计数额占净资产50%以上的;(5) 致使公司发行的股票、公司债券或者国务院依法认定的其他证券被终止上市交易或者多次被暂停上市交易的;(6) 致使不符合发行条件的公司、企业骗取发行核准并且上市交易的;(7) 在公司财务会计报告中将亏损披露为盈利,或者将盈利披露为亏损的;(8) 多次提供虚假的或者隐瞒重要事实的财务会计报告,或者多次对依法应当披露的其他重要信息不按照规定披露的;(9) 其他严重损害股东、债权人或者其他人利益,或者有其他严重情节的情形。

故意,动机不影响认定。"依法负有信息披露义务的公司、企业",是指上市公司(涉及上市公司的发行人、收购人、上市公司董事、监事高级管理人员以及对上市公司有重要影响的控股股东、实际控制人)。上市公司向股东和社会公众提供虚假的或者隐瞒重要事实的财务会计报告,或者对依法应当披露的其他重要信息不按照规定披露,将对投资者带来重大的投资风险,同时也对证券市场的监管造成重大影响。

清算,是公司、企业经营中的重大事项,直接关系到股东以及债权人的经济利益。因此,公司、企业申请清算①,相关事项应对股东以及债权人进行通报。如果依法负有信息披露义务的公司、企业申请破产清算,但向股东和社会公众提供了虚假的或者隐瞒重要事实的财务会计报告,或者对依法应当披露的其他重要信息不按照规定披露,则触犯违规披露、不披露重要信息罪。该行为性质上可以成为妨害清算罪的前置行为,即可以成为"隐匿财产""对资产负债表或者财产清单作虚假记载"或"未清偿债务前分配公司、企业财产"之前的手段行为。对尚未实施妨害清算行为的,只应按照违规披露、不披露重要信息罪定罪处罚,如果此后实施了妨害清算行为,应为牵连犯,因行为的法律属性以及侵害法益具有同质性,从一重罪处罚即可,不需数罪并罚。

(四) 妨害清算罪与隐匿、故意销毁会计凭证、会计账簿、财务报告罪②的关联

隐匿、故意销毁会计凭证、会计账簿、财务报告罪,是指隐匿或者故意销毁依法应当保存的会计凭证、会计帐簿、财务会计报告,情节严重的行为。本罪的法益是对公司、企业经营活动的监管。本罪主体是所有依照《会计法》的规定,办理会计事务的国家机关、社会团体、公司、企业、事业单位等的组织和个人;主观上是故意,动机不影响认定。本罪客观上表现为,隐匿或者故意销毁依法应当保存的会计凭证、会计帐簿、财务会计报告,情节严重的行为。隐匿,是指采取使其他人不能或难以发现的方式隐藏;故意销毁,是指故意毁掉、烧掉,使其失去利用的基本价值。将其中重要部分或重要内容涂抹,不能恢复的,也不失为故意销毁。隐匿或者故意销毁的,是依法应当保存的会计凭证、会计账簿、财务会计报告,达到"情节严重"③程度的,构成犯罪。

---

① 根据我国《企业破产法》的有关规定,破产申请人包括债权人与债务人以及破产清算组,但破产申请受理后,法院指定"管理人"的同时,应当自裁定受理破产申请之日起 25 日内通知已知债权人,并予以公告。

② 我国《刑法》第 162 条之一。

③ 参见 10.05.07《立案标准(二)》第 8 条的规定。

根据我国《企业破产法》第 15 条第 1 款的规定①,法院受理破产申请后,债务人必须"妥善保管其占有和管理的财产、印章和账簿、文书等资料",如果债务人故意隐匿、销毁会计凭证、会计账簿、财务报告,事实上就是"隐匿财产""对资产负债表或者财产清单作虚假记载"或"未清偿债务前分配公司、企业财产"的妨害清算的行为,虽然触犯隐匿、故意销毁会计凭证、会计账簿、财务报告罪,但无须单独评价,只需按照妨害清算罪一罪论处。

(五) 妨害清算罪与职务侵占、贪污、私分国有资产罪和徇私舞弊低价折股、出售国有资产罪②的关联

负责清算的主管人员和其他直接责任人员,是受委托从事公司、企业事务的管理人员,如果在公司、企业清算期间,假借清算之名,通过隐匿财产、对资产负债表或者财产清单作虚假记载或者在未清偿债务前分配公司、企业财产,中饱私囊的,则同时触犯职务侵占罪;对国有公司、企业进行清算的清算组成员,是受委托从事公务的人员,若其假借清算之机中饱私囊的,则同时触犯贪污罪;在清算期间,行为人通过隐匿财产,在资产负债表或者财产清单作虚假记载或者在未清偿债务前私分国有公司、企业财产,则同时触犯私分国有资产罪。针对上述情形,有学者提出按照牵连犯原则处理的意见③。本书认为,《刑法》第 162 条虽然规定"隐匿财产,对资产负债表或者财产清单作虚假记载"或者"未清偿债务前分配公司、企业财产"的行为之一,严重损害债权人或者其他人利益的,就符合妨害清算罪的要求,但是,行为人在清算中中饱私囊,是利用职务之便非法占有公司、企业资产,如果采用隐匿财产,对资产负债表或者财产清单作虚假记载,实现职务侵占、贪污、私分国有资产的,则该行为本身,就是利用清算的"职务之便"的内容;"未清偿债务前分配公司、企业财产",实现职务侵占、贪污、私分国有资产的,行为人仍然利用清算的职务之便(并非清算者将公司、企业资产中饱私囊,而可能分配给任何一个债权人,这不影响构成犯罪)。将此种情形视为牵连犯时,妨害清算罪的行为,同时成为该职务犯罪"利用职务之便"的手段行为或该职务犯罪的结果行为,违反了禁止重复评价原则。因此,在该种情形下,本书认为,视为想象竞合犯而非牵连犯更合理。

本罪中的清算行为,可以发生在公司、企业增资扩股、减资或改制中进行的清算,如果行为人是国有公司、企业主管人员(包括国有公司、企业的上级主管部门中直接负责的主管人员),实施隐匿公司财产,对资产负债表或者财产清单作虚假记载或者

---

① 我国《企业破产法》第 15 条第 1 款规定:"自人民法院受理破产申请的裁定送达债务人之日起至破产程序终结之日,债务人的有关人员承担下列义务:(一) 妥善保管其占有和管理的财产、印章和账簿、文书等资料;(二) 根据人民法院、管理人的要求进行工作,并如实回答询问;(三) 列席债权人会议并如实回答债权人的询问;(四) 未经人民法院许可,不得离开住所地;(五) 不得新任其他企业的董事、监事、高级管理人员。前款所称有关人员,是指企业的法定代表人;经人民法院决定,可以包括企业的财务管理人员和其他经营管理人员。"

② 我国《刑法》第 271 条、第 382 条、第 396 条、第 169 条。

③ 参见王作富主编:《刑法分则实务研究》(上),中国方正出版社 2013 年版,第 377—378 页。

在未清偿债务前分配公司、企业财产行为的,其“分配”行为不排除将国有资产低价折股或者低价出售的情况。对此,其妨害清算行为同时触犯徇私舞弊低价折股、出售国有资产罪。具体处理方法是:行为人将国有资产低价折股或者低价出售给关系人的,为想象竞合犯,应从一重罪论处;行为人自己购买的,同时构成贪污罪,应从一重罪即以贪污罪论处。

隐匿财产,对资产负债表或者财产清单作虚假记载的行为,就是“编造谎言,虚构事实、隐瞒真相”的行为,本罪与诈骗罪在性质上有相通之处,但因清算组人员非法占有公司、企业资产必须是利用了职务之便才能实施,因此本罪主体不能构成诈骗罪,但不排除可以构成职务侵占罪、贪污罪。

(六)妨害清算罪与虚假破产罪[①]的关联

虚假破产罪,是指公司、企业通过隐匿财产、承担虚构的债务或者以其他方法转移、处分财产,实施虚假破产,严重损害债权人或者其他人利益的行为。本罪主体是实施了虚假破产行为的直接负责的主管人员和其他直接责任人员,主观上是故意,动机不影响认定。

本罪的主体范围以及是否属于单位犯罪有不同认识。有学者认为,虚假破产罪,只限于具有法人资格的公司、企业才可以破产。[②] 但根据相关法律的规定,并非如此。我国《企业破产法》第 135 条规定:“其他法律规定企业法人以外的组织的清算,属于破产清算的,参照适用本法规定的程序。”我国《合伙企业法》第 92 条第 1 款规定:“合伙企业不能清偿到期债务的,债权人可以依法向人民法院提出破产清算申请,也可以要求普通合伙人清偿。”这两部法律均有“违反本法规定,构成犯罪的,依法追究刑事责任”的规定,显然将具有破产申请资格的主体只限于具有法人资格的公司、企业是不妥当的[③]。本罪是否单位故意犯罪,第一种观点认为,犯罪主体是具有实施虚假破产以达破产逃债目的的公司、企业。[④] 虚假破产罪的犯罪主体,只能是公司和企业这两种特殊单位主体,但立法上采用的是单罚制,即只处罚直接负责的主管人员和其他直接责任人员,没有对单位判处罚金的规定[⑤],因此是自然人犯罪。第二种观点认为,该罪不属于单位犯罪,单位犯罪是指为了单位的利益,经单位集体决定或者单

---

① 我国《刑法》第 162 条之二。

② 参见行江:《〈刑法修正案(六)〉第六条疑难问题研析——兼论妨害清算罪》,载《河北科技大学学报(社会科学版)》2008 年第 3 期。

③ 2012 年 12 月 11 日最高人民法院发布的《关于个人独资企业清算是否可以参照适用企业破产法规定的破产清算程序的批复》(法释〔2012〕16 号)规定:“根据《中华人民共和国企业破产法》第 135 条的规定,在个人独资企业不能清偿到期债务,并且资产不足以清偿全部债务或者明显缺乏清偿能力的情况下,可以参照适用企业破产法规定的破产清算程序进行清算。根据《中华人民共和国个人独资企业法》第 31 条的规定,人民法院参照适用破产清算程序裁定终结个人独资企业的清算程序后,个人独资企业的债权人仍然可以就其未获清偿的部分向投资人主张权利。” 因此,个人独资企业可以构成本罪。

④ 参见黄太云:《〈刑法修正案(六)〉的理解与适用》(上),载《人民检察》2006 年第 7 期。

⑤ 参见何泽宏:《解读〈刑法修正案(六)〉》,载《现代法学》2006 年第 6 期。

位负责人员决定而实施的,而本罪不是为单位谋取利益,而是为了损害单位利益,依照单位犯罪认定反而不能处罚。因此,本罪是自然人犯罪。①

本书认为,将单位犯罪均归纳为是"为单位谋取利益",值得商榷。我国《刑法》明确规定犯罪主体包括单位的单位犯罪类型,就有以损害单位利益而构成的,例如《刑法》第169条之一"背信损害上市公司利益罪"就是适例。单位犯罪是以违法犯罪行为的实施是否以单位意志为前提,与是否为单位谋取利益并不直接关联;为单位谋取利益可以是单位犯罪,但不能反向推定不是为单位谋取利益就不是单位犯罪。从我国现行法律规定看,破产申请除具有法人资格的公司、企业外,其他各类经济组织,甚至包括个人独资企业都具有破产申请资格。根据《企业破产法》的规定,债务人向人民法院提出破产清算申请,是以己方"单位"名义;债权人向人民法院提出对债务人进行破产清算的申请,则是以对方"单位"为对象,难以以"个人"之名申请破产。我国刑法对单位犯罪的刑罚处罚规定有"单罚制",或只处罚单位,或只处罚单位中对该种违法犯罪行为应承担相应刑事责任的直接负责的主管人员和其他直接责任人员,并不能因为只处罚自然人而不处罚单位,就否定属于单位犯罪的性质。

虚假破产行为,可归纳为两种行为类型:一是对公司、企业破产资产的减损,包括隐匿财产或者以其他方法转移、处分财产;二是虚增破产债务,即承担虚构的债务②。虚假破产行为在本质上也就是"编造谎言,虚构事实、隐瞒真相"。

"隐匿财产",是将公司、企业的资产全部或部分地予以隐瞒、藏匿,至于是采取物理手段转移实现隐瞒、藏匿,还是通过账簿(财产清单、资产负债表虚假记载)隐瞒、藏匿,隐匿的是动产还是不动产,在所不问。"以其他方法转移、处分财产"是概括性规定,主要是指行为人为逃避承担债务,不再使资产在其名下参与破产清偿。例如,无偿转让财产;以明显不合理、不正常价格进行交易(出售或购买);对明显不具有清偿能力且没有财产担保的他人债务提供财产担保;提前清偿未到期的债务;放弃债权等。将公司、企业资产转移至新成立的或其他公司、企业,而由原公司、企业承担债务,造成原公司、企业资不抵债事实,只要行为人具备掩盖转移资产至其他公司、企业事实的行为,也属于虚假破产。"承担虚构的债务",是指对虚构的债务予以承认,使需清偿的债权数额虚假增加,以减少债权人应得的清偿份额。通常情况下,承担虚构债务,需要他人予以配合,可以是与非债权人虚构债务,也可以是与债权人沟通,通过虚假合同、协议虚构债务。这不排除明知是虚假破产的非债权人、债权人与行为人配合构成共犯。

本罪行为一般发生在破产清算程序启动之前。破产清算是指公司、企业资不抵债,需要对公司、企业的所有资产进行清算,是清算中的特别清算(停止支付清算),需依照特别清算程序进行。详言之,当债务人丧失清偿能力时申请破产,经破产清算后

① 参见贺丹:《论虚假破产罪中的"实施虚假破产"》,载《政治与法律》2011年第10期。

② 参见王作富主编:《刑法分则实务研究》(上),中国方正出版社2013年版,第382页。

由法院强制执行其全部财产，公平清偿全体债权人的司法偿债程序。显然虚假破产是不具有合法的破产原因的，不符合申请破产的条件，逃避应履行的债务。妨害清算行为一般是在清算程序启动之后尚未清算结束之前，对清算设置障碍，但清算是具有合理、合规的原因。因此，妨害清算罪并非虚假破产罪中实行清算的前置罪名。如果在普通清算过程中，行为人采取隐匿财产，对资产负债表或者财产清单作虚假记载或者在未清偿债务前分配公司、企业财产的妨害清算的行为，直接导致公司、企业的全部财产不足以清偿其债务，或无力清偿其到期债务，也符合"隐匿财产……以其他方法转移、处分财产"的虚假破产行为。详言之，在普通清算中发生了明显障碍，依据相关法律规定就必须停止普通清算，只能实施特别清算，此时，妨害清算的行为成为虚假破产罪的前置行为。在该种情形下，妨害清算与虚假破产形成想象竞合犯，应从一重罪论处。

实施虚假破产行为，与违规披露、不披露重要信息罪，以及隐匿、故意销毁会计凭证、会计账簿、财务会计报告罪也有关联。本书认为，前者可以成为虚假破产罪的手段行为，为牵连犯，因侵害法益具有同质性，以一重罪定罪处罚即可；后者隐匿、故意销毁会计凭证、会计账簿、财务会计报告的行为，法律属性上就是虚假破产罪"隐匿财产"，因此，不需单独评价，只需以虚假破产罪论处即可。

本罪以"严重损害债权人或者其他人利益"为入罪条件①。

本罪主观上为故意，是否应当具有"非法占有为目的或逃避债务目的"？本书认为，法条未设置此要件，因此，只要行为人是故意实施虚假破产行为，无论出于非法占有债权人的财产还是逃避债务，在所不问。

（七）妨害清算罪的刑事责任

犯本罪，对直接负责的主管人员和其他直接责任人员，处5年以下有期徒刑或者拘役，并处或者单处2万元以上20万元以下罚金。

十一、非国家工作人员受贿罪

（一）非国家工作人员受贿罪的概念和法益

非国家工作人员受贿罪，是指公司、企业或者其他单位的工作人员利用职务上的便利，索取他人财物或者非法收受他人财物，为他人谋取利益，数额较大的行为。本罪的法益是公司、企业或者其他单位职务的廉洁性。本罪主体为自然人特殊主体，即公司、企业或者其他单位的工作人员，主观上是直接故意，动机不影响认定。

---

① 10.05.07《立案标准(二)》第9条规定：实施虚假破产，涉嫌下列情形之一的，应予立案追诉：(1)隐匿财产价值在50万元以上的；(2)承担虚构的债务涉及金额在50万元以上的；(3)以其他方法转移、处分财产价值在50万元以上的；(4)造成债权人或者其他人直接经济损失数额累计在10万元以上的；虽未达到上述数额标准，但应清偿的职工的工资、社会保险费用和法定补偿金得不到及时清偿，造成恶劣社会影响的；其他严重损害债权人或者其他人利益的情形。

(二) 行为、主体

“利用职务上的便利”是指行为人利用其本人职权范围内主管、负责或具体承办事务(事项)的权力所形成的便利条件①,当请托人有求于行为人的职务行为时,以承诺以职务行为或利用职务干预或不实施职务行为为条件,为请托人谋取利益,索取或收受贿赂②,数额较大的行为③。本罪以具有承诺为犯罪既遂,但不以具体谋取到利益为既遂的条件。④ 承诺谋取的利益,无论应得利益还是不正当利益,均不影响认定。谋取不正当利益,构成犯罪的,应当实行数罪并罚。例如,仲裁员受贿而枉法仲裁的,应以本罪与枉法仲裁罪实行并罚。

公司、企业或者其他单位的工作人员在经济往来中,利用职务上的便利,违反国家规定,收受各种名义的回扣、手续费,归个人所有的;银行或者其他金融机构的工作人员在金融业务活动中索取他人财物或者非法收受他人财物,为他人谋取利益的,或者违反国家规定,收受各种名义的回扣、手续费,归个人所有的⑤,亦构成本罪。违反国家规定,即违反全国人大常委会制定的法律以及国务院制定的行政法规和行政措施、发布的命令和决定中禁止在经济活动中个人收受各种名义回扣、手续费的规定,

---

① 针对特别事务(事项)的“利用职务之便”,参见2008年11月20日最高人民法院、最高人民检察院首次在《关于办理商业贿赂刑事案件适用法律若干问题的意见》(以下简称08.11.20《商业贿赂若干意见》)的规定。具体内容包括:医疗机构中的非国家工作人员,在药品、医疗器械、医用卫生材料等医药产品采购活动中,利用职务上的便利,索取销售方财物,或者非法收受销售方财物,为销售方谋取利益(第4条第2款);医疗机构中的医务人员,利用开处方的职务便利,以各种名义非法收受药品、医疗器械、医用卫生材料等医药产品销售方财物,为医药产品销售方谋取利益,数额较大的(第4条第3款);学校及其他教育机构中的非国家工作人员,在教材、教具、校服或者其他物品的采购等活动中,利用职务上的便利,索取销售方财物,或者非法收受销售方财物,为销售方谋取利益(第5条第2款);学校及其他教育机构中的教师,利用教学活动的职务便利,以各种名义非法收受教材、教具、校服或者其他物品销售方财物,为教材、教具、校服或者其他物品销售方谋取利益,数额较大的(第5条第3款);依法组建的评标委员会、竞争性谈判采购中谈判小组、询价采购中询价小组的组成人员,在招标、政府采购等事项的评标或者采购活动中,索取他人财物或者非法收受他人财物,为他人谋取利益,数额较大的(第6条第1款)。

② 2016年4月18日最高人民法院、最高人民检察院发布、实施的《关于办理贪污贿赂刑事案件适用法律若干问题的解释》(法释〔2016〕9号)(以下简称16.04.18《贪污贿赂案件解释》)第12条规定:“贿赂犯罪中的‘财物’,包括货币、物品和财产性利益。财产性利益包括可以折算为货币的物质利益如房屋装修、债务免除等,以及需要支付货币的其他利益如会员服务、旅游等。后者的犯罪数额,以实际支付或者应当支付的数额计算。”

③ 16.04.18《贪污贿赂案件解释》第11条规定:“刑法第163条规定的非国家工作人员受贿罪中的‘数额较大’‘数额巨大’的数额起点,按照本解释关于受贿罪相对应的数额标准规定的2倍执行。”即受贿数额在6万元以上不满40万元的,为“数额较大”起点。

④ 03.11.13《经济犯罪座谈会纪要》“三、(二)”规定:“为他人谋取利益包括承诺、实施和实现三个阶段的行为。只要具有其中一个阶段的行为,如国家工作人员收受他人财物时,根据他人提出的具体请托事项,承诺为他人谋取利益的,就具备了为他人谋取利益的要件。明知他人有具体请托事项而收受其财物的,视为承诺为他人谋取利益。”16.04.18《贪污贿赂案件解释》第13条规定:“具有下列情形之一的,应当认定为‘为他人谋取利益’,构成犯罪的,应当依照刑法关于受贿犯罪的规定定罪处罚:(一)实际或者承诺为他人谋取利益的;(二)明知他人有具体请托事项的;(三)履职时未被请托,但事后基于该履职事由收受他人财物的。”

⑤ 我国《刑法》第184条的规定。

但不包括违反地方性法规的行为。“经济往来”,是指工作人员代表所任职单位,与相对方均为民商事主体身份从事的经济活动;“回扣”是指销售方以明示或暗示的方式,给予购买方价格上的优惠。“手续费”,是指办理有关事项所收取的一种劳务补偿,可以是委托单位支付,也可以由相对方支付,在本罪中仅指由经济活动的相对方以“酬劳”“辛苦”“感谢”等名义给予工作人员“劳务补偿”。“归个人所有”,是构成受贿的实质条件,如果将接受的回扣、手续费上交或在交易往来账目上反映出“回扣”的价格优惠,则不能构成犯罪。

本罪主体为自然人特殊主体,即公司、企业或者其他单位的非国家工作人员,“单位”的所有制性质在所不问;在国有公司、企业或其他国有单位的非国家工作人员,亦可成为本罪主体①。“其他单位②工作人员”,既可以是“常设性”的事业单位、社会团体的工作人员,如各种基金会、村民委员会、居民委员会、各种协会、学会、联合会、研究会、联谊会、商会等单位的工作人员,也可以是“非常设性”的其他团体的工作人员,如演艺团体、具有一定影响的体育竞技比赛组委会、具有较大规模的各种民间活动筹备组织、各种社会慈善活动组委会等单位的工作人员。至于“其他单位”是否为牟利而设立,在所不问。

国有公司、企业或者其他国有单位中从事公务的人员和国有公司、企业或者其他国有单位委派到非国有公司、企业以及其他单位从事公务的人员,利用职务上的便利,索取他人财物或者非法收受他人财物,为他人谋取利益,应以受贿罪定罪处罚,不构成本罪。

(三) 非国家工作人员受贿罪的刑事责任

犯本罪,处 5 年以下有期徒刑或者拘役;数额巨大的③,处 5 年以上有期徒刑,可以并处没收财产。

十二、对非国家工作人员行贿罪

(一) 对非国家工作人员行贿罪的概念和法益

对非国家工作人员行贿罪,是指为谋取不正当利益,给予公司、企业或者其他单

---

① 08.11.20《商业贿赂若干意见》第 3 条规定:“刑法第 163 条、第 164 条规定的‘公司、企业或者其他单位的工作人员’,包括国有公司、企业以及其他国有单位中的非国家工作人员。”

② 08.11.20《商业贿赂若干意见》第 2 条规定:“‘其他单位’,既包括事业单位、社会团体、村民委员会、居民委员会、村民小组等常设性的组织,也包括为组织体育赛事、文艺演出或者其他正当活动而成立的组委会、筹委会、工程承包队等非常设性的组织。”

③ 16.04.19《贪污、贿赂案件解释》第 11 条规定,非国家工作人员受贿罪中的“数额巨大”的数额起点,按照司法解释关于受贿罪相对应的数额标准规定的 2 倍执行,则受贿数额在 40 万元以上不满 600 万元的,应当认定为“数额巨大”。

位的工作人员以财物,数额较大[①]的行为。本罪的法益,为公司、企业或者其他单位职务行为的廉洁性。本罪主体为单位和自然人一般主体,主观上是直接故意,动机不影响认定。本罪与非国家工作人员受贿罪为对向犯。从立法规定而言,行贿者不因被勒索并且未谋取到不正当利益而出罪。

(二) 故意、行为、主体

"为谋取不正当利益",是行贿者的主观故意内容。在行贿犯罪中,"谋取不正当利益",是指行贿人谋取违反法律、法规、规章或者政策规定的利益,或者要求对方违反法律、法规、规章、政策、行业规范的规定提供帮助或者方便条件。在招标投标、政府采购等商业活动中,违背公平原则,给予相关人员财物以谋取竞争优势的,属于"谋取不正当利益"是指行贿人谋取违反法律、法规、规章或者政策规定的利益,或者要求对方违反法律、法规、规章、政策、行业规范的规定提供帮助或者方便条件。在招标投标、政府采购等商业活动中,违背公平原则,给予相关人员财物以谋取竞争优势的,属于"谋取不正当利益"[②]。这里虽然并没有指出是主动给予还是被动被索取贿赂的情形,但无外乎是这两种形式,即便被索取而行贿的,也不影响认定。本罪中公司、企业或者其他单位的工作人员的范围与非国家工作人员受贿罪的主体范围相同。本罪主体为自然人一般主体和单位,单位的所有制性质不影响认定。

(三) 对非国家工作人员行贿罪的刑事责任

犯本罪,处 3 年以下有期徒刑或者拘役,并处罚金;数额巨大的[③],处 3 年以上 10 年以下有期徒刑,并处罚金。单位犯本罪的,对单位判处罚金,并对其直接负责的主管人员和其他直接责任人员,依照自然人犯罪规定处罚。行贿人在被追诉前主动交待行贿行为的,可以减轻处罚或者免除处罚。

---

① 16.04.18《贪污贿赂案件解释》第 11 条第 3 款规定:"刑法第 164 条第 1 款规定的对非国家工作人员行贿罪中的'数额较大''数额巨大'的数额起点,按照本解释第 7 条、第 8 条第 1 款关于行贿罪的数额标准规定的 2 倍执行。"即"数额较大"为 6 万元以上,或行贿数额在 2 万元以上不满 6 万元,具有下列情形之一的:(1) 向 3 人以上行贿的;(2) 将违法所得用于行贿的;(3) 通过行贿谋取职务提拔、调整的;(4) 向负有食品、药品、安全生产、环境保护等监督管理职责的国家工作人员行贿,实施非法活动的;(5) 向司法工作人员行贿,影响司法公正的;(6) 造成经济损失数额在 100 万元以上不满 200 万元的。

② 08.11.20《商业贿赂若干意见》第 9 条。

③ 根据 16.04.19《贪污、贿赂案件解释》第 11 条第 3 款的规定,本罪"数额巨大"是指具有下列情形之一的:(1) 行贿数额在 200 万元以上不满 1000 万元的;(2) 行贿数额在 100 万元以上不满 200 万元,并具有本解释第 7 条第 2 款第 1 项至第 5 项规定的情形之一的;(3) 其他严重的情节。"其他严重的情节"主要是第 7 条第 2 款第 1 项至第 5 项规定的情形之一:(1) 向 3 人以上行贿的;(2) 将违法所得用于行贿的;(3) 通过行贿谋取职务提拔、调整的;(4) 向负有食品、药品、安全生产、环境保护等监督管理职责的国家工作人员行贿,实施非法活动的;(5) 向司法工作人员行贿,影响司法公正的。

十三、对外国公职人员、国际公共组织人员行贿罪[①]

（一）对外国公职人员、国际公共组织人员行贿罪的概念和法益

对外国公职人员、国际公共组织人员行贿罪，是指为谋取不正当商业利益，给予外国公职人员或者国际公共组织官员以财物的行为。本罪并未以“数额较大”为入罪条件，但不应完全不考虑行贿数额。本罪的法益，是国家的声誉[②]。主体为单位和自然人一般主体，主观上是直接故意，动机不影响认定。

（二）贿赂、行为、主体

本罪的“贿赂”是财物，应指日常普通“财物”，如货币、字画、玉石、篆刻等具有经济价值或收藏价值的物品，但不应包括法律有特别规定的“国家禁止出口的珍贵文物”“国家保护的文物藏品”，以及其他所有禁止出口的物品和国家以法律手段特别保护对象，如国家绝密和机密文件、资料、物品等。根据《联合国反腐败公约》的有关规定，对外国公职人员、国际公共组织人员行贿的对象为“实体不正当好处”，这与我国现行法律中“贿赂”包括财产性利益的规定有所不同。本书认为，本罪虽然是为履行国际公约而设置，但处罚该种行贿行为是依据我国国内法而并非国际公约，因此，“贿赂”的认定应以我国刑法规定的范围为准[③]。

外国公职人员[④]或者国际公共组织官员[⑤]在我国境内逗留时间的长短以及其任职时间长短，都不影响认定，但应该限于现职。行贿行为是否在境内实施，也在所不问（如果在境外实施，则涉及刑法的效力范围问题）。

我国关于“谋取不正当商业利益”尚无具体解释，通常认为是为“单位”利益而行贿。本书认为，因本罪所涉及的主要是国际商事活动领域内的腐败犯罪（当然不排除

---

① 本罪系我国为履行《联合国反腐败公约》第16条第1项的规定所设立的罪名。

② 有观点认为，本罪的法益包括外国公职人员、国际公共组织人员职务行为的廉洁性（和国际商业活动秩序）。参见王作富主编：《刑法分则实务研究》（上），中国方正出版社2013年版，第317页。本书认为，外国公职人员、国际公共组织人员职务行为的廉洁性，非由我国刑法所保护，而是由其派驻国家法律或派驻国际组织依据其本国法或相关国际条约所保护，对外国公职人员、国际公共组织人员行贿的行为危害的只是我国国家声誉。

③ 我国《刑法》并无《联合国反腐败公约》第16条第2项“各缔约国均应当考虑采取必要的立法和其他措施，将下述故意实施的行为规定为犯罪：外国公职人员或者国际公共组织官员直接或间接为其本人或者其他人员或实体索取或者收受不正当好处，以作为其在执行公务时作为或者不作为的条件”规定的“外国公职人员、国际公共组织人员受贿罪”的罪名。

④ 《联合国反腐败公约》规定，“外国公职人员”系指外国无论是经任命还是经选举而担任立法、行政、行政管理或者司法职务的任何人员，以及为外国，包括为公共机构或者公营企业行使公共职能的任何人员。

⑤ 《联合国反腐败公约》规定，“国际公共组织官员”系指国际公务员或者经此种组织授权代表该组织行事的任何人员。

国际商事活动与国内商业活动的关联),以使外国公职人员、国际公共组织人员或者该官员在执行公务时作为或者不作为而行贿。因此,谋取不正当商业利益,是以请托该官员在执行公务时,违反国际商事交易规则,如《联合国国际货物买卖合同公约》(1980年)、《跟单信用证统一惯例》等国际商业贸易规定,获得或者保留与其进行的国际商务有关的经济利益和商业机会。

本罪主体为单位和自然人一般主体,单位所有制性质或所属国籍,自然人所属国籍,不影响认定。

(三)对外国公职人员、国际公共组织人员行贿罪的刑事责任

犯本罪,处3年以下有期徒刑或者拘役,并处罚金;数额巨大的,处3年以上10年以下有期徒刑,并处罚金。单位犯本罪的,对单位判处罚金,并对其直接负责的主管人员和其他直接责任人员,依照自然人犯罪规定处罚。行贿人在被追诉前主动交待行贿行为的,可以减轻处罚或者免除处罚。

十四、非法经营同类营业罪

(一)非法经营同类营业罪的概念和法益

非法经营同类营业罪,是指国有公司、企业的董事、经理利用职务便利,自己经营或者为他人经营与其所任职公司、企业同类的营业,获取非法利益,数额巨大的行为。本罪的法益是国家对国有公司、企业的监管和国有公司、企业的合法经济利益。国有公司、企业对国有资产负有保值、增值的责任和义务,如果国有公司、企业的董事、经理利用职务便利,自己经营或者为他人经营与其所任职公司、企业同类的营业,必须违反我国法律禁止竞业的规定,侵害对国有公司、企业的正常管理秩序;行为人利用职务上的便利,自己经营或者为他人经营与其所任职公司、企业同类的营业,必然侵占国有公司、企业的商业资源,侵害到国有公司、企业的经济利益。本罪主体为特殊主体,主观上是故意,未以特定目的为主观要素,动机不影响认定。

(二)行为、主体

(1)“利用职务便利”,不仅包括利用职权,还包括利用与职权有关的便利条件,如利用掌握的客户名单、市场行情、销售渠道、市场计划、材料供应等对生产经营有影响的情况与资讯等。抢占国有公司、企业原有市场的,也是利用职务之便。

(2)行为人实施了自己经营或者为他人经营与其所任职公司、企业同类营业的行为。一般而言,从事经营活动必须是经工商注册登记的经济实体的生产经营活动,对实践中公司、企业未经工商登记注册从事生产、经营活动,但只要从事的经营活动

具有长期性、规模性、交易性特点时,应当视为是经营[①]。

"自己经营",是行为人自己独资或投资参股经营但由其本人实行管理的行为。主要有两种形式:一是行为人以本人的名义独自经营,或者本人出资参股与他人以公司、企业、合伙的形式进行的经营;二是行为人以他人的名义实际上为自己从事经营活动,比较常见的是以家属、亲友的名义,为自己从事经营活动。第二种情况因形式上行为人并没有以自己的名义从事经营活动,要判定是否属于自己经营,必须确定经营活动投资者和受益者。只要实际上行为人对特定的经营活动进行了投资并参与了利润分配,即使形式上不是以自己的名义进行,也应当是"自己经营"。

"为他人经营",是指行为人没有出资,但受雇于或者受他人的请求、委托,在他人投资的公司任职为其从事经营活动。行为人只要在他人公司、企业领取相应工资、奖金(顾问费、辛苦费等),就是"为他人经营"。

"同类营业"[②],是指行为人所从事的营业活动与其所任职的国有公司、企业的生产经营范围属于同一类别,而非要求完全相同的营业活动。我国对公司、企业实行注册登记制度,公司、企业只有通过注册登记,才能取得经营许可。根据《公司法》的相关规定,有限责任公司和股份有限公司应当在公司章程中载明公司的经营范围;对于生产、经营的范围、种类,除属于法律、行政法规、国务院决定限制的项目[③]应当依法经过批准外,其他非限制性的生产、经营活动,只要在公司、企业章程明确规定并依法登记,就可以开展。因此,本书认为,是否属于"同类营业",以公司、企业章程中经批准的范围为依据,以国家颁布的相关行政法规确定[④]。如果营业范围完全相同,当然属于同类营业;营业范围并非完全相同,但实质上重要营业范围部分重合,也应认定为同类营业。也有观点认为,国有公司、企业实际经营的营业范围超出了公司、企业章程或国家法律授权的范围,而超出的经营范围又与自己经营或为他人经营的范围相同,因国有公司、企业该种经济利益不受到法律保护,对行为人所从事的"同类营业",不能认定为非法同类营业。如自己经营或为他人经营超出公司、企业章程规定营业

---

① 参见卢建平、李有星:《非法经营同类营业罪研究》,载《河南省政法管理干部学院学报》2004 年第 1 期。

② 学者对"同类营业"的规定有不同理解。参见林维:《妨害对公司企业管理秩序罪的认定处理》,中国检察出版社 1998 年版,第 217 页;马克昌主编:《经济犯罪新论》,武汉大学出版社 1998 年版,第 201 页;王作富主编:《刑法分则实务研究》(上),中国方正出版社 2013 年版,第 405 页。

③ 2016 年 2 月 6 日国家工商行政管理总局发布的《企业经营范围登记管理规定》第 4 条规定:"企业申请登记的经营范围中属于法律、行政法规或者国务院决定规定在登记前须经批准的经营项目(以下称前置许可经营项目)的,应当在申请登记前报经有关部门批准后,凭审批机关的批准文件、证件向企业登记机关申请登记。企业申请登记的经营范围中属于法律、行政法规或者国务院决定等规定在登记后须经批准的经营项目(以下称后置许可经营项目)的,依法经企业登记机关核准登记后,应当报经有关部门批准方可开展后置许可经营项目的经营活动。"

④ 如 2017 年 6 月 30 日国家质量监督检验检疫总局、国家标准化管理委员会发布的《国民经济行业分类》(GB/4754-2017),2015 年 8 月 27 日国家工商行政管理总局发布的《企业经营范围登记管理规定》(工商行政管理总局令第 76 号及 2016 年 2 月 6 日国务院令第 666 号修订)等。对于公司经营范围,应该参照《企业经营范围登记管理规定》。

范围,在该范围内与其所任职的国有公司、企业的营业范围相同时,应当属于非法经营同类营业[①]。

(3) 必须"获取非法利益,数额巨大"[②]。多数说认为,"非法利益"是指非法经营的违法所得,不应包括财产性利益。但是,非法利益是指行为人个人获利,还是非法经营同类营业的公司、企业获得的,有不同观点[③]。本书认为,如果将其归于非法经营同类营业公司、企业的非法获利,则因生产、经营随市场波动,达到本罪数额的"非法利益"具有不确定性,很难使之发挥认定犯罪标准的作用,保护国有经济利益的目的很难实现。如果将本罪成立与否与其个人实际非法获利额直接关联,又存在将国有公司、企业经济利益的保护滞后之嫌。不过视为个人非法获利,因确定性明确,易于司法操作,有利于对国有经济利益的保护。可能面临的问题主要在于"利用职务上便利"谋取利益,如何与贪污罪、受贿罪厘清关系。

本罪是特殊主体,为国有公司、企业的董事、经理。本罪中的董事、经理,都应属于国有公司、企业高级管理人员。董事,应当包括董事(董事长、副董事长)和独立董事;经理,是指由董事会聘任的主持公司日常工作的负责人[④],包括国有公司子公司的"经理"[⑤]。对实务中有国有企业未改制为"公司"的,主持企业日常工作的负责人,虽未冠以"经理"头衔,但实质上管理企业并实行经理职责的,应视为符合本罪主体。对"经理"的认定,不应脱离《公司法》所限定的由董事会聘任,属于高级管理人员的范围[⑥]。

(三) 非法经营同类营业罪与贪污罪、受贿罪的关联

非法经营同类营业,必须是行为人利用在所任职的国有公司、企业董事、经理职务之便而经营同类营业。如果行为人只是在外成立公司、企业或兼职,但未利用职务之便而损害了国有公司、企业的利益,只能是违反《公司法》的行为,不构成本罪。[⑦]因"利用职务上的便利"同时也是贪污罪、受贿罪的必备要件,将"获取非法利益,数额巨大"作为行为人获得的非法利益,则易于与贪污罪、受贿罪混淆。区别关键是作为一罪评价,还是数罪评价。

贪污罪、受贿罪必须是行为人从其所任职的国有公司、企业岗位上利用职务之便

---

① 参见刘芳、单民、沈宏伟:《刑法适用疑难问题及定罪量刑标准通解》,法律出版社2004年版,第450页。

② 10.05.07《立案标准(二)》第11条规定:获取非法利益,数额在10万元以上的,应予立案追诉。

③ 参见王作富主编:《刑法分则实务研究》(上),中国方正出版社2013年版,第406—407页。

④ 依据我国《公司法》的规定,这里的"经理"是指"总经理",不包括副职,更不能包括部门以及国有公司下设机构由"总经理"聘任的部门、项目经理等。

⑤ 子公司是独立法人。

⑥ 我国《公司法》第68条规定:国有独资公司设经理,由董事会聘任或者解聘。' 换言之,非经董事会聘任的经理,非本罪主体。

⑦ 我国《公司法》第69条规定:"国有独资公司的董事长、副董事长、董事、高级管理人员,未经国有资产监督管理机构同意,不得在其他有限责任公司、股份有限公司或者其他经济组织兼职。"

实施的，因此，本书分别予以讨论。由“自己经营”同类营业与利用任职的国有公司、企业董事、经理的职务之便，签订损害国有公司、企业经济利益的各类合同、协议，甚至签订虚假合同、协议，是利用职务之便而实施，并从非法经营中获取非法利益，其非法经营同类营业的公司、企业与其个人获利具有高度一致性。但造成国有公司、企业利益受损有多种不同情况，若只是抢占商机，抢走资源，显然与贪污罪并无关联，只能以本罪论处。若采取虚构交易或提高与国有公司、企业交易价格等非法手段，造成国有公司、企业利益受损，或者以所任职的国有公司、企业资源与他人签订各类协议提高交易价格，但实则将一部分收益采用各种方式隐瞒下来，转入由行为人自己经营的公司、企业的，则是利用职务之便“以其他手段”非法占有公共财产的行为，其行为形式上触犯本罪，但实质上是贪污罪，应直接以贪污罪定罪处罚。值得一提的是，对现实中两种情形都具备的，应实行数罪并罚；但也并不排除“为他人经营同类营业”的也可以以贪污罪论处或实行数罪并罚的情形。

“为他人经营同类营业”易与受贿罪相混淆。为他人非法经营，具有“利用职务上的便利，为他人谋取利益”的实质性内容。有观点认为，本罪的行为人毕竟是付出了“兼营”劳动，所获取的利益具有劳动报酬的性质；而受贿人往往并未付出劳动，非法利益是酬谢性质。故本罪与受贿罪是具有交叉关系的法条竞合，应适用“复杂法优于简单法”的原则处理，而不能适用“重法优于轻法”原则，因为受贿罪的起刑点以及法定刑均高于本罪，二者法定刑失衡，这实际上是排斥了本罪法条的适用[①]。本书认为：(1) 这种“兼营”劳动是法律禁止的，非不可罚的事前行为，不仅法律不保护，而且必须取缔和禁止[②]。所以，这是“无价值”劳动，所获得的非法利益是“劳动报酬”之说难以成立。(2)“复杂法优于简单法”本质上也是排斥受贿罪适用的可能性，与“重法优于轻法”的结论相同，未必妥当。

造成国有公司、企业利益受损，也可以区分为前述两种情形。“为他人经营同类营业”的行为只是抢占了商机，抢走了市场资源，构成本罪。因为行为人所获取的“劳动报酬”虽是“利用职务之便”为他人所谋取利益的一部分，但原本可能由国有公司、企业所把握的商机和可能获得的利益，因具有不确定性，还不是国有公司、企业实际应得或实际所有的公共财物，不构成贪污；行为人所“分的一杯羹”，只能视为非法所得，而不是贿赂，应按照本罪论处。对采取虚构交易或提高与国有公司、企业交易价格等非法手段，或者以所任职的国有公司、企业资源与他人签订各类协议提高交易价格，但实则将一部分收益采用各种方式隐瞒下来，转入由自己为他人经营的公司、企业的，则是利用职务之便，“以其他手段”贪污公共财物（有共谋的是有身份者与无身份者，或有身份者可以构成共同贪污）。此外，无论属于哪种情形，在所获非法利益中，因行为人“绩效突出”额外获取的非法利益，如奖金、提成等，实为“利用职务之便，

① 参见王作富主编：《刑法分则实务研究》（上），中国方正出版社 2013 年版，第 413、414、115 页。

② 有学者也认为这种“劳动”无价值。参见同上书，第 415 页。

为他人谋取利益"后对方给予的对价,应认定为受贿,应当与本罪实行并罚[①];对既有贪污又有受贿的,应对三罪实行并罚。

(四)非法经营同类营业罪与为亲友非法牟利罪[②]的关联

为亲友非法牟利罪,是指国有公司、企业、事业单位的工作人员,利用职务便利,在经营管理中违背职责,为亲友非法牟利,使国家利益遭受重大损失的行为。本罪是特殊主体,为国有公司、企业、事业单位的工作人员,主观上是故意,动机不影响认定。对本罪主体中"国有公司、企业、事业单位的工作人员"的界定,有观点认为,应是指国有公司、企业事业单位中从事公务的人员,从事劳务的人员不能成为本罪的主体[③]。还有观点认为,本罪主体并不要求是从事公务的人员,实施本罪所依赖的并非是其公务人员的身份,而是劳动合同赋予其职务上的权力,给予其否定性评价的基础,是行为人对职务上权力的滥用、义务的违反,不是因其具有公务人员身份[④]。显然,从"国有公司、企业、事业单位的工作人员"利用职务之便的意义上说,如果不是与其职务活动相关联,未必合适。不过,请求其他工作人员给予协助的,非本人职务活动,不应入罪,但请求其他工作人员为自己亲友,利用该工作人员职务之便,应另当别论——该工作人员仍然构成为亲友非法牟利罪,请求者应为被请求者之"友"。本书认为,本罪的入罪根据在于工作人员违背其职务活动职责——以损害委托人利益为目的,违背其任务[⑤],是否具有公务人员身份,并不影响认定。

实践中,行为人实施下列行为之一的,属于为亲友非法牟利:(1) 将本单位的盈利业务交由自己的亲友进行经营的;(2) 以明显高于市场的价格向自己的亲友经营管理的单位采购商品或者以明显低于市场的价格向自己的亲友经营管理的单位销售商品的;(3) 向自己的亲友经营管理的单位采购不合格商品的。

"亲友"泛指与行为人有亲属关系和朋友关系的人,但关系在何种范围和程度内,无明确规定。从违背任务的角度看,行为人只要为他人进行经营活动利用了职务之便,即可认定属于为亲友的经营活动提供便利。有观点认为,为防止扩大打击面,将仅有一面之交的人也纳入进来并不妥当,应从具有密切关系或彼此有交情的意义上把握[⑥]。本书认为,并不需要从界定与被帮助者的亲疏关系上,认定行为人为亲友牟利行为是否成立,只要行为人利用职务之便实施为他人牟利的行为,则被帮助的一方就应当认定为行为人的"亲"或"友"。因为现实中,并非对只有一面之交的人不会为其牟利,也未必对有长期交往的人就一定会为其牟利。因此,无需考察与被帮助者的亲疏

---

① 国有公司、企业普通管理人员利用职务之便,收受贿赂而为他人实施非法经营同类营业,只处罚受贿行为而不问本罪责任的问题,这是立法的规定,不能通过调整适用刑罚的方法来解决。

② 我国《刑法》第 166 条。

③ 参见李希慧:《论为亲友非法牟利罪》,载《河南省政法管理干部学院学报》2001 年第 5 期。

④ 参见李磊:《为亲友非法牟利罪的若干问题探析》,载《河南大学学报》2003 年第 6 期。

⑤ 参见张明楷:《刑法学》(下),法律出版社 2016 年版,第 763 页。

⑥ 参见王作富主编:《刑法分则实务研究》(上),中国方正出版社 2013 年版,第 419 页。

关系,本书认为“亲友”是一种虚置条件,而非必须划定亲疏关系范围的实质性条件。

本罪以造成“国家利益遭受重大损失”为标准①。

本罪与非法经营同类营业罪有竞合关系,当主体是国有公司、企业董事、经理,投资或入股其亲友公司、企业经营,并实施本罪行为②,存在同时触犯非法经营同类营业罪的可能性,但实施为亲友非法牟利行为,并非当然触犯非法经营同类营业罪,因此,属于想象竞合关系,应从一重罪论处。

(五)非法经营同类营业罪的刑事责任

犯本罪,处3年以下有期徒刑或者拘役,并处或者单处罚金;数额特别巨大的,处3年以上7年以下有期徒刑,并处罚金。

十五、背信损害上市公司利益罪

(一)背信损害上市公司利益罪的概念和法益

背信损害上市公司利益罪,是指上市公司的董事、监事、高级管理人员违背对公司的忠实义务,利用职务便利,操纵上市公司从事损害上市公司利益的活动,致使上市公司利益遭受重大损失的行为。本罪的法益为国家对上市公司的监管以及上市公司利益,主体为特殊主体,主观上是故意,未以特定目的为主观要素,动机不影响认定。

(二)行为、主体、结果

本罪亦为背信犯罪的类型之一,是行为人违背对公司的忠实义务,利用职务便利,操纵上市公司从事损害上市公司利益的活动。对公司的“忠诚义务”非以形式上宣誓为要件,仅指在任职时承诺在管理、处理有关上市公司经营业务时,必须遵循以公司利益为重的义务。“违背对公司的忠诚义务”,即违背必须以公司利益为重,不得

---

① 10.05.07《立案标准(二)》第13条规定:“涉嫌下列情形之一的,应予立案追诉:(一)造成国家直接经济损失数额在10万元以上的;(二)使其亲友非法获利数额在20万元以上的;(三)造成有关单位破产,停业、停产6个月以上,或者被吊销许可证和营业执照、责令关闭、撤销、解散的;(四)其他致使国家利益遭受重大损失的情形。”

② 本罪行为所涉及的内容毫无疑问是该国有公司、企业的营业,如果交由其亲友承揽营业,而自己投资、入股该公司、企业的,无疑是属于“自己经营”的行为。

利用掌控公司的权力从事损害公司利益的活动的义务[①]。

"利用职务便利",是指行为人利用主管、管理、经营上市公司营业活动的职务上的便利,操纵上市公司实施下列行为之一:(1) 无偿向其他单位或者个人提供资金、商品、服务或者其他资产的。这主要是指行为人利用对上市公司主管、管理等职权,无偿将上市公司资产作为其他单位或个人的"提款机""供应商"。例如,无偿将上市公司股票交易收益,或挪用上市公司资金、产品无偿提供给其他单位或个人(以下均包括有关联关系的公司、企业或个人[②])。(2) 以明显不公平的条件,提供或者接受资金、商品、服务或者其他资产的。这主要是指行为人利用对上市公司主管、管理等职权,由其他公司、企业或个人以高于同期利率向上市公司提供融资资金,或由其他公司、企业高价供应原材料或低价收购上市公司产品,或低价出让或出租上市公司无形资产等。(3) 向明显不具有清偿能力的单位或者个人提供资金、商品、服务或者其他资产的。这主要是指行为人在明知的情况下,利用对上市公司主管、管理等职权,向其他单位或个人提供资金、其他资产,使上市公司资产处于高度风险之中(要求造成一定的严重后果)。(4) 为明显不具有清偿能力的单位或者个人提供担保,或者无正当理由为其他单位或者个人提供担保的。这主要是指行为人在明知情况下,利用对上市公司主管、管理等职权,以上市公司资信、资产为其他单位或个人提供贷款担保,使上市公司资信受损、资产置于高度风险中,丧失保证人追偿权(要求造成一定严重后果)。(5) 无正当理由放弃债权、承担债务的。这主要是指行为人利用对上市公司主管、管理等职权,使得上市公司丧失债权或背负不应当承担的债务(要求造成一定严重后果)。(6) 采用其他方式损害上市公司利益的。这主要是指行为人利用对上市公司主管、管理等职权,实施上述损害上市公司利益的活动之外的严重损害上市公司利益的行为。其中,"操纵上市公司"即是指行为人利用主管、管理、控制权对上市公司进行控制所实施的损害上市公司利益的行为,但行为人是以上市公司名义实施,而非以自己的名义实施。

---

① 我国《公司法》第148条规定:"董事、高级管理人员不得有下列行为:(一) 挪用公司资金;(二) 将公司资金以其个人名义或者以其他个人名义开立账户存储;(三) 违反公司章程的规定,未经股东会、股东大会或者董事会同意,将公司资金借贷给他人或者以公司财产为他人提供担保;(四) 违反公司章程的规定或者未经股东会、股东大会同意,与本公司订立合同或者进行交易;(五) 未经股东会或者股东大会同意,利用职务便利为自己或者他人谋取属于公司的商业机会,自营或者为他人经营与所任职公司同类的业务;(六) 接受他人与公司交易的佣金归为己有;(七) 擅自披露公司秘密;(八) 违反对公司忠实义务的其他行为。"

② 我国《公司法》第216条第4项规定:"关联关系,是指公司控股股东、实际控制人、董事、监事、高级管理人员与其直接或者间接控制的企业之间的关系,以及可能导致公司利益转移的其他关系。但是,国家控股的企业之间不仅因为同受国家控股而具有关联关系。"

实施上述行为，必须“致使上市公司利益遭受重大损失的”，才能构成犯罪[①]。

本罪主体，为上市公司的董事（包括独立董事）、监事、高级管理人员，或虽非前述人员，但为上市公司的控股股东或者实际控制人[②]的单位和自然人[③]。

（三）背信损害上市公司利益罪与为亲友非法牟利罪[④]的关联

国有公司、企业、事业单位的工作人员，利用职务便利，为亲友牟利，使国家利益遭受重大损失的，构成为亲友非法牟利罪。本罪主体为特殊主体，主观上是故意。

损害上市公司利益罪与为亲友非法牟利罪均为背信类犯罪，虽然两罪的具体行为有一定的差别，但本质上都是行为人利用职务上便利，控制公司以作出使所在公司收益减少或损害公司利益的行为。因上市公司并未限定公司所有制形式，当然可以包括国有上市公司，其具有国家工作人员身份的管理人员，如果实施损害上市公司利益行为，且是为自己亲友牟利的，则同时触犯为亲友非法牟利罪，具有想象竞合关系。背信损害上市公司利益的主体范围、公司所有制属性广于为亲友非法牟利罪，但都要求行为人利用职务之便实施，区别在于为亲友非法牟利罪要求的违法行为限于三种类型，只有在该范围内，与背信损害上市公司利益可以形成想象竞合关系，应从一重罪论处。

（四）损害上市公司利益罪、为亲友非法牟利罪与隐匿、故意销毁依法应当保存的会计凭证、会计账簿、财务会计报告罪[⑤]的关联

隐匿或者故意销毁依法应当保存的会计凭证、会计账簿、财务会计报告，情节严重的，构成隐匿、故意销毁依法应当保存的会计凭证、会计账簿、财务会计报告罪。本罪主体为自然人一般主体和单位，主观上是故意，动机不影响认定。

---

① 10.05.07《立案标准（二）》第18条规定：“……涉嫌下列情形之一的，应予立案追诉：（一）无偿向其他单位或者个人提供资金、商品、服务或者其他资产，致使上市公司直接经济损失数额在150万元以上的；（二）以明显不公平的条件，提供或者接受资金、商品、服务或者其他资产，致使上市公司直接经济损失数额在150万元以上的；（三）向明显不具有清偿能力的单位或者个人提供资金、商品、服务或者其他资产，致使上市公司直接经济损失数额在150万元以上的；（四）为明显不具有清偿能力的单位或者个人提供担保，或者无正当理由为其他单位或者个人提供担保，致使上市公司直接经济损失数额在150万元以上的；（五）无正当理由放弃债权、承担债务，致使上市公司直接经济损失数额在150万元以上的；（六）致使公司发行的股票、公司债券或者国务院依法认定的其他证券被终止上市交易或者多次被暂停上市交易的；（七）其他致使上市公司利益遭受重大损失的情形。”

② 我国《刑法》第169条之一第2款规定“上市公司的控股股东或者实际控制人，指使上市公司董事、监事、高级管理人员实施前款行为的”，亦构成本罪。

③ 我国《公司法》第216条第1项至第3项规定：“（一）高级管理人员，是指公司的经理、副经理、财务负责人，上市公司董事会秘书和公司章程规定的其他人员。（二）控股股东，是指其出资额占有限责任公司资本总额50%以上或者其持有的股份占股份有限公司股本总额50%以上的股东；出资额或者持有股份的比例虽然不足50&，但依其出资额或者持有的股份所享有的表决权已足以对股东会、股东大会的决议产生重大影响的股东。（3）实际控制人，是指虽不是公司的股东，但通过投资关系、协议或者其他安排，能够实际支配公司行为的人。”

④ 我国《刑法》第166条。

⑤ 我国《刑法》第162条之一。

上市公司属于依法负有信息披露义务的公司,对于上市公司的董事、监事、高级管理人员,实施损害上市公司利益的活动,致使上市公司利益遭受重大损失,又有采取隐匿或者故意销毁依法应当保存的会计凭证、会计账簿、财务会计报告,向股东和社会公众提供虚假的,或隐瞒了重要事实的财务会计报告,或对依法应当披露的其他重要信息不按照规定披露,严重损害股东或者其他人利益的,定罪应具体分析:在操纵上市公司实施损害上市公司利益行为之前或之后,采取隐匿或者故意销毁依法应当保存的会计凭证、会计账簿、财务会计报告的,属于方法行为或结果行为与背信损害上市公司利益行为具有牵连关系;当已经对上市公司造成重大损失后果,为掩盖其行为,违规披露、不披露重要信息,通常也与隐匿、故意销毁会计凭证、会计账簿、财务会计报告有牵连关系。综合上述情况,均属于具有复杂牵连关系的牵连犯,因法益部分有重合,所造成的严重后果亦有部分重合,为避免重复评价,不应实行并罚,从一重罪论处即可。

为亲友非法牟利罪,在法规范上与隐匿或者故意销毁依法应当保存的会计凭证、会计账簿、财务会计报告罪并无直接关联,但是,行为人为了逃避为亲友非法牟利的事实,同样可能存在隐匿或者故意销毁依法应当保存的会计凭证、会计账簿、财务会计报告的行为。为亲友非法牟利成为实施隐匿或者故意销毁依法应当保存的会计凭证、会计账簿、财务会计报告的"原因行为",隐匿或者故意销毁依法应当保存的会计凭证、会计账簿、财务会计报告成为"结果行为",行为之间可以形成牵连关系,因法益部分有重合,为避免重复评价,不应实行并罚,从一重罪论处即可。

(五) 背信损害上市公司利益罪的刑事责任

犯本罪,处3年以下有期徒刑或者拘役,并处或者单处罚金;致使上市公司利益遭受特别重大损失的,处3年以上7年以下有期徒刑,并处罚金:犯本罪的上市公司的控股股东或者实际控制人是单位的,对单位判处罚金,并对其直接负责的主管人员和其他直接责任人员,依照自然人犯罪的规定处罚。

十六、伪造货币罪①

(一) 伪造货币罪的概念和法益

伪造货币罪的规定是简单罪状,故在理论上存在概念争议。多数说认为,伪造货币罪是指没有货币发行、制作权的行为人,非法制造外观上足以使一般人误认为是货

① 涉及本罪的司法解释以及法律文件有:2000年9月8日最高人民法院发布的《关于审理伪造货币等案件具体应用法律若干问题的解释》(法释〔2000〕26号)(以下简称00.09.14《伪造货币解释》)、2010年10月20日最高人民法院发布的《关于审理伪造货币等案件具体应用法律若干问题的解释(二)》(法释〔2010〕14号)(以下简称10.11.03《伪造货币解释(二)》)及01.01.21《金融犯罪纪要》。

币的假币,妨害货币公共信用的行为。黎宏教授依据00.09.14《伪造货币解释》第7条①的规定,认为本罪的法益是国家的货币发行权,即保护货币发行权也是为了保护货币的公共信用,如伪造非政府发行的真实货币,不危害发行权的,即便妨害公众对货币的信用,也不是犯罪。② 张明楷教授持不完全相同的看法,认为保护货币发行权也是为保护货币的公共信用,所以仅将货币的公共信用作为保护的法益即可。③ 本书原则上赞同黎宏教授的看法,从根本上说,保护货币发行权仍然是为了维护货币的公共信用,但强调货币发行权更有利于将本国货币与境外货币给予同等保护。本罪为一般主体,主观上为故意,动机不影响认定。

(二)货币、行为、故意

本罪对象是"货币"。货币是保障交易信用以及安全的重要金融工具④。10.11.03《伪造货币解释(二)》第1条规定:"仿照真货币的图案、形状、色彩等特征非法制造假币,冒充真币的行为,应当认定为刑法第170条规定的'伪造货币'。"根据该司法解释,只要制造出在外观上足以使得一般人误认为是真货币的假币,即为伪造货币;这里伪造的货币,应是正在流通的货币(包括境外流通货币⑤),包括伪造流通中假的"错版"货币(可能同时触犯诈骗罪)。伪造已经退出流通的货币,根据10.11.03《伪造货币解释(二)》第5条的规定,只有"以使用为目的,伪造停止流通的货币,或者使用伪造的停止流通的货币的,依照刑法第266条的规定,以诈骗罪定罪处罚"。以普通纪念币和贵金属纪念币为伪造对象,依据10.11.03《伪造货币解释(二)》第4条的规定,依照《刑法》第170条至第173条的规定定罪处罚。

对现实中已经退出流通但具有收藏价值的货币,行为人利用这些"货币"制造出"赝品"欺骗收藏者的行为,是否应该视为"诈骗"?"买卖全凭眼力,真假各安天命"是文物、古玩等收藏界的"行规"⑥,骗子就是利用收藏者缺乏专门知识以及轻率的心

---

① 第7条规定:"本解释所称'货币'是指可在国内市场流通或者兑换的人民币和境外货币。"

② 参见黎宏:《刑法学各论》,法律出版社2016年版,第124页。伪造并非政府发行的真实货币,这种属性的货币如何成为实践中的"真实货币"?

③ 参见张明楷:《刑法学》(下),法律出版社2016年版,第767页。

④ 金融工具,是指在金融市场中可交易的金融资产。是用来证明贷者与借者之间融通货币余缺的书面证明,其最基本的要素为支付的金额与支付条件。金融工具根据其流动性来划分,可分为两大类:(1)具有完全流动性的金融工具。这是指现代的信用货币,即纸币、硬币和银行活期存款。(2)具有有限流动性的金融工具。即附有一定的条件具备流通、转让、被人接受的特性,包括存款凭证、商业票据、股票、债券等。它可以在市场中尤其是在不同的金融市场中发挥各种"工具"作用,以期实现不同的目的,公司、企业发行股票、债券就是其融资的工具。

⑤ 10.11.03《伪造货币解释(二)》第3条规定:"以正在流通的境外货币为对象的假币犯罪,依照刑法第170条至第173条的规定定罪处罚。"

⑥ 2010年7月1日商务部发布的《文物艺术品拍卖规程》(SB/T10538-2009)只适用于正规的拍卖人,即依照《拍卖法》和《公司法》设立的从事拍卖活动的企业法人所实施的活动。而"买卖全凭眼力,真假各安天命"的古玩、收藏界流行的"行规"本质上与市场交易的"诚信原则"相悖。尽管如此,也并没有妨碍"行规"在古玩、收藏领域流行,甚至可以成为不构成"欺诈"的抗辩理由(即便目前对此种市场化的交易行为不能完全予以规范)。本书认为不应该在司法活动中承认该"行规"的合理性。

态进行诈骗。在多数情况下,“受骗”的收藏者欲通过民事诉讼维权很难实现,司法机关更难以对这种欺诈行为以犯罪论处。这种“行规”为何能够超越法律之上,值得研究。本书认为,如果确实存在编造谎言、伪造相关证据(如证书、鉴定书等)才使当事人受骗的情况,应该以诈骗罪追究刑事责任。

至于伪造货币的方法,并无限制,印刷、复印、铸造、描绘等方法均不影响认定。对真货币采用剪贴、挖补、揭层、涂改、移位、重印等方法加工处理,改变真币形态、价值的,是变造货币的行为①。行为人同时采用伪造和变造手段,制造真伪拼凑货币的行为,以伪造货币罪定罪处罚②。张明楷教授认为,依据货币的一般形状制作在外观上足以使一般人误认为是货币的假货币,即伪造无对应真货币的,也应构成本罪③;黎宏教授则认为,该种情形应构成诈骗罪而非本罪④。如果结合本罪法益分析,张明楷教授的主张是成立的,但显然与10.11.03《伪造货币解释(二)》的规定(“伪造货币”是以真货币为“样板”制造假币)不相一致。因此,本书同意黎宏教授的观点。根据司法解释的规定,伪造货币的数额、数量是定罪量刑的主要标准,因此,对尚未伪造完成的假币,可以构成本罪未遂。对伪造未完成的,因无法计算其面额、数量,故不应作为犯罪数额认定,而是依据情节决定刑罚⑤。

本罪罪过为故意,是否要求特定目的,有“谋取非法利益目的”⑥“意图流通或意图使之进入流通领域为目的”⑦与“不要求特定目的”的观点⑧。基于假币泛滥严重危害金融秩序的现实,不要求特定目的(意图)为本罪的主观要素,是符合严厉打击的客观需要,但实践中并没有不具有特定目的(意图)而单纯伪造货币的案例,无一例外是为了“出售牟利”,甚至很难说伪造者不使用自己伪造的货币。因此,对低价出售伪造的假币会进入流通领域的结果,不可能排除行为人持希望或放任态度。如果行为人连这最低一层的故意内容都不具有,也很难说其具有伪造货币的故意,只是本罪并没有将此作为认定犯罪主观必要要素而已。

(三)伪造货币罪与出售、购买、运输假币罪⑨的关联

出售、购买、运输假币罪,是指明知是伪造的货币而出售、购买或者运输,数额较大的行为。本罪只能由故意构成,动机不影响认定,主体应为除伪造货币者之外的自

---

① 根据10.11.03《伪造货币解释(二)》第1条的规定,应按照《刑法》第173条变造货币罪论处。

② 10.11.03《伪造货币解释(二)》第2条。

③ 参见张明楷:《刑法学》(下),法律出版社2016年版,第767页。

④ 参见黎宏:《刑法学各论》,法律出版社2016年版,第125页。

⑤ 01.01.21《金融犯罪纪要》规定:“伪造货币的,只要实施了伪造行为,不论是否完成全部印制工序,即构成伪造货币罪;对于尚未制造出成品,无法计算伪造、销售假币面额的,或者制造、销售用于伪造货币的版样的,不认定犯罪数额,依据犯罪情节决定刑罚。”

⑥ 参见苏惠渔主编:《刑法学》(修订版),中国政法大学出版社1997年版,第506页。

⑦ 参见陈兴良:《刑法疏义》,中国人民公安大学出版社1997年版,第304页。

⑧ 参见王作富主编:《刑法分则实务研究》(上),中国方正出版社2013年版,第369页;张明楷:《刑法学》(下),法律出版社2016年版,第768页;黎宏:《刑法学各论》,法律出版社2016年版,第125页。

⑨ 我国《刑法》第171条。

然人。如果伪造货币者出售、运输所伪造的假币,可被伪造货币罪吸收,不实行并罚[①]。但对伪造货币者又实施购买假币使用的,以伪造货币罪或购买假币罪定罪,从重处罚。01.01.21《金融犯罪纪要》规定:“对不同宗[②]假币实施了刑法没有规定为**选择性罪名的数个犯罪行为,分别定罪,数罪并罚。**”“对不同宗假币实施法律规定为**选择性罪名的行为,并列确定罪名,**数额按全部假币面额累计计算,**不实行数罪并罚。**”显然该《纪要》只是涉及对罪名适用选择的问题,但这是针对伪造货币者还是非伪造货币者的其他主体的规定,并不清晰。本书认为,伪造者不仅自己伪造货币,又实施出售或运输他人伪造的货币,即自己伪造的货币与出售、运输的假币属于不同宗假币的,应该数罪并罚;非伪造货币者的同一主体,先后实施出售、购买、运输,即便假币是不同宗的,也只是适用并列罪名,不实行并罚,可能是合理的解释。

出售假币,是指有偿转让并交付假币的行为,至于所持有假币的来源,理应不是持有者所伪造。购买,是指有偿取得假币,一般人购买的用途法律并无限制,可以是自用,也可能为转手出卖而购买。出售与购买假币者,虽然都明知所出售和购买的是假币,但不应视为“对向犯”,因二者的关系是“单方对向”,即无论出售还是购买行为,均具有可替代性。张明楷教授认为,只有为出售而购买才能构成购买假币罪,如果是自用而购买,不宜认为是购买假币罪,而是使用假币罪;购买自用而尚未使用的,是持有假币罪,否则均会造成法定刑的不协调[③]。本书基于对持有、使用假币罪规定的法理认识,赞同这一看法,但实务中仍会遵照00.09.14《伪造货币解释》第2条的规定:“行为人购买假币后使用,构成犯罪的,依照刑法第171的规定,以购买假币罪定罪,从重处罚。”购买自用而携带假币进行活动的,不构成持有假币罪或运输假币罪;如果银行或者其他金融机构工作人员购买假币的,或利用职务之便将假币换取真币的,应构成金融机关工作人员购买假币、以假币换取货币罪[④];运输,是为伪造假币者转移假币,是有偿的还是无偿的,均不影响认定,但限于在我国境内实施,如果涉及进出国(边)境,则应构成走私假币罪。00.09.14《伪造货币解释》第2条第2款规定:“行为人出售、运输假币构成犯罪,同时有使用假币行为的,依照刑法第171条、第172的规定,实行数罪并罚。”这当然是指非伪造货币者先后实施的不同行为,但这与01.01.21《金融犯罪纪要》“对**同一宗假币**实施了法律规定为**选择性罪名**的行为,应根据行为人所实施的数个行为,按相关罪名刑法规定的**排列顺序并列确定罪名**,数额不累计计算,**不实行数罪并罚**”,与“对**同一宗假币**实施了刑法**没有规定为选择性罪名**的数个犯罪行为,**择一重罪**从重处罚”的规定似有不协调之处,因00.09.14《伪造货币解

① 我国《刑法》第171条第3款规定:“伪造货币并出售或者运输伪造的货币的,依照本法第170条的规定定罪从重处罚。”

② 这里“不同宗”的概念是含混的,是“不同批次”,还是“不同板式”或“不同面额”,抑或是“不同次数”“不同时间”为“不同宗”?

③ 张明楷教授认为,这是因对“购买假币”没有限制解释而造成购买与使用假币关系的模糊,以致可能使罪刑不协调。参见张明楷:《刑法学》(下),法律出版社2016年版,第769、771页。

④ 我国《刑法》第171条第2款的规定。

释》没有将该问题规定清楚[①]。为此,本书认为可作如下理解:使用假币罪与出售、运输假币罪并非并列的选择性罪名,因此,对出售、运输假币行为构成犯罪的,无论是否同宗均不需并罚,择一重罪定罪处罚即可,但对出售、运输的假币又使用不同宗假币的,应与使用假币罪实行数罪并罚。如此才能与01.01.21《金融犯罪纪要》"对不同宗假币实施了刑法没有规定为**选择性罪名的数个犯罪行为,分别定罪,数罪并罚**"的规定相一致。

(四)持有[②]、使用假币罪

本罪属于选择性罪名,概念一般表述为"明知是伪造的货币[③]而持有或者使用,数额较大的行为"。该概念不明确之处在于,并非所有明知是伪造的货币而持有、使用且数额较大的行为都构成本罪,其他的货币犯罪行为人主观上也是"明知"的。如果持有、使用假币罪的上游行为,经查明仅是伪造货币后的出售、运输,与是否构成持有、使用假币罪无关[④],即便是伪造者购买他人伪造的货币,依据01.01.21《金融犯罪纪要》也不能成立本罪。所以,在查明了行为人所持有、使用假币的来源以及去向,并构成相关犯罪的,应直接认定为相关犯罪。本书认为,持有、使用假币罪,是指意图使伪造的货币进入流通,但根据已有证据尚不能认定为构成伪造货币,出售、购买、运输伪造的货币,或其他货币犯罪以及为他人窝藏(其他货币犯罪)而持有、使用假币,数额较大的行为。

假币来源可分为三类:(1)通过其他犯罪行为而获得,如因盗窃、抢劫等而获得;(2)因其他货币犯罪而获得,如伪造、走私、出售、运输伪造货币而获得;(3)通过合法途径获得,如接受馈赠、买卖活动、在金融经济活动中误收等。行为人持有、使用的假币,只有在难以查清上游行为,或者查清行为人获得假币的上游行为非违法犯罪行为,才能以本罪论处[⑤]。故明确构成本罪的行为,应当是根据证据尚不能认定为如盗窃、抢夺、抢劫的假币,或走私、伪造、出售、运输、购买伪造货币等货币犯罪,又或者查明的上游行为不是犯罪的情况下,才能以本罪论处。如果证据已证实假币是通过以上犯罪活动而持有、使用的,应根据具体情况或应以相应犯罪论处,或将所实施的具体犯罪与本罪实行并罚。

---

① 这里的"同时有使用",是针对同宗假币还是不同宗假币,指代不清楚。从词义上说,当然并没有排除对同宗假币同时有使用的情况,但如果对同宗假币有"出售、运输"行为,又有"使用"行为,与"对同一宗假币实施了法律规定为选择性罪名的行为,应根据行为人所实施的数个行为,按相关罪名刑法规定的排列顺序并列确定罪名,数额不累计计算,不实行数罪并罚"的规定相矛盾。

② 有关"持有"行为的争论,请参见林亚刚:《刑法学教义》(总论)(第2版),北京大学出版社2017年版,第120—121页,或其他文献。

③ 不包括"变造的货币"。

④ 参见林亚刚:《论持有、使用假币罪的若干问题》,载《中国刑事法杂志》2001年第2期。

⑤ 01.01.21《金融犯罪纪要》规定:"明知是伪造的货币而持有,数额较大,根据现有证据不能认定行为人是为了进行其他假币犯罪的,以持有假币罪定罪处罚;如果有证据证明其持有的假币已构成其他假币犯罪的,应当以其他假币犯罪定罪处罚。"

张明楷教授认为,使用假币是以持有假币为前提的,当假币具有同一性时,使用与持有行为也具有重合关系,使用假币必然触犯持有假币,认定为一罪是可以的;如果使用此种假币,还持有彼种假币时(应是指不同宗假币),应以总额认定,但这一结论不能只视为一罪而得出。因此,即便是选择性罪名,也有并罚的可能性[①]。不同观点则认为,仍然是统一适用持有、使用假币罪,数额统一计算,不实行并罚[②]。01.01.21《金融犯罪纪要》采纳的是后一种观点[③],即持有、使用不同宗假币符合选择性并列罪名,不实行并罚,只对不同宗非选择性并列罪名的实行并罚。本书认为,从假币总额是两种行为的结果看,只是作为一罪论处的评价,确有不妥当之处,虽然行为的具体表现有差异,但其性质以及侵害法益具有同质性,只要同意同种罪名不排除并罚可能性,则应该赞同在该种情况下实行并罚的意见,虽然与前述《纪要》的规定不相符,但却具有一定合理性。

使用假币,是将假币投入流通领域中,可以是用于消费、存储[④]、兑换,也可以用于清偿债务、赌博、嫖娼等,包括误收后为避免自己的损失而使用等,只要使假币进入流通,均为使用假币的行为。为诈骗他人财物而以假币作为自己的经济资信凭证向他人展示,骗取财物的行为,该展示行为不能视为将假币"投入流通领域"使用,如果以此诈骗财物的,应当直接依照诈骗罪论处。如果将假币投入流通领域而诈骗财物,则使用假币的行为同时也是诈骗行为,因其具有同一性质(欺诈),没有必要分别作为两种性质不同的行为评价,可以按照较重的犯罪以一重罪从重处罚。以本罪论处的使用假币行为,应是上游行为未构成其他货币犯罪,或者上游行为本身并不是犯罪,或者是根据证据尚不能认定为走私、伪造、出售、运输、购买伪造货币的情况下,故意使假币进入流通领域。如果证据已证实是通过货币犯罪活动(持有)使用,则应以相应犯罪论处[⑤]。

如果获得假币的上游犯罪是因非货币犯罪,如将盗窃、抢夺、抢劫等犯罪活动得到的假币使用的,存在明知是假币而为之与将假币误认为是真币而为之的不同情况。无论假币在真币中所占数量、数额的多少,应以真币的数额来计算。将假币误认为真币而实施抢劫、盗窃等犯罪的,也属于犯罪未遂,对明知是假币后又故意使用的应当予以并罚。对明知是假币而实施抢劫、盗窃等犯罪的,虽然假币不存在实际价值,但

---

① 参见张明楷:《刑法学》(下),法律出版社2016年版,第773页。

② 参见王作富主编:《刑法分则实务研究》(上),中国方正出版社2013年版,第378页。

③ 01.01.21《金融犯罪纪要》规定:"对**同一宗假币**实施了法律规定为**选择性罪名**的行为,应根据行为人所实施的数个行为,按相关罪名刑法规定的排列顺序并列确定罪名,数额不累计计算,**不实行数罪并罚**;对**不同宗假币**实施法律规定为**选择性罪名**的行为,**并列确定罪名**,数额按全部假币面额累计计算,**不实行数罪并罚**。对**同一宗假币**实施了刑法**没有规定为选择性罪名**的数个犯罪行为,**择一重罪从重处罚**。对**不同宗假币**实施了刑法**没有规定为选择性罪名**的数个犯罪行为,**分别定罪,数罪并罚**。"

④ 张明楷教授认为,将假币先储存于金融机构,后再取出真币的行为,是使假币投入流通领域,但应构成盗窃罪,与使用假币罪实行并罚。参见张明楷:《刑法学》(下),法律出版社2016年版,第771—772页。

⑤ 参见林亚刚:《论持有、使用假币罪的若干问题》,载《中国刑事法杂志》2001年第2期。

就其抢劫、抢夺、盗窃行为而言,尚无可能直接适用刑法条款定罪处罚。因抢夺、抢劫假币而致人重伤、死亡的,可直接按照故意伤害罪、故意杀人罪论处,又实施持有、使用假币行为的则应实行并罚。盗窃假币,通常不可能造成人身伤亡,只能对其持有、使用假币行为按照本罪论处。

我国《刑法》第312条规定"明知是犯罪所得的赃物而予以窝藏、转移、收购或者代为销售"构成窝藏、转移、收购、销售赃物罪。如属于事前无通谋而明知是他人通过盗窃、抢劫、抢夺的假币而代为窝藏、转移、收购或者代为销售的,则构成第312条之罪,持有假币的行为不单独构成本罪;反之,未能查明事前通谋的,则构成本罪。如果属于事前通谋而明知是伪造、走私、运输、出售、购买的假币,查证属实为其保管而持有的,应以相应的共犯论处;反之,未能查明事前通谋的,则构成本罪。

关于本罪故意有争议。多数说认为,本罪要求行为人主观上必须明知持有、使用的是伪造的货币;如果属于确实不知道是伪造的货币,而是误收或受骗而持有的,或为他人保存、携带、使用的等,不构成本罪。在国外刑法中对持有、使用伪造、变造货币的犯罪,多有要求"使用目的""使之进入流通领域"的主观要素①。张明楷教授认为,因刑法没有规定此主观要素,只要行为人明知是假币而持有,即便是个人收藏数额较大假币的,原则上也构成犯罪,但量刑上可以从宽②。也有学者认为,应要求行为人具有投入使用的目的,没有投入使用目的的,可给予行政处罚,没有必要视为犯罪③。本书赞同此观点。实践中持有、使用假币的故意,无非是以下几种:(1) 为了走私、运输、出售,或替货币犯罪分子保管、窝藏伪造的货币;(2) 为使用而持有、使用④伪造的货币;(3) 出于收藏目的而持有假币。具有第二种故意的行为确定构成本罪,而不可能以其他犯罪论处,但本书认为具有第三种故意的行为不能构成本罪。具有第一种故意的行为自然应以相应的犯罪论处,但对查证困难或无法查证时,只要能够证明行为人主观上包含"使伪造的货币进入流通领域",就应当认定符合持有、使用假币罪的罪过内容。

行为人是否具有"使伪造的货币进入流通领域"的故意内容,应当以明知持有、使用的是伪造的货币为必要,这与行为人是否具有识别假币的常识有直接关系,在认定上需具体分析:(1) 行为人缺乏识别伪造货币的常识,在正当经济活动中误收假币,在不明知的情况下将假币投入流通领域,则不能作为犯罪论处。(2) 在正当经济活动中误收后,为避免自己的经济损失而故意将假币投入流通领域,因主观恶性较轻,使用数额不大的,不宜以犯罪处罚。对少数使用数额很大的,即便误收的假币来源正

---

① 参见《瑞士刑法》《日本刑法》《德国刑法典》《俄罗斯联邦刑法典》等相关条款。

② 参见张明楷:《刑法学》(下),法律出版社2016年版,第770页。

③ 参见王作富主编:《刑法分则实务研究》(上),中国方正出版社2013年版,第377页。

④ 使用假币,是否要求谋求"非法利益",有不同认识。本书认为,不应作如此要求。例如,行为人从金融机构取款时取得假币,金融机构不认为是自己投放的假币时,为避免经济损失而故意使用,从法理上讲也不具有能够期待行为人明知是假币而不使用的可能性。行为人使用假币是故意的也违法,还可能因数额较大构成犯罪,但不应认为避免损害就一定是谋求"非法利益"。

当,也应作为犯罪论处。(3) 有证据表明行为人是在伪造、走私、运输、购买伪造货币后,故意将假币投入流通领域的,法理上实施上述犯罪行为后又使用的,“使用”通常是其上游犯罪当然的结果,具有吸收关系,但是 00.09.14《伪造货币解释》第 2 条规定:“行为人购买假币后使用,构成犯罪的,依照刑法第 171 条的规定,以购买假币罪定罪,从重处罚。”“行为人出售、运输假币构成犯罪,同时有使用假币行为的,依照刑法第 171 条、第 172 条的规定,实行数罪并罚。”由此,购买假币后使用只构成购买假币一罪,而出售、运输假币构成犯罪,同时有使用假币行为的,则实行数罪并罚①(本书认为是针对不同宗假币,才实行并罚)。

(五) 伪造货币罪的刑事责任

犯本罪,处 3 年以上 10 年以下有期徒刑,并处罚金;有下列情形之一的,处 10 年以上有期徒刑或者无期徒刑,并处罚金或者没收财产:(1) 伪造货币集团的首要分子;(2) 伪造货币数额特别巨大的;(3) 有其他特别严重情节的。

十七、擅自设立金融机构罪

(一) 擅自设立金融机构罪的概念和法益

擅自设立金融机构罪,是指未经国家有关主管部门批准,擅自设立商业银行、证券交易所、期货交易所、证券公司、期货经纪公司、保险公司或者其他金融机构的行为。本罪的法益是国家设立金融机构的审批的监管。主体为自然人一般主体和单位,主观上只能是故意,动机不影响认定。

(二) 金融机构、行为

金融机构,是从事或主要从事吸收存款、发放贷款、办理结算、票据贴现、资金拆借、信托投资、金融租赁、融资担保、外汇买卖等金融业务的机构,包括商业银行、证券交易所、期货交易所、证券公司、期货经纪公司、保险公司。“其他金融机构”,是指除上述金融机构之外,经中国人民银行批准设立允许参与金融活动的机构。如信用社、信托投资公司、财务公司、融资租赁公司、典当行(公司)等,以及中国人民银行认定的从事金融业务的机构。根据我国法律规定,未经批准设立的金融机构,均为非法金融机构,依法必须予以取缔。所以,本罪的“未经批准”,是指未经国家相关主管部门、机关批准,设立金融机构。无论是否依法提出申请,即便提出申请而未获批准而设立,

---

① 参见本书“出售、购买、运输假币罪”的相关论述。

也属于“擅自设立”的非法金融机构,包括其筹备组织[①]。对未经批准擅自设立分支机构,依据《商业银行法》的规定,构成犯罪,依法追究刑事责任。

行为人采取虚报注册资本的欺骗手段获准成立金融机构,或虚假出资或在金融机构成立后抽逃出资[②],其成立金融机构形式上是经过合法审批,不构成本罪,应以虚报注册资本罪、虚假出资、抽逃出资罪追究责任,对承担资产评估、验资、验证、会计、审计、法律服务等职责的中介组织的人员故意提供虚假证明文件,情节严重的,应以提供虚假证明文件罪追究刑事责任;对严重不负责任,出具的证明文件有重大失实,造成严重后果的,应以提供证明文件重大失实罪追究刑事责任。

行为人擅自设立金融机构,并非是为了设立而设立,存在非法吸收存款后,从事其他非法金融活动的可能性(也不排除从事的金融活动本身并不违法)。如果其他非法金融活动并未构成犯罪,则擅自设立金融机构罪与非法吸收公众存款罪[③]具有牵连关系;对擅自设立金融机构非法吸收存款后卷款而逃的,触犯集资诈骗罪或诈骗罪,则属于复杂牵连关系;在非法吸收大量资金后,因资金链断裂等原因不能兑付,临时起意卷款逃走,不应该视为与集资诈骗罪或诈骗罪之间具有吸收关系。前者虽为牵连犯可从一重罪从重处罚,但不应排除并罚可能性(因侵害的主要法益并不重合);后者应以构成的数罪实行并罚。

(三) 擅自设立金融机构罪与伪造、变造、转让金融机构经营许可证、批准文件罪[④]的关联

伪造、变造、转让金融机构经营许可证、批准文件罪,是指伪造、变造、转让商业银行、证券交易所、期货交易所、证券公司、期货经纪公司、保险公司或者其他金融机构的经营许可证或者批准文件的行为。主体为自然人一般主体和单位,主观上是故意,动机不影响认定。伪造,是仿照真实合法的许可证或文件,制造假的,伪造的方式、方法不影响认定;变造,是通过挖补、粘贴、拼接改变原许可证、批准文件等内容,无论是改变经营内容还是经营期限,或将失效改为有效,均不影响认定;转让,是将有效许可证、批准文件等,提供给他人(包括公司),至于是有偿还是无偿提供,在所不问。上述

---

① 1998 年 7 月 13 日国务院发布的《非法金融机构和非法金融业务活动取缔办法》(国务院令第 247 号)(以下简称 98.07.13《取缔办法》)第 3 条规定:“本办法所称非法金融机构,是指未经中国人民银行批准,擅自设立从事或者主要从事吸收存款、发放贷款、办理结算、票据贴现、资金拆借、信托投资、金融租赁、融资担保、外汇买卖等金融业务活动的机构。非法金融机构的筹备组织,视为非法金融机构。”对金融监管的破坏,必须违反国家金融管理法规。金融法规,包括全国人大以及人大常委会颁布通过的法律,国务院及其各部委制定的法规以及规范性文件。也有学者认为地方性(省级人大、政府以及金融管理部门制定的)规范性文件也属于金融管理法规的范畴。参见王作富主编:《刑法分则实务研究》(上),中国方正出版社 2013 年版,第 361 页。本书不大赞同这一看法。地方性金融管理的规范性文件是经国务院备案并批准,具有对地方金融管理的意义,在适用上往往具有地方保护性色彩,而金融活动不仅是跨省市地区、跨州市县,而且也有越境金融活动,地方性金融管理文件,对于规范“地方金融活动”可以成为判断在“地方”是否成立一般违反金融管理活动违法行为的依据,但难以成为入罪与否的标准。

② 商业银行等金融机构(包括外资银行)属于采“实缴制”的公司,可以构成虚假出资罪或抽逃出资罪。

③ 两罪的法定刑完全相同。

④ 我国《刑法》第 174 条第 2 款。

行为只要实施即构成犯罪,不以已经开展经营活动为前提[①]。对经金融机构内部批准设立的分支机构或营业网点,如果未向主管部门报备,只是行政违法,不应以本罪论处。

伪造或变造经营许可证、批准文件的,可以成为擅自设立金融机构罪的手段行为,成立牵连犯,因侵害法益相同不宜并罚,应以擅自设立金融机构罪从重处罚。

(四) 擅自设立金融机构罪的刑事责任

犯本罪,处3年以下有期徒刑或者拘役,并处或者单处2万元以上20万元以下罚金;情节严重的,处3年以上10年以下有期徒刑,并处5万元以上50万元以下罚金(伪造、变造、转让金融机构经营许可证、批准文件罪罚则相同)单位犯该两罪的,对单位判处罚金,并对其直接负责的主管人员和其他直接责任人员,依照自然人犯罪的规定处罚。

十八、高利转贷罪

(一) 高利转贷罪的概念和法益

高利转贷罪是指以转贷牟利为目的,套取金融机构信贷资金高利转贷他人,违法所得数额较大的行为。本罪的法益是对商业银行信贷资金的监管,本罪对象为商业银行信贷资金。主体为自然人一般主体和单位,主观上为直接故意,具有转贷牟利的目的,动机不影响认定。

(二) 对象、行为、高利、故意

信贷资金[②],是金融机构主要通过向社会揽存、发售、推广金融产品而聚集的,用于有偿使用(约定利率),以按期偿还为条件,专供借贷的货币资金。根据我国相关商业银行法律、法规的规定,贷款申请人在申请贷款时,须满足说明贷款用途、贷款期限、偿还能力、还款方式以及必须满足提供贷款担保人或质押财产,不动产抵押等条件,经金融机构相关部门必要的审查后,才能确定是否发放贷款。在上述必须满足的条件中编造虚假事实,获得贷款的,可能触犯骗取贷款罪[③]。中国人民银行《贷款通则》规定,不得套取贷款用于借贷牟利。因此,凡以此为目的而取得金融机构贷款的,均为套取贷款的行为。但本罪的行为,并不以在申请贷款时编造虚假事实为前提,编造虚假事实获得贷款,同时触犯骗取贷款罪,属于想象竞合犯,应以本罪论处,不能构

---

① 10.05.07《立案追诉标准(二)》第25条。

② 信贷贷款有多种类型,参见1996年8月1日中国人民银行实施的《贷款通则》第2章的内容。贷款是指贷款人对借款人提供的并按约定的利率和期限还本付息的货币资金,包括人民币和外币。

③ 我国《刑法》第175条之一。

成贷款诈骗罪。[①] 如果贷款人将自有资金高利借贷他人再向金融机构申请贷款[②],或将所贷资金剩余部分高利借贷他人的,不能构成本罪。此外,构成本罪,如果是与金融机构工作人员通谋,且具有给予其"好处、回报"而获得贷款的,应同时追究行贿罪或对非国家工作人员行贿罪的刑事责任;对收受、索取贿赂的金融机构工作人员,应追究受贿罪或非国家工作人员受贿罪的刑事责任。

本罪要求在获取贷款后以牟取非法利益为目的,将贷款高利率转贷给其他法人、其他经济组织、个体工商户和自然人。如果行为人非实际申请贷款之人,但利用与金融机构[③]内部人员具有的特定关系,以他人为贷款主体(包括用款人),套取商业银行信贷资金,而后再将部分资金名为转借,实为转贷给用款人或者其他人,收取高利的金融掮客的行为,也与高利转贷行为具有相同的性质,但因其不是以自己的名义申请贷款,不是适格的本罪主体,能否构成本罪?本书认为,如果金融掮客,利用自己在商业银行的特定关系,以用款人之名义操作贷款事宜,并以用款人急需资金之机,签订将所贷之款实质上"转贷"给用款人的协议、合同,收取高息的,即便是以用款人之名申请的贷款,也应该成立高利转贷罪的间接正犯,应以本罪论处;如果仅仅是以与商业银行的特定关系,经其操作,帮助用款人获得贷款,收取一定费用的,不能构成本罪。但是,上述行为如果符合19.07.23《非法放贷若干问题》[④]的规定,则应以《刑法》第225条非法经营罪追究刑事责任[⑤]。高利,均认为是指高于同期金融机构的贷款利率,但"高"出多少为"高利"?曾有观点认为,只要高于中国人民银行确定的利率标准,就是高利转贷。[⑥] 本书认为,现实中民间借贷非常普遍,利息通常远高于商业银行同期利率,甚至不能排除借贷人是将没有使用完的贷款[⑦],在约定利率高于金融机构同期利率的情况下借贷他人,一旦不能还款或双方就利率发生纠纷,此类案件实务中很难一时就以刑事犯罪立案并追究刑事责任——通常会被质疑是一方当事人利用司

---

① 以非法占有为目的,骗取贷款数额较大的,构成贷款诈骗罪。

② 张明楷教授持不同看法,认为该种情况应该入罪。参见张明楷:《刑法学》(下),法律出版社2016年版,第776页。本书认为,作为货币资金的自有资金与所贷资金虽然都属于非特定物,但自有资金与贷款是两个不同概念,本罪要求只是将所贷资金高利转贷。贷款发放后,金融机构只能对借款人执行借款合同情况,及借款人的经营情况进行追踪调查和检查,不能针对其自有资金进行监管。所以,虽然贷款在公司账目中,是"公司资金",但对所贷资金的使用,仍然是可以监管的。因此,贷款人将自有资金高利借贷他人再向金融机构申请贷款,要入罪并无道理。

③ 本书认为,这里的金融机构应限于商业银行,不包括其他金融机构。

④ 2019年7月23日最高人民法院、最高人民检察院、公安部、司法部发布的《关于办理非法放贷刑事案件若干问题的意见》,以下简称19.07.23《非法放贷若干问题》,该《意见》于2019年10月21日起施行。

⑤ 根据19.07.23《非法放贷若干问题》的相关规定,从事非法放贷活动,实施擅自设立金融机构、套取金融机构资金高利转贷、骗取贷款、非法吸收公众存款等行为;有组织地非法放贷,同时又有其他违法犯罪活动,符合黑社会性质组织或者恶势力、恶势力犯罪集团特征的,应依法以黑社会性质组织或者恶势力、恶势力犯罪集团犯罪认定处罚;为强行索要因非法放贷而产生的债务,实施故意杀人、故意伤害、非法拘禁、故意毁坏财物、寻衅滋事等行为,构成犯罪的,应当数罪并罚。

⑥ 参见王作富主编:《刑法分则实务研究》(上),中国方正出版社2013年版,第391页;黎宏:《刑法学各论》,法律出版社2016年版,第131页。

⑦ 就民间借贷而言,法律并没有限制只能是以自有资金进行资金融通,因此,即便是以所贷资金按照金融机构同期利率,或略高于同期利率进行的借贷,也不能构成犯罪。

法部门的公权力介入"经济纠纷"。19.07.23《非法放贷若干问题》第 2 条规定,以超过 36% 的实际年利率为高利的标准。这与 15.05.07《民间借贷若干问题规定》的标准相同[①]。本罪是以非法获利额或因 2 年内高利放贷受过 2 次行政处罚,第 3 次实施的,为应立案追诉的标准[②]。

(三) 高利转贷罪与骗取贷款、票据承兑、金融票证罪[③]的关联

骗取贷款、票据承兑、金融票证[④]罪,是指以欺骗手段取得银行或者其他金融机构贷款、票据承兑、信用证、保函等,给银行或者其他金融机构造成重大损失或者有其他严重情节的行为。本罪主体为自然一般主体和单位,主观上是故意,动机不影响认定。欺骗手段,是采取虚构事实、隐瞒真相等方法,骗取金融机构信任。贷款,系指贷款人对借款人提供的并按约定的利率和期限还本付息的货币资金;信用证,是开证银行应申请人要求并按其指示向第三方开立的载有一定金额、在一定期限内凭符合规定的单据付款的书面保证文件;票据承兑是承兑人在汇票上记载一定事项承诺到期支付票款的票据, 汇票的付款人承诺负担票据债务[⑤],一经银行承兑,承兑银行必须承担到期无条件付款责任[⑥];保函是指银行、保险公司、担保公司或个人应申请人的请求,向第三方开立的一种书面信用担保凭证[⑦],本罪所规定的保函限于银行和其他金

---

① 根据 2015 年 9 月 1 日最高人民法院实施的《关于审理民间借贷案件适用法律若干问题的规定》(法释〔2015〕18 号)(以下简称 15.05.07《民间借贷若干问题规定》)第 1 条规定:"民间借贷,是指自然人、法人、其他组织之间及其相互之间进行资金融通的行为。所以,对非金融机构公司、企业间的资金拆借融资,法律不再禁止。但这并非意味着对企业之间的借贷完全听之任之、放任自流。应当说,正常的企业间借贷一般是为解决资金困难或生产急需偶然为之,但不能以此为常态、常业,反之,如生产经营型公司、企业以经常放贷为主要业务,或者以此作为其主要收入来源,则质变为未经金融监管部门批准从事专门放贷业务的金融机构。"15.05.07《民间借贷若干问题规定》第 26 条规定:"借贷双方约定的利率未超过年利率 24%,出借人请求借款人按照约定的利率支付利息的,人民法院应予支持。借贷双方约定的利率超过年利率 36%,超过部分的利息约定无效。借款人请求出借人返还已支付的超过年利率 36% 部分的利息的,人民法院应予支持。"既然未超过年率利 24% 的,仍然是作为经济纠纷处理,因此可以将"高利率"考虑以超过年利率 36% 为标准。

② 10.05.07《立案追诉标准(二)》第 26 条规定:"涉嫌下列情形之一的,应予立案追诉:(一) 高利转贷,违法所得数额在 10 万元以上的;(二) 虽未达到上述数额标准,但两年内因高利转贷受过行政处罚二次以上,又高利转贷的。"

③ 我国《刑法》第 175 条之一。

④ "金融票证",主要包括汇票、本票、支票、信用证或者附随的单据、文件、信用卡以及委托收款凭证、汇款凭证、银行存单等其他银行结算凭证等。本罪罪状列举"保函",鉴于《刑法》对骗取信用卡有具体罪名,信用证在本罪中有单独列举,本罪的"骗取金融票证"中不包括信用卡。

⑤ 汇票承兑,包括银行汇票承兑与商业汇票承兑,后者是由银行以外的付款人承兑的即为商业承兑汇票。本罪规定的票据承兑,应是指银行汇票承兑。商业汇票如经银行承兑,承兑银行必须承担到期无条件付款的责任,也就成为银行承兑汇票。

⑥ 银行承兑汇票也是短期的融资工具,可以用于贴现,即持票人可因资金需要,将未到期的银行承兑汇票转让于银行,银行按票面金额扣除贴现利息后,将余额付给持票人,这是持票人的一种融资行为。

⑦ 保函主要是投标保函、履约保函、预付款保函、支付保函等。银行保函是由银行开立的承担付款责任的一种担保凭证,金融机构根据保函的规定承担绝对付款责任,多属于"见索即付"(无条件保函),是不可撤销的文件。

融机构开立的。本罪以给银行或者其他金融机构造成重大损失或者有其他严重情节为入罪标准①。问题是,这里对银行或者其他金融机构造成的“重大损失”应该如何理解?如果按照10.05.07《立案追诉标准(二)》第27条的规定,将重大损失理解为,只要是使用欺骗手段取得银行或者其他金融机构贷款、票据承兑、信用证、保函等,骗取的贷款、数额,以及信用证、保函、票据承兑票面数额达到立案追诉标准的规定,就应该以骗取贷款、票据承兑、金融票证罪追究刑事责任②。但本书认为,本罪不是行为犯,并非只要实施骗取行为,就构成犯罪。行为人的主观目的,只是为了使用银行或者其他金融机构的资金,而没有非法占有的目的,这正是其与金融诈骗犯罪的本质区别。司法解释要求认定金融诈骗犯罪的数额,是以不能归还的数额为定罪量刑的标准,并非以诈骗时获得的资金数额为标准③。例如实施贷款诈骗犯罪可以采用与骗取贷款、票据承兑、金融票罪一样的手段,所以在犯罪构造上客观构成要件是相同的,银行或者其他金融机构的工作人员的确是因为受骗④而使得行为人获得贷款、信用证、保函,票据承兑,二者之间也确有因果关系,应与贷款诈骗罪相同的是,刑法上要求的因果关系是被害人受骗与行为人不能归还造成的损失之间的因果联系。因此,本书认为,这里入罪条件的“重大损失”,理应是指客观上造成银行或者其他金融机构不能回收本金的损失。

高利转贷罪,如果是以编造虚假事实,获得贷款,则在事实上与骗取贷款罪有关联,只是在于是否将取得的贷款以高利借贷他人,如果存在该事实,则两罪具有想象竞合关系,应按照高利转贷罪(罚金刑比较重)定罪处罚为宜。

(四)高利转贷罪的刑事责任

犯本罪,处3年以下有期徒刑或者拘役,并处违法所得1倍以上5倍以下罚金;数

---

① 10.05.07《立案追诉标准(二)》第27条规定:“涉嫌下列情形之一的,应予立案追诉:(一)以欺骗手段取得贷款、票据承兑、信用证、保函等,数额在100万元以上的;(二)以欺骗手段取得贷款、票据承兑、信用证、保函等,给银行或者其他金融机构造成直接经济损失数额在20万元以上的;(三)虽未达到上述数额标准,但多次以欺骗手段取得贷款、票据承兑、信用证、保函等的;(四)其他给银行或者其他金融机构造成重大损失或者有其他严重情节的情形。”

② 现实中,银行或其他金融机构为其本身的绩效,违规对客户发放贷款、出具信用证等,并非鲜见。只要认真审查,不符合条件的申请比比皆是,其中不乏客户在申请时有虚构理由的情形,如果按照这一标准执行,是否会造成打击面过宽?值得研究。从公正立场说,银行或其他金融机构在履行职责时,不规范操作的过错,责任也不应该由客户承担。

③ 参见01.01.21《金融犯罪纪要》规定:对于行为人通过诈骗的方法非法获取资金,造成数额较大资金不能归还,并具有下列情形之一的,可以认定为具有非法占有的目的:(1)明知没有归还能力而大量骗取资金的;(2)非法获取资金后逃跑的;(3)肆意挥霍骗取资金的;(4)使用骗取的资金进行违法犯罪活动的;(5)抽逃、转移资金、隐匿财产,以逃避返还资金的;(6)隐匿、销毁账目,或者搞假破产、假倒闭,以逃避返还资金的;(7)其他非法占有资金、拒不返还的行为。但是,在处理具体案件的时候,对于有证据证明行为人不具有非法占有目的的,不能单纯以财产不能归还就按金融诈骗罪处罚。

④ 如果不是因为受骗而使得行为获得贷款、信用证、保函,票据承兑的,银行或者其他金融机构的工作人员,应构成我国《刑法》第186条违法发放贷款罪、第188条违规出具金融票证罪、第189条对违法票据承兑、付款、保证罪等。

额巨大的,处3年以上7年以下有期徒刑,并处违法所得1倍以上5倍以下罚金。单位犯本罪,对单位判处罚金,并对其直接负责的主管人员和其他直接责任人员,处3年以下有期徒刑或者拘役。

十九、非法吸收公众存款罪

(一) 非法吸收公众存款罪的概念和法益

非法吸收公众存款罪,是指非法吸收公众存款或者变相吸收公众存款,扰乱金融秩序的行为。本罪的法益是国家对商业银行以及其他金融机构货币资金结算的监管,以及公众现金货币的安全①。本罪主体为自然人一般主体以及单位;主观罪过为故意,动机不影响认定。

(二) 行为、主体、故意

非法吸收公众存款是指未经中国人民银行批准,向社会不特定对象吸收资金,出具凭证,承诺在一定期限内还本付息的活动。变相吸收公众存款是指未经中国人民银行批准,不以吸收公众存款的名义,向社会不特定对象吸收资金,但承诺履行的义务与吸收公众存款性质相同的活动。所谓"非法",从形式要件上说,是未经有关部门批准,但"非法"的认定并非必须经过行政部门对其性质认定,才能进入刑事司法程序②,也不意味着经过批准的吸收公众存款就是合法的③,应从实质上考察吸收存款是否具有非法性质。2011年1月4日最高人民法院实施的《关于审理非法集资刑事案件具体应用法律若干问题的解释》(法释〔2010〕18号)(以下简称11.01.04《非法集资解释》)第1条规定,同时具备下列四个条件的,除刑法另有规定的以外,应当认定为《刑法》第176条规定的"非法吸收公众存款或者变相吸收公众存款":(1) 未经有关部门依法批准或者借用合法经营的形式吸收资金;(2) 通过媒体、推介会、传单、手机短信等途径向社会公开宣传;(3) 承诺在一定期限内以货币、实物、股权等方式还本付息或者给付回报;(4) 向社会公众即社会不特定对象(15.05.07《民间借贷若干问题规定》的各类主体④)吸收资金。未向社会公开宣传,在亲友或者单位内部针对特定对象吸收资金的,不属于非法吸收或者变相吸收公众存款。但14.07.13《非法集资认定通知》第3条"关于'社会公众'的认定问题"规定,应当认定为向社会公众

---

① 现实中"非吸案件"都具有巨大的金融风险,通常造成公众被非法吸收的资金血本无归局面,引发群体性事件。仅从保护金融机构现金结算利益意义上认识本罪,本书认为并非妥当。公众现金货币的安全,应属于本罪的保护法益。

② 11.08.18《非法集资刑事案件性质认定通知》)第1条。

③ 参见我国《商业银行法》第74条的相关规定。

④ 15.05.07《民间借贷若干问题规定》第1条的规定。

吸收资金的:(1) 在向亲友或者单位内部人员吸收资金的过程中,明知亲友或者单位内部人员向不特定对象吸收资金而予以放任的;(2) 以吸收资金为目的,将社会人员吸收为单位内部人员,并向其吸收资金的。从上述规定而言,实质上其非法性质的认定,在于"向社会公开宣传①并面向社会的不特定公众性"②。如此,通过互联网所设立的P2P网贷(借贷型众筹③)以及设立后违规经营的互联网支付机构、股权众筹融资平台、网络金融产品销售平台等,因当前监管缺失、监管不到位等原因,均存在构成本罪的可能性④。

对于变相吸收公众存款,是否可将高息揽存"货币资金"理解为高息揽存"实物"?曾有观点认为,如通过销售聚集的实物而获得货币资金,承诺在一定期限内以货币、实物、股权等方式还本付息或者给付回报的,也可以成立本罪。⑤ 本书持不赞同观点,变相吸收当然也是要求"承诺履行的义务与吸收公众存款性质相同",但11.01.04《非法集资解释》第1条第1款第3项规定"承诺在一定期限内以货币、实物、股权等方式还本付息或者给付回报"的前提,仍然是吸收公众存款。从现在有效的各种规定而言,"变相"均是指在"名目、方式"⑥上的变化,并非是指对揽储的货币资金对象可以改变为"实物",如果将"实物"包括到"货币资金"中,事实上剥夺一般人对行为的预测可能性,无异于类推解释(更何况,只要"销售"实物的活动本身合法,必须承认其付出也是有价值的社会经济活动)。如果既有货币资金又有

① 14.03.25《非法集资案件若干问题通知》第2条"关于'向社会公开宣传'的认定问题"规定:"'向社会公开宣传',包括以各种途径向社会公众传播吸收资金的信息,以及明知吸收资金的信息向社会公众扩散而予以放任等情形。"

② 针对特定领域、行业非法吸收公众存款行为,11.01.04《非法集资解释》第2条规定,实施下列行为之一,符合本解释第1条第1款规定的条件的,应当依照刑法第176条的规定,以非法吸收公众存款罪定罪处罚:(1) 不具有房产销售的真实内容或者不以房产销售为主要目的,以返本销售、售后包租、约定回购、销售房产份额等方式非法吸收资金的;(2) 以转让林权并代为管护等方式非法吸收资金的;(3) 以代种植(养殖)、租种植(养殖)、联合种植(养殖)等方式非法吸收资金的;(4) 不具有销售商品、提供服务的真实内容或者不以销售商品、提供服务为主要目的,以商品回购、寄存代售等方式非法吸收资金的;(5) 不具有发行股票、债券的真实内容,以虚假转让股权、发售虚构债券等方式非法吸收资金的;(6) 不具有募集基金的真实内容,以假借境外基金、发售虚构基金等方式非法吸收资金的;(7) 不具有销售保险的真实内容,以假冒保险公司、伪造保险单据等方式非法吸收资金的;(8) 以投资入股的方式非法吸收资金的;(9) 以委托理财的方式非法吸收资金的;(10) 利用民间"会""社"等组织非法吸收资金的;(11) 其他非法吸收资金的行为。

③ 也有学者认为,网络借贷型众筹平台设立资金池、自融资等,本身就是非法吸收公众存款的行为,应予以认定。

④ 此类案件多是在借出者、债务人的收益或本金无法兑付,才会导致案发。

⑤ 有赞同的观点,但所举案例并非单纯揽存实物销售,支付利息的案例。参见王作富主编:《刑法分则实务研究》(上),中国方正出版社2013年版,第494页。

⑥ 参见熊选国主编:《刑法罪名疑难问题释析》(第2卷),人民法院出版社2007年版,第811页;2011年1月4日最高人民法院施行的《关于审理非法集资刑事案件具体应用法律若干问题的解释》(法释〔2010〕18号)(以下简称11.01.04《非法集资若干问题的解释》)第1条规定,以及第2条列举了10种具体非法吸收公众存款类型,虽然对第11种是以"其他非法吸收资金的行为"予以概括,但根据解释原则,也不能背离所列举的10种对"货币资金"非法吸收的类型。

实物的，只应将高息吸收的货币资金视为本罪要求的内容，符合本罪构成条件的应追究刑事责任。

对将吸收的货币资金部分投入生产、经营之外的正当经济活动的定性有争议。11.01.04《非法集资解释》第3条第3款规定：非法吸收或者变相吸收公众存款，主要用于正常的生产经营活动，能够及时清退所吸收资金，可以免予刑事处罚；情节显著轻微的，不作为犯罪处理。张明楷教授认为这一规定显见有结果责任之嫌，并非妥当。只有将非法吸收公众存款用于货币资本经营（如放贷），才是扰乱金融秩序，构成本罪。将此种情形认定为犯罪，也就意味着否定了部分民间借贷的合法性，显然不利于经济发展。并从法条之间立法关系以及本罪法益看，也是要求从事金融业务才能入罪①。本书赞同这一看法②。

单位可以构成本罪③，但对金融机构是否能成为本罪主体，有肯定④和否定以及具体分析三种不同观点⑤。当前多数说是具体分析的观点，即认为对不具有吸收公众存款、发放贷款、办理结算等业务的金融机构，可以构成本罪，但对具有吸收存款资质，但擅自提高存款利率而吸纳存款的，有主张只能按照行政违法处理不能入罪⑥，也有主张同样是扰乱金融秩序构成本罪的观点⑦。本罪并没有将有资质吸纳存款，发放贷款业务的金融机构排除在外，即便是经批准设立的金融机构，也是依照《公司法》设立的企业法人，也必须依法经营，非法吸收公众存款，构成犯罪也应追究刑事责任。

多数说认为本罪主观上是故意，但不能具有非法占有目的，否则，可能构成集资诈骗罪或诈骗罪⑧，此外，是否可以具有其他目的并没有限制。事实上，非法吸收公众存款并非没有目的，只是刑法并没有将特定目的作为认定的要素。实务中，非法吸收公众存款，无疑是将揽存的货币资金投入其他金融活动或所谓的项目中，多数情形下

---

① 参见张明楷：《刑法学》（下），法律出版社2016年版，第779—780页。类似观点参见马克昌主编：《百罪通论》（上卷），北京大学出版社2014年版，第256—257页。

② 参见林亚刚：《刑法学教义》（总论）（第2版），北京大学出版社2017年版，第64页。

③ 19.01.30《办理非法集资刑事案件意见》"二、'关于单位犯罪的认定问题'"规定："单位实施非法集资犯罪活动，全部或者大部分违法所得归单位所有的，应当认定为单位犯罪。个人为进行非法集资犯罪活动而设立的单位实施犯罪的，或者单位设立后，以实施非法集资犯罪活动为主要活动的，不以单位犯罪论处，对单位中组织、策划、实施非法集资犯罪活动的人员应当以自然人犯罪依法追究刑事责任。判断单位是否以实施非法集资犯罪活动为主要活动，应当根据单位实施非法集资的次数、频度、持续时间、资金规模、资金流向、投入人力物力情况、单位进行正当经营的状况以及犯罪活动的影响、后果等因素综合考虑认定。"至于上级单位与下属单位的共同犯罪，以及其中的直接责任人员的刑事责任问题，参见19.01.30《非法集资刑事案件意见》"三、'关于涉案下属单位的处理问题'"的规定。

④ 参见冯亚东、刘凤科：《非法吸收公众存款罪的本质及立法失误》，载《人民检察》2001年第7期。

⑤ 参见李希慧：《论吸收公众存款罪的几个问题》，载《法律适用》2001年第12期。

⑥ 参见熊选国主编：《刑法罪名疑难问题释析》（第2卷），人民法院出版社2007年版，第813页。

⑦ 参见马克昌主编：《百罪通论》（上卷），北京大学出版社2017年版，第257页；张明楷：《刑法学》（下），法律出版社2016年版，第780页。

⑧ 参见19.01.30《办理非法集资刑事案件意见》"关于主观故意的认定问题"的规定。

是在发生不能归还本金、兑付高息的情况下案发[①],但正是因为不能出于非法占有目的,因此,查清其真实使用的目的、方向、意图,才是排除不具有非法占有目的的根据。

有关本罪数额的计算,参见19.01.30《办理非法集资刑事案件意见》“关于犯罪数额的认定问题”的规定[②]。

(三) 非法吸收公众存款罪的刑事责任

犯本罪,处3年以下有期徒刑或者拘役,并处或者单处2万元以上20万元以下罚金;数额巨大或者有其他严重情节的,处3年以上10年以下有期徒刑,并处5万元以上50万元以下罚金。单位犯本罪,对单位判处罚金,并对其直接负责的主管人员和其他直接责任人员,依照自然人犯罪的规定处罚。

二十、伪造、变造金融票证罪

(一) 伪造、变造金融票证罪的概念和法益

伪造、变造金融票证罪,是指伪造、变造汇票、本票、支票、委托收款凭证、汇款凭证、银行存单等其他银行结算凭证以及信用证或者附随的单据、文件,或者伪造信用卡的行为。[③] 本罪是依据实施的行为可供选择适用的罪名,两种行为都具备的,应以伪造、变造金融票证罪定罪处罚。本罪的法益为金融机构对金融票证的监管。本罪主体为自然人一般主体和单位,主观上只能是故意,动机不影响认定。

---

① 在非法集资类案件中(包括集资诈骗罪),存在正当经营缺少资金因从金融机构无法贷款,造成大量民间借贷的现实。如果因各种原因导致资金链断裂经营活动停滞,甚至资不抵债,公司、企业面临破产或倒闭,嫌疑人无法偿还贷款或支付高息,已经明显丧失清偿债务的能力,嫌疑人逃匿的,也会导致刑事司法程序的启动,这本身并无什么问题。但因在民事法律关系上,嫌疑人一旦被立案追诉,与债权人“借款主合同”也往往因被告人被追究刑事责任而成为无效合同,如果债务人在与债权人签订“借款合同”时提供了担保,债务人会申请执行担保责任以清偿债务,但如果因主合同无效,也会成为借贷保证人“从合同”无效的抗辩理由(根据《民法典》第388条第1款规定:担保合同是主债权债务合同的从合同。主债权债务合同无效的,担保合同无效,但是法律另有规定的除外。法律另有规定主要是指“见索即付”“见单即付”的保证合同)。如果得到法院支持,即便被追究刑事责任,可能仍然无助于解决债务人的债权“问题”。所以,如何在刑事审判中实现良好的“社会效果”,值得研究。

② 19.01.30《非法集资刑事案件意见》“关于犯罪数额的认定问题”规定:非法吸收或者变相吸收公众存款构成犯罪,具有下列情形之一的,向亲友或者单位内部人员吸收的资金应当与向不特定对象吸收的资金一并计入犯罪数额:(1) 在向亲友或者单位内部人员吸收资金的过程中,明知亲友或者单位内部人员向不特定对象吸收资金而予以放任的;(2) 以吸收资金为目的,将社会人员吸收为单位内部人员,并向其吸收资金的;(3) 向社会公开宣传,同时向不特定对象、亲友或者单位内部人员吸收资金的。非法吸收或者变相吸收公众存款的数额,以行为人所吸收的资金全额计算。集资参与人收回本金或者获得回报后又重复投资的数额不予扣除,但可以作为量刑情节酌情考虑。

③ 10.05.07《立案标准(二)》第29条规定:涉嫌下列情形之一的,应予立案追诉:(1) 伪造、变造汇票、本票、支票,或者伪造、变造委托收款凭证、汇款凭证、银行存单等其他银行结算凭证,或者伪造、变造信用证或者附随的单据、文件,总面额在1万元以上或者数量在10张以上的;(2) 伪造信用卡1张以上,或者伪造空白信用卡10张以上的。

（二）行为、对象、故意

“伪造”是仿照真实的金融票据的形式、图案、颜色、格式，通过印刷、复印、绘制等制作方法制造假的金融票据。“变造”是在真实的金融票据基础上或者以真实票据为基本材料，通过剪接、挖补、覆盖、涂改等方法，改变金融票据的主要内容（如变造支票、汇票出票人名称、持票人名称、金额、有效期等）。

“银行结算凭证”，是办理银行结算的凭据和证明，主要有汇票、本票、支票以及委托收款凭证、汇款凭证、进账单等。银行、单位和个人填写各种结算凭证。“委托收款凭证”，是收款人在委托银行向付款人收取款项时，所填写提供的凭据和证明。委托收款凭证分为邮寄和电报划回两种，由收款人选择使用哪种方式。“汇票凭证”是指汇款人委托银行将款项汇给收款人，所填写的凭据和证明。“银行存单”既是一种信用凭证，也是一种银行结算凭证。

信用证是国内、国际贸易结算的一种方式①，是银行有条件地保证付款的凭证。（国内）国际贸易结算手段的依据绝大多数是跟单信用证②。信用证结算方式是在异地贸易，特别是在国际贸易中广泛使用，是各国进出口贸易的一种主要的结算方式。信用证是开证银行根据买方（通常是进口商）的开证申请请求，开给卖方（通常的受益人是出口商）的一种在其已经具备约定条件后，即可得到由开证银行或支付银行支付的约定的金额的保证付款的凭证。“伪造信用证”，包括制造完全虚假的，也包括以其编造、冒用某银行的名义开出的假信用证。“变造信用证”，是在原信用证基础上，改变原信用证的内容和主要条款使其成为虚假的信用证。“信用证附随单据”③主要有运输单据、商业发票、保险单据三种。运输单据表明运送人已将货物装船或发运或接受监管的单据，包括海运提单、航空运单、铁路运单等；保险单据是关于货物运输保险的单据；商业发票是证明卖方已履行了合同的凭证，也是海关实行货物进出口管理的依据，是买方验收货物是否完全符合合同规定的数量、质量、品种等的依据。“信用证附随文件”，是有的信用证还需要附上其他的单据、文件，如领事发票④、海关发票、出

---

① 2016年10月8日中国人民银行、中国银行业监督管理委员会实施的《国内信用证结算办法》的规定。本书认为，本罪信用证包括国际贸易和国内贸易结算使用的信用证。

② 开证银行根据买方的资信情况，要求其提供一定的抵押或缴纳一定的保证金，或要求先将货款存入开证银行后，开证银行按照买方的要求开具信用证，通知卖方或卖方的开户银行，卖方按买卖合同和信用证规定的条款组织发运货物，同时备齐所有单据，银行对卖方所提交的单据进行审查后，如果认为符合信用证的规定即代买方预付款，同时通知买方备款赎单。从信用证的交易过程看，信用证交易实际上就是单据买卖，信用证各当事人所处理的是单据而不是货物。

③ 信用证附随的单据在信用证交易中起着十分重要的作用，因单据是卖方对买方履行了合同义务的证明文件，买方也只能通过单据了解货物装船、运输等基本情况。因此，单据是否真实，是否真正代表了符合要求的货物非常重要。

④ 在国际贸易中一般会涉及领事发票，是为进口国用于防止外国商品的低价倾销，发票证明出口货物的详细情况，同时可用作进口税计算依据，有助于货物顺利通过进口国海关。由进口国驻出口国的领事出具的一种特别印就的发票，是出口商根据进口国驻在出口地领事所提供的特定格式填制，并经领事签证的发票。

口许可证、产地证明书等。伪造、变造附随的单据、文件,是指在使用信用证时伪造、变造提单等必须附随信用证的单据。

"伪造信用卡"[①],是指非法制造或者发行信用卡。可包括两种情况:(1) 非法制造信用卡,主要是复制他人信用卡,即依照真实信用卡的质地、模式、版块、图样以及磁条、芯片密码等制造信用卡(复制为盗窃使用的,则不一定非得以形式上同等样式伪造),也包括内容完全是虚假的信用卡,但后种情况下,要实施诈骗,通常需要侵入所关联的发卡银行计算机信息系统进行修改,甚至在系统中为所持的假卡设置虚假账户,虚置存款[②];(2) 在真卡的基础上进行伪造,即信用卡本身是合法制造出来的,但对过期卡、作废卡以及盗窃、诈骗所得的信用卡的内容,进行实质性修改,或者在银行或者信用卡发卡机构尚未提交给用户的卡面上凸印账号,芯片上输入姓名等等个人信息[③],所以,对空白的信用卡进行"加工"的行为也是伪造信用卡[④]。

伪造、变造的金融票证在实务中,通常会在多种犯罪中以工具的面貌出现,如信用卡诈骗罪、信用证诈骗罪、票据诈骗罪、金融凭证诈骗罪等,因上述犯罪使用的金融票证,并没有限定必须是由其本人伪造、变造的,如果在金融诈骗类犯罪中所使用了由其本人伪造、变造的金融票据的,可视为具有牵连关系的手段行为,因侵害的二种法益不同,完全可以数罪并罚。从这一点而言,本罪只要出于故意即可构成,伪造、变造的实际意图,并非认定本罪所必须。但行为人伪造、变造金融票据的,当然同时触犯伪造、变造国家机关、证件、印章罪或者伪造公司、企业、事业单位、人民团体印章罪,也是牵连犯,可以不并罚,但侵害不同性质的法益,也不应排除并罚的可能性。如果伪造、变造金融票证是为了实施金融诈骗等犯罪,未及实际实施目的行为的,为牵连犯中的想象竞合犯,应以本罪论处;实施了诈骗目的行为的,伪造、变造的金融票证就是为实施金融诈骗犯罪活动,同时构成伪造、变造国家机关、证件、印章罪或者伪造公司、企业、事业单位、人民团体印章罪,属于复杂形态的牵连犯,可从一重罪论处,但也不应排除并罚的可能性。

---

① 2004年12月29日全国人民代表大会常务委员会通过的《关于〈中华人民共和国刑法〉有关信用卡规定的解释》规定:"刑法规定的'信用卡',是指由商业银行或者其他金融机构发行的具有消费支付、信用贷款、转账结算、存取现金等全部功能或者部分功能的电子支付卡。"

② 可以构成相关计算机犯罪,为牵连犯,不应排除并罚。

③ 我国《刑法》并没有规定"变造"信用卡,是否存在变造信用卡以及该行为是否构成犯罪成为争议的焦点。参见张明楷:《刑法学》(下),法律出版社2016年版,第782页。张明楷教授认为,只要对信用卡实质性内容进行加工,改变原卡的实质的,就是伪造,不是变造。本书赞同这一观点。2018年11月28日最高人民法院、最高人民检察院发布的《关于办理妨害信用卡管理刑事案件具体应用法律若干问题的解释》(法释〔2018〕19号)(以下简称18.12.01《信用卡解释》)第1条规定:"复制他人信用卡、将他人信用卡信息资料写入磁条介质、芯片或者以其他方法伪造信用卡1张以上的,应当认定为刑法第177条第1款第4项规定的'伪造信用卡',以伪造金融票证罪定罪处罚","伪造空白信用卡10张以上的,应当认定为刑法第177条第1款第4项规定的'伪造信用卡',以伪造金融票证罪定罪处罚。"由此可见,"变造"信用卡在事实上无法成立。

④ 对空白信用卡进行加工的伪造,多发生在银行内部或者发行信用卡机构,一般是其内部的工作人员所为。

(三) 妨害信用卡管理罪

妨害信用卡管理罪,是指违反国家信用卡管理法规,在信用卡的发行、使用等过程中,妨害国家对信用卡的管理活动,破坏信用卡管理秩序的行为。主体为自然人一般主体,主观上是故意,不要求特定目的要素,动机不影响认定。

本罪可以看作是伪造、变造金融票证罪中与伪造信用卡罪有一定补充关系的条款,是指实施法律禁止的妨害信用卡管理的行为。① 这里的“管理”包括对持有信用卡以及使用信用卡的管理。本罪主体为自然人一般主体,主观上只能是故意,动机不影响认定。本罪具体有四种行为类型:(1) 明知是伪造的信用卡而持有、运输的,或者明知是伪造的空白信用卡而持有、运输,数量较大。持有、运输伪造的信用卡,《刑法》没有以数量较大为入罪条件;对持有、运输伪造的空白信用卡②,以数量较大为入罪标准③。(2) 非法持有他人信用卡,数量较大。④ 为持卡人保管、存款、消费经同意而持有,不是非法持有,但出于非法目的购买、租赁而持有他人(真实)信用卡,为非法持有。⑤ (3) 使用虚假的身份证明骗领信用卡。包括使用伪造、变造、购买的身份证明以及使用他人身份证明骗领信用卡。为申领信用卡而本人伪造、变造、购买虚假身份证明的,同时触犯伪造、变造、买卖国家机关公文、证件、印章罪,或者涉及伪造公司、企业、事业单位、人民团体印章罪,为牵连犯,可从一重罪从重处罚,也不应排除并罚可能性;使用他人身份证明申领信用卡,根据18.12.01《信用卡解释》,是以“违背他人意愿”为前提⑥,该种情形,实务中常见的是当事人因某种事项在处置上需要身份证件等,在提供后被其他人冒用申领信用卡。因申领信用卡需要多种身份证明文件⑦(一般办理储存卡不需要多种身份证明

---

① 10.05.07《立案标准(二)》第30条规定:“涉嫌下列情形之一的,应予立案追诉:(一) 明知是伪造的信用卡而持有、运输的;(二) 明知是伪造的空白信用卡而持有、运输,数量累计在10张以上的;(三) 非法持有他人信用卡,数量累计在5张以上的;(四) 使用虚假的身份证明骗领信用卡的;(五) 出售、购买、为他人提供伪造的信用卡或者以虚假的身份证明骗领的信用卡的。”

② 是指尚未输入用户信息的伪造的信用卡。

③ 18.12.01《信用卡解释》第2条规定:“明知是伪造的空白信用卡而持有、运输10张以上不满100张的,应当认定为刑法第177条之一第1款第1项规定的‘数量较大’;非法持有他人信用卡5张以上不满50张的,应当认定为刑法第177条之一第1款第2项规定的‘数量较大’。”

④ 18.12.01《信用卡解释》第2条规定:“非法持有他人信用卡5张以上不满50张的,应当认定为刑法第177条之一第1款第2项规定的‘数量较大’。”这应该包括购买、租赁、盗窃(与本罪为想象竞合犯,从一重罪论处)而非法持有。

⑤ 黎宏教授认为,在认识错误的情况下,不排除“非法持有”的可以是伪造的信用卡。参见黎宏:《刑法学各论》,法律出版社2016年版,第137页。

⑥ 18.12.01《信用卡解释》第2条第3款规定:“违背他人意愿,使用其居民身份证、军官证、士兵证、港澳居民往来内地通行证、台湾居民来往大陆通行证、护照等身份证明申领信用卡的,或者使用伪造、变造的身份证明申领信用卡的,应当认定为刑法第177条之一第1款第3项规定的‘使用虚假的身份证明骗领信用卡’。”

⑦ 身份证明包括居民身份证、护照、社会保障卡、驾驶证(以及临时证明文件),但在申领信用卡时,虽然各商业银行规定有一定区别,但是必须具有居民身份证(军官、士兵证)和工作证明或社保卡,申领高额度信用卡,还需提交个人资产证明(如房产、汽车、股票、债券等)。

文件),可以认为,只要在所需身份证明弄虚作假的情况下骗领的[①],如使用伪造的工作证明、资产证明等文件,均应认定为骗领信用卡。(4)出售、购买、为他人提供伪造的信用卡或者以虚假的身份证明骗领的信用卡。[②] 这是指不同的主体交付(出售、为他人提供)或获得(购买)伪造的信用卡或者骗领的信用卡,即实施的是“出售”“购买”以及“为他人提供”行为。至于出售者、为他人提供者是伪造者还是骗领者,购买者是否知道信用卡具体是伪造、骗领的,在所不问;提供包括有偿出租、出借,也包括无偿出借或赠与。出售者与购买者,提供者与接受者之间并非当然的对向犯关系,但具有共谋的,应以共同犯罪论处。[③]

在司法实务中,本罪除运输伪造的信用卡,或者明知是伪造的空白信用卡运输、持有的之外,其他的行为多成为金融诈骗、诈骗等其他犯罪的手段行为,信用卡也多属于其实施犯罪的工具,所以,本罪事实上成为其他犯罪兜底性罪名,具有该种情形的,应该以所构成的重罪从重处罚。

(四)妨害信用卡管理罪与窃取、收买、非法提供信用卡信息罪[④]的关联

窃取、收买、非法提供信用卡信息罪为补充妨害信用卡管理罪而设置的罪名。窃取、收买、非法提供信用卡信息罪,是指实施窃取、收买或者非法提供他人信用卡信息资料,足以伪造可进行交易的信用卡,或者足以使他人以信用卡持卡人名义进行交易

---

① 18.12.01《信用卡解释》第4条规定:“为信用卡申请人制作、提供虚假的财产状况、收入、职务等资信证明材料,涉及伪造、变造、买卖国家机关公文、证件、印章,或者涉及伪造公司、企业、事业单位、人民团体印章,应当追究刑事责任的,依照刑法第280条的规定,分别以伪造、变造、买卖国家机关公文、证件、印章罪和伪造公司、企业、事业单位、人民团体印章罪定罪处罚。”“承担资产评估、验资、验证、会计、审计、法律服务等职责的中介组织或其人员,为信用卡申请人提供虚假的财产状况、收入、职务等资信证明材料,应当追究刑事责任的,依照刑法第229条的规定,分别以提供虚假证明文件罪和出具证明文件重大失实罪定罪处罚。”

② 黎宏教授认为,该种情形是并列的选择罪名,行为包括“持有、运输、出售、购买、非法提供、骗领”,对象的选择是“伪造的他人的信用卡”,实施两种以上行为或两种对象的,不实行并罚。参见黎宏:《刑法学各论》,法律出版社2016年版,第137页。本书认为该解读值得商榷。

③ 张明楷教授认为,提供自己真实身份证明供他人骗领信用卡,应成立骗领信用卡的共犯或共同正犯;出卖自己真实的信用卡的,可以成立非法持有他人信用卡的共犯。参见张明楷:《刑法学》(下),法律出版社2016年版,第784页以及页下注释。这从法理上说,似可以成立,但实务中难以将具有该种情形的都作为共犯或共同正犯认定和处理。原因在于,第一,提供自己真实身份证明供他人“骗领”信用卡,行为人领取的只能是提供真实身份证明的人自己的信用卡,而不一定是假冒其身份,形式上是“代”提供者办理其名义的信用卡。如果该种行为符合“数量较大”,“代办者”可以构成本罪,但要符合持有“数量较大”,至少要满足18.12.01《信用卡解释》第2条规定应持有10张以上的情形。或许一个真实身份证明可以在不同商业银行办理多张信用卡,但如果是由10人以上提供的,提供者都能以共犯或共同正犯追究刑事责任吗?第二,非法持有他人真实信用卡(骗领的、购买、租赁的),持有者也并非为了“持有”而持有,总是存在以持有的信用卡实施其他违法犯罪的情况。有查获的案件行为人持有多达几百、千余张信用卡。总不能将这些提供人都作为共犯或共同正犯处罚吧?

④ 我国《刑法》第177条之一第2款。

的行为。本罪按照妨害信用卡管理罪法定刑处罚。[①] 本罪主体为自然人一般主体,主观上是故意,动机不影响认定。窃取,是采用隐秘(和平)方式获取他人信息,无论是采用"科技"手段偷窥,还是盗窃,不影响认定,但利用互联网侵入相关保存公民个人信息的计算机系统,窃取他人个人信息能够用于制造信用卡信息资料,则同时触犯非法获取计算机信息系统数据罪[②],为牵连犯,应以重罪从重处罚,但不应排除并罚可能性。收买,是有偿得到提供的他人信用卡信息资料,但这种情形收购者与出卖者并非当然的共同犯关系,如果是有共谋的,应以共同犯罪论处。非法提供他人信用卡信息资料,是将所获取的他人信用卡信息资料,转让第三者持有,包括有偿或无偿转让。至于其掌握、了解的他人信用卡信息资料的来源,法律并没有限制性规定,可以是在业务活动中通过正当渠道获取,或利用职业之便窃取或收买后再转卖等。但银行或者其他金融机构的工作人员利用职务上的便利,犯本罪的,是从重处罚的条件。[③] 非法提供者与接受者,也并非当然的共犯关系,如果有共谋的,应以共同犯罪论处。对提供者与接受者共谋实施伪造信用卡的,应按照伪造金融票证罪共同犯罪论处。经合法持卡人同意提供不是用于违法行为,或者经司法机关法定程序要求提供的,阻却违法性。

将通过非法手段获取的他人信用卡信息资料用于伪造信用卡 1 张以上,即同时触犯伪造金融票证罪,法理上既然是通过非法手段获取的他人信用卡信息资料,就是为伪造信用卡而使用,因此,可视为吸收犯,按照重罪吸收轻罪原则,应以伪造金融票证罪论处。

(五) 伪造、变造金融票证罪的刑事责任

犯本罪,处 5 年以下有期徒刑或者拘役,并处或者单处 2 万元以上 20 万元以下罚金;情节严重的,处 5 年以上 10 年以下有期徒刑,并处 5 万元以上 50 万元以下罚金;情节特别严重的,处 10 年以上有期徒刑或者无期徒刑,并处 5 万元以上 50 万元以下罚金或者没收财产。单位犯本罪的,对单位判处罚金,并对其直接负责的主管人员和其他直接责任人员,依照前款的规定处罚。

---

① 18.12.01《信用卡解释》第 3 条规定:"窃取、收买、非法提供他人信用卡信息资料,足以伪造可进行交易的信用卡,或者足以使他人以信用卡持卡人名义进行交易,涉及信用卡 1 张以上不满 5 张的,依照刑法第 177 条之一第 2 款的规定,以窃取、收买、非法提供信用卡信息罪定罪处罚;涉及信用卡 5 张以上的,应当认定为刑法第 177 条之一第 1 款规定的'数量巨大'。"

② 11.09.01《计算机信息系统安全解释》第 1 条规定:"非法获取计算机信息系统数据或者非法控制计算机信息系统,具有下列情形之一的,应当认定为刑法第 285 条第 2 款规定的'情节严重':(一) 获取支付结算、证券交易、期货交易等网络金融服务的身份认证信息 10 组以上的;(二) 获取第 1 项以外的身份认证信息 500 组以上的;(三) 非法控制计算机信息系统 20 台以上的;(四) 违法所得 5000 元以上或者造成经济损失 1 万元以上的;(五) 其他情节严重的情形。"

③ 我国《刑法》第 177 条之一第 3 款。

二十一、伪造、变造国家有价证券罪

(一) 伪造、变造国家有价证券罪的概念和法益

伪造、变造国家有价证券罪,是指伪造、变造国库券或者国家发行的其他有价证券,数额较大的行为。本罪的法益是国家对有价证券发行的监管以及国有资产的所有权。主体为自然人一般主体和单位,主观上是故意,未以特定目的为主观要素,动机不影响认定。

(二) 对象、行为

"有价证券",是有票面金额,用于证明持有人或该证券指定的特定主体对特定财产拥有所有权或债权的凭证。有价证券是虚拟资本的一种形式,它本身没价值,但有价格。"国库券",是国家财政当局为弥补国库收支不平衡而发行的一种政府债券。因债务人是国家,其还款保证是国家财政收入,所以它几乎不存在信用违约风险,是金融市场风险最小的信用工具。"国家发行的其他有价证券",是经国家主管批准发行的,载明一定财产权利其他凭证,如国家建设债券、保值公债、财政债券等。伪造、变造行为同前述其他伪造、变造犯罪的伪造、变造行为。本罪以伪造、变造有价证券数额较大为入罪标准①。

(三) 伪造、变造国家有价证券罪与伪造、变造股票、公司、企业债券罪②的关联

伪造、变造股票、公司、企业债券罪,是指伪造、变造股票或者公司、企业债券,数额较大的行为。本罪主体为自然人一般主体和单位,主观上是故意,动机不影响认定。"股票"是股份有限公司为募集资金而发行给各个股东,作为持股凭证并借以取得股息和红利的一种有价证券;"公司、企业债券"(除国家发行的国库券、国家发行的其他有价证券之外),是金融机构、公司、企业等直接向社会借债或筹措资金时,向投资者发行,同时承诺按一定利率支付利息并按约定条件偿还本金的债权债务凭证。虽然国家有价证券与股票、公司、企业债券金融票证都属于财产权利凭证,但因发行主体不同导致二者本质上不相同。因此,两罪在法规范上并不发生关联,如果分别实施或同时实施针对不同对象的伪造、变造行为的,应分别定罪处罚,或实行并罚。同时,两罪均存在触犯伪造、变造国家机关印章罪或伪造公司、企业、事业单位、人民团体印章罪的行为,有学者认为这是牵连犯,可以从一重罪论处。本书认为,在伪造的情形下,这是伪造行为的当然内容,不应视为牵连犯。至于变造,是在真实的证券、债

---

① 10.05.07《立案标准(二)》第32条规定:"伪造、变造国库券或者国家发行的其他有价证券,总面额在2000元以上的,应予立案追诉。"

② 我国《刑法》第178条。10.05.07《立案标准(二)》第33条规定:"伪造、变造股票或者公司、企业债券,总面额在5000元以上的,应予立案追诉。"

券上作假,一般不涉及伪造、变造国家机关印章罪或伪造公司、企业、事业单位、人民团体印章罪。

(四) 伪造、变造国家有价证券罪的刑事责任

犯本罪,处3年以下有期徒刑或者拘役,并处或者单处2万元以上20万元以下罚金;数额巨大的,处3年以上10年以下有期徒刑,并处5万元以上50万元以下罚金;数额特别巨大的,处10年以上有期徒刑或者无期徒刑,并处5万元以上50万元以下罚金或者没收财产。单位犯本罪的,对单位判处罚金,并对其直接负责的主管人员和其他直接责任人员,依照自然人犯罪的规定处罚。

二十二、内幕交易、泄露内幕信息罪

(一) 内幕交易、泄露内幕信息罪的概念和法益

内幕交易、泄露内幕信息罪,是指证券、期货交易内幕信息的知情人员或者非法获取证券、期货交易内幕信息的人员,在涉及证券的发行,证券、期货交易或者其他对证券、期货交易价格有重大影响的信息尚未公开前,买入或者卖出该证券,或者从事与该内幕信息有关的期货交易,或者泄露该信息,或者明示、暗示他人从事上述交易活动,情节严重的行为。本罪的法益,是国家对证券、期货交易市场的监管以及投资者的合法权益。主体是特殊主体,主观上是故意,动机不影响认定。

(二) 内幕信息、主体、行为、违法阻却事由

"内幕信息"是为内幕人员所知悉、掌握的尚未公开的并对证券发行,证券、期货交易或价格可能有重大影响的信息。内幕信息的具体范围和内容,由相关法律和行政法规确定[①]。

本罪主体为证券、期货交易内幕信息的知情人员或者非法获取证券、期货交易内幕信息的人员和单位。

"证券、期货交易内幕信息的知情人员",概括地说,就是包括基于管理地位、监督地位、职业地位或者通过职务行为能够接触或者获得内幕信息的人员。这里的"人员",限于自然人而不包括"单位"。具体而言,证券交易内幕信息的知情人员包括:(1) 发行人的董事、监事、高级管理人员;(2) 持有公司5%以上股份的股东及其董事、监事、高级管理人员,公司的实际控制人及其董事、监事、高级管理人员;(3) 发行人控股的公司及其董事、监事、高级管理人员;(4) 由于所任公司职务可以获取公司有关内幕信息的人员;(5) 证券监督管理机构工作人员以及由于法定职责对证券的发行、交易进行管理的其他人员;(6) 保荐人、承销的证券公司、证券交易所、证券登

① 如我国《证券法》《股票发行与交易管理暂行条例》《期货交易管理条例》。

记结算机构、证券服务机构的有关人员;(7) 国务院证券监督管理机构规定的其他人。期货交易内幕信息的知情人员、内幕信息的知情人员,是指由于其管理地位、监督地位或者职业地位,或者作为雇员、专业顾问因履行职务,能够接触或者获得内幕信息的人员,具体包括:期货交易所的管理人员以及其他由于任职可获取内幕信息的从业人员,国务院期货监督管理机构和其他有关部门的工作人员,以及国务院期货监督管理机构规定的其他人员。①

"非法获取证券、期货交易内幕信息的人员"②,概括起来包括三类:一是通过非法手段获取内幕信息的人员,即获取信息的手段行为本身是非法的,如通过窃取、刺探手段获取内幕信息的人;二是具有特殊身份获取内幕信息的人员,即因具有特殊身份,从知情人员处获取内幕信息,如内幕信息知情人员的配偶、亲属、同学、同乡、情人等,但获取信息的手段行为未必一定是非法的;三是通过积极联系而获取内幕信息的人员,其主动联络、接触行为未必是非法的,但主动联络、接触目的是为了获取信息,所以,是从内幕信息的知情人员处获取不应该获取的内幕信息,其获取行为是非法的。具体包括:(1) 利用窃取、骗取、套取、窃听、利诱、刺探或者私下交易等手段获取内幕信息的;(2) 内幕信息知情人员的近亲属或者其他与内幕信息知情人员关系密切的人员,在内幕信息敏感期内,从事或者明示、暗示他人从事,或者泄露内幕信息导致他人从事与该内幕信息有关的证券、期货交易,相关交易行为明显异常,且无正当理由或者正当信息来源的;(3) 在内幕信息敏感期内,与内幕信息知情人员联络、接触,从事或者明示、暗示他人从事,或者泄露内幕信息导致他人从事与该内幕信息有关的证券、期货交易,相关交易行为明显异常,且无正当理由或者正当信息来源的。

对非法获取证券、期货交易内幕信息的主体,一是"内幕信息知情人员的近亲属或者其他与内幕信息知情人员关系密切的人员","近亲属""关系密切的人员"应该在我国现行刑法对其的一般解释范围内把握③。无论是主动探索、打问,还是被动获取内幕信息,从事或者明示、暗示他人从事,或者泄露内幕信息导致他人从事与该内幕信息有关的证券、期货交易,相关交易行为明显异常,且无正当理由或者正当信息来源的,均以本罪主体论。二是"与内幕信息知情人员联络、接触"的主体,应是内幕信息知情人员"近亲属""关系密切的人员"之外的人,其"联络、接触"是主动而为之,只要明知"信息"属性、明知是知情人员泄露的,或明知信息是他人非法获取的即可,至于掌握内幕信息人员通过何种方式获得内幕信息,在所不问。对非主动而获取内幕信息从事内幕交易的,除非与掌握内幕信息人员具有犯意联络应以本罪共犯论处外,不应构成本罪。

---

① 2012年6月1日最高人民法院、最高人民检察院实施的《关于办理内幕交易、泄露内幕信息刑事案件具体应用法律若干问题的解释》(法释〔2012〕6号)(以下简称12.06.01《内幕交易、泄露内幕信息解释》)第1条规定:"'证券、期货交易内幕信息的知情人员'是'证券法第74条规定的人员'期货交易管理条例第85条第12项规定的人员。"

② 12.06.01《内幕交易、泄露内幕信息解释》第2条。

③ 同"利用影响力受贿罪"所规定的"近亲属""关系密切的人"。

12.06.01《内幕交易、泄露内幕信息解释》对后两种主体,要求具备两个必要条件才能成立:一是"在内幕信息敏感期内",即内幕信息自形成至公开的期间。"内幕信息的形成之时",如我国《证券法》第67条第2款规定的"重大事件"发生时间,第75条规定的计划、方案以及《期货交易管理条例》第85条第11项规定的政策、决定等的形成时间,为内幕信息的形成之时;至于影响内幕信息形成的动议、筹划、决策或者执行人员,其动议、筹划、决策或者执行初始时间为内幕信息的形成之时。"内幕信息的公开"是指内幕信息在国务院证券、期货监督管理机构指定的报刊、网站等媒体披露①。二是要求利用内幕信息导致"相关交易行为明显异常",需要综合以下情形,从时间吻合程度、交易背离程度和利益关联程度等方面予以认定:(1) 开户、销户、激活资金账户或者指定交易(托管)、撤销指定交易(转托管)的时间与该内幕信息形成、变化、公开时间基本一致的;(2) 资金变化与该内幕信息形成、变化、公开时间基本一致的;(3) 买入或者卖出与内幕信息有关的证券、期货合约时间与内幕信息的形成、变化和公开时间基本一致的;(4) 买入或者卖出与内幕信息有关的证券、期货合约时间与获悉内幕信息的时间基本一致的;(5) 买入或者卖出证券、期货合约行为明显与平时交易习惯不同的;(6) 买入或者卖出证券、期货合约行为,或者集中持有证券、期货合约行为与该证券、期货公开信息反映的基本面明显背离的;(7) 账户交易资金进出与该内幕信息知情人员或者非法获取人员有关联或者利害关系的;(8) 其他交易行为明显异常情形②。

本罪的"内幕交易",是指利用内幕信息③实施买入或者卖出该证券,或者从事与该内幕信息有关的期货交易行为。至于是为非法牟利还是为止损,在所不问。

"泄露内幕信息",包括:一是将内幕信息透漏、提供给不应知道该信息之人,造成信息泄露;二是以明示或暗示方式使他人从事买入或者卖出该证券,或者从事与该内幕信息有关的期货交易。所从事的交易是非法牟利还是为止损,在所不问。

根据12.06.01《内幕交易、泄露内幕信息解释》第2条第2、3项规定,"非法获取证券、期货交易内幕信息的人员"的行为,除"从事或者明示、暗示他人从事"证券、期货交易外,对"泄露"内幕信息,需"导致他人从事与该内幕信息有关的证券、期货交易"④。这应视为是对该类主体构成犯罪的补充条件,也即与"证券、期货交易内幕信息的知情人员"单纯"泄露"行为即可构成犯罪有所区别,限缩了该类主体构成犯罪的

---

① 12.06.01《内幕交易、泄露内幕信息解释》第5条。

② 12.06.01《内幕交易、泄露内幕信息解释》第3条。

③ 构成本罪是否要求"利用内幕信息"是有争议的。否定观点认为,肯定说必然导致指控困难,要指明哪笔利用,哪笔没有利用内幕信息,有时是徒劳的。因此本罪采严格责任,可免除控方证明责任,只要知悉内幕信息,进行买入或卖出,就可定罪。参见王作富主编:《刑法分则实务研究》(上),中国方正出版社2013年版,第436—437页。本书认为,以本罪罪名以及相关司法解释内容看,很难说否定观点具有合理性。司法解释已经明确规定了阻却本罪成立的事由就是基于没有"利用内幕信息"进行交易的考虑,这也是被告人抗辩不构成犯罪的依据,否定它,阻却事由必然成为"无本之木"。

④ 12.06.01《内幕交易、泄露内幕信息解释》第2条第2、3项规定。

范围。本罪以“情节严重”为入罪条件①。

12.06.01《内幕交易、泄露内幕信息解释》第11条规定:“单位实施刑法第181条第1款规定的行为,具有本解释第6条规定情形之一的,按照刑法第181条第2款的规定定罪处罚。”即以单位行为属于“情节严重”为入罪标准(参见第6条的规定),同样是对单位构成犯罪范围有限缩。

12.06.01《内幕交易、泄露内幕信息解释》第4条规定:具有下列情形之一的,不属于《刑法》第180条第1款规定的从事与内幕信息有关的证券、期货交易:(1) 持有或者通过协议、其他安排与他人共同持有上市公司5%以上股份的自然人、法人或者其他组织收购该上市公司股份的②;(2) 按照事先订立的书面合同、指令、计划从事相关证券、期货交易的;(3) 依据已被他人披露的信息而交易的③;(4) 交易具有其他正当理由或者正当信息来源的。

(三) 内幕交易、泄露内幕信息罪与利用未公开信息交易罪④的关联

利用未公开信息交易罪,是指证券交易所、期货交易所、证券公司、期货经纪公司、基金管理公司、商业银行、保险公司等金融机构的从业人员以及有关监管部门或者行业协会的工作人员,利用因职务便利获取的内幕信息以外的其他未公开的信息⑤,违反规定⑥,从事与该信息相关的证券、期货交易活动,或者明示、暗示他人从事相关交易活动,情节严重⑦的行为。本罪主体为特殊主体,主观上是故意,动机不影响认定。本罪的设置明显是为了补充内幕交易、泄露内幕信息罪,进一步强化对市场公平、公正和诚实信用交易秩序的保护和对投资者的合法权益的保护。本罪的“内幕信息以外的其他未公开的信息”,原则上仍然是指对证券、期货市场价格有重大影响的尚未公开的信息⑧,即不属于法律强制披露的内幕信息,如某种证券、期货准备上市信息,某种金融产品或衍生产品发售信息等。本罪系职务犯罪,必须是“利用因职务便

---

① 12.06.01《内幕交易、泄露内幕信息解释》第6条规定:具有下列情形之一的,应当认定为《刑法》第180条第1款规定的“情节严重”:(1) 证券交易成交额在50万元以上的;(2) 期货交易占用保证金数额在30万元以上的;(3) 获利或者避免损失数额在15万元以上的;(4) 3次以上的;(5) 具有其他严重情节的。

② 可以是单独或共同持有5%以上上市公司股份之人,但单挑持有限于单独收购;共同持有限于共同收购人之间达成的拟收购上市公司的信息,收购上市公司股票、期货。对名为“收购”股份实为内幕交易的,例如,对制作虚假的书面合同、指令以及计划,用作规避内幕交易的,不阻却违法性。

③ 这里的他人披露,应该是指除法律、法规规定的强制披露信息以外的人,在国务院证券监管机构指定的报刊、媒体以外的报刊、媒体披露相关信息,当事人根据此信息从事相关股票、期货交易。这也可以是具有正当信息来源之一。

④ 我国《刑法》第180条第4款。

⑤ 参见2019年7月1日起施行最高人民法院、最高人民检察院《关于办理利用未公开信息交易刑事案件适用法律若干问题的解释》(法释〔2019〕10号)(以下简称19.07.01《利用未公开信息交易刑事案件》)第1条、第2条的规定。

⑥ 参见19.07.01《利用未公开信息交易刑事案件》第3条的规定。

⑦ 参见19.07.01《利用未公开信息交易刑事案件》第5条、第6条和第11条的规定。

⑧ 参见黎宏:《刑法学各论》,法律出版社2016年版,第143页。

利获取的”,所以本罪主体为特殊主体,为证券交易所、期货交易所、证券公司、期货经纪公司、基金管理公司、商业银行、保险公司等金融机构的从业人员,以及有关监管部门或者行业协会的工作人员。“违反规定”,是违反金融机构从业人员、监管部门或者行业协会工作人员违背受托义务从事交易活动的规定,如禁止在证券发行、期货交易及其相关活动中欺诈客户,从事损害客户利益的交易行为等规定①。

行为方式为两种:一是“从事与该信息相关的证券、期货交易活动”,即利用所获得的信息,抢先自己先行买入,或在卖出前先行卖出的行为②。该种行为,如果使用客户资金实施,触犯“背信运用受托财产罪”或“挪用资金罪”或“挪用公款罪”,为想象竞合犯,应从一重罪论处。二是“明示、暗示他人从事相关交易活动”,即以明示或暗示的方式,使他人对相关金融产品实施先行买入,或在卖出前先行卖出的行为③。该行为以“情节严重”为入罪条件。但该行为是否以他人实施与获得信息有关的交易活动为构成条件,有不同认识④。罪状对该种行为表述为“从事相关交易活动”,指明要求交易活动实际发生的条件,而且10.05.07《立案追诉标准(二)》对本罪规定应追诉的条件⑤与19.07.01《利用未公开信息交易刑事案件》的规定,均与实际从事交易活动相关联,更何况,他人是否利用该信息从事了相关交易,也是行为人抗辩的事由。

(四)内幕交易、泄露内幕信息罪的刑事责任

犯本罪,处5年以下有期徒刑或者拘役,并处或者单处违法所得1倍以上5倍以下罚金;情节特别严重的⑥,处5年以上10年以下有期徒刑,并处违法所得1倍以上5倍以下罚金。单位犯本罪的,对单位判处罚金,并对其直接负责的主管人员和其他直

---

① 例如,我国《期货管理条例》第24条规定:“期货公司接受客户委托为其进行期货交易,应当事先向客户出示风险说明书,经客户签字确认后,与客户签订书面合同。期货公司不得未经客户委托或者不按照客户委托内容,擅自进行期货交易。”

② 参见黄太云:《刑法修正案(七)解读》,载《人民检察》2009年第6期。即俗称“老鼠仓”,具体指庄家用公有资金拉升股价、期货价格之前,先用自己个人(单位,操盘手及其亲属,关系户)的资金在开盘时故意极低的价格或跌停板处填买单,然后在竞价时或盘中瞬间把交易价格打下去,使预埋的买单得以成交,并低位建仓,待用公有资金拉升到高位后(迅速把价格恢复到正常的交易通道里)个人仓位率先卖出获利。

③ 参见19.07.01《利用未公开信息交易刑事案件解释》第4条规定。

④ 有观点认为,只要明示、暗示将信息传达对方,意欲使他人根据该信息从事相关交易即可构成犯罪。参见王作富主编:《刑法分则实务研究》(上),中国方正出版社2013年版,第445—446页。

⑤ 10.05.07《立案追诉标准(二)》第36条规定:涉嫌下列情形之一的,应予立案追诉:(1)证券交易成交额累计在50万元以上的;(2)期货交易占用保证金数额累计在30万元以上的;(3)获利或者避免损失数额累计在15万元以上的;(4)多次利用内幕信息以外的其他未公开信息进行交易活动的;(5)其他情节严重的情形。

⑥ 12.06.01《内幕交易、泄露内幕信息解释》第7条规定:在内幕信息敏感期内从事或者明示、暗示他人从事或者泄露内幕信息导致他人从事与该内幕信息有关的证券、期货交易,具有下列情形之一的,应当认定为刑法第180条第1款规定的“情节特别严重”:(1)证券交易成交额在250万元以上的;(2)期货交易占用保证金数额在150万元以上的;(3)获利或者避免损失数额在75万元以上的;(4)具有其他特别严重情节的。

接责任人员,处5年以下有期徒刑或者拘役。有关罚则涉及共同犯罪等的其他规定,参见12.06.01《内幕交易、泄露内幕信息解释》第8条至第10条。

二十三、编造并传播影响证券、期货交易虚假信息罪

(一) 编造并传播影响证券、期货交易虚假信息罪的概念和法益

编造并传播影响证券、期货交易虚假信息罪,是指编造并且传播影响证券、期货交易的虚假信息,扰乱证券、期货交易市场,造成严重后果的行为。本罪的法益,是国家对证券、期货交易市场的监管以及投资者的合法权益。主体为自然人一般主体和单位,主观上只能是故意,动机不影响认定。

(二) 行为、违法性阻却、结果

本罪客观上的"编造并传播",系指捏造事实上根本不存在的信息或对真实信息进行加工,篡改,以各种方式使不特定多数人知悉的行为。根据已经存在的信息善意所做出预测分析并扩散的(如同电视、广播中对股票、期货走势的分析),即便造成证券、期货交易价格波动,或造成投资者损失的,应阻却其违法性,不能视为编造并传播行为,但该种预测如出于恶意,即便是基于真实信息,也不阻却违法性。"虚假信息",即是指内容不真实,严重歪曲事实具有误导性,能够引起证券、期货交易市场价格、行情变化的信息。本罪要求既"编造"也进行"传播",只实施了编造虚假信息,或只传播虚假信息,不能构成本罪。本罪以造成严重后果为入罪条件①。

(三) 编造并传播影响证券、期货交易虚假信息罪与诱骗投资者买卖证券、期货合约罪②的关联

诱骗投资者买卖证券、期货合约罪,是证券交易所、期货交易所、证券公司、期货经纪公司的从业人员,证券业协会、期货业协会或者证券期货监督管理部门的工作人员,故意提供虚假信息或者伪造、变造、销毁交易记录,诱骗投资者买卖证券、期货合约,造成严重后果的行为。本罪主体为特殊主体和单位,主观上只能是故意,动机不影响认定。本罪行为有两种:一是故意提供虚假信息,"虚假信息",仍是指内容不真实,严重歪曲事实具有误导性,能够引起证券、期货交易市场价格、行情变化的信息。"提供"是将虚假信息提交至他人以供参考,以诱骗投资者买卖证券、期货合约,至于是主动而为还是被动提交,在所不问。只是实施提供虚假信息,但投资者并未采纳的,是否应以犯罪论处?本书认为,提供信息(无论真假)只是一种建议,供投资者参

---

① 10.05.07《立案追诉标准(二)》第37条规定:涉嫌下列情形之一的,应予立案追诉:(1)获利或者避免损失数额累计在5万元以上的;(2)造成投资者直接经济损失数额在5万元以上的;(3)致使交易价格和交易量异常波动的;(4)虽未达到上述数额标准,但多次编造并且传播影响证券、期货交易的虚假信息的(5)其他造成严重后果的情形。

② 我国《刑法》第181条第2款。

考,如果投资者并未采纳,受骗买卖证券、期货合约,也就避免了财产损失,这种有效止损,不应视为行为人意志以外,未得逞的原因①。因为本罪虽然主观上是故意,但难以认为是以造成投资者损失为目的。可以说,编造虚假信息,的确是出于故意,诱骗投资者购买也是故意,但行为人的故意内容,无非是基于自身的绩效收益的最大化而为之(包括单位的绩效),对造成投资者重大损失,可以具有放任故意,但也不能排除过失而造成。二是伪造、变造、销毁交易记录,是伪造、变造、销毁客户资料,包括委托单据、交易数据、交易记录(包括数字影像、录音等)等能够证明是否存在交易,以及交易真实情况的各种资料。通常情况下,该行为是在诱骗投资者买卖证券、期货合约,导致重大损失时,为销毁证据逃避责任而采取,但认定是否构成犯罪,不以导致重大损失结果后实施为条件,为诱骗投资者买卖证券、期货合约,事先伪造、变造、销毁相关联的交易资料的,同样构成犯罪。两种行为具备其中之一,造成严重后果即符合本罪条件②。

诱骗投资者买卖证券、期货合约当然不排除特定主体有编造证券、期货交易虚假信息的情况,形式上似触犯编造并传播影响证券、期货交易虚假信息罪,但从本罪设置看,诱骗投资者买卖证券、期货合约的行为,是从业人员或单位针对具体有投资意向的客户,也即有一定的针对性而非以编造并传播方式诱骗投资者,虽然也可能造成传播并扰乱证券、期货交易市场,但传播的后果非从业特定主体和单位有意而为之的传播行为。如果从业特定主体和单位编造并传播影响证券、期货交易虚假信息,并以此诱骗投资者买卖证券、期货合约的,则同时触犯编造并传播影响证券、期货交易虚假信息罪,为想象竞合犯,应从一重罪论处,不实行并罚。

(四)编造并传播影响证券、期货交易虚假信息罪的刑事责任

犯本罪,处5年以下有期徒刑或者拘役,并处或者单处1万元以上10万元以下罚金。单位犯本罪的,对单位判处罚金,并对其直接负责的主管人员和其他直接责任人员,处5年以下有期徒刑或者拘役。

二十四、操纵证券、期货市场罪

(一)操纵证券、期货市场罪的概念和法益

操纵证券、期货市场罪,是指以牟利或止损为目的,操纵证券、期货市场,情节严

① 即便是假信息,诱骗投资者买卖证券、期货合约,如果"歪打正着"使投资者得到丰厚回报的,也不能否定实施了本罪行为,但对此种情况不可能论以犯罪,故本罪只有成立与否的问题,而无未遂形态。

② 10.05.07《立案追诉标准(二)》第38条规定:涉嫌下列情形之一的,应予立案追诉:(1)获利或者避免损失数额累计在5万元以上的;(2)造成投资者直接经济损失数额在5万元以上的;(3)致使交易价格和交易量异常波动的;(4)其他造成严重后果的情形。

重[①]的行为。本罪的法益是国家对证券、期货交易市场的监管以及投资者的合法权益。主体为自然人一般主体和单位(须为证券、期货市场的投资者),主观上只能是直接故意,动机不影响认定。

(二) 行为、结果、故意

本罪行为具体为四种类型:(1) 单独或者合谋,集中资金优势、持股或者持仓优势或者利用信息优势联合或者连续买卖,操纵证券、期货交易价格或者证券、期货交易量[②]。合谋,即是指以牟利或止损的目的经合议联合共同实施。具体方式即为集中资金优势、持股或者持仓优势或者利用信息优势联合或者连续买卖(也即持续实施低价买进高价卖出),拉动某种证券、期货价格的暴涨或暴跌,并借机在卖出前先行买入再卖出牟利,或者先行卖出以减少自己的损失。"利用信息优势"并不排除持股者或者持仓者本人系掌握内幕信息人员(和单位),如此,则可能触犯内幕交易、泄露内幕信息罪,系牵连犯,可以从一重罪处罚亦不应排除并罚可能性;被联合的对方如不属于掌握内幕信息人员,但属于"明知"的,则与其为共同犯罪。

(2) 与他人串通,以事先约定的时间、价格和方式相互进行证券、期货交易,影响证券、期货交易价格或者证券、期货交易量[③]。与他人串通,以事先约定的时间、价格和方式相互进行证券、期货交易,系事前通谋实施互为对手交易,如果交易量大,则必然对市场中其他投资者造成影响,实施跟进从而影响证券、期货交易价格,拉动交易量,行为人则在价格变动中牟利或止损。

(3) 在自己实际控制的账户[④]之间进行证券交易,或者以自己为交易对象,自买自卖期货合约,影响证券、期货交易价格或者证券、期货交易量[⑤]。这是指在证券、期货公司开立多个交易户头,在自己的账户中自买自卖,以影响其他投资者跟进,以拉动证券、期货交易价格,交易量,行为人则在价格变动中牟利或止损。

---

① 参见 2019 年 7 月 1 日实施的最高人民法院、最高人民检察院《关于办理操纵证券、期货市场刑事案件适用法律若干问题的解释》法释〔2019〕9 号(以下简称 19.07.01《操纵证券、期货市场刑事案件》)第 2 条、第 3 条和第 7 条的规定。

② 10.05.07《立案追诉标准(二)》第 39 条规定:操纵证券、期货市场,涉嫌下列情形之一的,应予立案追诉:(1) 单独或者合谋,持有或者实际控制证券的流通股份数达到该证券的实际流通股份总量 30% 以上,且在该证券连续 20 个交易日内联合或者连续买卖股份数累计达到该证券同期总成交量 30% 以上的;(2) 单独或者合谋,持有或者实际控制期货合约的数量超过期货交易所业务规则限定的持仓量 50% 以上,且在该期货合约连续 20 个交易日内联合或者连续买卖期货合约数累计达到该期货合约同期总成交量 30% 以上的。……

③ 10.05.07《立案追诉标准(二)》第 39 条第 3 项、第五项规定:与他人串通,以事先约定的时间、价格和方式相互进行证券或者期货合约交易,且在该证券或者期货合约连续 20 个交易日内成交量累计达到该证券或者期货合约同期总成交量 20% 以上的;单独或者合谋,当日连续申报买入或者卖出同一证券、期货合约并在成交前撤回申报,撤回申报量占当日该种证券总申报量或者该种期货合约总申报量 50% 以上的。

④ 参见 19.07.01《操纵证券、期货市场刑事案件》第 5 条的规定。

⑤ 10.05.07《立案追诉标准(二)》第 39 条第 4 项规定:在自己实际控制的账户之间进行证券交易,或者以自己为交易对象,自买自卖期货合约,且在该证券或者期货合约连续 20 个交易日内成交量累计达到该证券或者期货合约同期总成交量 20% 以上的。

(4) 以其他方法操纵证券、期货市场[①]。这属于兜底性条款,是指除列举之外的操纵证券、期货市场的行为[②]。

本罪并未以特定危害结果发生为入罪标准。

本罪是故意,是否要求特定目的,有否定观点[③]和肯定观点[④]。本书持肯定观点,本罪的确在条款中并未列出特定目的要素[⑤],但现实中能够实施操纵操纵证券、期货市场行为的,无一不是为了非法牟利或非法止损(转嫁风险)的目的,无此主观要素,难以视为违法行为。所以,尽管刑法并未设置该要素,也不宜认为无论出于何种意图的,都构成本罪。

(三) 操纵证券、期货市场罪的刑事责任

犯本罪,处5年以下有期徒刑或者拘役,并处或者单处罚金;情节特别严重的[⑥],处5年以上10年以下有期徒刑,并处罚金;单位犯本罪,对单位判处罚金,并对其直接负责的主管人员和其他直接责任人员,依照自然人犯本罪的规定处罚。

二十五、背信运用受托财产罪

(一) 背信运用受托财产罪的概念和法益

背信运用受托财产罪,是指商业银行、证券交易所、期货交易所、证券公司、期货经纪公司、保险公司或者其他金融机构,违背受托义务,擅自运用客户资金或者其他委托、信托的财产,情节严重的行为。本罪为单位犯罪。本罪的法益是国家对金融企业运营受托财产的监管以及受托财产的安全。本罪主体为特定的金融机构,直接负责的主管人员和其他直接责任人员亦可构成本罪,主观上为故意,动机不影响认定。

(二) 行为、故意

"违背受托义务"既包括违背相关法律、法规规定的"不得"未经授权运用客户资

---

① 参见19.07.01《操纵证券、期货市场刑事案件》第1条的规定。

② 10.05.07《立案追诉标准(二)》第39条第6-8项规定:上市公司及其董事、监事、高级管理人员、实际控制人、控股股东或者其他关联人单独或者合谋,利用信息优势,操纵该公司证券交易价格或者证券交易量的;证券公司、证券投资咨询机构、专业中介机构或者从业人员,违背有关从业禁止的规定,买卖或者持有相关证券,通过对证券或者其发行人、上市公司公开作出评价、预测或者投资建议,在该证券的交易中谋取利益,情节严重的;其他情节严重的情形。"其他情节严重的情形",以中国证监会所认定方式为准。

③ 参见王作富主编:《刑法分则实务研究》(上),中国方正出版社2013年版,第462页;黎宏:《刑法学各论》,法律出版社2016年版,第147页。

④ 参见曲新久:《刑法学》,中国政法大学出版社2009年版,第339页。

⑤ 贷款诈骗罪、票据诈骗罪、金融凭证诈骗罪、信用证诈骗罪、信用卡诈骗罪、保险诈骗罪等,均没有如同集资诈骗罪、贷款诈骗罪"以非法占有为目的"的规定,但实务中,无一不需要考察有无非法占有目的,才能定罪处罚。

⑥ 参见19.07.01《操纵证券、期货市场刑事案件》第4条的规定。

金,损害客户利益的各项规定[①],也指违背与委托客户之间具体约定的委托义务。"擅自运用"是指未得到客户授权而使用客户资金或其他资产(本罪不宜运用民事法律的"表见代理"为抗辩理由,否则也就没有认定本罪的余地)。本罪是单位犯罪。因此,"擅自运用"的决定必须是由单位作出,如系从业人员个人行为,则可能触犯挪用资金罪、挪用公款罪[②],也不排除构成职务侵占罪、贪污罪等。张明楷教授指出,凡是金融机构自主可以决定使用的资金,均不属于"客户资金"[③],以此划定了"客户资金"范围。本罪以"情节严重"为入罪标准[④]。

(三)背信运用受托财产罪、违法运用资金罪[⑤]与挪用资金罪、挪用公款罪[⑥]的关联

违法运用资金罪,是指社会保障基金管理机构、住房公积金管理机构等公众资金管理机构,以及保险公司、保险资产管理公司、证券投资基金管理公司,违反国家规定运用资金的行为[⑦]。本罪为单位犯罪,以特定资金管理机构和特定公司为主体,直接负责的主管人员和其他直接责任人员亦构成本罪,主观上是故意,动机不影响认定。

"违反国家规定"是指:(1)违反国家对运用社会保障基金、住房公积金等公众资金运用的规定。例如,我国《全国社会保障基金信托贷款投资管理暂行办法》《全国社会保障基金境外投资管理暂行规定》《社会保障基金财政专户管理暂行办法》《中央社会保障基金财政专户管理实施办法》《住房公积金管理条例》等。(2)违反国家对保险公司、保险资产管理公司、证券投资管理公司运用资金的规定。例如,我国《保险法》《证券法》《证券投资基金法》《证券投资基金管理公司管理办法》等[⑧]。根据相关法律、法规的规定,上述资金均属于具有特定用途和特定范围的资金[⑨],只能在法律、法规规定的特定范围内进行投资等金融活动,并取得相应收益,只要不按照规定的用

---

① 可参见我国《商业银行法》《证券公司客户资产管理业务试行办法》《期货交易管理条例》《信托投资公司管理办法》《外商投资期货公司管理办法》等的相关规定。

② 我国《刑法》第185条第1、2款规定。

③ 参见张明楷:《刑法学》(下),法律出版社2016年版,第789页。"客户资金"包括"委托、信托资金和资产",如客户存放于证券公司买卖证券的资金、证券,商业银行中委托理财的客户资金、信托资产、投资资金,期货经纪公司、保险公司中的信托资产、资金等。

④ 10.05.07《立案追诉标准(二)》第40条规定:涉嫌下列情形之一的,应予立案追诉:(1)擅自运用客户资金或者其他委托、信托的财产数额在30万元以上的;(2)虽未达到上述数额标准,但多次擅自运用客户资金或者其他委托、信托的财产,或者擅自运用多个客户资金或者其他委托、信托的财产的;(3)其他情节严重的情形。

⑤ 我国《刑法》第185条之一第2款。

⑥ 在该种特定主体范围内,触犯我国《刑法》第185条第1款规定的挪用资金罪,第2款挪用公款罪。

⑦ 10.05.07《立案追诉标准(二)》第41条规定:涉嫌下列情形之一的,应予立案追诉:(1)违反国家规定运用资金数额在30万元以上的;(2)虽未达到上述数额标准,但多次违反国家规定运用资金的;(3)其他情节严重的情形。

⑧ 参见《全国社会保障基金投资管理暂行办法》《住房公积金管理条例》《保险资产管理公司管理暂行规定》《证券投资基金法》《保险法》等法律、法规的相关规定。

⑨ 国家对社会保障基金、住房公积金等公众资金运用范围的限制是随着社会、经济的发展而不断变化的。

途和范围使用资金,为违法运用资金行为。有观点认为,在法定范围内不依法使用资金的,也属于本罪行为。[①] 但现有的规定认定在法定范围外使用资金为违法[②],在法定范围运用资金的难以界定其如何情况下属于"不依法使用"。因此,本书不赞同这种看法。本罪没有规定"情节严重"为入罪标准,但不意味着只要实施该行为,就构成犯罪,可以不考虑"情节""后果"。

违法运用资金罪,在本质上也属于违背受托管理资金的背信犯罪的类型,有区别的是,这里的资金来源,是委托管理、经营的公众客户资金、资产,而非是独立的客户资金、财产。根据公众资金管理的有关规定[③],公众资金的使用和投资均有不同要求,如我国《保险资产管理公司管理暂行规定》第 30 条规定:"保险资金的管理运用限于银行存款、买卖政府债券、金融债券和国务院规定的其他资金运用形式。"在法律、法规规定之外运用资金的,即为违法运用资金(也具有单位挪用的性质)。

上述犯罪,如果商业银行、证券交易所、期货交易所、证券公司、期货经纪公司、保险公司或者其他金融机构的工作人员利用职务上的便利,挪用本单位或者客户资金的,构成我国《刑法》第 272 条的挪用资金罪;国有商业银行、证券交易所、期货交易所、证券公司、期货经纪公司、保险公司或者其他国有金融机构的工作人员和国有商业银行、证券交易所、期货交易所、证券公司、期货经纪公司、保险公司或者其他国有金融机构委派到前款规定中的非国有机构从事公务的人员,利用职务上的便利,挪用本单位或者客户资金的,构成我国《刑法》第 384 条的挪用公款罪。

(四) 背信运用受托财产罪的刑事责任

犯本罪,对单位判处罚金,并对其直接负责的主管人员和其他直接责任人员,处 3 年以下有期徒刑或者拘役,并处 3 万元以上 30 万元以下罚金;情节特别严重的,处 3 年以上 10 年以下有期徒刑,并处 5 万元以上 50 万元以下罚金。

二十六、违法发放贷款罪

(一) 违法发放贷款罪的概念和法益

违法发放贷款罪,是指银行或者其他金融机构的工作人员违反国家规定发放贷款,数额巨大或者造成重大损失的,或者向关系人发放贷款[④]的行为。本罪的法益是国家对银行、金融机构信贷活动的监管。主体为特殊主体,即银行或者其他金融机构

---

① 参见王作富主编:《刑法分则实务研究》(上),中国方正出版社 2013 年版,第 468 页。

② 参见《全国社会保障基金信托贷款投资管理暂行办法》《保险资产管理公司管理暂行规定》《住房公积金管理条例》等有关违法运用资金的规定。

③ 我国《保险法》《住房公积金管理条例》《全国社保基金投资管理暂行办法》《证券投资基金法》《保险资产管理公司管理暂行规定》对不同公众资金运用、投资的用途、投资范围均有不同规定。

④ 我国《刑法》第 186 条第 2 款。

的工作人员,主观上是故意,动机不影响认定。

(二) 违反国家规定、行为

违反国家规定,是指违反《商业银行法》《贷款通则》等法律、法规对信贷管理的相关规定。违法发放贷款,即是指对不符合法律、法规规定贷款申请,批准贷款。向"关系"人发放贷款的,亦为违法发放贷款。[①] 本罪以违法发放贷款数额巨大或者造成重大损失为入罪条件。[②]

(三) 违法发放贷款罪与吸收客户资金不入账罪[③]、其他职务犯罪的关联

吸收客户资金不入账罪,是指银行或者其他金融机构的工作人员吸收客户资金不入账,数额巨大或者造成重大损失的行为[④]。主体为特殊主体,即银行或者其他金融机构的工作人员和单位,主观上是故意。将吸收的客户资金不入账,是违反商业银行法金融法律法规的规定,逃避对银行、金融机构资金的监管,虽然所吸收的资金没有入账,但客户持有有效的财产权利凭证,所以对银行或者其他金融机构的资金构成巨大经营风险。不入账包括根本不入银行、金融机构法定账户,也包括存入法定账户外重新设立的账户,以逃避监管。本罪对不入账的资金用途并没有特别指明,一般说无非基于:(1) 工作人员个人将吸收的资金挪用、侵占、贪污,这可能同时触犯挪用资金罪、挪用公款罪、职务侵占罪、贪污罪,为想象竞合犯,可从一重罪论处;(2) 单位决定将吸收的客户资金违规、违法使用,或者用途虽然不违规、非法但以"体外循环"方式,进行营利活动。违法进行营利活动,不排除触犯违法发放贷款罪、挪用资金罪、挪用公款罪等,亦为想象竞合犯,可从一重罪论处。

(四) 违法发放贷款罪的刑事责任

犯本罪,处 5 年以下有期徒刑或者拘役,并处 1 万元以上 10 万元以下罚金;数额特别巨大或者造成特别重大损失的,处 5 年以上有期徒刑,并处 2 万元以上 20 万元以下罚金。单位犯本罪的,对单位判处罚金,并对其直接负责的主管人员和其他直接责任人员,依照自然人犯罪规定处罚。

---

① 我国《刑法》第 186 条第 4 款规定:"关系人的范围,依照《中华人民共和国商业银行法》和有关金融法规确定。"

② 10.05.07《立案追诉标准(二)》第 42 条规定:涉嫌下列情形之一的,应予立案追诉:(1) 违法发放贷款,数额在 100 万元以上的;(2) 违法发放贷款,造成直接经济损失数额在 20 万元以上的。

③ 我国《刑法》第 187 条。

④ 10.05.07《立案追诉标准(二)》第 43 条规定:涉嫌下列情形之一的,应予立案追诉:(1) 吸收客户资金不入账,数额在 100 万元以上的;(2) 吸收客户资金不入账,造成直接经济损失数额在 20 万元以上的。

二十七、违规出具金融票证罪

（一）违规出具金融票证罪的概念和法益

违规出具金融票证罪，是指银行或者其他金融机构的工作人员违反规定，为他人出具信用证或者其他保函、票据、存单、资信证明，情节严重的行为。本罪的法益，是国家对银行、金融机构出具金融票证的监管以及银行、金融机构资金安全。主体为自然人特殊主体和单位，主观上是故意，动机不影响认定。

（二）对象、违反规定、行为、故意

对象为信用证、保函、票据、存单、资信证明[①]。保函[②]，也称为担保函，是银行、金融机构最为重要的资信文件之一。是应申请人的请求，向第三方开具的保证受益人会按照保函的规定履行某种特定的义务，当申请人未能履行保函所规定的义务时，则由担保人代为履行义务的书面保证文件。担保人为银行的，则由银行出具保函的为银行保函。保函是银行、金融机构的主要的日常业务之一，但也存在着较大的金融风险。

违反规定，包括违反《商业银行法》《票据法》以及国务院及其金融监督管理机构（中国人民银行）有关具金融票据应当遵守的规定，也包括违反除银行以外的其他金融机构，如中国人民保险公司、信托投资公司等的内部管理，有关出具金融票据应当遵守的规定。违规为“他人”出具金融票据，包括为个人以及单位。本罪以情节严重为入罪条件[③]。因受贿而违规出具的，是情节严重之一，但也触犯受贿罪或非国家工作人员受贿罪，可以按照相关犯罪论处。

本罪主观罪过有争议，本书认为系故意，既然是违反规定，对不符合申请出具金融票据的他人出具，则入罪标准中要求的经济损失，不应超出其预见的范围。如果完全是因为被骗而出具金融票据的，则不能视为“违反规定出具”。该种情况，如果银行、金融机构系国有单位，其工作人员的过失，可能触犯签订（履行）合同失职被骗罪、国有公司、企业、事业单位人员失职罪、国有公司、企业、事业单位人员滥用职权罪[④]，为想象竞合犯，应从一重罪论处。非国有银行、金融机构工作人员的，则不应以犯罪论处。

---

① 信用证，票据（本票、汇票、支票）、存单、资信证明，请参见已有论述。

② 保函有信用保函与融资保函。

③ 10.05.07《立案追诉标准（二）》第 44 条规定：涉嫌下列情形之一的，应予立案追诉：(1) 违反规定为他人出具信用证或者其他保函、票据、存单、资信证明，数额在 100 万元以上的；(2) 违反规定为他人出具信用证或者其他保函、票据、存单、资信证明，造成直接经济损失数额在 20 万元以上的；(3) 多次违规出具信用证或者其他保函、票据、存单、资信证明的；(4) 接受贿赂违规出具信用证或者其他保函、票据、存单、资信证明的；(5) 其他情节严重的情形。

④ 我国《刑法》第 167 条、第 168 条。

(三) 对违法票据承兑、付款、保证罪[1]

对违法票据承兑、付款、保证罪,是指银行或者其他金融机构的工作人员在票据业务中,对违反《票据法》规定的票据予以承兑、付款或者保证,造成重大损失的行为。[2] 本罪主体为自然人特殊主体和单位,主观上是故意,动机不影响认定。承兑是指银行、金融机构作为付款人在汇票(只针对远期汇票)上签章,表示承诺将来在汇票到期时承担付款义务的票据行为。付款,也称为票据付款(对汇票、支票、本票均可),是票据债务人依票据而对票据权利人进行的金钱支付。这里是指银行、金融机构作为付款人或承兑人或保证人,在票据到期时,对持票人所进行的票据金额的支付。保证,也称为票据保证(对汇票、本票),是票据债务人以外的人(这里即银行、金融机构)为担保票据债务的履行,以负担同一内容的票据债务为目的的一种附属的票据行为。根据《票据法》的有关规定,保证人对合法取得汇票的持票人所享有的汇票权利,承担保证责任。保证人为出票人、付款人、承兑人保证的,应当在票据的正面记载保证事项;保证人为背书人保证的,应当在票据的背面或者其粘单上记载保证事项。本罪的主观罪过,也有不同认识,本书认为是故意罪过。如果完全是因为被骗而对票据承兑、付款、保证的,则不能视为"违反票据法规定"。针对该种情况,如果银行、金融机构系国有单位,其工作人员存在过失,则可能触犯签订(履行)合同失职被骗罪,国有公司、企业、事业单位人员失职罪,国有公司、企业、事业单位人员滥用职权罪,属于想象竞合犯,应从一重罪论处。非国有银行、金融机构工作人员实施上述行为的,则不应以犯罪论处。

(四) 违规出具金融票证罪的刑事责任

犯本罪,处 5 年以下有期徒刑或者拘役;情节特别严重的,处 5 年以上有期徒刑。单位犯本罪的,对单位判处罚金,并对其直接负责的主管人员和其他直接责任人员,依照自然人犯罪规定处罚。

二十八、逃　汇　罪

(一) 逃汇罪的概念和法益

逃汇罪,是指公司、企业或者其他单位,违反国家规定,擅自将外汇存放境外,或者将境内的外汇非法转移到境外,数额较大的行为。本罪的法益是国家对外汇监管。本罪的主体只能是单位,主观上只能是故意,动机不影响认定。

---

① 我国《刑法》第 189 条。

② 10.05.07《立案追诉标准(二)》第 45 条规定:造成直接经济损失数额在 20 万元以上的,应予立案追诉。

（二）对象、行为、主体

"外汇"，是指外国或地区货币行政当局（中央银行、货币管理机构、外汇平准基金及财政部）以银行存款、财政部库券、长短期政府证券等形式保有的，在国际收支逆差时可以使用的支付手段和资产，包括外国货币、外币存款、外币有价证券（政府公债、国库券、公司债券、股票等）、外币支付凭证（票据、银行存款凭证、邮政储蓄凭证等），欧洲货币单位、特别提款权，以及其他外汇资产。

"违反国家规定"，是指违反国家外汇管理的有关规定，将外汇擅自存放境外，以及违反外汇收入应卖给指定的外汇结汇银行的规定等，除总的原则性的国家规定外，也包括针对经常项目、特别项目的国家外汇使用、结汇规定。

"擅自将外汇存放境外，或者将境内的外汇非法转移到境外"，前者，是未经国家外汇管理部门批准，将收入的外汇滞留、存放境外；后者，则是采取非法手段，将境内收入的外汇转移到境外存放。两种行为具体采取的方式、方法，针对的具体项目如何，不影响认定。本罪以逃汇"数额较大"为入罪条件①。

本罪主体只能是单位，包括一人有限责任公司。自然人个人以及个体工商户等主体不能构成本罪。对自然人个人违反国家外汇管理规定，可能触犯走私罪或骗取出口退税款罪、非法经营罪，同时触犯两个以上罪名的，择一重罪从重处罚②。

（三）骗购外汇罪

骗购外汇罪，是指使用伪造、变造的海关签发的报关单、进口证明、外汇管理部门核准件等凭证和单据，或重复使用海关签发的报关单、进口证明、外汇管理部门核准件等凭证和单据，或者以其他方式骗购外汇，数额较大的行为。本罪主体为自然人一般主体和单位，主观上是故意，动机不影响认定。海关、银行、外汇管理机关工作人员与骗购外汇的行为人通谋，为其提供购买外汇的有关凭证，或者明知是伪造、变造的凭证和商业单据而出售外汇，构成犯罪的，按照刑法的有关规定从重处罚③。本罪行为包括：(1) 使用伪造、变造的海关签发的报关单、进口证明、外汇管理部门核准件等凭证和单据骗购外汇，系指使用假的单据、文件实施骗购；(2) 重复使用海关签发的报关单、进口证明、外汇管理部门核准件等凭证和单据骗购外汇，系指将已经使用购买外汇的单据、文件再次（多次）使用；(3) 其他方式骗购外汇，系指除上述行为外，在本质上是骗购的行为。骗购外汇与非法套汇、非法逃汇应区别开来，后者是一般违

---

① 10.05.07《立案追诉标准（二）》第46条规定：逃汇单笔在200万美元以上或者累计数额在500万美元以上的，应予立案追诉。

② 1998年9月1日最高人民法院实施的《关于审理骗购外汇、非法买卖外汇刑事案件具体应用法律若干问题的解释》（法释〔1998〕20号）（以下简称98.09.01《骗购外汇、非法买卖外汇解释》）第6条。

③ 98.09.01《骗购外汇、非法买卖外汇解释》第5条。

法、违规行为。[①] 骗购外汇以“数额较大”为入罪标准[②]。本罪主观上为故意,但如果以进行走私、逃汇、洗钱、骗税等犯罪活动为目的,骗购外汇的,可以分别构成逃汇罪、洗钱罪或骗取出口退税罪;同时触犯二个以上罪名的,择一重罪从重处罚[③]。明知用于骗购外汇而提供人民币资金的,以共犯论处。

(四) 洗钱罪

洗钱罪,是指明知是毒品犯罪、黑社会性质的组织犯罪、恐怖活动犯罪、走私犯罪、贪污贿赂犯罪、破坏金融管理秩序犯罪、金融诈骗犯罪的所得及其产生的收益,为掩饰、隐瞒其来源和性质的行为。本罪主体为自然人一般主体和单位,主观上是故意,动机不影响认定。

本罪的成立,以“上游七类犯罪”犯罪事实成立为前提条件[④],但不以已受现实刑罚处罚为前提。“上游犯罪”,即指《刑法》第6章第7节规定的“走私、贩卖、运输、制造毒品罪”;第1节“组织、领导、参加黑社会性质组织罪”以及涉黑的所有犯罪;第2章“组织、领导、参加恐怖组织罪”以及涉暴恐的所有犯罪;第3章第2节“走私罪”以及涉及走私的所有犯罪;第8章“贪污贿赂罪”规定的犯罪;第3章第4节规定的“破坏金融管理秩序犯罪”的所有犯罪;第5节“金融诈骗罪”规定的所有犯罪[⑤]。只要有证据能够证实明知是七类犯罪的所得及其产生的收益,即可认定,但对不能证实“明知”的,或与七类上游犯罪无关联的其他犯罪的所得及其收益,从事“洗钱”犯罪活动的,不构成本罪,但不影响构成“掩饰、隐瞒犯罪所得、犯罪所得收益罪”或“包庇毒品犯罪分子罪”“窝藏、转移、隐瞒毒品、毒赃罪”[⑥]。

“犯罪的所得及其产生的收益”,前者是指通过犯罪所直接获得的犯罪收入,包括金钱与各种财产;后者是指将上述收入使之进入流通,通过合法或非法交易、投资、经营等方式所获得的经济收入,至于经济收入的具体名目、名称,不影响认定。

实施为七类“犯罪的所得及其产生的收益,为掩饰、隐瞒其来源和性质的行为”。具体包括:(1) 提供资金账户。这是指为犯罪者在金融机构开设账户,或提供现成的

---

① 参见监察部、人事部、中国人民银行、海关总署、国家外汇管理局《关于骗购外汇、非法套汇、逃汇、非法买卖外汇等违反外汇管理规定行为的行政处分或者纪律处分暂行规定》(2011年1月8日修订)的有关规定。

② 10.05.07《立案追诉标准(二)》第47条规定:骗购外汇数额在50万美元以上的,应予立案追诉。

③ 98.09.01《骗购外汇、非法买卖外汇解释》第1、6条。

④ 2009年11月4日最高人民法院发布的《关于审理洗钱等刑事案件具体应用法律若干问题的解释》(法释〔2009〕15号)(以下简称09.11.04《洗钱刑事案件解释》)第4条第1款规定:“刑法第191条、第312条、第349条规定的犯罪,应当以上游犯罪事实成立为认定前提。上游犯罪尚未依法裁判,但查证属实的,不影响刑法第191条、第312条、第349条规定的犯罪的审判。”

⑤ 对七类犯罪所涉及的具体罪名,理论上有不同认识。参见王作富主编:《刑法分则实务研究》(上),中国方正出版社2013年版,第489—490页。论者持全面肯定认识,本书赞同。

⑥ 本罪与掩饰、隐瞒犯罪所得、犯罪所得收益罪为特别法条与一般法条的竞合关系,与窝藏、转移、隐瞒毒品、毒赃罪只有部分竞合,因此,在不能证实为七类犯罪“洗钱”的,应按照一般法条规定的犯罪定罪处罚。

账户,或提供资金(不限于现金)。(2) 协助将财产转换为现金、金融票据、有价证券。是指将财产通过交易方式变现(如将受贿的古字画委托拍卖),或转换为金融票据、有价证券,包括以现金购买金融票据、有价证券,购买外汇等。(3) 通过转账或者其他结算方式协助资金转移。这是指利用金融票据(支票、本票等)将犯罪的所得及其产生的收益,在金融机构中实现流转,使之能混入合法收入中。"其他结算方式",主要是通过汇兑、委托收款、电子划拨等使犯罪的所得及其产生的收益转换为合法收入。(4) 协助将资金汇往境外。这是指采用各种方式将犯罪的所得及其产生的收益,转移到境外。例如携带资金合法出境、在境外投资、收购资产等。(5) 以其他方法掩饰、隐瞒犯罪所得及其收益的来源和性质。这是指除上述所列举的典型的通过金融机构"洗钱"形式之外的,为犯罪者隐瞒、掩饰犯罪的所得及其产生的收益的行为①,包括通过非金融活动的途径从事合法、非法活动进行"洗钱"②。

根据我国刑法规定,多数说认为,本罪主体限于除"七类犯罪"本犯之外的其他自然人或单位,"本犯"自己不能构成本罪③(当然也有肯定观点④),至于本犯不能成为主体的原因,有认为"本犯"自己的洗钱行为,因是必然需要"清洗",所以是"不可罚事后行为"⑤,也有认为,基于罪刑法定,从本罪罪状设置看,是为"本犯"外的主体而设置,例如"明知"已经强调不是本犯;"提供""协助"就说明是"帮助",自然只能是本犯之外的主体⑥。本书赞同否定说的第 2 种观点。同时认为,本罪行为人非"七类犯罪"当然的共犯,也非当然的"对向犯"。问题是,如果实施本罪的行为人与上游犯罪的行为人事前通谋的,是单独以本罪论处,还是以七类犯罪的共犯认定。本书认为,如事前通谋是因共同犯罪的分工,事后洗钱,洗钱者为"七类犯罪"的主体之一,不应以本罪论处;如虽然属于事前通谋,但洗钱者并非专门针对特定的犯罪或特定犯罪人而实施洗钱,例如,为不同贩毒者洗钱,或同时也为金融诈骗

---

① 09.11.04《洗钱刑事案件解释》第 2 条规定:"具有下列情形之一的,可以认定为刑法第 191 条第 1 款第 5 项规定的'以其他方法掩饰、隐瞒犯罪所得及其收益的来源和性质':(一) 通过典当、租赁、买卖、投资等方式,协助转移、转换犯罪所得及其收益的;(二) 通过与商场、饭店、娱乐场所等现金密集型场所的经营收入相混合的方式,协助转移、转换犯罪所得及其收益的;(三) 通过虚构交易、虚设债权债务、虚假担保、虚报收入等方式,协助将犯罪所得及其收益转换为'合法'财物的;(四) 通过买卖彩票、奖券等方式,协助转换犯罪所得及其收益的;(五) 通过赌博方式,协助将犯罪所得及其收益转换为赌博收益的;(六) 协助将犯罪所得及其收益携带、运输或者邮寄出入境的;(七) 通过前述规定以外的方式协助转移、转换犯罪所得及其收益的。"可以看出,该《解释》仍然具有"其他"的兜底性规定,所以,只要本质上属于为犯罪者"洗钱"即可,具体的方式、方法很难规范归纳。

② 参见 09.11.04《洗钱刑事案件解释》第 2 条的规定。

③ 参见马克昌主编:《百罪通论》(上卷)北京大学出版社 2014 年版,第 276 页;王作富主编:《刑法分则实务研究》(上),中国方正出版社 2013 年版,第 492—493 页;张明楷:《刑法学》(下),法律出版社 2016 年版,第 793 页等。

④ 参见姜伟:《洗钱罪比较研究》,载《现代法学》1999 年第 1 期。

⑤ 参见钊作俊:《洗钱罪研究》,载《法律科学》1997 年第 5 期。

⑥ 参见王作富主编:《刑法分则实务研究》(上),中国方正出版社 2013 年版,第 492—493 页;张明楷:《刑法学》(下),法律出版社 2016 年版,第 793 页等。

犯罪者洗钱,这种情形下,虽有通谋但在认定上,无法确定是哪种犯罪的共犯,要认定为共犯,则必然出现"重复评价"问题,因为无论为何人实施过多少次洗钱,也只能评价为"一行为",如针对不同犯罪人的不同犯罪洗钱,既作为"甲"的共犯,又作为"乙"的共犯,要实施并罚,必然产生重复评价问题。因此,该种情况仍然只应以本罪论处。

本罪主观上以"明知"为条件。明知,包括确实知道"是"和"可能是"。可以是根据证据认定明知,也可以是根据证据推定明知。特别是对知道"可能是"的推定,仍然应以证据能够证实的事实为推定明知的依据①。

(五) 逃汇罪的刑事责任

犯本罪,对单位判处逃汇数额5%以上30%以下罚金,并对其直接负责的主管人员和其他直接责任人员处5年以下有期徒刑或者拘役;数额巨大或者有其他严重情节的,对单位判处逃汇数额5%以上30%以下罚金,并对其直接负责的主管人员和其他直接责任人员处5年以上有期徒刑。

二十九、逃 税 罪

(一) 逃税罪的概念和法益

逃税罪,是指纳税人采取欺骗、隐瞒手段②进行虚假纳税申报或者不申报,逃避缴纳税款数额较大并且占应纳税额10%以上的,或者扣缴义务人采取欺骗、隐瞒手段,

---

① 09.11.04《洗钱刑事案件解释》第1条规定:"刑法第191条、第312条规定的'明知',应当结合被告人的认知能力,接触他人犯罪所得及其收益的情况,犯罪所得及其收益的种类、数额,犯罪所得及其收益的转换、转移方式以及被告人的供述等主、客观因素进行认定。具有下列情形之一的,可以认定被告人明知系犯罪所得及其收益,但有证据证明确实不知道的除外:(一)知道他人从事犯罪活动,协助转换或者转移财物的;(二)没有正当理由,通过非法途径协助转换或者转移财物的;(三)没有正当理由,以明显低于市场的价格收购财物的;(四)没有正当理由,协助转换或者转移财物,收取明显高于市场的'手续费'的;(五)没有正当理由,协助他人将巨额现金散存于多个银行账户或者在不同银行账户之间频繁划转的;(六)协助近亲属或者其他关系密切的人转换或者转移与其职业或者财产状况明显不符的财物的;(七)其他可以认定行为人明知的情形。被告人将刑法第191条规定的某一上游犯罪的犯罪所得及其收益误认为刑法第191条规定的上游犯罪范围内的其他犯罪所得及其收益的,不影响刑法第191条规定的'明知'的认定。"

② 逃税罪经由《刑法修正案(七)》修正,较原罪状有重大修改。也有学者认为,对"逃税"的认定不宜再以2002年11月5日最高人民法院发布的《关于审理偷税抗税刑事案件具体应用法律若干问题的解释》(法释〔2002〕33号)(以下简称02.11.05《偷税抗税解释》)第1条规定的"偷税"具体行为为依据。参见李立众编:《刑法一本通》,法律出版社2017年版,第287页注释。本书认为,罪名从"偷税"修正为"逃税"只是更准确地揭示行为本质,但是逃税的行为表现,并无改变,特别是要实施虚假纳税申报的具体"手段"。因此,02.11.05《偷税抗税解释》"偷税"行为表现,仍然是认定"逃税"行为的基本依据之一:(1)伪造、变造、隐匿、擅自销毁帐簿、记帐凭证;(2)在帐簿上多列支出或者不列、少列收入;(3)经税务机关通知申报而拒不申报纳税;(4)进行虚假纳税申报;(5)缴纳税款后,以假报出口或者其他欺骗手段,骗取所缴纳的税款。

不缴或者少缴已扣、已收税款,数额较大的行为。[①] 本罪的法益为国家对税收征管的监管。本罪主体为纳税人和扣缴义务人,主观上是故意,动机不影响认定。

(二)行为、特别出罪、入罪条件、主体、主观

逃税所逃避缴纳的,是应缴纳的国内税。本罪行为应具备三个条件:一是必须是违反国家税收法规所规定的纳税义务。税收和税收征收管理方面法律法规,是税务机关依法征税的法律依据,同时,也是司法机关依法处罚税务犯罪的法律依据之一。二是认定行为人违反所规定的纳税义务,实施虚假纳税申报或者不申报,不缴或少缴应纳税款,不履行纳税义务。"虚假纳税申报",由于税种和应税项目的不同,行为人往往会通过欺骗、隐瞒、掩饰等不同的方法、手段,如伪造、变造、隐匿、擅自销毁账簿、记账凭证,在账簿上多列支出或者不列甚至少列收入的方法,企图使税务机关在从有关纳税资料凭证上,不能发觉其少缴或不缴应纳税款,达成税额减少或免除目的,其行为具有一定的欺诈性。"不申报",是指根本就不去办理纳税申报。是否经过税务机关通知申报而不申报,不影响认定。三是逃避纳税的数额较大并达到占应税数额10%以上。[②] 我国《刑法》第204条第2款规定:纳税人缴纳税款后,采取假报出口或者其他欺骗手段,骗取国家出口退税款[③],骗取所缴纳的税款的,依照逃税罪规定定罪处罚。

我国《刑法》第201条第4款规定,有逃税行为,经税务机关依法下达追缴通知后,补缴应纳税款,缴纳滞纳金,已受行政处罚的,不予追究刑事责任;但是,5年内因逃避缴纳税款受过刑事处罚或者被税务机关给予2次以上行政处罚的除外。本书认为,"5年内……受过刑事处罚或者被税务机关给予2次以上行政处罚",不限于第一次受到的刑事处罚或行政处罚,是因如本罪的"逃税"行为,只要是违反税法,属于"因逃避缴纳税款"性质,均包括在内。"不予追究刑事责任",应是指在补缴应纳税款,缴

---

① 10.05.07《立案追诉标准(二)》第57条规定:涉嫌下列情形之一的,应予立案追诉:(1)纳税人采取欺骗、隐瞒手段进行虚假纳税申报或者不申报,逃避缴纳税款,数额在5万元以上并且占各税种应纳税总额10%以上,经税务机关依法下达追缴通知后,不补缴应纳税款、不缴纳滞纳金或者不接受行政处罚的;(2)纳税人5年内因逃避缴纳税款受过刑事处罚或者被税务机关给予2次以上行政处罚,又逃避缴纳税款,数额在5万元以上并且占各税种应纳税总额10%以上的;(3)扣缴义务人采取欺骗、隐瞒手段,不缴或者少缴已扣、已收税款,数额在5万元以上的。纳税人在公安机关立案后再补缴应纳税款、缴纳滞纳金或者接受行政处罚的,不影响刑事责任的追究。

② 10.05.07《立案追诉标准(二)》第57条规定:逃避缴纳税款,涉嫌下列情形之一的,应予立案追诉:(1)纳税人采取欺骗、隐瞒手段进行虚假纳税申报或者不申报,逃避缴纳税款,数额在5万元以上并且占各税种应纳税总额10%以上,经税务机关依法下达追缴通知后,不补缴应纳税款、不缴纳滞纳金或者不接受行政处罚的;(2)纳税人5年内因逃避缴纳税款受过刑事处罚或者被税务机关给予2次以上行政处罚,又逃避缴纳税款,数额在5万元以上并且占各税种应纳税总额10%以上的;(3)扣缴义务人采取欺骗、隐瞒手段,不缴或者少缴已扣、已收税款,数额在5万元以上的。纳税人在公安机关立案后再补缴应纳税款、缴纳滞纳金或者接受行政处罚的,不影响刑事责任的追究。同时参见公安部《如何理解〈刑法〉第二百零一条规定的"应纳税额"问题的批复》(公复字〔1999〕4号)。

③ 出口退税,是国家为降低出口产品的成本提高使之在国际市场竞争力,在产品出口后退还已经缴纳的国内税。骗取出口退税款,是骗取已经缴纳的国内税,故应该以逃税罪论处。

纳滞纳金,已受行政处罚的情况下,不再视为犯罪并承担刑事责任。与此对应的10.05.07《立案追诉标准(二)》第57条规定:"纳税人采取欺骗、隐瞒手段进行虚假纳税申报或者不申报,逃避缴纳税款,数额在5万元以上并且占各税种应纳税总额10%以上,经税务机关依法下达追缴通知后,不补缴应纳税款、不缴纳滞纳金或者不接受行政处罚的",应当立案追究刑事责任。但10.05.07《立案追诉标准》还规定:"纳税人5年内因逃避缴纳税款受过刑事处罚或者被税务机关给予2次以上行政处罚,又逃避缴纳税款,数额在5万元以上并且占各税种应纳税总额10%以上的"予以立案追究,则与第201条第4款"但书"并没有规定数额加比例有一定出入。本书认为,以5万元作为"逃税"数额较大的标准并无不当,因立法对数额较大并无具体规定,对此予以明确有利于统一执法,但将5年内受过刑事处罚或受过2次以上行政处罚需要立案追究的条件,设定为与从未受过刑事处罚、行政处罚的条件相同的标准,本书认为不够妥当。毕竟受过刑事处罚或行政处罚的人,主观恶性更大,相同标准有提高入罪门槛之嫌。

本罪是特殊主体,为纳税人和扣缴义务人,即法律、行政法规规定负有纳税义务的单位和个人,以及法律、行政法规规定负有代扣代缴、代收代缴税款义务的单位和个人。此外,未取得营业执照而从事经营活动的单位和个人,负有纳税义务。

对代办纳税的税务代理人,在代理范围内实施逃税(占有代缴税款)的,因不具有纳税人身份,不能构成本罪,应以职务侵占罪论处;如果纳税人指使代理人采取虚假纳税申报逃税的,可以构成共同犯罪,税务代理人是从(帮助)犯。[①]

逃避纳税的故意应具有牟取非法经济利益的目的,否则难以与漏税与避税区别开。漏税是纳税单位和个人,非故意地发生漏缴或少缴税款,例如不了解、不熟悉税法规定和财务制度,或因工作粗心大意,错用税率、漏报应税项目、不计应税数量、销售总额和经营利润等,主观上一般是过失,应予以追缴、补缴,不构成犯罪。避税,是通过选择合理计税方法或利用税法上的某些欠缺漏洞,作有利于自己的纳税选择,以达到不缴或少缴税款,避税的行为不构成犯罪。唯一的方法就是加强和完善税收立法,堵塞避税漏洞。[②] 不同观点认为避税有合法与不合法之分,后者就可以构成犯罪。[③] 本书认为,将避税区分为合法避税和不合法避税是不恰当的。正因为避税不采取违法手段,无论是通过合理选择,还是利用税法上的不完善,达到少缴或不缴税款,并没有违反税法的明文规定。逃税和避税虽然主观上都想少缴或不缴,但逃税是采用违法手段,而避税并不采用违法手段。

(三) 逃税罪与逃避追缴欠税罪的关联

逃避追缴欠税罪,是指纳税人欠缴应纳税款,采取转移或者隐匿财产的手段,致使税务

---

① 有代理人帮助会使逃税更为顺畅,有的情况下对犯罪的完成可能是起到主要作用,之所以这种情况视为帮助犯,主要是对犯罪完成的决策权仍然掌握在纳税人手中,代理人不具有完全的支配和控制力。

② 参见陈兴良主编:《刑法新罪评释全书》,中国民主法制出版社1995年版,第257页。

③ 参见王作富主编:《经济活动中罪与非罪的界限》,中国政法大学出版社1996年版,第285页。

机关无法追缴欠缴的税款,数额达到法定标准[①]的行为。本罪主体是特殊主体,为纳税人,包括应纳税的自然人和单位。扣缴义务人亦可构成本罪。未取得营业执照从事经营的单位或者个人,负有纳税义务,是本罪主体。主观上只能是直接故意,拖欠税款,采取转移或隐匿财产手段逃避追缴的目的,在于逃避所欠缴的税款,动机不影响认定。

行为人违反税收征收管理法律、法规,欠缴应纳税款,这是构成本罪的前提条件。违反税收管理法律、法规,是指纳税人、扣缴义务人超出纳税期限,又未经税务机关批准允许延期缴纳,以各种借口不履行或拖延履行纳税义务,不补缴欠缴的税款,是公开的拖欠。在纳税期内尚未履行纳税义务,不能认为是欠缴了税款。对欠缴应纳税款的行为,应视具体情况处理:纳税人、扣缴义务人因特殊困难欠缴[②],该种情形经申报批准,则是合法的;未经批准欠缴是非法的,经税务机关限期缴纳,逾期仍未缴纳,但税务机关可以通过强制执行措施予以追缴,不应作为犯罪认定;欠缴应纳税款,又采取转移或者隐匿财产的手段,致使税务机关无法追缴欠缴税款,只有该种情形,构成犯罪。

我国《税收征收管理法》第 40 条规定,对欠缴税款,税务机关可以采取下列强制执行措施:(1) 书面通知其开户银行或者其他金融机构从其存款中扣缴税款;(2) 扣押、查封、依法拍卖或者变卖其价值相当于应纳税款的商品、货物或者其他财产,以拍卖或者变卖所得抵缴税款。未缴纳的滞纳金同时强制执行。

拖欠了税款,又致使税务机关无法追缴欠缴税款一般有两种情形:一是纳税人财力不支,资金短缺,其商品、货物或者其他财产不抵欠缴的应纳税款,又不能提供纳税担保,即使对其实行强制执行措施也无法追缴所欠缴的税款。这种情形,即便造成税务机关无法追缴也不构成本罪;二是纳税人既不提供纳税担保,又采取转移或者隐匿财产的手段,使税务机关强制执行的追缴措施一定期限内难以奏效。只有在这种情形下才能构成本罪。但如果税务机关尚没有充分采取法定的各种追缴措施,或者即便欠税人转移、隐匿了财产,经过税务机关的追缴措施能够追缴所欠缴的税款的,则不应以本罪论处。转移财产,通常是指从开户银行、其他金融机构中提走存款或转移到其他账户,或者将商品、产品、货物或其他财产转移到他处。隐匿财产,通常是指将现金、贵重物品、其他财产转移到他处藏匿起来。只要具有上述行为之一即可,同时具备也不影响认定。采取转移或者隐匿财产的手段,是纳税人逃避追缴所欠税款行为的客观表现;致使税务机关无法追缴所欠缴的税款,是逃避追缴行为直接的犯罪结果。因此本罪是结果犯,逃避追缴的行为与无法追缴的结果之间须具有刑法上的因果关系。只有致使税务机关无法追缴欠缴税款的结果发生,才构成本罪的既遂,因此,本罪有未遂犯存在的余地。是否采取转移或者隐匿财产的手段,是查证纳税人逃避追缴所欠缴税款的主要客观依据,至于转移或隐匿财产行为是在税务机关责令限期缴纳税款之前还是在此之后实施,不影响认定。

---

① 根据我国《刑法》第 203 条的规定,造成无法追缴欠缴的税款,数额在 1 万元以上的,即构成犯罪。

② 我国《税收征收管理法》第 31 条规定:“纳税人、扣缴义务人按照法律、行政法规规定或者税务机关依照法律、行政法规的规定确定的期限,缴纳或者解缴税款。纳税人因有特殊困难,不能按期缴纳税款的,经省、自治区、直辖市国家税务局、地方税务局批准,可以延期缴纳税款,但是最长不得超过 3 个月。”

本罪不以逃税为前提,但因不履行纳税义务逃税(包括抗税)以及少缴、不缴应纳税款,足以引起税务机关采取追缴措施,如果再采取转移或者隐匿财产的手段,使税务机关强制执行的追缴措施难以奏效,无法追缴的,是否需要并罚?本书的结论是否定的。因为只要欠缴应纳税款,税务机构都需要追缴,因此,追缴措施并非为本罪而设置,欠缴税款包括因各种原因所造成的欠税,因逃税而欠税是其应有之意,因此,不能实行并罚。可以说,两罪认定犯罪的则重点并不相同,逃税的虚假纳税申报或者不申报,采取各种欺诈手段,是应付税务机关的税务检查和监督,企图从隐瞒资金、经营等绝对或相对数量、数额上减少应税比例额。不如实履行或不履行纳税义务,是造成不缴或少缴应纳税款结果的原因,至于纳税人是否转移或者隐匿财产,税务机关是否采取了追缴措施,是否发生无法追缴结果,不是构成逃税等犯罪的条件;而后者是以各种借口拖欠,甚至抵制履行纳税义务,超过纳税期限而未缴或少缴税款,行为具有公开性,行为人转移或者隐匿财产,就是为了对付税务机关将采取的追缴措施,是造成税务机关无法追缴结果的原因。

行为人主观上必须具有逃避追缴所欠税款的故意内容。如属正常的偿还债务或正常经营已将钱款划出,商品、货物出售、抵押、质押,则不具有转移、隐匿财产的性质,不能认为具有逃避追缴的故意。欠缴税款的纳税人不具有我国《税收征收管理法》第 50 条规定①的情形,即便造成税务机关无法追缴的现实,也不能构成本罪。

(四) 逃税罪的刑事责任

犯本罪,处 3 年以下有期徒刑或者拘役,并处罚金;数额巨大并且占应纳税额 30% 以上的,处 3 年以上 7 年以下有期徒刑,并处罚金。对多次实施逃税,未经处理的,按照累计数额计算。

三十、抗　税　罪

(一) 抗税罪的概念和法益

抗税罪,是指以暴力、威胁方法拒不缴纳税款的行为②。本罪的法益,是国家对税收征管的监管以及税收征管人员人身权利。本罪主体系特殊主体,为纳税人以及代扣、代缴义务人,单位非本罪主体,但单位主管人员、直接责任人员组织单位员工,策

① 我国《税收征收管理法》第 50 条规定:"欠缴税款的纳税人因怠于行使到期债权,或者放弃到期债权,或者无偿转让财产,或者以明显不合理的低价转让财产而受让人知道该情形,对国家税收造成损害的,税务机关可以依照合同法第 73 条、第 74 条的规定行使代位权、撤销权。税务机关依照前款规定行使代位权、撤销权的,不免除欠缴税款的纳税人尚未履行的纳税义务和应承担的法律责任。"

② 10.05.07《立案追诉标准(二)》第 58 条规定:涉嫌下列情形之一的,应予立案追诉:(1) 造成税务工作人员轻微伤以上的;(2) 以给税务工作人员及其亲友的生命、健康、财产等造成损害为威胁,抗拒缴纳税款的;(3) 聚众抗拒缴纳税款的;(4) 以其他暴力、威胁方法拒不缴纳税款的。

划、实施抗税的,应以本罪追究刑事责任。本罪主观上只能是直接故意,动机不影响认定。

(二) 对象、行为、结果

本罪对象,是依法应当缴纳的税款,以及在依法征税时段[①]履行征税职责的工作人员,包括依法代征人员,但代扣、代缴义务人,不能成为本罪对象。代扣、代缴义务人的代扣代收、代缴职责是税法强制委托的,在法律性质上,与国家是一种合同、契约关系,不是在履行国家的公务,其法律地位与纳税人相同,即所负的权利、义务不能拒绝履行,所以,代扣、代缴义务人与纳税人负有相同责任,如纳税人拒绝其代扣、代收时,双方的合同关系不成立,也就不具有强制性收取的可能性。代征制度,是为了少数零星分散税款的征收,解决税务机关征税力量的不足而设置。代征是基于税务机关委托而产生的行政委托代理关系,代征人与纳税人属于管理与被管理的关系;代征税款是其职责,是代税务机关行使税款征收权,以税务机关的名义依照税收征管法征收税款,其权利义务与税务机关或税务工作人员依法执行征税本质上没有区别。因此,代扣、代缴义务人如果采取虚假纳税申报,不履行或不如实履行将代扣、代收税款递解缴纳的,构成逃税罪,而代征人如果实施相同行为,应按照职务侵占罪或贪污罪论处。"依法应当缴纳的税款",包括初始开征依法应缴纳的,以及因各种原因尚未缴纳的税款、滞纳金、罚款,不应当减、免而应当补缴的税款、滞纳金,当然包括逃税以及欠缴(可能构成逃税罪、逃避缴纳欠税罪)的税款以及滞纳金。

纳税人、扣缴义务人、纳税担保人同税务机关在纳税上发生争议[②],纳税人以暴力、威胁拒缴的税款,不能构成本罪。有观点认为,因我国《税收征收管理法》规定了"先缴后议"的原则,纳税人也必须先缴税款。暴力抗拒缴纳的,应以本罪追究刑事责任[③]。本书持否定看法,在纳税上发生争议,是纳税人(扣缴义务人、纳税担保人),维护自身权利的表现,非以此抗拒国家税收,客观上违反税收法"先缴后议"规定,但欠缺抗税罪的故意罪过,不能按照抗税罪论处。但这是明知征税是国家的公务活动,征税工作人员是依法履行职责,所以,暴力、威胁妨害的是公务活动以及侵害征税人员的人身,所以,无抗税故意但具有妨害公务的故意,故不应排除可以构成妨害公务罪。如因使用暴力造成税收人员伤害的,应根据具体情况以故意伤害罪或过失重伤罪追

---

① 不在依法征税时段的税务工作人员,不具有本罪对象属性,受到因征税而引发的暴力侵袭,行为人应按照相应犯罪论处,不构成抗税罪。

② 我国《税收征收管理法》第 88 条规定:"纳税人、扣缴义务人、纳税担保人同税务机关在纳税上发生争议时,必须先依照税务机关的纳税决定缴纳或者解缴税款及滞纳金或者提供相应的担保,然后可以依法申请行政复议;对行政复议决定不服的,可以依法向人民法院起诉。"《税收征收管理法实施细则》第 100 条规定:"税收征管法第 88 条规定的纳税争议,是指纳税人、扣缴义务人、纳税担保人对税务机关确定纳税主体、征税对象、征税范围、减税、免税及退税、适用税率、计税依据、纳税环节、纳税期限、纳税地点以及税款征收方式等具体行政行为有异议而发生的争议。"

③ 参见王作富主编:《经济活动中罪与非罪的界限》(增订本),中国政法大学出版社 1996 年版,第 298 页。

究刑事责任,如故意杀人的,应以故意杀人罪论处。对不构成犯罪的情况,应按照《税收征收管理法》的有关规定予以行政处罚。

以暴力、威胁方法,拒不缴纳应纳税款,是抗税行为。抗税,同样是不履行纳税义务,抗税是作为还是不作为,有争议,本书认为抗税罪是作为行为,而非不作为。因“暴力”、“威胁”(或胁迫)手段[①],是为自然人的故意违法犯罪行为而设立的构成要素,不可能以不作为形式出现。如何理解抗税罪的暴力、威胁的内容、形式和程度,多数说采取列举方式,如暴力,是指殴打、捆绑、强行禁闭等[②],阻止其履行职责,也并不限于只能针对人身而实施,为阻碍执行征税而砸毁其使用的交通工具、聚众冲击打砸税务机关的,也是使用暴力[③]。从这一点而言,抗税罪的暴力,是广义的暴力。威胁,是指对征税工作人员实行的精神强制,阻止其依法履行职责。威胁的内容是多方面的,如以杀害、伤害其本人或亲属,毁坏财产,损害其名誉等[④]。对于抗税罪暴力、威胁的程度,主要有两种观点:第一种观点认为,抗税罪暴力程度,应当达到“足以危及他人人身安全”;威胁,应当达到“使他人不能抗拒”[⑤]。还有认为暴力包括最高形式——杀人[⑥]。第二种观点认为,暴力、威胁,都应当达到“阻碍其继续履行税务职务”的程度[⑦]。本书认为,刑法中暴力和威胁(或胁迫)手段在不同的犯罪中内容、形式和程度要求是不相同的,抗税罪法定最高刑只有7年有期徒刑,无论如何都不可能包括杀人的暴力,否则导致罪刑不均衡。对暴力、威胁要求达到“足以危及他人人身安全”“使他人不能抗拒”的程度,那么也就意味着没有达到的,就不是抗税罪的暴力,这一结论也并非妥当[⑧]。本书认为,第二种主张是比较恰当的[⑨]。要求暴力、威胁达

---

① “暴力”,是指非法行使有形物理力,就具体不同的犯罪而言,可以对人实施,也可以对物实施,即“物理强制”。“威胁”(或胁迫),是指针对被害人进行的威胁和恐吓,即“精神强制”,其传达给被害人的信息是:若有必要,就决定使用所预示的有形的加害内容,通常是将要使用暴力。二者均属于为自然人规定的构成要素,实施的直接目的,均是欲排除、抑制被害人的反抗。刑法上通常规定为犯罪的选择性要件要素,但现实中时常交错一起出现。

② 参见高铭暄、马克昌主编:《刑法学》(下编),中国法制出版社1999年版,第761页;祝铭山主编:《刑法的修改与适用》,人民法院出版社1997年版,第447页等。

③ 参林亚刚:《抗税罪新论》,载《法律科学》1993年第2期;马克昌主编:《经济犯罪新论——破坏社会主义经济秩序罪研究》,武汉大学出版社1998年版,第416页;周振想主编:《中国新刑法释论与罪案》(下),中国方正出版社1997年版,第935页等。

④ 参见高铭暄、马克昌主编:《刑法学》(下编),中国法制出版社1999年版,第761页;祝铭山主编:《刑法的修改与适用》,人民法院出版社1997年版,第447页等。

⑤ 参见刘家琛主编:《新刑法新问题新罪名通释》,人民法院出版社1997年版,第543页;祝铭山主编:《刑法的修改与适用》,人民法院出版社1997年版,第447页。

⑥ 参见陈正云主编:《经济犯罪的刑法理论与司法适用》,中国方正出版社1998年版,第412页。

⑦ 参见高铭暄、马克昌主编:《刑法学》(下编),中国法制出版社1999年版,第761页;周振想主编《中国新刑法释论与罪案》(下),中国方正出版社1997年版,第935页等。

⑧ 不排除有的案件的暴力、威胁事实上达到要求,但并不具有普遍性。

⑨ 10.05.07《立案追诉标准(二)》第58条规定:以暴力、威胁方法拒不缴纳税款,涉嫌下列情形之一的,应予立案追诉:(1) 造成税务工作人员轻微伤以上的;(2) 以给税务工作人员及其亲友的生命、健康、财产等造成损害为威胁,抗拒缴纳税款的;(3) 聚众抗拒缴纳税款的;(4) 以其他暴力、威胁方法拒不缴纳税款的。

到"阻碍其继续履行税务职务",就应当认定符合抗税罪的要求。本书对本罪暴力、威胁有以下认识:暴力,不包括故意重伤、故意杀人,以此为抗税手段,应认定为属于出于抗税动机的故意杀人罪或者故意伤害罪;暴力只限于造成轻伤,造成重伤、死亡,则超出抗税罪暴力的范围(想象竞合犯);只能是对执行征税人员当场实施,税务争议后实行报复性侵害的,应以相应犯罪论处。威胁,同样要求前述的"时段性",但威胁的内容不要求必须具有付诸实现的当场性,不以必须是违法的加害内容为必要,是否有意将威胁的内容付诸实现,也不影响认定。

本罪虽然系真正身份犯,但无身份者参与抗税的,应以共犯论处[①]。

本罪主观上是直接故意,应具有使用暴力、威胁抗拒缴纳税款。有学者认为,本罪的主观要件是非法占有应纳税款的目的[②]。本书认为,刑法并没有将某种特定目的作为构成本罪必备要素,但实务中多具有这样的故意内容。出于何种动机在所不问。

(三)对抗税致人重伤、死亡的理解[③]

主要有以下几种看法:(1)认为是抗税的结果加重犯,罪名应是抗税罪[④];(2)认为是牵连犯,应按从一重论处原则,以故意伤害罪和故意杀人罪论处[⑤];(3)认为是转化犯,即罪质由抗税转化为伤害罪、杀人罪。转化犯最能够准确体现暴力抗税致人伤亡的案件性质[⑥];(4)认为是想象竞合犯,罪名应为故意伤害罪、过失重伤罪,故意杀人罪或过失致人死亡罪,因为是基于一个犯意实施的一个抗税行为,暴力是抗税行为的组成部分,不能独立,但又触犯两个罪名,符合想象竞合犯[⑦]。

主张为结果加重犯或牵连犯、转化犯存在以下问题:(1)该种情形理论上说符合结果加重犯基本条件,但是否是结果加重犯,取决于法律明文规定,我国刑法中并没有对所有符合结果加重犯基本条件的犯罪,都规定为结果加重犯,此情形即是示例。(2)牵连犯必须是具有两个以上独立成罪的行为之间具有牵连关系。在暴力抗税致

---

① 02.11.05《偷税抗税解释》第6条第2款规定:"与纳税人或者扣缴义务人共同实施抗税行为的,以抗税罪的共犯依法处罚。"

② 参见陈正云主编:《经济犯罪的刑法理论与司法适用》,中国方正出版社1998年版,第412页。

③ 02.11.05《偷税抗税解释》第6条规定:"实施抗税行为致人重伤、死亡,构成故意伤害罪、故意杀人罪的,分别依照刑法第234条第2款、第232条的规定定罪处罚。"

④ 赵秉志主编:《刑法修改研究综述》,中国人民公安大学出版社1990年版,第267页。

⑤ 参见刘岩主编:《刑法适用新论》,中国政法大学出版社1993年版,第98页;陈正云主编:《经济犯罪的刑法理论与司法适用》,中国方正出版社1998年版,第418页。

⑥ 陈兴良主编:《刑法新罪评释全书》,中国民主法制出版社1995年版,第265—266页。

⑦ 参见林亚刚:《抗税罪新论》,载《法律科学》1993年第2期,第67页;张明楷:《市场经济下的经济犯罪与对策》,中国检察出版社1995年版,第141—142页。也有学者认为,想象竞合犯侵犯的对象是两个或者两个以上,而抗税致人重伤、死亡侵害的对象则只有征税人员,因此,想象竞合犯的观点是不尽完善。参见李永君:《税收犯罪认定处理实务》,中国方正出版社1997年版,第94页。本书认为,抗税罪的抗税行为,无论其是否因抗税行为致征税人员重伤、死亡,抗税罪的对象必然是两个以上,即"征税人员"和"应缴纳的税款"。

人重伤或者死亡的情况下,行为只有一个,拒不缴纳税款的行为如果没有使用暴力,是一般的违法行为,不是本罪的“抗税”,没有构成犯罪的可能性。如视为两个行为,则是将暴力既作为抗税罪的构成要件,又作为伤害、杀人罪的构成要件,一个行为被评价两次,违背法理。(3) 根据刑法以及转化犯的理论,转化犯的前提在于其前行行为[①]能够独立成罪,刑法上应有独立犯罪的规定,并在此基础上出于其他犯意,又实施另一种行为,其基本行为应是复数而不是单数。暴力抗税造成重伤、死亡,若认为是复数行为,与主张牵连犯的错误同质,若认为是单数行为,则与转化犯的基本条件相矛盾。本书认为,该种情形应成立想象竞合犯。

依据02.11.05《偷税抗税解释》第6条,暴力抗税致人重伤死亡,只能在故意杀人、故意伤害罪范围内予以评价,本书认为并非妥当。暴力具有造成伤亡的可能性,行为人能够认识到,又以此作为抗拒缴纳税款的手段针对人身有意实施,一般对造成重伤多属故意,即使对发生的死亡主观上是过失,性质仍是故意伤害。也存在行为人不计后果,采用极端暴力手段抗税,放任致人重伤或死亡,属于故意伤害、故意杀人的情形。但是,现实存在暴力抗税过失造成重伤、死亡的可能性,解释将只要暴力是故意实施,就应承担故意犯罪责任,过于绝对化。事实上无论造成重伤、死亡结果的暴力是故意还是过失,都不影响它只能是抗税行为一部分而存在的这一限制性条件。因此,本书认为,暴力抗税致人重伤、死亡,应当以想象竞合犯的原则从一重罪从重处断。故意致人重伤、故意杀人的,应当以故意重伤罪,或者故意杀人罪定罪处罚;的确因过失致人重伤的,仍然可以适用抗税罪从重处罚[②];确因过失致人死亡,也并未排除仍然可视为抗税“情节严重”,以过失致人死亡罪论处也并无错误。

征税人员,包括代征人员依法征税是公务活动,因此,抗税罪与妨害公务罪具有法条竞合关系,妨害公务罪属于普通法条,而抗税罪为特别法条,使用暴力、威胁方法拒缴税款的故意和行为,亦属阻碍依法执行职务的故意和行为。根据特别法优于普通法原则,对于抗税行为,只能适用抗税罪论处,不构成妨害公务罪。对非纳税人且与纳税人无共谋的,以暴力、威胁方法阻碍征税人员履行征税职责的,应以妨害公务罪论处。

(四) 抗税罪的刑事责任

犯本罪,处年以下有期徒刑或者拘役,并处拒缴税款1倍以上5倍以下罚金;情节严重的,处3年以上7年以下有期徒刑,并处拒缴税款1倍以上5倍以下罚金。

---

① 如我国《刑法》第238条第2款和第269条的规定等,均不是要求前行为能独立评价为犯罪,才能转化构成其他犯罪,但是前行为相对应在刑法上必须有独立犯罪的规定。我国《刑法》并没有规定“暴行罪”。

② 02.11.05《偷税抗税解释》第5条规定:实施抗税行为具有下列情形之一的,属于《刑法》第201条规定的“情节严重”:(1) 聚众抗税的首要分子;(2) 抗税数额在10万元以上的;(3) 多次抗税的;(4) 故意伤害致人轻伤的;(5) 具有其他严重情节。在抗税“情节严重”的情况下,是在“3年以上7年以下”量刑,并有附加刑并处,重于过失重伤罪最高只有3年有期徒刑。

三十一、骗取出口退税罪

（一）骗取出口退税罪的概念和法益

骗取出口退税罪，是指以假报出口或者其他欺骗手段，骗取国家出口退税款，数额较大的行为①。退税，广义上包括对多缴、误缴税款的退税，依法预缴税款形成的结算退税、出口退税和各种减免退税。本罪限于出口退税款。本罪的法益，是国家对国内税收征管的监管，主体有争议，主观上为直接故意，动机不影响认定。

（二）对象、行为、主体

出口退税是国家对外贸易中鼓励出口的一项措施②，概括起来有两种情形：其一是退还进口税，即用进口原料或半成品加工制作的成品，在出口时退还已缴纳的进口税；其二是退还已缴纳的国内税。进口税属于海关税，不属于本罪出口退税制度所涉及的税种。本罪的出口退税，对出口产品所退还已经缴纳③产品税、增值税、营业税和特别消费税的国内税，属于政策性退税（由国家财政主管的税务部门退还）。需要注意，对进口原料，半成品等货物征收在生产或加工环节上的产品税和增值税，仍是国内税，而不是海关税的进口税④。因海关误征、多征的税款退税，或已征出口税的货物，因故未装运出口申报退关，由海关退还已缴纳出口税，属于救济性退税（由海关退还），骗取该种税款可构成走私罪，不能构成本罪。如纳税人缴纳税款后，采取假报出口或其他欺骗手段，骗取所缴纳的国内税款的，是逃税罪；骗取税款超过所缴纳的税款部分，仍然构成本罪（我国《刑法》第 204 条第 2 款的规定）。

本罪行为是以假报出口或者其他欺骗手段⑤，骗取国家出口退税款。02.09.23

---

① 10.05.07《立案追诉标准（二）》第 60 条规定：骗取出口退税“数额在 5 万元以上的，应予立案追诉。”

② 申请退税的出口商品须具备以下条件：（1）必须是属于增值税、营业税和特别消费税征收范围的产品（不同时期征收范围会有调整）。（2）必须报关离境，报关离境，是指报关后输出我国国境或输往海关管理的保税工厂、保税仓库和保税区，即输出关口。凡在国内销售而不报关离境出口的商品，不论出口企业是否以外汇结算，也不论企业在财务上和其他管理办法上作何处理，均不得视为出口商品予以退税。由保税工厂、保税仓库、保税区输往境外的货物也不属于出口货物，不得申请退税。（3）在财务上作出口销售。即出口企业只有对出口商品在财务上作销售以后才能办理退税，也即出口退税制度只适用于贸易性的出口商品，非贸易性物品，如捐赠的礼品、未作销售的展品、样品、个人在国内购买自带离境的已税商品等，由于不在财务上作销售处理，因此不得申请退税。

③ 也即流转税，或称流通税，指以纳税人商品生产、流通环节的流转额或者数量以及非商品交易的营业额为征税对象的一类税收。出口退税即退还由最初纳税人（厂商）的生产、加工产品环节或劳务环节所缴纳的税款（计入产品成本），因是纳入销售价格卖出，要转移给最终消费者负担的那部分税收。

④ 用进口原料或半成品加工制作的成品，没有出口而是在境内销售的，需缴纳的税款是海关税，不是国内税。

⑤ 参见 2002 年 9 月 23 日最高人民法院实施的《关于审理骗取出口退税刑事案件具体应用法律若干问题的解释》（法释〔2002〕30 号）（以下简称 02.09.23《骗取出口退税解释》）的规定。

《骗取出口退税解释》第1条规定:刑法第204条规定的“假报出口”,是指以虚构已税货物出口事实为目的,具有下列情形之一的行为:(1) 伪造或者签订虚假的买卖合同;(2) 以伪造、变造或者其他非法手段[①]取得出口货物报关单、出口收汇核销单、出口货物专用缴款书等有关出口退税单据、凭证;(3) 虚开、伪造、非法购买增值税专用发票或者其他可以用于出口退税的发票[②];(4) 其他虚构已税货物出口事实的行为。第2条规定:具有下列情形之一的,应当认定为《刑法》第204条规定的“其他欺骗手段”:(1) 骗取出口货物退税资格的[③];(2) 将未纳税或者免税货物作为已税货物出口的;(3) 虽有货物出口,但虚构该出口货物的品名、数量、单价等要素[④],骗取未实际纳税部分出口退税款的[⑤];(4) 以其他手段骗取出口退税款的。第4项“其他手段骗取出口退税款”,是指尚未概括的情况,例如,将销往国内的商品,假报出口申请退税。实务中有的商品虽然在境内销售,但属于“以出顶进”项目。如供应给外轮供应公司、免税商店的商品;销售给中外合资、外资独资企业的商品;以我国商品顶替生产加工出口产品临时短缺的原辅材料;国外贷款建设项目以国际招标中标或直接供应的物资等。这些商品虽是以外汇计价结算,但只在境内销售,此类商品不属出口商品,不能申请退税。如果对境内销售部分故意不加以剔除,在财务上作出口销售记载再申报,是骗取出口退税;再如将规定不得退税的商品假冒应退税的商品;出口企业购进并持有普通发票的货物[⑥],将不属于特批准许退税的商品,采取欺骗手段,申请退税。

---

① 包括以贿赂手段。02.09.23《骗取出口退税解释》第8条规定:“国家工作人员参与实施骗取出口退税犯罪活动的,依照刑法第204条第1款的规定从重处罚。”

② 可能触犯《刑法》有关发票的犯罪,应属于牵连犯。02.09.23《骗取出口退税解释》第9条规定:“实施骗取出口退税犯罪,同时构成虚开增值税专用发票罪等其他犯罪的,依照刑法处罚较重的规定定罪处罚。”

③ 主要是虚报申请出口退税主体资格,如境内企业、公司在境外办理注册登记后又在内地注册登记“合资”“外资”企业、公司,进口物资时以“合资”“外资”企业、公司报关,可以享受低税赋的工商统一税,出口商品时又以境内企业、公司报关,享受出口退税;再如境内企业、公司利用鼓励出口创汇在外汇管理或进出口审批管理权限等政策优惠条件,设立分公司,总公司将换汇成本高的出口商品以代分公司出口的名义,由分公司提出退税申请;再如,已取得对外贸易经营权的企业,为提高出口商品的退税计税价格,骗取多退税款,专门设立专职出口经营部,作价收购本企业的产品而后出口,申请多退税款。

④ 这是指虚报退税计税数额。计税数额包括出口商品的数量、出口商品的成本和出口商品的价格等内容,这是影响退税额计算的关键因素,计税数额越大,退税款项越多。如以少充多、转移、抬高商品成本、虚报出口商品价格等。如调整库存出口商品的借方金额,在结转成本时,将空调金额转入库存作为一笔虚假进货,扩大平均单价,使结转成本金额提高;故意调转不同税率的产品成本,将低税率的商品成本调一部分列入高税率的商品成本,加大高税率商品的进价成本金额;利用同一种商品既有内销又有外销,在结转销售成本时故意压低内销和“以出顶进”销售商品的单价成本,抬高出口销售的单价成本。再如,按规定其出口商品的退税计税价格,应以离岸价格乘以当日的外汇牌价折合人民币计算。为骗取高额退税款,以商品的国内销售价格申报退税,或以出口商品实际结汇的外汇和人民币收入计算价格申请退税,或在折合人民币计算时采用外汇调剂价或其他非属牌价汇率的折合率来计算商品价格等手段,提高出口商品价格。

⑤ 即行为人并未在生产、加工、流通、销售各个环节上缴纳过增值税、特别消费税等,在出口时骗取未缴纳的税款,是骗取出口退税款,构成本罪;如已纳税却以该种手段骗回所纳税款的,则是逃税的一种表现形式,不能构成本罪,应以逃税罪追究刑事责任。

⑥ 普通发票货物出口,在考虑其占出口比重较大及生产、采购的特殊政策性因素,可特准退税之外,出口后均不得退税。

随着出口退税业务的发展,必将出现一些新的犯罪手段。但其主要是在申报退税单位资格,出口商品以及申报退税的过程中弄虚作假,欺骗主管税务机关。

本罪主体为一般主体还是特殊主体,有争议。第一种观点认为,本罪主体是特殊主体,因即便不是进出口单位,仍然可以委托出口单位出口,可以骗取出口退税,不出口不能享受该优惠,能够享受的只能是进出口单位(和个人),因此是特殊主体。[①] 第二种观点认为,本罪是一般主体,也即有进出口经营权和无进出口经营权的单位、个人,纳税人和非纳税人都可以构成本罪。[②] 本书持第二种观点。出口退税是政策性退税,不出口则不能享受该种政策优惠,与单位(个人)是否具有进出口资质并不关联,当然,最终能够享受出口退税待遇,就是对主体具有进出口资质的认可,也只有对进出口资质认可的单位(个人),才可能实施骗取出口退税行为。但这不意味着不具有进出口资质的主体不能设法伪造成为有进出口资质,而骗取出口退税。本罪主体包括:一是进出口单位,具体可分为:(1) 具有外贸出口经营权的单位。这是指那些由经贸主管部门批准,享有独立对外进出口经营权的中央和地方外贸单位。(2) 委托进出口单位[③]。这是指委托进出口单位代理进出口业务,被委托进出口单位承担出口盈亏的单位。这部分单位有的没有外贸经营权,有的虽有外贸经营权,但为了实行产销见面或为组织货源及进出口经营方便,委托外贸单位或有代理进出口资质的单位代理出口。(3) 特定进出口单位。这主要包括外轮供应公司、对外修理修配企业、对外承包工程公司等。二是进出口单位以外的其他单位和个人(包括个体公司、企业)。该类主体虽不具备申请退税的资格和条件,但仍可能采取种种非法手段,欺骗海关以及税务主管部门实施骗取出口退税行为,可以成为本罪主体。

本罪以骗取数额较大的退税款为入罪条件[④],应属于结果犯,理论上原本就有存在犯罪未遂的余地,但不同寻常的是 02.09.23《骗取出口退税解释》第 7 条采用被废止"比附援引"的司法类推,规定:"实施骗取国家出口退税行为,没有实际取得出口退税款的,可以比照既遂犯从轻或者减轻处罚。"应该说,该规定的主旨有违背刑法基本精神之处。

(三) 对我国《刑法》第 204 条第 2 款的理解

我国《刑法》第 204 条第 2 款规定:"纳税人缴纳税款后,采取前款规定的欺骗方法,骗取所缴纳的税款的,依照本法第 201 条的规定定罪处罚;骗取税款超过所缴纳

---

① 参见陈兴良主编:《罪名指南》(上册),中国政法大学出版社 2000 年版,第 494 页;曲新久《刑法学》中国政法大学出版社 2009 年版,第 359 页。

② 参见曹康、黄河主编:《危害税收征管罪》,中国人民公安大学出版社 2003 年版,第 96 页;王作富主编:《刑法分则实务研究》(上),中国方正出版社 2013 年版,第 563 页。

③ 委托出口单位申请退税,须先由委托的具有出口经营权的单位开具法定的代理出口商品的证明,然后持有关证明、出口发票,报关单等有关凭证,才可向所在地税务主管部门申报退税。

④ 02.09.23《骗取出口退税解释》第 3 条规定:"骗取国家出口退税款 5 万元以上的,为刑法第 204 条规定的'数额较大';骗取国家出口退税款 50 万元以上的,为刑法第 204 条规定的'数额巨大';骗取国家出口退税款 250 万元以上的,为刑法第 204 条规定的'数额特别巨大'。"

的税款部分,依照前款的规定处罚。"该款规定的具体内容是清晰的,但处罚的内容是含混的,故理论上有不同认识。有认为应当数罪并罚[①]的观点,也有观点认为,虽有立法规定,但是否并罚并不明确,实施并罚则违背罪数理论,因只是一个行为[②],有观点在支持并罚是违背罪数理论前提下,认为该规定也违背构成理论,即只有没有交税才是逃税,在缴纳税款后又骗回的视为逃税,实则是自我否定,这种情况完全符合骗取出口退税罪,属于想象竞合犯,应按照一重罪处理[③]。本书赞同后一观点,在立法并未规定并罚原则的前提下,如果同次骗取的出口退税款超出已纳税款,符合本罪定罪标准的,以想象竞合犯以一罪从重处罚即可,非同一次骗取超出已纳税款,完全应予以并罚。

(四)对02.09.23《骗取出口退税解释》第6条"有进出口经营权的公司、企业,明知他人意欲骗取国家出口退税款,仍违反国家有关进出口经营的规定,允许他人自带客户、自带货源、自带汇票并自行报关,骗取国家出口退税款的,依照刑法第204条第1款、第211条的规定定罪处罚"的理解

该条规定的主体是国家批准有进出口经营权的公司、企业。这里的"他人",通常是指不具有进出口经营权的单位和个人,为骗取国家出口退税款,利用进出口单位的急功近利,充当"中间商",自带客户、自带货源、自带汇票、自行报关与进出口单位交易。"他人"骗取国家出口退税款,构成骗取出口退税罪,自当无疑。有进出口经营权的公司、企业不按照国家经济主管部门有关规定履行职责,违反外贸经营的正常程序,在不见出口商品,不见供货货主,不见外商,允许他人自带客户、自带货源、自带汇票并自行报关(即在"四自三不见"情况[④]下),与"他人"进行交易,为他人骗取出口退税提供了便利条件。而"他人"通常是无商品,汇票和报关单等,或凭证系伪造、变造的。本书认为,该规定明确要求"明知他人意欲骗取国家出口退税款",在"四自三不见"情况下,给"他人"骗取出口退税款创造条件,造成出口退税款被骗取的结果,本应属于本罪的"共同犯罪",但第6条对该种情况规定以本罪论处。这是较早通过司法解释将"帮助行为"正犯化的规定。但是,在非"明知"情况下,出口单位虽然故意违反外贸经营的正常秩序和有关规定,给国家、企业带来严重损失的结果,并非出口单位所希望或放任的,而是因过失所致,虽然不能构成本罪,但对国有公司、企业的主管

---

① 参见赵长青主编:《经济刑法学》,法律出版社1999年版,第349页;曹康、黄河主编:《危害税收征管罪》,中国人民公安大学出版社2003年版,第96页。

② 参见马克昌主编:《经济犯罪新论——破坏社会主义经济秩序罪研究》,武汉大学出版社1998年版,第445页。

③ 参见王作富主编:《刑法分则实务研究》(上),中国方正出版社2013年版,第565页。

④ 有国家批准的进出口经营权的外贸代理企业在经营代理进口业务时,不按国家经济主管部门有关规定履行职责,放任被代理方自带客户、自带货源、自带汇票、自行报关,在不见进口产品、不见供货货主、不见外商的情况下代理进口业务,或者采取法律、行政法规和部门规章禁止的其他手段代理进口业务。为他人向外汇指定银行骗购外汇的,构成非法经营罪。参见最高人民法院、最高人民检察院、公安部《办理骗汇、逃汇犯罪案件联席会议纪要》第2条第3款的规定。

人员、直接责任人员,可以相应相关渎职罪[①]追究刑事责任,对有进出口经营权的非国有公司、企业的主管人员、直接责任人员只能给予行政处罚,单位承担相应经济责任。

如果国家批准有进出口经营权的外贸代理企业,与被代理方通谋,分配其骗取出口退税非法所得的,与上述情况不同,如果是与多个的被代理方共谋的,应直接以骗取出口退税罪论处;如果是与特定的被代理方共谋的,是其骗取出口退税犯罪的共犯,因退税环节是外贸代理企业办理,更易得逞,对代理方应以主犯认定。

(五) 骗取出口退税罪的刑事责任

犯本罪,处5年以下有期徒刑或者拘役,并处骗取税款1倍以上5倍以下罚金;数额巨大或者有其他严重情节的[②],处5年以上10年以下有期徒刑,并处骗取税款1倍以上5倍以下罚金;数额特别巨大或者有其他特别严重情节的,处10年以上有期徒刑或者无期徒刑,并处骗取税款1倍以上5倍以下罚金或者没收财产。纳税人缴纳税款后,采取以假报出口或者其他欺骗手段,骗取国家出口退税款(骗取所缴纳的税款的),以逃税罪定罪处罚;骗取税款超过所缴纳的税款部分,依照骗取出口退税罪的规定处罚。

三十二、虚开增值税专用发票、用于骗取出口退税、抵扣税款发票罪

(一) 虚开增值税专用发票、用于骗取出口退税、抵扣税款发票罪的概念和法益

虚开增值税专用发票、用于骗取出口退税、抵扣税款发票罪,是指违反发票管理规定,实施为他人虚开、为自己虚开、让他人为自己虚开、介绍他人虚开之一的行为[③]。本罪的法益是国家对专用发票的监管。本罪主体为自然人一般主体和单位,单位构成本罪,对其直接负责的主管人员和其他直接责任人员的处罚原则,与个人犯本罪有所区别。主观上为故意,动机不影响认定。

---

① 如“滥用职权罪”“玩忽职守罪”“国家机关工作人员签订、履行合同失职被骗罪”。

② 02.09.23《骗取出口退税解释》第3条规定:“骗取国家出口退税款5万元以上的,为刑法第204条规定的‘数额较大’;骗取国家出口退税款50万元以上的,为刑法第204条规定的‘数额巨大’;骗取国家出口退税款250万元以上的,为刑法第204条规定的‘数额特别巨大’。”第4条规定:“具有下列情形之一的,属于刑法第204条规定的‘其他严重情节’:(一)造成国家税款损失30万元以上并且在第一审判决宣告前无法追回的;(二)因骗取国家出口退税行为受过行政处罚,2年内又骗取国家出口退税款数额在30万元以上的;(三)情节严重的其他情形。第5条规定:“具有下列情形之一的,属于刑法第204条规定的‘其他特别严重情节’:(一)造成国家税款损失150万元以上并且在第一审判决宣告前无法追回的;(二)因骗取国家出口退税行为受过行政处罚,2年内又骗取国家出口退税款数额在150万元以上的;(三)情节特别严重的其他情形。”

③ 10.05.07《立案追诉标准(二)》第61条规定:虚开的税款数额在1万元以上或者致使国家税款被骗数额在5000元以上的,应予立案追诉。

(二) 对象、行为、故意

“增值税专用发票”是只限于一般纳税人领购使用,反映纳税人经济活动的重要会计凭证,也是兼记销货方纳税义务和购货方进项税额的合法证明。增值税专用发票实行凭发票注明税款扣税,购货方要向销货方支付增值税。更重要的是,增值税专用发票将一个产品的最初生产到最终的消费环节之间产品增值的税款联系起来,购货方(持票者)因已在购货环节向销货方支付了增值税发票所记载的税额,下一环节只需缴纳在该环节增值额①的税额,因此,增值税专用发票具有完税凭证的作用。用于“出口退税、抵扣税款发票”,根据2005年12月29日全国人民代表大会常务委员会《关于〈中华人民共和国刑法〉有关出口退税抵扣税款的其他发票规定的解释》规定:“是指除增值税专用发票以外的,具有出口退税、抵扣税款功能的收付款凭证或者完税凭证。”如运输发票、废旧物品收购发票、农业产品收购发票等。因此,“其他发票”,是特指普通发票中,具有同增值专用发票相同功能的发票。不具有该功能发票虚开的,只能构成第205条之一的虚开发票罪②。

“虚开”发票,是指开具与事实不符的发票,如何理解“与事实不符”?多数说认为,是在没有销售货物或提供应税劳务,或在有货物销售或提供应税劳务,但开具数量或金额不实的发票③。我国《刑法》第205条第3款规定有四种行为:(1)“为他人虚开”,即“代为他人开具”,是指发票持有者用自己的发票为他人开具,开票者与“他人”是否有实际经营活动,在所不问。只要为他人经营活动代开虚假增值税专用发票,属于虚开。(2)“为自己虚开”,是指持票者并未进行实际的经营活动,或虽有一定的经营活动,但自己开具时,虚构交易或虚构交易数量、价格。(3)“让他人为自己虚开”,从一定意义上,也就是“为他人虚开”对应面的行为,是指“自己”与开票人之间并没有发生实际交易,或者虽然发生实际交易,但要求开票人为自己开具虚假交易发票,或开具在交易数额、价格虚假的发票。至于以何种方式使他人为自己虚开,在

① 增值额,即是指在商品的生产经营或提供劳务活动中所增加的净产值。增值税的征收,是按照企业各自的生产环节的增值额分别征税,可以有效排除重复征税和税负不均现象。

② 我国《刑法》第205条之一。2011年11月14日最高人民检察院、公安部发布的《关于公安机关管辖的刑事案件立案追诉标准的规定(二)的补充规定》(公通字〔2011〕47号)(以下简称11.11.14《立案追诉标准(二)补充》)第2条规定:“虚开刑法第205条规定以外的其他发票,涉嫌下列情形之一的,应予立案追诉:(一)虚开发票100份以上或者虚开金额累计在40万元以上的;(二)虽未达到上述数额标准,但5年内因虚开发票行为受过行政处罚2次以上,又虚开发票的;(三)其他情节严重的情形。”

③ 1996年10月18日最高人民法院颁布实施的《关于适用〈全国人大常委会关于惩治虚开、伪造和非法出售增值税专用发票犯罪的决定〉的若干问题的解释》(法发〔1996〕30号)(以下简称96.10.18《增值税发票解释》)第1条规定:“具有下列行为之一的,属于虚开增值税专用发票:(1)没有货物购销或者没有提供或接受应税劳务而为他人、为自己、让他人为自己、介绍他人开具增值税专用发票;(2)有货物购销或者提供或接受了应税劳务但为他人、为自己、让他人为自己、介绍他人开具数量或者金额不实的增值税专用发票;(3)进行了实际经营活动,但让他人为自己代开增值税专用发票。”该《解释》第(1)项和第(2)项的内容无疑是合适的,但第(3)项将“进行了实际经营活动,但让他人为自己代开增值税专用发票”规定为“虚开”,显然与虚开增值税专用发票罪要求所开发票是虚假的规定不符,会扩大到不以抵扣税款为目的挂靠代开行为,有失公正。

所不问。(4)“介绍他人虚开”,是指在开票人与需求虚假发票者之间进行居间斡旋、介绍行为。至于实行居间斡旋、介绍获得何种利益,以及开票人与需求虚假发票者之间达成何种协议,不影响认定。实施四种行为之一即可,同时具有二种以上行为,也不能实行并罚。

在上述虚开行为中的“他人”都构成本罪,让他人为自己虚开的,站在“他人”的角度,应属于“为他人虚开”。有观点认为,如果“他人”明知行为人是为自己虚开,或经行为人介绍为他人开票是为他人虚开,那么,“他人”与行为人之间就具有共同故意,具有共同虚开的行为,自应构成共犯①。该观点在理论上也并非不正确,如“他人”为同一个行为人虚开一次或多次,也符合共同犯罪规定,但如“他人”为不同的行为人虚开,或者由不同的行为人为自己虚开,“他人”与行为人之间也互无特定关系,这就不宜以共同犯罪认定,因这势必造成“他人”需要与不止一案的行为人分别以共犯认定和处罚,有违共同犯罪基本原理,因此,本罪没有特别需要以共同犯罪认定和处罚。

本罪主观上是故意,是否限于直接故意,有不同认识。有观点认为,对“介绍他人虚开”就可以是间接故意。② 本书认为,居间斡旋、介绍行为只能是直接故意。开票者的需求、需要虚假发票者的需求、如何使用虚开的发票,都不是认定“介绍”行为是否成立的前提条件。而且,除“介绍虚开”行为之外的其他“虚开”行为,均是以使用虚假发票骗取出口退税、抵扣税款为目的,也只能是直接故意。否则,虚开只是违反发票管理的行政违法行为。例如,上市集团公司指使各子公司、分公司之间相互虚开增值税发票,以制造虚假业绩,并不用于抵扣税款的,是行政违法行为,或可能构成其他涉税犯罪,但不应构成本罪③。

(三)虚开后又使用虚开的发票骗取出口退税款、抵扣税款的处理

具体有如下不同认识:第一种观点认为这是虚开增值税专用发票、用于骗取出口退税、抵扣税款发票罪与骗取出口退税款罪、逃税罪的牵连犯,从一重罪(即本罪)定罪处罚。④ 第二种观点认为这是立法将虚开行为和以虚开方式骗取出口退税款、逃税的行为合并为虚开增值税专用发票、用于骗取出口退税、抵扣税款发票罪一个罪名。

---

① 参见赵秉志主编:《中国特别刑法研究》,中国人民公安大学出版社1997年版第504页。

② 参见马克昌主编:《百罪通论》(上卷),北京大学出版社2014年版,第408页以下。

③ 2015年6月11日最高人民法院研究室《〈关于如何认定以“挂靠”有关公司名义实施经营活动并让有关公司为自己虚开增值税专用发票行为的性质〉征求意见的复函》(法研〔2015〕58号)指出:“挂靠方以挂靠形式向受票方实际销售货物,被挂靠方向受票方开具增值税专用发票的,不属于刑法第205条规定的‘虚开增值税专用发票’。”“行为人利用他人的名义从事经营活动,并以他人名义开具增值税专用发票的,即便行为人与该他人之间不存在挂靠关系,但如行为人进行了实际的经营活动,主观上并无骗取抵扣税款的故意,客观上也未造成国家增值税款损失的,不宜认定为刑法第205条条规定的‘虚开增值税专用发票’;符合逃税罪等其他犯罪构成条件的,可以其他犯罪论处。”

④ 参见最高人民检察院法律政策研究室编:《刑法新立罪实务述要》,中国检察出版社1996年版第356页;马克昌主编:《百罪通论》(上卷),北京大学出版社2014年版,第412页。

并进一步认为,立法虽然没有明确虚开行为是为骗取国家税款,但也未明确规定不包括,所以应包括这两种行为。[①] (3) 该种情况不存在着同时适用本罪、逃税罪、骗取出口退税款罪的可能性,属犯一罪同时触犯数法条的法条竞合,适用特别法优于普通法的原则,应以本罪论处。[②]

本书认为,本罪是为处罚虚开行为而设置,只要有虚开行为,无论是否以虚开的发票骗取出口退税款、抵扣税款都构成犯罪。当然,之所以虚开发票,主观上是有要以虚开的发票骗取税款,才能入罪。问题是立法并未将"虚开发票并使用"规定为构成要件的内容。如是,则第二种观点认为本罪构成包括两种行为的认识值得商榷。使用虚开发票骗取出口退税、抵扣税款,采用虚开发票是必须手段之一,但刑法已将此规定为独立犯罪,由此,第三种观点认为虚开发票的行为包含在骗取出口退税罪中,以法条竞合理解并无不妥,但还不足以解释逃税罪与本罪的关系,因为利用虚开的发票逃税,并不是逃税必要的手段,使用虚开的发票只是其可能的手段之一,将罪与罪之间关系理解为法条竞合并非是妥当的解释。

本书持第一种认识,理由是:(1) 行为人虚开发票并非是为虚开而虚开,而是为了骗取出口退税款或抵扣税款。如同一主体实施这两种行为,行为之间存在着手段行为与目的行为的牵连关系,而骗取出口退税款或抵扣税款是目的行为。(2) 根据牵连犯以一重罪处罚原则要求,以骗取出口退税款(目的行为)为重罪,或者以重于逃税罪的本罪(方法行为)论处,选择上都符合牵连犯(因上述犯罪的法益同质,以不并罚为宜)要求。如果只是虚开尚未用于抵扣税款的,则为想象竞合犯,以本罪论处即可。

(四) 虚开增值税发票、用于骗取出口退税、抵扣税款发票罪与关联的发票犯罪

与增值税专用发票、用于抵扣税款发票有关联的犯罪,分别规定有"伪造、出售伪造的增值税专用发票罪""非法出售增值税专用发票罪""非法购买增值税专用发票、购买伪造的增值税专用发票罪""非法制造、出售非法制造的用于骗取出口退税、抵扣税款发票罪""非法出售用于骗取出口退税、抵扣税款发票罪"共 5 个独立罪名[③]。罪名虽然烦琐,但对象相对简单,即增值税发票和能够用于出口退税、抵扣税款发票。行为则涉及伪造("非法制造"包括"伪造"和"擅自制造",限于对象为能够用于出口退税、抵扣税款的发票)、非法出售和购买三种行为。从对象而言是围绕着最终使用"虚开"的发票而设立的罪名。正是从这一意义上说,虚开增值税发票、用于骗取出口退税、抵扣税款发票罪所使用的发票,不能限于只能是"真票",不能排除虚开并使用的是"假发票"。因此,将虚开增值税发票、用于骗取出口退税、抵扣税款发票罪的"虚开"(除介绍虚开之外)限于是合法持票人为他人、为自己、让合法持票的他人为自己

---

① 参见赵秉志主编:《中国特别刑法研究》,中国人民公安大学出版社 1997 年版,第 504 页。

② 参见赵秉志主编:《新刑法全书》中国人民公安大学出版社 1997 年版,第 772 页。

③ 具体立案标准参见 10.05.07《立案追诉标准(二)》第 62 条至第 68 条的规定。

虚开[①],值得商榷。

在这个前提下,当行为人虚开的是伪造的、购买(出售的)伪造的增值税专用发票,购买(非法出售的)增值税专用发票,购买(非法制造的)用于骗取出口退税、抵扣税款发票,并用于骗取出口退税、抵扣税款的,如何适用刑法?有学者认为,这种情形符合数罪,但属于牵连犯,从一重罪(本罪)论处,而对行为人伪造或购买伪造的用于骗取出口退税、抵扣税款发票,或非法购买增值税专用发票、用于骗取出口退税、抵扣税款发票,应是量刑情节[②]。本书认为,刑法规定的增值税专用发票、可用于抵扣税款发票的所有独立犯罪,事实上都是围绕着为了虚开并"使用"而规定,只要发票来源非法,很难说"使用"是合法的,如果从虚开增值税发票、用于骗取出口退税、抵扣税款发票罪设置的构成要件而言,发票来源合法与否并不是犯罪成立的条件。该种情形,虚开伪造的并使用,购买伪造的或非法购买并虚开使用,均符合牵连犯条件,不应以情节看待。我国《刑法》第 208 条第 2 款规定:"非法购买增值税专用发票或者购买伪造的增值税专用发票又虚开或者出售的,分别依照本法第 205 条、第 206 条、第 207 条的规定定罪处罚。"依照该规定,处理时原则上不需要考虑前行为性质,只要符合虚开构成要件的均构成犯罪。

(五)伪造、出售伪造的增值税专用发票罪

伪造、出售伪造的增值税专用发票罪,是指故意仿照国家增值税专用发票的式样,以各种方法非法印制假增值税发票或者明知是伪造的增值税专用发票而予以出售的行为[③]。本罪为选择性罪名,不同主体分别实行且无共同故意的,则应分别适用伪造增值税专用发票罪和出售伪造的增值税专用发票罪。同一主体先后实施上述两种行为,则应以伪造、出售伪造的增值税专用发票一罪定罪,不实行并罚。因增值税发票可以直接抵扣税款,因此,本罪法益为国家对专用发票的监管与国家对税收征管的监管。主体为自然人一般主体和单位,主观上是直接故意,动机不影响认定。

伪造的增值税专用发票,包括伪造发票有机组成部分的增值税发票防伪专用品以及税务局发票监制章,同时触犯我国《刑法》第 280 条第 1 款伪造国家机关印章罪,但因为伪造增值税专用发票必然触犯伪造国家机关印章罪,因防伪专用品[④]以及国家税务局发票监制章是增值税发票的必需内容,不应另行定罪。

伪造增值税专用发票,是指无权印制增值税专用发票的人(包括单位和个人)使用印刷、复印、描绘、拓印等各种方法,非法印制增值税专用发票的行为。本罪以伪造

---

① 参见邓又天主编:《中华人民共和国刑法释义与司法适用》,中国人民公安大学出版社 1997 年版第 353 页。

② 参见马克昌主编:《百罪通论》(上卷),北京大学出版社 2014 年版,第 412 页。

③ 10.05.07《立案追诉标准(二)》第 62 条规定:"伪造或者出售伪造的增值税专用发票 25 份以上或者票面额累计在 10 万元以上的,应予立案追诉。"

④ 包括 DNA 微量元素油墨、专用红发红荧光油墨防伪、定制专用号码防伪、税徽无色荧光油墨防伪、微缩文字防伪;二线防伪措施:数字解锁版纹防伪、二维码数据防伪、自用暗记防伪等。

或出售伪造的数量、数额为入罪以及刑罚轻重的标准。[①] 伪造方式多种多样,但不影响认定。出售伪造的增值税专用发票,是指将非法印制的增值税专用发票出卖给他人的行为,出售方式多种多样,但限于"金钱交易",非金钱交易性质转让、借用、赠予等,不是出售。伪造增值税专用发票与出售伪造的增值税专用发票是密切联系的两个环节,伪造的目的在于通过出售获取非法利润。在此意义上,同一主体的伪造行为当然包含出售,伪造者实施的出售行为,无单独给予犯罪评价的必要,在法律属性上就是吸收犯,不能实行并罚。因此,这里的"出售",是特指非伪造者的出售行为。

有观点认为,承印增值税专用发票的企业,未经批准或虽经批准但超量印制增值税专用发票,亦属伪造增值税专用发票[②],也即"擅自制造"。本罪伪造行为的非法性在于主体无印制权,承印企业并非属于无印制权主体。"擅自制造",违法性在于违反审批的程序或批准的数量,而不在于主体无权印制。而且,所印制的发票系真票而非假票,不具有伪造性质,系一般的违法行为。如非法出售应构成的是我国《刑法》第207条非法出售增值税专用发票罪[③]而非本罪。"擅自制造"发票入罪,主要包括:(1)"可用于骗取出口退税、抵扣税款的其他发票",不能包括增值税发票。如果伪造、擅自制造或者出售伪造、擅自制造的可以用于骗取出口退税、抵扣税款的其他发票行为,构成第209条第1款非法制造、出售非法制造的用于骗取出口退税、抵扣税款发票罪[④];如果非法出售的不是伪造、擅自制造可以用于骗取出口退税、抵扣税款的其他发票(也即"真票"),构成我国《刑法》第209条第2款非法出售用于骗取出口退税、抵扣税款发票罪[⑤]。(2)"可用于骗取出口退税、抵扣税款的其他发票"之外的普通发票,如果伪造、擅自制造或者出售伪造、擅自制造的前款规定以外的其他发票,构成我国《刑法》第209条第3款非法制造、出售非法制造的发票罪[⑥];如果出售的不是伪造、擅自制造的普通发票(也即"真票"),只能构成我国《刑法》第209条第4款的非法出售发票罪,按照出售非法制造的发票罪处罚。

对使用变造增值税发票骗取出口退税、抵扣税款的,有观点认为根据96.10.18《增值税发票解释》"变造"为"伪造"的规定,主张按照伪造增值税专用发票罪论处[⑦]。但本书认为,伪造与变造有严格的界分,变造"什么"可以入罪立法也有明确规定。在我国现行立法中,并无变造增值税发票入罪的规定,该解释虽然当前还有效,将"变

---

① 参见96.10.18《增值税发票解释》第2条的规定。

② 参见刘家琛主编:《新刑法新问题新罪名通释》,人民法院出版社1997年版,第551页;赵秉志主编:《中国特别刑法研究》,中国人民公安大学出版社1997年版,第509页。96.10.18《增值税发票解释》根据全国人民代表大会常务委员会《关于惩治虚开、伪造和非法出售增值税专用发票犯罪的决定》中"擅自制造""出售擅自制造"增值税发票入罪的规定了明确具体条件。我国现行《刑法》再无此规定,不能再将擅自制造解释在"伪造"中。

③ 我国《刑法》第207条。

④ 我国《刑法》第209条。

⑤ 我国《刑法》第209条第3款。

⑥ 我国《刑法》第209条第2款。

⑦ 参见曹康、黄河主编:《危害税收征管罪》,中国人民公安大学出版社2003年版,第136页。

造”扩张在“伪造”中仍然是僭越立法。事实上,既然变造增值税发票仍然是用来骗取出口退税或用于抵扣税款,能以骗取出口退税罪或逃税罪论处,就完全没有必要以本罪论处。

(六) 持有伪造的发票罪

持有伪造的发票罪,是指明知伪造的发票,意图不法利用,但根据证据尚不能认定为构成相关发票犯罪,持有数量较大的行为。本罪主体为自然人一般主体和单位,主观上明知是伪造的发票,应具有不法利用的意图,动机不影响认定。本罪应以证据不能证实行为人持有的伪造发票的来源以及用途并已构成《刑法》规定所涉及的其他发票犯罪,否则,应以相应的犯罪论处。“伪造的发票”,是指《刑法》所规定各类伪造(不包括擅自制造)的发票,且未经使用。如果已经填写相关栏目,就已经表明是虚开。例如,在伪造的增值税发票填写了受票人栏目等,就应以虚开增值税发票罪论处,不构成本罪。本罪应以持有伪造的发票数量较大为追诉的必要条件①。

(七) 虚开增值税专用发票、用于骗取出口退税、抵扣税款发票罪的刑事责任②

犯本罪,处3年以下有期徒刑或者拘役,并处2万元以上20万元以下罚金;虚开的税款数额较大或者有其他严重情节的,处3年以上10年以下有期徒刑,并处5万元以上50万元以下罚金;虚开的税款数额巨大或者有其他特别严重情节的,处10年以上有期徒刑或者无期徒刑,并处5万元以上50万元以下罚金或者没收财产。单位犯本罪的,对单位判处罚金,并对其直接负责的主管人员和其他直接责任人员,处3年以下有期徒刑或者拘役;虚开的税款数额较大或者有其他严重情节的,处3年以上10年以下有期徒刑;虚开的税款数额巨大或者有其他特别严重情节的,处10年以上有期徒刑或者无期徒刑。

根据我国《刑法》第210条规定,盗窃增值税专用发票或者可以用于骗取出口退税、抵扣税款的其他发票的,依照盗窃罪定罪处罚。使用欺骗手段骗取增值税专用发

---

① 11.11.14《立案追诉标准(二)补充》第3条规定:明知是伪造的发票而持有,具有下列情形之一的,应予立案追诉:(1)持有伪造的增值税专用发票50份以上或者票面额累计在20万元以上的,应予立案追诉;(2)持有伪造的可以用于骗取出口退税、抵扣税款的其他发票100份以上或者票面额累计在40万元以上的,应予立案追诉;(3)持有伪造的第(1)项、第(2)项规定以外的其他发票200份以上或者票面额累计在80万元以上的,应予立案追诉。

② 2018年8月22日最高人民法院印发的《关于虚开增值税专用发票定罪量刑标准有关问题的通知》(法〔2018〕226号)规定:“一、自本通知下发之日起,人民法院在审判工作中不再参照执行《最高人民法院关于适用〈全国人大常委会关于惩治虚开、伪造和非法出售增值税专用发票犯罪的决定〉的若干问题的解释》(法发〔1996〕30号)第1条规定的虚开增值税专用发票罪的定罪量刑标准。”“二、在新的司法解释颁行前,对虚开增值税专用发票刑事案件定罪量刑的数额标准,可以参照《最高人民法院关于审理骗取出口退税刑事案件具体应用法律若干问题的解释》(法释〔2002〕30号)第3条的规定执行,即虚开的税款数额在5万元以上的,以虚开增值税专用发票罪处3年以下有期徒刑或者拘役,并处2万元以上20万元以下罚金;虚开的税款数额在50万元以上的,认定为刑法第205条规定的‘数额较大’;虚开的税款数额在250万元以上的,认定为刑法第205条规定的‘数额巨大’。”

票或者可以用于骗取出口退税、抵扣税款的其他发票的,依照诈骗罪定罪处罚。

三十三、假冒注册商标罪

(一) 假冒注册商标罪的概念和法益

假冒注册商标罪,是指未经注册商标所有人许可,在同一种商品上使用与其注册商标相同的商标,情节严重的行为①。本罪的法益,是他人注册商标专用权以及国家对注册商标的监管。本罪主体为自然人一般主体和单位,主观上是故意,动机不影响认定。

(二) 注册商标、行为、共犯

"注册商标",是指商标注册申请人向国家商标主管机关提出商标注册申请,并获得核准的商标。商标是商品的生产者、经营者在其生产、制造、加工、拣选或者经销的商品上,或者服务的提供者在其提供的服务上采用的,用于区别商品或服务来源,由文字、图形、字母、数字、三维标志、声音、颜色组合,或由上述要素组合,具有显著特征的标志。② 商标最重要的特征,是商标用于商品或服务上的标记,与商品或服务不能分离,并依附于商品或服务,具有依附性;商标是区别于他人商品或服务的标志,具有特别显著性的区别功能,具有区别性;商标是由文字、图形、字母、数字、三维标志、颜色和声音组合,以及上述要素的组合的标志,具有可视性;使用商标的目的就是为了区别与他人的商品或服务,便于消费者识别,商标具有独占性;商标是一种无形资产,具有价值(除其本身之外,也增加了商品的附加值)性和财产性;商标是商品信息的载体,参与市场商品或服务质量与信誉的竞争,具有工具性。注册商标受法律保护。

本罪行为是未经注册商标所有人许可,在同一种商品上使用与其注册商标相同的商标。"未经许可",即未经过注册商标所有人允许(同意、授权)。我国《商标法》第 57 条规定注册商标侵权行为有:(1) 未经商标注册人的许可,在同一种商品上使用与其注册商标相同的商标的;(2) 未经商标注册人的许可,在同一种商品上使用与其注册商标近似的商标,或者在类似商品上使用与其注册商标相同或者近似的商标,

---

① 10.05.07《立案追诉标准(二)》第 69 条规定:涉嫌下列情形之一的,应予立案追诉:(1) 非法经营数额在 5 万元以上或者违法所得数额在 3 万元以上的;(2) 假冒两种以上注册商标,非法经营数额在 3 万元以上或者违法所得数额在 2 万元以上的;(3) 其他情节严重的情形。

② 我国《商标法》第 3 条规定的商标,包括商品商标、服务商标和集体商标、证明商标;商标注册人享有商标专用权,受法律保护。

容易导致混淆的;(3) 销售侵犯注册商标专用权的商品的[①];(4) 伪造、擅自制造他人注册商标标识或者销售伪造、擅自制造的注册商标标识的[②];(5) 未经商标注册人同意,更换其注册商标并将该更换商标的商品又投入市场的;(6) 故意为侵犯他人商标专用权行为提供便利条件,帮助他人实施侵犯商标专用权行为的[③];(7) 给他人的注册商标专用权造成其他损害的。本罪行为仅指第(1)种侵权。

关于本罪规定的"使用",04.12.22《知识产权解释》第8条第2款规定:"是指将注册商标或者假冒的注册商标用于商品、商品包装或者容器以及产品说明书、商品交易文书,或者将注册商标或者假冒的注册商标用于广告宣传、展览以及其他商业活动等行为。""同种商品"是完全相同的商品[④]。关于"与其注册商标相同的商标",该《解释》第8条规定:"是指与被假冒的注册商标完全相同,或者与被假冒的注册商标在视觉上基本无差别、足以对公众产生误导的商标。"而此后的11.01.10《知识产权意见》第6条规定,具有下列情形之一,可以认定为"与其注册商标相同的商标":"(1) 改变注册商标的字体、字母大小写或者文字横竖排列,与注册商标之间仅有细微差别的;(2) 改变注册商标的文字、字母、数字等之间的间距,不影响体现注册商标显著特征的;(3) 改变注册商标颜色的;(4) 其他与注册商标在视觉上基本无差别、足以对公众产生误导的商标。" 这里,"同种商品""相同商标"是以普通人(消费者)的认知为标准,而不宜以专业人员的认识来判断[⑤]。本罪以"情节严重"为入罪标准[⑥]。

04.12.22《知识产权解释》第8条第2款规定的"使用",除"广告宣传、展览以及其他商业活动"(如商品推介会、签订合同、协议活动上"使用"——事实上是服务方式展示出来)外,包括"将注册商标或者假冒的注册商标用于商品、商品包装或者容器

---

① 构成《刑法》第214条销售假冒注册商标的商品罪。参见2004年12月22日最高人民法院、最高人民检察院实施的《关于办理侵犯知识产权刑事案件具体应用法律若干问题的解释》(法释〔2004〕19号)(以下简称04.12.22《知识产权解释》)第2条的规定,以及2011年1月10日最高人民法院、最高人民检察院、公安部颁布实施的《关于办理侵犯知识产权刑事案件适用法律若干问题的意见》(法发〔2011〕3号)(以下简称11.01.10《知识产权意见》)第8条"关于销售假冒注册商标的商品犯罪案件中尚未销售或者部分销售情形的定罪量刑问题"的规定。此外,还应参见2007年4月5日最高人民法院、最高人民检察院实施的《关于办理侵犯知识产权刑事案件具体应用法律若干问题的解释(二)》(法释〔2007〕6号)(以下简称07.04.05《知识产权解释(二)》)的相关规定。

② 构成《刑法》第215条非法制造、销售非法制造的注册商标标识罪。

③ 完全符合该类犯罪的共同犯罪从犯条件。我国《商标法实施条例》第75条规定:"为侵犯他人商标专用权提供仓储、运输、邮寄、印制、隐匿、经营场所、网络商品交易平台等,属于商标法第57条第6项规定的提供便利条件。应该以共同犯罪论处。"

④ 11.01.10《知识产权意见》第5条"关于刑法第213条规定的"同一种商品"的认定问题"规定,名称相同的商品以及名称不同但指同一事物的商品,可以认定为"同一种商品"。"名称不同但指同一事物的商品"是指在功能、用途、主要原料、消费对象、销售渠道等方面相同或者基本相同,相关公众一般认为是同一种事物的商品。本书还认为,"商品"不应简单理解为具体物品,包括有注册商标的"服务"。

⑤ 当然,是否符合普通人认知,也即"足以对公众产生误导"的结论,需要专业人员根据专业知识做出。

⑥ 04.12.22《知识产权解释》第1条规定,具有下列情形之一的,属于《刑法》第213条规定的'情节严重':(1) 非法经营数额在5万元以上或者违法所得数额在3万元以上的;(2) 假冒两种以上注册商标,非法经营数额在3万元以上或者违法所得数额在2万元以上的;(3) 其他情节严重的情形。

以及产品说明书、商品交易文书",均涉及对假冒注册商标的商品的销售[①]。因为从司法解释对本罪入罪的条件看,要求非法经营额或违法所得额[②]"较大",这当然与销售假冒注册商标商品有关联。"使用"他人注册商标或假冒的注册商标,并非都止步于"印制""蚀刻""粘贴"在商品、商品包装或者容器以及产品说明书、商品交易文书上,需要有后续的销售假冒注册商标的商品的行为(包括自己或他人销售),才可能具有数额较大的"非法经营额或违法所得额"。可以说,销售是实现假冒注册商标意图的重要手段,因此,本罪行为与销售假冒注册商标的商品罪具有规范上的包容关系。因为从11.01.10《知识产权意见》第5条规定"同一种商品"并非局限在具体商品,而是"同一事物"上,那么,注册商标的商品中就包括"服务",则"广告宣传、展览以及其他商业活动"的服务,当然也是"商品"。如此,本罪的"使用"在司法解释所涵盖内容中,包括了"销售假冒注册商标的商品",也即同一主体的"销售"行为已经涵盖在本罪"使用"之中[③]。如此第214条规定的销售假冒注册商标的商品罪,仅限于非本罪主体的其他人(单位和个人),明知销售的是本罪的侵权商品[④](以销售金额数额较大[⑤]为入罪条件[⑥],且本罪处罚未遂[⑦])。对假冒他人(包括销量好、产值高商品的装潢[⑧])商品外在包装,能否构成本罪有争议。本书认为,在申请注册商标同时申请对商品外

---

① 触犯《刑法》第214条销售假冒注册商标的商品罪。

② 关于"非法经营额",04.12.22《知识产权解释》第12条规定:"本解释所称'非法经营数额',是指行为人在实施侵犯知识产权行为过程中,制造、储存、运输、销售侵权产品的价值。已销售的侵权产品的价值,按照实际销售的价格计算。制造、储存、运输和未销售的侵权产品的价值,按照标价或者已经查清的侵权产品的实际销售平均价格计算。侵权产品没有标价或者无法查清其实际销售价格的,按照被侵权产品的市场中间价格计算。""多次实施侵犯知识产权行为,未经行政处理或者刑事处罚的,非法经营数额、违法所得数额或者销售金额累计计算。"所以,在解释上应该是指投入假冒注册商标生产、销售的全部资金成本以及违法所得。"违法所得额"应是指扣除投入的成本,实际所得或预期应得的"净收入"。

③ 04.12.22《知识产权解释》第13条第1款规定:"实施刑法第213条规定的假冒注册商标犯罪,又销售该假冒注册商标的商品,构成犯罪的,应当依照刑法第213条的规定,以假冒注册商标罪定罪处罚。"

④ 04.12.22《知识产权解释》第9条第2款规定:具有下列情形之一的,应当认定为属于《刑法》第214规定的"明知":(1) 知道自己销售的商品上的注册商标被涂改、调换或者覆盖的;(2) 因销售假冒注册商标的商品受到过行政处罚或者承担过民事责任、又销售同一种假冒注册商标的商品的;(3) 伪造、涂改商标注册人授权文件或者知道该文件被伪造、涂改的;(4) 其他知道或者应当知道是假冒注册商标的商品的情形。

⑤ 04.12.22《知识产权解释》第9条第1款规定:"刑法第214条规定的'销售金额',是指销售假冒注册商标的商品后所得和应得的全部违法收入。"

⑥ 04.12.22《知识产权解释》第2条规定:"销售明知是假冒注册商标的商品,销售金额在5万元以上的,属于刑法第214条规定的'数额较大';销售金额在25万元以上的,属于刑法第214条规定的'数额巨大'。"

⑦ 11.01.10《知识产权意见》第8条"关于销售假冒注册商标的商品犯罪案件中尚未销售或者部分销售情形的定罪量刑问题"规定:销售明知是假冒注册商标的商品,具有下列情形之一的,依照《刑法》第214条的规定,以销售假冒注册商标的商品罪(未遂)定罪处罚:(1) 假冒注册商标的商品尚未销售,货值金额在15万元以上的;(2) 假冒注册商标的商品部分销售,已销售金额不满5万元,但与尚未销售的假冒注册商标的商品的货值金额合计在15万元以上的。假冒注册商标的商品尚未销售,货值金额分别达到15万元以上不满25万元、25万元以上的,分别依照《刑法》第214条规定的各法定刑幅度定罪处罚。销售金额和未销售货值金额分别达到不同的法定刑幅度或者均达到同一法定刑幅度的,在处罚较重的法定刑或者同一法定刑幅度内酌情从重处罚。

⑧ 着重从外表的、视觉艺术的角度看,"器物、商品"外表的部分,是装潢的原义。

观(装潢)保护的情况下,装潢具有注册商标相同的功能和作用,假冒装潢的,应该以本罪论处。反之,对未申请保护的装潢假冒的,只能按照一般违法行为处理,不能构成本罪。

明知他人实施侵犯知识产权犯罪,而为其提供生产、制造侵权产品的主要原材料、辅助材料、半成品、包装材料、机械设备、标签标识、生产技术、配方等帮助,或者提供互联网接入、服务器托管、网络存储空间、通讯传输通道、代收费、费用结算等服务的,以侵犯知识产权犯罪的共犯论处①。

(三)假冒注册商标罪与生产、销售伪劣商品犯罪的关联

本罪通常与生产、销售伪劣商品犯罪有关联,目前对二者的法律关系仍无统一看法。有属于牵连犯②,法条竞合犯③、想象竞合犯④等不同观点。11.01.10《知识产权意见》第16条"关于侵犯知识产权犯罪竞合的处理问题"指出:"行为人实施侵犯知识产权犯罪,同时构成生产、销售伪劣商品犯罪的,依照侵犯知识产权犯罪与生产、销售伪劣商品犯罪中处罚较重的规定定罪处罚。"该处罚原则可适用于法条竞合犯,也可适用于想象竞合犯。但本书认为,本罪与生产、销售伪劣商品的犯罪在法律关系上并无必然关联性,也即假冒注册商标罪的商品,并非一定就是伪劣商品;伪劣商品也不是必须假冒注册商标才能生产、销售,所以,该种情形是司法现象而非因立法原因造成。如果将竞合关系理解为法条竞合,就很难成立。主张想象竞合犯的观点认为,行为人以假冒注册商标的方法生产、销售伪劣产品,是一个"以假充真"的行为,包括商标上的以假充真和产品上的以假充真。假冒注册商标,是"在同一种商品上使用与其注册商标相同的商标",伪劣商品就是假冒注册商标的载体,不将假冒商标用于伪劣商品上,假冒无从谈起,所以是一行为符合两个犯罪构成的想象竞合犯,应从一重罪论处⑤。

本书认为,将伪劣商品生产者、销售者制作他人注册商标、注册商标标识并使用在伪劣商品的行为理解成一个行为,完全可以成立。⑥ 但如果实施假冒注册商标侵权的行为人与伪劣商品生产者、销售者非同一主体时,是需要通过其他主体实施"印制""蚀刻""粘贴"行为,那依据司法解释,这是"使用"假冒的注册商标。行为人明知是侵权的,可以单独构成本罪,也可能是不知情被利用的"工具",此时的生产者、销售者是"使用者"的间接正犯。只有在他人实施使用行为的情况下,能否评价为与生产、销售伪劣商品同是一个行为,才是问题的关键。本书认为,对其他主体被作为工具实施

① 11.01.10《知识产权意见》第15条"关于为他人实施侵犯知识产权犯罪提供原材料、机械设备等行为的定性问题"。

② 参见刘家琛主编:《新罪通论》,人民法院出版社1996年版,第321页。

③ 参见赵秉志主编:《中国刑法特论》,中国人民公安大学出版社1997年版,第348页。

④ 参见张明楷:《刑法学》(下),法律出版社2016年版,第822页。

⑤ 参见马克昌主编:《经济犯罪新论——破坏社会主义经济秩序罪研究》,武汉大学出版社1998年版,第503—504页。

⑥ 04.12.22《知识产权解释》第13条规定:"实施刑法第213条规定的假冒注册商标犯罪,又销售该假冒注册商标的商品,构成犯罪的,应当依照刑法第213条的规定,以假冒注册商标罪定罪处罚。"

“印制”“蚀刻”“粘贴”等的使用行为,当然最终是应该归责于伪劣商品的生产者、销售者的行为,但毕竟这是一个独立环节上的侵权行为。如果从伪劣商品的“以假充真”,是指商品品质“假”而言,生产、销售伪劣商品的行为,很难将他人实施的注册商标的使用“假”的过程完全涵盖。因此,本书认为,由同一主体实施的假冒注册商标的“使用”,与生产、销售伪劣商品的,可以视为一行为而成立想象竞合犯,但由其他主体实施假冒注册商标的“使用”,应视为对生产者、销售者可以独立评价的行为,应视为牵连犯,因侵害法益不同质,就不应完全排除并罚可能性。04.12.22《知识产权解释》第13条第2款规定:“实施刑法第213条规定的假冒注册商标犯罪,又销售明知是他人的假冒注册商标的商品,构成犯罪的,应当实行数罪并罚。”该规定虽然不是针对前述情况,但可以看出,当由其他主体实施完成假冒他人注册商标的“使用”,是独立评价的行为,即便该行为应该归责于伪劣商品的生产者、销售者,也有理由视为独立评价的行为。

(四)假冒注册商标罪与非法制造、销售非法制造的注册商标标识罪[①]的关联

非法制造、销售非法制造的注册商标标识罪,是指违反《商标法》规定,伪造、擅自制造他人注册商标标识或者销售伪造、擅自制造的注册商标标识[②],情节严重的行为[③]。本罪为选择性罪名,亦可统一适用。本罪主体为自然人一般主体和单位。主观上是故意,动机不影响认定。

本罪在一定意义上可以视为假冒注册商标罪的“帮助”性质的行为,也不排除是应假冒制裁商标的行为人要求,实施的非法制造、销售非法制造的注册商标标识,但多数情况下该行为是主动而为之(因有需要的“市场”),是自己独立的“经营”活动。因此,在法规范上本罪行为人与假冒注册商标之人,并非当然的“对向犯”关系(双方均存在可替代性),不应按照共同犯罪看待,但在确定具有长期、定向“合作”关系的,应以共同犯罪认定。

本罪有三种行为,即“伪造”“擅自制造”“销售”。“伪造”,即按照他人真实注册商标标识仿制商标标识[④],只要按照普通人通常情况下误以为真,就是伪造。“擅自制造”,是承制单位或个人,未经注册商标所有权人授权,超量制作注册商标标识(制作真的商标标识——从经过授权而言)。“销售”,是指以金钱交易方式出售伪造、擅自

---

① 我国《刑法》第215条。

② 商标标识是商标载体,是独立于被标志商品(不在商品本身)上的商标物质表现形式。例如,商标纸、商标标牌、商标识带(印有该品牌商标专用识带)等。本罪的商标标识,必须是注册商标标识。

③ 10.05.07《立案追诉标准(二)》第71条规定:涉嫌下列情形之一的,应予立案追诉:(1)销售金额在5万元以上的;(2)尚未销售,货值金额在15万元以上的;(3)销售金额不满5万元,但已销售金额与尚未销售的货值金额合计在15万元以上的。

④ 有观点认为,从有无授权角度是无法区别“伪造”与“擅自制造”的,因在擅自制造的情况下,私自增加制造数量本身就不可能是经过授权的,所以,只能从伪造的是“假的”,擅自制造是“真的”来区别。参见胡康生、李福成主编:《中华人民共和国刑法释义》,法律出版社1997年版,第303页。

制造的注册商标标识。这里的销售,是非伪造者、擅自制造者的主体所实施的销售,以销售非法制造的注册商标标识罪定罪处罚;对伪造者、擅自制造者销售所制造的商标标识的,是伪造、擅自制造行为后续当然的行为,不宜单独评价其"销售"行为,以非法制造注册商标标识罪定罪即可,也可统一适用非法制造、销售非法制造的注册商标标识罪。本罪以"情节严重"为入罪条件①。本罪处罚未遂②。

(五)假冒注册商标罪的刑事责任

犯本罪,处3年以下有期徒刑或者拘役,并处或者单处罚金;情节特别严重的③,处3年以上7年以下有期徒刑,并处罚金。单位犯本罪,对单位判处罚金,并对其直接负责的主管人员和其他直接责任人员,依照该条的规定处罚④。

三十四、假冒专利罪

(一)假冒专利罪的概念和法益

假冒专利罪,是指违反《专利法》规定,假冒他人专利,情节严重的行为⑤。本罪的法益是国家对专利的监管以及他人专利权,本罪主体为自然人一般主体和单位。主观上只能是故意,动机不影响认定。

---

① 04.12.22《知识产权解释》第3条规定:具有下列情形之一的,属于《刑法》第215条规定的"情节严重":(1) 伪造、擅自制造或者销售伪造、擅自制造的注册商标标识数量在2万件以上,或者非法经营数额在5万元以上,或者违法所得数额在3万元以上的;(2) 伪造、擅自制造或者销售伪造、擅自制造两种以上注册商标标识数量在1万件以上,或者非法经营数额在3万元以上,或者违法所得数额在2万元以上的;(3) 其他情节严重的情形。11.01.10《知识产权意见》第7条"关于尚未附着或者尚未全部附着假冒注册商标标识的侵权产品价值是否计入非法经营数额的问题"规定:在计算制造、储存、运输和未销售的假冒注册商标侵权产品价值时,对于已经制作完成但尚未附着(含加贴)或者尚未全部附着(含加贴)假冒注册商标标识的产品,如果有确实、充分证据证明该产品将假冒他人注册商标,其价值计入非法经营数额。

② 11.01.10《知识产权意见》第9条规定,具有下列情形之一的,依照《刑法》第215条的规定,以销售非法制造的注册商标标识罪(未遂)定罪处罚:(1) 尚未销售他人伪造、擅自制造的注册商标标识数量在6万件以上的;(2) 尚未销售他人伪造、擅自制造的两种以上注册商标标识数量在3万件以上的;(3) 部分销售他人伪造、擅自制造的注册商标标识,已销售标识数量不满2万件,但与尚未销售标识数量合计在6万件以上的;(4) 部分销售他人伪造、擅自制造的两种以上注册商标标识,已销售标识数量不满1万件,但与尚未销售标识数量合计在3万件以上的。

③ 04.12.22《知识产权解释》第1条第2款规定:具有下列情形之一的,属于《刑法》第213条规定的"情节特别严重",(1) 非法经营数额在25万元以上或者违法所得数额在15万元以上的;(2) 假冒两种以上注册商标,非法经营数额在15万元以上或者违法所得数额在10万元以上的;(3) 其他情节特别严重的情形。

④ 根据04.12.22《知识产权解释》第15条规定,单位实施本罪的按照该解释规定的相应个人犯罪的定罪量刑标准的3倍定罪量刑。

⑤ 10.05.07《立案追诉标准(二)》第72条规定:涉嫌下列情形之一的,应予立案追诉:(1) 非法经营数额在20万元以上或者违法所得数额在10万元以上的;(2) 给专利权人造成直接经济损失在50万元以上的;(3) 假冒两项以上他人专利,非法经营数额在10万元以上或者违法所得数额在5万元以上的;(4) 其他情节严重的情形。

(二) 专利、行为

“专利”,也称为“专利权”,是授予特定的发明、实用新型和外观设计依法享有的在一定时期内独占权①。本罪是简单罪状。何为假冒专利行为,理论上表述不一②。

我国《专利法实施细则》第84条规定:“下列行为属于专利法第63条规定的假冒专利的行为:(一)在未被授予专利权的产品或者其包装上标注专利标识,专利权被宣告无效后或者终止后继续在产品或者其包装上标注专利标识,或者未经许可在产品或者产品包装上标注他人的专利号;(二)销售第(1)项所述产品;(三)在产品说明书等材料中将未被授予专利权的技术或者设计称为专利技术或者专利设计,将专利申请称为专利,或者未经许可使用他人的专利号,使公众将所涉及的技术或者设计误认为是专利技术或者专利设计;(四)伪造或者变造专利证书、专利文件或者专利申请文件;(五)其他使公众混淆,将未被授予专利权的技术或者设计误认为是专利技术或者专利设计的行为。”然而,04.12.22《知识产权解释》第10条规定,实施下列行为之一的,属于《刑法》第216条规定的“假冒他人专利”的行为:(1)未经许可,在其制造或者销售的产品、产品的包装上标注他人专利号的;(2)未经许可,在广告或者其他宣传材料中使用他人的专利号,使人将所涉及的技术误认为是他人专利技术的;(3)未经许可,在合同中使用他人的专利号,使人将合同涉及的技术误认为是他人专利技术的;(4)伪造或者变造他人的专利证书、专利文件或者专利申请文件的。

可见,二者对假冒专利界定范围有很大的区别。例如,我国《专利法实施细则》规定的假冒,限于假冒“他人”的专利,但其所规定的假冒专利,既包括未被授予专利权、专利权被宣告无效后或者终止后继续使用该专利号等(这当然可以涵盖原专利权人在专利权被宣告无效后或者终止后继续使用的情况)。根据刑法规定,只有假冒“他人”专利的,才可能构成犯罪,因此,《专利法实施细则》规定的假冒专利,只有“未经许可在产品或者产品包装上标注他人的专利号”,“销售未经许可在产品或者产品包装上标注他人的专利号”的产品,“未经许可使用他人的专利号,使公众将所涉及的技术或者设计误认为是专利技术或者专利设计”以及“伪造或者变造专利证书、专利文件或者专利申请文件”,方符合本罪假冒他人专利的条件。本书认为,当前认定假冒专利行为,只应以司法解释的相关规定为准。此外,本罪以“情节严重”为入罪条件③。

---

① 独占权,即专利权的“排他性”或“专有性”,是专利最重要的法律特征,专利权人对其拥有的专利权享有独占或排他的权利,未经其许可或者出现法专利权律规定的特殊情况,任何人不得使用,否则即构成侵权。此外,专利亦有时间性和地域性的法律特征。

② 参见马克昌主编:《百罪通论》(上卷),北京大学出版社2014年版,第421—422页。

③ 10.05.07《立案追诉标准(二)》第72条规定:涉嫌下列情形之一的,应予立案追诉:(1)非法经营数额在20万元以上或者违法所得数额在10万元以上的;(2)给专利权人造成直接经济损失在50万元以上的;(3)假冒两项以上他人专利,非法经营数额在10万元以上或者违法所得数额在5万元以上的;(4)其他情节严重的情形。04.12.22《知识产权解释》第4条关于假冒专利“情节严重”的规定,与上述立案追诉标准相同。

(三) 假冒专利罪的刑事责任

犯本罪,处3年以下有期徒刑或者拘役,并处或者单处罚金。

三十五、侵犯著作权罪

(一) 侵犯著作权罪的概念和法益

侵犯著作权罪,是指以营利为目的,侵犯他人著作权,违法所得数额较大或者有其他严重情节的行为。本罪的法益,是他人是著作权,即著作权人依法享有的人身、财产权以及著作邻接权。主体为自然人一般主体和单位,主观上是直接故意,并以营利为目的,动机不影响认定。

(二) 对象、行为、故意内容、共犯

本罪的对象,是依照《著作权法》规定并受其保护的作品①,但根据我国《著作权法》第5条的规定,以下作品不是保护对象:(1) 法律、法规,国家机关的决议、决定、命令和其他具有立法、行政、司法性质的文件,及其官方正式译文;(2) 时事新闻;(3) 历法、通用数表、通用表格和公式。当然,超出保护期的作品,以及不受我国《著作权法》保护的作品,也不是本罪对象。民间文学艺术作品的著作权受法律保护,但具体保护办法由国务院另行规定。

本罪行为具体有:(1) 未经著作权人许可,复制发行其文字作品、音乐、电影、电视、录像作品、计算机软件及其他作品。04.12.22《知识产权解释》第11条规定:"刑法第217条规定的'未经著作权人许可',是指没有得到著作权人授权或者伪造、涂改著作权人授权许可文件或者超出授权许可范围的情形。"②"没有得到著作权人授权",是指未经著作权人许可使用其作品,复制发行其作品;"伪造著作权人授权许可文件",是指伪造许可使用内容、方式等各方面许可权利的文件,复制发行其作品;"涂改著作权人授权许可文件",是指著作权人同意在一定范围或一定条件下允许使用其作品,但行为人违背约定私下采取一定手段,修改原约定内容(通常是涂改对作品使

① 我国《著作权法》第3条规定:"本法所称的作品,包括以下列形式创作的文学、艺术和自然科学、社会科学、工程技术等作品:(一) 文字作品;(二) 口述作品;(三) 音乐、戏剧、曲艺、舞蹈、杂技艺术作品;(四) 美术、建筑作品;(五) 摄影作品;(六) 电影作品和以类似摄制电影的方法创作的作品;(七) 工程设计图、产品设计图、地图、示意图等图形作品和模型作品;(八) 计算机软件;(九) 法律、行政法规规定的其他作品。"我国《计算机软件保护条例》第2条规定:"本条例所称计算机软件(以下简称软件),是指计算机程序及其有关文档。"中国公民、法人或者其他组织对其所开发的软件,不论是否发表,都享有著作权。

② 11.01.10《知识产权意见》第11条"关于侵犯著作权犯罪案件'未经著作权人许可'的认定问题"的规定。

用的限制条件),复制发行其作品。复制发行,包括复制、发行或者既复制又发行的行为[①]。因此,复制发行也不限于以原作品面世时的形态,通过信息网络复制发行的,也是本罪的侵权违法行为,可以构成本罪。[②] (2) 未经著作权人许可,出版他人享有专有出版权的图书。本项行为,同样以复制发行为必要。复制发行不要求与专有出版权图书版式相同,也不限于纸质形态的复制,通过信息网络发行,同样可以构成本罪。(3) 未经录音录像制作者许可,复制发行其制作的录音录像。多数说认为,这里"录音录像"与"音乐、电影、电视、录像作品"并不等同,后者享有的是作品的著作权,也即智力成果(具有原创的意义),而前者是因"制作"录音录像而享有的该作品的邻接权,也即"制作者"享有许可他人复制、发行、出租,或通过信息网络向公众传播并获取一定报酬的权利。[③] 该项行为当然也存在未得到著作权人许可的情况,可以认为与第1项"未经著作权人许可,复制发行"其作品的行为有竞合关系。(4) 制作、出售假冒他人署名的美术作品。美术作品,是指以线条、色彩或者其他方式构成的平面或者立体造型的艺术作品,如绘画、书法、雕塑、篆刻、造型等。美术作品包括纯美术作品和实用美术作品。本项行为,通俗地说,即为制作、出售"赝品"。无论使用何种方式,只要署以他人(主要是名人)之名制造、出售仿真的美术作品,即侵犯他人著作权。但将自己作品署以他人之名的假冒,侵犯他人姓名权,不构成本罪。

本罪必须以营利为目的,11.01.10《知识产权意见》第10条"关于侵犯著作权犯罪案件'以营利为目的'的认定问题"规定:除销售外,具有下列情形之一的,可以认定为"以营利为目的":(1) 以在他人作品中刊登收费广告、捆绑第三方作品等方式直接或者间接收取费用的;(2) 通过信息网络传播他人作品,或者利用他人上传的侵权作品,在网站或者网页上提供刊登收费广告服务,直接或者间接收取费用的;(3) 以会员制方式通过信息网络传播他人作品,收取会员注册费或者其他费用的;(4) 其他利用他人作品牟利的情形。例如,为美化校园文化环境"剽窃"他人雕塑作品,即便是假冒他人之名,因为非以营利为目的,不能构成本罪。

本罪以违法所得数额较大或者有其他严重情节,为入罪的必要条件[④]。

11.01.10《知识产权意见》第15条"关于为他人实施侵犯知识产权犯罪提供原材料、机械设备等行为的定性问题"规定:明知他人实施侵犯知识产权犯罪,而为其提供生产、制造侵权产品的主要原材料、辅助材料、半成品、包装材料、机械设备、标签标

---

① 07.04.05《知识产权解释(二)》第2条的规定。

② 11.01.10《知识产权意见》第12条的规定以及04.12.22《知识产权解释》第11条第2款的规定。

③ 2005年10月18日最高人民法院、最高人民检察院实施的《关于办理侵犯著作权刑事案件中涉及录音录像制品有关问题的批复》(法释〔2005〕12号)指出:"未经录音录像制作者许可,通过信息网络传播其制作的录音录像制品的行为,应当视为刑法第217条第(3)项规定的'复制发行'。"

④ 参见07.04.05《知识产权解释(二)》第7条"以前发布的司法解释与本解释不一致的,以本解释为准"的规定以及04.12.22《知识产权解释》第5条的规定。此外,"其他严重情节"参见07.04.05《知识产权解释(二)》第1条的规定。针对通过计算机信息网络实施的侵权行为,参见11.01.10《知识产权意见》第13条的规定。

识、生产技术、配方等帮助,或者提供互联网接入、服务器托管、网络存储空间、通讯传输通道、代收费、费用结算等服务的,以侵犯知识产权犯罪的共犯论处。

(三) 侵犯著作权罪与销售侵权复制品罪[①]的关联

销售侵权复制品罪,是指以营利为目的,销售明知是侵犯他人著作权的复制品,违法所得数额巨大的行为。主体为自然人一般主体和单位,主观上是故意,并以营利为目的。本罪的主体为侵权复制品制作者之外的销售者,换言之,侵权复制品制作者的制作、销售给本罪行为人的,是我国《刑法》第 217 条侵犯著作权罪的行为。本罪销售行为,可以理解为"转手"再实施的销售行为,至于在行"转手"销售之前,是否交付侵犯著作权的行为人必要的"对价"(是否先购入再销售),在所不问。销售,除传统意义上的"面对面"外,也包括通过信息网络的销售。销售明知是侵犯他人著作权的复制品,同时具有我国《刑法》第 217 条侵犯著作权行为的,应数罪并罚。本罪以违法所得数额巨大为入罪条件[②]。

(四) 销售侵权复制品罪与假冒注册商标罪、销售假冒注册商标的商品罪的关联

销售侵权复制品罪与假冒注册商标罪在构成要件要素上看似并无直接的交集,因根据我国《刑法》第 218 条规定,所销售的是《刑法》第 217 条规定的侵权复制品,即侵权的文字作品、音乐、电影、电视、录像作品、计算机软件及其他作品,图书、录音录像、美术作品,只是涉及对他人著作权的侵害。但是,现实中对经济效益好的文化产品,开发、制作、发行方同样存在使用注册商标予以保护的情况。而销售此类侵权复制品,就存在同时又是假冒注册商标,也触犯销售假冒注册商标的商品罪,此种情形,属于"一行为同时触犯数罪名的"想象竞合犯,应根据"从一重罪处断原则",以假冒注册商标罪论处。

(五) 侵犯著作权罪、销售侵权复制品罪与生产、销售伪劣商品犯罪的关联

11.01.10《知识产权意见》第 16 条"关于侵犯知识产权犯罪竞合的处理问题"规定:"行为人实施侵犯知识产权犯罪,同时构成生产、销售伪劣商品犯罪的,依照侵犯知识产权犯罪与生产、销售伪劣商品犯罪中处罚较重的规定定罪处罚。"伪劣商品,本书认为是"不符合保障人体健康和人身、财产安全的国家标准、行业标准的产品",侵犯著作权而复制发行的作品,销售侵权复制作品所涉及的"侵权复制品",也即文字作品、音乐、电影、电视、录像作品、计算机软件及其他作品,享有专有出版权的图书,录

---

① 我国《刑法》第 218 条。

② 04.12.22《知识产权解释》第 6 条规定:"以营利为目的,实施刑法第 218 条规定的行为,违法所得数额在 10 万元以上的,属于'违法所得数额巨大'"。

音录像,美术作品,本质上并不具有危害"人体健康和人身、财产安全的"性质这一条件,换言之,侵犯著作权罪、销售侵权复制品罪与生产、销售伪劣商品犯罪本质上并不具有竞合关系。

(六) 侵犯著作权罪的刑事责任

犯本罪,处3年以下有期徒刑或者拘役,并处或者单处罚金;违法所得数额巨大或者有其他特别严重情节的,处3年以上7年以下有期徒刑,并处罚金。单位犯本罪,对单位判处罚金,并对其直接负责的主管人员和其他直接责任人员,依照该条的规定处罚①。

三十六、侵犯商业秘密罪

(一) 侵犯商业秘密罪的概念和法益

侵犯商业秘密罪,是指以各种不正当手段获取、披露、使用或者允许他人获取、使用权利人②的商业秘密,给权利人造成重大损失的行为③。本罪的法益,是商业秘密权利人的商业秘密的相对专用权④以及国家对商业秘密保护的监管。主体为自然人一般主体和单位,主观上只能是故意,动机不影响认定。

(二) 对象、行为、主体、结果、主观

商业秘密,根据我国《刑法》第219条第3款的规定,是指不为公众所知悉,能为权利人带来经济利益,具有实用性并经权利人采取保密措施的技术信息和经营信息。商业秘密大体上分为:(1) 技术信息。也称技术秘密,是指具有一定价值,不为公众所知的产品的生产和制造过程中的技术诀窍或秘密技术、非专利技术成果、专有技术及能在生产经营中的知识。如产品、制品、元件、食品、药品等生产方案,产品设计、工艺流程、配方、质量控制和管理方面的其他技巧、技术知识,以及记载以上内容的文件、图纸、数据、表格、实验记录、结果报告等均可成为商业秘密。(2) 经营信息。它

---

① 根据04.12.22《知识产权解释》第15条规定,单位实施本罪的按照该解释规定的相应个人犯罪的定罪量刑标准的3倍定罪量刑。有关罚金刑的确定,执行07.04.05《知识产权解释(二)》第4条的规定确定。

② 根据我国《刑法》第219条第4款规定,权利人"是指商业秘密的所有人和经商业秘密所有人许可的商业秘密使用人。"

③ 10.05.07《立案追诉标准(二)》第73条规定:涉嫌下列情形之一的,应予立案追诉:(1) 给商业秘密权利人造成损失数额在50万元以上的;(2) 因侵犯商业秘密违法所得数额在50万元以上的;(3) 致使商业秘密权利人破产的;(4) 其他给商业秘密权利人造成重大损失的情形。

④ 商业秘密的专用权是相对意义上的,不具有绝对的排他性。如果以合法方式取得了同一内容的商业秘密,商业秘密的拥有者既不能阻止在他之前已经开发掌握该信息的人使用、转让该信息,也不能阻止在他之后开发掌握该信息的人使用、转让该信息。

是指与具有秘密性,体现经营者的经营管理方法、经营活动及与此相关的记录、表格、数据、计划、生产经营销售有关的保密资料、情报、计划、方案、方法、程序、经营决策、各种信息和情报、未公开的产品推销计划、顾客名单、进货渠道、销售网络、产品价格、供求状况、标底、标书内容等。大体可归纳为:关于经营者自身状况的信息;关于经营者业务往来的信息;关于经营者对外部经营伙伴的评价信息。当然,经营信息也仅是在一定的条件下才可成为商业秘密。例如客户名单一般不是商业秘密,但在产品使用场合狭窄,销路单一,权利人对其采取保密措施,他人无从知悉时,客户名单则是商业秘密。商业秘密既可以文字、图像为载体,也可以实物为载体,还可能存在于人的大脑或具体操作方式中。商业秘密具有如下特征:

(1)秘密性。这是商业秘密的基本特征。商业秘密是不为公众所知悉的事项,其秘密性就是不为公众所知悉。但这不是指不为一切人所知悉,只是不为权利人以外的其他人所知悉。除一定范围的特定人员以外,信息处于隐秘状态。同时,不为公众所知悉不是绝对意义上的,因在实现其价值时,必然要其他人接触、使用该项商业秘密,否则无法投入生产或经营实现其价值。另外,权利人视为商业秘密的信息,对另一些人来说或许被视为毫无秘密可言。因此,在具有同一认知水平、同一专业技术知识,具有同样兴趣的人中保持其秘密性,才可能是商业秘密。已在经济活动等领域中公知公用的通用技术、普通的经营方法不属于商业秘密。

(2)经济性。这是商业秘密本质属性。商业秘密是财产物质权益的知识产权,能为权利人带来经济利益,即具有价值性。经济利益,只限于积极社会经济利益①,即通过使用能使权利人增加财富或者财产上的利益,使其具有竞争优势。因此,商业秘密具有直接的、现实的经济价值。若某项未公开的经营信息或技术信息不能给权利人带来经济利益或某种竞争优势,不具有经济性,即实际上是无价值的,也就不称其为商业秘密。

(3)实用性。这是指商业秘密具有能够实际运用于具体的经济活动,解决生产、经营中的现实问题,并带来具体的经济效益和竞争优势。商业秘密的运用不以当前可以运用为限,包括将来可以在经济活动中运用,至于权利人实际上是否已经将它直

---

① 违法的“商业秘密”不受法律保护。商业秘密包括内容违法的商业秘密和内容不违法但其使用违法的商业秘密(也即实际使用会导致违法结果的商业秘密)。前者如制作财务假账、有较大公害的技术、制作假药的方法等,后者如利用计算机技术实施盗窃的方法、如何编程设计木马软件。从一定意义上说,商业竞争领域里,包括所有违法的秘密,都可称其为“商业秘密”,如不考虑“商业秘密”法律属性而予以保护,最终损害的只会是国家和公共的利益。因此,违法的商业秘密不能受到法律的保护,是取缔、打击的对象。查明权利人的商业秘密是否违法,也有其重要的意义。张明楷教授认为:“由于商业秘密不以内容的合法性为前提,所以披露内容不合法的商业秘密(如所谓的食品秘方实际上只是加入罂粟壳)的行为阻却违法性,不成立本罪。当然,如果认为商业秘密以内容合法性为前提,则披露内容不合法的商业秘密的行为原本就不符合本罪的构成要件。”张明楷:《刑法学》(下),法律出版社2016年版,第828页下注释。本书赞同这一结论,但这只是论证了以内容合法或不合法的商业秘密与本罪构成要件的关系,未涉及即便是使用商业秘密也存在违法的另一方面。此外,不正当的商业秘密原则上也不受法律保护。不正当的商业秘密是指没有违反现行法律,但却违反善良风俗,属于不道德的商业行为,即“丑闻性商业秘密”,如公司、企业连续几年“经营业绩造假”。不正当的商业秘密是不正当行为的一部分,不正当行为是法律原则所反对的,因此不正当的商业秘密也不应受到保护,披露不正当商业秘密的行为合法,应受到鼓励。

接运用于具体的经济活动,在所不问。

(4) 保密性。即只有权利人在主观上具有明确的保密的意思,客观上采取了积极的或消极的一定的保密措施,才称得上秘密。如与雇员、使用者等订立保密协议,建立保密制度,设立防范手段,对文件进行特殊保管,或者消极地不展示商业秘密等,使得一般人很难以正当手段获悉。如权利人对其技术信息与经营信息不具有保密意思,没有采取保密措施,其他人可以任意获取,就失去了作为秘密存在的价值,法律不可能予以保护。至于权利人所采取的保密措施是否严密、得当,不影响认定,因事实上不存在万无一失的保密措施①。

同时具备以上几个特征的,才称为商业秘密,缺一则不能成为本罪的对象。

应该指出,商业秘密还具有可转让性与非排他性。商业秘密权利人因其在事实上对该商业秘密的拥有而同时享有处置权,可进入市场自由地转让、传播,但却不能对抗正当竞争。即商业秘密权利人在拥有商业秘密的同时,不能阻止他人研究出并占有同一项信息(例如,运用反向工程研究出相同技术),也不能阻止他人根据其已投入市场的产品,重新研究出新的工艺流程等先进的技术方法。

国民经济发展、国家基础建设、国防、科技发展中的重大秘密事项,其中当然包括商业秘密,但同时也可能完全属于国家秘密,在该种情况下,二者的法律属性有交叉。对只涉及属于国家秘密的商业秘密,应该按照国家秘密对待;对只涉及商业秘密而不涉及国防、重大经济计划、重要科技秘密的,应该按照本罪认定;对二者法律属性兼有的,属于想象竞合犯②的,从一重罪应按照相关侵犯国家秘密犯罪、危害国家安全犯罪论处。

本罪包括以下行为方式:

(1) 以盗窃、利诱、胁迫或者其他不正当手段获取权利人的商业秘密。本项行为主体为自然人一般主体和单位。"盗窃"是指通过秘密窃取方式获取商业秘密,无论使用通常的窃取方式还是通过高科技手段,是窃取商业秘密载体,还是通过观看、阅览、下载信息等,不影响认定。有学者认为,盗窃商业秘密因故意内容不同可表现为,以窃财为目的而获取商业秘密和以窃取商业秘密为目的而获取商业秘密。以本罪论处的,仅指后者。而前者主观目的是为了窃取财物而非商业秘密,因不具备本罪构成

① 参见马克昌主编:《经济犯罪新论——破坏社会主义市场经济秩序罪研究》,武汉大学出版社 1998 年版,第 544 页。

② 也有法(规)条竞合犯的观点。参见马克昌主编:《百罪通论》(上卷),北京大学出版社 2014 年版,第 448 页。本书认为,在构成要件上,商业秘密并非当然的国家秘密,反之也相同,只有在"秘密"具有双重法律属性时,才存在触犯一罪名也同时会触犯另一罪名的现象。但该现象并非因立法规定而造成(商业秘密与国家秘密都存在因时、地、事等因素发生调整、变化的情形,此时是具有双重法律属性,彼时可能只具有属于国家秘密,或者只属于商业秘密)。因此,在该种情形下,一行为触犯数罪名是司法现象而非因立法的原因造成,以想象竞合犯处理更为妥当。

特征而不宜以本罪论处。[①] 虽然无意盗窃商业秘密,但盗窃可能造成商业秘密被有意或无意“披露”而对权利人造成重大损失。[②] 对无意盗窃商业秘密而有意“披露”的,仍然可以按照本罪论处。但对无意“披露”并造成权利人重大损失的,如果符合13.04.04《办理盗窃案件解释》第2条规定,即“盗窃公私财物,具有下列情形之一的,“数额较大”[③]的标准可以按照第1条规定标准的50%确定:① 曾因盗窃受过刑事处罚的;② 一年内曾因盗窃受过行政处罚的……⑧ 因盗窃造成严重后果的”[④],仍然可以按照盗窃定罪处罚,反之,应按照一般违法处理。“利诱”是指主要以金钱或一定的经济地位、社会地位为回报,诱使知道商业秘密的人,提供商业秘密。有观点认为,“利诱”包括引诱或者欺骗手段。[⑤] 利诱就是指用财物、名位等引诱,但本罪的“利诱”是否具有“欺骗”的含义?利诱和欺骗都以满足其某种需要或使其获得某种利益、好处而予以诱惑,这是其相同之处。但二者也存在区别:利诱是以能解决或满足其某种需求,进行诱惑,而且,也在一定程度上能使其实际获得;欺骗则是以编造谎言或隐瞒真相,以根本不存在的或根本不可能实现的利益、好处进行诱惑。将“引诱”与“欺骗”等同作为“利诱”的内容并不准确。[⑥] 本书认为,对以“欺骗”手段获得商业秘密的,应视为本项“其他不正当手段”。“胁迫”,是指实施恐吓、威胁对商业秘密权利人或知悉商业秘密人进行精神强制,逼迫其提供商业秘密。“其他不正当手段”是概括性规定,是指以获取商业秘密为目的,采取形式上违法或不违法的方式,违背商业秘密权利人或知悉商业秘密人意愿,使之提供商业秘密(例如,邀请其参加高档宴会,或对其嫖娼出资,或以不提供则举报违法、违纪进行逼迫,或以签订合作合同、投资协议,骗取商业秘密等)。

(2) 披露、使用或者允许他人使用以盗窃、利诱、胁迫或者其他不正当手段获取的权利人的商业秘密。本项规定的行为是前项行为的自然延续[⑦],其行为成立的前提是已通过不正当手段获取了权利人的商业秘密,又实施本项行为,即构成对商业秘密双重侵犯。本项行为主体为自然人一般主体和单位。“披露”是指知悉商业秘密者将

---

① 参见龙洋:《谈侵犯商业秘密罪的几个问题》,载《法律科学》1998年增刊。

② 有学者认为,商业秘密是一种无形财产,具有财产属性。因此,商业秘密不论是附于某种载体,还是不附于任何载体而只作为一种无形的信息状态存在,均可以包含于盗窃罪的犯罪对象中。参见高晓莹:《侵犯知识产权罪的认定与处理》,中国检察出版社1998年版,第221页。

③ 13.04.04《办理盗窃案件解释》第1条规定,“数额较大”标准为1000元至3000元,同时规定,各省、自治区、直辖市高级人民法院、人民检察院可以根据本地区经济发展状况,并考虑社会治安状况,在前款规定的数额幅度内,确定本地区执行的具体数额标准,报最高人民法院、最高人民检察院批准。

④ 本书对这种以“不期结果”作为入罪以及承担较重责任的条件持否定看法,参见林亚刚:《刑法学教义》(总论)(第2版),北京大学出版社2017年版,第550页以下。不过,由于司法解释有法律效力,应遵照执行。

⑤ 参见高晓莹:《侵犯知识产权罪的认定与处理》,中国检察出版社1998年版,第212页。

⑥ 参见林亚刚:《侵犯商业秘密罪再探》,载《法制与社会发展》2000年第1期。

⑦ 参见高晓莹:《侵犯知识产权罪的认定与处理》,中国检察出版社1998年版,第213页。

商业秘密告知他人(包括将商业秘密公布于众,其公开化的程度,不影响披露行为的成立)。披露的表现形式法律上未作限制,至于他人是否需要该商业秘密,是否利用该商业秘密从事具体经济活动,不影响认定。"使用"是指获得该商业秘密,出于不正当竞争或者营利目的,将商业秘密运用于具体经济活动。"允许他人使用"是指将自己通过不正当手段获取的商业秘密,允许第三者使用于具体经济活动,至于是有偿还是无偿使用不影响认定。

(3) 违反约定或者违反权利人有关保守商业秘密的要求,披露、使用或者允许他人使用其所掌握的商业秘密。是指合法知悉商业秘密内容的人,违反与权利人之间的约定或者违反权利人有关保守商业秘密的要求,向第三人披露、自己直接使用或者允许第三人使用其所知悉的商业秘密,从事具体的经济活动。实施这一行为,必须是违反了与权利人的约定或违反权利人保守商业秘密的要求为前提。实施这类行为的主体只能是因工作关系、业务关系、许可使用关系等,受商业秘密权利人授权或委托,并与权利人订有保密约定的知悉、掌握、使用商业秘密的有关人员或单位,既可是与商业秘密的权利人订立许可使用合同的一方当事人;也有可能是权利人单位知悉商业秘密的工作人员,或者从该单位调出、离退休并与单位订有保守秘密协议的有关人员。因合同等关系知悉商业秘密的人,并不是权利人的雇员,但因与权利人有约定保守商业秘密,从而也就承担了保密的法律义务。如果不顾约定或者权利人的要求而披露,给权利人造成重大损失,也应承担刑事责任。因此,该项行为主体包括:因业务需要而了解商业秘密的职工;为商业秘密的权利人提供某种服务的外部人员,如公司高级顾问,律师、注册会计师等;商业秘密权利人的业务伙伴,如贷款金融机构、供货商、代理商等;付出使用费用后取得使用权的商业秘密的受让人(包括单位);合法获取但出售商业秘密的人(包括单位);以商业秘密作为投资或者以此入股的权利人的合资、合作伙伴等①(包括单位)。该项行为,行为人与允许使用商业秘密的第三者之间,并不成立当然的共犯关系,因第三者既可能不止一人(单位或个人),也可能是行为人所利用的不知情工具。但与行为人有共谋的除外。

(4) 明知或者应知前款所列行为,获取、使用或者披露他人的商业秘密。这是指明知或者应知他人通过前三种不正当手段获取的权利人的商业秘密,而获取、使用或者披露他人的商业秘密。与前三类行为有所不同的是,获取、使用、披露商业秘密并不是直接从权利人那里获得,而是前两类行为人向其提供,理论上也有称该种行为是"间接侵犯商业秘密" 行为②。"明知或者应知",是对行为人主观恶意心态的评价,即在"明知或应知"他人通过不正当手段获取商业秘密,或他人对权利人负有保密义务时,还要再行获取、使用、披露。该项行为主体为自然人一般主体和单位。如行为

---

① 参见高晓莹:《侵犯知识产权罪的认定与处理》,中国检察出版社 1998 年版,第 215 页。

② 参见马克昌主编:《经济犯罪新论——破坏社会主义市场经济秩序罪研究》,武汉大学出版社 1998 年版,第 546 页;高晓莹:《侵犯知识产权罪的认定与处理》,中国检察出版社 1998 年版,第 215 页。

人只是从前款规定的“他人”那里获取(知道、掌握)该商业秘密,并没有将其使用到具体经济活动,是否应该评价为犯罪? 在我国《刑法》第219条的规定中,共有三处规定了“获取”,但意义并不完全相同。第1款第1、2项规定的“获取”,是以非法手段为“获取”的前提,手段的非法性,决定了只要“获取”权利人的商业秘密,就应该评价为侵权,是否再用于具体经济活动,不影响对侵权的认定;但第2款规定的“获取”,虽然规定以“明知或者应知”是行为人通过实施第1款第1项至第3项行为所得到的商业秘密,但自己再行的“获取”如果没有采用不正当手段,也没有将其使用到具体经济活动,不应评价为侵权。只有同时具备用于具体经济活动的,才应以侵权论①。同理,本项侵权行为人与提供商业秘密的他人之间,并不是当然的共犯关系,但有共同故意的除外。具有上述行为之一,既符合本罪要求,同时具备多项行为也不能并罚。

本罪主观罪过有争议,有观点认为,本罪只能是直接故意②,不同观点认为,通常是直接故意,但也不能排除间接故意③。还有学者认为,“以侵犯商业秘密论”的行为,其主观方面既可以是基于故意,也可以是基于过失。因我国《刑法》第219条第2款规定的是“明知或者应知前款所列行为”,所以可以是基于明知而故意犯罪,也可是基于应知但疏忽大意而未知实施了犯罪④。赞同的观点还补充道,应知而不知获取商业秘密手段不正当、来源非法时,也就无法认定对可能造成权利人重大损失结果,是出于希望或放任态度,所以,只能是疏忽大意的过失心态,这是从刑法条文得出这一结论,因此,过失可构成第2款“以侵犯商业秘密论”的犯罪,需要在量刑上从宽⑤。

本罪以直接故意为常见,为获取商业秘密实施盗窃、利诱、胁迫等行为,也只能是直接故意。但“明知”同时也是间接故意的认识因素,如果否定第2款行为间接故意可以构成,是没有道理的。问题是如何理解“应知”的规定。本书认为,“应知”是对负有“应知”义务的表述,这种义务对于意图从他人处要“获取、使用或者披露他人的商业秘密”的人而言,并非是一般的注意义务,而是特别注意义务。“应知”在罪过中只是规范要求的“认识因素”,第2款的规定中也没有涉及“意志因素”。负有“应知”义务而没有履行“应知”义务所对应的意志态度,并非只有疏忽履行义务的这一种心态,也存在根本不打算履行义务的心理态度。例如,以“不在乎”“无所谓”心态“获取、使用或者披露他人的商业秘密”的,无论如何解读,都不可能是疏忽大意的过失。在这种心态下“应知”他人非法获得商业秘密,或“应知”他人具有保密义务不得披露,再行获取和使用或者披露的行为,对自己行为可能侵权,放任给商业秘密权利人

---

① 如果采用不正当手段获取,因不符合第1款第1—3项的规定,是否可以不要求有具体经济活动就评价为侵权? 本书持肯定观点。

② 参见赵秉志主编:《新刑法全书》,中国人民大学出版社1997年版,第811页。

③ 参见马克昌主编:《经济犯罪新论——破坏社会主义市场经济秩序罪研究》,武汉大学出版社1998年版,第547页;高铭暄、马克昌主编《中国刑法解释》,中国社会科学出版社2005年版,第1472页。

④ 参见高晓莹:《侵犯知识产权罪的认定与处理》,中国检察出版社1998年版,第217页;高铭暄、马克昌主编:《中国刑法解释》,中国社会科学出版社2005年版,第1472页。

⑤ 参见马克昌主编:《百罪通论》(上卷),北京大学出版社2014年版,第446页。

带来重大损失的,很难说不是间接故意,也有必要以本罪处理。当然,现实中存在确实没有履行"应知"义务而"不知"存在疏忽大意的情况,但能否就此认为我国设立了处罚过失侵犯商业秘密罪的立法,不是没有疑问的。本书不赞同将过失侵犯商业秘密的行为以犯罪论处的观点。

本罪以"给商业秘密的权利人造成重大损失的"为入罪的必要条件,是结果犯有处罚未遂的余地。

(三) 侵犯商业秘密罪的刑事责任

犯本罪,处3年以下有期徒刑或者拘役,并处或者单处罚金;造成特别严重后果的,处3年以上7年以下有期徒刑,并处罚金。单位犯本罪的,对单位判处罚金,并对其直接负责的主管人员和其他直接责任人员,依照自然人犯罪的规定处罚。

三十七、串通投标罪

(一) 串通投标罪的概念和法益

串通投标罪,是指投标人相互串通投标报价,损害招标人或者其他投标人利益,情节严重,或者投标人与招标人串通投标,损害国家、集体、公民的合法利益的行为①。本罪的法益,是国家对招投、标市场竞争的监管和国家、集体、公民的财产权益。主体为自然人一般主体和单位,主观上是故意,动机不影响认定。

(二) 行为、主体、结果

本罪行为系"投标人相互串通投标报价"以及"投标人与招标人串通投标"。"招标人",是依照法律规定提出招标项目、进行招标的法人或者其他组织。"投标人",是响应招标、参加投标竞争的法人或者其他组织。如果依照法律规定项目允许个人参加投标的,投标人可以是自然人。"串通",字义上就是二人以上就具体事项达成一致看法,实行共同一致行为。对本罪行为的"投标人相互串通投标报价",是指二个以上

---

① 10.05.07《立案追诉标准(二)》第76条规定,涉嫌下列情形之一的,应予立案追诉:(1) 损害招标人、投标人或者国家、集体、公民的合法利益,造成直接经济损失数额在50万元以上的;(2) 违法所得数额在10万元以上的;(3) 中标项目金额在200万元以上的;(4) 采取威胁、欺骗或者贿赂等非法手段的;(5) 虽未达到上述数额标准,但2年内因串通投标,受过行政处罚2次以上,又串通投标的;(6) 其他情节严重的情形。

的投标人就具体项目投标,经商定达成一致采取不正当手段抬高或压低投标报价①,损害招标人利益或排挤其他投标人损害其利益;“投标人与招标人串通投标”,是指招标人与投标人就具体项目达成一致(最常见是招标人透露“标底”)目的,采取不正当手段使其他投标人在竞标中处于不利地位,致使投标流于形式②,损害国家、集体以及公民利益。多数说认为,招标人与投标人串通投标的行为,性质更为恶劣,因此,不以“串通投标”情节严重为入罪的条件③。“串通”,以二人以上有沟通、联络达成一致为必要,因此,本罪以必要共同犯罪构成模式为前提。必须是二个以上主体基于“串通”实施了行为才可能评价为犯罪,一方有意“串通”而未能成功的,不宜以犯罪认定,亦不宜认定为未遂。

张明楷教授认为,本罪主体不宜按照我国《招标投标法》④规定来理解。因为从破坏招投标竞争秩序而言,不是只有法人和其他组织才可能侵害,其次,刑法规定了单位犯罪的同时追究主管人员和直接责任人员的刑事责任,表明主体就是自然人;再次,本罪实务中招投标法人单位之间可以串通,主管、负责、参与人员基于谋取个人利益,也可能串通,不能排除自然人是主体。故本罪主体应界定为“主管、负责、参与招投标事项的人”。这虽与我国《招标投标法》规定不一致,但符合刑法规定,并不违法罪刑法定⑤。本书认为,(1) 我国《招标投标法》并没有限定招投标主体只能是法人单位和其他组织,违法行为可以是由主管人员做出决定,也并没有排除自然人可以是投标的主体;(2) 单位构成犯罪,追究主管人员责任的规定,在实质上就是追究“主管、负责”招投标的自然人的责任⑥;追究直接责任人员的刑事责任,实质上就是要追

① 我国《招标投标法实施条例》第39条规定:“有下列情形之一的,属于投标人相互串通投标:(一) 投标人之间协商投标报价等投标文件的实质性内容;(二) 投标人之间约定中标人;(三) 投标人之间约定部分投标人放弃投标或者中标(四) 属于同一集团、协会、商会等组织成员的投标人按照该组织要求协同投标;(五) 投标人之间为谋取中标或者排斥特定投标人而采取的其他联合行动。”第40条规定:“有下列情形之一的,视为投标人相互串通投标:(一) 不同投标人的投标文件由同一单位或者个人编制;(二) 不同投标人委托同一单位或者个人办理投标事宜;(三) 不同投标人的投标文件载明的项目管理成员为同一人;(四) 不同投标人的投标文件异常一致或者投标报价呈规律性差异;(五) 不同投标人的投标文件相互混装;(六) 不同投标人的投标保证金从同一单位或者个人的账户转出。”

② 我国《招标投标法实施条例》第41条规定:“有下列情形之一的,属于招标人与投标人串通投标:(一) 招标人在开标前开启投标文件并将有关信息泄露给其他投标人;(二) 招标人直接或者间接向投标人泄露标底、评标委员会成员等信息;(三) 招标人明示或者暗示投标人压低或者抬高投标报价;(四) 招标人授意投标人撤换、修改投标文件;(五) 招标人明示或者暗示投标人为特定投标人中标提供方便;(六) 招标人与投标人为谋求特定投标人中标而采取的其他串通行为。”

③ 参见马克昌主编:《经济犯罪新论——破坏社会主义市场经济秩序罪研究》,武汉大学出版社1998年版,第580—581页;张明楷:《刑法学》(下),法律出版社2016年版,第832页等。相反的意见认为该项行为仍然是以“情节严重”为入罪条件。参见王作富主编:《刑法分则实务研究》(中),中国方正出版社2013年版,第656页。

④ 我国《招标投标法》第8条规定:“招标人是依照本法规定提出招标项目、进行招标的法人或者其他组织。”第25条规定:“投标人是响应招标、参加投标竞争的法人或者其他组织。依法招标的科研项目允许个人参加投标的,投标的个人适用本法有关投标人的规定。”

⑤ 参见张明楷:《刑法学》(下),法律出版社2016年版,第833页。

⑥ 01.01.21《金融犯罪纪要》“关于单位犯罪问题”规定:“直接负责的主管人员,是在单位实施的犯罪中起决定、批准、授意、纵容、指挥等作用的人员,一般是单位的主管负责人,包括法定代表人。”

究实施串通招投标的“参与者”,而且,按照有关规定,也并非对所有“参与者”都追究刑事责任,对参与程度轻,完全“奉命”而参与的,也并非都要追究刑事责任[①]。因此,做这种解释虽然明确,但意义不大。

根据我国《招标投标法》的规定,招标代理机构违反本法规定,泄露应当保密的与招标投标活动有关的情况和资料的,或者与招标人、投标人串通损害国家利益、社会公共利益或者他人合法权益的……构成犯罪的,依法追究刑事责任。因此,招标代理机构可以构成本罪的,应同时追究主管人员和直接责任人员的刑事责任。

对本罪是结果犯还是行为犯理论上有争议,有观点认为,招标人与投标人串通投标的行为,性质更为恶劣,不需情节严重即可入罪,因此是行为犯。多数说认为,这是结果犯,因要求“损害国家、集体、公民的合法利益”的结果才能入罪。还有观点认为,应属于是情节犯,是以情节严重为入罪条件。虽然招标人与投标人串通的,以“损害国家、集体、公民的合法利益”为条件,以“结果”看待合理,但任何犯罪都可能是“损害国家、集体、公民的合法利益”,所以,该结果是虚拟的结果,以情节犯看待更合理[②]。如果从本罪立案追诉标准的规定看,既有对结果的要求,也有情节的规定。因上述标准是就本罪的立案追诉标准,的确不好说哪项规定是针对哪种串通投标行为而设置。也不能说“情节”是质与量的结合,包括行为的恶劣、结果的程度以及其他方面[③]的观点不正确,但本书同意多数说的缘由,在于招标人与投标人的串通投标,不是仅损害其他竞标人的利益,更多的是会损害招标人的利益(否则立法没有必要对串通投标规定“损害国家、集体、公民的合法利益”),而且,与投标人串通投标以不正当手段排挤其他投标人,损害招标人利益相比,招标人与投标人的串通,对公平竞争秩序损害的严重程度、所造成影响更为恶劣。

(三)串通投标罪与行贿、受贿犯罪的关联

破坏招投标竞争秩序的主要原因,是行贿、受贿犯罪的盛行。但在招投标过程中实现串通投标,特别是招标人与投标人串通的,招标方与投标方因主体法律身份属性可能存在异同,因此,就可能触犯的罪名而言,会错综复杂[④],但无一例外代表投标一方行贿是为自己、他人中标或者使某一特定投标人不能中标;受贿者则既可能为个人利益,也可能为单位利益而收受、索取贿赂。这使得行贿成为能够打通串通投标“试

---

① 01.01.21《金融犯罪纪要》“关于单位犯罪问题”规定:“其他直接责任人员,是在单位犯罪中具体实施犯罪并起较大作用的人员,既可以是单位的经营管理人员,也可以是单位的职工,包括聘任、雇佣的人员。对于受单位领导指派或奉命而参与实施了一定犯罪行为的人员,一般不宜作为直接责任人员追究刑事责任。”

② 参见王作富主编:《刑法分则实务研究》(中),中国方正出版社2013年版,第656页。

③ 同上。

④ 可能触犯的罪名有:对非国家工作人员行贿罪(第164条)、对外国公职人员、国际公共组织人员行贿罪(第164条第2款)、行贿罪(第389条)、对有影响力的人行贿罪(第390条之一)、对单位行贿罪(第391条)、单位行贿罪(第393条);非国家工作人员受贿罪(第163条)、受贿罪(第385条)、单位受贿罪(第387条)、利用影响力受贿罪(第388条之一)。

金石”和“敲门砖”。本书认为,尽管行贿成为事实上“方法行为”,符合牵连犯条件,也应实行数罪并罚而不应从一重罪论处。原因在于,行贿者未必一定能够成为中标者,未中标者未必是因没有行贿才未中标。因此,只要为中标,投标人行贿的,都应追究;对收受、索取未中标人贿赂的,也应依法追究刑事责任,不能只追究中标的行贿者、只追究收受、索取中标者贿赂的受贿。对投标人为实现串通投标有行贿、受贿的也应数罪并罚。为承揽不属于招投标项目[①]而行贿、受贿的,只应按照相关行贿、受贿犯罪处罚。

(四)串通投标罪的刑事责任

犯本罪的,处3年以下有期徒刑或者拘役,并处或者单处罚金。单位犯本罪的,对单位判处罚金,并对其直接负责的主管人员和其他直接责任人员,依照自然人犯罪的规定处罚。

三十八、组织、领导传销活动罪

(一)组织、领导传销活动罪的概念和法益

组织、领导传销活动罪,是指以推销商品、提供服务等经营活动为名,组织、领导参加者以缴纳费用或者购买商品、服务等方式获得加入资格,并按照一定顺序组成层级,直接或者间接以发展人员的数量作为计酬或者返利依据,引诱、胁迫参加者继续发展他人参加,骗取财物,扰乱经济社会秩序实施传销活动的行为[②]。本罪的法益,是市场交易秩序安全的监管。对本罪保护的法益,还有不同看法,有学者认为,本罪既侵犯公民的财产所有权,又侵犯市场经济秩序和社会管理秩序。[③] 本书认为,传销犯罪主要特点是通过“金字塔”式的活动敛财,但这种敛财活动与刑法规定的“诈骗”等侵犯财产犯罪活动,并非完全具有相同的法律属性。罪状的“骗取财物”,是指通过成员的传销活动,以推销质差、价低等“道具商品”廉价“服务”冒充高质、高价位的商品或服务,通过发展下线购买“商品”“服务”的人头多少而“骗取”高额回报。所以传销不是以销售产品或者提供实质性服务,作为销售者、推介者获取利润的主要来源,而

---

① 我国《招标投标法》第66条规定:“涉及国家安全、国家秘密、抢险救灾或者属于利用扶贫资金实行以工代赈、需要使用农民工等特殊情况,不适宜进行招标的项目,按照国家有关规定可以不进行招标。”我国《招标投标法实施条例》第9条规定:“除招标投标法第66条规定的可以不进行招标的特殊情况外,有下列情形之一的,可以不进行招标:(一)需要采用不可替代的专利或者专有技术;(二)采购人依法能够自行建设、生产或者提供;(三)已通过招标方式选定的特许经营项目投资人依法能够自行建设、生产或者提供;(四)需要向原中标人采购工程、货物或者服务,否则将影响施工或者功能配套要求;(五)国家规定的其他特殊情形。”

② 10.05.07《立案追诉标准(二)》第78条规定:“涉嫌组织、领导的传销活动人员在30人以上且层级在3级以上的,对组织者、领导者,应予立案追诉。”

③ 参见詹庆:《“传销罪”罪名法定化之研究——兼评〈修正案(七)〉(草案)中“组织领导传销罪”》,载《政治与法律》2009年第2期。

是以“拉人头”的方式,赚取“人头费”或高额“入会费”,作为传销者获取利润的主要来源。[①] 传销的道具商品仍然是商品,服务仍然是服务,只是不是其所描述的商品、服务而而已,这与诈骗非同等同性质。传销活动中,也有采取非法剥夺、限制人身自由的非法拘禁行为,是否也应该将人身法益包括在本罪法益中?本书认为,本罪是单一性法益。其行为对象,是被组织、领导的传销参与者。本罪主体为自然人一般主体,主观上是直接故意,动机不影响认定。

(二)传销、行为、主体、故意

传销,即是指组织者、领导者通过组织、领导发展传销人员,以层层收取“入门费”“会费”,非法获取利益的行为。加入传销的人员,要么直接或间接缴纳“入门费”“会费”成为其成员,要么以购买其商品、服务取得入门资格。参与者个人的回报,取决于发展下线参与者的多寡。“组织”,是指为首提出、发起传销组织或者纠集参与者从而实施具体传销的行为。“领导”,是指对传销组织的领导以及对传销活动具体实施策划、指挥的行为。“组织”和“领导”的内容,是要求参与者参与传销并发展下线参与者从事传销活动。也就是说,这既是对组织、领导传销行为的界定,同时也是实行行为的内容。相对于组织、领导具体传销活动而言,仅对传销组织的成立而实施的行为应为预备行为。所以,本罪的“组织”“领导”行为,包括对传销组织的组织和领导,其行为的内容,是安排、协调传销组织内部人员、机构以及对参与传销者安排实施具体传销活动。

“以推销商品、提供服务等经营活动为名,要求参加者以缴纳费用或者购买商品、服务等方式获得加入资格,并按照一定顺序组成层级。”这是组建金字塔式传销活动的外部条件,是直接或者间接以发展人员的数量作为计酬或者返利的依据,是层级组织、领导者获取高额回报的基础。本罪要求组建的传销网络必须有按照一定顺序组成的层级[②]。本书认为,该条件是形式意义上的,即只要行为人是以该种方式组建传销网络,就符合条件的要求。既然有层级的要求,当然对层级以及发展参与传销活动

---

① 2013年11月14日最高人民法院、最高人民检察院、公安部发布、实施的《关于办理组织领导传销活动刑事案件适用法律若干问题的意见》(公通字〔2013〕37号)(以下简称13.11.14《传销案件若干问题》)第3条“关于‘骗取财物’的认定问题”规定:“传销活动的组织者、领导者采取编造、歪曲国家政策,虚构、夸大经营、投资、服务项目及盈利前景,掩饰计酬、返利真实来源或者其他欺诈手段,实施刑法第224条之一规定的行为,从参与传销活动人员缴纳的费用或者购买商品、服务的费用中非法获利的,应当认定为骗取财物。参与传销活动人员是否认为被骗,不影响骗取财物的认定。”

② 实务中的传销组织,通常是“五级三阶制”,即将参加传销的人员分为“五级”奖金制和“三阶”会员不同等级。“五级”是奖金制度的五个级别:即E级会员、D级推广员、C级培训员、B级代理员、A级代理商。“三阶”即加入者晋升的阶段。例如从E级会员升为C级培训员为第一个阶,当参加者发展的人数达到一定指标时就晋升到B级代理员。如从C级培训员升为B级代理员,则为第二个阶,当参加者发展的人数达到一定指标时,就晋升为A级代理商。当然,这不是固定模式,完全可能有其他传销模式,但本质上仍然是“金字塔”的形式。

的人数也有要求①。

"直接或者间接以发展人员的数量作为计酬或者返利依据",是客观的实质性条件。是传销与"直销"等合法经营活动的主要区别。"直接"是指从相关计酬依据看,"会员"缴纳、支付费用及计酬、返利记录表明是以发展人员数量为依据;"间接"是指从"会员"缴纳、支付费用及计酬、返利记录上,并不能直接反映出直接以发展的人员为计酬依据,但是从相关证据中能够反映出是以发展人员为计酬依据和不同层级人员从中非法获利的基本事实。

"引诱、胁迫参加者继续发展他人参加,骗取财物"是传销建立传销网络敛财的手段行为及目的,是传销的本质所在。"引诱"主要是指以动员参加某种"产品"推介、使用等或者接受某种"服务",可获取高额回报诱使他人加入传销活动;"胁迫"主要是指对不愿参加或者加入后又反悔的人,实施以人身侵害为主要内容的精神强制,迫使他人参加传销活动。"胁迫"不排除非法拘禁以及实施殴打等轻微的暴力,但是,不能包括致人轻伤以上的伤害;"引诱、胁迫"手段,均可要求先行加入者发展下线成员为内容。这是因为,参与传销人员回报,来自参加者的"入门费""会费",只有不断发展新的参加者,才能保证自己的回报的稳定性,传销是以发展"人员"和吸纳"资金"缺一不可的链条维系的,上线的每一次承接都是超额利润的实现,下线的每一次传递都是巨额成本的付出。传销网络每一个中间环节要想盈利,就必须向下线收取高额费用。当每个环节都以某种倍数扩展开来,利益就会沿着传销网络逆行传递,使上线获得最大利益。这也是有些参与者之所以笃信传销致富,甚至癫狂的根本原因。但沿着传销网络环环向下延伸,网络边缘就是绝大多数无法向下继续扩展收回成本,也无法获取高额回报的受害者。

"骗取财物"是传销的最终目的,但如前所述,本罪并非纯粹地以"虚构事实、隐瞒事实真相"的方式骗取他人财物,而是以质次、价高,或者没有实效的"道具产品"(不排除有的"道具"是虚构的,但是"道具"完全是虚构而无实体,应构成诈骗罪而非本罪),或者某种"服务"为介质,使他人上当、受骗,自愿交付财物。上当、受骗者当然也是基于受"暴富"谎言的欺骗,但事实上对自己可能的财产损失是有预见的,但即便否认为自己被骗,也不影响对本罪的认定。众多参与者就是在侥幸和投机心理驱使下参加传销,这与纯粹因诈骗行为而上当、受骗,本质上有一定区别。如果行为人是以

---

① 13.11.14《传销案件若干问题》第1条"关于传销组织层级及人数的认定问题"规定:"以推销商品、提供服务等经营活动为名,要求参加者以缴纳费用或者购买商品、服务等方式获得加入资格,并按照一定顺序组成层级,直接或者间接以发展人员的数量作为计酬或者返利依据,引诱、胁迫参加者继续发展他人参加,骗取财物,扰乱经济社会秩序的传销组织,其组织内部参与传销活动人员在30人以上且层级在3级以上的,应当对组织者、领导者追究刑事责任。组织、领导多个传销组织,单个或者多个组织中的层级已达3级以上的,可将在各个组织中发展的人数合并计算。组织者、领导者形式上脱离原传销组织后,继续从原传销组织获取报酬或者返利的,原传销组织在其脱离后发展人员的层级数和人数,应当计算为其发展的层级数和人数。办理组织、领导传销活动刑事案件中,确因客观条件的限制无法逐一收集参与传销活动人员的言词证据的,可以结合依法收集并查证属实的缴纳、支付费用及计酬、返利记录,视听资料,传销人员关系图,银行账户交易记录,互联网电子数据,鉴定意见等证据,综合认定参与传销的人数、层级数等犯罪事实。"

传销为名而实施诈骗活动,应以相应的诈骗犯罪论处。

本罪主体是传销活动的组织者和领导者,也就是策划传销者、发起传销者、组建传销网络者以及在传销网络中处于核心人物的人员①。"'传销活动的组织者、领导者'是指策划、发起、设立、指挥传销组织,或者对传销组织的活动进行策划、决策、指挥、协调,在传销组织的层级结构中居于最核心的地位、对传销组织的正常运转起关键作用的极少数人员。他们既可能直接出面设立和领导传销组织的活动,也可能在幕后策划、指使。"②

从层级要求而言,组织、领导的核心成员在三人以上,符合犯罪集团的条件的,就应当认定。本罪只处罚传销活动的组织、领导者,普通参与者不受刑事追究,参与传销只是一般违法行为③。所以,在传销网络中,能够达到一定级别并能获得高回报的人,对传销网络建立以及为传销组织核心人员非法获得暴利做出"贡献"非常大,也正是他们"业绩",才使更多的人陷于传销而不能自拔。但是,如对发展下线的行为,都认定为组织、领导行为,恐怕并非是立法本意,所以才会有"层级"的要求。后参加者因"业绩"和"贡献"进入传销领导核心层的人,可以是本罪的主体。

本罪主体是否包括单位,有肯定观点④。的确现实中的非法传销活动通常是以企业、公司之名,以所"生产""加工"和或者代理"品牌"的产品吸引、诱使参与者加入传销组织,单独的个人通常达不到这样的组织效果。虽然如此,本书仍对此执否定看法⑤,但这并不妨碍单位主管人员、直接责任人员实施组织、领导传销活动仍然要承担刑事责任⑥。

(三) 传销与直销、团队计酬的关系

直销⑦,指厂家直接销售商品和提供服务,绕过传统批发商或零售通路,直接从顾客接收订单。直销是由直销公司、企业招募直销员,由直销员在固定营业场所之外,

---

① 13.11.14《传销案件若干问题》第2条规定:"下列人员可以认定为传销活动的组织者、领导者:(一)在传销活动中起发起、策划、操纵作用的人员;(二)在传销活动中承担管理、协调等职责的人员;(三)在传销活动中承担宣传、培训等职责的人员;(四)曾因组织、领导传销活动受过刑事处罚,或者1年以内因组织、领导传销活动受过行政处罚,又直接或者间接发展参与传销活动人员在15人以上且层级在3级以上的人员;(五)其他对传销活动的实施、传销组织的建立、扩大等起关键作用的人员。以单位名义实施组织、领导传销活动犯罪的,对于受单位指派,仅从事劳务性工作的人员,一般不予追究刑事责任。"

② 黄太云:《〈刑法修正案(七)〉内容解读》,http://ishare.iask.sina.com.cn/f/5753281.html,访问时间:2009年7月16日。

③ 如果认定符合犯罪集团的条件,根据犯罪集团的定义,本罪只能是针对集团的主要成员的组织、领导传销犯罪而言,并非是指对参加者实施的传销违法行为的组织、领导。

④ 参见詹庆:《"传销罪"罪名法定化之研究——兼评〈刑法修正案(七)〉草案中"组织领导传销罪"》,载《政治与法律》2009年第2期。

⑤ 参见马克昌主编:《百罪通论》(上卷),北京大学出版社2014年版,第476页。

⑥ 14.04.24《全国人大常委会刑法第30条解释》。

⑦ 设立直销公司、企业以及成为直销人员有严格的审批程序和条件,请参见国务院《直销管理条例》(2017年3月1日修订)的具体规定。

由营销人员以面对面的方式,通过讲解和示范方式将产品和服务直接介绍给最终消费者。“不在固定零售点”“面对面销售”,是直销的主要特点,所以直销回报来源于对产品的销售业绩,而不在于发展下层的直销人员。从形式上看,传销活动与直销渠道有相同之处,也涉及产品、服务,但实质上直销与传销截然不同。某种渠道模式存在的合理性必须表现为它能够为企业销售产品服务,为消费者获得产品服务,为整个经济体实现产品的流通服务。直销渠道可以实现这一目标①。但传销活动,可以没有具有任何使用价值的产品,即使如此,传销活动还可以继续下去②。

传销与直销“虽然二者都采用多层次计酬的方式,但有很大不同:一是从是否缴纳入门费上看,后者的销售人员在获取从业资格时没有被要求缴纳高额入门费,而前者不交纳高额入门费或者购买与高额入门费等价的‘道具商品’,是根本得不到入门资格的。二是从经营对象上看,后者是以销售产品为导向,商品定价基本合理,且有退货保障。而前者根本没有产品销售,或只以价格与价值严重背离的‘道具商品’为幌子,且不许退货,主要以发展‘下线’人数为主要目的。三是从人员的收入来源上看,后者主要根据从业人员的销售业绩和奖金,而前者主要取决于发展的‘下线’人数多少和新入会成员的高额入门费。四是从组织存在和维系的条件看,后者的直销公司的生存与发展,取决于产品销售业绩和利润,而前者的传销组织则直接取决于是否有新会员以一定倍率不断加入。”③所以,传销的核心就在于以“拉人头”作为计酬标准和收取高额的“入门费”。直销企业也有违规的直销,如存在类似于金字塔式的多层次加价销售,对名为“直销”,事实上采取传销方式推销商品、服务的,不排除可以构成本罪。

团队计酬,根据 13.11.14《传销案件若干问题》第 5 条 “关于‘团队计酬’行为的处理问题”的规定:“传销活动的组织者或者领导者通过发展人员,要求传销活动的被发展人员发展其他人员加入,形成上下线关系,并以下线的销售业绩为依据计算和给付上线报酬,牟取非法利益的,是‘团队计酬’式传销活动。以销售商品为目的、以销售业绩为计酬依据的单纯的‘团队计酬’式传销活动,不作为犯罪处理。形式上采取‘团队计酬’方式,但实质上属于‘以发展人员的数量作为计酬或者返利依据’的传销活动,应当依照刑法第 224 条之一的规定,以组织、领导传销活动罪定罪处罚。”由此可见,“团队计酬”方式的传销有三种类型:(1) 以销售商品为目的、以销售业绩为计酬依据的单纯以“团队计酬”方式的违法传销④,不构成犯罪;(2) 要求传销活动的被发展人员发展其他人员加入,形成上下线关系,并以下线的销售业绩为依据计算和给

① 直销的市场指向性,在于生产企业的产品与市场(顾客)需要之间的互动关系。

② 传销不具有市场指向性,只有潜在的受骗群体。

③ 黄太云:《〈刑法修正案(七)〉内容解读》,http://ishare.iask.sina.com.cn/f/5753281.html,访问时间:2009 年 7 月 16 日。

④ 例如,甲、乙均对同一种商品实施组织销售,甲发展下线 5 人,销售 100 万元商品,按照销售业绩计酬的返利由 6 人分配,乙发展下线 8 人,也销售 100 万元商品,按照销售业绩计酬由 9 人分配返利,即为以销售业绩为计酬的单纯“团队计酬”。其形式上是违法的传销(我国禁止传销经营模式),但不应视为犯罪,如果就分配返利发生纠纷,也是民事纠纷。

付上线报酬,牟取非法利益的,是“团队计酬”方式违法传销活动[①],但不构成犯罪;(3) 形式上采取“团队计酬”实质上“以发展人员的数量作为计酬或者返利依据”的传销,构成本罪。

有必要指出的是,第 3 种“团队计酬”构成犯罪的,与典型的组织、领导传销活动罪有重要的区别,即该种形式的传销确实销售的是“商品”而非“道具商品”“服务”。换言之,该种情形下“商品”的质量、品质、服务是否达到《产品质量法》要求的标准,不是入罪必须考量的依据,即便是完全合格的商品,以该种方式实施传销活动的,仍然构成犯罪。由此,也可以说,直销公司、企业(直销人员)如果采用该种“团队计酬”,也同样可以转变为传销而构成犯罪。

(四) 组织、领导传销活动罪与相关犯罪的关联

本罪与非法经营罪的关系。我国明文取缔传销活动,所有的传销在性质上均可以视为是一种“非法的经营活动”。所以,在性质上二罪质上有竞合,但本罪的“道具商品”,一般不属于非法经营罪规定的专营、专卖物品或其他限制买卖的物品,即便传销活动形式上触犯非法经营罪,一般也不能以本罪论处。本罪仅处罚传销活动的“组织、领导者”,参与者并不构成犯罪。但本书认为,如果传销物品性质上符合非法经营对象的要求,对积极参与传销活动的人员,情节严重的,不应排除可以非法经营罪论处。

本罪与集资诈骗罪的关系。在将后投资者资金可能支付给较早投资人这一点上,本罪与集资诈骗罪有相似之处。以开发“概念产品”(如购买虚拟“股份”)进行非法集资实施传销活动,目的在于非法占有投资者财物,传销行为同时触犯集资诈骗罪,是想象竞合关系,应从一重罪论处,因本罪的法定最高刑只有 15 年,不应排除以集资诈骗罪追究刑事责任。

本罪与诈骗罪的关系。在传销活动中,推介他人参与传销中必然会存在编造谎言的行为(不排除推介者本人可能对所谓的“产品”笃信不疑),所以对组织、领导者而言,其目的并不在于直接非法占有参加传销人员的财物,而在于通过扩大传销活动的规模,非法敛取更多的财物,因此,对组织、领导者应以本罪论处。因传销活动不存在退换货保证,或者设置重重退货障碍使之不能退货,在参与者感觉上当、受骗欲退出时,其上线拒绝退还财物,与诈骗罪很相似,但因加入传销活动的人员,都是为了得到高额回报而自愿参与其中,对可能的财产损失不是没有预见能力,所以利益受损并非完全因推介者虚假宣传行为误导,产生错误认识造成,这与普通诈骗罪的因被欺骗而自愿交付财物有所区别,但这并不意味着在传销活动中不涉及诈骗犯罪活动。如

---

① 本书认为,该种传销虽然也是对商品销售并采“团队计酬”方式,违法的原因除我国禁止传销经营模式外,还在于上线计酬依据的不合理,以下线销售业绩为上线获取回报的计酬依据,违反“平等、公平”原则,加入的人越多,销售业绩越好,上线的回报越大,显失“平等、公平”,因此,获取的“非法利益”应属于“不当得利”。但不应以犯罪论处。

果在传销活动中，组织、领导者或者其他参加者以非法占有他人财物为目的，诱使他人参与“传销”的，系想象竞合犯，应当从一重罪论处。

本罪与非法拘禁罪的关系。当参与者因某种原因不愿再参与传销，通常有组织、领导者及其骨干分子对其采用非法拘禁方式，迫使其不得退出，也存在打骂、冻饿或者取走其身份证明等迫使其不得不继续从事传销的情况。以非法剥夺他人人身自由方法组织、领导传销活动的，非法拘禁是其方法行为，是牵连犯，可从一重罪论处，因侵害法益不同，不应排除并罚。因非法拘禁致人重伤、死亡的，应予以并罚；使用暴力致人伤残、死亡的，按照故意伤害罪、故意杀人罪与本罪并罚。此外，妨害公务抗拒查处的、聚众扰乱社会秩序、聚众冲击国家机关、聚众扰乱公共场所秩序、聚众扰乱交通秩序的，也应数罪并罚①。

（五）组织、领导传销活动罪的刑事责任

犯本罪，处5年以下有期徒刑或者拘役，并处罚金；情节严重的②，处5年以上有期徒刑，并处罚金。

三十九、非法经营罪

（一）非法经营罪的概念和法益

非法经营罪，是指违反国家规定，从事非法经营活动，扰乱市场秩序，情节严重的行为。本罪的法益，多数说认为是市场交易管理秩序③，但也有学者指出，本罪违反的国家规定是特许经营管理法规的规定，而并非单纯违反工商行政管理法规，侵犯国家特许经营的管理秩序，才是其实质危害所在④。本书赞同这一观点，即本罪的法益是国家对市场特许经营许可准入的监管。由于法条在罪状规定有“其他严重扰乱市场秩序的非法经营行为”作为兜底性规定，故该罪被称为“口袋罪”，实务中应防止扩大适用范围。主体为自然人一般主体和单位，主观上是故意，动机不影响认定。

---

① 参见张明楷：《刑法学》（下），法律出版社2016年版，第838页。

② 13.11.14《传销案件若干问题》第4条关于“‘情节严重’的认定问题”规定：“对符合本意见第1条第1款规定的传销组织的组织者、领导者，具有下列情形之一的，应当认定为刑法第224条之一规定的‘情节严重’：（一）组织、领导的参与传销活动人员累计达120人以上的；（二）直接或者间接收取参与传销活动人员缴纳的传销资金数额累计达250万元以上的；（三）曾因组织、领导传销活动受过刑事处罚，或者1年以内因组织、领导传销活动受过行政处罚，又直接或者间接发展参与传销活动人员累计达60人以上的；（四）造成参与传销活动人员精神失常、自杀等严重后果的；（五）造成其他严重后果或者恶劣社会影响的。”

③ 参见黄京平主编：《破坏市场经济秩序罪研究》，中国人民大学出版社1999年版，第671页。

④ 参见马克昌主编：《百罪通论》（上卷），北京大学出版社2014年版，第483页；黎宏：《刑法学各论》，法律出版社2016年版，第200页。

(二)违反国家规定、对象、行为

“违反国家规定”①,是指违反国家特许商品市场专营、专卖准入制度管理规定;违反国家特许商品经营准入审批制度管理规定;违反国家特许金融领域准入制度管理规定,以及国家对其他管控商品审批、经营管理制度。

非法经营,包括经营方式非法,例如,采取法律不允许的供货方式供货;也包括经营内容非法②,即超出特许经营范围经营未经批准经营的货物、物品,例如未经许可经营兴奋剂。本书认为,本罪经营活动的“非法性”除特别经营活动的准入、审批管理制度需要相关机构确认外,一般无须经过前置行政程序确认其非法性。非法经营活动,包括以下类型:(1)未经许可经营法律、行政法规规定的专营、专卖物品或者其他限制买卖的物品(也可称为“专控物品”)。“未经许可”,是指未获得对专营、专卖或限制买卖物品的主管部门(机构)的允许经营的行政许可。专营、专卖以及限制买卖物品,是指国家根据国计民生需要,在特定经营(包括生产、加工、运输、储存、销售)环节,指定由特许主体经营,并对经营活动实行管控的物品(如烟草、酒、水电、文物、黄金、疫苗、生物制(剂)品、危险物品,药品、农药、麻醉品、烟花爆竹、危险废物等③)。(2)买卖进出口许可证、进出口原产地证明以及其他法律、行政法规规定的经营许可证或者批准文件。“买卖”,也即买进或卖出(包括倒卖),买卖价格不影响认定。进出口许可证,是国家对重要的有关国防安全、国家安全、经济安全、民生安全的物品、技术、资源等进出口货物、物品管控措施的行政许可证;原产地证明,是进出口商品原制造地证明文件,在对外贸易中是通关、结算、理赔、缴纳关税的凭证之一;经营许可证或批准文件,是指上述证明文件之外,国家对特许专营、专卖物品或者其他限制买卖的物品的经营许可证或批准经营许可文件。(3)未经国家有关主管部门批准非法经营证券、期货、保险业务的,或者非法从事

---

① 为规范执法,特别是针对非法经营罪的适用,2011年4月8日最高人民法院发布的《关于准确理解和适用刑法中“国家规定”的有关问题的通知》(法发〔2011〕155号)(以下简称11.04.08《通知》)第1条规定:“根据刑法第96条的规定,刑法中的‘国家规定’,是指全国人民代表大会及其常务委员会制定的法律和决定,国务院制定的行政法规、规定的行政措施、发布的决定和命令。其中,‘国务院规定的行政措施’应当由国务院决定,通常以行政法规或者国务院制发文件的形式加以规定。以国务院办公厅名义制发的文件,符合以下条件的,亦应视为刑法中的‘国家规定’:(1)有明确的法律依据或者同相关行政法规不相抵触;(2)经国务院常务会议讨论通过或者经国务院批准;(3)在国务院公报上公开发布。”

② 经营内容违法,不包括刑法对特定物品(如武器、弹药、人体器官),以及对违禁物品(如毒品、假币)的交易(买卖、走私等)明文规定为犯罪的。

③ 参见2017年1月1日国务院实施的《盐业体制改革方案》(国务院发〔2016〕25号)。该《方案》提出推进四项改革:一是改革食盐生产批发区域限制;二是改革食盐政府定价机制;三是改革工业盐运销管理;四是改革食盐储备体系。因此,2002年9月13日最高人民检察院实施的《关于办理非法经营食盐刑事案件具体应用法律若干问题的解释》(高检发释字〔2002〕6号)(以下简称02.09.13《非法经营食盐解释》)在认定犯罪上必须作适当的调整。2017年国务院修订的《食盐专营办法》对食盐的生产、销售、储备等均作出了新的规定,虽然放宽了食盐生产、销售、储备渠道,但对食盐的管控并未取消。

资金支付结算业务、外汇业务[①]。将证券、期货、保险业务以及资金结算,以及外汇业务,均为特许批准的金融业务,这是国家为保障金融交易安全的管控措施,未经批准实施上述金融业务,违反国家金融业务的许可准入制度。(4)其他严重扰乱市场秩序的非法经营行为。是指在与前述列举规定的非法经营行为危害相当、本质上相同,违反国家对专控物品的经营许可准入制度的行为。当前应通过相关司法解释明确其范围[②]。为避免本项成为"兜底性"条款,11.04.08《通知》对本罪第4项行为入罪规定了明确的要求[③]。

本罪以非法经营情节严重为入罪条件。由于本罪违反国家对特许物品、业务经营的许可准入制度,也为防止本罪适用扩大化,情节严重除对第4项"其他严重扰乱市场秩序的非法经营行为"属于一般规定外,主要是对非法经营管控物品、业务的具体情况确定的[④]。今后随着国内经济的发展,非法经营罪的适用范围当然会发生变化。

(三)非法经营罪与生产、销售伪劣商品罪的关联

从违反国家保障市场流通商品质量安全,也关乎国计民生的意义上看,生产、销售伪劣商品的犯罪,具有在实质上的非法经营的性质。而且生产、销售伪劣商品犯罪

---

① 98.12.29《惩治外汇犯罪决定》第4条规定:"在国家规定的交易场所以外非法买卖外汇,扰乱市场秩序,情节严重的,依照刑法第225条的规定定罪处罚。""非法从事资金支付结算业务"以及情节严重的标准,参见2019年2月1日施行的最高人民法院、最高人民检察院《关于办理非法从事资金支付结算业务、非法买卖外汇刑事案件适用法律若干问题的解释》(以下简称19.02.01《非法从事资金支付结算业务、非法买卖外汇刑事案件》)第1条和第3条。有关"数额"的认定不再适用98.09.01《骗购外汇、非法买卖外汇解释》第3条的规定。但该解释第4条的规定仍然适用,即公司、企业或者其他单位,违反有关外贸代理业务的规定,采用非法手段,或者明知是伪造、变造的凭证、商业单据,为他人向外汇指定银行骗购外汇,数额在500万美元以上或者违法所得50万元人民币以上的,按照《刑法》第225条第3项的规定定罪处罚。居间介绍骗购外汇100万美元以上或者违法所得10万元人民币以上的,按照《刑法》第225条第3项的规定定罪处罚。

② 参见张明楷、黎宏教授对相关司法解释的整理、归纳。张明楷:《刑法学》(下),法律出版社2016年版,第839—841页;黎宏:《刑法学各论》,法律出版社2016年版,第202—205页。

③ 11.04.08《通知》第2条、第3条规定:"各级人民法院在刑事审判工作中,对有关案件所涉及的'违反国家规定'的认定,要依照相关法律、行政法规及司法解释的规定准备把握。对于规定不明确的,要按照本通知的要求审慎认定。对于违反地方性法规、部门规章的行为,不得认定为'违反国家规定'。对被告人的行为是否'违反国家规定'存在争议的,应当作为法律适用问题,逐级向最高人民法院请示。""各级人民法院审理非法经营犯罪案件,要依法严格把握刑法第225条第4项的适用范围。对被告人的行为是否属于刑法第225条第4项规定的'其他严重扰乱市场秩序的非法经营行为',有关司法解释未作明确规定的,应当作为法律适用问题,逐级向最高人民法院请示。"如根据19.07.23《非法放贷若干问题》的规定,非法放贷行为,可触犯多种罪名,有应从一重罪处罚的;有应当数罪并罚的。

④ 有关违反具体专项规定的,如违反国家烟草专卖管理法律法规;未经国家有关主管部门批准,非法经营证券、期货、保险业务,或者非法从事资金支付结算业务;非法经营外汇;出版、印刷、复制、发行严重危害社会秩序和扰乱市场秩序的非法出版物;非法经营报纸、图书、音像制品、电子出版物;采取租用国际专线、私设转接设备或者其他方法,擅自经营国际电信业务或者涉港澳台电信业务进行营利活动,扰乱电信市场管理秩序等非法经营活动等。

的对象,可以包括国家特许经营管控的商品,如药品、农药[①]。从而形成非法经营罪与具体生产、销售伪劣产品罪的法条竞合关系[②];生产、销售也是当然的经营行为,所以如果生产、销售(非法经营)国家特许经营的管控物品是伪劣产品的,则成立法条竞合犯,可以从一重罪论处。

(四) 非法经营罪的刑事责任

犯本罪,处5年以下有期徒刑或者拘役,并处或者单处违法所得1倍以上5倍以下罚金;情节特别严重的,处5年以上有期徒刑,并处违法所得1倍以上5倍以下罚金或者没收财产。单位犯本罪的,对单位判处罚金,并对其直接负责的主管人员和其他直接责任人员,依照自然人犯罪的规定处罚。

四十、强迫交易罪

(一) 强迫交易罪的概念和法益

强迫交易罪,是指以暴力、威胁手段强迫他人接受交易或强迫他人参与、退出特定交易、经营活动,情节严重的行为。本罪的法益,是对自由、公平、公正市场交易活动安全的监管以及公民的人身权益。主体为自然人一般主体和单位,主观上是故意,动机不影响认定。

(二) 行为、"强迫交易"

本罪是以暴力、威胁手段实施强迫交易。"暴力",是指有形物理力,根据不同性质犯罪,对犯罪的暴力手段,必须进行限制性解释[③]。本罪的暴力内涵,规范上限于强迫他人接受其不合理交易要求,不排除致人轻伤[④],但不能包括致人重伤、死亡的结果,对强迫交易中使用暴力致人重伤、死亡的,为想象竞合犯应从一重罪论处;本罪的暴力,通常是针对有交易要求的相对人,但既不要求施暴必须在交易现场,也不要求被害人只能是交易相对人,只要为强迫相对人接受不合理交易,施暴地点即便在交易之外时间、场所,针对相对人的关系人实施暴力,迫使相对人屈服的,应视为实施本罪

---

① 参见2002年8月23日最高人民法院、最高人民检察院实施的《非法生产、销售、使用禁止在饲料和动物饮用水中使用的药品解释》(法释〔2002〕26号)第1条、第2条的规定。

② 非法经营罪与生产、销售伪劣商品犯罪的法条竞合关系,只是与同时属于国家特许经营的产品时,才具有法条竞合关系。例如,02.09.13《非法经营食盐解释》第4条规定:"以非碘盐充当碘盐或者以工业用盐等非食盐充当食盐进行非法经营,同时构成非法经营罪和生产、销售伪劣产品罪、生产、销售不符合卫生标准的食品罪、生产、销售有毒、有害食品罪等其他犯罪的,依照处罚较重的规定追究刑事责任。"

③ 参见林亚刚:《暴力犯罪的内涵与外延》,载《现代法学》2001年第6期。

④ 与我国《刑法》第234条故意伤害罪致人轻伤的起刑相当,但刑种上轻于本罪。因此,本罪暴力可以包括致人轻伤结果。

暴力。本罪的暴力,通常是指对人身的侵害,施暴中打砸财物是广义的暴力所能包括的,如此,打砸财物触犯故意毁坏财物就是暴力的当然结果,无须另行定罪。"威胁",是精神强制,一般也需要根据不同性质的犯罪进行限制性解释。但对本罪的"威胁"手段不宜做过多限制解释,是针对交易相对人或其关系人,迫使其屈服接受不合理要求。威胁的方式、威胁的具体内容以及是否具有当场实现的可能性,是否当面威胁均在所不问。强迫交易的内容:

(1)强买强卖商品。"强买强卖"包括强迫卖出,也包括强迫买入。[①] 这里的商品限于具体实物商品。[②] 商品的质量不影响认定。伪劣产品是否应包括在本罪的"商品"中,有不同认识,有肯定[③]观点,也有否定[④]的认识。从现实而言,除规模化生产、加工提供给市场的商品外,还有可供市场交易的商品,甚至就是在手工作坊(包括家庭作坊)加工生产出来的,这当然也是商品。因此,否定观点将"商品",都限定是《产品质量法》调整的范围内的,既不现实,也无可能。17.04.27《立案规定(一)的补充规定》第5条第5项规定:强迫他人购买伪劣商品数额5000元以上,或者违法所得数额1000元以上的,应立案追究刑事责任。本书认为,这里所规定的"伪劣商品",包括生产、销售伪劣商品的犯罪对象[⑤],也包括诸如"伪造或者冒用他人厂名、厂址的,伪造或者冒用认证标志等质量标志","没有产品质量检验合格证明","没有中文标明的产品名称、生产厂厂名和厂址",没有"标明产品规格、等级、所含主要成分的名称和含量的","没有用中文相应予以标明",没有"预先向消费者提供有关资料,没有标明、提供资料的","没有在显著位置清晰地标明生产日期和安全使用期或者失效日期"等的假冒伪劣商品。

(2)强迫他人提供或者接受服务[⑥]。"服务"是为他人做事,使他人受益,可分为有偿与无偿。就本项行为而言,应当是指有偿服务。本项行为以违反商业道德、违反公平自愿原则为前提,也即无视对方意愿而迫使他人提供或迫使他人接受服务(通常存在支付不对等费用的情况)。需要注意的是,在某些服务行业,存在不合理消费的情况,有些甚至是"行规"。例如,餐饮业对顾客自带酒水收取的"开瓶费",维修行业收取的"检测费""代办费"等,都具有被"强迫"的性质,但显然不符合本罪所要求的"强迫"一般只能通过《消费者权益保护法》,以及通过"消费者保护协会"来解决争

---

① 在少数民族地区,存在对出售商品只要"问价"和"触摸"即必须买的"习俗",可能存在强迫相对人"必须成交"。在性质上可以认为是"强卖",但能否入罪需要慎重。

② 不包括法律禁止买卖的物品如公民个人信息、人体器官等,以及违禁品如枪支弹药、毒品、淫秽物品等。

③ 参见熊选国主编:《刑法罪名疑难问题精析》(第2卷),人民法院出版社2007年版,第1329页;顾肖荣主编:《经济刑法》(第9卷),上海社会科学院出版社2010年版,第461页。

④ 参见马克昌主编:《百罪通论》(上卷),北京大学出版社2014年版,第497页。

⑤ 本书认为,"不符合保障人体健康和人身、财产安全的国家标准、行业标准的产品",是具体的生产、销售伪劣产品犯罪的对象。

⑥ 不能包括违法性服务,例如提供的性服务的"卖淫"。

议。不过,对使用暴力、威胁手段强制收取费用的,符合本罪立案追诉条件的,也应该追究刑事责任。

(3) 强迫他人参与或者退出投标、拍卖。"投标"是指投标人应招标人的(特定或不特定)邀请,按照招标文件规定的要求,在规定的时间和地点主动向招标人递交投标文件并以中标为目的的行为;"拍卖"是以委托寄售为业的商业机构,以当众公开竞价的形式,将特定物品或者财产权利转让给最高应价者的买卖方式。本项行为,即是指无视招投标以及拍卖应遵守的公开、公平、公正及诚实信用原则,强迫他人参与或者退出投标、拍卖。无论是为造成不能开标或流标的结果,或是为造成流拍或取得拍卖标的,都不影响认定。

(4) 强迫他人转让或者收购公司、企业的股份、债券或者其他资产。这通常是指以不合理价格强迫他人转让或者收购公司、企业的股份、债券或者其他资产,但即便价格合理,违背他人意愿,强迫他人转让或者收购公司、企业的股份、债券或者其他资产的,也符合本项行为。

(5) 强迫他人参与或者退出特定的经营活动。"特定经营活动"并非是指法律所规定"经营活动"是"特定"的,而是指行为人欲以控制垄断的与市场经济活动直接相关的经营活动。通常情况下是为控制某项经营活动,扩大自己竞争实力强迫他人参与经营活动,或为减少自己的竞争对手,强迫他人退出经营活动。行为人可以此凭借自己的垄断地位获取不法利益。

本罪以"情节严重"为入罪条件①,本罪有以"结果"和"情节"入罪的不同规定,在未造成一定结果的情况下,不宜追究预备、中止以及未遂责任。

(三) 强迫交易罪与抢劫罪、敲诈勒索罪的关联

实务中本罪与抢劫罪、敲诈勒索罪是极易混淆的,如果是以"构成要件"的不同来论述罪之区别,对实务确实没有什么帮助。05.06.08《抢劫、抢夺意见》第9条第2项"以暴力、胁迫手段索取超出正常交易价钱、费用的钱财的行为定性"规定:"从事正常商品买卖、交易或者劳动服务的人,以暴力、胁迫手段迫使他人交出与合理价钱、费用相差不大钱物,情节严重的,以强迫交易罪定罪处罚;以非法占有为目的,以买卖、交易、服务为幌子采用暴力、胁迫手段迫使他人交出与合理价钱、费用相差悬殊的钱物的,以抢劫罪定罪处刑。在具体认定时,既要考虑超出合理价钱、费用的绝对数额,还

---

① 17.04.27《立案规定(一)的补充规定》第5条规定:涉嫌下列情形之一的,应予立案追诉:(1) 造成被害人轻微伤的;(2) 造成直接经济损失2000元以上的;(3) 强迫交易3次以上或者强迫3人以上交易的;(4) 强迫交易数额1万元以上,或者违法所得数额2000元以上的;(5) 强迫他人购买伪劣商品数额5000元以上,或者违法所得数额1000元以上的;(6) 其他情节严重的情形。以暴力、威胁手段强迫他人参与或者退出投标、拍卖,强迫他人转让或者收购公司、企业的股份、债券或者其他资产,强迫他人参与或者退出特定的经营活动,具有多次实施、手段恶劣、造成严重后果或者恶劣社会影响等情形之一的,应予立案追诉。

要考虑超出合理价钱、费用的比例,加以综合判断。”2014 年 4 月 17 日最高人民检察院公布的《关于强迫借贷行为适用法律问题的批复》(高检发释字〔2014〕1 号)指出:“以暴力、胁迫手段强迫他人借贷,属于刑法第 226 条第 2 项规定的‘强迫他人提供或者接受服务’,情节严重的,以强迫交易罪追究刑事责任;同时构成故意伤害罪等其他犯罪的,依照处罚较重的规定定罪处罚。以非法占有为目的,以借贷为名采用暴力、胁迫手段获取他人财物,符合刑法第 263 条或者第 274 条规定的,以抢劫罪或者敲诈勒索罪追究刑事责任。”

张明楷教授认为,司法解释试图以价格、费用是否悬殊、是否有真实交易行为以及是否归还强行借贷款项,区别强迫交易罪与抢劫罪、敲诈勒索罪,是不正确的做法,因为强迫交易罪与抢劫罪、敲诈勒索罪之间并非对立关系,符合本罪的,当然不能排除抢劫罪、敲诈勒索罪的成立,强迫交易行为完全可能同时触犯抢劫罪、敲诈勒索罪,属于想象竞合犯,应从一重罪论处,因此不要试图提出区别强迫交易罪与抢劫罪、敲诈勒索罪、故意伤害罪的标准,应注重犯罪之间的想象竞合①。本书原则上赞同这一观点,但同时认为,(1) 从本质上说,行为人对合理范围内的价格、费用以及借贷的本金并无非法占有目的,但对超出部分,借贷盈利部分仍然是以非法占有目的的,从这一点而言,认定具有想象竞合关系完全可以成立。但是,是否可以认为本罪与抢劫罪、敲诈勒索罪具有“全面”的想象竞合关系,值得考虑。以抢劫罪为例,入罪标准不仅低于强迫交易罪,而且起刑也高于强迫交易罪,如此,按照想象竞合犯的定罪处罚原则,强迫交易罪根本就不再有适用的可能性;相反,敲诈勒索罪的入罪数额上的标准低于本罪②,虽然两罪起刑相同,但敲诈勒索罪最高刑高于本罪,按照法定刑比较适用重罪原则,仍然可能造成本罪空置;按照可能处刑轻重比较适用原则③,既可能存在敲诈勒索罪无法适用的情况,也可能存在只能按照敲诈勒索罪定罪处罚的情况。(2) 基于前一点认识,应该看到,市场交易是以公平、公正、自愿、诚实信用原则为前提,任何违背他人意愿,强迫他人从事不愿意从事的交易活动,情节严重的,就符合本罪的要求,与价格是否合理、费用相差是否很大并不直接关联。如果强制收取不超出合理范围内的价格、费用,符合本罪追诉条件的,因并不具有非法占有目的,则不能认为符合想象竞合犯的条件。因此,不能认为构成本罪就一定同时触犯抢劫罪、敲诈勒索罪而成立想象竞合犯。本书认为,司

---

① 参见张明楷:《刑法学》(下),法律出版社 2016 年版,第 842 页。

② 参见 13.04.27《敲诈勒索解释》第 1 条规定,敲诈勒索公私财物价值 2000 元至 5000 元以上,为“数额较大”的标准。

③ 张明楷教授原本主张以可能的处罚轻重为想象竞合犯从一重罪的适用原则,参见张明楷:《刑法学》,法律出版社 2011 年版,第 437 页。但在其新版教科书中,他则修订了该观点,主张以“按照事实情节较重的犯罪的法定刑处罚。”张明楷:《刑法学》(上),法律出版社 2016 年版,第 489 页。这虽然不再是以可能的宣告刑为标准,而是以可能处罚较重犯罪的法定刑为标准,但仍然是以可能的宣告刑为重为基本前提的,这与“法定刑”比较轻重为前提的“从一重”仍然有区别。

法解释从区分罪间关系,以超出正常交易价钱、费用以及是否有真的交易作为标准,对区分本罪与抢劫罪、敲诈勒索罪并非完全没有意义。

(四) 强迫交易罪与组织、领导、参加黑社会性质组织罪的关联

根据00.12.10《黑社会性质组织解释》①第1条的规定,黑社会性质组织具有"在一定区域或者行业范围内,以暴力、威胁、滋扰等手段,大肆进行敲诈勒索、欺行霸市、聚众斗殴、寻衅滋事、故意伤害等违法犯罪活动,严重破坏经济、社会生活秩序"的行为特征;09.12.15《黑社会性质组织座谈会纪要》②有关"黑社会性质组织的危害特征"指出:"通过实施违法犯罪活动,或者利用国家工作人员的包庇、纵容,称霸一方,并具有以下情形之一的,可认定为'在一定区域或者行业内,形成非法控制或者重大影响,严重破坏经济、社会生活秩序'……对一定行业的生产、经营形成垄断,或者对涉及一定行业的准入、经营、竞争等经济活动形成重要影响的……其他形成非法控制或者重大影响,严重破坏经济、社会生活秩序的情形。"③黑社会性质组织及其成员所实施的违法犯罪活动,可以实施强迫交易犯罪,以实现对一定行业的生产、经营形成垄断,或者对涉及一定行业的准入、经营、竞争等经济活动形成重要影响。我国《刑法》第294条第4款规定:"犯前三款罪又有其他犯罪行为的,依照数罪并罚的规定处罚。"实施组织、领导、参加黑社会性质组织罪后,又为黑社会性质组织控制、垄断一定行业的生产、经营实施强迫交易,应该实行数罪并罚。但上述犯罪顺序不应颠倒。

(五) 强迫交易罪的刑事责任

犯本罪,处3年以下有期徒刑或者拘役,并处或者单处罚金;情节特别严重的,处3年以上7年以下有期徒刑,并处罚金。单位犯本罪的,对单位判处罚金,并对其直接负责的主管人员和其他直接责任人员,依照本罪的规定处罚。

---

① 2000年12月10日最高人民法院实施的《关于审理黑社会性质组织犯罪的案件具体应用法律若干问题的解释》(法释〔2000〕42号)(以下简称00.12.10《黑社会性质组织解释》)。

② 2009年12月15日最高人民法院、最高人民检察院、公安部印发的《办理黑社会性质组织犯罪案件座谈会纪要》(法〔2009〕382号)(以下简称09.12.15《黑社会性质组织座谈会纪要》)。

③ 09.12.15《黑社会性质组织座谈会纪要》对"黑社会性质组织的行为特征"明确规定为:暴力性、胁迫性和有组织性是黑社会性质组织行为方式的主要特征,但有时也会采取一些"其他手段"。根据司法实践经验,《立法解释》(是指2002年4月28日全国人大常委会《关于〈中华人民共和国刑法〉第294条第1款的解释》,以立法形式确定了黑社会性质组织的各个特征——本书注)中规定的"其他手段"主要包括:以暴力、威胁为基础,在利用组织势力和影响已对他人形成心理强制或威慑的情况下,进行所谓的"谈判""协商""调解";滋扰、哄闹、聚众等其他干扰、破坏正常经济、社会生活秩序的非暴力手段。2015年10月13日最高人民法院印发的《全国部分法院审理黑社会性质组织犯罪案件工作座谈会纪要》(法〔2015〕291号)(以下简称15.10.13《审理黑社会性质组织犯罪案件座谈会纪要》)以及2018年1月16日最高人民法院、最高人民检察院、公安部、司法部发布的《关于办理黑恶势力犯罪案件若干问题的指导意见》(法发〔2018〕1号)(以下简称18.01.16《黑恶势力犯罪案件指导意见》)等司法解释或司法文件,则进行了进一步细化和完善。

（下）妨害社会管理秩序罪

一、妨害公务罪

（一）妨害公务罪的概念和法益

妨害公务罪,是指以暴力、威胁方法阻碍国家机关工作人员依法执行职务,阻碍全国人民代表大会和地方各级人民代表大会代表依法执行代表职务,在自然灾害和突发事件中,以暴力、威胁方法阻碍红十字会工作人员依法履行职责,或者故意阻碍国家安全机关、公安机关依法执行国家安全工作任务,虽未使用暴力、威胁方法,但造成严重后果的行为。本罪的法益,是国家对社会的管理职能①以及依法执行公务人员的人身权利。本罪主体为自然人一般主体,单位不能成为本罪主体,但组织、指挥实施妨害公务的单位主管人员、直接责任人员可以构成本罪。主观罪过为直接故意,动机不影响认定。

（二）对象、行为、违法性阻却、故意

本罪的对象,为正在执行公务的人员,即执行各类公务的国家机关工作人员、全国人民代表大会和地方各级人民代表大会代表、红十字会工作人员、国家安全机关、公安机关工作人员,包括国有事业单位人员依照法律、行政法规的规定执行行政执法职务、受国家机关委托从事行政执法活动的事业编制人员②,但不包括法律针对阻碍特别公务人员执行的公务,如阻碍税务稽查人员依法税务检查、聚众阻碍实行解救被收买的妇女、儿童执行解救公务的人员等。对象也包括公务工作人员执行公务所使用的公务设施,如办公桌椅、计算机、专用车辆、专用录音录像设备、交通路障专用设施等等。

妨害公务行为,以实施“暴力、威胁”为主要方式,也即除对阻碍执行国家安全机关、公安机关依法执行国家安全工作任务,可以不使用暴力、威胁方法外,均以实施“暴力、威胁”为必要条件。“暴力”,是指针对执行公务人员实施的人身强制,也包括对公务设施的“打砸”。根据本罪法定刑设置,本罪的暴力不能包括致人重伤、死亡结

① 多数说认为,本罪的法益(客体)是管理活动。本书认为,国家职能机构管理的对象所对抗的法益,是针对的是国家职能机构管理职能,并非管理活动本身。

② 2000 年 4 月 24 日颁布的最高人民检察院《关于以暴力,威胁方法阻碍事业编制人员依法执行行政执法职务是否可对侵害人以妨害公务罪论处的批复》。

果,造成重伤、死亡结果(不应排除主观上为过失的情况),为想象竞合犯从一重罪论处。至于是否实际造成公务无法执行的后果,在所不问。“威胁”,是指对执行公务人员进行精神强制,以即将采取一定恶害相通告。威胁将要实施的侵害内容,是否具有当场实现的可能性,不影响认定;恶害是针对执行公务人员本人,还是其至亲好友,是针对人身的侵害还是财产的侵害,以及是否实际达成阻碍公务执行后果,均不影响认定。行为人以“自残”或威胁“自残”阻碍一般公务执行的,不宜以本罪论处,但不影响以此方式阻碍国家安全机关、公安机关工作人员执行国家安全公务活动,可以构成本罪。暴力、威胁在具体案件中同时或交替实施的,可以考虑其主要方式,也可以一并认定。是否以聚众方式实施,在所不问。

阻碍国家机关工作人员依法执行职务,或阻碍国家安全机关、公安机关工作人员执行国家安全工作任务,必须正在执行公务中且尚未结束。以阻碍红十字会工作人员依法履行职责的,必须是在自然灾害和突发事件中,包括事件发生后宣布“紧急状态”但尚未结束的整个期间,执行其他公务活动,要求正在执行期间,尚未结束。

本罪以暴力、威胁方法阻碍一般公务活动、阻碍人大代表执行代表职务,以及在自然灾害和突发事件中,阻碍红十字会工作人员依法履行职责,刑法并未以特定后果发生为入罪条件,故对前三项行为有属于“危险犯”①的观点。本书对“危险”持规范说,即只有刑法明文规定以“危险”为处罚根据的,才是“危险犯”②,并非因事实有危险,就是“危险犯”。本书认为,该三项行为并非“危险犯”而是“行为犯”。这三项行为处罚的根据,不在于暴力、威胁对公务执行所构成的“危险”,而在于以“暴力、威胁”阻碍公务执行。换言之,从具有对公务执行阻碍的危险而言,即便不使用“暴力、威胁”方式也可以形成,例如,组织人墙围堵、谩骂公务执行人员(在特定场所、特定领域内,聚众阻碍的,不排除可能构成聚众扰乱社会秩序罪或聚众扰乱公共场所秩序、交通秩序罪),也会形成对执行公务的危险(可依据《治安管理处罚法》处理),但却不能构成本罪。

故意阻碍国家安全机关、公安机关依法执行国家安全工作任务,虽未使用暴力、威胁方法,但造成严重后果。因该项行为有严重后果的要求,一般认为属于结果犯。对该项规定,多数意见认为,故意阻碍但“未使用”并非要求没有使用,而是指“无论有没有使用”暴力、威胁方式,即便没有使用暴力、威胁,但严重阻碍公务执行的,造成严重后果,也必须依法追究刑事责任。但是,对实际使用暴力、威胁方式阻碍的,应当如何适用法律,却有不同看法。有依“罪刑法定”原则的,认为既然没有规定可以暴力、

① “抽象危险犯”说,参见马克昌主编:《百罪通论》(下卷),北京大学出版社2014年版,第892—893页;“具体危险犯”说,参见鲜铁可、周玉华:《论妨害公务罪》,载《中国法学》1998年第6期。无论是“抽象”危险犯还是“具体”危险犯的观点,均是以行为在事实上具有阻碍执行公务危险为处罚根据。事实上的危险,除法律有明文规定而无须特别考察(如“犯罪未遂”“犯罪中止”的事实危险)的之外,事实上有无“危险”完全可以由司法人员自由心证,而无须证据。主张抽象危险犯,还认为应允许行为人反证,以提出能够证明连抽象危险都不具有的,可以否定成立既遂。本书认为,刑事案件的证据,无论有罪还是无罪,证明责任在代表国家的公诉方,而不在于被指控犯罪之人。

② 参见林亚刚:《刑法学教义》(总论)(第2版),北京大出版社2017年版,第138页注释。

威胁方式阻碍,则应无罪;还有认为,直接按照我国《刑法》第277条第1款规定处罚即可,因这两款规定是部分与整体的关系,部分包括在整体之中;还有认为,实际实施暴力、威胁的,就依照该款规定从重处罚[①];赞同观点补充认为,使用暴力、威胁但未造成严重后果,按照我国《刑法》第277条第1款规定处罚,造成严重后果的,按照该款从重处罚[②]。本书认为,按照"举轻以明重"的入罪原则而言,认为不能构成犯罪的观点很难说符合立法精神。至于后几种观点,可依据我国《刑法》第277条"暴力袭击正在依法执行职务的人民警察的,依照第1款的规定从重处罚"的规定,予以明确。显而易见的是,该款包括对第4款使用暴力故意阻碍国家安全机关、公安机关依法执行国家安全工作任务,同样要求在执行公务中的时间条件;也毫无疑问国家安全机关、公安机关依法执行国家安全工作任务的人员,就是"人民警察"。"暴力袭击"限于实施暴力不包括威胁,但在实施的程度、强度可以高于本罪一般危害程度的暴力,但同样不能包括致人重伤、死亡结果。

因暴力、威胁阻碍的是"执行的公务",因此,执行的是否"公务",既是能否入罪的前提条件,也是法律规范评价的要素。作为前提条件,公务活动必须具有程序上形式的合法性以及实质合法性。形式合法性,要求活动在其职权范围内,按照相关法律、法规授权方式执行公务。如果采取逾越法律、法规授权方式的,例如,对未实施危及公务人员重大人身安全的,使用武器的,不具有合法性(不阻却违法性);实质合法性,则要求执行的公务不得与现行法的规定以及基本精神相悖。如果明知执行命令是上级职权之滥用发布的,例如,路政人员"依照领导指令"上路查处车辆违章,实属违法行为仍然执行,或者执行命令中具有侵犯人权的内容,也不具有公务活动实质的合法性(不阻却违法性)。因此,虽然有实施公务的法律、法令、命令根据[③],如果在执行的实体或者程序上违反法律、法令的规定,则不能再视为合法的公务活动(即便执行的公务是职务行为,甚至是基于上级的命令实施,也不具有合法性,不排除可以构成相关犯罪)。就规范评价要素而言,公务活动是否具有"合法性",应由最终裁判机关(法院)认定。但依照什么标准判断,有不同看法。客观说认为,这应该由法院通过法令解释,作出客观判断;主观说认为,这要根据公务员本身是否确信其行为是合法的,来加以判断;而一般人标准说则认为,应该以一般人的理解作为判断标准。[④] 要是根据公务员的主观判断,实际上就是允许公务员可以独断独行。因此,不应由执行公务的机关或执行公务的人员自己认定;主观说过分偏重于国家权力,而忽视了公民的权利。以一般人见解作为标准,但是一般人见解究竟是指什么,指代不明。如果对所

---

① 参见鲜铁可、周玉华:《论妨害公务罪》,载《中国法学》1998年第6期。

② 参见马克昌主编:《百罪通论》(下卷),北京大学出版社2014年版,第890页。

③ 人民警察的执法活动,具有一定的特殊性。我国《人民警察法》第32条规定:"人民警察必须执行上级的决定和命令。人民警察认为决定和命令有错误的,可以按照规定提出意见,但不得中止或者改变决定和命令的执行;提出的意见不被采纳时,必须服从决定和命令;执行决定和命令的后果由作出决定和命令的上级负责。"但是同样规定有对明知违法命令有拒绝执行的规定。该法第33条规定:"人民警察对超越法律、法规规定的人民警察职责范围的指令,有权拒绝执行,并同时向上级机关报告。"

④ 参见西田典之:《日本刑法各论》,刘明祥译,中国人民大学出版社2007年版,第332页。

谓一般人见解有不同理解,很难确定该观点是偏重于国家利益还是个人利益。当然,本书主张客观判断,则必须是法官根据执行公务时的具体情况,作出的客观判断,而不应该是事后进行单纯的客观判断,只有这样,才符合实事求是的要求。

当行为人对所执行的公务的合法性[①]产生错误认识,进而实施暴力、威胁阻碍的,是否阻却违法性,应具体分析:一是主观上认为所执行公务是错误执行,例如对符合"解封"条件的扣押物品解封,认为不应当解封,进行暴力、威胁阻碍的。这是对法律具体规定不了解,但对所执行的公务并无错误认识,因此,不阻却违法性(和故意);二是主观上认为执行公务的方式错误,例如亲属对执行逮捕后采取强制拘束措施认为执法粗暴、不当,而以暴力、威胁阻碍的。如果确属公务人员执法不当,应阻却违法性;反之,不阻却违法性(和故意)。

主观上是故意,要求必须明知阻碍的是"公务"。因各种客观因素导致对执行公务人员身份无法辨认(例如,未出示应该出示证件、有效法律文件、未表明身份、穿着便装等),导致的是事实认识错误,应阻却妨害公务的故意,但不阻却对人身侵害的故意,如果造成公务人员伤亡,应以相应的故意犯罪论处,确因过失造成,轻伤则不能以犯罪论处,致重伤或死亡的,应以过失重伤罪、过失致人死亡罪论处。

(三)妨害公务罪与聚众阻碍解救被收买的妇女、儿童罪[②]的关联

聚众阻碍解救被收买的妇女、儿童的行为,构成聚众阻碍解救被收买的妇女、儿童罪,其主体是自然人一般主体,为首要分子。主观上是直接故意,动机不影响认定。阻碍解救被收买的妇女、儿童的行为,同样具有阻碍执行公务的实质属性。因此,根据阻碍解救的具体情况定罪处罚:未以聚众方式阻碍解救,但实施暴力、威胁阻碍解救,构成妨害公务罪;以聚众方式阻碍解救,首要分子构成聚众阻碍解救被收买的妇女、儿童罪,至于参与者是否以实施暴力、威胁实行阻碍解救的,不是首要分子的入罪条件;但参与者实施暴力、威胁阻碍解救,同样构成聚众阻碍解救被收买的妇女、儿童罪,未以暴力、威胁方式参与阻碍解救的,按照《治安管理处罚法》处罚。因此,本罪虽然与未以聚众方式阻碍解救,但实施暴力、威胁阻碍解救的行为,是一般法条与特别法条的关系,但不具有以法条竞合犯处罚原则适用罪名的问题。

(四)妨害公务罪与走私罪、组织他人偷越国(边)境罪[③]的关联

我国《刑法》第 157 条第 2 款规定:"以暴力、威胁方法抗拒缉私的,以走私罪和本法第 277 条规定的阻碍国家机关工作人员依法执行职务罪,依照数罪并罚的规定处罚。"这符合牵连犯的条件,但是根据上述规定,应当进行数罪并罚。我国《刑法》第 318 条组织他人偷越国(边)境罪第 3 款第 5 项"以暴力、威胁方法抗拒检查的"规定,

---

① 这是指对执行公务人员身份并无错误认识。

② 我国《刑法》第 242 条第 2 款。

③ 我国《刑法》第 318 条。

以及第321条运送他人偷越国(边)境罪第2款“在运送他人偷越国(边)境中,以暴力、威胁方法抗拒检查的”规定,均有加重的法定刑。这也是符合牵连犯条件的,按照一罪的加重情节处罚,与从一重罪处罚在处罚原则上相通。

(五)妨害公务罪与聚众扰乱社会秩序罪、聚众冲击国家机关罪、聚众扰乱公共场所秩序、交通秩序罪,组织、资助他人非法聚集罪[①]的关联

妨害公务罪没有以“聚众”实施暴力、威胁阻碍公务执行为必要条件,但也没有排除可以“聚众”方式实施。聚众扰乱社会秩序罪、聚众冲击国家机关罪、聚众扰乱公共场所秩序、交通秩序罪,包括“群体性事件”[②]都具有抗拒、阻碍执行公务,以及具有“聚众”的属性。有区别的是“群体性事件”的参与者,通常具有主动参与的特点,且具有“维权”“维护正义”的使命感,成为参与的主要动因(当然,不排除基于其他非法目的而参与其中,但不是主流诉求者)。虽然如此,有的“群体性事件”所造成的社会秩序混乱与出于非法目的的聚众扰乱社会秩序、聚众冲击国家机关、聚众扰乱公共场所秩序、交通秩序客观上并无区别,但在性质上有本质区别。因此,本书认为,聚众扰乱社会秩序罪、聚众冲击国家机关罪、聚众扰乱公共场所秩序、交通秩序罪,与妨害公务罪在对抗国家行使管理职能,具有相同的属性[③]。聚众扰乱社会秩序罪、聚众冲击国家机关罪、聚众扰乱公共场所秩序、交通秩序罪,是特别法条,因此,对其中的首要分子、积极参加者(聚众扰乱公共场所秩序、交通秩序罪只处罚首要分子,不处罚参加者)应以相应的犯罪论处,不再构成妨害公务罪;多次组织、资助他人非法聚集,扰乱社会秩序,情节严重的行为,因并未与国家对社会的管理职能发生直接对抗,因此,其组织、资助他人非法聚集,扰乱社会秩序,情节严重的,只需要按照组织、资助他人非法聚集罪论处[④]。值得注意的是,“组织、资助他人非法聚集”,并不以“聚集”之众具体实施何种违法行为,以及是否构成犯罪为前提,所以,组织、资助的行为人不是共同犯罪中的主犯或从犯,应该单独论罪。

---

① 我国《刑法》第290条、第291条。

② “群体性事件”是不具有稳定法律特征以及外延、内涵清晰的法律术语,是改革开放后因国民对维护公民权利意识得到增强后,诉求表达渠道不通畅而引发的“维权”“抗议”行为;通常是由某些社会矛盾或当地政府以及行政部门对具体事件处置不当,或当事人不满处置结果,甚至可能是因小概率(个案)事件而引发;是由特定群体或不特定多数人聚合临时形成的偶合性群体,会形成在较长时间内规模性聚集,多数都属于可造成社会负面影响的群体性活动。群体性事件中多数伴有语言或肢体冲突,也可能最终形成严重的暴力对抗。可能形成对立的社会群体行为,也可能形成针对当地政府、行政主管部门或者经济实体的群体行为。针对政府或行政主管部门的,或有表达诉求和主张,或有直接争取和维护自身利益,或有发泄不满、制造影响。当然,“群体性事件”也存在诉求合理的情况,但无论诉求是否具有合理性、正当性,“群体性事件”多数情况下会对社会秩序和社会稳定造成重大负面影响。但本书不赞同对群体性事件不考虑诉求是否具有正当性而一概以违法甚至犯罪对待的做法。当引发“群体性事件”的责任者是政府、行政机关以及与当地有背景官员的经济组织,群众诉求合理、未采取激烈暴力对抗的,即便造成负面影响的,也应阻却违法性,不能以犯罪对待。

③ 针对突发聚众事件,由当地政府机构、司法机关采取的种种应对措施,是公务活动,因此,与此对抗的行为,无疑具有对抗国家机关依法行使管理职能的性质。

④ 我国《刑法》第290条第4款。

(六) 妨害公务罪与煽动暴力抗拒法律实施罪[①]的关联

煽动群众暴力抗拒国家法律、行政法规实施的,构成该罪。主体为自然人一般主体,主观上是故意,动机不影响认定。这里的“法律”是指全国人大及其常委会制定的所有规范性的法律文件,包括法律以及行政法规,国务院制定的规章。多数意见支持不包括地方性法规以及行政规范文件[②]。煽动的对象是“群众”,亦是指不特定的多数人,从我国法律术语的习惯上看,要求至少对三人以上实施煽动。煽动使用暴力抗拒国家法律、行政法规的实施,既可是针对整部法律、法规,也可以是针对法律、法规中某一具体条款的执行。正是从这一点说,执行法律、法规也就是执行公务,所以,煽动暴力抗拒法律实施的行为,可以成为妨害公务罪的特别表现形式,具有交叉的法条竞合关系,只需按照一罪论处,不需并罚。这里的“暴力”仅指一般性的对抗,可以包括致人轻伤,不能包括致人重伤、死亡结果。此外,本罪与利用极端主义破坏法律实施罪[③],组织、利用会道门、邪教组织、利用迷信破坏国家法律实施罪,也具有法条竞合关系。因后两罪均具有特别构成要素,系特别法条,只能按照后者定罪处罚。

(七) 妨害公务罪与非法集会、游行、示威罪[④]的关联

未依照法律规定申请或者申请未获许可,举行集会、游行、示威,或者未按照主管机关许可的起止时间、地点、路线进行,又拒不服从解散命令,严重破坏社会秩序的,集会、游行、示威的负责人和直接责任人员构成非法集会、游行、示威罪。主体为自然人一般主体,主观上为直接故意,动机不影响认定。在“拒不服从解散命令,严重破坏社会秩序的”条件下,非法集会、游行、示威的负责人和直接责任人员可构成本罪。虽然发布“解散命令”是执行职务的公务活动,但没有以暴力、威胁方式“拒不服从解散命令”的,并不触犯妨害公务罪。如果以暴力、威胁方式“拒不服从解散命令”,则同时触犯妨害公务罪,是想象竞合犯,应从一重罪论处。

(八) 妨害公务罪的刑事责任

犯本罪,处3年以下有期徒刑、拘役、管制或者罚金。

---

① 我国《刑法》第278条。

② 有观点认为,如果地方性法规、规章,是对国家法律、行政法规的具体化或操作性规范,煽动暴力抗拒实施的亦可构成本罪。参见赵秉志主编:《扰乱公共秩序罪》,中国人民公安大学出版社2003年版,第66页。也有观点认为,煽动暴力抗拒与国家法律、行政法规不相冲突的地方性法规,也可以构成本罪。参见黎宏:《刑法学各论》,法律出版社2016年版,第352页。本书对此持商榷观点,全国性法律、法规是依照宪法制定的,地方性法规从法源上说,是在现行法的基础上去制定具体化的法规或操作规范,最终,地方性法规均可以被视为在本罪范围内,可能使得本罪的适用范围被极大扩张。

③ 我国《刑法》第120条之四的规定。

④ 我国《刑法》第297条。

二、招摇撞骗罪

(一) 招摇撞骗罪的概念和法益

招摇撞骗罪的概念,有的认为“是指冒充国家机关工作人员招摇撞骗的行为”[①],有的认为“是指为了谋取非法利益,冒充国家机关工作人员进行招摇撞骗的行为”[②]。本书认为,对本罪主观故意内容,如认为这是与其他欺诈型犯罪区别的特征之一,有必要在概念中予以表述,只是并不赞同以“谋取非法利益”[③]限定为故意内容。从行为人是以“冒充的身份”才获得某种利益的角度看,谋取方法本身是“非法”的,将由此而谋取的所有“利益”,都界定为“非法利益”值得商榷。冒充国家机关工作人员,使他人同意结婚、恋爱,也可能因此造成恶劣社会影响,但恐怕不能认为其谋取到的“结婚、恋爱”的利益,就是非法利益(容后叙述)。本书认为,对本罪法益的侵害,与谋取某种利益并非完全对等的价值关系,即对本罪法益侵害不取决于所谋取利益的非价值性,而在于冒充行为的非价值性。所以,没有必要在概念中有此限定条件。此外,《刑法》第 279 条第 2 款“冒充人民警察”的内涵应在概念中予以表述。在我国现有的人民警察队伍序列中,存在任用制和聘任制的人民警察。前者是根据《人民警察法》和《公务员法》,依照《公务员录用规定》任用的人民警察,后者则是各地公安、检察、法院根据需要,依照各地制定的录用标准而形成的聘任制人民警察(包括司法警察)。后者并不在典型的“国家机关工作人员”范围之内,但身份是“人民警察”,执行的是“人民警察”的公务活动,如果不对其内涵详细表述,则是没有结合我国当前具体“国情”去分析。本书认为,招摇撞骗罪,是指假冒国家机关[④]工作人员或者人民警察进行招摇撞骗的行为。本罪的法益是国家机关的威信及其对社会的管理职能,以及公共利益和公民、法人及其他组织的合法权益。本罪主体为自然人一般主体,主观上为直接故意,动机不影响认定。

(二) 冒充、行为、故意

本罪行为须同时具备两个基本条件:第一,冒充国家机关工作人员或者人民警察

---

① 李希慧主编:《刑法各论》,中国人民大学出版社 2007 年版,第 344 页。

② 高铭暄、马克昌主编:《刑法学》,北京大学出版社、高等教育出版社 2011 年版,第 530 页。

③ 参见赵秉志主编:《扰乱公共秩序罪》,中国人民公安大学出版社 1999 年版,第 88 页;王作富主编:《刑法分则实务研究》(中),中国方正出版社 2007 年版,第 1203 页;陈兴良:《陈兴良刑法学教科书之规范刑法学》,中国政法大学出版社 2003 年版,第 540 页。

④ 国家机关,是指从事中国国家事务管理的机关,因此,冒充在我国境内的设立的国际组织、非政府组织、机构工作人员的,因其处理的事务,非我国国内事务,不能按照本罪论处。骗取财物的,应以诈骗罪论处,骗取一般利益的,可以按照《治安管理处罚法》处理。

的身份或职务。[①] “冒充”是指不具有特定的国家机关工作人员的身份或职务的人员,对外宣称其具有国家机关工作人员的身份或职务,或者人民警察的身份或职务。至于冒充以何种方式表现出来,在所不问。如冒充人民警察,是口头宣称还是以着装方式,是主动宣称还是被误认而首肯,是否使用伪造的证件以及伪造、变造证件、公文来源等,都不影响对冒充行为的认定。对同时使用伪造、变造证件、公文的,为牵连犯,因法益侵害具有同质性,可以从一重罪论处,不需要实行并罚。冒充中国共产党的各级机关工作人员、各级政协工作人员,也应构成本罪。冒充受国家机关,企事业单位、人民团体委托从事公务的人员的身份、职务,是否构成犯罪?此种冒充与冒充国家机关工作人员,在影响、危害国家机关信誉和破坏管理职能上并无区别,也不因为行为人冒充的是“正式”的还是“受委托从事公务”人员,使受害者受到的欺骗有区别。虚构、编造子虚乌有的“国家机关”,冒充其工作人员的,仍然是冒充。我国《刑法》第 279 条第 2 款“冒充人民警察招摇撞骗的,依照前款的规定从重处罚”的规定是构成要件的内容,但同时这也是从重处罚的条件。冒充现役军人的,构成我国《刑法》第 372 条冒充军人招摇撞骗罪;冒充企、事业单位的保卫部门工作人员、干部子女、社会名人、记者、荣誉称号获得者等,不构成本罪。

第二,实施“招摇撞骗”,是指以其假冒的身份、职务谋取(物质或非物质)利益。“招摇”是以假冒的身份进行炫耀、张扬;“撞骗”是指以假冒的身份、职务到处行骗。构成本罪一般都是在多处多次进行这种招摇撞骗活动[②]。至于行骗的结果,是多样性的,可能造成他人财物的损失,也可能是骗取社会地位、荣誉,或其他非物质利益。前者,可能是个人或相关经济实体受骗而造成财产损失;后者(非物质性利益)应以社会相关机构受到欺骗而给予其。如果行为人假冒身份、职务只是为获得他人“认可”,满足得到的“尊重”等,尚不足以认为骗取非物质性利益。

骗取的利益中,是否可以包括“情感”。本书以为,人类的情感中社会性因素往往是起决定性作用,但如将骗取他人的“情感”而论罪,则必然要解决“情感”是不是“利益”的问题,而且,按照有些观点,构成本罪还要求是谋取的是“非法利益”。但对情感如要区别出是“合法”还是“非法”显然是荒谬的。也有观点认为,冒充国家机关的主要领导人,意图奸淫妇女的,应定本罪[③]。且不说为何只对“冒充主要领导”定罪,而“冒充次要领导”不定罪具有合理性,就依据什么标准来认定是“冒充主要领导”也是棘手问题。说到底只是“冒充”,未必有真正的职务活动的存在。还有认为,该种情况

---

① 多数说认为,“冒充”包括:一是非国家机关工作人员或者人民警察冒充国家机关工作人员或者人民警察;二是此种国家机关工作人员冒充彼种国家机关工作人员的身份或职务;三是下级国家机关工作人员冒充上级国家机关工作人员的身份或职务。参见高铭暄、马克昌主编:《刑法学》,北京大学出版社、高等教育出版社 2011 年版,第 530 页。另有学者认为,还包括同种类同级国家机关工作人员冒充其他地区国家机关工作人员。参见王作富主编:《刑法分则实务研究》(中),中国方正出版社 2013 年版,第 1044—1045 页。

② 参见王作富《中国刑法研究》,中国人民大学出版社 1988 年版,第 649 页。

③ 参见赵秉志主编:《扰乱公共秩序罪》,中国人民公安大学出版社 1999 年版,第 94 页。

可以考虑其奸淫妇女的行为是否违背妇女意志而论以强奸罪①。强奸罪违背妇女意志是指行为当时的情形，不是事后因行为人假身份被揭露，而且，如果是女性冒充骗取"情感"的，又当如何？

本书赞同骗取的利益中不能排除"财物"，至于本罪与诈骗罪的关系，有牵连犯说②，法条竞合犯说③，想象竞合犯说④等。

本罪是"复行为犯"，冒充与招摇撞骗的两种行为都必须同时具备，只冒充身份或者职务，或者行骗非以冒充的身份、职务而实施，不构成本罪（不排除可以构成其他犯罪，如诈骗罪）。原则上，本罪的成立对情节、后果没有特别的规定，但这并不意味着行为人只要冒充国家机关工作人员，招摇撞骗谋取了某种利益，就要以犯罪论处。如果不是长期为之，或者造成的后果影响显著轻微的，可不认为是犯罪。本罪以实施"撞骗"的实行行为为着手，可以有未遂形态。

本罪主观上是故意，限于以冒充的身份、职务骗取相关利益，而不能具有以"身份""职务"威逼、压迫、强取利益的内容，否则，可能构成其他相关犯罪（如敲诈勒索罪）。对无非法目的假冒的，不应视为有犯罪的故意。

（三）招摇撞骗罪与诈骗罪的关联

本罪与诈骗罪的关系，有牵连犯说，法条竞合犯说，想象竞合犯说等。

牵连犯观点认为，在招摇撞骗罪中，"冒充国家机关工作人员"与"骗取非法利益"之间实际上具有类似于牵连犯手段行为与目的行为的关系，两者具有内在的必然的联系，前者是为后者服务的，后者是前者的目的和结果⑤。根据牵连犯条件，本书认为：(1) 之所以骗取他人财物而触犯诈骗罪条款，是由骗取利益的撞骗行为而实现的，假冒身份、职务，是同时在撞骗和骗取他人财物中发挥作用。也即骗取财物就是招摇撞骗的内容，如将撞骗与骗取财物割裂为二个不同的事实，则"骗"的事实将两次受刑法的评价，是错误的。换言之，招摇撞骗与骗取财物二者原本就是同一个事实。(2) 即使冒充身份、职务与因撞骗而骗取他人财物事实之间具有如同牵连犯手段行为与目的行为的牵连关系，但此也非牵连犯。因为冒充身份、职务的"方法行为"在我国刑法中并未单独规定为犯罪，如何能与撞骗而触犯的诈骗罪发生牵连关系？这是对基础理论的误读。

法条竞合犯说认为，我国《刑法》第 279 条关于招摇撞骗罪的规定与第 266 条关于诈骗罪的规定，存在着交叉关系，行为人以冒充国家机关工作人员的手段，诈骗他

---

① 参见王作富主编：《刑法分则实务研究》（中），中国方正出版社 2013 年版，第 1046 页。

② 参见孟庆华：《招摇撞骗罪的几个司法认定问题探讨》，载《福建政法干部管理学院学报》2004 年第 2 期。

③ 参见王作富主编：《刑法分则实务研究》（中），中国方正出版社 2013 年版，第 1047 页。

④ 参见曾芳文、段启俊：《个罪法定情节研究与适用》，人民法院出版社 2002 年版，第 646—647 页。

⑤ 参见孟庆华：《招摇撞骗罪的几个司法认定问题探讨》，载《福建政法干部管理学院学报》2004 年第 2 期。

人财物数额较大的行为,既触犯了第279条又触犯了第266条。这种交叉不是由特定的具体发生的犯罪行为所引起的,是由于刑法的直接规定所引起的,因此,招摇撞骗罪与诈骗罪的关系,是法条竞合的关系①。这一看法也值得商榷。法条竞合②,不能说与行为人具体的行为无关系,仍然是看行为人的具体行为,在两个以上的法条中,是否因法条的规定而必然存在重合或者交叉关系。法条竞合犯所竞合的法条,必须是所竞合的法条与法条之间,存在必然的联系。这种联系是因两个以上的法条所规定的犯罪构成要件在内容上,存在的交叉或者重合所致。某种行为触犯该法条就必然触犯另一法条,想不触犯都不可能。招摇撞骗罪在构成要件中并没有规定骗取什么利益,是构成犯罪所必需的。骗取财物,只是构成招摇撞骗罪可能发生的,如果与诈骗罪发生竞合,可能适用诈骗罪的条款,也可能适用本罪定罪处罚,显然在适用原则上,不是依据法条竞合关系的排他性③。

本书赞同属于想象竞合犯,能够全面评价行为法益侵害内容的观点④。想象竞合犯,是两个以上法条的犯罪构成要件内容上原本并无必然联系,因行为人采取的某种行为方式或者手段,或者对象等,与另一种犯罪构成要件的内容,偶然发生了事实上的竞合关系,因此,想象竞合犯在法律适用上法条不具有排他性。招摇撞骗罪非以骗取财物而构成,诈骗罪也非以冒充身份、职务为手段骗取财物而要求,两罪在构成要件的内容上,也根本就不存在因法条规定形成必然的重合或者交叉关系。招摇撞骗在骗取财物构成犯罪时,与普通诈骗罪的竞合,恰恰是因为招摇撞骗罪没有规定特定的骗取内容,而行为人的实际行为是以冒充的身份撞骗而骗取财物,偶然与普通诈骗罪发生的联系。既然构成招摇撞骗罪并非必然要触犯诈骗罪条款,构成诈骗罪也非以触犯招摇撞骗罪为前提,所以,犯招摇撞骗罪触犯诈骗罪的竞合,恰恰是一种客观事实上的竞合关系,是司法现象而非立法现象,符合的是想象竞合犯,应“从一重罪论处”。因诈骗罪起刑与本罪相同但法定最低刑有剥夺政治权利,重于诈骗罪,因而当诈骗数额达到起刑标准,但招摇撞骗有严重情节,社会影响大时,适用招摇撞骗罪处罚;当诈骗数额巨大或者有其他严重情节,或者数额特别巨大或者有其他特别严重情节,以至于社会影响也大时,应以诈骗罪论处。

(四)招摇撞骗罪的未完成形态

本罪是行为犯还是结果犯,影响着对本罪既遂、未遂的认识。有两种不同观点。

---

① 参见王作富主编:《刑法分则实务研究》(中),中国方正出版社2013年版,第1047页以下。

② 法条竞合与法条竞合犯是否指同一种现象,理论上还有争议。有观点认为二者无区别,也有观点认为法条竞合是立法现象,是静态的,而法条竞合犯是司法现象,是动态的。本书原则上持后一种看法。

③ “排他性”,应是指在适用法条的选择上,只能适用依据一定原则而确定适用的法条,排斥适用触犯的其他法条。本罪在法条适用上,均有视犯罪具体情况适用本罪或者诈骗罪的做法。按照“排他性”的要求,实施本罪而骗取财物的,哪一个条款是应该适用而排斥其他条款适用的特别条款?

④ 参见张明楷:《刑法学》(下),法律出版社2016年版,第1037页。

一种观点认为,本罪是结果犯,理由如下:一是本罪在认定上有接受治安处罚①审查的前置性条件,达不到犯罪程度的,受治安处罚,表明并非只要冒充,实施招摇撞骗行为就构成犯罪;二是行为人招摇撞骗就是为骗取某种非法利益,这种非法利益最终也会在客观要件中以危害结果的形式表现出来,这样的危害结果,可以是物质性的也可以是非物质性的②。第二种观点认为,本罪是行为犯,即行为人只要实施法定的犯罪行为,除了偶尔为之的以外,原则上都构成犯罪③。

本书认为,结果犯的观点值得商榷。首先,是否结果犯与有无接受治安处罚审查的前置性条件没有任何关系。其次,该观点在运用结果犯的概念时,并没有遵循结果犯概念原本的内涵和意义。(1)结果犯的结果是指法定的结果,非法定结果并非结果犯理论所关注。并非任何由犯罪行为所引起结果的,就是结果犯,如不在这层意义上讨论,刑法规定的所有犯罪都是结果犯,没有行为犯存在的余地。(2)结果犯的结果,是指物质性的、有形的结果,非物质性结果并不是结果犯理论所要求的结果,如不在这层意义上讨论,就是指对法益造成或可能造成的损害意义上的结果,这样的结果任何犯罪都有,也无行为犯存在的余地。(3)行为犯并非没有,或者说不可能产生结果,只是刑法没有以某种特定的结果作为考察是否既遂的标准。行为犯可能引起这样的结果,也可能是那样的结果(甚至是感官不能感知的结果),如以有结果就是结果犯,行为犯则等同于结果犯。再次,结果犯与行为犯的概念,是在研究犯罪存在形态以及犯罪完成与未完成形态领域中被"创设"的,也即是为了解决不同类型犯罪的既遂标准。运用结果犯、行为犯的概念,前提是要在这一语境下,虽然无须处处要表明这一点,但遵循这一前提是必要的。不以此为前提,自创"无论物质性、非物质性结果发生只要有结果就是结果犯"④的标准,恐怕背离的结果犯原本的内涵和意义,不具有再进一步讨论的共同前提和基础。本罪是"典型"的行为犯,而且是复行为犯。

本罪是复行为犯,何种情况是未遂,有观点认为,未遂情况有两种:一是虽已实施了冒充行为,但尚未实施招摇撞骗行为即被迫停止下来;二是虽已实施了冒充和招摇撞骗行为,但尚未将招摇撞骗行为进行到底即被迫停止下来⑤。本书认为,本罪虽然是复行为犯,但刑法中尚未有将只是冒充国家机关工作人员或者人民警察规定独立犯罪,如此,将着手冒充就视为"着手实施犯罪"并不符合立法的规定。冒充与招摇撞骗虽然都是实行行为,但只有将两种行为结合在一起,才能是完整意义上的实行行为。仅仅实施冒充行为,即使行为人主观上有招摇撞骗的打算,实务中也无确凿的证

① 论者依据的是我国《治安管理处罚法》第51条的规定:"冒充国家机关工作人员或者以其他虚假身份招摇撞骗的,处5日以上10日以下拘留,可以并处500元以下罚款;情节较轻的,处5日以下拘留或者500元以下罚款。冒充军警人员招摇撞骗的,从重处罚。"

② 参见孟庆华:《招摇撞骗罪的几个司法认定问题探讨》,载《福建政法干部管理学院学报》2004年第2期。

③ 参见赵秉志主编:《扰乱公共秩序罪》,中国人民公安大学出版社1999年版,第77—78页。

④ 参见孟庆华:《招摇撞骗罪的几个司法认定问题探讨》,载《福建政法干部管理学院学报》2004年第2期。

⑤ 参见王作富主编:《刑法分则实务研究》(中),中国方正出版社2007年版,第1208页。

据证实要实施招摇撞骗。也有悖"一是冒充……二是骗取……如果缺少了这两个条件之一,就不能构成本罪"①的主张。本书认为,本罪的未遂,只可能发生在着手撞骗行为之后,而没有完成撞骗行为之前而被迫停止。

(五) 招摇撞骗罪的罪数

本罪均可以与伪造、变造、买卖国家机关公文、证件、印章罪、盗窃、抢夺(毁灭)、国家机关的公文、证件、印章罪、伪造、变造居民身份证罪、使用虚假身份证件罪、(非法生产)买卖警用装备罪②等形成牵连关系。构成手段行为与目的行为的牵连犯,因手段行为触犯的罪名均在本章规定的范畴内,所侵害的法益具有同质性,可按照牵连犯"从一重罪处断"原则处理,一般不需并罚。

对利用假冒身份(包括假冒军警人员)、职务为强制手段,胁迫夺取财物,构成抢劫罪,以此勒索财物的,构成敲诈勒索罪,以此为强制手段,实施奸淫、猥亵行为,构成强奸罪、强制猥亵罪。上述情形,理论上符合牵连犯条件,但是有的应该按照刑法条款的具体规定处理(如冒充军警人员实施抢劫的),只是对无明文规定的可以按照牵连犯原则处理。本书认为,即便符合牵连犯条件,因侵害法益的不同(实质数罪),无论是以招摇撞骗为主,还是以假冒身份、职务为手段而实施他种犯罪,都不应排除并罚的可能性。

(六) 招摇撞骗罪的刑事责任

犯本罪的,处 3 年以下有期徒刑、拘役、管制或者剥夺政治权利;情节严重的,处 3 年以上 10 年以下有期徒刑。冒充人民警察招摇撞骗的,依照前款的规定从重处罚。情节严重,主要是指多地多次冒充,或者因冒充国家机关工作人员或者人民警察造成恶劣的社会影响,严重破坏社会秩序,或者冒充的手段恶劣,骗取的利益重大等等。

三、组织考试作弊罪

(一) 组织考试作弊罪的概念和法益

组织考试作弊罪,是指在法律规定的国家考试中,组织作弊,或者为组织考试作弊提供作弊器材或者其他帮助的行为。本罪的法益是国家对法律规定的国家考试公平、公正选拔秩序、制度的监管。本罪主体是自然人一般主体和单位③,主观上为直接

---

① 参见王作富主编:《刑法分则实务研究》(中),中国方正出版社 2007 年版,第 1046 页。

② 此类犯罪,通常是以其他犯罪的手段行为而出现的,在主要犯罪行为尚未实施前,是具有"预备""帮助"性质的实行行为。我国《刑法》将此类行为独立出来,以独立犯罪予以处罚,是预防性质的立法规定。

③ 2019 年 9 月 4 日最高人民法院、最高人民检察院实施的《关于办理组织考试作弊等刑事案件适用法律若干问题的解释》(法释〔2019〕13 号)(以下简称 19.09.04《考试作弊刑事案件解释》)第 8 条规定:"单位实施组织考试作弊、非法出售、提供试题、答案等行为的,依照本解释规定的相应定罪量刑标准,追究组织者、策划者、实施者的刑事责任。"

故意,未以特定目的为主观要素,动机不影响认定。

(二)法律规定的国家考试、行为、故意

关于法律规定的国家考试,19.09.04《考试作弊刑事案件解释》第1条第1款规定:"刑法第284条之一规定的'法律规定的国家考试',仅限于全国人民代表大会及其常务委员会制定的法律所规定的考试。"第2款规定:"根据有关法律规定,下列考试属于'法律规定的国家考试':(一)普通高等学校招生考试、研究生招生考试、高等教育自学考试、成人高等学校招生考试等国家教育考试;(二)中央和地方公务员录用考试;(三)国家统一法律职业资格考试、国家教师资格考试、注册会计师全国统一考试、会计专业技术资格考试、资产评估师资格考试、医师资格考试、执业药师职业资格考试、注册建筑师考试、建造师执业资格考试等专业技术资格考试;(四)其他依照法律由中央或者地方主管部门以及行业组织的国家考试。"第3款规定:"前款规定的考试涉及的特殊类型招生、特殊技能测试、面试等考试,属于'法律规定的国家考试'。"可见,由法律规定的国家考试专业门类众多,涵盖了国家教育、人事、司法、医师、会计、教师、人力资源管理、保险从业资格、期货、证券从业资格等职业、执业资格等国家考试。上述法律规定的国家考试,当然也包括国务院各部委专门机构,联合国家人事部门共同组织的对特定职业、执业资格组织的考试,以及特别的社会活动参与资格(如机动车驾驶资格)等考试。但是,原则上不能包括非国家统一组织的自主考试,如各教育机构的学业、课程结业考试、行业内部晋级、晋升、岗位考试等。

考试作弊,从道德上说,既是对自己的不尊重,也是对真正用心付出过的人的不尊重行为。从(法律)原则上说,是指违背考试制度以及公平、公正原则,以欺骗等不正当手段获得培养、从业等资格成绩的行为。本罪只能从后一种角度认识"考试作弊"的危害。"组织作弊",是指对通过宣传、招募、雇用(佣)、引诱、收买等手段,对多人(至少组织过3人以上,实际考试作弊是否3人以上,在所不问)进行策划、安排、协调实施考试作弊的行为。至于组织考试作弊所提供的试题、答案的来源,不是认定是否构成本罪的必须条件,但是,如果是通过非法手段获取,会触犯相关其他罪名。19.09.04《考试作弊刑事案件解释》第9条规定:"以窃取、刺探、收买方法非法获取法律规定的国家考试的试题、答案,又组织考试作弊或者非法出售、提供试题、答案,分别符合刑法第282条和刑法第284条之一规定的,以非法获取国家秘密罪和组织考试作弊罪或者非法出售、提供试题、答案罪数罪并罚。"组织行为既包括对应考作弊人的组织,也包括对提供帮助作弊人的组织,以及代替考试人的组织。"为组织考试作弊提供作弊器材①或者其他帮助",是指明知他人实行组织作弊,而为其提供作弊器材或其他各

① 19.09.04《考试作弊刑事案件解释》第3条第1款规定:"具有避开或者突破考场防范作弊的安全管理措施,获取、记录、传递、接收、存储考试试题、答案等功能的程序、工具,以及专门设计用于作弊的程序、工具,应当认定为刑法第284条之一第2款规定的'作弊器材'。"第2款规定:"对于是否属于刑法第284条之一第2款规定的'作弊器材'难以确定的,依据省级以上公安机关或者考试主管部门出具的报告,结合其他证据作出认定;涉及专用间谍器材、窃听、窃照专用器材、'伪基站'等器材的,依照相关规定作出认定。"

种帮助的行为。该种帮助行为,在法律属性上就是“组织考试作弊者”(狭义)的共犯,但对该种行为规定依照“组织作弊”的规定认定和处罚,因此,可以认为该种行为不应再以共同犯罪中的从犯(帮助犯)认定,应视为本罪的实行行为。自己在国家考试中作弊,以及通过招募、雇用(佣)、引诱、收买等手段,个人为特定个体的考试人员寻找到替考人员(替考者、代替考试者可能构成代替考试罪),不能构成本罪,但不排除可以构成代替考试罪的共犯。组织考试作弊,在考试开始之前被查获,但已经非法获取考试试题、答案或者具有其他严重扰乱考试秩序情形的,应当认定为组织考试作弊罪既遂。①

本罪主观上是故意罪过,从组织考试作弊实际情况而言,是以营利为目的而实施,但刑法并没有以此作为入罪的必须条件。

(三)组织考试作弊罪与非法出售、提供试题、答案罪②的关联

非法出售、提供试题、答案罪,是指为实施考试作弊的行为,向他人非法出售或者提供法律规定的国家考试的试题、答案③的行为。主体为特殊主体,即掌握着国家考试试题、答案的人,至于所掌握的试题、答案的来源,不影响对本罪的认定,但如果通过非法手段获取的,触犯其他罪名的,依据19.09.04《考试作弊刑事案件解释》的规定④处罚。主观上是直接故意,未以特定目的为主观要素,动机不影响认定。为实施考试作弊的行为,向他人非法出售或者提供国家考试的试题、答案的行为,可以成为组织考试作弊罪被组织的行为之一,但本罪与组织考试作弊罪并非当然的对向犯关系,即非法出售、提供试题、答案,可以面向需要考试作弊的任何人,包括向组织考试作弊者非法出售、提供试题、答案。出售,是指有偿交换;提供,从已有“出售”规定而言,应是指无偿给付。本质上,非法出售、提供试题、答案的,是实行行为化的帮助行为。黎宏教授认为,非法出售、提供试题、答案的行为对象是“考生本人”,而提供作弊器材或者其他帮助的行为的对象,是“考试作弊的组织者”,这是二者的区别所在⑤。

---

① 19.09.04《考试作弊刑事案件解释》第4条。

② 我国《刑法》第284条之一第3款。本罪的处罚依据《刑法》第284条之一第1款的罚则。关于“情节严重”的认定,19.09.04《考试作弊刑事案件解释》第5条规定:“为实施考试作弊行为,非法出售或者提供法律规定的国家考试的试题、答案,具有下列情形之一的,应当认定为刑法第284条之一第3款规定的‘情节严重’:(一)非法出售或者提供普通高等学校招生考试、研究生招生考试、公务员录用考试的试题、答案的;(二)导致考试推迟、取消或者启用备用试题的;(三)考试工作人员非法出售或者提供试题、答案的;(四)多次非法出售或者提供试题、答案的;(五)向30人次以上非法出售或者提供试题、答案的;(六)违法所得30万元以上的;(七)其他情节严重的情形。”

③ 19.09.04《考试作弊刑事案件解释》第6条规定:“为实施考试作弊行为,向他人非法出售或者提供法律规定的国家考试的试题、答案,试题不完整或者答案与标准答案不完全一致的,不影响非法出售、提供试题、答案罪的认定。”

④ 19.09.04《考试作弊刑事案件解释》第9条规定:“以窃取、刺探、收买方法非法获取法律规定的国家考试的试题、答案,又组织考试作弊或者非法出售、提供试题、答案,分别符合刑法第282条和刑法第284条之一规定的,以非法获取国家秘密罪和组织考试作弊罪或者非法出售、提供试题、答案罪数罪并罚。”

⑤ 参见黎宏:《刑法学各论》,法律出版社2016年版,第361页。本书赞同“行为人向组织作弊的人员提供试题、答案的,同时触犯本罪与组织考试作弊罪……宜按本罪论处”的见解。参见张明楷:《刑法学》(下),法律出版社2016年版,第1045页。

本书不完全赞同这一见解。

从立法规定看，既然对非法出售、提供试题、答案行为，单独设立了罪名，是独立的犯罪行为，因此，可以认为组织考试作弊罪规定的“提供其他帮助的行为”，就不应再包括掌握着试题、答案的人向考试作弊的组织者，非法出售、提供试题、答案的行为。但向组织考试作弊的组织者非法出售、提供试题、答案可以是一次，也可以已经形成较为稳定的“对向”性质的利益共同体[①]，这当然就可以包括在组织考试作弊罪的“其他帮助的行为”中。不过，这也不意味着就成立共同犯罪，因为掌握着试题、答案的人，完全可以向不同的组织者非法出售或提供。所以，本书认为，对已经形成较稳定对向关系提供试题、答案的，应按照组织考试作弊罪和非法出售、提供试题、答案罪数罪并罚；反之，应以非法出售、提供试题、答案罪论罪。

（四）组织考试作弊罪与代替考试罪[②]的关联

代替考试罪，是指代替他人或者让他人代替自己参加法律规定的国家考试的行为。本罪主体是“替考者和让他人代替考试的自己”，主观上是直接故意，未以特定目的为主观要素，动机不影响认定。代替考试的行为不以被考试作弊组织者的组织为必要。“代替他人”考试是行为人冒他人之名替其考试，也即一般说的“枪手”，“枪手”是犯罪主体。可以是有偿或无偿代替考试，通常是应邀而为之；“让他人代替自己”是让他人以自己之名替自己考试，也即找到替自己考试的“枪手”，请“枪手”的被替考者是犯罪主体。可以是有偿或无偿请“枪手”代替考试，通常是以“有偿”方式寻找。根据立法规定，代替他人考试者、“请”替代自己的考试者，均是本罪主体。但一定意义上，在同一代替考试作弊事实中，既然有代替他人考试者，也就有“请”替代自己考试者，如果排除代替者与让他人代替自己考试者是被“组织”而具有关联时，则二人之间可以形成“对向关系”的对向性共同正犯。只要参加考试者不是以自己之名，而是以他人之名，就是代替考试。[③]

替考者可以被组织考试作弊者所组织为他人替考，让他人代替自己考试也可以在寻找替考者时被组织考试作弊者所组织，这从一定意义上说，正是因有这二者的存在，才能有组织考试作弊者能够实施的“组织考试作弊”行为。但是，这二者之间并非与组织考试作弊者以共同犯罪关系而认定，因二者的代替考试行为，不因被组织考试

---

① 现实中，打着“考试培训”旗号的机构之所以能够长期生存，与其拥有较为稳定考试信息来源有着直接关系。

② 我国《刑法》第284条之一第4款。

③ 黎宏教授认为，因规定的替考的两种情形属于择一关系，所以均存在替考者与被替考者不能同时出现在考场的情况，但现实中存在同在考场参加考试，最终替考者签被替考者之名的情况，这也是替考，这在刑法条款中并无明确规定。参见黎宏：《刑法学各论》，法律出版社2016年版，第362页。这一见解虽然有一定道理，但说服力不够。本书认为，两种情形是从不同角度（立场）对犯罪主体的界定。“代替他人”是从替考的行为人角度，“让他人代替自己”是从被替考行为人角度。立法并未将二种主体设置为对立关系上。从可能入罪的事实上说，有其一就必然有其二的存在，考试的情况各不相同，没有理由将两种主体同时在考场的情况排除。

作弊者的组织而存在,即便存在被组织的情况,根据法律规定,也是单独论罪而与组织考试作弊者不作为共同犯罪认定。[①]

(五) 考试作弊犯罪与招收公务员、学生徇私舞弊罪[②]的关联

国家机关工作人员在招收公务员、学生[③]工作过程中徇私舞弊,情节严重的,构成招收公务员、学生徇私舞弊罪。本罪主体为特殊主体,主观上直接故意,未以特定目的为主观要素,动机不影响认定。招收公务员、学生徇私舞弊罪,其徇私舞弊的方式、方法可以有多种,不限于以考试作弊这一种方式徇私舞弊。根据19.09.04《考试作弊刑事案件解释》的规定,普通高等学校招生考试、研究生招生考试、高等教育自学考试、成人高等学校招生考试等国家教育考试;中央和地方公务员录用考试。显然,招收公务员、学生徇私舞弊罪,与考试作弊罪有交叉、包容的法条竞合关系。在招收公务员、学生的考试中,如果实施组织作弊的,或者提供试题、答案的,或者以他人代替考试作弊的,也是"徇私舞弊"的性质。那么,根据上述司法解释的规定,招收公务员、学生中以组织作弊,或提供试题、答案,或者以他人代替考试徇私舞弊的,可以成为考试作弊犯罪的特别表现形式。因此,招收公务员、学生徇私舞弊,如果是以组织作弊,或提供试题、答案,或者以他人代替考试徇私舞弊的,是法条竞合犯。因招收公务员、学生徇私舞弊罪是特别法条,在适用上优先于普通法条的考试作弊犯罪的法条。但是,招收公务员、学生徇私舞弊罪的法定刑,除代替考试罪[④]外,其他考试作弊犯罪的法定刑均重于招收公务员、学生徇私舞弊罪,按照只能按照一罪论处的适用原则,是否应考虑按照相关考试作弊犯罪定罪处罚,值得研究。

(六) 组织考试作弊罪的刑事责任[⑤]

犯本罪,处3年以下有期徒刑或者拘役,并处或者单处罚金;情节严重的[⑥],处3年以上7年以下有期徒刑,并处罚金。

---

① 19.09.04《考试作弊刑事案件解释》第7条第2款规定:"对于行为人犯罪情节较轻,确有悔罪表现,综合考虑行为人替考情况以及考试类型等因素,认为符合缓刑适用条件的,可以宣告缓刑;犯罪情节轻微的,可以不起诉或者免予刑事处罚;情节显著轻微危害不大的,不以犯罪论处。"

② 我国《刑法》第418条。

③ 招收公务员的考试是国家考试;招收学生考试的学生,应该是指国家教育部依法规定的国家教育考试(如大学本科、研究生入学考试)的学生等,不能包括未纳入国家教育考试的自主招生的学生,即考试成绩不能得到国家承认,颁发的证书不能得到国家认可的学生。

④ 该罪刑事责任较轻,法定最高刑是拘役,是除危险驾驶罪外第二个法定最高刑低于有期徒刑的犯罪。

⑤ 本罪刑事责任的规定适用于非法出售、提供试题、答案罪。

⑥ 19.09.04《考试作弊刑事案件解释》第2条规定:"在法律规定的国家考试中,组织作弊,具有下列情形之一的,应当认定为刑法第284条之一第1款规定的'情节严重':(一) 在普通高等学校招生考试、研究生招生考试、公务员录用考试中组织考试作弊的;(二) 导致考试推迟、取消或者启用备用试题的;(三) 考试工作人员组织考试作弊的;(四) 组织考生跨省、自治区、直辖市作弊的;(五) 多次组织考试作弊的;(六) 组织30人次以上作弊的;(七) 提供作弊器材50件以上的;(八) 违法所得30万元以上的;(九) 其他情节严重的情形。"

四、非法侵入计算机信息系统罪

(一)非法侵入计算机信息系统罪的概念和法益

非法侵入计算机信息系统罪,是指违反国家规定,侵入国家事务、国防建设、尖端科学技术领域的计算机信息系统的行为。本罪的法益,是国家事务、国防建设、尖端科学技术领域的计算机信息系统安全。本罪主体为单位和自然人一般主体。主观上为直接故意,刑法未以特定目的为主观要素,动机不影响认定。

(二)计算机信息系统、行为、共同犯罪、故意

计算机信息系统(含“计算机系统”),是指具备自动处理数据功能的系统,包括计算机、网络设备、通信设备、自动化控制设备等。[①] 它是由计算机及其相关配套设施、设备以及网络所建构,按照一定规律和达成的目标要求,对信息进行(自动)采集、储存、传输、编辑、检索等,并具备自动处理数据功能的人机系统。违反国家规定,是指违反国家保护计算机信息系统安全的法律、法规规定。[②] 侵入是未经授权或批准(包括越权),通过计算机终端(以自认为隐秘技术——主要以植入木马等黑客手段)访问国家重要计算机信息系统,或者意图对相关数据进行截取、下载、浏览。以套取、盗取或以其他非法手段,获得有权限访问并使用该计算机信息系统之人的身份等相关信息[③],进入计算机信息系统的,亦为“侵入”。本罪为行为犯,只要实施“侵入”三大计算机信息系统[④]的行为,即为既遂。如果其侵入计算机信息系统的程序、工具是由他人(可以有偿)提供,在“明知”行为人有侵入计算机信息系统的意图,仍然提供的(违法所得5000元以上或者提供10人次以上的),可以成立共同犯罪(至于提供者是否明知他人要侵入的是“三大”计算机信息系统,即便认识错误,也不影响认定);反之,提供者构成我国《刑法》第285条第3款规定的“提供侵入、非法控制计算机信息系统的程序、工具罪”。如果是行为人自行设计编程、制作的程序、工具(包括针对特

---

① 参见2011年9月1日最高人民法院、最高人民检察院实施的《关于办理危害计算机信息系统安全刑事案件应用法律若干问题的解释》(法释〔2011〕19号)(以下简称11.09.01《计算机信息系统安全解释》)第11条的规定。

② 例如,《电信和互联网用户个人信息保护规定》(工业和信息化部令第24号)、《计算机信息系统安全保护条例》(国务院令147号)、《计算机信息网络国际联网管理暂行规定》(国务院令第195号)、《中国公用计算机互联网国际联网管理办法》(邮部〔1996〕493号)、《计算机信息网络国际联网出入口信道管理办法》(邮部〔1996〕492号)等。

③ 对采取智能卡、数字证书、口令以及身份鉴别保密措施的计算机信息系统,如果采取非法极端手段获取,如故意杀人、故意伤害,可以构成相关侵害人身犯罪,应实行并罚。

④ 11.09.01《计算机信息系统安全解释》第10条规定:“对于是否属于刑法第285条、第286条规定的‘国家事务、国防建设、尖端科学技术领域的计算机信息系统’‘专门用于侵入、非法控制计算机信息系统的程序、工具’‘计算机病毒等破坏性程序’难以确定的,应当委托省级以上负责计算机信息系统安全保护管理工作的部门检验。司法机关根据检验结论,并结合案件具体情况认定。”

定计算机信息系统的程序、工具),不应单独评价,可以视为本罪能够包含的当然内容。

值得关注的是,11.09.01《计算机信息系统安全解释》第9条规定:“为其提供互联网接入、服务器托管、网络存储空间、通讯传输通道、费用结算、交易服务、广告服务、技术培训、技术支持等帮助,违法所得5000元以上的;”“通过委托推广软件、投放广告等方式向其提供资金5000元以上的。”与实施《刑法》第285条①、第286条②犯罪的行为人,构成共同犯罪。但是《刑法》第287条之二规定:“明知他人利用信息网络实施犯罪,为其犯罪提供互联网接入、服务器托管、网络存储、通讯传输等技术支持,或者提供广告推广、支付结算等帮助,情节严重的”行为,构成独立罪名的“帮助信息网络犯罪活动罪”③。本书认为,“帮助信息网络犯罪活动罪”,是针对所有涉及以计算机信息系统、互联网系统为侵害对象,或以计算机、网络为犯罪工具而实施的犯罪④。但是,也不好认为“帮助信息网络犯罪活动罪”的行为,不能对实施第285条、第286条犯罪的行为人提供帮助。正是从这一意义上说,“帮助信息网络犯罪活动罪”的帮助行为对象,与11.09.01《计算机信息系统安全解释》第9条规定的帮助行为对象有区别:前者的对象,具有明显的不确定性,难以与提供帮助的行为人一一对应作为共同犯罪处理(可能会违反不得重复评价原则);而后者的对象,则是确定的,实施第285条、第286条犯罪的行为人。所以,实施《刑法》第287条之二规定的帮助行为的,构成“帮助信息网络犯罪活动罪”,不能再以共同犯罪认定和处罚。

值得研究的还有,实施侵入计算机信息系统的就构成本罪,即便非法截取、下载涉及国家安全的数据、资料的,法定最高刑也只有3年有期徒刑。但是非法侵入国家事务、国防建设、尖端科学技术领域的计算机信息系统之外的计算机信息系统,或者采用其他技术手段,获取该计算机信息系统中存储、处理或者传输的数据,构成的非法获取计算机信息系统数据罪的,法定最高刑为7年有期徒刑。如此,本来国家事务、国防建设、尖端科学技术领域计算机信息系统中的数据、资料等可能直接关乎国家安全,本应该予以更为严厉评价,处罚反而轻,罪刑明显失衡;而且,从立法具体规定上说,如果对国家事务、国防建设、尖端科学技术领域的计算机信息系统之外的计算机信息系统实施非法控制的,可以构成非法控制计算机信息系统罪,但如对涉及国家安全事务的计算机信息系统实行控制的,反而无处罚依据,明显有漏洞。如何补缺,张明楷教授提出如下思路:对侵入“三大”计算机信息系统并获取其中数据,或实施非法控制的,应认定为非法获取计算机信息系统数据罪、非法控制计算机信息系统

① 即非法侵入计算机信息系统罪,非法获取计算机信息系统数据、非法控制计算机信息系统罪,提供侵入、非法控制计算机信息系统的程序、工具罪的共同犯罪。

② 即破坏计算机信息系统罪、拒不履行信息网络安全管理义务罪的共同犯罪。

③ “为他人利用信息网络实施犯罪提供帮助罪”罪状中并无“违法所得”数额的条件。

④ 包括我国《刑法》第287条规定的“利用计算机实施金融诈骗、盗窃、贪污、挪用公款、窃取国家秘密或者其他犯罪的,依照本法有关规定定罪处罚”的犯罪。

罪,以协调处罚的不均衡[①]。本书赞同这一思路。

本罪主观上为故意,虽然并未以特定目的为构成条件,但不得有以此为境外提供国家秘密、情报的故意内容,或其他危害国家安全的故意内容。

(三) 非法侵入计算机信息系统罪与非法获取计算机信息系统数据、非法控制计算机信息系统罪[②]的关联

侵入国家事务、国防建设、尖端科学技术领域的计算机信息系统以外的计算机信息系统,或者采用其他技术手段,获取该计算机信息系统中存储、处理或者传输的数据,或者对该计算机信息系统实施非法控制,情节严重的行为,构成非法获取计算机信息系统数据、非法控制计算机信息系统罪[③]。主体为自然人一般主体和单位,主观上是故意,刑法未以特定目的为主观要素,动机不影响认定。因入侵的计算机信息系统有区别,在规范上两罪本无交集,但现实中,对涉及国家事务、国防建设、尖端科学技术领域的信息,未及时存储于保密程度更高、更安全的国家事务、国防建设、尖端科学技术领域计算机系统(例如,数据仍然在处理中),并非不可能发生(违反规定者,可能构成故意或过失泄露国家秘密罪),行为人获取该计算机信息系统中存储、处理或者传输的数据,或者对该计算机信息系统实施非法控制的,情节严重的,为使罪刑相适应,应以非法获取计算机信息系统数据、非法控制计算机信息系统罪论处。

侵入计算机信息系统获取该计算机信息系统中存储、处理或者传输的数据,或者对该计算机信息系统实施非法控制的程序、工具,如果是由他人(可以有偿)提供,在"明知"行为人有侵入计算机信息系统的意图,仍然提供的(违法所得 5000 元以上或者提供 10 人次以上的),可以成立共同犯罪[④];反之,提供者构成《刑法》第 285 条第 3 款规定的"提供侵入、非法控制计算机信息系统的程序、工具罪"。如果是行为人自行设计编程、制作的程序、工具的(包括针对特定计算机信息系统的程序、工具),不应单独评价,可以视为本罪能够包含的当然内容。

(四) 侵犯计算机信息系统犯罪与提供侵入、非法控制计算机信息系统的程序、工具罪[⑤]的关联

提供专门用于侵入、非法控制计算机信息系统的程序、工具,或者明知他人实施

---

① 参见张明楷:《刑法学》(下),法律出版社 2016 年版,第 1047 页。

② 我国《刑法》第 285 条第 2 款。

③ 11.09.01《计算机信息系统安全解释》第 1 条规定:"具有下列情形之一的,应当认定为刑法第 285 条第 2 款规定的'情节严重':(一) 获取支付结算、证券交易、期货交易等网络金融服务的身份认证信息 10 组以上的;(二) 获取第(1)项以外的身份认证信息 500 组以上的;(三) 非法控制计算机信息系统 20 台以上的;(四) 违法所得 5000 元以上或者造成经济损失 10000 元以上的;(五) 其他情节严重的情形。实施前款规定行为,具有下列情形之一的,应当认定为刑法第 285 条第 2 款规定的'情节特别严重':(一) 数量或者数额达到前款第(1)项至第(4)项规定标准 5 倍以上的;(二) 其他情节特别严重的情形。明知是他人非法控制的计算机信息系统,而对该计算机信息系统的控制权加以利用的,依照前两款的规定定罪处罚。"

④ 提供其他帮助行为,符合"为他人利用信息网络实施犯罪提供帮助罪"的行为,以该罪定罪处罚。

⑤ 我国《刑法》第 285 条第 3 款。

侵入、非法控制计算机信息系统的违法犯罪行为而为其提供程序、工具[①],情节严重[②]的行为,构成提供侵入、非法控制计算机信息系统的程序、工具罪。主体为自然人一般主体和单位,主观上是故意,刑法未以特定目的为主观要素,动机不影响认定。该罪明显具有与其他侵犯计算机信息系统犯罪构成共同犯罪的可能性,是一种帮助行为,可以成为相关侵犯计算机信息系统犯罪的外围(前关联)行为而成立共同犯罪。之所以单独规定罪名,是因为侵犯计算机信息系统的犯罪,并不以由他人专门实施提供侵入、非法控制计算机信息系统程序、工具行为为前提。对有丰富计算机编程技术的人而言,没有必要由他人提供侵入程序或工具。所以,对侵入、控制计算机信息系统程序、工具进行编程、制作的行为人,提供服务(帮助)的对象,是需要非法侵入、控制计算机信息系统的行为人,接受帮助的对象,具有不特定性;对象的意图也具有不特定性,所以,即便对提供行为规定为独立犯罪,并将该种帮助性行为实行行为化,也不能将与帮助对象之间的关系都以"对向犯"看待。根据11.09.01《计算机信息系统安全解释》第9条的规定,只有在"明知"需要者意图实施非法侵入计算机信息系统行为,或者实施非法获取计算机信息系统数据、非法控制计算机信息系统行为而其(可以有偿)提供的(违法所得5000元以上或者提供10人次以上的[③]),才能以共同犯罪论处。此外,本书认为,对针对特定人需要侵入特定计算机信息系统、非法获取计算机信息系统数据、非法控制计算机信息系统,专门设计编程、制作的程序、工具的,也应该以相应侵犯计算机信息系统犯罪的共同犯罪认定,且应当认定为主犯。

构成本罪的,是"提供行为",只要实施提供行为,无论该程序、工具是否由其制作或编程,不影响认定。如果行为人编程制作专门提供给他人用于侵入、非法控制计算机信息系统的程序、工具(包括硬件、软件)的,无论是否为特定人的特定需要而制作,均可以视为犯罪预备行为,有无必要处罚,应视具体情况。对制作的程序、工具自身的部分、全部或者变种进行复制、传播,并破坏计算机系统功能、数据或者应用程序危险性大、严重威胁网络安全的,就应该定罪处罚。但相关侵犯计算机信息系统犯罪行

① 11.09.01《计算机信息系统安全解释》第2条规定:"具有下列情形之一的程序、工具,应当认定为刑法第285条第3款规定的'专门用于侵入、非法控制计算机信息系统的程序、工具':(一)具有避开或者突破计算机信息系统安全保护措施,未经授权或者超越授权获取计算机信息系统数据的功能的;(二)具有避开或者突破计算机信息系统安全保护措施,未经授权或者超越授权对计算机信息系统实施控制的功能的;(三)其他专门设计用于侵入、非法控制计算机信息系统、非法获取计算机信息系统数据的程序、工具。"

② 11.09.01《计算机信息系统安全解释》第3条规定:"提供侵入、非法控制计算机信息系统的程序、工具,具有下列情形之一的,应当认定为刑法第285条第3款规定的'情节严重':(一)提供能够用于非法获取支付结算、证券交易、期货交易等网络金融服务身份认证信息的专门性程序、工具5人次以上的;(二)提供第(1)项以外的专门用于侵入、非法控制计算机信息系统的程序、工具20人次以上的;(三)明知他人实施非法获取支付结算、证券交易、期货交易等网络金融服务身份认证信息的违法犯罪行为而为其提供程序、工具5人次以上的;(四)明知他人实施第(三)项以外的侵入、非法控制计算机信息系统的违法犯罪行为而为其提供程序、工具20人次以上的;(五)违法所得5000元以上或者造成经济损失1万元以上的;(六)其他情节严重的情形。"

③ 如果10人次提供给不同主体,与哪个主体可以构成共同犯罪,是个难题,因不能违背"不能重复评价原则"。为何与其他的主体不能构成共同犯罪,更是难有合适的解释。

为人自行设计编程、制作的程序、工具的(包括针对特定计算机信息系统的程序、工具),不应单独评价,可以视为相关侵犯计算机信息系统犯罪能够包含的当然内容。

(五) 侵犯计算机信息系统犯罪与破坏计算机信息系统罪[①]的关联

违反国家规定,对计算机信息系统功能进行删除、修改、增加、干扰,造成计算机信息系统不能正常运行,或者对计算机信息系统中存储、处理或者传输的数据和应用程序进行删除、修改、增加的操作,后果严重的,或故意制作、传播计算机病毒等破坏性程序[②],影响计算机系统正常运行,后果严重的[③]行为,构成破坏计算机信息系统罪。本罪除单纯的恶意而为之外[④],还有以此为侵犯计算机信息系统犯罪的手段行为,例如为侵入、控制控制计算机信息系统或窃取数据信息而植入木马程序;也可以成为相关侵犯计算机信息系统犯罪的结果行为,也即一般而言,侵犯计算机信息系统犯罪的行为人,会刻意消除侵入、下载"痕迹"以免被发现,但一旦察觉被发现侵入、下载,为对抗追查、逃避打击,也会实施破坏计算机信息系统(如植入破坏性木马程序)行为。所以,本罪可以成为侵犯计算机信息系统犯罪的行为人用于抗追查、逃避打击的结果行为。因此,除恶意实施破坏计算机信息系统以该罪论处外,作为手段和结果行为实施的,需要具体分析。从实际情况而言,对作为手段的,鉴于互联网安全技术的日臻完善,植入影响计算机系统正常运行的程序(包括破坏性病毒程序)成为通常的侵入方法,因此,该种情况下,不应视为牵连犯,应视为相关侵犯计算机信息系统犯罪行为所包含的内容,只需按照相关侵犯计算机信息系统犯罪论处即可;对作为结果行为的(包括侵入时预先植入,在特定时间或追查者使用特定程序追查时激活的"炸弹"),为对抗追查、逃避打击而实施破坏计算机信息系统行为,理论上是牵连犯,可以从一重罪处罚,但不应排除并罚可能性。

(六) 非法侵入计算机信息系统罪的刑事责任

犯本罪,处 3 年以下有期徒刑或者拘役。单位犯本罪的,对单位判处罚金,并对其直接负责的主管人员和其他直接责任人员,依照自然人犯罪的规定处罚。

---

① 我国《刑法》第 286 条。

② 11.09.01《计算机信息系统安全解释》第 5 条规定:"具有下列情形之一的程序,应当认定为刑法第 286 条第 3 款规定的'计算机病毒等破坏性程序':(一) 能够通过网络、存储介质、文件等媒介,将自身的部分、全部或者变种进行复制、传播,并破坏计算机系统功能、数据或者应用程序的;(二) 能够在预先设定条件下自动触发,并破坏计算机系统功能、数据或者应用程序的;(三) 其他专门设计用于破坏计算机系统功能、数据或者应用程序的程序。"

③ 11.09.01《计算机信息系统安全解释》第 6 条规定:"故意制作、传播计算机病毒等破坏性程序,影响计算机系统正常运行,具有下列情形之一的,应当认定为刑法第 286 条第 3 款规定的'后果严重':(一) 制作、提供、传输第 5 条第(1)项规定的程序,导致该程序通过网络、存储介质、文件等媒介传播的;(二) 造成 20 台以上计算机系统被植入第 5 条第(二)、(三)项规定的程序的;(三) 提供计算机病毒等破坏性程序 10 人次以上的;(四) 违法所得 5000 元以上或者造成经济损失 1 万元以上的;(五) 造成其他严重后果的。"

④ 如报复性实施破坏计算机信息系统。

五、拒不履行信息网络安全管理义务罪

(一) 拒不履行信息网络安全管理义务罪的概念和法益

拒不履行信息网络安全管理义务罪,是指网络服务提供者不履行法律、行政法规规定的信息网络安全管理义务,经监管部门责令采取改正措施而拒不改正,致使违法信息大量传播,或者致使用户信息泄露,造成严重后果,或者致使刑事案件证据灭失情节严重,或者有其他严重情节的行为。本罪的法益是公共信息网络安全。网络安全,是指通过采取必要措施,防范对网络的攻击、侵入、干扰、破坏和非法使用以及意外事故,使网络处于稳定可靠运行的状态,以及保障网络数据的完整性、保密性、可用性的能力。保障网络安全的目的,即是为维护网络空间主权和国家安全、社会公共利益,公民、法人和其他组织的合法权益,经济社会信息化健康发展[①]。本罪主体为特殊主体,即"网络服务提供者",是对公共信息网络安全负有监管责任和义务的人员以及单位,主观罪上为故意,动机不影响认定。本罪为(真正)不作为犯。

(二) 行为、主体、故意[②]

本罪客观上表现为网络服务提供者不履行法律、行政法规规定的信息网络安全管理义务,经监管部门责令采取改正措施而拒不改正的行为。"不履行管理义务",是指不履行"法律、行政法规规定的信息网络安全管理义务"。国家对"网络服务提供者"[③],规定有相关的管理义务的具体要求。例如,《关于维护互联网安全的决定》《互联网信息服务管理办法》《关于加强网络信息保护的决定》以及《网络安全法》等法律、法规规定的安全管理义务,特别是《网络安全法》除了对网络服务提供者负有保障网络安全义务的一般规定外,对涉及国计民生的重要行业和领域的网络安全,对网络服务提供者、运营者规定了更严格的安全管理保护义务(公共通信和信息服务、能源、交通、水利、金融、公共服务、电子政务等重要行业和领域及关键信息基础设施的运行安全的管理保护义务)。

---

① 17.06.01《网络安全法》第1条。

② 对本罪的罪过形式,多数说认为是故意。但也有学者认为,为了划清与为他人利用信息网络实施犯罪提供帮助罪的界限,防止立法过剩,认为本罪的罪过应该是过失。参见李本灿:《拒不履行信息网络安全管理义务罪的两面性解读》,载《法学论坛》2017年第3期;于志刚:《网络空间中帮助行为的制裁体系与完善思路》,载《中国法学》2016年第2期。

③ 2019年11月1日最高人民法院、最高人民检察院实施的《关于办理非法利用信息网络、帮助信息网络犯罪活动等刑事案件适用法律若干问题的解释》(法释〔2019〕15号)(以下简称19.11.01《非法利用信息网络、帮助信息网络犯罪的解释》)第1条规定:"提供下列服务的单位和个人,应当认定为刑法第286条之一第1款规定的'网络服务提供者':(一)网络接入、域名注册解析等信息网络接入、计算、存储、传输服务;(二)信息发布、搜索引擎、即时通讯、网络支付、网络预约、网络购物、网络游戏、网络直播、网站建设、安全防护、广告推广、应用商店等信息网络应用服务;(三)利用信息网络提供的电子政务、通信、能源、交通、水利、金融、教育、医疗等公共服务。"

客观上必须有“经监管部门责令采取改正措施而拒不改正”的行为。“监管部门”,是指代表政府参与网络监管的主要职能部门,是负有对经网络发布的网络产品、网络服务、发布的信息负有审查和监督管理的部门。例如国家网信部门以及通信管理部门、互联网新闻宣传管理部门、公安部门、文化部门,广播电影电视管理部门和新闻出版部门等。其监管职责包括网络营运监管、网络内容监管、网络版权监管、网络经营监管、网络安全监管、网络经营许可监管等。“责令改正而拒不改正”,是指经上述管理部门指出其没有履行管理义务,要求其履行义务而拒不改正。拒不改正,可以是口头或书面答复改正,但事实上不改正,也包括以各种理由、借口拒绝履行改正义务。“责令”,应该以书面通知为宜,监管部门的检查如果以口头方式提出,也必须事后下达正式整改、履行义务的通知。

本罪为结果犯,以发生以下后果为入罪条件:

(1) 致使违法信息大量传播[①]。关于“违法信息”,根据国务院《互联网上网服务营业场所管理条例》第 14 条的规定,互联网上网服务营业场所经营单位和上网消费者不得利用互联网上网服务营业场所制作、下载、复制、查阅、发布、传播或者以其他方式使用含有下列内容的信息:反对宪法确定的基本原则的;危害国家统一、主权和领土完整的;泄露国家秘密,危害国家安全或者损害国家荣誉和利益的;煽动民族仇恨、民族歧视,破坏民族团结,或者侵害民族风俗、习惯的;破坏国家宗教政策,宣扬邪教、迷信的;散布谣言,扰乱社会秩序,破坏社会稳定的;宣传淫秽、赌博、暴力或者教唆犯罪的;侮辱或者诽谤他人,侵害他人合法权益的;危害社会公德或者民族优秀文化传统的;含有法律、行政法规禁止的其他内容的。至于“大量传播”的具体理解,尚无司法解释。

(2) 致使用户信息泄露,造成严重后果[②]。《电信和互联网用户个人信息保护规定》第 4 条规定:“用户信息,是指电信业务经营者和互联网信息服务提供者在提供服务的过程中收集的用户姓名、出生日期、身份证件号码、住址、电话号码、账号和密码等能够单独或者与其他信息结合识别用户的信息以及用户使用服务的时间、地点等信息。”“造成严重后果”,包括用户财产损失、生活遭受严重干扰、人格、名誉权受到严重损害等。

(3) 致使刑事案件证据灭失,情节严重[③]。“刑事案件证据”是指以法律规定的形式表现出来的能够证明案件真实情况的一切事实。这里是指以数字形式表现的,在计算机信息系统运行过程中生成的记录“痕迹”以及存储于计算机系统内部或外部存储介质中的各种视听资料、电子数据。“灭失”,是指因人为因素致使视听资料、电子数据毁灭、消失[④]。灭失,应为不履行拒不改正义务所致,行为人主观上不是故意造

① 参见 19.11.01《非法利用信息网络、帮助信息网络犯罪的解释》第 3 条的规定。

② 参见 19.11.01《非法利用信息网络、帮助信息网络犯罪的解释》第 4 条的规定。

③ 参见 19.11.01《非法利用信息网络、帮助信息网络犯罪的解释》第 5 条的规定。

④ 视听资料、电子数据毁灭、消失的因素可以很多,包括不可预料的非人为因素,但本罪要求的,必须是因“责令采取改正措施而拒不改正”的人为因素,致使视听资料、电子数据毁灭、消失。

成证据灭失,如果为逃避自己不履行改正责任,故意毁灭计算机信息系统记录"痕迹",存储介质中的各种视听资料、电子数据,非故意造成刑事证据灭失的,仍然以本罪论处;同时具有为帮助利用计算机实施犯罪的或非法利用信息网络犯罪的行为人逃避刑事责任,造成证据灭失的,应以《刑法》第 307 条第 2 款帮助毁灭、伪造证据罪追究刑事责任。不排除该种情形下有事前通谋可以成立共同犯罪。"情节严重",包括责令采取改正措施而拒不改正情节严重,也包括拒不配合司法机关刑事侦查取证,以及案件重大,证据灭失造成关键证据链条不完整,情节严重等。

(4) 有其他严重情节。包括因上述拒不改正的严重违法行为,造成诸如泄露国家重要秘密、引发民族仇恨、民族歧视,严重破坏民族团结、公民、国家财产重大损失、重大案件难以侦破等等。

本罪主体为"网络服务提供者",包括单位和个人。是指通过信息网络向公众提供信息或者为获取网络信息等目的提供服务的机构,包括网络上的一切提供设施、信息和中介、接入等技术服务的个人用户、网络服务商以及非营利组织。根据其提供的"服务"不同,网络服务提供者具体可以分为网络接入服务提供者、网络平台服务提供者、网络内容及产品服务提供者。

本罪主观罪过为故意,应为间接故意,如果出于直接故意的,可能构成相关犯罪的"帮助犯",应"依照处罚较重的规定定罪处罚"。

(三) 拒不履行信息网络安全管理义务罪与非法利用信息网络罪[①]的关联

非法利用信息网络罪,是指利用信息网络设立用于实施诈骗、传授犯罪方法、制作或者销售违禁物品、管制物品等违法犯罪活动的网站、通讯群组的;发布有关制作或者销售毒品、枪支、淫秽物品等违禁物品、管制物品或者其他违法犯罪信息的;或者为实施诈骗等违法犯罪活动发布信息,情节严重的行为。主体为自然人一般主体和单位,主观罪过为直接故意,未以特定目的为主观要素,动机不影响认定。

本罪为行为犯。设立网站、通讯群组以及在网络上发布制售违禁品信息、违法犯罪信息,总的来说,就是利用网络发布"违法犯罪信息"。所谓"违法犯罪",是指国家现行法律、法规禁止或取缔的所有违法犯罪活动,即只要利用网络,并在网络上发布违法犯罪信息的,情节严重的,即可构成犯罪既遂,至于是否造成一定的后果,在所不问。"情节严重",主要是指发布的信息数量、影响面、传播的广度;违法犯罪信息的质量、信息的类型,实践中得逞的概率;发布违法犯罪信息对社会、公共安全的危险程度,以及造成恶劣社会影响等。他人利用此类违法犯罪信息确实实施违法犯罪活动的,应考虑在情节严重的范围内。

---

① 我国《刑法》第 287 条之一。

张明楷教授认为,虽然法条规定是发布“违法犯罪”信息,但单纯以发布的信息内容是否违法为标准来判断发布行为是否构成犯罪,将导致本罪处罚范围过于宽泛,有违罪刑法定原则。如果发布单纯的“一般违法信息”仅仅构成一般违法行为的,不应入罪。应该入罪的行为是发布的违法犯罪信息属于相应犯罪的预备行为,且情节严重的,才能构成本罪。[①] 本书认为,现实中违法与犯罪信息的区别,并没有固定的模式。以发布诈骗信息为例,不能因为刑法规定有诈骗罪,信息发布就对应是犯罪预备,因诈骗也可以只是一般违法(例如,发布诈骗信息,同时“提醒一次不要超过立案标准,否则会被追查”,属于一般违法信息,还是犯罪信息[②])。这还有与“拒不履行信息网络安全管理义务罪”规定的“违法信息”,如何协调一致认识的问题。网络服务提供者如对发布一般违法信息,不履行网络安全管理义务,经责令拒不改正,情节严重的可以构成犯罪,发布者一定不能因此构成犯罪,是否是合理解释?本书认为,因自己的不作为违法行为导致他人违法行为,需要为他人的违法行为承担刑事责任,是有法理和法律依据的。就本罪而言,惩罚的是对违法犯罪信息的发布,而并非是对判断可以成为相应准备实施的犯罪进行的预备时才能处罚。网络服务提供者拒绝履行义务可以入罪,发布者没有理由不能入罪。[③]

如果将信息发布理解为发布者预备实施相关犯罪[④],视为犯罪预备并非不可,但显而易见的是,发布者发布违法犯罪信息并非宣称要(预备)实施犯罪,而是对“浏览者”思想实施影响(网络教唆——至少不排除有放任心态)。从法规对违法信息的列举看,在刑法中都能够找到对应的罪名,但即便有对应的相关罪名,因我国刑法对多种犯罪既有设立罪质条件,也有罪量条件。就此而言,很难以固定其发布的违法犯罪信息,是要他人实施一般违法行为还是犯罪行为。纯粹只是为实施一般违法活动,根本不会涉及犯罪的违法信息,现实中很难见到。更何况所发布的信息,往往就是改头

---

① 即从预备行为实行行为化或预备犯的既遂化角度理解“发布违法犯罪信息”。参见张明楷:《刑法学》(下),法律出版社2016年版,第1050—1051页。

② 为卖淫嫖娼违法行为设立的网站、通讯群组所发布的信息,是否只有卖淫嫖娼内容,不涉及引诱、容留、介绍、协助卖淫内容?发布赌博信息,是否不涉及聚众赌博?又或设立传销的网站、通讯群组发布传销信息的,就一定不会有组织、领导传销活动罪内容?19.11.01《非法利用信息网络、帮助信息网络犯罪的解释》第7条规定:“刑法第287条之一规定的‘违法犯罪’,包括犯罪行为和属于刑法分则规定的行为类型但尚未构成犯罪的违法行为。”

③ 例如,丢失枪支不报罪,丢失枪支(当然有法益侵害,但并不是犯罪)及时报告,并不构成犯罪,不及时报告,所造成严重后果,并非丢失枪支者本人的行为造成,是其他人的行为所造成的,如果不及时报告,就需要为他人的违法犯罪结果,承担刑事责任。造成严重后果的人,有刑事责任能力的,当然也要承担刑事责任(虽然不排除由无责任能力人造成严重后果,按照客观违法论的角度看,无责任能力人的行为,也是违法的行为,即便是不承担刑事责任,也不妨碍对丢失枪支不报罪的认定)。参见林亚刚:《刑法学教义》(总论)(第2版),北京大学出版社2017年版,第317页以下。

④ 严格地说,以发布预备实施犯罪信息而言,与宣称要实施犯罪的犯意表示,本质上并无区别。

换面的,要从这种信息中区别出“仅仅是一般违法”不涉及“犯罪”的信息[①],并非易事。本书认为,在实务中查证确定只是一般违法信息,可以《刑法》第13条“但书”规定出罪,但从解释的意义上,有无必要做如此限制性解释,还值得商榷。

本罪与网络服务提供者拒不履行信息网络安全管理义务的行为,在某种意义上有着一定的关联,但不能说在网络发布违法犯罪信息的结果都是网络服务提供者拒不履行信息网络安全管理义务而造成的,因为疏于履行,或者管理不完善的过失、技术滞后等因素也会造成违法犯罪信息在网络上发布。因此,如果能够确认网络服务提供者拒不履行信息网络安全管理义务的行为,与违法犯罪信息发布者存在利益关系,网络服务提供者则不再构成拒不履行信息网络安全管理义务罪,而应以“帮助信息网络犯罪活动罪”或相关的其他犯罪定罪处罚。

(四)拒不履行信息网络安全管理义务罪与帮助信息网络犯罪活动罪[②]的关联

帮助信息网络犯罪活动罪,是指明知他人利用信息网络实施犯罪,为其犯罪提供互联网接入、服务器托管、网络存储、通讯传输等技术支持[③],或者提供广告推广、支付结算等帮助,情节严重[④]的行为。主体是“网络服务提供者”,包括单位和自然人一般主体,主观上是故意,包括直接和间接故意,未以特定目的为主观要素,但要求必须是以“明知”而帮助为必要条件[⑤],动机不影响认定。这里的帮助为独立犯罪的实行行为,一般不能再视为共同犯罪(从犯)的帮助行为[⑥]。帮助“他人”利用信息网络实施犯罪活动,包括帮助实施“违法犯罪活动”(例如,帮助他人利用网络发布违法犯罪信息的犯罪),也包括帮助他人利用网络实施具体的犯罪,如盗窃、挪用等犯罪[⑦],至于“他人”的违法犯罪活动是否构成犯罪,并不影响该罪的成立。如果从帮助行为中获取额外利益(分成),不是只是收取“服务、管理费用”的,应当考虑构成相关电信、网络犯罪的共犯。因此,本罪的故意虽然并没有明确其故意内容,要求“明知”即可,但应限于从提供的“帮助”中获取“服务、管理费用”,如果具有与利用信息网络实施犯罪者有共谋“分成”的故意内容,不应再以该罪论处。

---

① 参见我国《互联网上网服务营业场所管理条例》第14条规定以及《计算机信息网络国际联网安全保护管理办法》第5条规定。

② 我国《刑法》第287条之二。

③ 以广东省深圳市快播科技有限公司和王某等四人传播淫秽物品牟利案为契机,理论上对刑法预防功能前置化是否过于扩张,中立帮助行为(无恶意的经营行为)刑罚处罚边界,以及技术提供者实质意义上的刑法义务根据等,都有讨论。讨论的意义就在于,在“风险社会”下,刑法设置的大量预备、帮助行为实行行为化的合理性。

④ 参见19.11.01《非法利用信息网络、帮助信息网络犯罪的解释》第12条第1款的规定。

⑤ 参见19.11.01《非法利用信息网络、帮助信息网络犯罪的解释》第11条的规定。

⑥ 理由参见非法侵入计算机信息系统罪的相关内容,不再赘述。

⑦ 例如,我国《刑法》第287条规定:“利用计算机实施金融诈骗、盗窃、贪污、挪用公款、窃取国家秘密或者其他犯罪的,依照本法有关规定定罪处罚。”

（五）扰乱无线电通讯管理秩序罪①与利用信息网络实施犯罪的关联

扰乱无线电通讯管理秩序罪，是指违反国家规定，擅自设置、使用无线电台（站），或者擅自使用无线电频率，干扰无线电通讯秩序，情节严重的行为。② 本罪主体为自然人一般主体和单位，主观上是故意，包括直接和间接故意，未以特定目的为主观要素，动机不影响认定。从当前实际情况而言，随着互联网普及和网络技术的发达和日臻完善，违反国家规定，擅自经营电信业务进行营利活动，扰乱电信市场监管的行为（也可能构成非法经营罪），少之又少③，当前，较为典型的扰乱无线电通讯监管主要是擅自设立无线电网站——"伪基站""黑广播"（如播放虚假广告、发送诈骗信息），民用无人机"黑飞"对无线电通讯，特别是在特定区域内对民用航空器飞行安全、铁路运营安全、船舶航行安全造成严重威胁以及对无线电通讯的干扰④，情节严重的⑤，应该以犯罪论处。

相反的是，利用电信网络或以电信通讯技术、设备（建立伪基站、利用手机等）为犯罪工具而实施的盗窃、诈骗犯罪活动，成为"扰乱无线电通讯监管"主要的违法行为。事实上电信业务是少有能够脱离网络技术的，随着互联网技术及其应用的发展，以大数据为代表的数据密集型技术，将成为新时代技术变革的基础。正是从这一意义上说，利用电信网络或以电信通讯技术、设备为犯罪工具而实施的犯罪，与典型的利用信息网络实施的犯罪本质上并无区别。如果设立用于实施违法犯罪活动的网站、通讯群组的，则在通讯工具中同样可以实现。因此，形式上触犯扰乱无线电通讯管理秩序罪的，实质上仍然是利用信息网络实施犯罪。因此，本书认为，该种情形下，按照处罚较重犯罪定罪处罚即可。

---

① 我国《刑法》第288条。具体情节参见2017年7月1日最高人民法院、最高人民检察院实施的《关于办理扰乱无线电通讯管理秩序等刑事案件适用法律若干问题的解释》（法释〔2017〕11号）（以下简称17.07.01《扰乱无线电通讯秩序解释》）的有关规定。

② 2000年5月24日最高人民法院实施的《关于审理扰乱电信市场管理秩序案件具体应用法律若干问题的解释》（法释〔2000〕12号）第5条规定："违反国家规定，擅自设置、使用无线电台（站），或者擅自占用频率，非法经营国际电信业务或者涉港澳台电信业务进行营利活动，同时构成非法经营罪和刑法288条规定的扰乱无线电通讯管理秩序罪的，依照处罚较重的规定定罪处罚。"同时，参见2007年6月29日最高人民法院《关于审理危害军事通信刑事案件具体应用法律若干问题的解释》（法释〔2007〕13号）的相关规定，但适用该《解释》第6条第4款规定时应注意，《刑法修正案（九）》对本罪的构成要件已经修订。因此，对涉及占用频率危害军事通讯的行为构成犯罪，应遵照修订后的规定认定。

③ 当前以无线电通讯技术，包括娱乐性质的"点"对"点"擅自设置大功率无线电通讯设备，干扰国家无线电通讯秩序的行为，也非常少见，但不是不可能发生。

④ 17.07.01《扰乱无线电通讯秩序解释》第1条规定："具有下列情形之一的，应当认定为刑法第288条第1款规定的'擅自设置、使用无线电台（站），或者擅自使用无线电频率，干扰无线电通讯秩序'：（一）未经批准设置无线电广播电台（以下简称'黑广播'），非法使用广播电视专用频段的频率的；（二）未经批准设置通信基站（以下简称'伪基站'），强行向不特定用户发送信息，非法使用公众移动通信频率的；（三）未经批准使用卫星无线电频率的；（四）非法设置、使用无线电干扰器的；（五）其他擅自设置、使用无线电台（站），或者擅自使用无线电频率，干扰无线电通讯秩序的情形。"

⑤ 参见17.07.01《扰乱无线电通讯秩序解释》第2条的规定。

(六) 拒不履行信息网络安全管理义务罪的刑事责任

犯本罪,处3年以下有期徒刑、拘役或者管制,并处或者单处罚金。单位犯本罪的,对单位判处罚金,并对其直接负责的主管人员和其他直接责任人员,依照自然人犯罪的规定处罚。实施本罪行为,同时构成其他犯罪的,依照处罚较重的规定定罪处罚。“其他犯罪”,主要是指同时构成“帮助信息网络犯罪活动罪”,或“侵犯公民个人信息罪”“提供侵入、非法控制计算机信息系统的程序、工具罪”“传播淫秽物品罪”等。国家机关政务网络的运营者、网信部门和有关部门的工作人员可以构成“玩忽职守罪”“滥用职权罪”等。

六、聚众扰乱社会秩序罪

(一) 聚众扰乱社会秩序罪的概念和法益

聚众扰乱社会秩序罪,是指聚众扰乱社会秩序,情节严重,致使工作、生产、营业和教学、科研、医疗无法进行,造成严重损失的行为。本罪的法益,是特定领域的社会正常活动秩序,具体为工作、生产、营业和教学、科研、医疗的正常秩序①。本罪主体为自然人一般主体,但限于聚众中的首要分子和积极参加者,主观上是故意,动机不影响认定。

(二) 行为、故意、违法性阻却

本罪以“聚众”方式实施行为为构成犯罪的前提,是必要共同犯罪的形式。“聚众”是指在首要分子组织、策划、指挥下,以各种方式(劝说、利诱、收买等)聚集多人(包括组织者与积极参加者在内,至少三人以上)同时、同地参与违法活动。一般被迫参与的、不明就里被蒙蔽参与的以及围观的,不在考虑之列。所聚之众多为松散性质,参与人员或多或少会有所变化,除首要分子之外,不应排除初期的一般参与者在参与过程中演变为“积极参加者”。“扰乱”是指造成工作、生产、营业和教学、科研、医疗秩序陷于无序,呈现出混乱状态,并进而造成相关人员心理恐慌、恐惧、不安,无法正常进行具体事务和工作。在此,刑法并未规定以何种行为方式实施“扰乱”,实务中常见是侵入、封闭办公场所、围堵工作人员、侮辱、辱骂、恐吓以及暴力袭击工作人员、打砸财物等。“情节严重”应综合考虑聚众扰乱采取的具体方式、方法、造成的社会影响等因素。

构成本罪,不以造成长时间“扰乱”为必要条件,即便时间延续不长,但“造成严重损失的”,就应构成本罪。“严重损失”包括造成物质(财产)损失,也包括因严重干扰造成工作、生产、营业和教学、科研、医疗无法进行的间接财产损失,但超出本罪范围

① 社会秩序的含义是相当宽泛的,蕴含着社会生活的各个领域,包括公共场所秩序与社会秩序。但本罪的社会秩序是狭义的,指工作、生产、营业和教学、科研、医疗秩序。所以,狭义上社会秩序与公共场所秩序,二者是一种并列关系,并非包容关系。

的损害,应当以相应犯罪(系想象竞合犯),从一重罪论处[①]。聚众扰乱与造成严重损失之间,必须具有刑法上的因果关系。本罪主观罪过为故意,首要分子与积极参加者之间必须具有共同故意,至于故意的形式以及故意的内容,不要求必须一致,也不要求参与者之间彼此有沟通,只要具有共同参与的意思就足以。

对聚众方式表达合理诉求,甚至形成“群体性事件”的,只要是平和表达诉求(没有如上行为的),无论其聚集规模、人员多少以及社会影响程度,均应阻却其违法性,不能以犯罪论处。

(三)聚众冲击国家机关罪、扰乱国家机关工作秩序罪、聚众扰乱公共场所秩序、交通秩序罪[②]与聚众扰乱社会秩序罪的关联

聚众冲击国家机关,致使国家机关工作无法进行,造成严重损失的行为,构成聚众冲击国家机关罪。“冲击”,是指实施聚众(必要共同犯罪形式)围堵、围攻(对公职人员人身侵害,对财物打砸抢烧)、占据办公场所等行为。造成严重损失的,首要分子和积极参加者构成聚众冲击国家机关罪;多次扰乱国家机关工作秩序,经行政处罚后仍不改正,造成严重后果的,构成扰乱国家机关工作秩序罪。“多次”,一般指三次以上。“扰乱”,是指实施侵入、封闭办公场所、围堵工作人员、侮辱、辱骂、恐吓以及暴力袭击工作人员、打砸财物等行为,造成机关工作秩序混乱,进而造成相关人员心理恐慌、恐惧、不安,无法正常进行具体事务和工作。本罪以“经行政处罚后仍不改正,造成严重后果的”为入罪的必需条件,不以多人“聚众”实施扰乱国家机关工作秩序为条件。有多人参与扰乱其中有主犯的,也不宜以“首要分子”论,不排除参与者都构成犯

---

① 2014年4月22日最高人民法院、最高人民检察院、公安部、司法部、国家卫生和计划生育委员会发布的《关于依法惩处涉医违法犯罪维护正常医疗秩序的意见》(法发〔2014〕5号)第2条规定:“(一)在医疗机构内殴打医务人员或者故意伤害医务人员身体、故意损毁公私财物,尚未造成严重后果的,分别依照治安管理处罚法第43条、第49条的规定处罚;故意杀害医务人员,或者故意伤害医务人员造成轻伤以上严重后果,或者随意殴打医务人员情节恶劣、任意损毁公私财物情节严重,构成故意杀人罪、故意伤害罪、故意毁坏财物罪、寻衅滋事罪的,依照刑法的有关规定定罪处罚。(二)在医疗机构私设灵堂、摆放花圈、焚烧纸钱、悬挂横幅、堵塞大门或者以其他方式扰乱医疗秩序,尚未造成严重损失,经劝说、警告无效的,要依法驱散,对拒不服从的人员要依法带离现场,依照治安管理处罚法第23条的规定处罚;聚众实施的,对首要分子和其他积极参加者依法予以治安处罚;造成严重损失或者扰乱其他公共秩序情节严重,构成寻衅滋事罪、聚众扰乱社会秩序罪、聚众扰乱公共场所秩序、交通秩序罪的,依照刑法的有关规定定罪处罚。在医疗机构的病房、抢救室、重症监护室等场所及医疗机构的公共开放区域违规停放尸体,影响医疗秩序,经劝说、警告无效的,依照治安管理处罚法第65条的规定处罚;严重扰乱医疗秩序或者其他公共秩序,构成犯罪的,依照前款的规定定罪处罚。(三)以不准离开工作场所等方式非法限制医务人员人身自由的,依照治安管理处罚法第40条的规定处罚;构成非法拘禁罪的,依照刑法的有关规定定罪处罚。(四)公然侮辱、恐吓医务人员的,依照治安管理处罚法第42条的规定处罚;采取暴力或者其他方法公然侮辱、恐吓医务人员情节严重(恶劣),构成侮辱罪、寻衅滋事罪的,依照刑法的有关规定定罪处罚。(五)非法携带枪支、弹药、管制器具或者爆炸性、放射性、毒害性、腐蚀性物品进入医疗机构的,依照治安管理处罚法第30条、第32条的规定处罚;危及公共安全情节严重,构成非法携带枪支、弹药、管制刀具、危险物品危及公共安全罪的,依照刑法的有关规定定罪处罚。(六)对于故意扩大事态,教唆他人实施针对医疗机构或者医务人员的违法犯罪行为,或者以受他人委托处理医疗纠纷为名实施敲诈勒索、寻衅滋事等行为的,依照治安管理处罚法和刑法的有关规定从严惩处。”

② 依次为我国《刑法》第290条第1、2、3款、第291条。

罪。客观上说,聚众冲击国家机关,当然扰乱了国家机关工作秩序。因此,二者在性质和行为内容上均有重合。如果是多人参与,不宜强求区别两罪。当以多人实施扰乱国家机关工作秩序行为,与聚众冲击国家机关并无区别,应为想象竞合犯,从一重罪应以聚众冲击国家机关罪论处。国家机关的工作秩序,也是社会秩序,但属于社会秩序的特殊形式之一,鉴于国家机关的基本职责是对社会的管理,因此刑法规定为独立的犯罪。由此而言,聚众扰乱社会秩序罪中"扰乱"工作秩序,不再包含国家机关的工作秩序,但如此一来,"聚众扰乱社会秩序罪"所规定的扰乱"工作秩序",不能包括国家机关工作秩序,这在解释论上存在问题。

聚众扰乱车站、码头、民用航空站、商场、公园、影剧院、展览会、运动场或者其他公共场所秩序,聚众堵塞交通或者破坏交通秩序,抗拒、阻碍国家治安管理工作人员依法执行职务,情节严重的,构成聚众扰乱公共场所秩序、交通秩序罪。主体为自然人一般主体中的首要分子,参与者不为本罪主体(但不排除积极参与者可以构成聚众扰乱社会秩序罪),主观上是直接故意,动机不影响认定。本罪行为本质上具有妨害公务的性质①。聚众扰乱社会秩序与聚众扰乱公共场所秩序、交通秩序罪,事实上聚众扰乱社会秩序,情节严重,致使工作、生产、营业和教学、科研、医疗无法进行,不可能与造成公共场所秩序、交通秩序混乱没有关联。在法益侵害上,只有该种性质的特别社会秩序与他种特别性质社会秩序的区别(本质上这些特别的社会秩序,均是国家行政管理机关对社会秩序的监管职能内容,只是监管职能的具体内容不同而已)。因此,在聚众扰乱社会秩序中同时扰乱了公共场所秩序、交通秩序的,为想象竞合犯,从一重罪以聚众扰乱公共场所秩序、交通秩序罪论处。

上述犯罪均不排除在扰乱社会秩序、国家机关工作秩序以及冲击国家机关中,构成故意杀人罪、故意伤害罪、抢劫罪、非法拘禁罪、故意毁坏财物罪等相关犯罪,系想象竞合犯,应按照一重罪论处。

(四)投放虚假危险物质罪,编造、故意传播虚假恐怖信息罪,编造、故意传播虚假险情、疫情、灾情、警情罪②与扰乱社会秩序犯罪的关联

投放虚假危险物质罪、编造、故意传播虚假恐怖信息罪,是指投放虚假的爆炸性、毒害性、放射性、传染病病原体等物质,或者编造爆炸威胁、生化威胁、放射威胁等恐怖信息,或者明知是编造的恐怖信息而故意传播,严重扰乱社会秩序的行为。本罪主体为自然人一般主体,主观上是故意,包括直接故意和间接故意,动机不影响认定。

---

① 实质上说,发生任何扰乱社会秩序的行为,社会管理职能部门、治安管理机构等均会在一定时间内采取紧急应对和管控措施,这些措施的实施实质上都是公务活动,与之对抗的行为本质上都具有妨害公务的属性。

② 依次为《刑法》第291条之一第1款、第2款。

本罪为选择性罪名[①]。"投放虚假危险物质",包括根本没有投放,也包括投放是对有机体并无危险性的物质;"编造",既指无中生有凭空捏造,也包括对他人编造的或客观存在的某些事实、信息进行加工。仅仅编造而未传播的,不能构成犯罪。"明知是编造的恐怖信息而故意传播",是指明知是他人编造的、假的恐袭信息[②],仍然予以扩散或者放任该信息继续扩散。传播的方式、方法不影响认定,通常是利用发达的信息网络平台。投放虚假危险物质、编造、故意传播虚假恐怖信息的,主观上都应有将假的恐袭信息传播于公众所知,以影响公众心理的故意内容。即便是投放虚假危险物质的行为人没有对公众发布恐袭信息,但相关司法机关、政府部门根据紧急状态应对措施预案的启动,也同样会造成社会公众心理恐慌。本罪要求"严重扰乱社会秩序"[③],也表明其本质上是扰乱社会秩序犯罪的一种[④],与其他扰乱社会秩序犯罪之间具有法条竞合关系[⑤],因此,投放虚假危险物质罪,编造、故意传播虚假恐怖信息罪为特别法条,应适用特别法条罪名定罪处罚[⑥]。

(五) 聚众扰乱社会秩序罪的刑事责任

犯本罪,对首要分子,处 3 年以上 7 年以下有期徒刑;对其他积极参加的,处 3 年以下有期徒刑、拘役、管制或者剥夺政治权利。

七、聚众斗殴罪

(一) 聚众斗殴罪的概念和法益

聚众斗殴罪,是指组织、策划、指挥他人聚众斗殴或者积极参加聚众斗殴的行为。

---

① 2013 年 9 月 30 日最高人民法院实施的《关于审理编造、故意传播虚假恐怖信息刑事案件适用法律若干问题的解释》(法释〔2013〕24 号)(以下简称 13.09.30《编造、传播虚假恐怖信息解释》)第 1 条规定:"编造恐怖信息,传播或者放任传播,严重扰乱社会秩序的,依照刑法第 291 条之一的规定,应认定为编造虚假恐怖信息罪。明知是他人编造的恐怖信息而故意传播,严重扰乱社会秩序的,依照刑法第 291 条之一的规定,应认定为故意传播虚假恐怖信息罪。"

② 13.09.30《编造、传播虚假恐怖信息解释》第 6 条规定:"本解释所称的'虚假恐怖信息',是指以发生爆炸威胁、生化威胁、放射威胁、劫持航空器威胁、重大灾情、重大疫情等严重威胁公共安全的事件为内容,可能引起社会恐慌或者公共安全危机的不真实信息。"

③ 13.09.30《编造、传播虚假恐怖信息解释》第 2 条规定:"编造、故意传播虚假恐怖信息,具有下列情形之一的,应当认定为刑法第 291 条之一的'严重扰乱社会秩序':(一) 致使机场、车站、码头、商场、影剧院、运动场馆等人员密集场所秩序混乱,或者采取紧急疏散措施的;(二) 影响航空器、列车、船舶等大型客运交通工具正常运行的;(三) 致使国家机关、学校、医院、厂矿企业等单位的工作、生产、经营、教学、科研等活动中断的;(四) 造成行政村或者社区居民生活秩序严重混乱的;(五) 致使公安、武警、消防、卫生检疫等职能部门采取紧急应对措施的;(六) 其他严重扰乱社会秩序的。"

④ 这里的社会秩序,应从广义上理解,可以认为是全面性的社会秩序。

⑤ 也有认为属于想象竞合关系的观点。参见张明楷:《刑法学》(下),法律出版社 2016 年版,第 1059 页。

⑥ 具体处罚原则,参见 13.09.30《编造、传播虚假恐怖信息解释》。

本罪的法益是社会公众有序、安宁、稳定的社会(生活)秩序①,也即公共生活秩序。本罪主体为自然人一般主体,为聚众斗殴中的首要分子和积极参加者,主观上为故意,动机不影响认定。

(二) 行为、后果、故意

聚众斗殴,是指"组织、策划、指挥他人聚众斗殴",是以首要分子为首纠集众人,使聚集的众人同时、同地实施殴斗的违法行为。所谓的"聚众",泛指所有的参加者,包括纠集者在内至少3人以上。如果聚集的人不到3人,不符合本罪条件,如有斗殴行为,可能构成其他相关犯罪。为首纠集者无论是斗殴之前还是斗殴过程中产生,只要实施"组织、策划、指挥他人聚众斗殴"的,最终是否在现场参与以及指挥,又或只是在幕后,均不影响认定。可以说,聚众行为是斗殴行为的预备行为,聚众是为实施斗殴而制造条件,聚众的目的就是为了实施直接斗殴行为,但是,"聚众"如果离开"斗殴",则没有单独评价的必要。理论上聚众中被阻止,可以说是"犯罪预备",因没有发生"斗殴",没有必要评价为"犯罪预备"而处罚,可以按照《治安管理处罚法》处理。

斗殴,是行为人互相对人身进行暴力的攻击;仅用言语互相辱骂、威胁的,不是斗殴。至于所采用的暴力的方式,可以是互相的肉体搏击;也可以是身体不接触,以凶器互相击打;也不排除斗殴中使用了致命武器。不论采用何种暴力打斗都是聚众斗殴行为。"斗殴",至少应有两方参与(不排除可能有第三方或者第四方加入),但是否这两方都需要具备人数在3人以上,还是只要一方具备"聚众"的条件,或者殴斗的每一方都不具备"聚众"的要求,但双方人数相加则会达到或超过3人以上即可?本书认为,"聚众"是指殴斗的双方各自聚集本方的众人,或者一方聚集本方的众人与他人进行殴斗,并非是指殴斗双方共计有3人。因此,应排除将"二对一"的殴打认定为本罪。应严格根据聚众斗殴罪的构成要件认定。殴斗双方都有侵害对方的故意,双方都不是被害人,双方聚集在一起进行殴斗的行为扰乱了公共秩序,一方实施了聚众斗殴,应认定一方的行为构成本罪;双方实施了聚众斗殴,应认定双方的行为都构成本罪。

在有意斗殴的情况下,首要分子召集众人而发生斗殴的,构成本罪没有疑问,但聚集众人非为"斗殴"而来,或者因突发事件引发打斗时并非"众人",随后演变为"聚众斗殴"(他人可能自发加入,或者打斗时误击无关人员,使之也加入斗殴),是否构成本罪?这涉及对"聚众斗殴"单纯视为一种客观事实,还是一种有目的的违法犯罪现象来认识的问题。"聚众",是为"斗殴"而为之的行为,是召集者(首要分子)为"斗殴"目的,主动所为之的行为。所以"聚众",并非仅指将散在的他人聚拢在一处,而是有目的性要求同时、同地实施之意。即便是临时的"号令"得到响应的,也是"聚众"。

① 社会(公共生活)秩序,是依靠制定法、法规和社会公共道德规则、风俗习惯来建立和维持的正常的社会运行状态,包括公共场所秩序,也包括非公共场所秩序。有必要说明的是,在妨害社会管理秩序罪中,有些犯罪是针对国家对社会秩序管理职能的侵害,如妨害公务罪;有的所侵害的就是对社会秩序本身,本罪即是如此。所以,本罪的社会秩序是广义上的,包括公共场所秩序。

如是，应该具体分析客观上的突发因素导致“聚众斗殴”能否构成本罪。本书认为，如果个人并无斗殴的故意，与人发生争执，引起殴斗，因众人（包括无关系人员参与）发展为聚众斗殴的，只要其个人没有对后发生的斗殴积极参与或指挥的，不应以本罪论处，如果参与斗殴或指挥的，不影响认定；如果己方已经是“众人”，但聚集并非为“斗殴”而来，因故发生争执，发展为己方众人与他人的斗殴的，召集者如对发生的斗殴，进行了指挥或者积极参加的，符合“召集”条件，应构成本罪，否则不宜以本罪论处；因此造成严重人身伤亡的，按照相关犯罪论处（不应排除可能构成过失犯罪）；如果双方都是“众人”，但众人的聚集并非为了“斗殴”，因故发生争执，发展为聚众斗殴的，双方的召集者如对发生的斗殴，进行了指挥或者积极参加的，也都符合“召集”之意，都应构成本罪，否则也不宜以本罪论处；因此造成严重人身伤亡的，按照相关犯罪论处（不应排除可能构成过失犯罪）。

参加斗殴，包括斗殴前参加和斗殴发生后，尚未结束前参加，不影响对“参加斗殴”的认定，但“参加”有一般参加者与积极参加者的区别。前者的参加行为《刑法》并未规定为犯罪。那么，“积极参加”是指心态还是行为？本书认为，这里的积极是指行为人意志样态，“参加”，只是客观行为要件。没有积极的意志态度，参加斗殴行为本身也不可能是积极的，所以，“积极”，是指在召集中的积极态度，以及斗殴中主动攻击性意志有充分表现。但一般参加者可以在斗殴中因各种因素演变为“积极参加者”。

本罪后果，是对社会公共生活秩序的严重破坏，可以包括一般的轻伤害结果（包括无关人员）和少量公共设施、公民个人财产的损失。如果造成重大人身伤亡的，超出本罪范围的可构成故意杀人、故意伤害罪。

主观罪过是故意，聚众以及参加斗殴，都具有藐视法律、社会公德的心理状态。一般来说是直接故意，但对所造成的损害，不要求都是具有相同希望发生的心态，可以有放任发生的情形。

（三）聚众斗殴罪与寻衅滋事罪①的关联②

随意殴打他人，情节恶劣，追逐、拦截、辱骂、恐吓他人，情节恶劣，或者强拿硬要或者任意损毁、占用公私财物，情节严重，或者在公共场所起哄闹事，造成公共场所秩序严重混乱的行为，构成寻衅滋事罪。本罪主体为自然人一般主体，主观上为故意，

① 我国《刑法》第 293 条规定的罪名。此外，13.07.22《寻衅滋事案件解释》第 1 条规定：“行为人为寻求刺激、发泄情绪、逞强耍横等，无事生非，实施刑法第 293 条规定的行为的，应当认定为‘寻衅滋事’。行为人因日常生活中的偶发矛盾纠纷，借故生非，实施刑法第 293 条规定的行为的，应当认定为‘寻衅滋事’，但矛盾系由被害人故意引发或者被害人对矛盾激化负有主要责任的除外。行为人因婚恋、家庭、邻里、债务等纠纷，实施殴打、辱骂、恐吓他人或者损毁、占用他人财物等行为的，一般不认定为‘寻衅滋事’，但经有关部门批评制止或者处理处罚后，继续实施前列行为，破坏社会秩序的除外。”

② 17.04.27《立案规定（一）的补充规定》第 8 条规定了属于本罪立案追诉标准的“随意殴打他人”“追逐、拦截、辱骂、恐吓他人”“强拿硬要或者任意损毁、占用公私财物”的具体情形，因与 13.07.22《寻衅滋事案件解释》规定相同，本书不再重复引用。

动机不影响认定。本罪同为对社会公共生活秩序的严重破坏,无论其具体行为表现是哪种,都会形成对公众心理的强烈刺激或应激反应,造成社会秩序混乱。从这一点考虑,寻衅滋事的行为发生的场所,应属于公共场所(即便地理位置是比较偏僻的,也是公共场所)或公共生活区域。因寻衅滋事具体行为法的定型化程度较低,并不能完全依据行为的事实要素(事实上对寻衅滋事事实要素很难进行规范归纳),在一定程度上是以对行为的评价性要素来理解的构成要件①,因此,必须从行为侵害的具体法益上,认识寻衅滋事对(总体的)社会公共生活秩序的破坏。

"随意殴打他人",侵害的是他人的人身安全。"随意"既可以表现在殴打理由上的"随意",如无缘无故,或有意"挑事""找茬"殴打他人②,也可以表现为殴打行为的"随意",如对自己行为丝毫不加以控制和约束,也可以表现在对侵害对象的"随意"选择上。"殴打"是对他人身体实施有形的暴力,并不以造成伤害结果为认定条件(可以包括轻微伤、轻伤,但不能包括重伤、死亡结果)。威胁使用暴力或者对财物实施暴力的(可以成立"任意损毁公私财物"),不应认定为"随意殴打他人"。殴打他人致人轻伤的,也同时触犯故意伤害罪,为想象竞合犯,从一重罪论处即可,但致人重伤、死亡的。应以相关犯罪论处。"情节恶劣"③应考虑到受害者的人数以及次数、殴打的动机、致伤的具体情况等等。

"追逐、拦截、辱骂、恐吓他人",侵害他人的人身自由(行动自由)、人格权以及人身安全。这里的对象,多具有选择的"随机性"特征,并非要求有针对性的特定侵害对象。"追逐"即追赶;"拦截"即阻挡,事实上追逐和拦截可以同时表现为既追逐也拦截。"辱骂"即谩骂;"恐吓"即威胁,也可以同时表现为既辱骂也恐吓。当然,针对具体对象同时实施上述行为,也不影响认定。在公共场所针对特定关系人(如夫对妻、父对子、恋人之间)实施上述行为的,不应视为本罪行为,但不影响可能构成其他犯罪(如侮辱罪等)。"情节恶劣"④应考虑行为实施的场所环境、受害者的个人情况、行为实施的次数、对受害者生活的影响等等。

"强拿硬要或者任意损毁、占用公私财物",侵害的是他人的生活安宁与财产安全。"强拿硬要公私财物"是违背他人意愿非要取得他人财物(包括财产性利益)的行为,可以是夺取,也可以是强迫他人交付。强拿硬要虽然是在违背他人意愿情况下

---

① 如所规定的"随意""任意""强拿硬要""起哄闹事",都需要以社会一定价值观予以评价才能确定。

② 司法实务中应该纠正只要"事出有因"即不认定为"随意殴打"的结论。

③ 13.07.22《寻衅滋事案件解释》第2条规定:"随意殴打他人,破坏社会秩序,具有下列情形之一的,应当认定为刑法第293条第1款第1项规定的'情节恶劣':(一)致一人以上轻伤或者二人以上轻微伤的;(二)引起他人精神失常、自杀等严重后果的;(三)多次随意殴打他人的;(四)持凶器随意殴打他人的;(五)随意殴打精神病人、残疾人、流浪乞讨人员、老年人、孕妇、未成年人,造成恶劣社会影响的;(六)在公共场所随意殴打他人,造成公共场所秩序严重混乱的;(七)其他情节恶劣的情形。"

④ 13.07.22《寻衅滋事案件解释》第3条规定:"追逐、拦截、辱骂、恐吓他人,破坏社会秩序,具有下列情形之一的,应当认定为刑法第293条第1款第2项规定的'情节恶劣':(一)多次追逐、拦截、辱骂、恐吓他人,造成恶劣社会影响的;(二)持凶器追逐、拦截、辱骂、恐吓他人的;(三)追逐、拦截、辱骂、恐吓精神病人、残疾人、流浪乞讨人员、老年人、孕妇、未成年人,造成恶劣社会影响的;(四)引起他人精神失常、自杀等严重后果的;(五)严重影响他人的工作、生活、生产、经营的;(六)其他情节恶劣的情形。"

非法取得财物，具有“暴力”“胁迫”之义，但不能达到已经压制他人反抗，否则，不排除可以构成抢劫罪或敲诈勒索罪。“任意损毁、占用公私财物”，“任意损毁”是不受约束、没有任何条件任随自己的意思毁坏财物的行为；“任意占用”是不受约束、没有任何条件的任随自己的意思占据并使用的行为。这两种行为，可能触犯故意毁坏财物罪、破坏生产经营罪、强迫交易罪或盗窃、侵占罪等，但这只是在形式上触犯，因本罪罪状中具有如此规定，是该行为的当然内容。如果对上述触犯的罪名能够单独评价的，可以依想象竞合犯原则处理。“情节严重”①应考虑毁损、占用财物的具体数额、数量、价格，行为实施的具体状况以及对他人生产、生活的影响等。

“在公共场所起哄闹事”，侵害的是公共场所正常秩序。公共场所，是对公众开放，供不特定的多数人随时出入、停留、使用，提供给公众从事社会生活的一切公用建筑物、场所及其设施的总称。公众利用公共场所可以进行工作、学习、经济、文化、社交、娱乐、体育、参观、出行、医疗、卫生、休息、旅游和满足部分生活需求。“起哄闹事”并非是具有能够准确进行法律内涵与外延界定的行为（是俗语称谓，如果从公众的评价而言，就是“无理取闹”“无事生非，制造事端”）。张明楷教授认为，该行为具有煽动性、蔓延性、扩展性三个特征②。煽动性较好地描述了起哄的特点。煽动性，是以语言为媒介，对不特定的他人进行鼓动，是起哄闹事行为较为突出的外在特征。蔓延性是因在公共场所实施，会得到其他人的响应，影响所及，非行为人所能控制，常会蔓延到较大的范围。扩展性是指行为与后果都有可能进一步扩大，甚至会将无关的其他人卷入。该行为通常是多人聚集而为之，具有聚众的特点。当然，这并非犯罪成立的条件，但在多人介入的情况下，“在公共场所起哄闹事”形式上，也可能触犯聚众扰乱社会秩序罪、聚众扰乱公共场所秩序、交通秩序罪，但这同样是该项行为能够包含的内容，所触犯的罪名能够独立评价的，可以按照想象竞合犯原则处理。“造成公共场所秩序严重混乱”③，应综合考虑公共场所的社会功能、闹事规模、对公共社会活动以及对民众生活的影响等。

本罪主观上是故意，从司法解释的解答看，主观要素，定位在“寻求刺激、发泄情绪、逞强耍横等”④。虽然这是对行为人的主观要素归纳，但可通过客观外在要素表现出来，司法解释将其归结为“无事生非”。表明寻衅滋事罪是行为人在没有缘由的情

---

① 13.07.22《寻衅滋事案件解释》第4条规定：“强拿硬要或者任意损毁、占用公私财物，破坏社会秩序，具有下列情形之一的，应当认定为刑法第293条第1款第3项规定的‘情节严重’：（一）强拿硬要公私财物价值1000元以上，或者任意损毁、占用公私财物价值2000元以上的；（二）多次强拿硬要或者任意损毁、占用公私财物，造成恶劣社会影响的；（三）强拿硬要或者任意损毁、占用精神病人、残疾人、流浪乞讨人员、老年人、孕妇、未成年人的财物，造成恶劣社会影响的；（四）引起他人精神失常、自杀等严重后果的；（五）严重影响他人的工作、生活、生产、经营的；（六）其他情节严重的情形。”

② 参见张明楷：《刑法学》（下），法律出版社2016年版，第1065页。

③ 13.07.22《寻衅滋事案件解释》第5条规定：“在车站、码头、机场、医院、商场、公园、影剧院、展览会、运动场或者其他公共场所起哄闹事，应当根据公共场所的性质、公共活动的重要程度、公共场所的人数、起哄闹事的时间、公共场所受影响的范围与程度等因素，综合判断是否‘造成公共场所秩序严重混乱’。”

④ 以往这种主观要素被称为“流氓动机”，现在再以此归纳作为主观违法要素是不妥当的。

况下实施的,“随意”“任意”“强拿硬要”“起哄闹事”都表现出“无理取闹”的特点。但是,“无因性”并不能成为认定寻衅滋事罪的必要条件,司法解释也规定了“借故生非”同样也可以构成①,也即虽然事出有因,但行为人利用纠纷、矛盾或者事态进行挑衅、扩大事态,寻衅滋事的,也可以构成犯罪。

从寻衅滋事“无理取闹”“借故生非”的特点看,引发聚众斗殴的现象并非鲜见②,寻衅滋事可以成为聚众斗殴的“助成犯”,也即成为引发聚众斗殴的原因。因此,两罪之间并非想象竞合或法条竞合关系,对因寻衅滋事而引发的聚众斗殴,视为“原因行为与结果行为牵连关系”的牵连犯看待较为合理,因侵害法益的同质性,不应并罚,以其突出的行为特征定罪处罚即可。

(四) 聚众斗殴罪的刑事责任

犯本罪,对首要分子和其他积极参加的,处3年以下有期徒刑、拘役或者管制;有下列情形之一的,对首要分子和其他积极参加的,处3年以上10年以下有期徒刑:(1) 多次聚众斗殴的;(2) 聚众斗殴人数多,规模大,社会影响恶劣的;(3) 在公共场所或者交通要道聚众斗殴,造成社会秩序严重混乱的;(4) 持械聚众斗殴的。

聚众斗殴,致人重伤、死亡的,依照《刑法》第234条、第232条的规定定罪处罚。

八、组织、领导、参加黑社会性质组织罪

(一) 组织、领导、参加黑社会性质组织罪的概念和法益

组织、领导、参加黑社会性质组织罪,是指组织、领导、参加黑社会性质组织的行为。本罪的法益,是国家对社会正常秩序的监管。这里的社会秩序,是广义的,因黑社会性质组织所实施的违法犯罪行为,可能涉及社会生活的各个方面。通过其违法犯罪活动建构与社会主流形态不相容生存状态,破坏由现行法律和社会道德所建立起来的正常的社会运行状态。即便黑社会性质组织建立尚未实施具体违法犯罪活动,也构成对现实正常社会秩序的巨大威胁。本罪为选择性罪名,选择主要在首要分子与参加者行为的区别,对首要分子,可以统一适用组织、领导黑社会性质组织罪③;对参加者适用参加黑社会性质组织罪。本罪为“有组织犯罪”的类型,即以必要共同犯罪形式为构成犯罪的必要条件。本罪主体为自然人一般主体,国家机关工作人员

---

① 参见13.07.22《寻衅滋事案件解释》第1条规定。

② 这两种行为均为流氓罪的表现方式,也说明二者之间的联系。

③ 也有观点主张“组织”和“领导”行为也应予以区别。组织行为是黑社会性质组织建立之前的行为;领导行为是此之后的行为。因在建立之前,谈不到“领导”,只有建立后可以统一为“组织、领导行为”。参见王作富主编:《刑法分则实务研究》(中),中国方正出版社2013年版,第1140—1141页。本书认为,很难说自招募第一个成员开始,指令其进行的下一步活动,不是“领导”行为只能理解为“组织”。实无必要对二者做如此严格区别。

组织、领导、参加黑社会性质组织的,从重处罚[①]。本罪主观上为故意,未以特定目的为主观要素,动机不影响认定。

(二) 黑社会性质组织、行为、故意

界定“黑社会性质组织”的特征,我国《刑法》及有关的司法解释[②]、立法解释[③]有相应规定。我国《刑法》第294条第5款则规定了“黑社会性质组织”的基本法律特征:“(1) 形成较稳定的犯罪组织,人数较多,有明确的组织者、领导者,骨干成员基本固定[④];(2) 有组织地通过违法犯罪活动或者其他手段获取经济利益,具有一定的经济实力,以支持该组织的活动[⑤];(3) 以暴力、威胁或者其他手段,有组织地多次进行违法犯罪活动,为非作恶,欺压、残害群众[⑥];(4) 通过实施违法犯罪活动,或者利用国

---

① 2000年12月10日最高人民法院实施的《关于审理黑社会性质组织犯罪的案件具体应用法律若干问题的解释》(法释〔2000〕42号)(以下简称00.12.10《黑社会性质组织解释》)第4条。

② 00.12.10《黑社会性质组织解释》。

③ 2002年4月28日全国人大常委会通过的《关于〈中华人民共和国刑法〉第294条第1款的解释》。在我国司法实务中,除“黑社会性质组织”这种“有组织犯罪”的法律概念之外,也有“(黑)恶势力”这一“约定俗成”的概念,且这一概念在国家系列司法文件中也经常使用。2018年1月16日最高人民法院、最高人民检察院、公安部、司法部发布的《关于办理黑恶势力刑事案件若干问题的意见》(法发〔2018〕1号)(以下简称18.01.16《黑恶势力犯罪案件指导意见》)“三、14”规定:“恶势力”是指“经常纠集在一起,以暴力、威胁或其他手段,在一定区域或者行业内多次实施违法犯罪活动,为非作恶,欺压百姓,扰乱经济、社会生活秩序,造成较为恶劣的社会影响,但尚未形成黑社会性质组织的违法犯罪组织”。上述意见明确要求区别“黑社会性质组织犯罪”与“恶势力犯罪”。2018年1月24日,党中央、国务院作出决定,发布《关于开展扫黑除恶专项斗争的通知》,在全国开展扫黑除恶专项斗争。“恶势力”同样符合有组织的犯罪具体的基本特征,也同样具备黑社会性质组织犯罪的“组织特征”“行为特征”和“危害特征”。但是,其犯罪集团尚不具备较为典型的黑社会性质组织的所有特征,其组织形式是尚未形成黑社会性质的违法犯罪组织,即具有黑社会色彩的犯罪集团。目前,除00.12.10《黑社会性质组织解释》对黑社会性质组织特征有较为详细的规定之外,还有其他司法文件有更为详尽的规定。如最高人民法院、最高人民检察院、公安部《办理黑社会性质组织犯罪案件座谈会纪要》(法〔2009〕382号),最高人民法院《全国部分法院审理黑社会性质组织犯罪案件工作座谈会纪要》(法〔2015〕291号)(以下简称15.10.13《审理黑社会性质组织犯罪案件座谈会纪要》),最高人民法院、最高人民检察院、公安部、司法部《关于办理恶势力刑事案件若干问题的意见》(2019年4月9日实施),最高人民法院 最高人民检察院 公安部 司法部《关于办理实施“软暴力”的刑事案件若干问题的意见》(2019年4月9日实施),最高人民法院、最高人民检察院、公安部、司法部《关于办理黑恶势力刑事案件中财产处置若干问题的意见》(2019年4月9日实施)最高人民法院、最高人民检察院、公安部、司法部实施的《关于办理利用信息网络实施黑恶势力犯罪刑事案件若干问题的意见》(以下简称19.10.21《利用信息网络实施黑恶势力犯罪》),最高人民法院、最高人民检察院、公安部、司法部发布的《关于依法严惩利用未成年人实施黑恶势力犯罪的意见》。

④ 这是黑社会性质组织的“组织特征”,组织者、领导者是其首要分子,并以“黑社会文化”所建立的纪律,维系组织成员,特别是以维系骨干成员的相对稳定为宗旨。

⑤ 这是黑社会性质组织的“经济特征”,以获取的非法经济收益,支持组织活动,包括对违法犯罪活动支持以及对其成员经济、生活的支持。

⑥ 这是黑社会性质组织的“行为特征”,以有组织的犯罪活动,通过作恶扩大其势力范围。通过暴力或以暴力相威胁始终是黑社会性质组织实施违法犯罪活动的基本手段,并随时可能付诸实施;也包括实施非暴力性的违法犯罪活动,介入纠纷、非法追讨债务等,以所谓的“谈判”“协商”“调解”以及滋扰、纠缠、哄闹、聚众造势等手段。即便暴力、威胁色彩虽不明显,但实际是以组织的势力、影响和犯罪能力为依托,以暴力、威胁的现实可能性为基础,足以使他人产生恐惧、恐慌进而形成心理强制或者足以影响、限制人身自由、危及人身财产安全或者影响正常生产、工作、生活的手段。

家工作人员的包庇或者纵容,称霸一方,在一定区域或者行业内,形成非法控制或者重大影响,严重破坏经济、社会生活秩序①。”

“组织、领导”,即通过策划、指挥、招募、收买、拉拢等各种方式方法,建立黑社会性质组织以及对黑社会性质组织成员的违法犯罪活动进行策划、安排、指挥等行为。所谓的组织者、领导者,也包括在黑社会性质组织中被公认的事实上的组织者、领导者。“参加”,包括“积极参加”与“参加”两种行为表现。“积极参加”,是指参加黑社会性质组织的态度“积极”,即明知该组织的特性,仍然以积极态度加入,或在加入前并非“积极”,加入后表现为积极参与违法犯罪活动的行为。例如,参与较严重的犯罪活动且作用突出,以及在其组织中起重要作用;再如,属于主管黑社会性质组织的财务、人员管理等事项的人员。“参加”相对于“积极参加”而言,是指对加入黑社会性质组织的态度并不“积极”(仍然是知道该组织特性),在加入后对实施违法犯罪活动,也未表现出“踊跃”“主动”的心理特点。根据黑社会性质组织的特点(在黑社会文化影响下),组织成员的身份、角色以及行为特征都会有一定的变化。因此,评价其身份、角色和行为特征,应根据该组织生存状态以及所实施的违法犯罪活动来认定,也即对组织、领导以及参加行为的评价,应从完整的违法犯罪活动为依据,而非以黑社会性质组织成立时个人的具体行为作为唯一评价基础。参加时可能并非“积极”,但参加后“踊跃”“主动”实施违法犯罪活动的,不再是“参加”而是“积极参加”。相反的情况也存在,即便是“参加”或“积极参加”者,也可能最终成为“组织、领导”者。有上述行为之一即可构成本罪(既遂),有两种以上行为(身份、角色变化)不予并罚。

本罪主观罪过为故意,多数说认为限于直接故意。对组织、领导者而言,是明知所组织、领导的组织属于违法犯罪组织(自己是否认可,不影响认定);对参加者而言,是明知该组织的违法犯罪特性而加入(自己是否认可加入的是黑社会性质组织,不影响认定)。至于具体出于何种动机,不影响认定。

(三)黑社会性质组织与犯罪集团的关联

黑社会性质组织是犯罪集团,在组织性特点上,二者并无区别,都具有较为严格的“纪律”以及首要分子和骨干成员基本固定的特点。二者的区别主要在于所实施的违法犯罪活动手段(拉拢、收买国家工作人员建构“黑保护伞”)以及违法犯罪所涉及的区域等。犯罪集团,以主要实施特定的一种或几种犯罪,而黑社会性质组织所实施的违法犯罪,可能会涉及有利可图的方方面面,这也是能够评价为“为非作恶,欺压、残害群众”“在一定区域或者行业内,形成非法控制或者重大影响”的根据。如把持基层政权、操纵破坏基层换届选举、垄断农村资源、侵吞集体资产;利用家族、宗族势力横行乡里、称霸一方、欺压残害百姓;在征地、租地、拆迁、工程项目建设等过程中煽动

① 这是黑社会性质组织的“非法控制、危害特征”,或通过犯罪活动,或通过“黑保护伞”实行对区域、行业的非法控制,作恶一方。本书认为,这里的“行业”是指正常的经济活动领域内的“行业”而不是非法的经济活动。如果通过有组织地违法犯罪活动对某种或几种违法犯罪活动领域实现非法控制的情况,例如,赌博、贩毒、卖淫等,应该是指黑社会性质组织的“经济特征”,而非“非法控制、危害特征”。

闹事;在建筑工程、交运运输、矿产资源、渔业捕捞等行业、领域,强揽工程、恶意竞标、非法占地、滥开滥采;在商贸集市、批发市场、车站码头、旅游景区等场所欺行霸市、强买强卖、收保护费的市霸、行霸;操纵、经营"黄赌毒"等违法犯罪活动;非法高利放贷、暴力讨债;插手民间纠纷,充当"地下执法队";组织或雇佣网络"水军"在网上威胁、恐吓、侮辱、诽谤、滋扰等违法犯罪活动。对实施特定一种或几种犯罪的犯罪集团,不应认定为黑社会性质组织。

具有黑社会色彩的犯罪集团、犯罪团伙,前者属于一般犯罪集团的范畴,而后者属于一般共同犯罪的类型,是尚未形成黑社会性质组织的"恶势力"。不过,涉恶的犯罪集团和团伙,均有将黑社会文化,奉为集团或团伙成员精神、行为圭臬的特点,或多或少具有"涉黑"的性质。涉恶的团伙成员,有临时纠合的,也有存在紧密结合的,或团伙与团伙成员之间互相交错、借用。且多以血缘、地缘、宗教信仰等为彼此的纽带,"帮派性"特点比较突出,但组织性以及经济性特征并不突出,在行为特征上,不如"有组织犯罪"犯罪集团实施的犯罪,指向确定的特征。恶势力的犯罪集团在形成上,也不排除具有"帮派性"特征,但所笼络成员的"成份",可能更为复杂。血缘、地缘关系,不一定能够成为能否加入集团需要考虑的主要因素,但加入犯罪集团,成员则不易脱离,组织性特征突出,不过在寻求"红顶子""保护伞"上并不积极,也时有以"合法"经济体为招牌,逃避打击。

涉恶的犯罪集团、团伙所实施的犯罪,通常也具备黑社会性质组织犯罪的危害性特征。这主要是因为,会采取如同黑社会性质组织犯罪一样的暴力、威胁、滋扰等手段,实施敲诈勒索、欺行霸市、聚众斗殴、寻衅滋事、抢劫、故意伤害、故意杀人等违法犯罪活动,严重破坏经济和一方社会生活秩序。从具有黑社会色彩的犯罪集团、犯罪团伙的发展看,具有黑社会色彩的犯罪团伙,视为黑社会性质组织犯罪集团发展的初始形态、形成的土壤也不为过;而具有黑社会色彩的犯罪集团,是黑社会性质组织形成有组织犯罪的初级形态,是其基础。不能依法铲除滋养黑社会性质组织的土壤,不能依法消除形成黑社会性质组织的基础,使其"做大""做强"的结果,必然是发展为黑社会性质组织。因此,对涉恶的犯罪集团和犯罪团伙,必须严厉打击。根据我国《刑法》的规定,对涉恶的犯罪集团、犯罪团伙实施的犯罪行为,仍然分别以(普通)的集团犯罪、一般共同犯罪所触犯的罪名追究刑事责任,因此,不应将其人为拔高为犯黑社会性质组织罪。

(四)黑社会性质组织与恐怖组织的关联

参见(上)危害公共安全罪之六"组织、领导、参加恐怖组织罪"相关内容。

(五)黑社会性质组织与单位犯罪的关联

单位犯罪很少有通过有组织地实施某种或几种违法犯罪活动,就能在该范围实现非法控制的情况,主要是通过形式上合法经济活动而从事实质上违法犯罪活动获取经济利益。例如,利用有进出口贸易质资而从事走私活动。因此,二者在法律属性上并无任何关联,但是,在形式上却有关联。黑社会性质组织,通常通过"街头暴力冲突"建立起自己的"江湖地位"和"江湖名声",插手利润高、回报高的特定区域、特定行业,完成资本的"原始积累"后,组建正规的商业公司、企业[①]。其后的违法犯罪活动,都可以表现为"单位犯罪"而继续实施对特定区域、特定行业的非法控制,扩大影响。成立黑社会经济实体,冠以"单位"为掩护的黑社会性质组织,是其生存的一般方式。以"形式上的合法"掩盖其"实质性的非法",以商养黑,以黑护商。在该种情形下,是"黑社会性质组织犯罪"还是"单位犯罪",在形式上可以是完全相同,很难区别。因此,应该考察其资本的"原始积累"的性质,以及在组建所谓的"公司""企业"后,是否对"特定行业、区域"的经济活动形成控制的态势。可以说,从是否"组织形式"和"具有一定的经济实力"上并不能区别二者,只有从其资本的"原始积累"为起点,考察是否"在一定区域或者行业内,形成非法控制或者重大影响,严重破坏经济、社会生活秩序"才是核心。对应该认定为黑社会性质组织的犯罪活动,不应降格认定为单位犯罪。也正因为如此,应严格区别在黑社会性质组织所开办的经济实体中,并未实施黑社会性质违法犯罪活动[②]的一般人员,没有加入黑社会性质组织的意愿,受雇到黑社会性质组织开办的公司、企业、社团工作,未参与黑社会性质组织违法犯罪活动的,不应认定为"参加黑社会性质组织"。

(六)组织、领导、参加黑社会性质组织罪与入境发展黑社会组织罪[③]的关联

境外的黑社会组织的人员到我国境内发展组织成员的行为,构成入境发展黑社会组织罪。本罪主体为自然人特殊主体,为境外黑社会组织成员,主观上为直接故意,动机不影响认定。境外黑社会,以我国司法机构认定的属于黑社会组织为限。入境发展其组织成员,即指以各种手段吸收在我国境内的"境内、外"人员为其组织成员的行为,或者对已经发展的境内组织成员进行内部调整的行为[④]。本罪为行为犯,只要实施"入境发展"行为,无论是否亲自进入境内,即便在境外通过电信、网络等手段实施[⑤],以及发展是否成功,均不影响对既遂的认定。这里的"境外"包括外国以及中

---

① 黑社会性质组织一般所插足的领域和行业,除"黄、赌、毒"违法犯罪活动之外,主要是"入门门槛较低"的娱乐(游戏厅、歌舞厅)、洗浴、高利贷,以及劳动密集型的民生产业、建筑、矿产、能源、运输以及房地产等新兴领域。插足这些领域和行业,都需要披上合法外衣。

② 这是指没有实施应评价为"黑社会性质组织违法犯罪活动"的情况,并非是指未参与任何违法犯罪行为。例如,受聘的财会人员为该"单位"伪造账目、遵照指示为其"单位领导"成员划拨资金,或在其所开办的公司、企业中一般业务人员、服务人员为其所属黑社会性质组织成员提供"服务"的,不应作为黑社会性质组织成员对待。如果其违法犯罪行为构成犯罪的,可以按照相关犯罪论处,但不应以"参加黑社会性质组织罪"处罚。

③ 我国《刑法》第294条第2款。

④ 00.12.10《黑社会性质组织解释》第2条规定:"刑法第294条第2款规定的'发展组织成员',是指将境内、外人员吸收为该黑社会组织成员的行为。对黑社会组织成员进行内部调整等行为,可视为'发展组织成员'。""港、澳、台黑社会组织到内地发展组织成员的,适用刑法第294条第2款的规定定罪处罚。"

⑤ 该种情形,以能够为行使"管辖权"为前提。

央人民政府尚不能行使管辖权的我国国境以内的地区（台湾省、香港、澳门地区）。从本罪罪状而言，处罚的是境外的黑社会组织的人员，对境内参加的人员，并没有单独入罪的规定，因此，本罪并非“对向犯”。我国现行刑法规定的是“黑社会性质组织”，可以认为，当前“黑社会性质组织”是处于“黑社会组织”中间阶段的犯罪组织。[①] 当然，这并不排除境外黑社会组织，发展境内的黑社会性质组织成员，或者发展普通的社会人员为其组织成员的情况。因此，对境内人员参加境外黑社会组织的，应如何处罚，值得研究。本书认为，从入境发展黑社会组织罪与组织、领导、参加黑社会性质组织罪二者的关联性而言，对不具有中国国籍的境外人员，在判处刑罚的同时应根据《刑法》第35条规定，可以独立适用或者附加适用驱逐出境；对中国公民，应以“参加黑社会性质组织罪”追究刑事责任[②]。犯本罪，又有其他犯罪行为的，依照数罪并罚的规定处罚。

（七）组织、领导、参加黑社会性质组织罪与包庇、纵容黑社会性质组织罪[③]的关联

国家机关工作人员包庇黑社会性质的组织，或者纵容黑社会性质的组织进行违法犯罪活动的，构成包庇、纵容黑社会性质组织罪。本罪主体为特殊主体，为国家机关工作人员[④]。主观上为故意，动机不影响认定。本罪为选择性罪名，可以根据具体行为适用，同时具有两种行为的，统一适用该罪名，不实行并罚。“包庇”是指国家机关工作人员为使黑社会性质组织及其成员逃避查禁，而通风报信，隐匿、毁灭、伪造证据，阻止他人作证、检举揭发，指使他人作伪证，帮助逃匿，或者阻挠其他国家机关工作人员依法查禁等行为。“纵容”，是指国家机关工作人员不依法履行职责，放纵黑社会性质组织进行违法犯罪活动的行为[⑤]。本罪与组织、领导、参加黑社会性质组织罪的关联性，主要是国家机关工作人员充当“黑社会性质组织”的保护伞（权力寻租），而并非直接从事组织、领导、参加黑社会性质组织的行为。

00.12.10《黑社会性质组织解释》第4条规定：“国家机关工作人员组织、领导、参加黑社会性质组织的，从重处罚。”这是法定从重处罚的情节。但对现实中国家机关工作人员既是黑社会性质组织成员，又利用其身份、职务便利实施“包庇”“纵容”行为，应该如何适用法律。我国《刑法》第294条第4款规定：“犯前三款罪又有其他犯

---

① 我国刑法规定的黑社会性质组织，尚不具备境外典型的黑社会组织可能在政府、政党中有代理人的现象。这是规定为“黑社会性质组织”，而不是“黑社会组织”的原因。从我国对“黑社会性质组织”犯罪打击的严厉态度而言，也不会放任“黑社会性质组织”发展成为“黑社会组织”。

② 境外黑社会组织，在境内的影响力不可能达到如同在境外，因此，其成员在境内的违法犯罪活动，只能是类似于“黑社会性质组织”。

③ 我国《刑法》第294条第3款。

④ 国家机关工作人员，是指在国家机关中从事公务的人员，包括在各级国家权力机关、行政机关、司法机关和军事机关中从事公务的人员。依照法律、法规规定行使国家行政管理职权的组织中从事公务的人员，或者在受国家机关委托代表国家行使职权的组织中从事公务的人员，或者虽未列入国家机关人员编制但在国家机关中从事公务的人员，在代表国家机关行使职权时，视为国家机关工作人员。在乡（镇）以上中国共产党机关、人民政协机关中从事公务的人员，视为国家机关工作人员。

⑤ 00.12.10《黑社会性质组织解释》第5条。

罪行为的,依照数罪并罚的规定处罚。”这涉及对“又有其他犯罪行为的”规定理解。有观点认为,国家机关工作人员可以成为组织、领导黑社会性质组织罪的主体,也能够再犯包庇、纵容黑社会性质组织罪,即“又有其他犯罪行为”,包括又犯包庇、纵容黑社会性质组织罪。处理意见有一罪说[①],牵连犯说[②],并罚说[③]的不同观点。本书认为,如果从法律用语的逻辑性看,“犯前三款罪又有其他犯罪行为”,只能是犯除了前三款犯罪之外的其他罪(如贩毒罪、赌博罪、受贿罪等),可适用并罚处理,不包括犯组织、领导、参加黑社会性质组织罪,再犯包庇、纵容黑社会性质组织罪。因为,如果国家机关工作人员已经是黑社会性质组织成员,甚至是组织、领导者,实施“包庇”“纵容”行为,是其成为其组织成员,甚至成为组织、领导者不可或缺的“优势”条件,又实施的“包庇”“纵容”行为,是为保护组织成员实施的“当然”行为。即便刑法对此有独立罪名,但同一主体再实施“当然”的行为,就没有单独评价的必要,以想象竞合犯原则处理,能够实现罪刑相当。因此,本书赞同一罪说。

因本罪的主体是“国家机关工作人员”,因此,不具有该身份,但利用在国家机关工作具有一定“便利”的条件,实施“包庇”“纵容”行为的,例如,得知对黑社会性质组织进行调查的活动安排而通风报信的等,应以组织、领导、参加黑社会性质组织罪的共犯(帮助犯),追究刑事责任。犯本罪,又有其他犯罪行为的,依照数罪并罚的规定处罚。

(八)组织、领导、参加黑社会性质组织罪的刑事责任

犯本罪,处 7 年以上有期徒刑,并处没收财产;积极参加的,处 3 年以上 7 年以下有期徒刑,可以并处罚金或者没收财产;其他参加的,处 3 年以下有期徒刑、拘役、管制或者剥夺政治权利,可以并处罚金。犯本罪,又有其他犯罪行为的,依照数罪并罚的规定处罚。“又有其他犯罪行为”,是指黑社会组织及其成员实施诸如强迫交易罪、故意伤害罪、故意杀人罪、非法拘禁罪、敲诈勒索罪、故意毁坏财物罪、聚众斗殴罪、寻衅滋事罪,以及开设赌场罪、组织卖淫罪、强迫卖淫罪、贩卖毒品罪、运输毒品罪、制造毒品罪、抢劫罪、抢夺罪、聚众扰乱社会秩序罪、聚众扰乱公共场所秩序、交通秩序罪等犯罪。[④] 对于黑社会性质组织的组织者、领导者,应当按照其所组织、领导的黑社会性质组织所犯的全部罪行处罚;对于黑社会性质组织的参加者,应当按照其所参与的犯罪处罚。对于参加黑社会性质的组织,没有实施其他违法犯罪活动的,或者受蒙蔽、胁迫参加黑社会性质的组织,情节轻微的,可以不作为犯罪处理[⑤]。

---

① 参见张明楷:《刑法学》(下),法律出版社 1997 年版,第 816 页。

② 参见张穹主编:《修订刑法条文实用教程》,中国检察出版社 1997 年版,第 383 页。

③ 参见马克昌主编:《百罪通论》(下卷),北京大学出版社 2014 年版,第 964—965 页。

④ 参见 19.07.23《非法放贷若干问题意见》以及 19.10.21《利用信息网络实施黑恶势力犯罪意见》的具体规定。

⑤ 00.12.10《黑社会性质组织解释》第 3 条。

九、传授犯罪方法罪

（一）传授犯罪方法罪的概念和法益

传授犯罪方法罪，是指以各种手段将犯罪的方法、技能传授给他人的行为。本罪的法益是国家对社会治安秩序的监管以及他人的身心健康权。① 本罪的主体为自然人一般主体，主观上为直接故意，明知所传授的是犯罪方法而为之，动机不影响认定。

（二）行为、既遂、故意

所谓“犯罪方法”，非狭义上实施某种具体犯罪的方法、手段，而应从广义上理解②，即是指实施犯罪的技术、办法、步骤以及反侦查的方法、逃避法律追究的方法。“传授”，是指讲解、教授（言传身教），至于所传授的犯罪方法的来源（可以来源于其个人的犯罪体验和总结），以及传授使用的具体手段（可以通过网络传授）、是否当面传授等，在所不问。被传授对象没有限制，可以包括未成年人以及无刑事责任能力人（不排除传授者构成“间接正犯”）。本罪为行为犯，被传授对象是否掌握其犯罪方法，以及是否使用所传授的犯罪方法实施犯罪，不影响认定既遂。多次实施传授行为的，只能按照一罪论处。本罪主观上是故意。

（三）传授犯罪方法罪与教唆犯罪的关联

传授他人犯罪方法与教唆他人犯罪，在法律属性上有相通之处。区别在于传授犯罪方法是独立正犯的行为，与被传授者之间并不形成当然的共犯关系（可能在不同场合、不同时间、对不同的人传授）。在教唆时同时又传授给其犯罪方法，或因传授犯罪方法引发他人犯意的，对此应如何处罚，意见尚不统一。如传授和教唆是出于两个故意，且行为实施有一定间隔，则为数罪，应并罚③；如在同一地点、时间内实施，是牵连犯或吸收犯，不实行并罚为宜④。

---

① 理论上的多数说认为，本罪的法益是社会（治安）管理秩序。本书认为，本罪虽是独立罪名，但在法律属性上与教唆犯并无差别。只是《刑法》将传授犯罪方法行为独立规定为犯罪后，才开始对两种行为区别讨论。两种行为的法律属性相同，均具有“陷他人于不法”的主观意图，也具有通过他人的行为才能对具体法益实现侵害的特点，从这一角度看，他人身心健康权应该是本罪的法益。

② 本罪系 1983 年全国人大会常委会《关于严惩严重危害社会治安的犯罪分子的决定》补充的罪名，因 1979 年《刑法》罪名较少，“犯罪方法”在理解上也相对集中。现行《刑法》规定的罪名有 400 余个，除过失犯罪的外，是否所有故意犯罪的方法，都可以是本罪“犯罪方法”，以及是否可以包括反侦查的方法、逃避法律追究的方法，也是值得考虑的。

③ 张明楷教授认为，对不同对象实施教授和传授的，以及对同一对象教唆此罪又传授彼罪犯罪方法，也应数罪并罚。参见张明楷：《刑法学》（下），法律出版社 2016 年版，第 1074 页。

④ 14.09.09《暴力恐怖和宗教极端刑事案件若干问题意见》“二、（九）”规定：“传授暴力恐怖或者其他犯罪技能、经验，依法不能认定为组织、领导、参加恐怖组织罪的，以传授犯罪方法罪定罪处罚。为实现所教唆的犯罪，教唆者又传授犯罪方法的，择一重罪定罪处罚。”

(四)传授犯罪方法罪的刑事责任

犯本罪,处5年以下有期徒刑、拘役或者管制;情节严重的,处5年以上10年以下有期徒刑;情节特别严重的,处10年以上有期徒刑或者无期徒刑。

十、组织、利用会道门、邪教组织、利用迷信破坏国家法律实施罪[①]

(一)组织、利用会道门、邪教组织、利用迷信破坏国家法律实施罪的概念和法益

组织、利用会道门、邪教组织、利用迷信破坏国家法律实施罪,是指组织、利用会道门、邪教组织或者利用迷信破坏国家法律、行政法规实施的行为。本罪的法益,是国家对法律实施秩序的监管。本罪主体为自然人一般主体,主观上为故意,动机不影响认定。

(二)会道门、邪教组织、迷信、行为、主体

"会道门",在新中国成立前是带有宗教和封建迷信色彩的民间秘密结社。会道门是"会门"和"道门"的合称,道门诵经拜神,制造和传播迷信邪说,迷信色彩极为浓厚;会门则是以兵器种类命名,偏重吞符念咒,练功习武,据地自保。在新中国成立后,"会门"和"道门"统称为"会道门",其日常活动表现为封建迷信和练功习武相混杂(虽然不再具有据地自保的特点)。会道门拜神鬼、传播迷信活动,并非宗教。"邪教组织"是世界新宗教运动的极端产物,具有强烈的反传统宗教文化的色彩,是指冒用宗教、气功或者以其他名义建立,神化、鼓吹首要分子,利用制造、散布迷信邪说等手段蛊惑、蒙骗他人,发展、控制成员,危害社会的非法组织,应当认定为我国《刑法》第300条规定的"邪教组织"[②]。"迷信"是指人类对超自然力量的崇拜和信仰,是对客观世界的一种虚幻的歪曲的反应,我国主要是指崇拜和信仰、信奉鬼、仙、怪。

本罪行为具体为:(1)组织、利用会道门、邪教组织破坏国家法律、行政法规实施[③];(2)或者利用迷信破坏国家法律、行政法规实施。这两种行为,均表现为利用会道门组织、邪教组织或迷信,宣扬、蛊惑、煽动、欺骗群众,破坏(对抗)国家法律、行政法规实施。本罪为行为犯,"破坏法律、行政法规实施",可以针对整部法律、法规,也可以针对法律、法规的某一具体部分(条款),是否造成法律、行政法规不能实施,在所不问,应以既遂论处[④]。根据我国《刑法》第300条第3款的规定,犯本罪,又有奸淫妇

---

① 组织、利用会道门、邪教组织、利用迷信实施犯罪的情况较为复杂,对参与者的定罪处罚原则各不相同,需要参照2017年2月1日最高人民法院、最高人民检察院实施的《关于办理组织、利用邪教组织破坏法律实施等刑事案件适用法律若干问题的解释》(法释〔2017〕3号)(以下简称17.02.01《办理邪教组织犯罪解释》)中的具体规定。

② 17.02.01《办理邪教组织犯罪解释》第1条。

③ 17.02.01《办理邪教组织犯罪解释》第2条。

④ 对特定持有、携带或者传播行为的既遂与未遂的认定,参见17.02.01《办理邪教组织犯罪解释》第5条的规定。

女、诈骗财物等犯罪行为的,依照数罪并罚的规定处罚。组织、利用邪教组织破坏国家法律、行政法规实施过程中,又有煽动分裂国家、煽动颠覆国家政权或者侮辱、诽谤他人等犯罪行为的,依照数罪并罚的规定定罪处罚[①]。

本罪的主体为自然人一般主体。17.02.01《办理邪教组织犯罪解释》第9条规定:“行为人系受蒙蔽、胁迫参加邪教组织的,可以不作为犯罪处理。”所以,对组织和利用邪教组织进行犯罪活动的组织、策划、指挥者,屡教不改的积极参加者,为本罪主体。

(三)组织、利用会道门、邪教组织、利用迷信破坏国家法律实施罪与组织、利用会道门、邪教组织、利用迷信致人重伤、死亡罪[②]的关联

组织、利用会道门、邪教组织或者利用迷信蒙骗他人,致人重伤、死亡的行为,构成组织、利用会道门、邪教组织或者利用迷信蒙骗他人,致人重伤、死亡罪。主体是自然人一般主体,为会道门、邪教组织和利用迷信蛊惑他人的人员,不以其中的“组织者”为限。本罪主观罪过为故意,但不应排除致人重伤、死亡可能是过失。

根据17.02.01《办理邪教组织犯罪解释》第11条、第12条的规定,组织、利用邪教组织,制造、散布迷信邪说,组织、策划、煽动、胁迫、教唆、帮助其成员或者他人实施自杀、自伤的,依照《刑法》第232条、第234条的规定,以故意杀人罪或者故意伤害罪定罪处罚。邪教组织人员以自焚、自爆或者其他危险方法危害公共安全的,依照《刑法》第114条、第115条的规定,以放火罪、爆炸罪、以危险方法危害公共安全罪等定罪处罚[③]。17.02.01《办理邪教组织犯罪解释》第7条规定:“组织、利用邪教组织,制造、散布迷信邪说,蒙骗成员或者他人绝食、自虐等,或者蒙骗病人不接受正常治疗,致人重伤、死亡的,应当认定为刑法第300条第2款规定的组织、利用邪教组织‘蒙骗他人,致人重伤、死亡’。”

这种情形下,造成重伤、死亡主要是间接故意,在法理上符合故意杀人罪、故意伤害罪的构成,但17.02.01《办理邪教组织犯罪解释》第7条第2、3、4款规定的处罚标准[④],远低于《刑法》第232条故意杀人罪、第234条故意伤害罪的规定。原因主要在于,因崇尚邪教、会道门所宣扬的迷信、伪宗教学说、伪气功的“信徒”,笃信所采用的方式、方法可以济世救民,可以治病救人,对重伤、死亡结果并不持有追求的心理态

---

① 17.02.01《办理邪教组织犯罪解释》第10条。

② 我国《刑法》第300条第2款规定犯罪与组织、利用会道门、邪教组织、利用迷信破坏国家法律实施罪的罚则相同。具体适用参见17.02.01《办理邪教组织犯罪解释》第7条的规定。

③ 在以危害公共安全犯罪论处的情况下,“邪教组织人员”并非仅指实施自焚、自爆或者其他危险方法危害公共安全的行为而未遂者,还应该包括组织、策划、煽动、教唆、帮助邪教组织人员自焚、自爆或者其他危险方法危害公共安全的行为人。

④ 17.02.01《办理邪教组织犯罪解释》第7条第2款规定:“组织、利用邪教组织蒙骗他人,致1人以上死亡或者3人以上重伤的,处3年以上7年以下有期徒刑,并处罚金。”第3款规定:“组织、利用邪教组织蒙骗他人,具有下列情形之一的,处7年以上有期徒刑或者无期徒刑,并处罚金或者没收财产:(一)造成3人以上死亡的;(二)造成9人以上重伤的;(三)其他情节特别严重的情形。”第4款规定:“组织、利用邪教组织蒙骗他人,致人重伤的,处3年以下有期徒刑、拘役、管制或者剥夺政治权利,并处或者单处罚金。”

度,为实现其利益诉求,并非一定就是邪恶的[①]。这与第11条规定的“制造、散布迷信邪说,组织、策划、煽动、胁迫、教唆、帮助其成员或者他人实施自杀、自伤的”,有明显的区别。因此,对造成重伤、死亡结果的危害程度,法律处罚较低。也正因为如此,也就不应排除可能因过失致人重伤、死亡的情况。

(四)组织、利用会道门、邪教组织、利用迷信破坏国家法律实施罪与煽动暴力抗拒法律实施罪[②]的关联

煽动群众暴力抗拒国家法律、行政法规实施的行为,构成煽动暴力抗拒法律实施罪。本罪主体为自然人一般主体,主观上是故意,动机不影响认定。组织、利用会道门、邪教组织、利用迷信破坏国家法律实施罪与煽动暴力抗拒法律实施罪二者均具有煽动[③]破坏(抗拒)国家法律、行政法规实施的内容,且前者并未排除可以煽动使用暴力破坏国家法律、行政法规实施。因此,在会道门组织、邪教组织利用其组织规则,或者利用迷信煽动其信徒以暴力抗拒国家法律、法规实施的,属于想象竞合犯,应从一重罪论处。

(五)组织、利用会道门、邪教组织、利用迷信破坏国家法律实施罪的刑事责任

犯本罪,处3年以上7年以下有期徒刑,并处罚金;情节特别严重的[④],处7年以上有期徒刑或者无期徒刑,并处罚金或者没收财产;情节较轻的[⑤],处3年以下有期徒刑、拘役、管制或者剥夺政治权利,并处或者单处罚金。

十一、聚众淫乱罪

(一)聚众淫乱罪的概念和法益

聚众淫乱罪,是指聚集多人进行性活动,或者多次参加聚众性活动的行为。本罪的法益,是社会公众的性道德秩序。本罪主体是自然人一般主体,应为首要分子、多次参加者。主观上是故意,参加的动机不影响认定。

(二)淫乱、行为、主体、故意

“淫乱”,在含义上包括各种违背公序良俗的性活动,但需以性行为自愿而为之,不违背当事者的意愿。不过“淫乱”不是一个事实概念,是规范的构成要件要素[⑥],因

---

① 参见林亚刚:《刑法学教义》(总论)(第2版),北京大学出版社2017年版,第451页。
② 我国《刑法》第278条。
③ 会道门组织、邪教组织、利用迷信对“信徒”进行的宣教,就是煽动的形式之一。
④ 参见17.02.01《办理邪教组织犯罪解释》第3条规定。
⑤ 参见17.02.01《办理邪教组织犯罪解释》第4条规定。
⑥ 参见黎宏:《刑法学各论》,法律出版社2016年版,第391页。

此,不能将与性以及与性有关的活动都视作“淫秽”“淫乱”“下流”,需要司法人员以社会一般的价值观,对这一客观事实现象予以评价,才能得出结论。从这一点而言,从社会一般价值观念来认识这一现象。“淫乱”就是指以违背社会公众认可的性道德观念①进行性活动的行为。其性活动行为,也不限于自然意义上的性交,包括其他满足性欲、性刺激的性活动,如口交、肛交、指交等(不限于异性之间,同性亦可)。本罪以“聚众”进行性活动为必要条件。聚众,是指聚集多人(至少3人以上)进行②。从这一点而言,本罪的淫乱,应包括所聚之众自愿互换性对象(乱交)。如果强制他人参与聚众淫乱活动的,应视具体情况以强奸罪(当前限于对象为妇女、幼女)、强制猥亵罪论处。

本罪主体,多数说认为是自然人一般主体,为聚众的首要分子和多次参加聚众淫乱者。本书赞同被引诱的未成年人多次参加聚众淫乱活动的,亦不构成本罪的观点③,但聚众淫乱的首要分子,是否同样不应是未成年人,还值得研究。本书认为,聚众淫乱的首要分子包括已满16周岁不满18周岁的未成年人。事实上该年龄阶段的未成年人(如已满17周岁),为首召集成年人(如刚满18周岁)聚众淫乱并非不可能。问题在于,所聚之众中只要有未成年人,原则上与引诱未成年人聚众淫乱行为可以成立想象竞合犯(还可能同时触犯其他罪名,如强制猥亵罪等)。这对于成年召集者而言,认定并无问题,如果召集者本身是未成年人,召集的是成年人,或者召集的均是未成年人时,应该如何处理?结合我国《刑法》第301条第2款的规定,如果召集者是未成年人,被召集者是成年人,并不符合“引诱”未成年聚众淫乱的构成要素,不触犯第301条第2款规定,不应按照本罪论处;如果被召集者中只要有未成年人,则符合第301条第2款规定,此时召集者的未成年人身份不应再作为考虑的因素,符合想象竞合犯条件,应从一重罪论处。

张明楷教授认为,3个以上成年人基于同意,秘密实施的性活动,即便召集是公开的,只要是秘密进行的,并不侵害本罪法益,不能构成犯罪,只有3个以上以不特定人或多数人可能认识到的方式实施淫乱行为的,才宜以本罪论处④。本书不赞同这一观点。首先,参与淫乱活动本身就是“同意”,“同意”并非是出罪条件。其次,即便是八九个人聚众淫乱的,也并非是在大庭广众下实施,同样是秘密的。所以,是否秘密,也不是判断能否入罪的条件。最后,如果3个以上成年人之间本身就是

---

① 性道德观念,包括对性生理、性心理、性行为、性道德和性文化等的总体认识。这里仅是指社会公众认可的性行为的隐秘性(非公开性)、隐私性、专一性的性道德观念,与性活动的方式、方法无关。也即夫妻、情侣之间以任何喜欢的方式、方法进行的性活动,都不违背社会公众的性道德观念。

② 08.06.25《立案追诉标准(一)》第41条规定:“组织、策划、指挥3人以上进行淫乱活动或者参加聚众淫乱活动3次以上的,应予立案追诉。”

③ 参见张明楷:《刑法学》(下),法律出版社2016年版,第1077页。

④ 参见张明楷:《刑法学》(下),法律出版社2016年版,第1077页。

性伴侣,即使存在互换的乱交行为,谈不到构成犯罪,与是否秘密进行性活动没有丝毫关系。本罪的法益保护的是社会公众认可的性道德感情,核心在于(性伴侣间)性活动"隐秘性""隐私性"和"专一性",公开召集并非(专一)性伴侣的他人参与性活动,事实上就已经有悖性活动的"隐秘性""隐私性",是"公开性"的。"公开性"是指对性活动已没有隐秘性、隐私性而言。本书难以认同这种情况下的性活动是秘密进行的而没有侵害到法益。

本罪主观上是故意,但不得具有以性活动换取"金钱对价"的故意内容,否则可能构成组织卖淫罪、强迫卖淫罪、引诱、容留、介绍卖淫罪。

(三)聚众淫乱罪与引诱未成年人聚众淫乱罪[①]的关联

引诱未成年人聚众淫乱罪,是指引诱未满18周岁的未成年人参加聚众淫乱活动的行为。本罪保护的法益,是未成年人的身心健康和社会公众的性道德秩序(以前者为主要法益)。主体为自然人一般主体,主观上是故意,动机不影响认定。本罪与聚众淫乱罪在客观事实上可以存在交叉关系。

"引诱未成年人参加",在语义上是指未成年人被引诱参加我国《刑法》第301条第1款的淫乱活动[②]。所以,行为人所聚众实施的淫乱活动,没有排除可以引诱未成年人参加[③](当然,未成年人即便多次参加也不构成聚众淫乱罪)。只要行为人实施"引诱"行为,使用何种手段实施引诱,未成年人是主动参加淫乱活动,还是被动,是否实际上参与具体淫乱活动,都不影响行为人构成本罪。但是,聚众淫乱罪的主体,不宜限定为是已满18周岁的成年人。在聚众淫乱中只要有不满18周岁未成年人,为首组织者就触犯引诱[④]未成年人聚众淫乱罪。张明楷教授认为,在该种情形下因侵害两个法益,应以想象竞合犯处理或实行数罪并罚。[⑤] 本书赞同张明楷教授的观点,但应当说明的是,想象竞合犯的情况是指在构成聚众淫乱罪外,因所聚之众有未成年人,同时触犯引诱未成年人聚众淫乱罪,按照一罪论处即可。而实行数罪并罚的情况是指在这种情形下不排除参加聚众淫乱的行为人,构成强奸罪、强制猥亵罪、猥亵儿童罪(使未成年人"观看、观摩"的,同时触犯猥亵儿童

---

① 《刑法》第301条第2款。08.06.25《立案追诉标准(一)》第42条规定:"引诱未成年人参加聚众淫乱活动的,应予立案追诉。"该罪处罚同聚众淫乱罪,但依法为"从重情节"。

② 当然在语义解释上,召集者无论是否为成年人,被引诱者也都可以是未成年人。

③ 引诱未成年人聚众淫乱罪的罚则,同聚众淫乱罪。我国《刑法》明文规定"引诱未成年人参加聚众淫乱活动的,依照前款的规定从重处罚",也表明实施聚众淫乱中,不排除引诱未成年人参加。目前我国《刑法》将此设置为独立罪名,但并无独立法定刑。

④ 未成年人因对"性"的认识尚处于"朦胧期",不能理性地认识性行为,缺乏自我保护的控制能力。因此,如果有未成年人在淫乱现场时,即便行为人并未实施"引诱"行为,未成年人参加淫乱活动的,也应视为是"引诱"的结果。

⑤ 参见张明楷:《刑法学》(下),法律出版社2016年版,第1077页。

罪,是本罪具有的当然内容,是否需要单独评价,可以讨论)。虽然"淫乱"的概念当然包括性活动,但触犯强奸罪、强制猥亵罪、猥亵儿童罪时,"淫乱"就不能包括违背意志或以违背意志论的事实,因此,就需要将前者想象竞合犯确定的罪名与所构成的强奸罪、强制猥亵罪、猥亵儿童罪实行数罪并罚。

此外,张明楷教授还认为,已满16周岁不满18周岁的未成年人能够成为本罪主体[①]。基于对《刑法》第301条主体的分析,本书赞同这一认识,但是应该注意到该年龄阶段的未成年人对性的认识处于"朦胧期",缺乏过早接触"性"对自身危害的理性认识和判断,也难隔断对"性"的好奇和兴趣,很难控制对"性"探索的需求,这在未成年群体中的"认受性"很高。所以,未成年人召集者可以构成本罪,也应有低于该年龄阶段未成年人实施"自然犯"犯罪的评价[②]。更不宜将未成年人聚集进行性(探索)活动的,一概定义为"淫乱";将某个倡议者定义为"引诱者"[③]。这些都需要慎重,因为未成年人在此过程中,本身就是"性"的受害者。08.06.25《立案追诉标准(一)》第42条规定:"引诱未成年人参加聚众淫乱活动的,应予立案追诉。"从该规定的较聚众淫乱罪要求3次以上才予以立案而言,也没有理由认为,未成年人召集者,只需实施一次召集行为,就可以构成引诱未成年人聚众淫乱罪。基于上述认识,本书认为,本罪的主体,原则上为已满18周岁的成年人,对未成年人入罪门槛应高于聚众淫乱罪。

引诱未成年人聚众淫乱罪的主观罪过,本书认为,"引诱"只是对行为的描述,即对对象实施诱惑,不是对其主观心理态度的揭示,具有教唆的属性。出于直接故意的,构成本罪没有疑问。那么,本罪能否由间接故意构成?本书认为,只要具有诱惑未成年人参与淫乱活动的心理态度,无论行为人确定对方是未成年人,或者可能是未成年人,主观上都符合引诱未成年人参加聚众淫乱的故意。只要事实上未成年人参加的,就应以本罪论处。所以,间接故意可以构成。对具有引诱未成年人参加淫乱的故意,但事实上参与淫乱的不是未成年人,成立引诱未成年人聚众淫乱罪的未遂,与聚众淫乱罪可以形成想象竞合犯。虽有引诱未成年人参加的故意和行为,但未能形成既定事实,不符合按照聚众淫乱罪法定刑"从重处罚"的条件,以想象竞合犯从一重罪处断即可。相反,不具有引诱未成年人参加聚众淫乱的故意和行为,但实际上有未成年人参加的(如未成年人主动参加的),形成了未成年人参加聚众淫乱的既成事实,能否适用"从重处罚",值得研究。这当然涉及将"未成年人参加聚众淫乱",视为客观处罚条件,还是构成要件的问题。本书持后一看法。

---

① 参见张明楷:《刑法学》(下),法律出版社2016年版,第1077页。

② 当然,该年龄阶段的未成年人实施强奸的,属于"自然犯",也有属于对"性"的好奇而实施的情况,但从我国刑法对该年龄阶段人实施强奸犯罪在处置上所呈现出的轻缓态度上,可以认为,正是因为"饮食男女,人之大欲存焉"这一直率而朴素的人性论(朴素的人道主义精神),才会使得司法上对该年龄阶段的未成年人在性过错上持轻缓处置的态度。

③ 在均为未成年人聚集进行性活动的场合下,要区别出"引诱者"有时很难做到。

本罪处罚的是“引诱”行为(包括可以评价为“引诱”的行为),如果事实上行为人并没有实施引诱未成年人参加聚众淫乱的故意和行为,就不能符合“从重处罚”的条件。

(四) 聚众淫乱罪的刑事责任

犯本罪的,处5年以下有期徒刑、拘役或者管制。

十二、赌 博 罪

(一) 赌博罪的概念和法益

赌博罪,是指以营利为目的,聚众赌博或者以赌博为业的行为。本罪的法益,是良好的社会风尚。赌博是拿有价值的东西做注码以小搏大赌输赢的行为。是对一个事件与不确定的结果,下注钱或具物质价值的东西,目的为赢取得更多的金钱或物质价值,是一种投机性的个人自愿处分财产的行为。在国家管控下的“赌博”,阻却行为的违法性①,而脱离国家管控的赌博,往往成为引发诸多犯罪原因,从预防犯罪的角度,对非国家管控的聚众赌博或以赌博为业的行为,应予以打击。本罪主体为自然人一般主体,主观上是故意,具有以赌博营利的目的,动机不影响认定。

(二) 行为、主体

“聚众赌博”②是指聚集不特定人参与赌博,召集者从中抽取一定比例金钱牟利的行为。召集者一般被称为“赌头”,一般情况下,无论参与赌博者的输赢,“赌头”都会收取其“应得”部分的金钱,但其本人不一定直接参与赌博。“聚众赌博”的,以“赌头”为主体,对一般偶尔参与赌博的,不构成本罪,但参与者中“以赌博为业”的除外,应构成本罪。“以赌博为业”③,是指将赌博作为自己的职业或所兼职业,多次参与赌博的行为。该行为显然并非实施一次或几次就可以认定,而是需要通过一定时间,也即实施的行为如果单次看待,可能只是一般违法性的赌博,只有在较长时间里才能认定为是以赌博为业。无论“聚众赌博”还是“以赌博为业”,均不要求必须出现在物理

---

① 国家管控下的“体彩”“福彩”等,本质上也是一种赌博,在一定意义上可以说是对具有“赌博”心理人设立的可以释放的窗口。

② 2005年5月13日最高人民法院、最高人民检察院实施的《关于办理赌博刑事案件具体应用法律若干问题的解释》(法释〔2005〕3号)(以下简称05.05.13《赌博案件解释》)第1条规定:“以营利为目的,有下列情形之一的,属于刑法第303条规定的‘聚众赌博’:(一)组织3人以上赌博,抽头渔利数额累计达到5000元以上的;(二)组织3人以上赌博,赌资数额累计达到5万元以上的;(三)组织3人以上赌博,参赌人数累计达到20人以上的;(四)组织中华人民共和国公民10人以上赴境外赌博,从中收取回扣、介绍费的。”

③ “以赌博为业”系集合犯中的“常业犯”。参见林亚刚:《刑法学教义》(总论)(第2版),北京大学出版社2017年版,第551页以下。

现场,即便通过网络“聚众赌博”或在网络上“以赌博为业”[1]的,都不影响认定。

(三)赌博罪与开设赌场罪[2]的关联

开设赌场罪,是指以营利为目的,设置专门用于赌博场(地)所的行为。[3] 主体为自然人一般主体,主观上是故意,动机不影响认定。开设赌场,不要求必须是现实性的场地,网络上设置虚拟场所的[4],也是开设赌场;开设赌场,也不要求必须在我国境内,在境外开设以吸引我国公民聚众赌博场地的,也不影响认定[5]。赌场也不要求所设立的场所只能具有用于赌博的单一功能,即便“闲时”用于其他活动,但在“适时”作为赌博场(地)所,也足以认定。通常情况下“聚众赌博”者可以选择在此类场所(并不要求一定如此),开设者为此可以收取一定的“场地占用、使用费”而牟利[6],但开设赌场者一般不会参与赌博(是否参与不影响认定)。聚赌者在其开设赌场内赌博,聚赌者与开设赌场者,也不是对向犯,不成立共同犯罪,应各自认定。

(四)赌博罪与关联犯罪

根据有关司法解释规定,明知他人实施赌博犯罪活动,而为其提供资金、计算机网络、通讯、费用结算等直接帮助的,以赌博罪的共犯论处[7]。明知他人利用赌博机开设赌场,具有下列情形之一的,以开设赌场罪的共犯论处:(1)提供赌博机、资金、场地、技术支持、资金结算服务的;(2)受雇参与赌场经营管理并分成的;(3)为开设赌场者组织客源,收取回扣、手续费的;(4)参与赌场管理并领取高额固定工资的;(5)提供其他直接帮助的。[8] 未经国家批准擅自发行、销售彩票,构成犯罪的,依照我国《刑法》第225条第4项的规定,以非法经营罪定罪处罚。通过赌博或者为国家工作人员赌博提供资金的形式实施行贿、受贿行为,构成犯罪的,依照刑法关于贿赂犯

---

① 参见05.05.13《赌博案件解释》以及2010年8月31日最高人民法院、最高人民检察院、公安部颁布实施的《关于办理网络赌博犯罪案件适用法律若干问题的意见》(以下简称10.08.31《网络赌博案件意见》)。

② 我国《刑法》第303条第2款。

③ 2014年3月26日最高人民法院、最高人民检察院、公安部发布的《关于办理利用赌博机开设赌场案件适用法律若干问题的意见》(以下简称14.03.26《利用赌博机开设赌场的意见》)的有关规定。

④ 08.06.25《立案追诉标准(一)》第44条规定:“开设赌场的,应予立案追诉。在计算机网络上建立赌博网站,或者为赌博网站担任代理,接受投注的,属于本条规定的‘开设赌场’。”《网络赌博案件意见》第1条也有相关规定。

⑤ 参见05.05.13《赌博案件解释》第3条规定:“中华人民共和国公民在我国领域外周边地区聚众赌博、开设赌场,以吸引中华人民共和国公民为主要客源,构成赌博罪的,可以依照刑法规定追究刑事责任。”

⑥ 街头或其他娱乐场所设置的“棋牌室”“麻将室”等供群众日常休闲娱乐的场所,要求符合登记条件和办理审批。所以,尽管其中会发生赌博,但不能视为开设赌场。05.05.13《赌博案件解释》第9条规定:“不以营利为目的,进行带有少量财物输赢的娱乐活动,以及提供棋牌室等娱乐场所只收取正常的场所和服务费用的经营行为等,不以赌博论处。”

⑦ 05.05.13《赌博案件解释》。

⑧ 14.03.26《利用赌博机开设赌场的意见》。

罪的规定定罪处罚[①]。负有查禁赌博活动职责的国家机关工作人员,徇私枉法,包庇、放纵开设赌场违法犯罪活动,或者为违法犯罪分子通风报信、提供便利、帮助犯罪分子逃避处罚,构成犯罪的,依法追究刑事责任。国家机关工作人员参与利用赌博机开设赌场犯罪的,从重处罚[②]。设置圈套诱骗他人参赌获取钱财,属赌博行为,构成犯罪的,应当以赌博罪定罪处罚。参赌者识破骗局要求退还所输钱财,设赌者又使用暴力或者以暴力相威胁,拒绝退还的,应以赌博罪从重处罚;致参赌者伤害或者死亡的,应以赌博罪和故意伤害罪或者故意杀人罪,依法实行数罪并罚。以提供给他人开设赌场为目的,违反国家规定,非法生产、销售具有退币、退分、退钢珠等赌博功能的电子游戏设施设备或者其专用软件,情节严重的,依照我国《刑法》第225条的规定,以非法经营罪定罪处罚[③]。

对设赌局实为诈骗的,也即在赌博中输赢不取决于偶然,而由设局者完全掌控"稳赢不输"的,则不符合赌博特征,应以诈骗罪论处;受骗者识破骗局要求退还所输钱财,设赌者又使用暴力或者以暴力相威胁,拒绝退还的,应以抢劫罪或敲诈勒索罪追究刑事责任。

(五) 赌博罪的刑事责任

犯本罪,处3年以下有期徒刑、拘役或者管制,并处罚金。

十三、伪 证 罪

(一) 伪证罪的概念和法益

伪证罪,是指在刑事诉讼中,证人、鉴定人、记录人、翻译人对与案件有重要关系的情节,故意作虚假证明、鉴定、记录、翻译,意图陷害他人或者隐匿罪证的行为。本罪的法益是国家对刑事诉讼中的国家司法秩序的监管[④]。主体为特殊主体即证人、鉴定人、记录人、翻译人。主观罪过为故意,应为直接故意,动机不影响认定。

(二) 行为、主体、故意

伪证行为须发生在刑事诉讼过程中,即指从立案、侦查、起诉和审判的整个过程中。作伪证的"虚假证明、鉴定、记录、翻译",理论上也称其为"虚假陈述"或"虚伪陈述"[⑤]。"虚假"包括"无中生有"的捏造和"将有为无"的隐瞒。如何判断是否"虚

---

① 05.05.13《赌博案件解释》。

② 14.03.26《利用赌博机开设赌场的意见》。

③ 14.03.26《利用赌博机开设赌场的意见》,"情节严重""情节特别严重"的情形,参见具体规定。

④ 亦有观点认为本罪法益包括对人身权利侵害(陷害)的见解。参见王作富主编:《刑法分则实务研究》(下),中国方正出版社2013年版,第1191页。本罪还有包庇他人的情况,这很难说对人身权利法益有侵害,所以,只有国家刑事司法秩序是陷害、包庇行为都侵害的法益。

⑤ 陈述包括以文字表达的证据。

假”,国外理论上有不同学说。只要按照自己的记忆进行陈述,即便与客观事实不符,也不是虚假的;相反,不按照自己记忆陈述,即便与客观事实相符,也是虚假,这是主观说。客观说则认为,应以陈述与客观事实相符才不是虚假[①]。折中说认为,违反记忆且不符合客观事实的陈述是虚假,如违反自己记忆但符合客观事实的,不可能妨害司法活动,不为虚假;如符合自己记忆但与客观事实不符,则并无伪证故意,也不可能构成犯罪;只有违反自己记忆且不符合客观事实的陈述,才是虚假[②]。本书认为,折中说较为合理。“与案件有重要关系的情节”作伪证,是指对案件做出结论(含影响实体结论与适用程序的结论)有重要影响的事实作伪证[③]。至于最终是否影响到案件的结论,在所不问。

主体是特殊主体,即证人、鉴定人、记录人、翻译人。被告人、嫌疑人的供述和陈述当然也是证据,也会影响案件结论,但所作虚假供述和陈述的,因缺乏期待可能性,不应视为本罪主体。

主观罪过为故意,必须具有“意图陷害他人或者隐匿罪证”的目的。过失造成证明、鉴定、记录、翻译与客观事实不符的“伪证”效果,不能构成本罪。

(三)伪证罪与诬告陷害罪[④]的关联

捏造事实诬告陷害他人,意图使他人受刑事追究,情节严重的行为,构成诬告陷害罪。本罪主体为自然人一般主体,主观上为直接故意,动机不影响认定。诬告他人犯罪,与伪证罪的意图陷害他人在性质上相通,但诬告陷害通常只是引起刑事诉讼的原因,并不直接影响案件结论。但在案件进入刑事诉讼程序后(立案),诬告者的身份从“举报人”转换为“证人”,符合本罪主体身份,如果坚持自己虚假告发而不改,也足以造成对案件结论的影响。该种情形下,因先后实施诬告与伪证行为,侵害法益不完全相同,应予以并罚。

(四)伪证罪与辩护人、诉讼代理人毁灭证据、伪造证据、妨害作证罪[⑤]的关联

在刑事诉讼中,辩护人、诉讼代理人毁灭、伪造证据,帮助当事人毁灭、伪造证据,威胁、引诱证人违背事实改变证言或者作伪证的行为,构成辩护人、诉讼代理人毁灭证据、伪造证据、妨害作证罪。本罪主体为特殊主体,即辩护人、诉讼代理人,基于第307条第3款规定,主体包括司法工作人员。本罪主观上是故意,动机不影响认定。司法工作人员犯本罪的,从重处罚。可以形成与徇私枉法罪的想象竞合犯。

所谓“毁灭”,即破坏证据使之消失;“伪造”,即指编造、捏造证据的行为。除辩

---

① 黎宏教授持客观说。参见黎宏:《刑法学各论》,法律出版社2016年版,第398—399页。

② 参见张明楷:《刑法学》(下),法律出版社2016年版,第1081—1082页。

③ 张明楷教授认为,伪证不限于作为,如对自己记忆中事项的全部或部分保持缄默,使整体上的陈述成为虚假陈述的,是不作为的伪证罪;如只是单纯保持缄默,不成立伪证罪。参见张明楷:《刑法学》(下),法律出版社2016年版,第1081页。如果自始至终保持缄默,的确不能构成伪证罪,但如何确定既作了证,又对事项的全部或部分保持缄默,使得整体上的陈述成为虚假陈述,很难以把握。

④ 我国《刑法》第243条。

⑤ 我国《刑法》第306条。

护人、诉讼代理人毁灭、伪造证据,或帮助当事人毁灭、伪造证据,可以构成犯罪之外,威胁、引诱证人违背事实改变证言或者作伪证的行为,也足以对案件结论造成重大影响[①]。至于最终是否影响到案件结论,在所不问。在该种情形下,证人仍然是符合伪证罪主体的身份,也明知自己是作伪证,因此,不影响犯罪成立,只需考察被威胁、引诱的证人有无不作伪证的期待可能性,以此来决定是否可以从轻处罚。同时,辩护人、诉讼代理人威胁、引诱证人违背事实改变证言或者作伪证的行为,事实上与作伪证的行为人形成共犯(辩护人、诉讼代理人无证人身份,故为无身份者与有身份者共犯)关系。辩护人、诉讼代理人的行为既触犯本罪,也触犯伪证罪,系法条竞合犯,应以特别法条的辩护人、诉讼代理人毁灭证据、伪造证据、妨害作证罪处罚[②]。

(五)伪证罪与妨害作证罪[③]的关联

以暴力、威胁、贿买等方法阻止证人作证或者指使他人作伪证的,构成妨害作证罪。本罪主体为自然人一般主体,主观罪过为直接故意。本罪可以发生在任何一种性质的司法诉讼活动过程中[④],即刑事诉讼、民事诉讼以及行政诉讼。司法工作人员犯本罪的,从重处罚。可以形成与徇私枉法罪、民事、行政枉法裁判罪的想象竞合犯。

妨害作证罪主体的范围,是个很有争议的问题,也即案件的"当事人"是否可以构成本罪。例如有观点认为,刑事案件的被告人、犯罪嫌疑人采取非法手段妨害作证的,可以构成犯罪[⑤]。张明楷教授则认为,如果采取非暴力方法(如劝阻、请求),因缺乏期待可能性,不能以犯罪论处;如采取暴力、威胁、贿买的,并不缺乏期待可能性,应该构成犯罪[⑥]。也有全面肯定当事人为犯罪主体的观点[⑦]。如果从条款罪状看,对主

---

① 有观点认为,本罪毁灭证据、伪造证据,主要是为实现包庇,这是与伪证罪还有陷害他人的区别。参见王作富主编:《刑法分则实务研究》(下),中国方正出版社 2013 年版,第 1203 页。本书认为,这一见解并无事实根据,毁灭被告人、嫌疑人无罪证据、伪造被告人、嫌疑人有罪的证据,同样构成犯罪。

② 如果从支配关系的角度看,辩护人、诉讼代理人相对于证人而言,无论从意思和行为方面都处于优势支配地位,证人不过是其实现影响案件结论的工具,因此,如果不从共同犯罪理论看,辩护人、诉讼代理人是伪证罪的间接正犯,也是能够成立的。问题主要在于,对这种妨害刑事诉讼的行为已经单独设立了罪名,无须以伪证罪论处更能凸显出具有特殊法律地位(从业)人员妨害司法活动的危害。

③ 我国《刑法》第 307 条。

④ 有观点认为,本罪不能适用于仲裁活动中的妨害作证行为,因仲裁机构不具有国家机关的性质,但应该可以适用于人民法院非诉案件(如民事案件的特别程序)。此类非诉案件一般实行一审终审制,判决不具有既判力(实质确定力)。即如果发现判决在认定事实或适用法律方面有错误,或者是出现了新情况、新事实,不能按照再审程序对该判决提起再审,原申请人及其他有关人员可以重新申请,请求法院依照非讼程序做出新判决,并撤销原判决。因实质上妨害了司法活动,因此,可以构成犯罪。但有对国际贸易争端解决的非诉程序,因无国家司法权介入,发生妨害作证的行为,不能构成犯罪。参见王作富主编:《刑法分则实务研究》(下),中国方正出版社 2013 年版,第 1208 页。本书认为,这仅指在国内法的范围内不能构成伪证罪。

⑤ 参见周道鸾、张军主编:《刑法罪名精释》(下)人民法院出版社 2013 年版,第 767 页。

⑥ 参见张明楷:《刑法学》(下),法律出版社 2016 年版,第 1086 页。

⑦ 参见王作富主编:《刑法分则实务研究》(下),中国方正出版社 2013 年版,第 1207—1208 页。

体并无特别限制条件。

从现实看，不仅仅是刑事案件当事人，民商事诉讼案件、行政诉讼案件中当事人妨害（司法）活动作伪证（如伪造、变造证据、隐匿证据、贿买证人作伪证。一般在民商事案件、行政诉讼案件中，妨害作伪证被发现的，也因本罪主体范围不甚明了，或者对伪证不予采信，或者干脆不了了之）逐渐成为一种“司法中的常态”。当事人因违法成本低，造成伪证充斥诉讼每个环节的现象并非鲜见。本书认为，当事人自己作伪证，可能存在需要考虑期待可能性（趋利避害是人的本性），但这与何种性质的诉讼案件并不直接关联。但是，当事人以非法手段（不限于只是以暴力、胁迫或贿买）通过他人的行为妨害司法活动，无论从哪个角度说，都不需要考虑期待可能性。原因在于，诉讼是当事人的自我选择①，并自愿接受诉讼裁判结论的利害结果，以及对自己的拘束，因此，诉讼并不是非正常情况，不存在通过期待可能性考察是否具有适法行为的可选择性。国家也不可能允许以非法手段陷他人于不法为代价，给予以非法手段维护自己利益的人这种特权。因此，本书认为，本罪主体理应包括所有诉讼“当事人”，且不应排除刑事诉讼的被告人、犯罪嫌疑人。

“暴力”，可以包括致人轻伤但不能包括致人重伤、死亡，否则应以故意杀人、故意伤害罪论处；“威胁”，不要求达到使他人不敢反抗程度，威胁的具体内容，不影响认定；“贿买”，即以金钱、财物、利益收买。“等方法”，是指除了“暴力、威胁、贿买”之外，能够达到满足证人在违背客观事实的前提下，不作证或作伪证的所有方法。上述行为是否造成妨害作证结果，在所不问。“阻止证人作证”，是指阻止证人就所知、所了解的案件情况向司法机关作证（口头、书面、提交物证等）；“指使他人作伪证”，是指唆使、指示，包括可以具体提供协助他人作出违背客观事实的证言、意见、鉴定结论、勘验勘察记录等书证、物证。在证人坚持作证或拒绝作伪证的情况下，对证人进行打击报复的②，触犯《刑法》第 308 条打击报复证人罪，不具有竞合或牵连关系，应实行并罚。

上述妨害作证行为如果在刑事诉讼过程中，则与伪证罪有关联。如从刑事诉讼程序启动而言，本书认为妨害作证行为不应限于立案侦查后，而应提前。原因在于，从实践而言，只有在初查证据证实确有犯罪事实时，才予以立案，而非报案就立案。换言之，以暴力、威胁、贿买等方法阻止证人作证或者指使他人作伪证的行为，在报案之前就可以实施（例如，报案前帮助伪造、变造证据），而非必须等待立案侦查后。此外，这里的“证人”不是狭义上的证人，应包括刑事诉讼中的证人、鉴定人、记录人、翻

---

① 刑事诉讼是国家的强制命令，实行国家职权干预、职权进行主义，被告人、犯罪嫌疑人没有选择权，但从另一个角度说，既然选择了犯罪，也就选择了接受国家的职权干预、职权进行主义，仍然可以看作是当事人的自我选择。因此，除少数特别案件，如为挽回自己损失持有，使用假币，自己毁灭、隐瞒共同犯罪证据，被胁迫犯罪，对亲属犯罪毁灭证据，对亲属的窝藏、包庇等犯罪，可能还需要考虑期待可能性问题。妨害作证罪无论从哪个角度说，都不具有期待可能性问题。

② 在一般意义上，打击报复就是以敌对态度，对相对人实进行压制、刁难或陷害的行为，如侮辱、漫骂、威胁、殴打；在工作中刁难、降级、减少薪金、解除职务、开除等。该罪对打击报复手段虽然没有限制，但显然不能以杀人、伤害的行为打击报复，否则应按照相应犯罪论处。

译人。基于《刑法》第307条第3款规定,主体包括司法工作人员。

原则上,被暴力、威胁、贿买被指使作伪证的证人,符合伪证罪主体身份(没有去作证,当然也会对案件结论造成影响,但事实上没有作证,也就不符合伪证罪主体,不能构成犯罪),是否应该以伪证罪追究责任?本书认为,在暴力、威胁下,涉及"证人"重大利益时被迫作伪证的,缺乏期待可能性,视伪证情节可以从轻处罚;对被贿买而作伪证的,应该以伪证罪追究责任,且不应视为有从轻处理情节。同理,以暴力、威胁、贿买指使作伪证的行为人,与实施伪证行为的证人成立共犯(实施暴力、威胁、贿买指使作伪证的行为人无证人身份,形成无身份者与有身份者共犯)关系,既触犯该罪,也触犯伪证罪,系法条竞合犯,应以特别法条的妨害作证罪处罚。

(六)伪证罪、妨害作证罪与帮助毁灭、伪造证据罪[①]的关联

帮助毁灭、伪造证据罪,是指帮助当事人毁灭、伪造证据,情节严重的行为。本罪主体为自然人一般主体,主观上为直接故意,动机不影响认定。本罪同样可以在任何诉讼过程中实施[②]。"帮助",包括为当事人出谋划策、提供各种便利条件,也包括伙同当事人一起实施毁灭、伪造证据的行为。"当事人",是指参与诉讼且诉讼结果对其有影响和拘束力的所有人。有学者归纳为:刑事诉讼中的被害人、自诉人、犯罪嫌疑人、被告人、附带民事诉讼原告与被告;民事诉讼中的原告、被告、共同诉讼人、诉讼代表人和第三人;行政诉讼中的原告、被告、共同诉讼人、诉讼代表人和第三人[③],是当事人。"毁灭",即破坏证据使之消失[④];"伪造"即指编造、捏造证据。

本罪与妨害作证罪同为在任何诉讼活动中都可以实施的犯罪,但原则上本罪与伪证罪、妨害作证罪并不直接关联。原因在于,刑事案件中的证人、鉴定人、记录人、翻译人并非"当事人",(任何)诉讼中的证人也不是"当事人",也就是说,帮助刑事案件中的证人、鉴定人、记录人、翻译人毁灭、伪造证据的,帮助(以暴力、威胁、贿买等方法)指使作伪证者毁灭、伪造证据的,并不触犯帮助毁灭、伪造证据罪,应直接按照伪证罪或妨害作证罪的共同犯罪,追究其刑事责任。辩护人、诉讼代理人提供、出示、引

---

① 我国《刑法》第307条第2款。

② 在民事诉讼中毁灭、伪造证据引起诉讼触犯虚假诉讼罪可视为"当然行为",不需要并罚,以虚假诉讼罪论处。

③ 参见王作富主编:《刑法分则实务研究》(下),中国方正出版社2013年版,第1212—1213页。

④ 从词义上说,"毁灭"是指物理性地使证据消失,严格来说不能将"隐匿"证据包括在其中。但是,相关法律对隐匿证据的行为,明文规定要追究刑事责任。如我国《刑事诉讼法》第44条规定:"辩护人或者其他任何人,不得帮助犯罪嫌疑人、被告人隐匿、毁灭、伪造证据或者串供,不得威胁、引诱证人作伪证以及进行其他干扰司法机关诉讼活动的行为。违反前款规定的,应当依法追究法律责任,辩护人涉嫌犯罪的,应当由办理辩护人所承办案件的侦查机关以外的侦查机关办理。辩护人是律师的,应当及时通知其所在的律师事务所或者所属的律师协会。"因此,有观点主张将"隐匿"包含在"毁灭"概念中。参见王作富主编:《刑法分则实务研究》(下),中国方正出版社2013年版,第1213页。本书认为,如果将"隐匿"包含在"毁灭"概念中,明显属于对当事人不利的扩张解释,有悖罪刑法定原则。这不是通过司法解释能够解决的问题,需要从立法上予以修正。目前,对刑事诉讼中帮助(非当事人的)证人、鉴定人、记录人、翻译人隐匿证据的,可以伪证罪共犯论处。

用的证人证言或者其他证据失实，不是有意伪造的，不属于伪造证据[1]。

(七) 伪证罪的刑事责任

犯本罪，处3年以下有期徒刑或者拘役；情节严重的，处3年以上7年以下有期徒刑。

十四、虚假诉讼罪

(一) 虚假诉讼罪的概念和法益

虚假诉讼罪，是指以捏造的事实提起民事诉讼，妨害司法秩序或者严重侵害他人合法权益的行为。本罪的法益仍然是司法活动秩序以及司法活动的权威性。这类以伪造证据等通过行使诉讼权，经司法裁判而侵害对方当事人的合法权益（通常是财产利益），理论上称为"诉讼诈骗"或"三角诈骗"，司法裁判机构是被作为诈骗的工具使用，同时也是对受害人财产作出处分决定的一方，在使得受害人利益被侵害起到不可或缺的作用。对这种违法模式，学界一直呼吁应立法以诈骗罪论处，但刑法修订时没有采纳这种意见。将该行为归于妨害司法活动的犯罪，表明仍然以保护司法活动为主要法益。只是在通过虚假诉讼（当然是在胜诉）的情况下，"非法占有他人财产或者逃避合法债务，又构成其他犯罪的，依照处罚较重的规定定罪从重处罚"。所以，单纯只是虚假诉讼的，只能构成本罪，即便在诉讼中被发现实施虚假诉讼的，也不能视为是诈骗罪的预备行为。这在理论上多少都有些困惑。因为从实际实施民事诉讼而言，多数民事纠纷都是与财产利益有关[2]。本罪主体为实施虚假诉讼之人，包括自然人一般主体和单位，主观上是直接故意，动机不影响认定。

(二) 范围、行为

根据立法规定，只是在民事诉讼中提起虚假诉讼[3]才构成本罪。"捏造的事实提

---

① 我国《刑法》第306条第2款。

② 民事受案范围主要有三类：第一类是由受民法调整的民事主体间的财产关系和人身关系所引起的纠纷，第二类是由受劳动法调整的劳动关系所引起的依法应适用《民事诉讼法》审理的劳动争议纠纷，第三类是法律规定的适用《民事诉讼法》审理的其他纠纷或事项。由此可见，民事纠纷主要涉及的是财产性利益，但是为何只有在"非法占有他人财产或者逃避合法债务"时，才可能涉及构成诈骗罪、侵占罪等？本书认为，一方面现立法机关不愿意承认依法进行的司法裁判活动是受到欺骗；另一方面，也是不排除在虚假诉讼活动中，有司法人员明知虚假而参与，或者是当事人双方恶意串通提起民事诉讼，司法裁判机构并非是受骗而裁决，如果直接按照诈骗、侵占罪定罪处罚，始终需要将司法裁判机关置于被利用的工具地位，这当然对司法机关有不当评价之处。

③ 2016年6月20日最高人民法院发布实施的《关于防范和制裁虚假诉讼的指导意见》（法发〔2016〕13号）（以下简称《防范和制裁虚假诉讼》）第1条指出："虚假诉讼一般包含以下要素：(1) 以规避法律、法规或国家政策谋取非法利益为目的；(2) 双方当事人存在恶意串通；(3) 虚构事实；(4) 借用合法的民事程序；(5) 侵害国家利益、社会公共利益或者案外人的合法权益。"

起民事诉讼”是指以不存在的事实为依据,提起民事诉讼。[①] 这主要是通过伪造相关证据,物证、书证、证言等而提起,或者双方或者与他方恶意串通(实务中主要是为逃避合法债务)提起民事诉讼。在后一种情况下,证据不一定是伪造、变造的,也可能相关的文书、证据本身是真实(客观性)[②],但提起诉讼的事实是虚假的[③]。提起虚假刑事自诉或行政诉讼,不构成本罪。“民事诉讼”,应包括所有依法审理和解决的民事纠纷,在行政诉讼、刑事诉讼中附带民事诉讼捏造事实提起诉讼的,不影响本罪的成立[④]。这是因为附带民事诉讼是单独之诉,不因主诉成立而成立[⑤]。例如,提起诽谤的刑事自诉,即便法院认定诽谤不构成犯罪,也不妨碍支持对侵权行为要求民事赔偿的诉求,仍然可以就民事赔偿进行裁决。这就是独立之诉可以成立的依据。从本罪的设置而言,是为保护正常的民事审判的司法秩序,只要提起的诉讼是虚假的,就是侵害到司法秩序,一旦法院受理案件,就存在有利于提起诉讼者裁判的可能性,而非依据裁判结果才认定是否严重妨害司法秩序。因此,提起虚假刑事自诉或行政诉讼只要附带民事诉讼的,不应影响本罪的成立。本罪是行为犯,只要提起虚假民事诉讼,法院只要立案就是既遂。

(三) 虚假诉讼罪与其他妨害司法犯罪的关联

虚假诉讼行为人同时具有妨害作证行为,可以视为当然的手段行为(也可以理解为事前行为),已经提起虚假诉讼的,无须独立考察其违法性,可一并在虚假诉讼罪中作为情节考虑;对尚未提起虚假民事诉讼的,是否可能构成犯罪?本书认为,第一,从民事诉讼的提起而言,虽然法院只是对诉状作形式审查,符合起诉条件要求的,就可以立案,但是实质进入诉讼阶段,仍然是以证据为先导,没有证据,下一阶段的诉讼启动无从谈起,因此,证据的收集整理原本就是在诉讼程序启动之前,不能限于诉讼程

---

① 根据《防范和制裁虚假诉讼》第2条的规定,以下情况有实施虚假诉讼的可能性:“(1) 当事人为夫妻、朋友等亲近关系或者关联企业等共同利益关系;(2) 原告诉请司法保护的标的额与其自身经济状况严重不符;(3) 原告起诉所依据的事实和理由明显不符合常理;(4) 当事人双方无实质性民事权益争议;(5) 案件证据不足,但双方仍然主动迅速达成调解协议,并请求人民法院出具调解书。”

② 如恶意串通隐瞒已经偿还债务的证据,以当初借贷证据起诉,以逃避对他人的合法债务。证据本身就是真实的,但诉讼是虚假的。

③ 虚假仲裁不能构成本罪,因为仲裁机构非国家司法机关。我国《仲裁法》第14条明确规定:“仲裁委员会独立于行政机关,与行政机关也没有隶属关系。”所以,虽然仲裁裁决具有与法院判决同等的效力,但不能不依据国家强制力保障执行。一般而言,如果虚假仲裁的结果对提起虚假仲裁者是有利的,相对方也不可能基于该仲裁结果而履行义务并造成财产损失,因此,虚假仲裁的行为尚不能以犯罪论处。但如果虚假仲裁者与仲裁员有共谋的,则可以构成枉法仲裁罪的共犯。

④ 参见张明楷:《刑法学》(下),法律出版社2016年版,第1092页。

⑤ 例如,侵入他人计算机系统伪造他人诽谤自己的言论并在网络上传播的事实,提起刑事自诉并附带民事赔偿,那么,审理的结果可能存在两种情况:一是法院裁决认可诽谤成立,无论是否做出有罪判决,只要依据该事实做出有利于自诉者的民事裁判,当然可以构成本罪(从独立之诉的角度看,这是民事诉讼);二是审理中审查出诽谤事实是虚构的,既不支持其刑事自诉的诉求,当然民事赔偿诉求也不可能得到支持,是否还应以虚假诉讼罪追究刑事责任?这才是问题的关键。

序启动后才能够实施妨害作证行为。第二,不排除虚假民事诉讼标的是巨大的,判决、裁定可能造成的财产损失也会非常严重①,因此,行为人在提起虚假诉讼之前实施妨害作证行为,对司法秩序的破坏,既应考虑提起虚假诉讼本身的情节(如具有共犯的情况),也应当考虑虚假诉讼的标的,以及人民法院投入的司法成本。因此,本书认为,不应排除行为人在尚未提起虚假诉讼前实施妨害作证行为具有可罚性。

虚假诉讼罪有共同犯罪成立的余地。教唆第三者以暴力、威胁、贿买等方法阻止证人作证或者指使他人作伪证,帮助提起虚假诉讼者(不影响第三者可以单独构成妨害作证罪);教唆第三者帮助虚假诉讼者毁灭、伪造证据(不影响第三者可以单独构成帮助毁灭、伪造证据罪),是妨害作证罪、帮助毁灭、伪造证据罪的教唆犯,同时也是虚假诉讼实行者的共同犯罪人,是一行为触犯数罪名的想象竞合犯,应按照本罪的共犯处罚;帮助行为人准备虚假诉讼的证据、材料(帮助伪造证据)、教唆行为人提起虚假诉讼的,是本罪的教唆犯、帮助犯,应以本罪共犯论处。

(四)非法占有他人财产或者逃避合法债务,又构成其他犯罪的,依照处罚较重的规定定罪从重处罚

这是指通过伪造证据等欺骗法官做出有利于虚假诉讼者的裁决,进而通过执行程序占有他人财产,或者逃避合法债务,造成他人财产损失的结果发生。因此,该款规定是结果犯的要求。"又构成其他犯罪",主要是指诈骗类犯罪(包括普通诈骗罪和特殊类型诈骗罪)、侵占罪。在一般意义上,诈骗罪当然是指欺骗行为使得相对方受到欺骗而自愿处分财物,而通过虚假诉讼获得相对方财物或者逃避合法债务,相对方并没有陷于错误认识而主动处分财物,受到欺骗的是做出有利于虚假诉讼者裁判的法官,故而有"三角诈骗""诉讼诈骗"之说。但这一前提是法官受到欺骗,依法裁判的法官并无责任。

问题是,如果法官明知是虚假诉讼而又做出有利于虚假诉讼者的裁判,如何处理?是否还适用"又构成其他犯罪的,依照处罚较重的规定定罪从重处罚"?本书认为,仍然适用该款规定②。法官当然构成民事、行政枉法裁判罪(有受贿行为的,也触犯受贿罪,依法从一重罪论处③,行贿的虚假诉讼者同时构成行贿罪)。从虚假诉讼的裁判结果而言,造成受害者财产损失,非经枉法裁判不能做到,因此,法官居于"又构成其他犯罪的"主导地位,是主犯,但也无法排除提起虚假诉讼者可以(可因行贿而居于)主导裁判结果有利于自己,亦可是主犯。因此,无关涉案财产损失的大小,原则上以想象竞合犯从一重罪论处是可行的,即"依照处罚较重的规定定罪从重处罚"。

---

① 虽然可以通过再审程序重新判决或裁定执行回转(再执行),但造成的损害是现实的。

② 有对虚假诉讼者和法官以"民事、行政枉法裁判罪"与相关财产犯罪(盗窃罪)的想象竞合犯从一重罪处罚的观点。参见张明楷:《刑法学》(下),法律出版社 2016 年版,第 1093 页。

③ 我国《刑法》第 399 条第 4 款。

对虚假诉讼者而言,以普通诈骗罪为例,普通诈骗罪的法定最高刑为无期徒刑,本罪法定最高刑只有7年有期徒刑,从最高刑看是普通诈骗罪重,但两罪的起刑相同,都是3年以下[①]有期徒刑,虚假诉讼者仍有按照本罪处罚的可能性,那么,枉法裁判的司法人员,有以共犯定罪处罚的可能性。

对司法人员(包括其他人司法人员利用职权介入虚假诉讼——如法官的领导)而言,做出有利于虚假诉讼者的裁判(当然是故意违背事实和法律作枉法裁判),触犯民事、行政枉法裁判罪,无论法官是否受贿或接受教唆而枉法裁判,都触犯虚假诉讼罪,仍然属于想象竞合犯。但依据我国《刑法》第399条第4款的规定,有民事、行政枉法裁判行为,同时又构成受贿罪的,依照处罚较重的规定定罪处罚。那么,也就不排除司法人员只以受贿罪定罪处罚的可能性。在此情况下,虚假诉讼者是没有按照受贿罪共犯处罚的可能性的。

基于上述分析,在能够以虚假诉讼者构成的重罪的前提下,司法工作人员有以其共犯处罚的余地,但在司法人员只能以受贿罪论处的情形下,以各自论罪为宜。

(五)虚假诉讼罪的刑事责任

犯本罪,处3年以下有期徒刑、拘役或者管制,并处或者单处罚金;情节严重的,处3年以上7年以下有期徒刑,并处罚金。单位犯本罪的,对单位判处罚金,并对其直接负责的主管人员和其他直接责任人员,依照前款的规定处罚。犯本罪,非法占有他人财产或者逃避合法债务,又构成其他犯罪的,依照处罚较重的规定定罪从重处罚。司法工作人员利用职权,与他人共同实施前三款行为的,从重处罚;同时构成其他犯罪的,依照处罚较重的规定定罪从重处罚。

十五、泄露不应公开的案件信息罪

(一)泄露不应公开的案件信息罪的概念和法益

泄露不应公开的案件信息罪,是指司法工作人员、辩护人、诉讼代理人或者其他诉讼参与人,泄露依法不公开审理的案件中不应当公开的信息,造成信息公开传播或者其他严重后果的行为。本罪的法益,是国家对司法活动的监管和国家利益,以及当事人的合法权益。本罪的主体是自然人特殊主体,即司法工作人员、辩护人、诉讼代理人或者其他诉讼参与人。主观上是故意。本罪系泄露国家秘密罪的特别表现形式。

---

① 根据1998年1月13日最高人民法院公布实施的《关于适用刑法第12条几个问题的解释》(法释〔1997〕12号)(虽然是对刑法溯及力的解释,但对有关处刑轻重的比较方法是同样适用的)规定,处刑轻重是指对于同一性质的犯罪行为,在法律规定的罪状不变的条件下,法律所规定的法定刑的轻重比较而言,不是指对犯罪行为应该判刑的轻重进行比较。

（二）不公开审理案件、行为、违法阻却、罪过

根据《刑事诉讼法》和相关法律规定，绝对不公开审理的案件是有关国家秘密或者个人隐私（阴私）的案件；相对不公开审理的案件是涉及商业秘密的案件（当事人申请不公开审理的，可以不公开审理），审判的时候被告人不满18周岁的案件，不公开审理（但是，经未成年被告人及其法定代理人同意，未成年被告人所在学校和未成年人保护组织可以派代表到场[①]）。“不公开审理”是法院审理阶段的概念，有些案件还需要当事人申请才能够确定是否为不公开审理的案件。但是这并不意味着只有进入法院审理阶段，法院宣告该案件为不公开审理的案件后，司法工作人员、辩护人、诉讼代理人或者其他诉讼参与人，才不得泄露不公开审理的案件中不应当公开的信息。应该说，只要属于不公开审理的案件（包括法律规定需要经申请不公开审理的案件），无论是否经法院宣告，只要相关人员一经接触“不应当公开的信息”，就负有保密义务而不得泄露。“不应当公开的信息”[②]是指对国家、当事人权益有重大影响的相关信息。除国家秘密、个人隐私、未成年人相关的所有信息、商业秘密之外，根据《刑事诉讼法》的相关规定，危害国家安全犯罪、恐怖活动犯罪、黑社会性质的组织犯罪、毒品犯罪等案件，证人、鉴定人、被害人因在诉讼中作证，本人或者其近亲属的人身安全面临危险的，人民法院、人民检察院和公安机关已经采取了一项或者多项保护措施的信息，也属于不应当公开的案件信息。即：（1）不公开真实姓名、住址和工作单位等个人信息；（2）采取不暴露外貌、真实声音等出庭作证措施的信息；（3）禁止特定的人员接触证人、鉴定人、被害人及其近亲属的信息；（4）对人身和住宅采取专门性保护措施的信息；（5）其他必要的保护措施的信息。证人、鉴定人、被害人认为因在诉讼中作证，本人或者其近亲属的人身安全面临危险的，向人民法院、人民检察院、公安机关请求予以保护（的情形）的信息，也应当属于不应当公开的信息。当然，这类信息并非需要永远处于隐秘状态。不过，有的案件即便终审已经发生效力，也有不应当公开的信息，如果泄露，不阻却违法性：（1）涉及国家秘密的[③]；（2）因证人、鉴定人、被害人因在诉讼中作证，本人或者其近亲属的人身安全面临危险的[④]；（3）终审发生法律

---

① 未成年人的“代表”虽然并不能在法庭上发表意见，但从维护未成年人的权益出发，如果法庭允许“代表”为维护未成年人合法权益发表意见的，也应该视为是“其他诉讼参与人”。

② 对司法活动中的司法人员的不正当行为信息的披露，是监督的权利的行使，不得认为这属于“不应当公开的信息”。

③ 涉及国家秘密的信息，可能永远都不能公开，或者需要很久的时间，才可能公开。这不是单纯的法律问题或人权问题，而是涉及国家安全，不应该纯粹从法律角度去理解。2015年9月20日最高人民法院、最高人民检察院、公安部、国家安全部、司法部联合发布的《关于依法保障律师执业权利的规定》第14条第4款规定：“辩护律师查阅、摘抄、复制的案卷材料属于国家秘密的，应当经过人民检察院、人民法院同意并遵守国家保密规定。律师不得违反规定，披露、散布案件重要信息和案卷材料，或者将其用于本案辩护、代理以外的其他用途。”

④ 这当然是从保护当事人人身安全的角度考虑。

效力,但当事人仍然不满18周岁[①]。所以,不公开审理的案件审理完毕作出判决,司法工作人员、辩护人、诉讼代理人或其他诉讼参与人,仍然负有谨慎的保密义务,不得泄露。但应该注意到,现阶段我国有关部门制定的行业规则,似乎扩大了"不应当公开信息"的范围[②]。

"泄露"是指使不应该知悉的人知道。以何种方式、方法泄露,不影响认定。值得注意的是,诉讼参与人[③]是包括"当事人"的(包括刑事案件被告人)。如不涉及绝对不公开审理的案件,因担心不能得到公正判决(或意图对审判机关施加压力),自己或请辩护人、诉讼代理人或者其他诉讼参与人,公开某些不应当公开的信息行为,如何认定?法律规定不应当公开信息,一方面是为了维护诉讼秩序,另一方面为了保护诉讼参与人的个人权益,特别是案件当事人。但是,如果在不涉及对诉讼秩序公法益侵害的前提下(如没有披露庭审情况及合议庭组成人员),自愿放弃对自己个人法益的保护,就不应认为对司法活动有妨害,应该阻却违法性(例如,受律师事务所聘请,承办案件的律师介绍案情,学者对案件进行研讨的),不宜作为犯罪处理。

"造成信息公开传播",是指因"泄露"使得不应当公开的信息,在较大范围内为社会公众所知悉并流传。但"造成"信息公开传播的结果,不是因行为人的"泄露"行为直接造成的,应该是由获得不应当公开信息的他人的"披露、报道"行为所造成[④]。"其他严重后果",是指因信息泄露而给利益相关者所带来的严重损失。如国家秘密的泄露,可能造成危害社会稳定、经济发展、国防安全或者其他严重危害后果;诉讼参与人的个人隐私为他人所知悉,导致其名誉、人格遭到贬损,甚至引发自伤、自杀等严重后果;商业秘密为他人所知悉,给商业秘密所有者带来严重的经济损失的等。不应当公开信息,如果是国家秘密,泄露行为同时触犯泄露国家秘密罪,为法条竞合犯,应依照故意泄露国家秘密罪定罪处罚。

本罪的主观罪过可以是直接故意和间接故意,动机不影响认定,但过失泄露的,是否可以构成犯罪?从刑法对泄露国家秘密的行为区分"故意泄露"和"过失泄露"来看,本罪中泄露不应当公开的案件信息并未有过失泄露的规定。因此,应限于故意

---

① 当事人年满18周岁以后不愿公开此案件信息的,泄露者可能触犯侮辱罪、侵犯公民个人信息罪等。换言之,当事人的利益也是本罪保护的法益。

② 中华全国律师协会《律师执业行为规范》(律发通〔2018〕58号)第53条规定:"委托人知情并签署知情同意书以示豁免的,承办律师在办理案件的过程中应对各自委托人的案件信息予以保密,不得将与案件有关的信息披露给相对人的承办律师。"本书认为,案件承办律师违反行业规范,未履行保密义务的,不应成为入罪的依据。

③ 享有诉讼权利负有诉讼义务的人,是诉讼参与人,不包括不享有诉讼权利的国家专门机关的工作人员(如法官、书记官)。刑事诉讼参与人包括:当事人(被害人、自诉人,犯罪嫌疑人、被告人,附带民事诉讼的原告和被告),其他诉讼参与人(法定代理人、诉讼代理人、辩护人、证人、鉴定人和翻译人员);民事诉讼参与人包括:诉讼参加人(原告、被告、共同诉讼人、第三人),诉讼代理人(法定代理人、委托代理人),其他诉讼参与人(证人、鉴定人、勘验人员和翻译人员);行政诉讼参与人包括:诉讼参加人(当事人和诉讼代理人)、证人、鉴定人、勘验人员和翻译人员。

④ 虽然"造成信息公开传播"的结果并非是由行为人的行为直接造成的,但行为人必须对其"泄露"行为承担刑事责任。这仍然可以视为因自己违法在先,需要对他人违法犯罪结果承担刑事责任。

泄露才能构成犯罪,因不谨慎、不注意而泄露不应当公开的信息的,不能构成本罪。但是,不应当公开的案件信息如果属于国家秘密,应构成过失泄露国家秘密罪。

(三) 泄露不应公开的案件信息罪与披露、报道不应公开的案件信息罪[①]的关联

披露、报道不应公开的案件信息罪[②],是指公开披露、报道不公开审理的案件中不应当公开的信息,情节严重的行为。本罪主体是自然人一般主体[③]和单位,主观上为故意,动机不影响认定。"披露"即透露,公开披露也即公开发表、公布,将不应当公开的信息借助一定的工具,透漏给社会公众,以造成传播效果(如印刷传单散发);"报道",是指在各类媒体,如报纸、杂志、广播、电视、网络或以其他形式,通过用书面、广播、视频等形式,将不应当公开的信息发表出来,在社会公众中造成传播效果。"情节严重",应考虑信息的披露、报道对权益者造成的损害。传播面、传播量、传播方式以及对案件审理造成的影响等,应该成为考量的因素。如果不涉及绝对不公开审理的案件,"当事人"自愿放弃对自己个人法益的保护(不涉及对司法诉讼公法益侵害的),请求、允许他人公开披露、报道的,阻却违法性,不应以犯罪论处。

泄露不应公开的案件信息的行为,可以成为披露、报道不应公开的案件信息罪的"助成犯",但泄露不应公开的案件信息罪并未要求"不应当公开的信息",必须来源于参与不公开审理案件的司法工作人员、辩护人、诉讼代理人或者其他诉讼参与人。换言之,当参与不公开审理案件的司法工作人员、辩护人、诉讼代理人或者其他诉讼参与人,违反保密义务泄露"不应当公开的信息"[④],只是促成了行为人实施公开披露、报道不公开审理案件信息行为,因此,两行为人之间并非共同犯罪关系。如果泄露不公开审理案件信息的行为人与公开披露、报道者有通谋,由参与不公开审理案件的司法工作人员、辩护人、诉讼代理人或者其他诉讼参与人,将有关信息交付行为人公开披露、公开报道的,是共同犯罪,应以泄露不应公开的案件信息罪论处。如果泄露不公开审理案件信息的行为人,在自己或他人设立的通讯群组、网站发布信息、文章、评论,泄露不应当公开的信息的,触犯披露、报道不应公开的案件信息罪,属于想象竞合犯,应以泄露不应公开的案件信息罪从重论处。

(四) 泄露不应公开的案件信息罪的刑事责任

犯本罪,处 3 年以下有期徒刑、拘役或者管制,并处或者单处罚金。单位犯本罪的,对单位判处罚金,并对其直接负责的主管人员和其他直接责任人员,依照自然人规定处罚。泄露不公开审理案件信息系国家秘密的,依照故意泄露国家秘密罪定罪处罚。

---

① 《刑法》第 308 条之一第 3 款规定的罚则与泄露不应公开的案件信息罪相同。

② 构成本罪,依照泄露不应公开的案件信息罪的法定刑处罚。

③ 本书认为,本罪的主体并没有将参与不公开审理案件的司法工作人员、辩护人、诉讼代理人或者其他诉讼参与人排除在外,只不过由其实施公开披露行为的,为想象竞合犯。

④ 不应排除参与不公开审理案件的司法工作人员、辩护人、诉讼代理人或者其他诉讼参与人因"过失"泄露而获得"不应当公开的信息"。

十六、窝藏、包庇罪

(一) 窝藏、包庇罪的概念和法益

窝藏、包庇罪,是指明知是犯罪的人而为其提供隐藏处所、财物,帮助其逃匿或者作假证明包庇的行为。本罪的法益,是司法机关的职务活动(包括侦查、起诉、审判、执行职务活动)。本罪主体为自然人一般主体,主观罪过是故意,动机一般不影响认定,但对亲属相隐,在责任上可以考虑从轻(期待可能性问题)。本罪系选择性罪名,可根据具体行为分别适用窝藏罪或包庇罪,也可统一适用窝藏、包庇罪。

(二) 对象、行为、故意

本罪对象为“犯罪的人”,包括审判前的犯罪嫌疑人①,审判中的未决犯以及判决确定后服刑中已决犯。但以什么标准认定是“犯罪的人”,学界观点不一。多数说认为,以司法上被列入刑事侦查对象的人,是“犯罪的人”。因触犯何种罪名而被司法机关追查,以及是否曾被采取强制措施,最终判决是否有罪,并不影响认定。但是,窝藏、包庇的明显只是实施了一般违法行为(如公安机关只是列为一般治安案件)的,不构成犯罪,但是,如侦查机关已经明确将一般治安案件(包括转换为)定性为“刑事案件”的,以及法律另有规定的②,则不影响认定。

“窝藏”,是指为其提供隐匿处所、提供生活所需资金、物质③,或者资助其逃亡、隐藏的行为。“包庇”,是指向司法机关提供假证言、证明,帮助毁灭、伪造证据,掩饰、掩盖其罪行的行为。④ 有学者认为,因《刑法》已经规定帮助当事人毁灭、伪造证据罪,因此包庇行为中不能再包括毁灭、伪造证据的内容,为帮助其逃避制裁而帮助毁灭、伪造证据,应按照帮助当事人毁灭、伪造证据罪论处。⑤ 本书认为,向司法机关提供假证言、证明本身就是在伪造证据,与欲使“犯罪的人”逃避法律追究,还是减轻罪责并无直接关联。如果为使假证据真实,而必须使得真证据消失,就是毁灭证据的话,这也与欲使“犯罪的人”脱罪,还是使得重罪为轻罪,也无直接关联。关键是这种

---

① 是否应该以被依法采取强制措施后的犯罪嫌疑人为限?值得研究。教科书对此问题一般不做特别的讨论。本书持否定观点,只要依法确定是实施了犯罪的犯罪嫌疑人,所实施窝藏、包庇的,不影响认定。

② 我国《刑法》第362条规定:“旅馆业、饮食服务业、文化娱乐业、出租汽车业等单位的人员,在公安机关查处卖淫、嫖娼活动时,为违法犯罪分子通风报信,情节严重的,依照本法第310条的规定定罪处罚。”但本书认为,对查处卖淫、嫖娼等一般治安违法案件,以及一般治安案件性质转化为刑事案件的,侦查机关负有“告知”义务,应避免“不教而诛”。

③ 法律有特别规定的资助不应以本罪论处,如我国《刑法》第107条“资助危害国家安全犯罪活动罪”、第120条之一“资助恐怖活动罪”及第290条第4款“资助他人非法聚集罪”等。

④ 黎宏教授认为,包庇者是以非证人身份向司法机关提供假证明的。参见黎宏:《刑法学各论》,法律出版社2016年版,第409页。规范意义上的确如此,这在与“伪证罪”主体的比较中很有意义。

⑤ 参见王作富主编:《刑法分则实务研究》(下),中国方正出版社2013年版,第1223页;李希慧主编:《妨害社会管理秩序罪新论》,武汉大学出版社2001年版,第257—258页。

观点是经不住推敲的。帮助当事人毁灭、伪造证据罪的法定最高刑只有 3 年有期徒刑，而窝藏、包庇罪法定最高刑为 10 年有期徒刑，无论从哪个方面说，毁灭、伪造证据的行为，也是同时触犯窝藏、包庇罪与帮助毁灭、伪造证据罪的想象竞合犯，如果只能按照后罪处罚，当然有轻纵之嫌。只能构成帮助毁灭、伪造证据罪之说难以成立。此外，2012 年 5 月 16 日最高人民检察院、公安部《关于公安机关管辖的刑事案件立案追诉标准的规定(三)》(公通字〔2012〕26 号)第 3 条第 1 款规定的包庇毒品犯罪分子罪的“包庇”中，有“帮助隐藏、转移或者毁灭证据”的行为，是包庇的表现方式。不能认为包庇毒品犯罪分子罪的包庇与包庇罪的包庇，是不同的概念吧？而且，包庇毒品犯罪分子罪，包庇的对象，是犯“走私、贩卖、运输、制造毒品的犯罪分子”，那么，对其他毒品犯罪分子包庇的，是需要按照“包庇罪”论处的。显然，上述对包庇解释的观点，没有注意到概念的解释，是需要遵循一致性的。

“窝藏”“包庇”，限于向“犯罪的人”本人(包括共同犯罪的人)提供帮助，为使其安心逃亡，对其家庭提供生活资助的，不属于本罪的行为。这里的“窝藏”“包庇”，在法律属性上是一种“帮助”，但不应视为共同犯罪中的“从犯”行为。但根据《刑法》第 310 条第 2 款，犯窝藏、包庇罪，事前通谋的，以共同犯罪论处。所以，窝藏、包庇行为限于在本犯犯罪后，对本犯提供帮助，如果与本犯事前约定事后提供窝藏、包庇帮助的，应以本犯所犯之罪的共同犯罪认定。而且，该种情况下，也不意味着提供此类“帮助”就一定只是从犯，不应排除提供窝藏、包庇的，可以是主犯(如金主雇凶杀人事后的“窝藏”“包庇”，就不得认定为从犯)。

此外，窝藏、包庇行为通常有主动实施的，但不应以此为限定条件。实务中对被迫提供帮助的，是否构成胁从犯，也应该具体分析[①]。胁从犯是胁从本犯犯罪，刑法除对被依法羁押的犯罪嫌疑人、未决犯、已决犯、服刑在逃人员的脱逃行为规定为犯罪[②]外，未依法被采取强制措施的犯罪嫌疑人，在犯罪后逃跑的行为，(因法律不可能期待其不逃避——无期待可能性)，刑法未规定是犯罪，所以，这种性质的逃跑行为，不是在实施新的犯罪[③]。如是，提供的帮助也不是在协助犯罪嫌疑人实施新的犯罪。因此，不能成立胁从犯。对帮助者只应按照本罪处罚而不能从轻。只应该在明知是被依法羁押的犯罪嫌疑人、未决犯、已决犯、服刑在逃人员，提供帮助的范围内，讨论是否成立胁从犯。因这是在协助本犯实施(新的)脱逃犯罪，但也需要具体分析：如果是在没有面临人身安全的重大威胁而提供帮助的，构成胁从犯，但仍然可以考虑期待可能性能否从轻处罚。如果面临对人身安全的重大威胁，不得已提供帮助的，应以无期待可能性的紧急避险看待，不应以犯罪论处。

---

① 参见林亚刚：《刑法学教义》(总论)(第 2 版)，北京大学出版社 2017 年版，第 512 页注释。

② 除脱逃罪外，包括劫夺被押解人员、组织越狱、暴动越狱、聚众持械劫狱中脱逃的犯罪嫌疑人、服刑人员，都属于脱逃人员。

③ 这里的犯罪嫌疑人与已经被依法采取强制措施的犯罪嫌疑人，存在区别。尚未被依法采取强制措施，只是脱离犯罪现场的行为，不能构成任何犯罪；而被依法采取强制措施后的犯罪嫌疑人的逃跑行为，无疑可以构成逃脱罪。

对实务中的"顶包"[①]行为,可否视为"包庇",值得研究。这主要涉及理论上的"亲亲相隐"是否应该出罪。本书认为,对具有亲属关系,特别是直系亲属关系的人而言,要求其配合司法机关追查自己亲属,缺乏期待可能性。虽然在实务中对"期待可能性"理论尚不待见,但应该注意到我国刑事立法(包括相关司法解释)事实上已经有体现该理论的条款。如刑法中的"不可抗力""胁从犯""特别防卫"第241条第6款[②]等。"顶包"行为本质上是"包庇"行为,但本书认为对非严重危害国家安全、社会以及公民重大权益的犯罪,"顶包"行为可以从轻处罚,而对非严重性质、危害程度轻的犯罪,如非重大伤亡的交通肇事行为"顶包",以无期待可能性可以考虑"出罪"或"罪轻"。

本罪主观罪过为故意,以"明知"为必要条件,且应具有帮助脱逃人员逃避法律制裁的故意内容。在不确定"犯罪的人"是否实施了犯罪,仍然提供帮助的,"犯罪的人"的确实施了犯罪的情况下,应构成本罪。受骗提供帮助,不应以犯罪论处。

(三) 窝藏、包庇罪与拒绝提供间谍犯罪、恐怖主义犯罪、极端主义犯罪证据罪[③]的关联

明知他人有间谍犯罪或者恐怖主义、极端主义犯罪行为,在司法机关向其调查有关情况、收集有关证据时,拒绝提供,情节严重的行为,构成拒绝提供间谍犯罪、恐怖主义犯罪、极端主义犯罪证据罪。本罪主体为自然人一般主体,主观上为直接故意,以明知为必要条件,动机不影响认定。"情节严重"主要是指导致案件侦破、起诉以及审判受到严重影响;犯罪人长期不能归案而造成重大国际影响,或使国家安全利益、社会重大利益造成重大损失等。本罪为纯正不作为犯,只要拒绝提供,就成立既遂。本罪虽然同样具有期待可能性问题,但因间谍犯罪或者恐怖主义、极端主义犯罪行为危害国家安全、社会重大利益,因此,不应以"无期待可能性"出罪或轻罚。

拒绝提供间谍犯罪、恐怖主义犯罪、极端主义犯罪证据罪从性质上说,与窝藏、包庇罪相同,均是为了帮助犯罪的人逃避法律制裁。确实不知道犯罪人实施间谍犯罪或者恐怖主义、极端主义犯罪行为,无法提供有关情况或无法配合收集有关证据(从形式上说可以表现为"拒绝提供",但无法提供与拒绝提供有完全不同的性质[④],不应该混淆),当然不能构成本罪。但是,现实中公安机关、国家安全机关工作人员的调查、取证,事实上已经表明被调查对象已经涉嫌犯罪,在该种情形下,行为人即便没有包庇涉嫌犯"间谍犯罪或者恐怖主义、极端主义犯罪"人的故意,也具有包庇"犯罪的人"的故意,是否可以包庇罪追究刑事责任?包庇罪是以"作假证明"而构成,无论是主动出具"作假证明",还是在司法机关要求出具才"作假证明",总之是向司法机关

---

① "顶包"通常发生在具有特殊或特定关系人之间,是指以涉嫌犯罪人之名投案,"冒名顶替"的行为(交通肇事案中较多)。

② "收买被拐卖的妇女、儿童,对被买儿童没有虐待行为,不阻碍对其进行解救的,可以从轻处罚;按照被买妇女的意愿,不阻碍其返回原居住地的,可以从轻或者减轻处罚。"

③ 我国《刑法》第311条。

④ 在完全不知的情况下,是无法提供,而拒绝提供是以明知(确知或知道可能是)为前提的。虽然都表现为"不提供"但本质不同。

提供了假证明。而"拒绝提供",是不履行配合司法机关调查取证的义务(可以说"什么"都没有提供),从这一点而言,就不符合包庇罪的构成要件。因此,其主观上即便有包庇"犯罪的人"的故意,客观上也不符合包庇罪的条件。这只能反思包庇罪构成要件的设置,是否存在缺陷的问题,而不应以扩张解释将该种行为涵盖在包庇罪中,当然,这并不包括公安机关、国家安全机关工作人员的调查、取证时,已经明确告知被调查对象,涉嫌间谍犯罪或者恐怖主义、极端主义犯罪行为的情况。

(四)窝藏、包庇罪与掩饰、隐瞒犯罪所得、犯罪所得收益罪[①]的关联

掩饰、隐瞒犯罪所得、犯罪所得收益罪,是指明知是犯罪所得及其产生的收益而予以窝藏、转移、收购、代为销售或者以其他方法掩饰、隐瞒的行为。本罪主体为自然人一般主体以及单位,主观罪过为故意,动机不影响认定,以"明知是犯罪所得及其产生的收益"[②]为前提条件。"犯罪所得""犯罪所得收益",理论上一般称其为"赃物"[③]。但本罪限于非本犯自己实施掩饰、隐瞒犯罪所得、犯罪所得收益的行为。换言之,本犯掩饰、隐瞒自己的犯罪所得以及犯罪所得收益,不具有可罚性(可以视为"事后不具有可罚性行为"也可以从对本犯不具有"期待可能性"意义上理解)。"犯罪所得",是指直接从被害人处的非法取得,主要是指财物;"犯罪所得收益",是指将犯罪所得(主要是金钱、财物)投入经济活动而产生的孳息(主要是金钱),包括法律已经规定的特定物[④]。

"窝藏"是指提供藏匿犯罪所得及其收益的处所(包括地理位置与虚拟空间位置);"转移"是指移动、搬动、运输犯罪所得及其收益(包括地理位置与虚拟空间位置);"收购"[⑤]主要是指低价购进"赃物"(包括通过互联网收购);"代为销售"是指受托帮助其销售犯罪所得及收益(包括通过互联网售卖);"以其他方法"则是指除上述

---

① 我国《刑法》第312条。请参阅有关本罪的司法解释以及立法解释,如最高人民法院、最高人民检察院《关于办理与盗窃、抢劫、诈骗、抢夺机动车相关刑事案件具体应用法律若干问题的解释》(法释〔2007〕11号),最高人民法院、最高人民检察院《关于办理盗窃油气、破坏油气设备等刑事案件具体应用法律若干问题的解释》(法释〕〔2007〕3号),最高人民法院《关于审理洗钱等刑事案件具体应用法律若干问题的解释》(法释〔2009〕15号),最高人民法院、最高人民检察院《关于办理危害计算机信息系统安全刑事案件应用法律若干问题的解释》(法释〔2011〕19号),最高人民法院《关于常见犯罪的量刑指导意见》(法发〔2017〕7号)以及全国人大常委会《关于〈刑法〉第341条、第312条的解释》等。

② 涉及"明知"规定的立法解释,如全国人大常委会《关于〈刑法〉第341条、第312条的解释》规定:"知道或者应当知道是刑法第341条第2款规定的非法狩猎的野生动物而购买的,属于刑法第312条第1款规定的明知是犯罪所得而收购的行为。"虽然理论上有关"应当知道"为"明知"的观点存在争论,但实务中仍然应遵循立法解释的规定。

③ "赃物"是否属于违禁品并不影响认定,但应注意与"用于犯罪的物品"即犯罪工具区别开,对后者的掩饰、隐瞒,可以构成包庇罪或拒绝提供间谍犯罪证据罪。对无责任能力人所实施违法(犯罪)所得以及收益,是否应视为"赃物",目前多数说持赞同观点。

④ 16.01.01《妨害文物管理案件解释》第9条规定:"明知是盗窃文物、盗掘古文化遗址、古墓葬等犯罪所获取的三级以上文物,而予以窝藏、转移、收购、加工、代为销售或者以其他方法掩饰、隐瞒的,依照刑法第312条的规定,以掩饰、隐瞒犯罪所得罪追究刑事责任。"

⑤ 应区别"收购"与"收买",后者在涉及"赃物"犯罪时,是指为了自用而非购进再卖出。

列举方法之外,达到掩饰和隐瞒效果的方法。“掩饰”是通过改变物体的外部形状以与原物相区别;隐瞒则不一定改变赃物外部特征,通过编造谎言、伪造有关证明文件、投入经济活动等方式,使犯罪所得及收益改变其属性①。

“犯罪所得”和“犯罪所得收益”是(上游)本犯犯罪案件的重要物证,能够证明本犯所犯罪行性质、案件事实以及本犯对涉案非法所得处置等重要情节,印证本犯犯罪动机等,因此,对于查明案件事实,证明犯罪有着重要作用。从这意义上说,掩饰、隐瞒犯罪所得、犯罪所得收益的行为,间接上起到了对犯罪人“窝藏”“包庇”的效果,同样危害到司法机关查明犯罪事实,追缴犯罪所得及收益的正常活动秩序。但是,本罪与窝藏、包庇罪区别在于,本罪的行为人只是在针对“赃物”的处置上,获得自己的利益,同时,为保障自己利益而间接帮助本犯逃避法律责任;而窝藏、包庇行为是直接对犯罪之人进行协助,以逃避法律责任。正是从这一点看,本罪行为人对所提供帮助的本犯之间,并无特定的对向关系。如果掩饰、隐瞒的行为是事前有通谋的,只针对特定人才实施,就不再构成掩饰、隐瞒犯罪所得、犯罪所得收益罪,应以本犯所犯之罪的共同犯罪论处。窝藏、包庇的对象一般而言,是认特定的“人”而不排斥“物”。因此,窝藏、包庇之外,对其“特定人”的犯罪所得、犯罪所得收益有掩饰、隐瞒的(如转移受贿款、用受贿款购买不动产、投资等),在明知的情况下,属于一行为触犯数罪名的想象竞合犯(同时触犯掩饰、隐瞒犯罪所得、犯罪所得收益罪与本犯所犯之罪名),从一重罪论处(多应以本犯的共同犯罪追究刑事责任)。反之,有窝藏、包庇,但不明知而对其“犯罪所得”“犯罪所得收益”进行“处置”的,只追究其窝藏、包庇罪责任,对“犯罪所得”“犯罪所得收益”处置行为,不应以犯罪论处。

(五)包庇罪与伪证罪的关联

在作虚假陈述上,伪证罪与包庇罪具有相同之处,如何区别,黎宏教授主张,从主体是否具有证人身份上,可将两罪区别开,如果同时具有证人身份的,则可能形成想象竞合关系②。张明楷教授则以案件是否进入诉讼程序来区别,但也不排除一行为触犯数罪名成立狭义的包括一罪,按照从一重罪论处③。从规范上说,两罪均是以构成设置上的突出要素为区别点,如伪证罪主体是(宣誓)作证的证人,而包庇罪是一般主体;伪证罪只能在诉讼程序启动后,而包庇罪并无此条件要求。如果再细分的话,还可以就虚假陈述内容,是否涉及案件重要情节上来区分,如此等等。这对实务却真的

---

① 洗钱是较为典型的隐瞒,洗钱罪的上游犯罪范围较窄,限于所规定的几种犯罪。在本罪中同样可以洗钱方式进行隐瞒犯罪所得、犯罪所得收益,但不能包括洗钱罪的上游犯罪的犯罪所得、犯罪所得收益。

② 参见黎宏:《刑法学各论》,法律出版社2016年版,第409页。

③ 参见张明楷:《刑法学》(下),法律出版社2016年版,第1097页。“狭义的包括的一罪”,就一般解释上就可以涵盖:同一行为对同一被害人造成数个法益侵害结果;多个行为造成一个法益侵害结果;多个行为具有前后发展关系,前行为是后行为的必经阶段,后行为是前行为发展的当然结果,而侵害相同法益的,从一重罪论处;多个行为触犯多个不同罪名,但数行为之间具有紧密的关联性,最终仅侵害一个法益的,从一重罪论处。就上述情况而言,均是一个行为,既可包括“假竞合的法条竞合”,也可包括“真竞合的想象竞合”。但是“狭义的包括的一罪”具体所指的适用法律原则尚不清晰。

帮助不大,因为即便诉讼程序启动,也不是不存在证据补强,再取证时实施包庇的假证言,是不是证人证言、是否仍然可以肯定不具有证人身份？这些都值得考虑。如果从适用法律意义上说,本书赞同可以成立想象竞合犯从一重罪定罪处罚的见解。

（六）窝藏、包庇罪的刑事责任

犯本罪的,处 3 年以下有期徒刑、拘役或者管制;情节严重的,处 3 年以上 10 年以下有期徒刑。事前通谋的,以共同犯罪论处。

十七、脱　逃　罪

（一）脱逃罪的概念和法益

脱逃罪,是指依法被关押的罪犯、被告人、犯罪嫌疑人从羁押场所逃逸的行为。本罪的法益,是刑事司法正常的监管秩序。本罪的主体是特殊主体,限于被依法关押的已决犯、未决犯和犯罪嫌疑人。行政拘留人员、收容人员、审理期间采取取保候审以及判决有罪但尚未被关押的人员,以及被审查但行为确实并未构成犯罪的人,公民抓捕后扭送中脱逃的,不是本罪主体。主观罪过只能是直接故意,具有非法永久脱离羁押监管、非法恢复人身自由,逃避惩罚的目的,动机不影响认定。

（二）行为、主体、共同犯罪、既未遂

"脱逃"是不接受国家对其人身自由所施加的强制性管束,以私力(非法)恢复人身自由的行为。法规范上对脱逃的方式、方法未作限制,可以是非暴力方式脱逃,如趁押解途中趁隙而逃,也可利用监管人员疏忽而逃,例如采取越墙破窗,或化妆混出监管场所;可以暴力方式脱逃,如以暴力、胁迫监管人员而逃;可以是采用隐蔽方式,如在夜间趁监管人员疏忽而逃,但公然实施也可以,如在外出劳动时趁隙翻越围墙、越过警戒线逃跑;可以是有预谋性的,如与同监室人犯策划逃跑,也可是无预谋突发性的,如因某种偶然事件发生,趁乱而逃。如果以暴力方式脱逃的,暴力仅限于摆脱监管人员的控制,不能达到激烈的对抗的程度。如致监管人员重伤或死亡的,如为脱逃而杀死杀伤看守人员,是牵连犯,应以故意杀人、故意伤害罪论处;如果杀人、伤害是另起犯意的,应当数罪并罚。

对本罪主体有争议的是,无罪被错误关押人员是否本罪主体。有肯定说①和否定说②不同观点,以及倾向于肯定说的具体分析说③的观点。本书赞同否定观点。当然"依法",只要在程序以及实体要件上符合法律规定的,就是"依法关押",但仅从保护司法监管秩序而言,是否妥当值得考虑。错捕错判的原因固然很多,但这种司法上的

---

① 参见郎胜主编:《〈中华人民共和国刑法〉释解》,群众出版社 1997 年版,第 421 页。
② 参见王作富主编:《刑法分则实务研究》(下),中国方正出版社 2013 年版,第 1257—1258 页。
③ 参见张明楷:《刑法学》(下),法律出版社 2016 年版,第 1108 页。

失误并非都是由无辜者造成,更何况脱逃者主观上并不具有非法逃避法律制裁的目的。最终在结论上,能否允许将司法失误的责任,转嫁由"脱逃"的人承担?本书认为这是不公正的。对超过羁押期限的未决犯是否可以成为本罪主体,也有不同认识①。本书认为,只要未决犯确实是有罪的(这与无罪人被错误羁押不同),就有接受法院审判的义务,其脱逃是为逃避法律制裁,符合主体要求。

本罪为亲手犯(不可能有间接正犯形式),可以有教唆犯、帮助犯。但本罪的共同正犯,限于共同实施脱逃行为。对本罪的共同正犯一般应采取分别认定和处罚原则,除为首策划的主犯,需要对共同犯罪结果承担全部责任,其他共同正犯也只对自己的行为承担既遂、未遂责任,对其他人逃逸既遂、未遂不承担责任。多数说以脱逃者逃离监管控制范围,脱离实际监管为既遂标准。

(三)脱逃罪与劫夺被押解人员罪②的关联

劫夺押解途中的罪犯、被告人、犯罪嫌疑人的行为,构成劫夺被押解人员罪。本罪主体为自然人一般主体,主观上为直接故意,动机不影响认定;本罪对象同脱逃罪的主体。"劫夺"是以暴力、胁迫或采用其他手段(如麻醉押解人员)夺取在押解途中的被监管人员的行为,是以对押解人员人身侵害方式劫取,如果采用不针对押解人员人身侵害方式使被押解人员逃逸的,例如,故意制造事故、制造混乱使押解途中的罪犯、被告人、犯罪嫌疑人脱逃的,不能按照本罪论处,但可以与脱逃者构成脱逃罪的(通谋或无通谋的)共同犯罪。"押解途中",包括从一羁押场所转移至另一羁押场所的全过程,途中押解人员有无移交过程,在所不问。押解途中,仍然属于"监管场所",但因本罪主体系"监管场所"之外的人,除与被押解人员有共谋外,并不当然触犯脱逃罪。有共谋的劫夺押解途中的被监管人员,系脱逃罪与劫夺被押解人员罪的想象竞合犯,应从一重罪论处。

(四)脱逃罪与组织越狱罪③的关联

依法被关押的被监管人员,在首要分子策划下,有组织地从监管场所集体逃逸的行为,构成组织越狱罪。本罪的主体同脱逃罪主体,而且是所有参与越狱的依法关押的已决犯、未决犯、犯罪嫌疑人④、服刑中的人员。本罪主观上是直接故意,动机不影响认定。"越狱",是指从羁押监管场所⑤逃走的行为。无疑,组织越狱罪是脱逃罪有组织性逃逸的表现形式,二者本质上是一样的,区别仅在于组织越狱的,是有计划、有

① 参见王作富主编:《刑法分则实务研究》(下),中国方正出版社 2013 年版,第 1258—1259 页。

② 我国《刑法》第 316 条第 2 款。

③ 我国《刑法》第 317 条。

④ 对"首要分子""积极参加者""参加者"的责任规定不同。

⑤ 有观点认为本罪的"狱"是狭义的,仅指监狱。参见王作富主编:《刑法分则实务研究》(下),中国方正出版社 2013 年版,第 1269 页。但多数说则认为,是泛指所有关押场所以及押解途中临时场所,甚至交通工具,也在"狱"的范围内。本书赞同后一观点。

组织性的集体逃逸。有观点认为,组织越狱罪(相对于规定的暴动越狱罪),只能是有组织、非暴力从羁押监管场所逃逸[①]。本书不赞同这一见解(容后说明)。无论从何种角度分析,参与越狱的人员,包括组织者在内,所有参与越狱的行为,既是集体越狱的一部分,同时也是自己脱逃的行为,同时触犯组织越狱罪和脱逃罪,因此,两罪之间具有法条竞合关系[②]。因为组织越狱罪系有组织性的脱逃罪,属于特别法条,参与者均应以组织越狱罪定罪处罚。

本书认为,这里的"组织"并非对该罪实行行为的描述,而是指对集体脱逃行为有组织性的要求,有组织性的集体脱逃行为,是实行行为。与其他将"组织"行为规定为实行行为的犯罪相比,"首要分子""积极参加""参加",只是要求区别参与的不同程度以承担不同责任。所以,首要分子策划、组织越狱尚未实施时,不能认定为犯罪既遂,只能是犯罪预备。实施组织越狱(哪怕只有部分人"成功")首要分子都必须承担犯罪既遂的责任。

(五)脱逃罪、组织越狱罪、劫夺被押解人员罪与暴动越狱罪、聚众持械劫狱罪[③]的关联

在首要分子策划、指挥、领导下,被依法关押被监管人员,采用暴动方式越狱的行为,构成暴动越狱罪;在首要分子策划、指挥、领导下,采取聚众、持械方式劫狱的行为,构成聚众持械劫狱罪。该罪主体为被依法被关押人员,主观上为故意,动机不影响认定。

在一定意义上说,暴动越狱罪可以说是组织越狱罪的"升级版",而聚众持械劫狱罪,可以是劫夺被押解人员罪的特别形式。"暴动越狱",并非只是使用暴力越狱,"暴动",是以暴力(包括武力)对抗国家政权、制度、秩序而采取的集体反抗行为。监管机关是国家政权的象征,当然成为暴动针对的对象。因此,在组织越狱中并非不能实施暴力、威胁,只是其暴力、威胁是以监管人员为对象,暴力也只限于造成一般伤害(超出此范围的,仍然应以故意杀人、故意伤害罪论处),其目的只在于越狱,而非以暴力对抗代表国家政权的监管机关。之所以说暴动越狱可以是组织越狱罪的"升级版",就在于组织越狱的行为可以轻易跨进暴动越狱这一门槛,甚至发生组织越狱者不可控的状态(骚乱),演变为主要参与者将国家权力象征的监管机关视为反抗对象,而采用更为激烈的对抗。(同时,暴动越狱中也不排除狱外人员实施聚众持械劫夺被依法监管的人员,当然该罪可以单独实施并非一定与暴动越狱罪有关联)。劫夺被押解人员罪所劫夺的被押解人员,可以完全包括在聚众持械劫狱罪的劫夺对象中,所以,也可以说聚众持械劫狱罪可以是劫夺被押解人员罪的特别形式(也并不排除聚众持械劫狱行为,成为暴动越狱犯罪的"起因"犯罪)。

---

① 参见黎宏:《刑法学各论》,法律出版社 2016 年版,第 421 页。

② 张明楷教授主张以组织越狱罪与脱逃罪实行并罚。参见张明楷:《刑法学》(下),法律出版社 2016 年版,第 1110 页。

③ 我国《刑法》第 317 条第 2 款。

由此,脱逃罪、组织越狱罪与暴动越狱罪有关联,劫夺被押解人员罪与聚众持械劫狱罪也有关联。前者,以暴动越狱罪为重罪,当然同时触犯脱逃罪(可以有既遂的或未遂的),或组织越狱罪。数罪名之间具有法条竞合关系,适用最重的暴动越狱罪,对参与者,包括首要分子的脱逃罪、组织越狱罪不再单独论罪;实施组织越狱行为仍然可以按照这一原则定罪处罚。对后者,以聚众持械劫狱罪为重罪,劫夺被押解人员行为可以成为劫狱行为的一部分,数罪名之间也形成法条竞合关系,从一重罪,应以聚众持械劫狱罪论处,脱逃的被监管人员应单独以脱逃罪论罪。如果劫夺被押解人员罪和聚众持械劫狱罪成为暴动越狱罪的"起因"犯罪,排除共同犯罪(里应外合)的,应分别以暴动越狱罪、聚众持械劫狱罪定罪处罚。

(六) 脱逃罪的刑事责任

犯本罪,处5年以下有期徒刑或者拘役。根据数罪并罚的原则,脱逃前的行为只要未经判决、判决尚未确定或者在服刑期间脱逃的,分别属于我国《刑法》第69条、第71条的情况的,应该将原罪与脱逃罪实行数罪并罚。

十八、组织他人偷越国(边)境罪

(一) 组织他人偷越国(边)境罪的概念和法益

组织他人偷越国(边)境罪,是指违反国(边)境管理法规,组织他人偷越国(边)境的行为。本罪的法益,是国家对出入国(边)境的监管。本罪主体为自然人一般主体,单位不能构成本罪,以单位名义或者单位形式组织他人偷越国(边)境的,依照本罪规定追究直接负责的主管人员和其他直接责任人员的刑事责任①。本罪主观上为直接故意,刑法未以特定目的为主观要素,但通常是为了非法牟利,动机不影响认定。

(二) 国(边)境、范围、行为

偷越国(边)境,是通过非法手段,进出一国与他国国境或边境的行为,也被称为"人口偷渡""人口走私"②。本罪并非以偷越陆路国(边)境为必要,偷越国(边)境包括通过利用、使用各类交通、运输工具从水上(海上、湖泊、河流)以及空中偷越国(边)境。与陆路偷越国(边)境比较而言,水路以及通过航空器具有其独特的特点,也即国(边)境的概念,应遵循国际法以及国与国、与地区规定、协议、划定、商定的标

---

① 2012年12月20日最高人民法院、最高人民检察院实施的《关于办理妨害国(边)境管理刑事案件应用法律若干问题的解释》(法释〔2012〕17号)(以下简称12.12.20《国(边)境管理刑事案件解释》)第7条。

② 这是当前国际社会认可的第三大严重犯罪活动,仅次于武器和毒品走私。非法偷越国(边)境进入其他国家或地区的人群是非法劳工市场、卖淫市场的主要人口来源,非法偷越国(边)境行为具有国际性。而且,偷越国(边)境与恐怖主义、洗钱、贪污等跨国犯罪活动紧密相关。

准认定。

“组织他人偷越国（边）境”，是指领导、策划、指挥他人偷越国（边）境或者在首要分子指挥下，实施拉拢、引诱、介绍他人偷越国（边）境等行为[①]。前者，是组织者（集团首要分子或一般主体）所实施的组织他人偷越国（边）境的行为；后者，是犯罪集团的成员接受首要分子指挥，对有偷越国（边）境潜在需求的他人实施招揽、组织行为。可见，这里“组织”行为的对象，是欲偷越国（边）境的他人。至于组织者本人是否同时或先后偷越过（边）境，并不影响认定。对本罪的认定，根据12.12.20《国（边）境管理刑事案件解释》的相关规定，并不以实际实现偷越国（边）境为必要，“以组织他人偷越国（边）境为目的，招募、拉拢、引诱、介绍、培训偷越国（边）境人员，策划、安排偷越国（边）境行为，在他人偷越国（边）境之前或者偷越国（边）境过程中被查获的，应当以组织他人偷越国（边）境罪（未遂）论处。”[②]

偷越国（边）境如同走私，可以在不设海关、边境检查的地点偷越，也可以采取使用虚假通关证明文件，通过海关或设置边境检查的地点偷越国（边）境。12.12.20《国（边）境管理刑事案件解释》第6条规定，具有下列情形之一的，应当认定为“偷越国（边）境”行为：“(1) 没有出入境证件出入国（边）境或者逃避接受边防检查的；(2) 使用伪造、变造、无效的出入境证件出入国（边）境的；(3) 使用他人出入境证件出入国（边）境的；(4) 使用以虚假的出入境事由、隐瞒真实身份、冒用他人身份证件等方式骗取的出入境证件出入国（边）境的；(5) 采用其他方式非法出入国（边）境的。”

（三）偷越国（边）境与骗取出境证件罪[③]的关联

以劳务输出、经贸往来或者其他名义，弄虚作假，骗取护照、签证等出境证件，为组织他人偷越国（边）境使用的行为，构成骗取出境证件罪。主体为自然人一般主体和单位[④]；主观罪过为直接故意，刑法未以“牟利”为主观要素，动机不影响认定。“弄虚作假”骗取出境证件，是为组织他人偷越国（边）境，通过编造出境事由、身份信息或者相关的境外关系证明[⑤]取得出境证件。“出境证件”包括护照或者代替护照使用的国际旅行证件，中华人民共和国海员证，中华人民共和国出入境通行证，中华人民共和国旅行证，中国公民往来香港、澳门、台湾地区证件，边境地区出入境通行证，签证、签注，出国（境）证明、名单，以及其他出境时需要查验的资料[⑥]。本罪可以看作是组织他人偷越国（边）境的行为人组织他人以通关方式偷越国（边）境罪的预备行为之一，但本罪主体并不一定与组织他人偷越国（边）境的主体有重合，因此，刑法将此种行为提升为实行行为，规定为独立犯罪，为行为犯。只要实施骗取出境证件行为，即

---

① 12.12.20《国（边）境管理刑事案件解释》第1条。
② 12.12.20《国（边）境管理刑事案件解释》第1条第3款。
③ 我国《刑法》第319条。
④ 实务中单位主体主要是从事旅游、劳务输出、留学中介机构以及有对外贸易资质的公司、企业等。
⑤ 12.12.20《国（边）境管理刑事案件解释》第2条第1款内容解读。
⑥ 12.12.20《国（边）境管理刑事案件解释》第2条第2款。

应以既遂论处。

如果组织他人偷越国(边)境的行为人,以组织他人偷越国(边)境为目的,实施骗取出境证件罪的行为,为牵连犯,应以处罚较重犯罪即组织他人偷越国(边)境罪论处[①];因骗取出境证件与组织他人偷越国(边)境并非以对向关系而存在,因此,只有骗取出境证件的行为人与组织他人偷越国(边)境的行为人形成较为稳定的"合作关系",才应以组织他人偷越国(边)境罪的共同犯罪论处,反之,应分别定罪处罚。

(四) 组织他人偷越国(边)境罪与提供伪造、变造的出入境证件罪、出售出入境证件罪[②]的关联

为他人提供伪造、变造的护照、签证等出入境证件,或者出售护照、签证等出入境证件的,构成提供伪造、变造的出入境证件罪、出售出入境证件罪。本罪主体为自然人一般主体,以单位名义或者单位形式为他人提供伪造、变造的护照、签证等出入境证件的,以提供伪造、变造的出入境证件罪的规定追究直接负责的主管人员和其他直接责任人员的刑事责任。本罪主观罪过为直接故意。至于是否要求以牟利为目的,应具体分析,"提供"行为,可不以此为必要主观要素,但"出售"行为,显然是要获取一定的对价,因此,应以牟利为主观要素,动机不影响认定。"提供"伪造、变造的"出入境证件"是指将伪造、变造的护照或者代替护照使用的国际旅行证件,中华人民共和国海员证,中华人民共和国出入境通行证,中华人民共和国旅行证,中国公民往来香港、澳门、台湾地区证件,边境地区出入境通行证,签证、签注,出国(境)证明、名单,以及其他出境时需要查验的资料交付他人;"出售出入境证件",是以标价方式有偿交付。

在此,需要研究的是"出售"是否只能是真实的出入境证件?本书认为,如果从实务角度看,"提供伪造、变造的出入境证件"虽然从法规范上说并没有以牟利作为必备主观要素,但即便是"伪造""变造"的,现实中很难见到提供这种"免费午餐"。无论是为何人提供,所冒风险巨大,获取一定费用是惯常做法,如是,相对于"出售"而言,就应该是真实的出入境证件,否则立法没有必要如此规定。这里的"他人"应作广义理解,既包括欲偷越国(边)境者,也应该包括为组织他人偷越国(边)境的组织者,也即为组织他人偷越国(边)境的行为人提供。正应为如此,该罪亦可视为是组织他人偷越国(边)境的行为人组织他人以通关方式偷越国(边)境罪的预备行为之一,但该罪主体同样不一定与组织他人偷越国(边)境的主体有重合,因此,刑法将此种行为提升为实行行为,规定为独立犯罪,为行为犯。

组织他人偷越国(边)境的行为人,以组织他人偷越国(边)境为目的,向被组织者提供伪造、变造或出售出入境证件的,如果该证件是由其伪造、变造或将真实出入境证件出售给欲偷越者的,为牵连犯,应以组织他人偷越国(边)境罪一罪从重处罚[③];如提供者、出售者与组织他人偷越国(边)境行为人形成较为稳定的"合作关

---

① 参见12.12.12《国(边)境管理刑事案件解释》第8条。

② 我国《刑法》第320条。

③ 参见12.12.20《国(边)境管理刑事案件解释》第8条。

系”,应以组织他人偷越国(边)境罪共同犯罪论处。同理,提供伪造、变造的出入境证件、出售出入境证件与组织他人偷越国(边)境,并非以对向关系而存在,因此,只有二者形成较为稳定的“合作关系”,才应以组织他人偷越国(边)境罪的共同犯罪论处,反之,应分别定罪处罚。

(五) 组织他人偷越国(边)境罪的刑事责任

犯本罪,处 2 年以上 7 年以下有期徒刑,并处罚金;有下列情形之一的,处 7 年以上有期徒刑或者无期徒刑,并处罚金或者没收财产:(1) 组织他人偷越国(边)境集团的首要分子;(2) 多次组织他人偷越国(边)境或者组织他人偷越国(边)境人数众多的①;(3) 造成被组织人重伤、死亡的;(4) 剥夺或者限制被组织人人身自由的;(5) 以暴力、威胁方法抗拒检查的;(6) 违法所得数额巨大的;(7) 有其他特别严重情节的。犯本罪,对被组织人有杀害、伤害、强奸、拐卖等犯罪行为,或者对检查人员有杀害、伤害等犯罪行为的,依照数罪并罚的规定处罚。

如前所述,“人口偷渡”“人口走私”,是国际社会共识仅次于武器走私、毒品走私的第三大国际性犯罪,因此,偷渡者有自愿的,也有受骗而反悔的,在上述从重处罚情节中,即有针对该种情节的规定。例如造成被组织人重伤、死亡的;剥夺或者限制被组织人人身自由的等。针对有上述从重情节规定,但同时我国《刑法》第 318 条第 2 款又规定“对被组织人有杀害、伤害、强奸、拐卖等犯罪行为,或者对检查人员有杀害、伤害等犯罪行为的,依照数罪并罚的规定处罚。”对此,理论上还有不同认识。本书认为,从重情节中“造成被组织人重伤、死亡”,相对于“对被组织人有杀害、伤害、强奸、拐卖等犯罪行为”而言,应是指因过失而造成,并不能包括故意造成的情况,如果另起犯意实施上述犯罪,则超出组织他人偷越国(边)境罪的范围,应该实行并罚;“以暴力、威胁方法抗拒检查”,虽然触犯妨害公务罪,但只是视为从重处罚情节,不并罚也能够实现罪刑相当,但就妨害公务罪的暴力而言,无论如何都不能包括故意杀人、故意伤害的内容。因此,对检查人员有杀害、伤害等犯罪行为的,仍然依照数罪并罚的规定处罚。

十九、运送他人偷越国(边)境罪

(一) 运送他人偷越国(边)境罪的概念和法益

运送他人偷越国(边)境罪,是指违反国(边)境管理法规,运送他人偷越国(边)境的行为。本罪的法益是国家对出入国(边)境的监管。本罪主体为自然人一般主体(不限国籍),单位不能构成本罪,以单位名义或者单位形式运送他人偷越国(边)境

---

① 12.12.20《国(边)境管理刑事案件解释》第 1 条第 2 款规定:“组织他人偷越国(边)境人数在 10 人以上的,应当认定为刑法第218 条第 1 款第(2)项规定的‘人数众多’;违法所得数额在 20 万元以上的,应当认定为刑法第 318 条第 1 款第(6)项规定的‘违法所得数额巨大’。”

的,依照本罪规定追究直接负责的主管人员和其他直接责任人员的刑事责任[①]。本罪主观上为故意,刑法未以特定目的为主观要素,动机不影响认定。

(二) 行为、既遂

"运送",仅就词义而言,是指利用、使用运输工具输送。"偷越国(边)境",也即利用、使用各类运输工具将偷越国(边)境者输送出国(边)境或输送入国(边)境[②]。国(边)境的语义,同组织他人偷越国(边)境罪。运送者陪伴进出国(边)境的,是否视为"运送"的必要内容,有不同认识。如张明楷教授认为,陪伴进出国(边)境的行为,是偷越国(边)境罪的共犯[③],这当然就不再能认定是本罪的"运送"行为。本书认为,法理上说,确实可以视为偷越国(边)境的共犯,但如果从实务角度看待这一问题,结论则不会如此乐观。从本罪规定而言,当然是哪怕只实施一次就可以构成犯罪,但多次运送的,与被运送的哪一个构成共犯,被运送者在没有到案的情况下,运送者既然也实施偷越国(边)境行为,为何不是正犯而只能是共犯?是应该按照主犯还是从犯认定和处罚,可能成为无法证明的难题。本书认为,运送而陪伴进出国(边)境的行为,应该包括在本罪"运送"行为中。本罪为行为犯,但对照"组织他人偷越国(边)境罪"相关规定而言,实施"运送"行为,未能成功的,宜以未遂认定。

本罪的运送行为与组织他人偷越国(边)境罪的关联表现在,既可以是独立的运送行为[此处"独立"仅是指不从属于组织他人偷越国(边)境行为],也可以是组织他人偷越国(边)境罪当然的行为[④]。对独立的运送行为而言,偷越国(边)境过程中对偷渡人员的"安排""调整",不应视为组织他人偷越国(边)境罪的"组织"行为。对既有组织他人偷越国(边)境的行为,也实施运送他人偷越国(边)境行为的,为牵连犯或连续犯,依照处罚较重的规定定罪处罚[⑤]。

(三) 偷越国(边)境罪[⑥]与其他违反国(边)境犯罪的关联

违反国(边)境管理法规,偷越国(边)境,情节严重[⑦]的行为,构成偷越国(边)境

---

① 12.12.20《国(边)境管理刑事案件解释》第7条。

② 具体行为参见12.12.20《国(边)境管理刑事案件解释》第6条的规定。

③ 参见张明楷:《刑法学》(下),法律出版社2016年版,第1114页。

④ 根据12.12.20《国(边)境管理刑事案件解释》的规定,包括也有听命于在首要分子实施对偷渡者的组织行为。

⑤ 参见12.12.20《国(边)境管理刑事案件解释》第8条。张明楷教授认为,对运送行为不是组织行为的组成部分,且运送与组织的偷渡者不具有同一性(同批)的,应实行数罪并罚。参见张明楷:《刑法学》(下),法律出版社2016年版,第1114页。

⑥ 我国《刑法》第322条。

⑦ 12.12.20《国(边)境管理刑事案件解释》第5条规定:"偷越国(边)境,具有下列情形之一的,应当认定为刑法第322条规定的'情节严重':(一) 在境外实施损害国家利益行为的;(二) 偷越国(边)境3次以上或者3人以上结伙偷越国(边)境的;(三) 拉拢、引诱他人一起偷越国(边)境的;(四) 勾结境外组织、人员偷越国(边)境的;(五) 因偷越国(边)境被行政处罚后1年内又偷越国(边)境的;(六) 其他情节严重的情形。"

罪。主体为自然人一般主体(不限国籍),主观罪过为直接故意,动机不影响认定。本罪是为单独的个体(非被组织、被运送)偷越国(边)境而规定。偷越国(边)境的方式、方法并无限制,可以通关偷越,也可以绕关偷越国(边)境,而且以后者为常见。原则上偷越国(边)境罪与组织他人偷越国(边)境罪、运送他人偷越国(边)境罪与偷越国(便)境罪并无直接关联,通关的,可以与骗取出境证件罪有关联,即个人其他名义,弄虚作假,骗取护照、签证等出境证件,进出国(边)境的。根据有关司法解释[①]是偷越国(边)境的具体行为内容,不再单独论罪。

偷越国(边)境罪在主观上是直接故意,但刑法并没有以具备特定的意图为主观要素。而现实中单纯为工作、寻亲而偷渡的情况虽然有,但是,为走私武器、走私毒品或走私其他国家禁止、限制进出口的货物、物品的情况并非鲜见。此种情况下,因走私而非法进出国(边)境是走私的应有之意,因此,不应再实行并罚,按照相关走私犯罪论处;因叛逃而偷越国(边)境的,按照叛逃罪一罪论处;为参加恐怖活动组织、接受恐怖活动培训或者实施恐怖活动,偷越国(边)境的,是法定刑升格的条件,仍然按照本罪论处。

(四) 运送他人偷越国(边)境罪的刑事责任

犯本罪,处5年以下有期徒刑、拘役或者管制,并处罚金;有下列情形之一的,处5年以上10年以下有期徒刑,并处罚金:(1) 多次实施运送行为或者运送人数众多的;(2) 所使用的船只、车辆等交通工具不具备必要的安全条件,足以造成严重后果的;(3) 违法所得数额巨大的;(4) 有其他特别严重情节的。在运送他人偷越国(边)境中造成被运送人重伤、死亡,或者以暴力、威胁方法抗拒检查的,处7年以上有期徒刑,并处罚金[②]。犯前两款罪,对被运送人有杀害、伤害、强奸、拐卖等犯罪行为,或者对检查人员有杀害、伤害等犯罪行为的,依照数罪并罚的规定处罚。

二十、故意损毁文物罪

(一) 故意损毁文物罪的概念和法益

故意损毁文物罪,是指故意损毁国家保护的珍贵文物或者被确定为全国重点文物保护单位、省级文物保护单位文物的行为。本罪的法益,是国家对文物保护监管以及国家文物所有权。本罪主体为自然人一般主体,主观罪过为故意,未以特定目的为主观要素,动机不影响认定。过失造成国家保护的珍贵文物或者被确定为全国重点文物

---

① 12.12.20《国(边)境管理刑事案件解释》第6条第1款第4项规定,“使用以虚假的出入境事由、隐瞒真实身份、冒用他人身份证件等方式骗取的出入境证件出入国(边)境的”,是偷越国(边)境。

② 该款规定是法定刑升格条件,可以看作是结果和情节加重的规定。从“运送他人偷越国(边)境”所使用的船只、车辆等交通工具不具备必要的安全条件,足以造成严重后果的规定看,是从“危险状态”演变为致人重伤、死亡的“实害结果”;但“以暴力、威胁方法抗拒检查的”而言,只能是“情节加重”。但第3款所规定的“犯前两款罪”的用语,多少使人困惑,因前两款一为罪状,一为处刑情节。作为法定刑升格条件的条款,并没有确定有独立罪名(如“运送他人偷越国(边)境致人重伤、死亡罪”“运送他人偷越国(边)境抗拒检查罪”或“妨害公务罪”)。

保护单位、省级文物保护单位文物损毁严重后果的行为,构成过失损毁文物罪[①]。

(二) 珍贵文物、珍贵文物保护单位、行为、主体

“文物”是指具有历史、艺术、科学价值的古文化遗址、古墓葬、古建筑、石窟寺和石刻、壁画;与重大历史事件、革命运动或者著名人物有关的以及具有重要纪念意义、教育意义或者史料价值的近代现代重要史迹、实物、代表性建筑;历史上各时代珍贵的艺术品、工艺美术品;历史上各时代重要的文献资料以及具有历史、艺术、科学价值的手稿和图书资料等;反映历史上各时代、各民族社会制度、社会生产、社会生活的代表性实物[②]。“文物保护单位”是指古文化遗址、古墓葬、古建筑、石窟寺、石刻、壁画、近代现代重要史迹和代表性建筑等不可移动文物[③]。风景名胜区的核心景区以及未被确定为全国重点文物保护单位、省级文物保护单位的古文化遗址、古墓葬、古建筑、石窟寺、石刻、壁画、近代现代重要史迹和代表性建筑等不可移动文物的本体,是“国家保护的名胜古迹”[④]。

文物,分为珍贵文物和一般文物;珍贵文物分为一级文物、二级文物、三级文物。本罪对象是“国家保护的珍贵文物或者被确定为全国重点文物保护单位、省级文物保护单位的文物”。文物的定级应根据《文物藏品定级标准》确定。同时,刑法有关文物的规定适用于具有科学价值的古脊椎动物化石、古人类化石[⑤],但作为本罪对象的古脊椎动物化石、古人类化石,限于是已经发掘出来并具有研究、展示、科普等教育价值的,不包括仍然在地下埋藏、尚未发掘的具有科学价值的古脊椎动物化石、古人类化石。

“损毁”包括损坏和毁灭,使之失去作为文物的价值或使之受到无可弥补的损害。损毁,必须有损坏、毁灭的实际结果,未影响其作为文物实际价值的,不应视为“损毁”,至于用何种方式、方法损毁,不影响认定。

---

① 我国《刑法》第324条第3款。16.01.01《妨害文物管理案件解释》)第5条规定:过失损毁国家保护的珍贵文物或者被确定为全国重点文物保护单位、省级文物保护单位的文物,具有本解释第3条第2款第1项至第3项规定情形之一的,应当认定为刑法第324条第3款规定的“造成严重后果”。具体包括:“(1)造成5件以上3级文物损毁的;(2)造成2级以上文物损毁的;(3)致使全国重点文物保护单位、省级文物保护单位的本体严重损毁或者灭失的。过失损毁,大体上有:(1)不具有文物保护专业知识、技能的普通人在生产(如在博物馆施工装修)、生活中,由于不慎重而造成严重后果的;(2)具有文物保护专业知识、技能的专业人员在对文物保护过程中,由于违反对文物保护的规程而造成严重后果的。间接故意与过于自信过失区别是个难题。理论主张以是否有自信的根据,但这一点在过失损毁珍贵文物中对普通人而言没有意义,因为不能以行为人有无文物保护专业知识、技能来判断有无自信的根据。普通人不是文物保护的专业人员,在多数情况下只能是一种“意识”而不能视为具有文物保护专业知识、技能。有无这种意识都不能理所当然成为认定行为人是否具有自信根据的理由。本书认为,就普通人过失损毁文物,区别间接故意与过于自信过失关键仍然在于自信不会对文物造成损毁作为考察的重点,即“自信”下的行为不会发生严重后果的理由是否合理,而不在于行为人有无专业知识。但对专业人员而言,自然应该以是否具备专业知识、技能为“自信”判断的基础。

② 我国《文物保护法》第2条。

③ 我国《文物保护法》第3条。

④ 16.01.01《妨害文物管理案件解释》第4条。

⑤ 2005年12月29日全国人大常委会颁布实施的《关于〈中华人民共和国刑法〉有关文物的规定适用于具有科学价值的古脊椎动物化石、古人类化石的解释》。

本罪主体规定为自然人一般主体，实务中（因各方面原因，如建设用地的拆迁）对文物，包括珍贵文物、特别是珍贵文物保护单位破坏的现象并非鲜见，为此，应该依据14.04.24《全国人大常委会刑法第30条解释》①规定对组织、策划、实施该行为的人员依法追究刑事责任。

（三）故意损毁文物罪与故意损毁名胜古迹罪②的关联

故意损毁国家保护的名胜古迹，情节严重的③行为，构成故意损毁名胜古迹罪。本罪主体是自然人一般主体，主观罪过是故意，未以特别目的为主观要素，动机不影响认定。过失损毁名胜古迹的，不能构成犯罪。名胜古迹，是指风景优美和有古代遗迹而著名的地方。如果仅从概念而言，名胜古迹与“文物”不同，“名胜”，是以自然景观（当然包括当代后建的人文建筑、楼堂庙宇、修建的自然景区）著称，但“名胜”应有“古迹”的底蕴，才能称其为“名胜古迹”。例如，“名胜”，是古代名人④曾经光顾过、生活过的地方，留有其史迹等。如果围绕这一主题而形成的景观，得到社会广泛认可的，可以称其为“名胜古迹”。从这一意义上说，名胜古迹是以“古迹”而受到国家以“保护文物”一般的保护，而非因“风景优美”。正因为如此，名胜古迹中的“古迹”，就完全有可能与“故意损毁文物罪”中的珍贵文物、珍贵文物保护单位本体相重合。对名胜古迹的损毁，既可能只损毁“景观”而未涉及“古迹”，也可能相反，或对“古迹”和“景观”都损毁。如果“古迹”是国家、省级珍贵文物，文物保护单位本体的，故意毁损的行为，同时触犯故意损毁文物罪，成立想象竞合犯，应从一重罪论处⑤。反之，古迹并未达到属于国家、省级珍贵文物、珍贵文物保护单位的本体级别的，只应按照故意损毁名胜古迹罪论处。

（四）故意损毁文物犯罪与其他犯罪的关联

故意对珍贵文物损毁的，并非只是单纯对文物的“不满”“泄愤”，而往往涉及以故意损毁为非法获得文物的手段，即进行盗窃文物的犯罪活动，在非法占有后的行为，又可能实施走私文物罪、倒卖文物罪（个人收藏尚未规定为犯罪）等。该种情形下，故意损毁文物与盗窃形成牵连关系，可从一重罪论处（故意损毁文物罪相对较

---

① 公司、企业、事业单位、机关、团体等单位实施刑法规定的危害社会的行为，刑法分则和其他法律未规定追究单位的刑事责任的，对组织、策划、实施该危害社会行为的人依法追究刑事责任。

② 我国《刑法》第324条第2款。

③ 16.01.01《妨害文物管理案件解释》第4条第2款规定：故意损毁国家保护的名胜古迹，具有下列情形之一的，应当认定为刑法第324条第2款规定的“情节严重”：(1) 致使名胜古迹严重损毁或者灭失的；(2) 多次损毁或者损毁多处名胜古迹的；(3) 其他情节严重的情形。实施前款规定的行为，拒不执行国家行政主管部门作出的停止侵害文物的行政决定或者命令的，酌情从重处罚。

④ 本书认为，“名胜古迹”不应包括中国古代传说中的神话人物“生活”过的地方。例如，某地是某神仙“得道升天”之地。

⑤ 故意损毁名胜古迹罪起刑高于故意损毁文物罪。16.01.01《妨害文物管理案件解释》第4条第4款规定：“故意损毁风景名胜区内被确定为全国重点文物保护单位、省级文物保护单位的文物的，依照刑法第324条第1款和本解释第3条的规定定罪量刑。”

重),但因保护法益不完全相同,不应完全排除并罚可能性;如非法占有后又实施走私文物、倒卖文物的,应该数罪并罚。

(五) 故意损毁文物罪的刑事责任

犯本罪,处3年以下有期徒刑或者拘役,并处或者单处罚金;情节严重的①,处3年以上10年以下有期徒刑,并处罚金。公司、企业、事业单位、机关、团体等单位实施故意损毁文物、过失损毁文物等行为的,依照司法解释规定的相应定罪量刑标准,追究组织者、策划者、实施者的刑事责任②。

二十一、倒卖文物罪

(一) 倒卖文物罪的概念和法益

倒卖文物罪,是指以牟利为目的,倒卖国家禁止经营的文物,情节严重③的行为。本罪的法益,是国家对文物保护的监管。主体为自然人一般主体和单位④(通常是对文物负有管理责任和义务的单位),主观上是直接故意,并以牟利为目的,动机不影响认定。

(二) 文物、行为

本罪的文物,不限于珍贵文物,文物的来源法律并未限制,因此可以包括自己"祖传""收藏"的文物(也应包括文物保护单位被恶意分割仍然具有历史、艺术、科学价值的部分)。"倒卖"可以是从私人手中收购后进行倒卖,也可以是从有关单位购买后进行倒卖。"倒卖"本质上是一种经营行为(包括非法经营),意指收购后再提价出售,但认定本罪倒卖,并非一定需要再有提价出售的行为,泛指非法收购、贩运、介绍、斡旋、转手卖出等一系列行为,只要确定收购或出售不符合《文物保护法》规定,包括

---

① 16.01.01《妨害文物管理案件解释》第3条第2款规定:故意损毁国家保护的珍贵文物或者被确定为全国重点文物保护单位、省级文物保护单位的文物,具有下列情形之一的,应当认定为《刑法》第324条第1款规定的'情节严重':(1) 造成5件以上3级文物损毁的;(2) 造成2级以上文物损毁的;(3) 致使全国重点文物保护单位、省级文物保护单位的本体严重损毁或者灭失的;(4) 多次损毁或者损毁多处全国重点文物保护单位、省级文物保护单位的本体的;(5) 其他情节严重的情形。实施前款规定的行为,拒不执行国家行政主管部门作出的停止侵害文物的行政决定或者命令的,酌情从重处罚。

② 16.01.01《妨害文物管理案件解释》第11条第2款的规定。此外,还包括单位实施盗窃文物、故意损毁名胜古迹、盗掘古文化遗址、古墓葬等犯罪。

③ 16.01.01《妨害文物管理案件解释》第6条规定:"倒卖国家禁止经营的文物,具有下列情形之一的,应当认定为刑法第326条规定的'情节严重':(一) 倒卖3级文物的;(二) 交易数额在5万元以上的;(三) 其他情节严重的情形。"

④ 16.01.01《妨害文物管理案件解释》第11条规定:"单位实施倒卖文物等行为,构成犯罪的,依照相应自然人犯罪的定罪量刑标准,对直接负责的主管人员和其他直接责任人员定罪处罚,并对单位判处罚金。"

其中间环节的行为均可以认定为倒卖[1]。本罪以“情节严重”为入罪条件，主要考虑倒卖的文物级别、倒卖的件数以及倒卖对文物的损毁等情节。

（三）倒卖文物罪与非法向外国人出售、赠送珍贵文物罪[2]的关联

非法向外国人出售、赠送珍贵文物罪，是指违反文物保护法规，将收藏的国家禁止出口的珍贵文物，私自出售或者私自赠送给外国人的行为。本罪的主体为自然人一般主体和单位，主观上为故意，未以特定目的为主观要素，动机不影响认定。本罪的对象，是珍贵文物，一般文物不在此列。向外国人出售的国家禁止出口的珍贵文物，法律并未限制其来源，因此，既可能来源于从他人处“倒卖”而来，也可能是通过其他违法犯罪行为（例如，盗掘、盗窃、抢劫）非法占有后，出售、赠送给外国人。[3]“私自出售”，是指违反文物保护法规，未经相关机关批准，私下将珍贵文物作价出卖的行为，因出售行为，是在我国境内实施，所以，性质上也可认为是倒卖。但本罪出售行为与倒卖文物罪的倒卖行为之间并无直接关联，应分别论罪。“私自赠送”，是指违反文物保护法规，未经相关机关批准，无偿将珍贵文物送与他人（不排除以此向外国人博取其他利益）的行为。因外国人有高概率离境的可能性，因此，私自出售、私自赠送珍贵文物的行为，对所造成走私文物结果多持有放任态度。本书认为，如果行为人确实知道外国人要携带珍贵文物离境，应构成走私文物罪[4]共犯，不宜再按照本罪论处。倒卖文物的行为与此不同，行为人对可能造成珍贵文物出境的结果，并不持有希望或放任的态度。倒卖的行为人如果确定所倒卖的珍贵文物，是为了非法出境的，构成走私文物罪的共同犯罪。[5] 购买者尚未着手实施走私出境行为的，行为人构成走私文物共同犯罪的预备，符合想象竞合犯条件，应从一重罪论处；购买者实施了走私的行为，行为人构成走私文物罪共同犯罪，其倒卖珍贵文物的行为，与其构成的走私文物罪的共犯行为，可形成牵连犯，因在保护法益上有重合（以文物保护为法益主要内容），可不实行并罚从一重罪论处[6]。

---

① 如行为人明知文物系他人盗掘古墓葬所得，为从中谋取非法利益而帮助其积极联系买主，斡旋、居中促成非法文物交易，行为虽然符合销售赃物罪特征，但由于犯罪对象不是普通赃物，而是国家禁止买卖的文物，对于非法销售文物的行为，刑法有特别规定，根据特别规定优于一般规定的原则，应以倒卖文物罪定罪处罚。

② 我国《刑法》第325条。

③ 如果行为人并不知情，将珍贵文物出售或赠送给具有中国血统，但已加入外籍的人，不能构成非法向外国人出售、赠送珍贵文物罪，但不排除出售行为可以构成倒卖文物罪，但赠送的，目前仍然无法入罪。

④ 16.01.01《妨害文物管理案件解释》第11条规定：单位实施走私文物，构成犯罪的，依照相应自然人犯罪的定罪量刑标准，对直接负责的主管人员和其他直接责任人员定罪处罚，并对单位判处罚金。

⑤ 本书认为，文物犯罪在我国是高风险犯罪，其突出特点是在于“熟人”之间交易为常态，因为“保险系数大”，会形成较为固定的利益群体，多具有“对向犯”的特点。因此，应该考虑构成较重犯罪的共同犯罪的可能性。当然，这不是该类犯罪的规律，对不具有共同犯罪特征的，应各自定罪处罚。

⑥ 参见本书走私罪的相关内容。

(四)非法向外国人出售、赠送珍贵文物罪与非法出售、私赠文物藏品罪[①]的关联

非法出售、私赠文物藏品罪,是指违反文物保护法规,国有博物馆、图书馆等单位将国家保护的文物藏品出售或者私自送给非国有单位或者个人的行为。本罪主体为单位特殊主体,即国有博物馆、图书馆等单位,本罪对象,只能是受国家保护的国有博物馆、图书馆等单位的文物藏品。本罪主观上为故意,未以特别目的为主观要素,动机不影响认定。本罪的"非法出售",是指违反文物保护法规,将受国家保护的国有博物馆、图书馆等单位的文物藏品,未经有关部门批准,作价出卖的行为。"非法私自赠送",是指违反文物保护法规,未经相关部门批准,决定将受国家保护的国有博物馆、图书馆等单位的文物藏品,无偿送与他人(不排除以此为博取其他利益,至于是为了获得个人利益还是单位利益,在所不问)的行为。当然,上述行为一般而言,是行为人挂单位之名,以为单位谋取利益实施的。但实际的实施者,应是单位的主要负责人员和直接责任人员。"出售""私自赠送"的相对人,限于非国有单位或者个人。因个人并没有限定只能是本国人,因此,不排除将国家保护的国有博物馆、图书馆等单位的文物藏品,出售或私自赠送给外国人。如果博物馆、图书馆等单位的文物藏品,系国家珍贵文物的,出售或私自赠送行为,同时触犯非法向外国人出售、赠送珍贵文物罪,系想象竞合犯应按照一重罪论处。

(五)倒卖文物罪的刑事责任

犯本罪,处5年以下有期徒刑或者拘役,并处罚金;情节特别严重的[②],处5年以上10年以下有期徒刑,并处罚金。单位犯本罪的,对单位判处罚金,并对其直接负责的主管人员和其他直接责任人员,依照自然人犯罪的规定处罚。

二十二、盗掘古文化遗址、古墓葬罪

(一)盗掘古文化遗址、古墓葬罪的概念和法益

盗掘古文化遗址、古墓葬罪,是指盗掘具有历史、艺术、科学价值的古文化遗址、古墓葬的行为。本罪的法益,是国家对古文化遗址、古墓葬保护、管理以及古文化遗址、古墓葬的所有权。本罪主体为自然人一般主体,主观罪过只能是直接故意,动机不影响认定。"古文化遗址、古墓葬"[③],是指具有历史、艺术、科学价值的古文化遗

---

① 我国《刑法》第327条。

② 16.01.01《妨害文物管理案件解释》第6条第3款:"实施前款规定的行为,具有下列情形之一的,应当认定为刑法第326条规定的'情节特别严重':(一)倒卖2级以上文物的;(二)倒卖3级文物5件以上的;(三)交易数额在25万元以上的;(四)其他情节特别严重的情形。"

③ 在1987年的有关司法解释中,清代和清代以前的古墓葬、古遗址受国家保护;辛亥革命以后,与著名历史事件有关的名人墓葬、遗址和纪念地也视同古墓葬、古遗址,受国家保护。该司法解释虽然已经废止,但对"古文化遗址、古墓葬"的理解仍然有一定的意义。

址、古墓葬,包括水下古文化遗址、古墓葬。“古文化遗址、古墓葬”,不以公布为不可移动文物的古文化遗址、古墓葬为限①。但不包括古建筑、石窟寺、石刻、壁画、近代现代重要史迹和代表性建筑等其他不可移动文物②。对“盗掘”,有观点认为,不以“盗取”文物行为为要件,未经批准私自挖掘古文化遗址、古墓葬,就是盗掘③。还有学者补充认为,因事实上是盗窃与损毁为一体,法益侵害更为严重④。“盗掘”,当然是没有经过批准,但未经批准的,未必可以界定为“盗掘”。仅以此来界定,考古发掘单位未经批准擅自进行考古发掘⑤,也应该成立“盗掘”,这未必妥当。事实上,不考虑“盗掘”的主观意图,不是为盗取文物,没有理由将挖掘(发掘)界定为“盗掘”⑥,至于其意图是否实现,并不影响对“盗掘”的界定。本书认为,“盗掘”是以非法占有文物为目的,对古文化遗址、古墓葬实施具有破坏性的挖掘(包括水下打捞文物)。

“盗掘”,自然不会以保护为目的,对古文化遗址、古墓葬的挖掘,造成破坏是无法避免的结果,因此实施盗掘行为,已损害古文化遗址、古墓葬的历史、艺术、科学价值的,应当认定为盗掘古文化遗址、古墓葬罪既遂,不宜再单独评价为犯罪。对采用破坏性手段盗窃古文化遗址、古墓葬以外的古建筑、石窟寺、石刻、壁画、近代现代重要史迹和代表性建筑等其他不可移动文物的,以盗窃罪追究刑事责任⑦。但对“盗掘”而“窃取”文物的,应数罪并罚。

(二)盗掘古文化遗址、古墓葬罪与盗掘古人类化石、古脊椎动物化石罪⑧的关联

盗掘具有科学价值的古人类化石、古脊椎动物化石的行为,构成盗掘古人类化石、古脊椎动物化石罪。本罪主体为自然人一般主体,主观罪过为直接故意,动机不影响认定。“古人类化石”,是埋藏于地表下能够研究和揭示远古人的起源、生活、生产、历史发展及其文化综合表现状况的化石;“古脊椎动物化石”,是人类史前地质历史时期赋存、遗藏于地层中的生物遗体和活动遗迹,包括植物、无脊椎动物、脊椎动物等化石及其遗迹化石。凡是在中华人民共和国境内及管辖海域发现的古人类化石、

---

① 16.01.01《妨害文物管理案件解释》第8条。

② 我国《文物保护法》第3条已经明确将“古文化遗址、古墓葬”与“古建筑、石窟寺、石刻、壁画、近代现代重要史迹和代表性建筑等不可移动文物”并列,所以,不宜再将其纳入“古文化遗址、古墓葬”的范围。16.01.01《妨害文物管理案件解释》第8条第3款已经明确规定:“采用破坏性手段盗窃古文化遗址、古墓葬以外的古建筑、石窟寺、石刻、壁画、近代现代重要史迹和代表性建筑等其他不可移动文物的,依照刑法第264条的规定,以盗窃罪追究刑事责任。”

③ 参见黎宏:《刑法学各论》,法律出版社2016年版,第430页;王作富主编:《刑法分则实务研究》(下),中国方正出版社2013年版,第1331页。

④ 参见张明楷:《刑法学》(下),法律出版社2016年版,第1118页。

⑤ 根据《文物保护法》第75条第1款第4项的规定,这是由县级以上的文物主管部门应给予责令改正的违法行为,并未界定为“盗掘”。

⑥ 从相关判例看“盗掘”,无一例外是以获得文物为目的,尚不能理解将其排除在“盗掘”内涵之外的具体理由。

⑦ 16.01.01《妨害文物管理案件解释》第8条第2款、第3款。

⑧ 我国《刑法》第382条第2款。

古生物化石都属于国家所有。古人类化石与古生物化石是重要的人类历史文化遗迹、地质遗迹,具有极高的科学研究价值。古人类化石、古脊椎动物化石,虽然有别于文物,但是也属于不可再生的自然遗产,同样受如同对文物一样的保护①。盗掘古文化遗址、古墓葬罪与盗掘古人类化石、古脊椎动物化石罪二者之间除行为形式和性质相同外,并无直接的罪间关联性,但二者的对象均可以成为走私、倒卖、盗窃分子所觊觎的。

(三) 盗掘古文化遗址、古墓葬罪的刑事责任

犯本罪,处3年以上10年以下有期徒刑,并处罚金;情节较轻的,处3年以下有期徒刑、拘役或者管制,并处罚金;有下列情形之一的,处10年以上有期徒刑或者无期徒刑,并处罚金或者没收财产:(1) 盗掘确定为全国重点文物保护单位和省级文物保护单位的古文化遗址、古墓葬的;(2) 盗掘古文化遗址、古墓葬集团的首要分子;(3) 多次盗掘古文化遗址、古墓葬的;(4) 盗掘古文化遗址、古墓葬,并盗窃珍贵文物或者造成珍贵文物严重破坏的。

二十三、妨害传染病防治罪

(一) 妨害传染病防治罪的概念和法益

妨害传染病防治罪,是指违反传染病防治法的规定,引起甲类传染病传播或者有传播严重危险的行为。本罪的法益是国家对传染病防治的监管和公众公共卫生、健康权。本罪主体是自然人一般主体和单位②,本罪的"单位"主要是指供水单位及其他有义务执行卫生防疫主管机关规定的应采取传染病防治措施的单位,包括各级疾病预防控制机构。本罪主观上是过失。

(二) 甲类传染病、行为、主体、主观罪过

我国《刑法》第330条第3款规定:"甲类传染病的范围,依照《中华人民共和国传染病防治法》和国务院有关规定确定。"《传染病防治法》规定的甲类传染病只有鼠疫、霍乱。但该法第4条规定:"对乙类传染病中传染性非典型肺炎、炭疽中的肺炭疽和人感染高致病性禽流感,采取本法所称甲类传染病的预防、控制措施。其他乙类传染病和突发原因不明的传染病需要采取本法所称甲类传染病的预防、控制措施的,由

---

① 16.01.01《妨害文物管理案件解释》第17条规定:"走私、盗窃、损毁、倒卖、盗掘或者非法转让具有科学价值的古脊椎动物化石、古人类化石的,依照刑法和本解释的有关规定定罪量刑。"

② 单位主体,既包括国有、集体所有的公司、企业、事业单位,也包括依法设立的合资经营、合作经营企业和具有法人资格的独资、私营等公司、企业、事业单位。不再赘述。

国务院卫生行政部门及时报经国务院批准后予以公布、实施。"[①]"按甲类管理的传染病",是指乙类传染病中传染性非典型肺炎、炭疽中的肺炭疽、人感染高致病性禽流感以及国务院卫生行政部门根据需要报经国务院批准公布实施的其他需要按甲类管理的乙类传染病和突发原因不明的传染病[②]。此外,其他有"传播严重危险"的传染病,即使发生传播的实害事实,也不能构成本罪。"传播",是已经在一定地域或者范围内引起传染、流行,即已经现实具有受害人群;"有传播严重危险"是尚未引起一定地域或者范围内的传染、流行,但在当时具体情况下,极有可能引起传播。是否具有传播的严重危险。这应由有资质的人员或者组织做出必要的鉴定[③]。本罪的具体行为包括:

(1) 供水单位[④]供应的饮用水不符合国家规定的卫生标准。饮用水供给,有公共供水和自建设施供水两种,给水方式则城乡采用集中式给水(包括各单位自备的生活饮用水)和分散式给水两种基本方案。但是,无论何种方案和给水方式,饮用水卫生标准都必须符合标准。违反此项规定构成犯罪要求:第一,生活饮用水水质,超过所规定卫生标准限量;第二,饮用水中必须包含有能够引起所控传染病[⑤]传播或者有传播严重危险的致病菌(毒)种;第三,必须具有引起所控传染病传播或者有传播严重危险。该项规定的主体,只能是供水单位以及对饮用水符合国家规定的卫生标准承担直接负责的主管人员和其他直接责任人员。

(2) 拒绝按照卫生防疫机构提出的卫生要求,对传染病病原体污染的污水、污物、粪便进行消毒处理。卫生防疫机构,是指卫生防疫站、结核病防治研究所(院)、寄生虫病防治研究所(站)、血吸虫病防治研究所(站)、皮肤病性病防治研究所(站)、地方病防治研究所(站)、鼠疫防治站(所)、乡镇预防保健站(所)及与上述机构专业相同的单位。与上述机构专业相同的单位,主要是指铁路、交通、民航、厂(场)矿的卫生防疫机构,解放军卫生主管部门等。"消毒",根据《消毒管理办法》的规定,是指用化学、物理、生物的方法杀灭或消除环境中的致病微生物,达到无害化。本项规定的"消毒"并不是指一般预防性消毒,而是指当发生被所控传染病病原体的污水、污物、粪便

---

① 参见 2003 年 5 月 15 日《关于办理妨害预防、控制突发传染病疫情等灾害的刑事案件具体应用法律若干问题的解释》(法释〔2003〕8 号)(以下简称 03.05.15《妨害预防、控制突发传染病疫情等灾害的刑事案件解释》)对此类危害防治的行为的解释。

② 08.06.25《立案追诉标准(一)》第 49 条第 2 款。

③ 已经发生传播后果,以犯罪论处是相对简单,但是判定传染病传播严重的危险状态,不仅要有专业防疫机构对危险做出客观的评估,还需要考察行为人是否采取过相应的预防措施。对根本没有采取措施的,是可以根据疫情的具体情况,做出是否具有传播严重危险的评估;对采取过措施的,则更要慎重对具体措施做出评估,才能得出是否具有传播严重危险的结论。此外,要求"传播严重危险"而不是有传播危险的,就可以认定为犯罪,因此,如何把握这一"度"的要求,必须根据传染病的种类具体分析。

④ "供水单位"的概念中,不能涵盖目前市场上生产饮用水的生产厂商。因供给市场的饮用水的受众是不特定需求者,与供水单位提供给相对特定的使用者是不同的。生产厂商供给市场的饮用水在不符合国家规定的卫生标准时,具有能够引起所控传染病传播或者有传播严重危险的致病菌(毒)种的,可以按照食品安全犯罪处理。

⑤ 本书以"所控传染病"指代甲类传染病和按甲类管理的传染病。以下不再赘述。

污染的情况下,所采取有针对性的灭活性消毒。

“拒绝”,包括不做任何消毒、灭活的无害化处理,也包括形式上采取了消毒、灭活的无害化处理,但敷衍了事,不负责任,无害化处理达不到卫生防疫部门提出的根据相关法律、法规所规定的消毒、灭活的无害化处理的标准①。违反此项规定:第一,必须有被所控传染病病原体污染的污水、污物、粪便;第二,必须拒绝做消毒、灭活的无害化处理的事实;第三,必须具有能够引起所控传染病传播或者有传播严重危险。

本项犯罪主体的范围,包括各种单位及其有关人员,还包括个人和各级卫生防疫机构。在发生所控传染病疫情的情况下,根据《传染病防治法》的规定,有关的单位以及个人负有必须配合对被污染的污水、污物、粪便进行消毒处理的义务,拒绝履行的单位和个人,应当为本项犯罪的主体。个人,是指与所控传染病预治有直接关系的自然人。单位,包括各类依法接受当地政府卫生行政部门指定的卫生防疫机构的业务指导的单位(包括军事单位、铁路、交通、民航)以及其中的相关人员。

(3) 准许或者纵容传染病病人、病原携带者和疑似传染病病人从事国务院卫生行政部门规定禁止从事的易使该传染病扩散的工作。“传染病病人、疑似传染病病人”,根据我国《传染病防治法实施办法》第73条,是指根据国务院卫生行政部门发布的《诊断标准》,符合传染病病人和疑似传染病病人诊断标准的人。“病原携带者”,是指感染病原体无临床症状但能排出病原体的人。传染病病人、病原携带者和疑似传染病病人不能从事的工作,主要有饮水、饮食、整容、保育,以及其他易使传染病扩散工作。“准许”,是指在明确知道是传染病病人、病原携带者或者疑似传染病病人的情况下,招聘、雇用(佣)同意其从事国务院卫生行政部门规定的禁止从事的工作,也包括在发现其属于传染病病人、病原携带者或者疑似传染病病人后,不应当再从事该工作而不将其调离,同意其继续留任。“纵容”,是指已明确知道是传染病病人、病原携带者或者疑似传染病病人在从事易使该传染病扩散的工作,不采取措施,听任其从事不得从事的工作。认定本事实:第一,必须有准许或者纵容的事实;第二,必须是所控传染病病人、病原携带者或者疑似传染病病人;第三,上述人员从事的必须是国务院卫生行政部门规定的不能从事的工作;第四,必须有引起所控传染病传播或者有传播严重危险。本项犯罪主体,包括自然人一般主体,也包括单位及其相关直接责任人员,是提供了从事易使所控传染病扩散的工作的单位及其个人。如服务业、餐饮业、社会福利机构、单位后勤机构、各种类型的社会托管机构、食品的生产、加工、销售、运输、储存单位的及其相关人员和从事上述性质工作的个人等。

(4) 拒绝执行卫生防疫机构依照传染病防治法提出的预防、控制措施。本项的规定具有概括性,是前三项规定之外的所有违反卫生防疫机构依法提出的传染病预防和控制措施的各种情况。该项事实:第一,必须有所控传染病疫情发生;第二,地方卫生防疫机构根据具体疫情提出针对所控传染病的具体预防、控制措施;第三,必须

① 参见陈光明主编:《卫生法学》,上海医科大学出版社1992年版,第206页。

有拒绝按照卫生防疫机构提出的预防、控制措施实施预防、控制的事实;第四,必须有引起所控传染病传播或者有传播严重危险。本项犯罪的主体,应当是所有有条件执行而拒绝执行对所控传染病预防、控制措施的单位和自然人,包括患有所控传染病病人、甲类病原携带者和甲类疑似传染病病人。

理论上,有观点主张,单位犯罪与自然人犯罪主要区别,是违法所得的归属。[①] 那么,如果不存在"违法所得"的事实,如何区别?本罪不属于典型经济类的犯罪,除供水单位供应的饮用水,不符合国家规定的卫生标准,可能存在违法所得外,其他妨害传染病防治的行为,很难说一定有"非法所得"[②]。所以,本书认为,该种情况下,考察单位的行为是否代表单位意志,是唯一衡量属于个人犯罪还是单位犯罪的合理标准。

本罪的主观罪过有争议。第一种观点认为,罪过是故意与过失的结合,对于违反传染病防治法是故意,对引起所控传染病传播或者有传播严重危险结果是过失。[③] 第二种观点认为,罪过是故意,即对违反传染病防治法的行为,引起所控传染病传播或者具有传播严重危险结果,都是故意。[④] 第三种观点认为是过失。[⑤] 本书持第三种观点。

"违反传染病防治法的规定"是成立本罪的前提条件,但这并不仅是指客观行为的违反,也要求对违反传染病防治法规主观上有过错(可能是故意违反,也可能是过失违反,是一般违法过错的心理,不是犯罪过失或犯罪故意),但对所控传染病传播或有传播严重危险的结果,行为人主观上既不是希望,也不是放任的心理态度,否则,性质上就应属于以危险方法危害公共安全罪[⑥]。所以,对违反传染病防治法有过错心理,只是确定主观罪过的前提,如同交通肇事罪,行为人违反交通运输法规有故意、过失的过错心理,但不应认定是故意犯罪的意义相同。

值得一提的是,最高人民法院、最高人民检察院、公安部、司法部《关于依法征治妨害新型冠状病毒感染肺炎疫情防控违法犯罪的意见》(法发〔2020〕7号)对新冠肺炎疫情下妨害传染病防治的犯罪行为予以明确规定。

(三) 妨害传染病防治罪与传染病菌种、毒种扩散罪[⑦]的关联

从事实验、保藏、携带、运输传染病菌种、毒种的人员,违反国务院卫生行政部门

---

① 1999年6月25日最高人民法院《关于审理单位犯罪案件具体应用法律有关问题的解释》(法释〔1999〕14号)也持该观点。该司法解释第3条规定:"盗用单位名义实施犯罪,违法所得由实施犯罪的个人私分的,依照刑法有关自然人犯罪的规定定罪处罚。"

② 不宜将单位拒绝对传染病病原体污染的污水、污物、粪便进行消毒处理、拒绝执行卫生防疫机构提出的预防、控制措施所节省的费用,认定为"违法所得";也不宜将单位准许或者纵容传染病病人、病原携带者和疑似传染病病人从事工作所获得效益,视为"违法所得"。因为上述情况下的"费用""收益",不是可以用经济价值予以评估和计算的。

③ 参见刘远主编:《危害公共卫生罪》,中国人民公安大学出版社1998年版,第37—38页。

④ 参见陈兴良主编:《刑法全书》,中国人民公安大学出版社1997年版,第1080页。

⑤ 参见高铭暄、马克昌主编:《刑法学》,北京大学出版社、高等教育出版社2001年版,第576页。

⑥ 参见贾宇主编:《刑法学》,陕西人民出版社2002年版,第611—612页。

⑦ 我国《刑法》第331条。

的有关规定[①],实施造成传染病菌种、毒种扩散,后果严重的[②]行为,构成传染病菌种、毒种扩散罪。本罪主体为特殊主体,即从事实验、保藏、携带、运输传染病菌种、毒种的(即为疾病预防控制机构、医疗机构和从事病原微生物实验的单位)人员,主观罪过为过失。妨害传染病防治罪与传染病菌种、毒种扩散罪两罪在主体上的交集,可以是妨害传染病防治罪所规定的第4项主体,即从事实验、保藏、携带、运输传染病菌种、毒种[③]的人员,原本就是《传染病防治法》规定的对防止传染病发生、传播负有义务的人员。因此,拒绝执行卫生防疫机构依照传染病防治法提出的预防、控制措施(具体当然是指在从事实验、保藏、携带、运输对防止传播的预防、控制措施)的,引起所控传染病传播或者具有传播严重危险的,应属于法条竞合,应按照特别法条即传染病菌种、毒种扩散罪定罪处罚。

(四)妨害传染病防治罪与妨害国境卫生检疫罪[④]的关联

妨害国境卫生检疫罪,是指违反国境卫生检疫规定,引起检疫传染病传播或者有传播严重危险的行为。[⑤] 本罪主体为自然人一般主体和单位,主观为过失罪过。妨害传染病防治罪与妨害国境卫生检疫罪两罪在法规范上并无直接关联,是各自适用,但因《国境卫生检疫法》规定的检疫传染病,包括《传染病防治法》规定的甲类传染病和甲类管理的传染病,因此,说两罪在一定意义上有法条竞合关系,也是可以成立的。

进出境人员是从事国务院卫生行政部门规定禁止从事的易使该传染病扩散工作的,如果违反国境卫生检疫规定,逃避检疫、检验,引起检疫传染病传播或者有传播严重危险的(因不在岗位),也只能以妨害国境卫生检疫罪论处,与妨害传染病防治罪不具有关联性。但是,不排除所控传染病病人、甲类病原携带者和甲类疑似传染病病

---

① 这是指违反我国《传染病防治法》中关于传染病菌种、毒种在实验、保藏、携带、运输的有关具体规定,如《中国医学微生物菌种保藏管理办法》《血液制品管理条例》《疫苗流通和预防接种管理条例》等。

② 08.06.25《立案追诉标准(一)》第50条规定:"涉嫌下列情形之一的,应予立案追诉:(一)导致甲类和按甲类管理的传染病传播的;(二)导致乙类、丙类传染病流行、暴发的;(三)造成人员重伤或者死亡的;(四)严重影响正常的生产、生活秩序的;(五)其他造成严重后果的情形。"

③ 该罪所指的传染病菌种、毒种,既包括甲类传染病菌种、毒种,还包括乙类、丙类等传染病菌种、毒种。因此,从造成严重后果入罪的范围而言,广于妨害传染病防治罪。

④ 我国《刑法》第332条。

⑤ 我国《国境卫生检疫法实施细则》第109条规定,违反国境卫生检疫规定的行为包括:(1)应当受入境检疫的船舶,不悬挂检疫信号的;(2)入境、出境的交通工具,在入境检疫之前或者在出境检疫之后,擅自上下人员,装卸行李、货物、邮包等物品的;(3)拒绝接受检疫或者抵制卫生监督,拒不接受卫生处理的;(4)伪造或者涂改检疫单、证、不如实申报疫情的;(5)瞒报携带禁止进口的微生物、人体组织、生物制品、血液及其制品或者其他可能引起传染病传播的动物和物品的;(6)未经检疫的入境、出境交通工具,擅自离开检疫地点,逃避查验的;(7)隐瞒疫情或者伪造情节的;(8)未经卫生检疫机关实施卫生处理,擅自排放压舱水,移下垃圾、污物等控制的物品的;(9)未经卫生检疫机关实施卫生处理,擅自移运尸体、骸骨的;(10)废旧物品、废旧交通工具,未向卫生检疫机关申报,未经卫生检疫机关实施卫生处理和签发卫生检疫证书而擅自入境、出境或者使用、拆卸的;(11)未经卫生检疫机关检查,从交通工具上移下传染病病人造成传染病传播危险的。此外,该《实施细则》第99条以及《外国人入境出境管理法实施细则》第7条第4项,还规定了患有严重精神病、传染性肺结核病或者有可能对公共卫生造成重大危害的其他传染病的外国人不得入境。

人,在入境后对其根据《传染病防治法》规定,已经被卫生防疫机构依照传染病防治法提出的预防、控制措施,有条件履行而拒绝履行的,可以构成妨害传染病防治罪。

(五)妨害国境卫生检疫罪与妨害动植物防疫、检疫罪[①]的关联

违反有关动植物防疫、检疫的国家规定,引起重大动植物疫情的,或者有引起重大动植物疫情危险,情节严重的行为,构成妨害动植物防疫、检疫罪。本罪主体为自然人一般主体和单位,主观上过失。本罪不以进入我国国(边)境为前提,也即在境内违反国家有关动植物检疫、防疫规定的,也可以构成犯罪。从这一点说,妨害国境卫生检疫罪所规定"物品"不能包括"动物、植物"。在进出国(边)境中违反国家有关动植物防疫、检疫的,应构成妨害动植物防疫、检疫罪,不应以妨害国境卫生检疫罪论处。

(六)妨害传染病防治罪的刑事责任

犯本罪,处3年以下有期徒刑或者拘役;后果特别严重的,处3年以上7年以下有期徒刑。单位犯本罪的,对单位判处罚金,并对其直接负责的主管人员和其他直接责任人员,依照自然人犯罪规定处罚。有观点认为,"后果特别严重的",是本罪的"过失犯的结果加重犯"。[②] 本书认为,"引起传播或者有传播严重危险"与"后果特别严重",只有在严重程度上的区别,而在本质上并没有区别。"后果特别严重"仍然是指引起传播的区域广、受感染群体人数多,或者有引起传播的区域广、受感染群体人数多的严重危险。因此,不符合本书认可的,结果加重犯的加重结果与基本犯构成要件的结果,可以明确加以区分的条件。[③]

二十四、非法组织卖血罪

(一)非法组织卖血罪的概念和法益

非法组织卖血罪,是指违反国家卫生行政部门采、供血和血液管理办法的有关规定[④],非法组织他人以献血为名出卖血液[⑤]的行为。本罪的法益,是国家对无偿献血所实施的监管以及对社会公共卫生监管[⑥]。本罪主体为自然人一般主体,主观罪过为

---

① 我国《刑法》第337条。

② 参见黄京平主编:《危害公共卫生犯罪比较研究》,法律出版社2004年版,第38页。

③ 参见马克昌主编:《犯罪通论》,武汉大学出版社1999年版,第654—655页。

④ 在我国现行的行政法中,除《献血法》外,还需要关注如国务院《血液制品管理条例》;原卫生部《血站管理办法(暂行)》《关于加强生物制品和血液制品管理的规定(试行)》等行政法规,以明确我国目前对血液以及血液制品国家管控的范围和具体措施,明确违反国家血源和采供血管理的有关规定的具体内容。

⑤ 08.06.25《立案追诉标准(一)》第54条第3款规定的"血液",是指全血、成分血和特殊血液成分。

⑥ 参见刘远主编《危害公共卫生罪》,中国人民公安大学出版社1998年版,第113—114页;黄京平主编:《危害公共卫生犯罪比较研究》,法律出版社2004年版,第143页等。

直接故意,从罪名设置看,应具有“牟利目的”,但刑法没有以“牟利目的”为主观要素,动机不影响认定。

(二) 对象、行为、共同犯罪

组织行为的对象,必须是自愿卖血“他人”,可以是不特定多数人。强迫不自愿者卖血,构成“强迫卖血罪”。“非法”,是指违反国家卫生行政部门的规定,不具有血液采集、供应许可资格,也没有受有关血液采集部门的指派或委托,组织他人以“献血”为名实为出卖血液。“出卖血液”是以献血、献血浆的方式获取一定经济补偿的行为。“组织”包括对卖血者的组织,也包括对所雇佣人员对卖血者控制的组织,即实施指挥、策划、领导、安排进行出卖血液的活动的行为。具体以何种方式组织不影响认定,包括利用互联网非法组织卖血。[①] 无论自愿,还是不自愿,卖血者都需要以各种方式将“献血”所得的一部分补助费用,以各种方法返给组织者,作为“感谢”,至于组织者与被组织者之间的关系是否固定,在所不问。

非法组织卖血大体有两种情况:有献血指标的单位,为了完成献血指标,由无关人员组织其他单位或者社会上的人员,假冒指定献血单位的人员献血。二是组织者以提供住宿、营养品等等,引诱、劝说他人加入卖血行列。“出卖血液”,也包括组织者自设血液、血浆采集点,将血液、血浆倒卖给血站或者血液生物制品生产单位牟利(触犯非法采集、供应血液、制作、供应血液制品罪[②])。这两种形式非法组织卖血可能交织在一起。本罪处罚的是组织者,被组织者的具体情况,例如卖血前是否经过健康检查,是否合格以及检查中是否作假,不是认定本罪是否成立必须考察的内容。本罪为行为犯,无论其非法组织出卖的血液是否导致公共卫生严重后果的发生,不影响认定[③],如果查证与其非法组织出卖的血液有因果关系的,是量刑的情节。组织者获利的方式方法以及是否获利,不是认定犯罪的必要条件,也应为量刑情节。为卖血者假冒他人身份体检、“献血”而伪造身份证件,是牵连犯,可以从一重罪(非法组织卖血罪)论处,但因侵害法益不同,不应排除并罚。

非法组织卖血的组织行为,是由一系列的具体活动环节所组成,在各个必要的环节中,须有掌握一定权力其他人员的参与才能够进入下一个环节。如果提供献血指标的单位工作人员,体检部门以及献血站、采浆站的工作人员,在明知其非法组织卖血活动,对其“网开一面”提供帮助的如何处理?有观点认为,只要上述涉案人员与组织者相勾结,为其提供便利,并从中渔利的,就应该认定为非法组织卖血罪的共犯,在

---

① 《上海“血吸虫”网上招募卖血被控犯非法组织卖血罪》,http://www.qingdaonews.com/content/2004-01/06/content_2535667.htm,访问时间:2016 年 8 月 24 日。

② 我国《刑法》第 334 条。

③ 08.06.25《立案追诉标准(一)》第 52 条规定:“涉嫌下列情形之一的,应予立案追诉:(一) 组织卖血 3 人次以上的;(二) 组织卖血非法获利 2000 元以上的;(三) 组织未成年人卖血的;(四) 被组织卖血的人的血液含有艾滋病病毒、乙型肝炎病毒、丙型肝炎病毒、梅毒螺旋体等病原微生物的;(五) 其他非法组织卖血应予追究刑事责任的情形。”

已经构成受贿罪的情况下,应为牵连犯,一般按照受贿罪论处[①]。本书认为,只针对某一特定组织者提供便利条件而渔利,或作为共犯认定,或构成受贿,是可以的。但从现实看,在多数案件中提供便利者,是面对不特定的组织者。如此一来,不可能对提供便利者在每一个案件中都作为共犯认定。一律认定为共犯或牵连犯,可能违反“不得重复评价”原则。而且,为何可以与某个组织者构成共犯,与其他组织者就不行?不能认定为共犯的还能否成立牵连犯?都将成为实践中难于解决的问题。本书认为,除提供便利者只针对某个特定组织者,可以形成共犯关系外,只要有受贿行为,应以受贿罪或者非国家工作人员受贿罪论罪,组织者有行贿的[②],数罪并罚。

(三) 非法组织卖血罪与强迫卖血罪的关联

以暴力、威胁方法非法组织他人出卖血液的行为,构成强迫卖血罪。本罪主体为自然人一般主体,主观上为直接故意,未以特定目的为主观要素(事实上存在以牟利为目的),动机不影响认定。非法组织他人卖血与强迫他人卖血,可能在同一事实中都存在,既实施了组织他人卖血的行为,又对不再听从其组织的人实施暴力、威胁方法强迫其出卖血液行为。一定意义上,对被组织者实施暴力、胁迫也可以成为“组织”行为的表现方式[③],可以形成两种犯罪行为的竞合。由于刑法规定了“强迫卖血罪”,是否可以认为非法组织卖血的“组织”不应该再包括以暴力、威胁方法非法组织卖血。本书认为,从实务上说,完全排除“组织”行为不能有暴力、威胁是很困难的,因此,如只是以暴力、威胁作为组织的方式之一(并未以此手段为主)的,仍然应该按照非法组织他人卖血罪论处;如果是以暴力、胁迫作为使(强迫)他人卖血的手段,应按照强迫卖血罪论处。

(四) 非法组织卖血罪、强迫卖血罪与非法采集、供应血液、制作、供应血液制品罪[④]的关联

非法采集、供应血液或者制作、供应血液制品,不符合国家规定的标准,足以危害人体健康的行为,构成非法采集、供应血液、制作、供应血液制品罪。[⑤] 本罪主体为自然人一般主体[⑥]和有血液采集资质单位以及血制品生产单位。本罪主观罪过是故意,

---

① 参见黄京平主编:《危害公共卫生犯罪比较研究》,法律出版社 2004 年版,第 148 页。

② 如果组织者与提供便利者有约定,从给付卖血者的营养费补偿中由提供便利者直接扣除,或者从给组织者的费用中直接扣除的,组织者同样构成行贿罪或对非国家工作人员行贿罪,提供便利者构成受贿罪或者非国家工作人员受贿罪。

③ 解释的意义上,组织行为也不排除以暴力、胁迫手段实施。

④ 我国《刑法》第 334 条。

⑤ 具体内容参见 08.06.25《立案追诉标准(一)》第 54 条的规定。

⑥ 有观点认为,本罪主体立法没有说明主体范围,所以只能是只是自然人一般主体,但应该规定单位主体。参见王作富主编:《刑法分则实务研究》(下),中国方正出版社 2013 年版,第 1357—1358 页。本书认为这一理解是不准确的,因相关行政法规对“非法采血”的主体已经有明确规定,既包括未经批准擅自设置和开办的血站非法采集、供应或倒卖血液的一般主体,也包括有资质的单位不按照所核准的范围采集血液、血浆的主体,构成犯罪的,均应依法追究刑事责任。参见《血站管理办法》第 59 条至第 61 条以及《血液制品管理条例》第 34 条至第 38 条、第 43 条、第 44 条。

动机不影响认定。“非法采集”是指未经国家主管部门批准或超出批准业务范围,采集、供应血液、制作、供应血液制品。① 如果从国家严禁个人从事血液采集、供应血液以及制作、供应血液制品而言,采集、提供“不符合国家规定的标准”血液以及血液制品的行为显然是指国家批准的,有资质从事血液采集、提供血液,制作、供应血液制品的单位(如生物制品公司、企业),而不是指个体自然人。换言之,个人擅自设置和开办血站采集血液,即便所采血液符合“国家标准”,也是非法的。从这一点而言,本罪的主体原本规定的就是单位。但是,从现实中看,个人擅自设置和开办血站,非法采集、供应或倒卖血液并非鲜见。该种情形下,非法组织他人卖血的组织者,擅自设置和开办血站,非法采集、供应或倒卖血液的,既触犯非法组织他人卖血罪,也触犯非法采集、供应血液(制作、供应血液制品)罪。本书认为,该种情形下犯罪行为在形式上具有牵连关系,即一般情况下,擅自设置和开办血站,非法采集以及组织他人卖血、强迫他人卖血都是(牟利)手段行为,而供应血液(给血液制品公司、企业)或倒卖血液成为其目的行为。但因两种行为互有交叉,即便有牵连关系,也无法从其中任何一罪从重处罚,因此,本书认为,对此应实行数罪并罚为宜。

(五) 非法血液犯罪与采集、供应血液、制作、供应血液制品事故罪②的关联

经国家主管部门批准采集、供应血液或者制作、供应血液制品的部门,不依照规定进行检测或者违背其他操作规定,造成危害他人身体健康后果的行为,构成采集、供应血液、制作、供应血液制品事故罪。本罪主体为单位特殊主体,是“经国家主管部门批准采集、供应血液或者制作、供应血液制品的部门”,包括经国家主管部门批准的采供血机构和血液制品生产经营单位,血液中心、中心血站、脐带血造血干细胞库和国家卫生行政主管部门根据医学发展需要批准、设置的其他类型血库、单采血浆站③。本罪主观上是过失。“不依照规定进行检测或者违背其他操作规定”,是指“(1) 血站未用两个企业生产的试剂对艾滋病病毒抗体、乙型肝炎病毒表面抗原、丙型肝炎病毒抗体、梅毒抗体进行两次检测的;(2) 单采血浆站不依照规定对艾滋病病毒抗体、乙型肝炎病毒表面抗原、丙型肝炎病毒抗体、梅毒抗体进行检测的;(3) 血液制品生产企业在投料生产前未用主管部门批准和检定合格的试剂进行复检的;(4) 血站、单采血浆站和血液制品生产企业使用的诊断试剂没有生产单位名称、生产批准文号或者经检定不合格的;(5) 采供血机构在采集检验样本、采集血液和成分血分离时,使用没有生产单位名称、生产批准文号或者超过有效期的一次性注射器等采血器材的;(6) 不依照国家规定的标准和要求包装、储存、运输血液、原料血浆的;(7) 对国家规定检测项目结果呈阳性的血液未及时按照规定予以清除的;(8) 不具备相应资格的医务人员进行采血、检验操作的;(9) 对献血者、供血浆者超量、频繁采集血液、血浆的;(10) 采供血机构采集血液、血浆前,未对献血者或者供血浆者进行身

① 08.06.25《立案追诉标准(一)》第54条第2款。
② 我国《刑法》第334条第2款。
③ 08.06.25《立案追诉标准(一)》第55条第2款。

份识别,采集冒名顶替者、健康检查不合格者血液、血浆的;(11) 血站擅自采集原料血浆,单采血浆站擅自采集临床用血或者向医疗机构供应原料血浆的;(12) 重复使用一次性采血器材的;(13) 其他不依照规定进行检测或者违背操作规定的。"①本罪以"造成危害他人身体健康后果的"②,为入罪的必要条件。

可以认为本罪与其他非法血液犯罪在规范上并无直接的关联,是有资质的单位在血液采集、提供以及血液制品生产、作业中违反相关规定,造成严重后果的犯罪。但是实务中,正是因为有其他相关非法血液犯罪,而血液中心、中心血站、脐带血造血干细胞库、血库、单采血浆站,血液制品生产经营单位所需要的血液,来源并非均是合格的"自愿献血者",因此,"不依照规定进行检测或者违背其他操作规定"的多项规定,并非与外部无资质的单位或个人非法采集、提供的血液无关。但本罪与其他非法血液犯罪,只是具有事实上的关联性,而无规范上的关联。因此,只要存在违反规定的行为,造成严重后果,就应构成犯罪,外部无资质的单位或个人非法采集、提供的不合格血液,只是条件,而非原因。本罪成立不以其他血液犯罪成立为前提条件。应分别论罪处罚。

(六) 非法组织卖血罪的刑事责任

犯本罪,处5年以下有期徒刑,并处罚金;第2款规定,有前款行为,对他人造成伤害的,依照故意伤害罪规定定罪处罚。

那么,按照故意伤害罪定罪处罚的,仅指强迫卖血罪还是包括非法组织卖血罪?有观点认为,这一规定是针对强迫卖血罪,不包括非法组织卖血罪。因共识对卖血者身体的伤害是卖血造成的,而非组织行为造成,强迫卖血是实施暴力、胁迫,会给被强迫者直接造成身体伤害③。强迫组织卖血,暴力造成他人身体伤害,按照故意伤害罪定罪处罚并无疑问。非法组织卖血的,卖血者是自愿出卖自己的血液,过度"献血"会对人身健康造成伤害,被组织者也可能是知道的,在卖血者自愿出卖自己血液,造成自己身体的伤害的情况下,对组织者还能否依照故意伤害罪定罪处罚,的确值得研究。组织行为的手段,通常无须(也不能完全排除)暴力、胁迫,主要依靠欺骗(当然也有卖血者是生活所迫的"自愿"),卖血者之所以能够如此疯狂地卖血,与组织者的欺骗、怂恿不无关系,而被组织者对过度"献血"的危害未必都是明知,而这一点对组织者而言则不言自明。本书认为,强迫卖血罪造成伤害,包括由暴力手段直接造成的,也包括强迫过度卖血造成人身伤害。前者可以认为是普通故意伤害罪的一种情况,而后者也符合因过度卖血而造成人身伤害,没有理由认为因手段行为不同对被组织

---

① 08.06.25《立案追诉标准(一)》第55条第3款。

② 08.06.25《立案追诉标准(一)》第55条第1款,涉嫌下列情形之一的,应予立案追诉:(1) 造成献血者、供血浆者、受血者感染艾滋病病毒、乙型肝炎病毒、丙型肝炎病毒、梅毒螺旋体或者其他经血液传播的病原微生物的;(2) 造成献血者、供血浆者、受血者重度贫血、造血功能障碍或者其他器官组织损伤导致功能障碍等身体严重危害的;(3) 其他造成危害他人身体健康后果的情形。

③ 参见黄京平主编:《危害公共卫生犯罪比较研究》,法律出版社2004年版,第150页。

者过度卖血造成的身体伤害上有区别①。本书认为,该款规定适用于非法组织卖血罪。

"对他人造成伤害的"是何种伤害,理论上也有不同的认识。有学者从本罪起刑是5年有期徒刑高于故意伤害罪起刑是3年有期徒刑的规定,认为这里的伤害应该是指重伤,如果只是轻伤仍然是本罪。② 也有学者从罪刑法定原则和实务上可操作性出发认为,只要造成伤害无论轻伤还是重伤,一律按照故意伤害罪定罪处罚。否则将形成部分转化故意伤害罪,部分仍然构成非法组织卖血罪,有悖罪刑法定原则,也不便于司法操作。③ 本书原则上赞同第一种观点,但即便如此,存在的问题并未真正解决。

从本罪起刑是5年有期徒刑而转化为故意伤害罪的起刑只有3年有期徒刑看,罪刑是不均衡。这不仅是因为本罪的行为同时也严重危害到公共卫生安全,社会危害程度较普通伤害罪严重,而且,为牟利而置他人生命、健康而不顾,也较一般故意伤害行为在主观上更为恶劣。但只要不遵守《献血法》的规定而过度"献血",对人身的伤害是确定无疑的。④ 按照第二种观点去解释"伤害",与故意伤害罪也相符合,但果真如此,可以肯定所有被组织者不遵守《献血法》的规定过度"献血",对组织者都可以作为故意伤害罪定罪处罚,刑法就没有规定本罪的必要。本书认为,轻伤结果应包括在本罪中。但问题恰恰是即便在造成重伤时,本罪起刑与故意伤害罪轻伤结果相同,只是存在"3年以上有期徒刑"与"3年以下有期徒刑"的区别而已。那么,按照第一种观点,也没有从根本上解决问题。即如果造成他人重伤结果,按照故意伤害罪定罪处罚,仍然是低于按照非法组织卖血罪起刑就是5年有期徒刑的规定,同样是罪刑不均衡的。但这是立法本身造成罪刑不均衡现象,是通过立法来解决还是通过司法解释来加以纠正,也是值得进一步研究的问题。

"对他人造成伤害"的"他人"是仅指供血者,还是包括用血者,理论上也有不同的看法,有认为仅指供血者,也有认为既包括供血者也包括用血者⑤。本书认为,如仅从解释的意义上说,不能说这里的"他人"不能包括用血者⑥,但从现实适用法律规定的角度看,对于用血者的身体造成的伤害,不是组织者的行为直接引起,中间还可以介入采血者和医疗人员的行为⑦。所以,是因有过多违法因素介入才能最终导致用

① 同意伤害并非能完全阻却违法性。对身体的重大伤害即是如此。

② 参见高铭暄主编:《新编中国刑法学》,中国人民大学出版社1998年版,第889页。

③ 参见赵秉志主编:《危害公共卫生罪疑难问题司法对策》,吉林人民出版社2001年版,第100页。

④ 我国《献血法》规定了一次献血的数量限制以及时间间隔的要求,不仅仅是法律为保障所供血液质量,更重要的是法律对献血个体身体健康的科学保障。只要违背这一规定,对献血者而言造成伤害是确定无疑。因为血液是有机体生命系统中重要的结构层次,含有各种生命体生存所必需的营养成分,过度献血将致使血液成分发生改变,自然会直接造成人体各器官的生理和病理变化。有机体通过自我调节,血液会恢复对人体提供必需的营养成分的功能,但对人体各器官因前期的病理变化已经造成的伤害结果是现实存在的,只是伤害结果是可逆的还是不可逆的,以及在轻重程度上有差别而已。

⑤ 参见赵秉志主编:《新刑法全书》,中国人民公安大学出版社1997年版,第1119页。

⑥ 采集、供应血液、制作、供应血液制品事故罪的严重后果,包括对用血者的伤害结果。

⑦ 参见黄京平主编:《危害公共卫生犯罪比较研究》,法律出版社2004年版,第150页。

血者的伤害结果(可能医护人员并无任何过失)。如果从原因上说,也无法排除供血者血液存在的重大问题是造成用血者伤害结果的原因之一。如要追究责任,出卖血液的受害者也要构成故意伤害罪,并非合理。也因现实中因果关系流程难于查清,如不能最终确定"献血"与伤害结果有因果关系,也就不具有构成故意伤害罪的客观基础。从这一意义上说,本书认为"他人",是指供血者而不包括用血者。

二十五、医疗事故罪

(一) 医疗事故罪的概念和法益

医疗事故罪,是指医务人员在诊疗护理工作中由于严重不负责任,造成就诊人死亡或者严重损害就诊人身体健康①的行为。本罪的法益,是国家对医疗活动的监管和就诊人的生命、健康的权利。本罪主体是特殊主体,即医务人员,是指经过卫生行政机关批准,经过医药院校教育或者经过各级卫生机构培养训练后经考核合格,取得相应资格并从事医疗实践工作的各级各类卫生技术人员。本罪主观上是过失。

(二) 医疗活动、行为、主体、因果关系、过失

因健康概念扩展、科技的发展促成医学的进步,"疾病"范围也发生着变化,就诊也不再是传统意义上生理"不正常",也因医学模式的变革,医疗活动、医疗行为②也不再局限于过去的以治病为主的医疗模式,医疗活动的外延也不断扩展③。那么,医疗美容以及与医疗有关的管理活动和有关的后勤服务活动是否应包括在"医疗活动"中?这当然也涉及主体范围。

医疗美容机构,是指以开展医疗美容诊疗业务为主的医疗机构④。本书认为,本罪意义上的医疗活动,不应该包括纯粹因为个体审美需要而进行的整形、整容。因在整形、整容失败已经造成疾患,再次进行创伤性或者侵入性治疗的整形、整容,以及先天生理缺陷或者因后天外伤性创伤致体型、容貌(如,因烧伤在治疗后期)改变,需要整形、整容的,包括在"医疗活动"中。至于与医疗有关的管理活动和与医疗有关的后勤服务活动,是否属于本罪范围内的医疗活动,有较大的争议⑤,容后讨论。

---

① 08.06.25《立案追诉标准(一)》第56条第3款规定:"严重损害就诊人身体健康"是指造成就诊人严重残疾、重伤、感染艾滋病、病毒性肝炎等难以治愈的疾病或者其他严重损害就诊人身体健康的后果。

② 参见我国《医疗机构管理条例实施细则》第88条的规定。

③ 在确认相应的医疗活动时,应该以涉及该活动的相应法律、法规为依据。在涉及传统意义上的诊疗活动时,则要考察的是诊疗、护理常规和技术规范。

④ 我国《医疗美容服务管理办法》规定,医疗美容是指运用手术、药物、医疗器械以及其他具有创伤性或者侵入性的医学技术方法对人的容貌和人体各部位形态进行的修复与再塑。

⑤ 1988年5月10日卫生部颁布的《关于(医疗事故处理办法)若干问题的说明》(以下简称88.05.10《若干问题的说明》)指出:"因诊疗护理工作是群众性的活动,构成医疗事故的行为人,还包括从事医疗管理、后勤服务等人员。"

“在诊疗护理工作中”[①],是指在病患者开始接受医疗机构诊疗、护理至诊疗、护理过程结束的整个过程,阶段性诊疗过程亦包括在其中。诊疗是指通过各种必要的检查,对患者的疾病作出判断,包括使用药物、器械及手术等方法的检查,并通过必要的治疗手段、方法消除疾病、缓解病情、减轻病患者的痛苦,或者延长其生命,改善其病理或生理状况的活动。护理是指围绕诊疗工作进行的,必须由医护人员看护和操作的料理活动,不包括患者以及其亲属通过其他个人或者服务机构聘请的护理人员进行的护理活动。治疗、护理活动必须是经过卫生行政主管机关确认资格的医务人员,在卫生行政主管机关批准的医疗机构中从事诊疗护理工作发生的责任事故才能与本罪有关[②]。至于事故的发生在专门设置医疗机构内,还是在其他临时医疗场所(如出诊在病患者自己的家中、工作场所等),不影响认定。“在诊疗护理工作中”发生责任事故是认定本罪的前提条件,如果责任事故发生在诊疗护理工作之外,则与本罪无关。

必须是在医疗、护理工作中有严重不负责任的行为。[③] “严重不负责任”是指在诊疗、护理工作中,违反规章制度和诊疗、护理常规职责、义务的程度严重,而不是指违反的是重要的职责、义务。违反规章制度和诊疗、护理常规行为,是作为还是不作为,在所不问。规章、制度、规程,可以是国家卫生行政部门颁布的,也可以是医疗机构根据自身的医疗疾病类型(如专科医院)的特点而制定,以及约定俗成在实践中遵循的医疗规则。[④] 当然不是遵守了诊疗、护理规章制度和诊疗、护理常规,就不会发生严重后果,但这却是能够认定医务人员没有过失,不负刑事责任的客观依据。医务人员是否正当地执行了职务,既是评价医务行为是否有违法性的标准,也是认定医务人员在工作中是否履行了注意义务的规范性征表。本书赞同判定医疗行为是否违章时,还应考虑医方的自由处置权。医方自由处置权,是指基于对理想医疗效果的期待,赋予医方依主观判断选择医疗措施的权利。因医务人员之间各自的技术特点、技术习惯,对疾病判断的主观认识倾向有所不同,对同一症候的处理措施有所不同,这是允许的。只要不违反医学原理及有关规定,就不能认为违章和有社会危害[⑤]。

---

① 参见88.05.10《若干问题的说明》的有关规定。

② 88.05.10《若干问题的说明》中指出:“非卫生行政主管部门批准‘行医’者的事故。不在本〈办法〉所指范围之内。此类事故应按无照行医人员从严处理。”1987年6月29日国务院发布、实施的《医疗事故处理办法》(以下简称为87.06.29《处理办法》)第26条规定:“本办法适用于各级各类医疗单位以及个体开业的医务人员发生的医疗事故的处理。”

③ 08.06.25《立案追诉标准(一)》第56条第2款规定:具有下列情形之一的,属于本条规定的“严重不负责任”:(1) 擅离职守的;(2) 无正当理由拒绝对危急就诊人实行必要的医疗救治的;(3) 未经批准擅自开展试验性治疗的;(4) 严重违反查对、复核制度的;(5) 使用未经批准使用的药品、消毒药剂、医疗器械的;(6) 严重违反国家法律法规及有明确规定的诊疗技术规范、常规的;(7) 其他严重不负责任的情形。

④ 88.05.10《若干问题的说明》第2条中就医疗事故的违法性的说明中指出:“在医疗事故中主要是指违反诊疗护理规章制度和技术操作规程。这些可以是成文的,也可以是约定俗成大家都在实践中遵循的。”

⑤ 参见赵新河:《论医疗事故罪的认定》,载《周口师范高等专科学校学报》2000年第3期。

违反规章制度和诊疗、护理常规的行为,必须发生了造成就诊人死亡,或者严重损害就诊人身体健康的危害后果。即违反规章制度和常规的行为,是危害后果发生的原因,二者之间必须具有刑法上的因果关系。要求违反规章制度和诊疗、护理常规的行为,是致使结果发生具有原因力的行为,不以受害者或者第三者没有过错或过失为条件。例如在手术过程中,或者手术后出现并发症,导致严重后果,如果术前医案准备不足,或者医案有重大失误的,则不能认为没有因果关系。重大医疗事故,除一因一果的现象外,更多的是多因一果。因诊疗护理工作本身,就是一个需要共同协作的职业活动。重大医疗事故中共同过失的现象尤为普遍。因此,在认定责任大小,以及是否构成犯罪时,区分原因对后果发生的原因力程度,分析各自原因的不同地位和作用非常重要。这需要对“共同注意义务”做正确的分析。事实上,由于诊疗、护理工作的特殊性,主体不同、职责不同,决定了诊疗、护理的阶层性和阶段性,有自己的职责也有共同的职责。在共同过失中,只有首先违反了自己阶层性、阶段性的注意义务,才谈得到对共同注意义务的违反。无此前提,则应将其排除出共同过失的范围。在此基础上,需要全面考虑对结果发生具有决定意义的“原因力”行为是哪一个,只有对结果的发生具有原因力的行为,才能构成医疗事故。

需要指出的是,医疗事故与医疗意外是有区别的。医疗意外是指由于患者病情重笃、复杂或已处疾病晚期,或病人具有特殊体质等不能预见的原因,发生了难以预料和防范后果的情况。如术后并发症,有些是必然会出现,已经有成熟的预防和治疗方案,但有时没有经验可供借鉴,难以预料和防范。医护人员只要没有违反诊疗、护理规章制度、规范,违反预案的,主观上就没有过失。

作为本罪主体的医务人员的范围是较为清晰的,但基于88.05.10《若干问题的说明》的规定,在医疗单位或者机构中从事人事、科教、党群、后勤保障的人员是否能够成为本罪主体,有较大的争议①。有完全赞同的观点②,也有主张只能是医护技术人员③,还有认为除医护技术人员外,包括负有保障公民的生命和健康权益,必须实施特定义务的人员④。本书认为,医疗活动需要有严格的工作规章制度,同时与其他行业一样,需要有力的后勤保障体系。所以,医疗机构内的管理活动、医疗有关的后勤服务活动,是医疗活动重要的组成部分。

本书原则上赞同第三种观点。就以医疗行政管理为例,如强行以行政命令方式,安排没有多少临床经验的医护人员主持急诊工作,造成重大医疗事故,仅仅追究医护人员的责任显然是不合适。但本书认为,该范围还需要具体讨论。对国有制的医疗单位、机构而言,其中的管理人员的渎职造成重大医疗事故的行为,可以按照其具体行为分别适用“滥用职权罪”或者“玩忽职守罪”(有竞合关系),但对集体所有制医疗

---

① 争议观点转引自王作富主编:《刑法分则实务研究》(下),中国方正出版社2007年版,第1543页。

② 参见侯国云:《过失犯罪论》,人民出版社1993年版,第493页。

③ 参见梁华仁:《论医疗事故罪》,载《法学前沿》(第1辑),法律出版社1997年版;单长宗、梁华仁主编:《新刑法研究与适用》,人民法院出版社2000年版,第670页。

④ 参见赵秉志、吴振兴主编:《新刑法教程》,中国人民大学出版社1997年版,第701页。

单位、股份制医疗单位就存在困难。就股份制医疗单位而言[①],管理人员除受国有单位委派的外,不是国家工作人员,却并非不能实施"滥用职权"或者"玩忽职守"行为。这种医疗单位并不因为所有制不同,在诊疗、护理活动中,对保障就诊人的生命、健康上有什么区别。对其中的管理人员、医疗保障人员而言,只要其活动与保障就诊人生命、健康有关,在违反相关规定造成重大医疗事故后,如果不以本罪追究刑事责任,则也是极其不公正的。

本书认为,本罪的范围,应该以目前行政法规规定的"医疗活动"范围所涉及的人员为限,只要其职责、职务活动与保障就诊人生命、健康有关,违反的相关规定与重大医疗事故有直接因果关系的,理应可以构成本罪。

本罪主观上是过失,并无争议,但本书认为,在责任确定上应该考虑过失的程度,也即注意义务违反程度。因为诊疗、护理工作不仅是一个接受过专业的教育、培训和训练才能从事的职业,而且也是一个经验性的职业。从事诊疗、护理工作时间越久,经验也就越丰富,预见能力及避免结果发生的能力也就越强。如果具有丰富的经验而一个小小的疏忽或自信导致严重后果的发生,则不能认为违反注意义务的程度不严重。在具体的考察中,不应当纯粹只是看行为人履行注意义务的过程,也应结合考察医护人员的诊疗、护理上的自由处置权以及就诊人的体质和症状情况、诊疗、护理过程、诊疗、护理客观条件等因素进行综合性分析判断。

(三)医疗事故罪与非法行医罪[②]的关联

未取得医生执业资格的人非法行医,情节严重的行为[③],构成非法行医罪。本罪主体为特殊主体,即"未取得医生执业的人",主观上是故意,但对"严重损害就诊人身体健康"[④]或"造成就诊人死亡的"是过失,应属于结果加重犯。"未取得医生执业资格的人非法行医",包括以下行为:(1) 未取得或者以非法手段取得医师资格从事医疗活动的;(2) 个人未取得《医疗机构执业许可证》开办医疗机构的;(3) 被依法吊销医师执业证书期间从事医疗活动的;(4) 未取得乡村医生执业证书,从事乡村医疗活

---

① 包括股份有限(公司)医疗单位、有限责任(公司)医疗单位、中外合资医疗单位、私立医疗单位。

② 我国《刑法》第336条。

③ 2016年12月20日最高人民法院实施的《关于修改〈关于审理非法行医刑事案件具体应用法律若干问题的解释〉的决定》(法释〔2016〕27号)(以下简称16.12.20《非法行医解释》)第2条规定:"具有下列情形之一的,应认定为刑法第336条第1款规定的'情节严重':(一) 造成就诊人轻度残疾、器官组织损伤导致一般功能障碍的;(二) 造成甲类传染病传播、流行或者有传播、流行危险的;(三) 使用假药、劣药或不符合国家规定标准的卫生材料、医疗器械,足以严重危害人体健康的;(四) 非法行医被卫生行政部门行政处罚两次以后,再次非法行医的;(五) 其他情节严重的情形。"

④ 16.12.20《非法行医解释》第3条规定:"具有下列情形之一的,应认定为刑法第336条第1款规定的'严重损害就诊人身体健康':(一) 造成就诊人中度以上残疾、器官组织损伤导致严重功能障碍的;(二) 造成3名以上就诊人轻度残疾、器官组织损伤导致一般功能障碍的。"第6条第2款规定:"'轻度残疾、器官组织损伤导致一般功能障碍''中度以上残疾、器官组织损伤导致严重功能障碍',参照卫生部〈医疗事故分级标准(试行)〉认定。"

动的;(5) 家庭接生员实施家庭接生以外的医疗行为的[①]。“行医”,是以提供医疗服务而获取相应报酬的行为,因此,对民间普通人以所谓“偏方”“古方”(包括简单的侵入性治疗方法——如放血、轻微割伤等),治疗“疑难杂症”并未收取费用,或者象征性收取少量费用、药品成本费用的,不应视为非法行医,如果因此发生严重后果的,应按照相应侵害人身的过失犯罪论处。但长期一贯为之的,应认定为非法行医。对取得医生执业资格的个体行医人员(特别是中医)的“学徒”,学习期间与其“师父”同为病患从事医疗行为的,不应视为“未取得医生执业资格的人”,只有对其在非特定紧急情况下单独实施医疗行为,才具有非法行医的性质,但未造成严重后果、非一贯为之,也不应以犯罪论处。

未取得医生执业资格的(非法行医者),擅自为他人进行节育复通手术、假节育手术、终止妊娠手术或者摘取宫内节育器,情节严重的[②]行为,构成非法进行节育手术罪[③]。本罪设置在非法行医罪的条款中,说明该行为与非法行医罪有密切关联。“节育手术”当然可以是“行医”的内容之一,虽然实务中有的只是实施非法进行节育手术的,但多数情况下,非法行医的内容中就可以包括非法实施节育手术。两罪的立案追诉条件虽然有所区别,但本质上区别并不大,均体现在对人身的侵害上,所以,构成其中一个犯罪均不以他罪成立为前提。如果均符合两罪的构成条件,触犯二罪名的,为想象竞合犯,可以按照(内涵广的条款)非法行医罪论处。但实施非法行医犯罪,同时构成生产、销售假药罪,生产、销售劣药罪,诈骗罪等其他犯罪的,依照刑法处罚较重的规定定罪处罚[④],该种情形为牵连犯。

规范上,医疗事故罪与非法行医罪并无关联,因二者的主体完全不同,实务中应防止对取得医生执业资格但跨区域执业行为认定为非法行医行为,一般说,如果未经当地卫生行政主管部门登记,这只是对行政管理的违反,但不能视为非法行医行为。即便发生严重后果,也不应构成非法行医罪,仍然应该以医疗事故罪追究刑事责任。

(四) 医疗事故罪的刑事责任

犯本罪,处 3 年以下有期徒刑或者拘役。

---

① 16.12.20《非法行医解释》第 1 条第 1 款。

② 08.06.25《立案追诉标准(一)》第 58 条规定:“涉嫌下列情形之一的,应予立案追诉:(一) 造成就诊人轻伤、重伤、死亡或者感染艾滋病、病毒性肝炎等难以治愈的疾病的;(二) 非法进行节育复通手术、假节育手术、终止妊娠手术或者摘取宫内节育器 5 人次以上的;(三) 致使他人超计划生育的;(四) 非法进行选择性别的终止妊娠手术的;(五) 非法获利累计 5000 元以上的;(六) 其他情节严重的情形。”

③ 我国《刑法》第 336 条第 2 款。

④ 08.05.09《非法行医解释》第 5 条。

二十六、污染环境罪

(一) 污染环境罪的概念和法益

污染环境罪,是指违反国家规定,排放、倾倒或者处置有放射性的废物、含传染病病原体的废物、有毒物质或者其他有害物质,严重污染环境的行为。本罪的法益是国家对环境保护和环境①污染防治的监管。“环境保护”包括对天然环境与人为环境的保护②。本罪主体为自然人一般主体和单位③,主观罪过在理论上还有争议。

(二) 行为、罪过

“污染环境”是指违反国家规定,排放、倾倒或者处置有放射性的废物、含传染病病原体的废物、有毒物质或者其他有害物质的行为。“违反国家法律规定”,是指违反国家颁布的有关环境保护的基本法或单行法及有关法规,如《环境保护法》《大气污染防治法》《水污染防治法》《海洋环境保护法》《固体废物污染环境防治法》等有关限制、禁止排放、倾倒或者处置能够污染环境放射性的废物、含传染病病原体的废物、有毒物质或者其他危险废物的强制性规定。

“排放”是指将一种或多种危险废物直接埋于土地、排入大气、水体,具体的方法法律没有限制。“倾倒”是排放的一种表现,是指通过使用一定的容器等装运工具,将危险废物运输到某地倾倒入大气、水体、土地中。“处置”是指通过改变危险废物的特性的方法减少其数量、体积或危险程度,以焚烧、填埋或其他方式将危险废物置于特

---

① 我国《环境保护法》第2条规定:“本法所称环境,是指影响人类生存和发展的各种天然的和经过人工改造的自然因素的总体,包括大气、水、海洋、土地、矿藏、森林、草原、湿地、野生生物、自然遗迹、人文遗迹、自然保护区、风景名胜区、城市和乡村等。”

② 人为环境(人化环境、人化自然)是人类实践的产物,是人类在天然环境的基础上加工、创造的物质环境……人为环境本身就是人与自然关系的最好反映。参见蔡守秋:《环境法学理论的要点和意义》,载《现代法学》2001年第4期。

③ 2019年2月20日最高人民法院、最高人民检察院、公安部、司法部、生态环境部《关于办理环境污染刑事案件有关问题座谈会纪要》(以下简称19.02.20《环境污染刑事案件座谈会纪要》)规定:认定单位犯罪时,应当依法合理把握追究刑事责任的范围,贯彻宽严相济刑事政策,重点打击出资者、经营者和主要获利者,既要防止不当缩小追究刑事责任的人员范围,又要防止打击面过大。为了单位利益,实施环境污染行为,并具有下列情形之一的,应当认定为单位犯罪:(1) 经单位决策机构按照决策程序决定的;(2) 经单位实际控制人、主要负责人或者授权的分管负责人决定、同意的;(3) 单位实际控制人、主要负责人或者授权的分管负责人得知单位成员个人实施环境污染犯罪行为,并未加以制止或者及时采取措施,而是予以追认、纵容或者默许的;(4) 使用单位营业执照、合同书、公章、印鉴等对外开展活动,并调用单位车辆、船舶、生产设备、原辅材料等实施环境污染犯罪行为的。单位犯罪中的“直接负责的主管人员”,一般是指对单位犯罪起决定、批准、组织、策划、指挥、授意、纵容等作用的主管人员,包括单位实际控制人、主要负责人或者授权的分管负责人、高级管理人员等;“其他直接责任人员”,一般是指在直接负责的主管人员的指挥、授意下积极参与实施单位犯罪或者对具体实施单位犯罪起较大作用的人员。

定场所或设施内并不再取回[①]。目前对某些工业废料的处理,只能通过填埋或其他方式将危险废物置于特定场所或设施内,例如对核废料的处置就必须密封在特定容器内深埋,即使是必须如此处置,也以符合国家法律规定为前提,否则,也是严重污染环境的行为。具体行为表现多样[②],但具体实施的方式方法不影响认定。

放射性废物[③]、含传染病病原体的废物、有毒物质或者其他危险废物,均"是指具有腐蚀性、毒性、易燃性、反应性或者感染性等一种或者几种危险特性的"固体废物和液态废物。"以及不排除具有危险特性,可能对环境或者人体健康造成有害影响,需要按照危险废物进行管理的"固体废物和液态废物[④]。

严重污染环境的后果,有的当时就可以监测到,即时显现的,有的后果并非能够即时显现,是在多年之后才发生的人员伤亡。有学者指出,对环境污染因果关系的判断具有不确定性,应考虑分析过程中的每一步可能产生的不确定性。一般来说,不确定性来源可能包括:(1) 生物和环境的自然可变性;(2) 污染源的组成、强度、速率、频率和持续时间的可变性;(3) 污染物在环境中的时空分布的不均匀性和生物受体规模间的不一致性;(4) 污染物在传输过程中的变化(包括数量、形态转化等);(5) 污染物间的相互作用的复杂性;(6) 生物行为的改变(如回避行为等)。[⑤] 所以,要确定污染环境的行为与具有延时性污染后果之间具有刑法意义上的因果关系,具有一定的难度。

污染环境罪的主观罪过,有不同认识:有故意说[⑥],故意兼过失说[⑦];还有既可故意(一般为间接故意),也可过失说[⑧],以及过失兼间接故意说[⑨]。多数说为过失说[⑩]。19.02.20《环境污染刑事案件座谈会纪要》将本罪的主观过错规定为"故意":"会议认为,判断犯罪嫌疑人、被告人是否具有环境污染犯罪的故意,应当依据犯罪嫌疑人、被告人的任职情况、职业经历、专业背景、培训经历、本人因同类行为受到行政处罚或者刑事追究情况以及污染物种类、污染方式、资金流向等证据,结合其供述,进行综合

① 参见王作富主编:《刑法分则实务研究》(下),中国方正出版社 2013 年,第 1389—1390 页。

② 参见 2017 年 1 月 1 日最高人民法院、最高人民检察院实施的《关于办理环境污染刑事案件适用法律若干问题的解释》(法释〔2016〕29 号)(以下简称 17.01.01《环境污染案件解释》)第 1 条的规定。此外,17.04.27《立案标准(一)补充规定》第 10 条与上述规定基本相同,同时还规定了其他需要明确的概念,如"有毒物质""非法处置危险废物""重点排污单位""公私财产损失""生态环境损害""无危险废物经营许可证"等。

③ 参见我国《放射性废物安全管理条例》的规定。

④ 参见我国《固体废物污染环境防治法》《国家危险废物名录》的规定。

⑤ 参见林玉锁:《环境污染事故调查诊断中的因果关系分析》,载《环境导报》1998 年第 6 期。

⑥ 参见周道鸾主编:《刑法的修改与适用》,人民法院出版社 1998 年版,第 691 页。

⑦ 参见张穹主编:《新刑法罪与非罪、此罪与彼罪的界限》,中国检察出版社 1998 年版,第 368 页。

⑧ 参见付立忠:《环境刑法学》,中国方正出版社 2001 年版,第 279—287 页。

⑨ 参见赵秉志主编:《新刑法典释义与应用》,吉林人民出版社 1997 年版,第 655—657 页。

⑩ 参见杨春洗主编:《危害环境罪的理论与实务》,高等教育出版社 1999 年版,第 171 页;赵秉志主编:《新刑法全书》,中国人民公安大学出版社 1997 年版,第 1132 页。

分析判断。”污染环境罪,不是针对国民在一般的日常生活中,对生活废物的随意处置(从对人为环境保护看,并不排除,但这种破坏环境的行为,通常不具有需要动用刑罚的危害程度),主要为规范企业的生产活动。造成环境污染,通常是生产企业为了节约生产、加工、处置等成本而为之。如果从本罪危害后果看,并不亚于投放危险物质危害公共安全的犯罪,但本罪的法定最高刑只有7年有期徒刑,与故意的危害公共安全的犯罪,可能判处死刑没有可比性,将污染环境定位在故意(即便认为属于间接故意,罪刑仍然显的失衡)。

19.02.20《环境污染刑事案件座谈会纪要》亦提出本罪的未遂问题。[①] 此外,17.01.01《环境污染案件解释》第7条规定,行为人明知他人无经营许可证或者超出经营许可范围,向其提供或者委托其收集、贮存、利用、处置危险废物,严重污染环境的,以污染环境罪的共同犯罪论处。

(三)污染环境罪与非法处置进口的固体废物罪、擅自进口固体废物罪[②]的关联

非法处置进口的固体废物罪,是指违反国家规定,将境外的固体废物[③]进境倾倒、堆放、处置的行为。本罪主体为自然人一般主体和单位,主观罪过为故意,动机不影响认定。本罪中的固体废物[④],是指入境经审批合法,但进口后的处置方法违反国家规定(原则上,只要实施非法处置就构成犯罪,非法处置造成环境污染是该行为的当然结果,如果造成重大环境污染事故,致使公私财产遭受重大损失或者严重危害人体健康的[⑤],是法定刑升格的条件,是结果加重犯)的固体废物。

擅自进口固体废物罪,是指未经国务院有关主管部门许可,擅自进口固体废物用

---

① 19.02.20《环境污染刑事案件座谈会纪要》指出:“会议认为,当前环境执法工作形势比较严峻,一些行为人拒不配合执法检查、接受检查时弄虚作假、故意逃避法律追究的情形时有发生,因此对于行为人已经着手实施非法排放、倾倒、处置有毒有害污染物的行为,由于有关部门查处或者其他意志以外的原因未得逞的情形,可以污染环境罪(未遂)追究刑事责任。”

② 我国《刑法》第339条第1、2款。

③ “固体废物”是指在生产、生活和其他活动中产生的,丧失原有利用价值或者虽未丧失利用价值,但被抛弃或者放弃的固态、半固态和置于容器中的气态的物品、物质以及法律、行政法规规定纳入固体废物管理的物品、物质。固体废物,包括工业固体废物,是指在工业生产活动中产生的固体废物;生活垃圾,是指在日常生活中,或者为日常生活提供服务的活动中产生的固体废物,以及法律、行政法规规定视为生活垃圾的固体废物;危险废物,是指列入国家危险废物名录,或者根据国家规定的危险废物鉴别标准和鉴别方法,认定的具有危险特性的固体废物。参见我国《固体废物污染环境防治法》第88条第1项至第4项的规定。但上述规定没有包括排入水体的液态废物。

④ 本罪中的固体废物是指国家批准限制进口可以用作原料的固体废物,而不是不能作为原料禁止进口的固体废物。参见商务部、海关总署、质监总局、环保总局《国家限制进口的可用作原料的废物目录》(〔2003〕第10号)及国家环境保护局、对外贸易经济合作部、海关总署、国家工商局、国家商检局《关于增补国家限制进口的可用作原料的废物目录的通知》(环控〔1996〕204号)的有关规定。

⑤ “致使公私财产遭受重大损失或者严重危害人体健康”或者“致使公私财产遭受重大损失或者造成人身伤亡的严重后果”,参见17.01.01《环境污染案件解释》第2条。

作原料,造成重大环境污染事故[①],致使公私财产遭受重大损失或者严重危害人体健康的[②]行为。本罪主体为自然人一般主体和单位,主观罪过有争议[③],动机不影响认定。"擅自进口固体废物用作原料",是指未经国务院有关主管部门许可(可以申请进口固体废物作原料),但私自进口并将固体废物用作生产原料的行为。

非法处置进口的固体废物罪,是进口合法,处置非法,即违反国家环保部门、有关机关批准,将允许限制进口的固体废物,随意处置,污染环境;擅自进口固体废物罪,是指未经允许进口但并没有逃避海关监管,同时在处置方式上违反国家环保部门、有关机关批准,将入境的固体废物,作为原料,污染环境。将固体废物用作生产原料,是处置的方法之一,与非法处置进口的固体废物罪,具有相同的以未经批准,非法处置固体废物,在性质上相通。可以认为,对擅自进口固体废物罪与非法处置进口的固体废物罪两罪的处罚依据,均为违反国内有关环境保护的法律、法规,是在固体废物利用、处置上违法,造成环境污染。如果在进口环节上存在逃避海关监管的行为[④],非法处置进口的固体废物与擅自进口,可以成为走私废物罪的特别表现形式,依法应以走私废物罪论处。本书还认为,即便走私的是国家限制进口的,可以用作原料的废物,也应当构成走私普通货物、物品罪。

将擅自进口固体废物作为"原料",可以是非法处置进口的固体废物罪的"处置"方式之一(包括出售给其他企业作为"原料",例如焚烧固体废物发电而污染环境)。事实上,无论是将进口的固体废物随意倾倒、堆放、处置,还是将进口固体废物用作原料,是对进口的固体废物处置的不同方式。在这一意义上,擅自进口固体废物的行为,可以成为非法处置进口的固体废物行为的前置犯罪行为。同一主体实施"擅自进口"和"非法处置"行为时,因"擅自进口"以"造成重大环境污染事故,致使公私财产遭受重大损失或者严重危害人体健康的",为入罪条件,可以被非法处置进口的固体废物罪的严重后果所包括,也符合该罪结果加重犯的条件。因侵害的法益同质,只以非法处置进口的固体废物罪一罪论处即可。

擅自进口固体废物罪与非法处置进口的固体废物罪两罪都与污染环境罪有关联性,均为污染环境罪的特别形式,也可以成为污染环境罪的前置犯罪,在法规范上,构

---

① 我国《刑法》第 339 条第 2 款规定的"后果特别严重",参见 17.01.01《环境污染案件解释》第 3 条。

② 参见 08.06.25《立案追诉标准(一)》第 62 条的规定。

③ 对擅自进口固体废物罪的主观罪过,还有不同认识。主张故意的观点,参见苏惠渔主编:《刑法学》,中国政法大学出版社 1997 年版,第 776 页;主张过失的观点,参见王作富主编:《刑法分则实务研究》(下),中国方正出版社 2013 年版,第 1397 页。本书认为,未经国务院有关主管部门许可的,其违法性在于违反国内环境保护的法律、法规,并非是指违反海关法的走私。擅自进口的固体废物,是本来限制允许进口的固体废物,但私自通过各种贸易方式,或者接受无偿提供、接受捐赠,使得固体废物进入我国境内,并将其作为生产"原料",造成环境污染的。这与非法处置进口的固体废物罪,因非法处置造成环境污染,本质上并无区别。所以,认为是故意的观点较为合理。

④ 符合我国《刑法》第 339 条第 3 款的规定:"以原料利用为名,进口不能用作原料的固体废物、液态废物和气态废物的,依照本法第 155 条第 2 款、第 3 款的规定定罪处罚。"

成要素有竞合关系。与污染环境罪的关联,从当前的有关司法解释看,只是非法处置进口的固体废物罪与污染环境罪有联系,即根据17.01.01《环境污染案件解释》第8条的规定,违反国家规定,排放、倾倒、处置含有毒害性、放射性、传染病病原体等物质的污染物,同时构成污染环境罪、非法处置进口的固体废物罪、投放危险物质罪等犯罪的,依照处罚较重的犯罪定罪处罚。从"从一重处断"看,司法解释将该种情况视为想象竞合犯。而且,司法解释规定有同时构成投放危险物质罪等犯罪,也说明没有排除在进口国家限制进口可作为原料的固体废物时,进口了国家禁止进口不能作为原料的固体废物,因非法处置而造成危害公共安全的犯罪。但限于只是"非法处置进口的固体废物"行为,与污染环境罪、投放危险物质罪有关联,排除擅自进口固体废物行为与其的关联性,理由尚不清楚。

(四)污染环境罪与危险物品肇事罪的关联

在生产、储存、运输、使用危险物品过程中,违反安全管理规定而发生重大事故的危险物品肇事行为,因危险物品的泄露、爆炸等,也可能发生重大环境污染事故;而污染环境罪也可以因在生产、作业中排放、倾倒或者处置危险物品造成重大环境污染事故。如果是因生产、作业中发生重大环境污染事故的,则符合想象竞合犯条件,应从一重罪论处,不能实行并罚。

(五)污染环境罪的刑事责任

犯本罪,处3年以下有期徒刑或者拘役,并处或者单处罚金;后果特别严重的[①],处3年以上7年以下有期徒刑,并处罚金。单位犯本罪,对直接负责的主管人员和其他直接责任人员以相应个人犯罪的定罪量刑标准定罪处罚,对单位判处罚金。妨害公务人员对污染环境查处、调查构成妨害公务罪的,以污染环境罪与妨害公务罪数罪并罚。

二十七、非法捕捞水产品罪

(一)非法捕捞水产品罪的概念和法益

非法捕捞水产品罪,是指违反保护水产资源法规,在禁渔区、禁渔期或者使用禁用的工具、方法捕捞水产品,情节严重的行为。本罪的法益是国家对水产资源、环境的保护的监管,主体为自然人一般主体和单位,主观上是故意,动机不影响认定。

(二)水产资源、行为、故意

"水产资源",是指具有经济价值的水生动物和水生植物。本罪的水产资源限于

---

① 参见17.01.01《环境污染案件解释》第3条、第4条的规定。

野生水生动物和水生植物(及其生存环境),但不包括人工养殖的水产以及国家特别保护的珍贵、濒危野生水生动物和植物。本罪保护的范围,限于在我国内水、领海、滩涂、毗连区、专属经济区、大陆架以及我国管辖的一切其他海域的野生水产资源(及其生存环境)。非法捕捞水产品的行为,是违反保护水产资源法规,在禁渔区、禁渔期或者使用禁用的工具、方法捕捞水产品。"禁渔区",是对鱼、虾、蟹等水生生物的产卵、越冬、洄游通道等,禁止一切捕捞作业划定的区域;"禁渔期",是在鱼、虾、蟹等水生生物的产卵、越冬、洄游通道等,禁止一切捕捞作业划定的期限;"禁用的工具",是指对不同水生生物在捕捞作业时,禁止使用的工具;"禁用方法"是指禁止在捕捞作业中使用影响、危害水生生物资源正常繁殖、生长的方法。上述禁止性规定的内容,不要求同时具备,具备其一,情节严重的,就可能构成犯罪①。但现实的情况却很严峻,非法捕捞屡禁不止,即便是在渔汛期内,使用能够直接阻断水产生态链的电网捕、灯光捕、声波捕,适用"绝户网"等非法捕捞工具和方法,非常普遍,对我国内水、领海的野生水产资源造成严重破坏。

主观上故意,一般具有牟利的目的,但目的并非认定的必要要素。不明知禁渔区、禁渔期内实施捕捞行为的,不宜以犯罪论处。

(三) 非法猎捕、杀害珍贵、濒危野生动物罪②与非法狩猎罪③的关联

非法猎捕、杀害珍贵、濒危野生动物罪,是指非法猎捕、杀害国家重点保护的珍贵、濒危野生动物的行为④;非法狩猎罪,是指违反狩猎法规,在禁猎区、禁猎期或者使

---

① 08.06.25《立案追诉标准(一)》第63条规定,涉嫌下列情形之一的,应予立案追诉:(1) 在内陆水域非法捕捞水产品500公斤以上或者价值5000元以上的,或者在海洋水域非法捕捞水产品2000公斤以上或者价值2万元以上的;(2) 非法捕捞有重要经济价值的水生动物苗种、怀卵亲体或者在水产种质资源保护区内捕捞水产品,在内陆水域50公斤以上或者价值500元以上,或者在海洋水域200公斤以上或者价值2000元以上的;(3) 在禁渔区内使用禁用的工具或者禁用的方法捕捞的;(4) 在禁渔期内使用禁用的工具或者禁用的方法捕捞的;(5) 在公海使用禁用渔具从事捕捞作业,造成严重影响的;(6) 其他情节严重的情形。

② 我国《刑法》第341条第1款。2000年12月11日最高人民法院实施的《关于审理破坏野生动物资源刑事案件具体应用法律若干问题的解释》(法释〔2000〕37号)(以下简称00.12.11《破坏野生动物资源解释》)第1条规定:"'珍贵、濒危野生动物',包括列入〈国家重点保护野生动物名录〉的国家一、二级保护野生动物、列入〈濒危野生动植物种国际贸易公约〉附录一、附录二的野生动物以及驯养繁殖的上述物种。"本罪"情节严重""情节特别严重"的情形,参见该司法解释第3、4条的规定。

③ 我国《刑法》第341条第2款。

④ 由于全国人大常委会全面禁止非法野生动物交易的20.02.24《决定》的实施,本书认为,2016年6月2日最高人民法院研究室《关于收购、运输、出售部分人工驯养繁殖技术成熟的野生动物适用法律问题的复函》(法研〔2016〕23号)指出的"对某些经人工驯养繁殖、数量已大大增多的野生动物……定罪量刑数量标准,仅适用于真正意义上的野生动物,而不包括驯养繁殖的"意见,已经不能再适用。而且,非法狩猎罪的规定也必将面临修订。

用禁用的工具、方法进行狩猎,破坏野生动物资源,情节严重的行为①。两罪主体是自然人一般主体和单位,主观上是故意,动机不影响认定。两罪均为对野生生物资源的破坏,非法猎捕、杀害珍贵、濒危野生动物罪,是非法狩猎罪的特别形式,区别在非法狩猎要求在禁猎区、禁猎期或者使用禁用的工具、方法进行狩猎,而非法猎捕、杀害国家重点保护的珍贵、濒危野生动物的,无此限制条件。如果在禁猎区、禁猎期或者使用禁用的工具、方法,非法猎捕、杀害国家重点保护的珍贵、濒危野生动物的,系法条竞合犯,应以非法猎捕、杀害国家重点保护的珍贵、濒危野生动物罪定罪处罚。抗拒检查构成妨害公务罪的,数罪并罚;伪造变造、买卖国家机关颁发的野生动物允许进出口证明书、特许猎捕证、狩猎证、驯养繁殖许可证等公文、证件构成犯罪的,以伪造、变造、买卖国家机关公文、证件罪定罪处罚。同时构成非法经营罪的,依照处罚较重的规定定罪处罚②。本书认为,非法猎捕、杀害重点保护的珍贵、濒危野生动物或非法狩猎,同时构成非法经营罪,是指牵连犯的情况;伪造、变造相关证件、公文构成犯罪,亦是牵连犯,但解释并未规定"从一重罪"论处,因此,应与非法猎捕、杀害珍贵、濒危野生动物罪或非法狩猎罪实行并罚。

(四)非法猎捕、杀害珍贵、濒危野生动物罪与非法收购、运输、出售珍贵、濒危野生动物、珍贵、濒危野生动物制品罪③的关联

非法收购、运输、出售国家重点保护的珍贵、濒危野生动物及其制品的行为,构成非法收购、运输、出售珍贵、濒危野生动物、珍贵、濒危野生动物制品罪。本罪主体为自然人一般主体和单位,主观上是故意,动机不影响认定,不明知是国家重点保护的珍贵、濒危野生动物及其制品而收购、运输、出售的,不构成犯罪。"收购",包括以营利、自用等为目的的购买行为④;"运输",包括采用携带、邮寄、利用他人、使用交通工具等方法进行运送的行为(不能涉及进出国(边)境);"出售",包括出卖和以营利为目的的加工利用行为⑤。正因为非法收购、运输、出售市场的存在,才有猖獗非法猎捕、杀害珍贵、濒危野生动物的犯罪,但法条在规范上不具直接的关联,因此,不属于共同犯罪中的对向犯。对于有固定关系的两个以上的行为人,可以非法猎捕、杀害珍

① 00.12.11《破坏野生动物资源解释》第6条规定:"违反狩猎法规,在禁猎区、禁猎期或者使用禁用的工具、方法狩猎,具有下列情形之一的,属于非法狩猎'情节严重':(一)非法狩猎野生动物20只以上的;(二)违反狩猎法规,在禁猎区或者禁猎期使用禁用的工具、方法狩猎的;(三)具有其他严重情节的。"08.06.25《立案追诉标准(一)》也有相同规定。

② 00.12.11《破坏野生动物资源解释》第8、9条。

③ 我国《刑法》第341条第2款。"情节严重""情节特别严重"的情形参见00.12.11《破坏野生动物资源解释》第5、6条的规定。

④ 根据2014年4月24日全国人大常委会通过的《关于〈中华人民共和国刑法〉第341条、第312条的解释》:"知道或者应当知道是国家重点保护的珍贵、濒危野生动物及其制品,为食用或者其他目的而非法购买的,属于刑法第341条第1款规定的非法收购国家重点保护的珍贵、濒危野生动物及其制品的行为。知道或者应当知道是刑法第341条第2款规定的非法狩猎的野生动物而购买的,属于刑法第312条第1款规定的明知是犯罪所得而收购的行为。"

⑤ 00.12.11《破坏野生动物资源解释》第2条。

贵、濒危野生动物罪的共同犯罪论处。对同一行为人分别实施二种行为的，有观点认为，如对象同一，则属于牵连犯，不并罚，如对象不同一，就应该数罪并罚[①]。

本书认为，因同一行为人的二种行为具有前后相继性，以连续犯对待，不实行并罚可能更为适宜。根据00.12.11《野生动物资源犯罪解释》，抗拒检查构成妨害公务罪的，数罪并罚，伪造变造、买卖国家机关颁发的野生动物允许进出口证明书、特许猎捕证、狩猎证、驯养繁殖许可证等公文、证件构成犯罪的，以伪造、变造、买卖国家机关公文、证件罪定罪处罚。同时构成非法经营罪的，依照处罚较重的规定定罪处罚[②]。本书认为，非法猎捕、杀害重点保护的珍贵、濒危野生动物行为，与伪造、变造公文、证件行为，易形成牵连犯，可以从一重罪处罚，但因侵害法益不同，不应排除并罚；非法收购、运输、出售珍贵、濒危野生动物、珍贵、濒危野生动物制品行为，既可以与伪造、变造公文、证件行为形成牵连犯，也可同时构成非法经营罪，不过非法收购、运输、出售行为因已经是非法经营的内容，不宜再单独评价为独立犯罪，应以非法经营罪定罪，但与伪造、变造公文、证件行为，属性上具有牵连关系，但因侵害法益不同，应实行数罪并罚。

(五) 非法捕捞水产品罪的刑事责任

犯本罪，处3年以下有期徒刑、拘役、管制或者罚金。单位犯本罪的，对单位判处罚金，并对其直接负责的主管人员和其他直接责任人员，依照自然人犯罪规定处罚。

二十八、非法占用农用地罪

(一) 非法占用农用地罪的概念和法益

非法占用农用地罪，是指违反土地管理法规，非法占用耕地、林地等农用地，改变被占用土地用途，数量较大[③]，造成耕地、林地等农用地大量毁坏的行为。本罪的法益，是国家对农用土地的保护监管。主体为自然人一般主体和单位，主观上是故意，动机不影响认定。

---

① 参见王作富主编：《刑法分则实务研究》(下)，中国方正出版社2013年，第1410页。

② 00.12.11《破坏野生动物资源解释》第8、9条。

③ 08.06.25《立案追诉标准(一)》第67条规定：涉嫌下列情形之一的，应予立案追诉：(1) 非法占用基本农田5亩以上或者基本农田以外的耕地10亩以上的；(2) 非法占用防护林地或者特种用途林地数量单种或者合计5亩以上的；(3) 非法占用其他林地10亩以上的；(4) 非法占用本款第(1)项、第(3)项规定的林地，其中一项数量达到相应规定的数量标准的50%以上，且两项数量合计达到该项规定的数量标准的；(5) 非法占用其他农用地数量较大的情形。2012年11月22日最高人民法院实施的《关于审理破坏草原资源刑事案件应用法律若干问题的解释》(法释〔2012〕15号)(以下简称12.11.22《破坏草原资源应用法律解释》)第2条第1款规定："非法占用草原，改变被占用草原用途，数量在20亩以上的，或者曾因非法占用草原受过行政处罚，在3年内又非法占用草原，改变被占用草原用途，数量在10亩以上的，应当认定为刑法第342条规定的'数量较大'。"

(二) 农用地、行为

"农用地"是指直接用于农业生产的土地,包括耕地、林地、草地、农田水利用地、养殖水面等。"非法占用"以违反国家对土地管理的相关法律、法规①为前提。占用,意指改变农业生产用地的性质,改作其他用途;也意味着对所占用的农用地未经审批。可以是根本没有经过审批,也可以是虽经审批但多占,或者编造土地用途,骗取审批而占用,且要求非法占用数量较大。"造成耕地、林地等农用地大量毁坏"的行为,根据08.06.25《立案追诉标准(一)》第67条第2款规定,是指非法占用耕地建窑、建坟、建房、挖沙、采石、采矿、取土、堆放固体废弃物或者进行其他非农业建设,造成耕地种植条件严重毁坏或者严重污染,被毁坏耕地数量达到以上规定的,属于"造成耕地大量毁坏"②。非法占用林地,改变被占用林地用途,在非法占用的林地上实施建窑、建坟、建房、挖沙、采石、采矿、取土、种植农作物、堆放或者排泄废弃物等行为或者进行其他非林业生产、建设,造成林地的原有植被或者林业种植条件严重毁坏或者严重污染,被毁坏林地数量达到规定的,属于"造成林地大量毁坏"。

(三) 非法占用农用地罪的刑事责任

犯本罪,处5年以下有期徒刑或者拘役,并处或者单处罚金。单位犯本罪的,对单位判处罚金,并对其直接负责的主管人员和其他直接责任人员,依照自然人犯罪规定处罚。

二十九、非法转让、倒卖土地使用权罪

(一) 非法转让、倒卖土地使用权罪的概念和法益

非法转让、倒卖土地使用权罪,是指以牟利为目的,违反土地管理法规,非法转让、倒卖土地使用权,情节严重的行为。本罪的法益是国家对土地使用权的监管,主体为自然人一般主体和单位,实务中以单位实施犯罪居多,主观上以牟利为目的,只能是直接故意,动机不影响认定。

(二) 行为、故意

本罪行为,必须以违反土地管理法规为前提条件。"违反土地管理法规"是指违

---

① 如我国《土地管理法》《土地管理法实施条例》《森林法》《草原法》等。

② 参见2005年12月30日最高人民法院实施的《关于审理破坏林地资源刑事案件具体应用法律若干问题的解释》(法释〔2005〕15号)(以下简称05.12.30《林地资源案件解释》)第1条的规定,以及12.11.22《破坏草原资源应用法律解释》第2条第2款的规定。

反土地管理法、森林法、草原法等法律以及有关行政法规中关于土地管理的规定①。“土地使用权”是指国家机关、企事业单位、农民集体和公民个人,以及企业,凡具备法定条件者,依照法定程序或依约定对国有土地或农民集体土地所享有的占有、利用、收益和有限处分的权利。获得“土地使用权”需符合法定条件并缴纳此相关费用。“非法转让”是指违反国家有关土地使用权转让的法定程序和条件的规定,擅自将土地使用权转让他人的行为,具有非法牟利的目的。“非法转让”是指未经必要法定程序,有偿私下“买卖”土地使用权,以逃避应缴纳的土地出让金以及相关税费(如增值税)的行为。“倒卖土地使用权”是指获得土地使用权后再转手卖出的行为,具有非法牟利的目的。我国严禁买卖土地使用权,因此,倒卖土地使用权行为的违法性与非法转让不同,前者是违反必要的法定程序的规定,后者是违反禁止性规定。所以,倒卖土地使用权的行为,不仅是以逃避应缴纳的土地出让金,相关税费为故意内容,更有通过倒卖赚取更多非法利益的内容。“非法转让”与“倒卖”在形式上并无很大区别,因为“倒卖”的土地使用权也可以是自己合法取得的。区别在于,非法转让的,土地使用权是自己合法取得的,并且土地使用权的受让者,通常是符合合法受让的主体资格,因各种原因事实上没有获得该土地的使用权,故而与其私下交易(当然不排除受让者不符合受让条件的私下交易),以规避必要的法定程序和应缴纳相关税费;“倒卖”,一般而言,土地使用权的首次获得,不排除是通过合法途径(例如,通过合法程序经摘牌后②,实际取得使用权),也可以是通过“非法转让”而获得,再次转手卖出,对受让者是否具有合法受让资格并不关注,所以,其非法牟利目的,不仅在于逃避应缴纳的土地出让金、相关税费,而且具有通过“倒卖”获得更多不法利益目的。

受让非法转让的、倒卖的土地使用权,在不明知土地使用权是“非法转让”的,或是“倒卖”的前提下,民事法律关系上一般为“善意取得”,不应视为共同犯罪者。除非受让者事前与非法转让者、倒卖者具有共谋。

本罪以“情节严重”为入罪条件③,理论上可以有未完成形态,但无必要以未完成形态之罪追究刑事责任。

(三)非法转让、倒卖土地使用权罪与逃税罪的关联

合法转让土地使用权,必须经过法定程序并缴纳相关税费后,才能取得转让的土

---

① 2001年8月31日全国人大常委会发布、实施的《关于〈中华人民共和国刑法〉第228条、第342条、第410条的解释》。

② 有必要指出,在土地转让程序流转过程中,对获取“资格”将“资格”转让、出卖的,不构成本罪。例如,甲经过资格认证,缴纳相关费用摘牌取得受让该土地使用权资格,因无法筹集后续资金,将受让资格转让或出卖给乙,由乙承接。如果没有办理相关手续,只需要补办手续,转让、出卖协议是有效合法的。这里转让、出卖的是“资格”,而非“土地使用权”。

③ 10.05.07《立案追诉标准(二)》第80条规定:“涉嫌下列情形之一的,应予立案追诉:(一)非法转让、倒卖基本农田5亩以上的;(二)非法转让、倒卖基本农田以外的耕地10亩以上的;(三)非法转让、倒卖其他土地20亩以上的;(四)违法所得数额在50万元以上的;(五)虽未达到上述数额标准,但因非法转让、倒卖土地使用权受过行政处罚,又非法转让、倒卖土地的;(六)其他情节严重的情形。”

地使用权,非法转让以及倒卖土地使用权,当然逃避了应缴纳的税款,同时触犯逃税罪。因触犯逃税罪具有必然性,因此非法转让、倒卖土地使用权罪与逃税罪具有法条竞合关系。从实务上看,只有大宗土地的转让的税赋较高,非法转让以及倒卖土地使用权可能造成国家巨额税款流失,可以适用逃税罪定罪处罚,但本书认为不宜以逃税罪追究刑事责任。原因在于,依据我国《税收征收管理法》规定,对逃避纳税的违法犯罪行为,税务机关追征其未缴或者少缴的税款、滞纳金的追征期不受限制。因此,只以非法转让、倒卖土地使用权罪论处,也应依法对逃税的税款实施追征,不会造成重罪轻罚而放纵。

(四)非法转让、倒卖土地使用权罪的刑事责任

犯本罪,处3年以下有期徒刑或者拘役,并处或者单处非法转让、倒卖土地使用权价额5%以上20%以下罚金;情节特别严重的,处3年以上7年以下有期徒刑,并处非法转让、倒卖土地使用权价额5%以上20%以下罚金。单位犯本罪的,对单位判处罚金,并对其直接负责的主管人员和其他直接责任人员,依照自然犯罪的规定处罚。

三十、非法采矿罪

(一)非法采矿罪的概念和法益

非法采矿罪,是指违反矿产资源法的规定,未取得采矿许可证擅自采矿,擅自进入国家规划矿区、对国民经济具有重要价值的矿区和他人矿区范围采矿,或者擅自开采国家规定实行保护性开采的特定矿种,情节严重的行为。本罪的法益,为国家矿产资源的保护监管。主体为自然人一般主体和单位,从事具体采矿的员工一般不是本罪主体①,主观是故意,有牟利的目的,但刑法未以此为主观要素,动机不影响认定。

(二)矿产资源、行为

采矿是自地壳内和地表开采矿产资源技术的科学。"矿产资源",是指由地质作用形成的,具有利用价值的,呈固态、液态、气态的自然资源②。目前,我国颁布的矿产矿种共四大类,即能源矿产、金属矿产、非金属矿产和水气矿产。③ 非法采矿罪以违反

① 2016年12月1日最高人民法院、最高人民检察院《关于办理非法采矿、破坏性采矿刑事案件适用法律若干问题的解释》(法释〔2016〕25号)(以下简称16.12.01《非法采矿、破坏性采矿刑事案件解释》)第11条规定:"对受雇佣为非法采矿、破坏性采矿犯罪提供劳务的人员,除参与利润分成或者领取高额固定工资的以外,一般不以犯罪论处,但曾因非法采矿、破坏性采矿受过处罚的除外。"

② 参见我国《矿产资源法实施细则》第2条的规定。本书认为,应重视对"水"(淡水)资源的保护。

③ 参见我国《矿产资源法实施细则》的相关规定。

矿产资源法律、法规①为前提条件,“未取得采矿许可证擅自采矿”是指:(1) 无许可证的;(2) 许可证被注销、吊销、撤销的;(3) 超越许可证规定的矿区范围或者开采范围的;(4) 超出许可证规定的矿种的(共生、伴生矿种除外);(5) 其他未取得许可证的情形。② “擅自进入国家规划区、对国民经济具有重要价值的矿区、他人矿区采矿”,是指违反我国《矿产资源法》第 17 条至第 20 条③以及相关规定。国家对国家规划区、对国民经济具有重要价值的矿区,实行有计划开采,未经国务院有关主管部门批准,任何单位和个人不得开采;任何单位和个人也不得进入他人已取得采矿权的矿山、企业矿区内采矿。规定了对国计民生有重大影响区域内,非经国务院授权的有关主管部门的同意,不得采矿。凡违反上述规定擅自采矿的,即为非法采矿的行为。“擅自开采国家规定实行保护性开采的特定矿种”,是指未经批准,开采由国务院根据国民经济建设和高科技发展的需要,以及资源稀缺、贵重程度确定的,由国务院有关主管部门按照国家计划批准开采的矿种。未经国务院有关部门批准,任何单位和个人非经主管部门批准开采,即为非法采矿行为。非法采矿罪以非法采矿“情节严重”为入罪条件④。另外,在河道管理范围内采砂,具有 16.12.01《非法采矿、破坏性采矿刑事案件解释》第 2、3 条规定的情节,并且(1) 依据相关规定应当办理河道采砂许可证,未取得河道采砂许可证的;(2) 依据相关规定应当办理河道采砂许可证和采矿许可证,既未取得河道采砂许可证,又未取得采矿许可证的,以非法采矿罪定罪处罚。虽然不具有 16.12.01《非法采矿、破坏性采矿刑事案件解释》第 3 条第 1 款的规定情形,但严重影响河势稳定,危害防洪安全的,应当认定为我国《刑法》第 343 条第 1 款规定的“情节严重”。未取得海砂开采海域使用权证,且未取得采矿许可证,采挖海砂,符合 16.12.01《非法采矿、破坏性采矿刑事案件解释》第 2 条、第 3 条规定的,以非法采矿罪定罪处罚。虽不具有 16.12.01《非法采矿、破坏性采矿刑事案件解释》第 3 条第 1 款规定的情形,但造成海岸线严重破坏的,应当认定为刑法第 343 条第 1 款规定的“情节严重”⑤。

---

① 如我国《矿产资源法》《矿产资源法实施细则》《水法》以及国家为保护矿产资源所颁行的有关矿产资源勘查、监督等一系列法律、法规的相关规定。

② 参见 16.12.01《非法采矿、破坏性采矿刑事案件解释》第 2 条的规定。此外,17.04.27《立案标准(一)补充规定》第 11 条也有相同规定。

③ 参见我国《矿产资源法》第 17 条至第 20 条的规定。

④ 16.12.01《非法采矿、破坏性采矿刑事案件解释》第 3 条规定:“实施非法采矿行为,具有下列情形之一的,应当认定为刑法第 343 条第 1 款规定的‘情节严重’:(一) 开采的矿产品价值或者造成矿产资源破坏的价值在 10 万元至 30 万元以上的;(二) 在国家规划矿区、对国民经济具有重要价值的矿区采矿,开采国家规定实行保护性开采的特定矿种,或者在禁采区、禁采期内采矿,开采的矿产品价值或者造成矿产资源破坏的价值在 5 万元至 15 万元以上的;(三) 2 年内曾因非法采矿受过 2 次以上行政处罚,又实施非法采矿行为的;(四) 造成生态环境严重损害的;(五) 其他情节严重的情形。”

⑤ 16.12.01《非法采矿、破坏性采矿刑事案件解释》第 4 条、第 5 条。

(三) 非法采矿罪与破坏性采矿罪①的关联

违反矿产资源法的规定,采取破坏性的开采方法开采矿产资源,造成矿产资源严重破坏的行为②,构成破坏性采矿罪。本罪主体为自然人一般主体和单位,主观上是故意,主观上应具有牟利目的,但刑法未以此为特别的构成要素,动机不影响认定。未以非法采矿为必要前提,也即在采矿作业本身是合法的时,违反地质矿产主管部门审查批准的矿产资源开发利用方案,开采矿产资源的,也可以构成破坏性采矿罪。而非法采矿因未经批准,当然并无地质矿产主管部门审查批准的矿产资源开发利用方案进行采矿,虽然不一定采取破坏性方式采矿,但一般并不会刻意采取措施防止造成破坏性开采的结果,因此,非法采矿如果造成对矿产资源的破坏,是非法采矿罪的应有之意。故非法采矿罪与破坏性采矿罪两罪在规范上具有法条竞合关系。如非法采矿同时触犯破坏性采矿罪名的,以法条竞合犯原则,按照特别法条的破坏性采矿罪定罪处罚。

(四) 非法采矿罪、破坏性采矿罪与其他破坏环境、资源犯罪的关联

采矿根据矿产资源的不同,开采并非是单一性的挖掘,包括开采及选矿(广义上还应该包括运输环节),有的情况下选矿还需要使用有毒害性的原料。采矿和选矿过程中生成的有毒气体、废水、废石、废矿渣和粉尘等物质,以及噪声和振动等,对自然环境、土地、大气和水体等都可以造成危害。同理,对野生动植物资源,特别是珍稀、濒危动植物也会造成危害。正常经批准的采矿如果经过认真的环评,可以将危害降到最低,也有环境恢复措施和有保障设备、设施以及资金的投入。但是,非法采矿或破坏性采矿(甚至使用国家严禁使用的有毒害性的原料),很少会关注对自然生态环境、野生动植物资源的危害,以及对自然生态环境恢复有保障机制和具体措施,因此,破坏、危害自然环境、野生动植物资源,成为非法采矿、破坏性采矿伴随的当然结果。从我国有关司法解释的规定看,对生态环境严重破坏的结果,是案件所涉的有关专门性问题③,作为"情节严重""情节特别严重"④选项之一。本书认为,司法解释对此重视不够。

(五) 非法采矿罪的刑事责任

犯本罪的,处3年以下有期徒刑、拘役或者管制,并处或者单处罚金;情节特别严

---

① 我国《刑法》第343条第2款。

② 16.12.01《非法采矿、破坏性采矿刑事案件解释》第6条规定:"造成矿产资源破坏的价值在50万元至100万元以上,或者造成国家规划矿区、对国民经济具有重要价值的矿区和国家规定实行保护性开采的特定矿种资源破坏的价值在25万元至50万元以上的,应当认定为刑法第343条第2款规定的'造成矿产资源严重破坏'。"

③ 16.12.01《非法采矿、破坏性采矿刑事案件解释》第14条。

④ 参见16.12.01《非法采矿、破坏性采矿刑事案件解释》第3条。

重的①,处3年以上7年以下有期徒刑,并处罚金。单位犯本罪的,对单位判处罚金,并对其直接负责的主管人员和其他直接责任人员.依照自然人犯罪的规定处罚。

三十一、盗伐林木罪

(一) 盗伐林木罪的概念和法益

盗伐林木罪,是指违反国家保护森林法律、法规法,以非法占有为目的,擅自砍伐国家、集体、他人所有或者他人承包经营管理的森林或者其他林木,数量较大的行为。本罪的法益是国家对森林资源保护的监管以及林木的所有权。本罪主体是自然人一般主体和单位,主观上是直接故意,以非法占有为目的,动机不影响认定。

(二) 林木、行为

"林木"是指《森林法》规定的森林及其他林木,包括防护林、用材林、经济林、薪炭林、特种用途林等。个人承包全民所有和集体所有的宜林荒山荒地造林,承包后种植的树木归承包个人所有,但这些林木已构成国家林业资源的组成部分,这些林木同样可作为盗伐林木罪的犯罪对象。不属于《森林法》调整范围的个人房前屋后种植的零星树木,不属于本罪的犯罪对象。此外,被盗伐的林木,必须是正在生长着,将国家、集体、他人所有并已经伐倒的树木窃为己有,以及偷砍他人房前屋后、自留地种植的零星树木,数额较大的,以盗窃罪定罪处罚。非法实施采种、采脂、挖笋、掘根、剥树皮等行为,牟取经济利益数额较大的,以盗窃罪定罪处罚。同时构成其他犯罪的,依照处罚较重的规定定罪处罚②。"盗伐"包括:擅自砍伐国家、集体、他人所有或者他人承包经营管理的森林或者其他林木;擅自砍伐本单位或者本人承包经营管理的森林或者其他林木;在林木采伐许可证规定的地点以外采伐国家、集体、他人所有或者他人承包经营管理的森林或者其他林木③。本罪以盗伐林木"数量较大"为入罪条件。对于1年内多次盗伐少量林木未经处罚的,累计其盗伐林木的数量,构成犯罪的,依法追究刑事责任④。

---

① 16.12.01《非法采矿、破坏性采矿刑事案件解释》第3条第2款规定:"实施非法采矿行为,具有下列情形之一的,应当认定为刑法第343条第1款规定的'情节特别严重':(一) 数额达到前款第1项、第2项规定标准5倍以上的;(二) 造成生态环境特别严重损害的;(三) 其他情节特别严重的情形。"

② 2000年12月11日最高人民法院实施的《关于审理破坏森林资源刑事案件具体应用法律若干问题的解释》(法释〔2000〕36号)(以下简称00.12.11《破坏森林资源案件解释》)第7条、第9条、第15条。

③ 00.12.11《破坏森林资源案件解释》第3条。

④ 00.12.11《破坏森林资源案件解释》第4条规定:"盗伐林木'数量较大',以2至5立方米或者幼树100至200株为起点;盗伐林木'数量巨大',以20至50立方米或者幼树1000至2000株为起点;盗伐林木'数量特别巨大',以100至200立方米或者幼树5000至10000株为起点。"第17条:"'幼树',是指胸径5厘米以下的树木。盗伐林木的数量,应在伐区调查设计允许的误差额以上计算。"

(三) 盗伐林木罪与滥伐林木罪[①]的关联

滥伐林木罪,是指违反国家保护森林法律、法规,滥伐林木数量较大的行为。本罪主体为自然人一般主体和单位,主观上是故意,并不要求以非法占有为目的,动机不影响认定。“滥伐”,是未经林业行政主管部门及法律规定的其他主管部门批准并核发林木采伐许可证,或者虽持有林木采伐许可证,但违反林木采伐许可证规定的时间、数量、树种或者方式,任意采伐本单位所有或者本人所有的森林或者其他林木的(除农村居民采伐自留地和房前屋后个人所有的零星林木以外,在林木采伐许可证规定的地点以外,采伐本单位或者本人所有的森林或者其他林木的[②]);以及超过林木采伐许可证规定的数量采伐他人所有的森林或者其他林木的(包括竹林)。林木权属争议一方在林木权属确权之前,擅自砍伐森林或者其他林木,数量较大的,构成滥伐林木罪[③]。以滥伐林木“数量较大”为入罪条件[④],对于1年内多次滥伐少量林木未经处罚的,累计其滥伐林木的数量,构成犯罪的,依法追究刑事责任[⑤]。盗伐因是擅自采伐林木,也就谈不到有规划采伐,因此,在盗伐时造成森林生态破坏的滥伐结果,是伴随的结果,不应再单独评价。因“盗伐”与“滥伐”法律概念的内涵完全不同,因此盗伐林木罪与滥伐林木罪二罪之间并无牵连或竞合关系。

(四) 盗伐林木罪、滥伐林木罪与非法收购、运输盗伐、滥伐的林木罪[⑥]的关联

非法收购、运输明知是盗伐、滥伐的林木,情节严重的行为,构成非法收购、运输、盗伐、滥伐的林木罪。本罪主体为自然人一般主体和单位,主观上必须明知[⑦]是盗伐、滥伐的林木,可以是直接故意,也可以是间接故意,动机不影响认定。盗伐林木罪、滥伐林木罪与非法收购、运输盗伐、滥伐的林木罪的行为人有共谋的,应按照盗伐罪或滥伐罪的共同犯罪论处。此外,虽然非法收购、运输行为是指本犯之外的行为人,但2个以上行为人不具有稳定的对向关系的,应各自论罪。

---

① 我国《刑法》第345条第2款。

② 2004年3月26日最高人民法院发布的《关于在林木采伐许可证规定的地点以外采伐本单位或者本人所有的森林或者其他林木的行为如何适用法律问题的批复》(法释〔2004〕3号)。

③ 00.12.11《破坏森林资源案件解释》第5条。

④ 00.12.11《破坏森林资源案件解释》第6条规定:“滥伐林木‘数量较大’,以10至20立方米或者幼树500至1000株为起点;滥伐林木‘数量巨大’,以50至100立方米或者幼树2500至5000株为起点。”

⑤ 00.12.11《破坏森林资源案件解释》第17条规定:“‘幼树’,是指胸径5厘米以下的树木。滥伐林木的数量,应在伐区调查设计允许的误差额以上计算。”

⑥ 我国《刑法》第345条第3款。

⑦ 00.12.11《破坏森林资源案件解释》第10条规定:“明知”,是指知道或者应当知道。具有下列情形之一的,可以视为应当知道,但是有证据证明确属被蒙骗的除外:(1) 在非法的木材交易场所或者销售单位收购木材的;(2) 收购以明显低于市场价格出售的木材的;(3) 收购违反规定出售的木材的。

（五）盗伐林木罪、滥伐林木罪与非法采伐、毁坏国家重点保护植物罪[①]的关联

违反国家规定，非法采伐、毁坏珍贵树木或者国家重点保护的其他植物的[②]行为，构成非法采伐、毁坏国家重点保护植物罪。00.12.11《破坏森林资源案件解释》第8条规定：盗伐、滥伐珍贵树木，同时触犯盗伐林木罪、滥伐林木罪规定的，依照处罚较重的规定定罪处罚。也即成立想象竞合犯，按照一重罪论处。本罪除"非法采伐"在属性上与盗伐、滥伐相近外，还规定有"毁坏"珍贵树木的其他国家重点保护的植物的行为。只要足以危害到珍贵树木或者国家重点保护的其他植物生长以及存活的，就可以认定为"毁坏"，至于"毁坏"的动机、目的，不影响认定。

（六）非法收购、运输盗伐、滥伐的林木罪与非法收购、运输、加工、出售国家重点保护植物、国家重点保护植物制品罪[③]的关联

非法收购、运输、加工、出售珍贵树木或者国家重点保护的其他植物及其制品的行为，构成非法收购、运输、加工、出售国家重点保护植物、国家重点保护植物制品罪。本罪主体为自然人一般主体和单位，主观上是故意。除有共谋与非法采伐、毁坏国家重点保护植物的行为人可以构成共同犯罪的之外，2个以上行为人不具有稳定的对向关系的，应各自论罪。

（七）盗伐林木罪的刑事责任

犯本罪，处3年以下有期徒刑、拘役或者管制，并处或者单处罚金；数量巨大的，处3年以上7年以下有期徒刑，并处罚金；数量特别巨大的，处7年以上有期徒刑，并处罚金。盗伐（滥伐）国家级自然保护区内的森林或者其他林木的，从重处罚。单位犯本罪的，对单位判处罚金，并对其直接负责的主管人员和其他直接责任人员，依照自然人犯罪的规定处罚。

---

① 我国《刑法》第344条。

② 2020年3月21日最高人民法院、最高人民检察院施行的《关于适用〈中华人民共和国刑法〉第344条有关问题的批复》（法释〔2020〕2号）第1条规定："古树名木以及列入《国家重点保护野生植物名录》的野生植物，属于刑法第344条规定的'珍贵树木或者国家重点保护的其他植物'。"第2条规定："根据《中华人民共和国野生植物保护条例》的规定，野生植物限于原生地天然生长的植物。人工培育的植物，除古树名木外，不属于刑法第344条规定的'珍贵树木或者国家重点保护的其他植物'。非法采伐、毁坏或者非法收购、运输人工培育的植物（古树名木除外），构成盗伐林木罪、滥伐林木罪、非法收购、运输盗伐、滥伐的林木罪等犯罪的，依照相关规定追究刑事责任。"

③ 我国《刑法》第344条。

三十二、走私、贩卖、运输、制造毒品罪

(一)走私、贩卖、运输、制造毒品罪的概念和法益

走私、贩卖、运输、制造毒品罪,是指明知是毒品而实施走私、贩卖、运输、制造的行为。本罪的法益,是国家对毒品的监管和公众的健康权益。本罪主体为自然人一般主体和单位,"贩卖毒品"的主体可以是已满 14 周岁不满 16 周岁的人。本罪主观上只能是直接故意,动机不影响认定。走私、贩卖、运输、制造毒品罪是选择性罪名,对同一宗毒品实施了两种以上犯罪行为,并有相应确凿证据的,应当按照所实施的犯罪行为的性质并列适用罪名,毒品数量不重复计算。对同一宗毒品可能实施了两种以上犯罪行为,但相应证据只能认定其中一种或者几种行为,认定其他行为的证据不够确实充分的,只按照依法能够认定的行为的性质适用罪名。对不同宗毒品分别实施了不同种犯罪行为的,应对不同行为并列适用罪名,累计计算毒品数量①。但不适用并罚处罚。

(二)毒品、行为、明知、既遂

根据我国《刑法》第 357 条的规定,"毒品"是指鸦片、海洛因、甲基苯丙胺(冰毒)、吗啡、大麻、可卡因以及国家规定管制的其他能够使人形成瘾癖的麻醉药品和精神药品(《麻醉药品及精神药品品种目录》中列明了 121 种麻醉药品和 130 种精神药品),国家也在不断补充新型毒品的种类(如新精神活性毒品)。"走私毒品",是指明知是毒品而非法将其运输、携带、寄递进出国(边)境的行为。直接向走私人非法收购走私进口的毒品,或者在内海、领海、界河、界湖运输、收购、贩卖毒品的,是走私毒品罪。"贩卖毒品"是指明知是毒品而非法销售或者以贩卖为目的而非法收买的行为。"贩卖"是有偿转让,限于在境内实施。根据司法解释,有证据证明行为人以牟利为目的,为他人代购仅用于吸食、注射的毒品,对代购者以贩卖毒品罪立案追诉。向走私、贩卖毒品的犯罪分子或者以牟利为目的,向吸食、注射毒品的人提供国家规定管制的能够使人形成瘾癖的麻醉药品、精神药品的,也是贩卖毒品的行为②。"运输毒品"是指明知是毒品而采用携带、寄递、托运、利用他人或者使用交通工具等方法,非法运送

---

① 参见 2012 年 5 月 16 日最高人民检察院、公安部发布的《关于公安机关管辖的刑事案件立案追诉标准的规定(三)》(公通字〔2012〕26 号)(以下简称 12.05.16《立案标准(三)》)第 1 条第 10 款的规定。毒品犯罪的认定,还需参照其他有效司法解释和司法文件,如 2015 年 5 月 18 日《全国法院毒品犯罪审判工作座谈会纪要》(以下简称 15.05.18《毒品犯罪纪要》),2008 年 12 月 1 日最高人民法院《全国部分法院审理毒品犯罪案件工作座谈会纪要》(以下简称 08.12.01《毒品犯罪纪要》),2016 年 4 月 11 日最高人民法院实施的《关于审理毒品犯罪案件适用法律若干问题的解释》(以下简称 16.04.11《审理毒品犯罪案件的解释》),2013 年 11 月 11 日食品药品监管总局、公安部、国家卫生计生委实施的《关于公布麻醉药品和精神药品品种目录的通知》(食药监药化监〔2013〕230 号),2014 年 8 月 20 日最高人民法院、最高人民检察院发布的《关于规范毒品名称表述若干问题的意见》(法〔2014〕224 号)等。

② 我国《刑法》第 355 条第 2 款。

毒品的行为。限于在境内实施,运输的方式、方法不影响认定。“制造毒品”是指非法利用毒品原植物直接提炼或者用化学方法加工、配制毒品,或者以改变毒品成分和效用为目的,用混合等物理方法加工、配制毒品的行为。不限于只能在境内实施制造毒品的行为。为了便于隐蔽运输、销售、使用、欺骗购买者,或者为了增重,对毒品掺杂使假,添加或者去除其他非毒品物质,不属于制造毒品的行为①。以加工、提炼制毒物品制造毒品为目的,购买麻黄碱类复方制剂,或者运输、携带、寄递麻黄碱类复方制剂进出境的,构成制造毒品罪②。根据刑法规定:走私、贩卖、运输、制造毒品,无论数量多少,都应当追究刑事责任,予以刑事处罚。

关于本罪的“明知”,根据 12.05.28《立案标准(三)》的规定,走私、贩卖、运输毒品主观故意中的“明知”,是指行为人知道或者应当知道所实施的是走私、贩卖、运输毒品行为。具有下列情形之一,结合行为人的供述和其他证据综合审查判断,可以认定其“应当知道”,但有证据证明确属被蒙骗的除外:(1) 执法人员在口岸、机场、车站、港口、邮局和其他检查站点检查时,要求行为人申报携带、运输、寄递的物品和其他疑似毒品物,并告知其法律责任,而行为人未如实申报,在其携带、运输、寄递的物品中查获毒品的;(2) 以伪报、藏匿、伪装等蒙蔽手段逃避海关、边防等检查,在其携带、运输、寄递的物品中查获毒品的;(3) 执法人员检查时,有逃跑、丢弃携带物品或者逃避、抗拒检查等行为,在其携带、藏匿或者丢弃的物品中查获毒品的;(4) 体内或者贴身隐秘处藏匿毒品的;(5) 为获取不同寻常的高额或者不等值的报酬为他人携带、运输、寄递、收取物品,从中查获毒品的;(6) 采用高度隐蔽的方式携带、运输物品,从中查获毒品的;(7) 采用高度隐蔽的方式交接物品,明显违背合法物品惯常交接方式,从中查获毒品的;(8) 行程路线故意绕开检查站点,在其携带、运输的物品中查获毒品的;(9) 以虚假身份、地址或者其他虚假方式办理托运、寄递手续,在托运、寄递的物品中查获毒品的;(10) 有其他证据足以证明行为人应当知道的。

制造毒品主观故意中的“明知”,是指行为人知道或者应当知道所实施的是制造毒品行为。有下列情形之一,结合行为人的供述和其他证据综合审查判断,可以认定其“应当知道”,但有证据证明确属被蒙骗的除外:(1) 购置了专门用于制造毒品的设备、工具、制毒物品或者配制方案的;(2) 为获取不同寻常的高额或者不等值的报酬为他人制造物品,经检验是毒品的;(3) 在偏远、隐蔽场所制造,或者采取对制造设备进行伪装等方式制造物品,经检验是毒品的;(4) 制造人员在执法人员检查时,有逃跑、抗拒检查等行为,在现场查获制造出的物品,经检验是毒品的;(6) 有其他证据足以证明行为人应当知道的。

显然,走私、贩卖、运输毒品的行为中的“明知”并非要求对毒品的种类、名称、效用、数量等信息也是明知,知道或应当知道是毒品就足够。受蒙蔽而实施走私、贩卖、

---

① 12.05.28《立案标准(三)》第 1 条第 2 款以下。

② 2012 年 6 月 18 日最高人民法院、最高人民检察院、公安部联合出台的《关于办理走私、非法买卖麻黄碱类复方制剂等刑事案件适用法律若干问题的意见》(法发〔2012〕12 号)。

运输毒品行为的,不能构成犯罪,但应有充分证据。对制造毒品来说,制造何种毒品是不言自明的,至于"品质""效果"等信息,同样不要求明知。

有争议的是本罪是否要求以牟利为目的。12.05.28《立案标准(三)》第1条第4款规定:"有证据证明行为人以牟利为目的,为他人代购仅用于吸食、注射的毒品,对代购者以贩卖毒品罪立案追诉。不以牟利为目的,为他人代购仅用于吸食、注射的毒品,毒品数量达到本规定第2条规定的数量标准的,对托购者和代购者以非法持有毒品罪立案追诉。明知他人实施毒品犯罪而为其居间介绍、代购代卖的,无论是否牟利,都应以相关毒品犯罪的共犯立案追诉。"就该规定而言,是否以牟利为目的,并不是构成此种类型毒品犯罪的必备主观要素。

12.05.28《立案标准(三)》第1条规定:"走私、贩卖、运输、制造毒品,无论数量多少,都应予立案追诉。"而对于毒品的含量,15.05.18《毒品犯罪纪要》指出:"办理毒品犯罪案件,无论毒品纯度高低,一般均应将查证属实的毒品数量认定为毒品犯罪的数量,并据此确定适用的法定刑幅度,但司法解释另有规定或者为了隐蔽运输而临时改变毒品常规形态的除外。涉案毒品纯度明显低于同类毒品的正常纯度的,量刑时可以酌情考虑。"但是对可能判处死刑的毒品案件,还是应该对毒品含量(纯度)进行必要鉴定①。

此外,应根据行为特点来考察既遂与未遂,对走私毒品的,应按照走私犯罪的一般情况认定,不应以走私毒品行为的实际完成为标准;贩卖毒品,只要实际上达成的是毒品交易,实际是否交付毒品,不影响认定;运输毒品,将毒品转移到有关运输工具过程只能视为预备,运输过程实际进行的,应认定为既遂;制造毒品,为制造毒品而采用生产、加工、提炼等方法非法制造易制毒化学品的,是制造毒品罪(预备)。购进制造毒品的设备和原材料,开始着手制造毒品,尚未制造出毒品或者半成品的,是制造毒品罪(未遂)②。只要实际制造出成品的,应以既遂认定,但制造失败完全没有毒品成品的,也不宜以既遂认定。

(三)其他问题

1. "特情"介入案件③

08.12.01《毒品犯罪纪要》指出,运用特情侦破毒品案件,是依法打击毒品犯罪的有效手段。对特情介入侦破的毒品案件,要区别不同情形予以分别处理:对已持有毒品待售或者有证据证明已准备实施大宗毒品犯罪者,采取特情贴靠、接洽而破获的案

---

① 08.12.01《毒品犯罪纪要》。

② 12.05.28《立案标准(三)》第1条第7款。

③ "特情"人员一般是指不具有执法权的非司法人员,利用自己的背景、关系、身份、技能等接受司法机关或人员指派的任务,并在其领导指挥下,完成特定侦查任务的社会人员。但不排除与侦查人员共同执行任务。对单纯由侦查人员实施"诱惑侦查"的,不应视为是"特情介入"的案件。"特情介入"案件依法从轻从宽处理适用于所有毒品犯罪案件。

件,不存在犯罪引诱,应当依法处理;行为人本没有实施毒品犯罪的主观意图,而是在特情诱惑和促成下形成犯意,进而实施毒品犯罪的,属于"犯意引诱"。对因"犯意引诱"实施毒品犯罪的被告人,根据罪刑相适应原则,应当依法从轻处罚,无论涉案毒品数量多大,都不应判处死刑立即执行。行为人在特情既为其安排上线,又提供下线的双重引诱,即"双套引诱"下实施毒品犯罪的,处刑时可予以更大幅度的从宽处罚或者依法免予刑事处罚;行为人本来只有实施数量较小的毒品犯罪的故意,在特情引诱下实施了数量较大甚至达到实际掌握的死刑数量标准的毒品犯罪的,属于"数量引诱"。对因"数量引诱"实施毒品犯罪的被告人,应当依法从轻处罚,即使毒品数量超过实际掌握的死刑数量标准,一般也不判处死刑立即执行;对不能排除"犯意引诱"和"数量引诱"的案件,在考虑是否对被告人判处死刑立即执行时,要留有余地。对被告人受特情间接引诱实施毒品犯罪的,参照上述原则依法处理。

2. 认识错误案件

根据罪过认定"以所识,不以所实"的要求,如以帮助之意协助走私、运输、贩卖的是一般违禁品但实际为毒品的,应以所认识一般违禁物品的性质的犯罪认定,不应以走私毒品、运输毒品罪、贩卖毒品罪论处,受到蒙蔽而协助的,不应认为构成犯罪;不知是假毒品而运输、贩卖的,是"对象错误"应按照运输毒品罪、贩卖毒品罪未遂论处,但明知是假毒品而贩卖的,应按照诈骗罪追究刑事责任。

3. 共同犯罪案件

(1) 我国《刑法》第 394 条规定:"包庇走私、贩卖、运输、制造毒品的犯罪分子的,为犯罪分子窝藏、转移、隐瞒毒品或者犯罪所得的财物的""缉毒人员或者其他国家机关工作人员掩护、包庇走私、贩卖、运输、制造毒品的犯罪分子的"事先通谋的,以走私、贩卖、运输、制造毒品罪的共犯论处。(2) 明知他人制造毒品而为其生产、加工、提炼、提供醋酸酐、乙醚、三氯甲烷等制毒物品的,以制造毒品罪的共犯立案追诉[①]。(3) 居间介绍买卖毒品行为,并与居中倒卖毒品行为。毒品交易居间介绍者是处于中间人地位,发挥介绍联络作用,通常与交易一方构成共同犯罪,但不以牟利为要件;居中倒卖者属于毒品交易主体,与前后环节的交易对象是上下家关系,直接参与毒品交易并从中获利。居间介绍者受贩毒者委托,为其介绍联络购毒者的,与贩毒者构成贩卖毒品罪的共同犯罪;明知购毒者以贩卖为目的购买毒品,受委托为其介绍联络贩毒者的,与购毒者构成贩卖毒品罪的共同犯罪;受以吸食为目的的购毒者委托,为其介绍联络贩毒者,毒品数量达到非法持有毒品罪规定的最低数量标准的,一般与购毒者构成非法持有毒品罪的共同犯罪;同时与贩毒者、购毒者共谋,联络促成双方交易的,通常认定与贩毒者构成贩卖毒品罪的共同犯罪。居间介绍者实施为毒品交易主体提供交易信息、介绍交易对象等帮助行为,对促成交易起次要、辅助作用的,应当认定为从犯;对于以居间介绍者的身份介入毒品交易,但在交易中超出居间介绍者的地

---

① 12.05.28《立案标准(三)》第 1 条第 7 款。

位,对交易的发起和达成起重要作用的被告人,可以认定为主犯[①]。(4) 两人以上同行运输毒品的,应当从是否明知他人带有毒品,有无共同运输毒品的意思联络,有无实施配合、掩护他人运输毒品的行为等方面综合审查认定是否构成共同犯罪。受雇于同一雇主同行运输毒品,但受雇者之间没有共同犯罪故意,或者虽然明知他人受雇运输毒品,但各自的运输行为相对独立,既没有实施配合、掩护他人运输毒品的行为,又分别按照各自运输的毒品数量领取报酬的,不应认定为共同犯罪。受雇于同一雇主分段运输同一宗毒品,但受雇者之间没有犯罪共谋的,也不应认定为共同犯罪。雇用他人运输毒品的雇主,及其他对受雇者起到一定组织、指挥作用的人员,与各受雇者分别构成运输毒品罪的共同犯罪,对运输的全部毒品数量承担刑事责任[②]。(5) 明知他人利用麻黄碱类制毒物品制造毒品,向其提供麻黄碱类复方制剂,为其利用麻黄碱类复方制剂加工、提炼制毒物品,或者为其获取、利用麻黄碱类复方制剂提供其他帮助的,以制造毒品罪的共犯论处。明知他人走私或者非法买卖麻黄碱类制毒物品,向其提供麻黄碱类复方制剂,为其利用麻黄碱类复方制剂加工、提炼制毒物品,或者为其获取、利用麻黄碱类复方制剂提供其他帮助的,分别以走私制毒物品罪、非法买卖制毒物品罪的共犯论处。

(四) 相关毒品犯罪与非法持有毒品罪[③]的关联

非法持有毒品罪,是指违反国家规定,明知是毒品而持有,数量较大,但证据尚不能认定为构成走私、贩卖、运输、制造毒品罪、为他人窝藏、转移、隐瞒毒品或其他毒品犯罪的行为[④]。本罪主体为自然人一般主体,主观上是故意,动机不影响认定。如果因走私、贩卖、运输、制造、非法持有毒品罪被判过刑,又犯本罪的(毒品犯罪的“再犯”),从重处罚[⑤]。“持有毒品”是对毒品的实际控制和支配的状态,与是否实际随身携带、能否与他人共同持有以及是否实际占有着实物、携带和毒品的实际来源,都不影响对“持有”的认定。因多数毒品犯罪对毒品的支配和控制,都可以表现为“持有”,因此,只有证据不能证实所持有毒品是为实施其他毒品犯罪,或者是为其他毒品犯罪者窝藏、转移、隐瞒毒品而对毒品具有实际支配和控制的,才能构成非法持有毒

---

① 15.05.18《毒品犯罪纪要》。

② 同上。

③ 我国《刑法》第348条。12.05.28《立案标准(三)》第2条第3款规定:“‘非法持有’是指违反国家法律和国家主管部门的规定,占有、携带、藏有或者以其他方式持有毒品。”本书认为,该概念仍然没有表述出非法持有毒品罪的本质——无法查明其真实来源,也无证据证明要从事其他毒品犯罪活动。

④ 12.05.28《立案标准(三)》第2条第1款和第4款的规定。

⑤ 我国《刑法》第356条。

品罪①。如有证据证明是因其他毒品犯罪而持有毒品,自应以相应毒品犯罪论处。非法持有毒品罪的持有,虽然可成为其他毒品犯罪当然的行为表现方式,但非法持有毒品罪与其他毒品犯罪并无想象竞合关系,也即构成非法持有毒品罪,就不可能再构成其他毒品犯罪,反之亦然。所以,只能说它只是可以成为其他毒品犯罪的一个过程、一种可能的结果而已。换言之,在法规范上,非法持有毒品罪并非是其他毒品犯罪的普通形态,而其他毒品犯罪为特殊形态,非法持有毒品罪,只是不得已的兜底罪名。因此,也不存在可以形成法条竞合关系,需要按照法条竞合犯原则适用法条。

(五) 毒品犯罪与窝藏、转移、隐瞒毒品、毒赃罪②的关联

为犯罪分子窝藏、转移、隐瞒毒品或者犯罪所得的财物的,构成窝藏、转移、隐瞒毒品、毒赃罪。本罪主体为自然人一般主体,主观上是直接故意,未以特定目的为主观要素,动机不影响认定。本罪为选择性罪名,可根据"行为"和"对象"适用相应罪名,同时具备两种以上行为或对象的,可并列统一适用罪名。如果因走私、贩卖、运输、制造、非法持有毒品罪被判过刑,又犯本罪的(毒品犯罪的"再犯"),从重处罚③。"毒品"是法律规定的所有的(成品)毒品;"犯罪所得的财物"应是指通过实施毒品犯罪的所得(金钱或其他财产以及收益)。"窝藏、转移、隐瞒"是指为本犯而实施,行为人自己对毒品以及毒品犯罪所得窝藏、转移、隐瞒,不构成该罪。本罪为行为犯,只要实施就应该追究刑事责任,但这也与窝藏、转移、隐瞒毒品数量以及毒赃数额仍然有直接关联。为犯罪分子窝藏、转移、隐瞒毒品或者犯罪所得的财物,根据 12.05.28《立案标准(三)》规定,事先通谋的,应以走私、贩卖、运输、制造毒品罪的共犯立案追诉④。本书认为,从我国《刑法》第 349 条罪状前部规定"包庇走私、贩卖、运输、制造毒品的犯罪分子的",后部规定"为犯罪分子窝藏、转移、隐瞒毒品或者犯罪所得的财物"的关联看,将"共犯"限制在走私、贩卖、运输和制造毒品罪范围,并非没有道理,但是从后段罪状是独立罪名看,将"共犯"限定在前段范围内并非妥当。窝藏、转移、隐瞒毒赃罪与《刑法》第 312 条掩饰、隐瞒犯罪所得、犯罪所得收益罪,具有包容的法条竞合关系,但前者为特别法条。

---

① 08.12.01《毒品犯罪纪要》规定:"有证据证明行为人不以牟利为目的,为他人代购仅用于吸食的毒品,毒品数量超过非法持有毒品罪最低数量标准的,对托购者、代购者应以非法持有毒品罪定罪。对已持有毒品待售或者有证据证明已准备实施大宗毒品犯罪者,采取特情贴靠、接洽而破获的案件,不存在犯罪引诱,应当依法处理。"15.05.18《毒品犯罪纪要》指出:"确有证据证明查获的毒品并非贩毒人员用于贩卖,其行为另构成非法持有毒品罪、窝藏毒品罪等其他犯罪的,依法定罪处罚。购毒者接收贩毒者通过物流寄递方式交付的毒品,没有证据证明其是为了实施贩卖毒品等其他犯罪,毒品数量达到非法持有毒品罪规定的最低数量标准的,一般以非法持有毒品罪定罪处罚。代收者明知是物流寄递的毒品而代购毒者接收,没有证据证明其与购毒者有实施贩卖、运输毒品等犯罪的共同故意,毒品数量达到非法持有毒品罪规定的最低数量标准的,对代收者以非法持有毒品罪定罪处罚。"

② 我国《刑法》第 349 条。

③ 我国《刑法》第 356 条。

④ 12.05.28《立案标准(三)》第 4 条第 2 款。

(六) 毒品犯罪与包庇毒品犯罪分子罪[①]的关联

包庇走私、贩卖、运输、制造毒品的犯罪分子的行为,构成包庇毒品犯罪分子罪。本罪主体为自然人一般主体,主观上是故意,未以特定目的为主观要素,动机不影响认定。缉毒人员或者其他国家机关工作人员掩护、包庇走私、贩卖、运输、制造毒品的犯罪分子的,是法定从重处罚情节。如果因走私、贩卖、运输、制造、非法持有毒品罪被判过刑,又犯本罪的(毒品犯罪的"再犯"),从重处罚[②]。本罪包庇的犯罪人,限于犯走私、贩卖、运输、制造毒品的本犯,包庇此外的毒品犯罪人,依法不能构成该罪,但不影响可以构成第310条包庇罪。至于最终是否被判有罪以及刑罚轻重,不影响认定。实施包庇行为,事先通谋的,应以走私、贩卖、运输、制造毒品罪的共犯追究刑事责任[③]。包庇毒品犯罪分子罪与《刑法》第310条包庇罪亦有法条竞合关系,前者为特别法条,应以特别法条犯罪定罪处罚。

(七) 走私、贩卖、运输、制造毒品罪的刑事责任

犯本罪,有下列情形之一的,处15年有期徒刑、无期徒刑或者死刑,并处没收财产:(1) 走私、贩卖、运输、制造鸦片1000克以上、海洛因或者甲基苯丙胺50克以上或者其他毒品数量大的;(2) 走私、贩卖、运输、制造毒品集团的首要分子;(3) 武装掩护走私、贩卖、运输、制造毒品的;(4) 以暴力抗拒检查、拘留、逮捕,情节严重的;(5) 参与有组织的国际贩毒活动的。

走私、贩卖、运输、制造鸦片200克以上不满1000克、海洛因或者甲基苯丙胺10克以上不满50克或者其他毒品数量较大的,处7年以上有期徒刑,并处罚金。

走私、贩卖、运输、制造鸦片不满200克、海洛因或者甲基苯丙胺不满10克或者其他少量毒品的,处3年以下有期徒刑、拘役或者管制,并处罚金;情节严重的,处3年以上7年以下有期徒刑,并处罚金。

单位犯第2款、第3款、第4款罪的,对单位判处罚金,并对其直接负责的主管人员和其他直接责任人员,依照各该款的规定处罚。

利用、教唆未成年人走私、贩卖、运输、制造毒品,或者向未成年人出售毒品的,从重处罚。

对多次走私、贩卖、运输、制造毒品,未经处理的,毒品数量累计计算。

对犯走私、贩卖、运输、制造毒品罪具体刑罚适用要求,参见有效司法解释和司法文件。

---

① 我国《刑法》第349条、第349条第2款。12.05.28《立案标准(三)》第3条规定:"涉嫌下列情形之一的,应予立案追诉:(一) 作虚假证明,帮助掩盖罪行的;(二) 帮助隐藏、转移或者毁灭证据的;(三) 帮助取得虚假身份或者身份证件的;(四) 以其他方式包庇犯罪分子的。"

② 我国《刑法》第356条。

③ 12.05.28《立案标准(三)》第3条第2款。

三十三、非法生产、买卖、运输、制毒物品罪、走私制毒物品罪

（一）非法生产、买卖、运输、制毒物品罪、走私制毒物品罪的概念和法益

非法生产、买卖、运输、制毒物品罪、走私制毒物品罪，是指违法国家规定，非法生产、买卖、运输醋酸酐、乙醚、三氯甲烷或者其他用于制造毒品的原料、配剂，或者携带上述物品进出国（边）境，情节较重的行为。本罪的法益是国家对（易）制毒物品的监管（走私的还包括国家对外贸易监管）。本罪主体为自然人一般主体和单位，主观上是直接故意，未以特定目的为主观要素，动机不影响认定。

（二）制毒物品、行为、故意

“制毒物品”，是指可以用于制造毒品的原料或配剂（不限于本罪罪状所列举的几种，具体品种范围按照国家关于易制毒化学品管理的规定确定）。“违反国家规定”，是指违反国家关于生产、经营、使用、运输以及进出口可（易）于制毒物品办理许可证明或者备案的规定。

“非法生产”，是指未办理许可证明或者备案，加工（包括分析、检验等各环节）、提炼、提纯制毒物品；“非法买卖”，是指未经批准办理许可证明或备案出售和购买制毒物品[①]。09.06.23《制毒案件意见》规定：(1) 未经许可或者备案，擅自购买、销售易制毒化学品；(2) 超出许可证明或者备案证明的品种、数量范围购买、销售易制毒化学品；(3) 使用他人的或者伪造、变造、失效的许可证明或者备案证明购买、销售易制毒化学品；(4) 经营单位违反规定，向无购买许可证明、备案证明的单位、个人销售易制毒化学品的，或者明知购买者使用他人的或者伪造、变造、失效的购买许可证明、备案证明，向其销售易制毒化学品；(5) 以其他方式非法买卖易制毒化学品。[②] 非法买卖限于在境内实施；“非法运输”是指未经批准办理许可证明或备案，将制毒物品运送到他地，但限于在境内实施的行为；“走私制毒物品”[③]的行为是违反海关法规定，未经批准办理进出口许可证明、文件擅自携带、运输制毒物品进出国（边）境的行为。该行为与“走私罪”行为本质上相同，行为方式均可以“通关”“绕关”或直接向走私人非法收购，或者在内海、领海、界河、界湖运输、收购、贩卖上述制毒物品。至于是走私进境还是出境，在所不问。

本罪主观上必须明知是（易）制毒物品。12.05.28《立案标准（三）》第5条规定：实施走私制毒物品行为，有下列情形之一，且查获了易制毒化学品，结合行为人的供

---

① 09.06.23《制毒案件意见》“一、（三）”规定：易制毒化学品生产、经营、使用单位或者个人未办理许可证明或者备案证明，购买、销售易制毒化学品，如果有证据证明确实用于合法生产、生活需要，依法能够办理只是未及时办理许可证明或者备案证明，且未造成严重社会危害的，可不以非法买卖制毒物品罪论处。

② 这与12.05.28《立案标准（三）》第6条规定的行为相同，立案追诉标准同“走私制毒物品罪”。

③ 参见12.05.28《立案标准（三）》第5条的规定。

述和其他证据综合审查判断,可以认定其'明知'是制毒物品而走私或者非法买卖,但有证据证明确属被蒙骗的除外:(1) 改变产品形状、包装或者使用虚假标签、商标等产品标志的;(2) 以藏匿、夹带、伪装或者其他隐蔽方式运输、携带易制毒化学品逃避检查的;(3) 抗拒检查或者在检查时丢弃货物逃跑的;(4) 以伪报、藏匿、伪装等蒙蔽手段逃避海关、边防等检查的;(5) 选择不设海关或者边防检查站的路段绕行出入境的;(6) 以虚假身份、地址或者其他虚假方式办理托运、寄递手续的;(7) 以其他方法隐瞒真相,逃避对易制毒化学品依法监管的。

为了制造毒品或者走私、非法买卖制毒物品犯罪而采用生产、加工、提炼等方法非法制造易制毒化学品的,根据我国《刑法》第22条的规定,按照其制造易制毒化学品的不同目的,分别以制造毒品、走私制毒物品、非法买卖制毒物品的预备行为论处①。明知他人实施走私制毒物品犯罪,而为其运输、储存、代理进出口或者以其他方式提供便利的,以走私制毒物品罪的共犯追究刑事责任。明知他人实施非法买卖制毒物品犯罪,而为其运输、储存、代理进出口或者以其他方式提供便利的,以非法买卖制毒物品罪的共犯追究刑事责任②。

(三) 非法生产制毒物品罪与非法种植毒品原植物罪③的关联

非法种植罂粟、大麻等毒品原植物,情节严重的④行为,构成非法种植毒品原植物罪。本罪主体为自然人一般主体,主观上是直接故意,未以特定目的为主观要素,动机不影响认定。如果因走私、贩卖、运输、制造、非法持有毒品罪被判过刑,又犯本罪的(毒品犯罪的"再犯"),从重处罚⑤。"种植"包括从播种到收割等一系列行为⑥,但不能包括收割后从原植物中萃取制成毒品的有效成分的行为。例如,割取罂粟果实中流出的乳液经干燥凝结后,就是生鸦片,这仍然是种植环节,但再经过烧煮和发酵,所生成精制鸦片过程就不再是"种植"所能涵盖(再从中萃取即可制造出吗啡、海洛因)。实施该种行为,是制造毒品的行为,应按照制造毒品罪追究刑事责任(不应再论其非法种植——吸收犯)。"罂粟、大麻等毒品原植物(包括古柯、恰特草)",是制造"传统"毒品的原植物(萃取的提炼物亦称"天然毒品"),并非是通过化学合成制造毒品的易制毒化学物品。因此,非法生产制毒物品罪与非法种植毒品原植物罪,在规范

---

① 09.06.23《制毒案件意见》。

② 12.05.28《立案标准(三)》。

③ 我国《刑法》第351条。

④ 12.05.28《立案标准(三)》第7条规定:"非法种植罂粟、大麻等毒品原植物,涉嫌下列情形之一的,应予立案追诉:(一) 非法种植罂粟500株以上的;(二) 非法种植大麻5000株以上的;(三) 非法种植其他毒品原植物数量较大的;(四) 非法种植罂粟200平方米以上、大麻2000平方米以上或者其他毒品原植物面积较大,尚未出苗的;(五) 经公安机关处理后又种植的;(六) 抗拒铲除的。"

⑤ 我国《刑法》第356条。

⑥ "种植"是指播种、育苗、移栽、插苗、施肥、灌溉、割取津液或者收取种子等行为。非法种植毒品原植物的株数一般应以实际查获的数量为准。因种植面积较大,难以逐株清点数目的,可以抽样测算每平方米平均株数后按实际种植面积测算出种植总株数。非法种植罂粟或者其他毒品原植物,在收获前自动铲除的,可以不予立案追诉。

上并无直接关联。

（四）非法种植毒品原植物罪与非法买卖、运输、携带、持有毒品原植物种子、幼苗罪[1]的关联

非法买卖、运输、携带、持有未经灭活的罂粟等毒品原植物种子或者幼苗，数量较大的[2]行为，构成非法买卖、运输、携带、持有毒品原植物种子、幼苗罪。本罪主体为自然人一般主体，主观上是直接故意，未以特定目的为主观要素，动机不影响认定。如果因走私、贩卖、运输、制造、非法持有毒品罪被判过刑，又犯本罪的（毒品犯罪的"再犯"），从重处罚[3]。一定意义上，非法买卖、运输、携带、持有毒品原植物种子、幼苗的行为，可以成为非法种植毒品原植物罪的"条件罪"，但规范上，两罪主体如果分别实施的两种行为没有对向关系的，不能成立共同犯罪中的对向犯。但同一主体则可能同时具有上述两种行为，也即在种植前，可以实施购买（买卖）、运输、携带、持有[4]未经灭活的罂粟等毒品原植物种子或者幼苗的行为。该种情形下，应属于吸收犯，应以非法种植毒品原植物罪论处。理论上，为非法种植而非法买卖、运输、携带、持有未经灭活的罂粟等毒品原植物种子或者幼苗，尚未种植时，可以看作是预备行为，但没有处罚的必要性。因根据12.05.28《立案标准（三）》的规定，对非法种植罂粟或者其他毒品原植物，在收获前自动铲除的，都可以不予立案追诉，更何况尚未种植。

（五）非法生产、买卖、运输、制毒物品罪、走私制毒物品罪的刑事责任

犯本罪，处3年以下有期徒刑、拘役或者管制，并处罚金；情节严重的，处3年以上7年以下有期徒刑，并处罚金；情节特别严重的，处7年以上有期徒刑，并处罚金或者没收财产。明知他人制造毒品而为其生产、买卖、运输前款规定的物品的，以制造毒品罪的共犯论处。单位犯本罪的，对单位判处罚金，并对其直接负责的主管人员和其他直接责任人员，依照自然人犯罪处罚的规定处罚。如果因走私、贩卖、运输、制造、非法持有毒品罪被判过刑，又犯本罪的（毒品犯罪的"再犯"），从重处罚[5]。

三十四、引诱、教唆、欺骗他人吸毒罪

（一）引诱、教唆、欺骗他人吸毒罪的概念和法益

引诱、教唆、欺骗他人吸毒罪，是指引诱、教唆、欺骗他人吸食、注射毒品的行为。

---

① 我国《刑法》第352条。

② 12.05.28《立案标准（三）》第8条规定："涉嫌下列情形之一的，应予立案追诉：（1）罂粟种子50克以上、罂粟幼苗5000株以上；（2）大麻种子50千克以上、大麻幼苗5万株以上；（3）其他毒品原植物种子、幼苗数量较大的。"

③ 我国《刑法》第356条。

④ 这里的非法买卖、运输、携带、持有毒品原植物种子、幼苗，特别是"持有"行为，本书只是确定是否为非法种植而非法买卖、运输、携带、持有，非此目的或无法确定其目的，应以本罪论处。

⑤ 我国《刑法》第356条。

本罪的法益是国家对毒品的监管和他人的身心健康。本罪主体为自然人一般主体,主观上是直接故意,未以特定目的为主观要素,动机不影响认定。本罪为选择性罪名,可根据具体行为适用相应罪名,实施两种以上行为的,可并列统一适用罪名,但不实行并罚。

(二) 行为、故意

"吸食"毒品,是指以各种方式(口吞服、鼻吸、溶于饮料口服等)将毒品摄入体内;"注射"毒品,是指借用医疗用具,将毒品注射入皮下或静脉血管中。"引诱吸食、注射"毒品,是指以吸食毒品获得"愉快体验"为主要内容,诱惑他人吸食、注射毒品,不排除为使他人产生"成瘾性"为其"出资购买""直接提供"毒品而引诱。"教唆吸食、注射"毒品,是指以怂恿、激将、鼓励、请求等方法,使他人产生吸毒欲望而吸食、注射毒品。该"教唆"行为不是以"教唆犯"的条件来认定,因此应以他人实际吸食、注射为条件[①]。"欺骗吸食、注射"毒品,是指以编造谎言、隐瞒吸食毒品危害,使他人陷于错误认识"自愿"吸食、注射毒品。上述方式,即便是针对同一对象可能都使用过,可以主要行为认定。"他人",可以是任何人,包括未成年人,他人是否吸食、注射过毒品,即便是处于"戒断期"的,也不影响认定。本罪为行为犯,只要实施就可以构成犯罪既遂,他人是否因此对毒品产生"成瘾性"在所不问。本罪主观上是故意。

(三) 引诱、教唆、欺骗他人吸毒罪与强迫他人吸毒罪[②]的关联

以暴力、胁迫或其他手段,迫使他人吸食、注射毒品的行为,构成强迫他人吸毒罪。本罪主体为自然人一般主体,主观上是直接故意,刑法没有以特定目的为本罪主观要素,动机不影响认定。强迫处于"戒断期"的他人吸食、注射毒品的,也构成犯罪。"强迫",即以暴力、威胁手段迫使他人吸食、注射毒品。本罪行为事实上有可能成为引诱、教唆、欺骗他人吸毒罪的"发展犯",即在引诱、教唆、欺骗他人未能奏效的情况下,可能进一步实施强迫他人吸食、注射毒品。本书认为,只要具有强迫吸食、注射毒品的行为,就应该以强迫他人吸毒罪论处,对具有引诱、教唆、欺骗行为的,作为从重情节,没有必要予以并罚。如果因走私、贩卖、运输、制造、非法持有毒品罪被判过刑,又犯本罪的(毒品犯罪的"再犯"),从重处罚[③]。

(四) 引诱、教唆、欺骗、强迫他人吸毒为手段与其他犯罪的关联

引诱、教唆、欺骗、强迫他人吸毒的,可由具有特定目的的行为而构成,也可由无

---

① 教唆是否应该以原本没有吸毒意愿的人产生吸毒意愿,有不同认识。张明楷教授主张只能是使原本不吸毒的人产生吸毒愿望。参见张明楷:《刑法学》(下),法律出版社 2016 年版,第 1157 页。黎宏教授则认为包括引诱已经戒断者。参见黎宏:《刑法学各论》,法律出版社 2016 年版,第 474 页。从毒品犯罪所具有的特点而言,本书赞同黎宏教授的观点。

② 我国《刑法》第 353 条第 2 款。

③ 《刑法》第 356 条。

特定目的的行为构成。如贩毒者可为“壮大消费群体”而实施,是有特定目的的行为;吸毒者可为与自己的朋友分享体验而实施,这是无特定目的的行为。除此之外,引诱、教唆、欺骗他人吸毒、强迫他人吸毒的,也可以成为犯罪分子用于控制“他人”的手段,使之“成瘾”后,不能摆脱毒品的诱惑,“自愿”成为被利用的工具,实施其希望的违法犯罪行为(例如,卖淫、盗窃、抢劫)。在该种情形下,应对引诱、教唆、欺骗、强迫[①]他人吸毒的行为,与其将他人作为工具实施的犯罪,实行数罪并罚,行为人是被利用者犯罪的间接正犯,或者教唆犯。引诱、教唆、欺骗、强迫他人吸食、注射毒品的行为,也可以成为行为人“组织”的行为(控制其成员的手段),这种情况下,行为人实施引诱、教唆、欺骗、强迫他人吸毒的行为,与其成员实施的由行为人组织、策划、指挥的犯罪形成牵连关系。本书认为,鉴于毒品对人身心健康的巨大危害,使用该种行为控制犯罪的成员,突破了人的道德底线,不应再评价为牵连犯的手段行为,必须数罪并罚。

(五)引诱、教唆、欺骗他人吸毒罪、强迫他人吸毒罪与容留他人吸毒罪[②]的关联

容留他人吸食、注射毒品的行为,构成容留他人吸毒罪[③]。本罪主体是自然人一般主体,主观上是直接故意,刑法没有将特定目的规定为主观要素,动机不影响认定。“容留”吸食毒品是指允许他人在自己支配、控制的场所吸食、注射毒品,或为他人吸食、注射毒品提供场所。前者,是并未拒绝他人在其支配、控制的场所吸食、注射毒品;后者,通常是主动提供为他人吸食、注射毒品的场所。至于容留者本人是否吸食、注射毒品,以及对所“容留”场所的“使用”是否收取费用,不影响认定。在其本人不知情况下,所支配、控制场所被他人利用为吸食、注射毒品场所,或者受到欺骗而提供场所的使他人吸食注射毒品的,不能构成犯罪。行为人实施引诱、教唆、欺骗他人,或强迫他人吸食、注射毒品的场所,是犯引诱、教唆、欺骗他人,或强迫他人吸食、注射毒品犯罪的现场,不应视为“为容留他人吸食、注射毒品的场所”,因此,引诱、教唆、欺骗他人吸毒罪、强迫他人吸毒罪与容留他人吸毒罪两罪在规范上并无竞合关系,也无前后相继的连续或吸收关系。因此,对既引诱、教唆、欺骗他人,或强迫他人吸食、注射毒品的,又另外提供吸食、注射毒品场所的,应实行数罪并罚,不仅容留他人吸食、注射毒品,同时提供他人所需毒品的,如为他人代购仅用于吸食的毒品,在交通、食宿等必要开销之外收取“介绍费”“劳务费”,或者以贩卖为目的收取部分毒品作为酬劳的,应视为从中牟利,属于变相加价贩卖毒品,构成贩卖毒品罪,应实行并罚;行

---

① 以强迫他人吸食、注射毒品为例,虽然他人吸食、注射毒品具有被动性特点,但尚未达到使“他人”完全丧失意志自由、反抗能力的程度。如果强制手段使他人丧失反抗能力和反抗意志,任由被吸食、注射毒品。该种“强制”很难说能够被“强迫”概念所包括。而且,非出于特定非法目的,何人可能实施该种行为?我国刑法并未规定强制罪,当这种强制成为迫使他人屈服的手段时,只能并罚处理。

② 《刑法》第354条。

③ 12.05.28《立案标准(三)》第11条规定:“涉嫌下列情形之一的,应予立案追诉:(1)容留他人吸食、注射毒品2次以上的;(2)一次容留3人以上吸食、注射毒品的;(3)因容留他人吸食、注射毒品被行政处罚,又容留他人吸食、注射毒品的;(4)容留未成年人吸食、注射毒品的;(5)以牟利为目的容留他人吸食、注射毒品的;(6)容留他人吸食、注射毒品造成严重后果或者其他情节严重的。”

为人向……吸食、注射毒品的人员贩卖国家规定管制的能够使人形成瘾癖的麻醉药品或者精神药品的,构成贩卖毒品罪,应实行并罚[①]。如果因走私、贩卖、运输、制造、非法持有毒品罪被判过刑,又犯本罪的(毒品犯罪的"再犯"),从重处罚[②]。

(六) 走私毒品罪、贩卖毒品罪与非法提供麻醉药品、精神药品罪[③]的关联

依法从事生产、运输、管理、使用国家管制的麻醉药品、精神药品的人员,违反国家规定,向吸食、注射毒品的人提供国家规定管制的能够使人形成瘾癖的麻醉药品、精神药品的行为,构成非法提供麻醉药品、精神药品罪。本罪主体为特定的(生产、运输、管理、使用国家管制的麻醉药品、精神药品的)自然人一般主体和单位。本罪主观上是直接故意,刑法没有将特定目的规定为主观要素,动机不影响认定。如果因走私、贩卖、运输、制造、非法持有毒品罪被判过刑,又犯本罪的(毒品犯罪的"再犯"),从重处罚[④]。"违反国家规定"是指违反国家有关麻醉药品、精神药品的管控、使用的强制性规定。本罪行为是非法"提供"给他人国家管制的能够使人形成瘾癖的麻醉药品、精神药品。提供的对象,限于"吸食、注射毒品的人"。这里的提供,不以"有偿"为必须条件[⑤]。我国《刑法》第355条第1款后半段规定:向走私、贩卖毒品的犯罪分子或者以牟利为目的,向吸食、注射毒品的人提供国家规定管制的能够使人形成瘾癖的麻醉药品、精神药品的,依照本法第347条的规定定罪处罚。前者,无论有偿还是无偿,只要明知是走私、贩卖毒品的犯罪分子,向其提供的,构成走私毒品罪、贩卖毒品罪;后者明知他人是吸毒人员有偿提供的,构成贩卖毒品罪。

对吸毒人员戒断[⑥]反应严重,有自伤、自残、自杀或有严重危害他人危险的,未经批准提供少量麻醉药品、精神药品用于缓解戒断反应的,应阻却违法性,不宜作为犯罪认定,或以紧急避险看待,不能构成犯罪。

(七) 引诱、教唆、欺骗他人吸毒罪的刑事责任

犯本罪,处3年以下有期徒刑、拘役或者管制,并处罚金;情节严重的,处3年以上7年以下有期徒刑,并处罚金。如果因走私、贩卖、运输、制造、非法持有毒品罪被判过刑,又犯本罪的(毒品犯罪的"再犯"),从重处罚[⑦]。

---

① 根据15.05.18《毒品犯罪纪要》规定,上述行为均构成贩卖毒品罪,当然应与容留他人吸毒罪实行并罚。

② 我国《刑法》第356条。

③ 我国《刑法》第355条的规定。具体追诉标准参见12.05.28《立案标准(三)》第12条第1款和第13条的规定。

④ 我国《刑法》第356条。

⑤ 12.05.28《立案标准(三)》第12条第3款有相同规定。

⑥ 我国《禁毒法》规定的戒毒方式主要是强制戒毒、自愿戒毒和社区帮教戒毒三种措施,进行药物治疗、心理治疗和法制教育、道德教育,使其戒除毒瘾。不采纳外国的"药物维持法",即以提供毒性较低的毒品暂代毒性强烈毒品的一种治疗方法(如以美沙酮维持疗法治疗海洛因毒瘾,在西方国家被视为一种有效的方法)。所以,即便以戒毒为目的,提供毒性较低的毒品暂代毒性强烈的毒品的,在我国也是违法行为。

⑦ 我国《刑法》第356条。

三十五、组织卖淫罪、强迫卖淫罪

（一）组织卖淫罪的概念和法益

组织卖淫罪，是指以招募、雇佣、纠集等手段，管理或控制他人从事卖淫活动的行为。本罪的法益，是良好的社会风尚。本罪主体为自然人一般主体，主观上是直接故意，应具有非法牟利的目的，但牟利目的并不是主观必备要素，动机不影响认定。

（二）对象、行为、故意

“他人”，主要是指妇女，包括男性以及未成年人。从本罪要求而言，被控制的“他人”至少 3 人以上①。虽然要求被组织的至少三人以上，但因被组织的卖淫者从事的活动，只是一般违法行为，不构成犯罪（如其中有严重性病患者，另当别论），因此，组织卖淫罪并非必要共同犯罪的构成模式。

“组织”行为，主要是指对卖淫者的组织，即以招募、雇佣、纠集等手段，管理、控制他人从事卖淫活动。“招募”，是征召自愿卖淫者；“雇佣”，是出资召集卖淫者；“纠集”，是结集、纠合卖淫者；“等手段”，是除上述手段之外，对卖淫者进行管理、控制的手段。例如，对意欲退出者，实施暴力、胁迫，对人身、精神进行强制，使之服从管理、安排。至于卖淫者是否相对固定，在所不问。行为主要表现为对卖淫者的管理和控制，包括将卖淫者安排在相对固定的场所，或者根据嫖娼者需求安排卖淫者去要求的场所内，从事卖淫活动。此外，调配、安排其成员协助卖淫者从事卖淫活动，例如，安排专司拉拢、引诱嫖娼者、安排专司接送卖淫者（协助组织卖淫的单独构成犯罪）；组建卖淫集团并实施策划、指挥等行为，均应该是“组织”行为的内容。也即“组织”行为并非仅表现为对卖淫者的卖淫活动策划、指挥的管理、控制活动。

“卖淫”，是卖淫者以金钱或实物作为交换（有价或接受有价之约）的方式，与不固定的对象发生性行为的活动。但如何理解这里的“性行为”认识不同。例如，只供“观赏”而不进行“性交”的②，也是性行为，猥亵，广义上也是性行为。黎宏教授认为“卖淫”不仅包括性器交合的“性交”行为，也包括口交以及手淫行为③。如果从“卖淫”这一“职业”角度是提供“性服务”以满足相对人性的需求而言，所有与性有关的活动（法律另有规定以他罪处罚并不影响此评价），都可以称为“性行为”，因此，就卖

---

① 2017 年 7 月 25 日最高人民法院、最高人民检察院实施的《关于办理组织、强迫、引诱、容留、介绍卖淫刑事案件适用法律若干问题的解释》（法释〔2017〕13 号）（以下简称 17.07.25《卖淫案件解释》）第 1 条规定：“以招募、雇佣、纠集等手段，管理或者控制他人卖淫，卖淫人员在 3 人以上的，应当认定为刑法第 358 条规定的‘组织他人卖淫’。组织卖淫者是否设置固定的卖淫场所、组织卖淫者人数多少、规模大小，不影响组织卖淫行为的认定。”

② 被组织的实施的，可能触犯“组织淫秽表演罪”而不能构成本罪。

③ 参见黎宏：《刑法学各论》，法律出版社 2016 年版，第 480 页。性器交合的性交以及肛交、口交在有些国家或地区刑法中，就是“性交”之意。参见本书“强奸罪”的相关注释。

淫活动而言,不应仅限于性器交合,应该包括口交、肛交、手淫活动在内。但是,本书认为,单纯只是提供手淫“服务”的,还难以直接认定为“卖淫”。

对被组织卖淫的人有引诱、容留、介绍卖淫行为的,依照处罚较重的规定定罪处罚。但是,对被组织卖淫的人以外的其他人有引诱、容留、介绍卖淫行为的,应当分别定罪,实行数罪并罚①。

本罪主观要件是否要求以“牟利目的”,有持肯定②与否定③的不同观点。本书认为,不可否认从罪名设置和实务上看,组织者有“牟利目的”,是应然之意,但是,刑法并没有将牟利目的规定为主观必备要素。因此,有无“牟利目的”不应成为认定是否构成组织卖淫的主观必备要素。

(三) 组织卖淫罪与强迫卖淫罪④的关联

对他人以暴力、胁迫等人身强制手段,迫使其卖淫的行为,构成强迫卖淫罪。本罪主体为自然人一般主体,主观上是直接故意,应具有非法牟利的目的,但牟利目的并不是主观必备要素,动机不影响认定。强迫他人卖淫,是对不愿卖淫者实施暴力、威胁,迫使其服从而卖淫。因此,强迫卖淫必须以违背他人意愿为前提,至于是何种原因他人“不愿卖淫”——不愿对特定人、不愿在某种场所、不愿在某种条件下卖淫等,也无论其曾经是否是卖淫者,均不影响认定。强迫卖淫可以针对单独的个体实施,也可能成为“组织卖淫”为管理、控制他人卖淫的手段行为。该种情况下,针对被组织的卖淫者,应该视为组织卖淫行为的内容,不需适用并罚,属于“组织、强迫卖淫情节严重”⑤。但对其他非被组织的卖淫者,例如,对另外由他人“调剂”过来“临时工”,实施强迫卖淫的,应实行数罪并罚。嫖娼者明知其不愿卖淫而强行性交的,应以强奸罪论处。

(四) 组织卖淫罪、强迫卖淫罪的罪数

我国《刑法》第 358 条第 3 款规定:“犯前两款罪,并有杀害、伤害、强奸、绑架等犯罪行为的,依照数罪并罚的规定处罚。”这是指组织他人卖淫者、强迫他人卖淫者在实施组织、强迫行为之外,另有杀害、伤害、强奸、绑架等犯罪行为。本罪中“等犯罪行为”值得研究,一般说,另起犯意而实施的犯罪行为,均可视为“等犯罪行为”,如(对不愿卖淫者)实施非法拘禁、猥亵、侮辱、强迫吸毒等,也应该数罪并罚。

---

① 17.07.25《卖淫案件解释》第 3 条。

② 参见储槐植主编:《“六害”治理论》,中国检察出版社 1996 年版,第 250 页。

③ 参见王作富主编:《刑法分则实务研究》(下),中国方正出版社 2013 年版,第 1486 页。

④ 我国《刑法》第 358 条第 1 款。

⑤ 17.07.25《卖淫案件解释》第 6 条第 2 款。

（五）组织卖淫罪的共同犯罪

二人以上共同实施组织他人卖淫的，可以构成共同犯罪；三人以上共同策划、组织、成立卖淫集团（应以犯罪集团的法律特征认定）的，是共同犯罪。应该有主从之分，但是，这只是指在组织行为中可以区分出主从关系，而不包括对组织行为实施的协助行为。后者，单独构成协助组织卖淫罪。对前者而言，既然均为组织者，则有无必要再区分出主犯、从犯，有不同认识[①]。本书认为，组织卖淫罪并非必要共同犯罪的构成模式，即使是单独的个人，也可以实施组织卖淫的行为。所以，当数人共同实施组织卖淫犯罪活动而构成共同犯罪，是一般共同犯罪。一般共同犯罪，根据刑法规定，有区分主犯、从犯的基本要求，因此，应根据刑法的规定，对均为组织者的共同犯罪人应该区分主犯与从犯。对属于犯罪集团的组织卖淫活动，属于集团一般成员从事协助组织者组织卖淫的行为，仍然可以按照协助组织卖淫罪单独论罪，但对属于领导层的组织、策划、指挥者，根据刑法规定因均属于首要分子，因此，均为主犯，不应在首要分子中再区分主犯、从犯。

（六）组织卖淫罪、强迫卖淫罪与协助组织卖淫罪[②]的关联

明知他人实施组织卖淫犯罪活动而为其招募、运送人员或者充当保镖、打手、管账人等的行为，构成协助组织卖淫罪。本罪主体为自然人一般主体[③]，主观上是直接故意，未以特定目的为主观要素，动机不影响认定。多数说认为，本罪系“帮助行为正犯化”，即虽然行为在法律属性上是共犯行为，但立法将其规定为“正犯”，不再以共同犯罪的“从犯”认定[④]。“协助”限于对组织者组织他人卖淫活动的协助，即协助其招募人员、运送人员或者充当保镖、打手、管账人。这里的“招募”“运送”的人员，既可是卖淫人员，也可是其他人员，例如，为其招募“保镖、打手、管账人”，运送“保镖、打手、管账人”。

从立法规定而言，协助组织卖淫是对组织者所组织的卖淫活动的协助，而不是直接对组织行为进行协助，例如，对如何招募卖淫人员出谋划策的，就不是协助组织卖淫，而是对组织行为的“协助”，应属于组织行为，而非协助组织卖淫。由此而言，协助组织卖淫行为，在尚未实际发生卖淫活动时，例如，听从安排去招募卖淫人员，虽然按照规定是实行行为，但在尚未有实际卖淫活动，也可认定为独立犯罪的实行行为，但

---

① 参见王作富主编：《刑法分则实务研究》（下），中国方正出版社 2013 年版，第 1488—1489 页。

② 我国《刑法》第 358 条第 4 款。“情节严重的”情形参见 17.07.25《卖淫案件解释》第 5 条规定。

③ 在具有营业执照的会所、洗浴中心等经营场所担任保洁员、收银员、保安员等，从事一般服务性、劳务性工作，仅领取正常薪酬，且无招募、运送人员或者充当保镖、打手、管账人等协助组织卖淫行为的，不认定为协助组织卖淫罪。参见 17.07.25《卖淫案件解释》第 4 条第 2 款。

④ 张明楷教授认为，该协助行为并非属于“帮助行为正犯化”。参见张明楷：《刑法学》（下），法律出版社 2016 年版，第 1161—1162 页。

这种情形下的协助组织卖淫行为的可罚性就值得商榷。本书认为,如果从该行为在法律性质上也可以视为组织卖淫罪的预备行为的意义上看,在尚未实际发生卖淫活动的情况下,不宜入罪。

(七) 组织卖淫罪、强迫卖淫罪的刑事责任

犯本罪,处5年以上10年以下有期徒刑,并处罚金;情节严重的①,处10年以上有期徒刑或者无期徒刑,并处罚金或者没收财产。组织、强迫未成年人卖淫的,依照前款的规定从重处罚。犯前两款罪,并有杀害、伤害、强奸、绑架等犯罪行为的,依照数罪并罚的规定处罚。协助组织卖淫行为人参与杀害、伤害、强奸、绑架等犯罪行为的,以共同犯罪论处②。组织、强迫他人卖淫的次数,作为酌定情节在量刑时考虑。

三十六、引诱、容留、介绍卖淫罪

(一) 引诱、容留、介绍卖淫罪的概念和法益

引诱、容留、介绍卖淫罪,是指实施引诱、容留、介绍他人卖淫的行为。本罪的法益,是社会良好风尚,主体为自然人一般主体,特定单位可以构成本罪③,主观上是直接故意,一般具有非法牟利的目的,但牟利目的并不是主观必备要素,动机不影响认定。本罪系选择性罪名,可根据具体行为适用罪名,具有两种以上行为的,可统一并列适用罪名。

(二) 他人、行为、目的

“他人”包括妇女、男性以及未成年人。“引诱”是以各种待遇、利益蛊惑、勾引、

---

① 17.07.25《卖淫案件解释》第2条规定:“组织他人卖淫,具有下列情形之一的,应当认定为刑法第358条第1款规定的‘情节严重’:(一) 卖淫人员累计达10人以上的;(二) 卖淫人员中未成年人、孕妇、智障人员、患有严重性病的人累计达5人以上的;(三) 组织境外人员在境内卖淫或者组织境内人员出境卖淫的;(四) 非法获利人民币100万元以上的;(五) 造成被组织卖淫的人自残、自杀或者其他严重后果的;(六) 其他情节严重的情形。”第6条规定:“强迫他人卖淫,具有下列情形之一的,应当认定为刑法第358条第1款规定的‘情节严重’:(一) 卖淫人员累计达5人以上的;(二) 卖淫人员中未成年人、孕妇、智障人员、患有严重性病的人累计达3人以上的;(三) 强迫不满14周岁的幼女卖淫的;(四) 造成被强迫卖淫的人自残、自杀或者其他严重后果的;(五) 其他情节严重的情形。行为人既有组织卖淫犯罪行为,又有强迫卖淫犯罪行为,且具有下列情形之一的,以组织、强迫卖淫‘情节严重’论处:(一) 组织卖淫、强迫卖淫行为中具有本解释第2条、本条前款规定的‘情节严重’情形之一的;(二) 卖淫人员累计达到本解释第2条第1、2项规定的组织卖淫‘情节严重’人数标准的;(三) 非法获利数额相加达到本解释第2条第4项规定的组织卖淫‘情节严重’数额标准的。”

② 17.07.25《卖淫案件解释》第7条。

③ 我国《刑法》第361条。

诱惑他人实施卖淫[1];引诱对象如为幼女的,构成引诱幼女卖淫罪。"容留"是收留、容许他人在自己所控制的场所,或提供其场所供其卖淫;在其本人不知情况下,所支配、控制场所被利用为卖淫场所,或者受到欺骗而提供场所的,不是容留卖淫[2],将卖淫者领进自己居所使之卖淫的,不是容留卖淫;"介绍"是在卖淫者与嫖娼者之间撮合、联络、牵线搭桥使卖淫、嫖娼得以实现,但这是为卖淫者提供服务,因此,单纯只是介绍他人嫖娼,并未与卖淫者有沟通、联络的,不是介绍卖淫。介绍他人与特定对象发生性行为,不是介绍卖淫,但将卖淫者介绍给特定对象的,是介绍卖淫。上述行为可以独立实施,也可以同时具有两种以上行为,但不适用并罚处理。

本罪主观上是直接故意,但牟利目的并非主观罪过成立的必备要素。虽然从实务上看,鲜见实施引诱、容留、介绍他人卖淫的不是为了牟利,但如何看待行为人的"牟利",关系到该主观要素是否需要考察的问题。在多数情况下,行为人是因有此种行为可以直接牟利,即直接从卖淫者的收入中抽取一定比例的金钱,但也可间接谋取利益,如因自己的场所有卖淫人员,吸引到嫖娼者前来住宿而增加营利额。显然,在后一种情况下,不影响"容留"的认定。从这一意义上说,行为人主观上是否具有牟利目的,并不是认定本罪是否成立的主观要素[3]。

(三)组织卖淫罪、引诱、容留、介绍卖淫罪与引诱幼女卖淫罪[4]的关联

引诱不满 14 周岁幼女卖淫的,构成引诱幼女卖淫罪。本罪主体为自然人一般主体,主观上只能是故意,动机不影响认定。出于对未成年人保护,引诱,是对没有卖淫意愿的幼女,采用各种方法诱惑、勾引,使之产生卖淫意愿并实施卖淫。对有卖淫经历或有卖淫意愿的幼女,以各种方法将其控制的,或提供住所等便利条件,可能触犯组织卖淫罪或容留卖淫罪。被引诱卖淫的人员中既有不满 14 周岁的幼女,又有其他人员的,分别以引诱幼女卖淫罪和引诱卖淫罪定罪,实行并罚。[5] 将幼女介绍给特定对象嫖宿的,应具体分析。误认为已满 14 周岁的女性而介绍,但事实上是不满 14 周岁的幼女,是对象认识错误,不构成引诱幼女卖淫罪,但可构成引诱卖淫罪;同理,实施嫖娼行为的,无条件辨别是不满 14 周岁幼女的,不构成强奸罪,应依照《治安处罚法》处罚。共同构成强奸罪,必须是介绍者与嫖娼者均明知卖淫者是不满 14 周岁的幼女。

---

① 张明楷教授认为,引诱的对象应为本无卖淫意愿之人,如原本在此地卖淫,被行为人引诱到彼地卖淫的,不是"引诱"。参见张明楷:《刑法学》(下),法律出版社 2016 年版,第 1162 页。张明楷教授保持了概念内涵的一致性。并且,联系引诱幼女卖淫罪,"引诱"只能针对原本无卖淫意愿的幼女。但是否对相同概念必须作相同解释?例如,利用职权引诱妇女发生性交的,不构成强奸罪,而利用迷信邪说引诱,就构成强奸罪,这里的"引诱"就与有无愿望无关,什么是妇女作出同意性交的决定才是问题所在。

② 张明楷教授认为,同租者明知他人要从事卖淫嫖娼活动而主动让出房间的,亦不是容留。参见同上书,第 1163 页。如果出让房间者是承担主要承租责任的,应当如何认识?

③ 17.07.25《卖淫案件解释》第 8 条第 3 款。

④ 我国《刑法》第 359 条第 2 款。

⑤ 17.07.25《卖淫案件解释》第 8 条第 5 款。

(四) 引诱、容留、介绍卖淫罪的刑事责任

犯本罪,处5年以下有期徒刑、拘役或者管制,并处罚金①;情节严重的②,处5年以上有期徒刑,并处罚金。利用信息网络发布招嫖违法信息,情节严重的,依照我国《刑法》第287条之一的规定,以非法利用信息网络罪定罪处罚。同时构成介绍卖淫罪的,依照处罚较重的规定定罪处罚③。我国《刑法》第361、362条规定,旅馆业、饮食服务业、文化娱乐业、出租汽车业等单位的人员,利用本单位的条件,组织、强迫、引诱、容留、介绍他人卖淫的,依照组织、强迫卖淫罪、引诱、容留、介绍他人卖淫罪、引诱幼女卖淫罪定罪处罚。单位的主要负责人,犯上述犯罪的,从重处罚。引诱、容留、介绍他人卖淫的次数,作为酌定情节在量刑时考虑。旅馆业、饮食服务业、文化娱乐业、出租汽车业等单位的人员,在公安机关查处卖淫、嫖娼活动时,为违法犯罪分子通风报信,情节严重的④,依照窝藏、包庇罪定罪处罚。事前与犯罪分子通谋的,以共同犯罪论处。

三十七、传播性病罪

(一) 传播性病罪的概念和法益

传播性病罪,是指明知自己患有梅毒、淋病等严重性病而卖淫或嫖娼的行为。本罪的法益是良好的社会风尚以及他人的身体健康。本罪主体是特殊主体,即患有梅毒、淋病等严重性病的自然人,主观上是故意,动机一般不影响认定,但有传染他人致伤害动机的除外。多数说认为,本罪为抽象危险犯,也即本罪并不要求造成严重性病传播的危险,也不要求行为人主观上有传播的故意。本罪系真正身份犯(法律身份),也是亲手犯(他人不可替代实施,因此,不成立间接正犯)。本罪虽然是选择性行为和主体,但统一适用"传播性病罪"罪名。

---

① 17.07.25《卖淫案件解释》第8条第1款规定:"引诱、容留、介绍他人卖淫,具有下列情形之一的,应当依照刑法第359条第1款的规定定罪处罚:(一) 引诱他人卖淫的;(二) 容留、介绍2人以上卖淫的;(三) 容留、介绍未成年人、孕妇、智障人员、患有严重性病的人卖淫的;(四) 一年内曾因引诱、容留、介绍卖淫行为被行政处罚,又实施容留、介绍卖淫行为的;(五) 非法获利人民币1万元以上的。"

② 17.07.25《卖淫案件解释》第9条规定:"引诱、容留、介绍他人卖淫,具有下列情形之一的,应当认定为刑法第359条第1款规定的'情节严重':(一) 引诱5人以上或者引诱、容留、介绍10人以上卖淫的;(二) 引诱3人以上的未成年人、孕妇、智障人员、患有严重性病的人卖淫,或者引诱、容留、介绍5人以上该类人员卖淫的;(三) 非法获利人民币5万元以上的;(四) 其他情节严重的情形。"

③ 17.07.25《卖淫案件解释》第8条第2款。

④ 17.07.25《卖淫案件解释》第14条第2款规定:"具有下列情形之一的,应当认定为刑法第362条规定的'情节严重':(一) 向组织、强迫卖淫犯罪集团通风报信的;(二) 2年内通风报信3次以上的;(三) 1年内因通风报信被行政处罚,又实施通风报信行为的;(四) 致使犯罪集团的首要分子或者其他共同犯罪的主犯未能及时归案的;(五) 造成卖淫嫖娼人员逃跑,致使公安机关查处犯罪行为因取证困难而撤销刑事案件的;(六) 非法获利人民币1万元以上的;(七) 其他情节严重的情形。"

（二）严重性病、主体、行为、故意

关于“严重性病”，我国刑法规定的是梅毒、淋病；“等严重性病”，是指与梅毒、淋病对人身的危害程度、危险程度相当的性病，一是与梅毒、淋病危害相当，二是通过性接触易于感染传播危险性相当。“严重”不是指病情的严重，而是指性病的危害性质严重①。“艾滋病”也属于通过性接触途径可以感染传播的性病，“等严重性病”中包括艾滋病②。艾滋病当前并无治愈的可能，但又不属于短时间内可以致人死亡的疾病。因感染艾滋病毒破坏人体免疫系统，身体健康严重受损却是不争的事实。因此，如何适用法律？17.07.25《卖淫案件解释》第12条规定：“明知自己患有艾滋病或者感染艾滋病病毒而卖淫、嫖娼的，依照刑法第360条的规定，以传播性病罪定罪，从重处罚。具有下列情形之一，致使他人感染艾滋病病毒的，认定为刑法第95条第3项‘其他对于人身健康有重大伤害’所指的‘重伤’，依照刑法第234条第2款的规定，以故意伤害罪定罪处罚：（一）明知自己感染艾滋病病毒而卖淫、嫖娼的；（二）明知自己感染艾滋病病毒，故意不采取防范措施而与他人发生性关系的。”但无论以什么罪追究刑事责任，因我国目前并没有专门关押患艾滋病犯人的监狱机构，现实可能很难管控。

根据刑法规定，只有患有严重性病的人，实施卖淫、嫖娼的行为，才能构成犯罪。作为卖淫者对偶的嫖娼者，嫖娼者对偶的卖淫者只要不是严重性病患者，则不能构成犯罪。事实上，由性接触可能使严重性病传播的途径还很多，如聚众淫乱、猥亵、强奸、通奸等等，但本罪只限于在由性接触的卖淫、嫖娼范围内③，传播性病行为是否实际造成他人患上严重性病的后果，不影响本罪的成立④。

本罪主观上要求明知自己患有严重性病，而卖淫、嫖娼，不要求有传播的故意。如果基于泄愤、报复动机意欲感染他人的，超出本罪的范围，具有伤害的故意，应按照故意伤害罪追究责任。对明知的考察，17.07.25《卖淫案件解释》第11条规定，具有下列情形之一的，应当认定为《刑法》第360条规定的“明知”：（1）有证据证明曾到医

---

① 性病的界定各国区别较大，主要是指借由性接触（包括口交及肛交等）为主要传播途径的疾病。我国《传染病防治法》中规定的性病有艾滋病、淋病、梅毒，均属于乙类传染病。我国《性病防治管理办法》指定的性病为淋病、梅毒、生殖道沙眼衣原体感染、尖锐湿疣、生殖器疱疹。有关艾滋病的认定，依照我国《艾滋病防治条例》的规定执行。艾滋病是国内目前公认的性病，虽然艾滋病传播的途径并非只有通过性接触，如共用注射器静脉注射毒品也是艾滋病的主要的传播方式，但仍被视为性病。根据17.07.25《卖淫案件解释》第11条第3款的规定，《刑法》第360条规定所称的“严重性病”，包括梅毒、淋病等。其他性病是否认定为“严重性病”，应当根据我国《传染病防治法》《性病防治管理办法》的规定，在国家卫生健康委员会规定实行性病监测的性病范围内，依照其危害、特点与梅毒、淋病相当的原则，从严掌握。

② 参见黎宏：《刑法学各论》，法律出版社2016年版，第482页。

③ 对严重性病患者在何种情况下的卖淫、嫖娼行为可能入罪？张明楷教授认为，对采取了有效措施防止传染的，以及双方均为同种类严重性病患者的卖淫、嫖娼的行为入罪就不甚合理。参见张明楷：《刑法学》（下），法律出版社2016年版，第1164页下注释。从性接触角度，无非是采取“避孕”措施、不口交和肛交而已，但这并非100%有效，100%安全措施是不存在的，措施的作用只在于防范。即便同种类性病，也有差异，如淋病就有淋菌性结膜炎、淋菌性咽炎、淋病性肛门直肠炎等类型，那么，患淋菌性结膜炎与患淋病性肛门直肠炎的病患实施卖淫、嫖娼的，存在都感染不同类型淋病的可能性，是否还能认为与犯罪无关？

④ 17.07.25《卖淫案件解释》第11条第2款。

院或者其他医疗机构就医或者检查,被诊断为患有严重性病的;(2) 根据本人的知识和经验,能够知道自己患有严重性病的;(3) 通过其他方法能够证明行为人是"明知"的。至于行为人是否准确知道自己所患严重性病的具体类型,在所不问。

(三) 卖淫案件与传播性病罪的关联

根据17.07.25《卖淫案件解释》的规定,刑法规定的所有卖淫犯罪中,涉及卖淫者如果是严重性病患者的,均可作为对组织者、强迫者、引诱、容留、介绍他人卖淫者行为人罪"情节严重"或处罚"情节特别严重"的情节。只要卖淫者是严重性病患者,无论是否知道也都能符合作为情节的要求。但在传播性病罪中,其组织者、强迫者、引诱、容留、介绍他人卖淫者,处于何种法律地位,应如何处理,却没有规定。张明楷教授认为该种情况下,(例如卖淫组织者)是帮助犯或教唆犯,但属于想象竞合犯,不实行并罚[①]。本书原则上赞同这一观点。传播性病罪是真正身份犯(是法律身份而非自然身份[②]),无身份者可以成立真正身份犯的共犯并无疑问,也为理论和实践认可。此种情形为想象竞合犯,如果按照想象竞合犯"从一重罪"处断原则,以法定刑比较看,组织、强迫、引诱、容留、介绍卖淫罪法定刑最高刑,都重于传播性病罪,对组织、强迫卖淫以帮助犯或教唆犯认定,需要按照组织、强迫卖淫罪论罪处罚,这不违背前述解释组织、强迫卖淫中有严重性病患者的作为情节认定的精神。实施引诱、容留、介绍卖淫中有严重性病患者的,也认定为帮助犯或教唆犯的,则引诱、容留、介绍卖淫罪与传播性病罪法定最高刑同重,均是5年有期徒刑,只是前者是5年以上起刑,后者5年以下起刑,法定最低刑前者只是与有期徒刑"并处罚金",后者还规定有管制刑,也规定"并处罚金",如以法定刑比较仍然是前者为重。因此,本书认为,在该种情形,仍然只能以引诱、容留、介绍卖淫罪论处,引诱、容留、介绍卖淫中有严重性病患者的也是"情节"。

从此类犯罪构成要件的设置而言,卖淫、嫖娼是事实要件,被强迫卖淫的,即便被强迫的事实,在治安处罚时可对卖淫者从宽,甚至可作免除处罚的情节[③],但依法也不能因此否定卖淫(嫖娼)事实的成立。从这一点看,卖淫者明知自己患有严重性病,但被强迫卖淫的,是否无区别地也应构成本罪才值得关注。本书认为,如果卖淫者向嫖娼者表明自己患有性病,通常就不会有卖淫、嫖娼的事实,当然不存在构成犯罪的可能。如果因各种原因隐瞒、不敢表明自己患有性病,且实际发生卖淫、嫖娼事实的,符合本罪成立的条件,被强迫卖淫者以传播性病罪处理也符合法律规定。这种情况下,对(明知他人患有严重性病的)强迫者,可以按照想象竞合犯原则,以强迫卖淫罪处理。但这一处理方案在适用上,是否会受制于被强迫卖淫的严重性病患者,也必须入罪?从情理上说,对被强迫的严重性病患者入罪,有不妥当之处。不仅因为患有严重

① 参见张明楷:《刑法学》(下),法律出版社2016年版,第1165页。

② 确定卖淫者、嫖娼者是否严重性病患者,必须经过法定程序,因此,其"严重性病患者"的身份是法律身份而非自然身份。

③ 我国《治安管理处罚法》就是如此规定,且并没有明文对强迫卖淫案件考虑"被强迫"从宽处理的规定,但实务中应是作为情节考虑不应该质疑。

性病的卖淫者,是强迫卖淫罪的被害人,也因为是违背自己意志而实施了违法(犯罪)行为,不具有可罚性(阻却违法性或无期待可能性的理由均可成立)。如果严重性病患者应该出罪(传播性病罪也不可能有间接正犯),对强迫患有严重性病卖淫者实施卖淫行为的责任如何确定,才是问题的关键。[①] 如果仍然视为共犯,可以赞同张明楷教授的"无正犯之共犯"的主张,强迫者成立传播性病罪的共犯,则在法律性质上就可以想象竞合犯看待,从一重罪处罚时当然可以强迫卖淫罪从重处罚。不过,本书认为,对此种情形直接按照强迫卖淫罪定罪处罚,法理和法律适用上并不存在障碍,也是符合强迫卖淫罪的犯罪构成的。

(四) 传播性病罪的刑事责任

犯本罪,处 5 年以下有期徒刑、拘役或者管制,并处罚金。

三十八、制作、复制、出版、贩卖、传播淫秽物品牟利罪

(一) 制作、复制、出版、贩卖、传播淫秽物品牟利罪的概念和法益

制作、复制、出版、贩卖、传播淫秽物品牟利罪,是指以牟利为目的,制作、复制、出版、贩卖、传播淫秽物品行为。本罪的法益为良好的社会风尚。本罪主体为自然人一般主体和单位,主观上是直接故意,并以非法牟利为目的,动机不影响认定。本罪为选择性罪名,可根据具体行为适用相应罪名,同一主体实施两种以上行为的,可并列适用罪名,但不实行数罪并罚。

(二) 淫秽物品、行为、目的

关于"淫秽物品"[②],我国《刑法》第 367 条规定:"本法所称淫秽物品,是指具体描绘性行为或者露骨宣扬色情的诲淫性的书刊、影片、录像带、录音带、图片及其他淫秽物品。有关人体生理、医学知识的科学著作不是淫秽物品。包含有色情内容的有艺术价值的文学、艺术作品不视为淫秽物品。"具体是否为淫秽物品,通常应由专门人员

---

① 也即"无正犯之共犯"应该如何处理的问题。

② 1988 年 12 月 27 日新闻出版署颁布实施的《关于认定淫秽色情出版物的暂行规定》(新出办字第 1512 号)(以下简称 88.12.27《淫秽及色情出版物暂行规定》)应该成为在整体上评价是否属于"淫秽物品"的标准。该《暂行规定》第 2 条规定:"淫秽出版物是指在整体上宣扬淫秽行为,具有下列内容之一,挑动人们的性欲,足以导致普通人腐化堕落,而又没有艺术价值或者科学价值的出版物:(一) 淫亵性地具体描写性行为、性交及其心理感受;(二) 公然宣扬色情淫荡形象;(三) 淫亵性地描述或者传授性技巧;(四) 具体描写乱伦、强奸或者其它性犯罪的手段、过程或者细节,足以诱发犯罪的;(五) 具体描写少年儿童的性行为;(六) 淫亵性地具体描写同性恋的性行为或者其它性变态行为,或者具体描写与性变态有关的暴力、虐待、侮辱行为;(七) 其它令普通人不能容忍的对性行为的淫亵性描写。"

鉴定,并与“色情物品”区别开。[①] 因“淫秽物品”是本罪规范评价要素,即便可由专业人员依据相关规定给出结论,但仍然存在对某些特殊包括“性”的物品是否属于“淫秽物品”时,结论上难免有个人价值观所起的作用。对更合理的标准理论上争议不断[②],也有学者提出认定的原则。[③]

根据淫秽物品的不同种类,“制作”包括从无到有的各个环节和程序,应有具体载体,具体以何种方式表现出来,则不影响认定。“复制”是对已经存在的淫秽物品不实行实质性修订的情况下,进行仿制或再制作使之再现的过程,需根据具体淫秽物品的类型采用相同类似制作方式,使之数量增多,是否改变原载体,在所不问。“出版”是通过对淫秽物品素材进行再编排,成为一种有内在逻辑、有一定目的依次排列再加工过程,并向公众发行(售)的全过程,发行的方式、方法(包括通过网络提供下载)不影响认定。有观点认为,“出版”的主体应该区别于其他主体,必须是正式的出版单位才能实施,因出版实质上也是制作,不作此限制,出版与制作难以区别[④]。将制作完全等同于出版,并不可取,出版只是在制作其载体,并不是从无到有创作其素材,就一般意义上也可以认为对素材的编排也是一种制作,但也限于对表现方式以及载体材质的选择性创作。而制作,是从无到有的创作素材的过程,当然其创作过程也是有一定目的的编排,甚至也可以直接“就那样推出”,这仍然只是制作,而不是“出版”。如再将“出版”限定在必须由正式出版单位所为,这更无道理可言。“非法出版物”在地下印刷自己编个书号,推向市场的比比皆是,为何必须由正式出版单位出版的,才能是“出版物”?出版淫秽物品牟利罪,并非正式出版单位不能构成(明知他人用于出版淫秽书刊而提供书号的,就可以构成[⑤]),因此限于正式出版单位,并无道理。“贩卖”是有偿转让淫秽物品,即售卖,不限于出售给不特定人,即便只是售卖给特定“顾客”的,仍然是贩卖。贩卖也不限于只是针对最终“顾客”的零售,“批发”售卖给中间商,也是贩卖。以何种方式实现贩卖,不影响认定。“传播”,是通过各种方式使淫秽物品散布、扩散开,包括通过互联网络以及所建立的通讯群组(一定意义上,出版、贩卖也是一种扩散方式),是否使得不特定人知悉淫秽物品的具体内容。在所不问。本罪的立案追诉,依据08.06.25《立案追诉标准(一)》第82条确定。

鉴于互联网技术的发达而利用互联网、移动通讯终端、声讯台制作、复制、出版、贩卖、传播淫秽电子信息案件的特点,最高人民法院、最高人民检察院先后于2004年和2010年发布两个《关于办理利用互联网、移动通讯终端、声讯台制作、复制、出版、贩卖、传播淫秽电子信息刑事案件具体应用法律若干问题的解释》,对利用高科技技

---

① 88.12.27《淫秽及色情出版物暂行规定》第3条规定:“色情出版物是指在整体上不是淫秽的,但其中一部分有第2条第(一)项至第(七)项规定的内容,对普通人特别是未成年人的身心健康有毒害,而缺乏艺术价值或者科学价值的出版物。”

② 对淫秽物品认定争议,参见张明楷:《刑法学》(下),法律出版社2016年版,第1166页以下。

③ 参见黎宏:《刑法学各论》,法律出版社2016年版,第483页以下;张明楷:《刑法学》(下),法律出版社2016年版,第1167页。

④ 参见王作富主编:《刑法分则实务研究》(下),中国方正出版社2013年版,第1508页。

⑤ 我国《刑法》第363条第2款。

术制作、复制、出版、贩卖、传播淫秽电子信息案件的认定标准,作出了详细规定[①],应予以追诉处罚的标准,与08.06.25《立案追诉标准(一)》相同,不再赘述。

制作、复制、出版、贩卖、传播行为,必须是以明知为淫秽物品为前提,其明知,只需以一般人即指生理和精神正常的成年人对该物品所描述的对性的认识为标准,无需以鉴定的专业鉴定结论,为制作、复制、出版、贩卖、传播行为人认识的根据。本罪必须以非法牟利为目的,只能是直接故意,但是否实际牟取到利益,在所不问。

(三) 10.02.04《淫秽电子信息案件(二)》中的问题

10.02.04《淫秽电子信息案件(二)》第4条规定,以牟利为目的,网站建立者、直接负责的管理者明知他人制作、复制、出版、贩卖、传播的是淫秽电子信息,允许或者放任他人在自己所有、管理的网站或者网页上发布,构成传播淫秽物品牟利罪。第5条规定,网站建立者、直接负责的管理者明知他人制作、复制、出版、贩卖、传播的是淫秽电子信息,允许或者放任他人在自己所有、管理的网站或者网页上发布,构成传播淫秽物品罪。第6条规定,电信业务经营者、互联网信息服务提供者明知是淫秽网站,为其提供互联网接入、服务器托管、网络存储空间、通讯传输通道、代收费等服务,并收取服务费,构成传播淫秽物品牟利罪。第7条规定,明知是淫秽网站,以牟利为目的,通过投放广告等方式向其直接或者间接提供资金,或者提供费用结算服务,构成制作、复制、出版、贩卖、传播淫秽物品牟利罪的共同犯罪。对于是否"明知",第8条规定:实施第4条至第7条规定的行为,具有下列情形之一的,应当认定行为人"明知",但是有证据证明确实不知道的除外:(1) 行政主管机关书面告知后仍然实施上述行为的;(2) 接到举报后不履行法定管理职责的;(3) 为淫秽网站提供互联网接入、服务器托管、网络存储空间、通讯传输通道、代收费、费用结算等服务,收取服务费明显高于市场价格的;(4) 向淫秽网站投放广告,广告点击率明显异常的;(5) 其他能够认定行为人明知的情形。

毫无疑问,网站建立者(无论是否收取网站建立的费用),都需要承担提供网络服务的责任,淫秽电子信息是"违法犯罪信息"。

(四) 出版淫秽物品牟利罪与为他人提供书号出版淫秽书刊罪[②]的关联

为他人提供书号出版淫秽书刊罪,是指为他人提供书号,出版淫秽书刊的行为。本罪主体为特殊主体,只能是国家批准的正式出版单位以及个人,以造成淫秽书刊出

---

① 参见2004年9月6日最高人民法院、最高人民检察院实施的《关于办理利用互联网、移动通讯终端、声讯台制作、复制、出版、贩卖、传播淫秽电子信息刑事案件具体应用法律若干问题的解释》(法释〔2004〕11号)(以下简称04.09.06《淫秽电子信息案件解释》),以及2010年2月4日最高人民法院、最高人民检察院实施的《关于办理利用互联网、移动通讯终端、声讯台制作、复制、出版、贩卖、传播淫秽电子信息刑事案件具体应用法律若干问题的解释(二)》(法释〔2010〕3号)(以下简称10.02.04《淫秽电子信息案件(二)》)。

② 我国《刑法》第363条第2款。

版为构成犯罪的必要条件,主观上是过失。“书号”(ISBN)是国家新闻出版主管部门分配给各个出版单位的合法出版书籍的统一编号,用于将一本书刊与另一本书刊区分开来的字母和数字,包括书号(刊号)和版号,必须印制在版权页并配有CIP数据①。本书认为,“书刊”的概念应从广义上理解,即包括图书、刊物和音像制品②。因出版渠道包括自费出版、合作出版、协作出版等多种形式,由此就存在出版单位将申请的书号提供给他人,导致出版物并非均由书号提供单位统一印刷、制作、通过正式书店发售的情况。至于“提供”,有偿还是无偿均可(包括将已经获得的书号转让)。提供后不履行对出版书刊的监管职责,该书号被他人利用以出版淫秽书刊的,构成本罪。但出版单位以及个人如果明知他人用于出版淫秽书刊而提供书号的,构成出版淫秽物品牟利罪。显然,在法规范上,出版淫秽物品牟利罪与为他人提供书号出版淫秽书刊罪并无关联。在有偿提供的情形下,所获取的收入,不能视为“出版淫秽物品牟利罪”的“牟利”。

(五)制作、复制、出版、贩卖、传播淫秽物品牟利罪的刑事责任

犯本罪,处3年以下有期徒刑、拘役或者管制,并处罚金;情节严重的,处3年以上10年以下有期徒刑,并处罚金;情节特别严重的③,处10年以上有期徒刑或者无期徒刑并处罚金或者没收财产。单位犯本罪的,对单位判处罚金,并对其直接负责的主管人员和其他直接责任人员,依照自然人犯罪的规定处罚。

三十九、传播淫秽物品罪

(一)传播淫秽物品罪的概念和法益

传播淫秽物品罪,是指不以牟利为目的,传播淫秽的书刊、影片、音像、图片或者其他淫秽物品,情节严重的行为。本罪的法益是良好的社会、道德风尚。本罪主体为自然人一般主体和单位,主观上是故意,动机不影响认定。

---

① 没有书号的出版物,要么是内部刊物,要么是非法出版物。

② 参见我国《音像制品出版管理规定》的有关规定。08.06.25《立案追诉标准(一)》第83条规定:“为他人提供书号、刊号出版淫秽书刊,或者为他人提供版号出版淫秽音像制品的,应予立案追诉。”

③ 10.02.04《淫秽电子信息案件(二)》第1条第3款:“实施第2款规定的行为,数量或者数额达到第2款第(一)项至第(七)项规定标准5倍以上的,应当认定为刑法第363条第1款规定的‘情节严重’;达到规定标准25倍以上的,应当认定为‘情节特别严重’。”第2款规定的行为:“以牟利为目的,利用互联网、移动通讯终端制作、复制、出版、贩卖、传播内容含有不满14周岁未成年人的淫秽电子信息,具有下列情形之一的,依照刑法第363条第1款的规定,以制作、复制、出版、贩卖、传播淫秽物品牟利罪定罪处罚:(一)制作、复制、出版、贩卖、传播淫秽电影、表演、动画等视频文件10个以上的;(二)制作、复制、出版、贩卖、传播淫秽音频文件50个以上的;(三)制作、复制、出版、贩卖、传播淫秽电子刊物、图片、文章等100件以上的;(四)制作、复制、出版、贩卖、传播的淫秽电子信息,实际被点击数达到5000千次以上的;(五)以会员制方式出版、贩卖、传播淫秽电子信息,注册会员达100人以上的;(六)利用淫秽电子信息收取广告费、会员注册费或者其他费用,违法所得5000元以上的;(七)数量或者数额虽未达到第(一)项至第(六)项规定标准,但分别达到其中两项以上标准一半以上的;(八)造成严重后果的。”

（二）行为、故意

本罪的"传播"，特指不以牟利目的，以各种方式将淫秽的书刊、影片、音像、图片或者其他淫秽物品在社会上广为散布、扩散，以使得不特定多数人能够"观赏"。私下个别人之间传阅、传看，不具有"传播"性质的行为，不能认定为"传播"。但私下通过组织方式纠集他人收听淫秽录音、观看淫秽录像等音像制品的，可构成组织播放淫秽音像制品罪。不以牟利为目的，利用互联网或者移动通讯终端、利用聊天室、论坛、即时通信软件、电子邮件等方式传播淫秽电子信息（包括内容含有不满 14 周岁未成年人的淫秽电子信息），以传播淫秽物品罪定罪处罚。[①] 利用互联网建立主要用于传播淫秽电子信息的群组，成员达 30 人以上或者造成严重后果的，对建立者、管理者和主要传播者，以传播淫秽物品罪定罪处罚。[②] 网站建立者、直接负责的管理者明知他人制作、复制、出版、贩卖、传播的是淫秽电子信息，允许或者放任他人在自己所有、管理的网站或者网页上发布[③]，以传播淫秽物品罪定罪处罚。

（三）传播淫秽物品罪与组织播放淫秽音像制品罪[④]的关联

不以牟利为目的，纠集他人收听、观看淫秽音像制品的行为，构成组织播放淫秽音像制品罪[⑤]。本罪主体为自然人一般主体，单位可以构成本罪，主观上是故意，但不以牟利为目的。现实中纠集的对象，通常是与主体有特别关系的人，因此"他人"不宜以"众人"来理解，即便每次播放只是纠集、安排一二人的，也应该视为"组织播放"。本罪可以视为传播淫秽物品罪的特别表现形式，换言之，传播淫秽物品罪的淫秽物品范围广于组织播放淫秽音像制品罪，且"传播"行为方式中，不能包括以组织方式纠集他人收听淫秽录音、观看淫秽录像。所以，在法规范上，两罪具有法条竞合关系，如果"传播"是通过纠集（组织）方式以收听淫秽录音、观看淫秽录像、影片制品的，应以较重罪的组织播放淫秽音像制品罪论处。如果行为人制作、复制淫秽的电影、录像等音像制品组织播放的，依法从重处罚。

---

① 04.09.06《淫秽电子信息案件解释》第 3 条规定："具有下列情形之一的，依照刑法第 364 条第 1 款的规定，以传播淫秽物品罪定罪处罚：（一）数量达到第 1 条第 1 款第（一）项至第（五）项规定标准 5 倍以上的；（二）数量分别达到第 1 条第 1 款第（一）项至第（五）项两项以上标准的；（三）造成严重后果的。"。第 1 条第 1 款第（一）项至第（五）项分别为：制作、复制、出版、贩卖、传播淫秽电影、表演、动画等视频文件 20 个以上的；制作、复制、出版、贩卖、传播淫秽音频文件 100 个以上的；制作、复制、出版、贩卖、传播淫秽电子刊物、图片、文章、短信息等 200 件以上的；制作、复制、出版、贩卖、传播的淫秽电子信息，实际被点击数达到 1 万次以上的；以会员制方式出版、贩卖、传播淫秽电子信息，注册会员达 200 人以上的。

② 10.02.04《淫秽电子信息案件（二）》第 3 条。

③ 10.02.04《淫秽电子信息案件（二）》第 5 条规定："具有下列情形之一的，以传播淫秽物品罪定罪处罚：（一）数量达到第 1 条第 2 款第（一）项至第（五）项规定标准 10 倍以上的；（二）数量分别达到第 1 条第 2 款第（一）项至第（五）项两项以上标准 5 倍以上的；（三）造成严重后果的。"

④ 我国《刑法》第 364 条第 2 款。

⑤ 08.06.25《立案追诉标准（一）》第 85 条，"涉嫌下列情形之一的，应予立案追诉：（一）组织播放 15 至 30 场次以上的；（二）造成恶劣社会影响的。"

(四) 传播淫秽物品牟利罪、传播淫秽物品罪与组织淫秽表演罪[①]的关联

组织他人进行淫秽表演的行为,构成组织淫秽表演罪。本罪主体为自然人一般主体和单位,主观上是直接故意,虽然刑法没有规定以牟利目的为主观要素,但通常而言,组织者是以牟利为目的的,动机不影响认定。这里的“组织”,是针对“淫秽表演”而言,也即对表演的组织(如联系场地等)[②],至于对“观众”的招揽,并非认定“组织”的依据。“淫秽表演”,必须以展示“性器官”(不是指狭义的生殖器官)与“性交”为主要内容,至于以什么作为“噱头”吸引“观看者”,在所不问。“淫秽表演”,应与具有挑逗性质的“色情表演”区别开,后者是不直接展现“性器官”,而是表演者以穿戴少、薄、透,在特定场景配合下暴露身体的特殊部位,以取悦观看者的行为。而“淫秽表演”,通常是表演者以全裸、半裸以及有具体性交行为或有展露性器官,以刺激、满足观看者性欲望的行为。“观众”也不要求必须是“众人”一起观看,在隐秘场所只由个人观看性交行为、自慰行为以及展示性器官的表演,也是“淫秽表演”。淫秽表演可以视为传播淫秽物品牟利罪或传播淫秽物品罪的特别表现方式,也即“表演”也是“传播”的方式之一。组织淫秽表演罪与传播淫秽物品牟利罪、传播淫秽物品罪具有法条竞合关系,应以特别法条的组织淫秽表演罪论处。不过,以牟利为目的实施淫秽表演的,与传播淫秽物品牟利罪的法定刑相比,后者为重,如果以组织淫秽表演罪不能罚当其罪的,应该以传播淫秽物品牟利罪论处。

(五) 传播淫秽物品罪与传播淫秽物品牟利罪的关联

法规范上,传播淫秽物品牟利罪与传播淫秽物品罪的区别仅在于是否以牟利为目的进行传播。如果传播淫秽物品中有收取一定费用的情况,如对“熟悉”“认识”的人不收费而对其他人收取费用的,达到“情节严重”的标准,则同时触犯传播淫秽物品牟利罪,为想象竞合犯,应以传播淫秽物品牟利罪定罪处罚。

(六) 传播淫秽物品罪的刑事责任

犯本罪,情节严重的,处2年以下有期徒刑、拘役或者管制。单位犯本罪的,对单位判处罚金,并对其直接负责的主管人员和其他直接责任人员,依照自然人犯罪的规定处罚。向不满18周岁的未成年人传播淫秽物品的,从重处罚。

---

① 我国《刑法》第365条。

② 08.06.25《立案追诉标准(一)》第86条规定:“以策划、招募、强迫、雇佣、引诱、提供场地、提供资金等手段,组织进行淫秽表演,涉嫌下列情形之一的,应予立案追诉:(一) 组织表演者进行裸体表演的;(二) 组织表演者利用性器官进行诲淫性表演的;(三) 组织表演者半裸体或者变相裸体表演并通过语言、动作具体描绘性行为的;(四) 其他组织进行淫秽表演应予追究刑事责任的情形。”

第三编 | 侵犯国家法益的犯罪

（上） 危害国家安全罪

（中） 贪污贿赂罪

（下） 渎职罪

（上）危害国家安全罪

国家安全,一般意义上是指作为政治权力组织的国家机器所建立的社会制度的生存与发展的保障。它包括国家独立,主权和领土完整以及相关的国家政权、社会制度和国家机关的安全。从刑法的意义上说,国家安全,是指我国主权、领土完整与安全以及人民民主专政的政权和社会主义制度的安全。

从政治意义上,危害国家安全,并不是仅有企图破坏国家的政体、国体这种上层建筑是危害国家安全,破坏我国的经济体制,即经济基础的,甚至是社会稳定的,也同样是危害国家安全。例如,为他国刺探国家经济情报的,利用极端灾害制造社会恐慌,也同样是危害国家安全。

“国家安全”概念作为一个明确的词汇概念,是美国专栏作家李普曼首次提出的。第二次世界大战结束后,1947 年美国国会通过《国家安全法》,并依此法组建了“国家安全委员会”。此后,“国家安全”这一概念在各国政府机构的名称或法律条文中才频繁出现。我国于 2013 年 11 月 12 日党的十八届三中全会决定“设立国家安全委员会,完善国家安全体制和国家安全战略,确保国家安全”。之所以成立国家安全委员会,主要因为是随着世界格局的变化和我国的国际地位的提高,外国对我国的关注也提高,各种形式的情报活动更加多样,渠道更加多元。同时,世界各地“恐怖主义”“分裂主义”“极端主义”三股恶势力的活动都很频繁,恐怖主义对无辜平民攻击的手段日益残忍。而且,伴随着高新技术的发展,大频度的人员往来,军事技术的发展,各种利益的交汇,国家安全问题呈现与之前不一样的局面,国家安全问题更加复杂,形式更加严峻。需要国家多个部门共同协作,有效保护国家安全。国家安全委员会的成立,能够更加有效整合各个部门的力量,更加有力地进行协调,协调的层级更高。有利于国家安全工作的整体规划,统一协调行动,集中力量。

但是,长期以来对国家这一主体有两种不同的解释。一是传统的政治学,以阶级属性来划分的国家,二是以具体的、作为生命有机体的特性(民族性——主要的民族属性)来划分的国家。法律上的国家,是指当代国际政治术语中,限定于民族学中的国家,而非政治学中的国家。国家主体,存在着三大构成要素,即国民、疆域和政府。所谓的“国家安全”也是在这层意义上。

从历史上看,一国的国家安全,主要是以对资源(人与物资)争夺为目的的战争,这种极端的方式进行维护的。而刑法上在一般意义上论及“国家安全”时,就是指国家主权、领土完整与安全。在我国当然包括人民民主专政的政权和社会主义制度,即政治体制与国家体制的安全。这是容易理解的。但是从刑法保护层面而言,不是这种一般意义上的,而是广义的国家安全,包括国防、军事、外交、政治、经济、文化、社会、隐蔽战线等方面的国家安全。

当然,如果从国际上看待国家安全,国家安全就不是孤立的本国的国家安全,在维护本国国家安全的同时,也应该看到在寻求本国国家安全时,会受到"国际安全"①与"世界安全"②的制约。一方面,维护(保卫)"国家安全"不可能为纯粹的一国行为,在追求国家安全的同时,必须考虑到他国的反应及合作,从而使其国家安全具有全球和国际的因素。另一方面,"国家安全"与"国际安全"和"世界安全"又是对立的。由于"世界""国际"仍是由主权国家建立的体系,所以,各国在追求"国际安全"与"国家安全"时,往往更注重本国国家安全,其追求国际安全往往都是为国家安全服务的,超越国家利益追求国际安全及全球安全的并不存在,当然也并不符合当前国际政治的本质。

从刑法维护的国家安全看,除了前述国防、军事、外交、政治、经济、文化、社会、隐蔽战线等方面的国家安全之外,随着社会的发展,国家的利益范围不断拓展,竞争的领域和手段也在不断拓展,"国家安全"的内涵也在不断拓展。也就是说,国家主体安全面临的威胁及实现安全的手段与途径,是随着时代的变化而变化的。不同的时代,国家安全有不同的内涵、不同的侧重点。因此,国家安全的内涵具有动态性。今天,随着国际斗争的领域出现重大变化,与军事等"传统国家安全"相对应的"非传统国家安全"问题,也是国家安全的重要内容。非传统安全所涉及的领域如经济安全、信息网络安全、资源安全、环境与污染、国际恐怖活动与有组织犯罪等领域。在非传统安全的领域中占有非常重要的地位的经济全球化所引发的经济安全问题;信息网络安全是非传统安全中最新出现且飞速发展的问题;资源的流动、争夺是非传统安全中一个斗争十分激烈的领域;环境与污染是涉及各国切身利益的全球性问题;如何处理吸收外来先进文化与继承本民族的优秀文化传统的关系,成为国家安全的深层次问题;国际恐怖活动与有组织犯罪也成为各国安全的主要威胁因素之一等。这其中,从现行刑法的规定而言,并非涉及国家安全的犯罪都会设置在危害国家安全罪中,部分是由其他犯罪章节规定的,但这并不意味着与国家安全无关,只要直接或间接关乎国家安全,如重要秘密、情报、信息、资源以及具体的危害行为等,仍然在危害国家安全罪规制的范围内。③

---

① "国际安全"是针对若干个国家而言,更多地是从国家关系这一国际政治层面去理解的。

② "世界安全"则更多地是从全球化、"地球村"这一全球体系去理解的。

③ 我国《反间谍法实施细则》第 8 条规定:"下列行为属于《反间谍法》第 39 条所称'间谍行为以外的其他危害国家安全行为':(一) 组织、策划、实施分裂国家、破坏国家统一,颠覆国家政权、推翻社会主义制度的;(二) 组织、策划、实施危害国家安全的恐怖活动的;(三) 捏造、歪曲事实,发表、散布危害国家安全的文字或者信息,或者制作、传播、出版危害国家安全的音像制品或者其他出版物的;(四) 利用设立社会团体或者企业事业组织,进行危害国家安全活动的;(五) 利用宗教进行危害国家安全活动的;(六) 组织、利用邪教进行危害国家安全活动的;(七) 制造民族纠纷,煽动民族分裂,危害国家安全的;(八) 境外个人违反有关规定,不听劝阻,擅自会见境内有危害国家安全行为或者有危害国家安全行为重大嫌疑的人员的。"所有涉及危害国家安全的犯罪活动,包括其他章节规定的犯罪,均可能存在符合第 8 条规定的行为。所以,认定危害国家安全犯罪的,应同时执行我国《反间谍法》《反间谍法实施细则》的规定。

一、武装叛乱、暴乱罪

（一）武装叛乱、暴乱罪的概念和法益

武装叛乱、暴乱罪，是指组织、策划、实施武装叛乱、武装暴乱的行为。本罪的法益是国家安全。本罪主体为自然人一般主体，没有国籍限制。我国《刑法》规定，对所有参与武装叛乱、暴乱的人，均定罪处罚。本罪主观上是直接故意，动机不影响认定。如果策动、胁迫、勾引、收买国家机关工作人员、武装部队人员、人民警察、民兵进行武装叛乱、武装暴乱的，是法定从重处罚的条件。

（二）行为、对象、主体、故意

"组织、策划"，是指首要分子组织、策划、安排、领导、指挥进行武装叛乱、武装暴乱的行为，包括利用各种方式、方法，召集、鼓动、网罗人员，使之参与武装叛乱、武装暴乱。"实施"，是指在首要分子领导、指挥下，将策划的叛乱、暴乱付诸实现，进行打、砸、抢、烧、杀等暴力犯罪活动的行为。实施者中，包括罪行重大者，积极参加者和其他参加者。本罪对象为普通公民，根据我国《刑法》第 104 条第 2 款规定，如果"策动、胁迫、勾引、收买"国家机关工作人员、武装部队人员、人民警察、民兵进行武装叛乱或者武装暴乱的，是法定从重处罚的条件。策动，是利用事件、信仰、观念进行鼓动、宣传、煽动他人参与；胁迫，是进行恐吓使他人产生恐惧，迫使他人参与；勾引，是利用他人贪念，以地位、名利、色相诱使他人参与；收买，是利用金钱、物质利益引诱他人参与。上述行为，同样可以针对普通公民实施，具体表现也不限于列举的这几种方式。

武装叛乱、武装暴乱，"武装"是指用武器进行装备之意。也就是在实施叛乱、暴乱时是使用了武器。这里的武器，不限于现代武器，即便是冷兵器（大刀、长矛、匕首、斧头甚至日常生活用品的菜刀、生产工具的农具，砍刀、镰刀等等），也是武器。当然，这里不是要求每一个叛乱、暴乱的参与者都要求持有、使用了武器，而是说只要叛乱、暴乱在整体上属于有武装的，就可以了。

本罪没有规定以"聚众"形式，但必以"聚众"方能实施武装叛乱、武装暴乱。不排除为了武装叛乱、武装暴乱，成立犯罪集团、恐怖组织，对此应根据刑法总则和刑法分则具体规定，依据事实认定。

多数说认为，"武装叛乱"，是以反叛国家和政府为内容，以投靠境外敌对势力为目的，"武装暴乱"，是制造暴力事件引起动乱，但不具有投靠境外敌对势力为目的。所以，二者的区别，主要在于是否投靠或意图投靠境外组织或境外敌对势力①。本书认为，如果从构成要件内容上，做如此理解尚为可行，但现实中，即便是武装暴乱，也难以认为没有境外敌对势力资助和插手。我国《刑法》第 106 条也规定了，与境外机

---

① 参见高铭暄、马克昌主编：《刑法学》，北京大学出版社、高等教育出版社 2011 年版，第 330 页。

构、组织、个人相勾结,实施第105条规定的武装叛乱、武装暴乱罪,从重处罚。所以,没有必要以此来界定武装叛乱与武装暴乱的区别。

策动、胁迫、勾引、收买国家机关工作人员、武装部队人员、人民警察、民兵进行武装叛乱、武装暴乱的,不是本罪独立的罪状,是从重处罚的条件。

本罪是否限于直接故意,有不同意见①。首要分子、罪刑重大者、积极参加者自不待言,是直接故意,而一般参加者,在对其参与的是叛乱、暴乱有认知的情况下,哪怕是被迫参与的,也不可能对严重危害到国家安全、造成社会秩序的严重混乱,持放任态度。本书认为,本罪的故意只能是直接故意。

(三)武装叛乱、暴乱罪与组织、领导、参加恐怖组织罪②的关联

组织、领导、参加恐怖组织罪,是危害公共安全的犯罪。实践中,武装叛乱、武装暴乱,通常都是有组织、有计划实施的,造成的社会混乱、严重后果,与恐怖组织犯罪活动并没有区别。可能引发武装叛乱、武装暴乱的事件具有偶然性,但是之所以组织者、策划者能够利用事件实施武装叛乱、武装暴乱,与组织者、策划者可能就是恐怖组织成员不无关系。而且,恐怖组织犯罪通常与境外恐怖组织有广泛的联系,在境内的犯罪活动本身就是为了反叛、对抗政权、政府。由此,武装叛乱、暴乱行为与组织、领导、参加恐怖组织行为可以存在交集。

组织、领导、参加恐怖组织罪,只要有组织、领导、参加恐怖组织的行为即可构成,如果实施杀人、爆炸、绑架等犯罪的,根据刑法规定,适用数罪并罚。武装叛乱、武装暴乱罪,所实行放火、杀人、伤人、抢劫、爆炸等暴力犯罪活动,本身就是武装叛乱、武装暴乱具有的内容,只能以本罪定罪,不实行数罪并罚。因此,如果武装叛乱、武装暴乱,是由恐怖组织,组织、策划、实施的,因本罪最高法定刑为死刑,应依照本罪定罪处罚,不宜再以组织、领导、参加恐怖组织罪实行数罪并罚。

(四)武装叛乱、暴乱罪与群体性事件的界限

"群体性事件"是不具有稳定法律特征以及有清晰外延、内涵的法律术语,是改革开放后公民对维护自身合法权利的意识增强,但因诉求表达渠道不通畅而引发的"维权""抗议"行为。通常是由某些社会矛盾或当地政府以及行政部门对具体事件处置不当,或当事人不满处置结果,甚至可能是因小概率(个案)事件而引发。是由特定群体或不特定多数人聚合临时形成的偶合性群体,会形成在较长时间内规模性聚集,多数都属于可造成社会负面影响的群体性活动。对社会秩序、社会稳定都可能产生一定负面影响。例如,商业银行为追逐利益发行高回报的为企业融资的理财产品,因投资失败造成本金不能回笼、利息不能兑付而引发群体性事件。政府监管、金融机构应承担责任,处理不好会引发群体性事件。当然,实践中也存在群众所要维护利益、表

① 高铭暄、马克昌主编:《中国刑法解释》(上卷),中国社会科学出版社2005年版,第931页。

② 我国《刑法》第120条。

达的诉求是非理性的情况。刑法作为防范社会风险的重要手段,即便面对非理性的群体性事件,也应当保持应有的谦抑。维护利益、表达诉求或发泄不满的过程中,即便有过激行为,只要不是以武装对抗而影响到社会稳定的,与武装叛乱暴乱罪无关。但是,这并不排除在群体性事件中的个别人,乘机实施犯罪活动,如烧毁、砸坏交通工具,纵火焚烧建筑物,破坏交通秩序、冲击打砸政府或司法办公地点等,这应按照构成的犯罪处罚。

(五)武装叛乱、暴乱罪数

武装叛乱、暴乱本罪实施中的放火、杀人、伤害、抢劫、爆炸、冲击党政机构等暴力犯罪活动,是构成武装叛乱、武装暴乱罪的当然内容,应依本罪定罪,不实行数罪并罚。因武装叛乱、武装暴乱是以反抗国家政权、制度为目的的行为,所以,如果所实施的犯罪行为,与对抗国家和政府政权无关,例如,实施强奸、强制猥亵,或者查明行为人趁叛乱、暴乱造成社会混乱之机,实施报复杀人、伤害等犯罪行为的,则应以本罪与所犯之罪数罪并罚。

(六)武装叛乱、暴乱罪的刑事责任

根据我国《刑法》第104条、第113条的规定,犯本罪的,对首要分子或者罪行重大的,处无期徒刑或10年以上有期徒刑;对积极参加的,处3年以上10年以下有期徒刑;对其他参加的,处3年以下有期徒刑、拘役、管制或者剥夺政治权利。对国家和人民危害特别严重,情节特别恶劣的,可以判处死刑,可以并处没收财产。

本罪的法定刑分为三个档次,需要区别情况适用。“首要分子”,指在武装叛乱、暴乱中起组织、策划、指挥作用的犯罪分子。“罪行重大”者,指在武装叛乱、暴乱过程中实行了杀人、放火等暴力犯罪行为,并造成严重后果的犯罪分子。“积极参加”者,指主动参加武装叛乱、暴乱行为,卖力进行暴力犯罪活动并造成比较严重后果的犯罪分子。“其他参加”者,指在受到反动宣传、利诱或胁迫下参加武装叛乱、暴乱,主观上不是积极主动,客观上只造成较轻破坏活动的犯罪分子。

由于“参加”行为只能是一种作为行为,而不可能是不作为行为,所以,“积极”并不是指行为的态样,应当是指行为人“参加”的态度是“积极”的,相对于“其他参加”的规定,应当理解为“不是以积极态度”参加的情形。

根据我国《刑法》第106条的规定,与境外机构、组织、个人相勾结犯本罪的,依照本罪的规定从重处罚。根据《刑法》第56条的规定,犯本罪的,应当附加剥夺政治权利。

二、叛 逃 罪

(一)叛逃罪的概念和法益

叛逃罪,是指国家机关工作人员在履行公务期间,擅离岗位,叛逃境外或者在境

外叛逃的,或者掌握国家秘密的国家工作人员叛逃境外或者在境外叛逃的行为。根据我国《公务员法》以及《保守国家秘密法》的规定,掌握国家秘密的国家工作人员即使因故不再担任现职,退休、辞去公职等,在不满国家规定脱密期内,仍然负有保密的义务。本罪的法益是国家安全,本罪的主体是特殊主体,限于国家机关公职人员,主观上为直接故意,动机不影响认定。

(二)行为、主体、故意

"叛逃"即背离、背叛、叛变之意[①]。如果从词义上说,就是背叛自己的誓言,脱离原信誓服务的利益集团的行为。当然,叛逃并不意味着一定是要为对立的利益集团服务,因此,可以说叛逃就是一种违背忠诚义务的行为。

本罪构成要件争议比较大的,主要是对本罪条件设置的理解。

(1)"履行公务期间"。有学者明确指出,该条件的设置是不妥当的。不说境内的国家工作人员有休息日,不执行职务时,当然不是履行公务期间,而且,在境外出差、工作期间,包括下班后的休息时间,都可以理解为履行公务期间,则是不合适的,如果在此时间段内叛逃,既不符合本罪条件,又不能认为不构成犯罪,显然与该条件的设置发生矛盾,因此。建议取消该条件[②]。不同观点则认为,该条件的设置并没有问题,而在于如何解释"履行公务期间"。如果将履行公务理解为是一种行为,则就是上班期间、出差或执行公务行为期间,但该罪履行公务应理解为是一种状态,那就是与担任公职相联系,履行公务期间就是担任公职期间,如此,无论是上下班、出差、执行公务(除实际上不履行职权),都是履行公务期间。这样一来,只要担任着公职,即便在国外考察、访问、交流期间,也是履行公务期间。但是,"履行公务期间"不是指有身份,即使有身份,实际上不在正常履行职责的,例如长期病休期间叛逃,就不构成犯罪,公派出国留学期间,也不符合"履行公务期间"的要件[③]。在讨论通过《刑法修正案(八)》的过程中,曾有意见删除此条件,但最终保留,也说明该条件是为控制打击面[④]。

本书认为,如果从立法设置本罪的用意而言,应该说第二种观点是合适的,因为无论从哪个角度说,公务员叛逃,是违背了对国家的忠诚义务,与是否在上班期间并没有直接的关联性。但是,这并不是说该条件本身的设置是合适的。原因在于,即便将履行公务理解为担任公职,仍然有一个要甄别是否实际履行公务的要求。例如,公派学习费用是由国家承担的,带薪学习本身就是要为国家服务的职责行为,而不是个人行为,如果学习期间原职务并没有解除,有什么理由认为公派留学期间不符合"履行公务期间"?这些问题,可能是第二种观点很难解释的。本书认为,没有这一条件,国家工作人员违背对国家忠诚义务的立法原意更为准确。

---

① 参见《辞海》(缩印本),上海辞书出版社2000年版,第114、1826页。

② 参见侯国云、白岫云:《新刑法疑难问题解析与适用》,中国检察出版社1988年版,第345页。

③ 参见王作富主编:《刑法分则实务研究》(上),中国方正出版社2013年版,第13页。

④ 同上书,第14页。

（2）“擅离岗位”。有观点认为，离开岗位与离开职位并无本质区别，违反规定离开与未经批准离开是一样的，因此，擅离岗位是指未经批准私自离开履行职务的工作岗位[①]。也有观点认为，“擅离岗位”是不必要的规定[②]。本书赞同后一观点，国家机关工作人员只要是现职，或虽然离职但在脱密期内叛逃的，不论是从什么地方、在何种场合和时间段，均应以犯罪论处[③]。由此，“擅离岗位”也应该从广义上解释，即只要未经解职[④]，离开岗位的，均为“擅离岗位”。

上述刑法规定的构成要素从讨论的意义看，质疑并非没有道理，但是，从适用的角度看，却不能因为理论上否定观点多于肯定观点而不依照执行。

（3）“叛逃境外[⑤]”与“在境外叛逃”。“叛逃境外”是我国《刑法》第 109 条第 1 款规定的条件，“在境外叛逃”，是第 2 款规定的条件。前者当然是指从境内向境外叛逃，至于使用什么方法，在所不问；后者是指利用在境外滞留的合法机会叛逃，当然，也不一定叛逃到滞留的国家或地区，也可以通过滞留国家叛逃到第三国或其他地区。虽然立法在此规定了两种不同的叛逃方式，用于区别在境内的叛逃与在境外叛逃存在利用的机会的不同，但是，二者实质上并没有什么区别，因为叛逃除了这两种方式外，不可能还存在其他方式。从叛逃是违背对国家忠诚的义务而言，用何种方式、利用什么条件，对认定犯罪完全没有影响。该条件的设置似乎仍然是多余的。

我国修订前的《刑法》第 109 条曾经规定，构成犯罪的叛逃必须“危害中华人民共和国国家安全”的条件。由此，也造成理论上对基本条件在解释上的不同认识。有观点就认为，叛逃就要求投靠境外机构、组织，否则就不能构成本罪，这可以解决所投奔的对方难以确定为敌方时的定罪处罚问题。[⑥] 不同观点则认为，叛逃只是要求将自己置身于境外，并无要求投靠境外机构、组织的内容。[⑦] 第一种观点的解释并非没有道理，但是，第一，“叛逃”从词义解释上就没有必须为对立的利益集团服务之意，所以，一定要对“叛逃”要求“投靠境外机构、组织”才能成立，过于牵强。第二，在《刑法修正案（八）》删除了该条件的情况下，如果再要求行为人“投靠境外机构、组织”才能构成犯罪就不符合修订的本意了。因为原规定的“危害国家安全”，应该说是对叛逃行为要求对国家安全必须构成现实的危害，即具有具体的危险，然而，这一条件在具体适用上，如果与叛逃行为有关联性要求，往往成为司法上难以查证的问题。可以说，

---

① 参见王作富主编：《刑法分则实务研究》（上），中国方正出版社 2013 年版，第 15 页。论者原本赞同对该条件的否定，但在《刑法修正案（八）》从解释角度认可该条件的积极意义。

② 参见侯国云、白岫云：《新刑法疑难问题解析与适用》，中国检察出版社 1988 年版，第 346 页。

③ 参见黄太云、滕炜主编：《中华人民共和国刑法释义与适用指南》，红旗出版社 1997 年版，第 138 页。

④ “解职”亦应从广义上理解，即不是因辞退、辞职、开除、病退等原因。

⑤ 有观点认为，这里的“境外”是“政治空间”意义上的，即是我国国家主权不能触及的空间，包括外国以及外国驻我国的使领馆，而由于我国中央政府已经恢复对香港、澳门行使主权，所以不是刑法所要求的“境外”。参见赵秉志主编：《中国刑法案例与学理研究（分则篇）》（1），法律出版社 2001 年版，第 54 页。这一认识，与我国学理上通说解释不同。

⑥ 参见于志刚主编：《危害国家安全罪》，中国人民公安大学出版社 1999 年版，第 298—299 页。

⑦ 参见赵秉志主编：《中国刑法案例与学理研究（分则篇）》（1），法律出版社 2001 年版，第 54 页。

只要是叛逃,违背忠诚义务,就是对国家安全构成了威胁,经过《刑法修正案(八)》的修订后,只要是叛逃,即构成犯罪,是将叛逃罪修订为行为犯①。

本罪主体为两类:一是国家机关工作人员;二是掌握国家秘密的国家工作人员。国家机关工作人员,是指在国家各级权力机关、行政机关、司法机关、军事机关,中国共产党的各级机关、各级政协机关、各民主党派机关中从事公务的人员②,以及国有公司、企业、事业单位、人民团体中从事公务的人员和国家机关、国有公司、企业、事业单位委派到非国有公司、企业、事业单位、社会团体从事公务的人员。但是,具体到本罪中,由于刑法规定了军人叛逃罪,因此,本罪主体不包括各级军事机关中从事公务的军职人员。

掌握国家秘密的国家工作人员,是指基于职务、业务关系以及工作需要,掌握或者知悉国家秘密的国家工作人员。至于所掌握、知悉的事项是否属于国家秘密,应根据《保密法》确定。需要注意的是,掌握国家秘密的国家工作人员,不限于现职人员,掌握国家秘密的已经离休、退休、病退以及因其他原因离开现职的国家工作人员,在脱密期满之前,仍然属于掌握国家秘密的国家工作人员;如果叛逃,仍然构成本罪。

关于本罪的主观罪过,有不同认识。有学者认为只能是直接故意,也学者认为可以是间接故意③。直接故意当然意味着对某种危害结果的追求,间接故意则是对危害结果的放任。从直接故意而言,之所以要叛逃,当然不排除希望到对方阵营中为其服务,从接受叛逃者一方来说,当然需要其能够提供服务。由此,直接故意当然可以成立。间接故意需要放任危害结果发生,放任的危害结果,当然是对影响国家形象、国际声誉或者国家安全的危害结果的放任。但是,从《修正案(八)》删除"危害国家安全"的结果要件看,本罪要否定的是其叛逃行为,是对其违背国家忠诚义务的谴责。因此,认为间接故意可以构成本罪,值得商榷。叛逃的动机多样,是向往境外生活、不满我国社会、政治制度或者因在国内犯罪为逃避惩罚等,均不影响认定。

(三)叛逃罪与投敌叛变罪④的关联

投敌叛变罪,多数说认为,是指中国公民投奔敌对组织⑤,或者被捕、被俘后投降敌人,危害国家安全的行为⑥。本罪主体为自然人一般主体,主观上是故意,动机不影响认定。该行为在发生战争期间,敌人一方是清晰的,被捕、被俘后投降敌人,或带领

---

① 参见高铭暄:《中华人民共和国刑法的孕育诞生和发展完善》,北京大学出版社 2012 年版,第 304 页;张明楷教授认为是"抽象危险犯",参见张明楷:《刑法学》(第 4 版),法律出版社 2011 年版,第 598 页。

② 也有观点认为中国共产党各级组织只能是政党,而不是国家机构。参见赵秉志主编:《疑难刑事问题司法对策》(第 3 集),吉林人民出版社 1999 年版,第 336 页。

③ 参见于志刚主编:《危害国家安全罪》,中国人民公安大学出版社 1999 年版,第 306 页。

④ 我国《刑法》第 108 条。

⑤ 我国《反间谍法实施细则》第 5 条规定:"'敌对组织',是指敌视中华人民共和国人民民主专政的政权和社会主义制度,危害国家安全的组织。敌对组织由国务院国家安全主管部门或者国务院公安部门确认。"

⑥ 参见高铭暄、马克昌主编:《刑法学》,北京大学出版社、高等教育出版社 2011 年版,第 333 页。

武装部队人员、人民警察、民兵投敌叛变行为，也是容易认定的，但在和平时期，界定是否属于“敌对组织”一方，显然并不是由刑法确认的，需要通过国家专门部门通过必要的标准确认，因此，并非只要发生投奔与我国政治、社会制度不同的他国或地区，都可以界定为是“投敌叛变”。

投敌叛变罪的主体要求是中国公民，当然可以包括国家工作人员。叛逃罪与投乱叛变罪的区别在于：叛逃，不一定叛逃到敌对的国家或地区，即便叛逃至我国的友好国家或地区的政府、政党机构、组织，也是叛逃；而投敌叛变不一定非要采取叛逃的方式，对方必须是敌对组织；叛逃，必须以出境方可成立，投敌叛变不要求必须有出境行为，潜伏在内部，也是投敌叛变。在均为国家工作人员叛逃的情况下，所投靠的组织政治上的属性为“敌对组织”的，是想象竞合犯，应从一重罪论处。

（四）叛逃罪与军人叛逃罪[①]的关联

军人叛逃罪，是指军人在履行公务期间，擅离岗位，叛逃境外或者在境外叛逃，危害国家军事利益的行为。本罪主体为特殊主体，主观上是故意，动机不影响认定。如果军人驾驶航空器、舰船叛逃的，处罚更重。叛逃罪与军人叛逃罪是法条竞合关系，即当军人为军事机关工作人员时，包括在叛逃罪国家机关工作人员的范围内，而且，从刑法规定的两罪罪状看，也是完全重合的。根据法条竞合犯适用的原则，当军事机关工作人员叛逃的，应适用我国《刑法》第430条定罪处罚，不再适用叛逃罪。此外，应该看到，军人叛逃罪的主体范围，要广于叛逃罪主体的国家机关工作人员。军人叛逃罪，不用说现役的军事军官、文职军官，即便是现役的士兵，有军籍的学员也可以构成。此外，也有学者指出，执行军事任务的预备役人员和其他人员也可是其主体[②]。根据我国《兵役法》《预备役军官法》的规定，在执行军事任务期间的预备役人员，应当是主体，但是“其他人员”所指代是何类人员并不明确，因此“其他人员”的提法值得商榷。

（五）叛逃罪罪数

与罪数有关的罪名，主要涉及我国《刑法》第111条为境外窃取、刺探、收买、非法提供国家秘密、情报罪，第319条骗取出境证件罪和第322条偷越国（边）境罪。

为境外窃取、刺探、收买、非法提供国家秘密、情报的行为构成犯罪，与本罪有交集的是，有些叛逃者为叛逃成功会主动提供对方所需要的资讯，以换取对方的“赏识”。掌握国家秘密的国家工作人员会利用所掌握的国家秘密，而不掌握国家秘密的国家工作人员，则为此会窃取、刺探、收买国家秘密，在叛逃后主动提供给境外机构、组织。在该种情况下，是一罪，还是应数罪并罚。有学者认为应为数罪，理由是叛逃本罪的法定刑较低，法定最高刑为10年有期徒刑，在罪质上不可能包含为最高法定

---

① 我国《刑法》第430条。

② 参见王作富主编：《刑法分则实务研究》（上），中国方正出版社2007年版，第36页。

刑为死刑的境外窃取、刺探、收买、非法提供国家秘密、情报罪[①]。这在法理的分析上的确是没有错误的,但是,从叛逃罪主体的规定上,包括“掌握国家秘密的国家工作人员”而言,叛逃而主动提供国家秘密、情报是当然的内容,因而,视为适用数罪并罚,是否妥当?不掌握国家秘密的国家工作人员,为叛逃而窃取、刺探、收买并非法提供国家秘密、情报的,如果需要数罪并罚,甚至能判处死刑,则明显不公正。正是基于这一考虑,本书认为,对不掌握国家秘密的国家工作人员,其为叛逃而窃取、刺探、收买并非法提供国家秘密、情报的,符合牵连犯基于一个犯罪目的,方法行为触犯为境外窃取、刺探、收买、非法提供国家秘密、情报罪;而掌握国家秘密而叛逃的,提供国家秘密、情报行为的,符合“后行为是前行为发展的当然结果”的吸收犯,均可以按照为境外窃取、刺探、收买、非法提供国家秘密、情报罪定罪处罚。因侵害法益具有同一性,可从一重罪处断,不宜适用并罚。

为叛逃而骗取出境证件的,符合牵连犯方法行为触犯骗取出境证件罪,为叛逃而偷越国(边)境的,符合牵连犯结果行为触犯偷越国(边)境罪,可以按照叛逃罪从一重罪处断,但因侵害法益不同,不应排除并罚可能性。

(六)叛逃罪的刑事责任

犯本罪的,处5年以下有期徒刑、拘役、管制或者剥夺政治权利;情节严重的,处5年以上10年以下有期徒刑。掌握国家秘密的国家工作人员叛逃境外或者在境外叛逃的,依照前款的规定从重处罚。根据我国《刑法》第56条的规定,犯本罪的,应当附加剥夺政治权利。

三、资助危害国家安全犯罪活动罪

(一)资助危害国家安全犯罪活动罪的概念和法益

资助危害国家安全犯罪活动罪,是指境内外机构、组织或者个人资助实施特定危害国家安全犯罪活动的行为。本罪所说的特定危害国家安全犯罪活动,是指我国《刑法》第107条所规定的4个条文中6种危害国家安全罪,即背叛国家罪、分裂国家罪、煽动分裂国家罪、武装叛乱、暴乱罪、颠覆国家政权罪、煽动颠覆国家政权罪。本罪的法益为国家安全,主体为自然人一般主体,主观上为故意,动机不影响认定。

(二)对象、行为、主体、故意

本罪的对象是实施背叛国家罪、分裂国家罪、煽动分裂国家罪、武装叛乱、暴乱

① 参见王作富主编:《刑法分则实务研究》(上),中国方正出版社2007年版,第38页。

罪、颠覆国家政权罪、煽动颠覆国家政权罪的境内外组织或者个人[①],同时,资助其他危害国家安全犯罪活动的,不构成本罪,应以所资助的犯罪的共犯处理。我国《反间谍法实施细则》第6条规定:"《反间谍法》所称'资助'实施危害中华人民共和国国家安全的间谍行为,是指境内外机构、组织、个人的下列行为:(一)向实施间谍行为的组织、个人提供经费、场所和物资的;(二)向组织、个人提供用于实施间谍行为的经费、场所和物资的。"由此,限于由物资进行"资助",提供精神的帮助,只能成立共犯。

于志刚教授认为:"资助行为一般发生在上述犯罪的实施之前或实施之中,其作用是便利这些犯罪的着手实行或者在实行以后促进其完成。"[②]不同意见认为:"资助,可以是事先提供,也可以是事后提供。"[③]我国《刑法》第107条对"资助"并未规定资助的时间条件,而且,我国《国家安全法实施细则》规定了"资助"有两种情况:向有危害国家安全的境内组织、个人提供经费、场所和物资的;向境内组织、个人提供用于进行危害国家安全活动的经费、场所和物资的。显然,在后一种情况下,不排除包括事后资助。从有利于对该种犯罪打击看,实无必要对资助时间进行限制。

本罪的主体,是境内外机构、组织或者个人。境内机构,指我国(边)境内的机构、单位,如政府机构、军队和其他国家机关。境内组织,指我国(边)境内政党组织、社会团体、企业、事业单位。既可以是合法组织,也可能是非法组织。境外机构、境外组织是指在我国(边)境外的国家或地区的政党、社会团体、企业、事业单位等机构,也包括在我国境内设立的分支(代表)机构和分支组织[④]。当然,如果境外机构、组织就是位于境外的,要惩处其中的个人缺乏现实性,规定其是本罪主体,更多的是宣示的意义。

对境内个人主体的理解,也有不同意见。一种观点认为:"境内个人,是指具有中华人民共和国国籍并且居住于中国境内的个人。"[⑤]不同意见认为,"'境内个人'则是指具有中华人民共和国国籍的公民。"[⑥]于志刚教授认为:"'境内个人'也就应以国籍认定为标准,故而把居住地在国外的中国公民认定为境内个人较为合理。"[⑦]本书结合我国《反间谍法实施细则》第3条对"境外个人"的规定,赞同后一种观点。所以,境内个人是指具有我国国籍的自然人,是否居住在境内,不影响其主体身份的认定。境外个人是指我国(边)境以外国家或地区的自然人,在我国境内居住的外国人、无国籍人,是境外个人。

本罪是否属于单位犯罪,也有不同意见。但是,依据条款的明文"境内外机构、组

---

① 《刑法修正案(八)》修订了本罪对象,即接受资助的对象不限于境内组织或者个人,也可是境外组织或者个人。

② 于志刚主编:《危害国家安全罪》,中国人民公安大学出版社2003年版,第220页。

③ 马克昌主编:《刑法》,高等教育出版社2010年版,第315页。

④ 我国《反间谍法实施细则》第3条规定:"《反间谍法》所称'境外机构、组织'包括境外机构、组织在中华人民共和国境内设立的分支(代表)机构和分支组织;所称'境外个人'包括居住在中华人民共和国境内不具有中华人民共和国国籍的人。"

⑤ 周道鸾、张军主编:《刑法罪名精释》,人民法院出版社2007年版,第45页。

⑥ 胡康生、郎胜主编:《中华人民共和国刑法释义》,法律出版社2004年版,第103页。

⑦ 于志刚主编:《危害国家安全罪》,中国人民公安大学出版社2003年版,第220页。

织或者个人”的规定,即使只是处罚自然人,也不妨碍单位是犯罪主体,境内外机构、组织即单位也是本罪的主体。

本罪主观上是故意,但多数文献并未指出本罪故意的形式[①]。因此是否仅限于直接故意也有不同看法。孙国祥教授认为:“本罪在主观上只能是故意,并且具有危害中华人民共和国国家安全的目的。”[②]不同观点认为,本罪主观上包括直接故意和间接故意[③]。应该看到,本罪的立法,是鉴于国内一小撮敌对分子和组织在境内外组织或个人资助下,实施危害国家安全犯罪活动,危害极大,对资助行为,有必要单独立法追究刑事责任,否则不能有效维护国家安全[④]。因此,对“资助”如果从“共同犯罪”的角度看,就是帮助行为的表现方式之一,对接受“资助”的帮助者是否实施犯罪、如何实施犯罪,资助者并不具有完全的支配和控制力。正因为如此,就不能排除对接受帮助者实施犯罪持放任态度。同理,要求本罪主观上只能出于直接故意,还值得商榷。

(三)资助危害国家安全犯罪活动罪与相关犯罪的关联

如前所述,刑法分则是将以物质帮助的资助行为规定为一种独立犯罪的,因而不能依照共同犯罪处理。根据我国刑法规定,单位与个人是可以成立共同犯罪,由于本罪规定只处罚单位中的“直接责任人员”,因此,在资助之后,组织、机构以及“直接责任人员”又参与实行上述6种危害国家安全犯罪,则构成共同正犯,对“直接责任人员”应依上述6种危害国家安全罪处理,而不应依本罪论处。如果用精神帮助给予犯罪分子实施上述6种危害国家安全犯罪活动以支持,应该构成上述6种危害国家安全犯罪的帮助犯或教唆犯,不构成本罪。如果提供经费等资助上述6种危害国家安全犯罪以外的危害国家安全的犯罪,例如资助叛逃罪、间谍罪等,也不构成本罪,应构成所资助的危害国家安全罪的帮助犯,依该罪的共犯处理。

(四)资助危害国家安全犯罪活动罪与资敌罪[⑤]的关联

资敌罪,是指在战时以供给敌人武器装备、军用物资资敌的行为。本罪主体为自然人一般主体(刑法未规定单位主体,但本书认为应予以考虑单位以及单位主管人员、直接责任人员可以构成本罪),主观上是故意,动机不影响认定。这里的“敌”非指单独的与国家、政权敌对的个人,而是指敌对营垒(包括政府)和武装力量。资助限于“战时”,应是指国家处于“战争状态”或国家宣布为进入“战争状态”时(不排除国家

---

① 参见高铭暄、马克昌主编:《刑法学》,北京大学出版社、高等教育出版社2011年版,第333页;张明楷:《刑法学》(下),法律出版社2016年版,第683页。

② 孙国祥主编:《刑法学》,科学出版社2002年版,第293页。另外,根据孙国祥教授在同一本教材中的观点:“犯罪目的只存在于直接故意犯罪中”,“间接故意不存在犯罪目的”。所以,结论是本罪的主观方面仅限于直接故意。

③ 参见熊选国主编:《刑法罪名疑难问题精析》,人民法院出版社2007年版,第29页。

④ 参见高铭暄:《中华人民共和国刑法的孕育诞生和发展完善》,北京大学出版社2012年版,第302页。

⑤ 我国《刑法》第112条。

宣布的区域战争状态)。资助限于"武器装备、军用物资"[①]。资助危害国家安全犯罪活动罪与资敌罪在规范上并无直接关联,前罪发生在国家处于和平时期,而后者是在国家处于战争时期,但即便和平时期如果发生区域战争时,资助敌人武器装备、军用物的行为,仍然应以资敌罪论处。

(五)资助危害国家安全犯罪活动罪的刑事责任

根据《刑法》第107条、第113条第2款的规定,犯本罪的,对直接责任人员处5年以下有期徒刑、拘役、管制或者剥夺政治权利;情节严重的,处5年以上有期徒刑;可以并处没收财产。境内外机构或者组织犯本罪的,只处罚直接责任人员,不处罚该组织、机构。根据《刑法》第56条的规定,犯本罪的,应当附加剥夺政治权利。不过,应该注意到,附加剥夺政治权利,只适用于中国公民,而不能对不具有我国国籍的外国人、无国籍人适用,这是不言而喻的。

四、间　谍　罪

(一)间谍罪的概念和法益

间谍罪是指参加间谍组织或者接受间谍组织及其代理人的任务,或者为敌人指示轰击目标,危害国家安全的行为。本罪的法益是国家安全,主体为自然一般主体,主观上为直接故意,动机不影响认定。

(二)行为、故意

刑法规定的以下三种行为是间谍行为:

(1)参加间谍组织。间谍组织,指外国政府或者境外机构建立的旨在收集我国国家秘密、情报,进行颠覆破坏活动等危害国家安全的组织。至于该间谍组织当前与我国政府、政党关系如何,不影响认定。参加间谍组织,可以是履行一定的手续加入间谍组织成为间谍组织成员,也可以没有履行参加手续,事实上成为间谍组织成员。如果申请加入未成功的,理论上,成立本罪的未完成形态,是否需要处罚,应视其企图加入的间谍组织的性质决定,一般不宜一概认定为未遂。参加间谍组织是行为犯,只要参加了间谍组织,就构成犯罪,是否进行了间谍活动,不影响认定。

(2)接受间谍组织及其代理人[②]的任务。代理人,可以是自然人,也可以是境内外机构、组织。所谓接受间谍组织及其代理人的任务,是指接受其命令、指使、派遣,实施所交付的危害国家安全的间谍活动。交付任务的可能是间谍组织,也可能是间

---

① 本书认为,战时"货币"亦为军用物资。

② 我国《反间谍法实施细则》第4条规定:"《反间谍法》所称的'间谍组织代理人',是指受间谍组织或者其成员的指使、委托、资助,进行或者授意、指使他人进行危害中华人民共和国国家安全活动的人。间谍组织和间谍组织代理人由国务院国家安全主管部门确认。"

谍组织的代理人。多数说认为,接受间谍组织及其代理人的任务,是虽然没有加入间谍组织,但是接受间谍组织及其代理人所交付任务的行为[①]。不同观点则认为,无论是否加入间谍组织,只要明知是间谍组织或者间谍组织代理人而接受其所交办任务,都可以构成犯罪[②]。本书认为,在加入间谍组织后接受、完成任务,是其加入间谍组织的初衷,也是间谍组织之所以可以接受其加入间谍组织的条件,因此,接受任务与加入间谍组织具有事实上的内在关联性。所以,加入间谍组织完全涵盖接受任务,将已为间谍成员后接受间谍组织或代理人交办的间谍任务包含在其中,并不符合常理。本项规定亦属于行为犯,行为人只要接受间谍组织及其代理人的任务,即构成间谍罪,不以实际进行了间谍活动为条件。接受任务后,又进行了具体间谍活动,是接受间谍组织及其代理人的任务应有之意,不宜视为数罪。

(3) 为敌人指示轰击目标。这里应该说主要是指在发生战争期间的间谍行为,以现实国际社会以和平发展为主题,而且战争发生概率较小的国际国内背景下,是否还需要保留该项规定,值得研究。本书认为即便是“和平”时期,也可能发生小规模、小烈度的边境区域战争。除此之外,对国内发生武装叛乱、武装暴乱的犯罪,“指示轰击目标”的不应以间谍罪论处,应以武装叛乱、武装暴乱罪认定。“为敌人指示轰击目标”,是指行为人指示给敌人所要轰击的我国的重要设施,如军事阵地、指挥机构所在地、军事集结地、重要机场、军事物质所在地等。以何种方法指示,在所不问。敌人以何种手段轰击,也不影响认定。本项规定亦为行为犯,只要为敌人指示了轰击目标,不论敌人是否轰击,或者是否击中目标,都不影响本罪的成立。参加间谍组织后,接受的任务是指示轰击目标的,仍构成间谍罪一罪。

除刑法的规定之外,我国《反间谍法》第 38 条也规定,以下行为属于间谍行为:(1) 间谍组织及其代理人实施或者指使、资助[③]他人实施,或者境内外机构、组织、个人与其相勾结[④]实施的危害中华人民共和国国家安全的活动;(2) 参加间谍组织或者接受间谍组织及其代理人的任务的;(3) 间谍组织及其代理人以外的其他境外机构、组织、个人实施或者指使、资助他人实施,或者境内机构、组织、个人与其相勾结实施的窃取、刺探、收买或者非法提供国家秘密或者情报,或者策动、引诱、收买国家工作人员叛变的活动;(4) 为敌人指示攻击目标的;(5) 进行其他间谍活动的。上述规定,有的本就是本罪罪状的内容。例如,第 2 项“参加间谍组织或者接受间谍组织及

---

① 参见高铭暄、马克昌主编:《刑法学》,北京大学出版社、高等教育出版社 2011 年版,第 335 页;黎宏:《刑法学》,法律出版社 2012 年版,第 424 页。

② 参见周其华:《中国刑法罪名释考》,中国方正出版社 2000 年版,第 17 页。

③ 我国《反间谍法实施细则》第 6 条规定:“《反间谍法》所称‘资助’实施危害中华人民共和国国家安全的间谍行为,是指境内外机构、组织、个人的下列行为:(一) 向实施间谍行为的组织、个人提供经费、场所和物资的;(二) 向组织、个人提供用于实施间谍行为的经费、场所和物资的。”

④ 我国《反间谍法实施细则》第 7 条规定:“《反间谍法》所称‘勾结’实施危害中华人民共和国国家安全的间谍行为,是指境内外组织、个人的下列行为:(一) 与境外机构、组织、个人共同策划或者进行危害国家安全的间谍活动的;(二) 接受境外机构、组织、个人的资助或者指使,进行危害国家安全的间谍活动的;(三) 与境外机构、组织、个人建立联系,取得支持、帮助,进行危害国家安全的间谍活动的。”

其代理人的任务的”，第 4 项“为敌人指示攻击目标的”。而其他规定，如第 3 项后半段“窃取、刺探、收买或者非法提供国家秘密或者情报，或者策动、引诱、收买国家工作人员叛变的活动”，是为境外窃取、刺探、收买、非法提供国家秘密、情报罪和叛逃罪、投敌叛变罪的内容。所以，如果已经有单独的规定，则不应再以本罪论处。因此，只有符合第 1 项和第 5 项规定的行为，可以按照本罪认定和处罚。

本罪只能由故意构成，是否限于直接故意有不同认识。有认为只能是直接故意的观点①，也有认为包括直接故意和间接故意的观点②。本书认为，从对具体间谍行为规定看，加入间谍组织、发生战争时为敌人指示轰击目标，当然不可能出于间接故意。接受间谍组织或其代理人的任务，也必须明知所接受的任务是间谍任务，在具有该种认知的情况下，间谍任务对危害国家安全结果不再是一种可能性，而是必然的，因此，本罪不可能以间接故意构成。因此，不出于直接故意，不能构成间谍罪，例如，被骗误认为是学术团体而参加，出境参加“学术会议”等，没有从事任何间谍活动，即不构成间谍罪。

（三）间谍罪数

行为人参加了间谍组织后，从事危害国家安全的具体犯罪活动，触犯其他罪名的，应当以间谍罪一罪论处还是应与触犯的他罪并罚，主要有以下几种认识：(1) 单纯一罪说认为，参加间谍组织或者接受间谍组织及其代理人的任务，当然包括对这些任务的实施与落实，就有可能实施其他危害国家安全的行为，在绝大多数情况下，这些活动都属于间谍罪的当然内容，应以间谍罪一罪论处③。(2) 数罪并罚说认为，上述情况应数罪并罚，理由是构成间谍罪，只要有参加行为或者接受任务的行为即可，行为人接受任务后再实施派遣任务中有关危害国家安全的行为，例如进行暗杀、爆炸等活动，已经超出本罪范围，应是另外的独立行为，若符合有关犯罪的构成要件，便构成相应的犯罪，构成数罪应实行数罪并罚④。(3) 区别对待说认为，如果实施的其他危害国家安全的犯罪活动，在所接受的任务的范围内，应构成一罪；如果超出指令范围所实施的行为，就应该数罪并罚⑤。(4) 牵连犯说认为，参加间谍组织或者接受间谍组织及其代理人的任务后，又实施间谍任务而触犯其他罪名的情况，这两种行为之间是牵连关系。因此，构成结果牵连犯⑥。(5) 法条竞合犯说认为，上述情况应以法条竞合犯处理，即参加间谍组织后或接受任务后实施间谍活动，是间谍行为的表现，

---

① 参见周道鸾、张军主编：《刑法罪名精释》，人民法院出版社 2007 年版，第 50 页；熊选国主编：《刑法罪名疑难问题精析》，人民法院出版社 2007 年版，第 43 页。

② 高铭暄、马克昌主编：《中国刑法解释》（上卷），中国社会科学出版社 2005 年版，第 952 页。

③ 参见高西江主编：《刑法的修订与适用》，中国方正出版社 1997 年版，第 340 页；熊选国主编：《刑法罪名疑难问题精析》，人民法院出版社 2007 年版，第 46 页。

④ 参见何秉松主编：《刑法教科书》，中国法制出版社 1994 年版，第 545 页；赵秉志主编：《刑法争议问题研究》，河南人民出版社 1996 年版，第 72—73 页。

⑤ 参见周道鸾、张军主编：《刑法罪名精释》，人民法院出版社 1998 年版，第 55 页。

⑥ 于志刚主编：《危害国家安全罪》，中国人民公安大学出版社 2003 年版，第 318—320 页。

有作为间谍罪处理的可能性;间谍罪的法定刑最高为死刑,作为一罪处理不会出现罚不当罪的情况;所实施的间谍活动可以构成单独的犯罪,因而也就存在着法规竞合关系①。

首先,法条竞合说值得商榷。法条竞合犯是指一行为触犯该法条就必然触犯另一法条,即竞合关系是不可避免的。间谍罪,参加间谍组织或接受任务与实施间谍活动,不是一个犯罪行为,而是两个犯罪行为,不符合法条竞合只能是一个行为的条件。牵连犯说理论上有其合理性,因为这的确是两个以上的犯罪行为,但从一重处断同样会发生在选择适用上的困难,例如,接受实施了暗杀任务的,暗杀任务是目的行为,还是参加间谍组织是目的行为?如果按照故意杀人罪从一重处罚,降低行为对危害国家安全的评价;如果只按照间谍罪从一重,就有可能轻纵犯罪。因此,视为牵连犯是否妥当还值得研究。数罪并罚说也认为这是数行为,当然在符合数罪并罚时,是比较可行的,但有些间谍活动如窃取、收集、传递机密情报,是间谍活动最基本的内容,如实行并罚,也存在人为割裂行为之间内在联系的问题,也与社会对该种现象的一般理解不符合。单纯一罪说有其合理性,因为多数情况下接受间谍组织的任务,如在收集国家秘密、情报送给间谍组织,即仅以间谍罪处理就可以,但一概如此认定,缺乏根据。因为刑法只规定参加间谍组织或接受其任务,即构成间谍罪既遂,之后又进行间谍活动构成的犯罪如何处理,并未加以规定。

本书认为,在我国现行刑法对此尚未有明确规定的情况下,区别对待说是比较合理的。如果接受的任务就是实施暗杀、爆炸、收集情报、组织武装叛乱、武装暴乱等等具体的危害国家安全的犯罪,则不能人为将这样的犯罪活动与间谍活动割裂开,作为数罪予以并罚,因为,不能否定参加间谍组织、接受间谍任务这样的行为与其要完成任务之间在事实上具有的关联性,也不能否认行为人主观上具有要完成任务的故意,作为间谍一罪论处,完全可以充分评价行为危害国家安全的性质。如果超出指令任务之外所实施的犯罪,即便与间谍活动有关,也应该并罚。例如,在实施间谍活动中,怀疑邻居有举报自己的可能性而将其杀害,就应该实行数罪并罚。

(四)间谍罪的刑事责任

犯本罪,处10年以上有期徒刑或者无期徒刑;情节较轻的,处3年以上10年以下有期徒刑。对国家和人民危害特别严重、情节特别恶劣的,可以判处死刑。可以并处没收财产。根据刑法第56条的规定,犯本罪的,应当附加剥夺政治权利。不过,应该注意到,附加剥夺政治权利,只适用于中国公民,而不能对不具有我国国籍的外国人、无国籍人适用,这是不言而喻的。

---

① 高铭暄、马克昌主编:《中国刑法解释》(上卷),中国社会科学出版社2005年版,第953页。

五、为境外窃取、刺探、收买、非法提供国家秘密、情报罪

(一) 为境外窃取、刺探、收买、非法提供国家秘密、情报罪的概念和法益

为境外窃取、刺探、收买、非法提供国家秘密、情报罪,是指为境外的机构、组织或人员①窃取、刺探、收买、非法提供国家秘密或情报的行为。本罪的对象,是国家秘密和情报。应根据相关法律和有关司法解释的规定执行②。本罪的法益,是国家安全,主体为自然人一般主体,主观上是故意,动机不影响认定。

(二) 行为、故意

"窃取",是指盗取作为国家秘密或情报的原文件或物质载体,如扫描、复制,复印、拍摄,当然包括盗取秘密、情报载体本身,也包括通过看、听、问、直接接触等方式获取秘密或情报所对应信息的行为。有观点认为,"窃取就是以秘密手段盗窃秘密文件、资料和情报的行为。"③本书认为,该观点缩小了"窃取"的内涵和外延,并不符合实务需要。对"窃取"应作广义解释,不限于只是通过秘密方式获取,即便是以抢劫、抢夺、杀害持有秘密、情报者,直接夺取秘密、情报的行为,也符合"窃取"的要求(当然应当实行数罪并罚)。"刺探",是指通过各种手段直接或间接向掌握、非法或合法持有国家秘密与情报的人,打探有关国家秘密或情报的信息,或者直接通过侦察、收集等方式在具体事件或情境中获取相关的国家秘密或情报的行为。"收买",是指以物质性或非物质性利益,主要是物质利益换取国家秘密或情报的行为,但不限于以财产性利益作为交换的必要条件。"非法提供",是指将合法或非法掌握的国家秘密或情报,非法地提供给境外的机构、组织或人员的行为。有观点认为,"非法提供",是未经有关部门批准,擅自向境外提供有关秘密和情报的行为④。"非法"已经表明了"提供"的行为性质,不需要以"擅自"来界定"非法"。而且,该观点将非法获得秘密、情报,提供境外的行为排除在外,实有不当。也因为根本不存在"批准"将国家秘密、情

---

① 境外机构、组织或个人,是否属于间谍机构、组织或其代理人,是官方还是非官方,以及隶属于哪一级政府机构,在所不问。

② 我国《保守国家秘密法》第2条规定:"下列国家秘密是关系国家安全和利益,依照法定程序确定,在一定时间内只限一定范围的人员知悉的事项。"第9条第1款规定:"下列涉及国家安全和利益,泄露后可能损害国家在政治、经济、国防、外交等领域的安全和利益的下列事项,属于国家秘密的范畴:(一)国家事务重大决策中的秘密事项;(二)国防建设和武装力量活动中的秘密事项;(三)外交和外事活动中的秘密事项以及对外承担保密义务的秘密事项;(四)国民经济和社会发展中的秘密事项;(五)科学技术中的秘密事项;(六)维护国家安全活动和追查刑事犯罪中的秘密事项;(七)经国家保密行政管理部门确定的其他秘密事项。"第9条第2款规定:"政党的秘密事项中符合前款规定的,属于国家秘密。"2001年1月22日最高人民法院实施的《关于审理为境外窃取、刺探、收买、非法提供国家秘密、情报案件具体应用法律若干问题的解释》(法释〔2001〕4号)(以下简称01.01.22《审理国家秘密、情报案件解释》)第1条第2款规定:"刑法第111条规定的'情报',是指关系国家安全和利益、尚未公开或者依照有关规定不应公开的事项。"

③ 周其华:《中国刑法罪名释考》,中国方正出版社2000年版,第19页。

④ 同上。

报提供给境外机构、组织或个人的行为,“批准”也不能成为“不是非法提供”的抗辩理由。

张明楷教授认为:“相对于窃取、刺探、收买行为而言,‘为境外机构、组织、个人’属于责任要素,即只要行为人为了提供给境外机构、组织或个人而窃取、刺探、收买国家秘密、情报,即构成犯罪。而相对于非法提供而言,‘为境外机构、组织、个人’属于构成要件要素,要求行为人在客观上将国家秘密或情报非法提供给境外机构、组织或个人,即构成本罪。”①由此,前者属于犯罪目的(责任要素);后者是客观构成要素。本书认为,窃取、刺探、收买行为,与我国《刑法》第 282 条第 1 款规定的“非法获取国家秘密罪”的行为,以及第 2 款规定的“非法持有国家机密、绝密文件、资料、物品罪”的客观行为,是相同的规定,或具有相同的内容②,本罪与上述两罪在构成上的区别,仅在于主观上是否为境外机构、组织或个人实施了客观上的提供行为。并非为境外机构、组织、个人,实施的窃取、刺探、收买国家秘密、情报的行为不构成犯罪。行为人的目的,也要求以客观事实印证。如果国家秘密、情报在客观上不与境外机构、组织、个人发生联系,目的的限制条件不能起到区别的实质性作用。因为犯罪目的只是行为人主观心理活动,如果客观上行为表现方式相同而不能印证其目的时,就只能构成我国《刑法》第 282 条的犯罪③。行为人实施“窃取、刺探、收买方法,非法获取国家秘密”行为,而无提供行为时;有“非法持有属于国家绝密、机密的文件、资料或者其他物品”的事实,没有向境外提供的行为,又“拒不说明来源与用途的”时候,只能构成第 282 条规定犯罪,而不可能构成本罪(预备或未遂)。只有国家秘密或情报,在客观上提供或者可能将被提供给境外机构、组织或个人时④,才能构成本罪。所以,本罪所规定的所有行为,均具有为境外机构、组织、个人“服务”的目的性,是不言自明的。但只有“提供”行为,才是本罪与第 288 条犯罪区别的客观标准。至于是主动提供还是勾结、联络后提供,不影响认定。

国家秘密或情报必须是提供给“境外”的机构、组织或人员⑤。其中,“境外”,是指国(边)境之外,包括外国和港、澳、台地区。至于外国或地区与我国之间关系如何,是否是敌方,在所不问。之所以提供给港、澳、台机构、组织或人员也构成犯罪,是因为在“一国两制”的特殊国情之下,国家秘密或情报流向这些地区及人员,也危及国家安全。

---

① 参见张明楷:《刑法学》(下),法律出版社 2016 年版,第 685 页。

② 我国《刑法》第 282 条第 1 款“非法获取国家秘密罪”,是指以窃取、刺探、收买方法,非法获取国家秘密的行为。与本罪构成要件在如何取得国家秘密、情报的行为上,是完全相同的。而第 2 款“非法持有国家绝密、机密文件、资料、物品罪”,是指非法持有属于国家绝密、机密的文件、资料或者其他物品,拒不说明来源与用途的行为。为境外机构、组织、个人提供国家秘密、情报的行为的前提,是必须非法持有国家机密、绝密文件、资料、物品。

③ 现实中,根本无法排除行为人实施我国《刑法》第 288 条的犯罪就是为了向境外组织、机构或个人提供。所以,不妨将第 288 条规定的犯罪视为本罪的“兜底”罪名。

④ 《审理国家秘密、情报案件解释》第 6 条规定“通过互联网将国家秘密或者情报非法发送给境外的机构、组织、个人的,依照刑法第 111 条的规定定罪处罚”,也表明只有国家秘密、情报与境外机构、组织或个人发生联系,才能危害到国家安全。

⑤ 参见我国《反间谍法实施细则》的规定。

多数说认为,本罪的主观上包括直接故意和间接故意,要求明知国家秘密或情报必然或可能危及国家安全,且认识到对方属于境外的机构、组织与人员,仍将国家秘密或情报提供给对方。01.01.22《审理国家秘密、情报案件解释》第5条规定:"行为人知道或应当知道没有标明密级的事项关系到国家安全和利益,而为境外窃取、刺探、收买、非法提供的,"也按本罪处理。其中"应当知道",多数说认为是"推定明知"。因"应当预见(知道)",理论上是过失罪过认识因素的表达。从有效维护国家安全角度说,对过失行为以本罪处罚也不为过,但可能与我国《刑法》第398条过失泄露国家秘密罪有冲突。张明楷教授认为,应将司法解释的"应当知道"理解为根据事实推定为行为人知道。明知是国家秘密、情报误以为是境外机构、组织或个人而提供,实际上不是的,只能构成故意泄露国家秘密罪①。本书赞同这一观点。应根据审查的证据,推定是"明知",可避免该规定适用上被架空。

(三)我国《反间谍法》第38条第1款第3项"间谍组织及其代理人以外的其他境外机构、组织、个人实施或者指使、资助他人实施,或者境内机构、组织、个人与其相勾结实施的窃取、刺探、收买或者非法提供国家秘密或者情报"的间谍行为与间谍罪、为境外窃取、刺探、收买、非法提供国家秘密、情报罪的关联

我国《反间谍法》第38条第1款第3项规定的主体,分为以下层次:间谍组织及其代理人以外的"其他境外机构、组织、个人"。这是指根据《反间谍法实施细则》第4条第2款的规定,不属于间谍组织及其代理人的境外机构、组织、个人。这是第一层主体,如果直接实施窃取、刺探、收买或者非法提供国家秘密或者情报的行为,构成犯罪没有疑问。第二层主体,则是接受第一层主体指使、资助的他人,实施窃取、刺探、收买或者非法提供国家秘密或者情报。第二层主体构成犯罪也没有疑问。第三层主体,则为"境内机构、组织、个人"与第一层主体相勾结,由第三层主体实施窃取、刺探、收买或者非法提供国家秘密或者情报。第三层主体构成犯罪也没有疑问。问题是,第一层主体因不是"间谍组织及其代理人",指使、资助他人实施,或者境内机构、组织、个人与其相勾结实施窃取、刺探、收买或者非法提供国家秘密或者情报行为的,对其还能否按照间谍罪认定?因为根据我国《刑法》第110条的规定,接受的是"间谍组织及其代理人"的间谍任务。如果按照间谍罪论处,在法律上没有依据,只能构成为境外窃取、收买非法提供国家秘密罪。因此,上述三个层次的主体,均是本罪的主体,而不能构成间谍罪。可见,按照我国《反间谍法》的规定,上述行为虽然均是"间谍行为",但却不能按照间谍罪论处。

(四)为境外窃取、刺探、收买、非法提供国家秘密、情报罪与非法获取国家秘密罪②的关联

非法获取国家秘密罪,是指以窃取、刺探、收买的方法,非法获取国家秘密的行

---

① 参见张明楷:《刑法学》(下),法律出版社2016年版,第685页。

② 我国《刑法》第282条第1款。

为。本罪主体为自然人一般主体,主观上是故意,要求明知非法获取的是国家秘密,至于国家秘密的密级,不要求必须明知,动机不影响认定。

可以看出,非法获取国家秘密的行为,可以成为非法获取国家秘密罪实施的一个阶段中的行为。应该说,当行为人只实施了非法获取的行为,没有证据表明企图将国家秘密、情报提供给境外机构、组织或个人时,就只能以非法获取国家秘密罪处罚。在此,可以说刑法设置非法获取国家秘密罪,有将为境外窃取、刺探、收买、非法提供国家秘密、情报罪防御线提前(既遂标准前移)之意,但是,这并不意味着非法获取国家秘密罪是该罪的预备行为或未遂行为。理由如下:一是为境外窃取、刺探、收买、非法提供国家秘密、情报罪有自己的既遂标准;二是非法获取国家秘密罪有着独立的构成要件;三是司法实务不排除有不是为境外机构、组织或个人窃取、刺探、收买国家秘密、情报的情况,如为了炫耀、好奇等动机的情况。因此,为境外窃取、刺探、收买、非法提供国家秘密、情报罪与非法获取国家秘密罪的关联主要体现为两点:一是国家秘密、情报是否关乎国家安全,因为有的国家秘密、情报并不与国家安全有直接或间接关系;二是主观上有无提供境外机构、组织或个人的故意以及行为。如果有为境外窃取、刺探、收买、非法提供国家秘密、情报之意图和行为,因法益具有同一性,应按照本罪论处。

(五) 为境外窃取、刺探、收买、非法提供国家秘密、情报罪与非法持有国家绝密、机密文件、资料、物品罪[①]的关联

非法持有国家绝密、机密文件、资料、物品罪,是指非法持有国家绝密、机密文件、资料或物品,拒不说明来源与用途的行为。本罪主体为自然人一般主体,主观上是故意,动机不影响认定。根据该罪的构成要件,当没有合法理由持有国家绝密、机密文件、资料、物品时,即为"非法持有"。不难看出,为境外窃取、刺探、收买、非法提供国家秘密、情报的行为,均可表现为对国家秘密、情报的"持有"(持有不一定均为非法)。在司法实务中,当然存在为境外机构、组织或个人窃取、刺探、收买国家秘密、情报,企图非法提供国家秘密情报被查获后,拒不吐实来源与用途(包括不能说明来源与用途)的情况(例如,不排除持有者就是间谍),但是,司法机关根据现有证据尚不能认定为构成为境外窃取、刺探、收买、非法提供国家秘密、情报罪,也未查清国家秘密、情报是否已经泄漏。在这种情况下,只能按照非法持有国家绝密、机密文件、资料、物品罪论处。可以说,本罪的设置仍然是为维护国家安全、严密法网,有将为境外窃取、刺探、收买、非法提供国家秘密、情报罪防御线提前(既遂标准前移)之意。同理,根据法理不能认为,非法持有国家绝密、机密文件、资料、物品罪是为境外窃取、刺探、收买、非法提供国家秘密、情报罪的预备行为或未遂行为。理由同前不再赘述。区别两罪的关键主要在于:(1) 持有国家绝密、机密文件、资料、物品是否有合法根据和理由,因为为境外窃取、刺探、收买、非法提供国家秘密、情报罪的"持有",存在合法持有

① 我国《刑法》第282条第2款。

的情况。(2) 非法持有国家绝密、机密文件、资料、物品罪的对象,必须是作为国家绝密、国家机密载体的文件、资料、物品,不包括秘密级的国家秘密与情报。为境外窃取、刺探、收买、非法提供国家秘密、情报罪的对象,是与国家安全具有关联的国家秘密与情报。(3) 主观上有无提供境外机构、组织或个人的故意以及行为。如果有证据表明是为提供给境外机构、组织或个人的,因侵害法益具有同一性,应按照本罪论处。

(六) 为境外窃取、刺探、收买、非法提供国家秘密、情报罪与故意泄露国家秘密罪①的关联

故意泄露国家秘密罪,是指违反国家保守秘密法的规定,故意泄露国家秘密,情节严重的行为。本罪主体为国家工作人员,系特殊主体,主观上是故意,动机不影响认定。本罪非法提供国家秘密、情报行为与故意泄露国家秘密行为存在部分法条竞合的情形,即将合法持有的国家秘密、情报为境外非法提供这一行为类型,同时也符合故意泄露国家秘密罪的构成要件,本罪属于特别法条,在竞合的情形之下应当以本罪处理。

(七) 为境外窃取、刺探、收买、非法提供国家秘密、情报罪与非法使用窃听、窃照专用器材罪②的关联

非法使用窃听、窃照专用器材罪,是指非法使用窃听、窃照专用器材,造成严重后果的行为,主体为自然人一般主体,主观上是故意,未以特定目的为主观要素,动机不影响认定。非法使用窃听、窃照专用器材罪并非为前述的为境外窃取、刺探、非法提供国家秘密、情报或其他危害国家安全间谍犯罪行为而设置,该行为可以成为多种犯罪的手段行为,无疑也可以成为前述间谍性质犯罪的手段行为。如此,应构成牵连犯,可从一重罪论处,一般也无需并罚处理。

(八) 为境外窃取、刺探、收买、非法提供国家秘密、情报罪的刑事责任

犯本罪,处 5 年以上 10 年以下有期徒刑;情节特别严重的,处 10 年以上有期徒刑或者无期徒刑;情节较轻的,处 5 年以下有期徒刑、拘役、管制或者剥夺政治权利。对国家和人民危害特别严重、情节特别恶劣的,可以判处死刑,可以并处没收财产。法定刑的基本刑、加重刑、减轻的幅度,应依据 01.01.22《审理国家秘密、情报案件的解释》规定执行③。

① 我国《刑法》第 398 条。
② 我国《刑法》第 284 条。
③ 参见《审理国家秘密、情报案件的解释》第 3 条、第 4 条的规定。

（中）贪污贿赂罪

一、贪　污　罪

（一）贪污罪的概念和法益

贪污罪，是指国家工作人员利用职务上的便利，侵吞、窃取、骗取或者以其他手段非法占有公共财物①，或者有其他较重情节的行为②。本罪的法益，多数说认为是公务人员职务的廉洁性以及公共财物的所有权。本罪主体为特殊主体，即国家工作人员，主观上是故意，具有非法占有公共财物的目的，动机不影响认定。

（二）对象、行为、主体

本罪对象是公共财物。根据我国《刑法》第 91 条的规定，公共财物是指：(1) 国有财产；(2) 劳动群众集体所有的财产；(3) 用于扶贫和其他公益事业的社会捐助或者专项基金的财产。此外，在国家机关、国有公司、企业、集体企业和人民团体管理、使用或者运输中的私人财产，以公共财产论。国家参股或者控股股份公司的财产，在理论上有争议。根据 2001 年 5 月 26 日最高人民法院颁布实施的《关于在国有资本控股、参股的股份有限公司中从事管理工作的人员利用职务便利非法占有本公司财物如何定罪问题的批复》（法释〔2001〕17 号）（以下简称 01.05.26《国有资本控股、参股的批复》）的规定：在国有资本控股、参股的股份有限公司中从事管理工作的人员，除受国家机关、国有公司、企业、事业单位委派从事公务的以外，不

---

① 此概念为法定概念，但根据近年对贪污罪主体的进一步明确，本书认为，贪污罪可以表述为：国家工作人员和受国家机关、国有公司、企业、事业单位、人民团体委托管理、经营国有财产的人员，利用职务上的便利，侵吞、窃取、骗取或者以其他手段非法占有公共财物的行为。

② "其他较重情节"，根据 16.04.18《贪污贿赂案件解释》第 1 条第 2 款的规定，包括：(1) 贪污救灾、抢险、防汛、优抚、扶贫、移民、救济、防疫、社会捐助等特定款物的；(2) 曾因贪污、受贿、挪用公款受过党纪、行政处分的；(3) 曾因故意犯罪受过刑事追究的；(4) 赃款赃物用于非法活动的；(5) 拒不交待赃款赃物去向或者拒不配合追缴工作，致使无法追缴的；(6) 造成恶劣影响或者其他严重后果的。2017 年 7 月 26 日最高人民检察院发布的《关于贪污养老、医疗等社会保险基金能否适用〈最高人民法院最高人民检察院关于办理贪污贿赂刑事案件适用法律若干问题的解释〉第 1 条第 2 款第 1 项规定的批复》（高检发释字〔2017〕1 号）规定，"养老、医疗、工伤、失业、生育等社会保险基金可以认定为《最高人民法院、最高人民检察院关于办理贪污贿赂刑事案件适用法律若干问题的解释》第 1 条第 2 款第 1 项规定的'特定款物'"。同时指出："根据刑法和有关司法解释规定，贪污罪和挪用公款罪中的'特定款物'的范围有所不同，实践中应注意区分，依法适用。"

属于国家工作人员。对其利用职务上的便利,将本单位财物非法占为己有,数额较大的,应当依照《刑法》第 271 条第 1 款的规定,以职务侵占罪定罪处罚。因此,国家参股或者控股的股份有限公司财产的性质,由于难以确定,所以,应根据行为人的身份确定是否构成本罪。

贪污,首先行为人必须利用职务上的便利。利用职务上的便利,是指利用行为人在职务上所具有主管、管理、经手、经营公共财物的权力和地位①的职务之便。"主管",是国家工作人员虽然不具体负责、经手、管理公共财物,但依其职权范围或者职务地位,对公共财物具有调拨、支配、转移、使用或者以其他方式支配的职权。在其主管期间,对公共财物的使用、处置具有决定权。"管理",是具有监守或者保管公共财物的职权。管理者在管理期间对管理的公共财物具有审查、处置权,至于这种管理的期限长短,并不影响对管理的认定。"经手",是具有领取、支出等经办公共财物流转事务的权限。经手虽然不是对公共财物的管理和处置权,但对公共财物具有所授予的流转中的管理和控制权。如果仅仅因为工作上的原因熟悉作案环境,或凭借主体身份便于接近目标物等方便条件,就不能认为是利用职务之便。"经营",是以职权、地位形成的对公共财物进行筹划增值、保值并实行管理(包括调拨、支配、转移、使用)决策的权力。

其次,贪污必须是实施了侵吞、窃取、骗取或者以其他手段非法占有公共财物的行为。"侵吞"是利用职务上的便利,将自己主管、管理或经手的公共财物非法占有。"窃取"是行为人利用职务之便,以自认为秘密的方法将公共财物占为己有。"骗取",即利用职务之便,使用欺骗的手段,如造假账、伪造、涂改单据、虚报冒领差旅费等,将公共财物占为己有。"其他方法"是上述三种常见方法之外的方法,利用职务之便,将公共财物占为己有。如私自将回扣占为己有、巧立名目,以在财务上"报销""核销"手段占有公共财物等。

本罪主体必须是国家工作人员。我国《刑法》第 93 条规定,国家工作人员是指国家机关中从事公务的人员。另外,国有公司、企业、事业单位、人民团体中从事公务的人员和国家机关、国有公司、企业、事业单位委派到非国有公司、企业、事业单位、社会团体从事公务的人员,以及其他依照法律从事公务的人员,以国家工作人员论。关于典型贪污罪主体的国家工作人员的主要特征,多数说不赞同"身份说"②,主张

---

① 也有观点认为,"经手"不属于利用职务上的便利,职务上的便利是职务的管理性。参见刘宪权主编:《刑法学》,上海人民出版社 2005 年版,第 818 页。本书认为,从具有"管理性"的角度理解"利用职务上的便利"是正确的,但是,如果将"管理性"狭隘地理解为"处置权",那么,"监守或者保管"也不能视为有"管理性",然而,这显然是不正确的结论。因此,不宜否定"经手"流转中暂时的"管理、控制"具有"管理性"。

② 虽然在多数情况下,依据"公务说"认定贪污罪是没有问题的,但不赞同"身份说"也显然与 01.05.23《国有资本控股、参股的批复》所规定的情况有矛盾之处,即无法排除根据"身份说"进行认定所具有的合理性。

“公务说”①。公务说即认为,成为贪污罪主体,必须从事组织、领导、监督、管理国家事务和社会公共事务活动。公务活动,具有“管理性”和“职务性”。前者是与劳务活动区别的特征,后者是与不具有国家工作人员身份的活动区别的特征。包括:(1)国家机关工作人员,即在各级国家机关,如国家权力机关、国家行政机关、国家审判机关、国家检察机关和国家军事机关从事公务的人员②;(2) 在国有公司、企业、事业单位、人民团体中从事公务的人员。(3) 受国家机关、国有公司、企业、事业单位委派,到非国有公司、企业、事业单位、社会团体从事公务的人员③;(4) 其他依照法律从事公务的人员,如第382条第2款规定的受国家机关、国有公司、企业、事业单位、人民团体委托管理、经营国有资产的人员④。2000年4月29日全国人民代表大会常务委员会通过的《关于〈中华人民共和国刑法〉第93条第2款的解释》规定,村民委员会等村基层组织人员协助人民政府从事下列行政管理工作,属于《刑法》第93条第2款规定的“其他依照法律从事公务的人员”:(1) 救灾、抢险、防汛、优抚、扶贫、移民、救济款物的管理;(2) 社会捐助公益事业款物的管理;(3) 国有土地的经营和管理;(4) 土地征用补偿费用的管理;(5) 代征、代缴税款;(6) 有关计划生育、户籍、征兵工作;(7) 协助人民政府从事的其他行政管理工作。村民委员会等村基层组织人员从事前述规定的公务,利用职务上的便利,非法占有公共财物挪用公款,构成犯罪的,适用刑法贪污罪的规定。在中国共产党各级机关和政治协商会议各级机关从事公务的人

① 03.11.13《经济犯罪座谈会纪要》关于“从事公务”的理解:“从事公务,是指代表国家机关、国有公司、企业、事业单位、人民团体等履行组织、领导、监督、管理等职责。公务主要表现为与职权相联系的公共事务以及监督、管理国有财产的职务活动。如国家机关工作人员依法履行职责,国有公司的董事、经理、监事、会计、出纳人员等管理、监督国有财产等活动,属于从事公务。那些不具备职权内容的劳务活动、技术服务工作,如售货员、售票员等所从事的工作,一般不认为是公务。”

② 03.11.13《经济犯罪座谈会纪要》有关国家机关工作人员的认定:“刑法中所称的国家机关工作人员,是指在国家机关中从事公务的人员,包括在各级国家权力机关、行政机关、司法机关和军事机关中从事公务的人员。”“根据有关立法解释的规定,在依照法律、法规规定行使国家行政管理职权的组织中从事公务的人员,或者在受国家机关委托代表国家行使职权的组织中从事公务的人员,或者虽未列入国家机关人员编制但在国家机关中从事公务的人员,视为国家机关工作人员。在乡(镇)以上中国共产党机关、人民政协机关中从事公务的人员,司法实践中也应当视为国家机关工作人员。”

③ 03.11.13《经济犯罪座谈会纪要》有关国家机关、国有公司、企业、事业单位委派到非国有公司、企业、事业单位、社会团体从事公务的人员的认定:“所谓委派,即委任、派遣,其形式多种多样,如任命、指派、提名、批准等。不论被委派的人身份如何,只要是接受国家机关、国有公司、企业、事业单位委派,代表国家机关、国有公司、企业、事业单位在非国有公司、企业、事业单位、社会团体中从事组织、领导、监督、管理等工作,都可以认定为国家机关、国有公司、企业、事业单位委派到非国有公司、企业、事业单位、社会团体从事公务的人员。如国家机关、国有公司、企业、事业单位委派在国有控股或者参股的股份有限公司从事组织、领导、监督、管理等工作的人员,应当以国家工作人员论。国有公司、企业改制为股份有限公司后,原国有公司、企业的工作人员和股份有限公司新任命的人员中,除代表国有投资主体行使监督、管理职权的人外,不以国家工作人员论。”

④ 03.11.13《经济犯罪座谈会纪要》有关“其他依照法律从事公务的人员”的认定:“刑法第93条第2款规定的‘其他依照法律从事公务的人员’应当具有两个特征:一是在特定条件下行使国家管理职能;二是依照法律规定从事公务。具体包括:(1) 依法履行职责的各级人民代表大会代表;(2) 依法履行审判职责的人民陪审员;(3) 协助乡镇人民政府、街道办事处从事行政管理工作的村民委员会、居民委员会等农村和城市基层组织人员;(4) 其他由法律授权从事公务的人员。”

员,也属于国家机关工作人员。

需要注意的是,我国《刑法》第 382 条第 2 款规定的受国家机关、国有公司、企业、事业单位、人民团体委托管理、经营国有资产的人员,是 03.11.13《经济犯罪座谈会纪要》“二、(二)”有关“受委托管理、经营国有财产”的认定:“刑法第 382 条第 2 款规定的‘受委托管理、经营国有财产’,是指因承包、租赁、临时聘用等管理、经营国有财产。”此种情形下,构成贪污罪的,并非是基于其具有“受委托”而具有国家工作人员的身份,而是因为受委托“管理、经营国有财产”。这与利用职务之便侵占本单位财物,如果具有国家工作人员身份构成贪污罪的,形成鲜明的对比,即前者看财物属性而定性,后者看有无身份而定罪。有观点认为,“受委托管理、经营国有财产”的人,可以构成贪污罪,但是不能成为以国家工作人员为主体的诸如挪用公款罪、受贿罪、巨额财产来源不明罪、隐瞒境外存款罪的主体①。但这一认识,与最高人民检察院 2000 年 6 月 5 日发布的《关于贯彻执行〈全国人民代表大会常务委员会关于〈中华人民共和国刑法〉第 93 条第 2 款的解释〉的通知》(高检发研字〔2000〕12 号)(以下简称 00.06.05《贯彻刑法第 93 条第 2 款通知》)有不合之处②。

本罪主观上只能是直接故意,并且具有非法占有的目的。非法占有目的,与盗窃罪、诈骗罪非法占有目的并没有什么区别,占有目的也并非限于为自己非法占有,为与己有关的第三者非法占有,亦为非法占有。在此,应区别不具有非法占有目的的非法占用、违法借用以及非法挪用③。

(三) 贪污罪既遂与未遂

贪污罪既有亵渎职务的性质,也具有财产犯罪的属性。“贪污罪是一种以非法占有为目的的财产性职务犯罪,与盗窃、诈骗、抢夺等侵犯财产罪一样,应当以行为人是否实际控制财物作为区分贪污罪既遂与未遂的标准。对于行为人利用职务上的便利,实施了虚假平账等贪污行为,但公共财物尚未实际转移,或者尚未被行为人控制就被查获的,应当认定为贪污未遂。行为人控制公共财物后,是否将财物据为己有,不影响贪污既遂的认定。”④因此,其既遂的标准,与侵财犯罪的诈骗罪等相同,以实际

---

① 参见高铭暄、马克昌主编《刑法学》(第 7 版),北京大学出版社、高等教育出版社 2016 年版,第 621 页。

② 00.06.05《贯彻刑法第 93 条第 2 款通知》第 3 条规定:“各级检察机关在依法查处村民委员会等村基层组织人员贪污、受贿、挪用公款犯罪案件过程中,要根据〈解释〉和其他有关法律的规定,严格把握界限,准确认定村民委员会等村基层组织人员的职务活动是否属于协助人民政府从事〈解释〉所规定的行政管理工作,并正确把握刑法第 382 条、第 383 条贪污罪、第 384 条挪用公款罪和第 385 条、第 386 条受贿罪的构成要件。对村民委员会等村基层组织人员从事属于村民自治范围的经营、管理活动不能适用〈解释〉的规定。”

③ 16.04.18《贪污贿赂案件解释》第 16 条规定:“国家工作人员出于贪污故意,非法占有公共财物、收受他人财物之后,将赃款赃物用于单位公务支出或者社会捐赠的,不影响贪污罪的认定,但量刑时可以酌情考虑。”本书认为,这虽然不影响贪污罪的认定,但在贪污的总数额中,应将用于单位公务支出或者社会捐赠的数额予以扣除。

④ 03.11.13《经济犯罪座谈会纪要》“二、(一)”的规定。

非法占有与所有者、控制者的失控的统一为标准。

(四) 其他以贪污罪论处的行为

第一,国有保险公司工作人员和国有保险公司委派到非国有保险公司从事公务的人员,利用职务上的便利,故意编造未曾发生的保险事故进行虚假理赔,骗取保险金归自己所有的,构成贪污罪①。编造,当然是指“无中生有”的捏造,事实上并无真实保险事故。

第二,利用计算机实施贪污的,构成贪污罪②。这主要是以计算机为工具实施贪污,主要是通过计算机系统伪造项目、虚构支出等使财务系统内账面平账,掩盖贪污事实。

第三,挪用公款转化为贪污的认定。挪用公款罪与贪污罪的主要区别在于行为人主观上是否具有非法占有公款的目的。挪用公款是否转化为贪污,应当按照主客观相一致的原则,具体判断和认定行为人主观上是否具有非法占有公款的目的。在司法实践中,具有以下情形之一的,可以认定行为人具有非法占有公款的目的:(1) 根据最高人民法院《关于审理挪用公款案件具体应用法律若干问题的解释》第6条的规定,行为人“携带挪用的公款潜逃的”,对其携带挪用的公款部分,以贪污罪定罪处罚。(2) 行为人挪用公款后采取虚假发票平账、销毁有关账目等手段,使所挪用的公款已难以在单位财务账目上反映出来,且没有归还行为的,应当以贪污罪定罪处罚。(3) 行为人截取单位收入不入账,非法占有,使所占有的公款难以在单位财务账目上反映出来,且没有归还行为的,应当以贪污罪定罪处罚。(4) 有证据证明行为人有能力归还所挪用的公款而拒不归还,并隐瞒挪用的公款去向的,应当以贪污罪定罪处罚。③ 即行为人挪用之时,并没有非法占有的目的,但如果挪用之后,产生非法占有的目的,携带公款潜逃的客观行为,反映行为人有将挪用款物据为己有的主观意图,所以应该以贪污罪定罪处罚。

第四,国家工作人员在国内公务活动或者对外交往中接受礼物,依照国家规定应当交公而不交公,数额较大的,以贪污罪定罪处罚④。“礼物”,包括礼金、有价证券、古玩、玉器、字画等有现实价值的财物。“国家规定”是指全国人大及其常委会制定的法律及国务院制定、发布的规范国家工作人员在国内外交往中接受礼物行为的有关法规和决定。如国务院1980年11月7日发布的《关于在对外活动中不赠礼、不受礼的决定》、1988年12月1日发布的《国家行政机关及其工作人员在国内公务活动中不得送礼和接受礼品的规定》、1993年12月5日发布的《关于在对外公务活动中赠送和接受礼品的规定》以及中共中央、国务院1995年4月30日发布的《关于对党和国家机关工作人员在国内交往中收受的礼品实行登记制度的规定》等。根据这些规定,国

---

① 我国《刑法》第183条第2款。

② 我国《刑法》第287条。

③ 03.11.13《经济犯罪座谈会纪要》“四、(八)”的规定。

④ 我国《刑法》第394条。

家工作人员在国内交往中不得收受可能影响公正执行公务的礼品馈赠，因各种原因未能拒收的礼品，必须登记上交；国家工作人员在国内交往（不含亲友之间的交往）中收受的其他礼品，除价值不大的以外，均须登记；对收受的礼品，必须在1个月内上交国库，所收受的礼品不按期上交的，按贪污罪论处。

第五，国家出资企业中的国家工作人员在公司、企业改制或者国有资产处置过程中徇私舞弊，将国有资产低价折股或者低价出售给特定关系人持有股份或者本人实际控制的公司、企业，致使国家利益遭受重大损失的，以贪污罪定罪处罚。贪污数额以国有资产的损失数额计算。收受贿赂，同时又构成受贿罪的，依照处罚较重的规定定罪处罚。所隐匿财产在改制过程中已为行为人实际控制，或者国家出资企业改制已经完成的，以犯罪既遂处理[①]。

（五）贪污罪与职务侵占罪的关联

本质上职务侵占罪也是职务犯罪的类型之一，从形式上讲贪污罪与职务侵占罪很难准确地区别开。在法规范上，只是因主体不同，而致法益保护的侧重点有区别。贪污罪侧重于公务人员职务行为的廉洁性，而职务侵占罪侧重于对公司、企业、单位财产权的保护。因此，法规范上贪污罪强调职务行为只能是对公共财物侵犯，而职务侵占罪则对财物的实质属性并不关注，强调的是非法占有财物者的身份不能是公务人员。至于职务侵占罪的利用职务之便"侵占"，并非与贪污罪的"贪污"行为本质上有原则区别。张明楷教授认为贪污罪的"贪污"行为形式上多于职务侵占罪单一性的"侵吞"[②]，本书同意这一看法。具体理由参见"职务侵占罪"。

（六）贪污罪共犯

2000年7月8日最高人民法院实施的《关于审理贪污、职务侵占案件如何认定共同犯罪几个问题的解释》（法释〔2000〕15号）第1条规定："行为人与国家工作人员勾结，利用国家工作人员的职务便利，共同侵吞、窃取、骗取或者以其他手段非法占有公共财物的，以贪污罪共犯论处。"第2条规定："行为人与公司、企业或者其他单位的人员勾结，利用公司、企业或者其他单位人员的职务便利，共同将该单位财物非法占为己有，数额较大的，以职务侵占罪共犯论处。第3条规定："公司、企业或者其他单位中，不具有国家工作人员身份的人与国家工作人员勾结，分别利用各自的职务便利，共同将本单位财物非法占为己有的，按照主犯的犯罪性质定罪。"[③]贪污罪的处罚程度主要根据贪污的数额确定，至于如何确定共同贪污犯罪中个人的贪污数额，有两种观

---

① 2010年12月2日最高人民法院、最高人民检察院下发的《关于办理国家出资企业中职务犯罪案件具体应用法律若干问题的意见》（法发〔2010〕49号）（以下简称10.12.02《国家出资企业中职务犯罪的意见》）。

② 参见张明楷：《刑法学》（下），法律出版社2016年版，第1186页；黎宏：《刑法学各论》，法律出版社2016年版，第510页。

③ 对此项规定，理论上还有争议。

点:一是分赃数额说,即只对实际所得的赃物和赃物的数额承担刑事责任。但在尚未来得及分赃的情况下,很难确定各自责任,且不易区别起主要作用的行为人。二是犯罪总额说,这是多数人的观点,即以共同犯罪的总额作为确定各共犯的刑事责任标准,这也为司法实务采纳的标准。03.11.13《经济犯罪座谈会纪要》"二、(四)"指出:"刑法第383条第1款规定的'个人贪污数额',在共同贪污犯罪案件中应理解为个人所参与或者组织、指挥共同贪污的数额,不能只按个人实际分得的赃款数额来认定。对共同贪污犯罪中的从犯,应当按照其所参与的共同贪污的数额确定量刑幅度,并依照刑法第27条第2款的规定,从轻、减轻处罚或者免除处罚。"但根据上述要求,贪污共同犯罪有存在从犯的可能性,因此,犯罪总额说,也不意味着对每个行为人都需要对总额承担刑事责任。否则,也是违反了罪责自负的原则。

(七)贪污罪的刑事责任

犯本罪,根据情节轻重,分别依照下列规定处罚:

(1)贪污数额较大或者有其他较重情节的,处3年以下有期徒刑或者拘役,并处罚金。

16.04.18《贪污贿赂案件解释》第1条第1款规定:贪污数额在3万元以上不满20万元的,应当认定为《刑法》第383条第1款规定的"数额较大",依法判处3年以下有期徒刑或者拘役,并处罚金。第2款规定:"贪污数额在1万元以上不满3万元,具有下列情形之一的,应当认定为刑法第383条第1款规定的'其他较重情节',依法判处3年以下有期徒刑或者拘役,并处罚金:(一)贪污救灾、抢险、防汛、优抚、扶贫、移民、救济、防疫、社会捐助等特定款物的;(二)曾因贪污、受贿、挪用公款受过党纪、行政处分的;(三)曾因故意犯罪受过刑事追究的;(四)赃款赃物用于非法活动的;(五)拒不交待赃款赃物去向或者拒不配合追缴工作,致使无法追缴的;(六)造成恶劣影响或者其他严重后果的。"

(2)贪污数额巨大或者有其他严重情节的,处3年以上10年以下有期徒刑,并处罚金或者没收财产。

16.04.18《贪污贿赂案件解释》第2条规定:贪污数额在20万元以上不满300万元的,应当认定为《刑法》第383条第1款规定的"数额巨大",依法判处3年以上10年以下有期徒刑,并处罚金或者没收财产。第2款规定:"贪污数额在10万元以上不满20万元,具有本解释第1条第2款规定的情形之一的,应当认定为刑法第383条第1款规定的'其他严重情节',依法判处3年以上10年以下有期徒刑,并处罚金或者没收财产。"

(3)贪污数额特别巨大或者有其他特别严重情节的,处十年以上有期徒刑或者无期徒刑,并处罚金或者没收财产;数额特别巨大,并使国家和人民利益遭受特别重大损失的,处无期徒刑或者死刑,并处没收财产。

16.04.18《贪污贿赂案件解释》第3条规定:贪污数额在300万元以上的,应当认定为刑法第383条第1款规定的"数额特别巨大",依法判处10年以上有期徒刑、无期徒刑或者死刑,并处罚金或者没收财产。第2款规定:“贪污数额在150万元以上不满300万元,具有本解释第1条第2款规定的情形之一的,应当认定为刑法第383条第1款规定的‘其他特别严重情节’,依法判处10年以上有期徒刑、无期徒刑或者死刑,并处罚金或者没收财产。”

此外,我国《刑法》与司法解释还规定了以下罚则:

(4)对多次贪污未经处理的,按照累计贪污数额处罚。

(5)犯贪污罪,在提起公诉前如实供述自己罪行、真诚悔罪、积极退赃,避免、减少损害结果的发生,有第1项规定情形的(即贪污数额较大或者有其他较重情节的),可以从轻、减轻或者免除处罚;有第2项(贪污数额巨大或者有其他严重情节的)、第3项(贪污数额特别巨大或者有其他特别严重情节的)规定情形的,可以从轻处罚。

(6)犯贪污罪,有第3项(贪污数额特别巨大或者有其他特别严重情节的)规定情形被判处死刑缓期执行的,人民法院根据犯罪情节等情况可以同时决定在其死刑缓期执行二年期满依法减为无期徒刑后,终身监禁,不得减刑、假释。

(7)国家工作人员出于贪污的故意,非法占有公共财物之后,将赃款赃物用于单位公务支出或者社会捐赠的,不影响贪污罪的认定,但量刑时可以酌情考虑。

(8)贪污犯罪分子违法所得的一切财物,应当依照《刑法》第64条的规定予以追缴或者责令退赔,对被害人的合法财产应当及时返还。对尚未追缴到案或者尚未足额退赔的违法所得,应当继续追缴或者责令退赔。

(9)对贪污罪判处3年以下有期徒刑或者拘役的,应当并处10万元以上50万元以下的罚金;判处3年以上10年以下有期徒刑的,应当并处20万元以上犯罪数额2倍以下的罚金或者没收财产;判处10年以上有期徒刑或者无期徒刑的,应当并处50万元以上犯罪数额2倍以下的罚金或者没收财产。对《刑法》规定并处罚金的其他贪污犯罪,应当在10万元以上犯罪数额2倍以下判处罚金。

二、挪用公款罪

(一)挪用公款罪的概念和法益

国家工作人员利用职务上的便利,挪用公款归个人使用,进行非法活动的,或者挪用公款数额较大、进行营利活动的,或者挪用公款数额较大、超过3个月未还的行为,构成挪用公款罪。本罪法益,多数说认为是公款(包括特定公物)的占有、使用、收益权以及公务活动的廉洁性。本罪主体为特殊主体,即国家工作人员,主观上是故意,具有非法挪用公共财物的目的,动机不影响认定。

(二)对象、行为、主体、故意

本罪对象为公款,包括救灾、抢险、防汛、优抚、扶贫、移民、救济款物等特定款物。

本罪行为是利用职务上的便利,挪用公款归个人使用①。"利用职务上的便利"是指利用职务上的权利和地位形成的主管、管理、经手、经营公款或特定款物的便利条件。"挪用"是未经批准或违反财会制度规定,擅自将公款或特定款物为己所用。经单位领导集体研究决定将公款给个人使用,或者单位负责人为了单位的利益,决定将公款给个人使用的,不以挪用公款罪定罪处罚。上述行为致使单位遭受重大损失,构成其他犯罪的,依照刑法的有关规定对责任人员定罪处罚②。根据全国人大常委会《关于〈中华人民共和国刑法〉第384条第1款的解释》的规定,"以个人名义将公款供其他单位使用的"、"个人决定以单位名义将公款供其他单位使用,谋取个人利益的",属于挪用公款"归个人使用"。在司法实践中,对于将公款供其他单位使用的,认定是否属于"以个人名义",不能只看形式,要从实质上把握。对于行为人逃避财务监管,或者与使用人约定以个人名义进行,或者借款、还款都以个人名义进行,将公款给其他单位使用的,应认定为"以个人名义"。"个人决定"既包括行为人在职权范围内决定,也包括超越职权范围决定。"谋取个人利益",既包括行为人与使用人事先约定谋取个人利益实际尚未获取的情况,也包括虽未事先约定但实际已获取了个人利益的情况。其中的"个人利益",既包括不正当利益,也包括正当利益;既包括财产性利益③,也包括非财产性利益,但这种非财产性利益应当是具体的实际利益,如升学、就业等④。在此前提下,挪用表现为以下三种情形:

(1) 挪用公款归个人使用,进行非法活动。"非法活动",包括一般违法活动,也包括构成犯罪的违法活动⑤。如用于赌博、走私、偿还赌债等等。无论使用公款的是个人还是单位以及单位的性质如何,均应认定为挪用公款归个人使用,构成犯罪的,应依法严肃查处⑥。将公款用于违法活动的,无论挪用时间长短,原则上都应当追究刑事责任。挪用数额应以3万元为起点⑦。

(2) 挪用公款数额较大、进行营利活动。归个人使用的用途的"营利活动",限于合法营利活动,如用于经营、经商、投资购买股票、债券或购买其他金融产品、借款予他人收取利息等。该项挪用行为,以挪用5万元为"数额较大"起点⑧。挪用公款归还个人欠款的,应当根据产生欠款的原因,分别认定属于挪用公款的何种情形。归个人进行非法活动或者进行营利活动产生的欠款,应当认定为挪用公款进行非法活动或

---

① 2002年4月28日全国人大常委会通过的《关于〈中华人民共和国刑法〉第384条第1款的解释》规定:"有下列情形之一的,属于挪用公款'归个人使用':(1) 将公款供本人、亲友或者其他自然人使用的;(2) 以个人名义将公款供其他单位使用的;(3) 个人决定以单位名义将公款供其他单位使用,谋取个人利益的。"

② 03.11.13《经济犯罪座谈会纪要》"四、(一)"的规定。

③ 挪用公款为个人谋取利益是财产利益的,有构成贪污罪、受贿罪的可能性。

④ 03.11.13《经济犯罪座谈会纪要》"四、(一)至(二)"的规定。

⑤ 本书认为不能包括我国《刑法》规定有特别危险性的犯罪活动,如资助恐怖活动罪、准备实施恐怖活动罪。否则应以相应犯罪论处。

⑥ 2002年5月13日最高人民检察院发布的《关于认真贯彻执行全国人大常委会〈关于刑法第294条第1款的解释〉和〈关于刑法第384条第1款的解释〉的通知》(高检发研字〔2002〕11号)。

⑦ 16.04.18《贪污贿赂案件解释》第5条。

⑧ 16.04.18《贪污贿赂案件解释》第6条。

者进行营利活动[①]。本书认为,对挪用公款存入金融机构、购买金融产品获利的行为,也应该具体分析。公款公存的,是仍然以单位名义存入金融机构、购买金融产品,为自己获利的,应该属于“营利活动”;公款私存,将挪用的公款以个人名义存入金融机构、购买金融产品,为自己获利的,应该构成贪污罪。

(3) 挪用公款数额较大、超过3个月未还。这里“归个人使用”的用途虽然没有具体规定,但多数说认为,用途不包括前两项的“非法活动”和“营利活动”。挪用公款后尚未投入实际使用的,只要同时具备“数额较大”和“超过3个月未还”的构成要件,应当认定为挪用公款罪,但可以酌情从轻处罚[②]。

此外,根据03.11.13《经济犯罪座谈会纪要》的规定,国有单位领导利用职务上的便利指令具有法人资格的下级单位将公款供个人使用的,属于挪用公款行为,构成犯罪的,应以挪用公款罪定罪处罚。挪用金融凭证、有价证券用于质押,使公款处于风险之中,与挪用公款为他人提供担保没有实质的区别,符合刑法关于挪用公款罪规定的,以挪用公款罪定罪处罚,挪用公款数额以实际或者可能承担的风险数额认定[③]。

对于挪用公款的实际用途,必须根据其最终用途确定。

本罪主体是国家工作人员,包括国有公司、企业或者其他国有单位中从事公务的人员(包括国有商业银行、证券交易所、期货交易所、证券公司、期货经纪公司、保险公司或者其他国有金融机构的工作人员)和国有公司、企业或者其他国有单位委派到非国有公司、企业以及其他单位从事公务的人员(包括受国有商业银行、证券交易所、期货交易所、证券公司、期货经纪公司、保险公司或者其他国有金融机构委派到非国有机构的商业银行、证券交易所、期货交易所、证券公司、期货经纪公司、保险公司或者其他金融机构中从事公务的人员,利用职务上的便利,挪用本单位或者客户资金的[④])。受委派具体包括接受委派到国有控股、参股公司从事公务的人员[⑤]、从事管理工作的人员,上述人员是受国家机关、国有公司、企业、事业单位委派从事公务的人员[⑥],因此,只要在国家出资企业中受国家机关、国有公司、企业、事业单位、人民团体委托管理、经营国有财产的人员,是国家工作人员[⑦],利用职务上的便利,挪用本单位资金的行为,构成挪用公款罪。

---

① 03.11.13《经济犯罪座谈会纪要》“四、(五)”的规定。

② 03.11.13《经济犯罪座谈会纪要》“四、(七)”的规定。

③ 03.11.13《经济犯罪座谈会纪要》“四、(五)至(六)”的规定。

④ 我国《刑法》第185条第2款。

⑤ 2005年8月11日最高人民法院实施的《关于如何认定国有控股、参股股份有限公司中的国有公司、企业人员的解释》(法释〔2005〕10号),是以“国有公司、企业人员论”。

⑥ 参见01.05.26《国有资本控股、参股的批复》的有关规定。

⑦ 10.12.02《国家出资企业中职务犯罪的意见》第3条规定:“国家出资企业的工作人员在公司、企业改制过程中为购买公司、企业股份,利用职务上的便利,将公司、企业的资金或者金融凭证、有价证券等用于个人贷款担保的,依照刑法第272条或者第384条的规定.以挪用资金罪或者挪用公款罪定罪处罚。行为人在改制前的国家出资企业持有股份的,不影响挪用数额的认定,但量刑时应当酌情考虑。经有关主管部门批准或者按照有关政策规定,国家出资企业的工作人员为购买改制公司、企业股份实施前款行为的,可以视具体情况不作为犯罪处理。”

本罪主观上是直接故意,明知违反规定,或未经批准擅自决定将公款(特定款物),用于为本单位利益之外,谋取个人利益的(非法活动、营利活动或其他利益),并实际上打算归还的,即符合本罪要求,而不能以非法占有为目的,否则应构成贪污罪。

(三)挪用公款罪与挪用资金罪[①]的关联

公司、企业或者其他单位的工作人员,利用职务上的便利,挪用本单位资金归个人使用或者借贷给他人,数额较大、超过3个月未还的,或者虽未超过3个月,但数额较大、进行营利活动的,或者进行非法活动的行为,构成挪用资金罪。该罪主体为非国家工作人员的公司、企业或者其他单位的工作人员,主观上是直接故意,动机不影响认定。在法规范上,挪用公款罪和挪用资金罪两罪因主体的区别,而使得保护法益不同,挪用公款罪侧重于公职人员职务的廉洁性,而挪用资金罪强调对公司、企业或者其他单位所有财产的占有、使用、收益的安全。所以,两罪虽然在多数构成要件上相同或相似,但规范上并无直接关联,只在实际构成事实上有关联,即如果在公司、企业或者其他单位从事管理、经营的人员,同时具有接受委派到非公司、企业或者其他单位从事管理、经营国家工作人员身份的,应不再区分所挪用的资金属性,为想象竞合犯,应该以挪用公款罪处罚。

(四)挪用公款罪与挪用特定款物罪[②]、挪用资金罪[③]的关联

挪用用于救灾、抢险、防汛、优抚、扶贫、移民、救济款物,情节严重,致使国家和人民群众利益遭受重大损害[④]的直接责任人员,构成挪用特定款物罪。该罪主体为违法挪用,改变特定款物用途的直接责任人员,主观上是直接故意,动机不影响认定。因挪用对象为用于救灾、抢险、防汛、优抚、扶贫、移民、救济款物,如果来源于国家并由国家相关机构、部门监管、支配、发放的,也可以是挪用公款罪的对象,因此,在法规范上特定款物可以包括在挪用公款罪的对象中。区别在于,前者必须是"归个人使用",而后者只是在特定款物用途上未用于法律规定的用途上,但仍然是公款(物)公用,而不能是"归个人使用"。通常意义上,国家用于救灾、抢险、防汛、优抚、扶贫、移民、救济款物或者由国家、社会(包括各国家、地区以及国际组织)、个人捐赠用于救灾、抢险、防汛、优抚、扶贫、移民、救济款物,是由接受的各个相关政府机构进行管理,管理者要么是国家工作人员,要么是接受委托、委派具有国家工作人员身份的人员。因此,如果将用于救灾、抢险、防汛、优抚、扶贫、移民、救济款物"归个人使用"的,是想象

---

① 我国《刑法》第272条。

② 我国《刑法》第273条。

③ 我国《刑法》第272条。

④ 10.05.07《立案标准(二)》第86条规定:"涉嫌下列情形之一的,应予立案追诉:(一)挪用特定款物数额在5000元以上的;(二)造成国家和人民群众直接经济损失数额在5万元以上的;(三)虽未达到上述数额标准,但多次挪用特定款物的,或者造成人民群众的生产、生活严重困难的;(四)严重损害国家声誉,或者造成恶劣社会影响的;(五)其他致使国家和人民群众利益遭受重大损害的情形。"

竞合犯,应从一重罪即挪用公款罪定罪处罚。当然,现实中特定款物在最后使用、发放的环节上,如果是由不具有国家工作人员身份的人直接管理(例如,已经发放到具体民办救济机构,由其直接使用在被救济具体个人时),这种情形下,将特定款物"归个人使用"的,应构成挪用资金罪,仍然为想象竞合犯,应从一重罪论处。

(五) 挪用公款罪的刑事责任

犯本罪,处5年以下有期徒刑或者拘役;情节严重的,处5年以上有期徒刑。挪用公款数额巨大不退还的,处10年以上有期徒刑或者无期徒刑。挪用用于救灾、抢险、防汛、优抚、扶贫、移民、救济款物归个人使用的,从重处罚。其"情节严重"和"数额巨大"根据具体挪用的用途加以区别。挪用"进行非法活动"的严重情节包括:(1) 挪用公款数额在100万元以上的;(2) 挪用救灾、抢险、防汛、优抚、扶贫、移民、救济特定款物,数额在50万元以上不满100万元的;(3) 挪用公款不退还,数额在50万元以上不满100万元的;(4) 其他严重的情节①。挪用数额在300万元以上的,为"数额巨大"②。挪用"进行营利活动"以及"超过3个月未还"的严重情节包括:(1) 挪用公款数额在200万元以上的;(2) 挪用救灾、抢险、防汛、优抚、扶贫、移民、救济特定款物,数额在100万元以上不满200万元的;(3) 挪用公款不退还,数额在100万元以上不满200万元的;(4) 其他严重的情节③。挪用数额在500万元以上的,为"数额巨大"④。

"挪用公款数额巨大不退还的",是法定刑升格的条件,根据1998年5月9日最高人民法院实施的《关于审理挪用公款案件具体应用法律若干问题的解释》(法释〔1998〕9号)(以下简称98.05.09《挪用公款解释》)第5条的规定,是指挪用公款数额巨大,因客观原因在一审宣判前不能退还的。但"不退还"只是一种客观现象,并非一定表明主观上想还而客观上不能归还。虽然解释还规定,"携带挪用的公款潜逃的",构成贪污罪。如果行为人既无"潜逃"行为,如何认定主观上"不打算归还",应以03.11.13《经济犯罪座谈会纪要》四、(八)规定对具有"非法占有目的"的情况予以判断。因挪用公款索取、收受贿赂构成犯罪的,以及挪用公款进行非法活动构成其他犯罪的,依照数罪并罚的规定处罚。挪用公款给他人使用,使用人与挪用人共谋,指使或者参与策划取得挪用款的,以挪用公款罪的共犯定罪处罚⑤。

三、受 贿 罪

(一) 受贿罪的概念和法益

受贿罪,是指国家工作人员利用职务上的便利,索取他人财物的,或者非法收受

① 16.04.18《贪污贿赂案件解释》第5条。
② 同上。
③ 16.04.18《贪污贿赂案件解释》第6条。
④ 同上。
⑤ 88.05.09《挪用公款解释》第7条、第8条。

他人财物,为他人谋取利益的行为。关于本罪的法益,在中外刑法理论上均有不同认识。[①] 本书认为,所有公职人员违背职责、职务的犯罪根本上是对职责、职务亵渎,也就是侵犯公职人员职务的廉洁性。从中国现实而言,国家法律、党规也都明确对公职人员从事公职活动提出“勤政廉政”的要求,其核心就是要求公务人员在履行职责、职务时,服务于国民,服务于社会,从事社会管理公务活动必须遵守并保持职务廉洁性[②]。本罪的主体为国家工作人员,具体范围除《刑法》第 93 条规定之外,国家立法机关对《刑法》第 93 条规定的主体范围有具体解释,最高司法机关亦根据惩处贪腐犯罪的实践需要,对具体类型案件的主体范围有明确规定。本罪主观上是故意,限于直接故意,具有以职务换取不正当利益的目的,动机不影响认定。

(二) 贿赂、利用职务之便、行为、主体

有关“贿赂”的属性,我国历来以“财物说”为主流观点,也是司法上“以赃论罪”的基本做法。财物即是指以货币可以计算的有形物品,包括资产(动产、不动产)、货币、珠宝、玉石、字画等生产、生活用品(包括可以换算为货币的无形财产,如由行贿者出资购买电、天然气、煤气等)等。理论上一直对以往司法解释将“贿赂”定性在“财物”上有不同看法,主张将“财产性利益”包括在“贿赂”中。最高司法机关针对惩治贪腐犯罪实务的客观需要,将可以货币计算的“财产性利益”包括在“贿赂”中。2008 年 11 月 20 日最高人民法院、最高人民检察院首次在颁布实施的《关于办理商业贿赂刑事案件适用法律若干问题的意见》(以下简称 08.11.20《商业贿赂若干意见》)第 7 条中规定:“商业贿赂中的财物,既包括金钱和实物,也包括可以用金钱计算数额的财产性利益,如提供房屋装修、含有金额的会员卡、代币卡(券)、旅游费用等。具体数额以实际支付的资费为准。”这虽然是针对“商业贿赂”所作的规定,但也应同样适用于受贿罪[③]。16.04.18《贪污贿赂案件解释》第 12 条规定:“贿赂犯罪中的‘财物’,包括货币、物品和财产性利益。财产性利益包括可以折算为货币的物质利益如房屋装修、债务免除等,以及需要支付货币的其他利益如会员服务、旅游等。后者的犯罪数额,以实际支付或者应当支付的数额计算。”但就目前为止,对不能以货币计算的“不正当利益”,如接受所提供性服务等,仍然不视为贿赂,但由请托人所支付的“嫖娼”费用,属于用金钱计算数额的财产性利益。此外,应审查为请托人谋取利益的行为,是否触犯其他罪名,不能仅以违纪来看待。

“利用职务上的便利”和“利用本人职权或者地位形成的便利条件”是受贿罪成

---

① 参见张明楷:《刑法学》(下),法律出版社 2016 年版,第 1199 页以下。黎宏教授主张“公正性说”。参见黎宏:《刑法学各论》,法律出版社 2016 年版,第 524 页以下。

② 其实质内容当然包括执行公务的合法性、公正性、有效性、职务的不可收买性等。

③ 08.11.20《商业贿赂若干意见》第 1 条规定:“商业贿赂犯罪涉及刑法规定的以下 8 种罪名:(一) 非国家工作人员受贿罪(刑法第 163 条);(二) 对非国家工作人员行贿罪(刑法第 164 条);(三) 受贿罪(刑法第 385 条);(四) 单位受贿罪(刑法第 387 条);(五) 行贿罪(刑法第 389 条);(六) 对单位行贿罪(刑法第 391 条);(七) 介绍贿赂罪(刑法第 392 条);(八) 单位行贿罪(刑法第 393 条)。”

立的必要条件，应依据03.11.13《经济犯罪座谈会纪要》有关“利用职务上的便利”和“利用本人职权或者地位形成的便利条件”的规定认定。“利用职务上的便利”是指“既包括利用本人职务上主管、负责、承办某项公共事务的职权，也包括利用职务上有隶属、制约关系的其他国家工作人员的职权。担任单位领导职务的国家工作人员通过不属自己主管的下级部门的国家工作人员的职务为他人谋取利益的，应当认定为‘利用职务上的便利’为他人谋取利益”。“利用本人职权或者地位形成的便利条件[①]，是指行为人与被其利用的国家工作人员之间在职务上虽然没有隶属、制约关系，但是行为人利用了本人职权或者地位产生的影响和一定的工作联系，如单位内不同部门的国家工作人员之间、上下级单位没有职务上隶属、制约关系的国家工作人员之间、有工作联系的不同单位的国家工作人员之间等。”[②]具体包括：(1) 利用本人职权的便利条件。这是指利用本人职务上主管、负责、承办某项公共事务的职权，为他人谋取利益。即利用的是本人职务范围内，可以直接处理事务的权力。通常是对国家、社会事务或对公司、企业、事业单位某项、某类事务，具有管理性的决策、审批、支配、决定等权力。利用该种权力，是受贿罪的典型形式。(2) 利用与本人职务有关的便利条件。这是指利用职务上有隶属、制约关系的其他国家工作人员的职权，为他人谋取利益。即虽然不是直接运用自己职务范围内的权力，但因位高、权重的职务(权)，处于特殊地位而形成便利条件，利用职务上有隶属、制约关系的其他国家工作人员的职权。“隶属”关系，是指具有直接的上下级，领导与被领导关系，其下属为其统辖、管辖，该工作人员的职务活动从属于其；“制约”关系，是指虽然并不具有上下级的直接的领导与被领导关系，但是，他人的职务活动以其本人职务活动存在和变化为条件，受其管制和约束。这也是利用职务之便常见的形式。(3) 利用担任单位领导职务的国家工作人员，通过不属自己主管的下级部门的国家工作人员的职务，为他人谋取利益的，也是“利用职权或地位形成的便利条件”。这是指利用担任单位领导者的地位，通过不归其主管的其他单位公职人员职务。该种情形本人职务与被利用者职务并无直接的“隶属”“制约”关系，但仍然可能对其他单位以及单位公职人员基于“领导者地位”有影响，如对单位收益、公务人员以及单位效绩评定、公职人员晋升等方面有现实影响力[③]。

“利用职务上的便利”“利用本人职权或者地位形成的便利条件”，并非要求行为人须在违背“职责”的前提下才能成立。即便是为他人谋取利益没有违背职责而受贿的，也构成犯罪。

受贿行为，包括两种方式：一是索取贿赂，二是收受贿赂为他人谋取利益。“索取贿赂”是主动索要并取得贿赂。以主动性为索取贿赂的主要特征，即以要求他人给付一定“贿赂”，来决定是否为对方谋取一定利益为前提条件，因此，“索贿”具有“勒索”

---

① 构成我国《刑法》第388条受贿罪的条件是：“利用本人职权或者地位形成的便利条件，通过其他国家工作人员职务上的行为，为请托人谋取不正当利益，索取请托人财物或者收受请托人财物的。”

② 参见03.11.13《经济犯罪座谈会纪要》的有关规定。

③ 即我国《刑法》第388条规定的“斡旋受贿”。

的属性。请托人给付“贿赂”是被动的,但“勒索”通常达不到使请托人不能抗拒的程度,如果使得请托人不得不行贿的,也是基于对所谋求利益权衡的无奈之举[①]。索取贿赂,不以当面向请托人提出为必要,通过第三者传达不影响认定;也不以语言表达或明确提出要求为必要,用暗示或久拖不决,使请托人明白需要送财物的,也是索取贿赂。索取贿赂,主观恶性以及对犯罪的认知程度高于“收受贿赂”,因此,对索取贿赂的,没有以为请托人谋取利益为构成受贿罪的必要条件。

“收受贿赂为他人谋取利益”,是被动接受请托人“贿赂”并为其谋取利益。该种形式的受贿,是以行为人实际利用职务上的便利,以实际行动或承诺为请托人谋取利益为前提,虽然是被动接受贿赂,但却是以约定方式,达成“拿钱办事”。“为他人谋取利益”,是被动受贿成立的必要条件。该条件,理论上有“客观说”[②](多数说)与“主观说”[③]的争议。03.11.13《经济犯罪座谈会纪要》指出:“为他人谋取利益包括承诺、实施和实现三个阶段的行为。只要具有其中一个阶段的行为,如国家工作人员收受他人财物时,根据他人提出的具体请托事项,承诺为他人谋取利益的,就具备了为他人谋取利益的要件。明知他人有具体请托事项而收受其财物的,视为承诺为他人谋取利益。”显然,这里采纳的是客观说。16.04.18《贪污贿赂案件解释》,进一步明确了“为他人谋取利益”的表现方式,第13条规定:具有下列情形之一的,应当认定为“为他人谋取利益”,构成犯罪的,应当依照刑法关于受贿犯罪的规定定罪处罚:(1)实际或者承诺为他人谋取利益的;(2)明知他人有具体请托事项的;(3)履职时未被请托,但事后基于该履职事由收受他人财物的。国家工作人员索取、收受具有上下级关系的下属或者具有行政管理关系的被管理人员的财物价值3万元以上,可能影响职权行使的,视为承诺为他人谋取利益。就承诺为他人谋取利益而言,解释的规定更为严厉。不仅国家工作人员自己本人承诺,还包括收受有上下级关系的下属或有行政管理关系的被管理人员财物的,也是承诺。所以,在以“谋取利益”为必要条件的受贿罪中,只要有为请托人谋取利益的承诺,即便最终未能为请托人谋取到利益的,也构成受贿罪。

本罪主体为国家工作人员,即是指在国家机关中从事公务的人员,包括在各级国家权力机关、行政机关、司法机关和军事机关中从事公务的人员;依照法律、法规规定行使国家行政管理职权的组织中从事公务的人员,或者在受国家机关委托代表国家行使职权的组织中从事公务的人员,或者虽未列入国家机关人员编制但在国家机关中从事公务的人员;在乡(镇)以上中国共产党机关、人民政协机关中从事公务的人员;国家机关、国有公司、企业、事业单位委派到非国有公司、企业、事业单位、社会团

---

① 我国《刑法》第389条第3款规定:“因被勒索给予国家工作人员以财物,没有获得不正当利益的,不是行贿。”

② 参见陈兴良主编:《罪名指南》(下),中国政法大学出版社2000年版,第1523页。

③ 参见王作富主编:《刑法分则实务研究》(下),中国方正出版社2013年版,第1626页。

体从事公务的人员①;其他依照法律从事公务的人员②。此外,经过乡镇政府或者主管行政机关任命的乡镇卫生院院长,在依法从事本区域卫生工作的管理与业务技术指导,承担医疗预防保健服务工作等公务活动时,属于《刑法》第 93 条第 3 款规定的其他依照法律从事公务的人员③。佛教协会中符合《刑法》第 93 条第 2 款的规定属于受委托从事公务的人员④。

离退休的国家工作人员,利用职务上的便利为请托人谋取利益之前或者之后,约定在其离职后收受请托人财物,并在离职后收受的,以受贿论处;离职前后连续收受请托人财物的,离职前后收受部分均应计入受贿数额⑤。

(三)特别形式受贿

根据2007 年7 月8 日最高人民法院、最高人民检察院发布的《关于办理受贿刑事案件适用法律若干问题的意见》(以下简称 07.07.08《受贿案件意见》)的规定,下列行为属于受贿,构成受贿罪:

(1) 以交易形式收受贿赂。

国家工作人员利用职务上的便利为请托人谋取利益,以下列交易形式收受请托人财物的,以受贿论处:第一,以明显低于市场的价格向请托人购买房屋、汽车等物品的;第二,以明显高于市场的价格向请托人出售房屋、汽车等物品的;第三,以其他交易形式非法收受请托人财物的。受贿数额按照交易时当地市场价格与实际支付价格的差额计算。前款所列市场价格包括商品经营者事先设定的不针对特定人的最低优

---

① 03.11.13《经济犯罪座谈会纪要》"一、(二)"规定:"所谓委派,即委任、派遣,其形式多种多样,如任命、指派、提名、批准等。不论被委派的人身份如何,只要是接受国家机关、国有公司、企业、事业单位委派,代表国家机关、国有公司、企业、事业单位在非国有公司、企业、事业单位、社会团体中从事组织、领导、监督、管理等工作,都可以认定为国家机关、国有公司、企业、事业单位委派到非国有公司、企业、事业单位、社会团体从事公务的人员。如国家机关、国有公司、企业、事业单位委派在国有控股或者参股的股份有限公司从事组织、领导、监督、管理等工作的人员,应当以国家工作人员论。国有公司、企业改制为股份有限公司后,原国有公司、企业的工作人员和股份有限公司新任命的人员中,除代表国有投资主体行使监督、管理职权的人外,不以国家工作人员论。"

② 03.11.13《经济犯罪座谈会纪要》"一、(三)"规定:"刑法第 93 条第 2 款规定的'其他依照法律从事公务的人员'应当具有两个特征:一是在特定条件下行使国家管理职能;二是依照法律规定从事公务。具体包括:(1) 依法履行职责的各级人民代表大会代表;(2) 依法履行审判职责的人民陪审员;(3) 协助乡镇人民政府、街道办事处从事行政管理工作的村民委员会、居民委员会等农村和城市基层组织人员;(4) 其他由法律授权从事公务的人员。"

③ 2003 年 4 月 2 日最高人民检察院颁布实施的《关于集体性质的乡镇卫生院院长利用职务之便收受他人财物的行为如何适用法律问题的答复》(高检研发〔2003〕9 号)。

④ 2003 年 1 月 13 日最高人民检察院发布的《关于佛教协会工作人员能否构成受贿罪或者公司、企业人员受贿罪主体问题的答复》(高检研发〔2003〕2 号)。非受委托从事公务的人员,不能构成受贿罪或者公司、企业人员受贿罪。

⑤ 07.07.08《受贿案件意见》第 10 条;2000 年 7 月 13 日最高人民法院颁布实施的《关于国家工作人员利用职务上的便利为他人谋取利益离退休后收受财物行为如何处理问题的批复》(法释〔2000〕21 号)规定:"国家工作人员利用职务上的便利为请托人谋取利益,并与请托人事先约定,在其离退休后收受请托人财物,构成犯罪的,以受贿罪定罪处罚。"

惠价格。根据商品经营者事先设定的各种优惠交易条件,以优惠价格购买商品的,不属于受贿。

(2) 收受干股。

干股是指未出资而获得的股份。国家工作人员利用职务上的便利为请托人谋取利益,收受请托人提供的干股的,以受贿论处。进行了股权转让登记,或者相关证据证明股份发生了实际转让的,受贿数额按转让行为时股份价值计算,所分红利按受贿孳息处理。股份未实际转让,以股份分红名义获取利益的,实际获利数额应当认定为受贿数额。

(3) 以开办公司等合作投资名义收受贿赂。

国家工作人员利用职务上的便利为请托人谋取利益,由请托人出资,“合作”开办公司或者进行其他“合作”投资的,以受贿论处。受贿数额为请托人给国家工作人员的出资额。国家工作人员利用职务上的便利为请托人谋取利益,以合作开办公司或者其他合作投资的名义获取“利润”,没有实际出资和参与管理、经营的,以受贿论处。

(4) 以委托请托人投资证券、期货或者其他委托理财的名义收受贿赂。

国家工作人员利用职务上的便利为请托人谋取利益,以委托请托人投资证券、期货或者其他委托理财的名义,未实际出资而获取“收益”,或者虽然实际出资,但获取“收益”明显高于出资应得收益的,以受贿论处。受贿数额,前一情形,以“收益”额计算;后一情形,以“收益”额与出资应得收益额的差额计算①。

(5) 以赌博形式收受贿赂。

根据2005年5月13日最高人民法院、最高人民检察院实施的《关于办理赌博刑事案件具体应用法律若干问题的解释》第7条的规定,国家工作人员利用职务上的便

① 我国《公务员法》第59条规定明确规定,公务员必须遵守纪律,不得有下列行为;第16项规定:“违反有关规定从事或者参与营利性活动……”但按照07.07.08《受贿案件意见》,国家工作人员有实际投资,当收益高于应得收益额时,超出的部分,构成受贿罪。该规定事实上已经承认,国家工作人员只要有真实的投资就是一种合法的经营行为,在没有收取高于应得收益时仍然受法律保护。这显然形成一个悖论,“违纪的收益,受法律保护”合适吗?而且,这一计算的标准也不明确(暂且不说应得受益额,是由市场决定,实务中难以操作和认定)。例如,国家工作人员以自有资金或借贷的资金,转贷他人收取远高于借款人支付其他债权人的利息,以实际收益额与转贷应得收益额的差额,计算受贿数额,超出的部分,按照上述规定,可以构成受贿罪的。但实际上应该如何计算?按照上述规定,这是应受法律保护的民间借贷行为,能否适用15.05.07《民间借贷若干问题规定》第26条规定的,受法律保护的民间借贷约定的利率,为差额计算标准(约定年率利24%,受保护,实际交付超出24%未达到36%,受保护;对超出36%支付的部分不保护)?本质上说,国家工作人员的这种“投资理财”之所以能够收取比其他债权人高的利息,当然是债务人就是要以支付高息换取国家工作人员手中的权力,为自己谋取更大的利益。在法律上承认其“转贷”,是应受到法律保护的民间借贷,显然与要将该行为界定为“以权力寻租”相悖。“‘收益’额与出资应得收益额的差额计算”的标准,显然值得进一步明确具体标准。本书认为,例如上例,如果视为违纪,那就是“民间借贷”,应执行以超出年利率36%的民间借贷的标准,计算应得收益与“差额”,反之,就只能以同期商业银行利率为差额计算标准。但显而易见,这将对“受贿数额”的认定有重大影响。本书主张后一种计算标准。一方面,可从根本上消除“以权力寻租”具有的合法根据,不将该种行为视为受法律保护的“投资”行为,另一方面,可以有效遏制以“投资理财”为名的受贿犯罪的发生。

利为请托人谋取利益,通过赌博方式收受请托人财物的,构成受贿[①]。

(6)以借款为名索取或者非法收受财物。

国家工作人员利用职务上的便利,以借为名向他人索取财物,或者非法收受财物为他人谋取利益的,应当认定为受贿[②]。

(7)收受、索取(购买)股票受贿。

国家工作人员利用职务上的便利,索取或非法收受股票,没有支付股本金,为他人谋取利益,构成受贿罪的,其受贿数额按照收受股票时的实际价格计算。股票已上市且已升值,行为人仅支付股本金,其"购买"股票时的实际价格与股本金的差价部分应认定为受贿数额。如果行为人支付股本金而购买较有可能升值的股票,由于不是无偿收受请托人财物,不以受贿罪论处[③]。

此外,构成受贿罪,也不以国家工作人员自己直接得到"贿赂"为必要,根据07.07.08《受贿案件意见》[④]的规定,国家工作人员利用职务上的便利为请托人谋取利益,要求或者接受请托人以给特定关系人[⑤]安排工作为名,使特定关系人不实际工作却获取所谓薪酬的,以受贿论处。国家工作人员利用职务上的便利为请托人谋取利益,授意请托人以交易形式、干股方式、以开办公司等合作投资名义、以委托请托人投资证券、期货或者其他委托理财的名义、赌博方式,将有关财物给予特定关系人的,以受贿论处。

同时,国家工作人员利用职务上的便利为请托人谋取利益,收受请托人房屋、汽车等物品,未变更权属登记或者借用他人名义办理权属变更登记的,不影响受贿的认定[⑥]。16.04.18《贪污、贿赂案件解释》第16条规定:国家工作人员出于受贿的故意,收受他人财物之后,将赃款赃物用于单位公务支出或者社会捐赠的,不影响受贿罪的认定,但量刑时可以酌情考虑。特定关系人索取、收受他人财物,国家工作人员知道后未退还或者上交的,应当认定国家工作人员具有受贿故意。

国家工作人员受贿后,因自身或者与其受贿有关联的人、事被查处,为掩饰犯罪

---

① 07.07.08《受贿案件意见》第5条第2款规定:"实践中应注意区分贿赂与赌博活动、娱乐活动的界限。具体认定时,主要应当结合以下因素进行判断:(1)赌博的背景、场合、时间、次数;(2)赌资来源;(3)其他赌博参与者有无事先通谋;(4)输赢钱物的具体情况和金额大小。"

② 03.11.13《经济犯罪座谈会纪要》"三、(六)"规定:"具体认定时,不能仅仅看是否有书面借款手续,应当根据以下因素综合判定:(1)有无正当、合理的借款事由;(2)款项的去向;(3)双方平时关系如何、有无经济往来;(4)出借方是否要求国家工作人员利用职务上的便利为其谋取利益;(5)借款后是否有归还的意思表示及行为;(6)是否有归还的能力;(7)未归还的原因;等等。"

③ 03.11.13《经济犯罪座谈会纪要》"三、(七)"的规定。

④ 07.07.08《受贿案件意见》第6、7条。

⑤ 07.07.08《受贿案件意见》第11条规定:"'特定关系人',是指与国家工作人员有近亲属、情妇(夫)以及其他共同利益关系的人。"

⑥ 07.07.08《受贿案件意见》第8条第2款规定:"认定以房屋、汽车等物品为对象的受贿,应注意与借用的区分。具体认定时,除双方交代或者书面协议之外,主要应当结合以下因素进行判断:(1)有无借用的合理事由;(2)是否实际使用;(3)借用时间的长短;(4)有无归还的条件;(5)有无归还的意思表示及行为。"

而退还或者上交的,不影响认定受贿罪[①]。但国家工作人员收受请托人财物后及时退还或者上交的,不是受贿。这种情形,客观上取得了请托人的贿赂,但07.07.08《受贿案件意见》认为“不是受贿”,表明该种情形下行为人并没有收受贿赂的故意,也无为请托人谋取利益的打算和承诺。但该种情形是否适用于“索取”请托人贿赂后及时退还或者上交的情况?本书认为,07.07.08《受贿案件意见》对这些特定情况构成受贿罪的规定,只是表明不同于常见明目张胆索取、收受贿赂,而是以各种名义作为掩饰而受贿的情形,例如以交易形式、以委托请托人投资证券、期货或者其他委托理财的名义等,未必不能是通过勒索而实现获得贿赂,同时“索取贿赂”虽然未以“为他人谋取利益”为构成犯罪的必要条件,但并未排除即便是索取贿赂,仍然是以承诺“为他人谋取利益”为前提。但因“索取贿赂”主观上具有受贿的故意,显然与本不具有受贿故意的有别。本书认为,主动索取贿赂后,担心被查处即便退还或上交,也不宜适用07.07.08《受贿案件意见》而出罪。

(四)经济往来中的受贿罪[②]

国家工作人员在经济往来中,违反国家规定,收受各种名义的回扣、手续费,归个人所有的,构成受贿罪。[③] 违反国家规定,即违反全国人大常委会制定的法律、国务院制定的法规和行政措施、发布的命令和决定中,禁止在经济活动中个人收受各种名义回扣、手续费的规定。“经济往来”,是指国家工作人员代表国家机关、国有企业、事业单位或受委托,与交易的相对方均为民商事主体身份,从事的经济活动,不是以管理者的身份对经济活动,从事单方的管理活动。“回扣”,是销售方以明示或暗示的方式,给予购买方价格上的优惠,这里是指将交易达成后价格中的一部分,以“回扣”方式,返还给其个人;“手续费”,是办理有关事项所收取的一种劳务补偿,可以是委托人支付,也可以由相对方支付。这里仅指由经济活动的相对方以“酬劳”“辛苦”“感谢”等名义给予国家工作人员“劳务补偿”。“归个人所有”,是构成受贿的实质条件,也即接受的回扣、手续费等上交,或在交易往来账目上反映出“回扣”的价格优惠,以及手续费上交的,当然不能构成犯罪。

(五)间接受贿(斡旋受贿)

我国《刑法》第388条规定,国家工作人员利用本人职权或者地位形成的便利条

---

① 07.07.08《受贿案件意见》第9条。

② 经济往来中的受贿罪,主要适用08.11.20《商业贿赂若干意见》有关国家工作人员代表国家机关、国有公司、企业、事业单位或受委托从事经济活动中受贿的规定。主要有:医疗机构中的国家工作人员,在药品、医疗器械、医用卫生材料等医药产品采购活动中,利用职务上的便利,索取销售方财物,或者非法收受销售方财物,为销售方谋取利益(第4条第1款);学校及其他教育机构中的国家工作人员,在教材、教具、校服或者其他物品的采购等活动中,利用职务上的便利,索取销售方财物,或者非法收受销售方财物,为销售方谋取利益(第5条第1款);依法组建的评标委员会、竞争性谈判采购中谈判小组、询价采购中询价小组中国家机关或者其他国有单位的代表,在招标、政府采购等事项的评标或者采购活动中,索取他人财物或者非法收受他人财物,为他人谋取利益,数额较大的(第6条第2款)。

③ 我国《刑法》第385条第2款。

件，通过其他国家工作人员职务上的行为，为请托人谋取不正当利益，索取或者收受请托人财物的，以受贿论处。即理论上所说的斡旋受贿。

利用本人职权或者地位形成的便利条件，通过其他国家工作人员的职务行为，为请托人谋取不正当利益，也就是间接利用职务之便，是指行为人与被其利用的国家工作人员之间在职务上虽然没有隶属、制约关系，但是行为人利用了本人职权或者地位产生的影响和一定的工作联系，如单位内不同部门的国家工作人员之间、上下级单位没有职务上隶属、制约关系的国家工作人员之间、有工作联系的不同单位的国家工作人员之间等[①]。本人职权，不是指直接利用本人掌握的职权，本人的地位，是指所在岗位以及领导层的地位，二者具有能对在职务上虽然没有隶属、制约关系的其他国家工作人员，因工作的关联性，对其他国家工作人员履行职务或其他与职务活动有关的人身权益（例如晋升）形成压力或者施加影响的权力和地位。这也是"利用职权或者地位形成的便利条件"使自己实现"斡旋"的条件，使得其他国家工作人员能放弃履行职守。

必须是为请托人谋取不正当利益。这是与请托人进行权钱交易、权物交易的条件。索取贿赂的受贿，不要求行为人为他人谋取利益；收受贿赂的受贿，要求行为人为他人谋取利益，但不问谋取的是合法利益还是非法利益，而斡旋受贿则要求必须是为请托人谋取不正当利益。"不正当利益"，是指根据法律、法规和有关政策不应当得到的利益，或者谋求违反法律、法规、规章、政策、行业规范的规定，提供帮助或者方便条件。在招标投标、政府采购等商业活动中，违背公平原则，给予相关人员财物以谋取竞争优势的，属于"谋取不正当利益"[②]。正当性与否取决于利益性质本身，并不取决于是否通过行贿而得到。如是请托人依法应当或者可能得到，但限于一定的条件而无法得到，或者暂时不能取得的利益，不属于不正当利益。即使行贿手段得到，也不应当视为不正当利益。

其他国家工作人员的职务行为，为请托人谋取不正当利益。这里的职务行为，是指其他国家工作人员实施的职权范围内的行为。通过其他国家工作人员的职务行为，是以行为人利用职务之便为前提和基础的，同时又是行为人利用本人职权或者地位形成的便利条件的具体表现形式。

需要注意的是，斡旋受贿与一般受贿罪不同的是，斡旋受贿无论是索取贿赂还是收受贿赂，均以为请托人谋取不正当利益为必要条件。

（六）既遂与未遂、共犯、罪数

关于受贿罪的既遂与未遂，理论上主要有承诺说[③]和取得贿赂说[④]。后者是多数

---

① 03.11.13《经济犯罪座谈会纪要》"三、（三）"对《刑法》第388条"利用本人职权或者地位形成的便利条件"的规定。

② 08.11.20《商业贿赂若干意见》第9条。

③ 参见陈兴良主编：《罪名指南》（下），中国政法大学出版社2000年版，第1524页。

④ 参见李希慧主编：《贪污贿赂罪研究》，知识产权出版社2004年版，第186—187页。

说。本书赞同多数说,如果没有得到请托人给予的贿赂,很难认定国家工作人员有为他人谋取利益的意愿,也难以认定"权钱交易"的事实。这对索取贿赂的也是相通的道理,虽然索取贿赂构成犯罪并未要求以替他人谋取利益为必要条件,但现实是索取贿赂如果没有承诺为请托人谋取利益,请托人也未必会心甘情愿给付财物。因此,在承诺前提下,无论收受贿赂还是索取贿赂,得到贿赂的应该认定为既遂,反之,则为未遂。当然,上述结论对在现职收受或索取贿赂的,认定既遂并无大的问题。但是,对索贿,特别是因离退休的国家工作人员也是本罪主体,能否对在现职索贿,约定离退休后取得贿赂的,也以得到贿赂为既遂,是个问题。张明楷教授为此主张,对索贿的,一律需以实施索要行为,为既遂,不应以"索取并获得"贿赂为既遂。其中的一个重要理由是认为,离退休的国家工作人员在现职索贿,如果约定离退休后取得贿赂的,意味着离退休后的接受贿赂行为才侵害到职务行为的不可收买性,这是不能赞同的结论,因为获得贿赂时行为人已经不具有国家工作人员的身份了。这是将受贿罪也视为具有侵财犯罪的性质的结论,不可取①。本书认为,这一质疑是完全可以成立的,但问题在于,即便索贿时有约定离退休后"兑现",在职利用职务之便,或利用本人职权或者地位形成的便利条件,为请托人谋取利益的,在没有实现"兑现"之前,约定的数额再大,也是"空头支票"体现不出来"权钱交易"的事实,也是因该事实不能成立,只能按照"违纪"处理而不可能动用刑罚,并以"约定"数额定罪量刑。

两个以上国家工作人员共同受贿,可以成立共同受贿罪;无身份的普通人(如亲属)与国家工作人员按照相关司法解释,与国家工作人员有受贿通谋的,同样可以与国家工作人员共同构成受贿罪,但不能成立共同正犯,只应该为教唆犯或帮助犯②。即包括国家工作人员的近亲属向国家工作人员代为转达请托事项,收受请托人财物并告知该国家工作人员,或者国家工作人员明知其近亲属收受了他人财物,仍按照近亲属的要求利用职权为他人谋取利益的,对该国家工作人员应认定为受贿罪,其近亲属以受贿罪共犯论处。近亲属以外的其他人与国家工作人员通谋,由国家工作人员利用职务上的便利为请托人谋取利益,收受请托人财物后双方共同占有的,构成受贿罪共犯。国家工作人员利用职务上的便利为他人谋取利益,并指定他人将财物送给其他人,构成犯罪的,应以受贿罪定罪处罚③。有身份但非国家工作人员与国家工作人员通谋,共同收受他人财物,构成共同犯罪的,根据相关司法解释的规定,是根据双方利用职务便利的具体情形分别定罪追究刑事责任:(1) 利用国家工作人员的职务便利为他人谋取利益的,以受贿罪追究刑事责任;(2) 利用非国家工作人员的职务便利为他人谋取利益的,以非国家工作人员受贿罪追究刑事责任(3) 分别利用各自的职务便利为他人谋取利益的,按照主犯的犯罪性质追究刑事责任,不能分清主从犯的,可以受贿罪追究刑事责任④。特定关系人与国家工作人员通谋,共同实施前款行

① 参见张明楷:《刑法学》(下),法律出版社 2016 年版,第 1221 页以下。

② 能否成立国家工作人员受贿罪的间接正犯有争议。

③ 03.11.13《经济犯罪座谈会纪要》"三、(五)" 的规定。

④ 08.11.20《商业贿赂若干意见》第 11 条。

为,对特定关系人以受贿罪的共犯论处。特定关系人以外的其他人与国家工作人员通谋,由国家工作人员利用职务上的便利为请托人谋取利益,收受请托人财物后双方共同占有的,以受贿罪的共犯论处①。

16.04.18《贪污、贿赂案件解释》第17条规定:国家工作人员利用职务上的便利,收受他人财物,为他人谋取利益,同时构成受贿罪和刑法分则第3章第3节、第9章规定的渎职犯罪的,除刑法另有规定外,以受贿罪和渎职犯罪数罪并罚。

(七)受贿与馈赠的区别

馈赠是指给别人赠送东西、礼品的行为。馈赠是一种文化现象,是在特定日期、场合下形成的习俗。如果是公务人员接受馈赠,很容易与收受贿赂相混淆。根据08.11.20《商业贿赂若干意见》第10条的规定,主要应当结合以下因素全面分析、综合判断:(1)发生财物往来的背景,如双方是否存在亲友关系及历史上交往的情形和程度;(2)往来财物的价值;(3)财物往来的缘由、时机和方式,提供财物方对于接受方有无职务上的请托;(4)接受方是否利用职务上的便利为提供方谋取利益。规定要求甄别的要点,不可谓不明,但重点仍不明确。如果行为人在职位上,为亲友谋取了利益,在婚、丧之日收受了亲友的财物,但双方之间亲友情谊确实已经有很多年,双方在正常交往中,经济上也互有往来,往来数额也大体相当,如何认定接受的财物为"馈赠"还是"贿赂"?在该种情况下,上述要求考察是否有正常往来等关系的条件,事实上是"空置"的。因为只要有"有职务上的请托""利用职务上的便利为提供方谋取利益",并不影响认定为构成受贿罪。所以,本书主张,"馈赠"是"无代价"的,如果有请托、利用职务上的便利、有谋取利益事实,"馈赠"的事实是不成立的。

(八)受贿罪与单位受贿罪②的关联

单位受贿罪,是指国家机关、国有公司、企业、事业单位、人民团体,索取、非法收受他人财物,为他人谋取利益,情节严重的行为。本罪主体是特殊主体,即国家机关、国有公司、企业、事业单位、人民团体。以单位的分支机构或者内设机构、部门的名义实施犯罪,违法所得亦归分支机构或者内设机构、部门所有的,应认定为单位犯罪。③对单位受贿直接负责的主管人员和其他直接责任人员亦为主体,主观上是直接故意,动机不影响认定。这里的"他人",包括自然人个人与单位。请托人是单位的,与所有

---

① 07.07.08《受贿案件意见》第7条。

② 《刑法》第387条。

③ 参见2001年1月21日最高人民法院颁布实施的《全国法院审理金融犯罪案件工作座谈会纪要》(法〔2001〕8号)(以下简称01.01.21《金融犯罪纪要》)的有关规定。此外,2006年9月12日最高人民检察院研究室实发布的《关于国有单位的内设机构能否构成单位受贿罪主体问题的答复》(高检研发〔2006〕8号)规定:"国有单位的内设机构利用其行使职权的便利,索取、非法收受他人财物并归该内设机构所有或者支配,为他人谋取利益,情节严重的,依照刑法第387条的规定以单位受贿罪追究刑事责任。上述内设机构在经济往来中,在账外暗中收受各种名义的回扣、手续费的,以受贿论。"

制性质无关。为请托人谋取利益,是指以"运用国有资产"之资源、人力,为请托人谋取利益。只要有索取、非法收受他人财物,情节严重①的事实,即可构成单位受贿罪。"为他人谋取利益"②,包括为请托人应得利益和不正当利益。只要直接负责的主管人员和其他直接责任人员,承诺为请托人谋取利益的,既可以认定有受贿事实。国家机关、国有公司、企业、事业单位、人民团体,在经济往来中,在账外暗中收受各种名义的回扣、手续费的,以受贿论。单位受贿的,无论是非法收受贿赂,还是索取贿赂,均以为请托人(不限于自然人,其他各类性质经济组织,包括其他国有性质的经济组织、非经济组织)谋取利益(包括不正当利益)。

以单位名义收受、索取贿赂,归单位所有,是单位受贿罪,但以单位之名,以单位之力为请托人谋取利益,所收受、索取贿赂全部归(少数人员)个人非法占有,应该构成(共同)受贿罪。如果单位直接负责的主管人员和其他直接责任人员,在入单位账户后私分贿赂款项的,该违法所得是"运用国有资产组织收入"的,是"国有资产"同时也是"赃物",应依法应该予以没收。所以,私分行为构成(共同)贪污罪,而非单位受贿罪或受贿罪。

(九) 受贿罪的刑事责任

犯本罪,根据受贿所得数额及情节,依照我国《刑法》第 383 条的规定处罚。索贿的从重处罚。具体而言:

(1) 根据 16.04.18《贪污贿赂案件解释》第 1 条第 1 款规定:受贿数额在 3 万元以上不满 20 万元的,应当认定为刑法第 383 条第 1 款规定的"数额较大",依法判处 3 年以下有期徒刑或者拘役,并处罚金。第 2 款规定:受贿数额在 1 万元以上不满 3 万元,具有前款第 2 项至第 6 项规定的情形之一,或者具有下列情形之一的,应当认定为刑法第 383 条第 1 款规定的"其他较重情节",依法判处 3 年以下有期徒刑或者拘役,并处罚金:多次索贿的;为他人谋取不正当利益,致使公共财产、国家和人民利益遭受损失的;为他人谋取职务提拔、调整的。第 2 款第 2 项至第 6 项为:曾因贪污、受贿、挪用公款受过党纪、行政处分的;曾因故意犯罪受过刑事追究的;赃款赃物用于非法活动的;拒不交待赃款赃物去向或者拒不配合追缴工作,致使无法追缴的;造成恶

---

① 1999 年 9 月 19 日最高人民检察院发布的《关于人民检察院直接受理立案侦查案件立案标准的规定(试行)》(高检研发〔1999〕10 号)(以下简称 99.09.9《立案标准(试行)》)"一、(四)"规定:"索取他人财物或者非法收受他人财物,必须同时具备为他人谋取利益的条件,且是情节严重的行为,才能构成单位受贿罪。国家机关、国有公司、企业、事业单位、人民团体,在经济往来中,在账外暗中收受各种名义的回扣、手续费的,以单位受贿罪追究刑事责任。涉嫌下列情形之一的,应予立案:1. 单位受贿数额在 10 万元以上的;2. 单位受贿数额不满 10 万元,但具有下列情形之一的:(1) 故意刁难、要挟有关单位、个人,造成恶劣影响的;(2) 强行索取财物的;(3) 致使国家或者社会利益遭受重大损失的。"

② 03.11.13《经济犯罪座谈会纪要》"三、(二)"规定:"为他人谋取利益包括承诺、实施和实现三个阶段的行为。只要具有其中一个阶段的行为,如国家工作人员收受他人财物时,根据他人提出的具体请托事项,承诺为他人谋取利益的,就具备了为他人谋取利益的要件。明知他人有具体请托事项而收受其财物的,视为承诺为他人谋取利益。"

劣影响或者其他严重后果的。

（2）根据16.04.18《贪污贿赂案件解释》第2条第1款规定：受贿数额在20万元以上不满300万元的，应当认定为刑法第383条第1款规定的“数额巨大”，依法判处3年以上10年以下有期徒刑，并处罚金或者没收财产。第3款规定：受贿数额在10万元以上不满20万元，具有本解释第1条第3款规定的情形之一的，应当认定为刑法第383条第1款规定的“其他严重情节”，依法判处3年以上10年以下有期徒刑，并处罚金或者没收财产。

（3）根据16.04.18《贪污贿赂案件解释》第3条规定：受贿数额在300万元以上的，应当认定为刑法第383条第1款规定的“数额特别巨大”，依法判处10年以上有期徒刑、无期徒刑或者死刑，并处罚金或者没收财产。第3款规定：“受贿数额在150万元以上不满300万元，具有本解释第1条第3款规定的情形之一的，应当认定为刑法第383条第1款规定的‘其他特别严重情节’，依法判处10年以上有期徒刑、无期徒刑或者死刑，并处罚金或者没收财产。”

（4）根据16.04.18《贪污贿赂案件解释》第4条规定：受贿数额特别巨大，犯罪情节特别严重、社会影响特别恶劣、给国家和人民利益造成特别重大损失的，可以判处死刑。

符合前款规定的情形，但具有自首，立功，如实供述自己罪行、真诚悔罪、积极退赃，或者避免、减少损害结果的发生等情节，不是必须立即执行的，可以判处死刑缓期二年执行。

符合第1款规定情形的，根据犯罪情节等情况可以判处死刑缓期2年执行，同时裁判决定在其死刑缓期执行2年期满依法减为无期徒刑后，终身监禁，不得减刑、假释。

此外，结合相关规定：

（5）对多次受贿未经处理的，累计计算受贿数额。国家工作人员利用职务上的便利为请托人谋取利益前后多次收受请托人财物，受请托之前收受的财物数额在1万元以上的，应当一并计入受贿数额。

（6）国家工作人员出于受贿的故意，非法占有公共财物、收受他人财物之后，将赃款赃物用于单位公务支出或者社会捐赠的，不影响贪污罪、受贿罪的认定，但量刑时可以酌情考虑。特定关系人索取、收受他人财物，国家工作人员知道后未退还或者上交的，应当认定国家工作人员具有受贿故意。

（7）国家工作人员利用职务上的便利，收受他人财物，为他人谋取利益，同时构成受贿罪和刑法分则第三章第三节、第九章规定的渎职犯罪的，除刑法另有规定外，以受贿罪和渎职犯罪数罪并罚。

（8）贿赂犯罪分子违法所得的一切财物，应当依照《刑法》第64条的规定予以追缴或者责令退赔，对被害人的合法财产应当及时返还。对尚未追缴到案或者尚未足额退赔的违法所得，应当继续追缴或者责令退赔。

（9）对受贿罪判处3年以下有期徒刑或者拘役的，应当并处10万元以上50万元以下的罚金;判处3年以上10年以下有期徒刑的,应当并处20万元以上犯罪数额2倍以下的罚金或者没收财产;判处10年以上有期徒刑或者无期徒刑的,应当并处50万元以上犯罪数额2倍以下的罚金或者没收财产。对刑法规定并处罚金的其他贿赂犯罪,应当在10万元以上犯罪数额2倍以下判处罚金。

四、利用影响力受贿罪

(一)利用影响力受贿罪的概念和法益

国家工作人员的近亲属或者其他与该国家工作人员关系密切的人,通过该国家工作人员职务上的行为,或者利用该国家工作人员职权或者地位形成的便利条件,通过其他国家工作人员职务上的行为,为请托人谋取不正当利益,索取请托人财物或者收受请托人财物,数额较大或者有其他较重情节的,或者离职的国家工作人员或者其近亲属以及其他与其关系密切的人,利用该离职的国家工作人员原职权或者地位形成的便利条件,通过其他国家工作人员职务上的行为,为请托人谋取不正当利益,索取请托人财物或者收受请托人财物,数额较大或者有其他较重情节的行为。本罪法益,是国家机关的工作秩序以及公务活动的公正性。本罪主体为特殊主体,为近亲属或者其他与该国家工作人员关系密切的人,以及离职的国家工作人员,主观上是直接故意,动机不影响认定。

(二)"影响力"、行为、共犯、主体

所谓"影响力",是一种在人际交往中,用一种为别人所愿意接受的方式,能改变(即影响)他人的思想和行动的能力。影响力并没有可以被具体客观事物反映的形态,是通过他人行为在其影响下所发生的改变而被我们所认识。在本罪中,影响力并非是指以个人能力(魅力)影响他人,而是指以现职的国家工作人员或离职的国家工作人员的职权和地位为前提所形成的,能够被特定主体[①]利用,为请托人谋取"不正当利益"的能力[②]。是以特定主体与现职或离职的国家工作人员,具有的特定关系为前提,能使该国家工作人员或其他国家工作人员作出违背职责的决策。

以主体与具体行为的结合而言,有以下类型:

(1)特定主体,通过该国家工作人员职务上的行为,为请托人谋取不正当利益,索取请托人财物或者收受请托人财物。该类型行为,是以国家工作人员承诺"特定主

---

① 即国家工作人员的近亲属或者其他与该国家工作人员关系密切的人;离职的国家工作人员或者其近亲属以及其他与其关系密切的人。为叙述便捷,以下对该类主体,简称为"特定主体"。

② 本罪的影响力,并不直接侵害国家工作人员职务的廉洁性,而是指特定主体能够使得国家工作人员违背职责,以及因国家工作人员的职权、地位(包括离退休的国家工作人员原职权、地位)形成使得其他国家工作人员违背职责的影响力。

体”,利用职务便利为请托人谋取不正当利益为前提[①]。从这一点而言,“特定主体”,是以在请托人与国家工作人员之间实施了斡旋行为为必要。如果实施斡旋,但并未得到该国家工作人员承诺[②],即便该“特定主体”对请托人有承诺,收受或索取请托人财物的,也不能以犯罪论处。因要求“谋取不正当利益”[③],如此,如果为请托人谋取其“应得”的合法利益,也不能构成本罪。不排除知情的现职国家工作人员可以构成受贿罪。如果利用具有与该国家工作人员“特定主体”的身份,实施诈骗、敲诈勒索、侵占等侵财犯罪的,应以相应犯罪论处。

国家工作人员承诺为请托人利用职务谋取利益,而由其“特定主体”收受或索取财物的,应构成受贿罪,在该种情形下,“特定主体”,既为该国家工作人员受贿罪的共犯,同时也触犯利用影响力受贿罪,为想象竞合犯应从一重罪论处。

(2)“特定主体”利用该国家工作人员职权或者地位形成的便利条件[④],通过其他国家工作人员职务上的行为,为请托人谋取不正当利益,索取请托人财物或者收受请托人财物。该项行为,与前项行为的区别,在于以“特定主体”的身份,通过斡旋使其他国家工作人员违背职责,利用其职务行为,为请托人谋取不正当利益。是典型的利用该国家工作人员职权、地位而形成的影响力。

其他国家工作人员承诺为该“特定主体”利用职权并为请托人谋取不正当利益的,应构成受贿罪,“特定主体”是该国家工作人员受贿罪的共犯,同时也触犯利用影响力受贿罪,为想象竞合犯,应从一重罪论处。该“特定主体”的国家工作人员,如果知道(包括默许)利用自己的职权、地位形成的“影响力”去“影响”其他国家工作人员利用职务,为请托人谋取不正当利益的,亦构成受贿罪。同理,为请托人谋取其“应得”的合法利益,不能构成本罪,但不排除知情的现职国家工作人员可以构成受贿罪。

(3)离职的国家工作人员,利用原职权或者地位形成的便利条件,通过其他国家工作人员职务上的行为,为请托人谋取不正当利益,索取请托人财物或者收受请托人财物。该项行为,是已经不具有国家工作人员身份的人,以离退休之前的原职权或者

---

① 值得关注的是,特定主体是包括该国家工作人员的近亲属的,如国家工作人员的丈夫或妻子。在该种情形下,即便是特定主体所索取、收受的贿赂,如果是“通过该国家工作人员职务上的行为,为请托人谋取不正当利益”,也可成为司法实务中“无身份人与有身份人,可以成立有身份人共同犯罪”(典型受贿罪)的情形。如此一来,利用影响力受贿罪在相当程度上会被架空。那么,是否可以认为,该项规定的行为,是需要特定主体通过该国家工作人员的职务行为的斡旋,通过其他国家工作人员的职务行为,为请托人谋取不正当利益,而非是该国家工作人员利用本人的职权,直接为特定主体的请托人谋取不正当利益?如此理解,也会产生新的问题,因在不考虑有“特定主体”的前提下,该国家工作人员的行为,是符合我国《刑法》第388条规定的受贿罪的。显然,利用影响力受贿罪与我国《刑法》第385受贿罪和第388条规定的受贿罪如何区别,很值得研究。本书认为,利用影响力受贿罪与受贿罪(构成共同犯罪)的主要区别,仅在于特定主体索取、收受请托人的贿赂,是国家工作人员确定是不知情的。如果知情,应构成受贿罪的共同犯罪。

② 根据“为他人谋取利益”的解释,只要有请托事项并承诺的,即为“为他人谋取利益”。因此,未得到该国家工作人员承诺的,利用影响力受贿罪也是不能成立的。

③ “谋取不正当利益”,是指谋取违反法律、法规、规章或者政策规定的利益,或者违反法律、法规、规章、政策、行业规范的规定提供的帮助或者方便条件。在招标投标、政府采购等商业活动中,违背公平原则,谋取竞争优势的。

④ 参见03.11.13《经济犯罪座谈会纪要》“三、(三)”的规定。

地位形成的便利条件,斡旋其他在职国家工作人员利用职务上的便利,为请托人谋取不正当利益。该行为,不包括离退休前已有承诺的情况,否则应以受贿罪论处。其他在职国家工作人员可以成为“利用影响力受贿罪”的共犯。

(4) 离职的国家工作人员的“特定主体”,利用该离职的国家工作人员原职权或者地位形成的便利条件,通过其他国家工作人员职务上的行为,为请托人谋取不正当利益,索取请托人财物或者收受请托人财物。该项行为,与第(2)项行为相同,亦为典型的通过斡旋使在职国家工作人员违背职责,利用其职务行为,为请托人谋取不正当利益。同理,其他国家工作人员承诺为该“特定主体”利用职权为请托人谋取不正当利益的,应构成受贿罪,“特定主体”是该国家工作人员受贿罪的共犯,同时也触犯利用影响力受贿罪,为想象竞合犯,应从一重罪论处。作为该“特定主体”的离职国家工作人员,如果知道(包括默许)利用自己原职权或者地位形成的便利条件形成的“影响力”去“影响”其他国家工作人员利用职务,为请托人谋取不正当利益的,亦构成利用影响力受贿罪的共犯。为请托人谋取其“应得”的合法利益,不能构成本罪,但不排除为“特定主体”利用职务提供便利的知情的现职国家工作人员可能构成受贿罪。

构成本罪,要求“索取请托人财物或者收受请托人财物,数额较大或者有其他较重情节”①。

本罪的主体中的“特定主体”是现职的国家工作人员以及“离职(离退休)国家工作人员”的“近亲属或者其他与该国家工作人员关系密切的人”。

我国《刑事诉讼法》第 108 条第 6 项规定:“近亲属”是指夫、妻、父、母、子、女、同胞兄弟姊妹。而我国《民法典》第 1045 条明文规定了“近亲属”的范围。“关系密切的人”当前也没有较为统一的认识。在刑法修订前,07.07.08《受贿案件意见》曾经规定有“特定关系人”。“‘特定关系人’,是指与国家工作人员有近亲属、情妇(夫)以及其他共同利益关系的人。”②比较两个概念,前者强调“关系”是否密切,如是情妇(夫)之类,可以说特定的关系,成为判断关系密切的条件,注重的是形式判断。后者的“特定关系人”强调“共同利益关系”,仅仅有特定关系③,如情妇(夫)等特定的关系,但是,不具有“共同利益”的,也不能成为“特定关系人”,所以,“特定关系”更侧重于对实质“共同利益”的要求,具有共同利益的,才能最终成为“特定关系人”。因罪状规定的是“关系密切”,因此,本书认为,07.07.08《受贿案件意见》的“特定关系人”可以

---

① 根据 16.04.18《贪污贿赂案件解释》第 10 条的规定,本罪定罪量刑标准,参照受贿罪的规定执行。

② 07.07.08《受贿案件意见》第 11 条。

③ “特定关系”可基于多种因素:(1) 基于血缘产生的关系,即除了“近亲属”之外的其他亲属;(2) 基于姻缘配偶方的亲属,如岳父母、公婆;(3) 基于共同经历关系,如因共同求学、工作产生的关系,如同学、同事;(4) 基于地缘产生的关系,如同乡、同宗;(5) 基于感情产生的关系,如朋友、恋人、情人关系;(6) 基于利益产生的关系,如客户、共同投资、因合同、债权债务产生的关系;(7) 基于利害产生的关系,如赌博、吸毒贩毒等关系;(8) 在其他复杂情况下相识并产生互相信任、互相借助的其他关系,如危险境遇下的救助产生的信任关系。

是关系密切的人中的一部分,关系密切的人可以包括但并不限于有特定关系的人[①],但具有"共同利益"应成为判断"关系密切人"的核心内容,这只能从具有各种关系的人,是否对双方"共同利益"具有一定"决策力"具体分析。

"离职的国家工作人员"是指在实施本罪行为时,已经不具有国家工作人员身份之人,是由于离休、退休、辞职、辞退等原因目前已离开了国家工作人员岗位的人[②]。至于"受委托从事公务的工作人员",如不转移人事组织关系到被委派单位中,任职期间享受是原单位工资福利待遇,其任期届满时回原委派的国家机关、企业。例如,达到离退休年龄或者其他原因离开被委派单位,在原委派单位办理手续的,属于"离退休国家工作人员"的范畴,其本人以及"特定主体"可以构成本罪;国家工作人员或者受国家机关、国有公司、企业、事业单位、人民团体委托管理、经营国有财产的人员,在国家出资企业改制前,身份没有改变离职的,是"离职的国家工作人员",其本人以及"特定主体"可以构成本罪;国家出资企业改制后,改变身份后离职的人员,不属于"离职的国家工作人员",但可以成为与其他现职国家工作人员形成"关系密切的人"而构成本罪。

曾经在农村集体经济组织和城镇基层组织协助人民政府从事过行政管理工作,则多少与国家工作人员可以形成与普通人相比的不同关系。其在岗时,工作的性质赋予他们一定的权力而被视为依照法律从事公务的人员,可以构成受贿罪。但离开岗位后,不是"离职的国家工作人员",但可以形成与其他在职以及离退休国家工作人员"关系密切的人",可以成立本罪主体。

(三) 利用影响力受贿罪的刑事责任[③]

犯本罪,处 3 年以下有期徒刑或者拘役,并处罚金;数额巨大或者有其他严重情节的,处 3 年以上 7 年以下有期徒刑,并处罚金;数额特别巨大或者有其他特别严重情节的,处 7 年以上有期徒刑,并处罚金或者没收财产。

---

① 也有相反的意见,即"关系密切人包括但不限于共同利益人",例如,领导的司机、秘书与领导之间不具有共同利益,但可以认定为关系密切人。参见王作富主编:《刑法分则实务研究》(下),中国方正出版社 2013 年版,第 1686 页。本书认为,恰恰是领导的司机、秘书愈与领导接触时间愈长,知道的愈多,愈能结成"利益共同体",才可能成为"关系密切的人"。

② 也有观点认为,"离职的国家工作人员"包括离开当前岗位而转任其他现职岗位的情况。并进一步认为,这样的人员如果利用原职权、地位形成的便利条件,通过其他国家工作人员职务行为,为请托人谋取不正当利益,而索取、收受贿赂,根据我国现有法律无法处理。因此,这样的人也属于"离职国家工作人员",是本罪主体。参见王作富主编:《刑法分则实务研究》(下),中国方正出版社 2013 年版,第 1689 页。本书认为,即便是从一个现职岗位到另一个现职岗位,其国家工作人员的身份并无变化,利用"原职权、地位形成的便利条件",也是现职的"利用职权、地位形成的便利条件",完全符合我国《刑法》第 388 条规定的"受贿罪"。

③ 16.04.18《贪污贿赂案件解释》第 10 条规定:"刑法第 388 条之一规定的利用影响力受贿罪的定罪量刑适用标准,参照关于受贿罪的规定执行。"

五、行 贿 罪

(一) 行贿罪的概念和法益

行贿罪,是指为谋取不正当利益,给予国家工作人员以财物的行为,或者在经济往来中,违反国家规定,给予国家工作人员以财物,数额较大的,或者违反国家规定,给予国家工作人员以各种名义的回扣、手续费的行为。但因被勒索给予国家工作人员以财物,没有获得不正当利益的,不是行贿。本罪的法益是公职人员职务的廉洁性(主要是“公正性”“不可收买性”),主体为自然人一般主体,主观上是直接故意,动机不影响认定。行贿与受贿,理论上被称为“对向犯”(对行犯),即只有双方相向而行的(实行)行为,才可能使双方或其中的一方构成犯罪,如果一方因某种(法定的或事实)原因而不构成犯罪,也不影响相对一方犯罪的成立。关于“对向犯”,有观点认为属于共同犯罪的意见,但司法实务中未必都以“共同犯罪”同案审理,通常是分别审理,不能同案审理虽然理论上被指责有弊端,但未能改变分案审理的现状①。

(二) 故意、行为

“为谋取不正当利益”是行贿者主观故意内容,在行贿犯罪中,“谋取不正当利益”,是指行贿人谋取违反法律、法规、规章或者政策规定的利益,或者要求对方违反法律、法规、规章、政策、行业规范的规定提供帮助或者方便条件。在招标投标、政府采购等商业活动中,违背公平原则,给予相关人员财物以谋取竞争优势的,属于“谋取不正当利益”②。

行贿行为,包括两种形式,一是主动给予国家工作人员贿赂③的,是以行贿者主动,受贿者被动接受为主要特征;二是因国家工作人员索取,而被动给予国家工作人员贿赂。前者主动给予国家工作人员贿赂的,无论是否谋取到不正当利益,不影响行贿罪的成立,但是如主动给予贿赂,只是为谋取自己应得的、合法的利益,则不能构成行贿罪;后者,被索取而被迫给予国家工作人员贿赂的,只是为谋取自己应得的、合法的利益,当然也不构成行贿罪,但即便为谋取不正当利益,没有获得不正当利益的,也不构成行贿罪。上述行为人不构成行贿罪的各种情况,均不影响相对的国家工作人

---

① 分案审理,能够“明显”提高“受案数量”和“绩效”,以提升国家严惩腐败犯罪的决心和打击力度,以震慑腐败分子,但分案审理,特别是因管辖或审级管理由不同法院审理时,当对某项“行贿”“受贿”款项是否属于“行贿”“受贿”款项有争议时,只要有一案认定了,则另一案“被认定”不可避免,这并不利于防止错误的发生。

② 08.11.20《商业贿赂若干意见》第9条。

③ “贿赂”包括财物以及财产性利益。

员受贿罪的成立。行贿构成犯罪,有数额以及情节的要求①。

(三) 对有影响力的人行贿罪②

对有影响力的人行贿罪,是指为谋取不正当利益,向国家工作人员的近亲属或者其他与该国家工作人员关系密切的人,或者向离职的国家工作人员或者其近亲属以及其他与其关系密切的人(以下"近亲属和关系密切的人",简称为"特定相对人")行贿的行为。本罪主体为自然人一般主体和单位(单位行贿的,不问所有制性质),主观上是直接故意,以为谋取不正当利益为故意内容,动机不影响认定。本罪与利用影响力受贿罪为"对向犯"关系。从法规范上说,只要为谋取不正当利益向"特定相对人"行贿的,无论是否谋取到不正当利益以及是被索取,还是主动给予"特定主体的相对人"以贿赂的,均应以犯罪论处。至于"特定相对人"与"国家工作人员""离职的国家工作人员"构成何种犯罪,应以相应犯罪构成条件具体考察。

(四) 对单位行贿罪③

对单位行贿罪,是指为谋取不正当利益,给予国家机关、国有公司、企业、事业单位、人民团体以财物的,或者在经济往来中,违反国家规定,给予各种名义的回扣、手续费的行为。本罪主体为自然人一般主体和单位(单位犯本罪,不问所有制性质),主观上是直接故意,以为谋取不正当利益为故意内容,动机不影响认定。本罪行贿的对象必须是国家机关、国有公司、企业、事业单位、人民团体,因此,本罪与单位受贿罪为"对向犯"关系。从法规范上说,只要为谋取不正当利益行贿的,无论是否谋取到不正当利益,以及是被索取还是主动给予单位贿赂的,行为人均构成犯罪。但本罪并不以"贿赂"款项的来源为认定的依据,而以"贿赂"的归属为认定的标准,概言之,只有贿赂款项归属于国家机关、国有公司、企业、事业单位、人民团体的,才能构成对单位行贿罪,如果归属于国家机关、国有公司、企业、事业单位、人民团体工作人员个人的,应构成行贿罪,而非对单位行贿罪。

(五) 对单位行贿罪与单位行贿罪的关联

单位行贿罪,是指单位为谋取不正当利益而行贿,或者违反国家规定,给予国家

---

① 16.04.18《贪污贿赂案件解释》第 7 条规定:"为谋取不正当利益,向国家工作人员行贿,数额在 3 万元以上的,应当依照刑法第 390 条的规定以行贿罪追究刑事责任。行贿数额在 1 万元以上不满 3 万元,具有下列情形之一的,应当依照刑法第 390 条的规定以行贿罪追究刑事责任:(一) 向 3 人以上行贿的;(二) 将违法所得用于行贿的;(三) 通过行贿谋取职务提拔、调整的;(四) 向负有食品、药品、安全生产、环境保护等监督管理职责的国家工作人员行贿,实施非法活动的;(五) 向司法工作人员行贿,影响司法公正的;(六) 造成经济损失数额在 50 万元以上不满 100 万元的。"

② 我国《刑法》第 390 条之一。根据 16.04.18《贪污贿赂案件解释》第 10 条第 1 款规定,对本罪定罪量刑适用标准,参照行贿罪的规定执行。第 2 款规定:"单位对有影响力的人行贿数额在 20 万元以上的,应当依照刑法第 390 条之一的规定以对有影响力的人行贿罪追究刑事责任。"

③ 我国《刑法》第 391 条。

工作人员以回扣、手续费,情节严重的行为。本罪主体为单位(所有制没有限制),但对行贿直接负责的主管人员和其他直接责任人员亦为受罚主体,主观上是直接故意,以为单位谋取不正当利益为故意内容,动机不影响认定。对单位行贿罪与单位受贿罪不是"对向犯"关系。单位行贿的行贿对象,是国家工作人员,而对单位行贿的行贿对象,是国家机关、国有公司、企业、事业单位、人民团体。

只要为谋取不正当利益行贿的,无论是否谋取到不正当利益,以及是被索取还是主动给予贿赂的,均构成犯罪。为单位谋取不正当利益,是单位所犯的行贿犯罪。但是能够称其为"单位行贿",一是为单位谋取不正当利益,其实际归属也应该是单位;二是贿赂款项的来源,原则上应该是单位,而不是个人,但即便来自于个人,为单位谋取不正当利益的,也是单位行贿罪。所以,是否构成单位行贿罪,也同时应该考察所谋取不正当利益的归属。如果以单位名义行贿,但不正当利益归属于个人的,应根据我国《刑法》第 393 条后半段规定:"因行贿取得的违法所得归个人所有的,依照本法第 389 条、第 390 条的规定定罪处罚。"这是个人所犯的对单位行贿罪,而不是单位行贿罪。

(六) 行贿罪的刑事责任

犯本罪,处 5 年以下有期徒刑或者拘役,并处罚金;因行贿谋取不正当利益,情节严重的①,或者使国家利益遭受重大损失的②,处 5 年以上 10 年以下有期徒刑,并处罚金;情节特别严重的③,或者使国家利益遭受特别重大损失的④,处 10 年以上有期徒刑

---

① 16.04.18《贪污贿赂案件解释》第 7 条规定:"为谋取不正当利益,向国家工作人员行贿,数额在 3 万元以上的,应当依照刑法第 390 条的规定以行贿罪追究刑事责任。行贿数额在 1 万元以上不满 3 万元,具有下列情形之一的,应当依照刑法第 390 条的规定以行贿罪追究刑事责任:(一) 向 3 人以上行贿的;(二) 将违法所得用于行贿的;(三) 通过行贿谋取职务提拔、调整的;(四) 向负有食品、药品、安全生产、环境保护等监督管理职责的国家工作人员行贿,实施非法活动的;(五) 向司法工作人员行贿,影响司法公正的;(六) 造成经济损失数额在 50 万元以上不满 100 万元的。"第 8 条第 1 款规定:"犯行贿罪,具有下列情形之一的,应当认定为刑法第 390 条第 1 款规定的'情节严重':(一) 行贿数额在 100 万元以上不满 500 万元的;(二) 行贿数额在 50 万元以上不满 100 万元,并具有本解释第 7 条第 2 款第 1 项至第 5 项规定的情形之一的;(三) 其他严重的情节。"第 7 条第 2 款第 1 项至第 5 项规定的情形之一,即:(1) 向 3 人以上行贿的;(2) 将违法所得用于行贿的;(3) 通过行贿谋取职务提拔、调整的;(4) 向负有食品、药品、安全生产、环境保护等监督管理职责的国家工作人员行贿,实施非法活动的;(5) 向司法工作人员行贿,影响司法公正的。

② 16.04.18《贪污贿赂案件解释》第 8 条第 2 款规定:"为谋取不正当利益,向国家工作人员行贿,造成经济损失数额在 100 万元以上不满 500 万元的,应当认定为刑法第 390 条第 1 款规定的"使国家利益遭受重大损失。"

③ 16.04.18《贪污贿赂案件解释》第 9 条第 1 款规定:"犯行贿罪,具有下列情形之一的,应当认定为刑法第 390 条第 1 款规定的'情节特别严重':(一) 行贿数额在 500 万元以上的;(二) 行贿数额在 250 万元以上不满 500 万元,并具有本解释第 7 条第 2 款第 1 项至第 5 项规定的情形之一的;(三) 其他特别严重的情节。"第 7 条第 2 款第 1 项至第 5 项规定的情形之一,即:(1) 向 3 人以上行贿的;(2) 将违法所得用于行贿的;(3) 通过行贿谋取职务提拔、调整的;(4) 向负有食品、药品、安全生产、环境保护等监督管理职责的国家工作人员行贿,实施非法活动的;(5) 向司法工作人员行贿,影响司法公正的。

④ 16.04.18《贪污贿赂案件解释》第 9 条第 2 款规定:"为谋取不正当利益,向国家工作人员行贿,造成经济损失数额在 500 万元以上的,应当认定为刑法第 390 条第 1 款规定的'使国家利益遭受特别重大损失'。"

或者无期徒刑,并处罚金或者没收财产。

行贿人在被追诉前主动交待行贿行为的,可以从轻或者减轻处罚。其中,犯罪较轻的,对侦破重大案件起关键作用的,或者有重大立功表现的,可以减轻或者免除处罚①。

六、介绍贿赂罪

介绍贿赂罪,是指向国家工作人员介绍贿赂,情节严重的行为②。介绍贿赂,一般表述为在行贿人与受贿人之间进行沟通关系、撮合条件,使行贿受贿得以实现。所以,介绍贿赂,是一种居间行为,站在不同立场,可以是为行贿者与可能的受贿者进行沟通、撮合而实行帮助,也可以是为受贿者与可能的行贿者进行沟通、撮合进行帮助。仅就其为一方而实行帮助而言,理论上是完全符合其中某一方的共犯(帮助犯)条件。然而从现实中看,能够居间介绍者,必须是熟悉双方但双方并不相识、相熟悉的情况,才可能需要实施介绍贿赂行为,否则,行贿者不敢送,也无门去送;受贿者不敢收、也不敢索取,这是能够居间介绍贿赂的现实情况。在这种情形下,很难判断介绍贿赂者与哪一方行为人成立共犯关系,但按照受贿共犯处罚与按照行贿共犯处罚却有很大的差别,因此,尽管介绍贿赂罪同样对公职人员职务廉洁性有侵害,但只可将其规定为独立的犯罪,而不视为一方的共犯。

但这并不意味着居间者只能成立介绍贿赂罪。本书认为,如果居间者同时为国家工作人员利用职务便利为请托人谋取利益而出谋划策的,则超出介绍贿赂的范围,为想象竞合犯,应按照受贿罪的共犯论处;如果居间者在为行贿者介绍贿赂过程中,同时表明要从行贿者处得到自己利益的(无论行贿者所谋取的是应得、合法利益还是不正当利益),也超出介绍贿赂的范围,为想象竞合犯,应以行贿罪共犯认定。

此外,本罪仅处罚在国家工作人员与行贿者(单位和个人)之间,进行介绍贿赂的行为,因此,对其他特别类型的贿赂犯罪进行居间介绍实现行贿、受贿的,当前并没有规定为独立的介绍贿赂犯罪。由此而言,在其他类型贿赂犯罪中的介绍贿赂行为,应

---

① 16.04.18《贪污贿赂案件解释》第 14 条规定:“根据行贿犯罪的事实、情节,可能被判处 3 年有期徒刑以下刑罚的,可以认定为刑法第 390 条第 2 款规定的‘犯罪较轻’。根据犯罪的事实、情节,已经或者可能被判处 10 年有期徒刑以上刑罚的,或者案件在本省、自治区、直辖市或者全国范围内有较大影响的,可以认定为刑法第 390 条第 2 款规定的‘重大案件’。具有下列情形之一的,可以认定为刑法第 390 条第 2 款规定的‘对侦破重大案件起关键作用’:(一) 主动交待办案机关未掌握的重大案件线索的;(二) 主动交待的犯罪线索不属于重大案件的线索,但该线索对于重大案件侦破有重要作用的;(三) 主动交待行贿事实,对于重大案件的证据收集有重要作用的;(四) 主动交待行贿事实,对于重大案件的追逃、追赃有重要作用的。”

② 99.09.16《立案标准(试行)》“一、(七)”规定:“涉嫌下列情形之一的,应予立案:1. 介绍个人向国家工作人员行贿,数额在 2 万元以上的;介绍单位向国家工作人员行贿,数额在 20 万元以上的;2. 介绍贿赂数额不满上述标准,但具有下列情形之一的:(1) 为使行贿人获取非法利益而介绍贿赂的;(2) 3 次以上或者为 3 人以上介绍贿赂的;(3) 向党政领导、司法工作人员、行政执法人员介绍贿赂的;(4) 致使国家或者社会利益遭受重大损失的。”

按照其中一方的共犯认定。

犯本罪,处3年以下有期徒刑或者拘役,并处罚金。

七、巨额财产来源不明罪

(一) 巨额财产来源不明罪的概念和法益

巨额财产来源不明罪,是指国家工作人员的财产、支出明显超过合法收入,差额巨大的,经责令说明来源,该国家工作人员不能说明来源的行为。本罪的法益是国家工作人员职务的廉洁性。本罪主体为国家工作人员,主观上是故意,动机不影响认定。只要对差额部分不能说明来源,就构成犯罪。但必须是司法机关未放弃查证是否构成其他犯罪的前提下,对拒绝说明来源或用尽侦查手段仍然无法查清财产真实来源时,才能适用本罪名。本罪也可以看作为是为司法便宜,不能以其他犯罪定罪处罚,为节约有限司法资源,打击贪腐犯罪而设置的"兜底性"罪名。

(二) 对象、行为、故意

本罪对象为与合法收入差额巨大来源不明的财产。这里"差额巨大"的财产,包括所有可以用现金折算的动产和不动产。"合法收入"是工资、奖金、合法存款、继承、接受合法馈赠、接受合法转让的财产以及依照国家法律和相关规定可以获得的其他合法收入。"明显超过合法收入"是指拥有的财产和支出有巨大的差距,就其所得的合法收入所得,是根本达不到或者不能够实现的,而且"差额巨大"。经责令说明来源"不能说明来源"即指无法以合法收入作出合理解释。包括以下情况:(1) 行为人拒不说明财产来源;(2) 行为人无法说明财产的具体来源;(3) 行为人所说的财产来源经司法机关查证并不属实;(4) 行为人所说的财产来源因线索不具体等原因,司法机关无法查实,但能排除存在来源合法的可能性和合理性的①。

国家工作人员的收入,来源无非是合法与不合法,对来源合法的收入,只要能够说明,与工资、奖金等表面收入有差距的收入,只要能够说明来源合法,查证属实的,当然不能认为是"非法所得";相反,不能说明来源的差额部分就得以非法所得论。"非法所得",一般是指行为人的全部财产与能够认定的所有支出的总和减去能够证实的有真实来源的所得②。在具体计算时,应注意以下问题:(1) 应把国家工作人员个人财产和与其共同生活的家庭成员的财产、支出等一并计算,而且一并减去他们所有的合法收入以及确属与其共同生活的家庭成员个人的非法收入。(2) 行为人所有的财产包括房产、家具、生活用品、学习用品及股票、债券、存款、字画、珠宝、玉石、首饰、贵重金属等动产和不动产。行为人的支出包括合法支出和不合法的支出,包括日

---

① 03.11.13《经济犯罪座谈会纪要》"五、(一)"的规定。

② 99.09.16《立案标准(试行)》"一、(九)"规定:"涉嫌巨额财产来源不明,数额在30万元以上的,应予立案。"

常生活、工作、学习费用、罚款及向他人行贿的财物等。行为人的合法收入包括工资、奖金、稿酬、继承等法律和政策允许的各种收入。(3) 为了便于计算犯罪数额,对行为人的财产和合法收入,一般可以从行为人有比较确定的收入和财产时开始计算①。但对查证属实是贪污、受贿等犯罪所得,就应以相应犯罪论处,不构成本罪。

对行为人拥有不能说明来源“差额巨大”财产的行为,应该如何理解其法律属性,理论上有不同观点,有“持有说”②“不作为说”③“复合行为说”④的不同观点。目前多数说为不作为说,也即在责令说明来源,负有说明义务的情况下,“不能说明来源”(不履行义务)的行为,才宜视为本罪的实行行为。因拥有的不能说明来源“差额巨大”的财产,并不能推定就是“非法所得”,只有在不能说明来源时,才能认定为“非法所得”。

多数说认为本罪主观罪过只能是故意,行为人是明知自己财产或支出明显超出合法收入,差额巨大,责令要求其说明来源时,不愿说明而拒绝说明。因此,只能是故意(也有主张是直接故意的)。不说明的动机,不影响认定。如行为人有说明(包括对贪污、受贿所得或合法)来源,但查证不实的,仍然属于“不能说明来源”。对行为人辩解因时间太久、记忆有问题而不能说明的,应该如何处理?张明楷教授认为,不能作为本罪处理,因“说明”不等于证明,不是要求对每一笔财产的具体来源说明,只要求说明财产来源、渠道、途径就可以,时间太久不能说明,如定罪就属于实行严格责任了⑤。现实中,当然存在因时间久远或患病、受伤或年老记忆力减退等等原因,再也无法说清巨额财产来源的情况。这种情形下,的确并非属于“不愿意说明”,即便有积极配合说明的意愿和行为,也是 “说也说不明了的”。这种情形下,虽然不符合“行为人拒不说明财产来源”,但却符合“行为人无法说明财产的具体来源。行为人所说的财产来源经司法机关查证并不属实;行为人所说的财产来源因线索不具体等原因,司法机关无法查实,但能排除存在来源合法的可能性和合理性的”⑥,符合“不能说明来源”。在本罪只能是由故意构成的前提下,不符合主观上明知来源而故意不愿说明,不是故意罪过,那就不应该入罪;但却符合“不能说明来源”的条件,应该入罪。这显然是一个两难问题⑦。

本书认为,在此,应该考虑“能不能排除存在来源合法的可能性和合理性”的条件。换言之,本罪的故意,只是基于“不能说明来源”,推定为“主观上故意不愿意说明”(具有排除过失可以构成本罪的概念上的意义)。当以“排除合理怀疑”原则为先导,“能排除存在来源合法的可能性和合理性的”,则事实上就是已经达到证明财产来

---

① 03.11.13《经济犯罪座谈会纪要》“五、(二)”的规定。

② 参见储槐植:《刑事一体化与关系刑法论》,北京大学出版社 1997 年版,第 415 页。

③ 参见张明楷:《刑法学》(下),法律出版社 2016 年版,第 1196 页。

④ 参见刘生荣、但伟:《腐败七罪犯罪刑法精要》,中国方正出版社 2001 年版,第 271 页以下。

⑤ 参见张明楷:《刑法学》(下),法律出版社 2016 年版,第 1198 页。

⑥ 03.11.13《经济犯罪座谈会纪要》“五、(一)”的规定。

⑦ 表面上与无罪推定原则、不能强迫自证其罪原则等都存在冲突。

源的不合法性,也就应该承认与“无罪推定”“不得自证其罪”不再发生冲突,这才是能否以本罪论处的实质根据,可以确定财产为“非法所得”,就应该入罪。本书认为,这并非是实行了“严格责任”。

(三)对判决发生法律效力后查明财产来源的处理

对此,有不同认识:第一种观点认为,不能撤销原判,继续执行。未执行完原判决的,还应当数罪并罚,即便已经执行完毕的也不得以错案看待,还应当对新发现的罪追究刑事责任。[①] 第二种观点认为,在执行期间或执行完毕后,查清来源合法,当然应该撤销原判;执行期间或执行完毕后,查清是其他犯罪所得,则既不可撤销原判以新发现罪定罪,也不可在原判基础上对发现的新罪实行并罚。因原判决并无错误,同时,依据禁止重复评价原则看,这已经做过处理,故不得再行处理。[②] 第三种观点认为,查明是犯罪所得,应按照漏罪处理,实行数罪并罚;但如行为人已经说明来源合法,是因司法机关未能查明,被定罪的,应宣告无罪,如说明来源系非法所得,但司法机关未能查明的,应对原判撤销,对查明非法所得的犯罪依法处理,但应为自首。[③] 第四种观点主张,应视为原判有错误,撤销原判,查清是犯罪所得,重新定罪量刑,已经执行的刑期折抵;合法所得,应宣告无罪,返还财产。[④] 本书赞同第四种观点。

(四)巨额财产来源不明罪与隐瞒境外存款罪[⑤]的关联

隐瞒境外存款罪,是指国家工作人员隐瞒在境外的存款,数额较大的行为。[⑥] 本罪的法益,是国家工作人员职务的廉洁性。本罪主体为国家工作人员,主观上是故意,动机不影响认定。本罪为(真正)不作为犯。“境外存款”包括在国外以及港澳台地区各类型金融机构的存款。存款,包括各种货币(包括人民币)、有价证券、货币支付凭证、黄金等可以货币价格计算的其他贵重金属、珠宝、玉石、玉器。至于境外存款的来源。多数说认为,法律并未限制,因此,境外存款可以是合法收入,也可以是违法犯罪所得。[⑦] 少数说认为,虽然来源没有限制,可能是违法犯罪所得,但实际认定上,如果是犯罪所得,就不宜再以该罪论处。[⑧] 当然,如果查明在境外或境内通过犯罪(如贪污、受贿)所得,存于境外的,当然不能按照隐瞒境外存款罪论处。在此,可以说少

---

① 参见赵秉志主编:《疑难刑事问题司法对策》,吉林人民出版社 1999 年版,第 363 页。

② 参见孟庆华:《巨额财产来源不明罪研究新动向》,北京大学出版社 2002 年版,第 228 页以下。

③ 参见孙国祥:《贪污贿赂犯罪疑难问题学理与判解》,中国检察出版社 2003 年版,第 503 页以下。

④ 参见谢望原、郝兴旺主编:《刑法各论》,中国人民大学出版社 2011 年版,第 426 页;马克昌主编:《百罪通论》(上卷),北京大学出版社 2014 年版,第 1209 页;黎宏:《刑法学各论》,法律出版社 2016 年版,第 521 页。

⑤ 我国《刑法》第 395 条第 2 款。

⑥ 99.09.16《立案标准(试行)》“一、(十)”规定:“涉嫌隐瞒境外存款,折合人民币数额在 30 万元以上的,应予立案。”

⑦ 参见黎宏:《刑法学各论》,法律出版社 2016 年版,第 521 页。

⑧ 参见王作富主编:《刑法分则实务研究》(下),中国方正出版社 2013 年版,第 1718 页。

数说的观点并没有错误，但是，本书认为，本罪处罚的是隐瞒不报的不作为行为，而不是因对境外存款合法性不能说明而处罚。因此，即便境外存款是合法所得，也不影响以本罪论处。如果查明境外存款有实施犯罪的违法所得，符合各自构成要件的，就应该数罪并罚了。

对境外存款，是否需要作扩大解释，包括在境外购置、继承等获得的不动产，值得考虑。本书认为，从法制发展完善，规制公职人员职务廉洁性而言，今后国家公职人员财产申报，当然包括不动产。而且，贪腐的公职人员将犯罪所得在境外购置不动产并非鲜见。因此，有必要将"隐瞒境外存款"包括隐瞒境外不动产。

本书认为，"隐瞒不报"非以有关机关在调查时隐瞒不报为必要前提①，是应当依照国家规定申报而隐瞒不报。因此，无论是调查之前依照国家规定应该申报而隐瞒不报，还是调查开始后应该依照国家规定申报而隐瞒不报，均为"隐瞒不报"。"隐瞒不报"，可以是对境外资产完全不报告，也可以是隐瞒部分，报告部分（报少瞒多）。从法规范上说，巨额财产来源不明罪与隐瞒境外存款罪并不直接关联，但现实中可能存在对境外存款不能说明来源，该种情形下，隐瞒境外存款的不作为行为可能同时触犯巨额财产来源不明罪，应为想象竞合犯，从一重罪论处。当然，对境内不能说明的部分，仍然需要按照巨额财产来源不明罪论处。此时，需要数罪并罚。

（五）巨额财产来源不明罪的刑事责任

犯本罪，处5年以下有期徒刑或者拘役；差额特别巨大的，处5年以上10年以下有期徒刑。财产的差额部分予以追缴。

八、私分国有资产罪

（一）私分国有资产罪的概念和法益

私分国有资产罪，是指国家机关、国有公司、企业、事业单位、人民团体，违反国家规定，以单位名义将国有资产集体私分给个人，数额较大②的行为。本罪的法益，是国家对国有资产的所有权的监管以及职务行为的廉洁性。主体为国家机关、国有公司、企业、事业单位、人民团体，虽然属于"单位犯罪"但只处罚直接负责的主管人员和其他直接责任人员，主观上是直接故意，动机不影响认定。

---

① 有关"隐瞒不报"的时间界限，也存在争论。参见王作富主编：《刑法分则实务研究》（上），中国方正出版社2013年版，第1719页。本书认为"报告"是应该主动向国家履行的义务，并非应受到司法机关的刑事诉讼程序进程制约。

② 99.09.16《立案标准（试行）》"一、（十一）"规定："涉嫌私分国有资产，累计数额在10万元以上的，应予立案。"

(二) 国有资产、以单位名义、行为、故意

“国有资产”,是国家以各种形式划拨给各级各类事业单位,出资在国有独资企业、国有独资公司,以及国有资本控股公司、国有资本参股公司所形成的财产权益,是企业、公司和事业单位占有、使用的,依法确认为国家所有,能以货币计量的各种经济资源的总称,包括国家投资企业、公司和拨给事业单位的资产,企业、公司和事业单位按照国家规定运用国有资产组织收入形成的资产,以及接受捐赠和其他经法律确认为国家所有的资产,其表现形式为流动资产、固定资产、无形资产和对外投资等①。“按照国家规定运用国有资产组织收入形成的资产”,还应包括行政机关、司法机关、税务机关依法应上缴国库的罚没财物,即罚金、没收的财产、罚款、没收的非法所得等。但是否能够包括事业单位、公司、企业违法“运用国有资产组织收入”的违法所得,值得考虑。本书认为,该违法所得仍然依法应该予以没收,或没收后依法返还给受害者,因此,应该包括在“国有资产”的范围内。但行政、司法机关私分属于“国有资产”的罚没财物,构成私分罚没财物罪,不是本罪。

“违反国家规定”是指违反国有资产购置、验收、保管、使用等国家对国有资产管理规定。例如,违反国有资产处置规定,对其占有、使用的国有资产进行产权转让或者注销产权,出售、出让、转让、对外捐赠、报废、报损以及货币性资产损失核销;违反国有资产转让规定,未经批准,将国家对企业的出资所形成的权益转移给其他单位或者个人;违反国有资产与企业资产分账比例管理规定,将国有资产转账至企业资产账户等。“以单位名义”是指单位领导或经过集体讨论决定,将国有资产以单位名义分配给单位全体成员或部分成员。如果只是私下分配给个别成员,则构成贪污罪。

本罪主观上只能是直接故意,明知是国有资产,故意违反规定国家规定而私分。虽然我国刑法未规定特定目的要素,但直接负责的主管人员和其他直接责任人员应具有非法获取国有资产的目的。过失和间接故意不能构成本罪。

(三) 私分国有资产罪与私分罚没财物罪②的关联

司法机关、行政执法机关违反国家规定,将应当上缴国家的罚没财物,以单位名义集体私分给个人的行为,构成私分罚没财物罪。本罪主体为特定的司法、行政机关,为单位犯罪。虽然我国刑法没有如私分国有资产罪那样,表明处罚的主体是直接负责的主管人员和其他直接责任人员,但本书认为,受罚主体同私分国有资产罪。本罪主观上是直接故意,未以特定目的为主观要素,动机不影响认定。本罪同样是以单

---

① 以上对“国有资产”的归纳,根据我国《企业国有资产法》第 2 条、第 4 条以及《事业单位国有资产管理暂行办法》第 3 条。99.09.16《立案标准(试行)》“四、(六)”规定:“国有资产”,是指国家依法取得和认定的,或者国家以各种形式对企业投资和投资收益、国家向行政事业单位拨款等形成的资产。

② 我国《刑法》第 396 条第 2 款。

位名义实施私分应当上缴国家的罚没财物。“应当上缴国家的罚没财物”,属于“按照国家规定运用国有资产组织收入形成的”国有资产,私分国有资产罪对象中包括应上缴国家的罚没财物,因此,两罪之间具有法条竞合关系,实施私分罚没财物的行为,必然触犯私分国有资产罪的条款,因两罪罚则相同,只应按照私分罚没财物罪论处即可。

(四) 私分国有资产罪与徇私舞弊低价折股、出售国有资产罪[①]的关联

徇私舞弊低价折股、出售国有资产罪,是指国有公司、企业或者其上级主管部门直接负责的主管人员,徇私舞弊,将国有资产低价折股或者低价出售,致使国家利益遭受重大损失的行为。本罪虽然规定在妨害对公司、企业管理的犯罪中,但在本质上与侵害国有资产的渎职犯罪没有区别,也是国家工作人员渎职,同样侵害职务的廉洁性。本罪主体是特殊主体,是国有公司、企业或者其上级主管部门直接负责的主管人员,主观上是故意,未以特定目的为主观要素,但须基于徇私的动机。

违反国有资产处置、出售的规定,廉价处置、出售国有资产的徇私舞弊低价折股、出售国有资产罪,并没有限于不能将国有资产廉价处置、出售给本单位人员。即便是将国有资产廉价处置、出售给本单位人员,受让者也必须支付一定的资产对价;而私分国有资产,则必须是以单位名义,私自分配国有资产,使全体成员或部分成员无偿获得国有资产。所以,两罪在法规范上并无直接关联。如果在私分国有资产时,取得资产者只是象征性缴纳“购置款、转让金、股金”,完全不存在以“对价”获得资产的事实,形式上看直接负责的主管人员是触犯徇私舞弊低价折股、出售国有资产罪,但本书认为,因保护法益的不同,不宜将此种情形视为想象竞合犯,对直接负责的主管人员仍然应以私分国有资产罪论处。

(五) 私分国有资产罪、私分罚没财物罪与贪污罪的关联

私分国有资产罪、私分罚没财物罪,具有以集体名义共同贪污的特性,在主观上具有与贪污罪相同的侵占公共财物的故意内容,且只有利用职务之便方可实施。但实务中如何区分私分国有资产罪与贪污罪,张明楷教授认为,如果从不法[②]程度上看与贪污罪没有区别,只能从责任要素上考察,是何种因素导致与贪污罪法定刑差异的原因,即当出于相对公平的利他动机,并对国有资产进行相对公平私分的,才是私分国有资产罪[③]。这一看法是有道理的,也可以视为私分罚没财物罪与贪污罪实务中区别的界限。

私分国有资产罪,较多发生在企业改制过程中。10.12.02《国家出资企业中职务犯罪的意见》第 2 条规定:“国有公司、企业违反国家规定,在改制过程中隐匿公司、企

---

① 我国《刑法》第 169 条。

② “不法”在理论上是否包括主观违法意识的评价在内?贪污罪与私分国有资产罪的行为人,是否都具有侵占公共财物的违法意思内容?

③ 参见张明楷:《刑法学》(下),法律出版社 2016 年版,第 1195 页。

业财产,转为职工集体持股的改制后公司、企业所有的,对其直接负责的主管人员和其他直接责任人员,依照刑法第 396 条第 1 款的规定,以私分国有资产罪定罪处罚。改制后的公司、企业中只有改制前公司、企业的管理人员或者少数职工持股,改制前公司、企业的多数职工未持股的,依照本意见第 1 条的规定①,以贪污罪定罪处罚。"第 4 条第 3 款规定:"国家出资企业中的国家工作人员在公司、企业改制或者国有资产处置过程中徇私舞弊,将国有资产低价折股或者低价出售给特定关系人持有股份或者本人实际控制的公司、企业,致使国家利益遭受重大损失的,依照刑法第 382 条、第 383 条的规定,以贪污罪定罪处罚。贪污数额以国有资产的损失数额计算。"第 5 条第 2 款规定:"国家工作人员利用职务上的便利,在国家出资企业改制过程中隐匿公司、企业财产,在其不再具有国家工作人员身份后将所隐匿财产据为己有的,依照刑法第 382 条、第 383 条的规定,以贪污罪定罪处罚。"

(六) 私分国有资产罪的刑事责任

犯本罪,对其直接负责的主管人员和其他直接责任人员,处 3 年以下有期徒刑或者拘役,并处或者单处罚金;数额巨大的,处 3 年以上 7 年以下有期徒刑,并处罚金。

① 10.12.02《国家出资企业中职务犯罪的意见》第 1 条规定:"国家工作人员或者受国家机关、国有公司、企业、事业单位、人民团体委托管理、经营国有财产的人员利用职务上的便利,在国家出资企业改制过程中故意通过低估资产、隐瞒债权、虚设债务、虚构产权交易等方式隐匿公司、企业财产,转为本人持有股份的改制后公司、企业所有,应当依法追究刑事责任的,依照刑法第 382 条、第 383 条的规定,以贪污罪定罪处罚。贪污数额一般应当以所隐匿财产全额计算;改制后公司、企业仍有国有股份的,按股份比例扣除归于国有的部分。所隐匿财产在改制过程中已为行为人实际控制,或者国家出资企业改制已经完成的,以犯罪既遂处理。"

（下）渎 职 罪

一、滥用职权罪

（一）滥用职权罪的概念和法益

滥用职权罪是指国家机关工作人员超越职权，违法决定、处理其无权决定、处理的事项，或者违反规定处理公务，致使公共财产、国家和人民利益遭受重大损失的行为。本罪的法益，是履行国家机关、机构组织、领导、管理、监督等职责活动的正确、正当性。本罪主体为特殊主体，必须是国家机关工作人员①，依法或者受委托行使国家行政管理职权的公司、企业、事业单位的工作人员，是本罪主体②。本罪主观上是故意，包括直接故意和间接故意，以间接故意为多，对造成的重大损失，具有放任发生心态，直接故意的，亦未规定特定目的为主观要素，动机不影响认定。

（二）行为、故意

"滥用职权"，是指逾越自己的职权范围，违规、违法擅自决定、处理无权决定、处理的事项，或违反职责规定，处理、决定事项，在本质上即为违背职务。从特性上说，行为人对"滥用职权"的行为，与其他渎职行为相比具有较高的认知度，这也是其他特别类型"滥用职权"犯罪共有的特征。因国家管理事务涵盖国家事务、社会事务管理各个方面，因此这里的"职权"，包括法律对有关国家特别事务管理，针对特定公务人员已有特别规定的具体职权，也包括对国家事务的组织、领导、管理、监督等职责活动的一般职权。但针对法律对特别国家事务有规定情况下，也只能由特定一般职权的国家机关工作人员，滥用职权才能构成。例如，法院院长指令审判员枉法裁判的，枉法裁判的责任就不应由审判员一人承担。滥用职权行为，大体可以包括以下几种情形，一是逾越职权，擅自决定、处理不在自己权限范围内的事务、事项；二是故意不当行使职权，也即玩弄职权，对职权范围内的事务、事项，违反规定、要求，随意作出处

---

① 2002年12月28日全国人大常委会颁布实施的《关于〈中华人民共和国刑法〉第九章渎职罪主体适用问题的解释》规定："在依照法律、法规规定行使国家行政管理职权的组织中从事公务的人员，或者在受国家机关委托代表国家机关行使职权的组织中从事公务的人员，或者虽未列入国家机关人员编制但在国家机关中从事公务的人员，在代表国家机关行使职权时，有渎职行为，构成犯罪的，依照刑法关于渎职罪的规定追究刑事责任。"

② 2013年1月9日最高人民法院、最高人民检察院实施的《关于办理渎职刑事案件适用法律若干问题的解释（一）》（法释〔2012〕18号）（以下简称13.01.09《渎职案件解释（一）》）第7条。

理、处置决定;三是任意(故意)放弃职权,弄虚作假,对职权范围内应由自己决策、处置、处理的事务、事项不作处理、不作决定①;四是以权谋私、假公济私,违背职责、义务,违法、违规处置、处理事务、事项。滥用职权行为,作为和不作为均可构成本罪。但以造成公共财产、国家和人民利益遭受重大损失为入罪追诉条件②。要求滥用职权行为与严重后果之间必须具有刑法上的因果关系。

本罪主观要件,一直存在不同认识,有两种代表性观点:第一种观点认为,严重后果不是认定罪过需要考察的内容,但存在不同的具体见解。一种见解认为严重后果只是客观处罚条件,不是主观认识和意志的内容③;另一种见解认为,严重后果属于客观超过要素,不要求行为人对此有希望或放任发生的态度④。第二种观点认为,不能认为对造成重大损失的结果,既不需要故意也无需要过失的心理状态⑤,严重后果是认定罪过必须考察的内容,也存在不同的具体见解。一种见解主张故意说,直接故意与间接故意都可以;另一种见解主张不排除直接故意,但放任严重后果发生的间接故意为常见⑥。本书认为,理论上多数学者的观点认为,滥用职权罪的主观罪过是故意,且间接故意放任严重后果的,可以构成滥用职权罪,这也得到了实务的认可。问题是,如果认为可以由直接故意构成,那么对严重后果发生的希望态度,存在如何理解的问题。从我国对滥用职权行为应立案追诉具体规定的行为看⑦,例如,弄虚作假,不报、缓报、谎报或者授意、指使、强令他人不报、缓报、谎报情况,导致重特大事故危害结果继续、扩大,或者致使抢救、调查、处理工作延误的⑧,行为人明知滥用职权行为导致严重后果发生是不可避免,是必然发生时,很难将这种心态再视为"放任"结果发生,只能是直接故意⑨。如果从滥用职权对应当处理的公务设置障碍、故意刁难、不处理上说,也反映的是希望结果发生的心态,而不能说是放任。因此本书赞同出于直接故意也可以构成本罪。对严重后果不要求有认识,不要求有希望或放任心态,纯粹只是客观处罚条件或客观超过要素的观点,本书不赞同。

---

① 放弃职权,应与在紧急状态下,对原本不在其职权范围内事项推诿不作决定,是因缺乏勇于担当的情况区别开。

② 13.01.09《渎职案件解释(一)》第1条规定:具有下列情形之一的,应当认定为《刑法》第397条规定的"致使公共财产、国家和人民利益遭受重大损失":(1)造成死亡1人以上,或者重伤3人以上,或者轻伤9人以上,或者重伤2人、轻伤3人以上,或者重伤1人、轻伤6人以上的;(2)造成经济损失30万元以上的;(3)造成恶劣社会影响的;(4)其他致使公共财产、国家和人民利益遭受重大损失的情形。

③ 参见王作富主编:《刑法分则实务研究》(下),中国方正出版社2013年版,第1745页。

④ 参见张明楷:《刑法学》(下),法律出版社2016年版,第1245页。

⑤ 参见曲新久:《刑法学》,中国政法大学出版社2009年版,第564页。当然,这是主张滥用职权罪可以由过失构成的观点。

⑥ 参见马克昌主编:《百罪通论》(下卷),北京大学出版社2014年版,第1222页。

⑦ 造成人员伤亡或财产的直接损失的结果,只是客观事实,并不能直接反映行为人对发生的结果是故意还是过失,应根据具体行为分析。

⑧ 参见06.07.26《渎职侵权案件立案标准》第1条的规定。

⑨ 参见林亚刚:《刑法学教义》(总论)(第2版),北京大学出版社2017年版,第209页以下。

(三) 滥用职权罪与玩忽职守罪①的关联

玩忽职守罪,是指国家机关工作人员严重不负责任,不履行或者不认真履行职责,致使公共财产、国家和人民利益遭受重大损失②的行为。本罪主体为特殊主体,为国家机关工作人员,依法或者受委托行使国家行政管理职权的公司、企业、事业单位的工作人员③。本罪主观上是过失,间接故意是否可以构成有争议。玩忽职守以致使公共财产、国家和人民利益遭受重大损失后果发生为入罪追诉条件④,但后果严重的条件要求高于滥用职权罪。玩忽职守行为与严重后果之间必须具有刑法上的因果关系。

"严重不负责任"是指对自己的职责、义务漠然对待的态度——事不关已,表现在行为上,即是指"不履行或者不认真履行职责"。如果从行政法角度看,"不履行或者不认真履行职责"是指行政失职。行政失职可分为故意行政失职与过失行政失职。前者是行为人明知自己具有相关的法定职责,但主观上不肯、不愿履行;后者则指行为人疏于履行。即便在故意拒不履行或者拖延履行的情况下,行政复议和行政诉讼中也只是就是否具有履行的法定职责,以及是否属于不履行或者拖延履行进行审查,并不审查是滥用职权还是玩忽职守。故意不履行行政职责的行为,从行政法角度仍然归属于行政失职,"不履行或者不认真履行职责",可以是由故意不履行、故意不认真履行而成立。但是,对于所造成的严重后果而言,本书认为不能具有放任态度。所以,玩忽职守罪的主观罪过,应以过失构成,不能包括间接故意的情况。

玩忽职守罪的职责、义务,并非指公务人员对国家法律规定的一般职责履行的要求、义务的遵守,而是指在具体领域内,具体工作岗位的职责、义务的履行和遵守。当对自己职责、义务漠然视之,不认真履行职责、义务,或者履行职责、义务马虎塞责、敷衍的,就是"不履行或者不认真履行职责"。"不履行职责",是不作为形式的玩忽职守,要求有履行的能力和条件而不履行;"不认真履行职责"的是作为方式的玩忽职守,是马马虎虎履行、草率履行。玩忽职守行为,大体上表现为:一是未履行职责,即不实施职务上要求实施的行为;二是擅离职守,也即在执行职务期间,未经批准脱离

---

① 《刑法》第397条,与滥用职权罪同一条款。

② 13.01.09《渎职案件解释(一)》第1条,玩忽职守罪的"重大损失"同滥用职权罪。

③ 13.01.09《渎职案件解释(一)》第7条。

④ 06.07.26《渎职侵权案件立案标准》"一、(二)"规定:涉嫌下列情形之一的,应予立案:(1) 造成死亡1人以上,或者重伤3人以上,或者重伤2人、轻伤4人以上,或者重伤1人、轻伤7人以上,或者轻伤10人以上的;(2) 导致20人以上严重中毒的;(3) 造成个人财产直接经济损失15万元以上,或者直接经济损失不满15万元,但间接经济损失75万元以上的;(4) 造成公共财产或者法人、其他组织财产直接经济损失30万元以上,或者直接经济损失不满30万元,但间接经济损失150万元以上的;(5) 虽未达到第3、4项数额标准,但第3、4项两项合计直接经济损失30万元以上,或者合计直接经济损失不满30万元,但合计间接经济损失150万元以上的;(6) 造成公司、企业等单位停业、停产1年以上,或者破产的;(7) 海关、外汇管理部门的工作人员严重不负责任,造成100万美元以上外汇被骗购或者逃汇1000万美元以上的;(8) 严重损害国家声誉,或者造成恶劣社会影响的;(9) 其他致使公共财产、国家和人民利益遭受重大损失的情形。

岗位;三是不认真履行职责,即虽然人在岗,也在执行职责、履行义务,但是并没有认真依据职务要求尽心执行职务。玩忽职守的过失,存在有监督过失的情况①。

滥用职权罪与玩忽职守罪规定在一个条款中,说明二者之间有诸多相似之处,实务中仍然较难区别。从不履行职责的具体行为中考察,有的行为是玩忽职守行为不可能实施的,如逾越职权,故意不当行使职权,以权谋私、假公济私,而有的是滥用职权不具有的行为,如擅离职守,不认真履行职责。总体上可以说,玩忽职守罪是发生在行为人职责范围内,超出其职责范围的,则不是玩忽职守。滥用取权罪与玩忽职守罪二者的关联,特别在(故意)放弃职权的滥用职权与不履行职责的玩忽职守时,客观上二者都是没有履行职责,有时难以区别。本书认为,在该种情形下,两种行为事实上是想象竞合关系,因法定刑相同,因此,区别在于主观罪过形式。此外,同一主体针对相同公务在处置上有滥用权力之处,也存在玩忽职守行为,应认真考察是何种性质的行为导致严重后果。如果分别具有两种性质行为,特别在无法准确界定何种性质行为导致严重后果时,本着就低不就高原则,以玩忽职守罪论处为宜。

(四)对我国《刑法》第397条第2款"国家机关工作人员徇私舞弊,犯前款罪的"理解

关于"犯前款罪",多数说认为,是指犯滥用职权罪、玩忽职守罪,因此"徇私舞弊"犯前款罪,包括徇私舞弊犯滥用职权罪、徇私舞弊犯玩忽职守罪。我国现行刑法没有"徇私舞弊"罪名,因此不能认为出于徇私舞弊的弄虚作假只能是滥用职权罪,玩忽职守罪也完全可能。前者如查扣了非法营运的机动车,徇私舞弊滥用职权发还放行的;后者如接到举报企业逃税的,徇私舞弊玩忽职守不去查处的。

(五)滥用职权罪、玩忽职守罪责任主体的确定

实务中滥用职权、玩忽职守犯罪,多数情况下,由单一主体导致严重后果发生的并不多,往往是多个主体,也可能有非国家机关工作人员参与。如何确定责任主体很重要。本书认为:(1)区别应对后果承担责任的直接责任人员与间接责任人员。前者是对严重后果发生起到决定性作用的人员,对后果的发生具有支配、控制的重大作用,或者虽然不是在支配、控制严重后果,但因滥用职权、玩忽职守的违法、违规行为导致事态发生,能避免不避免、能防止不防止任由事态发生、发展为严重后果的。间接责任人员,是其行为虽然与严重后果发生有关联,但无内在、直接关联,既不能支配、控制严重后果发生、发展,也不是由其行为就能够任由事态发生、发展为严重后果。间接责任人员责任应轻于直接责任人员。(2)区别应对严重后果承担直接责任的领导人员与具体执行人员。领导人员的滥用职权、玩忽职守通常是由具体的工作人员执行而体现出来的,具体工作人员的职务行为不仅能够进一步强化领导者的渎职行为,而且还可能与导致严重后果发生、事态发展具有内在的直接关联,可以成为

① 参见林亚刚:《刑法学教义》(总论)(第2版),北京大学出版社2017年版,第242页。

应对严重后果承担责任的直接责任人员。但是,具体执行人员被强令执行的,仅追究具体执行人员的责任,是不正确的,应同时追究领导者渎职的责任①。(3) 区别集体领导责任与个人(领导)责任。在个人作出决定造成严重后果的,个人承担(领导)责任,如果是由集体研究作出决定的,原则上参与决策者(包括执行者)都应当承担责任,但还应视集体决策过程形成,由最终决定的领导者承担主要责任②。

对非国家工作人员、非国家机关工作人员的介入导致责任人员滥用职权、玩忽职守的,能够支配、控制国家公职人员、国家机关公职人员实施滥用职权、玩忽职守行为的,符合间接正犯,也应按照正犯责任追究,未达到能够支配、控制国家公职人员、国家机关公职人员实施滥用职权、玩忽职守行为的,按照共犯认定。

(六) 滥用职权罪、玩忽职守罪与其他滥用职权、玩忽职守犯罪的关联

我国《刑法》第 389 条至第 419 条分别规定了不同领域内国家工作人员、国家机关工作人员滥用职权和玩忽职守的多种特别犯罪,因此,滥用职权罪、玩忽职守罪与其他滥用职权、玩忽职守犯罪之间是法条竞合关系,对特别领域内特定职责的国家工作人员、国家机关工作人员滥用职权、玩忽职守构成犯罪的,应以相应犯罪论处。即国家机关工作人员滥用职权,玩忽职守符合特殊渎职罪构成要件的,按照该特殊规定追究刑事责任;主体不符合特殊渎职罪的主体要件,但滥用职权、玩忽职守具有 06.07.26《渎职侵权案件立案标准》所规定的情形之一的③,按照《刑法》第 397 条的滥用职权罪、玩忽职守罪追究刑事责任。

(七) 滥用职权罪、玩忽职守罪的刑事责任

犯本罪,处 3 年以下有期徒刑或者拘役;情节特别严重的④,处 3 年以上 7 年以下有期徒刑。国家机关工作人员徇私舞弊,犯前款罪的,处 5 年以下有期徒刑或者拘役;情节特别严重的,处 5 年以上 10 年以下有期徒刑。本法另有规定的,依照规定。

---

① 13.01.09《渎职案件解释(一)》第 5 条规定:"国家机关负责人员违法决定,或者指使、授意、强令其他国家机关工作人员违法履行职务或者不履行职务,构成刑法分则第九章规定的渎职犯罪的,应当依法追究刑事责任。"

② 13.01.09《渎职案件解释(一)》第 5 条第 2 款规定:"以'集体研究'形式实施的渎职犯罪,应当依照刑法分则第九章的规定追究国家机关负有责任的人员的刑事责任。对于具体执行人员,应当在综合认定其行为性质、是否提出反对意见、危害结果大小等情节的基础上决定是否追究刑事责任和应当判处的刑罚。"

③ 06.07.26《渎职侵权案件立案标准》"一、(一)"和"一、(二)"的有关规定。13.01.09《渎职案件解释(一)》规定相同。

④ 13.01.09《渎职案件解释(一)》第 1 条第 2 款规定:具有下列情形之一的,应当认定为《刑法》第 397 条规定的"情节特别严重":(1) 造成伤亡达到前款第(1)项规定人数 3 倍以上的;(2) 造成经济损失 150 万元以上的;(3) 造成前款规定的损失后果,不报、迟报、谎报或者授意、指使、强令他人不报、迟报、谎报事故情况,致使损失后果持续、扩大或者抢救工作延误的;(4) 造成特别恶劣社会影响的;(5) 其他特别严重的情节。

国家机关工作人员实施渎职犯罪并收受贿赂,同时构成受贿罪的,除刑法另有规定外,以渎职犯罪和受贿罪数罪并罚①。国家机关工作人员与他人共谋,利用其职务行为帮助他人实施其他犯罪行为,同时构成渎职犯罪和共谋实施的其他犯罪共犯的,依照处罚较重的规定定罪处罚。国家机关工作人员与他人共谋,既利用其职务行为帮助他人实施其他犯罪,又以非职务行为与他人共同实施该其他犯罪行为,同时构成渎职犯罪和其他犯罪的共犯的,依照数罪并罚的规定定罪处罚②。

二、故意泄露国家秘密罪、过失泄露国家秘密罪

(一) 故意泄露国家秘密罪的概念和法益

故意泄露国家秘密罪,是指国家机关工作人员或者非国家机关工作人员违反保守国家秘密法,故意使国家秘密被不应知悉者知悉,或者故意使国家秘密超出了限定的接触范围,情节严重的行为。本罪的法益,是国家的保密制度。本罪主体为特殊主体,即国家机关工作人员,但因现实中非国家机关工作人员也有接触、知悉国家秘密的,因此,根据我国《刑法》第 398 条第 2 款规定,非国家机关工作人员故意泄漏国家秘密的,以本罪论处。故意泄露国家秘密的,动机不影响认定。

(二) 国家秘密、行为、故意

"国家秘密"是指关系国家安全和利益,依照法定程序确定,在一定时间内只限一定范围内人员知悉的事项。国家秘密分为绝密、机密、秘密三级,绝密级国家秘密是最重要的国家秘密,泄露会使国家安全和利益遭受特别严重的损害;机密级国家秘密是重要的国家秘密,泄露会使国家安全和利益遭受严重的损害;秘密级国家秘密是一般的国家秘密,泄露会使国家安全和利益遭受损害。国家秘密及其密级的具体范围,由国家保密行政管理部门分别会同外交、公安、国家安全和其他中央有关机关规定。军事方面的国家秘密及其密级的具体范围,由中央军事委员会规定。

"泄漏"是指违反保守国家秘密法律、法规有关规定,使国家秘密让不应知悉者知悉,或者使国家秘密超出了限定的接触范围。根据我国《保守国家秘密法》第 48 条规定,下列行为均可为泄漏国家秘密:(1) 非法获取、持有国家秘密载体的③;(2) 买卖、转送或者私自销毁国家秘密载体的;(3) 通过普通邮政、快递等无保密措施的渠道传递国家秘密载体的;(4) 邮寄、托运国家秘密载体出境,或者未经有关主管部门批准,携带、传递国家秘密载体出境的;(5) 非法复制、记录、存储国家秘密的;(6) 在私人

① 13.01.09《渎职案件解释(一)》第 3 条。

② 13.01.09《渎职案件解释(一)》第 4 条第 2、3 款。

③ 可同时触犯我国《刑法》第282 条第1 款"非法获取国家秘密罪",第2 款"非法持有国家绝密、机密文件、资料、物品罪"。这主要是指非国家机关工作人员在接触、知悉国家秘密情况下,其非法获取国家秘密或非法持有国家绝密、机密文件、资料、物品同样会泄漏的情况。

交往和通信中涉及国家秘密的;(7) 在互联网及其他公共信息网络或者未采取保密措施的有线和无线通信中传递国家秘密的;(8) 将涉密计算机、涉密存储设备接入互联网及其他公共信息网络的;(9) 在未采取防护措施的情况下,在涉密信息系统与互联网及其他公共信息网络之间进行信息交换的;(10) 使用非涉密计算机、非涉密存储设备存储、处理国家秘密信息的;(11) 擅自卸载、修改涉密信息系统的安全技术程序、管理程序的;(12) 将未经安全技术处理的退出使用的涉密计算机、涉密存储设备赠送、出售、丢弃或者改作其他用途的。本罪以"情节严重"为入罪标准①。

本罪主观要件为故意,没有以特定目的为主观要素,只要明知自己的行为会造成国家秘密泄露(包括有泄露的可能),即符合罪过要求,动机不影响认定,但故意罪过中不得有危害国家安全的故意内容,例如,为境外组织、机构、个人提供国家秘密的,应直接按照相应的危害国家安全的犯罪论处。

(三) 过失泄露国家秘密罪

过失泄露国家秘密罪,是指国家机关工作人员或者非国家机关工作人员违反保守国家秘密法,过失泄露国家秘密,或者遗失国家秘密载体,致使国家秘密被不应知悉者知悉或者超出了限定的接触范围,情节严重的行为②。本罪主体与故意泄露国家秘密罪范围相同,主观上是过失。过失泄密,是指在行为(接触、利用、使用)方式上的不谨慎、不注意造成"泄露"的结果。在规范上,过失泄露国家秘密的行为,在表现上与故意泄露国家秘密可能有相似之处。例如,在私人交往和通信中涉及国家秘密的;在互联网及其他公共信息网络或者未采取保密措施的有线和无线通信中传递国家秘密的;将涉密计算机、涉密存储设备接入互联网及其他公共信息网络的;在未采取防护措施的情况下,在涉密信息系统与互联网及其他公共信息网络之间进行信息交换的,既可能是故意实施的,也可能是不谨慎、不注意而实施的,应慎重区别。

(四) 故意泄露国家秘密罪与为境外窃取、刺探、收买、非法提供国家秘密、情报罪的关联

故意泄露国家秘密罪的主体,除国家机关工作人员外,知道国家秘密的普通人,故意泄露国家秘密的,仍然构成故意泄漏国家秘密罪。因此,无论是国家机关工作人

---

① 06.07.26《渎职侵权案件立案标准》"一、(三)"规定:涉嫌下列情形之一的,检察机关应予立案:(1) 泄露绝密级国家秘密 1 项(件)以上的;(2) 泄露机密级国家秘密 2 项(件)以上的;(3) 泄露秘密级国家秘密 3 项(件)以上的;(4) 向非境外机构、组织、人员泄露国家秘密,造成或者可能造成危害社会稳定、经济发展、国防安全或者其他严重危害后果的;(5) 通过口头、书面或者网络等方式向公众散布、传播国家秘密的;(6) 利用职权指使或者强迫他人违反国家保守秘密法的规定泄露国家秘密的;(7) 以牟取私利为目的泄露国家秘密的;(8) 其他情节严重的情形。

② 06.07.26《渎职侵权案件立案标准》"一、(四)"规定:涉嫌下列情形之一的,应予立案:(1) 泄露绝密级国家秘密 1 项(件)以上的;(2) 泄露机密级国家秘密 3 项(件)以上的;(3) 泄露秘密级国家秘密 4 项(件)以上的;(4) 违反保密规定,将涉及国家秘密的计算机或者计算机信息系统与互联网相连接,泄露国家秘密的;(5) 泄露国家秘密或者遗失国家秘密载体,隐瞒不报、不如实提供有关情况或者不采取补救措施的;(6) 其他情节严重的情形。

员还是知道国家秘密的普通人,为境外窃取、刺探、收买、非法提供国家秘密、情报的,其行为同时触犯故意泄漏国家秘密罪,具有法条竞合关系。因此,出于危害国家安全意图,以泄露方式为境外人员、组织故意泄露国家秘密的,应以特别法条的为境外窃取、刺探、收买、非法提供国家秘密、情报罪论处①。通过互联网将国家秘密或者情报非法发送给境外的机构、组织、个人的,知道或者应当知道没有标明密级的事项关系国家安全和利益,故意泄露给境外个人或组织的,亦构成。但只是将国家秘密通过互联网予以发布,情节严重的,构成故意(过失)泄露国家秘密罪②。泄露不公开审理案件信息中属于国家秘密的,构成故意(过失)泄露国家秘密罪。

(五) 故意泄露国家秘密罪与侵犯商业秘密罪的关联

关系到国家利益的商业秘密(如军工企业的商业秘密),亦属于国家秘密(军事秘密),故意泄露的,同时触犯故意泄露国家和密罪和侵犯商业秘密罪,成立想象竞合犯,应从一重罪论处。

(六) 故意泄露国家秘密罪、过失泄露国家秘密罪的刑事责任

两罪的刑事责任均为处 3 年以下有期徒刑或者拘役;情节特别严重的,处 3 年以上 7 年以下有期徒刑。

三、徇私枉法罪

(一) 徇私枉法罪的概念和法益

徇私枉法罪,是指司法工作人员徇私枉法、徇情枉法,对明知是无罪的人而使他受追诉、对明知是有罪的人而故意包庇不使他受追诉,或者在刑事审判活动中故意违背事实和法律作枉法裁判的行为③。本罪法益,多数说认为,是我国司法机关的活动以及司法公正性。本罪主体为特殊主体,必须是司法工作人员。本罪主观上是直接

---

① 参见 01.01.22《审理国家秘密、情报案件解释》的相关规定。

② 同上。

③ 06.07.26《渎职侵权案件立案标准》"一、(五)"规定:涉嫌下列情形之一的,应予立案:(1) 对明知是没有犯罪事实或者其他依法不应当追究刑事责任的人,采取伪造、隐匿、毁灭证据或者其他隐瞒事实、违反法律的手段,以追究刑事责任为目的立案、侦查、起诉、审判的;(2) 对明知是有犯罪事实需要追究刑事责任的人,采取伪造、隐匿、毁灭证据或者其他隐瞒事实、违反法律的手段,故意包庇使其不受立案、侦查、起诉、审判的;(3) 采取伪造、隐匿、毁灭证据或者其他隐瞒事实、违反法律的手段,故意使罪重的人受较轻的追诉,或者使罪轻的人受较重的追诉的;(4) 在立案后,采取伪造、隐匿、毁灭证据或者其他隐瞒事实、违反法律的手段,应当采取强制措施而不采取强制措施,或者虽然采取强制措施,但中断侦查或者超过法定期限不采取任何措施,实际放任不管,以及违法撤销、变更强制措施,致使犯罪嫌疑人、被告人实际脱离司法机关侦控的;(5) 在刑事审判活动中故意违背事实和法律,作出枉法判决、裁定,即有罪判无罪、无罪判有罪,或者重罪轻判、轻罪重判的;(6) 其他徇私枉法应予追究刑事责任的情形。

故意,为了徇私情、徇私利目的,具体动机不影响认定。

（二）行为、主体、故意

本罪是利用司法权的职务之便,才能实施。“徇私枉法”,包括对明知是无罪的人而使他受追诉、对明知是有罪的人而故意包庇不使他受追诉,或者在刑事审判活动中故意违背事实和法律作枉法裁判。“无罪的人”,是指依据证据并没有实施危害行为①,或依据刑法规定不应负刑事责任的人(包括单位);“有罪的人”,是指根据证据应对自己行为承担刑事责任的人(包括单位)。“追诉”,应该是指刑事诉讼,包括从立案到审判追究刑事责任的全部刑事诉讼活动过程。从实务角度看,多数情况下,刑事案件(包括自侦案件发现有犯罪事实发生的线索)是从报案为刑事案件司法程序启动的起点,而并非刑事诉讼法规定的从“立案”为开始。因此,应以实质上的报案就可以“徇私枉法”。只要是徇私、徇情对“明知是无罪的人”立案调查、对“明知是有罪的人”不接受报案,不予立案的,也同样是“徇私枉法”。本罪立案追诉标准规定,对证据的伪造、隐匿、毁灭,或者其他隐瞒事实、违反法律的手段,以追究刑事责任为目的立案、侦查、起诉、审判的;或者采取伪造、隐匿、毁灭证据或者其他隐瞒事实、违反法律的手段,故意包庇使其不受立案、侦查、起诉、审判的;或者采取伪造、隐匿、毁灭证据或者其他隐瞒事实、违反法律的手段,故意使罪重的人受较轻的追诉,或者使罪轻的人受较重的追诉的,都属于“徇私枉法”行为。但是没有伪造、隐匿、毁灭证据的行为,故意违背事实和法律,作出枉法判决、裁定,即有罪判无罪、无罪判有罪,或者重罪轻判、轻罪重判的,也是徇私枉法行为。那么,没有伪造、隐匿、毁灭证据,故意违背事实和法律,“有罪判无罪、无罪判有罪”,与实施伪造、隐匿、毁灭证据而“有罪判无罪、无罪判有罪”并无区别,为何单独列举出来?

显然,司法机关工作人员可以通过职务活动,利用职务上的便利,实施伪造、隐匿、毁灭证据行为,对明知他人无罪而使其受追诉,明知有罪而包庇使其不受追诉,或重罪轻判、轻罪重判(通常也需要相关不实证据)。这以本罪认定相对容易。但是,对并没有伪造、隐匿、毁灭证据,如何认定“故意违背事实和法律,作出枉法判决”,是“重罪轻判、轻罪重判、无罪判有罪、有罪判无罪”,是个难点。因在刑事诉讼中,对刑事证据反映的事实,对证据认识的角度,司法人员个人的价值观有区别,对法律规定的理解也可能存在差异,以及其个人因素也存在区别(如工作经验、受法律职业教育程度不同等等),对同一法律事实认识,就可能得出不同结论。对证据(如言词证据)采信也允许内心确信②而作出裁判,如何才能区别是因这种允许的“差异”,造成重罪轻判、轻罪重判,无罪判有罪、有罪判无罪,还是在“故意违背事实和法律,作出枉法判决”?本书认为,在排除有伪造、隐匿、毁灭证据或其他隐瞒事实、违反法律的手段的,

---

① 对指控证据不足,是否属于“无罪的人”,值得研究。本书认为,从保护人权的角度,有必要视为“无罪的人”,只是从证据法角度看,这涉及司法人员的“自由心证”。

② 也指“自由心证”,即允许司法人员,特别是法官通过内心的良知、理性等对证据的取舍和证明力进行判断,并最终形成确信。

不能必然得出“故意违背事实和法律,作出枉法判决”的结论。除非司法人员故意颠倒黑白、曲解法律或存在国家机关负责人员违法决定,或指使、授意、强令其他国家机关工作人员违法履行职务或者不履行职务,构成渎职犯罪的①情况(应一并追究刑事责任)。

本罪主观上是故意,是否包括间接故意,有不同认识。有肯定的观点②,多数说的观点认为,只能是直接故意③。本书赞同后一种观点。既然是直接故意,那么,行为人的目的是什么?有观点(多数说)认为,行为人应出于徇私、徇情动机,且必须是徇个人私利、徇个人私情,如贪图钱财、贪图女色、袒护亲友、同事、泄愤报复等,为本单位、小集体利益的,不能视为徇私④。本书认为,徇私、徇情,是需要以具体事项反映出为何徇私、徇情,具体的“为什么”是原因(动机),如上述观点所言,行为人之所以要“枉法”——陷害他人或包庇犯罪之人的根本原因,在于贪图钱财、贪图女色、袒护亲友、同事、泄愤报复,这是具体徇私、徇情的动机,而非目的。追求实现“徇私、徇情枉法”结果的实现,才是目的。

(三)民事、行政枉法裁判罪⑤

民事、行政枉法裁判罪,是指在民事、行政审判活动中故意违背事实和法律作枉法裁判,情节严重的⑥行为。本罪主体限于法院的民事、行政审判人员,主观上是直接故意,为了徇私情、徇私利实现枉法裁判目的,具体私情、私利的动机不影响认定。民事审判活动(包括财产关系、人身关系、劳动争议,以及海商、海事和专属我国管辖的涉外合同或者其他财产权益纠纷案件⑦的审判活动)和行政审判活动,因审级不同,具体审理的案件有一定区别。“故意违背事实和法律”(民事、行政案件也存在允许内心确信,作出裁判的情况,如何区别是因允许的“差异”造成,也值得重视),是指不依据

---

① 13.01.09《渎职案件解释(一)》第5条第1款。

② 参见张明楷:《刑法学》(下),法律出版社2016年版,第1256页。

③ 参见王作富主编:《刑法分则实务研究》(下),中国方正出版社2013年版,第1761页;马克昌主编:《百罪通论》(下卷),北京大学出版社2014年版,第1245页。

④ 参见曲新久:《刑法学》,中国政法大学出版社2009年版,第571页;刘艳红主编:《刑法学》(下),北京大学出版社2014年版,第436页。

⑤ 我国《刑法》第399条第2款。

⑥ 06.07.26《渎职侵权案件立案标准》“一、(六)”规定:涉嫌下列情形之一的,应予立案:(1)枉法裁判,致使当事人或者其近亲属自杀、自残造成重伤、死亡,或者精神失常的;(2)枉法裁判,造成个人财产直接经济损失10万元以上,或者直接经济损失不满10万元,但间接经济损失50万元以上的;(3)枉法裁判,造成法人或者其他组织财产直接经济损失20万元以上,或者直接经济损失不满20万元,但间接经济损失100万元以上的;(4)伪造、变造有关材料、证据,制造假案枉法裁判的;(5)串通当事人制造伪证,毁灭证据或者篡改庭审笔录而枉法裁判的;(6)徇私情、私利,明知是伪造、变造的证据予以采信,或者故意对应当采信的证据不予采信,或者故意违反法定程序,或者故意错误适用法律而枉法裁判的;(7)其他情节严重的情形。

⑦ 2015年2月4日最高人民法院实施的《关于适用〈中华人民共和国民事诉讼法〉的解释》(法释〔2015〕5号)第531条第2款规定:“根据民事诉讼法第33条和第266条规定,属于中华人民共和国法院专属管辖的案件,当事人不得协议选择外国法院管辖,但协议选择仲裁的除外。”

已经查证的案件事实或不依据已经查证、质证的有效证据正确适用法律，而作出颠倒、歪曲事实的认定，或颠倒是非、曲解法律、违反法定程序的判决、裁定。其枉法裁判以何种具体审理方式实施，不影响认定。本罪主观上只能是直接故意，要求明知案件事实的曲直，或应当适用的法律，而故意违背事实和法律枉法裁判。因业务水平较低，对事实掌握不全面，导致错误判决、裁定的，不能构成犯罪。

（四）民事、行政枉法裁判罪与执行判决、裁定失职罪①的关联

执行判决、裁定失职罪，是指在执行判决、裁定活动中，严重不负责任，不依法采取诉讼保全措施、不履行法定执行职责，或者违法采取诉讼保全措施、强制执行措施，致使当事人或者其他人的利益遭受重大损失的②行为。本罪主体，限于法院司法工作人员，主观上是过失。关于"判决、裁定"的理解，2002 年 8 月 29 日全国人大常委会通过的《关于〈中华人民共和国刑法〉第 313 条的解释》规定："'人民法院的判决、裁定'，是指人民法院依法作出的具有执行内容并已发生法律效力的判决、裁定。人民法院为依法执行支付令、生效的调解书、仲裁裁决、公证债权文书等所作的裁定。""严重不负责任"是指行为人对执行判决、裁定的职责、义务，漠然对待的态度——事不关己。在行为表现上体现为不依法采取诉讼保全措施、不履行法定执行职责，或者违法采取诉讼保全措施、强制执行措施，致使当事人或者其他人的利益遭受重大损失。执行判决、裁定失职罪与民事、行政枉法裁判罪，在法规范上并无直接关联，也即民事、行政枉法裁判不是执行判决、裁定失职的原因行为。执行判决、裁定失职行为，不仅可以是对正确生效的民事、行政裁判，执行判决、裁定失职，即便是对生效的民事、行政枉法裁判的判决、裁定执行失职的，也不影响行为是渎职的性质。对于生效的枉法裁判的民事、行政判决、裁定，因"失职"而没有执行，对相对人而言避免了损失，及时止损有利于树立司法公正的形象。但是，本罪以不履行职责、义务的渎职为处罚的根据，不以渎职而出现的与其本人意志无关的意外止损作为出罪的理由，只考虑是否对当事人或者其他人的利益遭受重大损失。所以，是否对该种渎职行为以本罪处罚，需要综合全案事实考察（及时止损，并非当事人或者其他人的利益根本没有损失）。即便决定不作为犯罪认定，也应避免将出罪的原因归结为是对"不履行职责、义务"的奖励。国家机关工作人员与他人共谋，利用其职务行为帮助他人实施其他犯罪行为，同时构成渎职犯罪和共谋实施的其他犯罪共犯的（如虚假诉讼罪），依照处罚较重的规定定罪处罚。

---

① 我国《刑法》第 399 条第 3 款。

② 06.07.26《渎职侵权案件立案标准》"一、（七）"规定：涉嫌下列情形之一的，应予立案：（1）致使当事人或者其近亲属自杀、自残造成重伤、死亡，或者精神失常的；（2）造成个人财产直接经济损失 15 万元以上，或者直接经济损失不满 15 万元，但间接经济损失 75 万元以上的；（3）造成法人或者其他组织财产直接经济损失 30 万元以上，或者直接经济损失不满 30 万元，但间接经济损失 150 万元以上的；（4）造成公司、企业等单位停业、停产 1 年以上，或者破产的；（5）其他致使当事人或者其他人的利益遭受重大损失的情形。

(五) 民事、行政枉法裁判罪与执行判决、裁定滥用职权罪[①]的关联

司法工作人员在执行判决、裁定活动中,滥用职权,不依法采取诉讼保全措施、不履行法定执行职责,或者违法采取保全措施、强制执行措施,致使当事人或者其他人的利益遭受重大损失的[②],构成执行判决、裁定滥用职权罪。本罪主体是法院司法工作人员,主观上是故意,动机不影响认定。"滥用职权",即逾越自己的职权范围,违规、违法擅自决定、处理无权决定、处理的事项,或违反职责规定,处理、决定事项。具体表现为:不依法采取诉讼保全措施、不履行法定执行职责,或者违法采取保全措施、强制执行措施,致使当事人或者其他人的利益遭受重大损失。本罪同样与民事、行政枉法裁判罪在法规范上没有直接关联,即民事、行政枉法裁判行为,并非执行判决、裁定滥用职权的原因行为。应各自论罪。国家机关工作人员与他人共谋,利用其职务行为帮助他人实施其他犯罪行为,同时构成渎职犯罪和共谋实施的其他犯罪共犯的(如虚假诉讼罪),依照处罚较重的规定定罪处罚。

(六) 徇私枉法罪的刑事责任

犯本罪,处5年以下有期徒刑或者拘役;情节严重的,处5年以上10年以下有期徒刑;情节特别严重的,处10年以上有期徒刑。司法工作人员收受贿赂,构成民事、行政枉法裁判罪、执行判决、裁定失职罪、执行判决、裁定滥用职权罪的,同时又构成本法第385条规定之罪的,依照处罚较重的规定定罪处罚。国家机关工作人员与他人共谋,利用其职务行为帮助他人实施其他犯罪行为,同时构成渎职犯罪和共谋实施的其他犯罪共犯的,依照处罚较重的规定定罪处罚。

四、枉法仲裁罪

(一) 枉法仲裁罪的概念和法益

枉法仲裁罪,是指依法承担仲裁职责的人员,在仲裁活动中故意违背事实和法律作枉法裁决,情节严重的行为。本罪的法益,是仲裁机构的信誉以及平等、公正的仲裁秩序。本罪主体为特殊主体,即依法承担仲裁职责的人员,主观上是故意,为了徇私利、徇私情目的而为之,具体动机不影响认定。

---

① 我国《刑法》第399条第3款。

② 06.07.26《渎职侵权案件立案标准》"一、(八)"规定:涉嫌下列情形之一的,应予立案:(1) 致使当事人或者其近亲属自杀、自残造成重伤、死亡,或者精神失常的;(2) 造成个人财产直接经济损失10万元以上,或者直接经济损失不满10万元,但间接经济损失50万元以上的;(3) 造成法人或者其他组织财产直接经济损失20万元以上,或者直接经济损失不满20万元,但间接经济损失100万元以上的;(4) 造成公司、企业等单位停业、停产6个月以上,或者破产的;(5) 其他致使当事人或者其他人的利益遭受重大损失的情形。

（二）行为、主体、故意

“故意违背事实和法律”，是指不依据已经查证的案件事实或不依据已经查证、质证的有效证据正确适用法律，而作出颠倒、歪曲事实的认定，或颠倒是非、曲解法律、违反法定程序的裁决。这里的“法律”是指所有仲裁所依据的法律、法规，即申请依法仲裁时必须依据的程序以及实体法律、法规[①]。故意违背事实和法律的枉法仲裁行为必须发生在仲裁活动中，且必须已经作出了枉法的裁决。因此，构成本罪必须是仲裁活动已经实质终结（仲裁实行一裁终局制[②]），仲裁裁决尽管不是法院判决、裁定，也同样具有法律效力。构成本罪要求“情节严重”，但目前尚未有司法解释的具体规定。在实务中可以参考“民事、行政枉法裁判罪”情节严重的规定。收受贿赂，同时构成非国家工作人员受贿罪或受贿罪的，以枉法仲裁罪与非国家工作人员受贿罪或受贿罪数罪并罚。

本罪主体是依法承担仲裁职责的人员，受聘的外国人，亦可为主体。根据我国《仲裁法》规定，仲裁庭可以由三名仲裁员或者一名仲裁员组成。由三名仲裁员组成的，设首席仲裁员。记录（书记）人员是仲裁庭组成人员，但本书认为记录人员并不负有仲裁职责，不能成为本罪主体。黎宏教授认为，竞技体育比赛担任裁判的人员，也属于依法承担仲裁职责的人员，因此受贿、徇私情、徇私利的“黑哨”裁判，也可以构成本罪[③]。根据我国《仲裁法》规定，仲裁适用于平等主体的公民、法人和其他组织之间发生的合同纠纷和其他财产权益纠纷[④]，而《体育法》所说的仲裁，是指在竞技体育活动中发生纠纷[⑤]，其范围限于复审比赛期间执行竞赛规则、竞赛规程中发生的纠纷[⑥]，其仲裁委员会是临时机构，比赛期间执行任务，比赛结束自行撤销，且与经济纠纷没有丝毫关系。将承担仲裁职责的人员扩大到竞技体育比赛临时执掌比赛规则的裁判，将“裁判”行为视为“仲裁”行为值得商榷[⑦]。

（三）枉法仲裁罪的刑事责任

犯本罪，处 3 年以下有期徒刑或者拘役；情节特别严重的，处 3 年以上 7 年以下有期徒刑。

---

① 不包括涉及婚姻、收养、监护、扶养、继承纠纷的法律、法规以及依法应当由行政机关处理的行政争议的依据的法律、法规。

② 仲裁裁决作出后，当事人就同一纠纷再申请仲裁或者向人民法院起诉的，仲裁委员会或者人民法院不予受理。

③ 参见黎宏：《刑法学各论》，法律出版社 2016 年版，第 559 页。

④ 我国《仲裁法》第 2 条。

⑤ 我国《体育法》第 32 条。

⑥ 1982 年 7 月 29 日国家体委发布的《仲裁委员会条例》第 1 条。

⑦ 如果有受贿的，并不妨碍可以构成受贿罪或非公家工作人员受贿罪。如果纯粹只是基于徇私情的“黑哨”至多是职业操守的问题，谈不到触犯刑法。

五、私放在押人员罪

(一) 私放在押人员罪的概念和法益

私放在押人员罪,是指司法工作人员私放在押的犯罪嫌疑人、被告人或者罪犯的行为。本罪的法益是国家司法机关工作人员履行的监管职责的正确性以及对羁押人员的监管秩序。本罪主体为特殊主体即司法工作人员,主观上是故意,未以特定目的为主观要素,动机不影响认定。本罪为行为犯,只要实施私放行为,即为既遂。

(二) 对象、行为、主体

本罪对象为“在押人员”,包括在羁押场所和押解途中的犯罪嫌疑人、被告人或者罪犯,不包括行政、司法拘留人员。“在押人员”必须是依法办理了羁押手续的人员,司法人员对尚未办理羁押手续的嫌疑人、被告人(监视居住、取保候审)或者罪犯(如监外执行等)通风报信、提供条件,致使该在押的犯罪嫌疑人、被告人、罪犯脱逃的,不能构成本罪,应以帮助犯罪分子逃避处罚罪[①]论处。至于“在押人员”是否真正有罪,并不影响对行为性质的认定。“私放”也即违反监管规定使得在押人员非法恢复人身自由[②],是否最终使之逃避追诉,在所不问。可以主动为之,如伪造、变造有关法律文书、证明材料,以使在押的犯罪嫌疑人、被告人、罪犯逃跑或者被释放的(同时触犯伪造公文、印章罪,为牵连犯);也可在受到胁迫、指令、命令被迫所为,在受到胁迫情况下,只有排除成立紧急避险时,才能构成本罪;在收到指令、命令而为时,必须明知指令、命令在实体以及程序上违反监管法律、法规(如越权指令、命令)规定,否则,应阻却违法性,下达指令、命令者,强迫下级执行者构成本罪(间接正犯)。

本罪司法工作人员,根据相关规定,应作广义理解,除国家安全机关、公安、检察、审判机关、狱政监管机关工作人员,监狱、看守所执行看守职责的武警人员外,工人等非监管机关在编监管人员在被监管机关聘用受委托履行监管职责的,也是本罪主体[③]。

(三) 私放在押人员罪与失职致使在押人员脱逃罪[④]的关联

司法工作人员由于严重不负责任,致使在押的犯罪嫌疑人、被告人或者罪犯脱

---

① 我国《刑法》第417条。

② 06.07.26《渎职侵权案件立案标准》“一、(九)”规定:涉嫌下列情形之一的,应予立案:(1) 私自将在押的犯罪嫌疑人、被告人、罪犯放走,或者授意、指使、强迫他人将在押的犯罪嫌疑人、被告人、罪犯放走的;(2) 伪造、变造有关法律文书、证明材料,以使在押的犯罪嫌疑人、被告人、罪犯逃跑或者被释放的;(3) 为私放在押的犯罪嫌疑人、被告人、罪犯,故意向其通风报信、提供条件,致使该在押的犯罪嫌疑人、被告人、罪犯脱逃的;(4) 其他私放在押的犯罪嫌疑人、被告人、罪犯应予追究刑事责任的情形。

③ 2001年3月2日最高人民检察院颁布实施的《关于工人等非监管机关在编监管人员私放在押人员行为和失职致使在押人员脱逃行为适用法律问题的解释》。

④ 我国《刑法》第400条第2款。

逃，造成严重后果的[①]行为，构成失职致使在押人员脱逃罪。私放在押人员罪与失职致使在押人员脱逃罪两罪在构成的基本规范要件上相同，即职责、主体相同，但失职致使在押人员脱逃罪主观上是过失，造成在押人员脱逃非其帮助而造成，且必须是造成严重后果，而私放在押人员罪是故意，造成在押人员脱逃是其故意的帮助而造成。因此，两罪在规范上并无直接关联性。

（四）私放在押人员罪与徇私舞弊减刑、假释、暂予监外执行罪[②]的关联

司法工作人员徇私舞弊，对不符合减刑、假释、暂予监外执行条件的罪犯，予以减刑、假释或者暂予监外执行的行为，构成徇私舞弊减刑、假释、暂予监外执行罪[③]。本罪主体为特殊主体，为司法工作人员，主观上是故意，为了徇私利、徇私情而为之，具体动机不影响认定。“不符合减刑、假释、暂予监外执行条件”，必须根据现行法律、法规以及相关司法解释所规定的条件审查，排除有捏造事实，伪造材料，受贿等徇私利、徇私情，予以减刑、假释、暂予监外执行的外，应充分考虑法律、法规以及相关司法解释所规定各项指标、条件中有属于司法工作依据工作经验以及“内心确信”而认定的条件。对不符合减刑、假释、暂予监外执行条件的罪犯，予以减刑、假释或者暂予监外执行的行为，现象上也是“故意帮助使在押人员逃避法律追究”，但法律属性上，“私放”与“对不符合条件的罪犯予以减刑、假释或者暂予监外执行”并无相通之处。所以，即便有在徇私情、徇私利“帮助使在押人员逃避法律追究”的故意，只要是通过法定减刑、假释、暂予监外执行程序的，只能按照徇私舞弊减刑、假释、暂予监外执行罪论处。

（五）私放在押人员罪的刑事责任

犯本罪，处 5 年以下有期徒刑或者拘役；情节严重的，处 5 年以上 10 年以下有期徒刑；情节特别严重的，处 10 年以上有期徒刑。

---

① 06.07.26《渎职侵权案件立案标准》“一、（十）”规定：“涉嫌下列情形之一的，应予立案：（1）致使依法可能判处或者已经判处 10 年以上有期徒刑、无期徒刑、死刑的犯罪嫌疑人、被告人、罪犯脱逃的；（2）致使犯罪嫌疑人、被告人、罪犯脱逃 3 人次以上的；（3）犯罪嫌疑人、被告人、罪犯脱逃以后，打击报复报案人、控告人、举报人、被害人、证人和司法工作人员等，或者继续犯罪的；（4）其他致使在押的犯罪嫌疑人、被告人、罪犯脱逃，造成严重后果的情形。

② 我国《刑法》第 401 条。

③ 06.07.26《渎职侵权案件立案标准》“一、（十一）”规定：涉嫌下列情形之一的，应予立案：（1）刑罚执行机关的工作人员对不符合减刑、假释、暂予监外执行条件的罪犯，捏造事实，伪造材料，违法报请减刑、假释、暂予监外执行的；（2）审判人员对不符合减刑、假释、暂予监外执行条件的罪犯，徇私舞弊，违法裁定减刑、假释或者违法决定暂予监外执行的；（3）监狱管理机关、公安机关的工作人员对不符合暂予监外执行条件的罪犯，徇私舞弊，违法批准暂予监外执行的；（4）不具有报请、裁定、决定或者批准减刑、假释、暂予监外执行权的司法工作人员利用职务上的便利，伪造有关材料，导致不符合减刑、假释、暂予监外执行条件的罪犯被减刑、假释、暂予监外执行的；（5）其他徇私舞弊减刑、假释、暂予监外执行应予追究刑事责任的情形。

六、徇私舞弊不移交刑事案件罪

(一)徇私舞弊不移交刑事案件罪的概念和法益

徇私舞弊不移交刑事案件罪,是指行政执法人员徇私舞弊,对依法应当移交司法机关追究刑事责任的不移交,情节严重的行为。本罪的法益为行政执法机关执法的公信力以及对涉嫌刑事犯罪案件移交的监管。本罪主体为行政执法人员,主观上是直接故意,必须为了徇私利、徇私情目的而为之,具体动机不影响认定。本罪为(真正)不作为犯,也为行为犯。

(二)行为、主体、罪数

"徇私舞弊不移交",是为徇私情、徇私利目的,弄虚作假,以谋求包庇有犯罪嫌疑之人不受刑事追诉的不当利益,"对依法应当移交司法机关追究刑事责任的不移交"。该行为必须是在行政执法[①]过程中,已经有证据表明具体行政行为的相对人已经涉嫌犯罪,应该将案件移送相关司法机关进行进一步调查,而不移交的,包括滥用职权违法作出决定。至于对行政行为相对人最终是否作出处理以及何种司法处理,不影响对"不移交"性质的认定。但根据06.07.26《渎职侵权案件立案标准》[②]规定,均要求实质上行政相对人的行为在事实上确实已经构成相关犯罪,但行政执法人员不移交。然而,具体行政机关并无认定行政行为相对人的行为是否构成犯罪的刑事司法权力,行政机关执法人员在具体审查相对人的违法行为时,能否只要认定有犯罪嫌疑的案件一概移交,否则就有可能构成犯罪?如何合理界定"应当移交而不移交",关系到罪与非罪。

从确认有罪无罪的刑事司法权由审判机关行使而言,似只有未移交的行政行为相对人经由人民法院判决有罪,且判决生效才能认为当初查处时,"徇私舞弊"不依法移交的行为可能构成犯罪。从对本罪入罪的防止扩大化看,这样理解并不为过[③]。但是,也正因为行政执法人员并非司法人员,并无认定是否已经构成犯罪并追究刑事责任的司法职权,要求只能在没有依法移交的有犯罪嫌疑之人被判决有罪,才能追究"不移交"的刑事责任,并非妥当。因此,只要属于有证据证实涉嫌犯罪不移交,就应

---

① 行政执法是行政主体依照法定程序,将具有普遍约束力的规范性文适用于特定的对象和事务,影响相对人权利义务的具体行政行为。

② 06.07.26《渎职侵权案件立案标准》"一、(十二)"规定:涉嫌下列情形之一的,应予立案:(1)对依法可能判处3年以上有期徒刑、无期徒刑、死刑的犯罪案件不移交的;(2)不移交刑事案件涉及3人次以上的;(3)司法机关提出意见后,无正当理由仍然不予移交的;(4)以罚代刑,放纵犯罪嫌疑人,致使犯罪嫌疑人继续进行违法犯罪活动的;(5)行政执法部门主管领导阻止移交的;(6)隐瞒、毁灭证据,伪造材料,改变刑事案件性质的;(7)直接负责的主管人员和其他直接责任人员为牟取本单位私利而不移交刑事案件,情节严重的;(8)其他情节严重的情形。

③ 而且,较长时间未能追诉的,还可能涉及追诉时效问题。

该依法追究“不移交”的刑事责任。如果因行政机关负责人员违法决定,或者指使、授意、强令其他行政执法工作人员违法不履行移交的职务行为,不阻却具体执行工作人员的违法性,但也应对行政机关负责人员依法追究刑事责任。如果以“集体研究”形式决定不移交的,应当依法追究国家机关负有责任的人员的刑事责任。对于具体执行人员,应当在综合认定其行为性质、是否提出反对意见、危害结果大小等情节的基础上决定是否追究刑事责任和应当判处的刑罚①。本罪以“情节严重”为入罪的必要条件。收受贿赂,同时构成受贿罪的,以徇私舞弊不移交刑事案件罪与受贿罪数罪并罚②。

本罪主体是行政执法人员,因我国行政执法机关从事社会管理的方方面面,涵盖范围非常广,必须清楚哪些领域的行政执法中,表面上的行政违法行为与相关犯罪有衔接,才能确定具体主体范围,如涉及海关、金融、国税、外汇管理、税务稽查行政机关的行政执法人员。公安机关和国家安全机关、海关缉私部门既是侦查机关,有刑事侦查权,同时也是行政管理机关,有行政管理权,如此,实行行政管理权的公安、国家安全机关、海关缉私部门工作人员,也可以是本罪主体。但刑事侦查权与行政管理权在具体实务中是不易区别的两种不同权力,因此,在这种情况下对发现的犯罪线索,不移交(包括不汇报)的,应以本罪还是帮助犯罪分子逃避处罚罪,抑或是徇私枉法罪认定?本书认为,除有依照《刑事诉讼法》授权行使的侦查行为(需要有相关证据证实),对所发现有犯罪嫌疑匿而不报的外,其他行为,均应该认定为从事具体行政执法行为。“对依法应当移交司法机关追究刑事责任的不移交”应该构成本罪,如在刑事侦查中发现匿而不报的,应以帮助犯罪分子逃避处罚罪定罪处罚。

(三)徇私舞弊不移交刑事案件罪与徇私枉法罪的关联

徇私舞弊不移交刑事责任罪在故意“对依法应当移交司法机关追究刑事责任的不移交”行为的性质,与徇私枉法包庇犯罪的人不使其受法律追诉,性质上是相通的。因国家安全机关、公安机关既是侦查机关,有刑事侦查权,公安机关同时也是行政管理机关,有行政管理权,因此,国家安全机关、公安机关工作人员依据《刑事诉讼法》在刑事侦查中,对具有犯罪嫌疑之人徇私利、徇私情,包庇其不受刑事追诉,将案件作治安、行政案件处理,或者不予立案、撤销案件的,应构成徇私枉法罪。因此,两罪在法规范上并无直接关联,对特定机关、机构工作(如税务、卫生)人员在行政执法查证违法活动中,对有犯罪嫌疑的人徇私利、徇私情,利用职务之便使犯罪的人不受刑事追诉的,构成徇私舞弊不移交刑事案件罪,只有对行使的司法权力执法活动中徇私舞弊,应以徇私枉法罪论处。

特别之处的是海关缉私部门的工作人员,同样是具有行政职责与刑事侦查职责的人员,在行使《刑事诉讼法》授权的刑事侦查活动中,徇私枉法的,与放纵走私罪之

① 13.01.09《渎职案件解释(一)》第5条。

② 依据13.01.09《渎职案件解释(一)》第3条规定的精神。

间具有法条竞合关系,根据法条竞合犯法条适用原则,放纵走私罪为特别法条且法定刑重于徇私舞弊不移交刑事案件罪,因此应以放纵走私罪[①]论处。

(四)徇私舞弊不移交刑事案件罪的刑事责任

犯本罪,处3年以下有期徒刑或者拘役;造成严重后果的,处3年以上7年以下有期徒刑。

七、滥用管理公司、证券职权罪

(一)滥用管理公司、证券职权罪的概念和法益

滥用管理公司、证券职权罪,是指国家有关主管部门的国家机关工作人员,徇私舞弊,滥用职权,对不符合法律规定条件的公司设立、登记申请或者股票、债券发行、上市申请,予以批准或者登记,致使公共财产、国家和人民利益遭受重大损失的行为;以及上级部门、当地政府强令登记机关及其工作人员实施上述行为的行为。本罪的法益是国家对公司设立、登记申请,股票、债券发行、上市申请、登记等行政管理职责履行的信誉和公正性的监管。本罪主体为特殊主体,为国家公司、股票、证券管理机关的工作人员,主观上是直接故意,以徇私情、徇私利为目的,具体动机不影响认定。本罪为结果犯。

(二)行为、主体、罪数

"徇私舞弊",是基于徇私情、私利,弄虚作假,故意违反相关法律、法规规定,对不符合公司登记、股票、债券发行、上市条件的,予以批准或者登记,包括滥用职权违法作出决定。该行为必须发生在对具体申请公司设立、股票、债券发行、上市申请程序中。不符合公司登记,包括不符合公司设立、申请登记、注册资本变更登记、公司合并、分立登记、公司形式变更登记、解散、清算登记;不符合股票、债券发行、上市条件,是不符合股票、债券发行、上市的实质以及程序条件。非法予以批准、登记行为必须致使公共财产、国家和人民利益遭受重大损失[②]。

本罪主体为国家公司、股票、证券管理机关的工作人员,但一般而言,是指有批准

---

① 我国《刑法》第411条。

② 06.07.26《渎职侵权案件立案标准》"一、(十三)"规定:涉嫌下列情形之一的,应予立案:(1)造成直接经济损失50万元以上的;(2)工商管理部门的工作人员对不符合法律规定条件的公司设立、登记申请,违法予以批准、登记,严重扰乱市场秩序的;(3)金融证券管理机构工作人员对不符合法律规定条件的股票、债券发行、上市申请,违法予以批准,严重损害公众利益,或者严重扰乱金融秩序的;(4)工商管理部门、金融证券管理机构的工作人员对不符合法律规定条件的公司设立、登记申请或者股票、债券发行、上市申请违法予以批准或者登记,致使犯罪行为得逞的;(5)上级部门、当地政府直接负责的主管人员强令登记机关及其工作人员,对不符合法律规定条件的公司设立、登记申请或者股票、债券发行、上市申请予以批准或者登记,致使公共财产、国家或者人民利益遭受重大损失的;(6)其他致使公共财产、国家和人民利益遭受重大损失的情形。

权的人员,对申请资料审查不具有批准权的人员,单独不能构成犯罪。上级部门强令登记机关及其工作人员实施不实登记行为,直接负责的主管人员,亦为本罪主体。"上级部门的直接负责的主管人员"(是本罪的间接正犯),包括本部门的主管、审批部门、机构,也包括本部门的上级业务指导、领导部门以及虽非上级业务指导、领导部门,但属于直接分管当地经济发展、规划的领导部门的直接负责的主管人员①。对不具有领导、分管、主管权限的上级部门强令登记机关及其工作人员实施不实登记的,应以滥用职权罪论处,不构成本罪。收受贿赂,同时构成受贿罪的,以滥用管理公司、证券职权罪与受贿罪数罪并罚②。

(三)滥用管理公司、证券职权罪与虚报注册资本罪、虚假出资罪③、欺诈发行股票、债券罪的关联

滥用管理公司、证券职权罪与虚报注册资本罪、虚假出资罪、欺诈发行股票、债券罪,在事实上可以有直接关联,即前者职权的滥用,是可能促成虚报注册资本罪、虚假出资罪、欺诈发行股票、债券罪发生,以致扰乱市场、金融秩序、信用的原因之一,但在法规范上滥用管理公司、证券职权行为与虚报注册资本、虚假出资、欺诈发行股票、债券行为并非当然的共犯关系。虚报注册资本、虚假出资、欺诈发行股票、债券行为并非以主管部门工作人员滥用管理公司、证券职权行为的实施为前提。因此,应各自论罪,但这并不排除主管部门工作人员只对特定的公司、企业实施不实登记的滥用职权行为,可以成立前者的共同犯罪。

(四)滥用管理公司、证券职权罪的刑事责任

犯本罪,处5年以下有期徒刑或者拘役。

八、徇私舞弊不征、少征税款罪

(一)徇私舞弊不征、少征税款罪的概念和法益

徇私舞弊不征、少征税款罪,是指税务机关工作人员徇私舞弊,不征、少征应征税款,致使国家税收遭受重大损失的行为。本罪的法益,是国家对税务机关税务稽查、征收税款职责履行的公正性、正确性的监管以及国家税收利益。本罪主体为特殊主体,只能是国家税务机关具有税务稽查、税款征收职责的工作人员,主观上是直接故意,为徇私情、徇私利目的,动机不影响认定。本罪为结果犯。

---

① "上级部门的直接负责的主管人员"是"法定"的本罪的间接正犯。

② 依据13.01.09《渎职案件解释(一)》第3条规定的精神。

③ 14.04.24人大常委会《第158条、第159条解释》规定:"刑法第158条、第159条的规定,只适用于依法实行注册资本实缴登记制的公司。"

(二) 行为、罪数

“徇私舞弊”,是基于徇私情、私利,弄虚作假,故意违反国家税收征管法以及相关税收征管法规,停征、减征、免征的规定,为纳税人谋求不缴纳税款或少缴纳税款。本罪行为须发生在税务稽查、征收过程中滥用职权,并实际发生纳税人未缴纳、少缴纳应纳税款的事实。以致使国家税收遭受重大损失为入罪的必要条件①。实施徇私舞弊不征、少征税款罪并收受贿赂,同时构成受贿罪的,以徇私舞弊不征、少征税款罪和受贿罪数罪并罚②。

(三) 徇私舞弊发售发票、抵扣税款、出口退税罪③

税务机关的工作人员违反法律、行政法规的规定,在办理发售发票、抵扣税款、出口退税工作中,徇私舞弊,致使国家利益遭受重大损失的,构成徇私舞弊发售发票、抵扣税款、出口退税罪。本罪主体为税务机关的工作人员,限于办理发售发票、抵扣税款、出口退税的工作人员,主观上是直接故意,以徇私情、徇私利为目的,具体动机不影响认定。“徇私舞弊”,是为了徇私情、私利目的,弄虚作假,故意违反发票发售、抵扣税款、出口退税法律、法规的规定,谋求对不符合领取发票、不符合抵扣税款条件,或者不符合出口退税条件的,办理发售发票、抵扣税款、出口退税,并实际发生对不符合条件的主体办理发售发票、抵扣税款、出口退税的事实。本罪以致使国家利益遭受重大损失为入罪的必要条件④。收受贿赂,同时构成受贿罪的,以徇私舞弊发售发票、抵扣税款、出口退税罪和受贿罪数罪并罚⑤。

(四) 违法提供出口退税凭证罪

海关、外汇管理等国家机关工作人员违反国家规定,在提供出口货物报关单、出口收汇核销单等出口退税凭证的工作中徇私舞弊,致使国家利益遭受重大损失的,构成违法提供出口退税凭证罪。本罪主体为海关、外汇管理等国家机关工作人员,主观上是直接故意,以徇私情、徇私利为目的,具体动机不影响认定。“徇私舞弊”,是为了

---

① 06.07.26《渎职侵权案件立案标准》“一、(十四)”规定:涉嫌下列情形之一的,应予立案:(1) 徇私舞弊不征、少征应征税款,致使国家税收损失累计达 10 万元以上的;(2) 上级主管部门工作人员指使税务机关工作人员徇私舞弊不征、少征应征税款,致使国家税收损失累计达 10 万元以上的;(3) 徇私舞弊不征、少征应征税款不满 10 万元,但具有索取或者收受贿赂或者其他恶劣情节的;(4) 其他致使国家税收遭受重大损失的情形。

② 依据 13.01.09《渎职案件解释(一)》第 3 条规定的精神。

③ 我国《刑法》第 405 条。

④ 06.07.26《渎职侵权案件立案标准》“一、(十五)”规定:涉嫌下列情形之一的,应予立案:(1) 徇私舞弊,致使国家税收损失累计达 10 万元以上的;(2) 徇私舞弊,致使国家税收损失累计不满 10 万元,但发售增值税专用发票 25 份以上或者其他发票 50 份以上或者增值税专用发票与其他发票合计 50 份以上,或者具有索取、收受贿赂或者其他恶劣情节的;(3) 其他致使国家利益遭受重大损失的情形。

⑤ 依据 13.01.09《渎职案件解释(一)》第 3 条规定的精神。

徇私情、徇私利,故意违反国家出口退税法律、法规的规定,谋求为不符合出口退税条件的人,弄虚作假提供出口退税必需的文件、资料。本罪以致使国家利益遭受重大损失为入罪的必要条件[①]。收受贿赂,同时构成受贿罪的,以违法提供出口退税凭证罪与受贿罪数罪并罚。本罪虽然可以成为骗取出口退税犯罪的原因之一,但与骗取出口退税罪不是当然的共犯关系,但因出口退税是税务机关日常性工作,其服务对象具有较强稳定性,因此,不排除海关、外汇管理等国家机关工作人员与其结成利益共同体,可以成立共同犯罪。

(五) 徇私舞弊不征、少征税款罪的刑事责任

犯本罪,处 5 年以下有期徒刑或者拘役;造成特别重大损失的,处 5 年以上有期徒刑。

九、国家机关工作人员签订、履行合同失职被骗罪

(一) 国家机关工作人员签订、履行合同失职被骗罪的概念和法益

国家机关工作人员签订、履行合同失职被骗罪,是指国家机关工作人员在签订、履行合同过程中,因严重不负责任,不履行或者不认真履行职责被诈骗,致使国家利益遭受重大损失的行为。本罪的法益为国家公务活动所保障的国家利益。本罪主体为特殊主体,为国家机关工作人员,主观上只能是过失。

(二) 合同、行为、过失

这里的“合同”以“经济合同”为多数说[②]的观点。不同观点则认为,这里的合同应从广义上理解,包括经济合同也包括与国外(地区)签订的“国家合同”[③]。本书原则上赞同广义的观点,即“合同”可以包括“国家合同”,也即国家利益显然不能狭隘地只是理解为“国家经济利益”,即便“国家合同”仍然是经济合同,签订、履行被骗,也不仅仅是经济利益,还包括政治以及国家在国际上声誉的利益。但有关婚姻、收养、监护等有关人身关系的协议不在本罪“合同”范围内,因不能适用《民法典》调整[④]。即便有国家机关工作人员(如司法工作人员)工作失误造成他人借婚姻、收养等实施重婚、拐骗儿童、拐卖妇女、儿童,造成恶劣影响的,也不是该“协议”一方的当

---

① 06.07.26《渎职侵权案件立案标准》“一、(十六)”规定:涉嫌下列情形之一的,应予立案:(1) 徇私舞弊,致使国家税收损失累计达 10 万元以上的;(2) 徇私舞弊,致使国家税收损失累计不满 10 万元,但具有索取、收受贿赂或者其他恶劣情节的;(3) 其他致使国家利益遭受重大损失的情形。

② 参见孙力主编:《公务活动中犯罪界限的司法认定》,中国检察出版社 2000 年版,第 394 页;周其华、巩献田主编:《玩忽职守罪的立法与适用》中国检察出版社 2000 年版,第 90 页。

③ 参见高铭暄、马克昌主编:《中国刑法解释》(下),中国社会科学出版社 2005 年版,第 2850—2851 页。

④ 参见赵秉志主编:《贪污贿赂罪、渎职罪》,法律出版社 2001 年版,第 301 页。

事人,并不符合"签订""履行"的条件,完全可以按照相应犯罪论处[①]。

"签订、履行"合同被诈骗,是在签订时,或履行合同时,因严重不负责任,不履行或者不认真履行职责,如未能按照签订合同、履行合同的相关法律规定(或遵守国家机关在对外关系相关问题具体处理规定的规章、制度)签订或履行合同,以致被骗,给国家利益造成严重损失[②],损失应包括非物质损失,即恶劣的社会、政治、国际影响。海关、外汇管理部门的工作人员严重不负责任,造成大量外汇被骗购或者逃汇,致使国家利益遭受重大损失的,亦构成本罪[③]。

(三) 国家机关工作人员签订、履行合同失职被骗罪与玩忽职守罪的关联

国家机关工作人员签订、履行合同失职被骗罪与玩忽职守罪两罪间具有法条竞合关系。客观上国家机关工作人员代表国家机关签订、履行合同,也是在从事国家事务的公务管理活动,但原则上其范围窄于玩忽职守罪所从事的国家事务管理活动范围,而被其所包含,其严重不负责任,不履行或不认真履行职务与玩忽职守罪相同,因此,应适用特别法条以国家机关工作人员签订、履行合同失职被骗罪论处。

(四) 国家机关工作人员签订、履行合同失职被骗罪的刑事责任

犯本罪,处 3 年以下有期徒刑或者拘役;致使国家利益遭受特别重大损失的,处 3 年以上 7 年以下有期徒刑。

十、违法发放林木采伐许可证罪

(一) 违法发放林木采伐许可证罪的概念和法益

违法发放林木采伐许可证罪,是指林业主管部门的工作人员违反森林法的规定,超过批准的年采伐限额发放林木采伐许可证或者违反规定滥发林木采伐许可证,情节严重,致使森林遭受严重破坏的行为。[④] 本罪的法益是国家对林业主管部门职责履行公正性的监管以及国家森林资源利益。本罪主体为特殊主体。具体为林业主管部门负有保护、培育和合理利用林木职责的工作人员,主观上是故意,刑法没有规定特

---

① 如我国《刑法》第 399 条第 2 款、第 3 款"民事、行政枉法裁判罪""执行判决、裁定失职罪"。

② 06.07.26《渎职侵权案件立案标准》"一、(十七)"规定:涉嫌下列情形之一的,应予立案:(1) 造成直接经济损失 30 万元以上,或者直接经济损失不满 30 万元,但间接经济损失 150 万元以上的;(2) 其他致使国家利益遭受重大损失的情形。

③ 1998 年 12 月 29 日全国人大常委会通过的《关于惩治骗购外汇、逃汇和非法买卖外汇犯罪的决定》第 6 条。

④ 06.07.26《渎职侵权案件立案标准》"一、(十八)"规定:涉嫌下列情形之一的,应予立案:(1) 发放林木采伐许可证允许采伐数量累计超过批准的年采伐限额,导致林木被超限额采伐 10 立方米以上的;(2) 滥发林木采伐许可证,导致林木被滥伐 20 立方米以上,或者导致幼树被滥伐 1000 株以上的;(3) 滥发林木采伐许可证,导致防护林、特种用途林被滥伐 5 立方米以上,或者幼树被滥伐 200 株以上的;(4) 滥发林木采伐许可证,导致珍贵树木或者国家重点保护的其他树木被滥伐的;(5) 滥发林木采伐许可证,导致国家禁止采伐的林木被采伐的;(6) 其他情节严重,致使森林遭受严重破坏的情形。

定目的要素，动机不影响认定。本罪为结果犯。

（二）行为、罪数

“违反森林法规定”，是指违反《森林法》以及《森林法实施条例》有关林木采伐限额、采伐范围、方式、采伐许可证申请和审核发放的规定。“超过批准的年采伐限额发放林木采伐许可证”，是指利用林木采伐许可证申请和审核发放的职务之便，在年度采伐限额之外，发放林木采伐许可证；“违反规定滥发林木采伐许可证”，是指本不应当发放采伐许可证，但利用林木采伐许可证申请和审核发放的职务之便，随意发放。显然，本罪是以国家工作人员滥用职权违法作出决定为主要特征。本罪以情节严重，致使森林遭受严重破坏为入罪的必要条件。林业主管部门工作人员，违反我国《森林法》的规定，以其他方式滥用职权或者玩忽职守，致使森林遭受严重破坏的，依照《刑法》第 397 条的规定，以滥用职权罪或者玩忽职守罪追究刑事责任。[①] 收受贿赂，同时构成受贿罪的，以违法发放林木采伐许可证罪和受贿罪数罪并罚。[②] 林业主管部门工作人员之外的国家机关工作人员，以违法发放采伐许可证之外的其他方式，滥用职权或者玩忽职守，致使森林遭受严重破坏的，以滥用职权罪或者玩忽职守罪追究刑事责任。

（三）违法发放林木采伐许可证罪与滥伐林木罪、非法采伐、毁坏国家重点保护植物罪的关联

客观上违法发放林木采伐许可证的行为，与滥伐林木以及非法采伐、毁坏国家重点保护植物行为可以具有直接的关联关系，但是，法规范上二者并非是当然的共同犯罪关系。违法发放林木采伐许可证只是可能成为后者的原因之一，并非唯一原因，因滥伐林木以及非法采伐、毁坏国家重点保护植物行为并非需要以所获得违法发放的采伐许可证才能实施，因此，应各自论罪。

（四）违法发放林木采伐许可证罪的刑事责任

犯本罪，处 3 年以下有期徒刑或者拘役。

---

① 2007 年 5 月 16 日最高人民检察院颁布实施的《关于对林业主管部门工作人员在发放林木采伐许可证之外滥用职权、玩忽职守致使森林遭受严重破坏的行为适用法律问题的批复》（高检发释字〔2007〕1 号）（以下简称 07.05.16《批复》）规定：“立案标准依照最高人民检察院〈关于渎职侵权犯罪案件立案标准的规定〉第一部分渎职犯罪案件第 18 条第 3 款的规定执行。”06.07.26《渎职侵权案件立案标准》“一、（十八）”第 2 款规定：“林业主管部门工作人员之外的国家机关工作人员，违反森林法的规定，滥用职权或者玩忽职守，致使林木被滥伐 40 立方米以上或者幼树被滥伐 2000 株以上，或者致使防护林、特种用途林被滥伐 10 立方米以上或者幼树被滥伐 400 株以上，或者致使珍贵树木被采伐、毁坏 4 立方米或者 4 株以上，或者致使国家重点保护的其他植物被采伐、毁坏后果严重的，或者致使国家严禁采伐的林木被采伐、毁坏情节恶劣的，按照刑法第 397 条的规定以滥用职权罪或者玩忽职守罪追究刑事责任。”

② 依据 13.01.09《渎职案件解释（一）》第 3 条规定的精神。

十一、环境监管失职罪

(一) 环境监管失职罪的概念和法益

环境监管失职罪,是指负有环境保护监督管理职责的国家机关工作人员严重不负责任,不履行或者不认真履行环境保护监管职责导致发生重大环境污染事故,致使公私财产遭受重大损失或者造成人身伤亡的严重后果的行为。本罪的法益是国家对环境保护职责履行的正确性的监管,以及环境资源节约和循环利用资源、保护和改善环境的利益。本罪主体为特殊主体,为负有环境保护监督管理职责的国家机关工作人员,主观上是过失。本罪为结果犯。当然,这里重大环境污染事故,是违反《环境保护法》的行为人(单位和个人)的违法犯罪行为的后果,但与负有保护监管职责的国家机关工作人员,不履行或不正确履行环境保护监管职责有直接的关联,具有刑法上的因果关系。所以,本罪属于因自己违法在先,需要对他人违法犯罪行为结果承担刑事责任的条款之一①。

(二) 行为、主体

"环境"是指影响人类生存和发展的各种天然的和经过人工改造的自然因素的总体,包括大气、水体、海洋、土地、矿藏、森林、草原、湿地、野生生物、自然遗迹、人文遗迹、自然保护区、风景名胜区、城市和乡村等环境。"严重不负责任"是指对自己环境保护监管职责、义务漠然对待的态度,在行为上表现为"不履行或者不认真履行环境保护监管职责"。具体表现可以各种各样,如不履行或不认真履行制止污染环境的生产、经营活动;不履行或不认真履行新建项目环评责任;如不履行或不认真履行环评损害评估;不履行或不认真履行污染物检测、监督排放职责;发现环境污染事故不履行报告义务或不及时报告;对环境污染治理不履行或不认真履行验收职责;不履行或不认真履行建立、健全环境监测制度等等。本罪以导致发生重大环境污染事故,致使公私财产遭受重大损失或者造成人身伤亡的严重后果为入罪必须条件②。

关于本罪主体范围,我国《环境保护法》第 10 条规定:"国务院环境保护主管部门,对全国环境保护工作实施统一监督管理;县级以上地方人民政府环境保护主管部

---

① 参见林亚刚:《刑法学教义》(总论)(第 2 版),北京大学出版社 2017 年版,第 317 页以下。

② 06.07.26《渎职侵权案件立案标准》"一、(十九)"规定:涉嫌下列情形之一的,应予立案:(1) 造成死亡 1 人以上,或者重伤 3 人以上,或者重伤 2 人、轻伤 4 人以上,或者重伤 1 人、轻伤 7 人以上,或者轻伤 10 人以上的;(2) 导致 30 人以上严重中毒的;(3) 造成个人财产直接经济损失 15 万元以上,或者直接经济损失不满 15 万元,但间接经济损失 75 万元以上的;(4) 造成公共财产、法人或者其他组织财产直接经济损失 30 万元以上,或者直接经济损失不满 30 万元,但间接经济损失 150 万元以上的;(5) 虽未达到第 3、4 项两项数额标准,但第 3、4 项合计直接经济损失 30 万元以上,或者合计直接经济损失不满 30 万元,但合计间接经济损失 150 万元以上的;(6) 造成基本农田或者防护林地、特种用途林地 10 亩以上,或者基本农田以外的耕地 50 亩以上,或者其他土地 70 亩以上被严重毁坏的;(7) 造成生活饮用水地表水源和地下水源严重污染的;(8) 其他致使公私财产遭受重大损失或者造成人身伤亡严重后果的情形。

门,对本行政区域环境保护工作实施统一监督管理。县级以上人民政府有关部门和军队环境保护部门,依照有关法律的规定对资源保护和污染防治等环境保护工作实施监督管理。”具体而言,本罪的主体如下:

(1) 各级人民政府对具有代表性的各种类型的自然生态系统区域,珍稀、濒危的野生动植物自然分布区域,重要的水源涵养区域,具有重大科学文化价值的地质构造、著名溶洞和化石分布区、冰川、火山、温泉等自然遗迹,以及人文遗迹、古树名木建立的保护、管理部门工作人员;

(2) 各级人民政府建立、设置的对大气、土地、矿产、林业、农业、水源、水利环境保护行政主管部门的工作人员;

(3) 公安、交通、民航、铁路管理部门从事环境保护的工作人员;

(4) 国家海事行政主管部门负责对所辖港区水域内非军事船舶和港区水域外非渔业、非军事船舶污染海洋环境的监督管理部门工作人员;

(5) 国家渔业行政主管部门负责对渔港水域内非军事船舶和渔港水域外渔业船舶污染海洋环境的监督管理部门工作人员;

(6) 军队负责军事船舶污染海洋环境的监督管理及污染事故的环境保护部门工作人员等。

(三) 环境监管失职罪与污染环境罪等破坏环境、自然资源等犯罪的关联

如前所述,环境监管失职罪与污染环境罪等破坏环境、自然资源等犯罪有着较为密切的关联性,当然在法规范上,环境监管失职罪并非可以成为污染环境罪等破坏环境、自然资源等犯罪的原因,也不能说所有污染环境罪等破坏环境、自然资源等犯罪的发生,均是由于环境监管失职行为所造成,但环境监管失职罪在未能及早防患于未然、未能有效、及时对污染环境、破坏环境、自然资源等犯罪严重后果止损上,二者的关联度远超出其他犯罪。正因为如此,环境监管失职罪与污染环境罪等破坏环境、自然资源等犯罪的严重后果发生,有直接的因果关系。这也成为因有先前的违法、违规行为,需要为他人(违法或犯罪)行为的危害结果承担刑事责任的条款之一。

(四) 环境监管失职罪的刑事责任

犯本罪,处3年以下有期徒刑或者拘役。

十二、食品监管渎职罪

(一) 食品监管渎职罪的概念和法益

食品监管渎职罪,是指负有食品安全监督管理职责的国家机关工作人员,滥用职权或者玩忽职守,导致发生重大食品安全事故或者造成其他严重后果的行为。本罪的法益,是国家对食品安全监管职责履行的正确性的监管以及国民的健康权。本罪

主体为特殊主体,为负有食品安全监督管理职责的国家机关工作人员,主观上可以是故意,多为过失。

(二) 食品安全监管范围、主体、行为

目前,对食品安全监管的范围尚不明确。因“食品”从生产出到餐桌上,需要经过诸多环节,每一个环节都涉及到食品安全的问题。如果对需要监管哪些危及食品安全环节不清晰,则直接影响到对负有监管职责的国家工作人员范围的界定。涉及“食品”安全,有食品销售和餐饮服务提供环节;有食品生产和加工环节;有食品添加剂的生产、经营环节;有生产、经营食品的包装材料、容器、洗涤剂、消毒剂的环节;有食品生产、经营者使用食品添加剂、食品相关产品环节;食品的贮存和运输环节;有用于食品生产、经营的工具、设备的生产、经营等等环节。对哪些环节需要监管,这在理论上均未提及和展开讨论,直接影响本罪主体“负有食品安全监督管理职责的国家机关工作人员”的范围如何确定。本书认为,食品安全监管原则上,是上述所涉领域的所有有关食品安全环节的监管,但生产、经营食品机械、设备的安全,不包括在内。

食品安全监管职责的责任主体当然是国家以及各地政府建立食品安全监督管理职责的国家机关,但这并非是一个独立的食品安全监督管理职责的国家机关,而是多个国家职能部门相互配合的食品安全管理、监督体制下非单一性的主体。具体包括:(1) 负责对食品安全的综合监督、组织协调和依法组织查处重大事故的食品药品监管部门(这是主要的责任主体);(2) 负责初级农产品生产环节的监管的农业部门[①];(3) 负责食品生产加工环节质量卫生的日常监管的质量技术的监督部门;(4) 负责食品流通环节的质量监管的工商部门;负责食品流通环节和餐饮业、食堂等消费环节的卫生许可和卫生监管,负责食品生产加工环节的卫生许可的卫生部门(如负责、指导、监督各级各类学校食堂的食品安全管理,食堂卫生达标和食品采购的督查与管理的教育部门的专设机构等);(5) 负责进出口食品和动植物及其产品的检验检疫和监督管理,对出入境食品的装载、包装物和运输工具依法进行检验检疫、对进出口食品及其生产单位、进出口动植物的饲养、种植、屠宰、加工、储藏及其经营单位的卫生监督、卫生注册、登记、备案和对外注册进行有效管理的出入境检验检疫部门;(6) 负责开展对畜禽屠宰行为的规范和管理,会同有关部门依法查处私屠滥宰的违法活动的国家商管部门(也可能设置在某一具体部门属于其常设机构);(7) 组织查处构成犯罪的制售假冒伪劣食品和有毒有害食品的案件,打击制假售假违法犯罪行为,查处抗法案件,协助有关部门执法的公安机关;(8) 负责粮油收购、储存、调拨和运输的质量安全管理、履行粮油质量标准管理和监督监测职能、指导粮食行业的生产质量安全工作的粮食部门等,都是负有食品安全监管责任的国家机关。也只有在上述部门中任职或受委派、委托从事负有食品安全监督管理职责的国家机关工作人员,才能是本罪主体。

---

① 供食用的源于农业的初级产品的质量安全管理,遵守我国《农产品质量安全法》的规定。

"滥用职权或玩忽职守"是指在食品安全监督管理职责履行时,违反法定职责范围、程序处理无权决定、处理的事项,或者虽然是其职责范围应该决定、处理的事项却违反规定处置;或者对职责、义务漠然对待,严重不负责任,不履行或者不认真履行职责。本罪以导致发生重大食品安全事故或者造成其他严重后果,为入罪的必需条件[①]。在故意放弃监管职责的滥用职权,与故意不履行监管职责的玩忽职守时,客观上二者都是没有履行监管职责,有时难以区别。该种情形下,两种行为事实上是想象竞合关系,在同一主体处在监管地位在具体履行职责上有滥用权力,也存在玩忽职守行为,应认真考察是何种性质的行为导致严重后果,无法准确界定何种性质行为导致严重后果时,本着就低不就高原则,以玩忽职守性质认定为宜[②]。

(三) 食品监管渎职罪与生产、销售不符合安全标准的食品罪、生产、销售有毒、有害食品罪的关联

从法规范上说,食品监管渎职罪所涵盖的"食品安全",包括从食品生产的初级阶段,直至最终至"餐桌"的各个环节的食品安全,更强调从食品生产"源头"起,国家食品安全监督管理机构就负有监管职责,而生产、销售不符合安全标准的食品罪、生产、销售有毒、有害食品罪,是规范、监管进入消费市场的食品安全,包括初级(可以直接食用的)农产品的安全生产。但即便只是在此环节,食品监管渎职罪与生产、销售不符合安全标准的食品罪、生产、销售有毒、有害食品罪在客观上也有密切的关联。食品监管渎职虽然并非是生产、销售不符合安全标准的食品罪、生产、销售有毒、有害食品犯罪行为发生的原因,但食品安全监管的缺失,未能及早防患于未然、未能有效、及时制止生产、销售不符合安全标准的食品、生产、销售有毒、有害食品犯罪行为发生,以及对所造成后果未能及时止损上,二者的关联度也远超出其他犯罪。正因为如此,食品监管渎职罪与生产、销售不符合安全标准的食品罪、生产、销售有毒、有害食品罪严重后果的发生,有直接的因果关系。这也是因有先前的违法、违规行为,需要为他人(违法或犯罪)行为危害结果承担刑事责任的条款之一[③]。

(四) 食品监管渎职罪的刑事责任

犯本罪,处 5 年以下有期徒刑或者拘役;造成特别严重后果的,处 5 年以上 10 年以下有期徒刑。徇私舞弊犯食品监管渎职罪的,从重处罚。

---

① 目前尚未有对"严重后果"认定的司法解释。本书认为,目前可以滥用职权罪和玩忽职守罪的立案追诉标准作为参照标准。

② 13.01.09《渎职案件解释(一)》第 9 条规定:"负有监督管理职责的国家机关工作人员滥用职权或者玩忽职守,致使不符合安全标准的食品、有毒有害食品、假药、劣药等流入社会,对人民群众生命、健康造成严重危害后果的,依照渎职罪的规定从严惩处。"

③ 参见林亚刚:《刑法学教义》(总论)(第 2 版),北京大学出版社 2017 年版,第 317 页以下。

十三、传染病防治失职罪

(一) 传染病防治失职罪的概念和法益

传染病防治失职罪,是指从事传染病防治的政府卫生行政部门的工作人员严重不负责任,导致传染病传播或者流行,情节严重的行为。本罪法益,是国家对传染病防治监管职责履行正确性的监管以及国民的健康权。本罪主体为特殊主体,即从事传染病防治的政府卫生行政部门的工作人员,主观上是过失。

(二) 传染病防治、责任主体、行为

确定"传染病防治"责任主体的单位,才能确定何种范围内的国家机关工作人员是本罪主体。我国《传染病防治法》规定的责任单位原则上是:主管全国传染病防治及其监督管理工作的国务院卫生行政部门;负责本行政区域内的传染病防治及其监督管理工作的县级以上地方人民政府卫生行政部门;在各自的职责范围内负责传染病防治工作的县级以上人民政府其他部门;由中国人民解放军卫生主管部门实施监督管理传染病防治的部门。

因传染病防治涉及多个领域的工作,因此,只有是属于国家机关范围内的工作人员,包括接受委派、委托从事传染病防治工作的人员,才能是本罪主体。同时,应注意刑法已经对特定妨害或破坏传染病防治行为有规定的,其犯罪主体不是本罪主体。本罪主体包括:(1) 地方各级人民政府在传染病疫情发生时,未依照《传染病防治法》规定履行报告职责,或者隐瞒、谎报、缓报传染病疫情,或者在传染病暴发、流行时,未及时组织救治、采取控制措施的,对此负有责任的主管责任人员;(2) 县级以上人民政府卫生行政部门违反《传染病防治法》规定,未依法履行传染病疫情通报、报告或者公布职责,或者隐瞒、谎报、缓报传染病疫情的,发生或者可能发生传染病传播时未及时采取预防、控制措施的;未依法履行监督检查职责,或者发现违法行为不及时查处的;未及时调查、处理单位和个人对下级卫生行政部门不履行传染病防治职责的举报的;违反《传染病防治法》的其他失职、渎职行为,造成传染病传播、流行或者其他严重后果的,对此负有责任的主管人员和其他直接责任人员;(3) 县级以上人民政府有关部门未依照《传染病防治法》规定履行传染病防治和保障职责的,造成传染病传播、流行或者其他严重后果的,对此负有责任的主管人员和其他直接责任人员。上述工作人员属于行政管理工作人员,不履行或不认真履行传染病防治和保障职责的,造成传染病传播、流行或者其他严重后果的,对此负有责任的主管人员和直接责任人员,属于"从事传染病防治的政府卫生行政部门的工作人员",是本罪主体。

但是,在国家设置的传染病防治控机构工作的传染病防治的专业技术、业务人员,是否可以成为本罪主体,目前并无更为深入的讨论。本书认为应当具体分析:对具有国家工作人员身份(包括接受委派、委托)且在国家设置专业传染病防治控机构

工作的,具有行政管理职务且为传染病防治的专业业务、技术人员,失职造成传染病传播、流行或者其他严重后果的,也可以成为本罪主体。具体说:

(1) 国家疾病预防控制机构违反《传染病防治法》规定,未依法履行传染病监测职责的、未依法履行传染病疫情报告、通报职责,或者隐瞒、谎报、缓报传染病疫情的、未主动收集传染病疫情信息,或者对传染病疫情信息和疫情报告未及时进行分析、调查、核实的、发现传染病疫情时,未依据职责及时采取《传染病防治法》规定的措施的,造成传染病传播、流行或者其他严重后果的,对此负有责任的主管人员和其他直接责任人员;

(2) 国家医疗机构违反《传染病防治法》规定,未按照规定承担本单位的传染病预防、控制工作、医院感染控制任务和责任区域内的传染病预防工作的、未按照规定报告传染病疫情,或者隐瞒、谎报、缓报传染病疫情的、发现传染病疫情时,未按照规定对传染病病人、疑似传染病病人提供医疗救护、现场救援、接诊、转诊的,或者拒绝接受转诊的,未按照规定对本单位内被传染病病原体污染的场所、物品以及医疗废物实施消毒或者无害化处置的、未按照规定对医疗器械进行消毒,或者对按照规定一次使用的医疗器具未予销毁,再次使用的①;在医疗救治过程中未按照规定保管医学记录资料的,造成传染病传播、流行或者其他严重后果的,对此负有责任的主管人员和其他直接责任人员;

(3) 铁路、交通、民用航空经营单位未依照《传染病防治法》规定,优先运送处理传染病疫情的人员以及防治传染病的药品和医疗器械的,造成严重后果的,如果有必要追究对此负有责任的主管人员和其他直接责任人员;

(4) 国境卫生检疫机关、动物防疫机构未依法履行传染病疫情通报职责的,造成传染病传播、流行或者其他严重后果的,对此负有责任的主管人员和其他直接责任人员;

(5) 国家疾病预防控制机构、医疗机构未执行国家有关规定,导致因输入血液、使用血液制品引起经血液传播疾病发生的,造成传染病传播、流行以及其他严重后果的,对此负有责任的主管人员和其他直接责任人员。

此外,其他属于国家机关的工作人员失职造成传染病传播、流行或者其他严重后果的,应以刑法对该种行为是否有相应规定,决定应构成的具体犯罪②。

---

① 该种行为,如果拒绝履行,可能构成"妨害传染病防治罪"。

② 本书认为,根据相关规定:(1) 采供血机构未按照规定报告传染病疫情,或者隐瞒、谎报、缓报传染病疫情,或者未执行国家有关规定,导致因输入血液引起经血液传播疾病发生的,对此负有责任的主管人员和其他直接责任人员,可能构成"采集、供应血液、制作、供应血液制品事故罪";(2) 疾病预防控制机构、医疗机构和从事病原微生物实验的单位,不符合国家规定的条件和技术标准,对传染病病原体样本未按照规定进行严格管理,造成实验室感染和病原微生物扩散的;违反国家有关规定,采集、保藏、携带、运输和使用传染病菌种、毒种和传染病检测样本的;对此负有责任的主管人员和其他直接责任人员,可能构成"传染病菌种、毒种扩散罪";(3) 饮用水供水单位供应的饮用水不符合国家卫生标准和卫生规范的,对此负有责任的主管人员和其他直接责任人员,可能构成"妨害传播防治罪";(4) 饮用水卫生安全的产品不符合国家卫生标准和卫生规范的;用于传染病防治的消毒产品不符合国家卫生标准和卫生规范的,对此负有责任的主管人员和其他直接责任人员,可能构成"生产、销售不符合安全标准的食品罪""生产、销售不符合标准的医用器材罪";(5) 生物制品生产单位生产的血液制品不符合国家质量标准的,对此负有责任的主管人员和其他直接责任人员,可能构成"采集、供应血液、制作、供应血液制品事故罪";(6) 出售、运输疫区中被传染病病原体污染或者可能被传染病病原体污染的物品,未进行消毒处理的,对此负有责任的主管人员和其他直接责任人员,可能构成"危险物品肇事罪"等。当然,上述犯罪仍然应该按照各个犯罪构成要件认定,并非当然可以构成;对不符合相应的犯罪构成要件的,仍然不应排除可以构成本罪。

“严重不负责任”是指对传染病防治负有的检测、监管、报告、预防、控制、感染控制等职责、义务漠然对待的态度。表现在行为上,即是指“不履行或者不认真履行职责”(前述对主体范围的讨论,包括“不履行或者不认真履行职责”的各种情况,不赘述)。本罪以“导致传染病传播或者流行,情节严重”为入罪的必需条件①。

(三) 传染病防治失职罪与其他妨害传染病防治犯罪的关联

传染病防治失职罪与其他妨害传染病防治犯罪,在客观上具有一定的关联性,但传染病防治失职行为,并非是导致其他妨害传染病防治犯罪行为发生的原因,因传染病发生以及传播并非均由人为行为而造成,自然环境、大气、动物(禽、鼠、蚤、蚊蝇昆虫等等)也是造成传染病传播的媒介。因此,传染病防治失职罪所处罚的,侧重于是以预防、控制为主的传染病检测、监控、控制传染病传播、流行的行政职责的缺失,造成严重后果的行为,而并非均是在人为导致传染病传播的严重后果,相应行政职责缺失,后者只是为“亡羊补牢”“以儆效尤”处罚而已。同样,这也是因有先前的违法、违规行为,需要为他人(违法或犯罪)行为的危害结果,或者非人为所造成的事态发展的损害后果承担刑事责任的条款之一②。

(四) 传染病防治失职罪的刑事责任

犯本罪,处 3 年以下有期徒刑或者拘役。

十四、非法批准征用、占用土地罪

(一) 非法批准征用、占用土地罪的概念和法益

非法批准征用、占用土地罪,是指国家机关工作人员徇私舞弊,违反土地管理法、森林法、草原法等法律以及有关行政法规中关于土地管理的规定,滥用职权,非法批

① 06.07.26《渎职侵权案件立案标准》“一、(二十)”规定,涉嫌下列情形之一的,应予立案:(1) 导致甲类传染病传播的;(2) 导致乙类、丙类传染病流行的;(3) 因传染病传播或者流行,造成人员重伤或者死亡的;(4) 因传染病传播或者流行,严重影响正常的生产、生活秩序的;(5) 在国家对突发传染病疫情等灾害采取预防、控制措施后,对发生突发传染病疫情等灾害的地区或者突发传染病病人、病原携带者、疑似突发传染病病人,未按照预防、控制突发传染病疫情等灾害工作规范的要求做好防疫、检疫、隔离、防护、救治等工作,或者采取的预防、控制措施不当,造成传染范围扩大或者疫情、灾情加重的;(6) 在国家对突发传染病疫情等灾害采取预防、控制措施后,隐瞒、缓报、谎报或者授意、指使、强令他人隐瞒、缓报、谎报疫情、灾情,造成传染范围扩大或者疫情、灾情加重的;(7) 在国家对突发传染病疫情等灾害采取预防、控制措施后,拒不执行突发传染病疫情等灾害应急处理指挥机构的决定、命令,造成传染范围扩大或者疫情、灾情加重的;(8) 其他情节严重的情形。

② 参见林亚刚:《刑法学教义》(总论)(第 2 版),北京大学出版社 2017 年版,第 317 页以下。

准征用、占用耕地、林地等农用地以及其他土地,情节严重的行为①。本罪的法益是国家对土地开发、使用管理职责履行的合法、正确性以及对土地管理的监管。本罪主体为特殊主体,为国家机关工作人员,但必须是负有土地管理职权的国家机关中,从事土地管理工作的人员,以及各级人民政府的土地、林业主管机关工作人员。本罪主观上是故意,本书认为,徇私情、徇私利是目的要素,具体动机不影响认定。

(二)土地、行为、故意

"违反土地管理法规"是指违反土地管理法、森林法、草原法等法律以及有关行政法规中关于土地管理的规定。非法批准征用、占用土地罪的对象,是"土地",即耕地、林地等农用地以及其他土地,包括农用地、建设用地和未利用地,其中农用地又包括耕地、林地、草地、农田水利用地、养殖水面等②。原则上,只要违反土地管理法以及相关法规规定,非法批准征用、占有的一切土地,均是本罪对象。

"徇私舞弊"是构成犯罪的必要条件,也即徇私情、徇私利。"舞弊"则是弄虚作假。徇私舞弊可以表现为(滥用职权),无权批准逾越职权批准,或超出批准权限批准,或虽然有一定批准权限但超范围、数量批准。只要在批准土地征用、占用,违反国家土地管理法规规定,徇私情、徇私利,弄虚作假非法批准征用、占用土地,实质上损害国家利益的,情节严重的③,均可以构成本罪。

(三)非法批准征用、占用土地罪与非法低价出让国有土地使用权罪④的关联

非法低价出让国有土地使用权罪,是指国家机关工作人员徇私舞弊,违反土地管理法、森林法、草原法等法律以及有关行政法规中关于土地管理的规定,滥用职权,非

---

① 05.12.30《林地资源案件解释》第 2 条规定:"具有下列情形之一的,属于刑法第 410 条规定的'情节严重',应当以非法批准征用、占用土地罪判处 3 年以下有期徒刑或者拘役:(1) 非法批准征用、占用防护林地、特种用途林地数量分别或者合计达到 10 亩以上;(2) 非法批准征用、占用其他林地数量达到 20 亩以上;(3) 非法批准征用、占用林地造成直接经济损失数额达到 30 万元以上,或者造成本条第(1)项规定的林地数量分别或者合计达到 5 亩以上或者本条第(2)项规定的林地数量达到 10 亩以上毁坏。"

② 2001 年 8 月 31 日全国人大常委会通过的《关于〈中华人民共和国刑法〉第 228 条、第 342 条、第 410 条的解释》。

③ 06.07.26《渎职侵权案件立案标准》"一、(二十一)"规定:非法批准征用、占用土地,涉嫌下列情形之一的,应予立案:(1) 非法批准征用、占用基本农田 10 亩以上的;(2) 非法批准征用、占用基本农田以外的耕地 30 亩以上的;(3) 非法批准征用、占用其他土地 50 亩以上的;(4) 虽未达到上述数量标准,但造成有关单位、个人直接经济损失 30 万元以上,或者造成耕地大量毁坏或者植被遭到严重破坏的;(5) 非法批准征用、占用土地,影响群众生产、生活,引起纠纷,造成恶劣影响或者其他严重后果的;(6) 非法批准征用、占用防护林地、特种用途林地分别或者合计 10 亩以上的;(7) 非法批准征用、占用其他林地 20 亩以上的;(8) 非法批准征用、占用林地造成直接经济损失 30 万元以上,或者造成防护林地、特种用途林地分别或者合计 5 亩以上或者其他林地 10 亩以上毁坏的;(9) 其他情节严重的情形。

④ 我国《刑法》第 410 条。与非法批准征用、占用土地罪为同一条款。

法低价出让国有土地使用权,情节严重的行为①。本罪主体为特殊主体,即国家机关工作人员,主观上是故意,以徇私情、徇私利为目的要素,具体动机不影响认定。

非法低价出让国有土地使用权罪的对象是“国有土地使用权”,即非实物权益。我国实行土地所有权与使用权相分离的管理制度。“国有土地使用权”,是国家依照法定程序对国有土地所享有的占有、利用、收益和有限处分的权利,是国有资产的重要组成部分,是国家对国有土地合理开发、利用,优化配置经济国策之一。国有土地使用权的转让,必须依法、依规进行,任何主体,只要经过批准,包括境外的企事业单位和个人,符合依法使用中国国有土地条件的,都可以有偿享有国有土地使用权,成为中国的国有土地使用者。

非法低价出让国有土地使用权罪必须是非法以低价出让其使用权,侵害国家对国有土地使用权管理,造成国有资产减损。本罪是转让国有土地使用权过程中,逾越职权决定“低价”、擅自决定“低价”转让国有土地使用权②。“徇私舞弊”是构成犯罪的必要条件,也即徇私情、徇私利。“舞弊”则是弄虚作假。徇私舞弊可以表现为(滥用职权),无权批准逾越职权批准,或超出批准权限批准,只要在批准国有土地转让权过程中,违反国家土地管理法规规定,徇私情、徇私利,弄虚作假非法以低价批准转让的,实质上损害国家利益,情节严重的③,均可以构成犯罪。

按照我国《土地管理法》相关规定,以出让等有偿使用方式取得土地使用权的,需按照国务院规定的标准和办法,缴纳土地使用权出让金等土地有偿使用费和其他费用后,方可使用土地,所以,取得土地征用、占用许可,应同时办理土地使用权证。非法批准征用、占用土地罪与非法低价出让国有土地使用权罪之间并非以相续关系而存在,换言之,两罪虽然规定在同一个条款中,但在规范上并无直接的关联性。即构成非法批准征用、占用土地罪,并非以非法低价出让国有土地使用权罪为前提,即便土地使用权获得人是按照国务院规定的标准和办法,缴纳土地使用权出让金等土地有偿使用费和其他费用的,只要属于非法批准征用、占用土地,国家机关工作人员也构成犯罪;反之,构成非法低价出让国有土地使用权罪,也不是以先因非法批准征用、占用土地罪为前提,只要是非法低价出让国有土地使用权,即便获得土地使用权者按

---

① 05.12.30《林地资源案件解释》第4条规定:具有下列情形之一的,属于《刑法》第410条规定的“情节严重”,应当以非法低价出让国有土地使用权罪判处3年以下有期徒刑或者拘役:(1) 林地数量合计达到30亩以上,并且出让价额低于国家规定的最低价额标准的60%;(2) 造成国有资产流失价额达到30万元以上。

② 低价转让国有土地使用权的,可以构成犯罪,更何况“无偿”转让国有土地使用权。

③ 06.07.26《渎职侵权案件立案标准》“一、(二十二)”规定:非法低价出让国有土地使用权,涉嫌下列情形之一的,应予立案:(1) 非法低价出让国有土地30亩以上,并且出让价额低于国家规定的最低价额标准的60%的;(2) 造成国有土地资产流失价额30万元以上的;(3) 非法低价出让国有土地使用权,影响群众生产、生活,引起纠纷,造成恶劣影响或者其他严重后果的;(4) 非法低价出让林地合计30亩以上,并且出让价额低于国家规定的最低价额标准的60%的;(5) 造成国有资产流失30万元以上的;(6) 其他情节严重的情形。

照合法程序，办理了相关手续，也不影响对非法低价出让性质的认定。因此，两罪是各自独立的犯罪。如果同一主体，对国有的土地不同地块先后实施非法批准征用、占用，又有非法低价出让国有土地使用权行为的，虽然侵害法益有相同之处，但本书认为应当实行并罚。

（四）非法低价出让国有土地使用权罪与非法转让、倒卖土地使用权罪①的关联

非法低价出让国有土地使用权罪，是指国家机关工作人员徇私舞弊，违反《土地管理法》《森林法》《草原法》等法律以及有关行政法规中关于土地管理的规定，滥用职权，非法低价出让国有土地使用权，情节严重的行为。本罪主体是国家机关工作人员，主观上是故意，徇私的具体动机不影响认定。非法转让、倒卖土地使用权罪，是指土地使用权者取得土地所有权后，以牟利为目的，违反土地管理法规，不按照法律规定的条件和程序非法转让，或者倒卖土地使用权，情节严重的行为。该罪主体是已经取得土地使用权者，主观上是故意，应以非法牟利为目的。但该罪的土地使用权，并非限于国有土地使用权。

如果低价获得国有土地使用权后，非法转让或非法倒卖的，仍然构成非法转让、倒卖土地使用权罪。非法低价出让国有土地使用权罪与非法转让、倒卖土地使用权罪，在法规范上并无关联，二者之间也并非对向犯关系，应各自论罪处罚。如果国家机关工作人员徇私舞弊，低价使其获得国有土地使用权后，供其非法转让、倒卖土地使用权，共享利益的，应构成共同犯罪，以非法转让、倒卖土地使用权罪的共同犯罪论处。因受贿而实施的，应当并罚。

（五）非法批准征用、占用土地罪与非法占用农用地罪②的关联

非法批准征用、占用土地罪的“土地”，包括农用地。本罪与非法占用农用地罪的主体完全不同，一个是国家机关工作人员，一个是非法占用农用地者。虽然在规范上两罪并无关联，但在现实中，非法占用农用地者，可以是徇私舞弊非法批准征用、占用土地犯罪行为的“受益者”。既然非法占用农用地罪可以是经徇私舞弊非法批准的，那么，如果“受益者”是实施行贿而使得国家机关工作人员“徇私舞弊”而获得非法批准，国家机关工作人员构成受贿罪，也构成非法批准征用、占用土地罪，应实行并罚；“受益者”如果构成行贿罪，非法占用农用地罪，也应实行并罚。

（六）非法批准征用、占用土地罪和非法低价出让国有土地使用权罪的刑事责任

犯本罪，处 3 年以下有期徒刑或者拘役；致使国家或者集体利益遭受特别重大损

---

① 我国《刑法》第 228 条。

② 我国《刑法》第 342 条。

失的①,处3年以上7年以下有期徒刑。

十五、放纵走私罪

(一) 放纵走私罪的概念和法益

放纵走私罪,是指海关工作人员徇私舞弊,放纵走私,情节严重的行为②。本罪的法益是海关缉私职责以及海关对进出口贸易监管。本罪主体为特殊主体,为海关工作人员,主要为海关缉私工作人员,主观上是直接故意,必须徇私利、徇私情目的,具体动机不影响认定。本罪为不作为犯。

(二) 徇私舞弊、行为、罪数、共犯

放纵走私罪中的"徇私舞弊"是指基于徇私情、私利,弄虚作假,故意违反海关法以及海关法相关法规查处走私规定,为走私人谋求不法利益,以逃避走私违法犯罪的责任追究。"放纵走私"是利用查处走私的职务、工作之便,对已经构成走私犯罪(相关所有的走私犯罪),作一般违反海关法的违法行为处理,或作无罪处理(不移交给相关司法机关);也包括对较为严重的走私行为作较轻一般走私行为按照海关法处置。"放纵"是不作为,即应为而不为。如明知是走私货物、物品而放行,应当罚没、罚款,不罚没、不罚款,明知是走私者利用职权放人等。本罪是以滥用职权违法作出决定为主要特征。也不排除"弄虚作假"为走私者伪造、变造相关证据、文件(同时触犯伪造、变造国家机关公文、证件、印章罪,为牵连犯);出具假证明、通风报信(同时触犯窝藏罪、包庇罪,为牵连犯);或者直接接送走私者人、货进出国(边)境[同时触犯运送他人偷越国(边)境罪,为牵连犯]等。上述为牵连犯的情况,如果与走私者形成共谋,利用其职务行为帮助他人实施其他犯罪行为,同时构成放纵走私罪和共谋实施的其他犯罪共犯的,依照处罚较重的规定定罪处罚③。实施放纵走私罪并收受贿赂,同时构成受贿罪的,以放纵走私罪和受贿罪数罪并罚④。本罪以"情节严重"为入罪

---

① 05.12.30《林地资源案件解释》第3条规定:"……具有下列情形之一的,属于刑法第410条规定的'致使国家或者集体利益遭受特别重大损失',应当以非法批准征用、占用土地罪判处3年以上7年以下有期徒刑:(一) 非法批准征用、占用防护林地、特种用途林地数量分别或者合计达到20亩以上;(二) 非法批准征用、占用其他林地数量达到40亩以上;(三) 非法批准征用、占用林地造成直接经济损失数额达到60万元以上,或者造成本条第(一)项规定的林地数量分别或者合计达到10亩以上或者本条第(二)项规定的林地数量达到20亩以上毁坏。"第5条规定:"……造成国有资产流失价额达到60万元以上的,属于刑法第410条规定的'致使国家和集体利益遭受特别重大损失',应当以非法低价出让国有土地使用权罪判处3年以上7年以下有期徒刑。"

② 06.07.26《渎职侵权案件立案标准》"一、(二十三)"规定:涉嫌下列情形之一的,应予立案:(1) 放纵走私犯罪的;(2) 因放纵走私致使国家应收税额损失累计达10万元以上的;(3) 放纵走私行为3起次以上的;(4) 放纵走私行为,具有索取或者收受贿赂情节的;(5) 其他情节严重的情形。

③ 依据13.01.09《渎职案件解释(一)》第4条第2款规定的精神。

④ 依据13.01.09《渎职案件解释(一)》第3条规定的精神。

的必要条件①。

(三)放纵走私罪与徇私舞弊不移交刑事案件罪的关联

放纵走私罪所放纵的走私者,既可包括不构成走私犯罪的走私分子,也包括已经构成走私犯罪的走私分子。海关工作人员为徇私情、徇私利,弄虚作假,为走私人谋求不法利益,对已经构成走私犯罪的行为人,应依法应当移交司法机关追究刑事责任而不移交,情节严重的,行为同时触犯徇私舞弊不移交刑事案件罪。对此,应该如何适用法律?张明楷教授认为,如果既未对走私者按照海关法处理,又不移交的,应构成放纵走私罪;如果先前已经按照海关法对走私者进行了处罚,则不移交行为的危害程度降低了,应按照徇私舞弊不移交刑事案件罪处理,不能按照放纵走私罪论处②。本书不赞同这一看法。徇私舞弊不移交刑事案件罪与放纵走私罪,在构成要件上存在交叉的法条竞合关系。在走私者确实已经构成犯罪的前提下,徇私舞弊不移交刑事案件的行为,同时也是放纵走私的行为,所以是法条竞合犯。就具有法条竞合关系适用法条的原则看,我国理论上多数学者主张的是,特别法条优于普通法条,而立法上也规定有"重法优于轻法"的适用原则,尚没有根据行为危害程度选择法条适用之说。放纵走私罪是特别法条,且处罚重于徇私舞弊不移交刑事案件罪。而且,从现实看,只要查处具有违反海关法的走私行为,就必须接受海关法的行政处罚,如果说走私者依照海关法接受了处理,追究了行政责任,在被追究刑事责任时,认为危害程度降低,可以从宽处罚,也只是针对走私犯罪而言。走私行为危害程度降低,使得放纵走私行为的危害程度降低的理由,无非是行为人还履行了部分职责,使走私者承担了行政责任吧?但这一量变,不足以改变放纵走私行为的性质。

(四)放纵走私罪与走私罪的关联

放纵走私罪与走私罪二者在法规范上并无直接的关联。走私罪猖獗主要是因为其背后巨额的非法利润,而并非由于存在放纵走私行为,因此,放纵走私行为并非走私罪猖獗的原因。二者的关联只在于海关缉私人员徇私利、徇私情,收受贿赂,实施放纵走私行为。对此,应数罪并罚。2002 年 7 月 8 日最高人民法院、最高人民检察院、海关总署印发的《关于办理走私刑事案件适用法律若干问题的意见》(法〔2002〕139 号)第 16 条规定,依照《刑法》第 411 条的规定,负有特定监管义务的海关工作人员徇私舞弊,利用职权,放任、纵容走私犯罪行为,情节严重的,构成放纵走私罪。放纵走私行为,一般是消极的不作为。如果海关工作人员与走私分子通谋,在放纵走私过程中以积极的行为配合走私分子逃避海关监管或者在放纵走私之后分得赃款的,

① 06.07.26《渎职侵权案件立案标准》"一、(二十三)"规定:涉嫌下列情形之一的,应予立案:(1) 放纵走私犯罪的;(2) 因放纵走私致使国家应收税额损失累计达 10 万元以上的;(3) 放纵走私行为 3 起次以上的;(4) 放纵走私行为,具有索取或者收受贿赂情节的;(5) 其他情节严重的情形。

② 参见张明楷:《刑法学》(下),法律出版社 2016 年版,第 1267—1268 页。

应以共同走私犯罪追究刑事责任①。海关工作人员收受贿赂又放纵走私的,应以受贿罪和放纵走私罪数罪并罚。

(五) 放纵走私罪的刑事责任

犯本罪,处5年以下有期徒刑或者拘役;情节特别严重的,处5年以上有期徒刑。

十六、商检徇私舞弊罪

(一) 商检徇私舞弊罪的概念和法益

商检徇私舞弊罪的概念,有两种不同表述:一是多数说,依据所规定的罪状表述为国家商检部门、商检机构工作人员徇私舞弊,伪造检验结果的行为②。二是06.07.26《渎职侵权案件立案标准》"一、(二十四)"中表述为出入境检验检疫机关、检验检疫机构工作人员徇私舞弊,伪造检验结果的行为。后者将主体限制在"出入境检验检疫机关、检验检疫机构工作人员"范围内,将国内商检部门和商检机构工作人员排除在主体之外。因此,本罪的商检只是针对设立的进出口商检制度而言,由国家质量监督检验检疫部门实行,具体职责是负责进出口商品,出入境动植物及动植物产品③,出入境人员、运输工具的健康、安全、卫生、环保。因此,后一概念更能准确反映本罪的特点。本罪的法益是国家对检疫、检验法定职责履行的正确性的监管和国家经济利益。主体为特殊主体,即出入境检验检疫机关、检验检疫机构工作人员,主观上是直接故意,必须为了徇私利、徇私情目的,具体动机不影响认定。

(二) 徇私舞弊、行为、罪数

商检循私舞弊罪中的"徇私舞弊"是指是为了徇私情、徇私利目的,故意违反进出口商品、货物检验检疫、检验规定,伪造检验结果,为当事人谋取非法利益或损害当事人利益的行为。不排除当事人可构成《刑法》第230条逃避商检罪。"伪造检验结果"系指违背检疫、检验的客观事实,出具虚假检疫、检验报告、证明文件、提供虚假的数据文件等。既包括能为当事人谋取非法利益,如将检疫、检验不合格报告修改为合格,或者根本不检疫、检验出具合格报告,也包括将合格的检疫、检验包括修改为不合格,损害当事人利益。本罪为行为犯,只要徇私舞弊实施出具伪造检验结果的行为,

---

① 该种情形下,因放纵走私行为同时也是走私犯罪的共犯行为,属于想象竞合犯,因走私犯罪处罚一般较重,因此应以走私罪(共犯)论处。

② 参见张明楷:《刑法学》(下),法律出版社2016年版,第1268页;黎宏:《刑法学各论》,法律出版社2016年版,第572页;王作富主编:《刑法分则实务研究》(下),中国方正出版社2013年,第1821页。

③ 鉴于我国《刑法》规定有"动植物检疫徇私舞弊罪""动植物检疫失职罪",因此,本罪的范围不包括对动植物检疫、检验内容。

就构成既遂[①]。本罪未以对当事人谋取的非法利益、损害的当事人利益,以及对国家利益的损害为认定标准,但处罚时应作为情节考虑。收受贿赂,同时构成受贿罪的,以商检徇私舞弊罪和受贿罪数罪并罚[②]。

(三)商检徇私舞弊罪与商检失职罪[③]的关联

出入境检验检疫机关、检验检疫机构工作人员严重不负责任,对应当检验的物品不检验,或者延误检验出证、错误出证,致使国家利益遭受重大损失的行为[④],构成商检失职罪。本罪主观上是过失。商检徇私舞弊罪与商检失职罪二者在法规范上并无直接关联,但对实务中在检疫、检验中既存在徇私舞弊,故意伪造检验结果的,也存在严重不负责任,对应当检验的物品不检验,直接出具虚假检疫、检验报告的,客观上均是出具虚假的检疫、检验报告,如果不存在受贿行为,徇私利的情节,应就低不就高以商检失职罪论处。对不同对象既实施商检徇私舞弊行为,也具有商检失职行为的,应实行数罪并罚。

(四)商检徇私舞弊罪、商检失职罪与动植物检疫徇私舞弊罪、动植物检疫失职罪[⑤]的关联

出入境检验检疫机关、检验检疫机构工作人员徇私舞弊,伪造动植物检疫结果的[⑥]行为,构成动植物检疫徇私舞弊罪。本罪为故意犯罪,动机不影响认定。出入境检验检疫机关、检验检疫机构工作人员,严重不负责任,对应当检疫的检疫动植物不

---

① 06.07.26《渎职侵权案件立案标准》"一、(二十四)"规定:涉嫌下列情形之一的,应予立案:(1) 采取伪造、变造的手段对报检的商品的单证、印章、标志、封识、质量认证标志等作虚假的证明或者出具不真实的证明结论的;(2) 将送检的合格商品检验为不合格,或者将不合格商品检验为合格的;(3) 对明知是不合格的商品,不检验而出具合格检验结果的;(4) 其他伪造检验结果应予追究刑事责任的情形。

② 依据13.01.09《渎职案件解释(一)》第3条规定的精神。

③ 我国《刑法》第412条第2款。

④ 06.07.26《渎职侵权案件立案标准》"一、(二十五)"规定:涉嫌下列情形之一的,应予立案:(1) 致使不合格的食品、药品、医疗器械等商品出入境,严重危害生命健康的;(2) 造成个人财产直接经济损失15万元以上,或者直接经济损失不满15万元,但间接经济损失75万元以上的;(3) 造成公共财产、法人或者其他组织财产直接经济损失30万元以上,或者直接经济损失不满30万元,但间接经济损失150万元以上的;(4) 未经检验,出具合格检验结果,致使国家禁止进口的固体废物、液态废物和气态废物等进入境内的;(5) 不检验或者延误检验出证、错误出证,引起国际经济贸易纠纷,严重影响国家对外经贸关系,或者严重损害国家声誉的;(6) 其他致使国家利益遭受重大损失的情形。

⑤ 我国《刑法》第413条第1款、第2款。

⑥ 06.07.26《渎职侵权案件立案标准》"一、(二十六)"规定:涉嫌下列情形之一的,应予立案:(1) 采取伪造、变造的手段对检疫的单证、印章、标志、封识等作虚假的证明或者出具不真实的结论的;(2) 将送检的合格动植物检疫为不合格,或者将不合格动植物检疫为合格的;(3) 对明知是不合格的动植物,不检疫而出具合格检疫结果的;(4) 其他伪造检疫结果应予追究刑事责任的情形。

检疫,或者延误检疫出证、错误出证,致使国家利益遭受重大损失的[①]行为,构成动植物检疫失职罪,本罪为过失犯罪。动植物检疫徇私舞弊罪、动植物检疫失职罪是商检徇私舞弊罪、商检失职罪的特别条款,即在进出境货物、物品中单独将动植物检验、检疫分离出来。二者的主体相同,均为出入境检验检疫机关、检验检疫机构工作人员,客观上均为徇私舞弊或玩忽职守行为,只是在检疫、检验专业对象有区别。但是,中国国家出入境检验检疫局以及下设部门、机构实行的出入境检验、检疫,包括对动植物的检疫,检验。所以,动植物检疫、检验只是进出境检疫、检验的特别工作(项目),因此,二者在法规范上能够形成法条竞合关系,即构成动植物检疫徇私舞弊罪或动植物检疫失职罪,当然触犯商检徇私舞弊罪或商检失职罪,按照法条竞合犯适用法条原则,应以动植物检疫徇私舞弊罪或动植物检疫失职罪论处。

(五) 徇私舞弊、玩忽职守违反检疫、检验罪与妨害传染病防治罪、妨害国境卫生检疫罪的关联

妨害传染病防治罪、妨害国境卫生检疫罪均以(甲类)传染病传播或者有传播严重危险的为入罪标准,而徇私舞弊、玩忽职守违反检疫、检验犯罪也同样可以造成检疫传染病传播或者有传播严重危险(因渎职而致使在境外发生检疫传染病传播或有传播危险,会严重影响我国的国际声誉)。但检疫传染病传播或者有传播严重危险,并非以徇私舞弊、玩忽职守违反检疫、检验犯罪为前提。徇私舞弊、玩忽职守违反检疫、检验犯罪处罚的依据在于亵渎检疫、检验职责,而非造成检疫传染病传播或者有传播严重危险。在确因徇私舞弊、玩忽职守违反检疫、检验,与检疫传染病传播或有发生传播危险有关联,也只是入罪的条件之一或考虑的情节,因此,二者在规范上并无直接关联。

(六) 商检徇私舞弊罪的刑事责任

犯本罪,处5年以下有期徒刑或者拘役;造成严重后果的,处5年以上10年以下有期徒刑。

十七、放纵制售伪劣商品犯罪行为罪

(一) 放纵制售伪劣商品犯罪行为罪的概念和法益

放纵制售伪劣商品犯罪行为罪,是指对生产、销售伪劣商品犯罪行为负有追究责

---

① 06.07.26《渎职侵权案件立案标准》"一、(二十七)"规定:涉嫌下列情形之一的,应予立案:(1) 导致疫情发生,造成人员重伤或者死亡的;(2) 导致重大疫情发生、传播或者流行的;(3) 造成个人财产直接经济损失15万元以上,或者直接经济损失不满15万元,但间接经济损失75万元以上的;(4) 造成公共财产或者法人、其他组织财产直接经济损失30万元以上,或者直接经济损失不满30万元,但间接经济损失150万元以上的;(5) 不检疫或者延误检疫出证、错误出证,引起国际经济贸易纠纷,严重影响国家对外经贸关系,或者严重损害国家声誉的;(6) 其他致使国家利益遭受重大损失的情形。

任的国家机关工作人员徇私舞弊，不履行法律规定的追究职责，情节严重的行为[①]。本罪的法益，是国家追究生产、销售伪劣商品犯罪行为职责的公正、正确性。本罪主体为特殊主体，即负有追究责任的国家机关工作人员，主观上是直接故意，须基于徇私情、徇私利目的，具体动机不影响认定。本罪为不作为犯。

（二）徇私舞弊、行为、主体

放纵制售伪劣商品犯罪行为罪中的“徇私舞弊”，是指为了徇私情、徇私利的目的，弄虚作假，故意违背职责，为涉嫌构成制售伪劣商品犯罪的人谋求不法利益，以逃避刑事法律追究的行为。“伪劣商品”是由刑法规制的所有伪劣商品；“犯罪行为”应是指制售伪劣商品的行为涉嫌违法犯罪。“不履行法律规定的追究职责”是不作为，即在履行查处职务活动中，滥用职权，违背事实和法律，弄虚作假，应为而不为，违法作出决定。如应该调查不调查，应该查封不查封，应该扣押不扣押，应该处罚不处罚等。至于制售伪劣商品者最终是否有罪，并不影响对不履行法律规定的追究职责的认定，但须有实际未追究其责任的事实。本罪以“情节严重”为入罪的必需条件。“不履行法律规定的追究职责”的“放纵”应该如何理解？多数说认为，“不履行法律规定的追究职责”是不履行将涉嫌制售伪劣商品构成犯罪的嫌疑人依法移交司法机关处理，也包括不履行使制售伪劣商品之人接受其他法律处罚的职责[②]。

本罪主体的范围，有不同认识，有认为只是国家工商行政管理、质量技术监督等国家机关的工作人员[③]（包括有关各级党政机关有查禁职责的主管领导人[④]），也有认为除此之外，还包括有查处职责公检法机关人员[⑤]。本书认为，如果将公检法机关工作人员包括在内，那么，不履行法律规定的追究职责时，因检察院、法院机关工作人员并无行政执法权，公安机关工作人员只是行使刑事侦查权而没有行政执法权时，对移交的制售伪劣商品案件的犯罪嫌疑人，不履行追究职责时，完全符合明知是有罪的人而故意包庇不使他受追诉的徇私枉法行为，就应该直接按照徇私枉法罪论处，无由构成本罪。因此，本书原则上赞同第一种观点，即只应受行政处罚的除外。

---

① 06.07.26《渎职侵权案件立案标准》“一、（二十八）”规定：涉嫌下列情形之一的，应予立案：(1) 放纵生产、销售假药或者有毒、有害食品犯罪行为的；(2) 放纵生产、销售伪劣农药、兽药、化肥、种子犯罪行为的；(3) 放纵依法可能判处3年有期徒刑以上刑罚的生产、销售伪劣商品犯罪行为的；(4) 对生产、销售伪劣商品犯罪行为不履行追究职责，致使生产、销售伪劣商品犯罪行为得以继续的；(5) 3次以上不履行追究职责，或者对3个以上有生产、销售伪劣商品犯罪行为的单位或者个人不履行追究职责的；(6) 其他情节严重的情形。

② 参见刘宪权主编：《刑法学》，上海人民出版社2005年版，第904页；张明楷：《刑法学》（下），法律出版社2016年版，第1269页。

③ 同上。

④ 参见周其华：《中国刑法罪名释考》，中国方正出版社2000年版，第985页。

⑤ 参见同上；黎宏：《刑法学各论》，法律出版社2016年版，第574页；王作富主编：《刑法分则实务研究》（下），中国方正出版社2013年版，第1829页。

(三) 放纵制售伪劣商品犯罪行为罪与徇私舞弊不移交刑事案件罪的关联

"放纵"与"不移交",在行为形式上都表现为滥用职权的不作为,且主体范围是相同的,均为行政机关执法工作人员,除了前者的具体执法内容上,可以被后者所包括之外,"放纵"与"不移交"在性质上并无区别。显然,如果所放纵制售伪劣商品的行为人,已经涉嫌构成制售伪劣商品犯罪,未被依法移交司法机关追究刑事责任的,其"放纵"行为也同时触犯徇私舞弊不移交刑事案件罪。因此,放纵制售伪劣商品犯罪行为罪与徇私舞弊不移交刑事案件罪两罪间具有法条竞合关系。因放纵制售伪劣商品犯罪行为罪属于特别法条,根据法条竞合犯适用法条原则,应按照放纵制售伪劣商品犯罪行为罪论处。有观点认为,对涉嫌已经构成犯罪的制售伪劣商品犯罪行为,徇私舞弊不移交司法机关的,应构成徇私舞弊不移交刑事案件罪①。这是将该种行为认定为想象竞合犯。本书不赞同这一解读。

(四) 放纵制售伪劣商品犯罪行为罪的刑事责任

犯本罪,处5年以下有期徒刑或者拘役。

十八、办理偷越国(边)境人员出入境证件罪

(一) 办理偷越国(边)境人员出入境证件罪的概念和法益

办理偷越国(边)境人员出入境证件罪,是指负责办理护照、签证以及其他出入境证件的国家机关工作人员,对明知是企图偷越国(边)境的人员,予以办理出入境证件的行为。本罪的法益,是国家对办理出入境证件职责履行的公正、正确性以及对进出国(边)境的监管。本罪主体为特殊主体,为负责办理护照、签证以及其他出入境证件的各级出入境管理部门的工作人员,主观上是故意,以明知为必要条件,我国刑法未规定特定主观目的要素,动机不影响认定。

(二) 护照、签证以及其他出入境证件、行为

"护照"是一个国家的公民出入本国国境和到国外旅行或居留时,由本国发给的一种证明该公民国籍和身份的合法证件。"签证"是一个国家的主权机关在本国人或外国人所持的护照或其他旅行证件上的签注、盖印,以表示允许其出入本国国(边)境或者经过国(边)境的手续(文件),一般由一个国家的出入境管理机构(驻外使领馆)行使这一主权行为。"其他出入境证件",如公务通行证、边民证以及我国特有往来港

---

① 参见王作富主编:《刑法分则实务研究》(下),中国方正出版社2013年版,第1829页。

澳通行证、大陆居民往来台湾通行证、台湾居民来往大陆通行证等①。

对明知是企图偷越国(边)境的人员,予以办理出入境证件,是利用职务或公务之便,对不符合进出境条件,有偷越国(边)境企图的人,违法签发护照、签证等出入境有效证件。本罪为行为犯,只要违法签发的,就构成犯罪。

(三) 办理偷越国(边)境人员出入境证件罪与放行偷越国(边)境人员罪②的关联

边防、海关等国家机关工作人员,对明知是偷越国(边)境的人员,予以放行的行为,构成放行偷越国(边)境人员罪。本罪主体为特殊主体,为边防、海关、边检等国家机关工作人员,主观上是故意,动机不影响认定。本罪行为主要如,明知无合法出入境证件而放行;明知持有过期、作废进出境证件而放行;明知持有的是伪造、变造的出入境证件而放行、明知持用他人出境、入境证件而放行、明知未在限定口岸通行而放行的等。办理偷越国(边)境人员出入境证件罪与放行偷越国(边)境人员罪两罪在法规范上并无直接关联,后罪不以前罪成立为前提。因此,除有通谋之外,应各自论罪。

(四) 办理偷越国(边)境人员出入境证件罪

犯本罪,处3年以下有期徒刑或者拘役;情节严重的,处3年以上7年以下有期徒刑。

十九、不解救被拐卖、绑架妇女、儿童罪

(一) 不解救被拐卖、绑架妇女、儿童罪的概念和法益

不解救被拐卖、绑架妇女、儿童罪,是指对被拐卖、绑架的妇女、儿童负有解救职责的公安、司法等国家机关工作人员,接到被拐卖、绑架的妇女、儿童及其家属的解救要求,或者接到其他人的举报,而对被拐卖、绑架的妇女、儿童不进行解救,造成严重后果的行为。本罪法益,是国家机关解救职责履行的确定性以及对履行解救职责的监管。本罪主体为特殊主体,为负有解救职责的国家机关工作人员,主观上是故意,刑法未以特定目的为主观要素,动机不影响认定。本罪为不作为犯,亦为结果犯。

(二) 解救职责、行为、主体

有关“解救职责”的理解,可以从以下方面展开:首先,应接到家属的解救要求或

---

① 需要注意的是,我国内地居民往来港澳通行证、大陆居民往来台湾通行证、台湾居民来往大陆通行证出入境也都需要在通行证件上办理“签注、盖章”。香港、澳门出入境管理,是中央人民政府授权行使;至于往来台湾的通行证件签注,根据《中国公民往来台湾地区管理办法》办理出入境手续,两岸均采取了对单方“签注”认可。

② 我国《刑法》第415条,与“办理偷越国(边)境人员出入境证件罪”系同一条款。

接到其他人的举报,因报案者并非都是法律人,因此,不能要求所报案件一定是真实的妇女、儿童被拐卖、绑架案件。例如,所报案件事实上是讨债的非法拘禁,在这种情况下,如"不履行解救职责",只是不能构成本罪而已,但并不妨碍这仍然属于"接到家属的解救要求或接到其他人的举报",可以按照滥用职权或玩忽职守罪论处。因此,本书认为,虽然本罪的解救职责限于解救被拐卖、绑架的妇女、儿童,但不应限于接到家属的解救要求或接到其他人的举报时,案件确实属于妇女、儿童被拐卖、绑架案件,只要所要求解救、接到举报案件"形似"拐卖、绑架的妇女、儿童案件,就足以。

其次,"解救职责"是仅针对公安、司法机关专司负有解救职责的工作人员,还是泛指具有公安、司法工作人员①身份都负有解救职责。例如,路人向交通民警举报某人有正在实施拐卖儿童的嫌疑,交通民警是否就负有解救职责?根据我国《人民警察法》的规定,人民警察的职责是根据警种而有所区别,并非每一个警察都有权去履行与自己警种并不相符合的职责。但该法第 21 条规定:"人民警察遇到公民人身、财产安全受到侵犯或者处于其他危难情形,应当立即救助;……;对公民的报警案件,应当及时查处。"但对违反该职责义务的,并无规定追究法律责任,那么,该种救助职责是在何种意义上来理解?本书认为,这只是一种宣誓和提示性规定,即人民警察在执行职务中对任何人的求助要求都不得拒绝,要提供帮助,但具体处置职责,必须由专司具体职责的人民警察处置。就上例而言,交通警察应立即向指挥中心汇报,请求相应职责的民警出警处置,并予以配合执行,即便其没有即可去盘查、实施抓捕,也不是"不履行解救职责"。因此,这里的"解救职责"是仅针对公安、司法机关专司负有解救职责的工作人员而言。

"不进行解救"是指在明知确实(应包括疑似)发生妇女、儿童被拐卖、绑架案件,不履行解救职责,是放弃职守的不作为。但不进行解救必须造成严重后果②,才能构成犯罪。

本罪主体是负有解救职责的公安、司法等国家机关工作人员。根据有关规定,各级政府对被拐卖、绑架的妇女、儿童负有解救职责,因此,解救工作的主要责任主体是公安机关,由公安机关会同司法机关、政府相关部门配合执行的。所以,本罪主体包括各级政府相关部门的工作人员。

---

① 我国《法官法》《检察官法》《公务员法》《行政监察法》等法律均无规定。只是在 1983 年 9 月 14 日最高人民法院、最高人民检察院、公安部、国家安全部、司法部发布的《关于人民警察执行职务中实行正当防卫的具体规定》中有对执行职务实行正当防卫的规定,适用于国家审判机关、检察机关、公安机关、国家安全机关和司法行政机关其他依法执行职务的人员。

② 06.07.26《渎职侵权案件立案标准》"一、(三十一)"规定:涉嫌下列情形之一的,应予立案:(1) 导致被拐卖、绑架的妇女、儿童或者其家属重伤、死亡或者精神失常的;(2) 导致被拐卖、绑架的妇女、儿童被转移、隐匿、转卖,不能及时进行解救的;(3) 对被拐卖、绑架的妇女、儿童不进行解救 3 人次以上的;(4) 对被拐卖、绑架的妇女、儿童不进行解救,造成恶劣社会影响的;(5) 其他造成严重后果的情形。

（三）不解救被拐卖、绑架妇女、儿童罪与阻碍解救被拐卖、绑架妇女、儿童罪①的关联

对被拐卖、绑架的妇女、儿童负有解救职责的公安、司法等国家机关工作人员利用职务阻碍解救被拐卖、绑架的妇女、儿童的行为，构成阻碍解救被拐卖、绑架妇女、儿童罪②。本罪主体为负有解救职责的国家机关工作人员，主观上是故意，我国刑法未以特定目的为主观要素，动机不影响认定。利用职务便利实施阻碍解救，这里的职务之便阻碍，应从广义上理解，包括在被拐卖、绑架的妇女、儿童及其家属提出的解救要求时，提出种种不合理要求，设置障碍（如向拐卖、绑架者或者收买者通风报信，系牵连犯，触犯帮助犯罪分子逃避处罚罪），也包括对有关机关实施解救活动时直接制止，或虽然并非直接出面制止，但对其他工作人员执行解救职务时，利用职务之便设置执行障碍的，也是利用职务之便阻碍解救。所以，本罪作为与不作为行为均可以实施。不解救被拐卖、绑架妇女、儿童罪与阻碍解救被拐卖、绑架妇女、儿童罪均是与履行解救职责有关的犯罪，不履行解救职责，是不作为，而阻碍解救职责履行是作为，如果负有解救职责的公安、司法等国家机关工作人员既不履行解救职责，同时也实施利用职务之便阻碍他人实施解救职责的，为想象竞合犯，应从一重罪即不解救被拐卖、绑架妇女、儿童罪论处。

（四）不解救被拐卖、绑架妇女、儿童罪与阻碍解救被拐卖、绑架妇女、儿童罪与帮助犯罪分子逃避处罚罪③的关联

有查禁犯罪活动职责的司法及公安、国家安全、海关、税务等国家机关工作人员，向犯罪分子通风报信、提供便利，帮助犯罪分子逃避处罚的行为，构成帮助犯罪分子逃避处罚罪④。本罪主体为特殊主体，即负有查禁犯罪活动职责的国家机关工作人员，主观上是故意，我国刑法未以特定目的为主观要素，动机不影响认定。这里的查禁的“犯罪活动”，包括刑法规定的所有犯罪活动，广义上理解，应包括“所有的违法犯罪活动”。

不解救被拐卖、绑架妇女、儿童罪与帮助犯罪分子逃避处罚罪，都具有帮助拐卖、绑架妇女、儿童的犯罪分子，收买被拐卖、绑架妇女、儿童的犯罪分子逃避法律制裁的作用，只是前者客观上有帮助效果，主观上未必是想帮助；但后者是主观上要帮助，客

---

① 我国《刑法》第 416 条第 2 款。

② 06.07.26《渎职侵权案件立案标准》“一、（三十二）”规定：涉嫌下列情形之一的，应予立案：（1）利用职权，禁止、阻止或者妨碍有关部门、人员解救被拐卖、绑架的妇女、儿童的；（2）利用职务上的便利，向拐卖、绑架者或者收买者通风报信，妨碍解救工作正常进行的；（3）其他利用职务阻碍解救被拐卖、绑架的妇女、儿童应予追究刑事责任的情形。

③ 我国《刑法》第 417 条。

④ 06.07.26《渎职侵权案件立案标准》“一、（三十三）”规定：涉嫌下列情形之一的，应予立案：（1）向犯罪分子泄漏有关部门查禁犯罪活动的部署、人员、措施、时间、地点等情况的；（2）向犯罪分子提供钱物、交通工具、通讯设备、隐藏处所等便利条件的；（3）向犯罪分子泄漏案情的；（4）帮助、示意犯罪分子隐匿、毁灭、伪造证据，或者串供、翻供的；（5）其他帮助犯罪分子逃避处罚应予追究刑事责任的情形。

观上也实施了帮助。在规范上,不解救被拐卖、绑架妇女、儿童罪与帮助犯罪分子逃避处罚罪,并无直接关联,因不解救被拐卖、绑架妇女、儿童罪在客观上所造成的"帮助逃避处罚"效果,并非是基于"帮助的故意"。如果有通谋,故意以不履行解救职责而提供帮助使犯罪人逃避法律制裁,同时触犯帮助犯罪分子逃避处罚罪,为想象竞合犯,但其故意不履行解救职责的帮助行为,应以拐卖、绑架妇女、儿童罪或收买被拐卖、绑架妇女、儿童罪的共同犯罪(基于立法的规定,本书不赞同没有通谋的构成片面共犯,如果如此,包括帮助犯罪分子逃避处罚罪在内的类似犯罪就没有再单独规定的必要)论处。

阻碍解救被拐卖、绑架妇女、儿童罪与帮助犯罪分子逃避处罚罪,在规范上具有法条竞合关系,对于被拐卖、绑架的妇女、儿童负有解救职责的公安、司法等国家机关工作人员,无疑包括在负有查禁犯罪活动职责的国家机关工作人员之中;解救被拐卖、绑架妇女、儿童的活动,包括在"查禁犯罪活动"的范围之内,因此,实施阻碍解救被拐卖、绑架妇女、儿童罪,必然触犯帮助犯罪分子逃避处罚罪,但前者为特别法条,根据适用原则,应以阻碍解救被拐卖、绑架妇女、儿童罪论处①。

(五)不解救被拐卖、绑架妇女、儿童罪的刑事责任

犯本罪,处5年以下有期徒刑或者拘役。

二十、失职造成珍贵文物损毁、流失罪

(一)失职造成珍贵文物损毁、流失罪的概念和法益

失职造成珍贵文物损毁、流失罪,是指文物行政部门、公安机关、工商行政管理部门、海关、城乡建设规划部门等国家机关工作人员严重不负责任,造成珍贵文物损毁或者流失,后果严重的行为②。本罪的法益,是国家对珍贵文物的所有权、控制权。本罪主体为特殊主体,即为对文物保护负有职责、义务的国家机关工作人员,具体说,是对国家文物负有保护职责的国家文物行政部门、公安机关、工商行政管理部门、海关、城乡建设规划部门等国家机关工作人员。本罪主观上是过失。本罪为选择性罪名,可以根据所造成的严重后果的性质选择相应罪名,对不同珍贵文物造成"损毁"或"流失"不同后果的,可以统一适用罪名,但不可并罚。当然,这里对珍贵文物造成的"损毁"或"流失",并非是指文物保护工作人员其个人的行为,而是因其保护不到位,因他

① 帮助犯罪分子逃避处罚罪的法定刑重于阻碍解救被拐卖、绑架妇女、儿童罪,但本书认为该种法条竞合关系,不宜适用"重法优于轻法原则"选择,否则阻碍解救被拐卖、绑架妇女、儿童罪独立规定并无意义。

② 06.07.26《渎职侵权案件立案标准》"一、(三十五)"规定:涉嫌下列情形之一的,应予立案:(1)导致国家一、二、三级珍贵文物损毁或者流失的;(2)导致全国重点文物保护单位或者省、自治区、直辖市级文物保护单位损毁的;(3)其他后果严重的情形。

人的行为(无知、违法、犯罪)而造成的后果。本罪属于因自己违法,需要对他人行为(包括自然事态发展的危害结果)承担刑事责任的条款之一①。

(二) 珍贵文物、行为、后果

"珍贵文物",应以我国《文物保护法》《文物藏品定级标准》所规定的范围确定,珍贵文物分为一、二、三级。具有特别重要历史、艺术、科学价值的代表性文物为一级文物;具有重要历史、艺术、科学价值的为二级文物;具有比较重要历史、艺术、科学价值的为三级文物②。确定为珍贵文物的历史上各时代重要实物、艺术品、文献、手稿、图书资料、代表性实物等可移动文物;确定为全国重点文物保护单位,省级文物保护单位的古文化遗址、古墓葬(包括水下古文化遗址、古墓葬)、古建筑、石窟寺、石刻、壁画、近代现代重要史迹和代表性建筑等不可移动文物;具有科学价值的古脊椎动物化石。非珍贵文物的一般文物,不能成为本罪对象。

"严重不负责任",是指国家机关工作人员在从事文物保护工作中,不正确履行职责,不按照有关文物保护法律、法规的规定,正确组织有关活动(如发掘),不负责任地作出决定或处理,或对他人(包括单位)活动可能造成文物的破坏漠然视之③。"损毁",是指损坏和毁灭,使之失去作为文物的价值或使之受到无可弥补的损害。损毁,必须有损坏、毁灭的实际结果,未影响其作为文物实际价值的,不应视为"损毁",至于用何种方式、方法造成损毁,不影响认定。"流失",是指失去踪迹(如被哄抢丢失),或虽然知其踪迹已经造成事实上失去控制权(如被偷运至境外)。"后果严重",是指"导致二级以上文物或者 5 件以上三级文物损毁或者流失的;导致全国重点文物保护单位、省级文物保护单位的本体严重损毁或者灭失的;其他后果严重的情形"④。

本罪主观上是过失,包括对职责履行的过失,也指对所发生的严重后果主观上过失。如果对珍贵文物的损毁、流失持放任态度,则应按照故意损毁文物罪认定。

(三) 失职造成珍贵文物损毁、流失罪与其他损毁文物犯罪的关联

故意损毁文物罪、过失损毁文物罪、故意损毁名胜古迹罪,均属于对文物损毁的犯罪,其对象包括珍贵文物,从这一点而言,失职造成珍贵文物损毁、流失罪的对象包括在其他损毁文物犯罪之中,但失职造成珍贵文物损毁、流失罪,在规范上与其他文物损毁犯罪并没有直接关联,因为主体不同,侵害的法益完全不同,也并非因国家机关工作人员失职,才造成其他文物损毁案件的发生。但不可否认,严重不负责的失职,在客观事实上,与其他文物损毁犯罪有关联。例如,对文物发掘现场不采取有效的保护措施,造成哄抢、盗掘、盗窃、抢劫等犯罪案件,致使珍贵文物的损毁、流失严重

---

① 参见林亚刚:《刑法学教义》(总论)(第 2 版),北京大学出版社 2017 年版,第 317 页以下。

② 参见我国《文物藏品定级标准》的相关规定。

③ 已经确定为珍贵文物,但对"古文化遗址、古墓葬"不以公布为不可移动文物的古文化遗址、古墓葬为限。

④ 16.01.01《妨害文物管理案件解释》第 10 条。

后果发生。因失职造成珍贵文物损毁、流失罪在规范上与其他文物损毁、流失犯罪并无关联,因此,应各自论罪。

(四) 失职造成珍贵文物损毁、流失罪与非法出售、私赠文物藏品罪的关联

违反文物保护法规,国有博物馆、图书馆等单位将国家保护的文物藏品出售或者私自送给非国有单位或者个人的行为,一定意义上也可以说是造成了文物的“流失”,且不排除出售、私赠的文物是国家珍贵文物。既然是不得出售而“出售”“私赠”,当然不能排除是利用职务上的便利而实施,但显而易见的是,不得出售而“出售”“私赠”是滥用职权,而并非是“失职”,因此,失职造成珍贵文物损毁、流失罪与非法出售、私赠文物藏品罪两罪在规范上并不具有直接的关联关系,应各自论罪。

(五) 失职造成珍贵文物损毁、流失罪与非法向外国人出售、赠送珍贵文物罪的关联

违反文物保护法规,将收藏的国家禁止出口的珍贵文物私自出售或者私自赠送给外国人的行为,会造成珍贵文物真正意义上“流失”的结果,但失职造成珍贵文物损毁、流失罪与非法向外国人出售、赠送珍贵文物罪两种犯罪侵害的法益不同,不得出售而“出售”“私赠”均是在违反文物保护法意义上,与职务并无直接的关联,换言之,后罪是一般主体(包括单位),并非是对文物保护负有职责、义务的文物行政部门、公安机关、工商行政管理部门、海关、城乡建设规划部门等国家机关工作人员,所以,规范上两罪并无直接关联。如果负有文物保护职责的国家机关工作人员非法向外国人出售、赠送珍贵文物的,因并非是“失职”而为之,因此,只能构成非法向外国人出售、赠送珍贵文物罪。

(六) 失职造成珍贵文物损毁、流失罪的刑事责任

犯本罪,处3年以下有期徒刑或者拘役。